W0291346

„Marokko liefert sich nicht aus, man muss es sich selbst suchen."
Tahar Ben Jelloun

Impressum

Erika und Astrid Därr
Agadir, Marrakesch und Südmarokko

erschienen im
Reise Know-How Verlag
Osnabrücker Str. 79, 33649 Bielefeld

4., komplett aktualisierte Auflage 2005

Gestaltung
Umschlag: M. Schömann, P. Rump (Layout); M. Luck (Realisierung)
Inhalt (Layout und Realisierung): E. Därr, M. Luck
Karten: B. Spachmüller, der Verlag
Fotos: siehe Fotonachweis S. 528
Titelfoto: A. Därr

Lektorat (Aktualisierung): A. Därr, M. Luck

Druck und Bindung: Wilhelm & Adam, Heusenstamm

ISBN 3-8317-1356-1
Printed in Germany

Dieses Buch ist erhältlich in jeder Buchhandlung Deutschlands, Österreichs, der Niederlande, Belgiens und der Schweiz. Bitte informieren Sie Ihren Buchhändler über folgende Bezugsadressen:

Deutschland
Prolit Verlagsauslieferung GmbH, Siemensstr. 16, D-35463 Fernwald (Annerod)
sowie alle Barsortimente
Schweiz
AVA/Buch 2000, Postfach, CH-8910 Affoltern a.A.
Österreich
Mohr-Morawa Buchvertrieb GmbH, Sulzengasse 2, A-1230 Wien
Niederlande, Belgien
Willems Adventure, Postbus 403, NL-3140 AK Maassluis

Wer im Buchhandel trotzdem kein Glück hat, bekommt unsere Bücher auch über unseren
Büchershop im Internet: www.reise-know-how.de

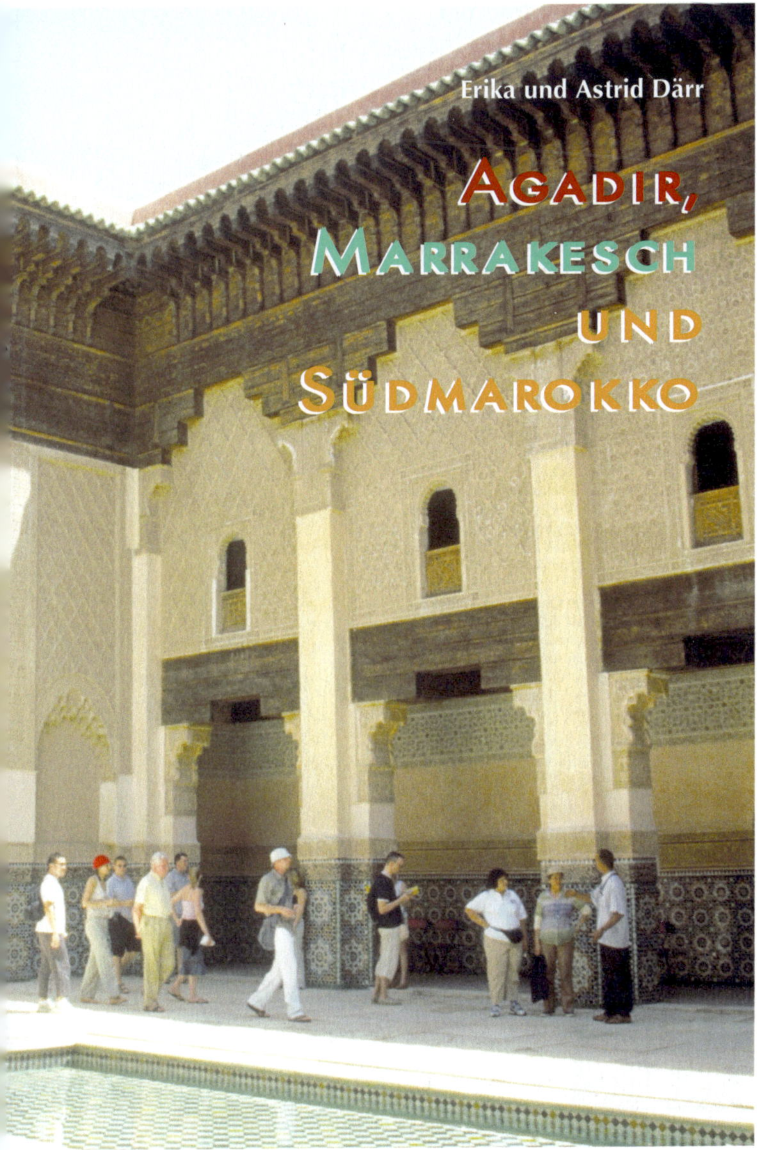

Erika und Astrid Därr
Agadir,
Marrakesch
und
Südmarokko

Reise Know-How im Internet

Aktuelle Reisetipps und Neuigkeiten
Ergänzungen nach Redaktionsschluss
Büchershop und Sonderangebote

www.reise-know-how.de
info@reise-know-how.de

Wir freuen uns über Kritik, Kommentare und Verbesserungsvorschläge.

Alle Informationen in diesem Buch sind von den Autorinnen mit größter Sorgfalt gesammelt und vom Lektorat des Verlages gewissenhaft bearbeitet und überprüft worden.

Da inhaltliche und sachliche Fehler nicht ausgeschlossen werden können, erklärt der Verlag, dass alle Angaben im Sinne der Produkthaftung ohne Garantie erfolgen und dass Verlag wie Autorinnen keinerlei Verantwortung und Haftung für inhaltliche und sachliche Fehler übernehmen.

Die Nennung von Firmen und ihren Produkten und ihre Reihenfolge sind als Beispiel ohne Wertung gegenüber anderen anzusehen. Qualitäts- und Quantitätsangaben sind rein subjektive Einschätzungen der Autorinnen und dienen keinesfalls der Bewerbung von Firmen oder Produkten.

VORWORT

Marokko, Königreich zwischen Sahara und Meer, ist ein ideales Ziel für aufgeschlossene und aktive Urlauber, die Entspannung am Strand mit der Erkundung orientalischer Sehenswürdigkeiten verbinden wollen!

Natürlich ist die Atlantik-Metropole Agadir zunächst vor allem ein preiswertes Ziel für einen **Badeaufenthalt.** Hotels wie aus „1001 Nacht" werden Sie in Agadir kaum, dafür in Marrakesch finden. Agadir steht für eine komfortable, moderne Hotellerie, lange, feinsandige Badestrände, ein vielseitiges Sport- und Unterhaltungsangebot, alles gekrönt von einem strahlend blauen Himmel und immerwährendem Sonnenschein - bessere Voraussetzungen für die schönsten Wochen des Jahres lassen sich kaum denken.

Aber das allein kann es nicht sein. Marokko ist mehr. Marokko ist auch Marrakesch, Blick in die Vergangenheit und in eine andere Welt. Die alte Hauptstadt und die südlichen Landesregionen repräsentieren die **orientalische Faszination:** Bunte, lebhafte Märkte locken ebenso wie verschachtelte Altstädte, in denen dicht aneinandergereiht die Buden der Händler und Handwerker zum Einkaufen animieren. Eine Besichtigung Wert sind die historischen Bauten der Königsgeschlechter der Almohaden und Saaditen in Marrakesch, genauso wie die grünen Gärten und Palmenhaine.

Die **Landschaft** Marokkos ist **abwechslungsreich.** Lichte Kiefern- und Eukalyptuswäldchen bilden häufig das Hinterland der Strandzonen nördlich von Agadir, während die Macchia bis nahe ans Meer heranreicht. In den südlichen Küstenregionen weicht die Macchia dann zunehmend einer Wüstenvegetation aus Sukkulenten, Bäume werden seltener, nur noch vereinzelt finden sich Palmen in trockenen Oueds (Wadis).

Das Landesinnere zeigt sich gebirgig. Tafelberge mit schrundigen Auswaschungen, Felskegel, karge Hochflächen, grüne, fruchtbare Tälern und Senken bestimmen das Landschaftsbild im südlichen Hohen Atlas. Der nördliche Hohe Atlas bekommt mehr Regen ab, so dass bewaldete Hänge und sprudelnde Gebirgsbäche, Oleander und Obstbäume zu sehen sind. Der Anti-Atlas mit seinen wuchtigen Granitbergen, bizarren Felsformationen und engen Palmentälern um Tafraoute ist besonders reizvoll. In den Bergregionen finden sich alte Speicherburgen neben prächtigen, farbenfrohen, neuen und alten Wohnhäusern der Chleuh (Schlöh)-Berber.

Im Drâa- und Dadèstal thronen die mächtigen Kasbahs der Berber wie Ritterburgen auf Anhöhen über den Flusstälern. Entlang der Straße der Kasbahs von Ouarzazate nach Errachidia werden weite Steinwüstengebiete durchquert, die im Norden vom Hohen Atlas, im Süden vom vulkanischen Djebel Siroua und Jebel Sarhro begrenzt und von fruchtbaren Palmenoasen unterbrochen werden. Das dicht von Palmen gesäumte Ziztal zieht sich in Richtung Erfoud nach Süden, und dort ist dann wirklich die Sandwüste - der Erg Chebbi - erreicht.

Ein besonderes Erlebnis ist eine **Saharatour,** sei es mit dem Geländewagen oder auf dem Kamel. Übernachtet wird entweder in den Beduinenzelten der Wüstencafés oder in einfachen Hotels am Rande der Dünen. Spätestens hier oder in Zagora, der reizvollen Oase im Drâatal, wird ein Kamelritt fällig. Das erhabene Gefühl, auf dem Rücken eines dieser schwankenden Wüstenschiffe durch Palmenhaine und Sanddünen zu reiten, sollte sich kein Marokkobesucher entgehen lassen!

Marokko garantiert dem interessierten Gast einen erlebnisreichen Urlaub voller neuer und unvergesslicher Eindrücke – sofern man bereit ist, den Hotelbereich zu verlassen und auf mehr als nur Körperbräunung und eine Djellabah aus der Hotelboutique Wert legt. Keine falsche Scheu in der Fremde! Auch wenn eventuell mangelnde Sprachkenntnisse abschrecken und viele der allzu „hilfreichen Geister" in Marokko ein Ärgernis sind: Unternehmen Sie den ein oder anderen Ausflug, vielleicht auch erst einmal im Rahmen einer organisierten Tour. Und wer weiß ... womöglich kommen Sie auf den Geschmack!

Mit diesem Buch wollen wir vor allem den **Fluggast,** der sich nur im Süden Marokkos aufhält – ob **organisiert oder individuell** (mit Mietwagen oder öffentlichen Verkehrsmitteln) –, ansprechen. Der Besucher soll Wissenswertes über Land und Leute, über seinen Urlaubsort, über die Vielfalt an Sehenswürdigkeiten und Ausflugszielen erfahren. Praktische Hinweise und Tipps sowie Informationen zu Hintergründen erleichtern den Aufenthalt und die Orientierung und fördern das Verständnis für Marokkos Menschen und Kultur.

Individualreisende, die sich mehrere Wochen im ganzen Land aufhalten oder mit eigenem Fahrzeug – sei es mit Wohnmobil oder Geländewagen –, zu Fuß oder mit dem Fahrrad das Land durchqueren, und jene, die ausführlicher über Marokko informiert werden wollen, weisen wir auf das ebenfalls bei Reise Know-How erschienene **Reisehandbuch „Marokko – Vom Rif zum Anti-Atlas"** hin. Auf über 1000 Seiten erhält der Leser detaillierte Routenbeschreibungen (speziell auch zu Bergpisten und Wüstenregionen mit GPS-Daten), umfassende Hintergrundinformation sowie unzählige Hinweise für die Vorbereitung und Durchführung seiner marokkanischen „Entdeckungsreise".

Mit den besten Wünschen für einen gelungenen, erholsamen und interessanten Marokko-Aufenthalt

Ihre Erika und Astrid Därr

INHALTSVERZEICHNIS

KARTENVERZEICHNIS

In den Kopfzeilen wird auf die jeweils passende Karte verwiesen.

VERZEICHNIS DER EXKURSE

ANHANG

Anmerkung: In diesem Buch sind viele Internet- und E-Mail-Adressen genannt. Bedingt durch den Zeilenumbruch kann es vorkommen, dass manche Adresse getrennt wird, der Trennstrich aber nicht zur Adresse gehört!

ALS GAST IN MAROKKO

SEGEN UND FLUCH DES TOURISMUS

DIE MAROKKANER BEISSEN NICHT!

SEGEN UND FLUCH DES TOURISMUS

Einige Anregungen für richtiges Verhalten im Gastland

Touristen bringen Geld, und Marokko ist um den weiteren Ausbau des Tourismus bemüht. Allerdings kommen die Devisen nur zum Teil der marokkanischen Bevölkerung zu Gute, denn ein großes Stück vom Kuchen bleibt den Touristen in Form von Luxusgütern, die importiert werden müssen, um die Ansprüche der Besucher zu befriedigen. Auch sonst hat der Tourismus nicht nur positive Seiten. Wenn man beobachtet, wie Busladungen kamerabewehrter Urlauber sich zur Schnellvisite über ein abgelegenes Bergdorf ergießen oder Touristinnen in knappen Shorts und tief ausgeschnittenen Tops durch arabische Altstädte bummeln, lässt sich erahnen, welch **unterschiedliche Welten und Moralvorstellungen** hier aufeinanderprallen. Daher sollte nie vergessen werden: Auch wer bezahlt, bleibt Gast und hat die **landestypischen Sitten zu respektieren.** Religion, Gebräuche, Kultur und Mentalität der Marokkaner weichen nun einmal stark von europäischen Maßstäben ab.

Wo zu viele Fremde auftauchen, hat sich das **Verhalten der Einheimischen** inzwischen verändert. Während man sich entlang der Küste und in den großen Städten mittlerweile an Touristen gewöhnt hat und diesen mal reserviert, mal geschäftstüchtig, aber weitestgehend freundlich begegnet, wird der Besucher an stark frequentierten Ausflugszielen vor allem in den Hochgebirgsregionen des südlichen Hohen Atlas oft bedrängt, gelegentlich regelrecht belästigt und angebettelt. Man bedenke jedoch: Für den einfachen Marokkaner ist ein Europäer, der sich eine Auslandsreise leisten kann, der gut gekleidet in für ihn unerschwinglichen Hotels wohnt, zumindest reich genug, um auch ihn daran teilhaben zu lassen. Wenn wohlmeinende, aber gedankenlose Touristen ohne jede Gegenleistung Bonbons, Kugelschreiber oder gar Geld an die „armen Kinder" verteilen, ist es kein Wunder, wenn die nächsten Besucher umso forscher bedrängt werden. Abseits der Touristenpfade, in den Seitentälern des Anti-Atlas oder des Hohen Atlas oder in touristisch unattraktiven Gebieten, aber auch in den Touristenhochburgen Agadir und Marrakesch, Ouarzazate und Essaouira trifft man nach wie vor auf eine überaus freundliche Bevölkerung und herzliche Gastfreundschaft.

Das **große Geld im Tourismus** machen vorwiegend Veranstalter und Hotelbesitzer. Angestellte und kleine Dienstleistende finden oft nur saisonweise Arbeit und müssen bei geringem Einkommen zusehen, wie die Gäste in Saus und Braus leben. Zudem ist die Kauflust der Europäer kleiner geworden, oder die Touristen bleiben nach den Ereignissen des 11. September 2001 und 16. Mai 2003 in Casablanca ganz aus, so dass der **Konkurrenzkampf** von Teppichhändlern und Souvenirverkäufern **immer härter** wird. Nur wer ständig auf sich und seine Ware aufmerksam macht, hat Chancen, ein Geschäft zu machen. Man sollte das berücksichtigen, wenn die Händler wieder einmal besonders penetrant und nervend zum Kauf animieren.

Es wird sich nie ganz vermeiden lassen, dass man in einem fremden Land da oder dort ins Fettnäpfchen tritt. Wer sich jedoch für die Menschen, ihre Lebensart und ihren Alltag interessiert und versucht, sie zu verstehen, wird ganz von allein nicht so viel falsch machen wie der ignorante Reisende, dem nur seine Erholung, Sonne, Meer und die Qualität des Strandes und des Essens wichtig sind und der das Drumherum lediglich als malerische und exotische Kulisse registriert.

TOURISTENKNIGGE

1. Beginnen Sie Ihre Reise unvoreingenommen mit dem Wunsch, mehr über das Land und seine Menschen zu erfahren.

2. Respektieren Sie die Gefühle der gastgebenden Bevölkerung. Bedenken Sie, dass Sie durch Ihr Verhalten auch ungewollt verletzen können. Dies trifft vor allem auf das Fotografieren zu.
3. Machen Sie es sich zur Gewohnheit, zuzuhören und zu beobachten anstatt nur zu hören und zu sehen.
4. Halten Sie sich vor Augen, dass andere Völker oft andere Zeitbegriffe haben. Das heißt aber nicht, dass diese schlechter sind – sie sind eben verschieden.
5. Entdecken Sie, wie interessant und wertvoll es sein kann, eine andere Art des Lebens kennenzulernen.
6. Machen Sie sich mit den örtlichen Sitten und Gebräuchen vertraut. Sie werden sicher jemanden finden, der Ihnen dabei hilft.
7. Legen Sie die Gewohnheit ab, auf alles eine Antwort parat zu haben. Seien Sie mal derjenige, der eine Antwort haben möchte.
8. Denken Sie daran, dass Sie nur einer von tausenden Touristen im Land sind. Beanspruchen Sie keine besonderen Privilegien.
9. Wenn Sie etwas günstig eingekauft haben, denken Sie daran, dass Ihr Vorteil vielleicht nur deswegen möglich war, weil die Löhne in Ihrem Gastland niedrig sind.
10. Machen Sie niemandem Versprechungen, wenn Sie nicht sicher und willens sind, sie auch zu halten.
11. Nehmen Sie sich täglich etwas Zeit, um Ihre Erlebnisse zu verdauen. Sie werden dann mehr vom Reisen haben.
12. Wenn Sie es auf Reisen wie zu Hause haben wollen, dann verschwenden Sie Ihr Geld nicht fürs Reisen und bleiben lieber daheim.

WASSERKNAPPHEIT

Gehen Sie sparsam, zumindest bewusst mit Wasser um. Einige Touristenhotels machen ihre Gäste bereits gezielt auf dieses Problem aufmerksam, indem sie z.B. die Handtücher nicht täglich waschen, sondern dazu auffordern, sie auf den Boden zu legen, wenn sie gereinigt werden sollen. Gut gefüllte Pools in allen besseren Hotels gaukeln Wasser in Hülle und Fülle vor, aber nur durch den kostspieligen Bau zahlreicher Stauseen kann die Versorgung des Landes mit Trinkwasser aufrecht erhalten werden. Die Hotelzentren in Agadir wurden z. B. in den Trockenjahren 1994 und 1999–2001 immer mit Wasser versorgt, während der einheimischen Bevölkerung das **Wasser rationiert** wurde. Besonders kritisch ist die Situation in den Saharaoasen, wo durch den unverhältnismäßig hohen zusätzlichen „touristischen" Bedarf der Grundwasserspiegel sinkt und dadurch die gesamte Oasenwirtschaft gefährdet ist.

FOTOGRAFIEREN

Die vielen fremdartigen Motive Marokkos verlocken zu häufigem Gebrauch der Kamera. Aber **Vor- und Rücksicht!** Grundsätzlich verboten ist das Filmen und Fotografieren militärischer Einrichtungen im weitesten Sinne, dazu gehören auch die Staumauern der Stauseen. Zurückhaltung also, wenn Antennenanlagen, beflaggte Gebäude, Militärzäune, Uniformierte etc. mit in die „Schusslinie" kommen.

Nach strenger Koranauslegung ist jede bildliche Darstellung des Menschen verboten, daher ist v. a. bei Personenaufnahmen äußerstes Feingefühl gefragt. Wer Menschen fotografieren will (und dies nicht unbemerkt tun kann), sollte sich durch Fragen oder entsprechende freundliche Gestik vergewissern, dass der Betroffene nichts dagegen hat. Im Zweifelsfall: kein Foto. Während die berberische Bevölkerung zumeist aufgeschlossen aufs Fotografieren reagiert, ist es nach wie vor undenkbar, z. B. eine traditionell gekleidete arabische Frau ungefragt aus der Nähe „abzuschießen". Auf wenig Verständnis stoßen auch Fotografen, die ärmliche Verhältnisse (Slums, Müllhalden, baufällige Häuser, Bettler etc.) als Motiv wählen.

Polaroidfotos sind eine gute Möglichkeit, sich für eine Einladung oder Dienstleistung zu revanchieren, ebenso das (natürlich einzuhaltende) Versprechen, Fotos später von zu Hause aus zu schicken.

EINLADUNGEN

Der Besucher Marokkos entwickelt mit der Zeit ein Gespür dafür, ob echte **Gastfreundschaft oder** nur **Geschäftssinn** hinter einer Einladung steckt. In touristischen Hochburgen ist ein gesundes Misstrauen angebracht, aber nicht immer berechtigt. Zwar mag einem der angebotene Tee dann in einem Laden neben hohen Stapeln von Teppichen gereicht werden. Wer jedoch partout nichts kaufen will und dies klar kundtut, wird ohne Groll wieder entlassen.

Abseits der touristischen Zentren wird der Besucher im Allgemeinen auch heute noch traditionsgemäß herzlich und ohne kommerzielle Hintergedanken begrüßt und aufgenommen. Legen Sie dann Ihre europäische Hektik ab, zeigen Sie Interesse für Ihre Gastgeber, lassen Sie Ihre Schuhe vor der Wohnungstüre stehen, und strecken Sie Ihrem Gegenüber niemals die Fußsohlen entgegen, also am besten im Schneidersitz.

Man sitzt traditionell auf Teppichen oder Sitzkissen, die auch später zum Schlafen benutzt werden. Die Frauen der Familie werden Sie abseits der großen Städte in der Regel nur zum Auftragen der Speisen sehen. Üblicherweise essen die Frauen und Kinder von den Männern getrennt. Bei Touristinnen wird eine Ausnahme gemacht. **Essen Sie nur mit der rechten Hand, die Linke gilt als unrein** (da man sich damit nach der Toilette das Hinterteil säubert). Reichen Sie einem Marokkaner Zigaretten oder auch ein kleines Gastgeschenk - was im Falle einer privaten Einladung angebracht wäre - ebenfalls nur mit der rechten Hand.

Üblicherweise wird vor und nach dem Essen ein Krug mit Wasser, Seife und eine Schüssel zum Händewaschen gereicht. Dieser Brauch ist sehr sinnvoll, wird aber inzwischen oft unterlassen. Die übliche marokkanische **Begrüßung** im Haus und auf der Straße ist: „Läbäs (bes)?", was in etwa heißt: „Wie geht's?", oder: „marhaba" - „Willkommen" bzw. seltener das arabische „Salam aleikum". Darauf folgt ein „läbäs el hamdulilah" - „Ehre sei Gott". Zur Verabschiedung sagt man „Besslama" bzw. „Ma S´lama (Ma Salama - Saleikum ma Salam)" - „Auf Wiedersehen".

Wenn Sie bei einer Stadtfamilie zu Gast sind, kann es durchaus vorkommen, dass den ganzen Abend der Fernseher läuft, was nicht etwa Unhöflichkeit dem Besucher gegenüber darstellt, sondern den Stolz auf die modernen technischen Errungenschaften dokumentiert. Der Fernseher ist in den Städten ein solch wichtiger Bestandteil des Haushalts geworden, dass er häufig den ganzen Tag eingeschaltet bleibt, auch wenn nebenbei alle anderen Dinge des täglichen Lebens erledigt werden.

ALLEINREISENDE FRAUEN

Kein Problem. Auch eine Frau kann sich grundsätzlich unbesorgt allein und fernab des Hotelbereichs frei bewegen (das betrifft insbesondere die Städte Agadir, Marrakesch und Essaouira). Einige wichtige Punkte sollten jedoch beachtet werden: Westliches Fernsehen und Filme sowie das Verhalten einer nicht unerheblichen Zahl von Touristinnen, die einem kleinen Abenteuer im Urlaubsland nicht abgeneigt sind und sich entsprechend herausfordernd benehmen, haben unter vielen Marokkanern die Ansicht verstärkt, dass Touristinnen „leicht zu haben" sind. Was bei den eigenen Frauen undenkbar wäre - bei den freizügigen Ausländerinnen kann man doch zumindest mal sein Glück versuchen. Gelegentliche „Anmache" bis hin zu eindeutigen Angeboten, kesse Blicke und anerkennendes Pfeifen sollten vor diesem Hintergrund gesehen und nicht allzu Ernst genommen werden. Am besten Sie ignorieren solche Kennenlernversuche einfach.

Alleinreisende Frauen in **dezenter Kleidung,** die zurückhaltend, gleichzeitig aber **selbstsicher** auftreten, womöglich schon ein bisschen in die Jahre gekommen sind, haben im Allgemeinen nichts zu befürchten. Wer seine Ruhe haben will, sollte auch jeden direkten **Blickkontakt mit Männern vermeiden** und eventuelle Zudringlichkeiten freundlich, aber bestimmt (und laut) ablehnen. Wenn in Gesprächen der eigene Verlobte, Ehemann oder gar Kinder erwähnt werden, dürfte auch das hartnä-

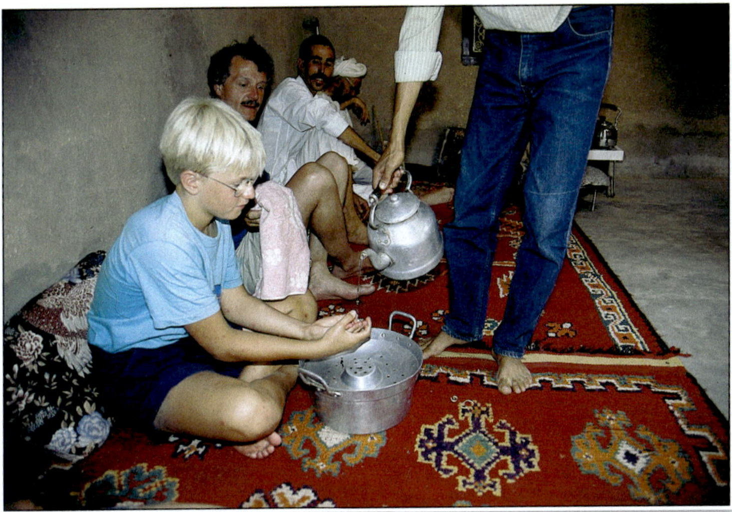

Zu Gast bei einer marokkanischen Familie

ckigste Interesse versiegen. Als Verlobte oder verheiratete Frau und erst recht als Mutter wird auch eine Ausländerin respektiert. Allerdings fehlt nach wie vor das Verständnis, warum man ohne männliche Begleitung reist. Bei echten Belästigungen machen Sie sich lautstark bemerkbar. Ältere Marokkaner missbilligen meist das aufdringliche Verhalten der Jüngeren und werden entsprechend eingreifen.

SONSTIGES

Gefühlsbezeugungen oder gar der Austausch von **Zärtlichkeiten** zwischen Mann und Frau in der Öffentlichkeit **widersprechen den islamischen Moralvorstellungen.** Umgekehrt lässt sich beobachten, dass marokkanische Männer häufig Händchen haltend oder Arm in Arm miteinander durch die Straßen gehen. Dies ist meist Ausdruck einer ganz „normalen", guten Freundschaft unter Männern und in Marokko durchaus üblich. Man sollte jedoch nicht verschweigen, dass **Homosexualität** zwar geächtet, aber weit verbreitet ist. Viele Marokkaner machen ihre ersten sexuellen Erfahrungen mit dem gleichen Geschlecht. Diesbezügliche Offerten werden daher immer wieder an männliche Touristen herangetragen.

Als ungebührlich gilt, wenn ein männlicher Tourist in der Öffentlichkeit eine marokkanische Frau anspricht, und sei es nur, um nach dem Weg zu fragen. Ganz und gar ungewöhnlich ist es, als Mann von einer oder mehreren marokkanischen Frauen angesprochen zu werden. Diese Form der Kontaktaufnahme wird nur von Prostituierten gewählt, selbst wenn die Damen überhaupt nicht danach aussehen und sich erst ganz harmlos als am Fremden interessierte Studentinnen ausgeben.

Zu respektieren sind die **religiösen Sitten: Moscheen dürfen** in Marokko von

Buchtipp:
- Birgit Adam
Als Frau allein unterwegs
Reise Know-How Praxis

Andersgläubigen (Ausnahmen sind die Hassan II. Moschee in Casablanca und die renovierte Moschee von Tin Mal im Hohen Atlas), **nicht besichtigt werden.** Allenfalls kann man einen Blick durch den Eingang in den Innenhof werfen. Nach der Religion gefragt, sollte man/frau sich nicht als Atheist, sondern als Christ bekennen, wenn man nicht Unverständnis ernten will. Während des Fastenmonats Ramadan sollten auch Touristen in der Öffentlichkeit Zurückhaltung bezüglich Rauchen, Essen und Trinken üben. Alkoholgenuss sollte generell auf Hotels, Bars und Restaurants beschränkt bleiben. Animieren Sie keinen Moslem zum Alkoholkonsum.

In der Nähe von Grenzen, im Süden in Richtung Westsahara und gelegentlich auch an den Ein- und Ausfahrtsstraßen der großen Städte gibt es **Polizei-Checkpoints,** deshalb sollte der Pass immer griffbereit sein und nicht für die Dauer des Urlaubs an der Hotelrezeption verbleiben.

Beamten sollte man/frau immer **freundlich begegnen.** Autoritäten werden in Marokko noch wesentlich mehr respektiert als bei uns. Die Autorität des Staates, der Amtspersonen, aber auch der Eltern ist noch kaum in Frage gestellt. Deshalb sollten kritische oder gar beleidigende Äußerungen, sowohl was den König als auch das Land betrifft, unterbleiben. Der Stolz auf das Land, seine Kultur und seine Werte ist groß, und selbst dem System kritisch gegenüberstehende Marokkaner werden selten negativ über ihre Heimat sprechen.

Als alleinreisende Frauen herzlich in einer Gastfamilie aufgenommen

DIE MAROKKANER BEISSEN NICHT!

Nur Mut zu eigenen Unternehmungen

Direkte Kontakte mit den Einheimischen und persönliche Beobachtungen prägen sich tiefer ein und wiegen später in der Erinnerung oft mehr als alle noch so spektakulär organisierten Programme. Sie machen den eigentlichen Reiz jeder Reise aus, und auf solche Erlebnisse sollte kein Besucher, auch nicht der organisiert Reisende, verzichten.

Wer **zum ersten Mal nach Marokko,** vielleicht auch zum ersten Mal nach Afrika, kommt wird zunächst vermutlich ziemlich „fremdeln". Vieles ist anders als bei uns, die Sprache, die Religion, die Mentalität der Landesbewohner. Man kennt sich nicht aus mit öffentlichen Verkehrsmitteln, ist unsicher beim Einkaufen und in Restaurants, fühlt sich schutzlos im Gewühle eines Marktes oder in unbekannten Stadtvierteln. Kurzum: Viele Pauschalurlauber trauen sich oft kaum aus ihrem ghettoartigen Hotelbereich hinaus. Ausflüge werden meist nur unter den Fittichen erfahrener Agenturen und Reiseleiter unternommen, die zweifellos bemüht sind, so viel wie möglich an Sehenswertem in ihre Touren zu packen. Das hat allerdings zur Folge, dass das Programm prallvoll ist und es keine Zeit zum „Atmosphäre schnuppern", keine Chance für private Erlebnisse lässt.

Nichts spricht dagegen, Ausflüge und Rundfahrten zu buchen – manches lässt sich ohnehin kaum oder nur mühsam in der Kürze der Zeit auf eigene Faust organisieren. Wer jedoch das Land und seine Menschen wirklich kennenlernen will, sollte versuchen, die ausgetretenen Touristenpfade zu verlassen. Das ist für jeden Hotelgast problemlos möglich und keineswegs ein riskantes Unterfangen, wie Reiseleiter gelegentlich – in weiser Berechnung – zu suggerieren versuchen.

Die **Marokkaner sind** ausgesprochen **gastfreundlich, tolerant, hilfsbereit und kontaktfreudig.** Man spürt dies schnell und fühlt sich dadurch auch bald sicherer in der fremdartigen Umgebung. Wenn Sie sich irgendwo verlaufen haben oder sonstwie Hilfe brauchen, sprechen Sie einen Passanten an oder gehen Sie ins nächstbeste Geschäft. Man wird Sie notfalls so lange „weiterreichen", bis Irgendjemand gefunden ist, der Ihnen – wenn es sein muss, in Ihrer Sprache – weiterhilft. Vor allem in Agadir sprechen mittlerweile so viele Marokkaner deutsch, dass dies kein Problem mehr darstellt.

Dunkle, enge, abgelegene Altstadtgassen, die man in südeuropäischen Ländern – wenn überhaupt – nur mit Gänsehaut, schnellem Schritt und festem Griff um die Handtasche durcheilen würde, können in Marokko sorglos durchstreift werden. Die **Kriminalitätsrate** insgesamt liegt im Vergleich zu Deutschland und anderen Urlaubsländern extrem niedrig, auch wenn sie in **Agadir** selbst steigen. Dies ist aber natürlich auch auf die extremen Gegensätze zwischen der Glitzerwelt des Tourismus und den ärmlichen Lebensverhältnissen der häufig arbeitslosen Jugendlichen und ebenso auf den wesentlich zügelloseren Alkoholkonsum der männlichen Stadtbevölkerung zurückzuführen. Nicht selten setzen Männer in Agadir ihren geringen Verdienst in Bier um. Und wenn das Geld nicht ausreicht für die entsprechende Zeche, dann kommt der eine oder andere schon auf den Gedanken, sich das Geld von Touristen zu verschaffen. Im übrigen Marokko wäre so etwas undenkbar: Alkohol ist kaum erhältlich und vor allem würde man in der Öffentlichkeit nicht damit gesehen werden wollen. Allenfalls wird, verschämt in der Plastiktüte versteckt, eine Flasche Wein oder Bier für einen Gast nach Hause gebracht.

Trotz einer gewissen Gefahr des Taschendiebstahls in der Nähe der Touristenzentren (die man aber nicht überbewerten sollte), muss man sich viel eher gegen eine gewisse „Schlitzohrigkeit" wappnen. So wird z. B. in fantasievollen Varianten immer wieder versucht, dem Besucher Führerdienste oder jede Art von Souvenirs aufzudrängen.

„Wäre es Ihnen möglich, mir einen Brief eines deutschen Freundes zu übersetzen?", ist einer der ältesten Tricks, um Sie in einen Laden zu locken. Auch nicht gerade selten ist eine vorgetäuschte Autopanne (insbesondere auf der Strecke über den Tizi-n-Tichka-Pass und in Richtung Zagora) und die Bitte, doch einen der Beifahrer mit in die nächste Stadt zu nehmen. Darauf folgt selbstverständlich eine Einladung zum Tee – im nächsten Teppichladen! Man übe sich in freundlicher, aber selbstsicherer und konsequenter Ablehnung – dann kehrt Ruhe ein, zumindest für kurze Zeit...

Vorschläge, was sich von den Ferienzentren aus **unternehmen lässt** und Hinweise auf lohnende Ziele finden sich jeweils in den Ortsbeschreibungen; allgemeine Tipps und Ratschläge in verschiedenen Sonderkapiteln. Klemmen Sie sich einen Stadtplan unter den Arm und marschieren Sie los. Mieten Sie sich ein Fahrrad oder einen Motorroller. Nehmen Sie sich – zur Kostensenkung evtl. zusammen mit anderen Gästen – einen Mietwagen oder steuern Sie einfach mit dem Linienbus oder mit einem „Grand Taxi", das Sie auch mit Fahrer für einen ganzen Tag mieten können, nahe liegende Ziele an. Es kostet Sie – nebenbei bemerkt – einen Bruchteil dessen, was Sie für eine organisierte Tour bezahlen, und Sie können sich die Zeit unterwegs nach Gutdünken einteilen.

Hotelrezeptionen und die in allen größeren Touristenzentren vorhandenen Informationbüros sind behilflich, wenn es um **Auskünfte** zu lokalen Ereignissen und Veranstaltungen geht. Auch die in größeren Hotels ausliegenden Informations-Ordner der Reiseveranstalter sowie die „Schwarzen Bretter" enthalten nützliche Tipps.

Sollten Sie größere Aktivitäten auf eigene Faust planen – besonders abseits touristischer Routen oder womöglich sogar Geländewagenstrecken im Hohen Atlas oder der Wüste –, empfehle ich Ihnen mein ausführliches, im gleichen Verlag erschienenes **Reisehandbuch „Marokko – Vom Rif zum Anti-Atlas"** mit detaillierten Routenbeschreibungen für das ganze Land.

URLAUB UND UMWELT

Wer sich öfters in Dritte-Welt-Ländern aufhält, gewöhnt sich an den Müll, den Schutt und die Plastiktüten, die wild verstreut in der Gegend herumliegen. Auch Marokko erreicht natürlich keinen deutschen Umweltstandard. Aber im Vergleich zu vielen anderen arabischen Staaten herrschen hier geradezu paradiesische Zustände.

Ausnahmen sind in erster Linie die **Randgebiete der Großstädte.** Trifft man mit dem Touristenbus von Marrakesch kommend am Stadtrand von Agadir ein, oder fährt man von *Ait Melloul* die Stadtautobahn vom Flughafen zur Stadt, dann wird man ein verständnisloses Kopfschütteln nicht unterdrücken können. Auch die dunkelste Sonnenbrille bewahrt einen nicht vor dem Anblick der herumfliegenden schwarzen Plastiktüten.

Aber keine Sorge: Ist man erst einmal **im Hotel,** so entsprechen die **hygienischen Verhältnisse** den Anforderungen der ausländischen Kundschaft. Heerscharen von Bediensteten und Putzpersonal sind ständig im Einsatz, um die Hotelräume, die Außenanlagen und den Strand in Schuss zu halten. Leider endet die Verantwortlichkeit schon vor der Tür und außerhalb der Touristenmeile und des Stadtzentrums ist es oft vorbei mit der Sauberkeit. Gleiches gilt übrigens für die privaten marokkanischen Haushalte: Ihr gepflegter und sauberer Charakter steht in krassem Gegensatz zu dem Schmutz im öffentlichen Raum.

Eine perfekte **Müllentsorgung** und **Straßenreinigung,** wie wir sie kennen, existiert in Marokko nur in Ansätzen. Müll, Luft- und Umweltverschmutzung werden mit zunehmender Bevölkerungszahl und Industrialisierung ein immer brennenderes Problem. Zwar sind in größeren Städten an den Straßenrändern große Müllcontainer aufgestellt (in kleineren Orten sind es meist offene Kübel oder Fässer), man bemüht sich auch um die Aufklärung der Bevölkerung, doch landet trotzdem viel Abfall einfach im Gelände. Außerdem sorgen Wind, Hunde und Katzen dafür, dass der gesammelte Müll wieder verteilt wird.

Besonders in den Gassen der Medinas gibt es meist keine funktionierende Abfallentsorgung.

Eine regelrechte „Landplage" sind die **schwarzbraunen Plastiktüten,** die beim Einkauf überall großzügig ausgegeben werden und dann landesweit Straßen, Gehwege, Gärten und Felder verunzieren und an Zäunen, Sträuchern und Bäumen hängen. Hier könnte ein gewaltiger Schritt in Richtung Umweltschutz getan werden, würde eine Gebühr auf Plastiktüten erhoben werden. Dann würden Einheimische und Touristen wohl schnell auf die traditionellen Bastkörbe zurückgreifen.

Der **Mangel an Umweltbewusstsein** ist erschreckend. Wenn schöne Strände, Park- oder Picknickplätze übersät sind mit Plastikflaschen, Kronkorken und rostigen Sardinenbüchsen, dann könnte man schon in Depressionen verfallen - auch wenn von Zeit zu Zeit Säuberungsaktionen stattfinden, vor allem wenn der König im Land herumreist. Andererseits sollte berücksichtigt werden, dass Umweltschutz und die entsprechende Bewusstseinshaltung immer auch in direkter Beziehung stehen zum allgemeinen Wohlstand eines Landes und seiner Einwohner. Eine bekannte Weisheit paraphrasierend, könnte man formulieren: „Fressen kommt vor Sauberkeit", und viele Marokkaner haben nun mal in erster Linie damit zu tun, ihren Lebensunterhalt zu sichern und sorgen sich wenig um die Sauberkeit außerhalb ihrer vier Mauern. Wie aber in allen arabischen Ländern ist es dafür in der eigenen Wohnung um so sauberer!

Besonders ärgerlich ist es, wenn der in ökologischer Hinsicht sensibilisierte Tourist im Ausland alle Hemmungen fallen lässt, nur weil sich die meisten Einheimischen einen Dreck um Umweltbelange kümmern. Hier besteht eine gute Gelegenheit, als Vorbild aufzutreten: Hinterlassen Sie keinen Müll, gehen Sie sparsam mit Wasser um und verwenden Sie umweltfreundliche Shampoos, Seifen und Waschpulver, da die Abwässer meist ungeklärt ins Meer fließen.

Im Gedränge nicht den Überblick verlieren

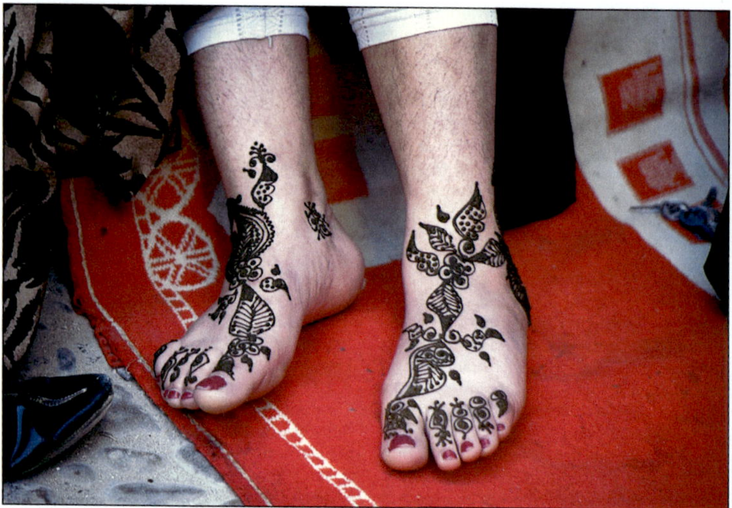

Henna-Applikationen sehen schön aus und besitzen „Baraka", den „göttlichen Segen"

Das Erscheinungsbild mancher Dörfer und Städte wird auch beeinträchtigt durch deren anhaltenden **Baustellencharakter.** Häuser bleiben lange Zeit halbfertig und unverputzt. Steine, Sand, Bauschutt und Abfall werden nach der Fertigstellung nur peu à peu weggeräumt. Der Wind wirbelt Staub und Dreck unbefestigter Bodenflächen durch die Gassen. Mancherorts stolpert man bei Rundgängen über hochstehende Steinplatten, steigt über Sandhaufen und Baumaterial, hüpft über Löcher und offene Kanalschächte – und niemand stört sich daran. **Rollstuhlfahrer** haben es deshalb, auch mangels durchgehend gepflasterter Gehwege, besonders schwer. Wenn dann die wenigen gut ausgebauten Fußgängerwege noch mit Buden und Caféstühlen vollgestellt sind, gleicht das Fußgängerdasein eher einem Hindernislauf.

In Agadir kam es bis vor kurzem vor, dass die Bewohner am Abend die Nase rümpften und dabei lakonisch kommentierten: „Heute stinkt es aber wieder zum Himmel ..." Grund war die Mülldeponie und die Abwässer der Stadt, die um Agadir immer noch ungeklärt abgeleitet werden. Zwar ist ein modernes Klärwerk geplant, aber wann dieses Projekt verwirklicht wird, ist nicht abzusehen...

Abstriche von der uns gewohnten Sauberkeit und Hygiene müssen häufig auch gemacht werden, wenn **Billighotels,** kleine Restaurants und **Garküchen** besucht werden – von **öffentlichen Toiletten** ganz zu schweigen.

Diese Zu- und Missstände sind den Verantwortlichen durchaus bewusst. In Ministerien, Kommunen, Universitäten und Schulen sind landesweit **Umweltspezialisten** eingesetzt, die forschen, informieren und aufklären – ein weites Aufgabengebiet, das viel Geld kostet. Auch die deutsche GTZ unterstützt hier die marokkanische Regierung. Vieles wird bereits getan, aber noch mehr bleibt zu tun. Marokko hat eine Menge Probleme zu lösen – die Umweltverschmutzung ist nur eines davon.

LAND UND LEUTE

LANDESÜBERBLICK

GEOGRAPHISCHER ÜBERBLICK

KLIMA UND REISEZEIT

GESCHICHTE UND POLITIK

WIRTSCHAFT

BEVÖLKERUNG UND SOZIALWESEN

RELIGION

KUNST UND KULTUR

PFLANZEN UND TIERWELT

NATURPARKS UND NATURRESERVATE

LANDESÜBERBLICK

Lage:
Marokko erstreckt sich zwischen dem 23. und 36. Breitengrad und zwischen dem 1. und 16. Längengrad. Begrenzt wird das Land vom Mittelmeer im Norden, vom Atlantik im Westen, im Süden von Mauretanien.

Größe:
Ca. 458 730 km^2, mit Westsahara ca. 710 850 km^2; diese wird von Marokko als nationales Territorium beansprucht und verwaltet; Eingliederung des nördl. Teils 1975 und des südl. Teils 1979.

Staatsform:
Konstitutionelle Monarchie mit sehr weitreichenden Zuständigkeiten des Königs; Zweikammerparlament (erste Kammer – *Chambre des Répresentants* – mit 325 Mitgliedern und zweite Kammer – *Chambre des Conseillers* –, die aus gewählten Vertretern von Standesorganisationen, Berufsverbänden und Arbeitnehmerorganisationen besteht); staatliche Unabhängigkeit seit 1956; König ist seit 1999 *Muhammad VI. (Mohammed)*, Premierminister ist seit den Wahlen 2002 *Driss Jettou*.

Bevölkerung:
Über 30 Millionen, das Gebiet der Westsahara mitgerechnet.

Bevölkerungsdichte:
Ca. 62 Einwohner/km^2 ohne Westsahara, mit Westsahara ca. 42 Einw./km^2 (2003).

Bevölkerungswachstum:
2% p.a. (1990–2000), im Jahr 2004 geschätzte 1,6%.

Bevölkerungsverteilung:
42,7% Landbevölkerung, 57,3% Stadtbevölkerung. 32,6% der Bevölkerung sind unter 15 Jahren (in Deutschland: 14,7%), 62,5% zwischen 15 und 64 Jahren und nur 4,9% über 64 Jahre (in Deutschland: 18%). Durchschnittsalter: 23,3 Jahre (in Deutschland: 41,7 Jahre).

Lebenserwartung: 70 Jahre

Alphabetenrate: 51,7% (nur ca. 39% bei Frauen).

Arbeitslosigkeit: 20% in der Stadt, gesamt ca. 12% (2003).

Religion:
99% sunnitische Moslems (Islam ist Staatsreligion), jüdische und christliche Minderheiten.

Sprachen:
Staatssprache ist Arabisch. Sehr verbreitet ist Französisch als Handels- und teilweise als Bildungs- und zweite Amtssprache.

In den nördlichen Regionen zwischen Mittelmeer und Rif und in der Westsahara wird von der älteren Bevölkerung gelegentlich Spanisch gesprochen.

Verbreitete Berbersprachen sind *Tamazight, Tachelheit, Tarafit* und *Hassania* (keine Berbersprache, sondern ein arabischer Dialekt, der in der Westsahara gesprochen wird).

Unabhängigkeitsdenkmal in Rabat

Währung:
Dirham; 1 DH = 0,09 Euro, 1 Euro = 11,04 DH, 1 SFR = 7,08 DH (Feb. 2005).

Bruttoinlandsprodukt:
41,8 Mrd. Euro (2003)
BIP pro Einwohner: 1283 US $ (2003)

Auslandsverschuldung:
ca. 12,5 Mrd. Euro (2003, sinkend)

Inflationsrate: 1,2% (2003)

Wichtigste Städte (Einwohnerzahl; Angaben nach der Volkszählung 1997):
Agadir (Stadt 403 000, Großraum ca. 700 000)
Casablanca (Großraum: 3,10 Mio.)
Fès (ca. 520 000, Großraum 1 Mio.)
Kénitra (493 000, Großraum 1 Mio.)
Marrakesch (660 000)
Meknès (304 000, Großraum 723 000)
Oujda (441 000)
Rabat (Großraum 1,275 Mio.)
Tanger (675 000 mit Asilah)
Tétouan (573 000)

Mitgliedschaft in Internationalen Organisationen:
UNO, ECA, FAO, IWF, Weltbank, GATT/WTO, UAM, Arabische Liga, Islamische Konferenz.

Maßsystem:
metrisch

Uhrzeit:
MEZ minus 1 Stunde (während unserer Sommerzeit MESZ minus 2 Stunden)

Strom:
220 V, Südeuropastecker, aber auch deutsche Normstecker.

(Quellen für die Daten in der Landeskunde: www.statistics-hcp.ma, Munzinger Archiv, CIA Worldfactbook 2003, bfai, Weltbank)

GEOGRAPHISCHER ÜBERBLICK

Marokko liegt in seiner Nord-Süd-Erstreckung zwischen dem 36. Breitengrad und dem nördlichen Wendekreis im äußersten Süden bei 23,3°. Das Land bildet zusammen mit Tunesien und Algerien den Landschaftsraum der **Atlasländer.** Die Gipfelhöhen des *Atlas-Gebirgsmassivs* nehmen westwärts von Tunesien über Algerien nach Marokko hin ständig zu und erreichen im *Hohen Atlas* ihre größten Höhen. Die beiden Gebirgsketten des nördlichen *Rifgebirges* an der Mittelmeerküste und des *Mittleren Hohen Atlas,* der sich Richtung Südwesten bis zur Atlantikküste bei *Agadir* fortsetzt, umschließen den atlantischen Kernraum Marokkos, die *Meseta.*

In geologischen Fachkreisen wurde zeitweise diskutiert, ob Afrika nicht schon jenseits der *Pyrenäen* beginnt oder umgekehrt Europa nicht erst in Südmarokko endet. Diese Vorstellung mag abwegig klingen, sie rührt jedoch daher, dass – geologisch betrachtet – die uralte afrikanische Tafel erst südlich des Hohen Atlas beginnt (und sich marokkanische und spanische Meseta landschaftlich äußerst ähnlich sind). Tatsächlich trennt die Grenze zwischen *Hohem Atlas* und *Anti-Atlas* (die sich geologisch im *Dadès-Tal* weiterzieht) als so genannte **vorafrikanische Furche** die alte afrikanische Tafel (Alter über 1 Milliarde Jahre mit einzelnen Gebirgsbildungen von ca. 350 Mio. Jahren).

Wenn von Marokko als einer „Insel" gesprochen wird, so ist der beschriebene Kernraum mit den umrahmenden Gebirgen im Norden, Osten und Süden gemeint. Damit ist aber nicht einmal die Hälfte der Fläche Marokkos abgedeckt. Die übrigen Gebiete werden oft als das **transmontane Marokko** bezeichnet: Hierzu gehören der Nordosten Marokkos östlich des Flusses *Moulouya* – ein altes Hochlandmassiv, das jenseits der Grenze nach Algerien in das *Hochland der Schotts* übergeht – und die Landschaftsräume im Süden und Südosten, die nun in der Tat zum eigentlichen afrikanischen Festlandsockel gezählt werden. Es sind im wesentlichen die Gebiete des *Anti-Atlas* und des östlich anschließenden *Djabal Sarhro* sowie die atlantischen Wüstenbereiche der *Westsahara* im äußersten Südwesten Marokkos.

Die **landschaftliche und klimatische Gestaltung** Marokkos wird wesentlich von den Ketten des **Atlas-Gebirges** geprägt. So sind bereits in der gebirgsbildenden Hebungsphase vor 30 bis 50 Millionen Jahren Teile auch der zentralen Meseta in die Hebung mit einbezogen worden. Gleichzeitig bedecken die bei der Gebirgsbildung abgetragenen Sedimente weite Bereiche des alten Massivs Zentralmarokkos, wie auch der transmontanen Hochsteppen und Wüsten. Die Wassermassen der Flüsse werden fast ausschließlich von den Gebirgshängen des Atlas gespeist und gelenkt. Und nicht zuletzt bildet diese Gebirgsmauer die alles dominierende Klimascheide Marokkos und ist damit für die unterschiedlichen Klimate sowie für die mögliche agrarische Nutzung der verschiedenen Landesteile verantwortlich.

MITTLERER ATLAS

Von Westen her gehen die Mittelgebirge der zentralen Meseta südlich von *Meknès* und *Fès* in den so genannten *Flächenatlas* und dieser schließlich in den eigentlichen Mittleren Atlas über. Dieser gefaltete und am stärksten gehobene Gebirgsteil erreicht im äußersten Osten seine größten Höhen mit **über 3300 m.** Ein schroffer, steiler Abfall zum *Moulouya-Tal* auf 700–800 m markiert dann deutlich die Grenze zu den *ostmarokkanischen Hochsteppen.*

Die **Niederschläge** sind im Hochgebirge des Mittleren Atlas **sehr reichlich** (bis über 1000 mm) und ermöglichen (meist über Stauseen) die Bewässerung weiter Landesteile. Der Schnee bleibt in den Wintermonaten oft 4–5 Monate liegen, so dass selbst Skifahren in diesem Gebiet möglich ist. Zur Zeit der Schneeschmelze in den

Monaten März und April sind deshalb plötzliche Hochwasser nicht selten.

Verbreitet sind auf den zentralen Hochplateaus diverse **Karsterscheinungen,** etwa *Dolinen* (Erdfälle oder größere Senken, die zuweilen Seen enthalten) oder *Karren* (scharfe Gesteinskämme, vergleichbar dem Gottesacker). Die Baumgrenze wird bei 2600–2800 m erreicht. Es wachsen insbesondere die Steineiche, daneben laubabwerfende Eichen und die Atlaszeder.

Die **Dörfer** im Mittleren Atlas liegen, abgesehen von manchen Randgebieten, **sehr weit verstreut.** Die Bewohner betreiben als **Halbnomaden** zumeist Transhumanz, d.h. sie wohnen im Winter in ihren Häusern in den Tälern, während im Sommer ein Teil der Bevölkerung mit den Tieren (Schafe und Ziegen, aber auch Rinder) auf die Hochweiden zieht und dort in selbstgebauten Zelten *(Khaimas)* lebt. Der übrige Teil der Bewohner bleibt zurück und bewirtschaftet die meist terrassierten Felder. Große Städte entstanden erst mit der Einrichtung von Militärstützpunkten oder an den Handelsplätzen.

HOHER ATLAS

Gewaltiger noch als der Mittlere Atlas ragt das Gebirge des südlicheren Hohen Atlas empor. Seine Ausdehnung vom *Atlantischen Ozean* bei *Agadir* in nordöstlicher Richtung beträgt ca. 700 km, seine höchsten Gipfel erreichen **über 4100 m.**

Die Gipfelketten trennen das mediterrane vom saharischen Marokko, sie schieben die Wüstensteppe gewissermaßen um mehrere hundert Kilometer nach Süden (vgl. dagegen z. B. das weitere Vordringen der Wüste nach Norden in Algerien).

Der Gegensatz zwischen den vegetationsbedeckten Nordhängen und den nackten, schroffen Südhängen zeigt sich am deutlichsten im gewaltigen Massiv des Hohen Atlas von *Marrakesch.* Südlich davon trennt die schmale Depression des *Sous* und *Dadès* nochmals die Kette des *Anti-Atlas* und des *Djabal Sarho* ab, bevor dann die Wüstensteppe endgültig das Landschaftsbild beherrscht.

Der **östliche Hohe Atlas** ist im Gegensatz zum zentralen (*paläozoischen* = erdaltertümlichen) Hohen Atlas aus **„mittelalterlichen" Jurakalken** aufgebaut (Alter ca. 169–190 Millionen Jahre). Er geht nach Osten allmählich in den sog. *Sahara-Atlas* über, der das Bindeglied zum algerischen Teil des Atlas bildet. Die Gebirgshänge sind v. a. oberhalb von 3000 m von mächtigen Schutthalden überdeckt. Sie sind das Resultat häufigen Frostwechsels vor allem in den winterlichen Grenzmonaten (stärkere Erwärmung tagsüber, nächtlicher Frost). Große, eiszeitlich gebildete Hangmulden (sog. *Kare)* und beachtliche Schuttmäntel auch in den niederen Höhen unter 2700 m zeugen von einer eiszeitlichen Vergletscherung des Hohen Atlas.

Der Wald ist in weiten Teilen des Hohen Atlas durch **Überweidung** dezimiert. Allerdings ist auch unter natürlichen Bedingungen der Wald im Hohen Atlas aufgrund der geringen Niederschläge nie so dicht gewesen wie im Mittleren Atlas.

Karge Felshänge im südl. Hohen Atlas

ANTI-ATLAS UND SOUS-EBENE

Der Hohe Atlas und der Anti-Atlas sind durch die bereits erwähnte „vorafrikanische Furche" getrennt. Diese ist als von Ost nach West verlaufende Längssenke ausgebildet, bestehend aus der *Sous-Ebene* und dem *Dadès-Tal*. Als einzige Nahtstelle zwischen den beiden Gebirgssystemen fungiert lediglich das vulkanische Massiv des *Djabal Siroua*.

Die fruchtbare **Sous-Ebene** zeichnet sich durch eine offene Lage zum Atlantik hin aus. Der hier vorbeiströmend **kühle Kanarenstrom** führt deshalb bis 30 km landeinwärts zu häufigen Nebelbänken, die die geringen Niederschläge von unter 200–300 mm zumindest teilweise wettmachen und den Anbau von Zitrusfrüchten, Mandeln, Artischocken und weiteren Gemüsearten ermöglichen.

Der **Anti-Atlas** erweist sich als **trockenfelsiges,** in weiten Teilen **wenig reliefiertes Gebirge** mit Höhen bis 2100 m. Das Gestein besteht im zentralen Bereich aus *Granit*, während es randlich von (karbonischen) *Kalken* umgeben ist, die schließlich im *Djabal Sarhro* in sandige Sedimente übergehen. Im Süden und Südosten dagegen tauchen die Sedimente der auslaufenden Berghänge allmählich unter die weiten *Hammada-Flächen*.

Kennzeichnend für die lichten Wälder des Anti-Atlas ist der in Maroko endemische Arganienbaum, bei uns auch als Eisenholzbaum bekannt. Weiterhin wachsen Gummi-Akazien und Palmen. Jahresniederschläge von meist unter 200 mm in diesem Gebiet machen eine Vorratswirtschaft notwendig. Zu diesem Zweck sind in und unweit der Dörfer **riesige Speicherburgen** angelegt worden.

Had Imoulas im Anti-Atlas

KLIMA UND REISEZEIT

Marokko hat von Norden her **bis etwa zum Anti-Atlas** Anteil am **gemäßigten Mittelmeerklima.** Dieses zeichnet sich durch trockene, warme Sommer und milde Winter aus. Die je nach Region meist zwischen 300 und 600 mm schwankenden Niederschläge fallen überwiegend im Winterhalbjahr, wenn atlantische Tiefausläufer bis nach Marokko vorstoßen. Ergänzt werden sie am Atlantik und insbesondere in den Mündungsebenen durch ausgedehnte morgendliche Nebel.

Der **kalte Kanarenstrom** zeigt seine ausgleichende Wirkung unmittelbar an der Atlantikküste bis weit in den Süden Marokkos hinein. Die Tagesmitteltemperaturen bewegen sich fast immer zwischen 18°C und 25°C.

Im Landesinnern sorgt der Atlantik bis zu den Atlasketten für jahreszeitlich relativ ausgeglichene Temperaturen. Die mittlere Jahrestemperatur liegt meist um 18°C, das Monatsmittel der wärmsten Monate um 25°C (mit Tagesmaxima häufig über 35°C).

Südlich der als Klimascheide wirkenden Atlas-Ketten bewegen wir uns bis etwa zum Breitengrad der Kanarischen Inseln bei 28°C im Bereich des **Steppenklimas.** Hier sinken die Niederschläge bereits deutlich auf meist unter 200 mm im Jahr ab, die Temperaturschwankungen zwischen Tag und Nacht nehmen dagegen spürbar zu. Das Jahresmittel der Temperatur liegt meist noch unter 18°C, die Tagesmaxima im Sommer klettern allerdings bereits auf über 40°C.

Wesentlich heißer und trockener wird es im Wüstenklima der **Westsahara und der südöstlichen Hammadas.** Tagestemperaturen von 40 bis 50°C im Sommer und immer noch bis 30°C im Winter stehen nächtliche Werte gegenüber, die zwischen 20°C im Sommer und 2,5°C im Winter, d. h. teilweise bis unter dem Gefrierpunkt liegen.

Auch **zum Landesinneren hin** wird das **Klima allgemein extremer,** d.h. die Temperaturunterschiede zwischen Tag und Nacht und – vor allem im Gebirge – auch zwischen Sommer und Winter nehmen zu. So können in den Hochgebirgen des Atlas oberhalb 2000 m die reichlichen Niederschläge von bis zu 1000 mm als geschlossene Schneedecke oft bis ins Frühjahr hinein liegenbleiben.

Ein **besonders angenehmes Klima** herrscht im **Mittleren Atlas** in der Gegend von **Ifrane und Azrou** mit Sommertemperaturen um 25°C und Schneereichtum im Winter, so dass sich diese Region zum bevorzugten Erholungsgebiet der reichen Marokkaner entwickelt hat. Im Hohen Atlas herrschen im Winter eisige Winde und sehr kalte Temperaturen, und im Sommer ist es selbst in den Hochtälern sehr heiß und trocken.

Die Gebiete des **östlichen transmontanen Hochlandes** weisen ein typisches **Steppenklima** auf. Die Sommer sind trocken und heiß mit Durchschnittstemperaturen im Juli von 25 bis 30°C, die Winter relativ kalt mit Januarmittel unter 10°C und zeitweisem Schneefall.

Die tägliche (astronomisch mögliche) **Sonnenscheindauer** in Marokko weicht von den Verhältnissen in unseren mittleren Breiten bereits deutlich ab. Die Sonne steht im Sommer, je weiter wir nach Süden zum Wendekreis kommen, um so näher im Zenit. Dies bedeutet auch, dass der nächtliche Schattenwurf, eingedenk der Erdrotation, größer ist und damit länger andauert als bei uns. Die höchste Sonnenscheindauer im Sommer erreicht deshalb nur etwa 14 Stunden. Im Winter steht die Sonne dagegen nie so tief wie bei uns, die kürzeste (mögliche) Sonnenscheindauer sinkt deshalb kaum unter zehn Stunden ab.

Ursache für die regelhaften Windsysteme und damit verantwortlich für die Wetterlagen in Marokko sind das vor allem im Sommer relativ ortsfeste **Azoren-Hoch** sowie das ebenfalls im Sommer ausgeprägte **Sahara-Hitzetief.**

Das Hoch bewirkt im Uhrzeigersinn umlaufende Winde, die auf die marokkanische Küste als Nord- oder Nordwestwinde treffen. Nach Süden zum Wendekreis hin gehen sie mit einer leichten Drehung in den **Nordostpassat** über.

Das Hitzetief der Sahara dagegen bewirkt leicht gegen den Uhrzeigersinn umlaufende Winde. Sie erreichen den Süden Marokkos aus östlicher Richtung oft als **heiße Wüstenwinde** *(Schirokko)*, die mehrere Tage andauern können und weite Landstriche austrocknen. Diese großräumig wirkenden Zirkulationssysteme werden häufig durch vielfältige lokale Winde überlagert. Als Beispiel mag das bei allgemein windarmen Wetterlagen auffällig in Erscheinung tretende Land-See-Windsystem gelten. Danach weht der Wind tagsüber vom Meer aufs Land, weil sich dieses stärker erwärmt und die dadurch aufsteigende Luft bodennah eine Sogwirkung erzeugt, die die kühlere Meeresluft nachfließen lässt. Umgekehrt weht abends und in der Nacht der Wind aufs Meer hinaus, weil dann das Wasser gegenüber dem sich auskühlenden Land vergleichsweise wärmer ist.

Die **Wassertemperaturen** im Atlantik werden in ihrem Jahresverlauf vom kalten, aber gleichmäßig temperierten Kanarenstrom geprägt. Sie sinken im Januar und Februar auf noch erträgliche 17 °C ab, steigen aber im Sommer kaum über 21 °C.

Als **Reisezeit** ist das Frühjahr von Anfang März bis Ende Mai am angenehmsten, denn hier zeigt sich die im Herbst graubraune Landschaft in ihrem schönsten Kleid, und alles grünt und blüht. Die Zeit um Ostern ist jedoch auch diejenige mit den meisten Touristen, also Hochsaison, was sich vor allem in Marrakesch in erhöhten Preisen und vollen Hotels auswirkt. Preiswerter wird es im Mai, jedoch ist ge-

Mittlere tägliche Maximum- und Minimumtemperaturen in °C

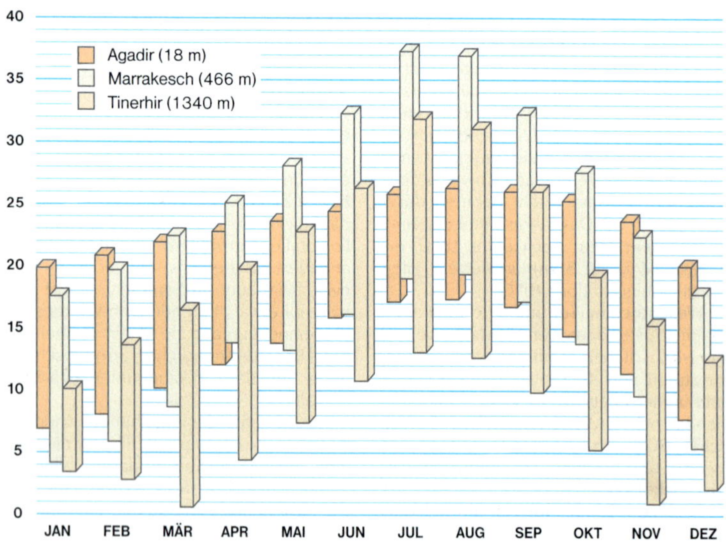

rade Agadir um diese Zeit häufig mit einer Nebeldecke verhüllt. Trotz meist sehr angenehmer Temperaturen im Frühjahr kann es zu dieser Zeit auch starke Regenfälle und Kälteeinbrüche geben, wie beispielsweise im Jahr 2002 nach dreijähriger Trockenheit.

Im **Sommer,** vor allem im August, während der europäischen und marokkanischen Ferien, sind die Badeorte am Atlantik (und am Mittelmeer) überfüllt, und die Campingplätze quellen von marokkanischen Großfamilien über, mit der Folge, dass die Zustände auf manchen Plätzen unerträglich sind. Im Landesinnern dagegen lässt es sich vor allem an den hoch gelegenen Seen des Mittleren Atlas gut aushalten, und auch der Hohe Atlas ist noch nicht von Touristen überlaufen. Übrigens bietet selbst der Hochsommer keine Schönwettergarantie. Gerade im Gebirge sind sturzflutartige Regenfälle nicht selten, so gab es im Sommer 1995 über 200 Tote durch Unwetter im Hohen Atlas.

Der **Herbst** ist wiederum eine sehr beliebte Reisezeit auch für Gruppen- und Trekkingreisen. Es fehlt jedoch die Farbenpracht des Frühjahrs, und, wie bereits erwähnt, wirken weite Landstriche aufgrund der abgeernteten Felder braun und kahl.

Wichtig ist es, bei der Reiseplanung zu überlegen, ob die Reisezeit in den Fastenmonat **Ramadan** fällt. Da ein erwachsener Moslem während dieser Zeit von Sonnenaufgang bis Sonnenuntergang nichts essen darf, bleibt es nicht aus, dass man, sofern man tagsüber etwas zu sich nimmt, als Tourist entweder unangenehm auffällt oder sich irgendwohin zurückziehen muss. Rucksacktouristen haben es etwas schwerer als Pauschaltouristen, da in kleinen Restaurants und arabischen Hotels nicht gekocht wird und der Geldbeutel für große Hotels zu schmal ist. Ein sparsamer Esser oder man/frau mit Diätabsichten hat während des Ramadan allerdings eine beschaulichere Reisezeit, da wesentlich weniger Touristen im Land unterwegs sind. Und wenn die Fastenzeit nicht gerade in den Hochsommer fällt, wenn die Tage am längsten sind, dann lässt sich das Fasten ganz gut auch für den Touristen durchhalten. Cluburlauber und Gäste größerer Hotels brauchen auf die gewohnte Küche nicht zu verzichten, aber einem marokkanischen Hotelangestellten wird man es kaum verübeln, wenn er angesichts opulenter Büfetts und eigenem knurrenden Magen nur noch mürrisch seiner Arbeit nachgeht ... Das öffentliche Leben insgesamt läuft während des Ramadan auf Sparflamme: Man kann nur vormittags mit geöffneten Schaltern rechnen; Brot gibt es in kleineren Orten nur nachmittags, alle anderen Lebensmittel aber sind reichlich auf den Märkten zu haben.

Nach Sonnenuntergang wird um so üppiger gegessen und gefeiert, auf den Straßen ist viel mehr los, und wegen des turbulenten Nachtlebens kann es recht interessant sein, zu Ramadanzeiten zu reisen.

Eine willkommene Erfrischung – „Gueltas", Wassertümpel in der Wüste

GESCHICHTE UND POLITIK

FRÜHGESCHICHTE

Die Besiedlung Marokkos ist durch den Fund des *Homo erectus atlanthropus* in den Steinbrüchen von *Sidi Abd er-Rahman* in der Nähe von Casablanca bis auf die Zeit **um 300 000 v. Chr.** nachgewiesen. Die Überreste eines *Homo sapiens neandertaliensis* bei Rabat und Tanger werden der Zeit um 100 000 v. Chr. zugeordnet. Werkzeuge aus Feuerstein und Knochen, entdeckt vor allem im algerisch-marokkanischen Grenzgebiet im Landesinnern, stammen aus der Jungsteinzeit (um 40 000 v. Chr.) und weisen auf die Präsenz des *Homo sapiens sapiens* hin.

Bis 5000 v. Chr. treten **zwei Kulturen** auf: das **Capsien** und das **Mouillien** (nach den Fundorten Capsa = *Gafsa,* Tunesien, und Mouillah bei *Maghnia,* marokkanisch-algerischer Grenzbereich). Aus diesem Zeitraum liegen Werkzeug- und Skelettfunde vor, auch Gräber wurden entdeckt. Ein Bezug dieser Kulturen zu den Berbern der geschichtlich fassbaren Zeit ist noch ungeklärt.

Die letzte Epoche der Altsteinzeit **bis um 2000 v. Chr.** ist die Zeit der **Felsbilder und Megalithkulturen.** Steinkreise gibt es z. B. bei *Sidi Harazem* unweit von Fès, Felsgravuren finden sich überwiegend im Hohen Atlas *(Oukaimeden* und *Djabal Yagour* südlich von Marrakesch).

Im Laufe des frühen zweiten Jahrtausends v. Chr. erfolgte dann wahrscheinlich auch die Einwanderung der Berber. Stichhaltige Beweise fehlen allerdings noch.

PHÖNIZIER UND KARTHAGER

Die **ersten historischen Fakten,** auf die wir zurückgreifen können, belegen das Vordringen des Seefahrer- und Handelsvolkes der Phönizier in den maghrebinischen Raum. **Ende des 2. Jahrtausends v. Chr.** begannen diese von *Tyros* (Libanon) aus, im gesamten Mittelmeerraum **Handelskolonien** zu bilden. Man nimmt an, dass sie um 1100 v. Chr. durch die Meerenge von Gibraltar sogar in den Atlantik vorstießen. In der Folgezeit wurden u. a. *Gadir* (Cadiz, Südspanien) und *Liks* (röm. Lixus, bei Larache in Nordmarokko) sowie *Rusaddir* (Melilla) gegründet. Gehandelt wurde mit der einheimischen Bevölkerung, die wahrscheinlich *Masmuda-Berber* waren. Bis zur Mitte des 1. Jahrtausends v. Chr. wurden weitere Handelsstützpunkte angelegt: *Tingis* (Tanger), *Rusibis* (Mazagan, Al-Jadida) und *Chellah* (bei Rabat). Diese Gründungen sind als karthagisch zu bezeichnen, zumal bald nach der Gründung von Karthago 814 v. Chr. die Einwohner dieser Kolonie die Oberhoheit über die bis dahin phönikischen Handelsniederlassungen im westlichen Mittelmeerraum übernahmen (6. Jh. v. Chr.).

Um das Jahr 460 v. Chr. unternahm der karthagische Seefahrer *Hanno* seine „Afrika-Umseglung", die ihn bis in die Gegend des *Río de Oro,* vielleicht gar bis zum *Golf von Guinea* führte. Das **bekannteste Handelsgut** in der Folgezeit wurde die **Purpurschnecke,** eine begehrte Ware bis in die ersten Jahrhunderte unserer Zeitrechnung.

Die einheimische Bevölkerung war bis in die letzten vorchristlichen Jahrhunderte nur sehr lose organisiert. Erst im Laufe des 3. Jahrhunderts v. Chr. scheint sich eine Art Herrschaftsbereich herausgebildet zu haben, der sich beiderseits des *Moulouya-Flusses* etablierte. In der Geschichtsschreibung ist er als das mauretanische „Königreich von Marusia" bekannt geworden.

RÖMER UND BYZANTINER

Nach dem 3. Punischen Krieg und dem **Fall der Stadt Karthago** im Jahre 146 v. Chr. übernahmen die Römer die Herrschaft über die karthagischen Gebiete und gaben den Masmuda auch ihre bis heute geläufigen Namen: **Berber** (von Lat. *barbarus,* vom Griech. *barbaroi* = „stammeln" bzw. ein mit der einheimischen Sprache nicht vertrauter Ausländer) und **Mauren** (Lat. *Mauri,* von griech. *amauros* = dunkel). **Mauretanien** ist also das **„Land der Dunkelhäutigen".** Es umfasste das nördliche Marokko bis zum Fluss *Ampsaga* (dem heutigen *Oued al-Kebir* im westlichen Algerien).

Der wohl bekannteste Herrscher der Mauren war **Juba II.,** den *Augustus* im Jahre 25 v. Chr. auf den Thron von Numidien und Mauretanien hob. Er behielt diese Stellung bis ins Jahr 23 n. Chr. Seine Frau *Kleopatra Selene,* die Tochter der berühmten ägyptischen Herrscherin und des *Antonius,* brachte das griechische Kulturgut nach Nordwestafrika. Juba II. residierte in *Jol* (Cherchell in Algerien) und in *Volubilis,* der wohl bekanntesten römischen Stadt in Marokko, die auch schon vor der Römerzeit von Masmuda besiedelt war.

Im Jahre 40 n. Chr. wurde Jubas Sohn *Ptolemäus* auf *Caligulas* Geheiß in Rom ermordet. In der Folge kam es in Mauretanien zu **Aufständen,** die im Jahre 42 von Kaiser Claudius niedergeschlagen wurden. Er teilte die Provinz in zwei Teile: **Mauretania Tingitana** (Hauptstadt: Tanger) und **Mauretania Caesarea** (Hauptstadt: Cherchell). Die Grenze bildete der Fluss *Mulucha* (Oued Moulouya). Der römische Einfluss beschrankte sich letztendlich auf einen ziemlich kleinen Teil des heutigen Marokko: auf die nördlichen Küstenstädte und (ungefähr) auf die gedachte Linie Salé - Fès - Taza - Oujda. Südlich dieser Linie, die im Jahre 146 teilweise durch einen Limes befestigt wurde, blieben die Berber unabhängig.

Die ersten nachchristlichen Jahrhunderte waren eine Zeit der Wirren, in der es einigen Statthaltern immer wieder gelang, sich für einige Zeit von Rom loszusagen. Anfang des 5. Jahrhunderts beherrschte Rom nur noch das Gebiet von *Tingis* (Tanger) und *Septem* (Ceuta).

Im Jahre 429 kamen die **Wandalen** über die Meerenge von Gibraltar nach Afrika. Die Berber schlossen sich dem Wandalenkönig *Geiserich* an. Dieser besetzte Tingis und Septem, zog aber bald mit dem Großteil seines Heeres und einer nicht

Juba II. - Bronzebüste im archäologischen Museum in Rabat

unbeträchtlichen Anzahl von Berbern gen Osten, um seinen großen Feldzug fortzuführen. **Nach dem Tod Geiserichs** im Jahre 477 **zerfiel das Reich der Wandalen** sehr schnell, und die Berber übernahmen die westlichen Gebiete. Der letzte Wandalenherrscher *Gelimer* wurde von den Truppen *Justinians I.* unter dem Feldherr *Belisar* 533 besiegt. Kaiser *Maurikios* (582–602) fasste Tingis und Septem mit einigen südspanischen Küstenstädten und den Balearen zur Provinz *Mauretania Secunda* zusammen. Dieser Schritt hatte allerdings fast nur noch nominale Bedeutung, denn die Berber waren die faktischen Beherrscher Marokkos, abgesehen von den beiden Küstenstädten.

ISLAMISIERUNG

Das erste Eindringen der Araber in Marokko ist mit dem Namen **Uqba Ibn Nafi** verbunden, der im Rahmen des großen islamischen Eroberungsfeldzuges des 7. Jahrhunderts der Überlieferung nach im Jahre 682 bis zum Atlantik, auf der Höhe des heutigen Agadir, vorstieß. Danach kämpfte er gegen die Berber im Mittleren Atlas, die in großer Zahl den Islam annahmen. Doch deren Widerstand war damit nicht gebrochen; zahlreiche Aufstände zwangen Uqba ben Nafi zum Rückzug nach Osten, bei dem sein Heer in der Nähe von *Biskra* (Algerien) von der Berberarmee unter *Kusaila Ben Lemzen* vernichtend geschlagen wurde und Uqba den Tod fand.

Zwischen 698 und 709 gab es weitere Vorstöße Richtung Atlantik unter der Führung *Musa Ibn Nusairs*. Marokko wurde dem **Umayyadenkalifat** von Damaskus einverleibt und wird ein Teil der Provinz *Ifriqiya* (= Afrika).

Der **Islam breitete sich unterdessen immer weiter unter den Berbern aus,** und zwar in Form der kharidjitischen Lehre. Der Grund dafür war, dass ihnen diese Richtung eine gerechtere, ihrem Status als Muslime angemessenere, Behandlung zu verheißen schien. Das kharidjitische Dogma ging nämlich davon aus, dass es keine Unterschiede unter den Muslimen aufgrund ihrer Herkunft geben dürfe, und so die Araber nicht automatisch das Recht auf das Kalifenamt inne hatten. Nur der beste Muslim sei dazu geeignet, dieses Amt zu verwalten, nicht der Mächtigste. Dieses Dogma machte es ihnen zur Pflicht, eine Art „Heiligen Krieg" gegen die „illegitimen" Kalifen zu führen.

711 setzte *Tariq Ibn Ziyad* nach Gibraltar (= Djabal at-Tariq/Berg des Tariq) über und leitete damit die **Eroberung der iberischen Halbinsel** ein. Binnen zwei Jahren gelang es dem arabisch-berberischen Heer, nahezu das ganze heutige Spanien in seinen Besitz zu bringen.

In Marokko kam es in den folgenden Jahrzehnten zu mehreren Aufständen, deren bedeutendster, von *Maisara al-Matghar* geführt (739–740), die **Loslösung vom Kalifat** zur Folge hatte und das Land in anarchische Zustände stürzte.

Die **Dynastie der Idrissiden** (788–974) unternahm den ersten Versuch zur Organisation eines selbstständigen staatlichen Gemeinwesens. *Idris I.* errichtete sein befestigtes Lager *Madinat Fas*, das unter seinem Nachfolger *Idris II.* (803–828) die Züge der künftigen **Stadt Fès** annahm. Um das Ende des 8. Jahrhunderts erfolgte die Errichtung der Moschee der Fatima, der nachmaligen *Kairawiyine-Moschee*. Das Arabische wird als Verwaltungssprache immer gebräuchlicher, und der sunnitische Islam (die orthodoxe Richtung des Bagdader Kalifats) gewinnt allmählich die Vorherrschaft.

Am Anfang des 10. Jahrhunderts entwickelte sich in Nordafrika die **Fatimiden-Dynastie** (974–1061), die sich gegen das herrschende, auf die Umayyaden folgende Abbasidenkalifat stellte und dem schiitischen Glaubenszweig *(Ismailiten)* anhing. Die Herkunft dieser neuen Herrscherfamilie lag im Bereich zwischen Ostalgerien und dem westlichen Libyen. Im Verlauf weniger Jahrzehnte dehnte sie ihre Macht bis Ägypten (969) und Marokko aus. Da sich das Interesse der Fatimiden nach der Eroberung Ägyptens immer mehr nach Osten orientierte, konnte sich in Nordalgerien eine neue Dynastie etablieren, die **Ziriden.** Sie gehörten zum sesshaften Zweig der Sanhadja-Berber. Im Jahre 1051 sagte sich *al-Mu'izz*, der bedeutendste Zirideneemir, von den Fatimiden los und unterstellte sich dem Kalifat von Bagdad. Diesen Ungehorsam beantwortete der Fatimidenherrscher *al-Mustansir* mit der wohl folgenschwersten Entscheidung für den gesamten Maghreb, mit der Entsendung der **Beni Hillal-Nomaden** nach Westen.

Ursprünglich vom *Hidjaz* auf der südlichen arabischen Halbinsel stammend, kam dieser Nomadenstamm schon in der ersten Hälfte des 8. Jahrhunderts zusammen mit dem Bruderstamm der *Sulayman* nach Unterägypten, von wo sie wegen ihres Ungehorsams im letzten Drittel des 10. Jh. vom Fatimidensultan *al'Aziz* nach Oberägypten umgesiedelt wurden. Um die Mitte des 11. Jahrhunderts veranlasste dann, wie erwähnt, *al-Mustansir* die Strafexpedition der Beni Hillal gegen die abtrünnigen Ziriden im westlichen Maghreb. Damit begann eine große Wanderungsbewegung nach Nordafrika (um 1052), zu deren Beginn die Hillalscharen die Felder und Dörfer niederbrannten und die Bewohner zur Flucht in die Städte zwangen. Nachdem schon 1053 die *Banu Ridyah*, die Vorhut des Hauptstammes, *Gabes* (Tunesien) erreicht hatten und der Ziridenemir *al-Mu'izz* besiegt war, stießen die Beni Hillal weiter nach Zentralalgerien vor.

Hier herrschten die **Hammadiden,** die die plündernden Horden zu zähmen wussten, indem sie sie teilweise in die eigene Armee eingliederten und ihnen Subsidien zahlten. Der Tauschhandel der arabischen Nomaden mit der einheimischen Bevölkerung forcierte deren Assimilation zusätzlich, so dass im Laufe der folgenden Jahrzehnte ein mehr oder minder friedliches Zusammenleben zustande kam. Der **Ansturm der Almohaden** (siehe unten) ließ das Ziriden- und Hammadidenreich endgültig zusammenbrechen. **Abd al-Mu'min,** der erste große Herrscher der neuen Dynastie, besiegte die Beni Hillal bei *Setif* und *Kairuan* und drängte sie mehr und mehr in die nordmarokkanische Tiefebene. Festzuhalten bleibt, dass alle Beduinen zwischen der atlantischen Küste und den Grenzen Ägyptens Nachkommen des Beni Hillal-Stammes sind (und zweier weiterer Stämme, die diesem folgten, des *Ma'qil-* und des *Sulaimstammes*). Auf sie geht die Verbreitung der arabischen Sprache in Nordafrika zurück.

Die von 1061–1147 herrschenden **Almoraviden** (arab.: *al-murabitun*, von *ribat* = eine Art „Wehrkloster", ähnlich der *Zawia;* die Bewohner dieser Klöster sind die *murabitun*, also Mönche mit offensivem Missionseifer) kamen als eine **Reformbewegung** an die Macht, die die Rückkehr zur reinen, ursprünglichen Lehre des Islam propagierte. An der Spitze standen der Theologe *Abdallah Ibn Yasin* und seine Gemeinschaft von „Kriegermönchen" vom Stamm der Sanhadja-Berber, die den Schleier trugen und deshalb *Al-Mulathamin* genannt wurden (von litham = Schleier/t = „th"). Begründer der Almoraviden-Dynastie war der Neffe einer der ersten Gefährten *Ibn Yasins,* **Yussuf Ibn Tashfin** (1061–1106).

Das Bab Agnaou in Marrakesch

Um 1040 brachen die **Sanhadja** auf, um den Senegal und den Sudan zu islamisieren. Nachdem sie ihre Vorherrschaft im Süden gefestigt hatten, überquerten sie unter der Führung von Yussuf Ibn Tashfin den Atlas und schlugen in der *Haouz-Ebene* ihr Heerlager auf (1062), aus dem sich dann **Marrukusch,** später **Marrakesch** (wörtl.: „die Stadt") entwickelte. Von dort ausgehend eroberten sie im Laufe von weniger als zwanzig Jahren ganz Marokko und Westalgerien bis Algier. 1085 wurde Marrakesch Residenzstadt. Nach der Eroberung von *Toledo* durch *Alfons VI. von Kastilien* und *León* riefen die andalusischen Moslems *Ibn Tashfin* zu Hilfe, der im Jahre 1086 den Christen in der Schlacht bei *Zallaqa* (Provinz *Badajoz)* eine schwere Niederlage beibrachte. In der Folge dehnte sich das Almoravidenreich auch über große Teile Spaniens aus, das seit Anfang des 11. Jahrhunderts in viele kleine moslemische Teilreiche (Taifa-Könige) zerfallen war.

Der **Almoravidenstaat** beruhte auf einer losen Organisation von Provinzen, deren Statthalter auf die Wahrung ihrer Autonomie bedacht waren. Der andalusische Einfluss wurde sehr stark spürbar. *Ibn Tashfin* holte Gelehrte, Dichter und Schriftsteller aus *al-Andalus* in die neue Hauptstadt Marrakesch und sorgte in seinem Reich für eine **Blüte andalusisch-maurischer Geisteskultur.** Auch auf dem Gebiet des Kunsthandwerks und der Architektur wird das andalusische Wissen verarbeitet und weiterentwickelt (besonders in der Ornamentik). In dieser Zeit ist der Ursprung des typisch „maurischen" Stils in Nordafrika zu suchen.

Nach dem Tode Alis, der die Nachfolge seines Vaters, Ibn Tashfins, 1106 übernommen hatte, erlosch das Reich der Almoraviden sehr schnell und mit ihm auch die kurze Hochblüte der Geisteskultur. Die regen theologischen Forschungen und Diskussionen machten einer immer dogmatischeren Starrheit Platz, die Entstehung einer neuen religiösen Bewegung war regelrecht absehbar: Es sollte die **Dynastie der Almohaden** (1147–1269) sein.

Der Aufstieg der Almohaden (arab.: *al-muwahhidun* = die Bekenner der göttlichen Einheit, abgeleitet vom arabischen Wort für eins = *wahid)* ist mit dem Namen eines Masmuda-Berbers aus dem Stamm der *Hargha* verknüpft: **Muhammad Ibn Abdallah Ibn Tumart,** der um 1080 geboren wurde und schon in früher Jugend eine asketische Lebensweise und religiösen Eifer an den Tag legte. Nach langjährigem Aufenthalt in Andalusien und im arabischen Osten zur Vertiefung seiner Studien kehrte er um 1115–1120 von Ägypten nach Marrakesch zurück. Auf seinem Wege entlang der nordafrikanischen Küste predigte er in vielen Städten, und es sammelte sich bereits eine kleine Schar von Adepten um ihn (u. a. *Abd al Mu'min,* der spätere Herrscher). Aus Marrakesch als politisch gefährlicher Agitator vertrieben, ließ er sich um 1125 schließlich in *Tin Mal,* im zentralen Hohen Atlas, wo heute noch sein Ribat (Kloster) zu sehen ist, nieder. Von dort aus verbreitete sich seine Lehre in wenigen Jahren über das gesamte Atlasgebiet. Deren Grundprinzip ist die rigorose, doch vergeistigte Interpretation des islamischen Dogmas von der Einheit Gottes; der bei den Berbern tief verwurzelte Glaube an einen Erlöser = *Mahdi,* als der er sich verstand, kam Ibn Tumart zugute.

Es folgten die **Ausrufung des Heiligen Krieges gegen die Almoraviden** und langwierige Kämpfe. In dieser Zeit (1130) starb Ibn Tumart, und sein Schüler **Abd al-Mu'min** übernahm nach und nach die Führung der neuen Bewegung.

Bis 1148 gelang es Abd al-Mu'min mit großer Brutalität, ganz Marokko, das moslemische Spanien sowie Algerien und Tunesien zu erobern (Hinrichtung von fast 30 000 Rebellen). Das Almohadenreich erreichte damit eine größere Ausdehnung als alle Dynastien vor- und nachher. Im Jahre 1162 nahm er den Kalifentitel an. Abd al-Mu'min gilt als **großer Förderer der spanisch-maurischen Kultur,** er gründete Universitäten und organisierte die Verwaltung, indem er die traditionellen Stammesinstitutionen der Berber (mit einer religiös-militärischen Hierarchie) übernahm und sie mit der aus Andalusien stammenden Administrationspraxis verband. Marrakesch, das er mit prächtigen Bauten schmü-

Die restaurierte Moschee von Tin Mal

cken ließ, blieb auch die Hauptstadt des Almohadenreiches.

Nach Abd al-Mu'mins Tod (1163) übernahm sein Sohn **Abu Yaqub Yussuf** (bis 1184) das wohl bestorganisierte Imperium des arabischen Westens. Dieser war vor allem ein großzugiger Gönner von Religionswissenschaft und Philosophie. Den strengen Puritanismus, den die ersten Anhänger der Almohadenlehre befolgten, hatte er abgelegt. Unter ihm und seinem Sohn **Abu Yussef Yaqub al-Mansur** erreichten die Baukunst und die geistige Kultur Marokkos und Südspaniens ihren Höhepunkt. Die drei „verwandten" Minarette wurden errichtet: der *Hassan-Turm* in Rabat, die *Giralda* in Sevilla und die *Kutubiya* in Marrakesch sowie u. a. die Kasbah der Oudaia in Rabat, die Kasbah von Marrakesch und das *Bab Agnaou* ebendort. Unter Yaqub al-Mansur wurde **Rabat** die neue **Hauptstadt.**

Doch schon bald nach der **Schlacht bei Las Navas de Tolosa** (1212), in der der Urenkel von Abd al-Mu'min, *Muhammad an-Nasir,* von *Alfons VIII.* besiegt wurde, brach das Reich auseinander. Die Almohaden mussten sich aus Spanien zurückziehen, in Tunesien löste sich die berberische Dynastie der *Hafsiden,* und in Algerien übernahmen die *Abdalwadiden* die Stadt *Tlemcen* und den Osten des Landes.

Im zentralen Kernland etablierten sich einige Jahrzehnte später die **Meriniden,** die dann von 1269–1420 an der Macht blieben.

Aus dem Osten und Südosten des heutigen Marokko stammend, konnten diese *Zenata-Berber* nur ungenügend in die almohadische Armee integriert werden. Ihr Führer **Abu Yahya Abdelhaqq** (bis 1258) organisierte den Widerstand gegen die Almohaden, den sein Bruder *Abu Yussuf Yaqub* verstärkte; schließlich gelang es diesem, Marrakesch im Jahre 1269 einzunehmen. Unter ihm und seinem Sohn kam es zur **Ausdehnung des Reiches bis Algier.**

Nach den Regierungszeiten von *Abu al-Hassan Ali* (1331–1351) und seines Sohnes *Abu Inan Faris* (1351 –1358) verloren die Meriniden immer mehr an Macht und Bedeutung.

Die **Wattasiden,** ein über viele Jahrzehnte treu ergebener Clan, übernahmen die Regierungsgeschäfte und ließen die Merinidennachkommen als Marionettenherrscher an der Macht. Da den Meriniden das religiöse Prestige ihrer Vorgänger fehlte, versuchten sie dieses Manko wettzumachen, indem sie die Vorkämpfer des Islam in Marokko zu Heiligen erhoben, allen voran *Idris I.*, der bis heute als *Mulay Idris* im religiösen Leben der Marokkaner eine wichtige Rolle spielt.

Die **spanisch-maurische Kultur erlebte nochmals eine Blüte.** Die Universität von Fès, die *Kairawiyine*, zog viele Gelehrte aus dem gesamten arabischen Westen an, so auch den berühmtesten arabischen Geschichtsschreiber *Ibn Khaldun* und den grossen andalusischen Dichter *Ibn al- Khatib*. **Fès,** die **neue Hauptstadt,** wurde mit Palästen, Moscheen und Medresen (Koranschulen) versehen und entwickelte sich zur wichtigsten Handelsstadt im Maghreb.

Doch dem Merinidenreich fehlte eine stabile Organisation, vielen lokalen Persönlichkeiten gelang es immer wieder, autonome Klein- und Kleinstreiche zu gründen.

Kanone aus der Portugiesenzeit

Im Jahre 1465 schließlich, nachdem der letze Sultan durch ein Attentat ums Leben gekommen war, übernahmen die *Bani Wattas* offiziell die Macht im „äußersten Westen", wie Marokko im arabischen Sprachgebrauch genannt wird.

CHRISTLICHE OFFENSIVE

Die **internen Schwierigkeiten,** mit denen die Meriniden und Wattasiden zu kämpfen hatten, machten es den Christen leicht, eine offensive Position gegen die Mauren zu beziehen. 1415 nahmen die **Portugiesen** Ceuta ein, 1471 Tanger. In den folgenden Jahrzehnten eroberten sie an der Atlantikküste eine Stadt nach der anderen: *Asilah*, *Anfa* (Casablanca), *Azzemour*, *Safi*, *Mazagan (Al-Jadida)* und *Santa Cruz* (Agadir). Nur *Larache* konnte seinen unabhängigen Status erhalten. Damit waren also nahezu die gesamte Atlantikküste und das angrenzende Binnenland unter portugiesischem Einfluss.

Im Osten wurden die Wattasiden von den Spaniern bedrängt. Nachdem im Zuge der **Reconquista 1492** die letzte maurische Dynastie auf andalusischem Boden, die *Nasriden* von Granada, von der Halbinsel vertrieben worden war, setzten die Spanier ihren „christlichen Eroberungsfeldzug" an der nordafrikanischen Küste fort (1507 fiel *Marsa al-Kabir*, 1509 *Oran*).

Diese Bedrohung durch die Christen hatte eine **Renaissance des Islam** im 15. und 16. Jahrhundert zur Folge. Vorbereitet wurde diese Entwicklung einerseits durch die aus dem Osten importierten *Sufi-Lehren* (Sufismus = islamische Mystik), andererseits durch das **Entstehen von religiösen Bruderschaften** (arab.: *tariqa*, vom arabischen Wort für „Weg" = *tariq* abgeleitet), in denen die Anhänger dieser Lehren organisiert waren. Die Berber, die noch immer dem *Marabutismus* anhingen, schlossen sich der Entwicklung schnell an (Marabutismus = Verehrung „lokaler Heiliger"; das Wort *Marabut* bedeutet „Heiliger", bezeichnet aber auch das Grabmal desselben, das etwa zur Befreiung von Krankheiten aufgesucht wurde). Die **religiösen Führer** übten im regionalen Bereich einen sehr starken moralischen Einfluss aus, der von der Bevölkerung bereitwillig aufgenommen wurde und zur Bildung eines „religiösen Gemeinschaftsgewissens" führte. Die Folge war eine starke Solidaridät unter den Anhängern der verschiedenen „Tariqat" (Mehrzahl von *Tariqa),* die bis zum heutigen Tag noch spürbar bleibt!

DIE SCHERIFEN

Die **Saaditen** (1554–1659) sind, wie die Nachfolgerdynastie der Alawiden, *Sherifen* (arab: shurafa, sing.: *Sharif).* Das bedeutet wörtlich „die Edlen" und bezeichnet diejenigen, die ihre **Herkunft von der Familie des Propheten Muhammad** ableiten. Damit kommen wir also in die arabische Epoche und lassen das Zeitalter der Berberdynastien hinter uns.

Die Saaditen stammten wie die Beni Hilal aus dem Hidjaz (arabische Halbinsel) und wanderten zu Beginn des 14. Jahrhunderts in Südmarokko ein; dort ließen sie sich im *Drâatal* (franz. *Vallée du Drâa)* nieder. Aufgrund ihrer scherifischen Herkunft und ihres religiösen Ansehens waren die Saaditen dazu berufen, den **Kampf gegen die Portugiesen** zu führen. 1511 begann der *Scherif von Tagmaddart* einen Kleinkrieg gegen die Invasoren mit Unterstützung der Marabuts. Aber erst unter seinem Sohn *Muhammad al-Mahdi* nahm der Aufstand überregionale Dimensionen an. Bis 1541 waren die Portugiesen aus fast allen Küstenstädten vertrieben, im Jahr 1554 fiel Fès, die Hochburg der Wattasiden.

Muhammad I., erster Herrscher der neuen Dynastie, wählte Marrakesch zur neuen Hauptstadt. Die Autorität über Marokko wurde wiederhergestellt, das Reich administrativ gefestigt. Im Jahr 1578 wurden die Portugiesen in der **„Dreikönigsschlacht"** bei *Ksar al-Kebir* vernichtend geschlagen.

Der Sieger der Schlacht, **Ahmad al-Mansur** („der Siegreiche"), Sohn von Muhammad I., gilt als der fähigste Herrscher der Dynastie. Er leitete eine Periode des „Friedens und Wohlstandes" ein, und das Reich expandierte. 1591 eroberten seine Truppen *Timbuktu* und brachten von dort

Mulay Ismail

mehrere tausend schwarze Sklaven nach Marokko. Die Saaditen wurden für ein halbes Jahrhundert die Herren über den westlichen Sudan, ein Gebiet, das sich vom Senegal bis nach *Bornu* im heutigen Tschad erstreckte.

Doch wie so oft, kam es auch diesmal nach dem Ableben eines starken Herrschers (Ahmad al-Mansur starb 1603) zu einem rapiden Verfall. Im Verlauf der Thronstreitigkeiten, die unter den Söhnen al-Mansurs ausbrachen, zerfiel die Zentralmacht zusehends. Larache wurde von den Spaniern eingenommen, Fès entzog sich der Oberherrschaft, eine Reihe von religiösen Fürstentümern, mit Marabuts und Sherifen an ihrer Spitze, betrat die Bühne: so im *Sus* (franz. Sous) *Sidi Ali,* im *Gharb* (NW-Marokko) *al-Ayyaschi* und im Tafilalet die Hassani-Sherifen, besser bekannt unter dem Namen **Alawiten** (seit 1659).

Diese unternahmen Raubzüge im Norden und brachten den Osten unter ihre Gewalt. **Mulay ar-Rashid** (1664–1672) gelang es, Fès einzunehmen, bald darauf auch Marrakesch. Erneut kam es zur **Schaffung eines gesamtmarokkanischen Reiches,** das die Alawiden – in Ermangelung einer soliden scherifischen Abstammung – mit Hilfe von Scherifenfamilien mit einem tragfähigen religiösen Fundament untermauerten. Die Nachfolge von Mulay ar-Rashid trat **Mulay Ismail** an, der bis 1727 an der Macht war. Während der ersten fünfzehn Jahre bildete er eine **Armee aus**

Mulay al-Hassan

schwarzen Sklaven heran, die er im Laufe seiner langen Regierungszeit durch regelrechte „Zucht" auf 150 000 Mann anwachsen ließ. Das „bilad al-makhzan", das Land unter staatlicher Kontrolle, erstreckte sich über nahezu ganz Marokko. Der Unterlauf des Moulouya-Flusses bildete für lange Zeit die Ostgrenze des scherifischen Reiches.

Nach dem Tod Mulay Ismails kam es drei Jahrzehnte lang zu Streitigkeiten um den Thron. **Mulay Muhammad** (1757–1792) gelang es schließlich, die Autorität der scherifischen Dynastie wiederherzustellen. Mit der Eroberung von *Mazagan (Al Jadida)* im Jahre 1769 nahm er die letzte Bastion der Portugiesen ein. Er versuchte, die miserable finanzielle Lage, in der sich das Reich befand, durch Forcierung des Handels mit Europa zu verbessern. Er schloss **Handelsverträge** mit Dänemark, Schweden, England und Frankreich und gründete die Stadt **Mogador** (Essaouira) als zentralen Handelspunkt, um Kaufleute anzuziehen.

Mulay Sulayman (1794–1822) hatte lange Zeit mit dem nach dem Tode Mulay Muhammads neu entfachten Widerstandsgeist der Berber zu kämpfen, die sofort die Gelegenheit, die sich durch eine schwache Regierung bot, ergriffen, um sich selbstständig zu machen. Mulay Sulayman war es, der Marokko nach außen hin abschloss. Die Kontakte mit christlichen Kaufleuten wurden auf ein Minimum reduziert, aus Furcht vor verschwörerischen Verbindungen mit den aufsässigen Berbern. Auch die Nachfolger Mulay Slimans verfolgten eine **Politik der Abschottung,** was aber nicht verhinderte, dass der **Einfluss der Europäer** auf die Wirtschaft und Politik des Landes zunahm.

Im Land sagten sich die vom Machtzentrum weit entfernten Gebiete von der Regierung los, und der „bilad al-makhzan", die Kontrolle über das Land, schrumpfte von Jahrzehnt zu Jahrzehnt.

Mulay al-Hassan (1873–1894) konnte den Zusammenbruch noch um einige Jahre verzögern, auch weil sich die Situation auf der internationalen Bühne grundlegend geändert hatte. Die **Franzosen** hatten schon 1830 mit der **Kolonialisierung Algeriens** begonnen, und auch Marokko zog die imperialistischen Gelüste der europäischen Großmächte auf sich. Es war schon mehrmals zu Gefechten zwischen Europäern und Marokkanern gekommen. Das folgenschwerste aber war sicherlich der **1859** von den Spaniern errungene Sieg, der als Antwort auf die andauernden marokkanischen Angriffe auf die spanischen Enklaven gefeiert wurde. Resultat war der **Vertrag von Tetuan** (1860), in dem Marokko verpflichtet wurde, 100 Millionen Riyal (!) als Wiedergutmachung zu zahlen. Dies war der **Grundstein für den Ausverkauf Marokkos** durch die Kolonialmächte und das 50 Jahre später errichtete spanisch-französische Protektorat. Unter Sultan **Abd al-Aziz** (1894–1908) traten die **Unabhängigkeitsbestrebungen der Berberstämme** wieder in den Vordergrund.

Anfang des Jahrhunderts begann dann die europäische Aufteilungspolitik in Afrika. 1906 wurde als Folge der wirtschaftlichen Ambitionen des Deutschen Reiches in Marokko die Unantastbarkeit des Landes in der **Konferenz von Algeciras** festgelegt. Doch schon ein Jahr darauf provozierten die Franzosen in Marokko Unruhen, denen sie dann durch die Entsendung eines Expeditionskorps entgegentraten. Die Städte Casablanca, Agadir, Rabat, Safi und Essaouira wurden besetzt.

1911 rief der durch die Berber in Fès eingeschlossene Nachfolger Abd al-Aziz', Sultan *Abd al-Hafiz,* die Franzosen zu Hilfe, die daraufhin Mitte des Jahres in Fès einmarschierten. Auch das „Unternehmen Panthersprung" (das Erscheinen des deutschen Kanonenbootes „Panther" vor Agadir) konnte die Schutzherrschaft Frankreichs über Marokko nicht verhindern. **Am 30. März 1912 wurde fast ganz Marokko** (der nördlichste Teil unterstand spanischer Kontrolle) **zum französischen Protektorat.**

DIE PROTEKTORATSZEIT

(1912–1956)

Die Hauptstadt des französischen Territoriums wurde Rabat, die Spanier wählten Tétouan zum Verwaltungssitz. Tanger wurde internationale Zone.

Der französische Marschall **Louis Hubert Lyautey** übernahm 12 Jahre als Generalresident mehr oder minder die Regierungsgeschäfte, dem Sultan kam eine rein formelle Funktion zu. Es bedurfte zwanzig Jahre kontinuierlicher militärischer Anstrengungen, ehe Frankreich und Spanien den Kleinkrieg gegen die einheimischen Stämme gewannen.

Im Norden, im Rifgebirge, konnte sich der Berber **Abd al-Karim al-Khattabi** (bekannt unter dem Namen *Abd al krim)* jahrelang gegen die Spanier erfolgreich zur Wehr setzen und sogar eine **„Rif-Republik"** ausrufen, die von 1922–1926 Bestand hatte. Er wurde schließlich von einer französisch-spanischen Armee unter massivem Einsatz von deutschem Giftgas (!) besiegt und auf die Insel Réunion verbannt, von der er 1947 flüchten konnte. Er starb 1963 in Ägypten. Im Süden vereinte **Ahmad al-Hiba** die Berber des Sous, nachdem schon sein Vater *Ma'al-Ainain* erfolgreich gegen die europäischen Usurpatoren gekämpft hatte.

Die „Befriedung" Marokkos kostete einer halben Million Moslems das Leben, auf französischer Seite waren es knapp 30 000 Tote – ein Verhältnis, das sich 30 Jahre später im algerischen Befreiungskrieg wiederholen sollte.

1930 wurde von den Franzosen im Namen des Sultans *Muhammad V.,* damals 21 Jahre alt, das **Berber-Dekret** (der „Dahir") erlassen, das die Trennung von Arabern und Berbern zum Ziel hatte, getreu der machtpolitischen Maxime des „divide et impera". Den Berbern wurde eine eigene Rechtssprechung nach ihrem Gewohnheitsrecht zugebilligt, während die Araber am islamischen Recht festhalten sollten. Doch die „umma al-islamiyya", das islamische Zusammengehörigkeitsgefühl, war stärker als die politischen Ziele der Franzosen. Ein **marokkanischer Nationalismus** erwachte, erste politische Parteien wurden gegründet, das „Marokkanische Aktionskomitee" in der französischen Zone und die „Nationale Reformpartei" auf spanischem Territorium. Aus ersterem entstand im Jahre 1944 nach dem Zusammenschluss mit der Partei der Marokkanischen Volksbewegung die „Marokkanische Unabhängigkeitspartei" oder **Istiqlal,** wie sie auf arabisch genannt wurde. **Allal al-Fassi** wurde ihr **legendärer Führer** und die bestimmende Person im Unabhängigkeitskampf.

Abu Karim (Abd al-Khattabi)

Die Rede, die Sultan Muhammad V. 1947 in Tanger hielt, in der er unverhohlen die Linie der Istiqlal-Partei vertrat, war der Ausgangspunkt zur **Verbreitung des Unabhängigkeitsgedankens** auch im ländlichen Raum beim „einfachen Volk". Die nationalistische Bewegung konnte auch in den Bergen Fuß fassen, im Ausland entstand bald ein Propagandaapparat.

In der Folge kam es zu Masseninhaftierungen, Presseverbot und Landesverweisungen. Im August 1953 wurde Muhammad V. vom Thron abgesetzt und nach Madagaskar ins Exil geschickt. *Ben Arafa* wurde zum Marionettensultan von Frankreichs Gnaden erhoben. Die nächsten zwei Jahre waren gekennzeichnet von Terrorismus, den Aktivitäten der Befreiungsarmee, Einkerkerungen und Todesstrafen. Doch der Aufruhr konnte nicht mehr eingedämmt werden. Ende 1955 dankte Ben Arafa ab.

Muhammad V. kehrte aus dem Exil zurück und wurde begeistert in Rabat empfangen. In einer Reihe von Abkommen wurde schließlich am **2. März 1956** das **Ende des französischen Protektorats** besiegelt, am **8. April 1956 trat Spanien als Schutzmacht zurück.** Tanger blieb bis 1960 internationaler Freihafen, Ceuta und Melilla befinden sich bis heute in spanischem Besitz.

POLITIK HEUTE

Am 16. August 1956 nahm Muhammad V. den Königstitel an. Er starb 1961. Die Nachfolge trat sein Sohn Hassan an, der 38 Jahre lang die marokkanische Politik bestimmte. Ihm folgte am 23. Juli **1999**, dem Todestag Hassan II., sein Sohn **Muhammad VI.** (Mohamed) auf den Thron.

Der König ist religiöses und staatliches Oberhaupt des Landes. „Der König (...) ist der Hüter des Islam und der Verfassung", so der Artikel 19 der marokkanischen Verfassung. Die fast autokratische Position des Königs im Wechselspiel der Staatsgewalten zeigt sich v. a. in der Tatsache, dass er einen Großteil exekutiver und legislativer Entscheidungen per Dekret treffen/beeinflussen kann. Außerdem hat er den Vorsitz im Obersten Rat der Richter und Staatsanwälte, auf dessen Vorschlag unabsetzbare Richter durch königlichen Erlass ernannt werden. Schließlich ist er auch Oberbefehlshaber der Streitkräfte.

Verfassung

1961 wurde eine Verfassung mit 17 Artikeln verkündet, in denen die Grundrechte und Pflichten der Marokkaner festgelegt waren. Diese **Verfassung** wurde am **7.12.1962** durch Volksabstimmung angenommen, aber bereits drei Jahre später von König Hassan wieder außer Kraft gesetzt, da zahlreiche Unruhen schon zu Beginn seines Amtsantrittes und darauffolgende Wahlmanipulationen, drastische Übergriffe auf Oppositionelle und wirtschaftliche Probleme immer mehr Unmut in der Bevölkerung hervorgerufen hatten.

1970 trat eine **neue Verfassung** in Kraft, die am 10.03.72 nach einem Referendum revidiert wurde. Das Einkammerparlament mit 306 Abgeordneten, von denen 206 in direkter und 100 in indirekter Wahl gewählt wurden, ersetzte die alte Repräsentantenkammer. Die Machtbefugnisse des Königs blieben de facto unangetastet.

Nach einer erneuten **Volksabstimmung im September 1992** wurde eine weitere Verfassungsrevision genehmigt. Auch hier fielen die Änderungen nur bescheiden aus: Dem Premierminister wird ein Vorschlagsrecht bei der Zusammensetzung des Kabinetts zugebilligt. Das Parlament muss der Regierungserklärung mit absoluter Mehrheit zustimmen. Ohne diese Zustimmung muss die Regierung zurücktreten. Außerdem kann das Parlament Untersuchungskommissionen bilden, und mit der Verhängung des Ausnahmezustandes ist nicht automatisch eine Auflösung des Parlaments verbunden. Auch der König muss sich bei der Einführung von Gesetzen nunmehr an eine Frist von 30 Tagen halten. Neu ist die Bildung eines Verfassungsrates mit neun Mitgliedern, von denen fünf der König bestimmt. Das Wahlalter wurde von 21 auf 20 Jahre gesenkt.

Bei dem Referendum 1992 wurde auch die Westsaharapolitik des Königs gutgeheißen. Trotz eines Boykottaufrufs der Opposition wurde bei einer Wahlbeteiligung von 97,29% (einschließlich der Westsahara-Gebiete) ein Wahlergebnis von 99,9% Ja-Stimmen notiert.

Einen neuen Markstein in der Verfassungsgeschichte Marokkos bedeutet die Verfassung, die am **13. September 1996** per Referendum angenommen und im Frühjahr 1997 gültig wurde. Festgeschrieben sind u.a. Gewaltenteilung, Meinungsfreiheit, Gleichheit der Geschlechter, Streikrecht, Recht auf Eigentum und Erziehung. Entscheidend aber ist die Verankerung des Zweikammerparlaments im Abschnitt „Titre III.: Du Parlament/De l'Organisation du Parlament" (s. o. unter „Parlament und Regierung"). Damit stellt Marokko nun eine staatliche Mischform aus Königsherrschaft und Demokratie dar, wobei das Schwergewicht immer noch beim Monarchen liegt. Die oberste Verfassungs- bzw. rechtsstaatliche Garantie ist weiterhin, nach einem Ausspruch von Abderrahmane Youssufi, „nichts als das Wort des Königs."

König Muhammad VI. (M 6) gilt als moderner König und trägt im Volksmund den Titel „König der Armen", da er sich vor allem zu Beginn seiner Herrschaft für soziale Reformen stark machte. Außerdem trat er für eine Familienrechtsreform ein, die die Abschaffung der Polygamie (vier Ehefrauen sind erlaubt), die Heraufsetzung des Mindestalters zur Heirat auf 18 Jahre und das Recht auf Scheidung für Frauen forderte. Diese Gesetze wurden nach starken Demonstrationen der konservativen Kräfte und Islamisten zunächst auf Eis gelegt, aber im Oktober 2003 letztendlich trotz Widerständen doch verabschiedet.

Seine **liberale Gesinnung** zeigt der König auch insofern, als dass er den langjährigen, verhassten und für die Unterdrückung im Land maßgeblich verantwortlichen Innenminister *Driss Basri* schon bald nach der Thronbesteigung absetzte sowie sämtliche Gouverneure und Polizeioffiziere auswechseln ließ. Auch die Presse genießt ungeahnte Freiheiten, fast kein Thema ist mehr tabu, mit Ausnahme der Person des Königs oder der Westsahara – hier ist zu starke Kritik am Regierungsstil nach wie vor nicht erlaubt. Gegen die weit verbreitete Korruption, vor allem im Staatsapparat, versuchen die Regierung und auch der König vorzugehen, jedoch ist das Beziehungsgeflecht u. a. im *Makhzen*, bei den Hintermännern am Hofe des Königs, so stark, dass auch Muhammad VI. bisher keine echten Reformen durchsetzte.

Anfang 2002 heiratete M 6 die Informatikingenieurin *Salma Benanni*. Bei den riesigen Feierlichkeiten in Rabat wurde zum ersten Mal in der Geschichte des Landes die Frau des Königs offiziell gezeigt und auch fotografiert. Von der Königinmutter z.B. existiert kein einziges Bild.

Staatsform

„Marokko ist eine **konstitutionelle, demokratische und soziale Monarchie"** (Art. 1 der Verfassung). Der **Islam ist Staatsreligion** (Art. 6).

Volksvertretung

Mit der letzten Verfassungsreform vom September 1996 wurde das alte Einkammersystem durch ein **Zweikammerparlament** ersetzt. Die Volksvertretung setzt sich nun zusammen aus Erster – *Chambre des Répresentants* – und Zweiter Kammer – *Chambre des Conseillers*. Die 325 Abgeordneten der Ersten Kammer werden direkt vom Volk für fünf Jahre gewählt, die Vertreter in der Zweiten werden bestimmt zu drei Fünfteln von einem Wahlgremium, das sich aus Wahlmännern der Gebietskörperschaften zusammensetzt und zu zwei Fünfteln von regionalen Wahlgremien, die aus Vertretern von Standesorganisationen, Berufsverbänden und Arbeitnehmerorganisationen bestehen. Die Mitglieder der Zweiten Kammer werden für eine neunjährige Amtszeit gewählt, wobei im Turnus von drei Jahren jeweils ein Drittel neu gewählt wird. Formal mag das neue marokkanische Zweikammerparlament „westlichen" Vorbildern nahekommen, jedoch stehen die semidiktatorischen Vollmachten des Königs einer echten Ausgestaltung des für demokratische Systeme wesenhaften Gewaltenteilungsprinzips im Wege.

Die **Regierung** muss sich gegenüber dem König (und dem Parlament) verantworten. Wichtige politische Fragen werden im **Ministerrat** behandelt, dessen Vorsitz der König einnimmt (Art. 25). Der Ministerrat setzt sich aus einflussreichen Persönlichkeiten aus dem *Makhzen*, dem jahrzehntelang aufgebauten Machtgefüge am Hofe, zusammen. Der König ernennt auch die wichtigsten Minister.

Volljährige Männer und Frauen sind laut marokkanischer Verfassung politisch gleich- und wahlberechtigt.

Die **letzte Wahl,** zu der 26 Parteien antraten und die demokratisch und ausgesprochen transparent ablief, fanden am **27.09.02** (zur Ersten Kammer) und am **06.10.2003** (zur Zweiten Kammer) statt. Das besondere an diesen Wahlen war, dass **30 Listenplätze nur Frauen** vorbehalten waren und sogar 35 Frauen der Einzug ins Parlament gelang.

Bei einer sehr niedrigen Wahlbeteiligung von 51,61% (in den südlichen Provinzen über 70%) errang die linke Parteienallianz **„Koutla"** *(Partis de la Koutla)* unter Führung der Partei *Union Socialiste des Forces Populaires, USFP* (zu den einzelnen Parteien s. u.), mit 127 Sitzen den Sieg. Dieses Bündnis bildet zusammen mit dem **Zentrum** *(Partis du Centre),* angeführt vom *Rassemblement National des Indépendants (RNI),* deren Parteien 59 Sitze erlangten, **eine Mitte-Links-Koalition** und hält die **Parlamentsmehrheit.**

Die **Opposition** besteht aus dem konservativ-königstreuen Bündnis „Wifaq" *(Partis de l'entente)* mit 55 Sitzen und den restlichen unabhängigen Parteien mit 88 Sitzen, von denen 42 auf die gemäßigten **Islamisten** der Partei für **Gerechtigkeit und Entwicklung (PJD)** entfallen. Die PJD wurde damit drittstärkste Partei. Die Vereinigung *Gerechtigkeit und Wohlfahrt (Al-Adlwa-l-Ihsane)* unter Scheich *Abdessalam Yassine* trat nicht zur Wahl an. Da es in den vergangenen Jahren erhebliche Reppressionen des Staates gegen die Vereinigung gab, wollte diese nach Aussagen der Tochter des Scheichs und Sprecherin der Vereinigung *Nadja Yassine* „eine Eskalation und eine Zuspitzung der Situation wie in Algerien vermeiden, da der Staat einen Sieg der Islamisten nicht zulassen würde".

Zum **Premierminister** wurde **Driss Jettou,** ein parteiloser Technokrat, vom König ernannt, da der vormalige, glücklose sozialistische Premierminister *Youssoufi* mit 78 Jahren aus Altersgründen ausschied. Parlamentspräsident ist *Ahmed el Fassi* von der Itliqlal-Partei.

Noch vor den Wahlen 1997, die wohl erstmalig ohne Stimmenkauf und manipulierte Wahllisten etc. abliefen, hatte König Hassan die Regierung umgeformt und dabei erstmalig in der Geschichte Marokkos (vier) Frauen mit hohen Staatsaufgaben (als Staatssekretärinnen) betraut – ein weiteres Beispiel dafür, dass 1997 als Jahr der Reformen in die marokkanischen Geschichtsbücher eingehen wird, aber eben auch ein Zeichen für die unvermindert starke Stellung des Königs, von dessen Kalkül im politischen Leben Marokkos immer noch alles abhängt.

Ein Zeichen der Unzufriedenheit des Volkes ist das gute Abschneiden der gemäßigten **Islamisten** bei den letzten Wahlen und der stetige Zulauf, den die schon genannte **Bewegung Al-Adlwa-l-Ihsane** von *Abessalam Yassine* vorwiegend durch die arme Bevölkerung erhält. Mittlerweile hat die Bewegung vor allem in den Großstädten an der Küste viele Anhänger gefunden, weil sich die Islamisten in den Armutsvierteln von Casablanca und Rabat um die sozial Schwachen kümmern. Zeltlager am Meer, welche die Bewegung für bedürftige Familien als Urlaub organisierte, die aber auch der Indoktrination dienten, wurden verboten. Gegen Demonstranten wird hart durchgegriffen. Nach Ansicht der Regierung bedarf es keiner islamistischen Partei, da der Islam bereits durch den Staat repräsentiert wird und der König auch religiöses Oberhaupt ist. Für den Großteil des Volkes ist er auch nach wie vor der *Amir al Mouminin* – der „Emir der Gläubigen", das unbestrittene geistliche und weltliche Oberhaupt. An seiner Position zu rütteln, hieße auch für die Fundamentalisten, ihr religiöses Oberhaupt in Frage zu stellen.

Mohammed VI. pflegt enge Beziehungen zu Amerika und war auch einer der ersten Staatschefs, der sein Bedauern über das Attentat des 11. September 2001 ausdrückte. Jedoch waren gerade unter diesen Attentätern und Unterstützern verhältnismäßig viele Marokkaner, so dass die Gefahr eines von Al-Qaida unterstützen Anschlags auch in Marokko drohte.

Trauriger Höhepunkt des Islamismus in Marokko war eine **Anschlagsserie in Casablanca am 16. Mai 2003** durch eine verhältnismäßig wenig bekannte radikale islamistische Partei, bei der 41 Menschen ums Leben kamen und mehr als hundert verletzt wurden. Ziele des Attentats waren ein Luxushotel, ein spanisches Club-Restaurant, eine Straße nahe des Belgischen Konsulats, ein jüdischer Friedhof und ein Club der Israelischen Gemeinde. Die 14 Täter kamen aus dem islamistischen Milieu der Armenviertel der Stadt. Die Bevölkerung reagierte mit großer Bestürzung und Entsetzen. Es kam zu den größten Demonstrationen seit der Unabhängigkeit mit über 1 Mio. Teilnehmer, die Abstand zu diesem Terrorakt und den Motiven der Täter bekundeten. Der König kündigte ein hartes Durchgreifen an und ließ ein **Antiterror-Gesetz** in Kraft treten, das die Festnahme von jeder Art von Verdächtigen, Hausdurchsuchungen und Überwachung von Post und Telefon wesentlich erleichterte. Die Sicherheitspolitik wurde massiv verschärft. Die Polizeipräsenz im Land ist wesentlich gestiegen. Bei öffentlichen Veranstaltungen gelten höchste Sicherheitsvorkehrungen. Am 19.08.2003 wurden vier der Unterstützung des Attentats Verdächtige schuldig gesprochen und zum Tode verurteilt.

Anlass zur Sorge bereitet auch die massive Beteiligung marokkanischer Staatsbürgern sowohl bei der Planung des Attentats vom 11. September in New York als auch bei dem Anschlag in Madrid im März 2004. Dabei muss darauf hingewiesen werden, dass sich der Großteil des Volkes von dieser Gewalttätigkeit distanziert, auch wenn eine Rückbesinnung auf den konservativen Islam in vielen Teilen des Landes zu beobachten ist.

Die **Folgen** des Casablanca-Attentats für Wirtschaft und Tourismus sind nicht abzusehen. Die Zahl der deutschen Touristen in Marokko ging in den letzten zwei Jahren stark zurück (vgl. Kapitel Wirtschaft/Tourismus). Der König und die Regierung stehen vor einer riesigen Herausforderung, die Situation in den Griff zu bekommen.

Verwaltung

Den **16 Provinzen** und selbstständigen Stadtpräfekturen in Rabat und Casablanca stehen Gouverneure vor. Ihnen steht beratend eine Abgeordnetenversammlung zur Seite. In ländlichen Gebieten und bei den Nomaden existieren noch Stammesfraktionen, geführt vom „Qa'id" oder „Shaykh".

Armee und Polizei

Die marokkanische **Armee** ist ein **wichtiger Machtfaktor im Lande** und zählt zu den bestausgebildeten Truppen Afrikas. Infolge des Saharakrieges wurde die Armee von 57 500 (1974) auf inzwischen 200 000 Mann aufgestockt. Die Verteidigungsausgaben haben sich bis 1998 versechsfacht und machen heute nach Schätzungen 5% des BIP aus.

Wegen der Stärke der marokkanischen Armee wird diese gerne von anderen afrikanischen Regierungen zu Hilfe gerufen, wenn es Aufstände zu bekämpfen gibt. So wurden marokkanische Truppen in Ex-Zaire eingesetzt, um die Shaba-Rebellen niederzuschlagen, und im Golfkrieg auf der Seite der Allianz gegen den Irak.

Die **Polizei** ist ebenfalls **straff organisiert** und nicht zimperlich (z. B. bei Demonstrationen der Islamistenpartei von Scheich *Yassine*). Korruption und Ausnutzung der Machtposition sind an der Tagesordnung. Verstöße gegen das Gesetz, z. B. gegen das Rauschmittelgesetz oder unerlaubter Autoverkauf, werden v. a. bei Touristen streng bestraft und haben viele europäische Kiffer hinter Gitter gebracht. Berichte, denen zufolge im Rif die Polizei mit Hanfbauern und Rauschgifthändlern zusammenarbeitet und Käufer bei der Polizei verpfiffen werden, sind gang und gäbe. Den Käufern wird das (billig) gekaufte Cannabis abgenommen, hohe Geldstrafen werden verhängt, Haschisch und Geld teilen sich die Beteiligten.

Die **Gefängnisse** in Marokko entsprechen eher mittelalterlichen Verliesen als unseren Vorstellungen eines modernen Strafvollzugs. Im Zuge der Demokratisierungsmaßnahmen seit 1996 wurden einige der berüchtigten politischen Gefängnisse des Landes wie z. B. Tazmamart geschlossen, und zahlreiche Untersuchungen gegen folternde und korrupte Polizisten und Richter unternommen. Zum ersten Mal musste seit 1998 auch der Polizei- und Justizapparat öffentliche Untersuchungen fürchten, aber noch sitzen zu viele wichtige Funktionäre in Amt und Würden, als dass es möglich wäre hier ein über 40 Jahre aufgebautes System aus Korruption und Beziehungen auszuhebeln. *Amnesty International* berichtete in der Vergangenheit von Menschenrechtsverletzungen bei inhaftierten Sahrawis und auf dem Gebiet der Westsahara, hatte aber seit 1997 keine Beanstandungen mehr bezüglich Menschenrechte und Haftbedingungen. Sonstige politische Gefangene scheint es seit 1998 nicht zu geben. Bei mehreren Amnestien seit 1991 wurden viele politische Gefangene entlassen und erst seit 1998 wird verschämt zugegeben, dass zwischen 1970 und 1980 112 Gefangene aus Polizeigewahrsam „verschwunden sind", von denen 56 nicht mehr am Leben sind. Auch das Buch „Die Gefangene" von *Malika Oufkir,* der Tochter des Königsattentäters von 1972, General *Oufkir,* über die 19-jährige Haft der Familie und deren sensationelle Flucht, erregte Aufsehen im In- und Ausland vor allem auch über die Internas, die über das Machtgeflecht des Königshofes (makhzen) zu Tage kamen.

Politische Parteien

Die großen Parteien sind während der gemeinsamen Frontstellung gegen die Protektoratsmacht Frankreich entstanden. Die programmatischen Unterschiede prägten sich im Laufe der Zeit immer mehr aus und sind heute erheblich.

Das Mitspracherecht der Oppositionsparteien wurde von 1965 an nachhaltig eingeschränkt. Seit 1977 ist ein vorsichtiger **Demokratisierungsprozess** im Gange, der 1997 durch die freien Wahlen und den Sieg des linken **Parteienbündnis**ses **Koutla**, dem die Parteien *Istiqlal (PI), Union Socialiste des Forces Populaires (USFP), Parti du Progrès et du Socialisme (PPS), Parti Socialiste démocratique (PSD)* und die *Front des Forces démocratiques (FFD)* angehören, seinen Höhepunkt erlebte.

Die Opposition bilden der **Wifaq-Bund,** bestehend aus *Union Constitutionelle (UC), Le Mouvement Populaire (MP)* und *Parti National des Démocrates (PND)* und das liberal-konservative **Zentrum,** geführt vom *Rassemblement National des Indépendants (RNI).*

Gewerkschaften

Gewerkschaftliche Vereinigungen sind nach der Verfassung zugelassen und gewannen im Land vor allem in den Zeiten der Repression stark an Einfluss. Streiks zur Durchsetzung von Forderungen wurden von der Regierung allerdings regelmäßig verboten.

Stärkste Gruppe ist die Gewerkschaft **Union Marocaine du Travail** *(UMT)* mit ca. 700 000 Mitgliedern. Ihr Einfluss in Wirtschaft und Handel ist ziemlich bedeutend, und sie konnte auch ansehnliche Erfolge verbuchen. Das 1962 erlassene Arbeitslosen- und Altersversorgungsgesetz ist zum großen Teil auf ihre Arbeitskämpfe zurückzuführen. Die zweite wichtige Gewerkschaft **L'Union Générale des Travailleurs Marocains** *(UGTM)* hat ca. 673 000 Mitglieder und wird von den der UMT nicht angeschlossenen Einzelgewerkschaften unterstützt.

Die Gewerkschaften sind zu einer Gegenmacht im Staate geworden, vor allem deshalb, weil sie sich auch dem Kampf gegen die Korruption verschrieben haben.

ZEITTAFEL

Phönizier und Karthager

ca. 1100 v. Chr.
Errichtung der ersten phönikischen Handelsniederlassungen Liks (später Lixus) und Russadir (bei Melilla).

ca. 500 *Gründung von Tingis (Tanger), Russadir (Mazagan bzw. jetzt Al Jadida) und Chellah (Rabat) durch die Karthager.*

ca. 460 *Der karthagische Seefahrer Hanno umrundet Afrika und besucht dabei die Handelsplätze Russadir und Lixus.*

ca. 300 *Ein Berberkönigreich entsteht, das als das mauretanische Königreich Massanissa (Marunisa) bekannt wird.*

Römer, Byzantiner und Wandalen

146 *Nach dem Fall Karthagos übernehmen die Römer die Herrschaft über das karthagische Reich.*

25 *Juba II., ein Berber, wird von Augustus zum König von Mauretanien ernannt.*

24 n. Chr. – 40
Ptolemäus, der Sohn Jubas II., ist König, wird aber im Jahre 40 auf Geheiss Caligulas ermordet. Berberaufstände sind die Folge.

42 *Aufteilung der römischen Provinz Mauretania in zwei Teile. Der marokkanische Teil wird Mauretania Tingitana genannt.*

146 *Die Grenze wird im Süden durch einen Limes gegen die unabhängigen Berber geschützt. Unruhen, Aufstände.*

429 *Die Wandalen unter Geiserich dringen nach Marokko ein, besetzen Tingis und Septem und verbünden sich mit den Berbern.*

477 *Tod Geiserichs und Zerfall des Wandalenreiches. Die Berber besetzen die Städte.*

533 *Belisar besiegt den letzten Wandalenherrscher Gelimer.*

582–602
Regierungszeit von Kaiser Maurikios und Entstehung der Provinz Mauretania Secunda.

Die Arabische Eroberung

622 *Flucht Muhammads nach Medina. Beginn der islamischen Zeitrechnung.*

632 *Tod Muhammads.*

711 *Tariq Ibn Ziyad dringt über Gibraltar ins Westgotenreich ein.*

788–974
Herrschaft der Idrissiden, Gründung der Stadt Fès.

974–1061
Fatimiden- und Ziridenherrschaft, Entsendung der Beni Hillal-Nomaden als Strafexpedition gegen die abtrünnigen Ziriden.

1061–1147
Bildung des arabischen Almoravidenreiches im Maghreb (= äußerster Westen – Marokko); Hauptstadt Marrakesch.

1147–1269
Almohadenherrschaft. Kulturelle Hochblüte des Almohadenreiches (1184–1198); Rabat Hauptstadt.

1269–1420
Merinidenherrschaft; Fès Hauptstadt.

1415 Die Portugiesen erobern Ceuta.

1477–1661
Tanger in portugiesischer Hand, dann bis 1684 englisch.

Die Scherifenreiche

1554–1659
Scherifenreich der Saaditen. Marrakesch Hauptstadt.

1659 Heutige Dynastie der Alawiden wurde gegründet.

1672–1727
Regierungszeit Mulay Ismails; Meknès Hauptstadt.

ab 1800
Strenge Abschließung Marokkos von Europa. Widerstand und Unabhängigkeitsbestrebungen der Berber.

1859 Niederlage gegen Spanien und 1860 Vertrag von Tétuan mit Wiedergutmachungssumme von 100 Mill. Riyal.

1844 Erster Angriff Frankreichs auf Marokko.

1907 Frankreich besetzt Casablanca.

Kolonialzeit

1911 Frankreich besetzt Fès. Spanien besetzt die Nordzone.

1912 Marokko wird französisches Protektorat (ohne Tanger); Abkommen von Fès.

1921–1926
Krieg der Rif-Kabylen gegen Spanien und Frankreich.

1923 Erste Tanger-Konvention (Großbritannien, Frankreich).

1943 Parti National und andere bilden die Istiqlal-Partei.

1944 **(11.1)** Unabhängigkeitsmanifest. Unruhen in Rabat und Fès.

1953 Absetzung und Verbannung des Sultans Muhammad Ben Yussuf.

1955 **(16.11)** Sultan Muhammad kehrt nach Unruhen zurück.

Nach der Unabhängigkeit

1956 **(2.3.)** Unabhängigkeit für die französische Zone.

1956 **(2.4.)** Unabhängigkeit für die spanische Zone.
(29.10.) Tanger wird Bestandteil Marokkos.

1957 **(14.8.)** Sultan Muhammad V. nimmt Königstitel an.

1958 **(22.7.)** Spanien überlässt Marokko den Tarfaya-Streifen.

1960 **(März)** Erdbebenkatastrophe in Agadir.

1961 Tod Muhammads V.; Krönung Hassans II.

1962 **(Dez.)** Verfassung (konstitutionelle Monarchie) gebilligt.

1969 **(4.1.)** Rückgabe Ifnis durch Spanien.
(31.3.) Abkommen zur Assoziierung mit der EU unterzeichnet.

1970 **(Aug.)** Erste Parlamentswahlen nach Verfassungsannahme.

1971 **(10.7.)** Gescheiterter Putschversuch einer Militärgruppe.

1972 **(1.3.)** Billigung der neuen Verfassung durch Volksabstimmung.
(16.8.) Attentatsversuch auf den König; Tod von General Oufkir.

1973 *(**3.2.**) Erweiterung der Fischereigewässer. Der sich anschließende Fischereistreit mit Spanien wird im Januar 1974 beigelegt.*

1975 *(**31.10.**) Marokkanische Truppen stoßen mit Billigung Spaniens bis Farsia und Hausa in die nordöstliche Westsahara vor und führen die ersten Gefechte mit der „Frente Polisario"*
*(**6.11.**) Beginn des „Grünen Marsches" in die Westsahara.*

1976 *(**28.2.**) Gemäß Geheimabkommen zwischen Spanien, Marokko und Mauretanien gehen die nördlichen zwei Drittel der Westsahara in marokkanischen Besitz über; tags darauf Proklamation der „République arabe saharaouie démocratique" (RASD) durch die POLISARIO in den annektierten Sahara-Provinzen.*

1977 *(**Juni**) Parlamentswahlen: Mehrheit für Anhänger der Monarchie.*

1978 *(**30.9.**) Räumung des letzten USA-Stützpunktes.*

1979 *(**14.8.**) Annexion der von Mauretanien beanspruchten Westsahara.*

1980 *(**Mai**) Volksabstimmung billigt Verfassungsänderung.*
*(**Sept.**) OAU-Komitee empfiehlt Volksabstimmung in der Westsahara.*

1981 *(**Juni**) Beistandskredit des Internationalen Währungsfonds; Unruhen nach Preiserhöhungen (rund 600 Todesopfer).*
*(**Juni**) Hassan II. stimmt Westsahara-Referendum zu.*

1982 *(**Aug.**) OAU-Gipfelkonferenz in Addis Abeba fordert direkte Verhandlungen zwischen Marokko und der POLISARIO.*

1984 *(**Jan.**) Straßenkämpfe wegen befürchteter Preiserhöhungen; (**Sept.**) Wahlen; (**Nov.**) Marokko verließ die OAU, da diese die Demokratische Arabische Saharauische Republik anerkannte.*

1985 *(**11.4.**) Neues Kabinett Lamrani.*
*(**7.–9.8.**) Arabische Sondergipfelkonferenz in Casablanca (von Syrien, Libanon, DVR Jemen und Libyen boykottiert).*
*(**Sept.**) IWF-Stand-By-Kredit über 318 Mio. Dollar.*
*(**9.4.**) UNO-Generalsekretär Perez de Cuellar spricht getrennt mit Marokko und POLISARIO über Westsahara-Frage.*
*(**22./23.7.**) Treffen König Hassans mit Shimon Peres (Israel). Heftige Reaktionen aus dem arabischen Lager (Syrien, Libyen).*
*(**5./6.11.**) Besuch des amerik. Verteidigungsministers Weinberger.*
*(**Dez.**) IWF-Abkommen über Stand-By-Kredit und Wirtschaftsreformpaket.*

1987 *(**12.4.**) Fertigstellung der marokkanischen Verteidigungsanlagen in der Westsahara (Länge 2700 km).*
*(**18.5.**) Marokko tritt dem GATT bei.*
*(**20.7.**) Antrag Marokkos auf EG-Mitgliedschaft.*

1988 *(**16.5.**) Marokko und Algerien vereinbaren die Wiederaufnahme der 1976 abgebrochenen diplomatischen Beziehungen.*
*(**30.8.**) Marokko und die POLISARIO-Front billigen mit Einschränkungen den Westsahara-Friedensplan des UNO-Generalsekretärs (Referendum).*

1988 *(**Dez.**) Treffen führender POLISARIO-Politiker bei Hassan II.; zur Vorbereitung Besuch des Generalsekretärs der algerischen FLN, Muhammad Mehri, bei Hassan II.*

1989 *(**Jan.**) Die führenden POLISARIO-Politiker Mustafa Saied, Machfud Ali Beiba und Ghali sind zu Besuch bei Hassan II.*

*(**17.2.**) Zusammenschluss zur Maghrebunion mit Algerien, Tunesien, Libyen und Mauretanien.*
*(**Dez.**) Verschiebung der Parlamentswahlen auf 1992.*

1990 *(**Okt.**) König Hassan II. lehnt den UNO-Friedensplan für die Westsahara ab.*
*(**Dez.**) Demokratische Arbeitervereinigung und Gewerkschaft UGTM rufen Generalstreik aus. Blutige Auseinandersetzungen mit Polizei und Militär in Fès, Meknès, Casablanca und Tanger.*

1991 *(**Jan.**) Massenprozesse anlässlich des Generalstreiks. Ankündigung sozialpolitischer Maßnahmen durch Hassan II.*
*(**Feb.**) Wachsende Spannungen zwischen Regierung und Islamisten anlässlich des Golfkrieges. Generalstreik der Gewerkschaften zur Unterstützung des Irak.*
*(**April**) Der UN-Sicherheitsrat bewilligt die Einrichtung einer UN-Mission für die Durchführung des Referendums in der Westsahara (MINURSO).*
*(**6.9.**) Inkrafttreten des Waffenstillstandes in der Westsahara. UNO-Beobachter reisen in die Konfliktzone. Planung des Westsahara-Referendum für Januar 1992.*
*(**Sept.**) Begnadigung von 119 politischen Gefangenen; das berüchtigte Gefängnis von Tazmamart soll aufgelöst werden.*

1992 *(**Jan.**) Westsahara-Referendum wird wegen Unklarheiten bzgl. der Wählerlisten auf Juni und dann erneut verschoben.*
*(**März**) Hassan II. kündigt eine Verfassungsreform an. Die geplanten Parlamentswahlen werden auf 1993 verschoben.*
*(**Aug.**) Übergangskabinett Lamranis wird aufgelöst. Erneut wird Karim Lamrani Premierminister. Sein Kabinett aus Technokraten soll nur bis zu den Parlamentswahlen 1993 regieren.*
*(**Sept.**) Die neue Verfassung wird per Abstimmung angenommen.*
*(**Okt.**) Sieg der Regierungsparteien bei den ersten Kommunalwahlen seit 1983. Demonstrationen im Nordosten Marokkos wegen angeblichem Kauf von Wählerstimmen.*

1993 *(**25.6.**) Erfolg für die Oppositionsparteien Istliqlal und Sozialisten (USFP) in der ersten Runde der Parlamentswahlen. Erstmalig in der Geschichte des Landes werden zwei Frauen ins Parlament gewählt.*
*(**Sept.**) Zweite Runde der Parlamentswahlen. Sieg der Regierungsparteien.*
*(**Okt.**) Istliqlal und USFP lehnen eine Beteiligung an der Regierung ab, nachdem die gewünschten Ministerposten vom König an die Regierungsparteien bzw. an parteilose Technokraten vergeben werden sollen. Der USFP-Vorsitzende Youssufi geht zurück ins Exil nach Nizza. Der König ernennt ein Kabinett, das von parteilosen Technokraten dominiert wird. Die geplanten direkten Verhandlungen zwischen Marokko und der POLISARIO in New York sind geplatzt.*

1994 *(**Juni**) GATT-Wirtschaftsgipfel in Marrakesch.*
*(**Aug.**) Krise zwischen Algerien und Marokko nach Überfall algerischer Terroristen auf Hotel in Marrakesch; Grenzschließung.*
*(**Nov.**) Casablanca: Wirtschaftskonferenz der islamischen Länder.*

1995 (**Jan.**) *Drei Todesurteile gegen islamische Fundamentalisten wegen des Hotelüberfalls im August 1994.*
(**April–Nov.**) *Fischereistreit zwischen Spanien und Marokko. Im Nov. Beilegung des Streites und Handelsvergünstigungen für Marokko durch die EU.*
(**Juni**) *POLISARIO stellt Westsahara-Referendum Jan. 96 in Frage.*

1996 (**Febr.**) *Assoziierungsabkommen mit der EU wird verabschiedet.*
(**Mai**) *Staatsbesuch König Hassan II. in Frankreich.*
(**Juni**) *Bundeskanzler Kohl auf Staatsbesuch in Marokko.*
(**Sept.**) *Referendum zur 5. Verfassungsreform unter Hassan II.; fast 100% Zustimmung; Einführung eines Zweikammerparlaments; die umfassenden Vollmachten des Königs bleiben unberührt.*

1997 (**Juni**) *Kommunalwahlen, Sieg der Opposition.*
(**Sept.**) *UN vermitteln Referendum über die Zukunft der Westsahara.*

In einer marokkanischen Kinderkrippe (vgl. dazu den Exkurs „Kleine Sklavinnen“)

*(**Nov.**) UN legen den Termin für das Westsahara-Referendum auf den 7. 12. 1998 fest; POLISARIO und Marokko einigen sich auf 80 000 Wahlberechtigte.*
Erste demokratische Parlamentswahl; den (knappen) Sieg erringt die linke Parteienallianz „Koutla".

1998 *(**Feb./März**) König Hassan II. beauftragt den Vorsitzenden der Sozialistischen Union der Volkskräfte (USFP), Abderrahman Yussufi, mit der Regierungsbildung. Erstmals seit der Unabhängigkeit werden die Mitglieder einer Mitte-Links-Regierung vereidigt.*
*(**Sommer**) Das Westsahara-Referendum wird wieder verschoben, da eine Rückführung der Flüchtlinge immer noch nicht stattgefunden hat.*

1999 *(**23.7.**) König Hassan II. stirbt in Rabat.*
*(**24.7.**) Inthronisierung seines Sohnes Sidi Muhammad als neuer König Muhammad VI.*
*(**August**) Marokko verkündet Ölfunde im Südosten des Landes Entlassung von 8000 Häftlingen durch Gnadenerlass des Königs sowie Herabsetzung der Strafe von mehr als 40 000 Gefangenen.*
*(**Sept.**) Demonstrationen und schwere Auschreitungen in der Westsahara, ebenso im Januar 2000*
*(**Nov.**) Entlassung von Innenminister Driss Basri*

2000 *(**Jan.**) Sämtliche Gouverneure werden ausgetauscht*
Der Islamistenfüher Scheich Yassine wird nach 11-jährigem Hausarrest entlassen.
*(**März**) Großdemonstrationen für und gegen die Frauenrechte in Casablanca und Rabat ebenso im **Februar 2001***

2002 *(**Febr.**) Verlängerung des UNO-Mandats für die Westsahara bis Oktober 2003.*
*(**April**) Kofi Annan macht Vorschläge zur Lösung des Westsahara-konflikts, überlässt aber die Lösung den streitenden Parteien.*
*(**16. Mai**) Terroranschläge auf verschiedene Ziele in Casablanca. 42 Menschen sterben. Bestürzung in der Bevölkerung und größte Demonstrationen seit der Unabhängigkeit (1 Mio. Teilnehmer). Die Islamische Gruppe marokkanischer Kämpfer (GICM) wird für die Anschläge verantwortlich gemacht. Der König verabschiedet ein neues Anti-Terrorgesetz. Vier Verdächtige werden zum Tode, 39 zu lebenslanger Haft verurteilt.*

2003 *(**Okt.**) Muhammad VI. setzt die Familienrechtsreform mit einer erheblichen Verbesserung der Frauenrechte durch.*

2004 *(**März**) Terroranschläge in Madrid mit 201 Toten. Unter den Hauptverdächtigen sind u.a. sechs Marokkaner.*
*(**April**) In Frankreich werden bei Razzien 13 Anhänger der GICM wegen ihrer mutmaßlichen Beteiligung an den Anschlängen in Casablanca festgenommen.*

WIRTSCHAFT

LANDWIRTSCHAFT

Marokko ist ein Agrarland. **Fast die Hälfte der Bevölkerung lebt von der Landwirtschaft und der Fischerei,** und mit - je nach Ernterträgen - 13 bis 20% des Bruttoinlandproduktes und 20-30% Anteil an den Exporten ist sie ein wichtiger Sektor der Volkswirtschaft.

Ungefähr **21% der Landfläche entfallen auf Ackerland** und Dauerkulturen. Fast alle werden - zumindest in den Sommermonaten - bewässert. Vor allem der Anbau von **Weizen, Gerste und Hafer** nimmt stark zu, so dass inzwischen der überwiegende Teil der landwirtschaftlichen Fläche dafür genutzt wird. Hinzu kommen Mais, Tomaten, Zuckerrohr, Zuckerrüben und Kartoffeln.

Im **Obstanbau** dominieren Orangen, Zitronen, Mandarinen und Mandeln. Zwei Drittel der Weintrauben werden zu Wein verarbeitet und zum Großteil exportiert.

Reis, Hirse, Bohnen, Kichererbsen, Artischocken und Auberginen werden in großem Stil kultiviert. 13 Millionen **Olivenbäume** dienen der Speiseölherstellung, der Exportanteil ist hoch, die Produktion steigt.

Im Osten Marokkos wird **Halfagras** angebaut und zur Papierherstellung verwendet. In geringem Maße werden auch **Baumwolle und Tabak** produziert.

Weit über die Hälfte der jährlichen Gesamternte wird **auf nur 13% der landwirtschaftlich genutzten Fläche** erwirtschaftet. 10% der agrarischen Betriebe bewirtschaften Anbaugebiete von 100 und mehr Hektar, und 11% der Betriebe verfügen über 55% der gesamten landwirtschaftlichen Betriebsflächen. So kann man sich leicht ausrechnen, dass auf den restlichen **45%** nur **Subsistenzwirtschaft** (für den Eigenbedarf) betrieben wird und diese Teile des Landes noch mit archaischen Methoden bestellt werden.

Trotz der Bemühungen um eine Agrarreform gehören die besten Böden nach wie vor Großgrundbesitzern, und die Abzahlung der Darlehen der Kleinbauern für Düngemittel und Saatgut verschlingt einen Großteil ihrer Ernteerträge. Die Bewässerungsanlagen werden ständig ausgebaut und erweitert, um Dürreperioden mit erheblichen Ernteeinbußen (zuletzt von 1999 bis 2002) zu überbrücken. Die Steigerung des BSP um 5,5% im regenreichen Jahr 2003 war vor allem den in diesem Jahr um fast 55% gestiegenen Ernteerträgen zu verdanken. Dies zeigt die starke Abhängigkeit des marokkanischen Wirtschaftswachstums von der Landwirtschaft und damit von den jährlichen Regenfällen.

Ein **wirtschaftlicher Rückschlag** für Marokko war der **Beitritt Portugals und Spaniens zur EU** am 1. Januar 1986 (Marokkos Aufnahmeantrag in die EU wurde abgelehnt, es wurde aber ein Assozierungsabkommen mit der EU geschlossen). Trotzdem sind die Exportchancen für landwirtschaftliche Erzeugnisse durch die Abschottungspolitik der EU beeinträchtigt. Stellt man in Rechnung, dass bald die Hälfte des

Nahrungsmittelexports in die EU ging, dann wird deutlich, dass die Situation nicht rosig ist. Vor wenigen Jahren noch konnte man problemlos marokkanische Tomaten und Orangen in unseren Supermärkten kaufen, inzwischen sind diese durch spanische Waren ersetzt worden. Und wenn der einheimische Markt die Bevölkerung nicht ernähren kann – wen wundert es dann, dass fast die Hälfte der männlichen Landarbeiter Arbeit im Ausland sucht.

Zum traditionellen Oasenanbau siehe Exkurs „Flussoasen in Marokko".

FORSTWIRTSCHAFT

Zur Aufforstung des Landes wurden in den letzten zwei Jahrzehnten enorme Anstrengungen unternommen. Das Land drohte, ähnlich wie alle südlichen Mittelmeerländer, zu verkarsten, da die Nomaden und Kleinbauern vorwiegend Ziegen und Schafe halten, die die jungen Triebe der Bäume fressen und so alles Grün mit der Zeit vernichten. Es gibt ein eigenes Ministerium für Wasser- und Forstwirtschaft, und in Zusammenarbeit mit einigen Entwicklungshilfegesellschaften (u.a. der deutschen GTZ) wurden zahlreiche Projekte zur Unterstützung einer sinnvollen Waldnutzung ohne Zerstörung der natürlichen Resourcen gefördert. Inzwischen sind etwa **20% der Landesfläche bewaldet.** Das ist mehr als in Spanien und weit mehr als in den übrigen nordafrikanischen Ländern.

Die Wälder sind fast ausschließlich in staatlichem Besitz. Da in erster Linie aufgeforstet wird, ist der Nutzen im Moment noch gering. 35% der Flächen sind von *Steineichen* bewachsen, 22% mit *Gliederzypressen,* 17% mit *Eisenholzbäumen* (Arganien) und 16% mit *Korkeichen* bepflanzt.

Der **Aufforstungsplan** der 70er- und 80er Jahre sah vor allem schnell wachsende Arten, wie Eukalyptus, Akazien, Kiefern und Pappeln, zur Pflanzung vor. Davon ist man etwas abgekommen, vermehrt werden wieder einheimische Arten wie Kork- und Steineichen gepflanzt. Denn gerade Eukalyptus ist ein starker Wasserverbraucher und entzieht somit seiner Umgebung sehr viel Feuchtigkeit, was zur Verwüstung der Umgebung beiträgt. Trotz massiver Bemühungen des Forst- und Wasserministeriums – ein Aufforstungsplan bis 2020 sieht 5000 ha Aufforstungsfläche pro Jahr vor – ist mit einer Verringerung des Waldbestandes zu rechnen, da der „illegale" Einschlag zur Brennholzgewinnung nach wie vor sehr stark ist.

VIEHZUCHT

Die Viehhaltung hat für die Gesamtwirtschaft einen **geringen Stellenwert,** bringt aber ein Drittel der Erlöse in der Landwirtschaft. Die Erzeugung tierischer Produkte (mit Ausnahme von Hühnereiern) ist im Vergleich mit anderen nordafrikanischen Ländern gering. Wesentliche **Bedeutung** hat die Viehwirtschaft **für die Kleinbauern,** für den Eigenverbrauch und den Verkauf auf den Märkten der Provinz.

Nach den Statistiken sind **Rind- und Kalbfleisch** neben Hühnerfleisch **am wichtigsten für die Ernährung.** Rinder gibt es in den Ebenen zwischen *Rif* und *Atlas,* im *Rharb* (Gharb), *Sous* und in den milden, grünen Gebieten des *Mittleren Atlas*.

Abseits der großen landwirtschaftlichen Ebenen werden **Schafe und Ziegen** in **Wechselweidewirtschaft** gehalten.

Esel, Maultiere und **Pferde** sind die beliebtesten **Arbeits- und Reittiere,** ihnen begegnet man im ganzen Land.

Ochsen und Esel werden als Zugtiere für Pflüge und Ölmühlen verwendet. **Kamele** sieht man fast ausschließlich **in den Regionen südlich** des Atlas, aber auch zwischen Essaouira und Agadir. Sie dienen als Last- und Reittiere.

FISCHEREI

Der im Atlantik vor Marokkos Küsten vorbeifließende Kanarenstrom mit seinem Planktonreichtum sorgt für **ertragreiche Fischgründe.** Zur Förderung der Fischerei wurde 1981 ein eigenes Ministerium geschaffen undzahlreiche Fischereihäfen v.a. an der südlichen Atlantikküste neu ausgebaut. Der wichtigste Fischereihafen ist mittlerweile Laâyoune mit einer jährlichen

Im Hafen von Essaouira

Fangquote von über 300 000 t Fisch. Es folgen Tan-Tan bzw. El Ouatia und Agadir.

An den Küsten zwischen Larache und Agadir werden *Thunfisch, Seezungen, Sardinen, Makrelen, Meeraale, Rochen, Brassen, Austern* und *Tintenfische* gefangen. Vor den Küsten Agadirs und Essaouiras werden *Langusten* und *Hummer* in großer Zahl eingebracht. Die Hochseefischerei liefert in erster Linie *Sardinen.* Marokko ist **weltweit zweitwichtigster Erzeuger von Sardinenkonserven.**

Die Binnengewässer Marokkos, vor allem die Bergseen des *Mittleren Atlas,* sind reich an Süßwasserfischen wie *Forellen, Hechte, Brassen,* die aber in erster Linie von Hobbyfischern geangelt werden.

1995 kam es über die Frage der Fischereirechte vor der marokkanischen Küste zu einem **Streit zwischen Spanien und Marokko,** der im selben Jahr mit einem Fischerei- und EU-Assoziierungsabkommen beigelegt werden konnte. Die Verträge koppeln die Ausweitung von Fischereirechten für portugiesische und spanische Fischer in marokkanischen Gewässern mit dem Abbau von Handelsschranken für Tomaten, Schnittblumen, Orangen und Sardinenkonserven aus Marokko in der EU.

Neuerliche Auseinandersetzungen ergaben sich mit der 1999 fälligen Verlängerung des Fischereiabkommens mit der EU, denn Marokko wollte nicht nur über Quoten und Zahlungen für Konzessionen verhandeln, sondern auch Gelder zur Modernisierung der eigenen Fischwirtschaft fordern. Eine Verlängerung bzw. Einigung wurde bislang nicht erzielt.

BODENSCHÄTZE

Marokko verfügt über reiche Bodenschätze, die bei weitem noch nicht alle erforscht und genutzt wurden. Noch trägt der Bergbau erst mit ca. 4% zum Bruttoinlandsprodukt bei.

Wichtigstes Bergbauprodukt ist das Rohphosphat (Förderung im Jahr ca. 22 Mio. t; Weltanteil der Phosphatproduktion: ca. 30%). Bis zu zwei Drittel aller Phosphatreserven der Welt werden auf marokkanischem Territorium vermutet.

Für den Export bedeutend sind auch Manganerze, Kohle, Eisen- und Bleierze und Kobalt, ebenfalls Baryt. Zinkerz, Zinn, Nickel, Kupfer, Antimon, Silber, Fluorit (Flussspat), Bentonit und Tonerde werden ebenfalls gefördert.

Die bekannten marokkanischen **Erdölvorkommen** im Gharb sind fast erschöpft. Die Suche im Atlantik vor der Küste der Regionen Doukkala und Essaouira sowie am Südhang des Rifgebirges wird fortgesetzt. Von den 1999 gefundenen Ölvorkommen bei Talsinnt, im Südosten Marokkos, spricht zur Zeit niemand mehr. Die zunächst euphorisch gefeierten riesigen Vorkommen haben sich bei Bohrungen scheinbar als wenig ergiebig herausgestellt.

Der Abbau von Uran (Kernenergie) und die Nutzung der großen **Erdgasvorkommen** wird ebenfalls stark gefördert. Bei Essaouira liegt ein Erdgasfeld mit einer geschätzten Reserve von 500 Mio. m³, und südlich von Casablanca wurden Erdgasfelder mit einer geschätzten Reserve von über 1 Mrd. m³ entdeckt.

Viele Strände werden nur von Fischern genutzt – hier am Cap Tafelney

Bislang muss Marokko noch **85% der Energierohstoffe importieren** (Rohölimporte von jährlich mehr als 1 Milliarde US $), wofür das Land angesichts der sinkenden Phosphatpreise einen stetig wachsenden Anteil seiner Devisen ausgeben muss, was seine Handelsbilanz immer tiefer in die roten Zahlen treibt.

INDUSTRIE UND AUSSENHANDEL

Privatisierung, Liberalisierung und Investitionsförderung stehen im Mittelpunkt der marokkanischen Wirtschaftspolitik (nicht zuletzt auf Druck des IWF, der Weltbank und im Rahmen von Umschuldungsprogrammen). So wurde der ökonomische Anschluss an den Westen erreicht: eine marktfreundliche Wirtschaftsordnung, Schutz des Eigentums, Preisbildung hauptsächlich durch Angebot und Nachfrage, realistische Wechselkurse, Gewerbe- und Niederlassungsfreiheit.

Wichtige Industrien sind die **chemische** (Herstellung von Phosphaten, Sulfaten, pneumatischen und Kunststoffartikeln und Zement), die **Textilindustrie** (Marokko ist fünftwichtigster Partner der EU für Fertigbekleidung und Wirkwaren), der **Ernährungsbereich** und die Tabakverarbeitung sowie die **Metallverarbeitung,** die mit dem Aufschwung des marokkanischen Kfz-Marktes wohl an Bedeutung noch zunehmen wird.

In der marokkanischen **Exportbilanz** stehen **Textilien** mit Abstand an der Spitze, gefolgt von Fisch/Krebsen, Phosphorsäure und Phospat sowie Düngemitteln und Zitrusfrüchten. Marokkanische Textilien stehen jedoch auf dem europäischen Markt zunehmend mit asiatischer Ware in Konkurrenz, so dass 2003 die Exporte zurückgingen.

Unter den **Abnehmerländern** steht Frankreich mit rund 34% an erster Stelle, gefolgt von Spanien, Großbritannien, Italien, Deutschland (rund 5%) und Indien. Die EU ist mit Abstand wichtigster Handelspartner. Im März 2000 wurde ein Partnerschaftsabkommen ratifiziert, dessen Ziel ein Freihandel mit Industrieerzeugnissen sein soll.

Der **größte Lieferant** Marokkos ist **Frankreich** mit 20%, dann folgen Spanien, Italien, Deutschland (rund 5%) und Saudi-Arabien.

Etwa 22% der **Importe** entfallen auf Komsumgüter und ca. 7% auf Nahrungsmittel (vorwiegend Getreide, Zucker, Pflanzenöl, Tabak, Vieh). Außerdem werden vor allem chemische Produkte, Brennholz sowie Investitionsgüter importiert.

Die **Außenhandelsbilanz** Marokkos ist **negativ.** Das Defizit betrug 2003 ca. 5,2 Mrd. Euro. Die **Auslandsverschuldung** belief sich im selben Jahr auf 12,57 Mrd. Euro, ist jedoch deutlich rückgängig.

Ein wichtiger Wirtschaftsfaktor in Marokko sind die Devisenüberweisungen von im Ausland tätigen marokkanischen Gastarbeitern. Die Einnahmen durch die **Auslandsmarokkaner** betrugen im Jahr 2003 rund 3,4 Mrd. Euro und steigen stetig an.

Das zwischen 1999 und 2001 aufgrund der anhaltenden Trockenheit niedrige **Wirtschaftswachstum** hat nun wieder zugelegt. Das durchschnittliche Wachstum zwischen 1980 und 2000 betrug rund 3%, im Jahr 2003 aufgrund der Produktionssteigerungen in der Landwirtschaft sogar 5,5%. Erfreulich ist die niedrige **Inflationsrate,** die zuletzt bei etwa 1,2% lag.

TOURISMUS

Der Tourismus ist die **zweitwichtigste Devisenquelle** Marokkos (nach dem Geldtransfer der Gastarbeiter aus dem Ausland) und wichtiges Ausgleichsinstrument für die Handelsbilanz. Zudem trägt er zur ökonomischen und infrastrukturellen Entwicklung vieler (vor allem ländlicher) Regionen bei. Allerdings hat das Land nach dem zunächst starken Anstieg der Touristenzahlen und Förderung der klassischen Standbeine **Bade- und Rundreisetourismus** in den 1980er Jahren seit 1992 mit Einbrüchen bzw. Stagnation zu kämpfen. Marokko sieht sich der starken **Konkurrenz** vor allem **durch Tunesien** ausgesetzt, das billiger ist, flexibler auf Änderungen und spezielle Marktchancen reagiert und weniger mit **marokkospezifischen Imageproblemen** (Belästigung durch bettelnde Kinder und Geschäftemacher, Drogenkriminalität, usw.) zu kämpfen hat. Hinzu kommen nach dem Attentat in Casablanca 2003 und der allgemeinen weltpolitischen Lage die Sicherheitsängste vieler Touristen.

Die **Zahl der eingereisten Auslandsgäste** hat seit 1992 (Höhepunkt bei 4 Mio., 2002 nur 2,2 Mio.) abgenommen, was aber z. T. auf die Grenzschließung zu Algerien zurückzuführen ist (keine Einreisenden mehr aus dem Nachbarland). Die marokkanischen Tourismusmanager muss die in manchen Berichten geäußerte Vermutung beunruhigen, dass die Touristenzahlen für Marokko nur bedingt steigerungsfähig seien, da die meisten Touristen nur einmal, lediglich 3% ein weiteres Mal kämen. Ursachen seien Servicemangel, überhöhte Preise, Überbuchungen und nicht zuletzt das für viele Touristen sehr ungewohnte und aufdringliche Verhalten (s. o.). Hier haben die marokkanischen Behörden durch gezielte Kampagnen zur „Erziehung“ der Bevölkerung in den Printmedien und in Hörfunk und Fernsehen sowie durch verstärkte Polizeipräsenz in den großen Städten einiges bewirken können. Wegen der anhaltenden Massenarbeitslosigkeit und der Armut in den Gebirgs- und Wüstenregionen wird dieses Problem aber in ländlichen Regionen kaum in den Griff zu bekommen sein, erhofft man sich doch von den „reichen“ Touristen schnelles Geld.

Eine neue Strategie zur Förderung des Tourismus will im großen Stil neue Strandziele im Süden erschließen, aber auch den Inlandstourismus fördern, Investitionsanreize (z. B. für große Hotelketten) schaffen und ein jährliches Wachstum von 10% erreichen. Der **Plan Azur** bzw. die **Vision 2010** mit dem Ziel, bis zum Jahr 2010 die Zahl der jährlich einreisenden Touristen auf 10 Mio. (!) zu erhöhen, ist jedoch als utopisch zu bezeichnen, zumal die Auswirkungen des 11. September 2001 und des **Attentats in Casablanca am 16. Mai 2003** den Tourismus beeinträchtigen.

Die Einkünfte aus dem Tourismus blieben trotz der weltpolitischen Situation im Jahr 2003 erstaunlicherweise insgesamt stabil. Auch die Anzahl der Touristen blieb konstant, wobei vor allem die Einreise von Franzosen (50% der europäischen Touristen) und Spaniern gefördert wurde und ausgleichend wirkte. Deutsche reisten dagegen 25% (!) weniger nach Marokko als im Vorjahr. Übrigens vollkommen ungerechtfertigt: Nach wie vor wird man als Tourist in Marokko höchst willkommen geheißen, und das Fernbleiben der Gäste hat vor allem in Agadir und vom Tourismus abhängigen Gebieten verheerende wirtschaftliche Folgen. Marokko setzt alle Hebel in Bewegung, ein sicheres Reiseland zu bleiben und hat die Sicherheitsvorkehrungen seit dem Attentat in Casablanca wesentlich erhöht.

Im Übrigen: Der Tourismus hat natürlich nicht nur positive Seiten. Er bringt auch **erhebliche soziokulturelle Probleme** für das Volk. Die Preise in Touristengebieten steigen auch für Einheimische stark an und der Zusammenstoß fremder Kulturen und Mentalitäten ist nicht immer fruchtbar. Alkoholismus und Prostitution nehmen zu, die Kriminalität, damit einhergehend, ebenso. Jeder Tourist – obgleich z. B. gerade die Agadirtouristen nicht zu den Betuchtesten zählen – wird als „reich" eingestuft und als potenzieller, zahlungskräftiger Kunde betrachtet. Viele Marokkaner versuchen deshalb durch einen Kleinbetrieb, sei es ein Café/Restaurant, ein kleines Hotel oder eine Souvenirbude, am Tourismus zu verdienen, was manchen Anbieter sicher Ansehen und Einkommen verschafft, viele aber aufgrund mangelnder Kenntnisse und Kapital ruiniert. Die Konkurrenz ist groß, vor allem im Süden bei den Kameltouren und Trekkinganbietern. Was in unseren Augen als gesunder Wettbewerb erscheint, gestaltet sich in Marokko häufig ruinös, und das Vorgehen der Wettbewerber gegen unliebsame Konkurrenz ist nicht immer seriös, sondern ähnelt gelegentlich Mafiamethoden.

Traditionelle Wundermittel – viele Marokkaner glauben noch daran

BEVÖLKERUNG UND SOZIALWESEN

40% der rund **30 Millionen Einwohner** Marokkos sind jünger als 20 Jahre. Fast 50% der Bevölkerung können weder lesen noch schreiben. Die **Arbeitslosenquote** beträgt laut offizieller Statistik (2003) durchschnittlich 12%, am stärksten betroffen sind die Städte (20%) sowie Frauen und die Alterklasse zwischen 25 und 34 Jahren. Dramatisch ist die Zahl der arbeitslosen Akademiker, die seit 1998 deutlich zugenommen hat (ca. 28%). Zwischen Stadt und Land bestehen erhebliche Unterschiede im Einkommen und dem erreichten Lebensstandard. Die Schere zwischen Arm und Reich öffnet sich immer weiter. Etwa 19% der Bevölkerung lebt unterhalb der Armutsgrenze.

Das jährliche (statistische, undifferenzierte und wenig aussagekräftige) **Pro-Kopf-Einkommen** in Marokko liegt bei ca. 1260 US $. Auch wenn seit 1996 **gesetzliche Mindestlöhne** (SMIG = *Salaire Minimum interprofessionell garanti,* zur Zeit 8,78 DH/Std. bzw. 45,50 DH/Tag) gelten, wird die Entlohnung v. a. in den Städten kaum den Lebenshaltungskosten gerecht. Der durchschnittliche Monatslohn betrug 2002 etwa 2800 DH (280 Euro). Selbst ein Beamter oder kleiner Bankangestellter kann in den Städten häufig nicht vom verdienten Geld leben, da die Mieten den Monatslohn übersteigen. In der Bürokratie sind viele Beschäftigte auf ein Zubrot (= Bestechungsgeld) angewiesen. Die Folge: Der Beamtenapparat wird immer korrupter.

Anschaulich wird die Arbeits- und Lebenssituation vieler Marokkaner in einer Szene aus dem Buch von *Abdelhak Serrane,* „Kinder der engen Gassen": *„...Man verweist sie von einem Büro zum anderen. Von Zimmer Nr. 13 zu 129, von 129 zu 78 und so weiter. Schließlich werden sie des Ganzen überdrüssig und gehen. Sie verstehen das Leben nicht. ‚Ich gebe dir den Rat, mein Sohn: Wohin du gehst, geh' nicht mit leeren Händen! Gott verabscheut dieses Verhalten, und ich begreife nicht, warum ein Mensch Gefallen daran findet, seinen Bruder auszunehmen. Du täuschst dich, wenn du denkst, dass ich diesen Geldschein gern angenommen habe. Verfluche den Satan, mein Sohn! Ich habe auch meinen Stolz. Ich werd' dir etwas sagen! In einem Monat verdiene ich fünfhundertfünfzig Dirham. Ich zahle sechshundert Dirham Miete und habe sechs Kinder.' ‚Und wie stellen Sie es an, um zu überleben?' Der Mann lächelte: ‚Wir leben dank der Großzügigen wie dir! Hin und wieder zehn Dirham, und das Leben geht weiter. Meine Frau arbeitet auch. Sie putzt bei meinem Chef. Meine drei Töchter habe ich als Hausmädchen bei Familien untergebracht, das bringt etwas Geld ein, und ich brauche mich nicht um ihr Essen zu sorgen. Das Leben ist bitter geworden!'."*

Der überwiegende Teil (rund 40%) der marokkanischen Erwerbstätigen arbeitet in der Landwirtschaft und Fischerei. Auf dem Land sind es sogar 80%, die sich mit Landwirtschaft den Lebensunterhalt verdienen. Darauf folgen etwa 13%, die in der Industrie beschäftigt sind. 12% der Erwerbstätigen arbeiten im Handel und nur etwa 8% im Dienstleistungssektor. Eine wichtige Rolle spielt in Marokko – typisch für Entwicklungsländer – der **informalle Sektor** (v.a. im Handel), in dem bis zu 17% des BIP erwirtschaftet werden.

Der **Anteil der arbeitenden Frauen** (ab 15 Jahren) betrug 1980 nur 8% und hat sich bis heute auf 27% erhöht – ob diese Zahlen die vielen in den familiären Landwirtschaftsbetrieben arbeitenden und Teppiche produzierenden Frauen berücksichtigen, kann an dieser Stelle nicht geklärt werden. Erst seit wenigen Jahren können verheiratete Frauen ohne Erlaubnis ihres Ehemannes einer bezahlten Arbeit nachgehen.

Prostitution existiert offiziell nicht. Vielen Frauen in wirtschaftlicher Notlage und Mädchen, die sich leichtsinnigerweise einmal mit einem Mann eingelassen und die Jungfräulichkeit eingebüßt haben, bleibt aber gar kein anderer Ausweg, um zu überleben. Auch Männerprostitution ist häufig. Durch die strengen islamischen Moralgesetze zum ausschließlichen Umgang mit Geschlechtsgenossen gezwungen, wird die Männlichkeit häufig an ihnen demonstriert, und kleine Jungs werden durch Drohung, Geld oder Überredung zu willfährigen Geschlechtspartnern. Einmal als Stricher abgestempelt, verdienen viele dann weiterhin ihr Geld in dieser Szene. In Europa ist Marokko als Homosexuellen-Treffpunkt bereits vor vielen Jahren bekannt geworden. In erschreckendem Maße häufen sich Berichte über **Kinderprostitution,** auch unter Beteiligung einheimischer Vermittlung. Nach außen hin wird alles geheim gehalten. Die gesundheitlichen Folgen der Prostitution – Geschlechtskrankheiten und **AIDS** (franz. SIDA)– bleiben sicher nicht aus. Zahlen dringen jedoch kaum an die Öffentlichkeit bzw. sind geschönt. Nach Schätzungen sind bisher – ähnlich wie in Deutschland – 0,1% der Bevölkerung mit dem HI-Virus infiziert.

Seit 1961 existiert offiziell eine **Sozialgesetzgebung,** die Alters-, Hinterbliebenen- und Invalidenrenten, Leistungen bei Krankheit und Mutterschaft und Familienbeihilfen beinhaltet. 1998 waren immer noch nur etwa 24,6% der marokkanischen Bevölkerung im Rahmen der Sozialversicherung (CNSS, *Caisse National de la Sécurité Social)* abgesichert. Für Arbeitnehmer besteht zwar eine Sozialversicherungspflicht, allerdings nur wenn sie länger als 8 Monate beschäftigt sind. Die Folge ist, dass die Versicherung sehr häufig umgangen wird, indem Leute nur für 8 Monate eingestellt, dann wieder entlassen und später wieder eingestellt werden. Die Angestellten haben somit keinerlei Versicherung, auch wenn sie faktisch jahrelang für den gleichen Arbeitgeber arbeiten.

SCHULWESEN

Zu **Beginn der Unabhängigkeit** waren **80%** aller Marokkaner im schulfähigen Alter **Analphabeten.** Eine der vorrangigen staatlichen Aufgaben bestand folglich darin, Schulen zu bauen, die Lehrerausbildung zu verbessern, die Schulverwaltung zu straffen sowie die Lehrmittelversorgung und die Ausarbeitung adäquater Lehrpläne im Grundschulbereich in den ländlichen Regionen zu fördern.

1959 begann die **Vereinheitlichung des Schulsystems,** das zuvor ein Mischmasch spanischer, französischer, jüdischer und moslemischer Schulen war. **1963** wurde die **allgemeine Schulpflicht** eingeführt.

Das **Schulsystem** ist **nach französischem Vorbild** aufgebaut. Es gibt staatliche und private Schulen, eine wichtige Rolle spielen aber nach wie vor die Koranschulen. Neben Primar- *(écoles primaires)* und Sekundarschulen *(écoles secundaires)* gibt es technische Schulen *(écoles techniques)*. Die Regelschulzeit in staatlichen Schulen beträgt fünf Jahre in der Primarstufe (Abschluss *Certificat Moyen)*. Viele Kinder besuchen lediglich diese fünf Jahre die Schule.

Offizielle Unterrichtssprache ist Arabisch. Zweitsprache ist Französisch, das vor allem in den höheren Klassen und an weiterbildenden Schulen in vielen Fächern auch als Unterrichtssprache Eingang gefunden hat. Weitere Wahlsprachen sind Englisch, Spanisch, Italienisch und Deutsch. Im städtischen, bourgeoisen Bereich hat sich sogar eine Mischsprache aus Französisch und Arabisch entwickelt.

Umgangsprachen sind das **Maghrebinisch-Arabisch,** das sich erheblich vom klassischen Arabisch unterscheidet, sowie die drei Berbersprachen **Tamazight, Tachelheit** und **Schlöh.** Auch auf dem Land mit überwiegend berberischer Bevölkerung *(Masiren)* wird jedoch nach wie vor nicht in deren Sprache unterrichet. Die Kinder werden somit ab der ersten Schulstunde mit einer Fremdsprache konfrontiert und müssen Arabisch lernen, um überhaupt dem Unterricht folgen zu können. Ab 2004 sollte es angeblich die ersten berberischen Schulbücher geben und nach königlicher Verfügung auch in Masirisch unterrichtet werden.

Nach wie vor sind gewaltige Anstrengungen nötig, um das Schulsystem den Anforderungen gemäß zu verbessern. Qualifizierte Lehrkräfte sind Mangelware, schulische Einrichtungen fehlen bzw. sind sehr schlecht ausgestattet, und trotz **Schulgeldfreiheit** können sich viele Familien die Schulmaterialien nicht leisten.

Im Jahr 2001 betrug die **Einschulungsquote** rund 77% (45% bei den Mädchen) in den Primärschulen. Ziel der Regierung ist es, eine Einschulungsquote von 100% zu erreichen, was aber auf dem Land unter den bisher herrschenden Umständen kaum realisiert werden kann. Viele Dörfer im Hochgebirge liegen weit verstreut in fast unzugänglichen Gebieten und sind nur auf Mulipfaden oder Allradpisten erreichbar und im Winter tief verschneit. Der Weg zur Schule also lang und mühsam. In vielen Familien wird eine Ausbildung für Mädchen als unnütz angesehen, und wenn diese schon zur Schule geschickt werden, dann nur für 5 Jahre. Zudem müssen viele Kinder arbeiten und zum spärlichen Familieneinkommen beitragen.

Die **Analphabetenquote** beträgt noch immer um die 50% mit deutlicher Prävalenz auf dem Lande und bei den Frauen.

Universitäten befinden sich in den Städten Rabat, Casablanca, Fès, Ifrane, Oujda, Marrakesch, Meknès, Al Jadida, Kénitra, Agadir und Tétuan.

GESUNDHEITSWESEN

Das marokkanische Gesundheitswesen ist im Vergleich zu anderen afrikanischen Staaten **relativ gut ausgebaut**, zwischen Stadt und Land jedoch sehr unterschiedlich. 2001 standen ca. 13 000 zur Verfügung, das heißt, ein Arzt kommt auf etwa 2230 Einwohner. Zum Vergleich: In europäischen Ländern kommt ein Arzt auf ca. 1000 Einwohner.

In den Städten ist die ärztliche Versorgung gut, da sich die Mehrzahl der Ärzte dort niederlässt, weil das Leben auf dem Land mühsam und die Gesundheitseinrichtungen spärlich sind. Zudem ist das Publikum in den Städten wesentlich zahlungskräftiger.

In den öffentlichen Krankenhäusern ist die Versorgung kostenlos, Korruption aber an der Tagesordnung, so dass meist doch nur der Teil der Bevölkerung behandelt wird, der erfolgreich geschmiert hat.

Grundsätzlich kann man sagen, dass **private Krankenhäuser und Ärzte** wesentlich **besser ausgestattet** sind als die öffentlichen Krankenhäuser.

Eine **Krankenversicherung gibt es nicht,** privat niedergelassene Ärzte müssen bar bezahlt werden. Es wird jedoch über die Einführung einer gesetzlich vorgeschriebenen Krankenversicherung diskutiert *(Assurance Maladie Obligatoire).*

Die **ärztliche Versorgung auf dem Lande** wird in erster Linie durch die Gesundheitszentren garantiert. Hier wird kostenlos, freundlich und kompetent eine medizinische Grundversorgung gewährleistet. Zusätzlich wurden fahrbare ambulante Pflegestationen eingerichtet.

Die Versorgung mit **Medikamenten** ist in allen größeren Orten gut, hier stehen häufig sogar mehrere Apotheken (pharmacie) zur Verfügung.

Oft treten in den entlegenen Gebieten alle möglichen **Wunderheiler** an die Stelle von Ärzten. Der Glaube an die Wirkung diverser volkstümlicher Heilmittel, angefangen von häufig tatsächlich heilenden Kräutern bis zu getrockneten Chamäleons, abgeschnittenen Ziegenköpfen und potenzsteigernden Mitteln, ist weit verbreitet. Auf jedem Suq, vor allem in der Nähe von Wallfahrtsstätten, gibt es „Apotheken mit Wundermitteln".

Als **Hebammen** fungieren meist ältere Frauen und Familienangehörige. Aufgrund der verbesserten ärztlichen Versorgung ging die Säuglingssterblichkeit in den letzten Jahren erheblich zurück (43 Todesfälle pro 1000 Geburten im Jahr 2003).

Familienplanung wird seit der zweiten Hälfte der 60er Jahre staatlich gefördert, das Verbot des Vertriebs von Empfängnisverhütungsmitteln wurde 1967 aufgehoben. Im Zusammenspiel vor allem mit der zunehmenden Verstädterung ist das jährliche **Bevölkerungswachstum** innerhalb von zwei Jahrzehnten von 3% auf **1,6%** (2003) zurückgegangen, ein Wert, der der demographischen Entwicklung in Industriestaaten schon sehr nahe kommt.

ETHNISCHE GRUPPEN

Die einheimische Bevölkerung Marokkos besteht in der Mehrheit aus **Masiren (Berbern)** und **Arabern,** die mit der Ausbreitung des Islam nach Marokko kamen. Die 20% Marokkaner arabischen Ursprungs sind überwiegend Stadtbewohner. Vor allem die gehobenen Schichten von Fès sind arabischer Herkunft. Die **Fassis** (so nennt man die Stadtbewohner von *Fès)* übten zu allen Zeiten einen entscheidenden Einfluss auf das Land und den Handel aus. Die fruchtbarsten Gebiete und die größten Fabriken befinden sich arabischer Hand. Zwischen Berbern und Arabern besteht seit dem gemeinsamen Kampf gegen die Protektoratsmacht Frankreich kaum mehr ein Gegensatz. Für einen Außenstehenden ist es nicht möglich, einen arabisierten Berber von einem Marokkaner arabischen Ursprungs zu unterscheiden. Jedoch mehren sich die Proteste masirischer Organisationen, die ihre Identität bedroht sehen, weil ihre Sprache nicht Eingang ins öffentliche Leben gefunden hat. Auch die Macht im Staat liegt eindeutig bei den Arabern, obwohl der Brauch vorschreibt, dass der König eine Berberin zur Frau nimmt.

Eine weitere Bevölkerungsgruppe rekrutiert sich aus den **Schwarzen** *(Haratin),* die hauptsächlich als Sklaven ins Land gebracht wurden und sich im Laufe der Zeit mit den einheimischen Bevölkerungsteilen vermischten. Viele der ehemaligen Haratin bezeichnen sich stolz als Berber, obwohl ihr schwarzafrikansicher Urspung unverkennbar ist. Hinzu kommt eine Minderheit von **Juden** (v. a. in Casablanca) und **Nachfahren europäischer Moslems und Juden,** die im Zuge ihrer Flucht vor der Reconquista aus Spanien nach Marokko gelangten. Vermischungen mit europäischen Völkern sind in Marokko – im Vergleich zu allen anderen nordafrikanischen Ländern – am deutlichsten erkennbar. Bei den Berbern im Rif gibt es erstaunlich viele blauäugige und blonde Menschen, was aber auch auf Vermischungen mit den im 4. Jh. eingewanderten Wandalen schließen lässt.

In der Westsahara leben **nach der letzten Volkszählung ca. 200 000 Einwohner.** Ca. 50 000 der Einwohner sind noch „echte" Sahrauwis der Stämme *Reguibat, Kunta, Tekna, Beni Hassan, Brakna, Aulad Delim, Aulad Dada* und andere. Davon leben noch ca. 2000 als Nomaden, die wie ihre Nachbarn in den angrenzenden Saharaländern nur von ihrem Vieh leben und in Zelten wohnen, und die je nach Ertrag der Weidegründe weit umherziehen. Es leben jedoch an die 200 000 Sahrauwis in Flüchtlingslagern bei Tindouf in Algerien, wo sie sich eine vorbildlich verwaltete Stadt mit dem Namen Smara aufgebaut haben und weiterhin auf einen eigenen Staat hoffen.

Grundsätzlich wäre zu sagen, dass es **keinen einheitlichen marokkanischen Typ** in ethnischer und sprachlicher Hinsicht gibt. Die Einheit besteht in erster Linie in einer kulturellen und seelischen Gemeinsamkeit, welche von der gemeinsamen Geschichte und Religion geprägt wurde.

EHE UND FAMILIE

Die wichtigste soziale Einrichtung im Staat Marokko ist nach wie vor die Familie. Im Gegensatz zu europäischen Verhältnissen lebt die **Mehrzahl der Bevölkerung** im Verbund der **Großfamilie,** wobei in den Großstädten die Tendenz zur Kleinfamilie (Eltern und Kinder) zunimmt.

Die **Ehe** ist nach islamischem Recht kein Sakrament, sondern wird mit Ehevertrag vor zwei Adoulen (entspricht unserem Notar) geschlossen. Nach den Gesetzen des Islam darf der Mann **vier Frauen** heiraten, vorausgesetzt, er kann alle gleichrangig behandeln und ernähren. Da dies aber nur einem geringen Teil der Männer finanziell möglich ist, gibt es nur in 2% aller Familien eine zweite Ehefrau. König Hassan hat vor einigen Jahren verfügt, dass sich ein Mann nur noch eine zweite Ehefrau „anschaffen" darf, wenn die erste damit einverstanden ist. Muslimische Männer dürfen Frauen, die dem Christen- oder Judentum angehören, heiraten, jedoch keine Atheistin. Muslimische Frauen dagegen dürfen nur Muslims heiraten.

Die **Ehemündigkeit** tritt beim Mann mit Vollendung des 18., bei der Frau mit Vollendung des 15. Lebensjahres ein. Da aber die Volljährigkeit erst mit 20 Jahren erreicht wird, ist bei einer früheren Heirat ein Vormund erforderlich. **Beide** Ehepartner müssen **in eine Heirat einwilligen,** geistig gesund und geschlechtsreif sein. Eine weitere Voraussetzung zur Eheschließung ist die Festsetzung der „Morgengabe" - *sadaq* -, die der Mann der Frau geben muss (entspricht dem Brautpreis).

Bei der **traditionellen Heirat auf dem Lande** sucht nach wie vor der Vater des Bräutigams die passende Braut für seinen Sohn aus. Die Braut wird meist nach Gesichtspunkten wie Reichtum, Familienverbindungen und Ansehen ausgewählt, ähnlich wie in unserer bäuerlichen Gesellschaft noch vor wenigen Jahrzehnten.

Im modernen Leben der **Städte, aber auch zunehmend auf dem Land,** nimmt hingegen der europäische Einfluss stark zu, und das traditionelle Wertdenken wird oft als rückständig angesehen. Hier besteht meist der Wunsch nach einer **„Liebesheirat",** wenn dieser auch oft gerade bei den Mädchen gegenüber den Eltern meist nicht durchsetzbar ist.

Die **Scheidung ist für den Mann einfach.** Es gibt aber auch der **Frau rechtlich zugestandene Scheidungsgründe,** vom Nichterfüllen der Unterhaltspflicht über Misshandlung bis zu schweren Krankheiten des Mannes, die der Frau vor der Eheschließung nicht zur Kenntnis gebracht wurden. Untreue des Mannes zählt nicht zu den Scheidungsgründen.

Gesetze sollen die Frau davor bewahren, nach einer Trennung arm dazustehen. Meist wird der Brautpreis, den der Mann zur Hochzeit entrichten musste, von der Familie der Frau zur Hälfte eingefordert (für den Verlust der Arbeitskraft bzw. falls die Frau nach einer Scheidung wiederaufgenommen werden muss), die zweite Hälfte bekommt die Frau, ebenso den oft teuren Brautschmuck. Nach den Ehegesetzen hat der Mann der Frau bei Verstoßung ein **Schmerzensgeld** zu zahlen, das seinen Mitteln und den Verhältnissen der Frau entspricht. Da nach islamischem Recht **Gütertrennung** herrscht, kann die Frau ein vor/in der Ehe erworbenes Vermögen selbst verwalten und darüber verfügen.

Theorie und Praxis gehen hier aber oft weit auseinander: Wenn der Mann nicht zahlen kann oder die Morgengabe bei armen Familien ohnehin sehr gering war und die Familie der Frau sie nicht mehr aufnehmen will bzw. kann, dann bleibt nur noch der Weg in die Armut, der oft in der Prostitution endet. Auf der anderen Seite kommt manchen Männern, die sich ein teures Brautgeld nicht leisten können, eine geschiedene Frau viel preiswerter, da in der Regel kein weiteres Brautgeld an die Familie, abgesehen vielleicht für etwas Schmuck für die Frau, bezahlt werden muss.

Die Zahl der Scheidungen ist ziemlich groß, vor allem bei einigen wenigen Berberstämmen, z. B. den *Aït Haddidou,* wo die Scheidung geradezu im Interesse der Frauen liegt, da diese danach das Recht haben, sich den Mann selbst zu suchen...

Im Leben des männlichen Marokkaners ist die **Beschneidung** ein wichtiges Ereignis, meist im Alter von etwa 5 Jahren durchgeführt (grundsätzlich muss sie zwischen dem 1. und 7. Lebensjahr stattfinden). Das für den Buben schmerzhafte und für die Familie ehrenvolle Ereignis wird mit dem ersten Moscheebesuch des Jungen und einem großen Fest (meist auch mit viel Gehupe und einer Prozession auf den Straßen) begangen. Die Knaben erhalten für diesen Tag ein extra Kleid (bequemlichkeitshalber) und einen *Fez,* den traditionellen roten Hut der Fèsbewohner, der allerdings nur noch selten getragen wird. Frauenbeschneidung wird in Marokko nicht praktiziert.

Der **Tod** ist im Leben eines gläubigen Moslems kein trauriges Ereignis, da der Tote zu Allah zurückkehrt. Die Toten werden schnell mit dem Kopf gen Mekka beerdigt. Ein Totenmahl findet wie bei uns bei der Familie des Toten statt. Männer und Frauen besuchen getrennt den Friedhof, die Witwen tragen als Zeichen der Verbundenheit oder auch als Trauerkleidung vier Monate lang ein Kleidungsstück des Mannes und dürfen sich in dieser Zeit nicht wieder verheiraten.

FRAUEN IN MAROKKO

von Nadia Kerouach

Mädchen in der traditionellen Familie

In der traditionellen, paternalistischen Familienstruktur wachsen die Mädchen streng behütet auf. Der Vater ist die Autoritätsperson, die absoluten Gehorsam verlangt.

Die Tochter wird von der Mutter von klein auf auf ihre Rolle als Gattin und Mutter vorbereitet – die Frau ist Garantin für ordentliche Haushaltsführung, Kindererziehung und biologische Reproduktion. Eine Sexualerziehung findet nicht statt; einziges Anliegen in dieser Hinsicht ist die Wahrung der Jungfräulichkeit und des damit verbundenen guten Rufes (auch der Famile) bis zur Hochzeit. Doch Kontrolle ist anstrengend, so dass die Töchter in vergangenen Zeiten gar nicht früh genug vermählt werden konnten, getreu dem arabischen Sprichwort: „Ein Mädchen im Haus zu haben, ist das Gleiche wie ein ruhendes Pulverfass". Heute gibt es ein Gesetz, das das frühestmögliche Heiratsalter der Mädchen auf 15 Jahre festlegt.

Von Geburt an werden Jungen und Mädchen in ein starres Rollenschema gepresst. Söhne werden eindeutig bevorzugt. Schon bei der Geburt eines Buben zeigt sich das, wenn ein dreifaches Jubeltrillern ausgestoßen wird, während ein Mädchen ganz ohne Freudengeschrei das Licht der Welt erblickt. In der traditionellen Familie werden die Mädchen schon bald den Vätern und Brüdern zu Diensten gestellt, während die Jungen altersgemäßen Beschäftigungen nachgehen dürfen. Ein Mädchen lernt so schon sehr früh, seine Minderwertigkeit zu akzeptieren, was sich (zumindest früher) auch relativ konfliktfrei vollzog, geschah doch erstens alles im Namen Allahs und waren doch zweitens die Männer verpflichtet, die Frauen zu beschützen.

Berbermädchen aus dem Rosental

Der sozialen Knebelung der Frau entspricht denn auch ihre rechtliche Unmündigkeit. Ist sie unverheiratet, egal ob mit 15 oder 42, bedarf sie der Erlaubnis des Vaters für alle wichtigen Angelegenheiten. Sollte der Vater sterben, so übernehmen die Brüder die Vormundschaft. Im Stand der Ehe schließlich ist der Gatte der Herr, und bei dessen Tod und im Falle der Scheidung oder Verstoßung fällt die Frau wieder unter die Macht ihres Vaters bzw. ihrer Brüder.

Die Heirat

Hochzeiten sind in Marokko riesige Feste. Auf dem Lande finden sie gewöhnlich im Sommer statt, wenn die Kornkammern gut gefüllt und die Nächte warm sind. Die Festlichkeiten dauern je nach Wohlhabenheit der Familien drei bis sieben Tage und zählen oft hunderte von Gästen. Die Farbenpracht der weiblichen Kostüme, der Überfluss an Gold- und Silberschmuck, die Fülle köstlicher Speisen, Musik und Tänze lassen an Märchen aus 1001 Nacht denken, besonders wenn Hochzeiten reicher arabischer Familien gefeiert werden. Aber was geschieht hinter der glänzenden Fassade? Und wie entstehen die Bindungen?

Die Wahl der Partner und das Arrangement der Ehen wird heute noch in vielen Fällen von den Eltern getroffen. Besitz, Sozialprestige und Familienbindungen spielen dabei eine wesentliche Rolle. Emotionale Zuneigung und Liebe sind zunächst zweitrangig und mögen vielleicht in der Ehegemeinschaft entstehen, gewissermaßen als Tauschgeschäft: „Verwöhnt er mich, und behandelt er mich gut, so werde ich ihn lieben".

Eine der wichtigsten Angelegenheiten bei der Eheschließung ist das Brautpfand, ein Usus, der sich im 20. Jahrhundert in reicheren Milieus entwickelte und nach und nach von allen sozialen Schichten übernommen wurde. So kommt es nicht selten vor, dass ärmere Familien durch den gesellschaftlichen Druck anlässlich der Eheschließung ihrer Söhne an den Rand des Ruins gedrängt werden. Doch es hilft nichts, Töchter und ihre Eltern sind sich einig: „Mein Vater hat viel für mich ausgegeben, der Schwiegersohn soll die Familie großzügig entschädigen. Eine Frau muss man sich erst verdienen. Ein Mann, der keinen Brautpreis bezahlt hat, könnte seiner Frau sehr schnell überdrüssig werden."

Unabdingbare Voraussetzung einer Eheschließung ist die Unberührtheit der Frau – ohne Jungfräulichkeit gibt es keine Ehre und keine Ehe. Zum Beweis des intakten Hymens warten die Gäste in der Hochzeitsnacht ungeduldig vor der Schlafstätte der Jungvermählten und gehen erst, wenn sie das Leintuch mit dem frischen Blut überprüft haben. Diese Erfahrung ist für viele Frauen demütigend und peinlich, erst recht, da doch die Hochzeitsnacht oft mit dem erstmaligen Anblick eines nackten Mannes, ihres nackten Mannes verbunden ist ...

Sollte die Frau ihre Jungfräulichkeit nicht nachweisen können, aus welchem Grund auch immer, so wird sie in erniedrigendster Weise nach Hause geschickt, unter den Beschimpfungen der Gäste, und die ganze Nachbarschaft erfährt die empörende Angelegenheit. Für diese Verstoßenen ist das Kapitel Heirat so gut wie abgeschlossen. Wie schwer – für den sexuell „befreiten" Mitteleuropäer eigentlich unvorstellbar schwer – das normative Gewicht dieser Vorschrift auf den Mädchen und Frauen lastet, mag anschaulicher werden, wenn man sich vor Augen hält, dass vor allem in Ägypten viele Ärzte damit Geld verdienen, verzweifelten, weil bis dato unverheirateten, aber sexuell aktiven Frauen aus dem gesamten islamischen Raum die Eheschließung durch eine Art „simulierter Defloration" zu ermöglichen: Dabei wird eine winzige blutgefüllte Kapsel entsprechend unauffällig plaziert und im entscheidenden Moment zur „Blutung" gebracht ...

Die Frau in der Gesellschaft

Auf dem Lande hatten und haben Frauen einen großen Teil der Feldarbeit (neben der gesamten Erziehungs- und Hausarbeit) zu leisten; Pflanzen, Jäten und die Ernte gewisser Feldfrüchte sind Frauenarbeit, nie jedoch Pflügen oder das Schneiden des Weizens mit der Sichel. Im städtischen Milieu haben Frauen früher nur aus Not gearbeitet und dann typische weibliche Tätigkeiten für Frauen aus reichen Familien ausgeführt. Aus niedrigen sozialen Schichten stammend, waren diese Frauen ohne soziales Ansehen; ihre Leistungen aber waren sehr gefragt. Typische traditionelle Frauenberufe sind Hebamme, „Kräuterweiblein", Masseurin, Friseuse, Totenwäscherin, Klageweib, Wahrsagerin, Heiratskupplerin, Zeremonienmeisterin für große Feste, Sängerin und Tänzerin, Köchin, Wäscherin u. Ä.

Für die Rolle der Frau in der heutigen marokkanischen Familie und Gesellschaft gilt weiterhin der Unterschied zwischen Stadt und Land, auch Differenzen in ethnischer Hinsicht sind bedeutsam (die berberische Frau ist weit weniger unterdrückt als die arabische), insgesamt aber führen die Verlängerung der Ausbildungszeiten, eine hohe Einschulungsquote (mit dem Ergebnis einer Verschiebung des Heiratsalters) und als Klammer des Ganzen die zunehmende Urbanisierung zur vermehrten Teilnahme von Frauen am aktiven Arbeitsleben, in der Politik und im öffentlichen Leben.

Immer noch, und hier liegt das große Hindernis jeglicher Emanzipationsbestrebungen, garantiert eine große Familie Wohlstand (auf dem Land), denn die Anzahl der Kinder entscheidet über die Hilfskräfte in der Familie und sichert später das Auskommen der Alten. Die Mädchen werden als billige Arbeitskräfte gebraucht und tragen in hohem Maße zum Familieneinkommen bei. Schulbesuch ist Luxus, auch wenn er kostenlos ist. Traditionelles Denken wird auch deutlich, wenn die Frage nach der Anzahl der Kinder mit der Zahl der Söhne beantwortet wird, die Würde und Macht der Frau bestimmen.

Insgesamt sind die Frauen eher konservativ eingestellt, der Einfluss der Alten auf die Jungen ist stark. Viele Frauen der jüngeren Generation stecken denn auch in der Klemme: Einerseits sind sie durchaus willens, tradierte Vorstellungen und alte Kulturwerte zu bewahren, andererseits arbeiten sie dadurch auch an ihrer eigenen Unterdrückung. Auch der zunehmende Einfluss fundamentalistischer Islaminterpretationen, die das (westliche) Selbstbestimmungsrecht der Frau verdammen und Frauen aus dem öffentlichen Raum in die männliche Verfügungsgewalt hermetischer Privatsphären verbannen wollen, wirkt der Emanzipation der marokkanischen Frau entgegen. Wo es an Gleichheit und gleichem Recht fehlt, muss die Frau zu kompensatorischen Strategien greifen, um ihre Teilhabe am sozialen Leben zu gewährleisten. Tüchtigkeit, Schlauheit, auch Intrigen und ein Sammelsurium subtiler Mittel der Verführungs- und Verblendungskunst belassen die Männer in der Gewissheit zu herrschen, wo sie doch nur getrieben werden ...

Auch haben sich manche Sitten und Praktiken herausgebildet, die geradezu abstrus anmuten, im täglichen Leben aber die (Rechts-)unsicherheit der Frau verkleinern helfen, v.a. was die leichte Verstoßung von Ehefrauen bei Sterilität, Alter oder Hass der Schwiegerfamilie betrifft. Erwähnt sei hier nur die seltsame Sitte des „Raqed" (= eingeschlafenes Kind), ein verbreiteter, im Islam verankerter Glaube, der besagt, dass ein Kind im Mutterleib einschlafen und erst Jahre später wieder erwachen und dann geboren werden kann. Diese Annahme hat zur Folge, dass außerehelich gezeugte Kinder ihren Platz in der Familiengemeinschaft finden; sie legitimiert ein illegitimes Kind und schützt die Mutter vor Verstoßung und Verbannung. Sie ist auch ein Verteidigungsmechanismus für sterile und ungeliebte Frauen, denn die Bosheit der Schwiegerfamilie könnte ja den Wachstumsstopp des Babys ausgelöst haben ...

Nomaden in Südostmarokko

DORF UND STAMM

Bei den Masiren (Berbern), die noch in festen Stammeseinheiten leben, sind die **Sippen und Großfamilien** nach wie vor die **grundlegende Sozialeinheit.**

Die Leitung der Sippe obliegt dem ältesten Mann; im Besitz der Sippe befinden sich Grund und Vieh. Viele der Sippen besitzen einen **gemeinsamen Speicher,** einen **„Agadir".** Er wurde früher auch als Fluchtburg der Familie benutzt. Mehrere verwandte Sippen bewohnen ein **Ksar** (befestigtes Dorf) das aus vielen von Familien bewohnten **„Kasbahs"** oder **masirisch „Igherm"** besteht, oder ein **Duar** (Siedlung aus Zelten, jetzt auch festes Dorf).

Die Männer der verwandten Sippen bilden die **Jemâa** (Ratsversammlung). Diese wählt den Vorsitzenden, den „Muqadam" oder „Amghar". Durch Verwandtschaft verbundene Dörfer bilden eine **Stammesfraktion,** „Taqbilt" oder „Fechda" genannt. Sie besitzt oft einen gemeinsamen Wochenmarkt und zählt meist zwischen 5000 und 10 000 Mitgliedern. Der **Stamm** oder **Qibla** besteht aus mehreren Stammesfraktionen. Diese spielen im normalen Leben keine entscheidende Rolle, lediglich in Notzeiten oder im Kriegsfall.

Der **Ursprung des Stammes** geht auf einen gemeinsamen Urahn zurück. Dem Namen des Stammes wird „Aït" (berberisch) oder „Aulad" bzw. „Beni" (arabisch) vorangestellt, was soviel wie „Söhne von..." bedeutet.

Stammesbündnisse von kurzer Dauer wurden gelegentlich bei Eroberungszügen in der Vergangenheit geschlossen. Heute gibt es ungefähr **300 verschiedene Berberstämme** in Marokko.

Die Stammesfraktionen halten ebenso ihre Jemaas ab wie die Dörfer. Allerdings wurde der gewählte Vorsitzende oft durch den **Führer der Stammesfraktion,** den „Schaykh" oder **„Qaid"** ersetzt. Die **Ämter** waren innerhalb der Familien **erblich.** Jetzt werden die Qaids jedoch von der Regierung gestellt. In den Versammlungen verfügen nur die Männer über ein Stimmrecht.

RELIGION

98% der marokkanischen Bevölkerung bekennen sich zum Islam. Er ist **Staatsreligion** und gleichzeitig einigende Klammer aller Volksgruppen. Der König ist das geistliche Oberhaupt. Die Marokkaner gehören der **sunnitischen Richtung des Islam** an. **Der Islam durchdringt** so sehr **den Alltag,** dass ohne seine Kenntnis das Verhalten der Menschen oft nicht verständlich wirkt. Bislang wird der Islam in Europa meist nur negativ rezipiert, oft stehen einer angemessenen und vorurteilsfreien Beurteilung „kulturelle Imperative" der Aufklärung und des christlichen Glaubens im Weg. Das heilige Buch des Islam ist der **Koran.** Als schriftliche Fixierung der Äußerungen des Propheten Muhammad zu seinen Lebzeiten, gibt der Koran dem Anhänger des Islam die Gewissheit, dass es sich um das **Wort Gottes** handelt, d. h. nicht nur um bloße Glaubensformeln, sondern um ein moralisch und gesellschaftlich bindendes Gesetz. Die gesamte islamische Rechtsprechung beruht daher auf dem Koran. Wo keine Aussagen zu finden sind, wird er von der **„Sunna"** ergänzt, dem vom Propheten vorgelebten Beispiel, das selbst alltäglichen Tätigkeiten wie zum Beispiel dem Essen und Waschen die Form gibt.

DIE 5 SÄULEN DES ISLAM

Das Glaubensbekenntnis – Sahada

Der wichtigste Satz des Glaubensbekenntnisses lautet: *„Es gibt keinen Gott außer Allah, und Muhammad ist sein Prophet."*

Dieser Satz wird bei zahlreichen Gelegenheiten ausgesprochen, er dient auch als Formel beim Übertritt zum Islam.

Das Gebet – Salat

Der Gläubige muss sich **fünfmal am Tag** gen Mekka wenden und knieend **beten:** bei Sonnenaufgang, mittags, nachmittags, bei Sonnenuntergang und nachts. Vor dem Gebet wäscht sich der Moslem nach genauer Vorschrift und verrichtet sein Gebet nicht auf blanker Erde (sondern auf Gebetsteppichen, Decken oder ähnlichem) und ohne Schuhe.

Das Fasten – Ramadan

Der **neunte Monat** im islamischen Kalender ist der Fastenmonat Ramadan. Während dieser Zeit darf der Gläubige zwischen Sonnenaufgang und -untergang **weder essen noch trinken,** nicht rauchen oder sich irgendwelchen weltlichen Vergnügungen (das schließt Geschlechtsverkehr ein) hingeben. Reisende und Kranke, Schwangere und Kinder bis zu 12 Jahren sind von den Vorschriften ausgenommen, Reisende und Kranke müssen das Fasten aber nachholen. Die Nichteinhaltung des Ramadan wird bestraft, es kommt oft zu Denunziationen und öffentlicher Auspeitschung des Missetäters. Der Ramadan dauert **29 Tage,** sein **Ende** wird mit dem **Aid Fitre** festlich begangen.

Zum Sonnenuntergang ertönt ein Sirenensignal oder der Ruf des *Neffar (Muezzin)* von der nächstgelegenen Moschee, und erst ab diesem Zeitpunkt darf gegessen werden. Die erste Mahlzeit *(Ftur)* ist in der Regel die *Harira,* eine nahrhafte Gemüsesuppe. Ihr folgt ca. 2 bis 3 Stunden später das Hauptgericht und vor Sonnenaufgang ein Frühstück *(Shour)* zwischen 3 und 4 Uhr morgens. Hierzu wird man entweder wieder vom Ausrufer der Moschee (*Neffar* bei den Marokkanern) oder von einer Sirene geweckt. Es werden alle drei Mahlzeiten nachts eingenommen. Gefastet wird also im eigentlichen Sinne nicht.

Meist fällt das Essen im Ramadan auch noch festlicher aus als sonst, und zusätzliche Gesangs- und Tanzveranstaltungen zwischen den Mahlzeiten sind in den Lokalen während dieser Zeit üblich. In der Stadt wird zwischen den Mahlzeiten promeniert, oder man hält sich im Café auf. Im Ramadan geht es wesentlich lebhafter auf den Straßen zu, oft bis weit nach Mitternacht, während normalerweise ab

22 Uhr nicht mehr viel los ist. Auf dem Lande wird der Ramadan eher im Kreise der Familie zugebracht.

Die Arbeitsleistung der Marokkaner ist während des Tages selbstverständlich auf ein Minimum reduziert.

Der Ramadan, unserer Adventszeit vergleichbar, soll ein Monat der Besinnung, der Freude, Kraft und Güte, der inneren Einkehr sein – aber er ist auch ein Monat der Gelüste, Düfte und Gerüche, ebenso ein Monat der Gebete, der Selbstverleugnung, der Sammlung, Unterwerfung, Mildtätigkeit und ein Monat der Gefühle, Solidarität und Brüderlichkeit unter den Gläubigen.

Zu den Zeiten des Ramadan in den nächsten Jahren siehe im Kapitel „Praktische Infos A–Z/Religiöse Feiertage“.

Die Barmherzigkeit – Sakat

Armen etwas von seinem Verdienst zu geben, ist eine wichtige Pflicht für den Moslem. **Almosen sind selbstverständlich,** früher wurde eine Armensteuer erhoben, die sich auf 10% der Ernte und des Herdenzuwachses und 25% vom zehnten Teil der Geldeinnahmen belief. Inzwischen sind die Almosen an die Armen aber wieder freiwillig.

Aus der Verpflichtung, Almosen zu geben, wird das Betteln bzw. die Anspruchshaltung der Armen gegenüber den Reichen (in diesem Fall auch gegenüber den Touristen) wohl verständlicher.

Die Wallfahrt – Hadj

Im letzten Monat des Jahres begibt sich der Moslem auf **Wallfahrt zu den Pilgerstätten.** Einmal in seinem Leben soll er dabei Mekka besucht haben. Er darf dann den Titel *al-Hadj* führen. Die **Qaaba in Mekka** verehren die Moslems als ein von Abraham *(Ibrahim)* und *Ismail* erbautes Heiligtum. Der Besuch der Kaaba ist eine Wiederbegegnung mit der ursprünglichen, monotheistischen Überlieferung, welche auf Abraham zurückgeht und als deren Erneuerung sich der Islam betrachtet.

In Marokko und auch anderen Ländern wird es zunehmend Sitte, während des Wallfahrtsmonats zu den Gräbern der Landesheiligen zu pilgern, in Marokko z. B. zum Grab des Staatsgründers *Mulay Idris*. Wer es sich allerdings leisten kann, zieht natürlich den Besuch Mekkas vor, denn sich *al-Hadj* nennen zu dürfen, ist nach wie vor die größte Ehre.

Weitere wichtige Regeln

Zahlreiche Regeln bestimmen das Leben des Gläubigen. So darf der Moslem **keinen Alkohol** trinken, er soll **nur Fleisch von geschächteten Tieren** essen – das sind gänzlich ausgeblutete Tiere, denen die Kehle durchschnitten wurde – und kein Blut trinken oder mit Blut verarbeitete Speisen essen (Blut ist unrein). Auch die Frau in der Menstruation gilt als unrein und muss während dieser Zeit zahlreiche Vorschriften einhalten.

Das ganze Leben des Moslems ist durch den Koran und die Sunna geregelt. Für alle denkbaren und undenkbaren Lebensvorgänge gibt es einen Verhaltenskatalog. Dazu gehören auch die zahlreichen Hygienevorschriften, die u. a. die **täglichen Waschungen** vor dem Gebet, die teilweise rituellen Charakter erhalten haben, vorschreiben.

Gebetsräume der **Moscheen** dürfen in Marokko von Ungläubigen nicht betreten werden. Touristen sollten auch beim Fotografieren Zurückhaltung üben.

MYSTIK UND BRUDERSCHAFTEN

Es gibt im Islam keine übergeordnete Einrichtung, die unserer Kirche vergleichbar wäre, also auch kein Priestertum. **Als Verbreiter der Glaubensgesetze gelten die Gelehrten,** die meist Rechtsgelehrte sind. Man verlangt von einem Moslem zwar, dass er die Glaubensvorschriften befolgt, sein inneres Glaubensleben aber geht nur ihn allein etwas an. Da jedoch der Koran immer wieder die geistige Vertiefung in den Glauben empfiehlt, sind Lehrer und Meister hervorgetreten, welche die Besinnung auf den innersten Gehalt der Religion lehren. Aus dieser Besinnung auf die innersten Werte hat sich die islamische

Mystik herausgebildet, deren Vertreter die **Sufis** sind. Die Mystik selbst wird als „Tasawuf" bezeichnet. Etwa seit dem 13. Jahrhundert formierten sich die Überlieferer der Mystik zu **Orden oder Bruderschaften (Zawia),** welche großen Einfluss auf das Volk hatten. Aus solch einem Orden ging zum Beispiel auch das Herrschergeschlecht der Almorawiden hervor.

DER HEILIGENGLAUBE

Im Zusammenhang mit der Mystik des Islam und den Glaubensvorstellungen der Berber entwickelte sich in Marokko ein besonderer Heiligenglaube, der aber von den strenggläubigen Moslems nicht als reiner islamischer Glaube anerkannt wird.

Die Heiligen verfügen über **„Baraka"** (Segen), eine göttliche Kraft. Sie wird lebenden und verstorbenen Personen zugeschrieben. Diese Heiligen werden auf arabisch **Marabuts** und auf berberisch *Igourramen* genannt.

Die berühmtesten islamischen Heiligen waren Begründer von „geistigen Schulen". Sie haben meist **sittliche Vorschriften und Anweisungen** zu einem Leben in Besinnung und geistiger Versenkung hinterlassen, die von Schülern weitergegeben wurden und denen durch das Beispiel des Heiligen eine rettende und verwandelnde Wirkung beigemessen wurde. Den Heiligen werden oft Wundertaten zugeschrieben. Plätze, an denen Heilige gewohnt oder sich auch nur zur Rast niedergelassen haben, werden besonders verehrt, ebenso die **Grabstätten der Marabuts,** welche man im ganzen Land findet. Das Baraka soll an diesen Plätzen auf die Gläubigen übergehen. Deshalb sind diese Stätten Pilgerziele, Frauen erbitten sich Fruchtbarkeit oder Bauern einen reichen Erntesegen. Viele Feste – **Moussems** (Mausims) – finden jedes Jahr an den zahlreichen Marabuts zu Ehren der Dorfheiligen statt.

Die Kraft des Baraka kann aber auch in Dingen wohnen: Baraka besitzt das Korn, das im Kreislauf der Natur immer wieder neues Leben hervorbringt, oder das *Henna* (Henna, die rötlichbraune Farbe), eine Gabe Gottes und des Propheten Muhammad. Daher rührt auch die Sitte, sich Haare, Nägel und Hände mit Henna zu färben. Dieser Baraka-Glaube spielt vor allem bei den Atlas-Berbern eine erhebliche Rolle. Der Heiligenglaube ist aber in ganz Marokko verbreitet, und die Baraka-Wirkung wird vielen Personen, die sich durch Glaubenstaten hervorgetan haben, zugeschrieben, so auch Muhammad. Dieser vererbte sie auf seine Tochter Fatima. Und da das Herrschergeschlecht der Alawiten auf Muhammad zurückgeht, verfügt auch der König über das Baraka.

Weit verbreitet ist der Glaube an die **Djinnen,** die guten und bösen Geister. Man schützt sich mit Salz, Metallen (Silber bringt Glück, Eisen und Gold Unglück, allerdings nur bei den Berbern, nicht bei den Arabern) oder Schießpulver oder besänftigt sie mit Opfergaben.

Vielerorts anzufinden ist auch der **Glaube an den bösen Blick.** Hier helfen Amulette oder die „Hand der Fatima", ein Talisman in der Form einer Hand. Es mehren sich freilich die Stimmen, die in der Heiligenverehrung eine **Bedrohung des Monotheismus** sehen. Diese Auffassung wird v. a. von den *Wahabiten,* deren Glaubensrichtung im 19. Jahrhundert aufkam, und von der modernen ägyptischen Islamforschung vertreten. Für die strenggläubigen Moslems aus dem Osten ist der in Marokko praktizierte Islam nichts anderes als Sektentum.

Buchtipps:
- Muriel Brunswig
KulturSchock Marokko
- Christine Pollock
KulturSchock Islam
Reisesachbücher Reise Know-How

- Kirstin Kabasci
Islam erleben
Reise Know-How Praxis

KUNST UND KULTUR

VORISLAMISCHE KUNST

Auf marokkanischem Boden waren es die **Römer** (im damaligen *Mauretania tingitana),* die als erste bleibende Kunstwerke hinterließen. Zunächst orientierten sie sich am Stil der Griechen, kauften oft für viel Geld griechische Originale oder ließen Kopien anfertigen. Erst als für römische Bürgerhäuser, Tempel und Gräber der Bedarf an Skulpturen und Steinmetzarbeiten wuchs, entwickelten sich ein **eigener Stil und ein lebhaftes Kunstschaffen.** Vor allem öffentliche Bauten wurden kostbar geschmückt. Teure Plastiken aus Bronze und Marmor wurden hergestellt, von denen auch in Nordafrika wertvolle Stücke gefunden wurden, z. B. die **Bronzefiguren** aus *Volubilis, Banasa* und *Thamusida*.

Besonderer Wert wurde auf die **Verschönerung von reichen Privathäusern,** Thermen, öffentlichen Gebäuden und Bädern gelegt.

Die Baumeister verwandten große Sorgfalt darauf, die Bauten der Landschaft anzupassen. Tempel und Säulenhallen wurden so angelegt, dass sie den Blick auf Berge und Täler frei ließen. Ein Beispiel für die schöne Lage und prachtvolle Baukunst ist **Volubilis,** die **bedeutendste Stadt aus römischer Zeit in Marokko.** Sie liegt auf einer Hochebene am Fuß des *Zerhoun-Massivs* in der Nähe von Fès und Meknès. Das Ruinenfeld erstreckt sich über 40 ha; der Platz war bereits vor den Römern sowohl von Berbern besiedelt als auch von maurischen Königen geschätzt. König *Juba II.* (25 vor Chr. bis 23 n. Chr.) errichtete hier eine seiner Hauptstädte. Sie wurde Residenzstadt der Prokuratoren und mit einer 2350 m langen Mauer und 40 Bastionen gut gegen die aufständischen Berber geschützt.

Das Ruinenfeld von Volubilis wurde früher als Steinbruch genutzt, so dass dadurch viele wertvolle Kunstgegenstände und Bauten zerstört wurden. Erst 1915 begann man dort systematisch mit Ausgrabungen.

Viele **Bronzen, Skulpturen und Stelen** aus den römischen Städten kann man im **Archäologischen Museum in Rabat** besichtigen. Dort findet man auch Keramiken, Werkzeuge und Kunstgegenstände aus der Punierzeit und der Steinzeit.

ISLAMISCHE KUNST

Die islamische Kunst basiert auf Elementen der römisch-hellenistischen, persisch-sassanidischen und christlichen Kunst. Aus diesen Bestandteilen formte sich ein **eigener Stil,** für den sich die Bezeichnung **„maurisch"** durchgesetzt hat.

Charakteristika sind die Vernachlässigung der Fassaden, die Ausdehnung in die Breite, scheinbare Auflösung der Deckenlasten durch Verjüngung der Säulen und Tropfsteinschmuck, Betonung von Details, wobei sich durch die Anwendung der stilisierten Muster trotzdem ein zusammenhängendes, harmonisches Gesamtbild ergibt.

Das **dekorative Moment** wurde zum **wichtigsten Bestandteil der islamischen Architektur.** Es verziert Decken, Wände, Bögen und Gewölbe. Die charakteristischen Dekors sind der **Hufeisenbogen und Tropfsteinverzierungen, Arabesken und Ornamente.** Da dem Moslem bildliche Darstellungen verboten sind (es soll sich hier allerdings um eine falsche Auslegung des Koran handeln), wurden diese Dekors immer neu variiert.

Arabesken geometrischer Ornamente wurden kombiniert mit pflanzlichen Formen, wodurch abstrakte Bilder entstanden. Linien, Kurven, Blätter und blütenartige Gebilde ohne Anfang und Ende fügen sich zu einem kompletten Ganzen. Die Arabeske ist eine typische Schöpfung der maurischen Kunst. *Palmetten,* ein Rankenwerk aus Blumenformen und Blättern, deren ursprüngliche Gestalt nicht mehr zu erkennen ist, formen sich zu Spiralen und Wellen, verzieren hölzerne Fenstergitter, Wände und Fliesen.

Kunstvolle Schriftornamente und Fliesen in der Medersa Attarine in Fès

Das **Schriftornament** verbindet sich oft mit Arabesken und stellt so ein Rankengebilde aus Schrift und Muster dar. Es dominieren zwei Stilformen, eine in der eckigen Schrift des *Kufi,* die andere in der Kursivschrift des *Nesschi.* Die Schriftornamente werden so weit stilisiert, dass sie oft zum herausragenden Element des Gesamtdekors werden. Den **Inhalt der Ornamente** bilden **Koranverse,** die sich immer auf die Allmacht Allahs beziehen, und der Gruß *Salam,* was soviel wie Frieden bedeutet.

Die wichtigsten Bauwerke der maurischen Kunst entstanden unter der Herrschaft der Araber in Spanien, so z. B. die **Alhambra in Granada.** Von Spanien aus, zumal nach der Vertreibung der Mauren von der Iberischen Halbinsel, verbreitete sich dieser Stil unter den *Almoraviden* und *Almohaden* auch in Marokko. Die **Kairaouyine-Moschee in Fès,** ursprünglich nur ein bescheidener Betsaal, wurde unter dem Almorawiden *Yussuf Ben Tashfin* (2. Hälfte des 11. Jahrhunderts) mit gewaltigem Aufwand ausgebaut. Sie bekam reiche Verzierungen, macht aber wegen ihrer wuchtigen Pfeiler und den nur geringen Höhen der Bögen einen schwerfälligen Eindruck. Unter den Almohaden in der 2. Hälfte des 12. Jahrhunderts wurde die marokkanische Architektur zu neuen Glanzleistungen geführt. *Abd al Mu'min* (1130–1163) gründete die Moscheen von *Tinmal, Taza* und *Marrakesch* und veranlasste den Bau des *Agnaoua-Tors* in *Marrakesch.* Sein Sohn *Abu Yaqub* (1163–1184) gab in *Sevilla* eine später zerstörte Moschee in Auftrag. Außerdem ließ er die große *Moschee von Salé* errichten. Sein Enkel *Abu Yussef Yaqub al Mansur* (1184–1199) vollendete in Marrakesch die von seinem Vater begonnene *Kasbah* und versah sie mit einer riesigen Moschee. In Rabat errichtete er den großen *Almohaden-Mauerring* mit seinen berühmten *Minaretts,* die er aber nicht vollenden konnte.

Die **Meriniden** (13. bis Ende 15. Jahrhundert) **führten die Baukunst der Almohaden fort.** So wurde von ihnen neben

Fès-al-Bali auch *Fès-al-Jedid* errichtet, das *Arsenal von Salé,* die *Medersa von Taza* und *Chellah* in *Rabat,* das zur Königsnekropole (Totenstadt) wurde.

Die Kunst der Meriniden war nicht nur dem Krieg und der Religion geweiht, sie diente auch dem persönlichen Vergnügen und der Verschönerung der Städte und Paläste. Unter den Nachfolgern der Meriniden und Ouassiten, den Saadiern bzw. Saaditen (16. bis Mitte des 17. Jahrhunderts), entstanden nicht mehr so bedeutende Bauwerke. Eindrucksvollstes Zeugnis sind die *Saaditengräber* in Marrakesch.

Unter der *Aliden- bzw.* **Alawidendynastie** (1663 bis heute) verflachte die Kunst gänzlich. *Meknès* wurde mit riesigen Stadtmauern, Kasernen und Stallungen versehen, berühmtestes Bauwerk dieser Zeit ist das *Bab al Mansur* in Meknès.

Musterbeispiel islamischer Palastarchitektur – die Saadiergräber

Das städtische Haus

Die Städte hatten und haben Bedeutung als zentrale Markt- und Produktionsorte, als religiöse und administrative Zentren. **Arabische Städte** waren im Mittelalter wesentlich besser organisiert als europäische Städte und verfügten über Kanalisation und Wasserleitungen. Auch kulturell waren sie den Städten in Europa überlegen. In den marokkanischen Städten hatte sich eine Schicht aus Großgrundbesitzern, Großkaufleuten, Beamten des Sultans, Besitzern von Teppichmanufakturen, Juwelieren, Professoren etc. herausgebildet, die durchaus mit dem europäischen **Großbürgertum** im 19. Jahrhundert zu vergleichen ist. Sie ließen sich prunkvolle Häuser bauen, die zum Teil in den Altstädten (v. a. von Fès) noch erhalten sind.

Die Bauweise des städtischen marokkanischen Hauses lässt sich vom alten orientalischen Hofhaus ableiten **(Riad),** das wiederum römische Vorbilder hat. In der Regel handelt es sich um ein **zweistöckiges,** aus sehr flachen, plattenförmig gebrannten Ziegeln aufgemauertes **Flachdachhaus mit Innenhof (Patio).** Dieser Innenhof ist in der Regel offen, es gibt aber auch Häuser, denen ein Glasdach aufgesetzt wurde. Die schwere, **hölzerne Haustür** befindet sich in der linken Hausecke, von der ein rechtwinkliger Gang in den Innenhof abzweigt, so dass dieser von der Haustüre nicht eingesehen werden kann. Dadurch konnten die Frauen beim Erscheinen eines Besuchers rechtzeitig den Rückzug antreten. Dieser **Innenhof** ist mit Mosaikfliesen belegt, **in der Mitte** befindet sich ein marmorner **Brunnen.**

Um den Innenhof sind **symmetrisch die vier Haupträume** (Empfangszimmer, Schlafraum des Hausherrn, Aufenthaltsraum der Frauen, Familienraum), kleinere Nebenräume und die Küche angeordnet. Vier achteckige, mit Fliesen und Stuck verzierte Säulen tragen die Galerie des überdachten Ganges vor den Räumen. In die vier Haupträume führen geschnitzte Doppelflügeltüren. Lichteinfall erhalten die unteren Räume durch ein ca. 1,50 m hohes und 1 m breites vergittertes Fenster ohne

Scheiben, vor dem hölzerne Fensterläden angebracht sind.

Islamische Häuser haben im Gegensatz zu den jüdischen Wohnhäusern in der Mellah (Judenstadt) **keine Fenster zur Straßenseite,** sondern lediglich zum Innenhof oder zum Garten hin. Die Fenster zum Innenhof sind meist holzgeschnitzt mit doppeltem oder einfachem Hufeisenbogen. Die Holzläden und Türen bestehen aus meist farbig gefasstem Zedernholz, tragende Balken aus geschnitztem, dunklem Zedernholz. Die **Räume des Obergeschosses** entsprechen im Grundriss in der Regel denen des Untergeschosses und werden von den Frauen bewohnt. Geschlafen wird auf Polstern in den Schlafräumen, nach Geschlechtern getrennt. Die nicht verzierten Teile eines Raumes sind gekalkt, das obere Drittel der Wände ist meist durch eine **Stuckdekorbordüre** verziert, an die eine **bemalte Holzkassettendecke** anschließt. Die Böden und Wände der Innenhöfe wie auch die Säulen sind mit Mosaikfliesen *(Zelliges)* in den Farben Schwarz, Weiß, Flaschengrün, Dunkelblau und Ocker belegt. Hier gibt es einige immer wiederkehrende Muster in Pfeilform oder als achteckiger Stern. Die Stuckverzierungen an den oberen Teilen der Wände, aber auch die Holzdecken sind mit vielfältigen Ornamenten und Arabesken gestaltet.

Zum **Mobiliar** gehören Polster am Boden, die als Rückenstütze (bzw. Kissen) dienen, unter denen häufig auch ein einfaches Holzgestell angebracht ist. Bei vornehmen Familien waren die Stoffpolster aus Brokat, und kunstvoll bestickte Kissen wurden als Rückenpolster verwendet. Im Empfangsraum stehen noch einige wenige kleine Holztische. Der Tee wird auf einem Metalltablett serviert, das auf einem Holzgestell abgestellt wird oder Füße hat. Als zusätzliche Einrichtung gibt es noch gelegentlich hölzerne, verzierte **Wandborde.** Sehr kunstvoll verziert waren auch die hölzernen Brottische, die inzwischen sehr selten geworden sind. Schränke fehlen völlig: Decken sowie Schmuck und Kleider wurden in **Truhen** aufbewahrt, die von der Frau in die Ehe mitgebracht werden. Sie sind aus braun gebeiztem Zedernholz und bemalt.

Die **Lampen** sind aus Messing oder Bronze gegossen, an schweren Ketten aufgehängt und mit typischen marokkanischen Ornamenten durchbrochen.

(Quelle *J. Kalter:* „Aus marokkanischen Bürgerhäusern", Linden-Museum, Stuttgart)

Derartige Häuser finden sich noch zahlreich **in den Medinas;** sie werden infolge veränderter Gegebenheiten (weniger Frauen, ärmere Familien) meist von mehreren Familien gemeinsam genutzt. In den Volkskundemuseen in Meknès, Tètouan und Fès und im *Palais el Bahia* in Marrakesch kann man solche Wohnstätten sehr gut besichtigen, da die Museen in ehemaligen Wesirspalästen untergebracht und mit zahlreichen Exponaten aus Bürgerhäusern bestückt sind und als hervorragende Beispiele gehobener islamischer Wohnkultur und Architektur dienen. Gelegentlich werden jetzt traditionelle Häuser als Restaurants, Privatpensionen oder als Teppichhäuser verwendet und so vor dem Verfall gerettet, denn kaum jemand kann sich mehr den Unterhalt eines solchen Hauses leisten. In Marrakesch, Fès und Essaouira werden mittlerweile zahlreiche Riads von Europäern erworben und zu **Luxushotels** umgebaut.

Die reichen Familien der heutigen Zeit bauen sich ihre nach europäischen und maurischen Vorbildern gestalteten und mit allem Komfort ausgestatteten **Villen** in den Vororten bzw. Nobelvierteln der großen Städte (z. B. Casablanca-Anfa) und statten diese teils sehr geschmackvoll, manchmal auch orientalisch überladen, mit westlichem Mobiliar aus.

In den Wohnungen der Mittelklassefamilien findet man häufig Wohnzimmermöbel, Schränke und Betten nach europäischem Vorbild, aber aus einheimischer Möbelproduktion, während in den Wohnungen der traditionellen Familien nach wie vor Polstermobiliar vorherrscht.

Wer sich detaillierter für marokkanische Wohnkultur interessiert, sollte sich das Buch **„Maroccan Interiors"** aus dem Benedikt Taschen-Verlag, Köln, besorgen.

In den großen Städten werden ähnlich wie in Europa zahlreiche **Trabantensiedlungen** angelegt, deren Bauweise nur noch wenig mit islamischer Tradition zu tun hat. Sie weisen, wie auch bei uns üblich, Balkone und Fenster nach außen auf. Nach wie vor sind aber wegen der geringen Regenfälle begehbare Flachdächer, auf denen Wäsche oder Früchte getrocknet werden, vorherrschend.

Ein großzügiges Haus kann sich kaum mehr jemand leisten, die **Mieten** für eine Dreizimmerwohnung in einfachen Neubauvierteln sind für viele ebenfalls unerschwinglich und lassen sich nur durch den Verdienst mehrerer Familienangehöriger bezahlen. Sie betragen inzwischen 1200–2000 DH (120–200 Euro), was dem monatlichen Durchschnittseinkommen eines marokkanischen Arbeiters entspricht.

DIE BAUKUNST DER BERBER

So **unklar** wie die Herkunft des Berbervolkes ist auch die **Entstehung der berberischen Baukunst.** Eine Verwandtschaft zu babylonisch-assyrischen Bauten lässt sich nicht leugnen. Eine große Ähnlichkeit besteht vor allem zu den Wohnburgen im *Hadramaut (Jemen).*

Die **Ksour** (Sg. *Ksar)* – so nennt man die **befestigten Dörfer der Berber** – sind vom Aufbau her alle gleich. Sie bestehen aus einer Zusammenschachtelung mehrerer Wohnstätten in verschiedener Höhe mit konisch zulaufenden Mauern und wenigen Fenstern. Sie sind mit Türmchen und Zinnen versehen, oft mehrere Stockwerke hoch und haben eine hohe Umfassungsmauer. Innerhalb der Ksour befinden sich oft bis zu 100 Feuerstellen, je nach Größe des Familienverbandes. Ein **Ksar** beherbergt oft einen ganzen Stamm oder eine Sippengemeinschaft. In ihnen herrscht nicht selten ein Leben wie bei uns auf den mittelalterlichen Burgen.

Bei Überfällen bot die **Kasbah** (arab. für Burg, berberisch: Igherm), ganz gleich, ob es sich um die befestigten Teile eines Dorfes, eine Qa'id-burg oder um einen fürstlichen Privatwohnsitz handelte, Schutz vor Überfällen feindlicher Stämme.

Vier Ecktürme sind charakteristisch für eine Kasbah, aber auch für eine Familienburg, welche als **Tighremt** bezeichnet wird. In den Ecktürmen führen die Treppen nach oben. Die **Tore der Umfassungsmauern eines Ksar** oder eines ummauerten Marktplatzes sind ebenfalls von solchen quadratischen Türmen flankiert. Die Tighremts sind **vor allem im Süden** zu finden und durch ihr wehrhaftes Aussehen und ihre reichhaltigen Verzierungen innerhalb der Ksour besonders dominant. Es gibt zwei Arten von Tighremts, solche mit Innenhof und andere mit Mittelgang. Von außen kann man sie in der Regel nicht unterscheiden. Die Tighremts mit Innenhof findet man öfter in den Tälern und Ebenen, die andere Form im Gebirge.

Die Tighremts oder Kasbahs sind häufig **5 bis 6 Stockwerke** hoch. Die Kasbah als Fürstensitz oder verschachtelte Wohnburg einer Sippe wird von den Nebengebäuden, manchmal noch mit einer Mauer innerhalb des Gesamtkomplexes umfasst.

Der **Grundriss** der Burg ist bei allen Anlagen mehr oder minder gleich. Das Erdgeschoss besteht gewöhnlich aus mehreren kleinen oder einem großen Raum und wird meist als Stall oder Abstellraum für Arbeitsgerät benutzt. In der Regel besitzt die Burg nur eine Tür, durch die man in einen dieser dunklen Räume gelangt; in einem der Ecktürme führt die Treppe in die weiteren Stockwerke. Das 1. Stockwerk wird in den meisten Fällen noch als Speicher für Getreide und Hülsenfrüchte benutzt. Im 2. Stockwerk befinden sich die Schlafräume und im 3. Stock die Wohnräume. Sie sind mit Teppichen und Polstern ausgelegt. Sessel und Stühle gibt es bei den Berbern nicht.

Die **Fenster sind nicht verglast,** sondern nur mit einem oft schmiedeeisernen Gitter versehen. Die weißen Wände sind hin und wieder mit bunten Ornamenten verziert.

Die **Außenmauern** einer Kasbah oder eines Tighremt sind ebenfalls mit Ornamenten geschmückt, die häufig erst in Höhe des Wohntraktes beginnen. Die **Ornamente haben magische Bedeutung.** Sie verfügen über *Baraka,* heilbringenden Se-

Im Agadir Id Aïssa

gen (siehe „Religion/Der Heiligenglaube"), und sollen vor bösen Geistern schützen. Die Ornamente wurden in ihrer Ausgestaltung geringfügig durch den Islam beeinflusst, beruhen aber meist auf alten Stammestraditionen.

Häuser und Burgen sind **aus Stampflehmerde hergestellt.** Man sticht an dem Platz,an dem das Gebäude entstehen soll, den Lehmboden aus und mischt den Lehm mit Wasser und Maisstroh. Dann wird der Lehmbrei in Holzkästen gefüllt, die die Breite der geplanten Mauern haben, man lässt das Ganze trocknen und zieht dann den Holzkasten ab. Über die fertigen Mauerteile legt man Holzknüppel zur Befestigung, setzt den oben und unten offenen Holzkasten darauf, füllt ihn mit Lehm, lässt die Masse trocknen und löst die Bretter. Nach dem Trocknen zieht man die Balken heraus, so dass in bestimmten Abständen Löcher entstehen, die wie Fenster oder Schießscharten wirken. Bei besonders sorgfältig gebauten Kasbahs werden diese Löcher mit Lehmbrei ausgefüllt. In den oberen Stockwerken führt man manchmal den Bau mit luftgetrockneten Lehmziegeln zu Ende. Diese Bauweise ist die gleiche wie im Südjemen. Durch eine bestimmte Anordnung der Ziegel oder durch Aussparungen kann man nun Muster und Zeichen an der Außenmauer gestalten. Manche Kasbahs im Hohen Atlas (z. B. im Tessaout-Tal) sind wegen der besseren Haltbarkeit aus Trockensteinen errichtet. Die Decken der Innenräume werden mit Baumstämmen befestigt und mit geflochtenen Rohrmatten in Fischgrätmuster belegt.

Eine Kasbah vergrößerte sich mit dem Anwachsen der Familie. Es wurden immer wieder neue Anbauten mit Türmen, Höfen und Mauern geschaffen, die den Kasbahs ihr jetziges festungsartiges Aussehen gaben und oft Hunderten von Menschen Platz boten. Oftmals war eine **Kasbah auch Privatwohnsitz mächtiger Herrscher** mit prachtvoll ausgeschmückten Räumen und Nebengebäuden für Gesinde und Günstlinge, so z. B. die zahlreichen Kasbahs des Paschas al-Glawi.

Kasbahs als Sitz eines Qa'ids wurden entlang der Karawanenwege, v.a. im Drâa- und Dadèstal errichtet, und hatten wie bei uns die Burgen die Funktion den Handel zu kontrollieren und Macht zu demonstrieren. Zum Schutz des Karawanenhandels, aber auch zur Beherbung der Karawananen wurden an exponierten Stellen mehr und mehr Kasbahs gebaut, die wiederum dem Qa'id untergeordnet waren. Als nun im Süden der mit den Franzosen paktierende Pascha *al-Glawi (el-Glaoui)* an Machtfülle gewann, baute dieser jeweils neben einer qaidalen Kasbah seine eigene Kasbah. Dies erklärt die Fülle an Kasbahbauten vor allem im Drâatal, durch das der Karawanenweg nach Timbuktu führte.

Früher hatten viele der Kasbahs eine lebenswichtige Funktion, da sich die Berberstämme laufend bekriegten. Durch die Befriedung der Berberstämme, aber auch aufgrund des eingestellten Karwanenhandels, verloren die Kasbahs ihren ursprünglichen Zweck. Darum verfielen gerade die größten und berühmtesten von ihnen, vor allem die ehemaligen Privatwohnsitze und Residenzen der Berberfürsten, im Laufe der Zeit durch die schweren Regenfälle. Nach der Unabhängigkeit verlor der Pascha al-Glawi alle seine Ämter (s. a. „Geschichte") und seit dem verfallen seine Kasbahs, denn nur wenige seiner prachtvollen Fürstensitze (so z. B. die Kasbah Taourirt in Ouarzazate) wurden in das Förderprogramm der Cerkaz (der staatlichen Stelle zur Erhaltung der Kasbahs) aufgenommen. Früher wurden die Lehmmauern der Kasbahs fortwährend instand gehalten, verbessert und verschönert, so dass kaum eine Kasbah im Laufe der Jahrhunderte das gleiche Gesicht behielt. Jetzt wird, weil meist das Geld fehlt, oft gar nicht mehr oder nur notdürftig ausgebessert, vor allem der ornamentale Schmuck wird vernachlässigt. Die Kasbahs befinden sich ausnahmslos im Süden Marokkos, vor allem im Dadès-, Drâa-, Todhra- und Ziztal.

Innerhalb der Ksour, v. a. im **südlichen Hohen Atlas** und im **Anti-Atlas,** findet man meist mehrere **Vorratsspeicher** für die Dorfgemeinschaft, die **Agadir** genannt werden. Sie ähneln einer Burg, haben ein oder zwei Wachtürme und sind von zwei Verteidigungswällen umgeben. Der Agadir

Der Ksar Aït Benhaddou ist Weltkulturerbe der UNESCO

hat einen einzigen Eingang, an dem ein Wachposten steht. Es gibt zwei Arten von Agadiren, den **Hof-Agadir** und den **Zellen-Agadir**. Beim Hof-Agadir sind die Aufbewahrungszellen um einen Innenhof gruppiert, so dass man dort auch noch Vieh unterbringen kann. Diese Form der Agadire ist vor allem bei Halb-Nomaden beliebt. Zellen-Agadire findet man im Anti-Atlas, in ihrem Falle sind die Aufbewahrungszellen entlang eines Ganges angebracht. **Große Agadire haben 200–300 Aufbewahrungszellen, die abschließbar sind.**

Manchmal befindet sich innerhalb des Agadirs auch das Grab eines Heiligen, dem einige Vorratskammern geweiht sind. Dieser ist oft ein Urahn der Sippe. So ist dieser Ort besonders geschützt und ein heiliger Bezirk, der nicht entweiht werden darf (etwa durch Gewalttaten).

In den Vorratskammern werden Feldprodukte, Häute, Waffen, Familienbesitz, Urkunden etc. untergebracht. Die Zellen werden über vorstehende Ziegel oder Balken erreicht. Am gefragtesten sind die mittleren Zellen, da in diese weder durch das Dach noch durch den Boden Feuchtigkeit dringen kann.

Besonders schön und typisch für die Speicher sind die **großen Holzschlösser.** Solch ein Schloss besteht aus einem ausgehöhlten Holzblock mit einem ebenfalls ausgehöhlten Riegel, der sich innerhalb des Blockes hin- und herschieben lässt. In das Loch des Riegels führt man einen hölzernen Schlüssel mit aufrecht stehenden Zacken ein, die man genau unter die dazugehörigen Löcher steckt. Dort befinden sich bewegliche Holzstifte, die das Schloss blockieren, wenn man den Schlüssel abzieht.

Literatur:

◆Kalter, J.: *Aus marokkanischen Bürgerhäusern,* Linden-Museum, Stuttgart 1977
◆Hütt, A.: *North-Africa-Islamic Architecture,* Scorpin Publications, London
◆Adam, Jürgen: *Texte zur Architektur, Wohnen und Siedlungsformen im Süden Marokkos,* Callwey Verlag, München

- Wrage, W.: *Straße der Kasbahs*, Neumann-Neudamm Verlag, Moschen-Heina
- Wirth, E.: *Die islamische Stadt*, Verlag Ph. v. Zabern, Mainz.

KUNSTHANDWERK

Vieles, was uns als Kunsthandwerk erscheint (z. B. Textilien, Metall-, Lederarbeiten), ist für den Marokkaner Gebrauchsgegenstand. Deshalb haben sich auch bis heute noch die **alten Handwerkstraditionen** lebendig erhalten.

In einer Stadt wie *Fès* arbeiten Hunderte von Schneidern, Silberstickern und Metallhandwerkern v. a. für den marokkanischen Markt, auch wenn ein Vordringen der „Plastikkultur" in die marokkanischen Haushalte zu beobachten ist und die Fertigung für den Souvenirmarkt zunehmend auch industriell erfolgt.

Die **Überflutung mit europäischen Waren** seit der französischen Protektoratszeit führte zu einer **Verflachung der handwerklichen Kuns**t und zu tiefgreifenden Veränderungen. Denn die Trennung zwischen Handwerker und Kunsthandwerker ist dem Marokkaner ursprünglich fremd. Er benutzt die französische Bezeichnung „artisan" (Künstler) für jeden Handwerker. So sehr dieser auch kreativer Individualist ist, sein bestimmendes Anliegen ist es, Gegenstände zu schaffen, die allen nützen und den Ansprüchen der Allgemeinheit gerecht werden.

Der Touristenstrom nach Marokko hat zu einer gewissen Vereinheitlichung im handwerklichen Schaffen geführt, so dass ursprüngliche marokkanische Handwerksstücke oft nicht mehr auf dem Markt zu finden sind, sondern nur noch direkt bei den Handwerkern oder in Geschäften, die außerhalb der Gegenden liegen, die von Touristen überschwemmt werden. Insgesamt aber begegnet man bei einem Aufenthalt in Marokko nach wie vor der Vielfältigkeit des marokkanischen Kunsthandwerks.

In den **Suqs** oder auf den marokkanischen **Märkten** findet man für die verschiedensten Handwerkszweige eigene Gässchen und Viertel, so etwa Messing- und Kunstschmieden, Teppichwirkereien, Gerbereien, Färbereien, Töpfereien; Leder- und Schmuckwaren, Intarsienarbeiten, Holzschnitzereien und viele andere kunstvolle Arbeiten werden hier gefertigt.

Weiteres zu Kunsthandwerk siehe auch im Abschnitt „Souvenirs".

THEATER UND FILM

Moderne Kultursparten wie Theater und Film führen in Marokko ein **Schattendasein,** jedoch ist in den letzten Jahren eine Art **Frühlingserwachen,** v. a. in den Großstädten, festzustellen, so dass sich in einigen Jahren die Situation womöglich besser darstellt. Filmisch dient das Land nur als Kulisse für zahlreiche internationale Filme, und im Gegensatz zum algerischen und ägyptischen Film hat der marokkanische kaum Werke von Bedeutung hervorgebracht. Nur wenige marokkanische Filmer wie *Muhammad Tazi* sind in Europa in der Filmszene bekannt. Die wenigen vorhandenen Bühnen in Marokko, z. B. in Rabat, bringen eher klassische arabische Musik, Folklore- und Ballettveranstaltungen in ihrem Programm als Theaterstücke. So hatte Tahar Ben Jellouns „Nacht der Unschuld" Anfang 1994 in Zürich Uraufführung. Theater findet mehr als Musikveranstaltung oder in der Öffentlichkeit als Jahrmarkt (z. B. auf dem *Djemâa al Fnaa* in Marrakesch) statt.

In Deutschland gab es einzelne Kulturinitiativen (etwa die Ausstellung „Tanger – Frankfurt zum Beispiel" in Frankfurt 1995, die durch ein begleitendes Buch auch über die überaus aktive Filmszene in Tanger berichtet).

BILDENDE KUNST

von **Sybille Kroll**

Auch wenn **Malerei** und **Graphik** als zweckfreie bildende Künste in Marokko eine verhältnismäßig junge Erscheinung sind, reichen ihre visuellen Wurzeln tief in die Geschichte des Landes zurück: Pinsel, Farbpulver und Färbemittel, Lacke und Öle waren in Marokko lange vor der Kolonialisierung bekannt. Sie kamen auf Holz, Gips, Leder, Stoff und Papier zur Anwendung. Färberei, Tätowierung, Webkunst, Keramik, Buchmalerei oder Kalligraphie und andere traditionelle Kunsthandwerke haben die bildende Kunst genauso beeinflusst wie abendländische Leinwandgemälde. Unter den freien Künsten ist die Malerei in Marokko mit Abstand am stärksten vertreten. Sie wurde von **drei Traditionen** geprägt: von der präislamischen afrikanischen bzw. berberischen, von der arabo-islamischen und schließlich von der europäischen Tradition.

Aus der Begegnung und infolge des Austausches mit der europäischen Kunst erwuchs Anfang des 20. Jahrhunderts eine marokkanische Tradition der **Leinwandmalerei.** Während der Protektoratszeit wurden in Tetuan (1945) und Casablanca (1950) Kunstschulen gegründet. Marokkanern blieben diese Institutionen bis zur Unabhängigkeit (1956) verschlossen. Doch erlebte man in den 40er Jahren die Entstehung einer „spontanen" Malerei marokkanischer Autodidakten, die nicht selten durch europäische oder amerikanische Künstler und Intellektuelle ermutigt wurden. **Ahmad Yacoubi** z. B. wurde von dem amerikanischen Schriftsteller Paul Bowles an die Malerei herangeführt. Zu den herausragenden Repräsentanten dieser frühen „Naiven" zählen **Mohamed Ben Allal, Mulay Ahmad Drissi** und **Ahmad Louardighi.** Ungeachtet individueller Stilunterschiede lässt ihre Malerei insgesamt eine Vorliebe für phantastische, märchenhafte oder surreale Welten erkennen.

Die eigentliche marokkanische Moderne beginnt in den 1960er Jahren. Damals entstand dank Auslandsstipendien ein reger Austausch mit europäischer Kunst. Marokkaner studierten Kunst in Sevilla, Madrid, Paris, Amsterdam, Rom, Prag oder Warschau. Zwei der wichtigsten Vertreter dieser Epoche waren **Ahmad Cherkaoui** und **Jilali Gharbaoui.** Beide Künstler trugen wesentlich zur Entwicklung einer modernen Bildsprache in Marokko bei, indem sie die Erforschung der Zeichen,

Der deutsche Künstler Hans-Werner Geerdts in seinem Atelier in Marrakesch

Mädchen aus Imilchil

die Farbwirkung sowie gestisch-kalligraphische Aspekte in den Mittelpunkt einer abstrakten Malerei stellten.

Wichtige intellektuelle Impulse gingen von der 1964 wiedereröffneten *Ecole des Beaux-Arts* von Casablanca aus. Ihr damaliger Direktor **Farid Belkahia,** einer der bedeutenden Künstler Marokkos, rief gemeinsam mit Künstlerkollegen wie **Mohamed Melehi** die Pro-Arte-Bewegung ins Leben. Man nahm sich vor, die kulturelle Identität Marokkos neu zu definieren und vor allem Kunst und Künstler besser in das soziale Leben zu integrieren. Teil dieser Bestrebungen war die überfällige Ablösung kolonialer Strukturen durch neue akademische Ausbildungsschwerpunkte und pädagogische Methoden. Belkahia setzte die marokkanische Volkskunst auf den Lehrplan und bestand auf der Beherrschung handwerklicher Fähigkeiten. Dementsprechend sind seine eigenen Werke nicht durch den Gebrauch von Leinwand und Ölfarben bestimmt, sondern eher durch die Verwendung landestypischer Materialien wie Messing, Tierhaut und Färber-Pigmente. Nach demselben Prinzip arbeitete der aus Essaouira stammende Künstler und Museumsleiter **Boujmaa Lakhdar,** der phantastisch anmutende, mit magischen Zeichen versehene Objekte aus Holz, Silber, Messing und Leder schuf. Er war übrigens der einzige Künstler, der 1989 auf der berühmten Pariser Ausstellung „Les magiciens de la terre" (Centre Georges Pompidou) den Maghreb vertrat.

Die Kunstlandschaft Marokkos wird weniger von Künstlerschulen als vielmehr von einzelnen – oft autodidaktisch arbeitenden – Künstlerpersönlichkeiten geprägt. Eine der berühmtesten ist **Chaibia Tallal,** deren vitale Bilder bereits in zahlreichen Museen Europas zu sehen waren und sind, etwa im *Institut du Monde Arabe,* Paris. Im Traum wurde sie über Nacht zur Malerin berufen. Ihr expressives koloristisches Talent wurde bald von Mitgliedern der bekannten europäischen Künstlerbewegung COBRA als seelenverwandt erkannt.

Autodidakt ist auch **Abbes Saladi,** in dessen surrealen, filigranen Zeichnungen sich viele Rätsel, Allegorien und Symbole verstecken. In seinen Werken betritt man perspektivisch verzerrte Traumwelten auf kippenden Schachbrettböden, die von Paradiesvögeln, Chimären und halb nackten menschlichen Wesen mit Löwenköpfen bevölkert sind. Der häufig nach oben gewandte Blick dieser Gestalten verweist auf die metaphysische Orientierung des Künstlers.

In Ermangelung einer geeigneten Infrastruktur (Ausbildungsinstitutionen, Galerien, Museen, Stipendien, Staatsankäufe o. Ä.) bekam in den 60er Jahren die unabhängige **private Initiative** eine tragende Rolle, die sie trotz inzwischen verbesserter Verhältnisse bis heute innehat. Es entstanden zahlreiche Künstlerorganisationen – meist kurzer Lebensdauer – wie z. B. die *AMAP (Association Marocaine des Arts Plastiques),* die sich zum Ziel gesetzt hatte, die Aktivitäten der künstlerischen Einzelkämpfer zu koordinieren, oder die Association *Al-Qna,* die Open-air-Ausstellungen auf der Place Feddan in Tetuan organisiert. Der Initiative von

Künstlern ist es zu verdanken, wenn seit 1978 in Asilah jedes Jahr ein Festival der Kultur stattfindet, das zu einer Begegnungsstätte für Intellektuelle und Künstler aus ganz Marokko wurde. Außerdem existieren private Kulturstiftungen, wie z. B. die der Wafa-Bank, die in ihren Geschäftsräumen auch Kunst ausstellt. Daneben findet man zahlreiche regionale Kulturstiftungen, beispielsweise die Association Atlas.

Seit den 70er Jahren erhielt das Galeriewesen wachsende Bedeutung: Ein Pionier war die *Galerie l'Atelier,* die 1971 in Rabat eröffnete. Mittlerweile gibt es in Marokko zahlreiche Galerien: Zentren sind Rabat *(Galerie Nadar, Galerie Mulay Ismail, Galerie Marsam, Galerie „La Découverte"),* Casablanca *(Galerie Alif-Ba, Chorfi Art Gallery, Galerie Bassamat),* Marrakesch *(Galerie Bab Doukkala),* El-Jadida *(Galerie 104)* und nicht zuletzt Essaouira, wo um die *Galerie Frederic Damgaard* eine erfolgreiche Künstlerkolonie gewachsen ist. Zu ihren interessantesten Mitgliedern gehören **Maimoun Ali** und **Mohammed Tabal.** Die Künstler um den dänischen Galeristen sind allesamt Autodidakten. In ihrer Malerei verbinden sie Elemente der Naiven Kunst, des „Art brut" und der Volkskunst. Der Ruhm dieser Künstler reicht weit über die Grenzen Marokkos hinaus: Internationale Ausstellungen *(Musée International d'Art Naif,* Nizza; *Koninklijk Museum voor Schone Kunsten,* Antwerpen) und Auszeichnungen (für **Mohamed Tabal** und **Fatima Ettalbi** 1994 in Morges, Schweiz) zeugen davon. Inzwischen haben sich in Essaouira auch andere Galeristen etabliert, u. a. kann man in den Räumen einer Künstlerkooperative Werke sehr heterogener Qualität besichtigen.

Wer sich einen Eindruck vom Kunstschaffen in Marokko seit der Unabhängigkeit verschaffen möchte, findet im 1997 gegründeten „Musée privé de Marrakech" eine kleine Überblicksausstellung. Museen für bildende Kunst sind in Marokko sonst leider Mangelware.

Heutzutage stehen in Marokko zahlreiche Ausbildungsstätten für bildende Kunst zur Auswahl. Manche marokkanischen Künstler ziehen es allerdings vor, im Ausland zu studieren und zu arbeiten. So auch der zwischen Paris und München pendelnde Photokünstler **Touhami Ennadre,** der in Deutschland ansässige Maler **Nacir Chemao** und die in Berlin lebende Künstlerin **Dounia Oualit**. Sie zählt zweifellos zu den innovativsten Künstlern ihrer Generation. Ihre poetischen Skulpturen und Installationen aus Blei, PVC, Salz und Wasser sowie ihre Arbeiten auf Papier verweigern sich ästhetisierenden Kompromissen. Sie leben von einer äußerst sensiblen Auseinandersetzung mit gegensätzlichen Materialien, unterschiedlichen Aggregatzuständen und Lichtreflexionen.

SPRACHE UND LITERATUR

Die Berberliteratur basiert im wesentlichen auf der **mündlich überlieferten Volksdichtung,** die auch heute noch in Märchen und Legenden lebendig geblieben ist. Aus der Kultur der Berbervölker nicht wegzudenken sind die **Märchenerzähler** auf den Stadtplätzen, bei Festen und Veranstaltungen. Auch Balladensänger, die den Alltag oder die Liebe besingen, oder der Vortrag von kleinen Theaterstücken und Satiren, die sowohl vom grausamen Alltag als auch von Zauber- und Hexenmeistern erzählen, sind heute noch Bestandteil der literarischen Volkskunst.

Die **berberische Sprache gehört zu den ältesten der Welt** und war vor der römisch-christlichen Herrschaft von den Kanarischen Inseln über Nordafrika bis nach Mauretanien und Libyen verbreitet. Sie differenzierte sich später in viele Mundarten, von denen heute die meisten ausgestorben sind. An geschriebener Sprache existieren lediglich Felsinschriften, die heute noch von den Tuareg gelesen werden können, die übrigens als einziges Berbervolk eine Schriftsprache (das *Tifinagh)* entwickelt haben. Der geistige Austausch zwischen Römern, Puniern und Berbern brachte einige bedeutende berberische Denker hervor. Auch nach der Islamisierung traten Berber durch literarische Leistungen hervor, v. a. durch Übersetzungen des Koran. Hervorzuheben ist das Loblied von *Al-Busiri* (1213–1295) auf den Propheten Mohammed.

Einige **arabische Reiseschriftsteller** berichteten bereits im Mittelalter in eindrucksvoller Weise von Marokko und legten so schriftliches Zeugnis von der damaligen, für den Europäer noch gänzlich fremden Welt ab. Dazu gehören der aus Granada stammende **Leo Africanus,** mit richtigem Namen *Mohammed el Wassan,* der im 16. Jahrhundert seine berühmte *Beschreibung von Afrika* verfasst hat, und **Ibn Battuta,** der 1325 von Tanger nach Mekka aufgebrochen ist und über diese Pilgerfahrt eine der ältesten arabischen Reisebeschreibungen verfasst hat.

Die **moderne marokkanische Literatur** ist meist in Französisch verfasst – ein Dilemma für die modernen Autoren, da dies die Sprache der Kolonialmacht ist. Andererseits bildet, laut Harenbergs Lexikon der Weltliteratur, das Hocharabische, als Sprache des islamischen Erbes, ein Hindernis in der Auseinandersetzung mit der modernen Welt.

Ein Problem, sich weiten Teilen der Bevölkerung verständlich zu machen, besteht darin, dass ein großer Teil der Bevölkerung nach wie vor in nur mündlich überlieferten Sprachen – Dialektarabisch und Berbersprachen – spricht. So befinden sich die Marokkaner in der kulturell schwierigen Lage, dass ihnen eine **gemeinsame, geschriebene Muttersprache als verbindendes Element fehlt.** In den Schulen wird zwar als erste Sprache Arabisch gelehrt, das Hocharabisch weicht aber vom maghrebinischen Arabisch deutlich ab. Als zweite Sprache ist Französisch üblich, so dass – vielleicht auch mit Blick auf den europäischen Markt – **Französisch** zur **Schriftsprache der Intellektuellen** wurde.

Die modernen Schriftsteller befassen sich vor allem mit der **Aufarbeitung des tristen marokkanischen Alltags** und der überlieferten Wertvorstellungen, religiösen Riten und Aberglauben, die Konfliktstoff auf dem Weg zur modernen Gesellschaft bilden.

Werke, die bis Anfang der 50er Jahre entstanden sind, befassen sich mehr ethnographisch und folkloristisch mit den Gewohnheiten des Volkes. Heirat, Mahlzeiten, kleine Episoden sind Hauptthemen.

Nach der Unabhängigkeit wurde die Literatur allmählich nationalistischer, aber auch kritischer. Zunehmend wird die Rollenverteilung in der Gesellschaft, die Willkür des Mannes gegenüber der Frau, aber auch die des Vaters gegenüber den Söhnen, schließlich die Willkür des Staates und der Behörden auf- und angegriffen. Die Machtlosigkeit im Alltag, Hoffnungslosigkeit und Tristesse angesichts von Hunger und Arbeitslosigkeit, aber auch die Unterdrückung der Sexualität und die daraus resultierenden Probleme sind tragende Themen der neuen Literatur.

Einer der bekanntesten marokkanischen Schriftsteller der heutigen Zeit ist **Tahar Ben Jelloun** mit seinen wichtigen Romanen „Sohn ihres Vaters" und „Nacht der Unschuld" und dem Bestseller im Jahr 2000 „Papa was ist ein Fremder", das sich aber nicht mit Marokko beschäftigt.

Ein weiterer bedeutender Autor ist **Driss Chaibri,** der in der Schilderung des Alltags versönlicher ist als sein Kollege **Abdelahak Serrane,** der in seinen Romanen „Messauda" und „Söhne der engen Gassen" ein düsteres Bild der marokkanischen Wirklichkeit zeichnet.

Als wichtiger Literat darf **Paul Bowles,** gebürtiger und nach Marokko ausgewanderter Amerikaner, nicht vergessen werden. Er hat sowohl Romane marokkanischer Autoren nach mündlichen Erzählungen aufgeschrieben (*Driss Ben Hamed Charhadi:* „Ein Leben voller Fallgruben"), als auch Kurzgeschichten zu Marokko gesammelt. Für seine eigenen Romane wählte er auch marokkanische Schauplätze. Sein Buch „Himmel über der Wüste" hat Weltruhm erlangt. Er verstarb im November 1999 in Tanger.

Sehr zeitkritische Autoren sind auch **Mohammed Mrabet** und **Mohammed Choukri.** Dessen bekanntester Roman, „Das nackte Brot", wurde von Tahar Ben Jelloun ins Französische und von *Paul Bowles* ins Englische übersetzt und war in Marokko wegen seiner realistischen Schilderung der Armut, die mit sittenwidriger Ausbeutung einhergeht, unter dem Vorwurf der Obszönität zeitweise verboten. Mohammed Choukri wuchs selbst in ärmsten Verhältnissen auf, lebte und arbeitete als Kind und Jugendlicher viele Jahre in Straßencafés, war im Gefängnis und beschloss dann mit 20 Jahren, Lesen und Schreiben zu lernen und sich als Schriftsteller zu betätigen. Eine wichtige Autorin kritischer Dokumentationen ist die Soziologieprofessorin **Fatima Mernissi,** die in Amerika studierte und jetzt an der Universität Rabat Soziologie lehrt und deren Bücher in Deutschland zum großen Teil bei Luchterhand verlegt wurden.

MAROKKANISCHE MUSIK

von **Jürgen Sieberer,**
überarbeitet von **Muriel Brunswig**

Musik ist in Marokko allgegenwärtig. Man wird von ihr auf Schritt und Tritt begleitet, in den Straßen, den Cafés, den Suqs. Dabei ist der Musikgeschmack der Marokkaner sehr vielfältig; fast alles kann man hier antreffen: **Moderne westliche** Musik, vorwiegend frankophon, **klassisch arabische** und **andalusische** Musik, **moderne arabische** Musik, sei es der typisch nordafrikanische **Rai,** der in unseren Breitengraden vor allem von Sängern wie Cheb Khaled mit Aisha oder Cheb Mami bekannt gemacht wurden, oder aber die **Folklore** der einzelnen Volksgruppen **Berber, Gnawa** und Araber.

Die klassisch-andalusische Musik

Die klassisch andalusische Musik geht vor allem mit einem Namen einher: **Ziryab.** Dieser begnadete Musiker kam im Jahre 820 von Bagdad nach Cordoba, wo er am dortigen Sultanshofe eine Musikschule gründete, die fortan tonangebend für andalusische Musik wurde. Unter ihm entstand das zentrale musikalischen Stück der Andalusier: Die **Nuba,** eine Art Suite mit instrumentalen und vokalen Teilen, mit einem Wechselspiel von rhythmisch freien

Gnawa-Tänzer am Djamâa-el-Fna-Platz

und gebundenen Abschnitten. Unter Ziryab wurde auch die Laute (arab. *al-ud,* woraus *la-ud* und später dann *Laute* wurde) zu einem kammermusikalischen Instrument. Für die Musik wichtiger aber ist die Tatsache, dass er der Laute eine fünfte Saite hinzugefügt hat.

Neben der Laute, die wohl am sinnbildlichsten für die andalusische Musik ist, sind es vor allem die Geige (arab. *kamandscha),* die Tontrommeln (arab. *darbuka),* die Zither (arab. *qanun)* und das *rbab,* ein zweisaitiges Instrument, tonangebend in dieser Musikrichtung. Desweiteren bedient man sich dem Gesang, um die Musik zu vermitteln.

Nach Ziryabs Tod in Cordoba entwickelte sich die andalusische Musik immer weiter. Mit der Vertreibung der Araber aus Spanien gelangte die Musik nach Marokko und etablierte sich schnell in den Kunstzentren des Landes, v.a. in Fès. Hier findet man bis heute das beste andalusische Orchester, denn gerade die Fassis sind stolz darauf, diese musikalische Tradition zu bewahren und weiterzuführen, sehen sie sich doch als die Bewahrer der „echten" andalusischen Künste.

Die moderne marokkanische Musik

Die **zeitgenössische marokkanische Musik** lässt sich vor allem in zwei Richtungen aufteilen:

Rai-Musik

Diese Musik erfreut sich, v. a. seit dem Erfolg von *Cheb Khaled* mit „Aisha", auch in Europa höchster Beliebtheit. *Rai,* das arabische Wort für **„Meinung",** ist eine sehr junge Musikrichtung, die in Algerien entstand und deren bekannteste Vertreter auch noch immer aus diesem Land kommen. Wie das Wort „Rai" schon ausdrückt wollen hier vor allem junge Menschen (das „Cheb" vor dem Namen bedeutet „Junger Mann") ihre Meinungen ausdrücken. Meist verstecken sie diese in eher banalen Texten, denn die Angst vor politischen Reaktionen ist groß. Das ist wohl auch einer der Gründe, weshalb in den neueren Liedern immer mehr von Liebe und immer weniger Sozialkritisches zu finden ist. Rai ist eine moderne Musik, die sich an orientalischen Weisen orientiert. Cheb Khaled und Cheb Mami haben es in den letzten Jahren mehr und mehr geschafft, u. a. mit Hilfe von stark europäisierten Klängen, die an schottische Dudelsäcke oder spanische Gitarren erinnern, in die europäischen Charts zu kommen. In Marokko identifizieren sich die meisten Jugendlichen mit den algerischen Sängern. Denn eigentlich: Algerien und Marokko, das ist plötzlich einerlei. Was zählt ist Nordafrika!

„Marocpop" ist die zweite moderne Musikrichtung in Marokko. Es ist eine **Mischung aus traditioneller marokkanischer Musik** und allen möglichen Stilen, die sich bisweilen auch an der westlichen Popmusik orientieren, wenn auch nicht in so massiver Form, wie man das in der Rai-Musik findet. Diese Musik ist bei der jungen und mittelalten Bevölkerung überaus beliebt. Die Stones, Doors und Beatles der Marokkaner sind die Gruppen *Lemchaheb, Jil Jilala* und *Nass el-Ghiwane*. Diese Musikgruppen haben einen ungeheuren Stellenwert, da sie abgesehen von den ausgezeichneten Rhythmen und Melodien wunderschöne Texte haben, die nahezu jeder Marokkaner auswendig kennt. Die Texte sind auch von äußerst sozialkritischem Inhalt, so dass fast alle Mitglieder dieser Bands einige Monate im Gefängnis verbracht haben, was ihre Popularität enorm gesteigert hat.

Die Gnawa-Musik

Die **Gnawa** kamen mit den **Sklaven,** die die Saadier mit der Eroberung Timbuktus nach Marokko verschleppt hatten, nach Nordafrika, und wie alle Sklaven brachten auch sie ihre Musik, ihre Religion, ihre Tänze und ihre Kulte **aus ihrer Heimat Mali** mit und schafften es, diese über die Jahrhunderte hinweg zu bewahren. Bis heute spielen sie ihre Musik zu Riten, in denen **Geister und Dämonen** auftreten, die sich der Menschen bemächtigt haben und die es zu besänftigen gilt. Dadurch hat diese Musik eine wichtige soziopsychologische Funktion, denn für viele psychisch Labile oder Kranke bietet sie eine Möglichkeit, durch Tanz und sich monoton wiederholende Körperbewegungen und Sprachformeln in Trance zu fallen und Aggressionen und seelische Unstimmigkeiten abzubauen.

Gnawa singen, wenn sie Geister vertreiben, 22 Lieder mit insgesamt 800 Strophen, wobei jedes Lied für eine Geisterfamilie steht, die zur Musik szenisch dargestellt wird. Mit jedem Rhythmuswechsel wird ein neuer Geist gerufen, der dann mit der Musik besänftigt wird. Dazu wird getanzt. Die Gnawa bezeichnen sich selbst als „Leute des Luftwirbels" und entsprechend lebhaft und akrobatisch sind ihre Tänze.

Die Musik der Gnawa findet man vor allem im **Süden Marokkos,** wo die meisten ihrer Herkunft leben. Sie verwenden für ihre Musik fast ausschließlich das Saiteninstrument *Hajhuj*, das zugleich als Rhythmus- und Melodieinstrument dient, und die *qarqaba* (eine Art Kastagnetten aus Metall) als Begleitung zu dunklem, melodiösem Gesang. Außerdem findet eine große Trommel Gebrauch, die man um die Schulter hängt und die mit zwei Schlegeln beidseitig bearbeitet wird. Ein beliebter Vertreter dieser Musikrichtung ist *Muallim Susu* mit der Gruppe „Hamdawa", der natürlich schon sehr kommerziell orientiert ist, denn ursprüngliche Gnawa-Musik kann man nicht auf Kassette hören. Ein weiterer ist *Mahmud Guinea*. Bekannt über die Grenzen Marokkos hinaus ist der aus Marrakesch stammende Gnawa-Interpret *Hassan Hakmoun*. Seine CD „The Fire within" ist auch in Deutschland erhältlich.

Die Berber-Musik

Berbermusik wird in Marokko fast ausschließlich von Berbern (Masiren) gehört, ist aber **weit über die Grenzen des Landes bekannt.** Überall dort, wo Berber leben, ist diese Musik noch lebendig. Sie ist die **älteste Musikgattung** in Nordafrika und wird von einigen Berbervölkern, wie z. B. den Tuareg, noch immer bewahrt, ist sie doch wichtiger Teil ihrer Geschichte und rettet ein Stück Tradition in die Moderne. Bei den **Arabern findet sie keine Beachtung,** meist wird sie als unhörbar abgetan, was einerseits damit zusammenhängt, dass diese die Texte nicht verstehen und andererseits darauf zurückzuführen ist, dass diese Musik dem Image der gehobenen Musik nicht entspricht, und sei es nur deshalb, weil viele Araber den Berbern gegenüber ohnehin eine deutliche Herablassung an den Tag legen.

Der **Ursprung der masirischen Musik und Lyrik** ist in der alten Vorliebe für Dichtung zu suchen, die bei den Berbern einen großen Stellenwert besitzt und oft in Begleitung mit Musik dargeboten wurde. Diese Mischung aus Lyrik und Musik nennt man **amarg.** Die Musik und Gesänge wurden von den Müttern an ihre Töchter weitergegeben. Frauen gelten von jeher bei den Berbern als Bewahrerinnen der Traditionen und so verwundert dies nicht weiter. Das Repertoire umfasst Wiegenlieder, Gebete, Begräbnisgesänge und rituelle Lieder bei verschiedenen religiösen Handlungen. Daneben gibt es die „professionellen" Sänger, die *ruwat*. Ihre Aufgabe ist die des mittelalterlichen Minnesängers,

d. h. sie fungieren als Nachrichtenübermittler, die Neuigkeiten von Dorf zu Dorf bringen und Missstände anprangern. Diese Berufsmusiker sind gänzlich im Verschwinden begriffen, das Radio hat ihre Funktion übernommen. Einige wenige Berber sind auch über Nordafrika hinaus bekannt geworden, so *Mohand u Mohand* aus der Kabylei (Algerien) oder der Tuareg *Baly Othmani*, der zusammen mit *Steve Shehan* die CD *Assouf* aufgenommen hat und somit international Anerkennung fand. Dank ihnen bleibt der Nachwelt die traditionelle Berbermusik zumindest noch für eine Weile erhalten.

Die **moderne Berbermusik** unterscheidet sich für Europäer anfänglich nicht von der arabischen Populärmusik, was sich allerdings nach genauerem Studium als Trugschluss erweist. Nicht nur die Sprache ist unterschiedlich, deutlich kann man auch den Bezug zur traditionellen Musik, die sich massiv voneinander unterscheidet, heraushören. Ähnlich wie die arabische Musik bedient sie sich allerdings westlicher Stilelemente, französischer Wortfetzen und neuen Rythmen. Meist handeln die Lieder, auch darin unterscheidet sie sich kaum von der modernen arabischen Musik, von der Liebe und dem Leiden ... Eine in Südmarokko sehr bekannte Vertreterin dieser Musik ist *Bnat Irsmukn.* Sie versteht es Pop und Traditionen zu verbinden und trifft dabei den Geschmack der meisten Berber in Marokko. Eine weitere sehr bekannte Gruppe ist *Inerzaf.*

Wen es näher interessiert: *The Rwais, Moroccan Berber musicians from the High Atlas* – Lyrichord LLST 7316 (Schallplatte mit kurzem Einführungstext in die Musikgeschichte der Berber). Kassetten von arabischen oder berberischen Musikgruppen kosten übrigens nahezu einheitlich in ganz Marokko nur 15 DH.

Volksmusik und Tänze

Die Volksmusik ist abwechslungsreicher und phantasievoller als die andalusische Musik und kennt kein grammatisches Maß. Sie ist **der leichten Musik zuzurechnen,** etwa wie bei uns der Schlager. Sie wird in **arabischen Dialekten gesungen** und ist **für den Mann auf der Straße,** den Handwerker und Händler **bestimmt.** Man unterscheidet verschiedene Ausdrucksformen: Der *Griha* (bedeutet Improvisation) räumt dem Gedicht viel Platz ein und ist ein von Schlaginstrumenten begleitetes Rezitativ. Die *Aïta* (Aufruf) wird im *Haouz* in der Gegend von Marrakesch gesungen; sie ist ein schriller Leidensschrei, der am Ende eines von Frauen aufgeführten Tanzes ausgestoßen wird, der im Rhythmus der Klänge von Terrakotta-Tambourinen getanzt wird. Es gibt auch **Schaukelgesänge,** die vor allem dichterisch wertvoll sind. Zur Volksmusik gehört auch **Zugmusik,** die von Tamburin- und Dudelsackkapellen und langen geraden Trompeten, *N'Fir,* bei allen Familien und religiösen Festen und Umzügen gespielt wird.

Die berberische oder ländliche Musik wird allein zum Rhythmus des *Bendir* (kreisförmige, mit Ziegenfell umspannte Trommel) gespielt. Die Tänze und Gesänge der Berber sind Schauspiele mit vielen Gedichten und reich an Ausdruckskraft, die durch die malerische Kulisse der Landschaft und Nomadenzelte besonders wirksam sind. Die Musik ändert ihren Charakter je nach Ort und Stamm (siehe auch vorheriges Kapitel).

Die **Volkstänze** werden meist **zu großen Festen** nachts um ein Holzfeuer getanzt. Bei diesen Gelegenheiten tragen die Frauen die schönsten Kleider und wertvollen Schmuck. Diese Volksfeste dürfen nicht mit Moussems verwechselt werden (s. u.). Sie sind Ausdruck der Lebensfreude der jeweiligen Region und keine religiösen oder kulturellen Veranstaltungen. Jede Gegend feiert auf ihre eigene Art ein bestimmtes Produkt oder eine Pflanze, etwas, das charakteristisch für die Gegend ist. Meist finden diese Feste im Gegensatz zu den Moussems, die oft vom islamischen Kalender abhängen, in den gleichen Monaten statt. In Marokko werden das ganze Jahr über viele Feste gefeiert, insbesondere nach der Erntezeit oder zu religiösen Feiertagen ist immer etwas los.

Bekannte Tänze

Ahouach

Nur Frauen tanzen den Ahouach, der aus dem Hohen Atlas stammt. Sie bilden einen großen Kreis, in dessen Mitte die Männer neben einem großen Holzfeuer mit ihren *bendir* hocken und den Rhythmus angeben.

Ahaidous

Die Tänzer und Tänzerinnen aus dem Mittleren Atlas und nördlichen Hohen Atlas (Hochtal von Agoudal und Imilchil) bewegen sich eng aneinander gedrängt und bilden einen großen Kreis. Immer schneller bewegen sie sich nach rechts und links und berühren den Boden nach bestimmten Rhythmen und alten Traditionen.

Guedra

Dieser Tanz stammt aus dem Süden Marokkos (Region Tan-Tan Gouelmim). Er wird von einer schwarz verschleierten Frau kniend getanzt. Hände, Arme und der ganze Körper folgen dem Rhythmus der Guedratrommel bis zur völligen Erschöpfung der Tänzerin. Der Tanz wird vor allem beim Moussem des *Cheikh Sidi Mohammed Laghdaf* aufgeführt.

Tissint

Südlich von Agadir tanzen blau gekleidete Männer und Frauen den Tanz des Dolches.

Taskiouine

Ein Kriegstanz, der im *Hohen Atlas* und in der Gegend von Ouarzazate getanzt wird. Mit weißen Mänteln bekleidet, das Pulverhorn über den Schultern, tanzen die Männer zum Rhythmus des Tamburins. Schnelles Händeklatschen und zuckende Schultern sind die typischen Merkmale dieses Männertanzes.

Ghiatas

Bewaffnete Krieger tanzen zum Rhythmus von Trommeln und Pfeifen. Die Tänzer imitieren mit dunklen rauhen Schreien Geräusche herannahender Reitertruppen. Gewehrsalven beenden den Tanz.

Ahaidous, Tanz der Aït Haddidou während des Moussems der Verlobten

Oulad Sidi Ahmad Ou Moussa

Hierbei handelt es sich um wandernde Akrobaten, die zum Orden des *Sidi Ahmad ou Moussa,* des Heiligen von Tazeroult (zwischen Tafraout und Tiznit), gehören. Ihre farbenfrohen Kostüme sind reich bestickt und haben sich seit Jahrhunderten nicht verändert. Diese Akrobaten treten auch auf dem Djamâa el-Fna in Marrakesch und hin und wieder auch in europäischen Zirkussen auf. Bekannt wurden sie durch ihre Auftritte im Zirkus *Roncalli.*

Fantasia

Die Fantasia ist kein Tanz, sondern ein Reiterspiel, ein Höhepunkt verschiedener Feste und Festspiele. Die prachtvoll geschmückten Pferde und Reiter jagen in einer Staubwolke dahin und halten jäh an, begleitet vom Knallen aller Pulverflinten der Reiter.

Die Moussems (Mausims)

Ein Moussem ist eine **Wallfahrt zum Grabe eines Heiligen.** Und da fast jedes Dorf einen Dorfheiligen hat, der in einem *Marabout* begraben ist, findet dort auch jährlich zu einem bestimmten Datum oder zu einer festgelegten Jahreszeit ein Moussem statt, d. h. am Grabe des Heiligen wird zu dessen Ehren ein Fest gefeiert. Moussems stellen eine Mischung aus Wallfahrt, Volksfest und Jahrmarkt dar. Je nach Charakter finden sich bisweilen Tausende von Marokkanern ein, um um Vergebung zu bitten, Segen zu empfangen, Wünsche zu äußern oder Handel zu treiben.

Moussems werden häufig auf islamische Feiertage gelegt, die wiederum nach dem islamischen Kalender stattfinden. Das islamische Jahr wird nach Mondmonaten gerechnet, ist also kürzer als das Sonnenjahr. Dadurch verändern sich die Termine der Feste in jedem Jahr.

Bekannte Moussems im Süden

Moussem de Gouelmim (Asrir)

(Grand foire aux chameaux Guera)

Der Moussem de Goulimin in Asrir findet meist Anfang Juni statt. Er wird sehr oft als *Suq der Kamele* bezeichnet. Näheres hierzu siehe Gouelmim.

Moussem de Cheikh Sidi Mohammed Laghdaf (Tan Tan)

Der *Moussem der Blauen Männer,* meist im späten Frühjahr (Ende Mai, Anfang Juni). Nach dem Gebet am *Marabut* (Grabmal eines Heiligen) wird eine Kamelstute geopfert. Hier wird auch der *Tanz der Guedra* getanzt.

Moussem de Sidi Ahmad ou Moussa (Tiznit)

August oder September. Das Fest dauert fünf Tage und beginnt jeweils am dritten Donnerstag des Monats.

Moussem des Fiancailles (Imilchil)

(Moussem der Verlobten)

Mitte September. Hier werden von den Eltern Ehen gestiftet, und am dritten Tag finden auch Trauungen statt.

Erkundigen Sie sich im Touristenbüro der jeweiligen Stadt oder Provinz nach den genauen Terminen.

Bei den Städtebeschreibungen finden Sie jeweils eine Auflistung einiger Feste und Moussems innerhalb der Stadt und der zugehörigen Provinzen, wobei es bei dem Besuch kleiner örtlicher Moussems schon eines gewissen Fingerspitzengefühls bedarf, um nicht als störender Fremder unangenehm aufzufallen.

Neben den traditionellen Volksfesten und Moussems gibt es noch eine Reihe von **Fremdenverkehrsfesten und Festwochen,** die vom Fremdenverkehrsamt veranstaltet werden. Die Veranstaltungen finden zum größten Teil im Sommer statt und dienen ausschließlich touristischen Zwecken.

Ab und zu werden in Marrakesch im El-Badi-Palast 14-tägige Festwochen veranstaltet, die einen guten Überblick über die traditionellen Tänze geben.

PFLANZEN- UND TIERWELT

in Zusammenarbeit mit Carola Stoob, Ethologie und Wildforschung, UZI, Zürich

Bemerkenswert an Marokko ist nicht eine bestimmte Landschaftsformation oder das einzigartige Vorkommen von Pflanzen und Tieren, sondern der **Wechsel** und das zum Teil **sehr krasse Nebeneinander der verschiedenen Landschaftstypen.** Zwischen Laub-Mischwald und Wüste sind alle Übergänge anzutreffen, dazu kommen zwei verschiedene Küstenregionen und spezielle Kulturformen wie die „sagenhaften" künstlich bewässerten Gärten aus 1001 Nacht, die Palmenhaine und die Oasen.

Marokko ist ein **Agrarland**, und ein großer Teil der Produkte dient der Subsistenz der einheimischen Bevölkerung. Die Landwirtschaft ist auf natürlich vorkommendes Wasser angewiesen (Täler, Wadis, Oasen). Dessen Ausnutzung wird durch Bewässerungssysteme verbessert. Unter solchen Voraussetzungen fallen zunächst Kulturpflanzen und Haustiere oder sog. *Kulturfolger*, z. B. Spatzen, auf.

Die **wichtigsten Kulturpflanzen** sind etwa: Olivenbäume (= Ölbaum), Pistazien, Lorbeer, Drum- oder Dattelpalmen, Agaven, Feigenkaktus, Agrumen (das sind die Bäume, die die Zitrusfrüchte liefern), Mandel, Pfirsich, Maulbeere, Walnuss, Feige, Wein, Banane, Baumwolle, Weizen, Gerste, Hirse, Paprika, Artischocke, Aubergine, Mais, Eukalyptus, sog. *Mimosen* (es sind aber Akazien), Oleander, Thuja, Zypressen, Pappeln und Arganien. Einige dieser Pflanzen sind uns aus dem Supermarkt durch ihre Früchte oder andere essbare Teile längst bekannt, trotzdem kann die Entdeckung der ganzen Pflanze zum Erlebnis werden – meine erste Artischocke, die als Riesen-Distel daherkam, hat mich jedenfalls beeindruckt!

Olivenbäume – eine der wichtigsten Kulturpflanzen Marokkos

Atlas-Zeder

Marokko lässt, bedingt durch die unterschiedliche Höhe und Klimazonen, sowohl Mittelmeervegetation wie auch eine tropische Vegetation zu. Diesen Vorteil nutzen zahlreiche Hotels, indem sie ihre Gärten zu wahren Pflanzenparadiesen gestalten: so wachsen zwischen verschiedensten Palmenarten prachtvoll leuchtende Bougainvilleen, Jacarandas, Kakteen, Agaven, Bambus- und sogar Bananenstauden.

Vor allem die **Rosenzucht** hat in Marokko eine lange Tradition. Wer Ende Mai bis Ende Juni durch Marokko reist, wird den Duft der Rosen, der aus Haus-, Hotel- und Oasengärten strömt, nicht mehr vergessen. Rosen werden entlang der Oasen der Straße der Kasbahs als Nutzpflanzen geerntet und zu Rosenwasser und Rosenöl, auch als Grundsubstanz für Parfüms, verarbeitet.

Nutztiere sind Geflügel, Schafe, Ziegen, Rinder, Pferde, Kamele, Esel und Maultiere. Hunde und Katzen sind nicht eigentlich „Haustiere", sondern führen in Marokko ein recht freies, wildes Leben. Kamel, Pferd, Esel und Maultier sind traditionelle Transportmittel.

In den Lebensraum der Kulturpflanzen gehört selbstverständlich auch eine Reihe von Tieren, die der Mensch nicht direkt nutzt oder als schädlich bezeichnet. Aufgrund der Temperaturen ist Marokko ziemlich ideal für **Insekten.** Diese bilden die **Nahrungsgrundlage für Reptilien** (z. B. Eidechsen, Geckos, Skinke), **Vögel, Nagetiere** und – systematisch – **sog. Insektenfresser** (das sind z. B. Igel und Spitzmäuse). Man findet hier neben „alten Bekannten" wie Bienen, Ameisen, Tag- und Nachtfaltern, Spinnen, Smaragdeidechsen, Tauben, Spatzen, Nachtigallen, Käuzen, Eulen, Mäusen und Igeln auch Arten, die man bei uns gar nicht oder höchst selten zu Gesicht bekommt: den Dungkäfer Skarabäus oder den echten „heiligen" Skarabäus, die „biblische" Wanderheuschrecke, Fangschrecken, die Maulwurfsgrille, den Hirschkäfer, Skorpione, den Mauretanischen Mauergecko, Hausammer, Steinsperling, verschiedene Grasmückenarten (z. B. Cistensänger), Blaumerle, Bienenfresser, Blassspötter, Heckensänger, Zwergohreule und Wimpernspitzmäuse (auch: Weißzahnspitzmäuse).

ATLANTIKKÜSTE UND MITTELMEER

Der **reine Sandstrand und ein Strand aus Kies** verdanken ihren optischen Reiz vielleicht gerade der Abwesenheit von Pflanzen und Tieren – als Biotope sind sie **vergleichsweise artenarm.** Für Pflanzen bieten sie beispielsweise keine Möglichkeit der Verwurzelung, und nur wenige Spezialisten vertragen Salzwasser (sog. *Halophyten* wie Sode, Queller, Salzkraut).

Ein typischer Bewohner des Sandstrandes ist der Sandflohkrebs *(Talitrus),* der aber auch lieber in gestrandeten Algen Deckung sucht, als dass er auf dem bloßen Sand umherhüpft. Die meisten anderen Sandbewohner graben sich ein und bilden dabei eine röhrenförmige Behausung (Borsten- und Sandröhrenwürmer). Auf dem Sand direkt unter Wasser leben nur wenige vegetarische oder räuberische Schnecken, z. B. die Hornschnecke, *Cerithium,* die Netzreusenschnecke, *Nassarius,* und die Halsbandschnecke *(Natica).* In tieferem Wasser oder in Tümpeln mit stehendem Meerwasser können sich Algen entwickeln und bereits einer größeren Vielfalt von Tieren als Lebensraum dienen.

An **felsigen Küsten** entfaltet sich dann der ganze **Artenreichtum des Meeres** – mal abgesehen von der Möglichkeit, dass die Einleitung von Abwässern oder die letzte Tankerkatastrophe dort ihre nachhaltigen Wirkungen hinterlassen haben. Es ist unmöglich, an dieser Stelle die verschiedenen Schwämme, Seeigel-, Seestern-, Muschel-, Schnecken-, Krebs- und Fischarten aufzulisten.

Der Rand des Festlandes ist v. a. dort, wo er für den Menschen „unattraktiv" oder schwer zugänglich ist (etwa als Steilküste oder verschlammte Flussmündung), ein **Rückzugsgebiet für Wasservögel.** „Besucher" sind eigentlich immer „ungebetene Gäste", und man sollte sie daher nur durch ein gutes Fernglas beobachten.

WALD

Neben den tropischen Wäldern stellt sich der Tiergeograph unter „Wald" v. a. die sommergrünen Laubwälder gemäßigter Breiten vor, die sich überwiegend aus Eichen, Buchen und Ahorn zusammensetzen. Diesen Waldtyp wird man in Marokko jedoch vergeblich suchen, aber aufgrund der Restbestände nimmt man an, dass vor ein paar tausend Jahren das *Rif,* der *Mittlere* und der *Hohe Atlas* dicht bewaldet waren.

Die **Atlas-Zeder** *(Cedrus atlantica)* ist – wie der Name schon sagt – der typische Baum Marokkos und eine der wenigen ursprünglichen Arten. Sie wird im Rahmen von Aufforstungsprogrammen zusammen mit Libanon-Zedern *(C. libani)* und eingeführten Kiefern *(Pinus)* und Tannen *(Abies)* kultiviert. Auch Korkeichen *(Quercus suber)* sind in Marokko heimisch und bildeten vermutlich mit Stein- und Kermeseichen *(Q. ilex, Q. coccifera)* den ursprünglichen, immergrünen Eichenwald bis in eine Höhe von 1100 m. Weiter oben findet man Thuja und Wacholder *(Cupressaceen).*

Reiner **Nadelwald** ist wegen der Ansäuerung der Böden ein recht schwieriger Lebensraum. Nadelbäume haben jedoch den wirtschaftlichen Vorteil, dass sie geringere Ansprüche an die Bodenbeschaffenheit und Wasserversorgung stellen und relativ schnell wachsen. Die Aufforstung der Zedern- und Eichenwälder mit teilweise nicht heimischen Laub- und Nadelbäumen ist ein Kompromiss zwischen den Nutzungsaspekten des Waldes und dem Bedürfnis nach Erhaltung oder Wiederherstellung einer relativ ursprünglichen Vegetation und Tierwelt.

Zum Wald gehören pflanzenfressende oder -saugende **Insekten:** Blattkäfer, Rüsselkäfer (an verschiedenen Eichenarten), *Coccinelliden* (erinnern an Marienkäfer – der VW-Käfer heißt auf französisch *coccinelle), Chrysomeliden* (kleine, gedrungene, metallisch glänzende Käfer; eine Art ist auf Minze spezialisiert), Schmetterlinge und ihre Raupen, Bienen, Ameisen, (Holz-)Wespen und Zikaden – um nur einige zu nennen. „Ameisenlöwen", Wanderheuschrecken und Maulwurfsgrillen trifft man eher an trockenen Standorten. Hundert- und Tausendfüßler (die einen meint man gerade noch zählen zu können, bei den anderen versucht man es gar nicht mehr), Laufkäfer (dazu gehören die beiden häufig anzutreffenden Skarabäusarten) sowie Spinnen leben eher im Verborgenen.

Wegen der Vielfalt der Nahrungsquellen und der guten Deckung ist der **Wald bzw. der Waldrand bei Vögeln beliebt.** Kuckuck, Eichelhäher, Grün- und Buntspecht, Amseln, Drosseln, Finken – Stare weniger –, aber Baumläufer, Meisen, Nachtigall, Fitis, Rotkehlchen, Ammern, Würger, Dorn- und Mönchsgrasmücke, Ziegenmelker, Uhu und Waldohreule sind entweder „alte Bekannte" oder kommen in einer nah verwandten spezielleren Art vor: zum Beispiel Einfarbstar, Häherkuckuck, Rothalsziegenmelker, Zaunammer, Alpendohle, Berglaubsänger und Rotflügelgimpel. Spezielle Bewohner Marokkos sind z. B. die Atlasgrasmücke, der Diademrotschwanz und der Blauwangenspint.

Nagetiere wie Eichhörnchen und Mäuse gehören in den Wald, und in Marokko kommen zudem Stachelschweine *(Hystrix christata)* vor. Spezialisierte Insektenfresser sind der Wanderigel *(Erinaceus algirus)* und die Rot- und Weißzahn-Spitzmäuse (*Soricidae, Crocidu-ridae* = Wimpernspitzmäuse), die aber auch einen Wurm nicht verschmähen. Neben dem Fuchs, dem marderartigen Wiesel, Dachs und Fischotter könnten in den marokkanischen Wäldern auch Ginsterkatzen *(Genetta genetta)*, Luchse und der Serval *(Felis lynx, F. serval)* vorkommen. Es soll noch Leoparden (*Panthera pardus*) und Berberhirsche *(Cervus elaphus barbarus)* geben, aber es fehlen aktuelle Angaben dazu. Wildschweine *(Sus scrofa)* gibt es genug, da sie kaum gejagt werden.

Erwähnenswert im Vergleich zur heimischen Fauna ist sicher das Vorkommen der **Berberaffen** (*Macaca sylvanus*, franz. *magot*). Marokko besitzt – neben Algerien – die letzten nennenswerten Bestände dieser schwanzlosen, „winterfesten" Affenart, die vor den Kaltzeiten auch in Europa verbreitet war.

Stehende und fließende Gewässer bilden einen eigenen Lebensraum innerhalb des Waldes. Hier kommen Rohrkolben *(Thypha)*, Binsen *(Juncus)*, Süßgräser *(Poaceen)* und „passende" Tiere vor: Libellen, Barben, Hechte, Forellen (eingeführt), Frösche, Kröten, Salamander, Wasserschildkröten, (Bach)stelzen, Wasseramseln, Eisvögel und Gebirgsstelzen.

In felsige, höhere Lagen können sich Mufflons *(Ovis ammon)* und Mähnenschafe *(Ammotragus lervia)* zurückziehen. Einige Vogelarten bevorzugen die Felsen als unzugängliche Brutplätze (beispielsweise Greifvögel, verschiedene Segler, Blaumerle oder Alpenbraunelle).

Stachelschwein, Fuchs und Hase sowie die Landschildkröte und verschiedene Greifvogelarten kommen auch im offeneren Gelände und in den sich an den Wald anschließenden trockeneren Regio-

Diese Tierarten gibt (bzw. gab) es in Marokko
(mit freundlicher Genehmigung der Zeitschrift „Ein Herz für Tiere")

nen vor. In diesen Übergangsgebieten kann man außerdem gestreiften Hyänen *(Hyaena hyaena)* begegnen.

TROCKENGEBIETE

Die **Macchie** (franz. *le maquis)* besteht aus immergrünen Sträuchern und Bäumen mit harten Blättern (1–6 m hoch). Dazu gehören Lorbeer *(Laurus),* Erdbeerbaum *(Arbutus unedo),* Myrte *(Myrtus),* Lentisken *(Pistacia lentiscus),* Rosmarin, Ginster *(Genista),* Kreuzdorn *(Rhamnus),* Baumheide *(Erica)* und aromatische Büsche wie Lavendel und Thymian. Sie bilden ein dichtes Gewirr von Zweigen und Ästen. Ihren Namen verdankt die Macchie der spanischen Bezeichnung für eine charakteristische Pflanze, die Zistrose *(Cistus).*

Auf durchlässigem Kalkstein degeneriert die Macchie zur **Garrigue** (auch *Caride).* Die Vegetation besteht aus **niederwüchsigen,** ca. 1 m hohen **Sträuchern und Polsterpflanzen.** Zwischen bloßem Felsen wachsen z. B. Stechginster, Lavendel, Salbei und andere Gewürz- und Heilkräuter. Übergänge zu den Vegetationstypen *Steppe* und *Wald* kommen vor; oft sind die Gebiete nur kleinräumig und liegen wie Inseln zwischen anderen Regionen. Größere Areale, die aber auch unter menschlichem Einfluss stehen, befinden sich in der *Meseta* (Atlantikküste nördlich von *Agadir* bis *Rabat* und landeinwärts bis an den Fuß des *Hohen* und *Mittleren Atlas)* und in der Ebene von *Sebou,* die sich nordostwärts daran anschließt. Auch in der Garrigue gibt es Korkeichen, die hier aber nur Strauchhöhe erreichen.

In diesem Vegetationstypus sind **manche Tiere leichter zu finden und besser zu beobachten** als im Wald oder in der Macchie: Ein einzelner Tritt kann eine Vielzahl von ihnen aufscheuchen. Man kann ihnen dann vorsichtig folgen. Wieder sind Insekten und insektenfressende Arten stark vertreten. Es gibt spezielle Heuschrecken, Spinnen (z. B. die Wolfsspinne *Lycosa),* Eidechsen, Schlangen und Vögel. Landschildkröten aufzuspüren, ist dagegen nicht so einfach. Skorpione lieben dunkle, feuchte Unterschlupfe, die sie nicht nur unter Steinen, sondern manchmal auch in Camper-Schuhen finden. Eine gewisse Vorsicht ist daher angebracht. Lässt man ihnen die Wahl, ziehen **Skorpione** und **Schlangen** auf jeden Fall die Flucht dem Angriff vor.

In der Garrigue gibt es auch **Chamäleons,** man muss sie nur finden – ihrer Anpassungsfähigkeit entspricht der Mangel an natürlicher Deckung. Dieser Mangel zieht eine Reihe von **Greifvögeln** (Bussard, Falke, Milan, Sperber, Steinadler oder gelegentlich die selteneren Schlangen-, Habichts- und Steppenadler) an, die Jagd auf kleinere Wirbeltiere machen. Verhältnismäßig häufig kann man im Bereich der Sous-Mündung und entlang der südlichen Atlantikküste das gestreifte **Zieselhörnchen** beobachten *(Xerus erythropus),* das nur einen Streifen auf der Flanke hat und ca. 20 cm groß ist. Sein Vetter, das **Atlashörnchen** *(Atlantoxerus getulus)* lebt an der Atlantikküste bis hinauf in die Höhen des 4000 m hohen Atlasgebirges, ist viel kleiner, besitzt drei helle Streifen auf der Flanke und hat einen körperlangen, buschigen Schwanz. Kleinere **Vögel** leben eher von Insekten, z. B. der Bienenfresser *(Merops apiaster)* und der Wendehals *(Jynx torquill)* sowie verschiedene Grasmückenarten (z. B. Brillen-, Weißbart-, Provence- und Samtkopfgrasmücke). Die verschiedenen dort vorkommenden Lerchenarten und die Wachteln bevorzugen „gemischte" Kost. V. a. in der Dämmerung und in der Dunkelheit sind der Ziegenmelker *(Caprimulgus),* die Zwergohreule *(Otus scops),* der Steinkauz *(Athene noctua)* und Fledermäuse *(Hufeisennasen, Rhinolophus)* unterwegs auf der Jagd nach Insekten und anderen kleinen Tieren.

Natürliche Trockengebiete

Einiges spricht dafür, dass **Macchie und Garrigue** im Bereich der Mittelmeerküsten als Trockengebiete nicht auf klimatische Einflüsse, sondern vielmehr auf die **Einwirkung des Menschen zurückzuführen sind.**

Daneben gibt es in Marokko verschiedene **Formen natürlich entstandener Trockengebiete,** wo aufgrund der Bodenverhältnisse, Niederschläge und Temperaturen keine Bäume wachsen. Dort können nur Pflanzen und Tiere vorkommen, die besondere „Techniken" entwickelt haben, um ihren Wasserverbrauch einzuschränken. Viele Pflanzen wirken z. B. unscheinbar, weil die Blattoberflächen klein und die Stengel hart und holzig sind. Sprosse werden in Dornen umgewandelt und Blätter mit Haaren und Borsten versehen. Unauffälligkeit, Verholzung und Dornbildung schützen zugleich gegen saugende Insekten und Verbiss der Triebe durch Weidetiere. Charakteristisch für die Trockengebiete sind Dornsträucher wie beispielsweise der Kameldorn *(Zizyphus lotus)* und die Tamarisken *(Tamarix)*. In der atlantiknahen Sahara findet man in Strauchwüsten (z. B. *Rhus oxiacantha*) auch kaktusähnliche Wolfsmilchgewächse *(Euphorbiaceen)* und Arganien, in denen Ziegen klettern, um die Früchte zu fressen. Räumlich begrenzt, z. B. im Hohen Atlas und am Djabal Sarho, treten Trocken- und Wüstensteppen mit Halfa- oder Espartogras auf *(Stipa tenacissima, Lygeum spartum)*. Das Halfagras, das einen durchlässigen Standort bevorzugt, verdankt sein Überleben in den trockenen Gebieten vermutlich seiner Nützlichkeit: Im 19. Jahrhundert wurden seine hervorragenden Eigenschaften für die Papierherstellung entdeckt (Geldscheine, Zigarettenpapier), und es wird gelegentlich kultiviert.

Am Südfuß des Hohen Atlas begegnet man neben Kameldorn *(Zizyphus lotus)* und Akazien dem Kapernstrauch *(Capparis spinosa)* und an feuchten Standorten durchaus Oleander *(Nerium oleander)*.

An die mit Graspolstern durchsetzte **Strauchwüste** schließt sich die **Hammada** mit Dornpolsterpflanzen (z. B. *Limoniastrum*, Bleiwurzgewächse) an. Dazwischen gibt es Areale mit Pflanzen, die die hohen Salzkonzentrationen im Boden vertragen, z. B. spezielle Sodenarten. Allmählich geht die Vegetation über in „echte" Wüste, deren „klassischer" Dornbusch, *Zilla spinosa*, ein Verwandter unserer Kohlpflanzen *(Brassicaceae)* ist. Einzelne Dünenstandorte *(nebkas)* bestehen u. a. aus Kameldorn, Retam *(Retama raetam)*, Tamarisken, „Salzbusch" *(Atriplex)*, Drinn *(Aristida pungens)* und „Keuschlamm" *(Vitex agni castus)*.

In diesem **Übergangsbereich zur echten Sandwüste** findet sich ein relativ **reiches Tierleben,** v. a. Insekten, Reptilien und Vögel: Felsenhühner, Trappen, Rennvogel, Steinschmätzer- und Lerchenarten, Triele, Flughühner (in Wassernähe), Felsen- und (evtl.) Brachschwalbe.

Die **Wüste** beherbergt Vertreter verschiedener Echsenfamilien mit sprechenden Namen wie *Fransenfinger, Wüstenrenner, Dornschwanz* oder *Wühlechse* (sog. *Skinke*). Skorpione und Schlangen (z. B. die giftige Hornviper, *Cerastes cerastes)* hinterlassen deutliche Spuren im Sand. Viele Arten sind aber nachtaktiv und graben sich tagsüber ein. Von Insekten, Schlangen und Echsen ernährt sich z. B. der Wüstenigel *(Parechinus aethiopicus)*. Größere Wirbeltiere, die von kleineren leben, passen sich deren Nachtleben an: z. B. die Sandkatze *(Felis margerita)*, der Wüstenluchs oder Caracal *(F. caracal)* und der Wüstenfuchs, Fennek *(Fennecus zerda)*. Umgekehrt vermeiden die Dorcas- und Edmi-Gazellen, die vom spärlichen Pflanzenbewuchs leben können und auch nicht regelmäßig trinken müssen, ihre möglichen Feinde, indem sie tag- bzw. dämmerungsaktiv sind. Auch das *Gundi*, ein Verwandter der Meerschweinchen, ist dämmerungsaktiv und ein reiner Pflanzenfresser. Seine Nagetierverwandten, die Mäuse, nutzen alle Nahrungs- und Zeit„nischen": Tags ist die Wüste der Tummelplatz für die Sandrennmaus *(Psammonys obesus)*, Springmäuse *(Jaculus)* sind nachtaktiv, und die Stachelmaus *(Acomys)* ist dämmerungsaktiv.

Im Bereich der **Wadis und Oasen** kommen aufgrund der Feuchtigkeit wieder Tier- und Pflanzenarten vor, die stärker auf Wasser angewiesen sind, z. B. findet man hier verschiedene Natternarten (Vipernnatter, Diademnatter und die Sandrennatter) sowie Arten, die die Nähe des Menschen vertragen.

NATIONALPARKS UND NATURRESERVATE

In Marokko gibt es bzw. entstehen 10 Nationalparks und 14 Naturschutzgebiete, die über das ganze Land verteilt sind.

NATIONALPARKS

Als erster Nationalpark wurde 1942 der **Parc National du Toubkal** ausgewiesen, der 38 000 ha groß ist. Wie der Name bereits aussagt, umfasst dieser Park, das Gebiet um den höchsten Berg Marokkos, den 4167 m hohen *Djabal Toubkal,* der ca. 60 km (Luftlinie) südlich Marrakeschs im Hohen Atlas liegt. In den Höhen zwischen 800 m und 4000 m leben 16 verschiedene Säugetierarten, 50 verschiedene Vogelarten und zahlreiche Amphibien sowie Fischarten. Die bekanntesten Spezies sind das Mähnenschaf (Moufflon à manchettes) und der Lämmergeier. In diesem Park sind die meisten endemisch vorkommenden Pflanzenarten Marokkos zu finden. 15% des Parks sind mit Wald bedeckt, in dem die ältesten Eichen und Thujen des Landes wachsen. Auch zahlreiche Felsgravuren, die mehr als 5000 Jahre alt sind, gibt es im Nationalpark zu entdecken.

Bereits 1950 wurde der zweite Nationalpark – der **Parc National du Tazzekka** – auf einer Fläche von 680 ha rings um den *Djabal Tazzekka* (1980 m) ausgewiesen, um die Zedern auf dem Gipfel des Berges zu schützen. Er liegt ca. 80 km östlich von Fès und wurde auf 12 800 ha ausgeweitet, um die weitere Region mit ihren Wäldern und zahlreichen Höhlensystemen, v.a die größten Tropfsteinhöhlen Nordafrikas – die *Friatou-Grotten* – mit einzubeziehen. Wichtige Wasserresourcen, Zedern- und Korkeichenwälder, 506 verschiedene

Bergkamele im Parc National du Haut-Atlas Oriental

Gefäßpflanzen (höhere Pflanzen mit Leitsystemen für Wasser) und verschiedenste Wildarten wie Hirsche, Rehe, Wildschweine, Wiesel, Luchs, Ginsterkatze, Igel, Stachelschwein und viele Fledermausarten, sind hier zu Hause. Der seltene Berberhirsch wurde 1993 wieder angesiedelt.

Erst 1991 entstand der nächste Nationalpark, diesesmal an den Mündungen des Oued Sous und Oued Massa in den Atlantik, südlich von Agadir. Der **Parc National de Souss-Massa** ist 34 000 ha groß und beherbergt 257 Vogelarten, 46 Säugetierarten, 40 Reptilien- und Amphienarten und neun verschiedene Fisch- sowie zahlreiche Schmetterlingsarten. Im Park ist weltweit noch das einzige Vorkommen des kahlköpfigen **Ibis (Waldrapp)** zu verzeichnen, der bis zum 17. Jh. noch in den Alpen lebte und heute bis auf die Regionen nördlich und südlich von Agadir ausgestorben ist. Auch die seltene **Wassereule** ist hier beheimatet. Dorcas- und Mhorr-Gazellen, Oryx-. und Addaxantilopen, aber auch Strauße wurden hier ausgewildert. Dieses Gebiet liegt in einer Übergangszone, das vom gemäßigten Mittelmeerklima zum tropischen und saharaischen Klima übergeht, aber trotz weniger Niederschläge eine hohe Luftfeuchtigkeit, infolge der Temperaturunterschiede zwischen heißem Inlandsklima und dem vorbeiziehenden kalten Kanarenstrom, vorzuweisen hat. So ist durch dieses Klima auch ein großer Artenreichtum an Pflanzen zu verzeichnen. Verschiedenste Euphorbienarten, Dünengräser, Steppenvegetation und Arganienbäume sind hier zu finden. Die Feuchtzonen entlang der Flüsse bieten den Vögeln ideale Voraussetzungen zum Überwintern, so dass dieser Nationalpark ein beliebtes Durchzugsgebiet von Zugvögeln aus Europa ist.

Der **Al Hoceima Nationalpark** an der Mittelmeerküste umfasst 47 000 ha und schließt weite Zonen des Mittelmeers mit ein. Dieser landschaftlich einzigartige Küstenstreifen, mit klaren Felsbuchten und vor-

Im Oued Sous Nationalpark

gelagerten Inseln, ist nur dünn besiedelt und kaum durch Straßen erschlossen. So konnten sich hier die fast ausgestorbene Mönchsrobbe, aber auch drei Delphin- und 69 Vogelarten erhalten. Zahlreiche Muscheln, Krustentiere, Fische und Schnecken leben im glasklaren Meereswasser.

Wenig bekannt ist der 60 000 ha große **Nationalpark Talassemtane** im Rif, zwischen Ceuta und Assifane. Das schroffe, calciäre Gestein bildet spektakuläre Felslandschaften mit Wäldern, Schluchten und fantastischen Aussichtspunkten. Mehr als 239 Pflanzenarten – erwähnt sei vor allem die Atlaszeder, die Schwarzkiefer und die einzige marokkanische Tannenart „abies marocana" – wachsen hier. 37 Säugetierarten, so auch der in Nordafrika beheimatete Berberaffe, leben in den Wäldern und finden Unterschlupf in den zahlreichen Höhlen. Von den 117 vorkommenden Vogelarten sind besonders der Lämmergeier und der Goldadler erwähnenswert.

Auf 53 000 ha dehnt sich der **Parc National d'Ifrane** im Mittleren Atlas. Dieses einzigartige Gebiet mit zahlreichen kleinen Vulkanseen, Flüssen, Quellen, Grotten und vielen Zedern- und Eichenwäldern ist aufgrund seiner kargen, steinigen Böden kaum besiedelt. Nur im Sommer findet man hier Halbnomaden, die ihre schwarzen Wollzelte auf den Hochplateaus aufstellen und ihre Schafen und Ziege hier weiden lassen. Diese Region ist das Gebiet mit den größten zusammenhängenden Zedernwäldern in Marokko. 37 verschiedene Säugetierarten gibt es hier. Deren in dieser Region wichtigster Vertreter, der Berberaffe, hat hier sein größtes Siedlungsgebiet, und auch wenige Leoparden soll es noch geben. 142 verschiedene Vogelarten und 33 verschiedene Amphibien- und Reptilienarten und so seltene Fische wie die Fario-Forelle sind hier noch heimisch.

Der **Parc National Du Haut-Atlas Oriental** liegt im Hochgebirge zwischen einem relativ feuchten Gebiet im Norden und einer trockenen wüstenartigen Zone im Süden. Er umfasst 49 000 ha und zieht sich entlang der bis zu 3000 m hohen, schwer zugänglichen Hochplateaus um Imilchil. Die Berghänge sind im Norden von Zedern, Steineichen, Mittelmeerpinie, Thujen und Wacholder bewachsen und von zahlreichen Wasserläufen durchzogen, während auf den trockenen, zum Süden weisenden Hochebenen hauptsächlich Dornbuschgewächse wie der *„Erinacea pungens"* wachsen und, abgesehen von den Flussauen entlang der Siedlungsgebiete, keine Bäume mehr gedeihen. In dieser wilden, kargen Landschaft leben noch die letzten Leoparden und Berggazellen, und auch eine größere Population von Mähnenschafen ist noch anzutreffen.

Der **Parc National d'Iriqui** soll nahe der Grenze zu Algerien, südlich von Zagora, entlang des Wadi Drâa und des nur sehr selten wasserführenden Sees *Lac Iriqui* entstehen. Er wird im Norden durch die Ausläufer des Anti-Atlas bei dem Ort *Foum Zguid* begrenzt. Dieses Gebiet gehört bereits zur Sahara und kann die typische Wüstenflora und -fauna im Übergang zur Savanne vorweisen. Die goldgelben Sandgebiete sind mit Tamarisken und Akazien, diversen Wüstengräsern und Dornbuschgewächsen bewachsen, zwischen denen Dorcasgazellen, Wüstenschafe, Reptilien, Chamäleons, Geckos, Wüstenwarane und auch der Wüstenfuchs viele Verstecke finden. Auch hier sollen Oryx- und Addaxantilopen sowie Strauße ausgesetzt werden. Dieser Park ist mit Hilfe der deutschen GTZ (Gesellschaft für technische Zusammenarbeit) in Planung, jedoch scheiterte das Projekt bislang daran, dass die Gazellenjagd in der Region nicht verboten wurde, da das Gebiet für lukrative Jagdreisen marokkanischer Unternehmer mit saudiarabischen Gästen genutzt wird.

Die im Folgenden beschriebenen Nationalparks existieren ebenfalls nur auf dem Papier:

Im Bereich des unteren Drâa, zwischen *Djabal Bani* und *Djabal Ouarzik,* entsteht der **Parc National du Bas Drâa.** In diesem Park, mit seinen schroffen Wüstenbergen und sandigen Tälern, gibt es noch große Bestände von *acacia raddiana (Mimosen)* gemischt mit *balanites* (Jochblattgewächsen) und Tamarisken.

Nach offiziellen Angaben sollen dort noch Geparden leben sowie Wildkatzen *(caracal),* Gazellen, Honigdachse, aber auch viele Reptilien, u. a. Kobras. Um 1940 wurden die letzten Krokodile ausgerottet.

Der südlichste, geplante Nationalpark auf dem Gebiet der Westsahara, ist der **Parc National de Dakhla,** der aus zwei Teilen besteht. Der sich weit südlich von Dakhla ins Landesinnere ziehende Teil des Parks um den *Adrar Souttouf* mit seinen von Sand durchzogenen Steinhügeln wird von Trockenflussbetten durchzogen, die mit Akazien bewachsen sind. Es gibt dort noch wenige Mähnenschafe (Moufflons) und Dorcas-Gazellen. Geplant ist aber die Wiederansiedlung einiger, früher in der Sahara heimischen Tierarten, u.a. von Addax- und Oryxantilopen. Der **Küstenbereich des Dakhla Nationalparks,** die **Mönchsrobbenküste** *(Côte de Monques)* bei *Aguergar,* liegt im Grenzbereich zu Mauretanien, im Anschluss an den in Mauretanien ausgewiesenen Nationalpark *Banque d'Arguin.* Dieser Park zieht sich 180 km entlang der Küste und reicht 12 nautische Seemeilen weit ins Meer. Wie der Name schon sagt, sind hier die seltenen Mönchsrobben zu Hause. Es soll sich weltweit um die größte Population handeln. Im Küstenbereich, der das Meer mit hellgelben Sanddünen begrenzt, sind noch *Dorcasgazellen* heimisch. Dieser Park ist wegen der ungeklärten Westssaharasituation und der Minengefahr für Touristen ebenfalls noch nicht zugänglich.

NATURRESERVATE

Es gibt in Marokko 14 Naturreservate, die meist in den achtziger Jahren auf Initiative der Wasser- und Forstverwaltungsbehörde gegründet wurden. Sie sollen sowohl das biologische Gleichgewicht erhalten als auch Studienzwecken und der Bewusstseinsbildung der Öffentlichkeit zum Erhalt des Ökosystems dienen.

Das **M'Sabih Talaa Naturreservat** ist eines der ältesten, von der Wasser- und Forstverwaltung gegründeten Reservate in Marokko. Seine Aufgabe ist es, die letzten Dorcas-Gazellen der *Haouz-Ebene* zu schützen. Die Population der Tiere ist mittlerweile auf 200 Stück angestiegen. Die Haouz-Ebene zwischen Marrakesch und Essaouira gehört zur semi-ariden Klimazone, und der jährliche Regenfall beträgt unter 200 mm im Jahr. Es wachsen u. a. Akazien, Kreuzdorngewächse und wilde Olivenbäume.

Das **Réserve des Iles d'Essaouira** liegt auf den der gleichnamigen Stadt vorgelagerten Inseln. Die Inseln waren wegen des Purpurexports bereits den Phöniziern bekannt. Der Farbstoff, der v. a. den Prachtgewändern der Könige und Kardinäle seine rote Farbe verlieh, wurde aus der Muschel – *Murex,* bei uns als Purpurschnecke bekannt, gewonnen. Jetzt sind die Inseln in erster Linie Vogelschutz-Reservat und dem Besucher nur mit Sondergenehmigung zugänglich. Es brüten dort sehr seltene Vogelarten wie der *Eleonorafalke* und die *gelbfüßige Heringsmöwe.*

Marokko hat die meisten **Feuchtgebiete** in Nordafrika. So finden sich im Königreich mehr als zwanzig natürliche Seen und über dreißig Stauseen, viele Flussläufe – auch ein Flussdelta (Moulouya) und vier große Meereslagunen. Einige dieser Feuchtgebiete, vorwiegend Rückzugsgebiet vieler Vogelarten – auch durchziehender Vögel aus Europa – wurden als Naturreservate ausgewiesen. Vier Reservate wurden 1980 in die Schutzliste RAMSAR aufgenommen: das **Naturreservat Sidi Boughaba,** am gleichnamigen See bei Khenitra, das **Reservat Merja Zerga** bei Mulay Bousselham, das **Reservat Khnefiss** im Süden zwischen Tan-Tan und Tarfaya und das **Reservat d'Afennourir** im Mittleren Atlas.

Quelle: *Royaume du Maroc, Ministère de l'Agriculture et de Mise en Valeur agricole* und *Adminstration des Eaux et Forêts,* in Zusammenarbeit mit der GTZ: *Parcs nationaux et Reserves Naturelles du Maroc.*

AGADIR, ESSAOUIRA, SOUS, ANTI-ATLAS, SÜDLICHE KÜSTE

AGADIR

VON AGADIR NACH ESSAOUIRA

VON AGADIR NACH TIZNIT

TAFRAOUTE (UMGEBUNG) • TIZNIT • OUED-MASSA-NATIONALPARK

VON AGADIR NACH TAROUDANNT

TAROUDANNT • TATA • ID AISSA (AMTOUDI)

GUELMIM • SIDI IFNI • MIRHLEFT • TIZNIT

GUELMIM • FORT BOU JERIF • TAN-TAN • LAÂYOUNE

AGADIR UND NÖRDLICHE KÜSTE

ÜBERBLICK

Agadir liegt zwischen Hohem Atlas, Sous und Anti-Atlas. Der *Hohe Atlas* setzt sich im Süden nach dem *Djabal Siroua* mit dem *Anti-Atlas* fort. Die Ebene zwischen Anti-Atlas und Hohem Atlas nennt man *Sous*, begrenzt vom *Oued Souss*, der bei Agadir in den Atlantik mündet. Der **Anti-Atlas** ist eines der ältesten Gebirge mit Höhen um 2000 m und vielen trockenen Flusstälern. Die Vegetation ist wüstenähnlich, es fallen unter 200 mm Regen im Jahr. Nur in den Tälern wachsen Dattelpalmen, Oliven, Mandeln und Feigen. Die Bevölkerung lebt in erster Linie von Viehzucht (Ziegen und Schafen).

Dagegen ist der **Sous** eines der fruchtbarsten Gebiete des Landes. Durch die Flüsse des Hohen und Anti-Atlas, vor allem durch den Oued Souss, wird das Becken mit Wasser gespeist. Der Sous ist bedeutendes Anbaugebiet für Zitrusfrüchte, Bananen, Oliven, Artischocken, Tomaten und viele weitere Obst- und Gemüsesorten. Im Sous fallen unter 300 mm Regen im Jahr, vorwiegend in den Monaten November/Dezember und Februar/März. Die jährliche Durchschnittstemperatur liegt bei 19,5 °C. Der Sommer ist heiß, wobei der „Chergui" (warmer Fallwind), welcher vom Anti-Atlas weht, die Temperatur noch erhöht.

Die **nördliche Atlantikküste bis Essaouira** ist bewachsen mit Aleppokiefern und dichter Macchia, die vor allem zwischen *Tamri* bis *Tamanar* Euphorbien- und Sukkulentenpolstern weicht, um dann wieder die typische Macchiavegetation, die auch in anderen Mittelmeerländern vorkommt, anzunehmen. So wachsen Kiefernarten, vorwiegend Pinien, Lorbeer, Thujen und andere Koniferenarten, dazwischen niedrige verholzte Stauden und Sukkulenten. Arganienbäume prägen die Landschaft um Agadir und Essaouira. Es gibt sie außer in diesen Gebieten nur noch in Südamerika, ihre ölhaltigen Früchte werden zur Produktion von Arganienöl verwendet. Sie schmecken auch den zahlreichen marokkanischen Ziegen, und als Kuriosum kann man die Huftiere bis in die Kronen dieser Bäume klettern sehen, um auch noch die letzten Früchte des Baumes zu erhaschen.

Zwischen *Tamrakht* und *Tamri* ermöglicht das milde Klima den Anbau von Bananen. Die Küste wird begrenzt von niedrigen Ausläufern des Hohen Atlas, deren höchste Erhebung der *Djabal Amsittene* mit 905 m ist.

AGADIR

Da Agadir durch den vorbeifließenden (kalten) *Kanarenstrom* über ein gleichmäßiges Klima sowohl im Sommer als auch im Winter verfügt, wurde vor allem diese Stadt zur **Touristenmetropole.** Die mittleren durchschnittlichen Temperaturen liegen nicht unter 16 °C und nicht über 27 °C, die Wassertemperaturen fallen nicht unter 16 °C, steigen aber auch nicht über 20 °C, so dass für abgehärtete Naturen das Baden auch im Winter bei 16–17 °C möglich ist. Anhänger echter Sommerhitze werden selbst im Juli und August frösteln, bei Wassertemperaturen um die 19 °C und Lufttemperaturen häufig um die 25°–28 °C. Der Himmel ist wegen des feuchten Kanarenstroms im Frühsommer oft bedeckt und lockert sich manchmal erst nachmittags auf. Regen ist allerdings selten **(300 Sonnentage im Jahr).** Man kann sich klimamäßig im Winter wie im Sommer wohl fühlen, ohne seinen Kreislauf unnötig zu strapazieren. Ähnlich wie die Kanaren ist der Ort deshalb vor allem für Rentner ein Überwinterungsparadies. Gerade im Winter strahlt der Himmel in leuchtendem Blau, die Temperaturen bewegen sich um die 20 °C, die Luft ist klar, von den wenigen Bergen der Umgebung hat man eine fantastische Fernsicht.

Die Stadt fehlt in keinem der deutschen Reiseprospekte und avancierte auch zum

UMGEBUNG VON AGADIR, SOUS, ANTI-ATLAS, SÜDL. ATLANTIKKÜSTE
0
50
km
ATLANTISCHER OZEAN
Nationalstraße
Teerstraße
Piste
Routenvorschlag
Grenze (umstritten)
Marrakesch
Chichaoua
Essaouira
Sidi Kaouki
Tamanar
Tamri
Immouzzer des Ida Outanane
Agadir
Argana
Amizmiz
Asni
Oukaimeden
Tizi n'Tichka
Djebel Toubkal
Hoher Atlas
Tin Mal
Tizi n'Test
Aoulouz
Djebel Siroua
Taliouine
Tazenakht
Imghid
Taroudannt
Biougra
El Tleta
Aït Baha
Igherm
Agadir Tasguent
Adrar n'Aklim
Tagmoute
Foum-Zguid
Tata
Souk Khemis d'Issafen
Imitek
Akka
Dj. Lekst
Tafraoute
Anti-Atlas
Issi Afella
Id Aissa (Amtoudi)
Aït Herbil
Icht
Nationalpark Oued Massa
Sidi Rbat
Assaka
Tiznit
Sidi Moussa d'Aglou
Timoulaye
Bou Izakarn
Guelmim
Sidi Ifni
Fort Bou Jerif
Plage Blanche
Tan-Tan
M'Sied
Khaoui N'am
Tarfaya
Tah
Daoura
Laâyoune
0
100
km

An der Strandpromenade

beliebten Aktivurlaubsziel, v. a. für Tennisspieler und Golfer. Für Marokkaner ist Agadir der Inbegriff des modernen Marokko und Urlaubswunschziel Nr. 1. Für Touristen aus Europa mit wenig Zeit und europäischen Komfortbedürfnissen eignet sich Agadir ebenfalls gut als Urlaubsziel, sofern man nicht gerade an einer der belebten Hauptverkehrsstraßen wie der Av. Mohammed V. wohnt.

Agadir ist eine **moderne Hafen- und Industriestadt ohne historische Sehenswürdigkeiten** und beherbergt mittlerweile um die 500.000 Einwohner. Mit den Vororten *Anza, Ben Sergao, Inezgane* und *Aït Melloul* dürfte die Millionengrenze bald erreicht sein. Agadirs Bevölkerung besteht aus Arabern und Berbern. Auch als Tourist kann man eine gewisse Rivalität zwischen diesen beiden Volksgruppen spüren. Nirgends ist der **Kontrast zwischen Tradition, Religion und modernem Leben** größer als in Agadir. Was man sich hier als Tourist erlauben darf, ist in keiner anderen Stadt möglich. Selbst wenn Sie noch so leicht bekleidet über die Boulevards laufen (was ich keineswegs gutheißen möchte), wird Sie niemand darauf ansprechen, ebenso wenig bei Alkoholgenuss in der Öffentlichkeit, der normalerweise streng untersagt ist. Die Folgen auf die Bevölkerung blieben allerdings nicht aus. So gibt mancher Familienvater sein Geld für das überall käufliche Bier aus, und zahlreiche Nachtclubs und auch ein Casino verführen nicht bloß Touristen dazu, ihr Geld loszuwerden. Auch das horizontale Gewerbe hat seine Hauptniederlassung in Agadir gefunden, nirgendwo sonst im Land bieten sich sowohl weibliche als auch männliche Prostituierte so offensichtlich an wie in Agadir.

Um die **Sicherheit der Touristen** zu garantieren, wird versucht, die steigende Kriminalität mit verstärkter Polizeipräsenz im den Griff zu bekommen. Auffallend ist, dass an jeder wichtigen Ecke der Stadt, selbst im Souk (Suq), ein Polizist postiert ist, den man jederzeit um Hilfe bitten kann, auch wenn man sich durch Händler, illegale Führer oder Rauschgiftdealer bedrängt fühlt. Das mag jetzt abschreckend klingen, insgesamt aber ist die Kriminalitätsrate in Marokko um einiges niedriger als in europäischen Ländern, und selbst in Agadir ist es noch zehn Mal sicherer als in Barcelona, Cannes oder auf den Kanaren.

Auch wenn Agadir selbst wenig Sehenswürdigkeiten aufzuweisen hat, muss ein Aufenthalt dort nicht zum reinen Strandurlaub werden. Wegen der günstigen Lage und den ausgezeichneten Versorgungsmöglichkeiten eignet sich die Stadt auch hervorragend als **Ausgangspunkt für Rundreisen** in den Süden oder den *Hohen Atlas.* Von kaum einer anderen marokkanischen Stadt aus kann man ähnlich bequem und preiswert mit Mietwagen oder organisiert Tages- und Wochendausflüge ins Umland unternehmen und von dort marokkanische Eindrücke *par excellence* mit nach Hause nehmen. Denn Städte wie *Marrakesch* oder *Essaouira,* auch der *Anti-Atlas* und die Umgebung von *Tafraoute* oder der südliche Atlantik sind auf guten Straßen leicht und schnell erreichbar. Auch als Anlandungsstelle für Kreuzfahrten (Oktober bis April) gewinnt Agadir zunehmend an Attraktivität.

Die **Stadtentwicklung** geht rasch voran: Der Hafen wurde mit deutscher Hilfe ausgebaut, neue Industrieviertel entstehen, auch im Tourismusbereich werden weitere Gebiete nördlich und südlich der Stadt erschlossen. Die neu entstehenden Arbeitsplätze in Fischerei, Industrie und Tourismus locken immer mehr Menschen in die Vororte der Stadt, die sich rasch nach allen Richtungen hin ausdehnt. Zahlreiche neue Hotels werden gebaut, ältere jedoch häufig vernachlässigt. Ein Ausbau der Gebiete nördlich von Agadir als touristisches Zentrum ist geplant. Jedoch setzte der Touristenrückgang (vor allem der Deutschen) seit den Anschlägen des 11. September und des 16. Mai 2003 in Casablanca der Euphorie der vergangenen Jahre ein Ende. Auch wenn sich die Lage wieder stabilisieren dürfte, sind die Hotels nur in der Hochsaison um die Jahreswende und im August ausgelastet. So muss man – abgesehen von Weihnachten, Ostern und dem Ferienmonat August – selten frühzeitig reservieren (bis auf die Flüge).

GESCHICHTE

Die Ursprünge der Stadt sind unklar, einige Chronisten verbinden sie mit dem antiken Hafen *Rusadir,* an dem auch *Hanno,* der bekannte phönizische Seefahrer, gelandet sein soll.

Die eigentliche **Stadtgründung** geht auf das Jahr **1505** zurück, als der portugiesische Edelmann *Joaõ Lopes de Sequeira* um eine Quelle in der Nähe des Meeres die Festung *Santa Cruz de Cap de Gue* gründete. Später wurden daraus die Namen *Santa Cruz de Narba* und *Santa Cruz de Aguer. Don Francisco de Castro,* der Statthalter der Festung (1513–1521), ließ auf Wunsch des neuen Besitzers, des portugiesischen Königshauses, die Festung ausbauen und hatte im Laufe der Jahre heftige Kämpfe gegen die benachbarten Stämme zu bestreiten.

Muhamad ash-Shaykh errichtete 1531 in der Nähe eine Festung, um *Santa Cruz* einzunehmen. Dies gelang ihm auch im Jahr 1541. Dieser Berberwiderstand führte zur Etablierung der Saaditen-Dynastie, da die Sous-Berber Al-Qa'im, den Vater Muhamad ash-Shayks, um Hilfe gegen die Portugiesen gebeten hatten. Unter der Herrschaft der **Saadier** wurde der Hafen nun ein **bedeutender Handelsplatz.** Ausgeführt wurden Zuckerrohr, Datteln, Häute, Wachs und Gold; Stoffe wurden importiert.

Infolge der verstärkten Rohrzuckereinfuhren aus Südamerika nach Europa verlor der Hafen an Bedeutung. 1751 wurde Dänemark das Handelsmonopol über Agadir übertragen. Der Sultan *Sidi Muhamad ibn Abdallah* verhinderte 1756 eine weitere Entwicklung des Hafens zugunsten der Stadt *Mogador (Essaouira).* 1819 sollen nach Berichten des Reiseschriftstellers *Cochelet* nur noch zwölf bewohnte Häuser in Agadir gestanden haben.

Anfang des 20. Jahrhunderts gründeten einige deutsche Firmen Niederlassungen in Agadir *(Mannesmann, Marx u. Co., Atlasgesellschaft, Gondafi-Gesellschaft).* Durch diese Niederlassungen gab es einen neuen Aufschwung. Der deutsche Wirtschaftsstützpunkt, der den einzigen sicheren und dadurch strategisch wichtigen Hafen zwischen Casablanca und Dakar bot, störte die französische Kolonialpolitik erheblich. Als Reaktion auf den französischen Einmarsch in Marokko kam es beinahe schon 1911 zum Ersten Weltkrieg, als das deutsche Kanonenboot *Panther* vor der Küste aufkreuzte, um den deutschen Bewohnern und Firmen „Schutz zu gewähren". Diese Episode ging als „Panthersprung von Agadir" in die Geschichte ein.

Mit Beginn der französischen Protektoratsherrschaft wurden diese Rivalitäten beendet, und die deutschen Firmen mussten das Land verlassen. Deutschland bekam als Gegenleistung Teile von Französisch-Westafrika zur Kolonie Kamerun zugeschlagen. Agadir entwickelte sich zu einem Badeort, der 1936 6000 Einwohner zählte, 1960 dann schon 50 000.

Das **Erdbeben am 29.2.1960,** das nur 15 Sekunden andauerte, zerstörte die Stadt fast vollständig, 15 000 Einwohner fanden den Tod. 1962 begann der Wiederaufbau; die Häuser wurden in erdbebensicherer Ganzbetonbauweise errichtet. Keineswegs aber entstanden gesichtslose Einheitsbaracken, wie man es nach so einem Schicksalsschlag vermuten möchte, sondern ein Musterbeispiel architektonischer Stadtplanung der 60er Jahre. Allerdings wirken die nur ein- bis zweistöckigen modernen Betonhäuser nach wie vor ziemlich fremdartig in Marokko, wie überhaupt die Stadt eher einem Badeort an der Riviera oder einer Kleinausgabe des Münchner Olympiazentrums gleicht als einer von orientalischem Flair durchdrungenen Stadt Nordafrikas. Wie dem auch sei – der Neuanfang nach dem Erdbeben war gleichzeitig Startschuss für die Entwicklung Agadirs zur wichtigen Hafenstadt (mit dem drittgrößten Fischereihafen des Landes) und zur Tourismusmetropole: 2003 reisten über den Flughafen Agadir etwas mehr als 308 000 Touristen ein, und mit knapp 80 klassifizierten Hotels steht die Stadt mit Marrakesch an erster Stelle in Marokko.

Einen guten Überblick über Agadir und seine touristischen Möglichkeiten sowie Hotels und Restaurants findet man unter **www.agadir-info.com.**

Nirgendwo prallen Tradition und Moderne so aufeinander wie in Agadir

WIE AUF SAMT SPAZIERT MAN AM SAUM DER FLUT

Maghrebinische Sonnentage in Agadir – mit einer Brise vom Atlantik, die sogar den Sommer erfrischt

von Loni Skulima (überarbeitet von Erika Därr)

Man träumt nicht gerade von Agadir. Man träumt von Marrakesch oder von Fès, wenn man an die Schätze Arabiens in Marokko denkt. Aber wenn es einen doch einmal auf irgendeine wundersame Weise nach Agadir verschlagen hat, kann es leicht geschehen, dass man noch zwanzigmal wiederkommt. Agadirs Zauber ist sein Strand. Er ist wahrlich traumhaft, ein perfektes Revier zum Schweifen. Von ihm wird man träumen, wenn man später an Marokko denkt.

Am Morgen mit dem wiederkehrenden Licht klopft der sanfte Ruf des Muezzins von einer nicht allzu nahe gelegenen Moschee zart an den Schlaf. Viel früher, als es nötig wäre, treibt einen der Gedanke an den Strand heraus. Am Flutsaum entlang eilt man zu den Flamingos, die an der Einmündung des Sous besonders morgens in großer Zahl zu stehen pflegen, Inbilder nobler Selbstvergessenheit.

Am Strand betritt man mit jedem Schritt Neuland, umgewendet und durchgespült von der Brandung des Atlantiks. Kleine Steinchen wirbelt er um, Muscheln und anderes seltsames Angespül bringt er aus der Tiefe hervor ans gleißende Licht. Sollte es den Schwärmer desillusionieren, wenn er einmal auf ein schneepflugartiges Gefährt trifft, das den weichen, reinen Sand maschinell siebt?

Leichter als im umberührten, pudrig weichen Sand wandelt es sich am Flutsaum. Die Ausläufer der weißen Brandungsgischt lecken heran und pressen den Sand gerade so viel, dass man wie auf Samt spaziert. Den ganzen Winter hindurch gehen Unentwegte ins Meer hinein. Wellenreiter versuchen sich mit dem Surfbrett, Stehaufmännchen.

Allein bleibt man freilich nicht. Der Strand ist ja eine Landschaft, vielleicht hundert Meter breit, fünfundzwanzig Kilometer lang. Die Abdrücke der Fußsohlen sind nicht nur die von Menschen. Auch Pferde und Kamele tummeln sich hier. Man muss sich schon ein bisschen entfernen vom betriebsamen Hotelstrand, wenn man von bizarren Angeboten und Anträgen verkaufswütiger oder verleihwilliger Einheimischer verschont bleiben will. „Du kein Geld?", fragt ein Schmuckmann, durch Abwehr gewitzt. „Ich geben Kredit. Oder tauschen mit diese Kamera?"

Am späten Vormittag macht sich die Animation des Beach Clubs lautstark mit Trommeln und Händeklatschen bemerkbar. Man kann ebensogut zuschauen, wie sich die Gutwilligen zu einer Polonäse rund um den Swimmingpool formieren, wie sie mit Beineschwingen und Hüftendrehen auf Kommando den Faulen ein schlechtes Gewissen machen, lustig und laut.

Zu Mittag könnte man über die Straße schlendern, um in einem der kleinen Restaurants einen Snack zu nehmen, wenn man nicht gleich am Strand unter einem Sonnenschirm oder am pompösen Pool seines Hotels ein Ähnliches tut. Ehe die Sonne sinkt, lässt man sich auf einer Hotelterrasse nieder, um den farbenprächtigen Himmelsbahnen bei Sonnenuntergang zuzusehen, wie sie sich dehnen und wieder schrumpfen. Siehe, auch andere haben den Standort entdeckt. Hotelgäste sitzen in stummer Versenkung, das Teleobjektiv im Anschlag.

Dreihundertsechzig Sonnentage habe Agadir, sagen die Tourismusmanager. Man glaubt es schon nach den ersten Wintertagen, die man ungetrübt verbracht hat. Nach den Klimatabellen wird es im Januar und Februar durchschnittlich 20 bis 22 Grad warm am Tag, nachts kühlt es ab auf acht bis neun Grad. Bis August nimmt die Temperatur je Monat einen Grad zu. In die paar Tage, da der Schergui (das arabische Wort für Schirokko) wütet, braucht man ja nicht unbedingt hineinzugeraten. Und Regen? Es muss doch regnen, so grün, wie Agadir ist? Der dauere nur Stunden, sagen die Einheimischen, und im Juli hört er ganz auf.

Agadir ist keine richtige marokkanische Stadt mehr. Nachdem es in der Nacht des 29. Februar im Schaltjahr 1960 in 15 Sekunden von zwei Erdstößen bis auf einen Rest der Kasbah zerstört wurde und die Hälfte der Einwohner in den Trümmern umkamen, hat der König die Stadt unter eigener Aufsicht neu bauen lassen. „Auch wenn das Erdbeben die Stadt Agadir zerstört hat, der Wille der Marokkaner ist stärker, die Stadt neu zu bauen", dazu hat damals König Mohammed V. aufgerufen. Allah ist mit den Standhaften. „Allah - König - Vaterland", ist mit hellen Steinen weit über den Strand leuchtend in den Kasbahberg eingelegt, oder, arabisch von rechts nach links gelesen: „Allah - Vaterland - König". Auch in Agadir steht einer der zahlreichen weitläufigen Paläste, in die der König gelegentlich einkehrt. Diesen hat er allerdings, obgleich seit zwei Jahren fertig, noch nicht einmal angesehen.

Die Gunst der Sonne, die auch im Winter fast acht Stunden leuchtet, und die Brise vom Atlantik, die den Sommer erfrischt, sind Agadirs Kapital. Investoren fanden sich, die mit Schweizer Architekten eine angenehme Hotelstadt an den geduldigen Strand stellten und noch stellen, meist kleinteilig auseinandergezogene Kreationen, die fast eine gewisse Individualität aufkommen lassen. Wohlhabende Familien wohnen im Quartier Souss in eleganten Häusern hinter Alleen von Pfefferbäumen und Jacarandas. Das moderne Agadir, Marokkos größtes Touristenzentrum, ist heute ein Seebad von einem gewissen Charme und lässigem Stil. Man kann auf den Boulevards im Schatten der Alleen flanieren, im Suq die strotzenden Südfrüchte erstehen, in Straßencafés sitzen und in kleinen Restaurants einkehren, wo man marokkanisch oder französisch speist - oder gar auch einmal deutsch „Bei Hilde" oder österreichisch in der „Mozartstube". Im Fischereihafen werden Unmengen von Sardinen angelandet. Die größten davon werden gleich in den Kneipen an Ort und Stelle vom Grill verzehrt.

Agadir besitzt heute ca. 22 000 Fremdenbetten bei 400 000 Einwohnern in der Kernstadt. Anders als im übrigen Marokko, wo Franzosen die Nummer eins im Tourismus sind, stehen in Agadir Deutsche an der ersten Stelle der Besucher. Und sie sind keine Zufallsgäste, sie lieben Agadir, sie kommen wieder und wieder. Im „Kenzi Europa-Hotel" wohnen Deutsche zum zwanzigsten Mal. Deutsche erkennen ihre Landsleute an der Nasenspitze. Auch der Einzelgänger, von dem kein Laut zu hören ist, wird angesprochen, erhält gute Ratschläge. Eine Dame kommt seit fünf Wintern hierher wegen ihrer Krampfadern. Nichts habe ihr je besser getan als das Gehen im Flutsaum. Das Ehepaar mit der Bronchitis, seit neun Jahren zur Winterzeit in Agadir, schwört auf die reine und kräftigende Luft und berichtet von einem Ausflug ins Landesinnere, nach Tafraout zum Beispiel, wo die Luft so glasklar sei, dass die Leute dort ein ungewöhnlich hohes Alter erreichen.

Das maghrebinische Marokko könnte man über der Faszination dieses Strandes fast vergessen. Exotik schlummert um die Ecke, in Ausflugsnähe. Reiseveranstalter aus der ganzen Welt haben ihre Service-Tafeln in den Empfangshallen der Hotels ausgehängt, etwa südwärts nach Tassila, wo man in einer ehemaligen Speicherburg aus dem 18. Jahrhundert einfällt (arabisch: agadir). Von den einheimischen Berbern

Agadir – Sonne und Meer

mit Musik und Tanz empfangen, quetschen sich die Touristen zu einem marokkanischen Mahl in die einzelnen weißgetünchten Zellen, die einmal den Familien des Dorfs als separate Schatzkammern innerhalb des Gemeinschaftsspeichers dienten. Zeremonielles Händewaschen unter dem Wasserstrahl aus der Messingkanne, Fisch, Wein, Kuskus mit drei Fingern, Früchte. Wer konnte in all dem Tohuwabohu die wunderbaren Türen beachten? Das kleine Museum in Agadir hat interessante Speichertüren gesammelt.

Jeden Tag könnte man einen anderen organisierten Ausflug in das „echte" Marokko unternehmen, per Bus, Minibus oder Landrover, sogar mit dem Flugzeug, Mietwagen auf eigene Faust empfehlen sich, das Straßennetz ist gut, auch ungeplante Erlebnisse stellen sich ein. Wer polyglott ist, könnte die Aufnahme des alten Orients auf französisch, skandinavisch oder amerikanisch miterleben. „It's out of this world", flötet eine Amerikanerin angesichts der rosa Lehmhäuser in der rosa Gebirgslandschaft.

Taroudant, eine der ältesten Städte des Sous hinter einer unversehrten Stadtmauer, wird als Tagesauflug angeboten, desgleichen Essaouira mit seiner alten weiß-blauen Medina voller Intarsienschreine unterhalb der portugiesischen Hafenbefestigung. Für Tafraout im Anti-Atlas, wo die Leute so alt werden, braucht es schon etwas mehr Zeit. Zwischen riesigen glatten rosa Gesteinsblöcken haben die Häuser ihren Platz gesucht, auch sie rosa und weiß wie die Mandelblüte im Februar. Touristenfreuden unterwegs lassen sich selbst vom Anblick von olivenähnlichen Bäumen einheimsen, Arganien, deren Fürchte die Ziegen besonders gern fressen. Man sieht sie possierlich naschen, indem sie bis auf die Spitzen klettern.

Natürlich gab es in der jüngsten Vergangenheit Projekte, diesen von der Natur so begünstigten Strand weiterzuentwickeln. Eine Nationale Gesellschaft zum Ausbau der Bucht von Agadir, Sonaba, legte 1976 detaillierte Pläne zur Urbanisation von *achtzig Kilometern Küste von Kap Rhir bis zum Fluss Massa auf dem Tisch. Als erste Einheit sollte Founty ausgebaut werden am Meer bei Agadir, zu einer Stadt von 30 000 Einwohnern mit 9700 Touristenbetten. „Harmonische Koexistenz zwischen Besuchern und Einheimischen zu fördern", steht als hehre Absicht des Unternehmens in der Broschüre, in der Tourismus als „Gelegenheit zu Kontakt zwischen Menschen verschiedener Horizonte, verschiedener Rassen, verschiedener Kulturen" gesehen wird. Begeisterte Investoren lieferten ihr Geld ab. Die Gesellschaft baute die Infrastruktur für Founty, Straßen und Telefonleitungen unter der Erde. Dann war Schluss. Niemand erfuhr warum und viele Jahre ruhte das Projekt. Eine kafkaeske Geschichte. Seit 1999 ist das Viertel wieder aus dem Dornröschenschlaf erwacht. Auch deutsche Veranstalter haben sich beteiligt, und inzwischen sind mehrere neue luxuriöse Hotels bzw. Ferienclubs eröffnet worden.*

Am Hotelstrand von Agadir und dahinter sind unterdessen auch ohne Generalplan die Hotels emporgewachsen, keine Hochhäuser, die meisten einfallsreich auseinandergezogene niedrige Kompositionen mit dekorativen Swimmingpools und Tennisplätzen, eines schöner als das andere. In einem Schwellenland wie Marokko ist ein größeres Problem als der Hotelbau die Instandhaltung. Die Besitzer, sofern es sich nicht um große Konzerne wie z. B. die „groupe Sahara" handelt, hören meistens nicht recht hin, wenn es um Reparaturen geht.

Die neueren Hotels wie das Dorint, der Agadir Beach Club, das Tikida Beach und der Club Valtur bieten auch gute Voraussetzungen für einen Sport-, Schönheits- und Gesundheitsurlaub. Ein Hammam, ein türkisches Bad, wo es auch Massage gibt, Fitness Center und Sauna sind selbstverständlich. Bei einigen wird auch Thalassotherapie angeboten. Nichts steht einer Winterkur in Agadir im Weg.

Irgendwann werden die Marokkaner wohl den Gesundheitsurlaub regelrecht etablieren, wie es an derselben Küste Casablanca getan hat, und das liegt vierhundert Kilometer weiter nördlich. Der Vorläufer hat die Freude des Entdeckens für sich.

Agadir Beach Club

ANKUNFT

Kommen Sie mit dem Flugzeug auf dem modernen **Flughafen Al Massira** in *Aït Melloul* an, dann werden Sie dort durch den Vertreter des von Ihnen in Anspruch genommenen Touristenbüros empfangen. Individualreisende geben das im Flugzeug ausgefüllte Einreiseformular ab und werden meist nach einem Hotel gefragt. Sollten Sie keines gebucht haben, geben Sie irgendeines an. In den Pass erhalten Sie einen Stempel und eine Einreisenummer, die in den Computer eingegeben wird. Über diese Nummer sind Sie auch auf weiteren Reisen identifizierbar. Werden Sie nicht abgeholt, nehmen Sie sich ein Taxi bis zum Hotel (s. „Praktische Infos" am Ende dieses Kapitels) oder preiswerter den Bus (s. ebenfalls dort). Vom Flughafen sind es 25 km entlang einer landschaftlich netten Strecke (Arganienbaumwäldchen) und durch das Städtchen Tikiouine bis Agadir.

STADTBUMMEL

★ KASBAH

Außer den wenig lohnenswerten Resten der **Kasbah,** die von *Mulay Abdallah al-Ghalib* (1557–74) auf dem Hügel bei Agadir erbaut wurde, gibt es in der Stadt nichts Historisches zu besichtigen. Ein Ausflug auf die Kasbah, auf einem Felsen in 236 m Höhe liegend, lohnt sich weniger wegen der Ruinen als wegen des prachtvollen Ausblicks auf die Stadt und den Hafen.

★ INNENSTADT/ TOURISTENVIERTEL

Die **Hauptadern Agadirs** sind die *Av. Hassan II.*, die *Rue Prince Sidi Heritièr Mohammed* und die *Av. Mohammed V.*, die als Durchgangsstraße die Wohn- und Verwaltungsviertel von den Hotelvierteln trennt. An der Av. Mohammed V. liegt die **Fußgängerpassage Aït Souss,** begrenzt von Grünanlagen, Sportplätzen und den beiden Museen sowie Pizza Hut, McDonald's und anderen Restaurants und Geschäften. Sie verbindet das Touristenviertel mit dem Zentrum und Talborjt. Vor der breiten ud verkehrsreichen Av. Mohammed V. liegt der Strand mit seinen Hotelbauten, Strandanlagen, Geschäften und Restaurants - eine Touristenstadt für sich entlang des *Bd du 20 Août* und des *Chemin du Oued Souss*.

Dieses **touristische „Retortenviertel"** unterscheidet sich exorbitant vom Rest Marokkos. In ihm liegen schicke Hotels, deren Stil vom Betonbau der 70er Jahre bis zu der an maurische Stilelemente anknüpfenden Architektur der 90er Jahre reicht. Es gibt nur wenige Hochhäuser. Die weniger beschauliche und unpersönliche Atmosphäre dieser Hochhaushotels macht der herrliche Blick aus den oberen Stockwerken wett. Zwischen allen Hotelkomplexen liegen Fußgängerstraßen mit Boutiquen, Eisdielen, Cafés und internationalen Spezialitätenlokalen mittelmäßiger Qualität. Auch entlang des 8 km langen **Sandstrandes** gibt es zahlreiche Restaurants und Cafés, viele öffentliche Strandabschnitte mit Liegen und Sonnenschirmen (zu mieten ab 20 DH), aber auch private Strandbereiche der Club- und Luxushotels.

Im nördlichen Strandbereich liegt angrenzend an das Hotelviertel und den Hotelkomplex *Tafoukt* die Strandpromenade, die bis zum Yachthafen reicht. Am Ende der Strandpromenade findet man auch einen Parkplatz, bevor man ca. zweihundert Meter weiter vor dem Tafouktkomplex zu dem 1990 errichteten, großer **Vergnügungsplatz** gelangt. An Festtagen und in der Hauptsaison im Sommer werden dort Spektakel aufgeführt und Verkaufsstände, Karussels und Autoscooter zur Unterhaltung der Kinder und Jugendlichen aufgebaut. Eine Kuriosität, die ins Guiness-Buch der Rekorde aufgenommen werden könnte, der so genannte **„Couscous-Teller"**, eine überdimensionierte Betonschale auf einem Sockel, steht hier. Dieser wurde zum 30-jährigen Thronjubiläum Hassan II. dort errichtet und auch tatsächlich darauf Couscous für die Bevölkerung serviert.

Auch die kleine **Eisenbahn auf Rädern,** mit der eine 12 km lange Stadtrundfahrt (18 DH/Erwachsene, 12 DH/Kinder, Dauer ½ Stunde) unternommen werden kann, hat dort ihre Haltestelle. Im Sommer ist

Kasbah
Avenue
Umgehungsstraße
Tidi
Oued
Zankat Chouhada
Zankat de Paris
Zankat Mokhtar
Nations Unies
Z. du Caire
nach Essaouira
Strand
Miramar
s. Detailplan
Dt. Konsulat
Z. de Madrid
Av. du General Kettani
Hassan II
Le Port
Hafen
Jamal
Royal Air Maroc
Jamil Ryad
Luhban Moschee
Sango
Avenue Mohammed V.
Av. Tawada
Marhaba
Aferni
Sud Bahia
Nejma
L'Amiral
Almogar
Oasis
Residence
Tilila
Autovermieter
Marineheim bei Hilde
Marché Central
Post
Cafés u. Strand-restaurants
Petit Suede
Office de Tourisme
Syndicat d'Initiative
Stadtverwaltung
Uniprix
Rathaus
Sheraton Casino
Vogelpark
Kamal
Rue de la Plage
Sheraton
Alibaba
Redy's Land,
Cafés und Restaurants
Stadion
Kenzi Farah
Anezi
Avenue
Tafoukt
Salam
Medina Palace
Theater
ATLANTISCHER OZEAN
Busabfahrt + "Al Medina"
Tagadirt
Club Salam
Boulevard du
Trans-atlantique
Club Med
Les Almohades
Argana
Mabrouk
Adrar
20 Août
La Kasbah
Strand
Chemin du Oued Souss
Palm Beach
Borjeddahab
Agadir Beach Club
Agador
La Scala
El Oumnyia
Tamlelt
Club Valtur
Dunes d'Or
Tennis
Amadil
Mercure
Atlantic Palace
Tikida Beach
Founty
AGADIR
nicht befahrbar
Buslinie 1
Buslinie 2
Buslinie 3
Buslinie 4
Museum
Hotel
Jugendherberge
Touristeninformation
Campingplatz
Moschee
Krankenhaus
0
200
m
N

Krankenhaus Hassan II.
LOTISSEMENT CHARAF
LES AMICALES
Umgehungsstraße
nach Marrakech u.zum Flughafen
Polyclinique
LOTISSEMENT MARINS PÊCHEURS
Avenue Moulay Youssef
EXTENSION X
LOTISSEMENT AN-NAJAH
Bus-bahnhof
Satas-Büro
Avenue Moulay Ismail
CTM-LN-Büro
TALBORJT
CITÉ DU PRINCE SIDI MOHAMMED
Stadion
LOTISSEMENT KHIAM
Mohammed Saadi
zum Stadtteil Dakhla, zu d. wissenschaftl. Fakultäten und nach Al Massira
Centre Artisanal
Markt
Mohammed V.
18 Novembre
Gesundheitsamt
Zankat du Presid. Beqal
Zankat Cadi Ayyad
EDDAKHLA
QUARTIER INDUSTRIEL
Polizei
Feuerwehr + med. Notfall
Z. Moussa Ibn Noussaire
Zankat du Mars
Zankat Ju Marrakech
Zankat de Meknes
Zankat d'Oujda
Zankat de Fès
Großmarkt
Avenue el Mougaouama
Zankat des Souks
Jugendhaus
Fern-busbhf. (i. Bau)
Autobahn-Ring (Umfahrung des Zentrums), Taroudannt, Tiznit, Inezgane und
Souk
Stadion
Kino Salam
Neuer Markt
Place Salam
Taxis & Stadtbusse
Z. Oued Ziz
Rue d'Essaouira
Z. Oued n'Fiss
Ibis Hotel Moussafir
Rue el Abderrahim Bouabid
Umgehungsstraße
Oued Lahwar
EL MASSIRA
Mohammed V.
Königs-palast
Marjane Supermarkt
nach Inezgane, Ben Sergao, Al Medina Center u. zum Hotel Jacaranda

Agadir

die Bahn immer vollbesetzt, an Festtagen besonders von Einheimischen, die sich dann durch die Straßen Agadirs fahren lassen (Abfahrt alle 30 Minuten). Im Juli und August ist auch der Strand von Agadir vorwiegend von Einheimischen belegt, da dies die Urlaubszeit der Marokkaner ist.

Wer in Agadir und der Umgebung der Stadt mehr sehen will als nur das übliche Touristenprogramm, kann sich an den jungen, staatlich anerkannten **Fremdenführer Hassan Aferiad** wenden: Handy 00 212 (0)61 18 88 52, E-Mail: hafpost@hotmail.com, www.aferiad.de.vu.

★ VALLÉE DES OISEAUX

In der Verlängerung des großen Platzes nach Nordosten, zwischen Av. 20 Août und Av. Hassan II., liegt ein kleiner **Park mit zoologischem Garten** *(Vallée des Oiseaux)*, der verschiedene Vogelarten aus allen Kontinenten und einige wenige Mufflons beherbergt. Inzwischen werden leider viele Vögel sehr schlecht gehalten und sehen entsprechend zerrupft aus. Öffnungszeiten: Di–So 9.30 bis 12.30 Uhr und 14.30 bis 18 Uhr.

Im Museum

★ MUSEUM

An der Av. Mohammed V., der Hauptverkehrsachse Agadirs von Nord nach Süd, steht ein kleines **Volkskunstmuseum,** Tel. 048 84 45 41. Es ist an der Passage Aït Souss neben dem Theatergebäude gegenüber vom *Hotel Salam* untergebracht und täglich (außer Sonntag und Hauptfeiertagen) von 9.30–13 Uhr und von 14.30–18 Uhr geöffnet. Die kleine, aber sehr schöne Sammlung über südmarokkanische Volkskunst vom Ende des 19. Jahrhunderts bis heute enthält alte Ledersatteltaschen, Töpfereien, Decken, Hausrat, ein hölzernes Eingangstor eines Agadirs mit dem bekannten Zahnbürstenschloss (vgl. „Land und Leute", „Architektur"), ein Nomadenzelt, Trachten und Teppiche. Das Museum zeigt auch Ausstellungsstücke von *Bert Flint*, der das Museum *Tiskiwine* in Marrakesch unterhält.

Ebenfalls bei der Fußgängerzone „Aït Souss", in der Nähe vom Café „La Fountaine" und gegenüber dem Restaurant „La Truite", steht ein im Jahr 2000 eröffnetes **Berberkunstmuseum** *(Musée du Patrimoine Amazighe)*. Es wurde von einem europäischen Künstler in gefälliger Architektur errichtet. Es ist täglich von 10–19 Uhr außer sonntags geöffnet. Die kleine, aber sehr schöne Sammlung mit insgesamt 1000 Ausstellungsstücken zur südmarokkanischen Berberkunst enthält alte Töpfereien, Decken, Hausrat, alte Berberkleider und besonders im Untergeschoss viel Berberschmuck aus Silber. Es finden auch temporäre Sonderausstellungen statt. Das Museum verfügt über einen Ausstellungsraum, eine Bibliothek, einen Dokumentationsraum und einen Vortragsraum. Eintritt: Erwachsene zahlen 10 DH, Studenten 5 DH, für Gruppen 5 DH pro Person, Behinderte gratis.

★ SÜDLICHER STRANDBEREICH, BEN SERGAO UND LA MEDINA D'AGADIR

Geht man entlang des *Chemin de Oued Souss* südlich des Hotels *Tikida Dunes* und

La Medina d'Agadir

der neuen Luxushotels *Le Meridien Palais des Roses, Iberostar Founty Beach* und *Sofitel* noch ein wenig weiter südlich, gelangt man zum **schönsten und noch am wenigsten bebauten Strandabschnitt Agadirs.** Jedoch wurde den ehemals hohen Dünen der Garaus gemacht, indem man die Flussmündung ausbaggerte, und das Eukalyptuswäldchen fiel den Baumaßnahmen im **Founty-Viertel** zum Opfer, das etwas oberhalb des südlichsten Strandabschnittes liegt und das nun als schönstes Wohn- und Touristikviertel gilt. Das ganze Gelände wirkte lange Zeit wie eine Geisterstadt, nun ist dieses Viertel nach der Bauerlaubnis vom Staat sowohl mit neuen Hotels als auch mit luxuriösen Villen und Residenzen *(Résidence Intouristique, Riad Karam)* bebaut worden.

Noch weiter südlich in Richtung Inezgane liegt zwischen der Straße dorthin und dem Meer der neue **Königspalast,** wie üblich riesig dimensioniert, inmitten gepflegter Gartenanlagen. Der Palast ist nicht zu besichtigen, die Pracht lässt sich nur von außen erahnen.

Nahebei an der Straße nach Inezgane wurde das **Wohnviertel Ben Sergao** neu errichtet, in dem vorwiegend die Verwaltungs- und Militärelite der Stadt wohnt. Auch der Reitclub, der Königliche Golfplatz und der sehr schön angelegte **Golfplatz** *des Dunes, Golf du Soleil* sowie das **Öko-Hotel Jacaranda** unter deutscher Leitung liegen in diesem Viertel.

Eine weitere Attraktion dort ist **La Medina d'Agadir,** eine mit großem Aufwand errichtete **Kunsthandwerksstadt,** geschaffen von dem Italiener *Cocco Polizzi* (Tel. 048 22 49 09, Fax 048 23 02 53, E-Mail: polizzi@agadirnet.net.ma). Auf einem Terrain von 4 ha wurde auf ca. 30% der Fläche ein architektonisches Meisterwerk geschaffen: eine Nachbildung einer kleinen von Mauern umgebenen Medina aus Lehm und Schiefersteinen mit kunstvollen Fensterverzierungen, Gittern und Gewölben. Alles wurde aus Naturmaterialien geschaffen und mit original marokkanischem Dekor verziert. In einigen Räumen haben sich Kunsthandwerker angesiedelt, die exzellente Qualität zu Festpreisen bieten. So werden Schmuck, Lampen, Lederwaren und Mosaiktische gefertigt, die Läden und Galerien bieten eine schöne Auswahl an Souvenirs. In einem hübschen Restaurant (geplant sind vier) werden für 65 DH eine gute Tajine und Erfrischungsgetränke serviert. Große Pläne für das weitere Areal liegen vor. Auf 12 000 m² soll eine kleine Stadt, auf 2 ha ein Parkanlage mit Wasserfall entstehen. Sehr schönen, hochwertigen Schmuck verkauft die Bijouterie *Bahoum* im Gelände. *Aziz Bahoum* erklärt sehr gut die traditionellen Handwerksmethoden. Der Eintritt kostet 20 DH. Gut ist der Deutsch sprechende Führer Mezien. Ein Shuttlebus fährt täglich ab 9 Uhr bis 16.30 Uhr fast stündlich am Info-Kiosk Medina d'Agadir nahe dem Club Med ab, hält aber auch bei einigen großen Hotels. Zurück fährt der letzte Bus um 18.15 Uhr (Hin- und Rückfahrt plus Eintritt 60 DH).

★ TALBORJT

Das Wohnviertel Talborjt nordöstlich des Touristenviertels zwischen Av. Mohammed V. und der Av. Moulay Abdellah kann man als **Wohnviertel der Mittelschicht** bezeichnen. Hier wohnen die gut gestellten Marokkaner, aber auch einige Ausländer, hauptsächlich Franzosen. Die noch besser verdienende Bevölkerungsschicht und die meisten Ausländer wohnen jedoch in der Cité Suisse am nördlichen Stadtrand. In Talborjt gibt es viele einfachere und Mittelklasse-Hotels, Residencen und besonders viele Restaurants. Diese sind auch auf europäischen Geschmack und Geldbeutel zugeschnitten, aber preiswerter als im Touristenviertel. Die billigsten Restaurants, auch für die einheimische Bevölkerung, findet man nordöstlich der Av. Moulay Abdellah in den **„Quartiers" für die Hauptbevölkerung Agadirs.**

Am Rand von Talborjt liegen zwei gepflegte Stadtparks zur Erholung nach dem Einkaufsbummel: der **Jardin Olhao** nördlich von Talborjt, der **Jardin Ibn Zaidon** am südlichen Rand nahe der Feuerwehr.

★ FISCHEREIHAFEN

In den Fischereihafen, der einen Besuch Wert ist, werden Sie nach **Vorlage Ihres Passes** eingelassen. Günstigste Zeit ist morgens vor 8 Uhr. Gehen Sie bis zum Ende des Hafens, wo sich die kleinen Kutter drängen. Hier können Sie das Treiben der Fischer beim Löschen der Ware und beim Verkauf beobachten. In der großen Auktionshalle wird der Fisch verkauft und mit Lkw abgeholt. Auch im Einzelverkauf wird die Ware angeboten. Wenn Sie ein Souvenir mitnehmen wollen, dann kaufen Sie eine große Muschelkette für die Kinder. Die Muscheln liegen zu großen Bergen gehäuft zum Verkauf aus. Außerhalb des Hafentores (wenn man davor steht rechts) gibt es mehrere saubere Verkaufsbuden mit langen Tischen davor, wo man ein „preiswertes" Fischgericht essen kann. Für ca. 25–45 DH pro Person gibt es einen kleinen gemischten Fischteller mit Tomatensalat, Garnelen, Kalamari und gebratenen Sardinen, sofern man **vorher den Preis erfragt** hat und handelt. Auch Fischtajine ist erhältlich. Werden Sie sich jedoch nicht einig – der Nepp ist auch hier allgegenwärtig – besuchen sie besser das sehr gute und nicht überteuerte *Restaurant du Port* oder *L'Amiral* (s. Restaurants). Zu empfehlen sind auch die Stände 7, 8 und 9 von *Haj* und *Hassan* (Handy 061 18 88 52 oder 066 09 72 85).

Sehenswert ist im Hafen der **Bau traditioneller Holzfischerboote** – erstaunlich, mit welcher Geschicklichkeit aus den halbfertigen Gerippe Boote entstehen.

Für 600 Mio. DH ist im Hafenbereich außerdem seit rund 2 Jahren ein „Port du Plaisant" – wörtlich übersetzt ein „Vergnügungshafen" – mit Yachthafen, Boutiquen, Restaurants und Hotel im Bau.

★ GROSSER SUQ (SOUK)

Lohnenswert ist ein Besuch des großen Suq (südöstlich des Zentrums an der Rue Chaib Al Kamra Mohammed Ben Brahim), besonders am Samstag oder Sonntag. Auf dem Suq gibt es alles, was das Herz begehrt, von frischem Gemüse, Obst und Gewürzen bis zu Töpferei- und Metallwaren, Lederwaren, auch allerlei Kitsch und Spielzeug aus asiatischer Fertigung. Tischlern und diversen anderen Handwerkern kann bei der Arbeit zugesehen werden. Die Auswahl ist vielfältig, jedoch nicht immer preiswert, ein Vergleich mit den Geschäften in der Stadt lohnt sich. Nach zunehmender Preistreiberei und Touristennepp in den vergangen Jahren sollen jetzt Festpreise angeschrieben werden, die Polizei soll die Durchsetzung kontrollieren. Ob sich dieses unorientalische Gebahren durchsetzt, bleibt jedoch fraglich.

Sehr günstig und mit guter Auswahl präsentiert sich der **Suq von Inezgane,** 10 km südlich der Stadt. Großer Markttag ist Dienstag und Freitag, dann ist das Treiben besonders bunt und die Auswahl noch vielfältiger.

SPORT

Für **sportlich Aktive** eignet sich Agadir bestens. Jedes bessere Hotel bietet eine Vielzahl an Möglichkeiten zum Erlernen verschiedener Sportarten wie Tennis, Golf, Surfen u. v. m. Es gibt zwei sehr schöne **Golfplätze** in Agadir, einen Reitclub, eine Pferderanch, außerdem Gelegenheit zum Paragliding von der Kasbah, zum Wasserskifahren und zum Windsurfen im Meer.

Agadir ist nach Essaouira der wichtigste marokkanische **Surfer-Treffpunkt.** Es gibt hier eine Wind-Surf-Schule, und in Taghazoute (s.u.) zwei Surferschulen, dort kann man auch Bretter mieten. Zahlreiche europäische und marokkanische Surfer belegen den Ort im Sommer, Tennisurlauber sind das ganze Jahr über anzutreffen. Ein weiterer Surfer-Treffpunkt ist „Surfer's Point" nördlich von Taghazoute.

Wer lieber aufs Meer hinaus will, um zu fischen, kann einen Tagesausflug mit modernen Yachten zum **Haifischfang** buchen (s. Ausflüge).

Flieger können im *Aéro-Club d'Agadir* in Inezgane ihrem Hobby nachgehen, für Segler ist die Möglichkeit gegeben, im im Hafen oder bei Palm Beach einen Katamaran zu chartern. Ferner bieten Clubhotels noch viele weitere Möglichkeiten der sportlichen Betätigung, angefangen vom Bogenschießen bis zu Tischtennis und Mini-Golf. Ob Surfen, Tennis, Strandreiten, Golf, Segeln, Gymnastik, Jogging, Fahrrad-

Am Gemüsemarkt

fahren oder Wandern – in Agadir ist alles möglich.

Auch zahlreiche Reiseveranstalter haben den günstigen Standort der Stadt für Sporturlaub erkannt und bieten in ihren Prospekten ein breitgefächertes Angebot an.

Wassersport und Funsport

Das sicher allumfassendste **Wassersportangebot** bietet die private Strandanlage **Palm Beach** bzw. **Palm Beach Yacht Club.** Kontaktieren Sie für Reservationen die Tel. 048 84 66 66 oder die Handynummer (am Abend) 068 325278 *(Mohammed Marroune)*. Hier gibt es für 30 DH/Tag (135 DH/Woche) neben bewachtem Strandabschnitt, Strand-Volleyball, Boule, Kinderspielplatz, Duschen, Toiletten, Umkleidekabinen, Restaurant und Bar auch ein weitreichendes Sportangebot (siehe unten). Zwischen den Hotels *Beach Club* und *Palm Beach* gibt es außerdem einen angewärmten Meerwasser-Pool (Eintritt 40 DH, Kinder 20 DH) inklusive Kinderbecken mit Rutschbahn, Liegen und Sonnenschirmen.

Preise:
- **Aquascooter (Jet Ski)**
  200/300 DH/20 Minuten (kleine/große Scooter)
- **Parachute** (Fallschirm zum Hochziehen 6–12 Minuten)
  200 DH/1 Flug für 1 Person. 2 Personen zusammen 350–400 DH, 1 Erwachsener und 1 Kind 350 DH.
- **Ski nautique (Wasserski)**
  Nur im Sommer. 200–250 DH für 20 Minuten.
- **Surfen und Segelboote**
  100 DH/1 Std., mit Unterricht 170 DH/1 Std., 430 DH 3 Stunden mit Unterricht und 250 DH 3 Stunden ohne.
- **Pedalo (Tretboot)**
  100 DH/1 Std. für 2–3 Personen
- **Fly surf** (Drachensurfing)
  250 DH/1 Stunde (Unterricht)
  750 DH/3 Stunden (Unterricht) und eine weitere Gratis (jeden Tag 1 Stunde 15 Minuten durchschnittlich). Bei Fly Surf gibt es nur Unterricht (kein Materialausleih)

- **Boogieboard/Wellenreiten**
  100 DH/Std. mit Unterricht und Anzug, 70 DH/Std. ohne Unterricht.
- **Planche à voile** (leichtes Wellenreiten mit Anzug und Brett)
  100 DH Std./230 DH 3 Std. ohne Unterricht. 170 DH/Unterricht/1 Std. 450 DH/4 Std. mit Unterricht
- **Fun Board** (Planche Professionelle): 150 DH/1 Stunde, 450 DH/4 Stunden.
- **Katamaran**
  (zurzeit nur beschränkt im Angebot) 250 DH 2 Personen, mit Begleitung 310 DH.

Beim **Sun Beach Yacht Club Agadir** (Wassersportstation am Strand von Agadir direkt vor dem Club Med) gibt es ein ähnliches Angebot wie bei Palm Beach. Für Reservationen kontaktieren Sie *Abdelilah* oder *Karim* unter Tel. 061 38 38 29.

Preise:

- **Paragleiter** (Fallschirm)
  200 DH pro Person.
- **Bananaboot** 70 DH/1 Person.
- **Reifen** (Water tubes)
  200 DH für 2 Personen.
- **Wasserski** (Ski nautique)
  250 DH/15 Minuten.
- **Skooter** (Jet Ski)
  300 DH/20 Minuten, 250 DH/15 Minuten, 200 DH/10 Minuten
- **Bootausflüge** (Boat excursions)
  250 DH/1 Person/1 Stunde.

Surfen/Fischen

Surfen ist vor allem an den nördlichen Küsten zwischen Taghazout *(surfers point)* und Tamri möglich. Der **Holiday Club Agadir** des Deutschen *Bernd Schweigert* veranstaltet Surfkurse (Handy 068 32 52 83, Tel. 048 20 00 22, holidayclub@gmx.net, www.agadir.de.ms, www.taghazout.de.vu, www.surf.de.md). Hier findet man eine sehr gute Übersicht über die besten Surfgebiete und die Möglichkeiten rings um Agadir. Beste Surfzeit ist in den Monaten Oktober bis April. Leihausrüstung: Short Board 9 Euro/Tag, Longboard 12 Euro/Tag. Unterkunft im einfachen Zimmer ab 8 Euro/Tag, in Apartments ab 30 Euro/Tag. Tauchausrüstung kann bei Bedarf organisiert werden. Auch Angel- und Schnorchel-Ausflüge mit Harpune. Siehe auch bei Taghazoute.

Die **Surfschule EnDosurf Marokko** (Schäferweg 7, 65207 Wiesbaden) wird von den Deutschen *Steffen* und *Gerrit* in Taghazoute betrieben. Unterbringung in einem großen marokkanischen Landhaus. Kurse für Anfänger und Fortgeschrittene, Leihbretter, Flughafentransfer, Organisation von Surfsafaris und anderen Ausflügen. Tel./Fax in D: (061) 27 43 21, in Marokko 068 39 51 24 oder 067 13 17 44, www.surfmarokko.de, www.endosurf.com, info@surfmarokko.com.

Windsurfen ist auch in der ruhigen Bucht von Agadir möglich, auch für Anfänger. Zahlreiche Hotels bieten Leihgeräte sowie Unterricht dazu an.

Segeln

Der **Yacht Club d'Agadir** (im Hafen, Tel. 048 84 37 08) gibt Auskunft, falls Sie mit dem eigenen Boot Agadir ansteuern oder ein Boot ausleihen wollen.

Die Ausflugsprogramme der Veranstalter (Aushang in den Hotels) enthalten Segeltörns: z. B. 600 DH/Tag mit der Segelyacht „Tifou" (TUI) oder über K.T.I. Voyages, Av. Hassan II., Tel. 048 84 72 25 für 550 DH/Tag.

Katamarane können sowohl bei *Palm Beach* als auch bei *Sun Beach* bei Karim (s.o.) gechartert werden.

Tennis

Wer nicht im Hotel wohnt, aber trotzdem Tennis spielen will, kann dies beim **Royal Club de Tennis,** Av. Hassan II., Tel. 048 82 10 64. Außerdem die große PLM-Tennisanlage am Chemin de Oued Sousss zwischen Club Dunes d'Or, Club Valtur und Dorint-Hotel. Tennisplätze haben auch viele Hotels und fast alle Clubs.

Preise: Platzmiete: 1 Std. ca. 150 DH, Mieten der Schläger: ca. 25 DH pro Spiel, Ballmiete: 10 DH pro Spiel, Balljunge: 10 DH pro Spiel. Tenniskurs: Montag bis Freitag ca. 1000 DH, eine Trainerstunde kostet ca. 150 DH.

Golf

Für Golfer ist es sicher am besten, den Golfurlaub direkt beim Veranstalter zu buchen. Hier sind v. a. das Tikida Beach Hotel und der *Club Valtur* zu empfehlen, der auch in ihren Prospekten gut über die Möglichkeiten und Golfplätze informiert.

Wer keinen Golfurlaub gebucht hat und trotzdem mal Lust auf ein Spiel verspürt, dem stehen in Agadir **drei Golfplätze** zur Verfügung.

Der neue und größere Platz ◆**Golf les Dunes,** Impasse Oued Sousss, liegt rechter Hand der Straße in Richtung Bensergao (beschildert); Tel. 048 83 46 80, 048 83 46 04 (27-Loch-Platz, Handicap vorgeschrieben). Club Valtur- und Club Med-Urlauber spielen hier und werden auch mit einem Pendelbusservice dorthin gebracht.

Preise: 9 Löcher 350 DH, 18 Löcher 500 DH.

Der ◆**Royal Club de Golf** (18-Loch-Platz) liegt 12 km südlich von Agadir Richtung Aït Melloul; Tel. 048 63 12 78.

In Marokko werden edle Araberpferde gezüchtet

Preise: 9 Löcher 100 DH, 18 Löcher 200 DH, 12 Std. 3400 DH. 1 Stunde Lektion: ca. 100 DH; für den Begleiter und den Träger jeweils 30 bis 40 DH für 25 Bälle, für einen Wagen ca. 35 DH, als Zuschauer bezahlt man ca. 30 DH.

Zu empfehlen ist auch ◆**Golf du Soleil** (gehört dem Tikida Beach Hotel); der Golfplatz liegt auch in Bensergao in der Nähe des Golfplatzes „Les Dunes". Chemin des dunes, BP 901, Bensergao, Agadir. Tel. 048 33 73 29, 048 33 73 30, Fax 048 33 73 33, golfdusoleil@tikida-hotels.co.ma, www. golfdusoleil. com.

Kostenloser Shuttleservice zum Club Valtur bzw. Tikida Beach, auch für andere Hotelgäste. 27-Loch-Anlage, sehr gepflegt, lobenswerter Caddyservice.

Preise: 9 Löcher 320 DH, 18 Löcher 450 DH (Green fee); Tarif Junior: 9 Löcher 150 DH und 18 Löcher 150 DH; Forfait 6 jours: 18 Löcher 2250 DH; Miete des Golfwagens: 9 Löcher 150 DH und 18 Löcher 250 DH; für 18 Löcher gelten die Preise für den ganzen Tag.

Golfmaterialausleih: Club mit Sack ½ Serie: 100 DH (den ganzen Tag). Und Club mit Serie (den ganzen Tag): 180 DH. Begleiter: 18 Löcher 80 DH (Min.), 9 Löcher 50 DH (Min.).

Reiten

Reiten oder auch nur mal auf dem Pferd rumhoppeln ist am Strand von Agadir (beim *Hotel Amadil*) oder vor dem Campingplatz in Tarhazoute möglich (1 Stunde: 70 DH, mit oder ohne Begleiter); auch Organisation vom Hotel oder Clubhotel aus (2 Stunden: 150 DH).

In allen großen Hotels sind die Ausflugsprogramme der Veranstalter angeschlagen: Pferdeausritte kosteten z.B. bei TUI für 2 Std. 200 DH.

Reitausflüge oder -stunden kann man auch über ◆**Sports Evasion,** Rue des Administrations Publiques, Tel. 84 01 22, und häufig auch im Hotel buchen. Ein Ausritt mit Reitlehrer kostet ca. 150 DH pro Person incl. Transfer; ½ Reitstunde auf dem Reitplatz kostet ca. 80 DH.

Wer ernsthaft reiten will, kann dies beim Reitclub ◆**Royal Club Equestre Agadir**

(R.C.E.A.) tun. Zu finden ist er in Ben Sergao an der *Route d'Inezgane* (gegenüber der Kaserne), ca. 6 km von Agadir: Club Equestre (Reitclub), Tel. 048 33 30 93. 150 DH pro Std., Zehnerkarte 2000 DH. Zehnerkarte in der Gruppe 1500 DH mit Reitstunden.

Die ◆**Reha Horse Ranch** ca. 1 km vor Taghazoute (17 km von Agadir), rechter Hand der Straße, vermietet Pferde stunden- und tageweise (50 DH/Std., 80 DH/Ausritt/Std.) und veranstaltet Pferdetouren ins Umland (nur für geübte Reiter) oder Wochentouren zu Pferd, z. B. bis *Immouzzer des Ida Itanane* und zurück. Infos: 22, Extension X, B.P. 80 000 Agadir, Tel. 048 84 75 49, Fax 048 84 43 07.

Auch die ◆**Ranch Pyramid** an der Route Oued Sousss bietet Ausritte an. ½ Tag 350 DH, ganzer Tag 500 DH, auch Mondscheinritte bei Vollmond.

In allen großen Hotels sind die Programme der Veranstalter angeschlagen, hier werden meist auch Pferdeausritte angeboten (2 Std. Ausritt ca. 220 DH).

Weitere Sportarten

- **Fischfang**
  Über *Sports Evasion* (Adresse siehe bei „Reiten") oder *Péchatour* (Adresse siehe bei „Jagen") kann man sowohl in den „kleinen Fischfang" auf dem Schiff „Cala Iris" eingeführt werden (mit anschließendem Verzehr der Fische an Bord) als auch einen Tag zum Haifischfang auf hohe See fahren (350 DH/Tag).
- **Wandern**
  Wanderungen in die Umgebung führt ebenfalls der Holiday-Club (siehe bei Surfen) durch.
- **Fliegen**
  Der **Aéro Club d'Agadir** liegt am Flughafen El Massira, Tel. 048 83 91 22, 048 83 90 02, und ist für Hobbyflieger zuständig.
- **Taubenschießen**
  Gelegenheit dazu besteht im *Quartier Anza,* aber auch in diversen Club-Hotels (ebenso wie Bogenschießen).
- **Jagen**
  Wer Lust verspüren sollte, auf Jagd zu gehen – hier eine Kontaktadresse: *Péchatour, Peche et Chasse touristique*, Mohamed el Galta, BP 118, Agadir, Tel. und Fax 048 83 31 41. Da natürlich nicht immer Jagdsaison ist, sollte man sich schon im Vorfeld um die Termine kümmern.
- **Squash**
  30 Minuten: 50 DH; 30 Minuten individuell: 80 DH.

Sportzentren, Fitnessclubs

- **Sports Evasion Maroc**
  Das Sportzentrum liegt an der Rue des Administrations Publiques, Tel. 048 84 01 22.
- **Paradise Fitness Club**
  Hier werden neben Sauna, Hamam und Massage auch Bodybuilding, Streching, Aerobic etc. geboten. Adresse: im *Hotel Melia al-Madina Palace.*

Hammam, Massage

Nach dem Sport Auffrischung in der **Sauna,** im **Hammam** (türkisches Bad) oder durch **Massagen;** fast alle großen Hotels und Clubs verfügen über diese Einrichtungen/Dienste.

Preise: Hammam und Sauna: 50–80 DH; Massage: 100 DH.

Sollte Ihr Hotel nicht über ein Hammam verfügen, so bleibt noch die Möglichkeit, ein öffentliches Hammam zu besuchen, die es in allen Städten nach Geschlechtern getrennt gibt und die als öffentliche Badehäuser fungieren – „atmosphärisch" sicherlich ein größeres Erlebnis, als im Hotel-Dampfbad zu schwitzen. Preisgünstig (Sauna, Hammam und Massage) und von Einheimischen viel besucht, ist das ◆**Hammam Annakhil** im Erak Bouargane-Viertel.

VERANSTALTUNGEN

Gelegentlich werden im **Rathaus** von Agadir Ausstellungen gezeigt, z. B. über die Entwicklung Agadirs, die Vorstellung neuer Wohnviertel etc. Ebenso im **Institut Française** (neben der französischen Realschule Gaugin) und in der **Alliance Française,** Souissi, oder in der Industrie- und Handelskammer, Bd. Hassan II.

In Agadir gibt es ein **Freilichttheater** (nahe der Av. Moulay Abdellah), in dem hin und wieder (meist zu wichtigen Feiertagen) Folklore oder Kinderveranstaltungen stattfinden.

Nahe des *Uniprix,* in der Av. Hassan II., und manchmal auch im Touristenviertel versucht sich ab und zu ein **Maler.**

Insgesamt wäre das Kulturprogramm in Agadir noch sehr ausbaufähig. Auch die Hinweise auf bevorstehende Veranstaltungen sind begrenzt. Es fährt dann oft ein Lautsprecherwagen durch die Straßen und gibt die anstehenden Veranstaltungen bekannt, allerdings nur auf arabisch. Auch in den Zeitungen findet man Hinweise auf Veranstaltungen. Für die Touristen ist auf jeden Fall in den Hotels für Unterhaltung gesorgt.

In dem Kuppelzelt „Agadir-Fantasia" in Richtung Inezgane werden **Fantasias (Reiterspiele)** vorgeführt, die über die Ausflugsprogramme der Veranstalter gebucht werden können. Die Touristen werden mit Minztee und marokkanischem Gebäck empfangen, und in den Pausen, während die Reiter ein anderes Spiel vorbereiten, führen Schlangenbeschwörer mit spezieller Musik auch ihre Schlangen vor.

NACHTLEBEN

Die großen Hotels bieten ein buntes Abendprogramm: von **Show-Veranstaltungen** à la Las Vegas bis zu Zaubervorstellungen, Bauchtanz und klassich marokkanisch-andalusischer Musik. Es gibt viele **Nachtclubs** (in denen nicht nur seriöses Publikum verkehrt ...) und einige Discos mit europäischem Flair; besonders beliebt und bekannt ist das dem „Agadir Beach Hotel" angeschlossene *Café de Paris,* wo auch internationale Stars wie die Varieté- und Transvestitentruppe „Les Lords" auftreten. Auch die Bar im Sahara-Hotel bietet ein sehr gutes Programm, das von hervorragenden andalusischen Musikveranstaltungen bis zum marrokanischen Abend mit Bauchtanz reicht.

Nachstehend eine **Auswahl an Bars und Discos** in Agadir:

- **Papagayo Disco**
  Im *Tikida Beach Hotel.* Die modernste, größte, coolste und von der Stadtjugend meistbesuchte Disco. Eintritt 100 DH (inkl. einem Getränk). Ab Mitte Juli bis Ende August kostet der Eintritt am Samstagabend 200 DH, denn Agadir wird im Sommer mit Marokkanern und Touristen jedes Jahr voller. Ab Mitternacht kostet das Getränk 80 DH.
- **Dreams Disco Restaurant Pub**
  Im Sommer 2004 neu eröffnete Disco an der Touristenpromenade hinter dem *Restaurant Tawada.* Eine der modernsten und größten Diskos der Stadt mit Restaurant, Pub und Bar. Abendessen mit Live-Musik ab 18 Uhr, Disko ab 22 Uhr.
- **Flamingo Disco**
  Im *Agadir Beach Club.* Eintritt 60 DH (zu empfehlen, wenn die vorher genannten Discos voll sind), im Sommer 100 DH (inkl. einem Getränk).
- **Le Central**
  Mit Karaoke, sehr beliebt, im Hotel Tagadirt, Bd du 20 Août. Sehr coole Stimmung (beim Karaoke), besonders zwischen 23 und 1 Uhr. Getränke sind ab 60 DH erhältlich.
- **Pub des Hotels Tafoukt**
  Im Complexe Tafoukt (hinter dem *Golden Gate Restaurant),* eine Art Irish Pub, Getränke ab 20 DH.
- **Atlas Karaoke Club**
  Hotel Sheraton Agadir, Bd Mohammed V. Tel 048 84 32 32, sheraga@ iam.net.ma. Gute Stimmung (besonders am Wochenende und an Festtagen ab Mitternacht). Eintritt frei, Getränke kosten zwischen 50 und 80 DH.
- **El Paradiso**
  Im *Hotel Argana.* Coole Stimmung. Von einigen Jugendlichen wegen seiner Nähe zur Stadtmitte und der günstigen Preise besucht.
- **Millinium Disco**
  Hotel Les Dunes D'or, neben *Hotel Amadil.* Wegen der günstigen Preise und der coolen Musik viel im Sommer besucht. Getränke 30–50 DH.
- **Black Jack 21**
  Disko neben *Club Agador.* Befand sich im Jahr 2004 in der Renovierung und

Im Suq

war zuvor nur selten von Einheimischen besucht.

- **Jazz-Bar** (Restaurant & Bar)
  Complèxe Igoudar, Av. 20 Août, Tel. 048 82 02 08.
- **Restaurant Bar Golden Gate**
  Restaurant, Bar und Pizzeria im Tafoukt-Komplex, Bd du 20 Août, Tel. 048 84 08 20, Fax 048 71 44, Handy 061 16 68 07. Abendessen in guter Stimmung (Bauchtanz).
- **Café de Paris**
  Bd du 20 Aôut (im *Agadir Beach Club*); Show-Programm mit Tanz, Kabarett, Akrobatik inkl. Menü und Wein ca. 450 DH).
- **Le Sphinx**
  Tel. 048 82 12 12, 048 82 15 50. Im *Kenzi Europa* Hotel, Bd du 20 Aôut. Diner Spectacle mit Show Ballet Angelly von 22 Uhr bis Mitternacht. Öffnungszeiten von 19–3 Uhr.
- Über ein **Spielcasino** *(Casino Sherms)* verfügt das Hotel *Sheraton*.

MOUSSEMS (MAUSSIMS) UND RELIGIÖSE FESTE

Moussems werden wie überall in Marokko auch in Agadir gerne und oft gefeiert. Meist handelt es sich bei den Festen um örtliche, kleinere Veranstaltungen zu Ehren eines Ortsheiligen oder zu einem bestimmten Anlass (vgl. „Kunst und Kultur", „Die Moussems").

Im Folgenden die gebräuchlichsten Moussems in der Region Agadir (Daten ohne Gewähr, da sie sich häufig mit dem islamischen Mondkalender verschieben; erkundigen Sie sich im Touristenbüro).

- **Moussem Sidi M'Hamed**
  Regragui, Akhrib Belfaa, Cercle Biougra, zweite Maihälfte
- **Moussem Sidi Aaza ou Hadda**
  in Aït Moussa in der ersten Maiwoche
- **Moussem Sidi Bousta,** Ende Mai
- **Moussem Sidi Boushab**
  bei Inezgane, 1. Juniwoche

- **Moussem M'Hamed ben Amer**
  in Ain Nakhla bei Inezgane in der 2. Junihälfte
- **Moussem Sidi Abderrahmane**
  in Aït Youssef bei Inezgane, Ende Juli
- **Moussem Sidi Moughit**
  in Immi Mkourn bei Biougra, erste Juliwoche; im Juli weitere drei Moussems um Biougra (Aalal, Aït Ikku, Aït Iaaza)
- **Moussem Sidi Bibi**
  Region Biougra, August
- **Moussem Sidi Lhaj M'Barek**
  in Inezgane im August
- **Moussem Sidi Ali Oumoussa**
  Region Tiznit, Ende August
- **Moussem Brahim ou Alla**
  in Aït Baha Ende August
- **Moussem Abdellah M'Hamed**
  in Aït Ouadrim, Anfang August
- **Moussem Tikki**
  im Suq Jemaa Tikki bei Inezgane Mitte September
- **Moussem Lallal Aicha Abdellah**
  in Immouzzer, Cercle Inezgane, Sept.
- **Moussem Sidi Bousmail**
  Suq Sebt es Taddart, Anfang Sept.
- **Moussem Aït Bouchoir**
  in Aït Baha, letzte Septemberwoche
- **Manifestations Religieuses de Pecheurs**
  in Agadir im Oktober
- **Moussem Sidi M'Hamed ou Amer**
  in Zaouit Assif, bei Inezgane, 1. Oktoberwoche
- **Moussem Sidi Amzal**
  bei Biougra im Oktober
- **Moussem Sidi Yakoub**
  im Douar Aferni bei Inezgane im Dezember
- **Moussem Immi Ouassif**
  im gleichnamigen Dorf bei Inezgane im Dezember

Ramadan in Agadir

Während für andere Orte und Gegenden Marokkos von einer Urlaubsreise in dieser Zeit abzuraten ist, gilt dies für Agadir nicht. Hier muss sich der Tourist keinerlei Einschränkungen auferlegen. Die gläubigen Moslems halten natürlich den Ramadan streng ein. Es ist auch für die Urlauber sehr interessant, die Betriebsamkeit ab 21 Uhr mit den damit in Zusammenhang stehenden Volksfesten mitzuerleben. Gegen 3 Uhr nachts beruhigt sich das Leben auf den Straßen allmählich.

Hammelfest (Aid el Kebir)

Das Hammelfest findet zwei Monate und zehn Tage nach dem Ende des Ramadan statt. An diesem Tag wird in jeder Familie ein Hammel geschlachtet. Sollten Sie in dieser Zeit in einer Residence oder in einem Hotel mitten im Wohngebiet wohnen, werden Sie wohl für ein bis zwei Nächte auf Schlaf verzichten müssen, denn dann steht auf jedem Balkon ein Hammel und wartet lärmend auf sein Ende.

Zu Beginn des Festtages stehen die Schlachter mit ihren geschärften Messern vor den Wohnhäusern bereit, um ihre blutige Arbeit zu verrichten. Nachdem der König öffentlich (im Fernsehen übertragen) einen Hammel geschlachtet hat, müssen auch alle andern Hammel im Lande dran glauben. Gegen Mittag hängen dann die Felle über dem Balkon, und abends duftet es überall herrlich nach Essen. Zur Vorbereitung auf das Hammelfest werden vor dem Suq große Flächen für den Verkauf der Tiere geräumt, und die Messerschleifer sitzen in Massen vor den Eingangstoren zum Suq und bieten ihre Dienste an.

SONSTIGE VERANSTALTUNGEN

- **Semaine commerciale**
  Handelswoche im November
- **Touristen- und Kulturwoche**
  im Dezember
- **Kunsthandwerkswoche**
  im Dezember
- **Amateur-Theater-Festival**
  im Oktober

Im Juli und August finden außerdem wechselnde Musikfestivals statt, z. B. das **Festival der Nomadenmusik und Folklore** (erstmals 2003) oder das **Festival Timitar** (Berbermusik, erstmals im Jahr 2004, www.timitar.com).

Blühende Jacaranda-Bäume in der Av. Hassan II.

KINO UND FERNSEHEN

In den Kinos werden sowohl arabisch- als auch französischsprachige Filme gezeigt. Im Hauptprogramm laufen meist amerikanische Reißer, danach auch arabische oder französische Produktionen, meist Action-Filme. Die Kinos werden in erster Linie von einheimischen Jugendlichen besucht, Touristen werden Sie kaum antreffen. Das Kinoprogramm erfährt man direkt an der Kinokasse, die Preise sind sehr niedrig.

- **Cinema Rialto,** Tel. 048 84 10 12
  Es liegt neben der Markthalle im Stadtzentrum und ist auch für Touristen zu empfehlen (nur französische Filme).
- **Cinema Salam,** Tel. 048 82 24 58
  Es ist das ältestes Kino der Stadt (ein großes Tonnengewölbe am Stadtbusbahnhof), indische Filme, niedrige Eintrittspreise, für Touristen weniger zu empfehlen.
- **Cinema Sahara,** Tel. 048 82 25 65
  Es liegt im Viertel Talborjt am kleinen Markt und ist auch für Touristen zu empfehlen, z. T. jedoch arabische Filme ohne Untertitel.

In Agadir kann man zahlreiche **Fernsehprogramme** empfangen, denn fast alle Hotels sind mit einer Satellitenschüssel ausgerüstet. Welche Programme jeweils zu empfangen sind, hängt davon ab, ob auf *Eutelsat* oder *Astra* zurückgegriffen wird bzw. von der Anlage des Hotels.

Immer zu empfangen sind die zwei marokkanischen Sender – ein mehr oder minder arabischsprachiger Kanal, auf dem marokkanische, ägyptische, teilweise auch französische Filme gezeigt werden, und ein marokkanischer französischsprachiger Sender. Hinzu kommt TV 5, ein französischsprachiger Kanal, der oft mit einem interessanten Programm aufwartet, das allerdings entsprechende Sprachkenntnisse voraussetzt. Meistens sind auch zwei italienische Sender und der Fernsehkanal der Deutschen Welle zu empfangen (der allerdings nur zu bestimmten Zeiten deutsch, häufig auch englisch und französisch sendet). ZDF, Sat 1, RTL, N24, Pro 7, 3 Sat und ARTE sind bei entsprechend eingestellter Satellitenschüssel auch zu empfangen. Die meisten Hotels verfügen inzwischen über Digital-Receiver, womit man alle deutschen und sonstige internationale Programme empfangen kann.

Videogeschäfte gibt es natürlich auch; hier ist aber viel Schund erhältlich.

EINKAUFEN

In Agadir sind die Souvenirs vergleichsweise teuer, wenn auch der Standard hoch und die Auswahl in den einzelnen Boutiquen groß ist. Wer gut handelt, kann vor allem in touristenarmen Monaten durchaus günstige Preise erzielen. Vor allem hochwertige, sehr schön bemalte Keramiken, Lederwaren und Metallwaren, aber auch modische Kleidung gibt es zu kaufen. Eine gute Auswahl von Geschäften gibt es in der *Residence Tafoukt,* im *Complexe Tranatlantique*, im *Melia Palace Center,* an den Hotels *Argana* und *Mabrouk*.

◆Der **Suq** im Südosten der Stadt hat inzwischen dem Marché Municipal den Rang abgelaufen. Ob Souvenirs, Gewürze, Arganienöl, gute handwerkliche Produkte oder allerlei Plastik- und Spielwarenramsch aus Fernost – hier ist alles wieder einigermaßen preisgünstig zu haben. Seit es zahlreiche Beschwerden über Touristennepp gab, kontrolliert die Polizei, ob Touristen fair behandelt werden. Am Montag ist der Suq geschlossen! Preislich günstiger und wesentlich weniger touristisch für Gegenstände des täglichen Gebrauchs ist der **Markt in Inezgane.**

◆**Kunsthandwerk** gibt es sowohl im Suq als auch im Touristenviertel bzw. an Ständen um den **Marché Municipal** bzw. **Uniprix** oder im **Complexe Artisanal Aroussa el Janoub,** im Quartier Industriel, Tel. 022 07 95 und 022 09 48, rechts des Bd Hassan II. nahe beim *Hotel Atlantik*. Auf Wunsch Abholservice vom Hotel. Dort findet man Lederwaren, Gold- und Silberschmuck, Edel- und Halbedelsteine und Teppiche.

◆Am Bd. 20 Aôut (unterhalb des *Hotels Al Medina Palace)* gibt es exklusive **Beklei-**

dungs- und Lederwarengeschäfte und ein Musikgeschäft mit guter CD-Auswahl. Eine Leserin empfahl besonders das **Lederwarengeschäft Oasis Boutique,** neben dem Restaurant *La Scala* (Chemin Oued Sousss): gute Qualität, Maßanfertigung, man spricht deutsch.

◆Sehr schönen, auch alten **Schmuck** und Bernsteinketten hat **Bijoux Anciens Bois Sculptés,** 6, Chemin de l'Oued Souss. Bei Gold gelten Fixpreise (nach Gramm), bei den anderen Waren kann man ca. 40% herunterhandeln. Ebenfalls sehr schönen alten Schmuck findet man im **La Perle d'Afrique, Dilai Antique Shop,** 44, Complexe Tagadirt, Bd. 20 Août, Tel. 048 82 25 92. Eine gute Auswahl an Silber- und Goldschmuck (18 Karat/750) bieten auch die Juweliere im Suq (Tor 10), im *Complexe Trans Atlantique*, am Hotel *Mabrouk*, im Komplex in der Stadtmitte (in der Nähe der Loubnan-Moschee) und auch im *Complexe Immeuble Oumlil (Bijouterie Yacouta, Sivilla & Passion).*

◆Hochwertiges **Arganienöl** aus der Frauenkooperative (Aufbau und Betreuung durch die GTZ), Marmeladen, Honig und **Amlou** (aus Mandeln, Arganienöl und Honig), eine Art Nutella, kauft man am besten beim **Projet Dévelopment de l'Arganeraie** im Stadtteil Dakhla (nahe Suq) 7, Rue Alkhanssa, Tel. 048 23 52 78/79, Fax 048 23 52 79, ucfo@mtds.com. Die Produkte sind zwar nicht billig, aber reinste Qualität und der Erlös kommt unmittelbar der Frauenkooperative und dem Erhalt der Arganienbäume zu Gute, die sich nicht von selbst aussäen und sehr gepflegt werden müssen. Auch im **Dar Argan** von *Latifa Boukdour* und in der **Herboristerie Malak** werden Heilmittel und kosmetische Produkte aus Arganienöl hergestellt und exportiert. Eine „Berbermassage" mit Arganienöl oder ein Besuch des Hauses können unter Tel. 061 18 88 52 oder 061 57 60 97 (deutsch) angemeldet werden. Der Arganienbaum ist in Marokko endemisch, die Gewinnung des schmackhaften, nussartigen Öls ist sehr zeitaufwendig (vgl. Exkurs „Der Arganbaum").

◆In Agadir gibt es, wie inzwischen in fast jeder größeren marokkanischen Stadt,

Im Suq (Messing-, Silber und Kupfermarkt)

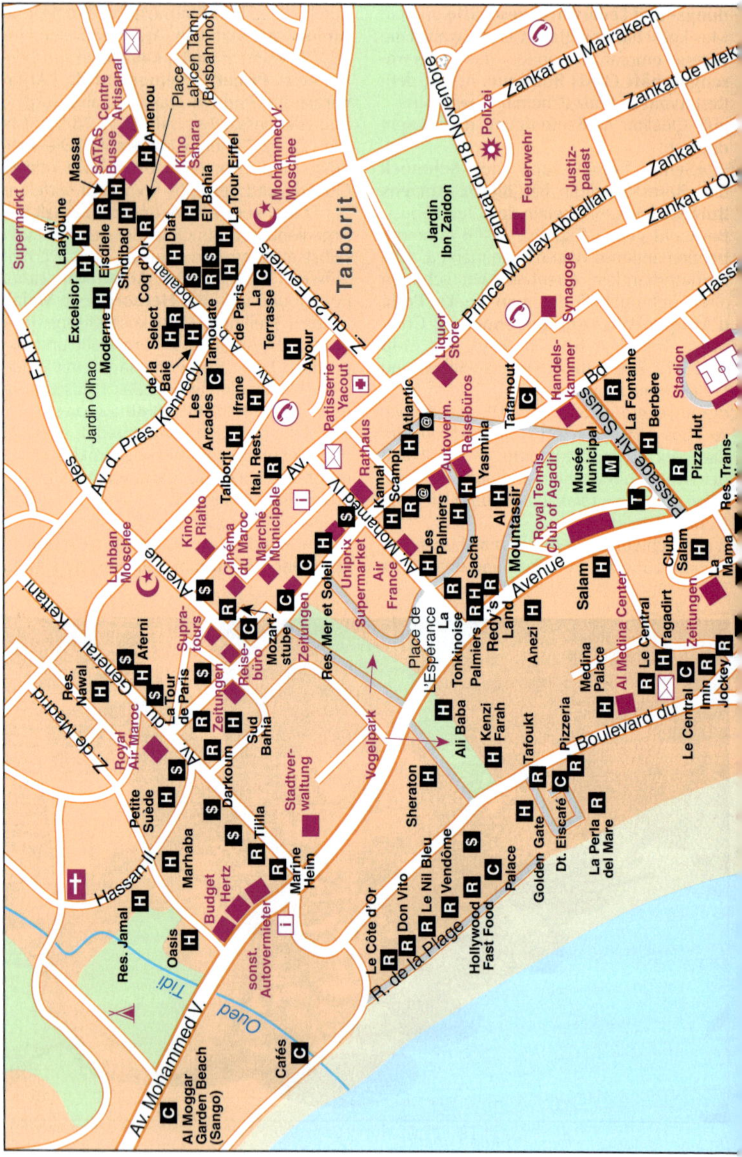
Zankat du Marrakech
Zankat de Mek
Zankat
Zankat d'Ou
Hass
Av. du 18 Novembre
Polizei
Feuerwehr
Justiz-
palast
Jardin
Ibn Zaïdon
Prince Moulay Abdallah
Synagoge
Talborjt
Mohammed V.
Moschee
Place
Lahcen Tamri
(Busbahnhof)
SATAS
Busse
Centre
Artisanal
Amenou
Massa
Supermarkt
Aït
Laayoune
Eisdiele
Sindibad
Coq d'Or
Diaf
Kino
Sahara
El Bahia
La Tour Eiffel
Excelsior
Moderne
Select
de la
Baie
Tamouate
Abdallah
Z. du 29 Février
Av. de Paris
La
Terrasse
Ayour
Patisserie
Yacout
Liquor
Store
F.A.R.
Jardin Olhao
Av. d. Prés. Kennedy
des
Les
Arcades
Ifrane
Talborjt
Ital. Rest.
Atlantic
Autoverm.
Reisebüros
Tafarnout
Handels-
kammer
Stadion
Bd Aït Souss
La Fontaine
Berbère
Pizza Hut
Yasmina
Rathaus
Kamal
Scampi
Av. Mohammed V
Les
Palmiers
Al
Mountassir
Royal Tennis
Club of Agadir
Musée
Municipal
Passage Aït Souss
Res. Trans-
Kino
Rialto
Cinéma
du Maroc
Marché
Municipale
Uniprix
Supermarket
Air
France
Sacha
La
Tonkinoise
Palmiers
Redy's
Land
Avenue
Salam
Club
Salam
La
Mama
Luhban
Moschee
Avenue
Kettani
General
Aferni
Res.
Nawal
Supra-
tours
Reise-
büro
Mozart-
stube
Zeitungen
Res. Mer et Soleil
Place de
L'Espérance
Anezi
Al Medina Center
Tagadirt
Le Central
Zeitungen
Medina
Palace
Imin
Jockey
Le Central
Z. de Madrid
Av. du
La Tour
de Paris
Zeitungen
Royal
Air Maroc
Sud
Bahia
Vogelpark
Ali Baba
Kenzi
Farah
Tafoukt
Pizzeria
Boulevard du
Darkoum
Stadtver-
waltung
Sheraton
Petite
Suède
Tilila
Marhaba
Hassan II
Budget
Hertz
Marine
Heim
Le Nil Bleu
Vendôme
Palace
Golden Gate
Dt. Eiscafé
La Perla
del Mare
Res. Jamal
Oasis
sonst.
Autovermieter
Le Côte d'Or
Don Vito
R. de la Plage
Hollywood
Fast Food
Oued
Tildi
Av. Mohammed V.
Cafés
Al Moggar
Garden Beach
(Sango)

AGADIR
Kirche
Hotel
Restaurant
Café,Club
Cybercafé
Museum
Bank
Theater
Tourist-Information
Post
Telefon
Polizei
Moschee
Krankenhaus
Campingplatz
Fußgängerzone
Zankat (arab.) = rue (franz.) = Straße
ATLANTISCHER OZEAN
Strand
100 m
N
n. Inezgane, Ben Sergao, Taroudannt, Tiznit, Al Medina Center, zum Flughafen u. Hotel Jacaranda
Mohammed V.
20 Août
Chemin de Oued Souss
Königspalast
Alhambra Cabaret
Targa Club
Omayades
Le Tivoli
Manador
Jazz
Einkaufs-passage
Supermarkt
Zeitungen
Tamlelt
La Scala
Norway
Club Valtur
Einkaufs-passage
Palais de Congres
Dunes d'Or
El Oumnyia
Agadir Beach Club
Palm Beach
La Langouste
La Trotteria
Grill du Soleil
La Kasbah
Agador
Borjeddahab
Sahara
Royal
Mabrouk
McDonalds
Les Cinq Parties du Monde
Solman
Kino Salam
Taxis Stadtbusse
LOTTISSEMENT FOUNTY
Atlantic Palace Dorint
PLM Tennis
Mercure
Amadil
Tikida Beach
Founty, Iberostar, Palais des Roses, Tikida Dunas

Agadir

einen **Marjane Supermarkt** an der Straße nach Inezgane. Hier sind alle (u. a. europäische) Lebensmittel erhältlich, die das Herz begehrt (auch Haushaltswaren usw.). Einen **Metro-Großhandelssupermarkt** gibt es an der Umgehungsstraße im Westen der Stadt.

◆Als **Einkaufsmeile für Lebensmittel und anderen Tagesbedarf** (Zeitungen, Postkarten) bietet sich die **Av. Hassan II.** in ihrem zentralen Bereich an. Das nahe gelegene **Kaufhaus Uni-Prix** bietet Souvenir-Massenware, Dosenwaren und Spirituosen. In Höhe von Post und Rathaus liegt der **Supermarkt Anaprix,** klein, aber gut sortiert, mit gutem Gemüse.

◆Etwas weiter die Bäckerei und **Konditorei La Veranda** u. a. mit hervorragendem Capuccino und gutem marokkanischem Mandel- und Blätterteiggebäck. Auch das **Café/Pâtisserie Tafernout,** Av. Hassan II. (kurz bevor die Fußgängerzone auf der gegenüberliegenden Seite in Richtung Av. Mohammed V. und zum Pizza-Hut weggeht) und die **Patisserie Louban,** direkt bei Pizza-Hut (auch günstig zum Frühstücken), das **Yacout le Traiteur** in Talborjt (s. a. Cafés) und das **Café La Fontaine** (große Auswahl, schöne Terrassen) verkaufen sehr gutes marokkanisches Gebäck. Links um die Ecke des Cafés *La Veranda* in der Rue Hotel du Ville – gegenüber der *Residence Shems* – liegt der **Supermarkt Sawma,** gut sortiert mit kleiner Fleisch- und Käsetheke und Alkoholika. Das Gemüseangebot ist hier nicht so gut. Beide Supermärkte (Anaprix und Sawma) haben durchgehend (auch sonntags, nicht an Feiertagen) bis 20 Uhr geöffnet.

Ein weiterer guter Supermarkt ist der **Libré Service Tafraoute** beim Place Salam (Stadtbusbahnhof).

Auch der ◆**Marché Municipal,** Place Prince Héritier Sidi Mohammed, liegt gleich in Fußweite. Hier gibt es Gewürze, Gemüse, Obst, Blumen, Fisch, Fleisch im Untergeschoss und Lebensmittelläden mit unterschiedlichen Öffnungszeiten im Obergeschoss.

◆Gemüse, Obst und Gewürze kann man auch am **Suq** bzw. in der **Markthalle** im Viertel **Talborjt,** ca. 200 m vom CTM-Busbahnhof, und in der neueren **Markthalle** am **Place Salam** (bei ehemaligen Taxiplatz am Stadtbusbahnhof) kaufen.

◆Unterhalb des *Hotels Igoudar* und im Komplex des *Hotel Tafoukt* gibt es gut sortierte **Lebensmittelläden** (auch Alkohol) und am Bd. 20 Août beim *Restaurant Norway.*

◆**Getränke, Alkoholika** kann man in einem Getränkeladen in der Av. Moulay Abdellah (Talborjt), gegenüber der Feuerwehr aber auch im *Uniprix* oder im Supermarkt *Marjane* kaufen.

◆**Fisch und Schalentiere** erwirbt man frisch am besten direkt im **Hafen.** Dort sollte man möglichst forsch direkt die Fischverkaufsstellen ansteuern, da man sonst umweigerlich von „hilfreichen" Leuten zu den Händlern gelotst wird und Aufpreis zahlt, weil ja der „hilfreiche Einheimische" seine Provision einheimsen muss. Ohne Vermittler zahlt man für ein Kilo Langusten ca. 190 DH.

◆Ein **Schweinemetzger** befindet sich in der Av. Hassan II. hinter dem *Hotel Marhaba* und neben dem vietnamesischen Lokal *Phi Long.*

◆In dem Buch- und Zeitschriftenladen in der Av. Hassan II., gegenüber der „Station Radio-Tele-Diffusion" und in den **Läden am Strand** und im **Hotelviertel** (z. B. *Résidence Tafoukt* oder am Bd du 20 Août) gibt es **deutsche Zeitungen und Landkarten von Marokko** zu kaufen.

Kaufen Sie **Lebensmittel und Spirituosen nicht im Touristenviertel** ein. Dort sind die Preise um ca. 10–20% höher.

Das Einkaufen gestaltet sich in Agadir recht einfach, da alle Händler (außer in den Gebieten nordöstlich der Stadt) deutsch sprechen. Auch in den Hotels und Restaurants wird in mehreren Sprachen bedient. Es ist bewundernswert, wie schnell (junge) Marokkaner Sprachen lernen – und wie „kreativ" sie dann ihre Sprachkünste entwickeln, wenn es darum geht, Touristen zu schocken bzw. zu ködern: „Alles klar, keiner weiß Bescheid", „Gucken sie rein, gucken kostet nichts", „Wir machen demokratische Preise", usw.

Der Club Valtur

Wollen Sie **in Ruhe einkaufen,** ohne zu feilschen, dann können Sie das am besten in *Talborjt* (nordöstlich der *Av. Moulay Abdellah* in Richtung *Place Lahcen Tamri,* dem Busbahnhof für die Überlandbusse). Um den Place Lahcen Tamri liegen auch die preiswerten Hotels für Einheimische und Rucksackreisende mit schmalem Geldbeutel. Talborjt ist das Einkaufszentrum der Einwohner, ein Herunterhandeln der Preise glückt nur in den wenigsten Fällen, da die Preise angemessen sind.

Sollten Sie länger in Agadir sein, macht es sich bezahlt, **immer im gleichen Geschäft einzukaufen.** Schon beim Friseur zahlt man beim zweiten Besuch nur die Hälfte - nur der Hotel-Friseur verlangt unerbittlich Festpreise.

PRAKTISCHE INFOS

◆**Tel. Vorwahl: 048**

◆Auch bei Ortsgesprächen muss die Vorwahl mit der 0 immer mitgewählt werden!

◆**Tel. Auskunft:** international 120, national 160; Vermittlung 100, Notruf 19

Touristeninformation

◆**O.N.M.T.**

Immeuble A., Pl. Prince Héritier Sidi Mohammed, Tel. 048 84 63 79/77, Fax 048 84 63 78

◆**Syndicat d'Initiative et de Tourisme**

Av. Mohammed V., Tel. 048 84 03 07 und am Flughafen Al Massira, Tel. 048 83 90 77.

Klassifizierte Hotels

In Agadir wurden in Founty direkt am Meer mehrere Luxushotels/Clubs neu eröffnet: das **Le Meridien Palais des Roses,** das **Club-Hotel Riu Tikida Dunas,** das **Iberostar Founty Beach** in Kooperation mit Neckermann Reisen und das **Sofitel** (Accor Gruppe). Weitere Hotels und Residenzen im Founty-Viertel sind im Bau.

Zu beachten ist, dass alle Hotels, die direkt an der **Av. Mohammed V.** liegen, stark vom **Straßenlärm** betroffen sind, denn es handelt sich um die Hauptdurchgangsstraße in Richtung Süden.

Bei einigen Hotels ist eine Buchung übers Internet oder einen Veranstalter (z. B. TUI) preiswerter. Auch unter den deutschsprachigen Seiten **www.agadir-net.com** gibt es eine gute Übersicht der Hotels und Ferienwohnungen sowie weitere Service-Leistungen wie Autovermietung etc.

Der deutschsprachige, staatliche Führer *Hassan Aferiad* und die Deutschen *Bernd Schweigert* und *Thomas Kasan* vermitteln Ferienhäuser, Apartments und Hotels (siehe Ferienwohnungen).

◆**Le Meridien Palais des Roses*******
Secteur touristique et balnéaire, Cité Founty, Tel. 048 84 94 00, Fax 048 82 72 75, www.lemeridien.com. Neue, riesige und sehr schöne (marokkanisch gestaltete) Luxushotelanlage mit 405 Zimmern, in deren Bädern jeden Tag frische Rosen ausgelegt werden. Alle Annehmlichkeiten, 8000 m² Poollandschaft und 11 000 m² Thalasso- und Spa-Center, mehrere Night Clubs, Privatstrand mit Wassersportmöglichkeiten, Tennisplatz, Kinderbetreuung/-animation, Fitnessraum etc. Sehr gutes Essen vom libanesischen Chefkoch. Mehrere herrliche Terrassen, orientalische Wasserpfeifenecke, Zigarrenbar. Teuerste Preiskategorie (€€€€€).

◆**Atlantic Palace Dorint*******
Secteur touristique, Bd du 20 Août, Tel. 048 82 41 46, Fax 048 84 43 92; Info.AGAPAL@dorint.com oder über die deutsche Zentrale der Dorint-Hotels: info@dorint.com, www.dorint.de/agadir/home.html. Riesiges Luxushotel unter deutscher Leitung. Mehrere Restaurants, mehrere Pools, verschiedene Wohnbereiche im Maisonettestil, 5 Restaurants, verschiedene Bars und Diskothek, Gesundheitspark mit Thalassotherapie und Fitnesszentrum, Tennisplätze, eigener Strand, Golfplatz. Preiskategorie €€€€€, Suite noch weit teurer. Überdimensionale und überbordende Eingangshalle mit kunstvollen Holzdecken im marokkanischem Stil. Die Einrichtung im Salon und in der Halle wäre mir zu plüschig und zu barock. Die Zimmer sind schön und haben mit den um die Pools und im Garten gruppierten Wohnbezirken individuellen Charakter – Im Verhältnis zum Preis ist aber nicht mehr als z. B. im Agadir Beach Club oder Sheraton bzw. Hotel Sahara geboten.

◆**Kenzi Farah Europa** *****
Bd du 20 Août, Tel. 048 82 12 12, Fax 048 82 34 35. Achtstöckiges Hotel mit toller Aussicht auf den Strandbereich (von den oberen Zimmern). Nicht direkt am Strand, aber mit eigenem Privatstrand *Oasis*. Die Zimmer sind schön, für 5-Sterne aber etwas klein. Sehr schönes Restaurant und Lounge. Fitnesscenter, Swimmingpool, Tennisplätze, Squashhalle, Friseur und alle Annehmlichkeiten eines Luxushotels. Sehr freundliches Personal. €€€€€A EZ/DZ ohne Frühstück, €€€€€B DZ oder EZ/HP, Suite €€€€€.

◆**Sofitel Agadir******* **(Accor)**
BP 226, Cité Founty, Baie des Palmiers, Bensergao. Tel. 048 82 00 88, Fax 048 82 00 33, E-Mail: h5707@accor.com, www.accorhotels.com. Neu eröffnetes Luxushotel der Accor Gruppe im Kasbah-Stil. 248 klimatisierte Zimmer und 25 Suiten mit Safe, Minibar, Sat-TV usw. Zwei Restaurants (international und Seafood), großer Pool, Privatstrand, Fitnesscenter, Hammam und Sauna, Tennis, Jet-Ski. Preiskategorie €€€€€, bei Internetbuchung oft wesentlich günstigere Sondertarife.

◆**LTI - Al Medina Palace** *****
Bd du 20 Août, Tel. 048 84 53 53, Fax 048 84 53 08, E-Mail: almadina@lti.de, www.lti.de/marokko. Sehr schönes und komfortables Hotel in maurischem Stil auf mehreren voneinander abgesetzten Etagen, mit Pool und schöner Gartenanlage, sehr geschmackvollen blauen Holzbalkonen, -fenstern und -türen. Mehrere Restaurants (mexikanisch, italienisch, marokkanisch usw.). Unterhalb liegt ein Einkaufszentrum mit Boutiquen und Restaurants. Preiskategorie €€€€.

◆**Sahara (Groupe Sahara)*******
Av. Mohammed V., Tel. 048 84 06 60, Fax 048 82 34 34, contactsahara@menara.ma, www.hotelsaharaagadir.com. €€€€€B ohne Frühstück. **Reise Know-How-Leser erhalten 15% Rabatt.** Großes, renoviertes Luxushotel mit Pool und eigenen Tennisplätzen, Nachtclub und marokkanischem Salon. Herrliche Aussicht von den Zimmern in den oberen Stockwerken. In dieses Hotel geht die marokkanische Oberschicht zum Feiern und Essen (sehr gutes marokkanisches Büffet für 230 DH, gute arabische Musikvorstellungen). Es gibt auch Bungalows; nachts ist es jedoch wegen des Nachtclubs dort öfters recht laut.

◆**Sheraton (Atlas)*******
Av. Mohammed V., Tel. 048 84 32 32, Fax 048 84 43 79, www.starwood.com/sheraton. Sechsstöckiges Hotel mit allen Schikanen (aber sehr laut wegen des Straßenverkehrs), Pool, eigenes Spielcasino direkt nebenan. „Pizzeria Rissani" (auch Pizzas zum Abholen). Doppelzimmer €€€€A–€€€€€B.

◆**Agadir Beach Club******
Bd du 20 Août, Secteur touristique et balnéaire, Tel. 048 84 43 43/25/26, Fax 048 84 08 63, E-Mail: beachclub@menara.ma, www.agadir-beach-club.com. Große, fast schon großkotzig-noble, sehr schöne Anlage direkt am Strand. Sehr komfortable, geräumige Zimmer. Etwas laut wird's in den Zimmern, die um die über mehrere Stockwerke offene, kreisförmige Lobby mit der darunterliegenden Musikbar gruppiert sind. DZ €€€€, Suite €€€€€, Menu 180 DH, Frühstück 80 DH. Sieben Restaurants, Nachtclub „Café de Paris", Disco, Sauna, Hammam, Fitnessclub. Schöner Pool in 1 ha großem Garten. Sehr freundliches Personal.

◆**Le Tivoli******
Bd. du 20 Août, Secteur touristique et balnéaire, B.P. 900, Tel. 048 84 76 40, Fax 048 84 76 46, E-Mail: Tivoli@agadirnet.net.ma, www.hotel-letivoli.com, tivoli@menara.ma. Sehr schönes, geschmackvolles Hotel mit großem Pool, Jacuzzi, Volleyball, Fitnessraum, Sauna, Hammam, 2 Tennisplätzen, Animation, Transfer zum Golfplatz. Zimmer im maurischen Stil. DZ €€€€A.

◆**Tikida Beach******
Rue Oued Sousss, Secteur balnéaire, B.P. 901, Tel. 048 84 54 00, Fax 048 84 58 62, E-Mail: resabeach@tikidahotels.co.ma, www.agadir-tikida.com, www.tourisme-marocain.com/INFOS/tikida/. Hinter „Dunes d'Or" und „Amadil Beach" direkt am Strand. Sehr schönes und komfortables Hotel. Zimmer mit Bad (Haartrockner), Bidet, sep. WC, Klima, Telefon, TV, Kühlschrank, Mietsafe, Balkon oder Terrasse, z. T. mit Meeresblick. Breites Sport- und Wellnessangebot von Surfen, Windsurfen, Katamaransegeln, Jet-Ski, Para-Sailing, Reiten, Golf, Tennis, Quad, Aerobic, Wassergymnastik, Beach-Volleyball, Bogenschießen, Darts, Jogging, Mountainbikeverleih, Wandern, Reiten, Thalassotherapie, Massage und Hammam. Kinderermässigung bis 16 Jahre. Große Disco. DZ mit Frühstück in der Hauptsaison €€€€€B, in Nebensaison €€€€A. Menu 175 DH.

◆**Jacaranda******
Km 4, Route d'Inezgane, Bensergao, Tel. 048 28 03 16, Fax 048 28 03 21, Kontakt in Deutschland: Tel. (04161) 55 87 05, Fax (04161) 55 87 07, www.jacaranda-hotel-agadir.com, hotel@jacaranda-hotel-agadir.com. Das erste (1999 fertig gestellte) Ökohotel Marokkos (nach Angaben der deutschen Besitzerin *Christel Butz*) liegt beim Al Medina-Center etwas außerhalb in Bensergao. In Richtung Inezgane fahren und nach der „Pépinerie New Garden" und den Taxi- und Bushaltestellen rechts in Richtung Al Madina abbiegen, dann liegt das Hotel kurz darauf linker Hand, bevor die Straße einen Knick zum Al Madina-Center von Cocco Polozzi macht. Der Zimmertrakt mit dem im Keller untergebrachten und mit Solaranlage beheizten Hallenbad, Sauna (80 DH) und Hammam (100 DH), liegt in einem sehr schönen Garten. Die hübschen Zimmer haben keine AC, sind aber nach Osten ausgerichtet (nur morgens Sonneneinstrahlung) und gut isoliert, so dass sich die Räume wenig aufheizen. Sehr schöne Eingangshalle im marokkanischen Dekor. Die komfortablen, sehr gepflegten Zimmer sind gutbürgerlich europäisch ausgetattet und mit Original-Gemälden bestückt. Gutes Frühstück und Essen. Das Restaurant bietet Trennkost. Das Hotel liegt nahe am Golfplatz und am Flughafen und ist deshalb v.a. für Golfer, Geschäftsreisende bzw. Touristen mit Fahrzeug interessant. DZ €€€€, Bungalows €€€€A, sehr gutes Frühstück 75 DH.

◆**Les Dunes D'Or** **** **(Framissima)**
Bd. du 20 Août, Secteur touristique, Tel. 048 82 19 66, 048 82 41 07, Fax 048 82 12 74, 048 84 43 92, www.fram.fr. Beschreibung siehe bei Clubs.

◆**Adrar******
Av. Mohammed V., Tel. 048 84 07 37, 84 08 38, 84 08 73, Fax 048 84 05 45. Hotel mit großem, sehr schönem parkähnlichen Garten. Unter marokkanisch-schwedischer Leitung. €€€€B.

◆**Amadil Beach******
Rue de Oued Sousss, Secteur touristique, Tel. 048 84 26 26, 048 84 06 20, 048 82 93 00, Fax 048 84 22 48, amadil@agadir.net.ma. Sehr schönes Hotel mit prachtvoller Halle, sehr

schöner Garten, Pool. €€€€. Ausgezeichnetes marokkanisches Restaurant „Dar Fes“.

◆**Anezi******

Av. Mohammed V., Tel. 048 84 09 40, 048 84 07 14, Fax 048 84 07 13. Etwas unpersönliches Hochhaus, aber große und sehr schöne Gartenanlage mit Pool. Fantastischer Blick vom obersten (9.) Stock, z. B. aus dem Pub. Strandnähe, 2 Restaurants, Nightclub, Hammam, Sauna. Doppelzimmer €€€€, Suite bis €€€€A, Studio €€€€, Apartments (mit Küche) €€€€A–€€€€€B (Preise alle saisonabhängig), Frühstück 65 DH, Menü 150 DH.

◆**Argana******

Bd Mohammed V., Tel. 048 84 83 04, Fax 048 84 05 56, h.argana@menara.ma. 238 Zimmer mit Bad/WC, Bidet, Telefon, Klimaanlage, Sat.-TV und teilweise Balkon oder Terrasse. Italienisches Restaurant, marokkanischer Teesalon, englischer Pub, Ladenzeile mit Shops und Boutiquen, schallisolierte Disco/Nightclub, Gartenanlage, großer Pool, separates Kinderbecken, Liegewiese, Sonnenterrasse, Pool- und Snackbar, Sonnenschirme und Liegen. Bis zum Sandstrand sind es ca. 10 Gehminuten. Tischtennis, Billard, Tennis (ca. 15 Gehminuten entfernt) und Sauna. Kinder von 2–13 Jahren 20% Reduktion. DZ €€€€, Frühstück 65 DH.

◆**Oasis******

Av. Mohammed V., Tel. 048 84 33 13, 048 84 33 15, Fax 048 84 42 60. Sehr schönes Hotel unter schweizer Leitung mit wechselnden Ausstellungen im Foyer. 135 Zimmer, geheizter Pool, Sauna und Hammam, Massage, Fitnessraum, Tennisplatz, Disco „Oasis“. DZ €€€€. In Strandnähe.

◆**Tafoukt******

Bd du 20 Août, Tel. 048 84 08 75, Fax 048 84 09 71, vgl. *Résidence Tafoukt* bei Ferienwohnungen. Im maurischen Stil, sehr schöne Lobby und Zimmer. Weitläufige Anlage mit Garten, Pool und Straßenzügen (öffentlich zugänglich) mit Boutiquen und internationalen Restaurants direkt an den Strand angrenzend. DZ od. Apartment €€€€ (je nach Saison), Bungalow €€€€A. Nahe der Restaurants ist es abends etwas laut. Im Anschluss an den Komplex liegt der Nachtclub „Golden Gate“.

◆**Les Almohades (Coralia Mercure Accor)******

Bd du 20 Août, Tel. 048 84 00 48, 048 84 02 33, 048 84 00 96, Fax 048 84 01 30, H2180-GM@ACCOR-HOTELS.COM. Ca. 15 Gehminuten zum Stadtzentrum. Schon etwas ältere, aber vor einigen Jahren renovierte Anlage mit sehr schönem Garten. 320 Zimmer mit Sat.-TV und Balkon, Ladenarkade, Friseur, Restaurant, Diskothek, Snackbars, Pool, separates Kinderbecken, Sonnenterrasse, Liegen, Spielplatz, Volley- und Basketball, Tennis, Minigolf, Wassersport, Reiten, Sauna, Massage und Animation. Für Kinder (4–12) Miniclub mit Animationsprogramm. Kinder von 2–12 J. 20%. Disco *Tan-Tan Club*. €€€€. Auch günstig über TUI (www.tui.de) zu buchen.

◆**Tagadirt (Groupe Sahara)******

Bd du 20 Août, Tel. 048 84 06 30, Fax 048 84 71 22, www.groupesahara.com. Sehr schöne, große Anlage im maurischen Stil, nahe am Strand. Alle Zimmer (auch Mehrbettzimmer) mit Bad/Dusche, WC, Heizung und Telefon. Zwei internationale Restaurants, Snackbar, Loungebar und Pianobar. Pool, Kinderpool, Solarium, Animation, Tischtennis und Tennis. Tanzabende mit Folklore. Privatstrand mit Snackbar, Surfschule. €€€€, günstige Kinderpreise.

◆**Transatlantique******

Tel. 048 84 21 10, Fax 048 84 20 76, Bd Mohammed V. Sehr schöner, weitläufiger Komplex mit Bungalows, Boutiquen, großem Garten, Pool. Ca. 10 Min. zum Strand. €€€€B.

◆**Marhaba******

Av. Hassan II., Tel. 048 84 21 10/20. Fax 048 84 35 29. Sehr zentral gelegen, sowohl zum Strand als auch zu den Autovermietungen und Geschäften. Angenehmes, sehr freundliches Hotel mit Pool und schönem Garten. 75 Zimmer mit Meeresblick. Gutes Preis-Leistungsverhältnis. €€€. Auch günstig über TUI (www.tui.de) zu buchen.

◆**Aferni*****

Av. Général Kéttani, Tel. 048 84 07 30, Fax 048 84 03 30. Sauberes Mittelklassehotel mit Pool, wo einige Touristikunternehmen Station machen. Sehr freundliches Personal, europäische Küche. Teppichböden im Flur und Zimmern schon etwas abgewohnt. €€€, Frühstück ca. 30 DH.

◆**Kamal*****

Tel. 048 84 28 17, Fax 048 84 39 40, Av. Hassan II. Angenehmes, sauberes Stadthotel, ohne besonderes Ambiente. Das familiär geführte Mittelklassehotel liegt im Zentrum von

Im Club Tamlelt

Agadir (ca. 15 Gehminuten vom Strand) und bietet 129 saubere und gute Zimmer auf 3 Stockwerken. Restaurant (marokkanische und internationale Küche), Bar, kleiner Süßwasserpool mit Snackbar, Liegen und Schirme. Zimmer mit Bad/WC, Telefon, TV, teilweise Balkon. DZ ohne Frühstück €€€A, DZ/HP €€€€. Frühstück 36 DH, Menu 130 DH –zu teuer und im Geschmack den skandinavischen und britischen Gästen angepasst. Schöne Terrasse zum Kaffeetrinken oder Abendessen mit Blick auf den Großen Platz.

◆**Ibis** (ex Moussafir)***
Bd Abderrahim Buabid (beim Suq), Tel. 048 23 28 42/47, Fax 048 23 28 49. 114 Zimmer mit Sat-TV, Safe. 4 Stockwerke, im modernisierten maurischen Stil. Pool. Wie alle ehemaligen Moussafir-Hotels nach Preis-Leistungsverhältnis sehr zu empfehlen. €€€€B, bei mehrtägigen Aufenthalten auch Sonderkonditionen. Oft ausgebucht, besser reservieren.

◆**Odyssee Park Hotel** (ex Ali Baba)***
Bd Mohammed V., Tel. 048 84 33 26, Fax 048 84 12 47. Schöne Zimmer mit Blick auf Garten oder Vogelpark, etwas öder Garten mit Tischtennis und Pool, Sauna, Tennisplatz, wenig Atmosphäre (Betonstil der 70er Jahre) – typisches, preiswerteres Touristenhotel für Reisegruppen. Zugangsberechtigung zur *Palm Beach* (30 DH pro Tag inkl. Liegestuhl und Sonnenschirm, Dusche, Toilette und Strandspiele). DZ €€€A.

◆**Sud Bahia*****
Rue des Administrations Publiques, B.P. 235, Tel. 048 84 07 82, 048 84 63 87, Fax 048 84 63 86. An einer Nebenstraße im Stadtzentrum gelegen. 15 Min. zum Strand. Massenhotel mit Pool, Essen gut (abends oft Buffet). Die Zimmer sind ordentlich, jedoch laut (Disco mit Live-Musik bis morgens um 4 Uhr). Gutes preiswertes Restaurant, Pool in der Gartenanlage im Innenhof und separates Kinderbecken. Kinder von 2–11 Jahre 30% Ermäßigung. DZ mit Frühstück €€A, DZ/HP €€€€B.

◆**Al Mountassir** (ex Aladin)**
Rue de la Jeunesse, Tel. 048 84 30 74, 048 84 32 28, Fax 048 84 60 71. DZ €€. Menü 105 DH. Angenehmes Mittelklassehotel ohne besonderen Flair, Pool. Handeln bei Stammgästen und längerem Aufenthalt möglich. Gleich um die Ecke kann man in der *Patisserie Louban* günstig und sehr gut frühstücken.

◆Talborjt***
Tel. 048 84 03 86, Fax 048 84 03 96. Im Talborjt-Viertel, Rue Entraide. Sehr sauber, empfehlenswert. Zimmer mit Bad €€. Frühstück zu teuer.

◆Solmane**
Av. Hassan II., Tel. Tel. 048 84 45 65/95, Fax 048 84 34 47, im Zentrum, €€.

◆Atlantic**
Av. Hassan II., Tel. 048 84 36 61/62, Fax 048 84 36 60. Sauberes, in der Vergangenheit schon etwas abgewohntes Hotel mit kleinem Garten und Sonnenterrasse. Nach der Generalrenovierung im Winter 2004 sollte es wieder instand gesetzt sein. Für Individualreisende empfehlenswert. DZ mit Frühstück €€ (saisonabhängig). Bei Pauschalbuchung häufig preisgünstiger (z. B. TUI, Kreutzer etc.). Bewachter Parkplatz.

◆Ayour**
4, Rue de l'Entraide, Tel. 048 84 49 02, Fax 048 84 24 74. €€.

◆Jamal**
Av. Hassan II., Tel. 048 84 23 46 und 84 23 86, Fax 048 84 43 67. Ordentliches Hotel, €€.

◆Karam**
10, Place de la Foire, Tel. 048 84 11 40, Fax 048 84 10 40. €€B.

◆Mabrouk**
Bd du 20 Août, Tel. 048 84 06 06, Fax 048 84 52 86. Schöner Garten mit Swimmingpool, €€A inklusive Frühstück. Nach Leserangaben unfreundlich gegenüber Rucksackreisenden. Man kann Ausflüge buchen, z. B. 1 Tag Marrakesch (6 Uhr bis 21 Uhr) für 500 DH, 1 Tag Tafraoute für 280 DH.

◆Miramar**
Av. Mohammed V., Tel. 048 84 07 70, Fax 048 84 07 70. Das älteste Hotel Agadirs liegt in Richtung Hafen. Klein, sehr gepflegt, AC, Bad und WC getrennt, €€ DZ. Hervorragendes Restaurant (gehobene Preise), das gerne von in Agadir ansässigen Europäern aufgesucht wird.

◆Les Palmiers**
Av. Prince Héritier Sidi Mohammed, nahe Post. Tel. 048 84 37 19, Fax 048 82 25 80. Saubere DZ/WC/Bad €€, Dreierzimmer €€€. Freundlich, gutes Essen.

◆Royal**
Av. Mohammed V., Tel. 048 84 06 75, Fax 048 84 05 02. DZ in der Nebensaison mit HP (Frühstücksbuffet) €€, Hauptsaison €€€. Hübsche Bungalowsiedlung mit Pool, aber etwas ungepflegt.

◆Sindibad**
Place Lahcen ou Brahim Tamri (am Busbahnhof), Tel. 048 84 45 35, Fax 048 84 24 74, mittlerer Standard, ruhig und sauber, €€.

◆El Bahia**
Tel. 048 82 27 24, Fax 048 82 45 15, Rue El Mehdi Ibn Toumert (in der Nähe der Stadtbusstation Place Salam), für Rucksackreisende empfehlenswert, sauber. € DZ mit Dusche auf dem Flur, mit Dusche im Zimmer €€, Frühstück 20 DH.

◆De Paris*
75, Av. Kennedy, in Talborjt in der Nähe der Moschee Mohammed V., Tel. 048 82 26 94, Fax 048 82 45 15. Wiedereröffnung (Neubau) im Jahr 2005. Preiswertes, empfehlenswertes Hotel mit freundlichem Besitzer. Im Erdgeschoss ist ein großes Café. Fast jedes Zimmer mit eigenem Balkon. 2 Min. vom Busbahnhof und nicht weit von der Stadtmitte.

◆Cinq Parties du Monde*
Av. Hassan II., nicht weit vom Busbahnhof. Tel. 048 84 54 81, Fax 048 84 25 0. €. Renoviert und nun beliebtes Touristenhotel. Im Winter wird das Hotel besonders von Skandinaviern belegt.

◆Diaf*
Av. Allal Ben Abdellah, Talborjt, Tel. 048 82 58 52, €.

◆Moderne*
Rue Mehdi Ibn Toumert, Tel. 048 82 33 73. Sehr einfaches Hotel, €.

◆Petite Suède*
Av. Hassan II., Tel. 048 84 07 79, Fax 048 84 00 57. DZ mit Dusche €A, Dreierzi. €€, **10% Rabatt für Reise-Know-How-Leser.** Sauber, sehr freundliches Personal, Hotelparkplatz, etwas laut, da an verkehrsreicher Ecke gelegen. Angeschlossen ist die Autovermietung *Amadou Cars*, Tel. 048 84 37 72, Fax 048 84 46 19, 15% Rabatt für Reise-Know-How-Leser.

Ferienclubs/Clubhotels

1. Kategorie

◆Beach Club, siehe bei Hotels!

◆Les Dunes d'Or (Framissima)
Route Oued Sousss, Secteur touristique, Tel. 048 82 19 66, 048 82 41 07, 048 82 99 00,

Fax 048 82 12 74 und 048 84 43 92, www.fram.fr. Vor einigen Jahren komplett renoviert und in die Luxusklasse eingruppiert (franz. FRAM Club). Liegt direkt am Strand, 435 klimatisierte DZ in dreistöckigen Pavillons, eigene Disko, Sauna, zwei Pools, Sportplätze, direkt am Meer. All inclusive €€€€A pro Person.

◆**Caribbean Village Agador** (Groupe Sahara) Bd du 20 Août, Tel. 048 84 71 03, Fax 048 84 02 35, www.groupesahara.com. Sehr schöne, individuelle Anlage mit viel Grün und sehr großzügig in verschiedenen Ebenen angelegt. Zum Caribbean Village Ressort gehören ebenso die Clubs Tamlelt und Manader (s. u.). Alle drei Clubs im maurischen Stil sind um zentrale Gemeinschaftsanlagen wie Restaurants, Hammam, Zentralpool, Activitycenter mit Amphitheater gruppiert. Vor dem Hotel gibt es einige Geschäfte, Restaurants und Bars. Großer Speisesaal und zwei à la carte Restaurants (marokkanische und mediterrane Küche), Pizzeria, Bar, Diskothek. 378 Zimmer mit Sat-TV, Blick aufs Meer oder den Garten, Balkon oder Terrasse. Babysitting auf Anfrage (Aufpreis). Weitläufige Gartenanlage mit großem Süßwasserpool und integriertem Kinderbecken sowie drei weiteren kleinen Pools. Sonnenterrasse mit Poolbar, Sonnenschirmen, Liegen und Badelaken. 500 m zum eigenen Strand und 20 Min. ins Zentrum. Sechs Tennisplätze liegen am NO-Rand, drei Außen-Squashplätze (inkl.), Massage (gegen Gebühr). Kinder 2–12 Jahre bis 40% ermäßigt. All inclusive €€€€ bis €€€€€ pro Person.

◆**Club Tamlelt und Manader (Groupe Sahara)**
Bd du 20 Août, Tel. 048 84 16 14, Fax 048 84 71 15. Reservierung siehe bei *Caribbean Village Agador*. Ebenfalls zwei sehr schöne Clubanlagen im orientalischen Stil auf verschiedenen Ebenen. 150 m zum Strand. All inclusive €€€€ bis €€€€€ pro Person (je nach Saison).

◆**Club Méditerranée**
Rue de Oued Souss, Tel. 048 84 06 01, 048 84 05 42, Fax 048 84 67 40, www.clubmed.de. Traumhaft schöner Garten, mit eigenem Strand. Etwas kleine Zimmer, die je nach Aussicht aufs Meer teurer werden. Pendelbus zur *Ranch* mit Golfplatz (Golf-Intensivkurs mit 12 Std. an 5 Tagen zu 145 Euro), Tennisplätzen, Bogenschießanlage und Restaurant. Reit- und Surfmöglichkeit (Intensivreitkurs mit 12 Std. an 6 Tagen zu 150 Euro). Kinderbetreuung ab 4 Jahre inklusive. Verschiedene Wellness-Programme gegen Gebühr. €€€€ pro Person.

◆**Club Valtur**
Secteur balnéaire, Tel. 048 84 48 45/25, 048 84 49 95, 048 84 31 25, Fax 048 84 33 75, www.club-valtur.de. Sehr luxuriöser, eleganter italienischer Club, eigenes Sportareal (Bustransfer) mit Tennisplätzen (kostenloser Gruppenunterricht), Bogenschießanlage, Reitmöglichkeit, Mitbenutzung der Golfplätze *Les Dunes* (27-Loch) und *Royal Golf* (18-Loch) gegen Aufpreis. Eigener Strandbereich, der Club ist aber ca. 200 m vom Strand entfernt. Kinderbetreuung ab 12 Jahren. In der Anlage sind nur Kinder ab 5 Jahren erlaubt. 362 Zimmer mit Sat-TV. 1 Woche mit Flug ab Deutschland, VP im DZ ca. 800 bis 1050 Euro pro Person.

◆**Club La Kasbah**
Bd du 20 Août, Tel. 048 84 02 36, 048 84 03 36, 048 84 09 50, 048 84 01 04, Fax 048 84 08 93. Sehr schöne Bungalowanlage im orientalischen Stil in 52 ha großem Gartenareal, ca. 10 Min. zum Strand, drei Restaurants (*Le Langouste, Grill et Soleil* und *Le Dar Tajine*), Disko, Tennisplätze, Squash, Basketball, Volleyball, Badminton, Bogenschießen, Tischtennis, Gymnastik, Aerobic, Minigolf, Fitnessbereich mit Sauna, Hammam und Whirlpool. Massage, kosmetische Behandlung, Windsurfing und Reiten am Strand gegen Aufpreis. Geschäfte und Wäscherei. Club-Programm mit Kursen zur marokkanischen Küche, Henna-Bemalung, Bauchtanz und Arabisch. Für Kinder Miniclub von 4–12 J. täglich von 9–18 Uhr. Babysitting gegen Gebühr. Kinder von 2–12 J. 20%. DZ €€€€, Suite €€€€€, Apartment (Bungalow) €€€€€A.

◆**Iberostar Founty Beach**
Rue Oued Sousss, Tel. 048 84 44 44, Fax 048 84 48 48, neben dem *Palais des Roses*, E-Mail: fobcom@iberostar.com, www.iberostar.com. Neue Clubanlage von Thomas Cook Reisen direkt am Strand, ca. 1 km vom Stadtzentrum. Empfangshalle mit Restaurants, Bar, Friseur, Beautysalon und Shop. Weitläufiger Außenbereich mit schöner Poollandschaft (Kinderbecken und Snackbar). Liegen und Sonnenschirme am Pool gebührenfrei, am Strand gegen Gebühr. 470 Zimmer mit Sat-TV, Klimaanlage, Safe usw., auch Zimmer mit Mee-

resblick. Tennisplätze, Beachvolleyball, Basketball, Sauna, Hammam, Fitnessraum und Spa gegen Gebühr. Ca. 750 bis 900 Euro pro Pers. und Woche im DZ mit Flug (all inclusive) bei Neckermann.

◆**Club-Hotel Riu Tikida Dunas**
Chemins des Dunes, Secteur touristique, Tel. 048 84 90 90, Fax 048 84 90 99, E-Mail: commercial.tikidadunas@riu.com, www.riu.com. Im Winter 2002 eröffnete Clubanlage mit 406 schönen Zimmern (AC, Terrasse/Balkon, Kühlschrank, Safe, Sat-TV etc., z. T. mit Meeresblick) in 5-ha-Gartenanlage. 1 km vom Stadtzentrum und 25 km vom Flughafen entfernt. Unter gleicher Geschäftsleitung wie *Tikida Beach.* Restaurants, zwei Süßwasserpools, ein Meerwasserpool, inkl. Liegestuhl mit Sonnenschirm, beheizter Innenpool, Hammam und Massage (Gebühr), Mini-Club mit Kinderbetreuung (4–12 Jahre). Tennis, Beach Volleyball- und Ping-Pong-Plätze. Nahe gelegenes Thalassotherapie-Center, Wassersportmöglichkeiten am Strand, Golfplatz *Golf du Soleil* (27-Loch) 6 km entfernt. All-inclusive-Preise, €€€€ bis €€€€A pro Pers. im DZ (auch über TUI buchbar). Eltern mit zwei Kindern (bis 11 Jahre) erhalten 50% Rabatt auf die Kinder. Leser waren sehr zufrieden und lobten den guten Service.

2. Kategorie

◆**Tryp Les Omayades**
Bd du 20 Août, Tel. 048 84 22 12/13, 048 84 03 69, Fax 048 84 22 01. Schöne Bungalows mit 144 DZ, €€€€.

◆**Club Al Moggar Garden Beach**
Bd. Mohammed V., Tel. 048 84 22 70/72, 048 84 45 88, Fax 048 84 25 00, 048 84 01 19, www.hotelclubalmoggar.com, contact@hotelclubalmoggar.com (Online-Reservierung möglich). Schöne, schon etwas ältere Anlage, nur durch die Promenade vom Strand getrennt und ca. 15 Gehminuten (600 m) vom Zentrum. Großer, parkähnlicher Garten mit Weiher, Tennisplätzen, Minigolf, Bolzplatz, neu gestalteter Poolanlage mit Snackbar, mehreren Restaurants, Sauna und Hammam, Fitnessraum. Animation und Kinderbetreuung (4–12 Jahre). 410 Zimmer in Reihenbungalows, schöne Lobby im marokkanischen Stil, Bar, Diskothek, Souvenirshop. Zimmer schlicht und zweckmäßig mit Dusche/WC, Mietsafe, Balkon oder Terrasse. Angenehmes, gut organisiertes Animationsprogramm. Nebensaison: €€A pro Person im DZ/HP, Hauptsaison: €€€B pro Person, für Kinder bis 12 Jahre 50% Ermäßigung. Wesentlich günstigere Preise bei Buchung von Deutschland aus.

Außerdem befindet sich ein **Club Robinson** im Bau, der im Sommer 2005 eröffnen soll.

Ferienwohnungen

Bei den „Résidence touristique" genannten Unterkünften handelt es sich um **1- bis 2-Zimmer-Selbstversorger-Apartments** mit Kochnische, Geschirr und Kühlschrank. Die Preise liegen bei ungefähr 400–800 DH für ein 3- bis 5-Personen-Apartment/Tag, es kann aber bei längeren Aufenthalten und außerhalb der Saison günstiger werden.

Viele dieser Apartments kann man bei den großen Reiseveranstaltern vorausbuchen. So kommt man meist billiger weg, als wenn man individuell vor Ort bucht.

◆Ferienhäuser, Villen, Apartments und komplette Häuser vermittelt **Hassan Aferiad.** Er ist staatlich anerkannter deutschsprachiger Reiseleiter und Dolmetscher: Handy 061 18 88 52, www.aferiad.de.vu, E-Mail: hafpost@hotmail.com oder mypostchen@gmx.net.

◆Ferienhäuser und Wohnungen rund um Agadir vermietet außerdem der **Holiday-Club von Bernd Schweigert,** der in Taghazout lebt: Handy (0)68 32 52 83, Tel. (0)48 20 00 22, E-Mail: holidayclub@gmx.net, www.agadir.de.ms, www.taghazout.de.vu. Er vermittelt auch Mietwagen (www.agadir-autovermietung.de.vu) und gibt Surfkurse (www.surf.de.md) – siehe auch Mietwagen bzw. Sport.

◆Auch **Thomas Kasan** vermittelt Mietwagen, Ferienhäuser und Apartments in Agadir oder Taghazoute: www.agadir-ferien.de, Thkasan@hotmail.com, Tel. (in Deutschland): (0170) 67 57 870, Fax (0711) 53 60 583.

◆**Abdou Schawlin,** ein englisch, französisch und spanisch sprechender Gitarrist, vermittelt ebenfalls Wohnungen, Häuser und Villen: Handy 061 28 76 03.

◆**Village de l'Electricien**
Bd Cheik es Saadi, B.P.3176, 80005 Agadir, Tel. 048 84 30 71, Fax 048 84 30 73. Ferienanlage der Elektrizitätsgesellschaft, die bei freien Ka-

pazitäten auch an Touristen vermietet. Die komfortablen Bungalows und Apartments liegen in einer herrlichen Gartenanlage mit Pool.

1. Kategorie

◆Résidence Yasmina
Rue de la Jeunesse, Tel. 048 84 26 60, Fax 048 84 56 57, www.residenceyasmina.com, ryasmina@menara.ma. Komfortable Apartments für bis zu fünf Personen. Ziemlich nah am Zentrum, aber weit zum Strand, schön angelegt, mit Pool und hübschem Gartenrestaurant, von der obersten Etage Meeresblick. Vier-Personen-Apartment €€€€, für zwei Personen €€€. Im Angebot vieler Reiseveranstalter, bei Pauschalbuchung oft preiswerter.

◆Bel-Riv
Bd. Mohammed V., Tel. 048 84 51 99, Fax 048 80 51 99. 10 Apartments.

2. Kategorie

◆Résidence Louban
Av. Mohamed IV. (ehem. Prince Sidi Mohamed), sehr zentral beim Place de l'Espérance, bei einer hervorragenden Pâtisserie. Tel. 048 82 65 01 und 048 82 64 99, Fax 048 84 34 78, E-Mail: loubanaga@menara.ma. Apartments mit Kochnische, Kühlschrank, Bad, Balkon und Sat-TV für 4–5 Personen. Pool und Kinderbecken, 10 Min. Fußmarsch zum Strand. €€€€B bis €€€€, tägliche Reinigung der Zimmer.

◆Résidence Afoud
Rue de la Foire, Tel. 048 84 28 82, Fax 048 84 45 61. 68 Doppelzimmer, €€€. Pool, Restaurant, Zimmerservice, TV, Pool.

◆Résidence Shems
Rue Hôtel de Ville, Tel./Fax 048 84 45 61. Sehr laut an der Kreuzung zur Av. Hassan II. gelegen. Bei Pauschalbuchung zu Hause mit Flug wesentlich billiger als Einzelbuchung von Flug und Quartier. Vor Ort ab €€€ für ein Studio bzw. Apartment (2–4 Personen) mit Schlafzimmer, Wohnzimmer, Küchennische, Badezimmer mit Dusche und seperater Toilette. Tägliche Zimmerreinigung. Pool und Sonnenterrasse.

◆Résidence Fleurie
Rue de la Foire, Tel. 048 84 36 24 oder 048 84 42 69, Fax 048 84 42 74, E-Mail: residencefleurie@menara.ma. 48 Studios mit Telefon, Sat-TV, AC, Kochecke mit Kühlschrank, Balkon. 5 größere Apartments. Caféteria und Pool, Parkgarage. 10 Min. zum Strand. Studio für zwei Personen €€€, Apartment für 4 Pers. €€€€, Frühstück 25 DH. Günstige Gruppentarife.

◆Résidence Karam
10, Rue de la Foire, Tel. 048 84 10 30, 048 84 42 55/56, Fax 048 84 12 34. Gehört zum gleichnamigen Hotel. Mit Pool, TV, Parkplatz.

◆Aparthotel Igoudar (Groupe Sahara)
Bd du 20 Août, Tel. 048 84 03 99 und 048 84 55 53, Fax 048 84 55 43, www.groupesahara.com. Schöne Selbstversorger-Apartments (167) mit eigener Küche, v.a. für Familien geeignet, untergebracht in einem auf verschiedenen Ebenen verschachtelten Gesamtkomplex mit Gemeinschaftsräumen, Pool und Garten. Zwei-Zimmer-Apartments für bis zu vier Personen, Drei-Zimmer-Apartments für vier bis sechs Personen. Ca. 150 m zum Privatstrand *Sahara Beach*.

◆Résidence Tilila
Av. du Général Kettani. Ca. 200 m zum Strand. Tel. 048 84 06 66, Fax 048 84 15 43. Studios für 2, 3 oder 4 Personen mit Telefon, Dusche und Küche sowie Safe.

◆Résidence Tafoukt
Bd du 20 Août, Tel. 048 84 08 75, Fax 048 84 09 71, vgl. *Hotel Tafoukt*.. Sehr schöne Apartments, zwei Zimmer für bis zu fünf Personen mit Bad und Küche (oft nicht eingerichtet bzw. ohne Herd), Balkon, tägl. Reinigung, €€€€B/Tag/4–5 Personen komplett. Innerhalb eines eigenen Touristikkomplexes mit Geschäften, Restaurants etc., direkt am Meer gelegen, Schwimmbecken beim *Hotel Tafoukt*. Etwas laut (Musik der umliegenden Lokale).

◆Résidence Anezi
Av. Mohammed V., Tel. 048 84 09 40, Fax 048 84 07 13. Schöne Anlage, hübsche Apartments mit Fernseher. Gehört zum *Hotel Anezi*, dessen Einrichtungen wie Pool, Sportanlagen etc. mitgenutzt werden können.

◆Résidence Farah
Rue de la Foire, Tel. 048 84 39 33 und 048 84 23 87, Fax 048 84 33 64, E-Mail: hotelresidencefarah@wanadoo.net.ma, www.hotelresidencefarah.ma. 48 Studios (mit Kochnische) und 8 Apartments für bis zu fünf Personen mit Küche, Salon, Bad und Balkon. 400 m zum Strand, nahe am Zentrum, marokk. Restaurant und Bar. Preise (im August etwas

teurer): Studio für 2 Pers. €€B, Studio für 4 Pers. und Apartment (bis 5 Pers.) €€€, Frühstück 25 DH, Dinner 65 DH.

◆**Résidence Sacha**

2, Rue de la Jeunesse, Tel. 048 84 11 67, 048 82 55 68, Fax 048 84 19 82, residencesacha@agadir-maroc.com, www.agadir-maroc.com. 10 Min. zum Strand. Studio mit Kochnische €€€ (Hauptsaison). Großes Apartment (vier bis fünf Personen) €€€€. Frühstück 40 DH. Netter franz. Direktor *Yves Richard*. Pool, Parkplatz. Zwei-Personen-Apartments mit Küche und Bad €€, Pool.

3. Kategorie

◆**Résidence Nejma**

Av. des F.A.R., Tel. 048 82 87 82/84, 048 84 19 75, Fax 048 84 60 75. 62 Zimmer, Telefon, TV, Restaurant, Pool, Bar.

Weitere Adressen über das O.N.M.T.

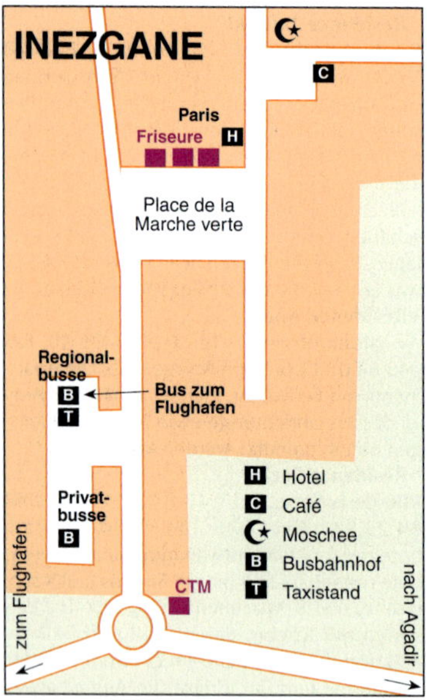

Unklassifizierte Hotels

◆**Excelsior**

Tel. 048 82 10 28/19, Rue Yacoub El Mansour, einfach, etwas heruntergekommen (Kakerlaken), sehr laut; freundliche Hotelleitung. DZ ½€, mit Dusche €.

◆**Canaria**

Place Lahcen Tamri (Talborjt-Viertel, beim Busbahnhof). Neu renoviert, sehr saubere, neue sanitäre Anlagen, ruhig und angenehm, alle Zimmer gehen zum Innenhof. DZ €B mit Du., ½€ ohne Du. Bestes Preis-Leistungsverhältnis.

◆**Tour Eiffel**

Zankat 29 Février, Tel. 064 22 09 25, direkt gegenüber der großen Moschee Moh. V., nahe beim Gare Routière. €B für 3er-Zimmer, Etagenduschen, einfach, aber sauber. Gutes und preiswertes Essen.

◆**Tiznine**

In Talborjt hinter dem *Hotel Ayour* und nahe des *Hotels Najem* (nicht weit vom *Café Yacout*). Tel. 048 84 39 25, Handy 061 94 18 26. Einfaches Hotel in einem marokkanischen Wohnhaus. 2 Etagen mit Innenhof. Dreibettzimmer €A.

◆**Al Mahata**

25 bis, Place al Massira. Tel. 048 83 40 88. Von der Hauptausfahrt vom Busbahnhof kommend auf der Hauptstraße links; einen großen Platz mit vielen parkenden Autos nach rechts überqueren. Viele Zimmer, die sauber und ordentlich sind, aber etwas laut. ½€, warme Dusche 5 DH. Netter, deutsch sprechender Portier.

◆**Tamri**

1, Av. President Kennedy. Tel. 048 82 18 80. ½€, warme Duschen im Flur (Benutzung nur zu bestimmten Zeiten), sauber, ruhige Lage, okay.

◆**Aït Laâyoune**

Tel. 048 82 43 75, Rue Yacoub El Mansour. Direkt beim Busbahnhof, deshalb sehr laut. Viele Kakerlaken, aber gut funktionierende heiße Duschen. ½€.

◆**El Bahia**

Rue El Mehdi Ibn Toumert, Tel. 048 82 39 54, 048 82 27 24, Fax 048 82 45 15, gegenüber dem *Cinéma Sahara* (bei der Stadtbushaltestelle). Freundliche Betreiber, Ermäßigung bei mehreren Übernachtungen. Zimmer mit Dusche/WC und TV € pro Person, DZ €€B. Zimmer ohne Dusche/WC aber mit Waschbecken €.

Weitere preiswerte Hotels befinden sich in der Nähe des Busbahnhofs und in der *Rue Yaqub El Mansur*. Wer nur eine Nacht in Agadir bleibt oder die Stadt als Durchgangsstation betrachtet, kann **in Inezgane** (7 km südlich von Agadir) in der Nähe des Busbahnhofes günstig übernachten.

Hotels in Inezgane

Wer nicht länger in Agadir bleiben will, sollte gleich in Inezgane übernachten, da fast alle Busse morgens von dort wieder weiterfahren und eine Übernachtung in Agadir umständlich und teurer wäre. Viele der billigen Hotels sind schon ab 30 DH pro Nacht/Person zu bekommen. Auch wenn am nächsten Morgen der Rückflug geht, ist Inezgane als Station für eine Nacht zu empfehlen. Von dort fährt der **Bus Nr. 22** für 3 DH in 30 Minuten zum Flughafen. Nahe dem Busbahnhof gegenüber vom Souk gibt es sehr einfache und günstige Hotels (½€) mit Etagenduschen.

◆**Hazienda** ***
km 6, Route d'Inezgane-Ben Segao, Tel. 048 33 36 21/27, Fax 048 83 50 70. Schönes, kleineres Club-Hotel (Reiturlaub), von kleinem Wäldchen umgeben, weit zum Meer. Das Hotel ist nun angeblich geschlossen, aber die Sportanlagen sind noch in Betrieb.

◆**Pyramide** ***
Chemin Oued Souss-Ben Sergao, Tel. 048 83 47 05, Fax 048 33 06 57. Kleines Hotel mit 25 Zimmern, schon etwas abgewohnt, mit Pool. DZ mit Bad €€.

◆**Le Provencal** **
Tel. 048 83 26 12, Fax 048 83 34 31, km 9, Route d'Inezgane, kleines Hotel, an verkehrsreicher Straße gelegen (mit Pool). DZ €€€.

◆**La Pergola** **
km 8, Route d'Inezgane, Tel. 048 83 31 00, Fax 048 83 50 25. Kleines Hotel an der verkehrsreichen Straße von Agadir nach Inezgane. DZ €€B.

◆**Aday** **
Bd. Mohammed V., Hay Hassani, Tel. 048 83 37 84. Im Zentrum von Inezgane, rechts der Hauptstraße, sauberes, freundliches Hotel. DZ €.

◆**Hagounia***
9, Av. Mokthar Sousi (im Zentrum, gleich links von der Hauptraße nach Agadir), Tel. 048 83 27 83, Fax 048 83 36 35. Neueres Hotel, aber nicht besonders sauber. DZ €€.

◆**Louz Noufara***
Sehr sauberes, neueres Hotel direkt am Busbahnhof. Nettes Personal, das gut englisch spricht, ordentliche Zimmer. DZ €€, alle Zimmer mit Bad und WC. Tel. 048 33 19 90 und 048 33 20 46.

◆**Paris**
Tel. 048 33 05 71. Sieben Minuten vom Busbahnhof. Nach links auf die Hauptstraße, dann rechts die Hauptstraße entlang und bei der nächsten T-Kreuzung links. DZ mit Du. ½€. Sehr freundlicher Besitzer, englisch- und deutschsprachig. Das Essen im Restaurant ist gut. Beim Hotel kann man nach dem Führer *Abdullah* fragen (laut eines Lesers sehr zuverlässig und freundlich).

◆**Hotel Badr**
Leserempfehlung: sauber, nett, sehr angenehm mit Dachterrasse und schöner Aussicht, ½€.

◆**El Marjane**
Vom Busbahnhof aus links, wenige Minuten. Tel. 048 83 68 40. Geräumige und saubere Zimmer. Saubere Etagenduschen. €.

◆**Al Mahata**
25 bis, Pl. al Massira, Tel. 048 83 40 88. Vgl. Agadir/Unklassifizierte Hotels.

◆**Es-Safoua**
56, Rue Hagounia, Tel. 048 83 43 78, sauber und freundlich, ½€, Gemeinschaftstoiletten.

Campingplatz

◆**Camping International**
Bd Mohammed V., Tel. 048 84 66 83, 048 84 09 21. Die schön konzipierte Anlage ist etwas heruntergekommen und entspricht keineswegs europäischem Standard. Die warmen Duschen sind gegen Gebühr (s. u., Ticket) bis 18.30 Uhr benutzbar, bei der Campingplatzverwaltung muss man den Schlüssel abholen; die kalten Duschen sind frei. Die Sanitäranlagen sind heruntergekommen, werden aber regelmäßig sauber gemacht. Der Boden ist voll Kies und Staub und im Winter bei Regenfällen, wenn Rinnsale durch das Gelände fließen, recht schmutzig. Es gibt einen gut sortierten Laden am Platz, auch frisches Obst und Gemüse. Der Platz ist von November bis Januar und im August meist voll. Im Winter sind vor allem Wohnmobil-Rentner anzutreffen, die Agadir

als Überwinterungsquartier nutzen, und im Sommer ist der Platz ganz in der Hand marokkanischer Familien. Die sanitären Anlagen sind meist sauber, abgesehen vom August und Dezember, wenn der Campingplatz mehr oder minder „überquillt".

Gebühren: Pro Person 10 DH, Caravan 30 DH, Zelt 15 DH, Pkw 10 DH, Hänger 30 DH, Strom 15 DH, Geländewagen/Wohnmobil 30 DH, Motorrad 5 DH, Wasser 2 DH, Dusche 7,50 DH. Alle Preise plus 14% Steuer!

Im gesamten Umkreis von Agadir (ca. 100 km nördlich und südlich) wurden **„Camping interdit"-** (Camping verboten) Schilder aufgestellt, um das Entstehen ganzer Wohnmobil-Städte zu unterbinden. Bis zu 150 Wohnmobile stehen nördlich und südlich von Agadir an frei zugänglichen Strandabschnitten. Da sich Diebstähle häufen und das Abfallproblem immer dringlicher wurde, sahen sich die Behörden gezwungen, das wilde Campen zu verbieten. Was aber offensichtlich viele nicht zu stören scheint, bzw. manche beschweren sich auch noch, dass keine Abfalltonnen aufgestellt werden und lassen ihren Müll ungeniert liegen. So muss man sich bei diesem Anblick häufig genug für seine Landsleute schämen!

15 km nördlich bei **Taghazout** liegt direkt am Strand ein weiterer sehr einfacher Campingplatz gleichen Namens, der aber bald den geplanten Hotelprojekten weichen muss.

Ein weiterer Camping- bzw. mehr Standplatz befindet sich in *Moussa d'Aglou* in der Nähe von *Tiznit* und in *Taghazoute*.

Essen und Trinken

Durch die große Anzahl an Restaurants in Agadir liegen die Preise hier recht günstig. Hier trifft der Spruch „Konkurrenz belebt das Geschäft" durchaus zu. So kann man im Touristenviertel zwar verhältnismäßig teuer, dafür in den Wohnvierteln um die Av. Moulay (Allal) ben Abdallah herum sehr preiswert essen. Da gibt es schon Menüs für 25 DH und das Gericht des Tages *(plat du jour)* für 18 DH. In Touristenlokalen mit europäischer Küche zahlt man zwischen 80–150 DH für ein Menü, im Hotel bis zu 250 DH.

Richtung Hafen/im Hafen

◆ **Bar-Restaurant du Port**

Tel. 048 84 37 08, im Hafen. Sämtliche Fischspezialitäten, hervorragend und unbedingt zu empfehlen, mittlere Preisklasse (Fischplatte 90 DH, Calamari 60 DH), nur à la carte, kein Menü. Langusten, Bouillabaisse, Paella, Fischplatte.

◆ **L'Amiral**

Tel. 048 84 47 72, im Hafen. Fischspezialitäten, gepflegt, Air-Condition, sehr gut. Fischplatte für 2 Personen 480 DH.

◆ **Le Miramar**

Bd Mohammed V., kurz vor dem Stadtende rechts in Richtung Hafen. Tel. 048 84 07 70, italienisch und Seafood. Zum Hotel Miramar gehörendes, hervorragendes Restaurant (s. a. dort). Im Winter mit Kaminfeuer!

Es gibt auch eine Reihe **kleiner Fischrestaurants am Hafen** (vor der Einfahrt rechts hinter der ABM-Bank), wo man inzwischen **abgezockt** wird und – fragt man nicht genau nach – so viel zahlt, als hätte man im Luxusrestaurant gegessen (von einem Leser wurden beim Restaurant Nr. 88 für 2 Personen 430 DH verlangt, und erst nach Streit wurde die Rechnung auf 226 DH heruntergesetzt – die Hälfte wäre angemessen gewesen). Wenn man aber vorher einen Preis ausmacht, der normal klingt, ist die Portion klein, und man sitzt in Zeltverschlägen oder auf einfachsten Stühlen mit Billiggeschirr. Auch Schlepper sind in der Stadt unterwegs und versuchen Touristen zu werben. Bei Streit braucht man nur mit der Touristenpolizei zu drohen, das hilft!

Im Zentrum und nördlich (Talborjt)

◆**Darkoum**
Av. Général Kettani, marokkanische Palastatmosphäre, marokkanische Spezialitäten, mit Musik, sehr edel aber teuer (Menü ca. 200–250 DH).

◆**Phi Long**
Av. Hassan II., hinter Hotel Marhaba, Tel. 048 84 21 08, sehr gut, Fleischgericht ca. 65 DH.

◆**La Tour de Paris**
Av. Hassan II., Immeuble Bahia, Tel. 048 84 09 06. Schlechte Leserresonanz: langsame Bedienung, öliger Pfannen-Fisch. Hauptgericht ca. 85 DH.

◆**Marine-Heim** (bei Hilde)
Bungalow Marhaba, Bd Mohammed V., Tel. 048 84 07 31, deutsche und französische Küche, seit *Hilde* weg ist, nur noch mittelmäßig. Hauptgericht ca. 85 DH.

◆**La Pampa**
Tel. 048 82 8018, Haus A1 Erdgeschoss No. 8, Av. Prince Héritier Sidi Mohammed, Grillbraten, marokkanische Spezialitäten. Sehr gut bei mittlerer Preisklasse.

◆**Via Veneto**
Tel. 048 84 14 67, Av. Hassan II., sehr gute Pizzeria, hervorragendes Preis-Leistungsverhältnis.

◆**La Tonkinoise**
Tel. 048 84 25 27. Av. Prince Héritier Sidi Mohammed. Koreanisch.

◆**Mozartstuben**
Tel. 048 82 45 64, Place Hassan II. (Nordseite vom Marché Municipale), österreichische und internationale Küche (österreichische Besitzerin). Gut, kitschig-alpenländisches Interieur, Mozartmusik. Sonntag Ruhetag. Hauptgericht ca. 85 DH.

◆**La Mamma**
Tel. 048 84 10 34, neben *Pêtit Dôme*, internationale Küche mittlerer Qualität.

◆**Redy's Land**
Av. Prince Héritier Sidi Mohammed, Ecke Mohammed V., Tel. 048 84 59 17. Pizzeria, Snacks, Steaks, mit Biergarten (Bier vom Fass), Essen mittelmäßig, Ambiente und Service mäßig, deutsch sprechendes Personal, viele Touristen. Live-Musik. Pizza 45–50 DH.

◆**Le Piccoli**
Tel. 048 84 35 92, Rue de la Foire, in der Residence Farah, siehe Ferienwohnungen, italienisch und international.

◆**Bistro Romain**
19, Av. Hassan II., Tel. 048 84 88 19, italienisch, gute Pizza ca. 45 DH.

◆**Select**
38, Rue Allal Ben Abdallah, Tel. 048 82 11 16. Preiswertes, gutes marokkanisches und Fischrestaurant, gr. Portion Tintenfische ca. 50 DH, Menü 40 DH, gutes und reichliches Essen.

◆**Scampi**
Av. Hassan II., Tel. 048 84 40 54, Fisch- und Meeresfrüchte, gutes Essen.

◆**Café de l'Arcade**
Rue Allal ben Abdallah. Preiswertes Lokal, nettes Ambiente, Essen für 35–40 DH.

◆**Azzahra**
60, Bd Moulay Abdallah. Das Lokal ist gut und preiswert, Menü ca. 65 DH.

◆**Restaurant Les Cascades**
Pizzeria, direkt am Ali Baba Hotel.

◆**Coq d'Or**
Am Pl. Lahcen Tamri beim Busbahnhof, gutes und preiswertes Essen für ca. 35 DH.

In der **Rue d'Essaouira,** nahe dem Busbahnhof, gibt es verschiedene kleine Restaurants, in denen man recht **günstig essen** kann; die sanitären Anlagen sind oft schlecht. Zwischen Av. Mohammed V. (etwa in Höhe des Theaters) und Av. Hassan II. entstand eine kleine Fußgängerzone mit ◆**Pizza-Hut** und diversen Lokalen.

Im Touristenviertel – zwischen Av. Mohammed V. und Strand, Ch. de Oued Souss, Bd du 20 Août, Centre balnéaire

◆**Savannah**
30, Bd. Mohammed V., im Transatlantique-Komplex in Richtung Bd. 20 Aôut. Gehobene Mittelklasse, marokk.-franz. Küche. Sehr gutes Essen ab 80 DH.

◆**La Scala**
Rue Oued Souss, nahe Club Valtur, Tel. 048 82 75 01. Sehr gutes Restaurant mit französischer und marokkanischer Küche. Schönes Interieur und Gartenterrasse. Gerichte ab ca.

90 DH. Aufmerksame Bedienung (auch junge Damen).

◆**Perla del Mar**
Complexe Tafoukt, Tel. 048 84 00 65, Meeresfrüchte (145 DH) und internationale Küche (Filet 85 DH), gut.

◆**Résidence Tafoukt**
Bd du Aôut, mehrere Lokale innerhalb des Touristikkomplexes (span. **Tio Pepe** - Paella 150 DH; ital. **Mister Piccolo, La Molisana, Jo-Jo-Burger;** franz. **La Nautile** - Fischspezialitäten; **La Perla del Mare,** neben Nachtclub **Golden Gate** - Hamburger, Pizza, Gyros).

◆**Le Pêtit Dôme**
Bd du 20 Aôut, direkt beim Eingang zum zoologischen Garten, viel besucht. Garten, abends Musik. Sandwich 30 DH, Steak 60–75 DH.

◆**Tan-Tan**
Ch. de Oued Souss, Grill-Restaurant (mit Garten) und Disco (gehört zu *Hotel Les Almohades),* Lammkeule 170 DH, Fischplatte 250 DH, Steak, Ente 92 DH, gut.

◆**Jockey**
Bd du 20 Aôut, Grill-Bar, Irish Pub. Essen zwischen 40–70 DH.

◆**Mimi - La Brochette**
Am Strand an der Promenade, Complexe Al Moggar, Secteur Balnéaire. Tel. 048 84 03 87 oder 067 29 06 20. Täglich geöffnet außer Freitagabend und Samstagmittag. Spezialität sind Brochette, Fisch und Languste. Empfehlenswert.

◆**Le Fouquet**
Tel. 048 84 16 86, Ch. de Oued Souss, italienische und internationale Küche. Mitternächtliches Menü mit Bauchtanz. Daneben gibt es eine gute **Pizzeria.**

◆**La Mauresque**
Nahe *Hotel Tivoli*. Sehr guter Service, vernünftige Preise (kein Mindestverzehr). Leserempfehlung.

◆**La Langouste (Club La Kasbah)**
Tel. 048 84 01 36, Bd du 20 Aôut (schräg gegenüber Club Med), ehemals „das Lokal" Agadirs, die Preise sind auf Normalmaß geschrumpft (70–150 DH), die Küche ist immer noch gut.

◆**Le Cesar (Club la Kasbah)**
9, Rue de Oued Souss, Tel. 048 84 12 65. Essen gut, aber nicht mehr Spitzenklasse. Europäische Musik bis 22 Uhr, dann marokkanische Liveband.

◆**Jardin d'Eau**
Tel. 048 82 37 06, Bd du 20 Août. Hier sollte man sich nicht von dem verspielten Intérieur abschrecken lassen. Live-Sänger, Küche und Service sehr gut. Mindestverzehr 20 DH pro Gast, falls man zum Kaffeetrinken (Café au lait 13 DH) und Musiklauschen kommt, muss man also etwas mehr bestellen.

◆**Restaurant Palace**
An der Strandpromenade, schön angelegt, Steak 60–80 DH.

◆**Restaurant Tawas**
Tel. 048 84 10 86. Am Strand gegenüber Café Marin, im letzten Drittel des Strandbereichs in Richtung Hafen. Gut und sehr schönes Interieur.

◆**Le Vendôme**
Tel. 048 82 56 11, Café und Restaurant an der Strandpromenade, der Besitzer ist Franco-Marokkaner, sehr gut geführt, gutes Essen für 70–100 DH, leckere Eisbecher.

◆**La Côq d'Or**
Tel. 048 84 55 67, an der Strandpromenade, Menü 70–85 DH. Nach Besitzerwechsel jetzt Pizzeria.

◆**Feyrouz**
Im Al Madina Palace, Bd du 20 Aôut, sehr gutes libanesisches Essen, aber teuer.

◆**Norway**
Essen mittelmäßig, gegenüber Club Valtur.

◆**Jazz Restaurant**
Tel. 048 84 02 08, Bd du 20 Août, neben Complexe Igoudar, Pfeffersteak 90 DH, Fischplatte 80 DH, gut.

◆**La maison de la Brochette & Herguita**
Gut besuchtes Restaurant/Café an der Promenade am Strand, Complexe Al Moggar, Secteur Balnéaire. Jeden Tag geöffnet. Gute Brochettes und Hähnchen sowie tropische Obstsäfte. Im Sommer wegen der günstigen Preise oft voll (Menü 30 DH, Säfte 8 bis 12 DH).

◆**La Sirène**
No. 34, Complexe Ait Souss. Neues Restaurant in der Fußgängerpassage, nahe des Musée Municipal. Sehr gutes und üppiges Essen zu einem günstigen Preis.

Die einfachen Lokale, in die auch die einheimische Bevölkerung geht, sind vor allem nördlich der Av. Moulay Abdellah und im Bereich des Busbahnhofes um den Platz Lahcen Tamri zu finden, aber auch im Bereich des Busbahnhofes der städtischen Busse (Place Salam) und des Suqs.

Cafés/Imbiss

Zahlreiche Cafés auch mit deutschem Kuchen und Eis gibt es vor allem **an der Strandpromenade.** Gut geführt, aber verhältnismäßig teuer ist das ◆**Deutsche Café** von *Karin* und *Uli Decker* im **Tafouktkomplex** zwischen Av. Mohammed V. und Strandpromenade (Erbeerkuchen, Apfel- und Käsekuchen, riesige Eisbecher, etc).

Österreichisch geführt und bestückt mit Kuchen aus **Rudis Backstube** ist ◆**Tati's** am Strand, zwischen *Agadir Beach Club* und *El Oumnya* (Bier vom Fass). Neben Rudis Backstube am Strand liegt außerdem das im Sommer stark besuchte ◆**Tahiti Beach Café/Restaurant** mit gutem Service und Essen. Dort werden auch Sonnenschirme und Liegen (20 DH/Person) vermietet.

Gut sind ebenfalls das ◆**Café Tafranout,** Av. Hassan II., mit hervorragendem Gebäck und das bei Marokkanern sehr beliebte ◆**Café Louban** (nahe Kaufhaus Uniprix), Av. Prince Mulay Abdallah, mit üppigem Frühstück für zwei Personen um 45 DH. Zu empfehlen ist auch die Boulangerie/Patisserie ◆**La Muse des Gouts – Yacout Traiteur** in der Av. 29 Février (schöne Terrassse), Tel. 048 84 65 88, Fax 048 82 64 78, wo es marokkanische, libanesische und französische Spezialitaten und auch Schokolade aus eigener Produktion gibt. Auch Imbiss wie kleine Pizzas gibt es hier. Schönes marokkanisches Interieur.

Im ◆**Restaurant Snack Zebra,** 4, Rue Nations Unies (Residence Nawal), kann man zu vernünftigen Preisen kleine Gerichte ordern.

◆**McDonald's** darf natürlich auch in Agadir nicht fehlen: Die Restaurants an der Av. Mohammed V. (Drive-In) und am Strand an der Promenade (neben dem zweiten Pizza Hut) werden vor allem von Jugendlichen frequentiert.

Sonstiges

Zwischen Av. du 29 Fevrièr und dem Busbahnhof liegt ein recht empfehlenswertes **Fischrestaurant** (Fischtajine 25 DH).

In der Av. des F.A.R. gibt es eine Bierbar bzw. **Brasserie,** die vorwiegend von Einheimischen besucht wird.

Eine **Hühnerbraterei** gibt es in der Nähe der Av. Mulay Abdallah.

Samstag nachts spielt sich alles Leben (der Einheimischen) auf der Strandpromenade und am angeschlossenen Vergnügungspark (Rue de la Plage) ab.

Im obersten Stockwerk des **Hotel Anezi** gibt es einen **Pub,** von dort hat man einen herrlichen Ausblick (für jedermann offen).

Busverbindungen

Stadt- und Vorortbusse

(Siehe Streckenplan und auch Stadtplan)

Abfahrtsorte: Ab *Place Salam* (im Südosten Agadirs, beim Kino Salam) nahe dem Suq; hier fahren die orangefarbenen Busse; die einfache Fahrt p. P. kostet 2,70 DH. Von hier fahren mehrere Busse zum **Place Massira** in **Inezgane** (vgl. Skizze auf Seite 138), hier liegt ein weiterer Busbahnhof, die meisten Busse haben hier Aufenthalt, auch zum Flughafen muss man hier umsteigen. Vorsicht im Bus von Agadir nach Inezgane: Es wurde uns wiederholt von **Taschendieben** berichtet!

Busse zu den Stränden in Richtung Tamri, Tarhazoute (Taghazout) (Nr. 12 und 14) fahren stündlich.

Vom (zum) Flughafen verkehrt die **Linie 22:** Flughafen – Inezgane (blau-weißer G.A.B. Bus), Fahrzeit 30 Minuten, ab 6 Uhr morgens alle 20 Min., 3 DH. Der Bus hält ca. 500 m vom Flughafenausgang entfernt an der Straße vor dem Flugplatzgelände. Die Taxifahrer erzählen gelegentlich, dass es keinen Bus gäbe.

Weiter von Inezgane nach Agadir: **Stadtbus Nr. 5 und 6** (2,50 DH) und die Zetrap-Busse (grün und blau) Nr. 40 und 45 (3 DH).

Fernverkehrsbusse

CTM-Busse und Privatlinien, z.B. Pullman Sud, SAT u.a., am **Bd Mohammed Cheikh Saâdi** in Talborjt. Ein Umzug des Busbahnhofes an die südliche Umgehungsstraße Al Hamra Mohammed ben Brahim (östlich vom Souk) ist geplant. Wer nicht vor hat, in Agadir zu bleiben, sollte gleich ab/bis **Inezgane** fahren, weil dies der zentrale Hauptbusbahnhof in alle Gegenden des Landes für Weiterreisende ist. Denn womöglich fährt man dann ab Agadir los und hat in Inezgane noch einmal eine längere Wartezeit.

- **Agadir – Beni Mellal** (über *Marrakesch*): 7x täglich, 8 Std. Ca. 130 DH.
- **Agadir (Inezgane)– Essaouira – Safi – Casablanca:** 8x täglich, 9 Std. 155 DH.
- **Agadir – Errachidia:** täglich, 11 Std.
- **Agadir – El Jadida/Safi:** 1x tägl., 8 Std., 96 DH, nach Safi 65 DH (6 Std.).
- **Agadir – Essaouira:** 10x täglich, ab 8 Uhr jede Stunde, Fahrzeit ca. 4 Std., 40 DH plus 10 DH Gepäck (CTM).
- **Agadir – Laâyoune:** 3x täglich (abends), 11 Std. Fahrzeit, 96 DH.
- **Agadir – Marrakesch:** 10x täglich, Fahrzeit 4 Std., 70 DH.
- **Agadir – Rabat:** 8x täglich
- **Agadir – Tafraoute:** 5x täglich, 5 Std.
- **Agadir – Taliouine – Tazenakht – Ouarzazate:** 3x täglich, ca. 8 Std.
- **Agadir – Ouarzazate:** Ab Inezgane mit Privatbus samstags um 11 Uhr, 80 DH plus 10 DH Gepäck, 6 Std. Fahrzeit.
- **Agadir – Tata:** 4x täglich, 9 Std.
- **Agadir – Tan-Tan:** 10x täglich (über Tiznit, Bou Izakarne, Gouelmim), Preis ca. 65 DH, nach Gouelmim 55 DH.
- **Agadir – Taroudannt:** 9x täglich, Fahrzeit 2,5–3 Std., ca. 20 DH.
- **Agadir – Tiznit:** 11x täglich zwischen 7 und 16 Uhr, Fahrzeit 1,5 Std., 26 DH.

Eisenbahnbusse (Supratours)

O.N.C.F. (Busse der Eisenbahngesellschaft): 12, Rue des Orangers, Tel. 048 84 04 19, 048 82 12 07, nur ab Inezgane. Die Bahnbusse möglichst 1–2 Tage im Voraus buchen.

STADT- UND VORORTBUSSE

Bus	Strecke	Länge	Dauer
1	Pl. Salam – Av. Pr. Mulay Abdallah –Anza (über den Hafen)	9 km	30 Min.
2	Pl. Salam – Hôpital Hassan. II. (über Amicale)	10 km	40 Min.
3	Pl. Salam – Hôpital Hassan II. (über Bouargane)	8 km	30 Min.
4	Pl. Salam – Facultes (Uni – über Bouargane)	7 km	30 Min
5	Pl. Salam – Pl. Massira (Inezgane, Umsteigen zum Flughafen)	10 km	30 Min.
6	Pl. Salam – Pl. Massira (Inezgane)	10 km	30 Min.
7	Pl. Massira (Inezgane) – Tarrast	3 km	26 Min.
8	Pl. Massira (Inezgane) – Koleaa (über Aït Melloul)	11 km	35 Min.
9	Pl. Massira (Inezgane) – Tikiouine (über Aït Melloul)	7 km	30 Min.
10	Pl. Massira (Inezgane) – Lamzar (über Aït Melloul)	7 km	35 Min.
11	Pl. Massira (Inezgane) – Temsia (über Aït Melloul)	12 km	35 Min.
12	Pl. Salam – Taghazout (über Hafen, Tamrakht)	21 km	50 Min.
13	Pl. Salam – Imiki (über Hafen, Tamrakht)	18 km	45 Min.
14	Pl. Salam – Tamri (über Hafen-Taghazout)	55 km	2 Std.
19	Pl. Massira – Drarga (üb. Aït Melloul – Tikiouine)	10 km	30 Min.
21	Pl. Salam – Aït Melloul (üb. Faculte – Tikikouine)	15 km	40 Min.
22	Pl. Massira (Inezgane) – Flughafen El Massira (Aït Melloul)	8 km	30 Min.
60	Pl. Salam – Taghazout (über Hafen)	18 km	45 Min.
61	Pl. Salam – Tamri (über Hafen und Taghazout)	55 km	2 Std.

➡ **Marrakesch:** 4x täglich, Fahrzeit 3,5–4 Std., Preis ca. 75 DH
➡ **Agadir – Tiznit – Guelmim – Tan-Tan – Dakhla:** 3x tägl., Fahrzeit 24 Std., 350 DH.

Eisenbahn

Busanschluss besteht zu den Bahnhöfen nach Marrakesch, siehe ONCF-Busse.

Flugverbindungen

Flughafen

El Massira in Aït Melloul, Tel. 048 83 90 03/04/04/06.

Flugbüros/Flugrückbestätigungen

Royal Air Maroc in der Rue Général Kettani, Tel. 048 84 03 93, 048 84 07 93, Fax 048 84 06 54, Reservierungen unter 048 84 00 45, am Flughafen: Tel. 048 83 90 04, Fax 048 83 92 96.

Rückbestätigung von **LTU-Flügen** bei: **Sahara Tours International,** Av. des F. A.R., Immeuble Yassine, Tel. 048 84 04 21 und 048 84 01 54, Fax 048 84 03 28.

Flugrückbestätigung für **Condor** unter der deutschen Hotline (01803) 333 130 oder bei *Univers Holidays*, Tel. 048 84 50 51 oder 048 84 14 72.

Für **TUI (Hapag Lloyd)** bei World of TUI, c/o **Holiday Services,** Av. Hassan II., Tel. 048 84 18 00 (gegenüber Vogelpark).

Bei diesen Büros sind auch One-way-Tickets erhältlich, wenn Plätze übrig bleiben. Sie müssen jedoch bar bezahlt werden.

Inlandsflüge

sind zwar einigermaßen preisgünstig, gehen aber fast immer über Casablanca, so dass sich ein Flug kaum rentiert. Mittlerweile gibt es bei *RAM* ein deutlich verbilligtes Wochenendticket.

Auslandsflüge

Auslandsflüge sind v.a. in die afrikanischen Nachbarländer nach *Nouakchott* (Mauretanien, *Dakar* (Senegal) und *Bamako* (Mali) mit Royal Air Maroc interessant. Es fliegen aber auch mehrmals die Woche Flugzeuge der RAM in alle europäischen Hauptstädte, jedoch immer über Casablanca. Alle Flugpläne wechseln halbjährlich.

Nur die Chartergesellschaften und Sonderflüge der RAM fliegen Agadir ab Deutschland direkt an (LTU und Condor am Dienstag). Inzwischen fliegt auch Air Berlin ganzjährig von verschiedenen Abflughäfen direkt nach Agadir. S. a. „Praktische Infos A–Z", Kapitel „Anreise".

Flughafenabholung

Wer mit mehreren Personen und viel Gepäck bzw. Fahrrädern vom Flughafen abgeholt werden will, kann dieses mit **Cote d'Azur Travel** vereinbaren. Das Büro liegt nahe dem *Hotel Transatlantique*: Fondation Hassan II. 1/1, 30, Av. Mohammed V., Tel. 048 82 74 92.

Auch www.agadir-net.com organisiert Abholungen: Tel. 044 47 34 61, Fax 044 47 25 81. Ansonsten kann man sich mit einem **Grand Taxi** in die Stadt fahren lassen (s. Taxis).

Busverbindung von und zum Flughafen siehe im Abschnitt „Stadtbusse"!

Die **Wechselstube** im Flughafen wechselt keine Travellerschecks und gibt auch kein Geld auf Kreditkarten.

Taxi

- **Stadtfahrten** nach Taxameter (auf Einschalten des Geräts bestehen), pro Km in der Stadt ca. 3–5 DH. Grundgebühr 5 DH, nachts 50% Aufschlag. Die roten **Petit Taxis**, in Agadir auch „Taxi rouge" genannt, verkehren nur im Stadtbereich und dürfen nicht mehr als drei Fahrgäste befördern.
- **Vom Flughafen** verkehren nur **Grand Taxis** (beige Mercedes), ab 150 DH, nachts Zuschlag (ab 200 DH), deshalb ist es preiswerter den Bus zu nehmen (alle 30 Min.) oder Mitfahrer fürs Taxi zu suchen. Eine Fahrt zur Kasbah und zurück kostet ca. 60 DH.
- Die **Grand Taxis** (Sammeltaxis) können entweder als Ganzes für Fahrten außerhalb des Stadtgebiets gemietet oder mit insgesamt 6 Personen geteilt werden (Sammeltaxi). Fährt man alleine, zahlt man für das gesamte Taxi. Ein großes Taxi kann auch für den ganzen Tag gemietet werden (ca. 600–900 DH) – Vorteil: Man kann den Tag einteilen, wie man will, und halten, wo

man will. Als sehr zuverlässig gilt Herr **Soumaq al Bachir,** Taxi Nr. 144 (ca. 600 DH für einen Tag incl. Essen, 1000 DH für eineinhalb Tage). Von verschiedenen Lesern sehr empfohlen wurde mir außerdem Herr **Adi Ouali** (Taxi Nr. 593), der in der Regel jeden Abend zwischen 20 und 22 Uhr vor dem *Hotel Les Almohades* oder dem *Agadir Beach Club* steht. Das Taxi ist klimatisiert. Herr Ouali spricht sehr gut deutsch, ist sehr freundlich und angenehm. Er macht zwar keine Abstecher zu Teppich verkaufenden Verwandten, hat aber bei mehrtägigen Fahrten dennoch Absprachen mit Hotels und Restaurants, so dass man das Tourprogramm und die Konditionen vorher genau absprechen sollte. Wer ihn über mehrere Tage engagieren will, sollte 2–3 Tage vorher Kontakt mit ihm aufnehmen, Handy 068 80 55 66; pro Tag ca. 800 bis 1000 DH (z. T. inkl. Essen oder Übernachtung), auch Abholung vom Flughafen (150 DH). Ebenfalls sehr empfohlen wird **Ahmed Zaky,** Bloc 112 Nr. 1 Cité Hassani, Tel. 048 20 46 42, Handy 061 70 98 75, Taxi Nr. 96, der sehr gut deutsch spricht, auf Wunsch Ausflugsfahrten mit Touristen unternimmt und sehr angenehm und hilfsbereit ist. Auch der junge Taxifahrer **Lahcen Agouzzoul,** der mit Touristen Touren in Agadir unternimmt, ist empfehlenswert (Handy 068 69 61 89).

- **Preisbeispiele für Grand Taxis/Sammeltaxis:** für das ganze Taxi nach Essaouira ca. 700 DH, nach Marrakesch 900 DH. Als Sammeltaxi ca. 60 DH/Pers. nach Marrakesch und Essaouira, ca. 26 DH nach Taroudannt (Fahrzeit 1½ Std., Taxi komplett 300 DH), nach Laâyoune 250 DH und nach Gouelmim 200 DH pro Person. Ab Inezgane nach Agadir 5 DH pro Person. Zum Nationalpark Massa kostet ein Tagesflug (ganzes Taxi) ca. 500 DH.
- Der Abfahrtsplatz der **Sammeltaxis** wurde an die **Umgehungsstraße in Richtung Flughafen** verlegt (am ersten Kreisel stadtauswärts, nach dem Suq; s. Stadtplan).

Autovermietung

Diesem Thema ist ein ausführliches Kapitel im Teil „Praktische Infos A–Z" gewidmet, siehe auch dort. Die Preise stellen Richtwerte dar bzw. beruhen auf Leserinformationen und eigenen Recherchen. Wer organisiert reist, sollte evtl. die lokalen Reiseleiter konsultieren, denn diese kennen günstige und zuverlässige Agenturen.

Die meisten Autovermietungen liegen am **Bd Mohammed V.** fast nebeneinander oder rund um die **Av. Hassan II.** Einige sind am **Flughafen** oder in den **Hotels** untergebracht, so dass es sehr einfach ist, Preise zu vergleichen. Grundsätzlich befinden sich die Fahrzeuge der größeren und internationalen Vermieter in besserem Zustand als die der kleinen und Kleinstvermieter, die häufig nur ein bis zwei Fahrzeuge in (sau)mäßigem Zustand anbieten.

Ebenfalls kann man Fahrzeuge über das Reisebüro *Bovoyages* (siehe bei Reisebüors) mieten, auch ab Deutschland, was sich als wesentlich günstiger herausstellte.

Thomas Kasan, ein Deutscher, vermittelt **Mietwagen übers Internet:** www.agadir-ferien.de, Thkasan@hotmail.com, Tel. (in Deutschland): (0170) 67 57 870, Fax (0711) 53 60 583.

Mietwagenvermittlung auch über die Webseite (deutsche, in Marokko ansässige Betreiber): www.agadir-net.com.

- **Avis**

Bungalow Marhaba, Av. Mohammed V., Tel. 048 82 14 14. Flughafen El Massira, Tel. 048 83 92 44 oder über das internationale Reservierungsbüro in Deutschland, Tel. 01805/ 21 77 02.

- **Europcar/Interrent**

Bd. Mohammed V./Rue Hubert Giraud, Tel. 048 84 02 03, Fax 048 31 02 30 und am Flughafen El Massira, Tel. 048 84 03 37. Mittagspause zw. 12 und 14.30 Uhr, sonntags nur vormittags. Reservierungszentrale Casablanca: Tel. 022 31 37 37, Fax 022 31 02 30, E-Mail: reservations@europcar.ma.

- **Hertz Maroc**

Av. Mohammed V., Bungalow Marhaba, Tel. 048 84 09 39, Fax 048 84 34 76. Preise (jeweils pro Woche): Fiat Uno 2940 DH, Fiat Siena/Renault Clio 3500 DH, Toyota Prado (4x4) 9268 DH.

- **Pyramid Cars**

24, Place du Souss, Tel./Fax 048 82 01 51/ 84 63 86, und im Hotel Sud Bahia, Tel. 048

Mietwagen und Taxis am Flughafen von Agadir

84 84 96, Fax 048 84 63 86, oder im Hotel Agadir Beach Club, Tel. 048 84 43 43, Fax 048 08 63. Fiat Uno 380 DH am Tag, 7 Tage 1750 DH, Geländewagen 1800 DH/Tag bzw. 9450 DH/Woche. Kreditkarten werden ohne Aufschlag akzeptiert.

◆**Golden Tours**
Bd Mohammed V., Tel. 048 84 03 62, 048 84 07 46. Vermietet auch Geländewagen ohne Chauffeur.

◆**Budget**
Av. Mohammed V., Bungalow Marhaba, Tel. 048 84 82 22, Fax 048 84 53 09. Preiswerter ab Deutschland. Preise 350–400 DH pro Tag.

◆**Columbia-Cars**
36, Bis Rue Drarga (Talborjt), Tel. 048 84 39 39 und 048 84 46 48. Der Besitzer, Herr *Tazit*, spricht wenig deutsch, aber gut englisch. Preisgünstig und schnelle Reaktion auf Fax-Anfragen. Bei den Verträgen ist aufzupassen (gründlich lesen, welche Leistungen ausgeschlossen sind), denn trotz Vollkaskoversicherung wurde Lesern zufolge nach einem Unfall die Kaution einbehalten.

◆**Rose Cars**
Fondation Hassan II, 30, Bd. Mohammed V. Tel. 048 84 14 92, Fax 048 82 43 36. Gute Autovermietung mit neuen Fahrzeugen. Fiat Uno 440 DH/Tag, Woche 2600 DH; Peugeot 205 550 DH/Tag, 2600 DH/Woche; Suzuki 4x4 800 DH/Tag, 4500 DH/Woche.

◆**Allways-Cars**
Av. Mohammed V., in der Nähe des Hotels Marhaba. Tel. 048 84 60 61, 048 84 07 60, Fax 048 84 59 37. Unterschiedliche Leserbeurteilungen, nach letzten Meldungen gibt es vorwiegend neue Autos. Fiat Uno 400 DH/Tag, bei Wochenmiete 380 DH/Tag, Toyota Land-

cruiser pro Tag 1600 DH. Ohne Kreditkarte Vorauszahlung oder Deposit von 5000 DH notwendig. Englisch/franz. Prospekt mit Mietbedingungen.

◆Holiday Cars
Am Flughafen. Arbeitet in Deutschland mit Travel Overland und Sixt zusammen. Sehr günstige Tarife von Deutschland aus alles inklusive.

◆St. Bienvenue Cars
56, Rue Mulay Driss, Tel. 048 84 24 79, Fax 048 84 24 86, Handy 061 53 04 04. Fiat Uno 350 DH/Tag, Woche 2100 DH, Hyundai Galloper 1400 DH/Tag.

◆Imloc Car
Av. Hassan II. (etwas versteckt an der Kreuzung zu Av. Mouqaouama), Fiat Uno 7 Tage 2500 DH, Landrover 7000 DH/Woche.

◆Moon-Cars
Résidence Farah, Rue de la Foire, Tel. 048 84 26 50, Fax 048 84 58 66. Jeep 1750 DH/Tag, 8750 DH/Woche. **10% Rabatt für Reise Know-How-Leser.** Auch englische Vertragsbedingungen, Zusatzversicherung kann abgeschlossen werden.

◆Week end Car
Reservierungstel. in Casablanca 022 47 25 48. Agadir: 4, Bungalow Marhaba, Bd Mohammed V., Tel. 048 84 06 67 oder 84 60 70, Fax 048 84 17 13. In der Vergangenheit guter Service, kulant und empfehlenswert. Ein Leser klagte über schlechte Autos (u. a. abgefahrene Reifen, hoher Km-Stand). Fiat Uno 2520 DH/Woche, Geländewagen 8400 DH/Woche. In der Nebensaison ca. 15% billiger. Mit Kreditkartenzahlung 5% Aufschlag. Es muss Kaution hinterlegt werden (ca. 10 000 DH). Außer Fiat noch Renaults, Citroen, Toyota, Peugeots und Nissans mit Chauffeur. Verhandeln ist möglich. Ein deutschsprachiger Prospekt ist vorhanden.

◆Massira Travel-Massira Cars
Tel. 048 84 49 49, Bd 20 Aôut. R4 450 DH/Tag, 1 Woche 2360 DH, Suzuki Vitara 4x4 120 DH/Tag, 6300 DH/Woche.

◆Tourist-Cars
Bd Mohammed V., Bungalow Marhaba, Tel. 048 84 02 00. Flughafen El Massira, Tel. 048 84 21 69. Ablieferung und Abholung am Flughafen möglich. Handeln evtl. möglich, aber die Beschwerden häufen sich. Fahrzeuge von Fiat Uno bis zu größeren Peugeot- und Renault-Modellen und Minibus. Die Fahrzeuge gründlich nach Tauglichkeit kontrollieren, die älteren Baujahre sind nicht besonders in Schuss. Bei einem Leser wurde ein Neufahrzeug vermietet, das nur die vorläufige Zulassung mit WWW im Nummernschild hatte!

◆AST-Voyages
Av. Hassan II., Tel. 048 84 63 51/52, vermietet Fahrzeuge mit Chauffeur. Dies hat den Vorteil, dass der Fahrer das Fahrzeug auf seinen Namen einträgt und damit auch die volle Verantwortung übernimmt. Man muss sich außerdem um nichts mehr kümmern und erhält zahlreiche Zusatzinformationen durch den Fahrer.

◆Afrique Cars
Av. Mohammed V., Tel. 048 84 07 50, 048 84 09 22. Fiat Uno 450 DH/Tag, 7 Tage ca. 2000 DH, einfache Autovermietung, Preis meist Verhandlungssache, vor allem ab 3 Tagen bis zu einer Woche sehr preisgünstig. Zuverlässigkeit der Autos gründlich prüfen, auch Reifen.

◆Tiznit Cars
Av. Hassan II., Tel. 048 84 29 98, Fax 048 84 47 80, E-Mail: tiznitcars@agadirnet.net.ma. Hotelübergabe, sehr guter Service. Fast neuer Honda Civic mit Klimaanlage 5 Tage für 2000 DH.

◆Amadou Cars
Av. Hassan II. Ecke Av. Mouqaouama, Tel. 048 84 46 19, 048 84 37 72. Gute Vermietung, betrieben vom Manager des *Hotels Petit Suede*. 1 Tag 450 DH, ab 7 Tagen 250 DH.

◆Vacances Cars
Besitzer *Mulay Mohammed Lotfi*. Imm. Barutel, Av. Prince Sidi Héritier (neben Hotel *Kamal*), Tel./Fax 048 84 27 39. Empfehlenswert, Autos gut in Schuss.

◆Lotus-Cars
Av. Mohammed V., Bungalow Marhaba, Tel. 048 84 95 88, 82 18 52. Deutschsprachiger Prospekt. Nach Auskunft eines Lesers unbedingt die Vertragsbedingungen genau lesen und das Auto prüfen. Bei Schwierigkeiten oder Reparaturen unbedingt auf den Vertragsbedingungen beharren bzw. den Vertrag sorgfältig aufbewahren, damit der Schaden von der (Vollkasko-)Versicherung bezahlt wird.

◆Autos Cascades
Av. Hassan II., Tel. 048 82 27 60, 048 84 45 04. Autos neuwertig, preiswert, nettes Personal.

◆Swiss Cars
Rue Hubert Giraud (Seitenstraße zur Mohammed V., Bungalow Marhaba) B.P. 64, Tel. 048

84 01 13. Fiat Uno 2100 DH/Woche. Zuverlässige Autovermietung, Versicherungskonditionen wie bei allen anderen Vermietern auch.

◆ **Pacific Cars**
Av. Mulay Ismail 8 bis rue 409, Cite Nahda, Tel. 048 82 46 06, GSM 061 38 06 66. info@pacificcars-agadir.com www.pacificcars-agadir.com Fiat Uno Tag/490 DH, Woche/2689 DH, Toyota Landcruiser 2000 DH/Tag, Woche/ 10 500 DH.

◆ **Trans Rent**
Tel. 048 84 33 78 und 048 84 56 03, Av. Hassan II. (siehe unten bei Motorrädern) vermietet auch Geländewagen. Fiat Uno für 500 DH am Tag, 2 Tage 900 DH und eine Woche 2400 DH. Peugeot 205 ab 550 DH am Tag, 1 Woche für 2600 DH. Kilometerzahl unbegrenzt, Versicherungen und Steuern inklusive.

◆ **Hamza-Cars**
46, Av. des F.A.R., Tel. 048 84 31 93 und 048 84 12 72, Fiat Uno für 10 Tage 2800 DH, Fahrzeuge in schlechtem Zustand, Reifenschäden werden nicht ersetzt.

◆ **Citer**
Av. Hassan II. Imm. Sud Bahia, Tel. 048 84 65 36, 048 84 00 26. Großer marokkanischer Anbieter (im ganzen Land vertreten). Ab 350 DH für Fiat Uno.

◆ **Star Cars**
93, Av. Al Khaouarizmi, Cité al Massira, Tel. 048 23 08 97. Preisgünstiger Vermieter. 1 Woche Fiat Uno mit Vollkasko und Versicherung ca. 2000 DH (nach Handeln) bei Barzahlung. Beim Vertrag darauf achten, dass die Versicherung mit angekreuzt ist.

◆ **Jami Cars**
Bloc 1, N 10, Cite P.H. Sidi Mohammed, Ichchach, Tel. 048 23 78 13, GSM 061 28 14 88. Wird auch über die *Résidence Shems* vermittelt. Fiat Uno 10 Tage 2500 DH.

◆ **Ben Cars**
Rue d'Oujda, Quartier Industriel (hinter dem Stadion), Tel. 061 28 70 69. Der Besitzer heißt *Lahoucine.*

Werkstätten/Vertretungen

◆ **Pannen-/Straßendienst:** Tel. 0177

◆ **Motorradwerkstätte**
Av. Haj Lahbib, in der Nähe der Abzweigung von der Av. Abdel Aziz el Massi. Herr *Id-Jelloul Lahcen* ist einer der Wenigen, der sich auch mit größeren Bikes auskennt und Ersatzteile besorgen kann.

◆ **Castano et Cie.**
Tel. 048 82 00 57, 22 01 91. Av. Cadi Ayad. Renault-Vertretung.

◆ **Atelier Technique Autos (ATA)**
Av. Hassan II., Tel. 048 84 87 38. Volvo, Isuzu, Mercedes, Opel, Mazda, Hyundai, Chevrolet-Vertretung.

◆ **Auto-Hall**
Rue de la Foire, Tel. 048 84 39 73 und 048 84 29 59. Fiat, Ford, Opel-Vertretung.

◆ **Fiat**
Ecke Avenue, Hassan II. und Av. Mouqaouama. Tel. 048 84 87 38.

Automobilclub

Die ADAC-Filiale hilft **Mitgliedern** bei den nötigen Papieren (Zollbefreiungserklärung), falls ein Ersatzteil aus Deutschland eingeflogen werden muss, und bei sonstigen Problemen rund ums Automobil bzw. bei Inanspruchnahme des Auslandschutzbriefes.

◆ **Auslandsdienst ADAC, Sigrid Graetz**
24, Rue Nation Unis/angle Rue Mokthar Souissi/Cité Suisse, Tel. 048 82 51 54, Fax 048 84 37 52, agasigi@hotmail.com

Fahrrad-/Motorrad-/Vespaverleih

Die Preise variieren leicht im Laufe des Jahres (Sommer und Festage sind am teuersten) und von einer Firma zur anderen.

Ungefähre Richtpreise:

◆ **Vespa/Motorrad:** 1 Tag 250 DH; ½ Tag 150 DH; 1 Woche 1000 DH; 1 Std. 50 DH (jeweils einschließlich Versicherung)

◆ **Fahrrad:** 1 Tag 80 DH, ½ Tag 50 DH, 1 Std. 20 DH

Motorrad-/Fahrradverleihe finden sich vor dem **Hotel Les Almohades,** in der Nähe des **Club Mediteranée** und **Beach Club am Bd du 20 Août** und an der **Av. Mohammed V.** neben dem **Hotel Salam** oder dem **Hotel Europa** und beim Startplatz der Bimmelbahn beim **Complexe Tafoukt.**

◆ **Trans Rent**
Av. Hassan II., neben Hotel Kamal, Tel. 048 84 56 03. Vermietet Motorräder und Gelände-

wagen; Yamaha 125 inkl. Steuer und Versicherung ca. 250 DH/Tag.

Notfall

◆**Polizei,** Route de Marrakesch, Rue du 18 Novembre, Tel. 048 82 22 43
◆**Notruf** (landesweit), Tel. 019
◆**Feuerwehr,** Tel. 015
◆**Ambulanz,** Tel. 048 23 23 23

Krankenhäuser

◆**Hôpital Hassan II.**
Route de Marrakesch, Tel. 048 84 66 86-88.
◆**Clinique Al Massira**
Av. du 29 Février, Tel. 048 84 10 16, 84 64 72.
◆**Polyclinique de la Cnss**
Av. Mulay Youssef, Extension X,
Tel. 048 82 49 56.
◆**Clinique des Nations Unies**
Pl. de Nations Unies, Tel. 048 82 52 31. Kleine, empfehlenswerte Privatklinik, die mit den Krankenkassen auch direkt abrechnet. Dr. *Hassan Messaouid* spricht auch Englisch.
◆**Clinique de la Residence**
Kleine Privatklinik des französischen Chirurgen Dr. *Paul Hemelin,* 34, Rue Mehdi ben Toumert, Talborjt, Tel. 048 82 36 82/83. Die Klinik ist sehr modern, Dr. Hemelin spricht Englisch und auch etwas Deutsch.

Allgemeinärzte

Zu empfehlen sind folgende deutschsprachigen Ärzte:
◆**Dr. Akerbib,** Bd B-314/A Wifaq Bensergao, B.P. 77, Tel. 048 28 13 73, Mobil 062 28 48 52.
◆**Dr. R. Tarhbalouti,** Imm. Amal Souss Nr.43 Av. Hassan 1er., Tel. 048 23 69 89, nahe Route de Dakhla ist Allgemeinarzt (deutsche Ehefrau) und Kardiologe. Auch Akupunktur.
◆**Dr. Mouhid,** 19, Rue du President Bekkay, Tel. 048 82 64 04 (Kinderarzt, wird von NUR empfohlen).
◆Frau **Dr. Grich,** Tel. 048 84 17 50, Av. Hassan II., Immeuble Oumlil (spanische Ärztin), wird ebenfalls sehr empfohlen.

Zahnarzt

◆**Dr. Abdallah Azaim**, Handy 068 44 07 58.
◆**Dr. Omar Abouamer,** 103, Av. Hassan II., Tel. 048 82 49 38.
◆**Dr. Touhami,** Av. Moulay Abdellah, Immeubele M 2, App. 4, Tel. 048 82 26 48, spricht englisch und hat in Frankreich studiert. Er arbeitet sauber und gut und hat eine moderne Praxis.
◆**Dr. Berradea,** Av. Hassan II., Immeuble Oumlil, ist Spanierin und ebenfalls zu empfehlen; Tel. 048 22 06 24.

Tierarzt

◆**Dr. Albert,** Klinik Assoulil, Tel. 048 84 38 18, oder in der Poliklinik, Tel. 048 82 49 56.

Apotheken

Zahlreich im gesamten Stadtgebiet, am zentralsten die
◆**Pharmacie Inbiat,** Tel. 048 84 40 88, in der Av. Hassan II.
◆**Nachtapotheke** (24 Std. geöffnet) im Rathaus von Agadir (Municipalité d'Agadir), Tel. 048 23 23 23.

Diplomatische Vertretung

Es gibt in Agadir ein Honorarkonsulat: 6, Rue de Paris, Quartier Résidentiel, 80000 Agadir, Tel. 048 84 10 25, Fax 048 84 09 26. Der Konsul, Herr ◆**Hamza Choufani,** ist sehr nett und hilfsbereit. Sprechzeiten von 9–12 Uhr (außer sonntags).

Dt. Botschaft Rabat, s. Informationsstellen.

Banken/Wechselstellen

Mittlerweile gibt es **im ganzen Stadtgebiet Bankautomaten (Abhebung mit EC-Karte),** so dass man nicht mehr von den Öffnungszeiten der Banken oder Wechselstuben abhängig ist!

In fast allen größeren **Hotels** besteht Tauschmöglichkeit zum offiziellen Kurs, außerdem gibt es zahlreiche **Banken** in den Straßen Av. Hassan II., Av. Général Kettani, Av. des F.A.R. und Bd. 20 Aôut. Eine **Wechselstube,** die bis 19 Uhr geöffnet hat, gibt es neben dem Kaufhaus Uniprix an der Kreuzung Av. Hassan II. und Prince Sidi Héritièr Mohammed. Eine weitere Wechselstube befindet sich am Flughafen.

Beachten Sie, dass die Banken oft schon um 11 Uhr schließen und meist erst wieder zwischen 14.30 und 15 Uhr öffnen. Im Ramadan sind die Banken häufig nur vormittags geöffnet bzw. an Aïd el Fitre zum Ramadanende und am Aïd el Kebir, dem Opferfest, sind auch die Banken am Flughafen nur mit

Einschränkungen geöffnet, d.h. man sollte in dieser Zeit über ausreichend Bargeld für drei Tage verfügen.

Die Bank am Bd du 20 Août, im Gebäude des Al Madina Palace-Hotels, hat auch Samstag vormittags, die Bank im Sahara-Hotel täglich (auch am Wochenende) von 10–14 und 16–20 Uhr geöffnet!

American-Express und Visacard-Verlustanzeige siehe Prakt. Infos, Finanzen.

Internetcafés

- **Wanadoo Espace Internet**, Avenue du 20 Février, Résidence Nesser, Talborjt. In der Nähe der großen Moschee Mohamed V. 5 DH pro Std.
- **Futur Net,** in Talborjt, in der Nähe der großen Moschee Mohamed V.
- **Galaxy Net,** im Ihchach-Viertel, in der Nähe der Moschee von Nahda.
- **4 you Net,** im Les Amicales-Viertel. Groß, 8 DH/Std.
- **Cyber Café** im Gebäude Oumlil, in der Nähe der bekannten *Bijouterie Yacouta* und des Supermarkts *Sawma*. Moderne PCs. 10 DH pro Std., ½ Std. 7,5 DH.
- **G@BE NET**, Imm. Tigourramine, links neben Café Tafraoute, Av. Hassan II.

Post/Telefon

- Postleitzahl von Agadir: 80 000

Hauptpost

Av. Prince Héritier Sidi Mohammed; geöffnet Mo bis Fr von 8.30–12 und 14–18.30 Uhr.

Telefonieren

Zahlreiche Téléboutiquen und Telefonzellen mit Selbstwahl (Karten- und Münztelefone) sind über das gesamte Stadtgebiet verteilt. **Telefonkarten** mit unterschiedlichem Guthaben gibt es am Kiosk und in vielen Läden.

Téléboutiquen wechseln Scheine in 5 DH-Stücke, mit denen problemlos ins Ausland te-

Ausflug in den Anti-Atlas

lefoniert werden kann. In der Boutique ist Telefonieren wesentlich billiger als im Hotel.

Auch die meisten **Mobiltelefone** mit deutscher SIM-Karte funktionieren in Marokko problemlos (teuer, Mitbezahlung auch bei Anrufannahme!). Falls man sich länger in Marokko aufhält, ist die Anschaffung einer marokkanischen SIM-Karte mit Prepaid-Guthaben wesentlich günstiger.

Reisebüros

Es gibt zahlreiche Reisebüros, die ein umfassendes Ausflugs-Programm anbieten. Hier wird nur eine kleine Auswahl genannt.

- **Bovoyages**

Av. Général Kettani B.P. 724, Tel. 048 84 75 82. Sehr gutes Reisebüro, das mit vielen deutschen Veranstaltern zusammenarbeitet. Sehr zuverlässig und interessante Programme. Wenden Sie sich an Frau *Rahma* oder Herrn *Nourredine*. Von dort können auch komplette Rundreisen für Selbstfahrer (mit Mietwagen inkl. Hotel) im Voraus arrangiert werden, so dass man vor Ort nur noch das Auto in Empfang nehmen und zum vereinbarten Übernachtungstermin im Hotel ankommen muss. Auch Fahrzeugvermietung.

- **Bakhzouz Tours**

Bd Mohammed V., Handy 061 76 66 66, Fax 048 82 43 68. Von einem Leser sehr gelobt. Verschiedene Land-Rover-Touren, z. B. Stausee, Tiznit, Dünenwanderung, Fahrt entlang der Küste zum Oued Sousss inkl. Mittagessen für 700 DH/2 Pers. Deutschsprachiger, witziger Reiseleiter *Abdul.* Ehrlich und korrekt.

- **Exploraction**

8, Av. Hassan I., Tel. 048 22 28 22, Fax 048 22 28 20, E-Mail: contact@explor-action.com, www.explor-action.com. Dieses neue Reisebüro bietet ein vielseitiges Programm (Trekking, Rundreisen, Reiten) in Zusammenarbeit mit Partnern in Südmarokko. In Form von alternativem Tourismus soll ein Beitrag zur Dorfentwicklung in den besuchten Regionen geleistet werden.

- **Erg Tours**

Said Aït Sidi Brahim, B.P. 227, Tel. 048 22 99 98 und 048 22 18 90, Fax 048 2299 93, info@ergtours.com, www.ergtours.com. Deutschsprachig, gehört dem gleichen Besitzer wie das *Maison Tuareg* in Tafraoute. Bekannte Incoming-Agentur mit einem großen Wagenpark von Geländefahrzeugen bis Bussen.

- **Holiday Services**

Av. Hassan II., B.P. 272, Tel. 048 84 18 00, u. a. Vertretung von TUI.

- **Sahara Tours International**

Av. des F. A.R., Immeuble Yassine, B.P. 352, Tel. 048 84 04 21, u. a. LTU-Vertretung.

- **Swift Travel**

30, Bd. Mohammed V., Foundation Hassan II, Complexe Transatlantique, Tel. 048 82 43 37, Fax 048 82 43 36, swifttravel@iam.net.ma. Gute deutschsprachige Agentur mit breitem Ausflugsprogramm, Autovermietung, Incentive-Reisen, auch Organisator für Veranstalter.

- **Amina Transport Touristique**

Handy 061 17 05 66, Tel. 048 82 22 45, Fax 048 23 62 18, Bureau 30, Complexe Tagadirt. *Amina Jadaoui* ist die erste geprüfte Reiseleiterin Marokkos. Sie spricht sehr gut deutsch und macht individuelle Stadtführungen, Rundfahrten ins Umland, nach Marrakesch und Essaouira in Kleingruppen, aber eine komplette Wüstenrundreise im klimatisierten Bus. Anmeldungen am Bd. 20 Aôut vor dem Restaurant *Petit Dom* unterhalb des Hotels *Tagadirt*.

Ausflüge/Führungen

Organisierte Ausflüge

In allen Hotels, in denen Reisegruppen der großen Veranstalter untergebracht werden, sind Ausflugsprogramme ausgehängt, die man dort buchen kann. Ebenso besteht die Möglichkeit, über die vielen Reisebüros (s. o.) in Agadir Ausflüge zu buchen. **Bevorzugte Ziele** sind Marrakesch, Amtoudi mit der Speicherburg *Id Aissa,* Tafraoute, Tiznit, Tassila („Berberabend") und der *Souss Massa-Nationalpark,* gelegentlich auch Ouarzazate.

Organisierte „Strapazenausflüge", z. B. nach Marrakesch an einem Tag hin und zurück oder zur Speicherburg Id Aissa (Amtoudi) ebenfalls an einem Tag, sind meiner Meinung nach unsinnig. Morgens um 5 Uhr ist Abfahrt, eine Stunde bleibt für den Bazarbummel in Marrakesch, 2 Stunden Badeaufenthalt und Ruhepause in einem Hotelgarten, dann geht es wieder zurück.

Wenn man sich als Pauschaltourist ein wenig **Eigeninitiative** zutraut, sollte man kurzerhand einen Kleinwagen mieten und auf eigene Faust losfahren und solch einen Ausflug

auf zwei bis drei Tage ausdehnen, selbst wenn das Hotelbett in Agadir leer bleibt. Es gibt aber auch organisierte Ausflüge nach Marrakesch und Taroudannt, die zwei Tage dauern.
◆Als Stadtführer, privaten Reiseführer und für Ausflüge in alle möglichen Städte und in die nähere Umgebung kann ich den sehr netten und sportlichen **Hassan Aferiad** empfehlen. Er ist staatlich anerkannter deutschsprachiger Reiseleiter und Dolmetscher. Kontakt: Handy (00 212) 061 18 88 52, www.aferiad.de.vu, E-Mail: hafpost@hotmail.com oder mypostchen @gmx.net.
◆Wer in kleineren Gruppen Ausflüge machen will, kann sich an Herrn *Moulay Mohammed Achifi* wenden: **Achifi Mulay Voyages,** Rue de Meknès, Handy 061 38 55 20, Tel. 048 84 66 10, Fax 048 84 49 12. Mulay Achifi führt mit seinem Bruder *Ahmed* und mit seinem Mitarbeiter *Kamal* Ausflugsfahrten in Minibussen durch. Preise für Halbtagesausflüge liegen bei ca. 250 DH, für 1-Tagesausflüge bei 450 DH. Sowohl Ahmed als auch Kamal sprechen ausgezeichnet deutsch!
◆Ebenfalls Ausflüge mit Minibussen veranstaltet Herr **Sekkou-Allali,** Tel. 048 84 47 09, der jeden Abend ab ungefähr 20 Uhr neben dem Hotel *Mabrouk* postiert ist. Er spricht gut deutsch. Es werden die gleichen Ziele wie von den großen Bussen angefahren, die Preise pro Person sind etwa gleich. Mit einer max. neunköpfigen Gruppe lässt sich die Tour aber individueller gestalten.
◆Ein weiterer, empfehlenswerter Anbieter für individuelle Ausflüge in Kleingruppen (Minibusse) ist **Mustapha Ben Radi,** 26, Fondation Hassan II., Av. Mohammed V. (liegt nahe dem Hotel Transatlantique), Tel. 048 84 87 23, Fax

Haus mit Lokba-Verzierungen bei Tafraoute

048 84 69 28, Mobil 062/16 63 19. Tagesausflüge kosten um die 300 DH (Marrakesch), ½ Tag kostet 150 DH.

◆Der staatlich anerkannte deutschsprachige Reiseleiter **Hassan Moukhsil** organisiert für kleinere Gruppen Ausflüge in Agadir und in die nähere Umgebung. Er ist nett und sportlich (Aikido-Lehrer). Handy 061 70 12 19, E-Mail: moukhsilov@yahoo.fr.

◆**Wanderungen** ins Land der Berber in Tamraout durch die tiefe Schlucht des Oued Tamrarht sowie entlang der Hochebenen von Ait Bihi und Tisga ou Drar veranstaltet der **Holiday Club Agadir,** Tel. (00212) 068 32 52 83, holidayclub@gmx.net. Halbtages- und Tagesausflüge zwischen 240 und 390 DH, Kinderermäßigung. Internet: www.agadir.ch.vu, www.taghazout.de.vu.

◆Auch **Rafik** (RAFIK2002DE@yahoo.de) und **Rabah** (RABAH50@yahoo.de), zwei junge Männer aus Agadir, die beide gut deutsch sprechen, betreuen Neulinge in Agadir und zeigen ihnen alles Interessante.

Bislang wurden bei den Reisebüros oder direkt im Hotel über die Veranstalterprogramme Ausflüge mit der Motoryacht „Abu Karim" zum **Haifischfang** (350 DH) angeboten. Das Unternehmen soll weniger blutrünstig verlaufen als man vermuten könnte und sogar Spaß machen.

Ausflugsziele

Beliebte Ausflugsziele, die von Reisebüros angeboten werden, sind **Tassila im Massatal:** Gegessen wird im Berberzelt, Folklore wird dargeboten, alles sehr touristisch.

Die Landrover-Touren (ca. 10 Fahrzeuge voll besetzt) nach **Sidi R'bat,** z. B. von Holiday-Tours, laufen folgendermaßen ab: Es wird kurz angehalten, Gelegenheit zum Knipsen, dann ein „Sprint" zum Strand, und nach etwa zwanzig Minuten geht es wieder zurück ... Viel angenehmer ist es wirklich, sich für einen Tag ein Auto zu mieten und in aller Ruhe selbst hinzufahren und sich den Tag nach Gusto einzuteilen.

Ausflugsmöglichkeiten bestehen auch nach **Sidi Moussa d'Aglou** bei *Tiznit*.

Halbtagesausflüge

Tiout/Taroudannt 380 DH;
Immouzzer 200 DH;
Stadtrundfahrt 85 DH;
Kutschfahrt 3 Std. 200 DH
Tassila-Berberabend (17–22 Uhr) 350 DH.

Tagesausflüge

Marrakesch 650 DH; Segeltörn ca. 690 DH; Motoryacht ca. 500 DH; Landrover-Safari ca. 670 DH; Haifischfang 350 DH; Tafraoute 250 DH; Essaouira ca. 320 DH; Tiout/Taroudannt ca. 300 DH. Wandern in Imouzzer 200 DH.

2-Tagesausflüge

Tata – Akka ca. 1500 DH; Marrakesch – Ouarzazate 1150 DH (inkl. Übernachtung).

Individuelle Ausflüge

Alle genannten Ausflüge (mit Ausnahme der Bootsfahrten) lassen sich problemlos individuell durchführen – und den Sehenswürdigkeiten angemessener. Nachfolgend habe ich angeführt welche Zeit ich für die Ziele **bei individueller Planung** veranschlagen würde. Alle Ausflugsziele bzw. die nachfolgend beschriebenen Orte und Regionen sind gut mit öffentlichen Verkehrsmitteln zu erreichen. Wer Wartezeiten oder volle Busse scheut, sollte sich einen Mietwagen nehmen. Vergleichen Sie dabei die Preise, denn die in den Hotels untergebrachten Mietwagenagenturen sind oft die teuersten. Verhandeln Sie um den Preis und die Mietkonditionen!

Geeignet für Tagesausflüge sind:

- Taghazout – Tamri – Immouzzer
- Tiznit
- Sous-Massa-Nationalpark mit Massatal
- Taroudannt und Tiout
- Gouelmim, Fort Bou Djerif
- Speicherburg Id Aissa, Amtoudi
- Speicherburg Tisrgane, Ida ou Gnidif

Zwei- bis Dreitagestouren

- Essaouira (notfalls auch an einem Tag)
- Tafraout (mit Agadir Tasguent 3 Tage)
- Marrakesch
- Gouelmim – Tarfaya – Laayoun (3 Tage)
- Tata – Akka (3 Tage)

KLEINE SKLAVINNEN

von Michael Kneissler

Immer noch werden in Marokko jedes Jahr Tausende junger Mädchen vom Land als Dienstmädchen an reiche Familien in der Stadt verkauft. Viele dieser so genannten „petites bonnes" werden missbraucht und vergewaltigt.

Malika ist erst 15 Jahre alt. Aber sie ist kein Kind mehr. Dafür hat sie zu viel erlebt. Sie wurde von ihrer Familie als Dienstmädchen verkauft, musste ihr Dorf verlassen, kam in die Stadt. Sie wurde von ihrem neuen Besitzer und seinen Freunden misshandelt und vergewaltigt, bis sie schwanger war. Dann wurde sie aus dem Haus gejagt. Jetzt steht sie vor einem zweistöckigen Gebäude im Industriegebiet von Agadir. Eine rostige Treppe führt hinauf, neben der Tür ist ein Schild angebracht: „Oum el Banine" (Mutter der Kinder). Es ist ihre letzte Hoffnung.

Malika klopft mit gesenktem Kopf. Die Tür öffnet sich. Eine große, starke Frau begrüßt das Mädchen, Madame Edbouche, die Leiterin der Hilfsorganisation. In Agadir trägt Madame Edbouche den Ehrentitel „Kriegerin".

Das Mädchen küsst der „Kriegerin" demütig die Hand. Aber Majouba Edbouche hält nichts von Demut. Fest drückt sie Malika an ihren mächtigen Busen und führt sie in das Büro. „Kopf hoch, Mädchen", sagt sie, „wir helfen Dir".

Oum el Banine ist die einzige Organisation im Süden Marokkos, die den kleinen Sklavinnen hilft, wenn sie missbraucht und verstoßen werden. Von der Gesellschaft sind diese Mädchen geächtet, uneheliche Schwangerschaften gelten als Schande. Die meisten verschwinden in der Illegalität, bringen ihre Kinder heimlich zur Welt, melden sie nicht an, schicken sie nicht zur Schule, gehen nicht zum Arzt. Mutter und Kind hören auf, offiziell zu existieren: Mitglieder einer Schattengesellschaft. Oum el Banine holt sie aus dieser Situation heraus. Im Frauenhaus können die Mädchen ihre Kinder zur Welt bringen. Sie lernen Lesen und Schreiben, während sich Kindergärtnerinnen um die Babys kümmern. Madame Edbouche schert sich nicht um konservative gesellschaftliche Regeln. Ihr gelingt es sogar, jährlich bis zu 60 illegale Kinder offiziell registrieren zu lassen und bis zu 100 Frauen aus der Schattenwelt zurückzuholen.

Viel Unterstützung findet sie dabei nicht. Aber der neue junge König ist auf ihrer Seite. Stolz zeigt sie Fotos, auf denen der Scheck zu sehen ist, den er ihr überreichte: 500.000 Dirham (rund 50.000 Euro). Aber das reicht bei weitem nicht. Deshalb hat die in Deutschland lebende marokkanische Autorin Ouarda Saillo die Hilfsorganisation „Tränenmond e.V." gegründet, die unter anderem Oum el Banine unterstützt. Wichtigstes Ziel ist ein zweites Frauenhaus. Es gibt Hunderte von Mädchen wie Malika, die dort Hilfe und Schutz zu finden hoffen.

Oum el Banine freut sich über Besucher. Bitte vorher anrufen: Rue Oued Ziz, Angle El Mouquaouama, Quartier industriel, Tel. 048 82 08 66, E-Mail: oeb@mena.ma.

***Tränenmond e.V.** ist eine mildtätige, vom Finanzamt anerkannte Organisation. Sie wurde gegründet von der gebürtigen Marokkanerin Ouarda Saillo, die das Buch „Tränenmond" über das Schicksal ihrer Kindheit schrieb (Ehrenwirth Verlag, 2004).*
***Kontakt:** Tränenmond e.V., c/o Presseagentur Lionel von dem Knesebeck, Maximilianstraße 23, 80539 München, E-Mail: info@traenenmond.de, www.traenenmond.de.*
***Spendenkonto:** 12343 bei der MerkurBank München (BLZ 701 308 00).*

Von Agadir nach Immouzzer

Die Strecke führt **62 km** nordöstlich von Agadir zum Ort **Immouzzer des Ida-Outanane.** Die Anfahrt über das hübsche „Paradise Valley" führt durch eine reizvolle Berggegend. Endpunkt sind die Wasserfälle beim Ort Immouzzer, der durch das Honigfest, welches früher im Mai oder Juni zur Honigernte gefeiert wurde, Bekanntheit erlangte. Dieser Ausflug ist bequem an einem Tag (evtl. mit Wanderung), notfalls auch als Halbtagesausflug machbar. In Auria findet man Taxis ohne Lizenz („Transport" für ca. 8 Personen) ins Paradise Valley und nach Immouzer (ca. 20 DH pro Person).

ANFAHRTSBESCHREIBUNG

Von Agadir aus geht es in Richtung Norden auf der Straße nach Essaouira und Taghazoute. 13 km hinter Agadir ist der Ort **Auria** erreicht. Hier endet die doppelspurige Straße. In Auria zweigt im Ortszentrum rechts die Straße nach *Immouzzer des Ida Outanane*, nahe der ◆**Auberge Littoral***** (Tel. 048 31 47 26, 048 31 43 54, Fax 048 31 43 57, www.hotellittoral.com, Hotellitorial@casanet.net.ma), ab. Das hübsche Hotel (20 Zimmer, 4 Suiten, 4 Apartments) mit Dachterrasse (Meeresblick) eignet sich für all diejenigen als Feriendomizil, die den Trubel von Agadir scheuen und lieber preisgünstig in einem kleineren Ort wohnen wollen. Komfortables DZ mit Bad und Sat-TV €€ inkl. Frühstück, Apartment (Schlafzimmer, marokk. Salon, Bad, Küche) €€€A. Spezialtarife für eine Woche inkl. Mietwagen. Zum Meer sind es ungefähr 400 m. Sehr freundliches Personal und Manager. In Auria gibt es außerdem ein Internet-Café.

Schleierwasserfall von Immouzzer

Die Straße nach Immouzzer führt am Flussbett des Oued Tamrakht entlang. Hinter *Auria* sieht man auch immer wieder Bienenkästen, denn im ganzen Tal wird ein sehr schmackhafter **Honig** produziert. Frauen waschen ihre Wäsche am Brunnen, und im weiteren Verlauf bildet der Fluss immer wieder Felsgumpen, in denen sich Frösche beobachten lassen. Im Tal trifft man auf zahlreiche Arganienbäume und Palmen, Oleander säumen das Flussufer. In den 1970er Jahren wurde das Tal von den Hippies **„Paradise Valley"** genannt – diesem Namen wird es durchaus gerecht. Es sind vom Abzweig 10 km bis zum kleinen Dorf **Alma (Oulma).** Hier bieten Steinhändler Fossilien und Mineralien, Töpfer ihre handgefertigte Keramik an. Danach schlängelt sich die Straße entlang eines hübschen, von Oleander und Palmen gesäumten Flusstales mit kleinen Tümpeln, in denen gelegentlich Fische und Wasserschildkröten zu sehen sind.

Nach weiteren 8 km (Gesamt-km 32) erreicht man das kleine Dorf **Tamzargout** (zwei kleine Läden) und überquert dann den Fluss *Asif Tamrakht* auf einer gut ausgebauten Furt. In dieser reizvollen Landschaft gibt es auch Bananenanpflanzungen. Die kleinen, schmackhaften Bananen kann man auch direkt an einem Obststand bei der Furt kaufen. Nach dem Ort steigt die Straße steil an und führt bei km 18 nach ein paar Häusern durch eine schöne Schlucht mit vielen Wassergumpen, die von großen Felsen und Oleandern sowie Palmen gesäumt sind. Weiter bergauf erreicht man bei km 27 (km 40) nach dem Abzweig das Dorf **Tifrit** und bei Gesamt-km 42 das ◆**Hotel Tifrit** (Tel. 048 82 60 44, feines, kleines Hotel mit herrlicher Aussichtsterrasse, hervorragendem Essen, Pool, Solarenergie, DZ mit HP €€€, Etagenduschen) cund das gegenüberliegende ◆**Café-Restaurant La belle Vallée** und kurz darauf das ◆**Café/Restaurant Panoramic** mit Honigverkauf. Der Ort Tifrit liegt auf einer Hochebene mit fantastischem Blick nach unten, Felder und Olivenhaine befinden sich entlang des Weges.

Weiter bergauf liegt nach 3 km das hübsche französische Ausflugs-Restaurant ◆**La Bonne Fouquette** vor dem Ort **Aksri** bzw. **Aqasri** (Gesamt-km 45). Vorbei an Feldern und Mandelbäumchen erreicht man bei km 48 **Taghzote.** Besonders hübsch ist es hier Ende Januar bis Mitte Februar, wenn die Mandelbäumchen und der Ginster blühen. Nach weiteren 8 km bergauf durch Buschwald ist bei km 56 das Tal der *Commune Immouzzer* erreicht.

Variante zur P 40 oder den Höhlen von Wintmoudoun

Bei km 56 (GPS-Daten W 30°39,40′ N 09°28,98′), zweigt rechts eine Schotterpiste ab, die nach 39 km auf die P 40 in Richtung *Agadir – Marrakesch* einmündet. Folgt man dieser Straße 2 km, zweigt rechts eine Geländewagen-Piste zu den **Grotten von Wintmoudoun** (ca. 20 km) ab. Besser sind diese jedoch von der Straße Agadir – Marrakesch erreichbar (s. u.). Diese noch kaum erschlossene Höhle birgt das **längste unterirdische Flusssystem Nordafrikas** mit 8500 m topographischer Ausdehnung. Allein der Hauptstollen ist 6450 m lang. Tropfsteinlabyrinthe durchziehen das weitläufige Höhlensystem, das bislang nur von kundigen Spaläologen mit Schlauchboot oder Kanu erkundet werden kann. Zu Fuß mit Gummistiefeln und Taschenlampen ausgerüstet gelangt man ca. 300 m ins Höhleninnere. Interessierte sollten sich an den lizenzierten Fremdenführer *Hassan Aferiad* (s. Agadir, Ferienwohnungen) wenden, der Ihnen evtl. einen Führer vermitteln kann. Normalerweise meiden Marokkaner die Höhlen, da sich in ihnen Geister verbergen sollen – zahlreiche Mythen ranken sich um die Höhlen und lauernde Gefahren.

Einfacher erreicht man die Höhle, indem man der Teerstraße weiter folgt und dann von der Hauptstraße Agadir – Marrakesch 9 km vor Ameskroud (von Marrakesch aus gesehen) in Richtung **Sidi Brahim ou Ali** auf eine gute Piste abbiegt (15 km). Nach 6 km zweigt links eine Piste zum Ort des Heiligen **Sidi Ou Brahim** ab. Das **Grabmal des Schutzheiligen** des Ida Ou Tanane-Stammes ist mit fünf Kuppeln und einem schönen Eingangstor geschmückt und eines der schönsten Heiligtümer im Süden. Leider kann es von Touristen nur von außen besichtigt werden. Ein wichtiger Moussem findet im März und Oktober statt. Dann werden dem Heiligen Ziegen und Schafe auf dem mehrtägigen Fest geopfert.

Der rechte Abzweig führt nach **Tazentout** und zu den Höhlen. Achtung: Nach einer weiteren Verzweigung müssen Sie rechts abbiegen, links geht es wieder nach Sidi Brahim Ou Ali, geradeaus auf die vorher erwähnte schlechte Piste nach Immouzzer.

Fährt man bei km 56 geradeaus weiter, erreicht man 62 km hinter Agadir und 38 km von Auria entfernt das ca. 1150 m hoch gelegene **Immouzzer des Ida Ou Tanane** (W 30°40,17′ N 09°28,88′). **Unterkunft** gibt es im komfortablen ◆***Hotel Cascades** (DZ mit HP €€€€) mit schönem Garten und herrlichem Ausblick. Eine Tennisanlage und ein Pool stehen zur Verfügung. Jagden und Ausflüge werden organisiert. Gutes Quellwasser ist oberhalb der Wasserfälle zu finden (sofern nicht die Trockenheit der vergangen Jahre die Quelle versiegen lässt). Der Ort ist auch wegen des Honigfestes bekannt, das im August gefeiert wird.

Im Zentrum zweigt links die steil abfallende Straße zu den **Wasserfällen** ab, welche man nach 4 km erreicht. Man parkt ca. 1 km vorher bei einem ausgewiesenen Parkplatz oder bei einem der Cafés und geht zu Fuß bzw. mit Führer (die sich ganz von alleine anbieten) zu den 400 m weiter oben rechts liegenden Wasserfällen, die aber in den letzten Jahren im Sommer meist ausgetrocknet waren. Nach der Führung zu den Wasserfällen wird ein Sprung vom Felsen in ein Wasserloch unterhalb der Fälle vorgeführt, den sich die „Kunstspringer" natürlich bezahlen lassen (wollen). Selbst nicht in Auftrag gegebene Vorführungen werden abkassiert. Die Möglichkeit, im Becken ein Bad zu nehmen, ist eher theoretischer Natur, v. a. als Frau hat man hier Hemmungen, wird man doch verhältnismäßig ungeniert angestarrt.

Von der Panoramaterrasse des ◆**Restaurants Amalou** (Handy 061 53 09 35 oder 061 28 75 97, kürzlich renoviert, Zimmer z. T. mit Bad und TV, sehr sauber, DZ mit HP €€€) hat man einen Blick auf die Wasserfälle. Dort wird auch ganz frisches Brot für die Besucher gebacken. Wer sich länger dort aufhalten will und Interesse an der Bevölkerung und deren Traditionen hat, kann sich an *Abdellah Abidar* (Vize-Präsident der *Association Amis Cascades*) wenden, dessen Frau im Restaurant Brot bäckt.

Es ist jetzt auch möglich, auf einer geteerten Straße zur Route *Marrakesch – Agadir* weiterzufahren und den Ausflug als Rundfahrt zu planen. 29 km vor Amskroud mündet das Sträßchen in die P 40 ein (GPS N 30°42,708′ W 09°12,973′).

Beim Brotbacken in Immouzzer

Von Agadir nach Essaouira

ÜBERBLICK

➡ **174 km, P 8**

Fahrzeit mit CTM-LN- oder SATAS-Bus auf sehr guter Asphaltstraße ca. 4 Std. (s. Agadir, Verkehrsverbindungen); mit Ausflugsbussen der Reiseveranstalter oder Reisebüros ca. 3 Std. Essaouira ist als Tagesausflug anstrengend, aber durchführbar. Um die unvergleichliche Atmosphäre Essaouiras kennen zu lernen, ist aber ein zweitägiger Aufenthalt zu empfehlen.

Die Küste nördlich von Agadir zwischen Tamrakht, Taghazoute und Tamri hat schöne Sandstrände mit ruhigen Buchten, die oft von Aleppokiefern gesäumt sind. Zu den Stränden bei Taghazoute kann man mit den **Linienbussen** Nr. 12, 14 und 60 stündlich ab 9 Uhr von Agadir (Place Salam) aus gelangen. Die Linie 61 geht bis Tamri.

ANFAHRTSBESCHREIBUNG

Von Agadir aus fährt man die zweispurige, autobahnähnliche, von Palmen gesäumte Straße am Hafen vorbei, durchquert den Industrieort Anza mit der Zementfabrik, lässt den großen, von einer Mauer bewehrten Palast eines saudischen Prinzen links liegen und erreicht nach 13 km Auria (siehe oben), wo die doppelspurige Straße zu Ende ist.

Nach 14,5 km ist der große Ort **Tamrakht** – auch *Banana Village* genannt – erreicht. Erfrischungen bieten mehrere nette Cafés, z. B. *Yasmina, Belle Vue* und *La Baraka*. Der Ort ist bekannt für seine schmackhaften Tajines. Familien aus Agadir fahren am Wochenende hierher zum Essen. Es gibt kleine, sehr süße Bananen zu kaufen, die im Mündungsgebiet des *Oued Tamrakht* angebaut werden. Markt ist am Mittwoch. **Übernachtung** in der ◆**Auberge Imrouane,** an der Hauptstraße (Tel. 048 31 46 16/17, 048 31 43 45), einem ruhigem kleinen Hotel mit schönem Innenhof und hübschen Zimmern (€€€B), jedoch nicht immer sauber; gutes Essen, aber lange Wartezeit. Kurz nach der Brücke liegt rechts eine Reservierungsstelle für das neue *Maison d'Hôtes* (Gästehaus) ◆**Atlantic Ocean.** Auch in der ◆**Villa Solaria,** dem Wohnhaus von *Margrit* (Schweizerin) und *Mohammed Addi* in Tamrakht, kann übernachtet werden. Tel./Fax 048 31 47 68, Handy 061 40 19 75, www.addimaroc.com, addima@menara.ma. Es gibt drei komfortable DZ (€€B), eine Ferienwohnung und zwei neue Studios mit Meeresblick (€€), eine Küche für Selbstverpfleger, Bad und Salon sowie eine sehr schöne Dachterrasse. Zum Strand 15 Minuten zu Fuß. Das Paar bietet auch Geländewagen-Touren im Umland an.

Wer auf dem Weg nach Norden einen Abstecher zum Meer einlegen will, biegt kurz hinter Tamrakht, nach einer kleinen Anhöhe, zum Strand ab. Am Friedhof vorbei führt ein Feldweg direkt auf einen im Atlantik liegenden Felsen zu, der auch **Teufelsfelsen** genannt wird. Unbeschadet kann dieser aber nur bei Ebbe erreicht werden. Man spürt hier die Kraft des Atlantiks, denn riesige Brecher branden an die Felsen, und aus vielen kleinen Kratern spritzt das Wasser fontänengleich heraus. Jeweils im Oktober findet hier das zweitägige Fest **Fête Imouran** statt. Alle jungen Mädchen versammeln sich in traditioneller Berbertracht und setzen sich bei Ebbe rund um den Felsen auf die Steine und warten bis das Wasser kommt und sie nass spritzt. Das ist dann ein Zeichen für eine baldige Hochzeit. Da auch viele junge Männer dem Fest beiwohnen, ist die Aussicht auf einen nachhaltigen Kontakt nicht auszuschließen. Viele Buden bieten Essen und Kleinkram an.

Von Dezember bis März lassen sich hier und rund um Agadir im Winter bis zu 150 Wohnmobile nieder, so dass die schöne Gegend zusehends verschmutzt, weil es selten jemand nötig hat, seinen Abfall wieder mitzunehmen. Inzwischen werden für Abfallent- und Wasserversorgung 10 DH (5 Tage gültig) verlangt, und die Situation verbessert sich hoffentlich.

19 km hinter Agadir führt rechts ein Abzweig zur ◆**Reha Horse Ranch,** einer Reiterranch, wo man sowohl stundenweise reiten als auch Tages- oder Halbtagesausflüge zu Pferd machen kann (s. Kapitel Agadir, Sport).

20 km nördlich von Agadir liegt **Taghazoute Plage,** ein langer Sandstrand, der weniger überlaufen ist als der Strand von Agadir. Hier gibt es zwei Restaurants, mit moderaten Preisen (z. B. Tajine 40 DH). Auch ein Laden, diverse Kioske und Sonnenschirmverleiher sind hier vertreten.

Gegenüber liegt der sehr einfache ◆**Campingplatz Paradis Plage** direkt am Strand. Die nicht besonders sauberen sanitären Anlagen des Campingplatzes sind sehr einfach, Duschen nur gegen Gebühr. Preise: 5 DH p. P., Caravan/Campingcar/Bus 15 DH, Pkw 5 DH, Motorrad 2,50 DH, Zeriba (allereinfachste Strohhütte ohne Fenster, nicht abschließbar, kein Bett, dreckig) 40 DH. Der Campingplatz und die Restaurants werden wohl in absehbarer Zeit den Hotelprojekten weichen müssen, deren Bau schon begonnen hat. Bis Aghroud soll die Küste touristisch erschlossen werden.

Etwas oberhalb liegt das **Fischer- und Surferdorf Taghazoute,** in dem es auch einige Quartiere für Touristen gibt. Vor allem bei Surfern und jungen Leuten ist der frühere Hippietreffpunkt wegen seines Alternativen Touchs und seiner hervorragenden Surfreviere beliebt. Hier kann man

Agazoud-Plage bei Aghroud

auch **Zimmer in Privathäusern** oder komfortable komplette Wohnungen (kalte Dusche, Küche, Balkon mit Meeresblick, €€) mieten. Die billigeren Wohnungen sind nur bedingt zu empfehlen. Vermittelt werden Häuser und Zimmer von *Bernd Schweigert,* einem Deutschen, der den ◆**Holiday-Club Agadir** gegründet hat und auch **Surf-Urlaub** und **Angel-Ausflüge** anbietet (Tel. 048 20 00 22, E-Mail: holidayclub@gmx.net, www.taghazout.de.vu, www.surf.de.md, s. a. Kapitel Sport bei Agadir). Auf seinen Internetseiten kann man sich einen Überblick über das Angebot verschaffen. Das Haus von Bernd, in dem er auch Zimmer vermietet (€ inkl. Frühstück), ist folgendermaßen zu finden: nach der Moschee rechts, 30 m rote Tür mit Autovermietung. Die Preise in Privathäusern liegen in der Kategorie € (einfaches Zimmer) bis €€€€B (herrliches Apartment oder Haus am Hafen) und sind stark saisonabhängig.

Die ◆**Endo-Surfschule** (www.endosurf.com) ist ebenfalls in deutscher Hand. *Steffen* und *Gerrit* (Handy 068 39 51 24/067 13 17 44, E-Mail: info@surfmarokko.com, Büro in Wiesbaden, s. a. Agadir/Sport) bieten Unterkunft, Vollverpflegung, Surfunterricht und Begleitung zu den besten Surfspots an (1 Woche VP mit Kurs 260 Euro).

Bei einer strandnahen Übernachtung ist zu bedenken, dass die Fischer um 4 Uhr morgens ihre Boote starten und die 2-Takt-Motoren ganz sicher jeden Toten aufwecken. Bis alle Boote ausgelaufen, dauert es mindestens 30 Minuten ...

Im Ort gibt es einige nette **Restaurants:** *Sable d'Or* mit Alkoholausschank, gutem Essen und schöner Aussichtsterrasse (am Ortsanfang links) und das kleine *Florida Restaurant* an der Hauptstraße. Das einfachere *Café Panomrama* hat inzwischen mangels Gästen geschlossen.

Abzuraten ist vom einzigen **Hotel** (½€) am Ort. Es sieht zwar von außen nett aus, innen ist es allerdings mehr als dürftig. Es kommt regelmäßig zu Diebstählen in den Zimmern!

Nördlich von Taghazoute reihen sich zahlreiche schöne Strände (u. a. *Paradis Plage, Miami Beach* und *Surfer's Point,* ein beliebter Surfer-Treffpunkt) aneinander.

30–31 km nördlich von Agadir sind **Immi Oudar** und danach **Aghrod** oder **Ag-**

har und dem folgenden **Agazoud Plage** erreicht, Orte an der Steilküste mit vielen Villen an den Hängen und schönen, sauberen Sandbuchten. Wer der Hektik Agadirs entfliehen will, ist hier richtig.

43 km nördlich von Agadir liegt das **Cap Rhir** mit Leuchtturm und schönem Ausblick aufs Meer. Vor dem Posten kann man hinunter zum Meer fahren und trifft hier auf zahlreiche Wohnmobilisten.

Danach durchfährt man eine wüstenartige Gegend mit Sanddünen, Euphorbien- und Dorngewächsen in der auch Kamele gehalten werden, bevor man nach Tamri gelangt.

Tamri, 54 km von Agadir entfernt, ist ein kleiner Fischerort. Das Gebiet wurde bereits in der Steinzeit bewohnt. Man fand in den Höhlen von *Ifrane Oughoua* zahlreiche Steinwerkzeuge. Bei Tamri mündet der *Aït-Ameur-Fluss* ins Meer. Im Mündungsgebiet und am Ufer gibt es zahlreiche Bananenanpflanzungen. Die Bananen sind sehr klein, schmecken aber ausgezeichnet.

Hinter *Tamri* wird es karger, die Vegetation wird wüstenähnlich (Euphorbien und Kakteenpflanzen), und 9 km hinter Tamri ziehen sich Sanddünen bis zum Meer. Hier gibt es noch einsame Strände und traumhafte Ausblicke aufs Meer, denn die Straße schlängelt sich bergauf und führt dann oberhalb der Küste weiter.

Bei ca. km 76 führt bei einer Ansiedlung rechts eine Straße zu einem neuen Stausee und kurz darauf bei km 77 liegt links der *Oued Tamkouirint*. Man kann hier sein Auto parken und das Oued hinunterlaufen. Nach ca. 10 Min. erreicht man die **Gouffre d'Agadir Imoucha,** wo das Flüsschen früher aus einer Schlucht über mehrere halbkreisförmige Terrassen in Wasserfällen nach unten zur Mündung fiel. Jetzt liegt es wegen des Stausees (s. u.) trocken. Am Ende der Schlucht liegt das Dorf *Tildi,* wo viele Heilige begraben sein sollen.

5 km weiter, bei km 82 zweigt links die alte Piste zum Ort Immesouane ab. Nach wenigen Kilometern teilt sich die Piste: Links geht es zum **N'Guit-Felsen**, oberhalb des Dorfes **Tildi** (herrliche Aussicht), rechts geht sie weiter zum Dorf **Immesouane,** von wo man weiter nach **Immesouane Plage** kommt, das man aber besser über die neue Teerstraße erreicht (siehe unten).

Bei km 86 zweigt links eine Straße nach Immesouane Plage ab. Eine kleine, geteerte Straße führt nach knappen 6 km zum Dorf **Immesouane,** das imposant über der Steilküste liegt. Das Dorf mit einer schönen gelbblauen Moschee hat gepflegte Oliven- und Obstgärten, die durch Trockenmauern und Feigenkakteen abgetrennt sind. Der Blick nach unten ist fantastisch. In der Markthalle des Ortes finden Fischauktionen statt (ein lohnendes Erlebnis). Nach weiteren 6 km sind rechter Hand ein Brunnen mit einer Kameltränke und die ◆**Auberge/Camping Tisra** erreicht (kahl und kein Schatten). Hier werden Kameltouren angeboten. Gleich in der Nähe wohnt auch der Maler und Schriftsteller **Abdallah Aourik,** der sich neben seiner künstlerischen Tätigkeit sehr für die Belange der Bevölkerung gegenüber den Behörden einsetzt. Der Campingplatz (lediglich ein stacheldrahtumzäuntes, sandiges Gelände oberhalb des Meeres) folgt kurz darauf in **Immesouane Plage.** Dieser einst kleine Fischerhafen wurde durch ein japanisches Neubau-Projekt dermaßen verunstaltet, dass man eigentlich nur noch Reißaus nimmt. Weiträumige Quartierstraßen und Neubauten aus Beton stehen vor dem winzigen Strand mit dem Hafen. Den Fischern hat es Einkünfte gebracht, denn die Vermarktung des Fanges scheint zu funktionieren. Als schön kann man den ehemals idyllischen Ort kaum mehr bezeichnen. Für Ausflüge in die schöne Umgebung und einen Urlaub abseits der Touristikhochburgen eignet sich der Ort jedoch gut.

Übernachtung in der sauberen und stilvoll eingerichteten ◆**Auberge Kahina** (€).

Die weitere Landschaft in Richtung Essaouira ist von Thujen und Arganien geprägt. Ein Schild beim Ort *Souk Sebt Aït Tamanar* weist darauf hin, dass hier die „Route des Arganiers" beginnt. Aufgrund der langen Trockenheit der letzten Jahre, sind jedoch viele der kostbaren Bäume, deren Vermehrung extrem schwierig ist, vertrocknet. Zu den Arganien s. a. den entsprechenden Exkurs.

Nach 106 km ist der Ort **Tamanar** erreicht, das Zentrum der *Haha-Nomaden,* die vor allem durch ihre Tänze bekannt sind. Der Ort ist umgeben von kargem, mit Macchia und Arganien bewachsenem Gebirgsland; hübsche kleine Dörfer verteilen sich auf den Hügeln. Eine Erfrischung gibt es im sauberen und angenehmen ◆**Café-Restaurant L'Etoile du Sud** bzw. im ◆**Café Argana,** Lebensmittel in kleinen Geschäften, Unterkunft ist in dem einfachen ◆**Café/Hotel Hassani** möglich.

Ein Abzweig bei km 118 führt zu einem weiteren Stausee. Hinter dem Dorf **Oued Tassaraset** (124 km von Agadir) wird die Landschaft wieder gebirgiger, es wachsen viele Thujen-, Wacholder-, Oliven- und Arganienbäume in der dünn besiedelten Gegend. Am Straßenrand wird Arganienöl verkauft.

Ein Abzweig führt 126 km hinter Agadir links zum **Cap Tafelney** (Beschilderung *Plage Tafadoua*). Hier kann man auf einer schmalen, teilweise recht löchrigen Teerstraße (14 km) bis zum Cap Tafelney fahren. Am Kap liegt der kleiner Fischerort, dessen barackenartige Häuser sich wie eine Reihenhaussiedlung aneinander gebaut den Strand entlangziehen; der schöne Sandstrand ist um den Ort herum verschmutzt, weiter weg aber sauber. Bei den Fischern kann man preiswert Fisch und Schalentiere kaufen. Im ◆**Café Belle Vue** bekommt man einfache Gerichte, durch eine kleine *Epicerie* ist die Grundversorgung gewährleistet, wenn man einen unkonventionellen Strandurlaub bei den Fischern und ohne Touristen verbringen will. Einfache Unterkunft bietet das ◆**Bivouac Kou-Kouch.**

Ein Abzweig bei km 133 führt rechts auf einer Piste zum **Djabal Amsittene,** er von oben eine herrliche Aussicht bietet. Abseits der Hauptroute ist es ruhig und angenehm, auch wild campen ist dort problemlos möglich.

136 km nördlich von Agadir liegt **Smimou,** ein kleiner Ort mit Läden und Tankstelle; Markt ist am Sonntag. In dem kleinen Ort **Tidzi** nahe Smimou befindet sich die **Coopérative d'Huile d'Argan.** Es handelt sich um eine Frauenkooperative, in der 20 Frauen der Umgebung arbeiten. Japan und Kanada unterstützen dieses Projekt, welches offen für Touristen ist. Die nette Directrice *Kab Zineb* führt (Erläuterungen in französisch) interessierte Besucher gerne durch das Projekt und erklärt die Produktion. Man kann auch bei der Arbeit zusehen. T-Shirts und Vitamin-Bonbons sind als Geschenke willkommen. Ein kleiner Verkaufsraum ist angeschlossen (direkt am Ortseingang aus Richtung Agadir). Geplant ist aber ein neues Gebäude etwas außerhalb der Stadt (Adresse noch nicht bekannt). Die Preise für die Produkte schwanken, es gibt Seife, Arganenöl und andere Produkte, alles hygienisch hergestellt und garantiert besser als die Waren der „fliegenden Händler" an der Küstenstraße, deren Öl häufig gestreckt ist.

Die Straße führt weiter durch waldige Gebirgsgegend, die nach 20 km wieder in Flachland übergeht. 2 km danach führt ein Abzweig links zum **Turm Had-Smimou** (10 km) und zu sehr ursprünglichen, der Küste vorgelagerten Bauerndörfern. Die Häuser sind durch Natursteinmauern und Kakteen abgetrennt, die Hügellandschaft entlang der Küste ist sehr idyllisch und auch für Wanderungen oder Reitausflüge geeignet. Mit dem Auto kann man jedoch nicht entlang der Küste weiterfahren.

Bei km 162 zweigt links vor der Brücke eine Straße zu den phantastischen Dünenstränden von **Sidi Kaouki** und zum gleichnamigen **Marabut ab.** Geradeaus geht es nach *Essaouira* weiter.

Abstecher nach Sidi Kaouki

Nach 12 km auf schmaler Teerstraße ist der kleine Ort Sidi Kaouki erreicht. Dieser ist mittlerweile sehr durch den Tourismus geprägt und verfügt über mehrere Pensionen, Restaurants und einen Campingplatz. Die Buslinien 5 und 14 verkehren zwischen Essaouira und Sidi Kaouki zwischen 8 und 21 Uhr etwa alle zwei Stunden (ca. 7 DH). Gelegentlich auch Sammeltaxis von Sidi Kaouki nach Essaouira (7 DH). Grand Taxis ab Essaouira ca. 150 DH.

Der große **Marabut des Heiligen Sidi Kaouki** liegt direkt am Meer und wird vor

Das Marabut von Sidi Kaouki

allem von Frauen besucht, die sich dadurch Heilung von Unfruchtbarkeit erhoffen. Das Grab befindet sich neben dem eigentlichen Marabut. *Sidi Kaouki* gilt neben *Sidi Bouzerktoun* (nördlich von Essaouira) als das **beste Windsurfrevier Marokkos,** allerdings nur für geübte Surfer, da die Wellen ziemlich hoch sind. Entlang dieser Strände zieht sich eine einsame, von Arganienbäumen und Pinien gesäumte Küstenlandschaft, die man auf kleinen Abzweigen auch mit dem Auto erkunden kann.

Am Ortsanfang stößt man auf die ◆**Villa Soleil** (Fax 044 47 25 81, villasoleil@essaouiranet.com, www.essaouiranet.com/villasoleil, geräumige Bungalows für bis zu vier Personen mit eigenen kleinen Innenhöfen, €€€ bis €€€€, kleines Restaurant, Salon mit offenem Kamin) und auf der dort abzweigenden Straße auf die sehr geschmackvolle ◆**Résidence Sidi Kaouki,** die von der Freiburgerin *Roro Viallon* und dem Franzosen *Philippe Lions* betrieben wird. Sie ist ganz in blau-weiß gehalten und wird durch einen eigenen Brunnen versorgt. Es gibt zehn sehr gemütliche Zimmer und ein ausgesprochen nettes Restaurant mit abendlichem Candlelight-Dinner und mittags auf Vorbestellung fangfrischen Fisch oder Salate etc. DZ mit Frühstück €€, DZ mit Halbpension €€€€B, Dinner 100 DH. Etagenduschen (warm) und Hammam. In kalten Nächten gibt es auf Wunsch Wärmflaschen. Auch größere Feste können organisiert werden. Das marokkanische Personal ist sehr nett (Myriame kocht, Said ist für die Logistik zuständig). Das Essen ist sehr gut, die Zimmer sind sauber. Es werden Ausflüge organisiert und Mietwagen (Fiat Uno, 300 DH/Tag) vermittelt. Tel. 044 78 32 06, Fax 044 47 28 06, E-Mail: info@sidikaouki.com, www. sidikaouki.com.

Nahe am Strand konkurrieren das ◆**Restaurant/Auberge Karam,** das ◆**Café/Restaurant Abouri** und das hübsch aufgemachte ◆**Hotel/Restaurant Dauphin** (Tel. 044 47 67 32, 6 Zimmer mit Balkon und Meerblick, €€B) um die Gäste. Besonders auffällig ist die dunkelblau-gelb bemalte Pension einer Schwedin, danach folgt die ◆**Villa Bougies** (Tel. 044 47 24 11), welche Bed & Breakfast (€€) anbietet, ebenso wie die ◆**Auberge Al Peinture Bouafa.** Kurz hinter der blauen Pension liegt die deutsch-italienische ◆**Auberge de la Plage – Club Equestre** von *Carina Fischer* und ihrem Mann *Gabrielle Meretti.* Die nette Reiterpension hat ein hübsches Restaurant, die Zimmer sind einfach, aber sauber, das Personal ist sehr nett. Alle zehn Zimmer mit Meeresblick (DZ mit Bad €€€, DZ ohne Bad €€, EZ €). Ausreiten für 100 DH pro Std. Adresse: BP 218, 44 000 Essaouira, Tel. 044 47 66 00, Fax 048 47 33 83, info@kaouki.com, www.kaouki.com.

Der öffentliche **Campingplatz** ist äußerst rudimentär und wird von einem alten, schon recht senilen Mann geführt, der weder französisch noch sonst eine Fremdsprache kann. Einigermaßen sauber, Preis Verhandlungssache. Man kann neben dem Areal auch wild campen. Einen weiteren bewachten Stellplatz für Wohnmobile mit Restaurant/Café, ◆**V.H.M. Loisirs,** gibt es an der Teerstraße in Richtung Agadir, ca. 500 m hinter dem Camping (10 DH inkl. Wasser und Dusche). Es wird Alkohol ausgeschenkt und Quads verliehen. Vorsicht beim Wildcampen am Strand: Diebstähle und Autoeinbrüche sind möglich.

Versorgungsmöglichkeit besteht über die Strandbuden am Parkplatz oder fliegende Händler, die Brot, Eier und Fisch verkaufen.

Wieder zurück auf der Straße führt 1 km danach bei Gesamt-km 163 eine Straße zum neuen **Flughafen** Essaouira-Mogador.

Bei km 167 zweigt rechts die Straße nach Casablanca und Marrakesch ab, und ein Schild weist auf den ◆**Campingplatz Olivier – Chez Christian** hin (s. Camping, Essaouira).

Wir fahren links in Richtung Essaouira und stoßen 1,3 km nach der Kreuzung (Gesamt-km 169) auf das ◆**Restaurant km 8,** das bereits zum Ort **El Ghazoua** bzw. **El Ghazoua** gehört, zu dem man nach links abbiegt. Dort ist auch die Villa Argana (s. Hotels-Riads in Essaouira) des Briten *Andy Gwatkin* mit netten Zimmern und Landatmosphäre zu finden. Zwei Häuser weiter nach dem *Restaurant km 8* liegt rechts die **Solarwerkstatt Afrisol** (Hauptsitz in Casablanca) von *Peter Kiefer,* der auf Photovoltaik-Anwendungen (Solarstrom) aller Art (Land-Elektrifizierung, Wasserpumpen, Systeme für Häuser und Wohnmobile) und thermische Solarsysteme (Warmwasser, Heizung, Pool) spezialisiert ist. Er hat auch die hervorragenden Internetseiten www.essaouiranet.com ins Leben gerufen (B.P. 47 El Ghazoua, 44000 Essaouira, Tel. 044 78 52 92, Fax 044 78 55 13, afrisun@iam.net.ma, www.afrisol.com).

An der Straße in Richtung Essaouria liegen rechts die ◆**Villa Damonte,** links das ◆**Hotel/Camping Yasmina.** Das ordentliche Hotel verfügt über einfache, kleine und sehr saubere und gemütliche Zimmer (mit Etagenduschen, €). Es hat ein nettes Restaurant, und es besteht Campingmöglichkeit im staubigen Hof.

700 m weiter zweigt links, bei km 170 hinter Agadir, eine Schotterpiste nach **Diabat** ab. Hier hatte *Bob Marley* ein Haus, und die gesamte Hippieszene traf sich hier in den 1970ern. Kurz darauf der Ort *Oued El Kebab* und die Brücke über den Oued Ksab. Davor führt ein Abzweig links zur ◆**Auberge/Camping Tangaro** (Tel. 044 78 47 84, Fax 044 78 57 35). Das kleine Hotel liegt in bewaldeter und ruhiger Gegend. Es ist sehr gut geführt und verfügt über einen gemütlichem Innenhof mit Terrasse und kleinem Campingplatz (wobei auf Camper keinen Wert gelegt wird). Leider ist es etwas weit zum Meer (halbe Stunde Fußmarsch). Kein Strom, abends gibt's Kerzenlicht. Wer's ruhig mag und Wandern dem Baden vorzieht, ist hier gut aufgehoben. Die Auberge ist beliebter Wochenendtreffpunkt. DZ mit HP €€€€ (für zwei Personen, zur Ferienzeit teurer), DZ ohne Halbpension €€A, Camping 20 DH/Person/Camper, Pkw 10 DH.

2 km weiter trifft man auf die ◆**Résidence Dar Mimosas** (Essaouira/Hotels) und weitere 500 m auf den Campingplatz von Essaouira, rechter Hand der Straße, sowie den Leuchtturm: Hier ist bei km 173 der Stadtrand von Essaouira erreicht.

ESSAOUIRA

Früher hieß die Stadt **Mogador,** angeblich benannt nach dem Heiligen und Patron *Sidi Magdol* (das Grab liegt am Eingang zur Stadt, gleich hinter dem Leuchtturm). Der Name könnte aber auch von dem Wort *Amegdol* („die Wohlbehütete") abstammen.

Essaouira ist auf den Felsen an der Küste gebaut. Kein Tourist sollte es versäumen, die **ehemals portugiesische Stadt** zu besuchen: Attraktionen sind der Fischerhafen mit Werft, die portugiesische Festung, die rote Stadtmauer und vor allem die beeindruckende, vollständig erhaltene **Altstadt,** die **stark andalusisch geprägt** ist: weiße, zweistöckige Häuser mit grün und blau eingefassten Tür- und Fensterrahmen und runden, gelb eingefassten Torbögen.

In der Stadt herrscht eine ganz eigene Atmosphäre. Obwohl noch viele Frauen verschleiert im weißen Haik gehen und vieles auf den ersten Blick eher streng islamisch wirkt, hat sich doch eine kleine Künstlerkolonie mit Malern und Galerien und eine lebhafte, eher alternative Touristenszene entwickelt. Essaouira ist Windsurfer-Treffpunkt und gilt als individuelle Alternative zum Touristenghetto von Agadir. Ist Agadir das Zentrum des Pauschaltourismus, so ist Essaouira das **Zentrum des Individualtourismus.** Kaum eine Stadt hat so vom Tourismus profitiert wie Essaouira und sich trotzdem ihr Eigenleben bewahrt. Hier kann man absolut unbehelligt durch die Altstadt bummeln und ist immer wieder aufs neue überrascht. Kleine, behagliche Restaurants wie z. B. das Literaturrestaurant Tangaro, Cafés, in denen man in Ruhe seinen Cappuccino schlürfen kann, Galerien und eine lebhafte Musikszene geben der Stadt ein Flair, wie man es vielleicht nur noch in einigen Ecken von Marrakesch findet.

Die **Altstadt** von Essaouira ist eine einzige Boutiquenlandschaft mit einem **unvergleichlichen Angebot an künstlerisch wertvollen Objekten.** Angefangen von Eisenholzskulpturen bis zu Bildern mit geheimnisvollen Berberzeichen, Ölgemälden, Kamelhaut- und Pergamentlampen mit Henna verziert, wird Kunsthandwerk in großer Vielfalt angeboten. *Orson Welles* hat die Stadt 1952 wirkungsvoll in Szene gesetzt, als er sie für den Film „Othello" als Drehort auswählte. Eine Skulptur und ein nach ihm benannter Platz sowie die Namen einiger Geschäfte und Galerien weisen auf diesen Umstand hin.

Essaouira – Fischstände am Hafen

GESCHICHTE

Die Ursprünge des Hafens und des Handelsplatzes gehen auf **Hanno** (karthagischer Admiral um 465 v. Chr.) zurück, der hier Halt gemacht haben soll.

Der Nubierkönig **Juba II.** unterhielt im 1. Jahrhundert Purpurmanufakturen. Der rote Farbstoff, der von der Purpurschnecke stammt, gab den vorgelagerten Inseln ihren Namen („Purpurinseln", *Iles de Mogador* – jetzt Naturschutzgebiet).

Im 11. Jahrhundert brachten Karawanen, die vom Senegal und Niger kamen, Elfenbein und Goldstaub nach Essaouira. 1506 wurde in der Stadt ein portugiesisches Fort errichtet. Zeitweise diente die Stadt auch Piraten als Unterschlupf.

Die eigentliche Stadtgründung erfolgte dann Mitte des 18. Jahrhunderts. Die Stadt wurde nach den Plänen des gefangenen französischen Ingenieurs *Cornut* unter der Herrschaft von *Muhammad Ibn Abdallah* 1773 erbaut. Im Gegensatz zu den anderen marokkanischen Städten verlaufen die Straßen schnurgerade im rechten Winkel.

Mogador wurde nach der Schließung des Hafens von Agadir wichtiger Hafen und Handelsplatz. Zahlreiche jüdische Händler ließen sich in der Stadt nieder. Im 19. Jahrhundert beherrschte Mogador 40% des überseeischen Handels des Landes. Karawanen aus *Timbouktou* brachten Gold und Elfenbein aus dem Süden und tauschten es gegen Lederwaren, Salz und Zucker aus Marokko.

Erst im 20. Jahrhundert nahm die Bedeutung als Handelsstadt ab, als durch die französische Besetzung von Timbouktou der Saharahandel unterbrochen wurde. Heute ist Essaouira (ca. 45 000 Einwohner) vor allem als Fischereihafen und Badeort wichtig, und es ist eines der sehenswertesten Städtchen in Marokko.

SEHENSWÜRDIGKEITEN

Wichtigste Straßen sind die *Av. Oqba Ibn Nafi* und deren Verlängerungen, *Av. de Istiqlal* sowie *Rue Muhammed Zerktouni.* An deren Ende liegt das **Bab Doukkala,** das Nordtor. Auf dem freien Platz vor dem Tor treten nachmittags auch **Gaukler** auf. Durch das Stadttor im Norden, über die oben genannten Straßen, kommt man am leichtesten zum **Suq Djedid,** wo es besonders preisgünstig Safi-Keramik und Gewürze sowie einen hübschen Laden für Basttaschen und Schuhe aus Raphia gibt.

Sehenswert ist der **Uhrturm** in der Stadtmauer entlang der *Av. Oqba Ibn Nafia* (bzw. Okba Ben Nafi). Nahebei liegt das **Tourismusbüro,** wo man sich über Veranstaltungen, Busfahrpläne, Hotels etc. informieren kann und auch einen guten Stadtplan erhält.

Im Süden, zu Beginn des Bd. Mohammed V., liegt der **Fischereihafen.** Durch die *Porta Marina* hat man Zutritt zu ihm. Im Juni beginnt die Sardinenfischerei. Sehenswert sind der Trubel bei der vormittäglichen Fischauktion, das Einbringen der Netze sowie die **traditionellen Bootswerften,** die nach wie vor die schönen Holzfischerboote herstellen. Am Hafen steht eine Reihe von Grill-Ständen, wo man ab Mittag frisch gefangene und über dem Feuer gegrillte Fische verzehren kann. Man sollte sich jedoch vorher über die Preise informieren.

Vom Hafen gelangt man zur **Place Moulay Hassan,** dem Hauptplatz der Medina mit seinen netten Cafés Opera und Mustapha und dem Buch- und Zeitungsladen Jacks's Kiosk, Banken und Geschäften. An der linken Ecke des Platzes zur Rue de la Scala hin liegt das **Literaturcafé/Restaurant Tangaro** mit einem sehr guten Buchangebot auch zur Geschichte und Geographie des Landes. Das liebevoll eingerichtete Café und v. a. die Dachterrasse verleiten zum Schmökern und Entspannen. Biegt man in die links vor dem Platz abzweigende *Rue de la Scala* ein, gelangt man entlang der Stadtmauer zu den alten portugiesischen Festungsanlagen, der **Sqala** (auch Skala oder Scala geschrieben) **de la Kasbah.** Sie ist von Türmen flankiert (Eintritt in den Turm 10 DH) und besitzt schöne, in Spanien gefertigte Bronzekanonen (Sevilla 1743).

Von hier oder besser noch vom Place Mulay Hassan kann man in die Altstadt

Am Uhrturm in Essaouira

ESSAOUIRA
ATLANTISCHER OZEAN
zum Appartment Carina
zum Busbahnhof und Sammeltaxis
Lyceum
Appartments
LOTISSEMENT AL BOUHAYRA
Busbahnhof, Taxis, Stadtbusse
Avenue Regraga
Groß-markt
Rue Gharwat Oahbi
Rue Gharwat Badr
QUARTIER INDUSTRIEL
Palais d' Essaouira
Av. 2 Mars
Avenue Idriss 1er
LALLA AMINA
Avenue Rabat
Avenue Fes
Rue 10
Gendarmerie
Lalla Aicha
IRAYFAT
Boulevard de l'Industrie
DOUKKALA
Argana
Dar Hicham
Al Massira Al Khadra
Bab Marrakech
Erste Hilfe Sanitätsstation
Rue La
Avenue
Bus-bahnhof
Cafés
Boulevard Mulay Yussuf
Rue Mohammed el Gorry
Ensemble Artisanal
Feigenbaum
Hôtel des
Jüdischer Friedhof
DZIRA LOUCTANIYA
Bab Doukkala
AL MALLAH
BAKHAR
Suq Djedid
CHBANET
DERB AGADIR
Mohammed Zerktouni
Mohammed Ben Abdallah
Av. de l'Istiqlal
Große Moschee
Mechouar
Bab
Camping-gas
Ibn Naji
Villa Maroc
R. Attarin
R. D. Laalouj
AL QACHA
LHADDADA
Pl. Mulay el Hassan
Jack's Kiosk
JARF HMAM
DOUKKANA
JARF BARMIL
Nordbastion
Skala de la Kasbah

zu den Hotels Fiah Borj, Dar Touria und Dar Galia
App. Dar Cheila
Supermarkt Fath
Province
Vente de Dunes
Al Jazira
R. Mulay Ali Scherif
Blue Vague
nach Safi (entlang der Küste)
Touristenstraße
Par la côte
Gärtnerei
Ryad Mogador
nach Agadir, Safi Marrakesch, Djabat und Sidi Kaouki
Mogdul
Villa Quieta
Rue Lalla Maryiem
QUARTIER DES DUNES
App. Aïcha
Hauptpolizei (Fremdenpolizei)
QUARTIER ADMINISTRATIV
Wind Car (Autovermietung)
Rue P. Lalla Amina
Délegation de Jeunesse et Sports
Villa Lila Hicham
Bd Mohammed V.
Tafoukt
Rue 12
Basketball-Feld
Strand
Sofitel Mogador
Boulevard Mohammed V.
kleiner Vergnügungspark
Surfclub u. Fun & Fly-Center
de la Plage
Strand
ATLANTISCHER OZEAN
N
200 m
Wetterstation
du Port Coquillage
Chez Sam
Fischer-hafen
Porte de la Marine
Dzira Srira
Kirche
Hotel
Restaurant
Café
Museum
Bank
Tourist-Information
Post
Polizei
Schule
Moschee
Friedhof
Uhr-, Turm
Leuchtturm
Sportplatz/Stadion
Krankenhaus
Campingplatz
Tankstelle

BENHILA

von Franz Riegel

Die Frauen, die in ihren Haik gehüllt durch die Gassen schlurfen, an der Stadtmauer auf dem Boden kauern, am Rand des Brunnens sitzen, sind mir fremd. Der Haik verhüllt die Figur, der Gesichtsschleier verdeckt Mund und Nase, und nicht einmal am Gang kann man das Alter der Frauen schätzen. Nur die Augen sieht man, wenn man nicht höflich den Blick abwendet. Was sind das für Frauen? Warum tragen sie das Verhüllungstuch und den Schleier?

Ich hatte das Weitwinkelobjektiv montiert, hatte die Kamera um den Hals gehängt und fotografierte aus dem Verborgenen. Ich fotografierte die Fleischerläden mit den Hammelköpfen, den gerupften Hühnern und den halbierten Rindern. Ich fotografierte einen Stand, an dem eine verschleierte Araberin Büstenhalter feilbot, das handgetriebene Riesenrad, das Karussel mit den demolierten Plastikpferden, die Schiffschaukel, einen blinden Bettler und den Transvestiten, der in der Losbude die Gewinne ausrief. Hinter dem Hotel „Bel Rivage" bog ich in eine Gasse ein, die, von der Stadtmauer beschützt, zum Meer führte. Auf der Zitadelle sah ich den Möwen zu, die über die Kanonen flogen. In einem Turm der Zitadelle war eine Galerie untergebracht. Obwohl ich nichts von Malerei verstehe, ging ich hinein. Die Bilder waren mir etwas zu naiv, erinnerten mich eher an Schülerarbeiten. Doch ein Bild gefiel mir: Der Strand von Essaouira war darauf in grellen Farben gemalt, erinnerte an die „Neuen Wilden". Dieses Bild war mit „BENHILA" gezeichnet.

Abdrahaman, das Faktotum der Galerie, machte mich mit Monsieur Melody, dem Besitzer der Galerie bekannt. Er bat mich in sein Atelier und zeigte mir Kataloge, in denen seine Gemälde abgebildet waren: Bonn, New York, Lissabon, Amsterdam. Eine Frau huschte in das Atelier. Sie trug einen weißen Haik, das „Große Verhüllungstuch für die Straße". Den Schleier hatte sie bis über die Nase gezogen, und von ihrem Gesicht sah ich nur die dunklen, mit Kajal umrahmten Augen. Ich sah, da sie gelbe Babuschen trug, dass ihre Füße mit rotbraunen Mustern bemalt waren. Sie reichte mir die Hand und lächelte. Ihr Händedruck war fest, was mich überraschte. Ganz leicht schimmerte ihr Mund durch den Schleier. Sie gab dem Faktotum eine in Zeitungspapier eingeschlagene Rolle, zwei Bilder, die vom selben Künstler gemalt waren wie das Bild „Strand von Essaouira". Ich betrachtete eines der Bilder. Es war ebenso grell, zeigte Ziegenköpfe, verschleierte Frauen, einen Arm, der sich quer über das Bild nach oben reckte, und einen Elefanten, der sich hier seltsam fremd ausnahm. „Ich verstehe meine Bilder nicht" sagte Benhila. „Ich weiß nicht, warum ich so male. Aber warum gefallen Dir meine Bilder?" Aber wie sollte ich das mit meinen wenigen französischen Worten erklären? Bilder, die das Leben einer arabischen Frau zeigen, ein Leben unter Schleier und Haik, ein Leben durch die Augen gelebt: grell, verrückt, zerrissen, wenn man den Haik lüftet. „Ich freue mich sehr", sagte Benhila, beugte den Kopf und lächelte.

Ich bat Benhila, am Abend einen Tee mit mir zu trinken und war überrascht, wie selbstverständlich sie meine Einladung annahm. Auf der Terasse des Café France wartete ich auf Benhila. Würde Sie auch bei diesem Treffen ihren Haik tragen? Ich hoffte es, ein modernes Gewand würde mein Bild zerstören. Aber eine Frau im Haik, die im Straßencafé sitzt? Unvorstellbar! Und dann noch neben mir, einem Europäer.

Ich erkannte Benhila sofort, obwohl sie unter ihrem Tuch aussah wie all die anderen Frauen. Ich stand auf und begrüßte sie und freute mich über den Druck ihrer weichen, trockenen Hand. Zögend deutete ich auf den Stuhl. „Ich bitte sie, lassen Sie

Die Malerin Benhila

uns in ein etwas diskreteres Lokal gehen", sagte sie leise. Benhila ging voraus, und ich folgte ihr in ein Hotel, an dessen Glastüre eine Reihe von Kreditkarten klebte. Benhila nahm den Schleier ab. Sie hatte einen schönen Mund und fröhliche Augen. Ich schätzte ihr Alter auf etwa dreißig Jahre, aber da lacht Benhila. „Ich bin fünfzig Jahre alt", versicherte sie mir und zeigte ihre blendend weißen Zähne. „Ich lebe nur für den Tag", fuhr sie fort, „wenn ich einschlafe, sterbe ich. Wenn ich aufwache, bin ich jeden Tag aufs neue überrascht. Vielleicht bin ich deshalb so jung". Benhila spricht wenig über ihre Kunst. Sie hat den Blick auf den Teetisch gerichtet, und die Hände, die mit Ornamenten und Linien aus Henna bemalt sind, übereinandergelegt. Benhila verrät mir ein Heilmittel gegen Schnupfen: ein Glas, halb mit Cola und halb mit Milch gefüllt. „Wie ist das mit dem Haik?", frage ich Benhila. „Tragen Sie den gerne?" „Mein Haik ist mein Haus!" antwortet sie.

Benhila wurde 1940 in der Medina von Essaouira, in der Nähe des Strandes, geboren. Mit sieben Jahren malte sie ihr erstes Bild. Während der Fahrt von Marrakesch nach Essaouira war sie eingeschlafen, und ihr Vater weckte sie, als sie das Meer erreicht hatten. Es war die Stunde zwischen Tag und Nacht; sie sah die Lichter über dem Meer und den Häusern, und das alles in Farben, die es nicht gibt. Zu jener Zeit malte sie ihre Bilder in den Sand. Mit 19 Jahren heiratete Benhila einen Algerier, der sie in ein kleines Dorf in der Nähe von Algier mitnahm. Zehn Jahre lebte sie in Algerien, und als sie nach Essaouira zurück kam, war sie ganz allein. „Ich schrieb einen Brief an Allah, in dem ich um einen Gatten bat. Ich war es gewöhnt, einen Mann zu haben, und hängte den Brief ins Fenster. Das war 1969, und im Jahr darauf war ich schon verheiratet."

Benhila kann weder lesen noch schreiben. Sie hat – da ist ein schwarzes Brett in ihrem Herzen – keine eigenen Kinder. Benhila nimmt die drei Monate alte Tochter *ihrer Schwester zu sich, später adoptiert sie die Tochter ihrer Tante. Ihr Mann ist Fischer. Die ganze Familie lebt in einem einzigen, langgestreckten Raum. An einem Ende steht ein Schrank, am anderen Ende ein Beistelltischchen. Entlang der Längswände stehen Diwane, vor dem Fernseher ein Teetischchen.*

Benhila zeichnet drei Jahre lang mit Bleistift und Tusche. Als sie die Bilder dem Bruder ihres Mannes zeigt, warnte der Benhila. „Hör auf damit!", sagte er, „sonst wirst Du verrückt". Darauf hin zeichnet Benhila zehn Jahre lang keinen Strich.

1987 adoptiert Benhila einen kleinen, schwarzen Wuschelkopf. Ihr Mann ist zu alt zum Fischen, er bleibt zu Hause. Benhila beginnt wieder zu malen. Jeden Abend geht sie zur Zeit des Sonnenunterganges an den Strand. Hier findet sie die Farben, die sie in ihre Bilder mischt. Auf ihrem Lieblingsbild fährt eine Frau mit langen, schwarzen Haaren zum Himmel auf. Das ist sie selbst. Dieses Bild gibt sie dem Dänen, der eine Galerie an der Av. Oqba ben Nafi betreibt. Es ist schmerzlich für Benhila, das Bild zu verkaufen, es ist ihr ans Herz gewachsen wie ein Kind, und der Galerist gibt ihr nur zweihundert Dirham dafür.

„Aber es wird besser", erzählt sie. „Ich soll bald eine eigene Austellung bekommen." Sie lacht so fröhlich und stolz, als sie erzählt, dass der Portugiesische Botschafter heute nachmittag ein Bild gekauft hat - den „Strand von Essaouira".

eintauchen und gelangt linker Hand am Ende des Platzes über einen Durchgang ebenfalls zur Rue de la Sqala oder etwas nördlicher zum Museum, an der *Rue Laalouj*. Hier liegt das kleine **Volkskunstmuseum Sidi Muhammed Ben Abdallah** (evtl. noch wegen Renovierung geschlossen). Im 1. Stock des Museums sind Silberarbeiten, Waffen sowie alte und neue Bilder der Stadt zu bewundern und im Erdgeschoß findet man eine schöne Sammlung alter Musikinstrumente und eine Ausstellung über die Musikgeschichte der verschiedenen Stämme, v. a. der „Gnawas", Sklavennachfahren, deren ekstatische Tänze aus Westafrika stammen und durch die Ähnlichkeit zum Voodookult besonders bekannt sind. Die **Gnawa-Musik** kann im volkstümlichen Glauben Krankheiten heilen und „Baraka" übertragen (siehe „Religion"). In der Medina, westlich der Rue S.M. Ben Abdellah, treffen sich regelmäßig Gnawa-Musiker. Wer Glück hat, kann sie bei offener Tür spielen hören (häufig stehen einige Musikinstrumente davor) und auch gegen ein Trinkgeld bei ihren Übungen zuhören. Jedes Jahr Mitte **Juni** findet in Essaouira das **Gnawa (Gnaoua)-Festival** statt (www.festival-gnaoua.co.ma), zu dem Besucher aus der ganzen Welt kommen um internationale Stars die sich von der Gnawa-Musik (s. Land und Leute) inspirieren ließen und einheimische Größen zu bewundern. Auch **Djembéspieler** (die Djembé ist eine Trommel aus Ghana) gibt es in Essaouira. Wer dieses Instrument erlernen will, kann Einzelstunden bei dem gut englisch und französischsprechenden *Karim ben Ali* nehmen, der meist im Café-Restaurant Opera zu finden ist.

Wenn man sich jedoch am Place Mulay Hassan am nördlichen Ende rechts hält und dann gleich wieder links in die belebte Av. Sidi Mohammed Ben Abdallah (s. o.) einbiegt, gelangt man ins **Herz der Medina** und nach Norden zur **Mellah,** dem Judenviertel, in dem über manchen Türen ein Davidstern eingemeißelt ist und die Fenster der Häuser, entgegen der arabischen Tradition, zu den Gassen hin ausgerichtet sind. Zur Rue Oqba Ibn Nafi sowie zum **Souk Djedid** gelangt man ebenfalls vom Place Mulay Hassan, indem man sich am nördlichen Ende des Platzes rechts und kurz darauf an einem Platz mit vielen Boutiquen wieder rechts hält und dann über den Place Chefchaouen zum Uhrturm und in die **Rue Oqba Ibn Nafi** gelangt. Am östlichen Rand der Medina, bei der **Süd-Bastion** und nahe des Bab Marrakesch, steht ein uralter Feigenbaum.

Außerhalb der Altstadt führt der **Bd Mohammed V.** als breite Avenue am *Hotel Sofitel* vorbei an dem langen Sandstrand entlang. Strandanlagen mit einigen Sonnenschirmen, Liegestühlen und Cafés/Restaurants laden zum Verweilen ein, wobei die häufig starke Brise einem den Strandaufenthalt verleiden kann. Nicht umsonst wird Essaouira auch „windy city" genannt. Besser eignet sich die Bucht zum Windsurfen. Der Windsurfclub liegt am Strand entlang der Av. Mohammed V.

Ebenfalls außerhalb der Medina, in der Nähe der zweispurigen Av. al Akaba (ca. 10 Min. zu Fuß vom Busbahnhof), etwas versteckt auf einem Schotterplatz im Lotissement 5, findet am Sonntag ein **Markt** statt. Es werden frisches Gemüse, Obst, Kleider, Tajine-Schüsseln günstig verkauft.

PRAKTISCHE INFOS

Tel. Vorwahl: 044, PLZ 44 000

Touristeninformation

- **Syndicat d'Initiative de Tourisme**

Rue du Caire, beim Bab es Sbaa und Nahe Uhrenturm. Tel. 044 78 35 32, Fax 044 78 35 30. Sehr viele Informationen an einer Pin-Wand, von Sportanbietern, Adressen bis zum Bus- und Zugfahrplan. Mittags 2–3 Std. geschlossen.

Hotels/Riads

Die Sterne-Klassifizierung ist nur für die Hotels einigermaßen relevant. Die zahlreichen *Maisons d'Hôtes* (Gästehäuser in traditionellen Riads) fallen nicht unter die Hotelklassifzierung, obwohl viele durchaus einem Luxushotel vorzuziehen sind, auch wenn sie vielleicht nicht über eine große Lobby, Night-Club und mehrere Restaurants verfügen, wie es für eine Einstufung in die Vier- bis Fünf-

Sterne-Kategorie notwendig ist. Da sich eine Trennung nach klassifizierten und unklassifizierten Hotels im Falle Essaouiras nicht logisch durchführen lässt, sind hier alle Hotels zusammen - abgesehen von Apartments, Privathäusern und Wohnungen - aufgelistet, und die Reihenfolge ist so gewählt, dass die luxuriösen Häuser am Anfang stehen. Wie in Marrakesch schießen in Essaouira die privaten Gästehäuser *(Maisons d'Hôtes)* geradezu aus der Erde, und es können bei der Fülle der Unterkünfte nicht alle genannt werden.

Hervorragende Webseiten mit einer Aufzählung der meisten Hotels und Riads in Essaouira (zusätzlich Infos zur Geschichte, Ausflugstipps, Restaurants, Sport etc.) bietet: **www.essaouiranet.com** (auch in Deutsch). Info-Tel. *(Patrick* oder *Kabira):* 044 47 34 61, Fax 044 47 25 81 oder E-Mail an service@essaouiranet.com.

◆Sofitel Thalasso Mogador*****
Bd Mohammed V., Tel. 044 47 90 00, Fax 044 47 90 30, Reservierung: 044 47 90 90. Luxushotel mit allen Schikanen, das lange projektiert war und nun endlich fertig ist. 117 Zimmer mit AC und Balkon, Garten, Pool, Galerie, Konferenzsaal, Thalassotherapie. Direkt am Meer (Straße dazwischen). €€€€€B DZ mit Halbpension in der Hochsaison.

◆Ryad Mogador****
Route Marrakesch, Tel. 044 78 35 55, Fax 044 78 35 56. Vor der Stadt rechts in Richtung Safi. Sehr schönes neues Hotel der Luxusklasse im Grünen mit Tennisplätzen, Pool, Reitanlage um die Ecke. €€€€A.

◆Dar Mimosas
Route d'Agadir, B.P. 133 Essaouira, Tel. 044 47 59 34, Fax 044 78 52 74, Handy 061 10 91 80. Sehr luxuriöse Anlage mit wunderschönem Garten und Pool, außerhalb ungefähr 7 km in Richtung Agadir bei El Ghazoua. Suite mit Frühstück €€€€€A.

◆Villa Maroc
10, Rue Abdellah Ben Yassine, Tel. 044 47 61 47, 044 47 67 58, Fax 044 47 58 06, E-Mail: hotel@villa-maroc.com, www.villa-maroc.com. Wunderschönes Hotel, in drei Stadthäusern im traditionell-andalusischem Stil aus dem 18. Jh. in der Medina (parken vor dem Haus nicht möglich, nur außerhalb am bewachten Parkplatz vor dem Hafen). 12 DZ, 5

In der Villa Maroc

Minisuiten, 2 Suiten und 2 Suiten f. vier Personen. Die Zimmer sind um den Innenhof mit Pflanzen und Vögeln auf verschiedenen Stockwerken verteilt. Es gibt sehr schöne Doppelzimmer, Appartment für 4 Personen und Suiten für zwei und vier Personen, alle tradtionell und sehr geschmackvoll eingerichtet. Sieben Salons, vier mit Kamin, Abendessen bei Kerzenlicht. Sehr schöne Dachterrasse mit Blick aufs Meer und den Hafen; sehr gutes Essen (nur abends). Das Hotel ist inzwischen kein Geheimtipp mehr, auch nicht geeignet für einen kurzen Zwischenstopp für Rucksacktraveller, sondern eher für Leute mittleren Alters mit Gefühl für Ambiente gedacht. Reservierung ist sinnvoll, da meist ausgebucht. Besitzer sind *Cornelia Hendry* (Schweizerin) und *Abderrahim Ezzaher.* DZ €€€€ bis €€€€A mit Frühstück, zusätzlich müssen 6 DH Steuer pro Nacht und Person bezahlt werden. Menü 180 DH.

◆**Villa Quieta**

86, Bd Mohammed V., Tel. 044 78 50 04/5, Fax 044 78 50 06, villa.quieta@iam.net.ma, www.villa-quieta.com. Noch vor dem eigentlichen Ortsanfang, gleich nach dem ersten Kreisverkehr (rechteckiges Kunstwerk in der Mitte) rechts in eine kleine Straße abbiegen. Dort befindet sich nach ca. 100 m links das Haus. Das palastartige Gebäude mit einem wunderschönen Salon im traditionellen marokkanischen Stil mit Springbrunnen in der Mitte, hat neben den 12 verschieden eingerichteten Doppelzimmern und zwei Suiten (letztere sind mit wertvollen Eisenholzmöbeln bestückt) noch schöne Aufenthaltszimmer, manche mit Kamin, und eine Dachterrasse mit Liegestühlen und Meeresblick. Von hier sind es nur wenige Meter bis zum Strand und ca. 15 Min. zu Fuß zur Altstadt. Kein Essen aber reichhaltiges Frühstück auf Bestellung. Mietwagen und Exkursionen können organisiert werden. DZ €€€€B ohne Frühstück, Suite bis €€€€€B. Kinder bis 12 Jahre frei. Sehr reichhaltiges Frühstück 45 DH, Transfer zum Flughafen Agadir ca. 1200 DH. Sehr nette Betreuung der Gäste, Parkplätze vor dem Haus.

◆**Maison du Sud**

29, Av. Sidi Mohammed Ben Abdellah, Tel. 044 47 41 41, Fax 044 47 25 81, www.essaouiraweb.com, maisondusud@iam.net.ma. Ebenfalls ein sehr schöner, geschmackvoller und luxuriöser Riad in einem Stadthaus aus dem 18. Jh. 8 Zimmer und 6 Suiten, jedes mit Salon und Badezimmer. Massage auf Anfrage. Kleines Restaurant. Prachtvoller Innenhof und Sonnenterrasse. DZ €€€€B, auch Dreier- und Vierer-Zi., Mini Suite €€€€ (alles inkl. Frühstück).

◆**Des Iles******

Boulevard Mohammed V., Tel. 044 78 36 36, Fax 044 78 55 90, E-Mail: hoteldesiles@menara.ma. DZ mit Bad €€€€, Suite €€€€€B. Frühstück 60 DH, Menü 150 DH. Zimmer und 40 Bungalows (zum Pool ausgerichtet). Wenig ansprechendes Hotel aus den 1970ern mit verstaubten Glasfronten, aber der Bewertung nach noch immer eines der ersten Häuser am Platze. Wenig Ausstrahlung, viel zu teuer für das Gebotene.

◆**Al Jasira Hotel*****

18, Rue Mulay Ali Cherif, Quartier des Dunes, B.P. 1026, Tel. 044 47 59 56 und 044 78 44 03, Fax 044 47 60 74 oder 044 47 65 93, E-Mail: aljasira@iam.net.ma, www.aljasirahotel-mogador.com. 1999 eröffnetes Hotel ca. 250 m vom Strand und 15 Minuten vom Stadtzentrum entfernt. Der Weg ist von Agadir kommend gut ausgeschildert. Am besten der Wegbeschreibung zur Villa Quieta (s. o.) folgen, von dort die nächste Seitenstraße links, dann ca. 200 m weiter auf der rechten Seite. Im Moment gibt es 32 sehr saubere Zimmer und 7 kleine Suiten mit europäischem Komfort, Terrassenrestaurant und Café, Pool; ein Fitnessraum ist geplant. Sehr schönes, traditionell und stilvoll eingerichtetes, recht großes Hotel. Hübscher Pool, Dachterrasse und Terrasse im EG, Restaurant (nur mittags, Menü 110 DH), sehr schöne Zimmer, sehr freundlich. €€€€ inkl. Frühstück, Menü 100 DH. Sehr empfehlenswert und freundlich.

◆**Hotel Riad Al Madina*****

9, Rue Attarine (vom Uhrenturm Richtung Medina, dann rechter Hand), www.riadalmadina.com, riadalma@iam.net.ma, Tel. 044 47 59 25, Tel. und Fax 044 47 57 27. Sehr schönes Hotel in einer ehemaligen Pascharesidenz aus dem 18. Jh. mit wirklich hübschen Zimmern. Im ehemaligen *Hotel Pascha* haben schon die Popgrößen *Janis Joplin, Mick Jagger, Jimi Hendrix* und *Leonard Cohen* residiert. Sehr stilvoller Innenhof mit Pflanzen und Springbrunnen und einem Restaurant. €€€€ DZ inkl.

ESSAOUIRA
MEDINA
Kirche
Moschee
Synagoge
Hotel
Restaurant
Café
Internetcafé
Bank
Busbahnhof
Touristeninfo
Polizei
Post
Parkplatz
0
200
m
N
Bastion Nord
Skala de la Kasbah
AL QACHA
Riad al Malika
Dispensaire (Sanitätsstaiton)
La Maison du Sud
Rue Lalloui
Les Chandeliers
Dar el Pacha
Dar Loubane
Riad Zahia
(Attarine)
Al Khaima
Avenue
Lalicorne
Jack's Appartments
Le Homard Maâjoune
Riad al Medina
Cap Sim
Maison du Sud
Café/Snack Tessaout
Galerie/Appartm. La Kasbah
Smara
Dar Loubane
Opera Sud
Justizpalast
Ateliers Damgaard
Sahara
Petit Perle
Chez Mustapha
Place Mulay Hassan
Snack de la Place
Harloge
Taros
Sahara
Jack's Kiosk (Zeitg./Büch.)
Al Kay Art
Dar Borj Lamane
El Mechouar
Villa Maroc
Ibn Nafi
Eisdiele
Fisch-Grill-Stände
Sherazade
Palazzo Desdemona
R. Bab Sbâa
Galerie Damgaard
Espace (Galerie)
Av. Oqba
Bab el Minzah
Bab es Sa
Busse nach Sidí Kaouki
Boulevard Mohammed V
Fischmarkt
Zoll
Wetter-station
Strand
Chalet de la Plage
Port de la Marine
zu den Restaurants Chez Sam u. Le Coquillage

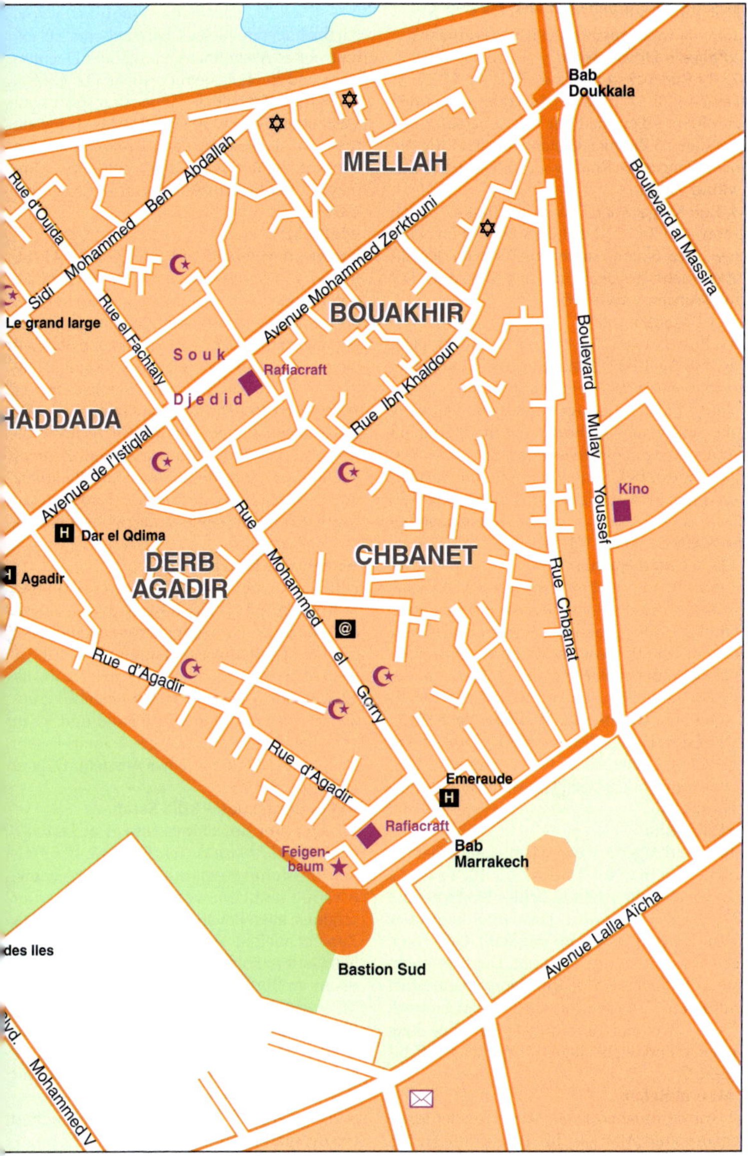
Bab
Doukkala
MELLAH
BOUAKHIR
Boulevard al Massira
Rue d'Oujda
Sidi Mohammed Ben Abdallah
Avenue Mohammed Zerktouni
Le grand large
Rue el Fachtaly
Souk
Djedid
Rafiacraft
Rue Ibn Khaldoun
Boulevard Mulay Youssef
HADDADA
Avenue de l'Istiqlal
Kino
Dar el Qdima
Rue Mohammed el Gorry
CHBANET
DERB
AGADIR
Agadir
Rue Chbanat
Rue d'Agadir
Rue d'Agadir
Emeraude
Rafiacraft
Bab
Marrakech
Feigen-
baum
des Iles
Bastion Sud
Avenue Lalla Aïcha
Blvd. Mohammed V

Frühstück, Suiten bis zu €€€€€A. Menü 150 DH (mäßiges Preis-Leistungsverhältnis).

◆Palazzo Desdemona

12-14 Rue Youssef al-Fassi, Tel. 044 47 22 27, Fax 044 78 57 35. Zwei Stadthäuser wurden zu einem edlen Riad mit Villencharakter verbunden. 15 Zimmer. Gleicher Besitzer wie *Auberge Tangaro* (s. Route vor Essaouira). €€€€.

◆Riad Zahia

4, Rue Mohammed Diouri, Tel. 044 47 35 81, Mobil 061 34 71 31. Schöner Riad (sechs Zimmer, zwei Suiten), mitten im Zentrum der Altstadt, nahe der Skala und des Museums. DZ mit Frühstück €€€€B.

◆La Casa del Mar

35, Rue d'Oujda, Tel./Fax 044 47 50 91, Handy 068 94 38 39, E-Mail: info@lacasa-delmar.com, www.lacasa-delmar.com. Mitten in der alten Medina überragt das schöne Haus die alte Stadtmauer. Liebevoll, mit mediterranem Ambiente vom einem jungen Paar aus Mallorca ausgestattet. Sonnenterrasse mit wunderschönem Blick auf das Meer. Essen auf der Terrasse oder im Salon am gemütlichen Kaminfeuer. €€€€, Menü 150 DH.

◆Hotel Riad Nakhla****

2, Rue Agadir (Nebenstraße der Av. L'Istiqlal, in der Nähe des Uhrenturms und des Souk Djedid, direkt neben der Moschee), Tel./Fax 044 47 49 40, www.essaouiranet.com/riad-nakhla, riad-nakhla@essaouiranet.com, www.essaouiranet.com/Riad-Nakhla. 11 Zimmer in einem sehr schönen Stadthaus aus dem 18. Jh. DZ €€A, Dreier-Zimmer €€€, große Suite €€€€B, Frühstück 25 DH. Führer wird vom Hotel umsonst gestellt. Gutes Preis-Leistungs-Verhältnis!

◆Lalla Mira

14, Rue d'Algérie, www.lallamira.ma, lallamira@menara.ma, Tel. 044 47 50 46, Fax 044 47 58 50. Sehr schönes, echtes Bio-Hotel der Deutschen *Feli Christ*. Das Hotel liegt über dem ältesten Hammam der Stadt, Lalla Mira, das Frau Christ renoviert hat. Die Übernachtung hier kann also ideal mit einem Badbesuch verbunden werden (für Gäste freier Eintritt). Nettes Personal. Komfortable DZ oder Suite mit Bad und reichhaltigem Frühstück €€€ bis €€€€.

◆Dar al Bahar

1, Rue de Touahen, in der Medina an der Stadtmauer zum Atlantik, Tel. 044 47 68 31, Fax 044 47 68 31, daralbahar@yahoo.fr, www.daralbahar.com. Kleines, blitzsauberes, stilvoll renoviertes Altstadthaus mit schöner Dachterrasse und freundlichem Personal. DZ €€€A inkl. gutem Frühstück, Gepäcktransport vom Altstadtrand für ca. 10–15 DH. Das „Haus am Meer" wird vom niederländisch-französischen Ehepaar *Lise* und *Jean-Claude* betrieben. Zimmer z. T. mit Meeresblick, Terrasse. €€€A bis €€€€B.

◆Tafoukt***

Boulevard Mohammed V., Tel. 044 78 45 04, 044 47 25 05, Fax 044 78 45 05. Mittelklassehotel, direkt beim Strand (Straße dazwischen), Pool, Bar, gutes Restaurant mit sehr gutem Essen (auch Frühstück), von der Terrasse Blick auf die Inseln; ca. 10 Minuten von der Medina entfernt. DZ mit Bad und Frühstück inkl. Steuer €€€ in der Nebensaison (laut Leser zu viel für das einfache Zimmer), HP €€€€ (je nach Saison, ab sechs Nächten Ermäßigung), Zimmer nach hinten sind ruhig. Bewachter Parkplatz vor dem Haus. Während der Hauptsaison (April, Juli bis September, Dezember) gibt es nur Halbpension.

◆Emeraude Hotel**

228, Rue Chabnate (beim kleinen Tor am Bab Marrakech), Tel./Fax 044 47 34 94, www.essaouirahotel.com, contact@essaouira-hotel.com. Sehr schönes Hotel unter französischer Leitung in einem Stadthaus aus dem 18. Jh. mit 12 Zimmern, die sich um den Innenhof gruppieren, fünf Minuten vom Strand und 50 m vom Bab Marrakech. Original Souiri-Essen. Dachterrasse mit herrlicher Aussicht. DZ mit Frühstück €€€.

◆Vent des Dunes – Villa Sarah

20, Quartier des Dunes (etwas außerhalb, nahe *Hotel Al Jasira*). Tel./Fax 044 47 53 91, ventdesdunes@essaouiranet.com, www.essaouiranet.com/ventdesdunes. In einer schönen, alten Privatvilla untergebracht. Jedes Zimmer mit Bad/WC, TV, im marokkanischen Stil, Garten, Solarium, Frühstück und Abendessen im Berberzelt. Von der Dachterrasse Meeresblick. Bewachter Parkplatz und Garage für Sportgeräte (Windsurfer). DZ im *Vent des Dunes* €€, Frühstück 30–50 DH. Elf sehr geräumige Apartments in der *Villa Sarah* mit Kochecke, Badezimmer, Salon und Schlafzimmer. Auch über *Thomas Kasan* zu buchen (www.agadir-ferien.de, Thkasan@hotmail.

Im Hafen von Essaouira

com, Tel. in Deutschland 0170-67 57 870, Fax 0711-53 60 583).

◆ **Dar el Qidma (L'ancienne Maison)**
4, Rue Malek Ben Rahal (linke Seitenstraße von der Av. L'Istliqlal) zwischen den Suqs, 10 Min. zum Strand. Tel. 044 47 25 81. DZ €€€A, Dreibettzi. €€€€B, Frühstück 25 DH. In einem alten Stadthaus (Riad) untergebracht und sehr schön hergerichtet. Zauberhaftes Intérieur mit Tadlakt-Badezimmer, Zelliges-Kachelböden, herrliche Dachterrasse. Hervorragendes Preis-Leistungsverhältnis. Sehr freundlich. Einer der Besitzer spricht fließend deutsch.

◆ **Dar el Pacha**
21, Rue Abderrahamane Eddakhil, Tel. 044 47 37 24, Fax 044 47 25 81. DZ €€€ mit Frühstück, in einem alten Medinahaus, Restaurant mit frischen Fischgerichten.

◆ **Riad al Malika**
Im Viertel Bani Antar in einer Seitenstraße nordwestlich der Av. Sidi Mohammed Ben Abdallah (s. Medinaplan). Sehr schöner und komfortabler Riad, €€€A.

◆ **Résidence El Mehdi**
15, Rue Sidi Abdessamih, Tel. 044 47 64 65, Fax 044 47 59 43. Sehr schön renoviertes und ausgestattetes Stadthaus (Riad). DZ €€€ inkl. Frühstück (obligatorisch). Im Innenhof befinden sich ein Restaurant und eine Bar, ein 4-gängiges Menü kostet ca. 80 DH.

◆ **Palais d'Essaouira**
5, Av. 2 Mars, Fax 044 47 25 81, www.essaouiranet.com/palais, E-Mail: palais@essaouiranet.com. Sehr gemütlich und edel eingerichtet. DZ mit Bad ab €€. Frühstück 20 DH. Entspricht 2-Sterne-Hotel.

◆ **La Vague Ocean Bleu**
67, Moulay Ali Cherif, Quartier des Dunes. Nahe Hotel *El Jasira* und *Vent des Dunes*. Tel./Fax 044 47 23 24. DZ €€, Dreier- und Vierer-Zimmer €€€, zzgl. 80 DH pro Person und Tag, Frühstück 25 DH. Bewachter Parkplatz, 15 Min. zur Medina.

◆ **Riad Arboussas**
24, Impasse Rue L'Allouj, Tel. 044 47 26 1, Fax 044 47 25 81, arboussas@essaouiranet.com. Gemütliches kleines Stadthaus mit Dachterrasse. DZ mit Bad und Frühstück €€€.

◆ **Riad Marosko**
66, Impasse Rue d'Agadir, Tel. 044 47 54 09, Marosko2000@yahoo.fr. Schönes Haus mit Sonnenterrasse und Panoramablick auf die

Der Innenhof des Hotels Riad Al Madina

Bucht von Essaouira. 7 Mini-Suiten für bis zu 5 Personen, €€€€B.

Les Matins Bleus

22, Rue de Draa, www.les-matins-bleus.com, E-Mail: lesmatinsbleus@ free.fr, Tel./Fax 044 78 53 63. Etwas versteckt und ruhig mitten in der Medina. Renoviertes marokkanisches Familienhaus, das von deutsch, französisch und englisch sprechenden Brüdern betrieben wird. Offener Innenhof mit zwei Stockwerken, man kann auf dem Dach wohnen. Leserempfehlung: sehr sauber und freundlich. DZ €€€ mit Bad und Frühstück, Suite für 2 Personen €€€€B.

Villa Orson Welles

19 Bd Aqaba (Borj 1), Tel./Fax 044 47 27 19. Zimmer €–€€A.

Riad Le Grand Large

2, Rue Oum Errabia, Tel. 044 47 28 66, Fax 044 47 40 61, E-Mail: riad_legrandlarge@yahoo.fr. Erste große Gasse vom Platz Mulay el Hassan durch die Altstadt. €€€ DZ mit Frühstück, 3-Personen-Zimmer €€€A, 4-Personen-Zimmer €€€€B. Sehr schönes familiäres Hotel in altem Stadthaus mit 11 Zimmern auf drei Etagen, schöne Dachterrasse mit Blick auf Altstadt, traditionell und sehr stilvoll und schön gestaltet, Restaurant mit Pizza/marokk./franz. Küche (Gericht ca. 50 DH), gemütliche Zimmer mit WC/Bad, sehr sauber und freundlich. Direkt nebenan Hammam *Mounia*.

Sahara**

Oqba Ibn Nafi, B.P 36, Tel. 044 47 52 92, Fax 044 47 61 98. Mit zwei Sternen überbewertet und keinesfalls besser als das zwei Häuser weiter liegende Shahrazed. Die billigeren Zimmer gehen auf den Innenhof hinaus (€), die teureren Zimmer haben Fenster nach außen (€€ mit Bad/WC, EZ mit Bad und Etagen-WC €B). Einfach, abgewohnt, aber sauber.

Souiri

37, Rue Lattarine, Tel. /Fax 044 47 53 39. Freundlich, sehr sauber und empfehlenswert, ruhig, gutes und reichliches Frühstück. Gepäck kann kostenlos einige Stunden untergestellt werden. Etagenduschen, Terrasse. EZ mit Bad €A, DZ mit Bad €€, Dreier-/Viererzimmer mit Bad €€€, DZ ohne Bad €, Dreierzimmer ohne Bad €€, Apartment €€€€.

Le Mechouar*

Av. Oqba ibn Nafi, neben Hotel Sahara. Tel. 044 47 58 28, Fax 044 78 48 27. Freundliches Personal. Schön eingerichtete, aber stickige Zimmer (Fenster nur in den Flur). Das stilvolle Restaurant im Erdgeschoss (Weihrauchduft und schönes Entrée) ist leider nur mittelmäßig. Panoramaterrasse. 22 Zimmer, drei Suiten. DZ mit Bad und TV €€, Suite (drei oder vier Personen) €€€€.

Cap Sim*

11, Rue Ibn Rochd, Tel./Fax 048 78 58 34. Sehr sauberes und bei Travellern beliebtes Hotel mit netter Einrichtung und Panoramaterrasse. DZ ohne Bad €, mit Bad €€ inkl. Frühstück. Kreditkarten werden akzeptiert. Empfehlenswert!

Casa di Carlo

17, rue Agadir. Geschmackvoll eingerichtetes, sauberes Medinahaus, freundliches Personal, reichhaltiges Frühstück (20 DH), €.

Shahrazed

1, Rue Yussuf el Fassi, Fax 044 47 25 81. Sehr günstig gelegen, direkt neben dem Touristenbüro am Bab Sbaa. Sehr große und saubere, typisch marokkanische Zimmer. Zur Straße hin laut. Sehr freundliches Personal. DZ mit Bad/WC €€. Frühstück 20–35 DH, Menü ab 45 DH.

◆Agadir
Tel. 044 47 51 26. Einfaches, aber sauberes Hotel in einem schönen, alten Stadthaus (nach dem Tor und der Moschee in der ersten Seitengasse rechts, vom Hotel Mechouar kommend). Sehr hübsch, innen gelb und türkis gehalten, mit schönen marokkanischen Kacheln. Die fensterlosen Zimmer sind jedoch zu teuer und stickig. DZ mit Fenster €B, auf dem Dach ½€, EZ ½€ ohne Fenster, warme Dusche 5 DH.

◆Smara
26, Rue Sqala, Tel. 048 47 56 55, an der Stadtmauer nahe dem Mulay-Hassan-Platz. Laut einer Leserin nicht besonders sauber, Betten schlecht und feucht. Drei Zimmer mit Atlantikblick, sehr schöner Blick auch von der Dachterrasse, stark besucht, deshalb besser reservieren (klappt nicht immer). DZ € (mit Gemeinschaftsduschen und Toiletten), Frühstück 10–16 DH.

◆Chakib
Rue de Marrakesch, schöne einfache Zimmer. Direkt vor der Haustüre liegt ein Hammam. Die besten Zimmer liegen in der letzten Etage. ½€.

◆Majestic
40, Rue Laalouj, Tel.044 47 49 09, Sauber und freundlich. DZ ohne Bad inkl. Frühstück €.

◆Hotel des Amis
24, Rue Adel Aziz el Fachtali, Tel. 044 47 31 88, einfaches und sauberes Hotel in der Medina, Dachterrasse mit sehr schöner Aussicht. DZ (ohne Bad) ½€, Frühstück 15–20 DH.

◆Argana
Tel. 044 47 59 75, einfaches Hotel nahe dem Bab Doukkala. EZ/DZ ohne WC/Du. ½€, warme Dusche 5 DH. Neue Möbel im Ikea-Stil.

◆Tafraoute
7, Rue de Marrakesch, Tel. 044 47 62 76. DZ mit Dusche und Toilette €€. Sehr zentral gelegen, einfach aber sauber.

Außerhalb

◆Villa Damonte
Route d'Agadir, Km 6, El Ghazoua, Tel. 044 47 47 32, Fax 044 47 61 98, www.net-tensift.com/damonte, E-Mail: villa.damonte@menara.ma. DZ €€€€, Suite €€€€A. Menü 150 DH. Sehr schöner Riad im andalusischen Stil mit großem Innenhof und Pool. 30 Zimmer. Etwas außerhalb.

◆Baoussala
El Ghazoua, 10 km von Essaouira, Tel. 044 47 43 45, Fax 044 47 25 81, Handy 066 30 87 46, E-Mail: dchoupin@yahoo.fr. Haus in trad. Stil, inspiriert durch die Kasbah-Architektur des Südens, mit 6 Suiten und Berberzelt auf dem weiträumigen Gelände. €€€€B DZ mit Frühstück, 100 DH Zusatzbett, Menu 100 DH pro Person.

◆Auberge Dar Kenavo
12 km Route Agadir/Marrakesch, Handy 061 20 70 69, Fax 044 47 68 67, www.darkenavo.com, E-Mail: contact@darkenavo.com. Pool, Hammam, Leihfahrräder. Dinner 80 DH, DZ mit Bad €€€, DZ ohne Bad €€, auch Dreier- und Viererzimmer, Pavillon für 2 Pers. mit Terrasse, Kamin und Bad €€€€B. Frühstück inklusive. 50% Rabatt für Kinder bis zu 12 Jahren. Nette Auberge, sehr schöne Anlage, aber weit außerhalb. Gut für Familienurlaub geeignet, sofern man motorisiert ist.

Blick auf Jack's Apartments an der Sqala

La Maison de Chameau
Douar Laarab, 5 km in Richtung Casablanca bzw. Marrakesch. Tel. 044 78 50 77, Fax 044 47 44 36, chameau@essaouiranet.com. Das renovierte Farmhaus mit schönem Garten wird von einem deutsch-italienischem Paar (gleiche Besitzer wie *Club L'Equestre* in Sidi Kaouki) geführt. Es gibt acht schöne Zimmer, Pool, marokkanische Küche, HP €€€€B. Es werden auch Reitkurse und Rundritte angeboten (1 Std. 150 DH).

Hotel/Camping Jasmin
Tel. 048 47 44 40. 8 km von Essaouira an der Straße nach/von Agadir in El Ghazoua. Das ordentliche Hotel bietet einfache, kleine, aber sehr saubere und gemütliche Zimmer (mit Etagenduschen, €). Es hat eine nettes Restaurant und einen großen Garten. Campingmöglichkeit im Hof.

Villa Argana
Tel. 044 47 43 65, Fax 044 47 64 45, E-Mail: agrgw@aol.com. Im Dorf El Ghazoua in Richtung Sidi Kaouki. Beim Restaurant km 8 die Straße rechts abbiegen (von Essaouira kommend) und dann kurz nachdem die Straße einen Rechtsbogen macht links abbiegen. Das von zwei Künstlern nach Berbertraditionen gestaltete Haus kann auch als Ganzes gemietet werden. Es hat drei DZ mit Bad und Platz für 6 bis 8 Personen. €€€€€ für das ganze Haus/Tag in der Nebensaison. In der Hochsaison bzw. Mittel-Saison €€€€€A inkl. Haushälterin, Koch und täglicher Zimmerreinigung und Wäscheservice. Im Internet kann man sich einen schönen Eindruck des Hauses verschaffen: www.freespace.virgin.net/villa.argana.

Auberge Tangaro
Hübsche Auberge. Siehe *Diabat* bzw. die Seiten vor Essaouira.

L'Oasis D'Orhann
Ounagha (19 km von Essaouira), Ancienne Route d'Agadir, Douar id Amaar Dar Ben Jâa, Handy 064 93 47 31, www.essaouiranet.com/oasisoran. Mini-Suiten (2 Pers., Bad mit heißer Dusche, kleiner Salon) €€€€B. Übernachtung im Nomaden-Zelt €€€ (für 2 Pers.). Dinner 140 DH.

Auberge/Restaurant km 8
Km 8, Route d'Agadir (Straße nach Agadir). Renoviert, sehr sauber, ruhig, gutes Essen, franz. Besitzer. Ummauertes, schönes Gelände, daneben Kramerladen und Metzger. €.

Apartments/Häuser/Privat

Einige der klassifizierten *Maisons d'Hôtes* (Gästehäuser in traditionellen Riads) sind auch bei den Hotels aufgelistet.

Am Busbahnhof warten häufig Privatpersonen, die Zimmer (mit Familienanschluss) vermieten wollen. Wer den Kontakt zu Einheimischen nicht scheut, sollte es sich ruhig ansehen.

Eine sehr gute Übersicht mit ausführlicher Beschreibung fast aller Apartments mit Preisen, direkter Buchungsmöglichkeit usw. ist im Internet unter **www.essaouiranet.com** erhältlich (s. Hotels/Riads).

Jack's Apartments
Infos bei Jack's Kiosk: 1, Place Moulay Hassan (am Hauptplatz), Tel. 044 47 55 38, Fax 044 47 69 01, E-Mail: apartment@essaouira.com, www.essaouira.com/apartment. Der deutschsprachige Schweizer *Jack Oswald* lebt in Essaouira, hat zahlreiche Häuser renoviert und vermietet darin sehr schöne **Apartments** direkt an der Stadtmauer am Meer (Rue de la Sqala) mit wunderschönem Blick. Jedes Apartment hat ein Wohnzimmer, Schlafzimmer, Küche und Bad und ist sehr geschmackvoll im marokkanischen Stil eingerichtet. Die Zimmer werden täglich gereinigt und die Handtücher mehrmals die Woche gewechselt. Preise: 500–1200 DH pro Tag. Auch Mini-Suiten mit Bad (€€).

Dar al Qadi
79 Derb el Qadi, Azbest, Tel. und Fax 044 43 43 55. Traditionelles Stadthaus (Riad), das als Ganzes vermietet wird und sehr schön ausgestattet ist. Von dort aus werden auch Zimmer vermittelt.

Private Unterkunft bei Madame Sara: Vier Gästezimmer (½€), Küchenbenutzung, zwei Apartments (€). Sehr freundlich. Tel. 044 47 48 75.

Villa Sarah
20, Quartier des Dunes, vgl. Hotel *Vent des Dunes*.

Attar Kabir, Galerie La Kasbah
(s. auch bei Einkaufen, Kunst), Rue de Tetouan Nr. 4, Tel. 044 47 56 05, nahe des Uhrenturms in der Medina. Vermietet große Zimmer mit Bad (2002 renoviert) in einem alten Bürgerhaus mit schönem Innenhof. DZ €€ bis €€€€B pro Nacht mit Bad. Auch Restaurant.

Restaurant „Chez Sam" im Hafen

◆**Familie Ouhdouti Fatmi Khadija**
Nahe Busbahnhof, 32, Av. 2 Mars, Tel. 044 47 58 68. Freundliche Familie, die Zimmer in ihrem Haus vermietet. Der Preis ist Verhandlungssache (½€).

◆**Ksar Essaouira**
Zimmer in einem Stadthaus mit schönem Ambiente. Derb Charf, El Messaoudine, Ksour, Tel. 044 44 06 32, Fax 044 42 60 75.

◆**Othman el Cadi**
Othman ist Ober im *Restaurant Taros* (Tel. 044 47 64 07) und vermietet schöne Apartments und Zimmer, auch ein ganzes Haus. Apartment (je nach Saison) 200 bis 500 DH/Tag.

◆Eine **weitere Privatunterkunft** befindet sich in der Rue Douha 5, nahe des Bab Doukkala. Die Zimmer (€B) sind groß und sauber, die Küche kann mitbenutzt werden. Der Sohn des Hauses steht meistens am Parkplatz beim Hafen bzw. am Place Mulay al Hassan und wartet auf Kundschaft.

◆Eine Leserin empfahl uns eine **Privat-Unterkunft** (sauber) mit Familienanschluss im Neubaugebiet, unweit des Strandes, das ihr von *Rachid Bouiz,* einem jungen Mann, der mit seinem Mofa im Hafen oder am Pl. Mulay Hassan wartet, angeboten wurde. €€B für ein Dreier-Zimmer, Handy 061 77 52 22 bzw. Tel. 044 47 63 19, E-Mail: bouiz103@caramail.com.

Campingplatz

◆**Camping Sidi Magdoul**
Tel. 044 47 21 96. Von Agadir kommend kurz vor der Stadt rechter Hand. GPS N 31°29,499' W 09°45,739'. 1999 eröffneter, sehr sauberer Platz mit sehr wenig Schatten, da die angepflanzten Bäume noch klein sind. Sehr saubere, geflieste Sanitäranlagen, warme Duschen für 8 DH. Pro Person 9 DH, Auto 10 DH, kleines Wohnmobil 15 DH, großes Wohnmobil/ Bus 30 DH, Strom 10 DH, warme Dusche 8 DH, Motorrad 8 DH, Zelt 12–22 DH. Es kann auch ein 1-Zimmer-Bungalow gemietet werden (80 DH).

◆**Camping des Oliviers**
Village de Vacances, Centre Ounagha, 20 km Richtung Marrakesch. Tel. 044 47 55 00, Fax 044 47 54 74. Sehr schöner, schattiger Platz mit Pool und Kinderspielplatz. Auch Übernachtung in Bungalows oder im Nomadenzelt. Mit dem Auto 20 Minuten nach Essaouira.

◆Auch Campingmöglichkeit beim **Hotel Jasmin,** s. Hotels außerhalb.

Essen und Trinken

Chalet de la Plage
1, Bd Mohammed V., Tel. 044 47 59 72, direkt am Strand. Wirkt mit der dunklen, an Old England erinnernden und im Schiffs-Ambiente gehaltenen Einrichtung sowie den schon etwas in die Jahre gekommenen Obern leicht nostalgisch-verstaubt. Gutes Essen und Salate, Portionen nicht besonders üppig, sehr guter Service; Menü 85–170 DH. Alkoholausschank.

Chez Sam
Tel./Fax 044 47 65 13. Ganz am Ende des Hafens. Nach wie vor hervorragendes Essen, mit Alkoholausschank (vorzüglicher Mogador-Wein aus der Region!), gemütliche Atmosphäre mit Blick aufs Hafenbecken, Krebsplatte 100 DH, Fisch nach Wahl ca. 70 DH, Flasche Wein 90 DH, Menu 80–120 DH, Languste/Hummer 400 DH/kg, sehr gute Fischsuppe 25 DH, ein Fensterplatz sollte reserviert werden.

Les Chandeliers
14, Rue Laalouj, Tel./Fax 044 47 58 27. Französische Besitzer. Kleines Restaurant mit Gewölberäumen in einem liebevoll restaurierten Stadthaus gegenüber dem Museum. Gute französische und italienische Küche (auch Pizza zum mitnehmen). Guter Service, Alkohollizenz, vergleichsweise teuer. Es wird auch eine sehr schöne Suite und ein Zimmer vermietet.

Dar Loubane
24, Rue du Rif. In einem sehr schönen Stadthaus untergebracht, französisches Flohmarktambiente. Gute franz.-marokkanische Küche. Gnawa-Musik am Samstag Abend. Höheres Preisniveau (ab 100 DH).

La petite Perle
Kleines, nettes Restaurant nahe der Stadtmauer (vom Place Mulay Hassan in Richtung Uhrenturm), abends spielen hier häufig marokkanische Musiker traditionelle Musik. Menü bis ca. 75 DH. Gute Küche zu vernünftigen Preisen. Oft ist das Restaurant recht voll, daher frühzeitig kommen.

Dar Baba
2, Rue Marrakesch, Tel. 044 47 68 09. Sehr gutes italienisches Restaurant in einem traditionellen Riad. Hausgemachte Nudeln, Käse, Kuchen, Crème Caramel, italienischer Cappuccino, Wein und Bier. Sehr schönes Ambiente. Menü 30–50 DH.

Taros Café
2, Rue de la Sqala/Ecke Place Moulay Hassan, Tel. 044 47 64 07. Das stilvolle Literatur-Restaurant/Café einer bretonischen Familie bietet Salate mit Arganienöl, gutes Essen, Wein und viel Atmosphäre, des öfteren auch Live-Musik. Sehr schöne Dachterrasse mit Meeresblick. Man kann hier in Ruhe in Büchern schmökern und fühlt sich - auch, wenn man allein ist - nicht fehl am Platz.

Restaurant Mogador
Av. Mohammed V., sehr gut, mittlere Preislage, freundliche Bedienung.

L'Auracaria
20, Bd Mohammed V. Nahe beim Hotel *Sofitel Mogador*. Hübsches, stilvolles Restaurant, in dem gutes Essen serviert wird. Mittlere Preisklasse.

Le Coquillage
Tel. 044 47 66 55. Großes und sehr gutes Restaurant am Hafen. Alkoholausschank, schöne Terrasse. Fischplatte 85 DH, Kreditkarten werden akzeptiert.

Vivaldi
13, Rue Mohammed Diouri. Gute Pasteten sowie Fisch und Meeresfrüchte.

L'As Dos
34, Rue L'Attarine. Empfehlenswerte Pizzeria mit moderaten Preisen.

La Licorne
26, Rue de la Sqala, Tel. 044 47 36 26. Restaurant direkt an der Sqala, mit guten, teilweise vegetarischen Gerichten. Sehr hübsch und stilvoll aufgemacht, Menü 90–135 DH, Tajine 50 DH, Cous Cous 65 DH. Der Tipp der in Essaouira lebenden Europäer!

Restaurant Mimosa
3, Av. El Istiqlal, Tel. 044 47 37 94. An der Hauptstraße gegenüber der Moschee. Klein, einfach, aber gemütlich und preiswert. Marokkanische Gerichte, kleine Pizza oder Frühstück. Von Leser empfohlen.

Opera Sud
Pl. Moulay Hassan. Gute vegetarische Tajine für 35 DH, gutes Frühstück, angenehm zum Sitzen und Entspannen, auch, um das Treiben auf dem Platz zu beobachten.

Restaurant El Yakoute
14, Rue Mohamed El Ayachi. Neueres Restaurant, marokkanisches Essen, Menü 80 DH, freundliche Bedienung, angenehmes Ambiente, von Leser empfohlen.

El Minzah
3, Av. Oqba Ibn Nafia. Stilvolles Restaurant und Pianobar, vor allem Meeresfrüchte. Menü 100 DH, Alkoholausschank.

Essalam
Beliebtes, einfaches Restaurant direkt am Place Moulay Hassan. Billig und gut, Menü zwischen 32 und 40 DH.

Café Mustapha
Musikcafé direkt am Place Moulay Hassan. Kleine Gerichte, Imbiss, auch Frühstück.

Café/Snack de la Place
Place Moulay el Hassan; preiswert und gut; Fischtajine, Brochettes 35 DH, Menü zwischen 50 und 60 DH.

El Khaïma
Place el Khaïma/Ecke Rue Laalouj (in der Medina). Man sitzt hier gemütlich und ruhig draußen oder unter einem Laubengang an einem schönen Platz in der Medina. Gutes Menü 60–80 DH.

Beldy
6, Rue Ibn toumert, Tel. 044 47 61 85. Schön eingerichtet, gutes und preiswertes Essen (vegetarisches Couscous für 25 DH), ruhige Hintergrundmusik.

Café des Voyageurs
Direkt gegenüber vom Busbahnhof. Leckere Fischtajine für 15 DH.

Pâtisserie Moderne Chez Driss
10, Rue El Hajjali, Tel. 044 4757 93. Gutes Frühstück, Café, Pâtisserie und Pizza, Pastilla, Kuchen. Sehr bekannt und gut.

Snack & Pizza
21, Rue El Hajjali. Imbiss – nach Aussagen von Europäern, die in Essaouira leben, mit der besten Pizza von Essaouira. Auch Heimservice wird angeboten. Tel. 044 47 61 09 bzw. 062 08 49 62.

Ein guter **Cassecroute** (Imbiss) befindet sich in der Av. Oqba Ibn Nafia: Straßenverkauf mit riesigen Portionen, z. B. Baguette mit Eiern, Käse, Hackfleisch.

Fischstände am Hafen: Wer ohne viel Aufwand Mittagessen will, kann das im Hafen, wo neben markisengedeckten Tischen und Bänken direkt Fisch oder Meeresfrüchte gegrillt werden. Die Preise sind inzwischen auf Tafeln ausgeschrieben. Es gibt gegrillten Fisch, Languste, Crevetten etc. Beilagen und Getränke kosten extra. Immer öfter gibt es nur noch ganze (teurere) Menüs (bis 150 DH).

Busverbindungen

Stadtbusse

- Die Linien 1 (bis Diabat) und 4 (in der Stadt) fahren auch am Strand entlang. 2 DH p. P.
- Die Linie 5 und 14 verkehrt über **El Ghazoua** (Restaurant km 8) – Flughafen – **Sidi Kaouki,** alle 1–1½ Std. 9x täglich, Abfahrt ab Bab Doukkala und Chalet de la Plage, ca. 7 DH bis Sidi Kaouki. Eine Übersicht über die Stadtbuslinien mit Fahrplan findet man an der Anschlagtafel im Touristenbüro.
- Die Linien 6 und 7 verkehren nach Ounara, Hanchane und Had Drâa.
- Die Linie 9 verkehrt nach Moulay Bouzerktoune und Bhibah (zu den Windsurffrevieren im Norden).

Fernverkehrsbusse

Der **Busbahnhof** für CTM- und Privatbusse befindet sich am Place Moulay al Hassan, ca. 1 km außerhalb der Medina in der Neustadt, an der Verlängerung des Bd Moulay Youssef. Ein Petit Taxi ab Bab Doukkala dorthin kostet ca. 5 DH.

CTM-Busse

Tel. 044 78 47 64. Zentrales Infotelefon: 022 43 82 82 (Casablanca). Fahrplan und Preise im Internet unter www.ctm.co.ma.

- **Essaouira – Agadir:** 1x tägl. morgens, 45 DH plus 5 DH Gepäck, Fahrzeit 3–4 Std. Wenn man einen Anschlussflug nach Deutschland bekommen will, dann ist es besser, ein Sammeltaxi zu nehmen. Es gibt aber Privatbus-Verbindungen, die mehrmals täglich in beide Richtungen fahren.
- **Essaouira – Safi – El Jadida – Casablanca:** 1x morgens und ein Nacht-Express. Bis Safi ca. 50 DH, 2 Std. Fahrzeit. Bis El Jadida 105 DH, ca. 7 Std. Nach Casa 110 DH.
- **Essaouira – Marrakesch:** keine CTM-Verbindung mehr, nur Privatbusse.

Privat-Busse

Private Busse fahren mehrmals täglich von mehreren Gesellschaften nach Marrakesch, Agadir und zu anderen Zielen (Casablanca, Fès etc.). Eine Reservierung ist nicht möglich, die Abfahrtszeiten wechseln ständig.

◆ **SATAS:** Tel. 044 78 57 84. Verbindungen nach Marrakech, Agadir, Tiznit, Casablanca.

◆ **Pullman du Sud:** Tel. 061 70 90 44.

➡ **Essaouira – Marrakesch:** 4–6x tägl., ca. 55 DH, Fahrtdauer ca. 3–4 Stunden.

➡ **Essaouira – Agadir:** 5x tägl., Fahrzeit 3–4 Std., ca. 54 DH.

➡ **Essaouira – Safi – Casablanca:** Nachtbus (Pullmann), 30 DH nach Safi, 90 DH nach Casablanca.

ONCF-Busse – Supratours:

Das Büro/Bahnhof der Bahnbusse (O.N.C.F/ Supratours, Tel. 044 47 53 17) liegt in der Av. Lalla Aicha, nahe des Bab Marrakesch. Die Sitzplatzreservierung funktioniert im Gegensatz zu den anderen Bussen hervorragend.

➡ **Essaouira – Agadir:** 2x tägl., 3 Std. Fahrzeit, ca. 55 DH.

➡ **Essaouira – Marrakesch:** 4x tägl., Fahrzeit 2½ Std., ca. 55 DH.

Taxi

Petit-Taxis am Bab Doukkala, ca. 5 DH im Stadtbereich.

Sammeltaxis hinter dem Busbahnhof, z. B. nach Agadir 50–60 DH p. P. (3 Std. Fahrzeit), nach Marrakesch 70 DH p. P. **Grand Taxi** (komplettes Taxi) nach Agadir ca. 500 DH, nach Fès 2500 DH (ca. 10 Std.), nach Sidi Kaouki ca. 150 DH. Sehr empfehlenswert ist *Aziz el Kouchi* (er spricht englisch), Tel. 044 78 56 68, Handy 061 20 70 45. Ebenfalls empfehlenswert ist der nette und zurückhaltende *Lahcen* (auch für alleinreisende Frauen kein Problem), Handy 067 48 35 11.

Ein **Taxiservice** (deutschsprachig, auch Abholung vom Flughafen Essaouira oder Agadir bzw. Marrakesch, beide 600 DH für 4 Personen) oder Casablanca (1300 DH für 4 Personen) wird unter Tel. 044 47 34 61 (auch Apartment-Vermietung), E-Mail: taxiservice@essaouiranet.com, betrieben. Website: www.essaouiranet.com.

Flüge

Tel./Fax 044 47 67 04/05. Essaouira hat seit 1998 einen Flughafen und wird zweimal die Woche (Freitag und Samstag) von Casablanca aus mit der **RAM** angeflogen. Außerdem gibt es noch die Flug-Gesellschaft **Regional Airlines,** die internationale Flüge von Casa nach Essaouira bzw. Agadir verbindet. Reservierungszentrale: Tel. 022 53 80 80, Fax 022 53 80 50.

Sport

Surfen

◆ **Fanatic-Boarders-Center**

An der Av. Mohammed V. am Strand, mit Café. **Surf-Bretter und Windsurfer** können ausgeliehen werden, und es besteht auch die Möglichkeit, Unterricht zu nehmen.

Es gibt einen weiteren Surfclub am Strand, der von April bis September Saison hat. Das ◆ **Essaouira Naish Center** liegt fast am Ende des Strandes vor den Dünen. Inhaber ist der französische Reiseveranstalter *Fun&Fly* (www.fun-and-fly.com) über den man komplette Surfer-Reisen in den Hotels in Essaouira und der *Auberge Sidi Kaouki* buchen kann.

Informationen über Surfspots rund um Essaouira gibt's auch im Internet unter www.windsurfing-morocco.com.

Kamel- und Pferdetrekking

Abends gibt es am Strand kleine künstlerische Darbietungen und die Möglichkeit, Kamelritte am Strand zu unternehmen.

Kameltouren und Kameltrekking (auch über mehrere Tage) veranstaltet ◆ **Cheikhi Rachid – Safari au Desert,** 13, Rue Laalouj, Tel. 062 84 51 64, rachid354@caramail.com, oder über *Villa Maroc* bzw. Tel. 044 78 32 54.

Fahrrad- und Kameltouren kann man an ◆ **Jack's Kiosk** (Pl. Moulay al Hassan, s. bei Zeitungen) zwischen 10 und 17 Uhr buchen.

Reiten und Pferdetrekking über ◆ **Cavaliers d'Essaouira**, km 14, Route Marrakech (nahe *Dar Kenavo*), Mobil 065 07 48 89 (1 Std. 100 DH, 2 Std. 160 DH, 1 Tag plus Essen 360 DH) oder ◆ **Chez Anwar,** Mobil 066 74 59 44, cheval@essaouira.com (1 Std. Strandritt 150 DH, 1 Tag mit Picknick 600 DH, auch Ritte nach Agadir auf Anfrage).

Banken und Post

◆ **BCDM, Banque Populaire, BMCI**

Alle um den Place Moulay El Hassan, Bankomat für EC-Karten.

◆**Banque Marocaine du Commerce Exertieur:** 8, Rue El Hajjaji.
◆**Travellercheques** können im Hotel *Riad al Madina* getauscht werden.
◆Die **Post** ist in der Av. Lalla Aicha.

Internetcafé

Inzwischen gibt es diverse Internetlokale, z. B. beim Bab el Minzah nahe Pl. Moulay Hassan, beim Parkplatz am Hafen und in der Rue de Caire beim Touristenbüro. Preise vergleichen, normalerweise 10–15 DH/Std. (max. 40 DH/Std.)

Einkaufen

Die ganze Altstadt von Essaouira ist ein **Einkaufsparadies** für Liebhaber geschmackvoller Wohneinrichtung, nicht verkitschter Souvenirs und Kunsthandwerk, Bildern und Skulpturen sowie Kästchen und Truhen aus Eisenholz. Ein Laden reiht sich an den anderen, man hat die Qual der Wahl. Das Einkaufen in Essaouira ist, im Gegensatz zu anderen marokkanischen Städten, absolut frei von Anmache, und nirgendwo kann man so unbehelligt bummeln wie hier. Die Preise sind jedoch nicht immer niedrig, aber aufgrund der großen Konkurrenz sind mit Verhandlungsgeschick günstige Preise durchaus erzielbar.

Zeitungen/Bücher

Deutschsprachige Zeitungen und Bücher, ein wenig Schreibwaren und Touristenkram gibt's bei ◆**Jack's Kiosk** (Place Mulay al Hassan, Fax 044 47 69 01, Tel. 044 47 55 38), der dem in Essaouira verheirateten Schweizer *Jack Oswald* gehört. Es wird auch eine Téléboutique betrieben (Telefon und Fax). Faxe, die dort ankommen, werden an alle bekannten Adressen von Hotels, Restaurants usw. vermittelt. Jack vermietet auch sehr schöne Apartments (siehe bei Apartments/Häuser).

Galerien/Kunst

◆**Frederic van Damgaard**
Rue Okba Ibn Nafia (s. auch Stadtbeschreibung), Tel. 044 47 84 46. Die älteste Galerie Essaouiras ist nach wie vor auch die populärste. Bedeutende marokkanische Künstler stellen hier aus.

Bast liegt vorbereitet zum Flechten (oder für Holzarbeiten)

Espace Othello
9, Rue Mohamed Layachi, Tel. 044 47 50 95, Fax 044 47 69 01. Bilder, Skulpturen und Spezialanfertigungen von lokalen Künstlern.

Aida
2, Rue de Sqala, Tel. 044 47 62 90. E-Mail: sebagjoseph@yahoo.com. Kunst, Bücher und sehr schöner, auch alter Schmuck.

Karim Allam
9, Place Khaima, Tel. 044 47 67 70. Sehr schöne Eisenholzskulpturen.

Al Kay Art
Pl. Mulay Hassan. Sehr schöne Skulpturen, Eisenholzmöbel und Kunsthandwerk.

La Kasbah, Attar Kabir
4, Rue Tetouan, Tel. 044 47 36 82 (siehe auch Apartments/Riads). Herstellung von Kunstgegenständen. Bilder, Ausstellungen.

Es gibt noch einige weitere Galerien, und man hat das Gefühl, dass allmonatlich eine weitere eröffnet.

Im engen Durchgang neben dem Tribunal am Place Moulay Hassan zur Rue de Sqala sind auch einige sehr schöne Läden und Galerien, Schnitzereien und Bildhauer untergebracht.

Kunsthandwerk/Schmuck/Souvenirs

Association des Parents et Amis de Handicaps
Die Vereinigung der Eltern und Freunde von Behinderten (11, Rue el Fetaouaki) zeigt eine kleine Ausstellung von Artikeln, die von Behinderten gefertigt wurden und zum Verkauf stehen. Geöffnet ist jeden Nachmittag, und es gibt durchaus recht nette Dinge.

Mohamed Badra Bijoux Ethniques & Porcelaine Coloniale
44, Derb Laalouj, Scala, Tel./Fax 044 47 51 50. Sehr schöner Ethnoschmuck und Kleinkram sowie Porzellan und Interieur mit Kolonialtouch.

Bazar Mehdi
Aicha Hemmou, gegenüber Getreide-Suq. Töpferwaren, Ethnologisches, Arganienöl.

Hassan Semlali stellt sehr schönen Schmuck im *Ensemble Artisanal* direkt beim Bab Marrakesch aus (Tel. 044 47 31 94).

Im **Ensemble Artisanal** kann man günstig Kunsthandwerk einkaufen. Auch der Laden von **Abdelkader El Himri,** im Innenhof des Komplexes gelegen, gehört dazu. Er führt sehr schöne Holzeinlegearbeiten zu absolut fairen Preisen.

Bekleidung

Rafia Craft
82, Rue d'Agadir (am Souk Djedid), Tel. 044 78 36 32. Selbst geflochtene Bastschuhe, -taschen und -körbe, die sonst in europäischen Boutiquen für viel Geld verkauft werden, sind hier einigermaßen günstig zu bekommen. Man kann bei der Herstellung zusehen.

Ein Leser empfahl besonders die Schuhe und Taschen bei **Saidi Taoufiq.**

Lederkleidung/Lederwaren

Tamouzika
5, Rue Lalouj, Tel. 044 47 66 36. Hier kann man eine maßgeschneiderte Lederjacke für 160 DH in Auftrag geben.

Maizia Cuir
19, Derb Laalouj, Impasse Sqala.

Gewürze/Naturmedizin

Gewürze, Pflanzenextrakte, Naturfarbstoffe etc. kann man bei **Abdelatif Jraibi** in der Rue Abdelaziz Fachtaly, einer Seitengasse der Av. de l'Istiqlal (Richtung Suq, dann rechts), kaufen. Der „Natur-Apotheker" ist sehr liebenswürdig und erklärt gerne alle Fragen.

Vorsicht bei Gewürzen und Duftstoffen: Häufig werden einem unechter Moschus oder Vanilleextrakte oder falscher Safran angedreht. Die Preise bei Gewürzen sind völlig überhöht!

Lebensmittel

Superette Fath im Quartier de Dunes, nahe Hotel Jazira. Gut sortierter Supermarkt.

Am Boulevard Mulay Youssef, vom Bab Doukkala kommend der Mauer entlang, nach ca. 200 m auf der linken Seite, gibt es einen **Alkohol**-Laden (Bier und große Weinauswahl).

Notfall

Deutschsprachige Hotline für Notfälle (z. B. Unfall oder Krankenhausaufenthalt) unter www.essaouiranet.com bzw. telefonisch *(Patrick Heinkel)* Tel. (00212) 044 47 34 61 oder Mobil 061 20 71 40, 061 13 97 66.

Polizei, Tel. 019

Gendarmarie Royale, Tel. 0117

„ICH WÜNSCH' MIR, DU WÖHRS HE"

*Der Kölner Künstler **Wolfgang Niedecken** („BAP") fährt seit 1987 nach Marokko, auch des Seelenfriedens wegen.*

Von Norbert Schmidt

Ein 26. Mai. Ein Montag. Ein später Nachmittag in Essaouira. Eben zurück aus Diabat. Strandspaziergang. Nur Sand gespürt, nur Wasser. Nur Wellen, die kommen und gehen - die geboren werden und im selben Augenblick sterben. Zurück auf der Place Mulay al Hassan. „Café de France" - sich niederlassen an einem Tisch in der letzten Reihe. Hinter uns der tagsüber meist leere Gastraum mit den hellblauen Wänden, der antiquierten Pferdewetten-Werbung (oder ist's „Promo" für Pastis?) und dem einsamen Billard-Tisch in der Mitte. Vor uns die „Laufbahn", die Galerie. Jetzt im Frühling so grundehrlich: ohne Firlefanz all die Flaneure, ohne besonderen Antrieb die Voyeure.

Dort sitzen, einen Tee schlürfen. Den Duft einer Gauloise in der Nase. Schauen - und plaudern mit der Liebsten. Oder lesen: Volker Perthes' „Geheime Gärten". Während sie in Tahar Ben Jellouns „Sohn ihres Vaters" versunken ist. Oder ganz einfach zum Tagebuch greifen und schreiben. Wie er. Der Mann am Nebentisch.

Er? Wolfgang Niedecken, Südstadt-Kölner, Jahrgang 1951. Künstler. Als Maler den meisten Menschen im deutschen Sprachraum weniger bekannt, wohl aber als der Mann, der „BAP" ist und Rock-Musiker und „Verdamp lang her", aber alles andere als von gestern. Der Mann, der auf einer Bühne stand mit Mick Jagger, der mit Bruce Springsteen „hungernde Herzen" besang und mit Heinrich Böll Gedanken zur Nation austauschte, der mit seinen Liedern und Alben die deutschen Musikcharts anführte, mit „BAP" Konzerthallen und Freilufttheater füllte und der - ganz simpel ausgedrückt - einer der „Großen" in der Szene ist.

Niedecken - ein bekennender „Marokkaner". Seit er seinen viel zu früh verstorbenen Malerfreund Michael Buthe traf, der sommers am Rhein arbeitete, den Winter über aber in Marrakesch und Taroudannt. Seit er spürte, dass es das mediterrane Licht auch jenseits dieses Meeres gibt. Auf dem Maghreb, an dessen Küsten. Seit 1987, als es ihn erstmals so ganz privatim nicht nach Griechenland verschlug oder in die Türkei. Seit er erstmals in Essaouira „Souvenirs" sammelte, mit buntem Lack ummantelte Holzstöckchen und zerfledderte Möwenfedern, eigenartig geformte Kiesel oder vergilbte Kaugummi-Papierchen mit Aufdrucken in arabischer Schrift.

Ein 26. Mai. Ein Montag. Ein später Nachmittag in Essaouira. Niedecken sitzt im „Café de France" und schreibt - „ihr". Aber nicht nur „sie" empfängt die Botschaft von dort. Monate später auch die, die seiner Musik lauschen. Er be-schreibt, in diesem Frühling, den blühenden Oleander, den Fluss der Zeit, den roten Klatschmohn im Kontrast zum blauen Himmel, die Fotos der Königshaus-Protagonisten in den Schaufenstern, die überfüllten Überlandbusse, den Markt in Rissani - vor allem aber die Sqala-Mauer in Essaouira, die rostigen Kanonen, die längst nicht mehr dazu taugen, den Seeweg um den afrikanischen Kontinent zu kontrollieren. Die Mauer nicht allein. Auch die Familie des „Hausmeisters", die - exakt unter dem Zimmer des Kölners in einem von „Jack's Apartments" - in einem alten Wehrturm wohnt. Zu ihr zählt Fatima, Tochter von Zahra Chichti. Das Mädchen verkauft, nach dem täglichen Besuch der Schule, die von der Mutter gemalten Bilder.

Wolfgang Niedecken bei einer seiner Marokko-Reisen (Foto: M. Hell)

„Kanone op 'ner Muer, dozwesche Fatima,
mir selver op der Spur. Bess demnähx. Inch Allah!"

In einer ganz frühen Lyrik des Kölners – er war und ist bei „BAP" der Text-Verantwortliche, eher selten der Komponist – ist unter dem Hinweis auf die weiland amtierende Idealfrau zu hören: „Doch du Maria heißt Marokko" („Liebesleed", 1979). Da hatte er noch keine genauen Vorstellungen vom früheren französischen Protektorat südlich der Meerenge bei Gibraltar. Es war eher wie eine ganz persönliche Verheißung. Niedecken bis dahin und dort, das war die Kasten-Ente mit dem Feingeist am Steuer, den es sommers südostwärts verschlug.

Als 1994 im Kölner Stadtmuseum Niedeckens Ausstellung „Pissjähl und Kackbrung" zu sehen war, hatte sich die Vision schon in Realität verwandelt: „Maria" war – nun auch öffentlich vernehmbar – in seine Biografie eingetreten. Etliche Werke belegten die Maghreb-Passion. Das zwei Quadratmeter große Bild „88/87" aus Lack, Sand, Metall und Papier auf Holz, geschaffen 1992, gab eindeutig Zeugnis vom Wandel in „W.N.". Marokko war (s)eine Leidenschaft geworden.

Etwa um diese Zeit besang Niedecken in „Paar Daach fröher" seinen Herbst-Blues (der so unbedingt und kongenial zu Konstantin Weckers „Vierziger"-Vergleich passt, demzufolge es zwar viel erscheine, wenn man sich 20 weitere Jahre vorstelle, 20 Sommer hingegen „verdammt überschaubar" seien): Schwalben ziehen in den Süden, das Jahr bei uns im Teutonischen neigt sich dem Ende entgegen. „... stell mir Marokko vüür, wie jedesmohl, wie jed Jahr, un dräum ich wöhr do." Und er bedauert, dies alles nicht ein paar Jahre früher so empfunden zu haben.

Niedecken blieb am Ball, kultivierte seine Obsession. Clip-Dreh für das besagte Lied aus dem „Pik Sibbe"-Album in Marrakesch, weitere private Reisen in den Maghreb. Ohne zwingende Sicht auf die Geschichte, auf die Tatsache, dass andere Rockstars – von Jimi Hendrix über Brian Jones bis Cat Stevens – dortselbst ihr vorübergehendes Seelenheil suchten. Wichtiger waren ihm, dem notorischen Leser, die Schriftsteller der Beat-Generation: Ginsberg, Burroughs, Kerouac und namentlich Paul Bowles.

„Ich habe immer von Marokko geträumt", erzählte er jüngst. Weil er es eben via Buthe aus einer sehr direkten zweiten Hand habe verfolgen können. Irgendwann in den späten Neunzigern sei es dann gänzlich durchgebrochen. Einen Flieger nehmen nach Marrakesch, kurz emotional andocken und die (für den Mitteleuropäer in diesem Moment reduzierte) Schlagzahl der sinnlichen Offensive übernehmen. Dann nur noch sein. Als Maler. Als Musiker. „Das fließt ineinander. Es ist ja derselbe Mensch W.N., Licht und Helligkeit verursachen in mir eine Stimmung, die Bilder und Lieder prägen."

Diese geballte Macht der Farben und Formen und Stimmungen ist in dem unlängst veröffentlichten Lied „Rövver noh Tanger" zu spüren, das verschiedene Künstler als Zeugen für die Faszination von Niedeckens gelobtem Land heraufbeschwört: „Delacroix, Buthe, Matisse, Bowles und Burroughs – die sind ja alle aus dem gleichen Grund da hin: Marokko ist etwas Erreichbares und trotzdem ungeheuer exotisch."

Ein Stück wie „Ich wünsch' mir, du wöhrs he", eine scheinbar schwerelose Rumba, verdankt seine Leichtigkeit Niedeckens Marokko-Dasein. Mit dieser Form des „savoir vivre" ging und geht er immer wieder ganz behutsam um, wenn er den Fuß auf den afrikanischen Kontinent setzt. So wie 2003, als er sich – der Psycho-Hygiene und des Seelenfriedens wegen – mit seinem Freund und geschäftlichen Berater Manfred Hell, dem Chef der Outdoor-Marke Jack Wolfskin, für drei Wochen im alten Volvo gen Süden aufmachte. Ganz bewusst hatten sie wieder einmal den langen Landweg gewählt, die franko-iberische Vogelfluglinie, um die Distanz zu spüren, um Veränderungen entlang der vertrauten Strecken zu bemerken.

Mit der Familie schlug Niedecken mehrfach in Marokko auf; mal mit den fast erwachsenen Söhnen, mal mit seiner zweiten Frau Tina und den beiden kleinen Töchtern. Auch die schätzen es, „Chez Sam" im Hafen von Essaouira Fisch zu essen. Auch die kennen den mit Schuhen und Lampen handelnden „Dylanologen" Abdelilah Srhir und dessen Geschäft im Haus Nummer 61 in der Rue Sidi Mohammed, der Niedecken erkannt hatte, weil er dessen Gesicht in einer „Arte"-Sendung zum 60. Geburtstag von Bob Dylan gesehen hatte – in deren Verlauf der Kölner „My back pages" sang („Vill passiert sickher"). Vis-à-vis des „Babouchen"-Ladens ließ sich der „BAP"-Chef 2003 für die „Sonx"-Tour neue Bühnenhemden schneidern; aus grau-schwarz gestreiftem Djellabah-Stoff.

Niedecken wird wieder hinfahren. Nach Chefchaouen und M'Hamid, nach Essaouira und Moulay Bousselham. Wird Dylans „Blood on the tracks" in den CD-Player des Autos schieben und an Bowles' „Himmel über der Wüste" denken. Er wird wieder im „Café de France" sitzen und seine Tagebuchbriefe schreiben. Wird sich nach dem Schicksal von Fatima und Zahra erkundigen. Wird seine Liebsten und die Gemeinde grüßen: „Bess demnähx! Inch allah!"

Internet: www.bap.de

◆**Protection Civile (Lebensrettung),** Tel. 015
◆**Notarzt** (tagsüber), Tel. 044 47 48 61
◆**Tierarzt** nahe der Mairie (Rathaus)
◆**Notfallapotheke** im Rathaus
◆**Sanitätsstation** im Viertel Bani Antar, nordöstlich der Rue Lallouj
◆**Krankenhaus,** nahe Av. Lalla Aicha und Supratours-Bus-Bahnhof

Rund ums Auto

Autovermietung

◆**Dzira Location**
50, Bd Mohammed V., Tel. 044 47 37 16. Günstige Preise bei fast neuen Autos.

◆**Marine Location**
Quartier des Dunes, Immeuble Habous, Tel. 044 47 36 82, Fax 044 47 28 97, Mobil 061 34 72 85. Preise: Fiat Uno 325 DH/Tag, 1900 DH/Woche, Renault Kangoo 450 DH/Tag, 2800 DH/Woche.

◆**Wind Car**
Rue Princesse Lalla Amina (nahe beim Stadion), Quartier des Dunes, Tel. und Fax 044 47 56 01 oder 044 78 34 36. Eine Leserin machte sehr schlechte Erfahrungen (kaputte Bremsen, klappriges Auto etc.).

Eine **private Autovermietung** findet sich im Restaurant ◆**La petite perle.**

Bei ◆**www. essaouiranet.com** ist eine Autoanmietung direkt übers Internet möglich.

Parken

Mehrere bewachte Parkplätze rund um den Hafen und ein weiterer beim Bab Sbaa, nahe dem Uhrenturm (10 DH für 2 Std., 20 DH für 24 Std.).

Ausflüge

Wandert man den schönen, nicht immer sauberen Dünenstrand südwärts, so gelangt man – vorausgesetzt, man durchwatet die Flussmündung – an einen **eingestürzten Turm** am Ende des Strandes, der wirkt, als würde ihn das Meer verschlingen, vor allem wenn es neblig ist. Will man den Fluss nicht durchwaten, kann man auch auf die zahlreichen Kamele zurückgreifen, die am Strand zum Ausleihen bereitstehen (Kamelritt nach Diabat 20 DH, verhandeln!).

Noch weiter den Fluss entlang gelangt man nach **Diabat.** In dem kleinen Ort sind die Sultanspalast-Ruine von *Muhammed Ben Abdellah* und eine alte, beschädigte Brücke zu sehen. Diabat erlangte in den 1970er Jahren einen gewissen Bekanntheitsgrad, nachdem sich hier der Rockstar *Jimi Hendrix* und Anhänger für einige Zeit niedergelassen hatten. Sein ehemaliges Haus steht noch.

Vor der Küste kann man zwei Inseln **(Iles de Mogador)** besuchen, auf denen unter Juba II. Purpur hergestellt und nach Rom exportiert wurde. Die Inseln wurden jetzt als Naturreservat ausgewiesen, da auf ihr der seltene **Eleonora-Falke** brütet. Nur von Mai bis Oktober ist er hier, sonst lebt er auf Madagaskar. Auch von Essaouira aus kann man ihn am frühen Abend beim Insektenfang beobachten, vorausgesetzt, man hat einen guten Platz mit Blick zum Meer und ein Fernglas. Die Überfahrt kann man bei den Fischern im Hafen vereinbaren (150–500 DH, handeln!). Man benötigt hierfür jedoch eine Genehmigung (Geduld und Beharrlichkeit sind gefordert) von der Province (Bd. Mohammed V.). Die Inseln sind unbewohnt, aus vergangenen Zeiten sind zwei Festungen, eine Moschee und ein Gefängnis erhalten geblieben.

Zum Marabout und den Stränden von Sidi Kaouki vgl. „Abstecher nach Sidi Kaouki“.

Im Süden liegt ca. 58 km entfernt der **Djabal Amsittene** (905 m), auf den man hinaufwandern und dann die schöne Aussicht genießen kann. Auch eine schlechte Piste führt nach oben.

Feste/Veranstaltungen

Im Juni findet in Essaouira das inzwischen sehr bekannte **Gnaoua-Festival** (www.festival-gnaoua.co.ma) mit zahlreichen Musik- und Tanzgruppen statt. Unbedingt frühzeitig ein Hotel reservieren!

Folgende **Moussems** (Mausims) werden in Essaouira gefeiert: im Juni **Moussem El Hamdouchia,** Mitte September **Moussem Derkaouia** und (meist) Anfang November **Moussem Ghazia** und **Moussem Aissaouia.**

SOUS, ANTI-ATLAS, SÜDL. KÜSTE

ÜBERBLICK

Der **Sous,** die vom Hohen und Anti-Atlas eingeschlossene Ebene, ist eines der fruchtbarsten Gebiete des Landes. Durch die Flüsse des Hohen Atlas und Anti-Atlas, vor allem durch den Oued Sous, wird das Becken mit Wasser gespeist. Außerdem werden das Gebiet um Agadir und die gesamte Sous-Ebene von den Staudämmen *Tamzaourt* (Richtung Marrakesch) und *Youssef ben Tachfine* (Richtung Tiznit - Massa) versorgt. Durch ein groß angelegtes Bewässerungssystem sowohl oberhalb als auch unterhalb der Erde werden die Felder und Plantagen bewässert. Achten Sie einmal bei Ihren Fahrten durch dieses Gebiet auf die neben den Straßen verlaufenden Wasserleitungen aus Ton bzw. Zementsegmenten. Bis zum Jahr 2000 sollen in Marokko so viele Staudämme gebaut werden, dass der Wasservorrat für 15 Jahre gesichert ist.

Im Sous fallen **unter 300 mm Regen im Jahr.** Die Jahresdurchschnittstemperatur liegt bei 19,5°C. Regen fällt vorwiegend in den Monaten November/Dezember und Februar/März. Der Sommer ist heiß, wobei der „Cergui" (warmer Fallwind), welcher vom Anti-Atlas weht, die Temperatur noch erhöht auf ca. 30–35°C.

Vom 16. bis 18. Jahrhundert wurden im Sous Zuckerrohr und Baumwolle angebaut, es war die reichste Provinz Marokkos. Taroudannt war nach den Königsstädten die viertgrößte Stadt des Landes. Erst zu Beginn des 19. Jahrhunderts ging die Bedeutung des Sous zurück, als die Zuckerrohrausfuhr wegen der südamerikanischen Konkurrenz zurückging. Ihre Bedeutung als Landwirtschaftsgebiet hat die Sous-Ebene jedoch behalten und ist jetzt Anbaugebiet für Zitrusfrüchte, Bananen, Oliven, Artischocken, Tomaten und viele weitere Obst- und Gemüsesorten.

Der **Anti-Atlas** ist eines der ältesten Gebirge mit **Höhen um 2000 m** und vielen trockenen Flusstälern. Es fallen **unter 200 mm Regen im Jahr.** Nur am Küstenabhang findet sich eine artenreiche Vegetation mit Dattelpalmen, Oliven, Mandeln und Feigen. Der steile Nordhang ist vegetationsarm, der Südhang fast ohne Vegetation. In den Tälern herrscht Schaf- und Ziegenzucht vor.

Bewohnt werden der Sous und Anti-Atlas von den **Chleu- (Schlöh) Berbern,** die durch die Abgeschiedenheit ihres Lebensraums sowohl ihre Traditionen als auch ihre Sprache *(Tachelheit)* bewahren konnten. Sie leben meist in befestigten Dörfern, die im Gegensatz zu den Lehmbauten weiter nördlich und östlich aus Stein gebaut sind. Die Chleus unterhalten zahlreiche **Gemeinschaftsspeicher,** die anders als die Kasbahs nur selten ganzen Stämmen Unterkunft bieten. Die **Agadire** (Speicher) liegen in unwegsamem Gebiet, meist auf einer Bergkuppe, und sind nur durch einen Haupteingang zu betreten. Den Schlüssel zu den Speichern darf nur eine dazu bestimmte Person aufbewahren. Die oberen Stockwerke (bis zu sieben) erreicht man auf Trittstufen. Es fehlen auch die Ecktürme, so dass das Gebäude ziemlich wuchtig wirkt. In den Agadiren fanden früher die Ratsversammlungen statt. Manche großen Agadire hatten bis zu 300 Wohn-/Vorratsräume. Jetzt werden nur noch wenige Agadire regelmäßig benutzt, viele sind dem Verfall preisgegeben.

Über den gesamten Atlas sind zahlreiche Agadire verstreut. Man sieht sie meist von der Straße aus. Die meisten befinden sich zwischen *Aït Baha* und *Tafraoute.* Der größte ist der *Agadir Id Aissa* in der Nähe von *Tarkjijt,* der interessantesste und älteste Speicher ist der *Agadir Tasguent,* zwischen Irherm und Tafraoute.

Ausgangspunkt für Reisen in den Anti-Atlas sind Agadir, Tiznit oder Taroudannt. **Taroudannt** ist die **Hauptstadt das Sous.** Die Gegenden im südlichen Anti-Atlas, am südlichen Atlantik und in der marokkanischen Sahara sind noch sehr ursprünglich.

Die spärlichen Arbeitsmöglichkeiten und das entbehrungsreiche Leben im Anti-

Atlas hatten eine Landflucht zur Folge, die manche Dörfer fast aussterben ließ. Arbeit schuf der Bau des **Fischereihafens in Tan-Tan** mit seinen Verarbeitungsbetrieben. Es sind sehr moderne und saubere Produktionsstätten. In *El Ouatia (Tan-Tan Plage)* entstand für die Beschäftigten ein kleiner neuer Ort. Auch in Tarfaya entstand ein neuer Hafen.

Entlang der Atlantikküste ist der Bau von neuen Häfen geplant, so dass sich in Abständen von ca. 200 km ein Hafen befindet. Auch in *Sidi Ifni* wurde mit dem Bau eines neuen Hafens begonnen.

Weiter südlich, im Übergang zur Westsahara und im Grenzgebiet zu Algerien, haben sich **starke Militärverbände** eingenistet, so dass hier oft die Hälfte der Bevölkerung aus Soldaten besteht. Diese sorgen für neue Kaufkraft; so konnten wir in allen südlichen Orten eine rege Bautätigkeit beobachten, und die Märkte sind gut gefüllt mit frischen Waren, die vom Norden über die einzige durchgehende Straße ab Agadir (Tiznit, Goulimine, Tan-Tan, Dakhla) zur Versorgung der Bevölkerung gebracht werden. Auch der Hafen von Agadir dient als Umschlagplatz für die Versorgung der Armee im Süden.

Von Agadir nach Tafraoute

ÜBERBLICK

- **158 km, S 509**
- **281 km, Rundfahrt zurück über Tiznit über die S 7074, P 30**

Für diese schöne und sehr lohnenswerte Strecke sollte man mindestens zwei, besser aber **drei Tage** einplanen. Insgesamt sind es bis zurück nach Agadir ca. 370 km, bis nach Tiznit 281 km. Eine lohnende Alternative (landschaftlich großartig mit Terrassenfeldern) ist die ungefähr ähnlich weite Strecke von *Aït Baha* nach *Tanalt* und von dort über *Taguenza* ins *Ammeltal* bzw. direkt von *Tanalt nach Tiznit*.

Mit öffentlichen Verkehrsmitteln: von Aït-Melloul Bus nach *Biougra* bzw. *Aït-Baha* und von dort 1x täglich weiter nach *Tafraoute* oder mit dem Sammeltaxi. Die Strecke Tafraoute - Tiznit - Agadir (und umgekehrt) wird von einem Expressbus bedient.

ANFAHRTSBESCHREIBUNG

Agadir über die Schnellstraße zum Flughafen oder auf der Straße nach Inezgane (Av. Mohammed V. nach Süden) verlassen.

Ungefähr 12 km südlich (über Inezgane 10 km) ist **Aït Melloul** erreicht, ein ungemein expandierender und lebhafter Ort, sozusagen Vorort von Agadir und Wohnstadt vieler in Agadir arbeitender Marokkaner. Es gibt viele Geschäfte für den alltäglichen Bedarf und Restaurants. Im Gegensatz zu Agadir ist der Ort geprägt von typisch marokkanischem Kleinstadtleben. Hier in Aït Melloul werden die schwarz-weißen Makhzenzelte, „tentes caïdales", hergestellt, außerdem gibt es zahlreiche Keramikfliesenhersteller. Auch der Flugplatz von Agadir liegt hier in der Nähe.

Weiter in Richtung Tafraoute muss man an der Hauptkreuzung beim Kreisverkehr (0,8 km nach dem Zentrum) nach links abbiegen - Wegweisung beachten! Die Asphaltstraße führt geradeaus durch eine flache Steppenlandschaft mit Arganienbäumen und vielen Feigenkakteen, die als Feldumzäunung dienen. Die Gegend um Biougra wird zunehmend landwirtschaftlich genutzt.

Bei km 32 erreicht man **Biougra,** ein nettes Dorf mit Arkadengängen vor den Geschäften und großem Taxistandplatz. In Biougra findet Mitte August ein schöner Moussem statt.

Hinter Biougra passiert man eine sandige Region mit kleinen Sanddünen. Selbst hier wird in unmittelbarer Nachbarschaft von Sanddünen in Gewächshäusern Gemüse angebaut. Weiter geht es durch hügelige Landschaft; auf die Arganienbäume klettern Ziegen, die die Früchte auf den obersten Ästen erhaschen wollen. Aus dem nussartigen Samen im Kern der Arganienfrüchte wird Speiseöl gewonnen (vgl. Exkurs „Der Arganbaum").

Bei km 48 passiert man den Ort *Imi-Mqorn* (mit Tankstelle), nach 6 km beginnt ein Serpentinen-Anstieg ins Bergland.

Bei km 64 erreicht man **Aït-Baha** (Suq am Sonntag). Übernachtung im hübschen ◆**Hotel al-Adrissa*****, Av. Mohammed V. (komfortable Zimmer mit TV und Bad, sauber und freundlich, €). Von hier ab windet sich eine schmale Bergstraße im Tal des *Oued Aït Baha* entlang bis in eine Höhe von 1300 m durch Bergland mit Arganien, Mandelbäumen, Palmen und Kakteen. Landschaftlich eine sehr schöne Fahrt: schroffe Felsen und wildromantisches Bergland, kleine Dörfer und Agadire kleben auf den Bergspitzen.

Bei km 71 passiert man den kleinen Ort **Had Aït M'Zal.**

Nach ca. 25 km, 97 km nach Agadir, bietet sich ein schöner Ausblick auf die Schlucht des *Oued Aït Baha*. Die Häuser kleben Adlerhorsten gleich an den Felsmauern. Es gibt hier Schlangen, Schildkröten, Erdhörnchen und Wildschweine. Kurz danach geht es etwas bergab ins Tal des *Oued Aït Baha.* 6 km weiter wird der Abzweig zu einem kleinen Ort passiert. Auf einem Felsen zur Rechten erhebt sich malerisch auf einem Tafelberg kreisförmig das Dorf und der **Agadir Tizrgane,** ein großer Getreidespeicher aus dem 13. Jh. Hier ist das Gebiet der *Illalen,* einer Konföderation von 18 Stämmen, von denen jeder einen Speicher besitzt, in dem die Ernte und wichtige Familiengüter gelagert werden. Innerhalb der Speicher gibt es bis zu 300 Fächer, die wiederum verschlossen sind. Der Schlüssel befindet sich im Besitz des Familienoberhauptes (bei Besichtigung nach dem Schlüsselwärter fragen). Eine Zufahrtspiste führt zu kleinem Parkplatz unterhalb der großen Steintreppe. Der Agadir ist teilweise schön renoviert, wirkt aber sehr verlassen und verschlossen. Aber auch ein Rundgang durch die Gassen lohnt sich. Es gibt ein einfaches **Übernachtungsquartier** mit Minimalkomfort bei der Familie *Mussali,* die dort oben Gäste beherbergt (kein Hinweisschild). Sohn *Jamal Mussali* führt die Herberge zusammen mit seiner Mutter und zwei Schwestern. Neben den Berbersalons gibt es wenige kleine Zimmer (DZ mit HP €€). Die Mutter bäckt fantastisches Brot in der Pfanne. Die Anlage wird heute noch von drei Familien bewohnt.

Bei km 115 ist man in **Madao,** einer großen Siedlung im Tal des *Oued Aït Baha,* dicht mit Bäumen bewachsen, umgeben von Bergen. Zwei Café-Restaurants befinden sich im Ort.

2 km weiter erreicht man **Aguerd N'Zek,** danach führt die schmale Straße wieder bergauf nach **Sidi M'Zal,** einem größeren Dorf an der Straße. Hier wird Landwirtschaft betrieben – ohne Traktoren und Mähdrescher. Es ist sehr malerisch, im Frühsommer (Juni/Juli) beim Getreidedreschen zuzusehen. Die Esel werden über das geerntete Getreide getrieben, um die Spreu vom Weizen zu trennen. Der Ort ist auf der rechten Seite von lang gezogenen Steinplattenbergen und Feigenkakteen gesäumt, vor dem Dorf stehen ein Marabut und eine hübsche alte Zawia.

Weiter windet sich die Straße bergan zur Passhöhe **Tizi-n-Tarkatine** (1450 m). Bei km 136, auf 1600 m Höhe, zweigt eine Teerstraße (15 km) nach *Aït Abdallah* links ab, einem sehr hübsch gelegenen Anti-Atlas-Dorf. Von dort führt eine neu asphaltierte Straße nach *Irherm* (Igherm) und zum Agadir Tasguent (siehe Ausflüge Tafraoute). Rechts führt die Hauptstraße weiter nach *Tafraoute*. Nach 1 km: *Tizi Mliki-Passhöhe* und riesiges Schild „Province da Tafraoute". In Serpentinen und mit grandiosem Ausblick geht es ins Tal.

Bei km 145,5 liegen der Ort **El Yali** und die **Zawia Sidi Abd el Jebar,** sehr malerisch im Tal unterhalb der Straße, umrahmt von den hohen, im Licht sich rötlich auftürmenden Granitbergen. Die Zawia ist rot bemalt mit weiß abgesetzten Fenstern, das Dach ist wie bei allen marokkanischen Heiligtümern und königlichen Gebäuden mit grünlasierten Ziegeln gedeckt. Daneben stehen Palmen und im Frühsommer unzählige blühende Blümchen. Ein Moussem zu Ehren des Heiligen findet im Oktober statt.

Viele weitere malerische Dörfer, eingebettet in eine grandiose Bergkulisse, säumen im *Ammelntal* den Weg.

Der Agadir Tislan

Nach gut 151 km (hinter Agadir) zweigt eine Teerstraße ins **Ammelntal** ab und führt weiter auf der geteerten Straße nach **Had Tahala** und über Tanalte nach Anezi und Tiznit (eingangs erwähnte Variante). Eine **Rundfahrt** durch das Tal bis **Tahala** und zurück über **Afella Adai** (s. a. Ausflüge) lohnt sich auf jeden Fall, denn die alten Häuser der Dörfer kleben an den Berghängen des *Djabal Lekst* (2359 m) oder sind imposant auf Hügeln gebaut. Viele der alten, **zinnenbewehrten Häuser mit weißer Ornamentikbemalung** zerfallen inzwischen. Überall entstehen neue, prunkvolle, moderne Häuser, die sich die **Ammeln** (ein Berbervolk, das zur Hauptgruppe der *Chleu* bzw. *Schlöh* gehört), die vorwiegend im Ausland oder im Norden arbeiten, von ihrem ersparten Geld bauen ließen. Die Fenster der neuen Häuser sind blau bemalt, bei den Moscheen gelb. Große Kullerfelsen türmen sich zu gigantischen Felslandschaften, Palmen säumen das Tal.

Die Ammeln haben in ganz Marokko einen Ruf als gute Händler. Es gibt im Ammeln-Tal vier **Berberstämme:** *Afella Wassif, Aït Smaybun (Anameur), Aguns Wassif* und *Tahala* in 9 Duars. Auch in Adaï (siehe Ausflüge Tafraout) oder in Oumesnat (s. u.) und dem östlichen Ammelntal gibt es zahlreiche dieser alten Häuser mit Lokbaverzierungen (s. dazu Kapitel Tafraoute). Es gibt im Ammelntal recht brauchbare Felsgravuren. Wenn man die Straße ins westliche Ammelntal abbiegt, zweigt man zwischen Aït Omar und Assamaka (s. Karte Umgebung Tafraoute) auf eine Piste (Bodenfreiheit erforderlich) nach **Tirmtmat** (etwa 2 km) ab. Im Tal westlich des Ortes gibt es an mindestens zwei Stellen Felsgravuren (ab Tirmtmat nur zu Fuß erreichbar, 200–500 m) von mehreren Gazellen und einem Menschen – mittlerweile auch von zwei Autos, entstanden in der „Toyota-Periode", wie mancher spaßeshalber zu Gravuren aus der jetzigen Zeit sagt. Tirmtmat hat zur Zeit nur 20 Einwohner, alle anderen arbeiten im Norden. Durch die rückfließenden Gelder konnte sich der Ort eine schöne, neue Moschee leisten.

Km 154 Hier geht es links 1 km nach **Oumesnat** (beschildert). Es steht dort ein sehr sehenswertes **traditionelles Haus (Maison traditionelle),** das zur Besichtigung freigegeben wurde und als eine Art Museum dient. Es gehört dem alten, blinden *Ahmed Salah*, der trotzdem sachkundig eine Führung durch das Haus macht bzw. diese mittlerweile häufiger von seinem sehr netten Sohn *Mustapha* übernommen wird (Eintritt 10 DH). Er erzählt über die Traditionen, die Architektur und erklärt die Gerätschaften sowie deren Funktionsweise. Ein paar Fotos vom *Maison traditionelle* findet man auch im wunderschönen Bildband „Moroccan Interiors" (Lovatt-Smith, Taschen Verlag). Das Haus ist gut ausgeschildert, aber es empfiehlt sich in Oumesnat an dem Platz im Ort, der als **Parkplatz** ausgewiesen ist (GPS-Koordinaten: N 29°45,607′ W 08°56,601′), nicht geradeaus der Beschilderung zu folgen, sondern etwas linker Hand davon durch einen Oasengarten mit Wasserbassins zu bummeln, bis man an den Felsabhängen mit zahlreichen schönen, zum Teil verfallenen Häusern angelangt ist. Dann folgt man einem kleinen Pfad entlang des Felsabhangs. Dieser Pfad führt etwas oberhalb des neuen Ortes an Opuntienhecken und mit Lokbas verzierten alten Häusern vorbei bis zum *Maison traditionelle*. Der Rückweg ist dann der direkt ausgeschilderte Weg, der vom Parkplatz an einer Reihe Garagen vorbei nach oben zum Haus führt.

Rechter Hand des großen Platzes bzw. 400 m entfernt verbirgt sich im Innenhof des Hauses Nr. 60 eine **Arganienölmühle.** Hier kann man sehr günstig Arganienöl kaufen; der Liter kostet 30 DH, wenn man 5 Liter kauft, der Geschmack war allerdings nicht besonders gut, aber zur Hautpflege eignet es sich. Die Ölmühle kann man nur besichtigen, wenn man auch kauft. Eine weitere Ölmühle gibt es auch in Tinguelcht (s. Karte Umgebung).

Wenn man von Tafraoute aus in Richtung Oumesnat fährt, sollte man seine Augen in Richtung des großen Berges werfen, der hinter Oumesnat aufragt. Er wird **Tête de Lion** genannt, also **Löwenkopf,** weil die Bergstruktur im Gipfelbereich an ein Löwengesicht erinnert.

2 km weiter gibt es wiederum eine Möglichkeit zum Abzweig ins Ammelntal. Nach 157,5 km schließlich ist Tafraoute erreicht.

TAFRAOUTE

Diese auf 1000 m Höhe gelegene Dattelpalmen-Oase hat etwa 8000 Einwohner, ist wild gewachsen und innerhalb des Ortsbereiches nicht besonders schön. **Reizvoll ist vor allem die Umgebung.** Auf einem Hügel oberhalb des Dorfes liegt das staatliche Touristenhotel *„Les Amandiers"*. Von hier hat man eine schöne Aussicht auf den Ort. Er ist von hohen, im Abendlicht rosafarben schimmernden Granitbergen und riesigen Granitfelsen umgeben. Auf einigen dieser Granitfelsen im Ammelntal und in der 6 km entfernten Oase Adaï sind kasbahähnliche, flachdachige Häuser erbaut worden. Statt der vier Ecktürme hat man hier die Hausfront mit einer so genannten **Lokba** versehen, einer **Dekoration** aus drei- und viereckigen Löchern, die man mit Schiefertafeln ausgefüllt und mit Pferde- oder Maultierschwanzhaaren verstopft hat. Die Hauswände sind in Braun, Ocker, Grün, Rosa und blauen Pastellfarben gehalten; die Fenster- und Türrahmen sind weiß umrandet. Selbst die neuen Häuser leuchten in kräftigem Rosarot, die Fenster und Türen sind in einer kräftigen Kontrastfarbe abgesetzt (meist blau oder gelb, manchmal grün).

Die **Bevölkerung** (Zentrum der *Schlöhberber)* ist **Touristen gegenüber sehr freundlich.** Hier trifft man im Gegensatz zu anderen Orten keine bettelnden Kinder und selten aufdringliche Jugendliche. Lediglich die Pseudotuareg der Teppichläden, die nicht aus Tafraoute stammen, haben die schlechte Angewohnheit der Touristenanmache mitgebracht. Die Bewohner gelten als geschickte Kaufleute, deren Kaufmannstradition bekannt ist. Sie arbeiten in jungen Jahren häufig in den Städten im Norden oder sammeln Berufserfahrung im Ausland. Jede Familie besitzt ihren eigenen kleinen Oasengarten, in dem zahlreiche Obstbäume stehen, Gemüse und Gewürzpflanzen angebaut werden. Es gibt besonders viele Mandelbäume in der Umgebung, die Ende Februar blühen. Zu diesem Zeitpunkt fand früher das bekannte Mandelfest statt, das aber angeblich nach *Tiznit* verlegt wurde; stattdessen wird jetzt zum selben Zeitpunkt eine Touristikwoche abgehalten.

In Tafraoute gibt es inzwischen alle Versorgungsmöglichkeiten in kleinen Lebensmittelläden oder am **Markttag** (Suq) am **Mittwoch.** Es gibt einen interessanten Schafmarkt, eine Tankstelle, eine Post, eine Teleboutique, zwei Apotheken, einen Arzt, mehrere Hotels, Restaurants, Cafés und natürlich auch Souvenirläden.

Im Ort selbst ist nicht viel zu sehen, aber die Gegend von Tafraoute zählt zu den landschaftlich schönsten in Marokko! Man kann hier tagelang wandern, bergsteigen und die umliegenden Dörfer besuchen. Es gibt nur wenige Kilometer von Tafraoute entfernt großartige **Felsformationen,** die durch **Winderosion** geschaffen wurden. Man fährt oder läuft die Straße, die beim Hotel *Les Amandiers* geradeaus Richtung Tazka führt, ca. 3 km weiter und steigt bei einer Zisterne und einzelnen Häusern links den Berg ca. 30 Minuten hoch. Einer dieser von Winderosion geschliffenen Felsen sah wie ein Totenkopf aus (dieser Stein wurde leider von Einheimischen zerstört und angeblich zum Hausbau verwendet, wahrscheinlich aber aus Aberglauben), der andere gleicht einem spitznasigem Clown. Diese Formationen sind aber nicht so ohne weiteres zu finden, wenn man keinen geschulten Blick hat. Aber auch nur das Herumsteigen zwischen den riesigen Kullerfelsen macht Spaß. Bergschuhe und Schwindelfreiheit sind Voraussetzung. Wenn man der Piste bis zum letzten Ort weiter folgt, gibt es noch diverse in den Himmel ragende Zeigefinger und einen „Widderkopf", alles in herrlicher einsamer Landschaft. Von hier aus kann man in ca. zwei Stunden zu den bemalten Bergen gehen. Entdeckt hat die-

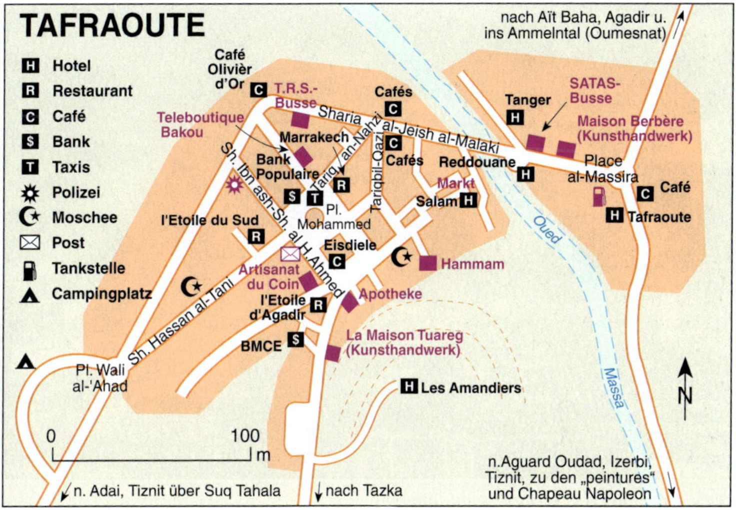

se Felsen der Lehrer *Ahmed Hamza,* ein begeisterter Wanderer, der aber nicht mehr in Tafraoute tätig ist.

Es finden sich auch **prähistorische Steingravuren** in der Umgebung. Die von Tafraoute am leichtesten erreichbare (deren Authenzität allerdings bezweifelt wird) ist eine an eine Steinwand geritzte Gazellengravur zwischen den Dörfern **Duar Adai** und **Tazka (Tazzeka);** s.a. Ausflüge.

Erwähnenswert sind noch die schon ziemlich verblassten **blau, violett, rot und schwarz bemalten Felsen** des belgischen Malers *Jean Verame* (siehe Ausflüge). Sowohl die Felsformationen, die Gazellengravur als auch die bemalten Felsen kann man auf einer schönen Fußwanderung vom Hotel Les Amandiers südlich über das Dorf Tazka (sprich Taska) erreichen.

Nicht versäumen sollte man den Besuch des *Maison traditionelle* in **Oumesnat im Ammelntal,** den man mit einem Bummel entlang des Felsabhanges und der dort an den Hang gebauten herrlichen Häuser verbinden kann (gut beschildert); siehe Beschreibung oben bei km 154.

PRAKTISCHE INFOS

Klassifizierte Hotels

◆**Les Amandiers******

Tel. 048 80 00 88, Fax 048 80 03 43. Malerisch auf einer Anhöhe gelegen, im Kasbahstil mit mächtigen Mauern gebaut, hübscher Garten, Pool und schöne Terrasse, v. a. zum Sonnenuntergang. Die Zimmer bieten nicht den bei dieser Klassifizierung zu erwartenden Standard. Das heiße Wasser und die Heizung funktionieren auch nicht immer, aber die Preise gingen gewaltig in die Höhe und sind reichlich überzogen: DZ/Dreierzi. mit Bad €€€€B (Preis evtl. Verhandlungssache). Das Frühstück 80 DH im schönen Garten mit Pool (Poolbenutzung für Nicht-Hotelgäste 30 DH) rentiert sich nicht, besser im *Etoile d'Agadir.* Menü 120 DH, Kleiderwäsche 30 DH. Einziges Hotel mit Bar.

◆**Salama** *

Tel./Fax 048 80 00 26, Fax 048 80 04 48. Am Ortsanfang links von Aguard Oudad kommend. Nettes Hotel, Dachterrasse mit schöner Aussicht, sehr zentral gelegen, freundliches

Blick vom Hotel Les Amandiers auf Tafraoute

Personal (kleine DZ mit Du./WC €€B, ohne Dusche € mit Heizung, gutes Frühstück 23 DH). Ein Leser beklagte sich über schmutzige Zimmer.

Ab hier können mit dem zuverlässigen Führer *Abdallah Ifiadene* ◆**Mountainbiketouren** unternommen werden (150 DH/Tag plus Verpflegung).

Unklassifizierte Hotels

◆**Tafraoute**

Place Mulay Rachid, Tel. 048 80 00 60, Fax 048 80 05 47. Im Zentrum, €B, Etagenduschen und WC, einfach und sauber, gute Betten. Unterstellmöglichkeit für Fahrräder und Motorräder in einem extra Raum.

◆**Tanger**

An der Bushaltestelle. Dusche auf dem Flur, auf Wunsch warm (7 DH). Sehr einfaches aber sauberes Hotel mit freundlichem Personal, ½€, Terrasse, Betten o.k. Gutes und preiswertes Essen. Treffpunkt für Einheimische.

◆**Redduane**

Einfach, aber sauber. Netter Chef. ½€-Zimmer mit Waschbecken, warme Dusche auf dem Flur. Die Fahrräder, die hier gemietet werden können, sind in schlechtem Zustand und kosten 50 DH pro Tag.

Camping

◆**Trois Palmiers**

GPS: N 29°43,30′ W 08°58,77′. Ummauerter, etwas trostloser Platz, sehr einfache, aber saubere Sanitäranlagen, warme Duschen, wenig Schatten. Maximale Durchfahrtshöhe 3,40 m. Tarife: 10 DH pro Pers., 10 DH Wohnmobil, 10 Pkw, 6 DH Zelt. Es gibt auch Bungalows zu mieten (sauber, 50 DH).

Sehr schöne Campingplätze findet man in der gesamten Umgebung unter den hohen Dattelpalmen, besonders dann, wenn die Gerstenfelder darunter abgeerntet sind.

Auch in der Nähe der „painted rocks" gibt es schöne Stellplätze. Lassen Sie beim wild campen keinesfalls ihren Müll liegen und hinterlassen Sie den Platz so, als wenn nie jemand hier gecampt hätte.

Essen und Trinken

◆**Etoile du Sud**

Folkloredarbietungen im Original-Hochzeitszelt im Garten, das als Gastraum mit typisch marokkanischer Atmosphäre dient. Gutes Menü ca. 70 DH; inzwischen ist das Restaurant so stark von Touristengruppen (ganze Busladungen) frequentiert, dass Qualität und Service nicht immer gleichbleibend sind. Ein Besuch lohnt sich, wenn gerade keine Gruppen da sind. Alkohol gibt es nur im Hotel *Les Amandiers.*

In **Aguard Oudad** gibt es direkt am Chapeau Napoleon, in einer sehr schönen neugebauten Villa, einen **Palais d'Accueil,** dessen prachtvoller marokkanischer Salon zur Bewirtung von Gruppen oder für Veranstaltungen gedacht ist. Zu erreichen über *Restaurant L'Etoile du Sud.*

◆**Restaurant Etoile d'Agadir**
Am Place de La Marche Verte (gegenüber *Artisanat du Coin).* Beliebtes Restaurant für Touristen und Einheimische, gute und preiswerte Tajine (35–40 DH), guter Salat, sehr gutes Frühstück für 20 DH.

◆**Restaurant Marrakesch**
Leckere, sehr gute Tajines (auch vegetarisch, 20–30 DH), frischgepresster Saft , Omelettes, Brochettes und Cous-Cous alles zu sehr günstigen Preisen. Freundlich und auch zum Frühstücken empfehlenswert.

◆**Restaurant Mauritania**
Tel. 80 00 38, Spezialiäten von Tafraoute, gut, freundlich, preiswert.

Im ◆**Café de la Jeunesse** gibt es ein gutes Frühstück mit reichlich Butter für 10 DH.

Busverbindungen

- nach **Tiznit** und **Agadir (Marrakesch, Casablanca)** mit **privaten Gesellschaften** 5x täglich (30 DH) 45 DH, Fahrzeit 5 - 6 Std. Die meisten Busse fahren über Tiznit (ca. 2 Std. länger), nur wenige über Aït Baha.
- **Agadir – Tiznit – Marrakesch – Casablanca:** 1x täglich, Fahrzeit 4 Std. Nach Tiznit 25 DH, nach Agadir 57 DH.
- **Aït Baha – Agadir:** Der Nachtbus fährt täglich um 18 Uhr und braucht über 4 Stunden nach Aït Baha und 6–7 Std. nach Agadir, 50 DH.

Über die neu ausgebaute Straße durch das **Ammelntal** in Richtung Tanalte und **Anezi** fährt ebenfalls ein Bus. Die Strecke ist jedoch sehr kurvig.

Taxi/Sammeltaxi

Sammeltaxis fahren die Strecke nach Tiznit regelmäßig, aber auch nach Aït Baha oder nach Tanalte und Aït Baha. Nach Tiznit ca. 30 DH, über Aït Baha ca. 60 DH.

Sehr empfehlenswert für Ausflugsfahrten in die Umgebung ist **Boukriah Saloh** (Grand Taxi Nr.6). Er ist sehr liebenswürdig und kennt die Gegend hervorragend.

Einkaufen

Da der Ort für Agadir-Pauschaltouristen zum „Pflichtprogramm" zählt, gibt es natürlich auch einige Souvenirläden. Wer sich Zeit nimmt zum stöbern, kann auch noch alten Hausrat und Antiquitäten finden, die es anderswo nicht mehr gibt.

Freundlich und unaufdringlich wird man im Laden der Familie *El Najah,* ◆**Artisanat du Coin,** bedient, direkt am Hauptplatz (Place de la Marche Verte), in der Nähe der Post. Hier kann man Schmuck und Souvenirs kaufen, auch selbstgefertigter Schmuck von Vater *Brahim el Najah,* der sich hervorragend in der Gegend auskennt, denn er war früher mal Guide für die Franzosen. Tel. 061 70 05 25. Es werden Festpreise verlangt, die fair sind und unter den Preisen in den Großstädten liegen. Die Auswahl ist natürlich nicht so wie in Marrakesch aber einige hübsche Stücke sind darunter. Meist bedient die nette Tochter Khadija (eine von 9 Töchtern, vier sind in Deutschland verheiratet, ein Sohn in Frankreich und der älteste Sohn an der Küste).

Wer Teppiche kaufen will, ist im ◆**Maison Berbère,** Route Agouard Oudad, Tel. 048 80 05 19 (bei der Tankstelle), gut aufgehoben. Der hier arbeitende *Omar* spricht gut Deutsch. Es gibt Teppiche, Fossilien und Sandrosen. Auch Touren werden angeboten.

Gut beraten wird man im ◆**Maison Nomade Tuareg,** 44, Av. Mohammed V., auch wenn die Mitglieder des Clans in ihren Tuareggewändern im ganzen Ort rumlungern und Touristen ansprechen, was zuweilen sehr nervig ist. Die Verkäufer kennen sich sehr gut mit Teppichen aus und erläutern ohne Kaufzwang oder Überredungstricks Traditionen und Muster. Besonders schön sind die Kelims, vor allem die Hochzeitsteppiche mit figürlichen Darstellungen. Die traditionellen Teppiche werden mit Naturfarben gefärbt, die aus Sa-

Oumesnat im Ammelntal

fran (gelb), Indigo (blau), Henna (rot), Kajal (schwarz) und Malachit (grün) gewonnen werden. Wer sich zum Kauf entschließt, kann sowohl in Dirham als auch mit Eurocard oder in Devisen bezahlen, gelegentlich sogar auf Kredit einkaufen. Die Auswahl ist sehr gut, Teppiche werden auch zuverlässig nach Europa verschickt. Hier werden auch **Fahrräder verliehen** für 60 DH/Tag. Auf Wunsch führt auch einer der Crew zu den Gravuren oder macht Ausflüge in die Umgebung (s. Ausflüge). Außerdem gibt es eine gute kleine Faltkarte mit Bildern der wichtigsten Sehenswürdigkeiten beim Maison Tuareg.

Banken

◆**Banque du Commerce** und ◆**Banque populaire** (letztere hat nur am Mittwoch und Donnerstag offen).

Post/Internet

◆Post am Place de la Marche Verte.

◆**Internet-Café** an der Route Agouard Oudad, neben *Maison Berbère*.

Feste/Veranstaltungen

◆Das berühmte Mandelfest im Februar wurde nach *Tiznit* verlegt, statt dessen findet eine **Touristikwoche im Februar** statt.

◆**Moussem Sidi Ahmed ou Said**
In Adai, Mitte August.

In *Anameur* findet dreimal im Jahr, im Januar, März und Mai, ein ◆**Fest zu Ehren des Marabut Chezelhamiz,** mit großem Essen im Freien, statt.

Ausflüge

Als **Führer für die Umgebung** ist **Taïb Bakou** zu empfehlen, erreichbar über Tel. 070 37 82 34 (Duar Adaï); Vorsicht: Inzwischen schmücken sich auch andere „Führer" unberechtigt mit seinem guten Namen.

Auch über die Gesellschaft **Erg Tours** der Familie *Aït Sidi Brahim*, die das **Maison Tuareg** betreibt, kann man Ausflüge buchen und Fahrräder mieten. Siehe Einkaufen bzw. unter www.ergtours.com im Internet.

Besonders interessant sind der **Duar Adaï, und Afella Adaï.** Fahren Sie in Tafraout in Richtung Südwesten und am Kreisel beim Campingplatz vorbei bis nach 3 km Adai erreicht ist. Bei **GPS-Pos. N 29°45,146′ W 08°59,978′** liegen rechter Hand der Straße, an den Felshängen und auf einem Hügel besonders schöne Häuser und noch etwas in Richtung Afella Adaï linker Hand **GPS N 29°42,148′ W 08°59,976′,** neben einem Getränkeladen die sehr schöne **Kasbah** der Familie Ouaklim. Wieder ein kurzes Stück zurück in Richtung Adaï (3,5 km vom Ortsschild Tafraoute) findet man zwischen dem Adaï und Tazka einen Pistenabzweig (von Tafraoute kommend links) bei **GPS N 29°42,692′ W 08°59,469′** der zu einer **Felsgravur von einer Gazelle** führt (ca. 100 m). Man parkt unterhalb eines Felsens, darüber ist die etwa 3 m hohe Gravur zu sehen, die aber nicht besonders gut und nachgeritzt ist. **Bessere Gravuren** gibt es bei Imetkan und im **Ammelntal** bei **Tirmtmat** (s. Ammelntal).

Weiter in Richtung Tahala geht es nach **8,8 km** links zur *Source Vierge* (Jungfrauenquelle) einem gefassten Brunnen, den man nach 1 km erreicht. Die weitere Asphaltstraße windet sich durch Bergland mit Arganien und Mandelbaumbestand bis nach Tahala (15 km von Tafraoute). Diese Strecke kann alternativ zu der nach Tafraoute beschriebenen Strecke nach Tiznit gewählt werden und ist 10 km kürzer.

Nicht versäumen sollte man, zum Dorf **Aguard Oudad** 2 km südlich von Tafraoute zu fahren (Tafraoute Anfang rechts). Dieses Dorf liegt am berühmten **„Chapeau Napoléon"** – dem „Napoleonshut", einem eigenartigen Felsen der dem berühmten Hut ähnlich sehen soll, zu dessen Füßen das palmengesäumte Dorf liegt. Dieses Bild ist in allen Touristenprospekten zu finden.

Eine weitere Touristenattraktion, **„Les Peintures"** bzw. jetzt englisch ausgeschildert **„painted rocks",** erreicht man über eine Piste 4 km südlich von Aguard Oudad. Der belgische Maler *Jean Vérame* bemalte hier die bis zu 30 m hohen Felsen in den Farben Blau, Rot, Schwarz, Violett ganzflächig oder in geometrischen Mustern. Im Einklang mit der Natur und den Farben des Himmels entstand hier 1983 eine „Phantasmagorie" von zwei Kilometern Länge und 800 m Breite. 20 000 Kilo Farbe, nach altägyptischen Rezepten hergestellt, wurden in zwei Monaten vermalt, nachdem der Künstler bereits ähnliche Projekte in *Korsika*, den *Cevennen*, dem *Tibestige-*

UMGEBUNG VON TAFRAOUTE UND AMMELNTAL
nach Aït Baha, Biougra und Agadir
nach Tiznit, Tanalt und Anezi
nach Tiznit u. alte Straße nach Tizourhane
Route 2 n. Izerbi u. Tiznit
Agadir Tasguent
Alma
Tiguermine
nach Igherm
Imikarz
Aït Abdallah
nach Tata (40 km)
Taouli
Titeki
Tioulit
Imi N-Tanout
S 509
Dj. Lekst 2359 m
Tagoudiche
Assgaour
Tazoulte
Oumesnat
Maison traditionelle
Asgaour
Anameur
Agouchtim
Tizerht
Aït Taleb
Ammelntal
7147
Ighalene
Adrar Wirane
Sidi Abd el Jeber
Tizi Mlili
Azrou Ouado
TAFRAOUTE
Taguenza
2,9 km
Adaï
Aguard Oudad
Tarhzout
Tirmtmat
Aït Omar
Afella Adaï
Ilig
Tazka (Tazzeka)
3,8 km
Adrar Mqorn 2344 m
Adrar Tafraoute 1801 m
Tizgni
7074
Aoussift
Assaka
Tarmert
Dou Talzort
Ayerd
Souk Had Tahala
Tarhrart
7146
11,8 km
Taourirt
Aït Ben Saïd
Aguersif
Dousdram
7075
Alter Ksar Taghaoute
Aghelay
Tasserirt (Tleta Tasrite)
Taghaoute
Talkaount
Aït Daoud
Tansemt
Tigharassine
Tinzguit
(Tizerkim) Tizerkine
Iriaoun
Izourzne
11,4 km
Schlucht
Tarçouat
Taoudit
Aït Mansour
Tanrarte
Amzouar
Zawia Sidi Ahmed ou Mohammed
Azzmour
Amanouz
Tiouri
8,3 km
Fighil
5,2 km
Aït Baha
Timguelcht
1,3 km
4,2 km
Gdourt
Tiwadou (Tiouadou)
Aït Bel
1,7 km
Aguerd Imlal
5,4 km
Suq Afella d'Ighir (Suq Had Issi)
Aït Bounouh
Campingplatz
Piste
0
5
km
nach Aït Herbil, Tamanart
Ukas Felsgravuren
1 Clownfelsen
2 Châpeau de Napoleon
3 Les peintures
4 Gazellen-Felsgravur
5 Kamelfelsgravur
6 Tête de Lion = Berg (Löwenkopf)
7 Jüd. Friedhof

birge und dem *Sinai* verwirklicht hatte. Es mag vielleicht für manchen nicht vorstellbar sein, riesige Granitfelsen und Formationen mit Farbe zu bemalen. Aber diese Malereien, umgeben von einer Traumlandschaft, sind im Farbenspiel von Sonne und Schatten zu verschiedenen Tageszeiten wirklich eindrucksvoll.

Da die Felsen über Jahrtausende Wind und Wetter ausgesetzt sind, ist natürlich nicht zu vermeiden, dass die Farben auch der Vergänglichkeit preisgegeben sind und schon ziemlich verblasst sind; zum Schutz sollte deshalb nicht auf den bemalten Stellen der Felsen herumgeklettert werden. Aber dazwischen zu wandern, zu klettern, die Gesamtansicht von oben zu genießen – das ist ein besonderes Erlebnis. Man erreicht die bemalten Felsen, wenn man vom Ort Aguard Oudad der Beschilderung „Painted Rocks" folgt (4 km die Teerstraße in Richtung Tiznit fahren), dann rechts bei einer weißen kleinen zinnengekrönten Einfahrt auf eine Piste abbiegt (Vorsicht: Von Tiznit kommend sieht man die Beschilderung beim Abzweig nicht, **GPS-Koordinaten: N 29°39,613′ W 08°57,702′),** erreicht man auf sehr holpriger Piste (mit Pkw vorsichtig fahren, es besteht große Gefahr aufzusitzen) einen kleinen Parkplatz. Von diesem muss man ca. 10 Minuten bergab in einen Kessel wandern – Geländewagenfahrer können inzwischen direkt in den Kessel fahren – und erreicht dann die bemalten Felsen **(GPS-Pos. N 29°40,189′ W 08°58,466′)**, von dort kann man dann weiter in Richtung Adaï fahren (s.u.). Diese Variante in Gegenrichtung von Tafraoute in Richtung Adaï und Tahala zu fahren ist für PKW leichter: Bei einem weißen Schild aus Stein mit der Aufschrift „Douar Tarzought" links auf die Piste abbiegen. Diese führt über einen Bergrücken, bei den beiden Gabelungen hält man sich links und sieht nach 5 km die Felsen. Mit dem Geländewagen kann man die beiden Strecken auch als Rundfahrt kombinieren.

Man soll nicht verfehlen, von Tafraoute aus einen Ausflug in das wunderschöne **Ammelntal** am Fuße des **Djabal Lekst** (2359 m) zu machen *(Oumesnat, Anameur)*. In Oumesnat gibt es ein traditionelles Haus, das besichtigt werden kann (s. Anfahrt Tafraoute). Die Straße durch das Tal ist geteert und mündet bei **Had Tahala** in die Straße 7074.

Es lohnt sich ebenfalls, die Dörfer nordwestlich von *Taguenza* zu besuchen. Nach dem Ort zweigt rechts eine Teerstraße ab, die sich nach 3 km in zwei Pisten aufspaltet; die linke führt in zwei sehr schöne Dörfer.

Oben auf dem Gipfel des **Adrar Mqorn** (2344 m), einem der höchsten Gipfel im *Anti-Atlas,* befindet sich eine animistische Kapelle und eine Moschee.

Sehr lohnenswert ist es, von *Tafraoute* mit dem Auto durch das Mansour-Tal bis zum Dorf **Issi Afella** (siehe Karte) und von dort zu den **Felszeichnungen von Ukas** beim **Guelta Imtkan** im Tal des *Asif Issi* zu fahren. Insgesamt ist die Route als Rundfahrt 98 km lang und am Vormittag zu schaffen (mit Geländefahrzeug). Im Ort Timguelcht auf der Rundfahrt kann man auch eine Ölmühle besichtigen. Mit dem Fiat Uno ist die Fahrt allerdings nach Ende der Teerstraße im Mansour-Tal an der ersten Furt durch den Oasenbach wegen geringer Bodenfreiheit zu Ende. Man kann jedoch ab hier eine schöne Wanderung durch die Schlucht bis Tiouri machen. Ein guter Führer in der Region ist **Muhammed Ouhammou Sahnoun** aus dem Dorf Tiouadou bei Afella Ighir, Tel. 048 80 05 47. Bei ihm gibt es auch eine Übernachtungsmöglichkeit.

Im Mansour-Tal wurde angeblich Gold gefunden, das abgebaut werden soll, dann dürfte es bald mit der Herrlichkeit vorbei sein.

Von Ukas besteht die Möglichkeit, mit einem Geländefahrzeug die sehr schöne, einsame Fahrt nach **Tamanart** *(Aït Herbil)* anzutreten und dort auf die Teerstraße Foum-Zguid – Tata zu treffen.

Wer kein Fahrzeug hat, kann zuverlässig Rundfahrten in die Umgebung mit dem Taxi Nr. 6 unternehmen.

Die Strecke nach **Igherm** (96 km) ist geteert. Das landschaftlich schönste Stück reicht bis 6 km hinter *Aït Abdallah,* abgesehen von dem kurzen, schönen Abschnitt zwischen km 77 und 78,5, wo eine bizarre Berglandschaft und ein altes festungsartiges Dorf zu bewundern sind. Der Höhepunkt, nur wenige Kilometer abseits der Strecke, ist der **Agadir Tasguent.**

Man fährt die Strecke nach Igherm, vorbei an Aït Abdallah (km 36,3), und biegt beim Dorf *Tiguermine* (km 62,5) nach links auf eine Piste zum *Agadir Tasguent* ab (auch für Pkw

Les Peintures

geeignet, ca. ½ Std. Fahrzeit). Nach der Abzweigung von der Teerstraße am übernächsten Dorf bei der Gabelung wieder links fahren, bis der Speicher in Sicht ist.

Oberhalb des Ortes liegt der gewaltige, imposante Agadir, der keine Ecktürme oder Zinnen, aber 200 Räume und sehr schön beschnitzte und bemalte Türen mit schönen Beschlägen hat. Die Räume, in denen das Hab und Gut der Dorfbewohner lagert, sind über enge Gänge, und die oberen Zellen nur über Trittstufen aus Steinen, die in die Mauern integriert wurden, erreichbar (s. a. Berberachitektur). Der ganze Agadir ist aus Schiefersteinen ohne Mörtel errichtet und hat sieben Stockwerke, die mit Arganienholz abgestützt sind, fünf Innenhöfe, Stallungen, eine Zisterne und eine Moschee, alles in einem Bau, falls im Kriegsfalle die Bevölkerung des Dorfes hier Zuflucht suchen müsste. Der größte Schatz ist jedoch eine schriftliche (in arabischer Schrift) Aufzeichnung des Gewohnheitsrechtes der Berber („droit coutumier") auf Holztafeln, das fast 1000 Jahre alt sein soll. Dieses Gewohnheitsrecht, das Regeln über die Schlichtung von Streitigkeiten und die Aburteilung von Vergehen vorsieht, wurde seit Jahrhunderten in mündlicher Form weitergegeben, angeblich von Frauen auf Schiefertafeln und dann erst später auf die Holztafeln eingeritzt. Sie gelten als Heiligtum und lagern in einem Turm, der mit 12 Schlössern verschlossen ist und Tag und Nacht bewacht wird.

Von Tafraoute nach Tiznit

Es gibt **nach Tiznit zwei bzw. drei Strecken,** die bei Ida Oussemlal wieder zusammenführen. Die erstbeschriebene Hauptroute ist kürzer, die nachfolgend beschriebene Variante die landschaftlich reizvollere, die durch einsame Landschaft über Izerbi bzw. noch kürzer an dem Ort vorbei nach Jemaa Ida Oussemlal führt. 10 km kürzer als die erst beschriebene Hauptroute ist der direkte Weg von Tafraoute Ortsmitte in Richtung Westen nach Adai und Afella Aday (s. Ausflüge) und Souk el-Had Tahala. Eine neue zusätzliche **Alternativstrecke** führt über das **Ammelntal** nach **Tamlat** und **Anezi** (siehe Variante) und von dort auf kürzerem Weg nach Tiznit.

Zu den **Busverbindungen** nach bzw. von Tiznit siehe Verkehrsverbindungen bei Tafraoute bzw. Tiznit.

Route 1

Folgen Sie ab Tafraoute dem Wegweiser „Tiznit 117 km", bis nach ca. 4½ km die Abzweigung nach Oumesnat und ins östliche Ammelntal erreicht ist. Die Hauptstraße führt im deutlichen Linksbogen weiter in Richtung Tiznit (113 km).

Ca. 9 km hinter Tafraoute geht es links 1 km zur *Source Vierge,* der Jungfrauenquelle, die aber mittlerweile als Brunnen gefasst wurde. Bei **km 12,2** führt ein **Abzweig** rechts nach Tanalte (Steinwegweiser) und über Anzei nach Tiznit bzw. über Tanalte nach Aït Baha.

Variante Tafraoute – Anezi – Tiznit (bzw. Tanalte – Aït Baha)

Biegen Sie **bei dem Abzweig (GPS-Pos. N 29°44,25′ W 09°02,12′) rechts ab.** Kurz darauf führt eine sehr schöne Serpentinenstrecke bergauf bis auf 1400 m Höhe; immer wieder bieten sich herrliche Ausblicke auf Dörfer und Bergterrassen, die mit Arganien, Oliven- und Mandelbäumen bepflanzt sind. Feigenkakteen (Opuntien) begrenzen die Felder.

Nach knapp 15 km passiert man ein Dorf. Schöne Häuser liegen überall weit verstreut an den Hängen.

Wiederum ein Wegweiser und Abzweig folgen nach 22 km: (GPS N 29°44,32′ W 09°08,82′). Rechts geht es nach Tanalte (10 km) und Aït Baha (83 km). Diese Strecke führt über **Tanalte,** das bei **km 34** erreicht ist (Militärfort, Tankstelle, Terrassenkulturen) durch das *Oued Takoucht*. Bei **km 51** erreicht man die **Passhöhe** bei *Tlata Aounouenz* mit Cafés und Läden, durchquert den Ort (nicht auf die rechts abzweigende Straße nach Souk el Had de Targa abbiegen) und stößt auf ein Oued mit Oleander, Palmen und Opuntien und einem kleinen Staubecken. **6 km weiter** liegt ein Platz mit Zisterne, und bei **km 67** ist eine Palmenoase am *Oued Anguerif* erreicht, den man auf einer ausgebauten Furt durchquert. **69 km** nach dem Abzweig bzw. 79 km hinter Tafraoute hält man sich im Ort *Kehmis Aït Moussa* rechts und fährt bergauf durch ein mit Arganien und Euphorbien bewachsenes Hügelland. Bei **km 86** (96 km von Tafraoute entfernt) erreicht man **Sidi Abdallah,** ein neues Straßendorf, bei km 114 bzw. 124 **Aït Baha.**

Fährt man jedoch in **Richtung Tiznit,** weist der Wegweiser **geradeaus** nach **Anezi** (30 km). Zurück zeigt der Wegweiser „Tafraoute 34 km". Immer wieder passiert man schöne Orte und Häuser, die verstreut über die Berghänge angelegt sind, u. a. den größeren Ort **Amaghouz.**

Einen **weiteren Abzweig** mit Wegweiser erreicht man bei km 31,5: links nach Tafraoute (über Suq Tahala und ins Ammelntal, zurück Tanalte), rechts weiter Richtung Anezi (GPS N 29°43,03′ W 09°11,90′). Die Straße schlängelt sich weiter durch das Bergland bis man bei km 40,3 wiederum auf einen **Wegweiser** trifft: Amaghouz zurück, links Souk el-Khemis, **rechts weiter** (GPS N 29°41,61′ W 09°15,83′) und 2½ km (Gesamt-km 42,8) wieder ein **Abzweig** rechts nach Aït Baha – wir fahren **geradeaus weiter** und stoßen bei km 54,5 auf den großen Ort **Anezi** (Ortsmitte). Hier links weiter und bei km 58,5 geradeaus weiter (Teerabzweig nach links). Nach 2 km liegt unterhalb der Straße ein schönes Dorf mit bemalten Häusern und **Lokba-Verzierungen.** Unsere Straße mündet hier auf die Straße in Richtung Tiznit; links weiter (GPS N 29°41,42′ W 09°30,82′) bis wir **bei ca. km 113** beim Kreisverkehr am südlichen Stadtrand **Tiznit** erreichen.

Die Asphaltstraße in Richtung **(Souk el Had) Tahala entlang der Hauptstrecke nach Tiznit** windet sich durch Bergland mit Arganien und Mandelbaumbestand. Nach 25 km erreicht man **(Souk el Had) Tahala,** das früher ein Zentrum der Juden war. Ab hier geht ebenfalls eine Straße über Oumesnat ins Ammelntal und nach Tafraoute. Über **Souk Tnine de Tarsouale** (km 39), einem Ort in karger Gebirgslandschaft, zieht sich die Straße bergauf bis **Jemâa Ida Oussemlal** (bzw. *Tizourhane,* (km 52) In diesem großen Ort mit reger Bautätigkeit gibt es eine Tankstelle, eine neue Moschee und eine beschränkte Möglichkeit zum Einkaufen.

Links zweigt die Straße nach *Foum-el-Hassane* (110 km) und zur untengenannten **Route 2:** (Asphaltstraße Tafraoute-Izerbi, 60 km) ab. Weiter geht es durch welliges Hügelland mit Kornfeldern im Sommer; hin und wieder dienen Windräder der Bewässerung. Im Frühjahr ist die ansonsten karge Hochebene von einem zarten grünen Flaum bewachsen und von blühenden Obstbäumen umgeben.

6 km (km 58) hinter Jemaa Ida Oussemlal führt eine Teerstraße links nach **Ifrane de l'Antiatlas** (C 7076) bzw. *Ida-Oumarkt,* dem ehemals größten jüdischen Ortschaft in Marokko ab (s. Beschreibung Tata-Bou Izakarne) und 61 km hinter Tafraoute ist die Passhöhe **Col de Kerdous** erreicht. Von hier eröffnet sich eine herrliche Aussicht auf die bizarren Granitberge, die im Abendlicht rosa schimmern. Viele Streifenhörnchen flitzen die Berghänge hinunter. 1 km danach erhebt sich das ◆**Hotel Kerdous** auf 1200 m Höhe (Tel. 048 86 20 63, Fax 048 86 28 35, Reservierung über Dounia Travel oder kerdous@douniatravel.com). Das ehemalige *Bordj Tiffermit* wurde zu einem schönen 4-Sterne-Hotel umgebaut und gehört zur Kenzi-Gruppe. Jedes Zimmer ist traditionell eingerichtet, dabei aber jeweils anders gestaltet. Im schönen Speisesaal oder im Innenhof (mit Pool, nicht immer mit Wasser) wird hervorragendes Essen serviert. Preise: DZ €€€€B, Halbpension €€A p. P. plus Steuer, Frühstück 45 DH. Menü zwischen 65 und 100 DH. Das Hotel bzw. Dounia-Travel in Casablanca bietet auch günstige Wochenendarrangements und zahlreiche Ausflugsfahrten sowie Flughafentransfer an. Das Wochenendangebot ist gültig von Freitag bis Sonntag und bietet für etwa 1200 DH Hin- und Rückflug von Casablanca nach Agadir, von dort Transfer mit Stadtbesichtigung von Tiznit und Tafraoute und zum Hotel und beinhaltet auch das Abendessen. Buchung ausschließlich über *Dounia Travel,* Tel. (00212) (0)22 49 02 63/64/65/66, Fax (00212) (0)22 27 39 91, www.douniatravel.com/kerdous.

Wer Ruhe und Abgeschiedenheit liebt, sollte hier einkehren und das Hotel als „Basis" für Ausflüge nach Tafraoute und in die Umgebung nutzen. In den Wintermonaten kann es jedoch sehr kalt sein und starken Morgennebel geben, der sich im Laufe des Vormittags jedoch lockert. Rucksackreisende, die mit dem Bus anreisen, werden allerdings erst etwas misstrauisch auf Bonität geprüft, bevor man bereit ist, ein Zimmer zu vergeben.

Auf der weiteren Strecke passiert man einen kleinen Ort mit schönen roten Häusern. Hier gibt es sehr viele Feigenkakteen, es wird Terrassenfeldbau betrieben.

Nach 74 km ist **Tirhmi,** ein größerer Ort, wo bemalte Töpfereiwaren verkauft werden, erreicht. Das Dorf liegt in schöner Landschaft, umgeben von dichten Palmenhainen und Kakteenhecken.

80,5 km hinter Tafraoute besteht die Möglichkeit, zum Marabut und Wallfahrtsort **Sidi-Ahmed-ou-Moussa** abzuzweigen. Hier liegen der gleichnamige *Idrissiden-Sherif,* der im Jahre 1563 verstorben ist, und seine vier Söhne begraben. Die Marabut-Sherifen beherrschten dieses Gebiet *(Tazeroualt)* bis 1882. Im August oder September findet ein fünftägiger Moussem statt. Der Bruderschaft (oder auch Sekte) entstammen viele Akrobaten. Die Strecke dorthin führt 10 km auf schlechter Straße durch eine landschaftlich sehr schöne Gegend, der Ort liegt hübsch an einem Fluss und ist noch sehr ursprünglich. Die Straße endet 4 km weiter in dem Ort **Iligh,** der durch eine alte Kasbah gekrönt wird, die von der ruhmreichen Vergangenheit des Ortes als Zentrum des Zuckerhandles im Sous zeugt.

Die Straße nach Tiznit durchquert hügeliges, dünn bewachsenes Gebiet mit Dornbüschen und Kakteenpolstern. Nach 1 km kommt ein Ort mit Tankstelle, ein weiteres Dorf folgt 2 km darauf. Weiter geht es auf einer schönen Strecke an einem Palmental entlang, bis bei km 88 ein malerisches Dorf mit einer Moschee am Hang, erreicht ist. Die weitere Route bis **Sidi Assaka** führt am fruchtbaren *Oued Assaka*, einem hübschen Oasental entlang, in dem viele Palmen, Feigenbäumen und Arganien wachsen. Auf schnurgerader und welliger Piste ist 117 km von Tafraoute entfernt, Tiznit erreicht.

Route 2

Diese Variante führt von **Tafraoute** über **Izerbi** nach **Ida Oussemlal** und ist wesentlich schneller als die Hauptroute über den Kerdouspass und Adai. Es gibt v. a. noch eine kürzere Variante, die Izerbi umgeht und im Dorf nach der Passhöhe direkt nach *Souk Khèmis des Aït Oufka* geht.

Verlassen Sie Tafraoute in Richtung **Aguard Oudad,** das nach knapp 3 km erreicht ist (siehe Ausflüge Tafraoute). Die weitere Strecke ist von riesigen Granitfelsen gesäumt.

Ca. 19 km hinter Tafraoute stößt man auf den Ort **Tnine Tarzoual** mit einer schönen Moschee und vielen Neubauten. Die Beschilderung ist nur in arabisch. Nach einigen Kilometern wachsen wieder viele Arganienbäume, auf denen mit Vorliebe die Ziegen klettern. Weiter geht es auf schmaler, kurviger Straße in Richtung **Izerbi,** das nach ca. 33,5 km erreicht ist. Dieser Ort imponiert durch ein bereits von weitem sichtbares, palastartiges Gebäude (das sich ein Minister gebaut hat) und andere eindrucksvolle neue Häuser; eine alte Kasbah gibt es auch.

Blick auf Aguard Oudad

Nach einem Straßenknick nach Westen sind eigenartige kammartige Felsspitzen zu sehen, die sich wie Bänder entlang der Straße ziehen. Durch karge, kahle Gegend führt die Straße weiter in Richtung Ida Oussemlal.

Bei **ca. km 38** führt ein Abzweig auf einer Piste links nach *Amtoudi* und zur Speicherburg *Id Aïssa*.

50 km hinter Tafraoute werden Besiedelung und Bewuchs dichter. Es gibt nun um die Orte viele Bäume und die Pumpen für die Brunnen, die zur Bewässerung der Gärten und Felder über Windräder zum Laufen gebracht werden.

Bei knapp 60 km ab Tafraoute ist **Ida Oussemlal** erreicht, wo die Straße in die vorher beschriebene Hauptstrecke einmündet. Im Ort gibt es eine Tankstelle.

TIZNIT

ÜBERBLICK

Die saubere Stadt hat 78 000 Einwohner und liegt in einer von Kakteen und Euphorbien bewachsenen Ebene. Der Ort ist von einer 6 km langen Mauer umgeben, in die sechs Tore führen, und hat typischen Wüstenstadtcharakter. Die Stadt expandiert stark und ist schön angelegt, wirkt jedoch durch die vielen Neubauten nicht mehr so malerisch wie früher. Ein Schwimmbad wurde nahe des Hauptplatzes angelegt. **Markttag** ist am Donnerstag. Tiznit war vor allem wegen seines kunstvoll gefertigten Silberschmucks, seiner ziselierten Waffen und Kupferarbeiten bekannt. Nachdem jedoch die vorwiegend jüdischen Juweliere fast alle nach Israel ausgewandert sind, wird dieses Handwerk bei weitem nicht mehr so gepflegt wie früher.

GESCHICHTE

Die Stadt wurde 1882 von **Sultan Mulay Hassan** gegründet, wenn auch Legenden behaupten, dass **Lalla Fatima Tiznit** hier vor 1500 Jahren bereits eine Siedlung gegründet haben soll. Ende des 19. Jh. wurde Tiznit zum Handelszentrum und Ausgangspunkt vieler Karawanen in den Süden. 1912 ging die Stadt in die Geschichte ein, als sich der Rebell und Thronanwärter **El Hiba** dort zum Sultan ausrufen ließ. 1917 wurde der Ort von den französischen Truppen unterworfen. Die Franzosen unterhielten hier bis 1956 eine Garnison, und auch heute noch ist Tiznit ein wichtiger militärischer Stützpunkt.

SEHENSWERTES

Interessant ist die **Moschee,** die mit ihren vorstehenden Querstangen im Minarett stark an die Moscheen im Sahel (v. a. Agadez im Niger) erinnert.

Weniger interessant ist die **Source bleue,** eine in ein reizloses Betonbecken gefasste Quelle, die auf die als Heilige verehrte *Lalla Fatima Tiznit* zurückreichen soll. Der Legende nach starb sie als Martyrerin an diesem Platz und nach ihrer Ermordung sprudelte plötzlich die Quelle aus dem Boden. Jetzt liegt sie fast trocken.

Lohnenswert ist ein Besuch in einem alten, 200 m² großen **Paschapalast** aus dem 19. Jh: **„La Perle du Sud".** Hier fertigen Kunsthandwerker filigranen Schmuck, und man kann ihnen bei der Arbeit zusehen. Die **Schmuckhändler** sind im nördlichen Bereich des Souk, nahe des Place Mechouar, zu finden. Der bekannte Silberschmuck wird nach Gewicht verkauft, zwischen 10 und 20 DH pro Gramm, je nach Verarbeitung. Die Preise in Tiznit sind aufgrund der Nähe zu Agadir verhältnismäßig hoch, also unbedingt handeln!

PRAKTISCHE INFOS

Tel. Vorwahl: 048, PLZ 85 000

Klassifizierte Hotels

◆**Idou Tiznit** ****

Tel. 048 60 03 33, 048 60 04 44, Fax 048 60 06 66, E-Mail: reservation@idoutiznit.com, www.idoutiznit.com. Av. Hassan II. (am Kreisverkehr der Straßen nach Agadir und Tafraoute bei der Tankstelle). Schönes Hotel mit reizvollem Innenhof (Folkloreveranstaltungen), Pool und Restaurant/Bar. Das Hotel verfügt über großzügige, traditionell eingerichtete Familienzimmer mit Blick auf den Innenhof und ebenso schöne Zimmer (€€€€B), diejenigen nach vorne zur Straße sind etwas laut. Frühstück extra, gutes Menü für ca. 120 DH.

◆**De Paris****

Tel. 048 86 28 65, Fax 048 60 13 95, Av. Hassan II. (gegenüber dem Hotel Tiznit am Kreisverkehr), angenehm und sauber, freundliches Personal, gutes Restaurant. Menü ca. 70 DH, Tajine, Steak und Fischgerichte zwischen 50 und 60 DH. DZ mit Bad und WC €. Das Frühstück kostet 25 DH. Sehr empfehlenswert.

◆**Mauritania***

Bd Bir Anzarane, Tel. 048 86 20. Saubere DZ in der Preisklasse €.

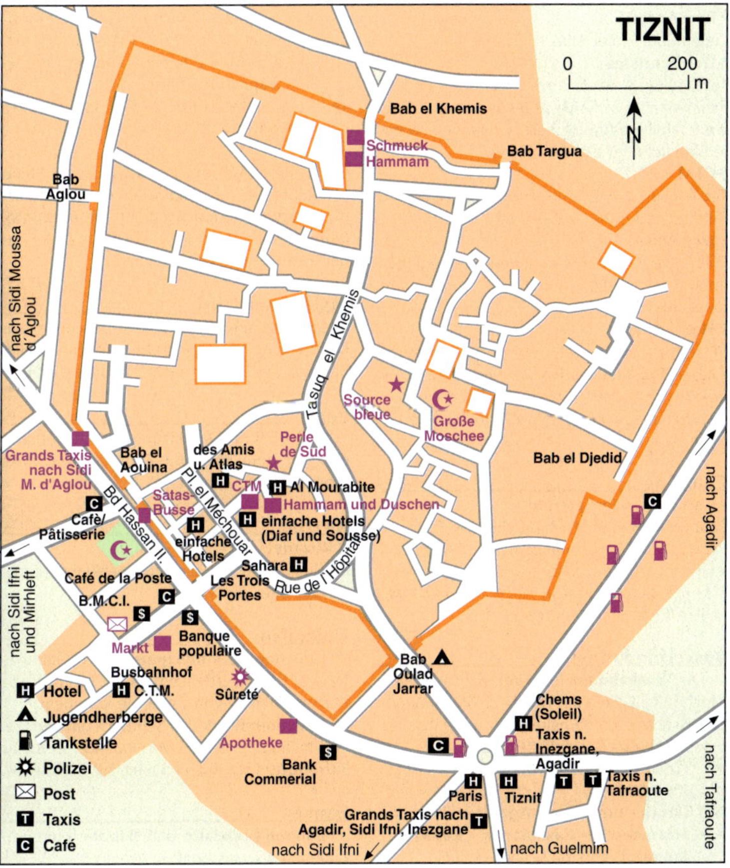

Unklassifizierte Hotels

◆ **Hotel du Sahel**
Route de Tafraoute, gegenüber dem Hotel Tiznit. Wenn man von der Innenstadt kommt am Kreisverkehr hinter der Stadt links abbiegen und dann gleich rechts, wo die Straße nach Agadir abbiegt. Tel. 048 60 02 88. Nettes Personal, sauberes DZ ohne Dusche/WC €B.

◆ **Al Mourabitine**
Tel. 048 86 27 55. Am Ende der Straße, die nördlich vom Place Mechouar abzweigt im 1. Stock. Sauber und einfach. DZ mit Etagendusche ½€.

◆ **Bon Accueil**
Gegenüber Hotel Atlas. ½€.

◆ **Des Touristes**
Tel. 048 86 21 86. DZ ½€. Rechts hinter dem Place Mechouar. Sehr sauber und empfehlenswert, familiäre Atmosphäre. Günstige und gute Garküche im gleichen Haus.

◆ **CTM**
Tel. 048 86 22 11, am CTM-Busbahnhof, DZ mit Etagendusche ½€, sauber.

◆ **Des Amis**
Place Mechouar, einfach, sehr sauber, ½€, abends warme Duschen, kleine Terrasse und bewachter Parkplatz.

◆ **Hotel Atlas**
Place Mechouar, ½€. Sehr groß, aber nicht sauber. Toiletten werden von den Passagieren des Busbahnhofes mitbenutzt. Düster und in erster Linie männliches Publikum. Nicht empfehlenswert.

Camping

◆ **Camping International**
Sauberer, nicht sehr ansprechender Platz. Im Winter mit Wohnmobilurlaubern belegt.

◆ Einen weiteren großen und ordentlichen Campingplatz gibt es in *Sidi Moussa D'Aglou* (s. Ausflüge) nahe am Strand.

Busverbindungen

Der **Busbahnhof** befindet sich am Place Mechouar, Ecke Rue Yaqub el Mansur. Alle Gesellschaften unterhalten hier auch ihre Büros. CTM-Büro, Tel. 048 86 23 29.

- **Tiznit – Paris:** 1x wöchentlich, 1300 DH.
- **Tiznit – Inezgane – Agadir – Marrakesch – Casablanca – Rabat – Tanger:** Ca. 2x tägl., nach Agadir häufiger. Fahrzeit nach Tanger etwa 17 Std., 300 DH; nach Agadir ca. 2 Std., 26 DH.
- **Tiznit – Agadir – Essaouira – Safi – El Jadida – Casablanca:** 2x tägl., 172 DH, Fahrzeit 13 Std.; nach Essaouira 6 Std., 57 DH.
- **Tiznit – Agadir – Marrakesch:** 1x tägl. mit CTM, Fahrzeit 6 Std., 95 DH.
- **Tiznit – Gouelmim– Tan-Tan – Laayoune:** 4x tägl. mit CTM bis Tan-Tan, 2x täglich bis Dakhla, zusätzlich 1x nur bis Gouelmim, 2x tägl. bis Laayoune. Fahrzeit nach Gouelmim 2 Std., 28 DH, nach Laayoune 9 Std., 174 DH.
  Nach Laayoune fahren außerdem Busse von **Supratours** (s. Agadir).
- **Tiznit – Tafraoute:** 2x tägl. (3,5 Std. Fahrzeit), ca. 38 DH.

Es fahren außerdem **Privatbusse** ab Place Mechouar (durchs Haupttor wenige Meter) für den Nahverkehr nach *Agadir, Tafraoute, Mirhleft, Sidi Ifni* und zu weiteren Zielen zu unregelmäßigen Zeiten.

Taxi/Sammeltaxi

Sammeltaxis (am Place Mechouar) in alle Richtungen. Preise: Nach Mirhleft ca. 35 DH, nach Agadir 30 DH, nach Tafraoute 45 DH.

Post

PLZ 85 000. Das Hauptpostamt befindet sich vor dem Haupttor *Bab Aït Jerrar* links (von *Tafraoute* kommend).

Internet

◆ **Rozanet**
83 Rue du Baine Maure, rozanet@iam.net.ma, 14 DH/Std.

Einkaufen

Der **Marché Municipale** (Obst, Gemüse, Fleisch, Frischwaren) liegt an der Hauptstraße Hassan II. links (von Tafraoute kommend).

Kunsthandwerk und Schmuck um den Place Mechouar oder bei *M.Gouaghou* im **Bazar Tafraoute,** 1bis, Rue el Bacha, Tel. 048 36 44.

Banken

Banque populaire und **Banque commerciale** am Bd. Hassan II.

Feste/Veranstaltungen

- **Moussem Sidi Abdellah ou Said**
  An der Straße nach *Massa (Resmouka)*, 1. Woche im Juni
- **Moussem Cheikh Maa El Ayine**
  In *Souk Khemis de Tiznit,* Ende August
- **Moussem Sidi Alhmed**
  Ende August
- **Moussem Sidi Moussa d'Aglou**
  im gleichnamigen Ort im September

Ausflüge

In Tiznit zweigt eine breite Straße nach links zum schönen Sandstrand **Sidi Moussa d'Aglou** (Beschilderung „Aglou Plage 17 km") ab. Der Fischerort wird gerade vollkommen touristisch erschloßen und ausgebaut. Die Strandpromenade dürfte inzwischen fertig sein. Der Strand beim gleichnamigen großen Fischerort wird bevorzugt von der Tizniter Bevölkerung aufgesucht, aber auch europäische Aussteiger haben sich hier niedergelassen und bei Surfern ist die Küste hier ebenfalls beliebt.

Es gibt einen ordentlichen, ummauerten **Campingplatz,** der vor einigen Jahren renoviert wurde, und das gepflegte, etwas sterile ◆*****Hotel Aglou Beach** am Strand (€€€, Leser berichteten von herablassender und unfreundlicher Behandlung durch den Besitzer und ergriffen die Flucht) sowie das ◆**Café/Restauant Ameragh** mit gutem Essen.

Wenn man vor dem Campingplatz rechts in die Piste einbiegt (in Richtung Norden) erreicht man nach ca. 2 km in den Fels der Ufersteilküste gehauene, bemalte **Grottenwohnungen** (Troglodytenhäuser), wo Fischer leben. Ihre Boote sind ebenso in Höhlen geparkt. Die Fischer sind sehr freundlich; man kann ihnen in Ruhe beim Einholen des Fangs zusehen und ihre Wohnungen gegen Trinkgeld besichtigen. Ein Foto dieser Höhlenwohnung findet sich in dem Buch „Marokko Interieur" aus dem Benedikt Taschen-Verlag.

Weitere Fischer-Höhlen gibt es im Ort **Tifnite** 30 km südlich von Agadir und Sidi R'bat (s. u.).

Nach **Mirhleft** (schöne Badebuchten) und **Sidi Ifni** (ehemalige spanische Enklave) siehe „Guelmim - Tan-Tan - Tarfaya - Laâyoune".

Von Tiznit über den Massa-NP nach Agadir

88 km, plus 28 km Abstecher

Hinter Tiznit führt die Straße durch eine langweilige Gegend, die gelegentlich durch Eukalyptusaufforstungen und Palmen unterbrochen wird. Lediglich 25,4 km hinter Tiznit wird die Landschaft beim *Oued Massa* etwas hügeliger.

36 km nach Tiznit zweigt rechts eine Teerstraße zum **Yussuf-ibn-Tashfine-Stausee** ab, der das Wasser des *Oued Moussa* sammelt. Der Stausee liegt hübsch eingebettet zwischen kahlen Steinbergen. Die Staumauer wird von einem Militärposten bewacht, der nach dem Woher und Wohin fragt. Baden und Campen ist am See nicht möglich.

Bei km 37 zweigt links bei dem netten Café-Restaurant und der ◆**Auberge La Musée - La Maison de Massa** (saubere DZ inkl. warmer Dusche €, kleines Museum, freundlich) eine Straße nach *Massa* (gegenüber der Petrom-Tankstelle) und zum Nationalpark *Souss-Massa* und *Tassila* ab, die auch nach *Sidi Ouassai* oder nach *Sidi R'bat,* an die Mündung des *Oued Massa* in den Atlantik führt. Insgesamt sind es 15 km bis zum Parkeingang.

Zunächst erreicht man nach 5 km den Ort **Massa** *(Café-Restaurant Sheherazade).* Dort geht es rechts weiter nach **Tassila,** wo für Agadirtouristen Berberabende mit Tanzvorführungen veranstaltet werden. Am Ortsende von Tassila an einer Kreuzung biegen Sie links ab (Beschilderung *Plage Sidi R'bat).* Nach 2 km endet die Teerstraße, und eine Piste führt geradeaus (rechts geht es nach *Sidi R'bat*) weitere 2 km bis zum Parkanfang (Sperre) und zu einem kleinen Parkplatz. Rechter Hand liegt das Dorf **Sidi Binsai** (Ouassai), nördlich davon **Sidi R'bat.** Der Ort wurde nach dem **Marabut (Heiligen) Sidi R'bat** benannt, dessen Grabmal (Qubba) beim Ort besichtigt werden kann. Zu Ehren des Ortsheiligen wird jährlich zu wechselnden Zeiten ein Moussem veranstaltet.

Am Ufer des Oued Massa

Beim Parkplatz beginnt der **Nationalpark Massa** (Hinweisschild). Ab hier führt ein breiter Fußweg 2–3 km entlang des sandigen Hochufers des Oued Massa bis zur Küste (dort sehr schöner, einsamer Strand mit Dünen und z. T. Steilküste). Auf der anderen Seite der Massamündung, gibt es **Salinen.** Am Ufer des Flusses wachsen im Frühjahr zahlreiche Blümchen, aber im Wesentlichen ist die Vegetation von Euphorbien und Wolfsmilchgewächsen geprägt. Im Fluss und am Ufer, das auf der anderen Seite von Dünen begrenzt ist, kann man gut Wasservögel wie Flamingos, Reiher sowie verschiedene andere Arten beobachten (Zwergseeschwalbe, Brauner Sichler). Besonders lohnenswert ist dies im Herbst, wenn die Vögel auf ihrem Zug gen Süden hier Halt machen. Ein sehr seltener Vogel, der im Sous-Massa-Park nistet, ist der kahlköpfige Ibis. Auch alles mögliche Kleingetier wie Streifenhörnchen oder Schildkröten sind hier zu finden. 1996 wurden Strauße aus dem Tschad ebenso wie *Dorcas-* und *Mhorr-Gazellen* sowie *Adax-Antilopen* ausgesetzt. Diese bekommt man allerdings entlang des v. a. an Wochenenden viel besuchten Weges nicht zu sehen. Ein Touristenzentrum und Museum sind geplant, warten aber schon seit Jahren auf die Fertigstellung.

Wer **zum Strand und Hotel** will, sollte sich **am Ende der Teerstraße rechts** halten. Diese Piste fährt man bis links ein Zaun auftaucht. Man folgt ihm und der Straße bis beide eine Linkskurve machen. Nun immer geradeaus dem Zaun entlang bis man rechter Hand einen kleinen Wald durchquert und bald darauf im Ort **Sidi R'bat** ankommt. Von dort führt die Piste hinter den Hügeln mit den Fischerhöhlen vorbei zum schönen Strand und dem Hotel. Die Strecke ist nicht ganz einfach zu finden – die alte Sandpiste, auf die man immer wieder trifft, führt aber wieder auf die planierte Steinpiste zurück.

Der frühere Campingplatz wurde wegen angeblicher Haschisch-Geschäfte endgültig aufgelöst. Stattdessen steht dort nun das teure ◆**Hotel Ksar Massa** (mit Pool, DZ mit Frühstück €€€€, Mobil 061 28 03 19, E-Mail: info@ksarmassa.com, www.ksarmassa.com). Das Hotel ist sehr hübsch und individuell im marokkanischen Stil gestaltet (Strom vom Generator, nicht immer warmes Wasser).

Schön sind der Traumstrand unterhalb des Campingplatzes und das **Marabut des Sidi R'bat** (Wallfahrtsstätte) auf der anderen Flussseite des Oued Massa (s. o.). Am Strand kann man endlose Spaziergänge unternehmen, fernab von Trubel und Hektik.

Auf der Rückfahrt sollte man eventuell einen Besuch rund um Tassila oder Massa, das man bereits bei der Anfahrt gequert hat, einplanen. Das fruchtbare **Tal des Oued Massa,** an dessen Ufern Getreide, Gemüse und Obst angebaut werden, ist von sandigen, auf der gegenüberliegenden Seite hochaufragenden Ufern begrenzt. Entlang dieses Steilabfalls liegen hübsche und ursprüngliche Orte mit weiß gekalkten Moscheen und Umzäunungen aus Feigenkakteen. Die Piste auf der anderen Flussseite ist sehr schlecht, teilweise sandig und mit Pkw nur mühsam zu befahren. Einige Kilometer entlang des Ufers kann man dann das Oued auf einer Piste durch die Oasengärten und den Fluss queren und erreicht wieder die Teerstraße einige Kilometer vor Massa.

Zurück auf der Hauptstraße, 44 km entfernt von Tiznit, liegt der kleine Weiler **Had Aït Belfa** (*Moussem Sidi M'Hamed Regragui* in der zweiten Maihälfte). Des weiteren durchquert man die Orte *Arbya Aït Boutayeb* und *Tin Mansour.*

60 km hinter Tiznit biegt nach links eine Straße zum Meer nach **Tifnite** ab. 1 km Südlich dieses kleinen Fischerdorfes, gibt es Höhlen in denen die Fischer während der Fangsaison wohnen und ihre bunten Boote direkt auf den Dünen parken. Sie sind sehr freundlich und wer ein einfaches Leben am Strand nicht scheut, ist hier herzlich willkommen. Diese Fischer-Idylle dürfte nicht mehr lange währen, denn hier soll ein Touristikzentrum entstehen. Wann, steht aber noch in den Sternen, da ein militärischer Übungsplatz noch im Wege steht. Rechts zweigt eine Asphaltstraße von der Hauptstraße nach **Biougra** ab. Dort finden im Oktober die *Moussems Sidi Amzal* und *Sidi Messaoud* statt.

Die breite, stark befahrene Straße P 41 führt nun durch dicht besiedeltes Gebiet mit zahlreichen Gewächshäusern. Viele neue Tankstellen mit Rasthauscharakter säumen die Straße (auch bleifreies Benzin). Bei km 65,5 gibt es eine Afriquia-Tankstelle mit bleifreiem Benzin, danach einen Weiler mit zahlreichen Cafés und Restaurants, und etwas östlich der Straße (4 km) liegt der Ort **Sidi Bibi.** Samstags findet dort ein recht netter Markt statt. Im August wird hier drei Tage der *Moussem Sidi Bibi* veranstaltet, ein riesiger Markt mit vielen Zelten zur Übernachtung, Kinderkarussell und Fantasia, zu dem alles, was Füße, Esel oder Lkw hat, anreist.

Die Straße zum Flughafen *Agadir al Massira (Aït Melloul)* zweigt bei km 75,3 rechts ab, und 2 km weiter ist die Kleinstadt **Aït Melloul** (Zentrum) und 6 km weiter Inezgane erreicht (Busbahnhof der Überlandbusse); s. Agadir.

Nach dem Vorort *Ben Sergao* (s. Agadir) ist Agadir nach ca. 88 km (plus ca. 28 km Abstecher) erreicht.

Kleine Moschee im Massatal

Von Agadir nach Taroudannt

ÜBERBLICK

P 32, 81 km

Mehrmals täglich fährt ein Bus von Inezgane (Agadir) nach Taroudannt, außerdem wird dieses Ausflugsziel auch von den Veranstaltern und Reisebüros angeboten. Ein Tag zur Besichtigung inklusive An- und Rückfahrt reicht. Eine breite, gut ausgebaute und verkehrsreiche Hauptverbindungsstrecke entlang vieler Orte verbindet die beiden Städte. In der gesamten Sous-Ebene kann man riesige **Zeltplantagen** sehen, welche erst in den letzten zehn Jahren entstanden sind. In erster Linie werden darin Bananen, Tomaten und Paprika angebaut. Möchten Sie einmal eine Orangen- oder Bananenplantage besichtigen (ein Bananenzelt unfasst zwölf Hektar Fläche), dann halten Sie auf der Fahrt nach Taroudannt - eine Besichtigung wird selten verwehrt.

TAROUDANNT

Die Hauptstadt des Sous **(ca. 160.000 Einwohner)** ist wichtiges landwirtschaftliches Zentrum und liegt inmitten von Olivenhainen, Obst- und Weingärten.

GESCHICHTE

Die Stadt ist **berberischen Ursprungs** und wurde 1030 von den *Almoraviden* besetzt. Anfang des 14. Jahrhunderts wurde sie von den *Meriniden* zerstört, gewann aber bald wieder ihre Bedeutung als wichtigste Stadt des Sous zurück. Sie war Operationsbasis für die Angriffe gegen Agadir, das bis 1541 von den Portugiesen besetzt war. Die **Saadier** bauten die Stadt aus und machten sie in den Jahren zwischen 1520 und 1540 unter *Mohammed ash-Shaykh* zu ihrer **Hauptstadt,** bevor sie diese nach Marrakesch verlegten.

Taroudannt erlebte seine Blütezeit unter *Ahmad al-Mansur* (1576–1603) als **wichtiges Handelszentrum für Karawanen** nach dem *Sudan* (Regionen südlich der Sahara). Es wurden Gold und Silber und vor allem Sklaven gehandelt. Die Region wurde mit Hilfe der Sklavenarbeit zum landwirtschaftlichen Zentrum des damaligen Marokko. Hauptsächlich Zuckerrohr, Baumwolle, Indigo und Früchte zum Export wurden angebaut. Die Abschaffung des Sklavenhandels, der Niedergang des Zuckerhandels und die Schließung des Hauptausfuhrhafens Agadir im Jahre 1765 durch den Sultan *Mulay ar-Rashid* ließen Taroudannt an Bedeutung verlieren.

Im 20. Jahrhundert wurde die Stadt **Sitz des Rebellen El Hiba,** der gegen die Franzosen kämpfte und 1912 auch Marrakesch eroberte. 1913 erfolgte der Gegenschlag der Stämme der *Glaoui, Goundafa* und *Mtougui* aus dem Hohen Atlas, die Taroudannt einnahmen. 1917 wurde die Stadt von den Franzosen besetzt.

Der Aufstieg Agadirs hat der Stadt viel von ihrer früheren Bedeutung genommen. Sie ist jedoch nach wie vor wichtiger Handelsort für landwirtschaftliche Produkte.

BESICHTIGUNG

Taroudannt ist fast vollständig von einer ca. 8 m hohen, zinnenbewehrten, mächtigen **Lehmmauer** aus dem 18. Jahrhundert umgeben, die man bereits gut bei der Einfahrt in die Altstadt bewundern kann.

Taroudannt ist aufgrund alter Traditionen für gute handwerkliche Arbeiten bekannt. Traditionelle Waren in den **Suqs** von Taroudannt sind Waffen, Schmuck und ziselierte Kupferarbeiten, die in guter Qualität rar geworden sind und ihren Preis haben. Taroudannts Suqs (8–19 Uhr) zählen zu den schönsten und lebendigsten des Landes, aber auch zu den anstrengendsten! Auch der **Markt** (nach offiziellem Marktkalender am Donnerstag und Samstag, laut Leserzuschrift am Sonntag), zu dem die Bevölkerung aus dem ganzen Sousgebiet zusammentrifft, ist sehr interessant und malerisch. Das Herz der Medina sind die belebten Plätze **Assaragh** bzw. umbenannt **El Alouine** und **Tamoklate,** mit hübschen Cafés und den nahe gelegenen Suqs. Hier können Sie ein Stück unverfälschtes Marokko kennen lernen.

Trotz berberischen Ursprungs ist Taroudannt im Gegensatz zu seiner Umgebung stark **arabisch geprägt.** Nur in wenigen Städten Marokkos sieht man so viele verschleierte Frauen, Indiz für einen hohen arabischen und konservativ-islamisch beeinflussten Bevölkerungsanteil, da Berberfrauen normalerweise selten verschleiert gehen. **Alleinreisende Frauen** haben es in Taroudannt nicht gerade leicht, die Anmache ist hier wesentlich stärker als in anderen Orten. Ein dezentes Auftreten ist deshalb unbedingt angesagt.

Ein Bummel durch Taroudannts Altstadt, die fast vollständig innerhalb der Stadtmauern liegt, in Richtung des Stadtzentrums ist lohnenswert, wenn man einen Agadirurlaub verlebt und keine Gelegenheit hat, die Königsstädte oder eine andere alte marokkanische Stadt zu besuchen. Für dieje-

AFRIKAFORSCHER GERHARD ROHLFS ÜBER TAROUDANNT

„... Die Stadt ist ein einziger großer Garten, nur nach dem Zentrum drängen sich die Häuser, welche meist nur aus einem Erdgeschoss bestehen, mehr zusammen und hier befinden sich auch die Buden und Gewölbe, wo man arbeitet und verkauft, hier sind auch die Funduks. Moscheen gibt es eine große Anzahl, größere jedoch, die ein Minaret haben, nur fünf ...

Einen eigentlichen besonderen Handelszweig hat die Stadt nicht, man lobt die Lederarbeiten und Färbereien. Hauptgewerk ist die Kupferschlägerei, indess beschränkt sich das bloß auf Kessel, auf kleine Geschirre und Sachen, wie sie von den Eingeborenen hergestellt werden können. Aber wie ausgedehnt diese Manufaktur ist, geht am besten daraus hervor, wenn ich anführe, dass diese kupfernen Geschirre bis Kuka, Kano und Timbuktu ausgeführt werden. Und wie ergiebig müssen erst die Kupferminen in der Nähe von Tarudant sein, wenn man bedenkt, auf wie primitive Art die Eingeborenen dort eine solche Mine ausbeuten. Nach der Aussage der Eingeborenen soll nicht nur dies Metall, sondern auch Gold, Silber, Eisen und Magneteisenstein in großen Mengen vorkommen. Alle übrigen Landesprodukte sind wie in Agadir und im ganzen Sus-Lande sehr billig. Das Pfund Fleisch wird mit 2 Mosonen bezahlt, für eine Mosona erhält man 6–10 Eier und im Frühjahr noch mehrere.

Bei der Beschreibung von Tarudant kann ich nicht unerwähnt lassen, dass die einst so berühmten Zuckerplantagen heute nicht mehr existieren ...

Als im 16. Jahrhundert die Dynastie der Schürfa Marokko neu umgestaltete, suchten sie vor allen Dingen sich in Tarudant festzusetzen. Es wurde Zucker um Tarudant gepflanzt und um einen Ausgangshafen für das Produkt zu gewinnen, unternahm der Scherif Mohammend die Belagerung von Santa Croce, damals den Portugiesen gehörend. 1536 war dieser Hafen in den Händen der Gläubigen. Ein Slami oder übergetretener Jude hatte unter der Zeit Mühlen in Tarudant errichtet und von dem Augenblick an war der Handel mit Zucker ... der ergiebigste von allen marokkanischen Handelszweigen.

Auch christliche Sklaven wurden nun zur Fabrikation von Zucker verwandt, und nicht nur aus Marokko oder aus den Sudanländern kamen Leute nach Tarudant, um Zucker zu kaufen, auch Europäer stellten sich ein, sobald sie erfuhren, dass man sie gut behandle. Der Ertrag ergab für den Sultan jährlich 7500 Metkal, eine für damalige Zeit große Summe.

In welcher Zeit der Verfall des Zuckerbaues vor sich ging, habe ich nicht ergründen können, vielleicht wurden bei einer der so häufig in Marokko stattfindenden Revolten die Zuckergärten zerstört und nachdem nicht wieder angebaut. Aber die Erinnerung vom einstigen Zuckerreichthum in der Provinz existiert in Marokko heute noch."

(Bericht aus dem Jahr 1861, Gerhard Rohlfs, „Reisen in Marokko")

nigen die Gelegenheit hatten das ganze Land zu besuchen, ist die Stadt eher enttäuschend.

PRAKTISCHE INFOS

Tel. Vorwahl: 048, PLZ: 83 000

Klassifizierte Hotels

◆Hotel Gazelle d'Or *****

Tel. 048 85 20 39, Fax 048 85 27 37. Eines der exklusivsten und schönsten Hotels Marokkos. Ehemals Wohnsitz des französischen Barons *Pellenc* auf einem ca. 10 ha großen Grundstück. Es diente als Drehort von „Ali Baba und die vierzig Räuber". Sehr aufmerksamer, höflicher und freundlicher Service, täglich frische Blumen, Frühstück wird auf der Zimmerterrasse serviert. DZ €€€€€.

◆Melia Palais Salam****

In der Kasbah am Rande der Stadtmauer, Tel. 048 85 25 01 und 048 85 23 12, Fax 048 85 26 54, ebenfalls sehr schöne und gepflegte Zimmer mit versetzten Etagen (Salon unterhalb und Schlafbereich oberhalb). Innerhalb der alten Kasbah und angrenzend an die Stadtmauern, mit riesigem Palmengarten, hat das Hotel eine einmalige Lage. DZ €€€€, inkl. Frühstücksbüffet. Gutes Restaurant in einem subtropischem Garten, das jedoch bis 18 Uhr vorbestellt werden muß.

◆Saadien**

Bordj Oumansour (in der Medina, direkt bei der Stadtmauer und in der ehemaligen Kasbah), Tel. 048 85 25 81/89, Fax 048 85 21 18, für die Klassifizierung sehr gutes Hotel, DZ mit Bad €€, EZ €, Frühstück 17 DH, kein Alkohol; hübsche Dachterrasse, freundlicher Service, Pool (30 DH für Nicht-Hotelgäste) und bewachter Parkplatz (10 DH). Verlangen Sie die Zimmer mit Balkon nach hinten, die Zimmer zur Straße sind laut, einige wenige haben kein Fenster und sind deshalb recht stickig. Dem Hotel ist eine vorzügliche Pâtisserie angeschlossen.

◆Tiout*

Bd Prince Héritier, Ecke Rue Masgib el Kebir, Tel. 048 85 03 41, Fax 048 85 44 80. DZ mit Bad €€ plus Tax (14 DH), Appartement €€€, frisch renoviert und sehr hübsch und empfehlenswert. Menü 75 DH, Frühstück 35 DH (oder preiswerter im Café nebenan), sehr sauber, sehr freundlich, bewachter Parkplatz im Innenhof.

◆Taroudannt *

Place Assaragh (Alaouine), Tel. 048 85 24 16, Fax 048 85 15 53. DZ mit Bad, ohne WC €B, Dreier-Zi. €, jede weitere Person 30 DH (in der Nebensaison DZ ohne WC ½€, mit WC und Bad €). Einfaches aber schönes, nostalgisch-verstaubtes Hotel mit Palmengarten im Innenhof, relativ sauber. Zimmer zur Straße laut, sonst ruhig. Mäßig gutes Essen für 70 DH. Zwei Parkplätze vor dem Hotel, ansonsten auf dem bewachten Parkplatz am Hauptplatz für 15 DH.

Unklassifizierte Hotels

◆Riad El-Aissi

www.riad-elaissi.maroc.t, E-Mail: riad_elaissi@yahoo.com, Mobil 066 66 35 13, Tel. 048 55 02 25, Fax 048 55 03 64. Neues Hotel im traditionellen Stil mit Restaurant, 3 km außerhalb. Die Besitzerin hat jahrelang in Europa gelebt und kocht selbst für ihre Gäste. 4 große Zimmer. Direkt an einem schönen Orangenhain gelegen.

◆El Warda

Place Talmoklate, gegenüber dem Hotel Mantaga, über einem Café, in dem sich sehr viele Jugendliche treffen, um Videofilme zu schauen. Einfaches, sehr sauberes und freundliches Hotel, DZ mit/ohne Dusche ½€.

◆Mentaga

Sehr einfaches, mäßig sauberes Hotel, eher für marokkanisches Publikum. ½€, Dusche 5 DH extra, nur kaltes Wasser, herzlicher Empfang, schöne Dachterrasse.

◆La Place

Tel. 048 85 26 83, Place Assaragh. ½€, Fenster nach außen, Dusche auf dem Flur.

◆Roudani

Place el Alouine, Tel. 048 85 22 19. Saubere DZ mit WC und Dusche €, ohne ½€. Herrliche alte Außenfassade und schöner Ausblick auf den Platz; gutes und preiswertes Essen.

◆Issafene

34 Avenue Mohammed V; sauberes, einfaches Hotel; ½€; gut geeignet für junge Leute mit bescheidener Brieftasche. Nach *Abdelwahd El-Fatmi* fragen.

◆El Fath

Tel. 048 85 23 60. Place Assaragh, gegenüber von Hotel Taroudannt. ½€, ohne Bad.

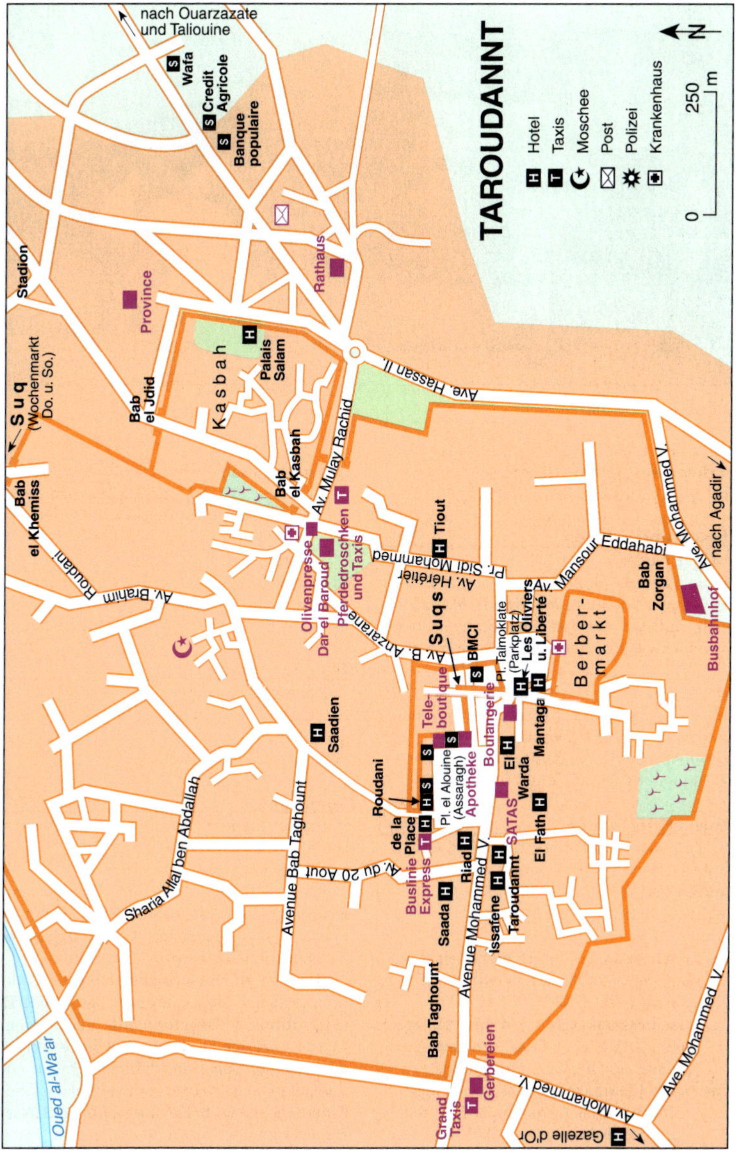

Sous, Anti-Atlas und südliche Küste

Am Place Assaragh

◆**Hotel/Restaurant Oliviers**
Bd. Prince Héritier, Tel. 048 85 20 21.

Essen und Trinken

◆**Chez Nada**
Foug Saguia, Tel. 85 17 26. Ca. 100 m vom Hospital in Richtung Innenstadt. Marokkanische und internationale Spezialitäten. Sehr geschmackvoll, sehr freundliches Personal, Essen (Menü 75 DH) auch auf der Dachterrasse, jedoch nach Aussagen eines Freundes nicht besser als jedes Mensaessen in einer beliebigen deutschen Universitätsstadt.
◆**Frühstücken** kann man gut in den Cafés am El Alouine (Place Assaragh) für ca. 15 DH.

Busverbindungen

Zentraler Busbahnhof beim Bab Zorgan, außerhalb der Stadtmauern.
◆**Büro SATAS:** Tel. 048 85 21 02
◆**Büro CTM:** Tel. 048 85 23 73

- **nach Agadir** (29 DH), mehrmals tägl., u.a. der abendliche Expressbus (CTM) nach Casablanca.
- **nach Marrakesch** (CTM-Bus), 1x täglich abends (Bus nach Casa), Ankunft nachts, 80 DH, ca. 5 Std. Fahrzeit.
- **nach Ouarzazate**: Mittags fährt ein CTM-Bus über Taliouine, 79 DH, ca. 5 Std. Fahrzeit.
- **nach Casablanca:** (CTM-Bus) 1x tägl. abends, 150 DH (über Agadir, Safi etc.), Fahrzeit ca. 9 Std. Buslinie der Firma SAADA von Taroudannt über Marrakesch 2x täglich, 110 DH.
- **nach Tata:** (SATAS) Abfahrt täglich um ca. 8 Uhr, Fahrtdauer 5 Std., Preis ca. 60 DH. Über Taliouine, ca. 90 DH.

Taxi/Sammeltaxi

Sammeltaxis in alle Richtungen ab Place Assaragh und Bab Zorgan. Preise: nach Inezgane (Agadir) ca. 17 DH, nach Marrakesch über Tizi-n-Test ca. 1000 DH.

Sonstiges

Es gibt mehrere **Apotheken** und **Banken** im Ort, die unschwer zu finden sind (v.a. auch am Place Assaragh).

Ein paar Häuser vom Hotel Saadien entfernt liegt das ◆**Maison de Miel,** wo man eine große Auswahl an Honig bekommt (Orangenblüten, Thymian, Eukalyptus).

Wer sich für **Hilfsprojekte** interessiert und sinnvoll helfen will, kann sich bei ◆**M & D (Migrations & Development)** informieren. M & D setzt sich für die Armenhilfe, vermehrt auch für auf dem Land lebende Frauen ein und unterstützt Projekte zur Entwicklung ländlicher Gebiete (z. B. Elektrifizierung und Wasserversorgung). Quartier Administratif, Place

M'Haita, Taroudannt, Tel. 048 85 49 47, Fax 048 85 47 37.

Internetcafé

Gegenüber dem *Hotel Tiout*, Rue Sidi Héritier Mohamed, ca. 15 DH/Std.

Reisebüro

♦Inezgane Voyage
194, Place Tamoklate, Tel. 048 85 26 20. Vermittlung von Schiff, Bus, Royal Air Maroc.

Feste/Veranstaltungen

Zahlreiche Moussems finden in den Dörfern der Umgebung zwischen Juli und Oktober statt. Vor allem im August und September zur Erntezeit häufen sich die Moussems.

Moussem Rkeb Moulay Brahim in Taroudannt am 2. Tag von Aid Mouloud.

Weitere **drei Moussems in Ouled Teima** während des Mouloud.

Im April findet eine **Handwerksmesse** mit einer ausführlichen Kunsthandwerksausstellung statt.

Ausflüge

Zur Oase Tiout

Fahren Sie 6 km zurück in Richtung Agadir und dann links (bzw. von Agadir kommend rechts) auf die Straße 7027 und nach 18 km rechts ab auf die 7025. Die kleine Straße führt durch das weite, grüne Soustal, das nach wie vor eines der fruchtbarsten Gebiete Marokkos ist, auch wenn die Zeiten des lukrativen **Zuckerrohranbaus** (16.–19. Jh.) längst vorbei sind. Zahlreiche Arganienbäume, aus dessen Früchten ein schmackhaftes Öl gewonnen wird, wachsen hier. Linker Hand liegt am Rande des Sous die **Ruine der Kasbah Freya.** Der kürzere Weg über die Kasbah Freya von Tafraoute entlang der Straße P 32 (in Richtung Ouarzazate) nach Tiout ist wegen der schlechten Piste, welche die P 32 und die Straße 7025 verbindet (6 km), sowie der nicht vorhandenen Brücke über den Oued Sous für Pkw-Fahrer kaum befahrbar (üble Geröllpiste). Nach weiteren 9 km auf der Straße 7025 zweigt links eine kleine Straße (5 km) zur **Kasbah Tiout** ab.

Die hübsche Palmenoase wird überragt von einer mächtigen Kasbah, die zu einem schönen marokkanischen **Restaurant-Hotel** (*A) ausgebaut wurde und auch von Touristenbussen angefahren wird. Von hier hat man einen herrlichen Ausblick auf das kleine Dorf, das allerdings durch die Entdeckung als Touristenziel viel von seinem Charme eingebüßt hat.

Taroudannt – Tata – Bou Izakarne

ÜBERBLICK

456 km, P 32, S 7025, S 7085, P 30

Ab Taroudannt durchgehend Asphalt; ein Bus verkehrt nach *Tata,* von dort fahren auch nach *Akka* und *Bou Izakarne* regionale Buslinien- und Sammeltaxis. Zwei Tage sollten für diese Fahrt eingeplant werden.

Diese landschaftlich schöne Strecke ist nicht spektakulär, es bieten sich aber immer wieder sehr schöne Ausblicke auf typische Anti-Atlas-Dörfer und im Gegensatz zu den noch recht fruchtbaren Gegenden im Soustal, bekommt die Landschaft nach Igherm wirklichen Wüstencharakter. Kahle, bizarr gefaltete Berge, durchzogen von palmenbestandenen Wadis, wechseln sich ab mit flachen, fast vegetationslosen Sand- und Steinebenen. Wer Zeit hat, sollte diese Strecke durchaus fahren; wenn die Zeit eher knapp bemessen ist, sollten andere Ziele vorgezogen werden.

Ab Taroudannt besteht die Möglichkeit, 5½ km zurück in Richtung Agadir zu fahren und dann links auf die Straße 7027 in Richtung *Ouarzazate* abzuzweigen oder 8 km bis *Aït Yazza* weiterzufahren und danach rechts zur Ruine der *Kasbah Freya* abzubiegen (nur mit Geländefahrzeug oder Pkw mit großer Bodenfreiheit). Bergab geht es in das weite, grüne Tal des *Oued Sous,* das sich vom Osten her bis zum Atlantik hin erstreckt. Es ist gesprenkelt mit Tausenden von Arganienbäumen. Da aber bis jetzt noch keine Brücke über den Oued Souss führt, durchquert man auf holpriger Piste das Tal bis man etwa bei km 10 auf die Ruine der **Kasbah Freya** (s. Ausflug Taroudannt) stößt. Bei km 14 mündet diese Route in die S 7027 ein, wo wir wieder

DER ARGANBAUM

von Brigitte Hanemann

Der Arganbaum ist eine nur in Südmarokko vorkommende Baumart. Es handelt sich wohl um das einzige Tertiärrelikt Europas und Nordafrikas, das die klimatischen Veränderungen bis ins heutige Quartär überlebt hat und noch von beachtlicher wirtschaftlicher und sozialer Bedeutung ist.

Die heutigen Arganienbestände sind jedoch großflächig in sehr schlechtem Zustand, und eine natürliche Fortpflanzung dieser an die Trockenheit hervorragend angepassten Art durch Aussamen ist kaum mehr zu beobachten. Gleichzeitig kann man einen generellen Rückgang dieser Baumart feststellen.

Auf Anfrage der marokkanischen Regierung wird nun im Rahmen eines Projektes der Gesellschaft für technische Zusammenarbeit (GTZ) eine Methodologie zum Schutz der Arganbäume unter gleichzeitiger nachhaltiger Nutzung erarbeitet, Ziel ist die Schaffung eines Biosphärenreservates.

Botanische Charakteristika der Arganie

Der Arganbaum (argania spinosa (L.) Skeels) ist im Deutschen auch unter dem Namen Eisenholzbaum bekannt. Es handelt sich dabei um einen immergrünen Baum, der eine Höhe von bis zu 10 m erreichen kann. Meist wird er 5–6 m hoch und seine dichte, breitkugelige Krone bis zu 10 m breit. Der Stamm hat eine rauhe, rissige Rinde, die Zweige sind dornig. Die Blätter erreichen 2–4 cm Länge und 1 cm Breite. Die unscheinbaren gelblichgrünen Blüten erblühen im April in den Achseln der Blätter. Die Frucht ist etwa oliven- bis taubeneigroß, gelb und reift im September heran, der harte Stein enthält ein bis drei Samen und ist von einer fleischigen Schale umgeben. Die natürliche Fortpflanzung erfolgt durch Aussamen (heute kaum mehr zu beobachten) oder durch Schößlinge aus dem Wurzelstock. Die Altersbestimmung ist bei den Arganien äußerst schwierig, da aufgrund der Holzdichte, es handelt sich ja um einen Eisenholzbaum, keine Jahresringe vorhanden sind. Man geht davon aus, dass die Bäume maximal 250 Jahre alt werden können.

Die besonders gute Anpassung der Arganie an die extremen klimatischen Verhältinisse hat ein Überleben des Baumes bis in die heutige Zeit ermöglicht. Die Arganie ist gleichzeitig Flach- und Tiefwurzler (die Wurzeln können bis zu 50 m in die Tiefe reichen). So kann sie sich sowohl das Oberflächenwasser als auch tieferliegende Grundwasserschichten erschließen. Der Arganbaum ist nicht frostresistent, verträgt aber durchaus Temperaturen von bis zu 50°C. Verlängerte Trockenheitsperioden kann der Baum dank seiner speziellen Überlebensstrategie überstehen, indem er seine Blätter abwirft und so den nächsten Niederschlag oder eine Erhöhung der Luftfeuchte, sogar mehrere Jahre hindurch, in einem latenten Ruhestadium abwartet.

Verbreitungsgebiet

Das Verbreitungsgebiet des Arganbaumes, die so genannte Arganeraie, ist klimatisch bestimmt. Man findet den trockenheits- und wärmeliebenden Baum ausschließlich in Südwestmarokko auf einem Areal von etwa 700 000 Hektar. Die Arganeraie erstreckt sich von Safi im Norden bis zum Draâtal im Süden, von der Atlantikküste im Westen bis zum Westabfall des Djabal Siroua. Es umfasst also die südlichen Abhänge des westlichen Teils des Hohen Atlas mit seinen z. T. tief eingeschnittenen Tälern, die nördlichen Abhänge des westlichen Anti-Atlas und die dazwischenliegenden weiten Abflussbecken der Flüsse Souss und Massa.

Klima

Im Verbreitungsgebiet der Arganie herrscht ozeanisch geprägtes, mediterran-arides Klima. Es ist gekennzeichnet durch starke Luftfeuchtigkeit und starken Tau, häufigen und dauerhaften Nebel und Wind. Das mediterran-aride Klima des Verbreitungsgebietes ist gekennzeichnet durch folgende Werte: die Niederschläge liegen zwischen 120 und 400 mm pro Jahr, die Temperaturen liegen zwischen 3,8 und 50°C. Der Arganbaum wächst in Höhenlagen zwischen 0 und 700 m.

Boden

Arganbäume wachsen auf allen Bodentypen, auf Silizium-, Kalk-, Lehm-, Sand-, Kies-, Alluvionsböden, Kalkkrustenböden etc. Der einzige Boden, der von den Arganien gemieden wird, ist bewegter Sand. Sobald die Wanderdünen jedoch gefestigt sind, entwickeln sich die Arganien recht gut.

Der Arganbaum erfüllt eine Reihe von wichtigen Funktionen im geoökologischen System: Er ist zum einen ein wichtiger Bodenverbesserer, was man daran erkennen kann, dass im Schattenbereich der Arganbäume die Vegetation meist dichter ist als außerhalb. Durch seine flachen und tiefen Wurzeln schützt er den Boden vor Erosion, da er die Erde gut zusammenhält. So traten z. B. im Winter 1995/96 die größten Erosionsschäden vor allem in den Gebieten auf, in denen die Arganeraie abgeholzt worden war. Nicht zuletzt ist der Arganbaum ein wichtiger Schutz vor Desertifikation vor allem in den wüstennahen Gebieten.

Die flächenmäßige Bedeutung der Arganien lässt sich an folgenden Zahlen für Marokko festmachen: Nach den Steineichenwäldern, die 29,2% der Gesamtwaldfläche Marokkos bedecken und den Thujawäldern mit 18,8% liegen die Arganienbestände mit 15,1% an dritter Stelle, die Korkeichenwälder folgen mit 7,8% und die Zedernwälder mit 2,5%.

Nutzung

Die Nutzung des Arganbaumes ist eng verbunden mit der bodenrechtlichen Situation. Die marokkanische Regierung erkannte schon Anfang dieses Jahrhunderts die wirtschaftliche und ökologische Bedeutung der Arganienwälder, die stark im Rückgang begriffen waren. Sie erließ 1925 und 1938 Gesetze zu deren Schutz, die das Gewohnheitsrecht der Berberstämme bezüglich der Nutzung regeln sollten. Die Wälder gelangten so in staatlichen Besitz, gleichzeitig gewährte der Staat der ansässigen Bevölkerung folgende Nutzungsrechte: Weiderecht für die Tierherden; Ernterecht für die Arganfrüchte; landwirtschaftliches Nutzungsrecht für die Böden; Holzsammeln; Entnahme von Ästen für den Bau von Umzäunungen; Entnahme von Brennholz, Bauholz und zur Holzkohleherstellung; Entnahme von Erde, Sand, Steinen, Kalk und Gips; „droit de se clore": Recht, ein Stück Land für eine bestimmte Zeit (bis zur Reife des darunter angebauten Getreides) aus der allgemeinen Nutzung auszuschließen.

Für ein und dieselbe Fläche kann Nutzungsrecht und Besitzrecht unterschiedlichen Personen bzw. dem Staat zugeschrieben sein; darüberhinaus können sowohl Nutzungsrecht als auch Besitzrecht kollektiv oder individuell sein.

Daneben gibt es aber auch durch das Gewohnheitsrecht (orf) festgelegte Privatflächen (melk), welche eingezäunt werden dürfen. Flächen, auf denen nur ein Nutzungsrecht besteht, dürfen dagegen nicht eingezäunt werden, da sie nach der Ernte wieder der Gemeinschaft zufallen.

Darüberhinaus gilt bei der Vererbung das islamische Recht. Die Realteilung sieht vor, dass die Töchter die Hälfte des Anteils der Söhne erhalten. Boden und Bäume können getrennt voneinander vererbt werden.

Des weiteren gibt es keine Parzellierung, sondern oft existieren auch Konfliktgebiete zwischen verschiedenen Stämmen. Das ist etwa der Fall, wenn die finage (entspricht wohl in etwa der Gemarkung) von verschiedenen Dörfern (douar) nicht eindeutig festgelegt ist.

Der oft zu beobachtende sehr unterschiedliche Zustand von direkt nebeneinander stehenden Bäumen lässt sich wohl am ehesten durch die unterschiedlichen Nutzungsrechte erklären: Die unter kollektivem Nutzungsrecht stehenden Bäume sind sehr degradiert, Privatbesitz dagegen ist gut gepflegt.

Von der ansässigen Bevölkerung wird der Arganbaum in vielfältiger Weise genutzt.

Von den Frauen wird in einem aufwendigen Verfahren in Handarbeit **Arganöl** *aus den Arganfrüchten gewonnen: Im September werden die Arganfrüchte aufgesammelt. Alle Familienmitglieder sind daran beteiligt, wobei die Männer den Transport der gefüllten Säcke mit dem Muli ins Dorf übernehmen, während Frauen und Kinder die Früchte Stück für Stück unter den Bäumen aufsammeln. Die folgenden Arbeitsgänge sind nun reine Frauensache: Das Fruchtfleisch wird mit einem Stein abgeschlagen. Dann werden die Kerne mit einem Stein geknackt und die ein bis drei Samen entnommen. Die Samen werden nun über dem Feuer geröstet, gemahlen und dann unter Zugabe von Wasser so lange geknetet, bis das Öl austritt. Für die Herstellung von 1 l Arganöl arbeitet eine Frau zehn Stunden. Das ist auch der Grund, weshalb die Arganölproduktion zurückgeht: Die jungen Frauen sind nicht mehr bereit, diese schwere Arbeit zu verrichten. Arganöl ist sehr hochwertig und hat einen charakteristischen nussigen Geschmack. Es ist 5–10x so teuer wie normales Öl, und wird deshalb hauptsächlich zum Eigenverbrauch, aber auch zum Verkauf hergestellt. Die mangelnde Wettbewerbsfähigkeit im Vergleich zu subventionierten Speiseölen ist ein weiterer Grund für den Rückgang der Produktion. Darüberhinaus ist die Vermarktung des Arganöls für die Frauen sehr schwierig: nachdem Frauen nicht auf den Markt (souk)* *gehen, sind sie oft auf einen Zwischenhändler angewiesen, oder können ihr Produkt überhaupt nicht kommerzialisieren. Dabei stellt das Arganöl häufig ihre einzige Einnahmequelle dar. Das Arganöl findet nicht nur in der Küche Verwendung, sondern auch für die Haar- und Babypflege. Kaltgepresstes Arganöl wird auch in der Kosmetikindustrie verwendet.*

Die Arganeraie wird als **Waldweide** *für Ziegen-, Schaf- und/oder Kamelherden genutzt. Die Tiere fressen die unter den Bäumen wachsende Vegetation, bei Fortschreiten des Sommers wird die Arganie als Zusatzfutter genutzt, vor allem die Ziegen erklettern die Bäume und fressen Früchte, Blätter und die jungen Zweige. Weiterhin wird an die Tiere der bei der Ölgewinnung anfallende Pressrückstand als Ölkuchen verfüttert. Ein Teil des Fruchtfleisches wird getrocknet und als Futtervorrat angelegt. Es stimmt allerdings nicht, dass, wie man oftmals lesen kann, die Argansamen nur keimen können, wenn sie einmal den Verdauungstrakt einer Ziege passiert haben.*

Unter den Arganbäumen wird der Boden teilweise **landwirtschaftlich genutzt.** *Angebaut wird in der Regel Gerste, wobei die jeweilige Fläche bis zur Ernte aus der allgemeinen Weidenutzung genommen wird.*

Das **Arganholz** *wird von der Bevölkerung in vielfältiger Weise genutzt: Sie verwendet es als Brenn- und Bauholz, zum Bau von Umzäunungen und zur Holzkohlegewinnung. Auch die Nussschalen werden genutzt und dienen als Brennmaterial.*

Die Bevölkerung entnimmt aus dem Boden der Arganeraie Sand, Steine, Erde, Kalk und Gips als **Baumaterial.**

Forstwirtschaft

Der marokkanischen Forstverwaltung (Direction des Eaux et Forêts) obliegt die forstwirtschaftliche Betreuung der Arganeraie. Aufgrund der beschriebenen intensiven Nutzung der Arganeraie können die Samen nicht auskeimen. Es ist deshalb eine gängige Verjüngungspraxis, die Bäume auf riesigen Flächen bis auf einen Baumstumpf abzuschneiden. Diese Flächen werden dann für einige Jahre aus der Nutzung genommen. In der Zeit treiben die Wurzelstöcke buschig aus. Die besten Triebe werden selektiert oder das buschige Wachstum belassen. So kann man sich auch das strauchartige Aussehen des Arganbaumes erklären, das wohl auf diese Verjüngungstechnik zurückzuführen ist.

Gefährdung

Heute kann man einen Rückgang der Arganeraie beobachten, die Größe des Verbreitungsgebietes und auch die Bewuchsdichte nehmen ab. In weniger als einem halben Jahrhundert hat die Bestandsdichte von 100 Bäumen pro Hektar auf dreißig Bäume pro Hektar abgenommen. Daran kann man feststellen, dass die Gesetzgebung an die heutigen Verhältnisse nicht mehr angepasst ist. Nach einer Studie des Institut Agronomique et Vétérinaire HASSAN II in Agadir kann man davon ausgehen, dass die Arganienbestände mit einer Geschwindigkeit von 0,5 Arganien pro Hektar und Jahr abnehmen. Bei einem Fortdauern dieses Trends wird in sechzig Jahren zwischen Aoulouz und Agadir kein einziger Arganbaum mehr stehen. Abgesehen von der flächenmäßigen Verringerung der Arganbestände schreitet auch die Degradation der derzeitigen Bestände fort.

Die grundlegenden Faktoren für die gegenwärtige Bedrohung der Arganien liegen wohl in der Bevölkerungszunahme, der daraus folgenden Zunahme der Tierzahlen und der Ausweitung der landwirtschaftlichen Nutzflächen sowie im Aufkommen von finanziell wesentlich rentableren Intensivkulturen.

Rodung oder übermäßige Holzentnahme

Zur Ackerlandgewinnung werden heute sowohl illegal als auch legal große Flächen gerodet. Beispielsweise fiel ein großer Teil eines der wichtigsten zusammenhängenden Arganwaldgebiete, des Forêt de Ademine dem Bau des neuen Flughafen von Agadir zum Opfer. Im gesamten Souss-Massa-Becken sind wie in allen Ebenen die wesentlich rentableren Intensivkulturen auf dem Vormarsch und verdrängen so die Arganeraie. Der zunehmende Bevölkerungsdruck führt auch in immer abgelegeneren Gebieten die Bevölkerung dazu, zum Teil illegal ihre Getreideanbauflächen zulasten der Arganbäume zu erweitern.

In manchen Regionen ist auch eine übermäßige Holzentnahme festzustellen: So werden die traditionellen Badeeinrichtungen (hammam) beispielsweise immer noch mit Holz beheizt. Alleine in Marrakesch gibt es etwa 250 hammams, den enormen Holzverbrauch kann man sich lebhaft vorstellen.

Überweidung

Allgemein ist ein Wandel in der Nutzung der Arganbäume festzustellen: Die früher vorherrschende Funktion als Fruchtbaum weicht immer mehr der Weidenutzung.In vielen Gebieten leiden vor allem die Bestände mit kollektivem Beweidungsrecht unter dem zunehmenden Beweidungsdruck. Gerade in trockenen Jahren stehen vielerorts die Arganbäume als einzige Futterquelle zur Verfügung. Überhöhte Viehbestände sind ebenfalls als Ursache zu sehen. Die Ziegen erklettern die Kronen der Bäume und fressen von oben die Blätter, Zweige und Früchte ab. Dieser Verbiss führt bei dauerhaftem Einwirken zu irreversiblen Schäden. So gaukelt das malerische Bild der Ziegen im Arganbaum eine falsche Idylle vor.

Dazu kommt die Nomadenproblematik, die sich erst seit der Annektion der Westsahara bemerkbar macht. 1975 gewährte König Hassan II den Nomaden der Westsahara freies Umherziehen im gesamten Staatsgebiet. Davon machen diese auch Gebrauch. Sie sind modern ausgestattet mit Lkws und fahren mit riesigen Herden vom Süden herauf, weiden alles ab und so schnell wie sie gekommen sind, ziehen sie auch wieder weiter. Dabei handelt es sich im Souss um Herden mit über 70 000 Stück Vieh. Die lokale Bevölkerung ist darüber natürlich nicht sehr erfreut.

Überalterung der Bestände

Aufgrund der intensiven Beweidung, der Nutzung der Früchte und der landwirtschaftlichen Nutzung der Arganeraie ist seit dem Anfang dieses Jahrhunderts eine natürliche Waldverjüngung nicht mehr möglich. Mittlerweile kann man von einer starken Überalterung der derzeitigen Bestände sprechen. Man kann davon ausgehen, dass die Wurzelstöcke nur eine begrenzte Lebensdauer haben, und wenn diese einmal überschritten ist, so ist ein neuerliches Austreiben der Schößlinge und damit eine Waldverjüngung nicht mehr möglich.

Das Projekt „Conservation et Développement de l'Arganeraie"

Die Bedrohung des einzigartigen und für den Südwesten Marokkos wichtigen Ökosystems Arganeraie ist auch der marokkanischen Regierung nicht verborgen geblieben. In Zusammenarbeit mit der Bundesregierung rief sie nach einigen Vorstudien 1995 das Entwicklungsprojekt der GTZ „Conservation et Développement de l'Arganeraie" ins Leben. Eingebettet in den Rahmen eines Biosphärenreservates sollen sowohl der Schutz der Bäume als auch deren dauerhafte und nachhaltige Nutzung ermöglicht werden. Verschiedene Forschungsprojekte wurden in Auftrag gegeben, um unter anderem die Fortpflanzung auf andere Art und Weise zu erproben, die Produktionsleistung zu erhöhen, die Haltbarkeit des Arganöls zu verbessern, seine Absatzwege zu erforschen und die Herstellung zu vereinfachen, die genetische Verschiedenartigkeit des Baumes zu erforschen und zu Zuchtzwecken einzusetzen. Mit der Bevölkerung werden andere wirtschaftliche Einnahmequellen gesucht und verwirklicht. Damit sollen die anhaltende Landflucht und die Arbeitsmigration eingedämmt werden. Auf eine gleichberechtigte Einbindung der Frauen wird dabei geachtet. Nicht zuletzt muss ein solches Projekt einhergehen mit einer Reform der Besitz- und Nutzungsrechte. Derzeit werden in ausgewählten Testregionen in partizipativer Weise mit der Bevölkerung Vorgehensweisen erarbeitet, die dann auf das zukünftige Biosphärenreservat Arganeraie anwendbar sind.

So kann man hoffen, dass die Arganeraie im Bewusstsein der Bevölkerung wieder den Stellenwert einnehmen wird, den sie bei der ursprünglichen Berberbevölkerung vor dem Eindringen arabischer Holzhändler innehatte. Diese nutzten die Arganbäume noch im Sinne der Nachhaltigkeit, ohne den Begriff überhaupt zu kennen.

Hochwertiges Arganienöl, Marmeladen, Honig und Amlou (aus Mandeln, Arganienöl und Honig – eine Art Nutella) kauft man am besten beim ***Projet Dévelopment de l'Arganeraie*** *in Agadir im Stadtteil Dakhla (nahe Suq), 7, Rue Alkhanssa, Tel. 048 23 52 78/79, Fax 048 23 52 79, E-Mail: ucfo@mtds.com.*

Stamm einer Arganie

die Hauptstrecke erreicht haben. Rechts geht es in Richtung Agadir, in Richtung *Ouarzazate* links, geradeaus nach *Igherm.*

24,4 km hinter Taroudannt zweigt links eine kleine Straße zur **Kasbah Tiout** (5 km) ab, ein beliebtes Ausflugsziel der Veranstalter (s. Taroudannt/Ausflüge).

Die Straße schlängelt sich bergauf durch die bizarre Berglandschaft des Anti-Atlas bis zur **Passhöhe** (km 48,4). Für diese Region typische Dörfer erstrecken sich auf Hügelkuppen zwischen Arganienbäumen. Immer wieder bieten sich schöne Ausblicke auf den Hohen Atlas im Norden.

Nach 55 km ist der kleine Ort **Tnine Ida ou Finesse** erreicht. Es gibt eine Bäckerei, Markt ist am Montag. Auf den nächsten Kilometern passiert man zwei Cafés. Nach weiteren 16 km ist der kleine Ort **Had Oualkafi** erreicht. Hier endet das Arganiengebiet. Es wachsen kaum mehr Bäume. Die Straße führt nach Igherm in vielen Windungen bergauf und -ab durch eine schroffe Gebirgsgegend mit spärlichem Bewuchs. Zwei Passhöhen sind noch zu überwinden. Erst ca. 15 km vor Igherm sind immer wieder Opuntien (Feigenkakteen) und Mandelbaumanpflanzungen zu sehen.

Kurz vor Igherm (km 93), bei einigen Häusern und einer rosa Moschee, zweigt rechts die Straße nach Tafraoute ab. Nach ca. 800 m ist **Igherm** (1800 m), ein großer Ort mit Militärgarnison, erreicht. Der **Markt am Freitag** (rechts der Hauptstraße) ist gut bestückt, und es besteht die Möglichkeit, die Vorräte aufzufrischen.

In Igherm muss man die Teerstraße in Richtung *Souk Khemis-d'Issafen-Tata* wählen. 117 km hinter Taroudannt liegt links der Straße ein Dorf mit zerfallener Speicherburg, rechts ein grünes Flusstal mit Terrassenfeldern; weitere Ansiedlungen liegen im Tal, umrahmt von schwarzen Schichtstufenbergen. 3 km weiter thront eine mächtige **Speicherburg** rechter Hand der Strecke oberhalb von einem Dorf. Entlang eines palmengesäumten Flusstales ziehen sich schräg gefaltete Schichtstufenberge. Bei km 125,5 bietet sich ein herrlicher Blick auf den Ort **Souk Khemis-d'Issafen** mit neuen Häusern und einer Speicherburg vor rosafarbenen Häusern, den wir kurz darauf passieren (km 126). Die **Speicherburg** kann besichtigt werden.

Unsere Strecke führt weiterhin durch eine sehr schöne Landschaft, entlang des Palmenoueds.

Wenige Kilometer nach dem Ort **Tisgui-Ida-ou-Ballou** bei km 150 wird die Landschaft trockener und wüstenhafter mit seltsamen, schräg aufgeworfenen Bergen.

Bei km 180 trifft man auf den Ort **Imitek,** der eine schöne Speicherburg und einen alten Ksar am Berghang vorweisen kann. Im neuen Ortsteil gibt es ein paar Geschäfte und ein Café. Die Straße führt nun durch zerklüftetes, schroffes Bergland, ohne große Steigungen, kaum Bewuchs.

Ungefähr bei **km 212** ist die Einmündung zur Teerstraße *Tata – Akka* und kurz darauf der Ort **Tigazmirt** erreicht. Rechts an der Kreuzung liegt eine Tankstelle, die Straße geht weiter nach Akka, links befindet sich *Tata,* das nach 4,7 km bei Gesamtkm 216 erreicht ist.

TATA

Die **schöne Wüstenoase** auf 950 m Höhe, umgeben von einem großen Palmenhain, ist die **größte der Bani-Oasen** am Bergzug *Djabal Bani,* der südlich von Tata und *Zagora* verläuft. Die militärisch geprägte Oase (Stützpunkt) expandiert stark. Gekachelte braun-weiße Arkadengänge verschönern die Häuserfronten der Hauptstraße. Die Männer tragen die blauschwarzen Kleider der südlichen Wüstenbewohner. Meist sind es aber *Chleu-Berber,* die sich wie die Tuareg „blaue Männer“ nennen – wegen des Indigofarbstoffs der Kleidung, der auf die Haut abfärbt. Ein bedeutender **Teil der Bevölkerung** Tatas ist **negroid,** stammt also von Sklaven *(Haratin)* ab.

Der Ort weist keine Sehenswürdigkeiten auf – er hat das Flair einer typischen Wüstendurchgangsoase. Schön ist der Blick von der Brücke am Ortsende, bevor man zu den Hotels gelangt. Hier erkennt man, dass Tata an einem tief eingeschnittenen Oued mit Steilufer liegt, von dem man in der Stadt gar nichts sieht. Ein Bummel durch die Oasengärten im Oued lohnt sich. Schön zum Picknicken oder Campen ist es etwas außerhalb in Richtung *Akka* bei einem Felsabbruch und Palmenhain.

PRAKTISCHE INFOS

Tel. Vorwahl: 048, PLZ: 84 000

Klassifizierte Hotels

Relais de Sables***

Av. des F.A.R., Tel. 048 80 23 01/02, Fax 048 80 23 00. Schönes Hotel im Kasbahstil, angenehme, saubere Zimmer, schöner Pool, Air Condition, DZ €€, Suite €€€, Frühstück 25 DH. Managerin ist *Rabi Hachem,* der sich sehr um seine Gäste kümmert und auch Jeeptouren und Ausflüge organisiert. Gutes Essen.

De la Renaissance**

Tel. 048 80 20 42, Fax 048 80 25 29. DZ/EZ €, Suite €€€, Frühstück 20 DH, Menü 79 DH im älteren Gebäude. Das Hotel verfügt über zwei Gebäude, wobei das neuere die schöneren und teureren Zimmer hat. Die Qualität des Hotels hat deutlich nachgelassen, seit die Kinder des Besitzers das Management übernommen haben.

Dar Infiane

Neues Maison d'Hôtes am Ortsrand Richtung Taroudannt, Tel. 048 80 24 408, Handy 061 44 16 53, www.darinfiane.com, darinfiane@wandadoo.net.ma. Der Besitzer *Patrick Simon* hat die alte Kasbah von Tata geschmackvoll renoviert. Sechs komfortable DZ, Internet, üppiges Frühstück, €€€€. Die Einrichtung eines Ökomuseums ist geplant. Eine Besichtigung ist lohnenswert.

Unklassifizierte Hotels

Essalam

Im Zentrum an der Hauptstraße, einfach, sauber, freundlich, Etagendusche, ½€.

Sahara

Rechts neben Essalam, beim Busbahnhof, hier schlafen auch die Busfahrer (½€).

Camping

Camping Municipale

Von Akka kommend in Richtung Zentrum fahren, immer geradeaus halten und kurz vor dem Ortsausgang auf der linken Seite. Für Autos schattige Stellplätze mit Stromanschlüssen. Zelten kann man neben einem großen Schwimmbecken (meist ohne Wasser, je nach Trockenheit). Sehr saubere, geflieste Sanitäranlagen. 20 DH pro Person, Zelt, Auto.

Verkehrsverbindungen

- von Tata **nach Bou Izakarne und nach Igherm** verkehren Busse vor allem

SÖHNE UND TÖCHTER DER WÜSTE IM DIALOG MIT OBERHESSEN

von Norbert Schmidt

Ein Aspekt unterscheidet Tata von allen anderen Städten des Maghreb: Die Stadt ist mit Lich in Oberhessen liiert – keine offizielle Partnerschaft zwar, aber im Jahr 2001 haben die Bürgermeister eine „von oben" gebilligte Freundschaftscharta unterzeichnet. Tata bewies damit seine Offenheit gegenüber Europa.

Der Dialog zwischen Tata und Lich konzentrierte sich in den ersten Jahren auf das Sozialwesen und die Verwaltung: Beschäftigte aus der Oase hospitierten immer wieder im Rathaus der deutschen Freunde; Ärzte, Pflegepersonal und Hebammen waren mehrfach zu Gast in einer Licher Klinik. Die Deutschen lernen bei ihren Besuchen in der Wüste, wie manches im Leben auch einfacher gelingen kann. Sie steuern gern ein paar Sous bei für die Ausstattung der Grundschüler, überlassen dem Krankenhaus in Tata Gerätschaften und Pflegehilfsmittel. Zudem ist der Kulturaustausch rege, freilich noch ausbaufähig: In einem Licher Kino finden regelmäßig „marokkanische Wochen" statt, im Spätsommer 2004 gab es bei Tata ein Klassik-Konzert unter freiem Himmel. Vielleicht steht an den Ortseingängen von Tata schon bald ein Schild: „... jumelée avec Lich/Allemagne".

Souk Khemis-d'Issafen mit Speicherburg

der Privatlinie *SATAS*, aber auch *Transafrique* u. a. (2x täglich, Fahrzeit 8 Std., Preis ca. 45 DH).

- **nach Gouelmim** *(Transport Tata)* 1x täglich mittags, 5 Std. Fahrzeit, 50 DH/Person

Sonstiges

Es gibt zahlreiche Läden, eine Bank, eine Buchhandlung, eine Pâtisserie, diverse Cafés/Restaurants und Tankstellen.

Der Ort verfügt über eine sehr gut ausgestattete staatliche **Poliklinik** (kostenlose Behandlung).

Der nette, kleine **Markt** liegt kurz vor dem Ortsende rechts: Bei etwas heruntergekommenen Häusern und Neubauten links abbiegen, dann stoßen Sie auf die Markthalle. Dort kann man Frischwaren wie Obst und Gemüse, Gewürze, aber auch Tajineformen und Haushaltskram erstehen.

Beim Busbahnhof gibt es eine gute Fischbratbude und Tajines. Zu empfehlen ist laut eines Lesers auch das **Café/Restaurant Soyez les bien venus au Monde du Rêve** am Busbahnhof neben dem Taxistand.

Souvenirs (Teppiche, Schmuck, Fossilien etc.) gibt es in reichlicher Auswahl im *Maison Tuareg*, 16, Av. des F.A.R.

Um **nach Bou Izakarne über Akka** zu gelangen **(240,6 km, P 30;** Asphaltstraße, gute Busverbindung), muss man zunächst zurück bis zu dem auf Seite 207 genannten Abzweig bei km 4,7, wo es rechts nach Taroudannt und Agadir (über Igherm) geht. Richtung Bou Izakarne führt die Straße geradeaus bzw. links weiter. 1 km weiter erreicht man ein Dorf (donnerstags Markt), über dem ein schöner alter Ksar thront.

12 km hinter Tata endet der Palmenhain. 1–2 km weiter erstreckt sich links der Straße ein kleiner Palmenhain entlang einer schwarzen Felswand, die von hellem Sand umrahmt ist; hier bietet sich ein ruhiger Picknick- oder Übernachtungsplatz. Danach führt die Teerstraße weiter durch öde Wüstengegend.

Etwa bei km 15 weist ein Schild **„Historical Monument Site rupestre Tiggane 0,8 km"** nach links zu Felsgravuren, die an einem flachen Felsrücken liegen und schwer zu finden sind. Ein weiteres Schild, das zu Gravuren weist, finden wir bei km 34 beim **Oued Misakaou.** Ca. 500 m entfernt sind an einem Felshügel diverse Gravuren unterschiedlicher Qualität zu entdecken (leichter zu finden als die bei km 15). Immer wieder ziehen sich Felsrücken und Palmenhaine entlang der Strecke bis sich das fruchtbare Tal weitet und ca. 10 km von der Straße entfernt hinzieht. **Nomaden** in weißen Zelten haben hier in der Region ihre Lager aufgeschlagen.

Etwa bei km 54 zweigt links (C 7088) eine Piste nach *Oum el Aleg* (ca. 1 km) ab. Durchfährt man den Ort, findet man am zweiten Bergrücken nach dem Dorf **Felsgravuren** („gravures rupestres"); evtl. im Ort nach einem Führer fragen.

Ca. bei km 60, beim Ortsschild Akka, zweigt rechts eine Straße in Richtung **Agadir Ouzim** und **El Kebab** ab, von wo man zum **Agadir Azro** und zu den **Quellen von Aït Rahal** gelangen kann (s. u.).

Nach 63 km ist **Akka** erreicht, ein Straßenort mit viel Militärpräsenz. Es gibt kleine Geschäfte und einfache Restaurants sowie eine Tankstelle. Das kleine *Hotel Tamdult* ist sehr schmutzig, gegenüber gibt es eine sehr gute Fischbratbude mit Snacks. Nördlich von Akka erstreckt sich ein großer Palmenhain bis nach Aït Rahal mit **Quelle** und mehreren **Süßwasserpools.**

Vor Akka kann man zum befestigten Speicher und Ort *Azro* und in Richtung *Aït Rahal* abbiegen und über eine lohnenswerte Rundfahrt wieder nach Akka zurückgelangen. Wenn man beim obigen Abzweig (km 60) rechts abbiegt, durchquert man nach 2,6 km zwei Dörfer hintereinander bis 600 m danach die Piste runter in das Oued führt. Rechts oben thronen oberhalb der zum Fluss abbrechenden Steilwand ein alter Ksar und der Speicher Azro, dessen gemauerte Wände zum Fluss hin steil abfallen. Nach weiteren 2 km durchquert man einen Oued und nach einem weiteren Kilometer (6 km nach dem Abzweig) ein Lehmdorf. Bei km 7 (Anfang des Dorfes Aït Rahal) biegt man links ab und stößt ca. 300 m weiter auf den Fluss, der hier kleine Kaskaden und Tümpel bildet. Wandert man durch den Palmenhain rechts zu der Quelle, bieten sich beschauliche Szenen, die an Bibelmotive erinnern: Männer in traditioneller Kleidung auf Pferden oder Eseln, Frauen mit schwarzen, bunt bestickten Tüchern, junge Männer, die sich in den Wasserkanälen waschen, daneben grüne Froschtümpel und herrliche Palmenhaine – ganz so wie man sich eine Oase vorstellt. Der **malerische Suq von Aït Rahal** findet am Donnerstag statt. Fährt man die Straße ab der Flussfurt 7 km weiter nach Süden, gelangt man 1 km südwestlich von Akka wieder auf die Hauptstraße nach *Bou Izakarne,* wo ein Schild zurück nach „Sidi Abdellah M'barek, Site rupreste (Felsgravuren) 15 km" weist.

Auf der Hauptstraße nach Bou Izakarne erreicht man 80 km ab Tata **Touzounine,** einen alten Ort mit großem Palmenhain. 2,4 km hinter dem Ort gelangt man auf einem Abzweig links zu einem Palmenhain, in dem Reste eines Lehmhauses und ein Wasserbecken liegen, das von einer Foggara gespeist wird. Kleine Sanddünen ziehen sich entlang der Oasengärten. Hier bietet sich ein herrlicher, schattiger Rastplatz (sauber hinterlassen). Auf der weiteren Strecke liegen immer wieder kleine Orte und Palmenhaine. Schräg geschichtete Berge ziehen sich links und rechts der Straße, die Häuser „kleben" am Hang.

Nach 104 km passiert man die kleine Oase *Aït Ouabelli* und nach weiteren 2 km das Marabut und Dorf *Tisgui El Haratine.* Weiter geht es durch karge Hügellandschaft, Hammada (Steinwüste) und graubraune Berge. Die Bergkämme verlaufen wie Bänder links und rechts der Straße. Auf dem letzten Stück vor *Foum el Hassane (Foum el Hism)* wächst wieder Dorngestrüpp, der Bodenbewuchs nimmt zu.

Bei km 143,1 geht ein Abzweig links nach Foum-el-Hassane *(Fam el Hism),* 5 km, und nach Assa (mittlerweile geteert). **Fam el Hsim** ist eine hübsche Oase mit Palmenhain und Arkadengeschäftsstraße mit Marktplatz. Am Ende des Ortes weist ein Schild am Oued Tamanart weitere Felsgravuren in der Nähe aus.

Auf der weiteren Strecke Richtung Bou Izakarne liegen kleine Oasen, die Landschaft wird wieder gebirgiger.

Bei km 158,6 zweigt rechts eine Piste nach *Aguerd* und *Tamanart* (schöne Speicherburgen) und *Imouzlag* (Marabut) und weiter nach *Tafraoute* ab (sehr schöne Strecke, nur mit Geländewagen). In Richtung Aguerd gibt es auch Felsgravuren, erkundigen Sie sich nach einem Führer in Aguerd.

Bei km 190,9 zweigt rechts (beschildert) eine Straße nach **Tnine Wadai** *(Tnine-d'Adai)* und **Amtoudi,** 26 km, und zur *Source Thermale* (Thermalquelle) *Lalla Melaka,* 8 km, ab. Nach 9½ km führt rechts ein Abzweig nach *Tainzirt* und ebenfalls nach *Amtoudi* (Speicherburg *Id Aissa).*

Tarhjijt *(Taghjeht),* eine große Palmenoase mit einfachem Hotel/Restaurant, ist nach 205,5 km erreicht. Die Berge werden höher und begrenzen wieder die Straße. Bergauf geht es dann bis zu einer Passhöhe bei km 211,1.

227 km hinter Tata ist der große Ort **Timoulaye** erreicht. Es gibt viele Geschäfte mit guter Obstauswahl. Von hier zweigt eine Straße (C 7076) nach **Ifrane de l'Anti-Atlas** (bzw. Ida-Oumarkt) und weiter nach Jemaa Ida Oussemlal (mittlerweile geteert) und Tafraoute ab. Ifrane ist eine große, schön gelegene Oase am Fluss mit Dattelpalmenhainen und Obstgärten im Außenbereich. Der Ort war einmal **eine der größten** und einflussreichsten **jüdischen Siedlungen** in Südmarokko und wurde Klein-Jerusalem genannt. Die Ruinen der Mellah, die einmal 600 Menschen beherbergte, findet man ca. 2–3 km vor IIfrane de l'Anti-Atlas links der Straße.

Bou Izakarne, ein großer Ort ohne Attraktionen, folgt nach 240,6 km (Wegkreuzung: links *Guelmim,* rechts *Tiznit).* Übernachtung im einfachen *Hotel Anti-Atlas***B, Route de Guelmime, Tel. 048 87 41 34, das trotz Klassifizierung einen schlechten Eindruck macht.

Busse fahren nach *Laâyoune* (4x täglich); mehrmals täglich nach Guelmim, Tiznit und Agadir.

Von Bou Izakarne nach Amtoudi

ÜBERBLICK

➡ **Teerstraße und Piste, ca. 77 km**

Zu der Speicherburg *Id Aissa* führt eine relativ neue Teerstraße. Öffentliche Verkehrsmittel gibt es nicht, Taxi oder Pickup-Mitfahrgelegenheit ab den größeren Orten entlang der Hauptstraße (Timoulaye bzw. Bou Izakarne). Ein Ausflug nach Amtoudi kann auch von Agadir aus gebucht werden.

ANFAHRTSBESCHREIBUNG

Folgen Sie der Straße nach Tata (s. vorhergehende Beschreibung), wird 35 km hinter Bou Izakarne **Tarhjijt** durchquert. 5½ km hinter Tarhjijt zweigt ein Wegstein links nach *Amtoudi* (33 km). Nach weiteren knappen 6 km den linken Abzweig nicht beachten und geadeaus weiterfahren bis man nach 2 km **Tainzerte**, eine schöne alte Oase, erreicht. Geradeaus weiter durch ein Oued (abgesehen von einigen Auswaschungen und steinigen Stellen) in Richtung **Tnine-Wadai,** das nach 2 km erreicht ist. Hier führen die beiden Routen (s. u.) wieder zusammen. Die relativ neue Teerstraße ist angeblich durch starke Regenfälle schon wieder stark beschädigt.

Eine **andere Route** nach Amtoudi zweigt erst ca. 15 km hinter Tarhjijt links von der Hauptstraße ab (ca. km 50): Wegweiser *Amtoudi* (26 km), *Lalla Melaka* (8 km), geradeaus führt die Teerstraße nach *Akka* (siehe vorhergehende Route). Biegen Sie hier in nördliche Richtung (gute Beschilderung) ab, bis bei km 56,3 eine Oase erreicht ist. Diese bleibt links liegen, und erst vor einem Marabout am Ortsende führt die Piste mit der von Tarhjijt kommenden zusammen. Auf nun sehr breiter Straße ist nach 2½ km (ca. km 59) **Tnine-d'Adai (Wadai)** erreicht.

Von hier führt links ein Abzweig zur gefassten (nicht lohnenswerten) Quelle *Lalla*

Speicherburg Id Aissa

Melouka (ca. 10 km) und zum hübschen Ort **Timoulaye** (12 km), wo ebenfalls auf einem Hügel ein Agadir thront. Nach Amtoudi geht unser Weg geradeaus weiter, der Ort bleibt links liegen. Danach führt die Straße in einer lang gezogenen Rechtskurve am Fuß des Berges vorbei Richtung Nordosten und dann geradeaus durch Steppenlandschaft.

Nach 72,3 km zweigt rechts bei einem Kegelberg (nicht beschildert), eine Piste (nur für Geländewagen) nach *Izerbi* und Tafraoute ab. Wer über ein geeignetes Fahrzeug verfügt, kann dadurch die beiden Orte auf wesentlich kürzerer Strecke verbinden. Wüstenerfahrung und geeignete Ausrüstung sind Voraussetzung!

Die Oase **Amtoudi** und die Speicherburg **Id Aissa** – das Bauwerk ist schon zwei Kilometer im Voraus zu sehen – sind nach 76,6 km erreicht.

AMTOUDI

In dem Dorf liegt der interessante **Agadir Id Aissa** auf einem hohem Felsen, angeblich die älteste und besterhaltene Speicherburg Marokkos. Zum Agadir Id Aissa kann man in etwa einer halben Stunde aufsteigen und ihn besichtigen. Einen Führer braucht man eigentlich nicht, außer um die Kinder abzuschütteln und um evtl. das Tor aufzuschließen.

Ins Dorf Amtoudi kommen zur Hochsaison im Winter oft Busse voller Touristen (vormittags gegen 10 od. 11 Uhr), welche auf Eseln zum Agadir gebracht werden; im Sommer ist man ganz allein. Trotz des Massentourismus haben das Dorf und die Gegend ihren Charme behalten. Immer noch sind die **Menschen freundlich und hilfsbereit.** Geschickt haben sie es verstanden, vom Tourismus zu profitieren, ohne ihr Dorf und die Gemeinschaft zu zerstören. Die meisten Touristen werden nachmittags zurück nach Agadir gebracht, dann liegen Ort und Speicher friedlich im Abendlicht, als wenn der ganze Trubel Spuk gewesen wäre.

Die einzige einfache Herberge wurde 2003 von den neuen Besitzern *Georges Roy* und *Mr. Samou* übernommen und nennt sich ◆**Auberge/Restaurant Ondiraitlesud,** Tel./Fax 048 78 94 14. Die Besitzer werben mit einer einfachen, aber sauberen Herberge (warme Solarduschen in Installation). Übernachtung im marokkanischen Salon (15 Pers.) oder in Zelten auf der Terrasse (½€). Man kann hier auch nur zu Mittag essen. Halbpension €, Vollpension €A. Die Vermittlung von Mulis für Ausflüge und zum Trekken ist möglich.

Auch im Ort kann man Esel bzw. Mulis mieten (ca. 40 DH), um auf die Speicherburg zu reiten oder zu den 4 km entfernten **Gueltas** (Wasserbecken im Fels) und Quellen (am Ende der Schlucht), wo man herrlich baden kann. Ein großer Felsencanyon mit Palmenoase zieht sich rechts vom Ort nach Westen, Bewässerungskanäle plätschern entlang der Schlucht durch Palmengärten mit Feldern, Feigen- und Obstbäumen. Der *Duar Aglaoui* mit Ziehbrunnen liegt in der Schlucht (ca. 10 Min.), oben am Schluchtrand thront der **Agadir Aglaoui** wie ein Adlerhorst. Am Ende der Schlucht (zu Fuß ca. 30–45 Min.) trifft man auf zahlreiche Gueltas (Wassersammelstellen am Rande von Felsvertiefungen), zwischen großen Steinen wächst Schilf, Oleander blüht im Frühsommer, Frösche quaken – eine landschaftlich sehr schöne Gegend! Man kann hier auch baden; Frauen sollten dabei möglichst halbwegs angezogen bleiben und keinesfalls im Bikini „auftreten“!

Von Tiznit nach Guelmim

ÜBERBLICK

105,5 km, P 30 + P 8

Bis Guelmim besteht eine gute Busverbindung (s. Tiznit oder Guelmim, Prakt. Tipps). Ein gute Straße führt durch langweilige Gegend mit spärlichem Bewuchs (verschiedene Sukkulenten, Euphorbien und Dornengewächse). Es gibt viele militärische Anlagen mit Sendern und Radarstationen. Die Fahrt nach Guelmim rentiert sich kaum, trotz des Kamelmarkts. Die Landschaft rings um Guelmim ist trocken, flach und öde. Wer Zeit mitbringt, kann in Fort Bou Jerif, in der Wüste, nahe des Meeres, in aller Ruhe ausspannen (s. u.). Die landschaftlich attraktivere Strecke führt von Tiznit über Moussa d'Aglou entlang des Meeres und Sidi Ifni nach Gulemim (s. Beschreibung Tiznit – Sidi Ifni – Guelmim).

ANFAHRTSBESCHREIBUNG

Ab Tiznit durchfährt man viele Neubauviertel (viele gebaute Tankstellen mit Raststättencharakter) und 14 km darauf das Dorf *Souk el Had del Reggada Talait.* Dann folgt eine mit Arganienbäumen bewachsene Ebene, begrenzt von meist kahlen, braunen Berghängen. Weiter führt die Straße durch steinige Gebirgsgegend, der Baumbewuchs nimmt zu, bis nach einigen Kilometern der Pass *(Tizi) Mighert* (1057 m) erreicht ist. Davor steht ein schöner Marabut. Vom Süden kommend hat man ab dem Pass auf der Bergabfahrt bei klarer Luft, einen herrlichen Ausblick.

Nach 42 km wird das Dorf **Tleta Akhssass** mit rosa Häusern, Café-Restaurants und vielen Geschäften passiert. Nach einigen Kilometern kommt man zum Pass *(Col)-Agni Uheru,* bei km 65 ist ein Gendarmerieposten und bei km 67 **Bou Izakarne** erreicht.

75,5 km hinter Tiznit liegt der Ort **Tagant.** Es gibt eine Tankstelle, viele Geschäfte und eine Pâtisserie. Angepflanzte Eukalyptushaine säumen die Straße. Von hier an wird inzwischen wesentlich mehr Land kultiviert als noch vor wenigen Jahren. Nach 105,5 km ist Guelmim erreicht.

GUELMIM

Guelmim ist eine stark **expandierende Militärstadt,** die in den letzten Jahren etwas an Reiz gewonnen hat, da das Umland nach und nach begrünt wurde. Sie liegt am Fuße eines ca. 10 km langen Hügelzuges mit der großen, weißen arabischen Aufschrift: „Allah, das Volk und der König". Aufschriften wie diese hat man an vielen markanten Bergen in der Nähe von großen Orten angebracht.

Die Stadt wurde in den letzten Jahren ausgebaut, viele neue Häuser, Geschäfte und Kasernen kamen hinzu. Der Suq und **Kamelmarkt** für die Touristen findet am Samstag an der Straße nach Tan-Tan statt.

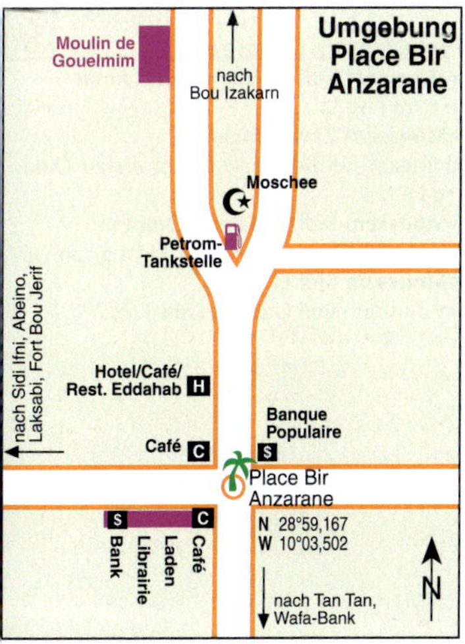

Durch die geschlossenen Grenzen im Süden zu Algerien hat der Nomadismus stark abgenommen, keine Karawanen verkehren mehr nach Mauretanien oder Mali, und die Menschen lassen sich mehr und mehr in den Orten nieder. So hat der Kamelhandel seinen hohen wirtschaftlichen Stellenwert für die marokkanische Sahara eingebüßt. Die Kamele dienen jetzt oft der Touristenbeförderung, sei es für einen kurzen Ausritt oder auch eine längere Tour. Die **„Guedra",** der berühmte **Knietanz** der Region, ist meist nur noch im Rahmen von Hotelveranstaltungen zu bewundern. Lohnenswert sind Ausflüge zur Atlantikküste, vor allem in Richtung Süden zur Mündung des Drâa.

PRAKTISCHE INFOS

Tel. Vorwahl: 048, PLZ 81 000

Touristeninformation

◆**ONMT**
17, Rue Lahbab, Tel. 048 87 31 85, Fax 048 87 29 11

Klassifizierte Hotels

Ein Touristikkomplex mit einem komfortablen Hotel befindet sich im Bau.

◆**Salam***
Route de Tan-Tan, Tel. 048 87 20 57, Fax 048 77 09 12, 048 87 09 12. Sauber, €.

◆**Auberge Targa****
Route de Tata, Tel. 048 77 19 89.

Unklassifizierte Hotels

◆**Tinhir**
Im Zentrum von Norden kommend links der Hauptstraße. Sehr sauber, ½€.

◆**Oued Eddahab**
Pl. Bir Anzarane, Tel. 048 87 28 07.

Weitere einfache Hotels ◆**La Jeunesse** und ◆**Tighmert.**

Ein neues **Hotel,** das einen brauchbaren Eindruck macht, liegt an der Straße, die nach Laksabi und Sid Ifni im Zentrum abbiegt, auf der rechten Seite.

Einen beschaulichen Wüstenurlaub verbringt man beim **Fort Bou Jerif** (s. nächste Route), dort gibt es ein Motel und Hotel.

Camping

In **Abeinou** befinden sich ein kleiner, sehr einfacher **Campingplatz** und eine **Auberge.** Der freundliche Besitzer (im Restaurant Tafoukt gegenüber) ist *Alami Moussa* (Tel. 048 87 04 05). Der Platz ist aber recht heruntergekommen.

Empfehlenswerter ist das *Fort Bou Jerif* (siehe nächste Route).

Ein weiterer sauberer und schattiger Platz ist ◆**Domaine Khattab,** Km 12 Route d'Assa (12 km in Richtung Assa), Tel. und Fax 048 87 18 12. Der große, schattige Platz liegt auf einem Bauernhof und wird von einer englisch sprechenden Frau geführt. Einfache, aber saubere Sanitärräume, jedoch sehr viele Hunde am Platz. 15 DH/Pers., auch Zimmer in Bungalows (€€).

Busverbindungen

Busbahnhof: 45–48, Av. Agadir, links an der Hauptstraße (von *Bou Izakarne* kommend).

Supratours- und CTM-LN-Busse

Tel. 048 87 27 07

- **Gouelmim – Laâyoune – Dakhla** (über Tan-Tan): CTM 5x tägl. (alle nur bis Laâyoune), 148 DH. Bis Dakhla 1x tägl. mit CTM, ca. 16 Std. Fahrzeit, 270 DH. Außerdem Supratours-Busse der Bahn.
- **Gouelmim – Agadir – Marrakesch – Casablanca:** CTM 2x tägl. bis Marrakesch, 120 DH, ca. 9 Std. Fahrzeit. 1x tägl. bis Casa, Fahrzeit ca. 13 Std., 204 DH. Nach Agadir ca. 5 Std, 55 DH.

Privatlinienbusse

- **Gouelmim – Sidi Ifni:** 2x tägl., 15 DH.
- **Gouelmim – Dakhla:** 1x tägl., 250 DH.

Taxi/Sammeltaxi

Sammeltaxis in alle Richtungen. Preise: *Bou Izakarne* 30 DH, *Sidi-Ifni* 20 DH, *Tan-Tan* 50 DH.

Sonstiges

Der **Markt** liegt vor dem Place Bir Anzarane auf der linken Seite (von Bou Izakarne kommend).

An der **Wafa-Bank** im Zentrum kann man mit EC-Karte am Automaten Geld ziehen.

Internetcafé **Club Internet** in der Seitenstraße, die von der Wafa-Bank wegführt.

Ausflüge

Brahim Aybich, ein offizieller Führer für die Region, kann beim *Hotel Salam* engagiert werden.

Bis **Abeinou** sind es 13 km. Nach 4 km auf der Straße nach *Sidi Ifni* geht es rechts ab, beschildert „Source Thermal, Oasis". In diesem nicht besonders ansprechenden Ort gelangt man zu 40°C heißen Schwefelquellen mit Schwimmbecken. Die Bäder wurden neu gebaut (mit ordentlich gefliesten Duschen und Toiletten). Wenn das Bad geschlossen ist, kann man sich den Schlüssel bei *Moussa,* dem Patron des Campingplatzes, holen. Der Campingplatz ist sehr einfach und nicht besonders sauber (nur kalte Duschen). 2 Pers. plus Auto zahlen 25 DH. Der Patron spricht neben französisch auch englisch und deutsch. Daneben befindet sich eine **Auberge,** freundliches Personal, €€. Hier kann man am Parkplatz mit dem Camper parken: 15 DH pro Tag (beliebig viele Personen) und 10 DH/Tag für Strom.

Ausflüge bieten sich auch zum **Plage Blanche,** einem langen Sandstrand im Südwesten Guelmims, und nach **Fort Bou Jerif** (s. u.) sowie in Richtung **Süden** zur Mündung des Oued Drâa an (s. u.).

Feste/Veranstaltungen

◆**Moussem Sidi M'Hamed Ben Amar**
In Asrir im Mai

◆**Moussem Zawia Tagant**
In Tagant bei Bou Izakarn am ersten Dienstag im Mai

◆**Moussem Sidi Omar ou Omrane**
In Laksabi, Cercle Guelmim, Anfang Juni

◆**Moussem Sidi El Ghazi**
Im Zentrum von Guelmim am 1. Juli

Zwischen Guelmim und Fort Bou Jerif

Guelmim - (Fort Bou Jerif) - Plage Blanche

ÜBERBLICK

➡ **66 km Asphaltstraße bis Plage Blanche, bis Fort Bou Jerif ca. 46 km (9 km Piste)**

Die Straße zum Plage Blanche sollte inzwischen durchgehend asphaltiert sein. Zum Bou Jerif-Camping (ab Kreuzung zum Plage Blanche) 9 km Piste.

Mit Taxi ab Guelmim-Zentrum (kein Sammeltaxi, diese fahren nur bis Laksabi).

Vor einer Weiterfahrt nach Aoreora entlang des Meeres raten wir ab! Es besteht die Gefahr - vor allem im Flussbereich -, im Schlick zu versumpfen!

ANFAHRTSBESCHREIBUNG

Im Zentrum von Guelmim am Place Bir Anzarane, dem Platz mit den Palmen in der Mitte, von Tiznit kommend rechts (NW) in Richtung *Laksabi* und *Sidi Ifni* abbiegen (GPS N 28°59,167′ W 10°03,502′). Folgen Sie der Straße mit den vielen Geschäften bis zur Brücke über den *Oued Lakhdar* bei **km 1,5** (GPS N 28°59,657′ W 10°04,205′). Bei **km 2** zweigt die Route **links** nach *Laksabi*, zum *Plage Blanche* und zum Campingplatz (Schild „Fort Bou Jerif 39 km") ab. Nach *Sidi Ifni* geht die Straße geradeaus weiter.

12 km hinter Guelmim ist eine beschilderte Gabelung erreicht. Links geht es nach Laksabi, **rechts weiter** zum *Plage Blanche* und *Camping Fort Bou Jerif.*

Bei **km 15** folgt erneut eine Gabelung (GPS N 29°00,052′ W 10°11,616′). Rechts geht es nach *Taligouine* und *Ouadai Assaka* (alte Strecke nach *Fort Bou Jerif* bzw. 4x4-Strecke). Diese Teerstraße führt in ein hübsches Flusstal. Die weitere Pistenstrecke nach Bou Jerif ist jedoch durch starke Regenfälle für normale Fahrzeuge nicht mehr befahrbar. Fahren Sie **geradeaus weiter** zum Plage Blanche und nach Fort Bou Jerif.

Bei **km 37** ist der **Abzweig nach Fort Bou Jerif** (N 28°57,601′ W 10°33,515′) erreicht. Biegen Sie dort ab, wenn Sie den Abstecher zum Camping machen wollen.

★ Abstecher nach Fort Bou Jerif

Die 9 km lange, etwas holprige, aber mit Vorsicht auch von Wohnmobilen und Pkw befahrbare Piste führt direkt zum Campingplatz und an diesem vorbei zum alten Fort. Nach einer Fahrt durch einsame Hügellandschaft, in der ab und zu Saharaoui-Nomaden ihre weißen Zelte aufschlagen, liegt bei **Gesamt-km 46** (GPS-Daten: N 29°04,940′ W 10°19,853′) der Campingplatz und Motel *Bou Jerif*. Hier hat das französische Ehepaar *Evy* und *Guy Dreumont* einen Stützpunkt für Off-Roader, Naturfreunde und Wüstenfans in der Nähe eines alten französischen Forts errichtet. Beide haben das Gelände aus Altersgründen im Jahr 2003 an das ebenfalls französische Ehepaar *Robert* und *Jaqueline Derur* verkauft.

Der **Camping** und das **Motel Fort Bou Jerif** (B.P. 504, 81 000 Gouelmim, Fax 048 87 30 39) sind sehr gepflegt und hervorragend geführt. Vor allem die Sanitäranlagen sind oberer Standard. Es gibt 18 Zimmer und zwei Restaurants im fortähnlichen Gebäude, das ein bisschen nach Disneyland aussieht. Preise: Camping pro Person 20 DH, Auto 5 DH, Wohnmobil 10 DH. Übernachten kann man im Nomadenzelt (30 DH, €€B HP), im komfortablen Hotel (DZ inkl. Frühstück €€€) oder im einfachen, sehr sauberen Motel mit Gemeinschaftssanitäranlagen (€). Ausgezeichnetes, aber teures Essen (Menü 150 DH, Anmeldung bis 18 Uhr, Essen von der kleinen Karte 30–90 DH). Der Platz dient auch als Infobörse für Sahara-Durchquerer nach Mauretanien. Hier findet man zahlreiche wertvolle Informationen im Gästebuch. Die neuen Besitzer planen die Anschaffung von Quads und eine Kite-Surf-Schule am Plage Blanche. Sie helfen auch gerne beim Organisieren von Ausflügen mit Kamel und Pferd. Die Gegend hat ein sehr angeneh-

Marabut Massfoud

mes Klima, da die Meereswinde und die kühle Luft des Kanarenstroms hier noch ihre Auswirkung haben. Das ganze Gebiet eignet sich hervorragend für Ausflüge, vor allem mit Geländewagen.

Ungefähr 10 Minuten zu Fuß (1,1 km) vom Platz entfernt, thront über dem Tal des **Oued Assaka** das **Fort Bou Jerif** mit herrlichem Ausblick auf das Oued, in dem sich in feuchteren Jahren und im Winter zwischen Steinen eine Art Badebecken bildet. Auch Wasserschildkröten und viele Frösche gibt es dort.

Ohne den Abstecher nach Fort Bou Jerif geht es an der Kreuzung **weiter auf der Hauptroute** in Richtung Plage Blanche. Kurz nach dem Abzweig folgt eine kleine Ansiedlung und bei **km 43** wieder ein Dorf mit Moschee.

Bei **km 59** geht es bergab durch einen tiefen Taleinschnitt. 3 km weiter (bei km 62) geht es an einer Gabelung rechts weiter auf die weißen Häuser zu (GPS N 28°57,601'W 10°33,515').

66 km hinter Guelmim liegt das Dorf **Bou Issafen** mit flachen weißen Häusern, einer Richtfunkantenne, einer Téléboutique und einfachen Geschäften. Unterhalb eines Steilabbruchs liegt der Strand **Plage Blanche** mit Dünen und der Flussmündung. Man kann zu einer Aussichtsplattform über dem Fluss abfahren. Auf der anderen Seite der Flussmündung befinden sich einige Fischerhütten. Hier kann man sehr preiswert frischen Fisch kaufen bzw. tauschen. Der Strand ist schön, aber leider nicht mehr weiß, sondern eher gelbbraun und auch nicht gerade sauber. Der Ort soll touristisch erschlossen werden und ein Luxushotel entstehen. Deshalb wurde als erstes die Teerstraße dorthin gebaut.

Hier fließt der kalte Kanarenstrom vorbei, so dass sich vor allem im Hochsommer, wenn die Temperaturunterschiede zwischen Inland und Wasser hoch sind, ein Nebelband von bis zu 40 km Breite die Küste entlangzieht und es zum Baden oft zu kalt ist.

Tiznit – Sidi Ifni – Guelmim

ÜBERBLICK

132 km, Asphaltstraßen 7062, 7063, 7064; Busverbindung ab Guelmim bzw. Tiznit; auch Sammeltaxiverkehr

Die landschaftlich lohnende Strecke führt an wildromatischen Steilküstenabschnitten mit kleinen Sandbuchten vorbei. *Sidi Ifni* ist interessant wegen seiner 1950er-Jahre-Atmosphäre. Der Kontrast zu Agadir könnte schärfer nicht sein: Dort Hochglanzstyling und Touristenrummel, in Ifni eine nostalgisch-verstaubte Atmosphäre am Ende der Welt, mit nur wenigen Touristen. Es ist nur wenig touristische Infrastruktur vorhanden, darunter kleine Hotels und Restaurants.

ANFAHRTSBESCHREIBUNG

Ab Tiznit die Straße in Richtung *Moussa d'Aglou* und *Sidi Ifni* (südwestlich der Stadtmauer) wählen; nach 3 km zweigt eine Straße nach *Aglou Plage* ab, geradeaus geht es weiter nach Sidi Ifni, schöner ist die Teerstraße direkt über Moussa d'Aglou. Da die Strecke entlang des Meeres weniger kurvig ist, ist sie auch kaum länger als die Strecke durchs Inland nach Sidi Ifni. Also weiter rechts nach **Moussa d'Aglou,** das bei km 15 erreicht ist (Näheres siehe Tiznit, Ausflüge). Genau gegenüber dem Campingplatz zweigt rechts die Straße nach Sidi Ifni ab und führt oberhalb von Strand und Hafen an einer kleinen Ferienhauskolonie vorbei. 1,6 km nach dem Abzweig treffen wir auf das einfache *Hotel/Café Azrou Zourageh* und passieren knapp 5 km nach dem Abzweig (Gesamt-km 20) einen Weiler. 1,5 km danach präsentiert sich uns ein **langer Sandstrand** mit kleinen Sanddünen, der zum Verweilen und Baden einlädt.

Bei km 24 ist **Sidi Bou Ifdail,** ein Dorf mit Schule, erreicht. Ab hier ist die Gegend wieder etwas fruchtbarer, Feigenkakteen und aus Natursteinen gelegte Trockenmauern dienen als Umzäunungen für die Anwesen. Vereinzelt wachsen Palmen und Feigenbäume, vor allem in den Oueds. Wir fahren entlang einer Steilküste mit starker Brandung, die gelegentlich durch kleine Sandbuchten an den Flussmündungen unterbrochen ist, und treffen nach reichlich 6 km (km 30) auf die Einmündung (von links = Nord kommend) der direkten Strecke von Tiznit.

Bei km 39 km treffen wir auf eine schöne Sandbucht unterhalb der Straße. Bis *Ifni* fährt man entlang einer Steilküste mit hübschen Sandbuchten, die an den Einmündungen von Oueds oder in der Nähe von Siedlungen liegen. Die netten Sandbuchten sind vor allem im Sommer stark frequentiert.

Bei km 40 treffen wir auf eine Tankstelle und die Außenbereiche von Mirleft mit dem ◆**Hotel Mirleft** (€B inkl. Frühstück, 10 einfache und saubere Zimmer, warme Gemeinschaftsdusche, einige Zimmer mit Meeresblick, betrieben von *Hassan* und dem Berliner *Raphael*, sehr gutes Essen für Zwei ca. 60–70 DH, sehr freundlich) und der ◆**Résidence Alayoud** (Apartments). Beide liegen arg weit entfernt vom Strand. Der eigentliche Ort liegt 2 km weiter. **Mirleft** ist ein kleines Fischerdorf an einem palmenbewachsenen Oued, das nur im Sommer zu Leben erwacht. Auf einem Berg liegt ein verlassenes Militärfort, um den Ort findet man hübsche Sandstrände. Es gibt einige wenige, kleine Hotels und eine Pension am Strand, die aber im Sommer häufig ausgebucht ist. Sie ist ist hübsch, aber auch relativ teuer (DZ mit Etagendusche €€B, Dinner 130 DH/p. P., Frühstück 50 DH p. P.). Das ◆**Hotel du Sud** (€, mit warmer Dusche) ist einfach, sauber und freundlich, das Essen im dazugehörigen Restaurant überteuert. Als ein sehr nettes Restaurant wird ◆**Sandwich Playa** empfohlen: Familienbetrieb mit Einbindung der Touristen, Essen für abends muss mittags vorbestellt werden, leckere Tajine. Inzwischen gibt es auch das ◆**Ho-**

Die Felstore von Legzira

tel 3 Chameaux der gehobenen Klasse neben dem ehemaligen Militärgefängnis auf dem Berg, mit Pool und Alkoholausschank, betrieben von einem Franzosen.

Der eigentliche Strand von Mirleft liegt 1½ km entfernt in einer kleinen Sandbucht, wo im Sommer viele marokkanische Familien campen. An windigen Tagen brechen hier starke Wellen herein, so dass das Baden nicht ganz ungefährlich ist.

Die Strecke führt hinter Mirleft weiter entlang einer wild zerklüfteten Steilküste mit schönen Ausblicken aufs Meer. Nach 45,4 km ist der Strand von *Sidi El Wati*, eine reizende Bucht mit Sandstrand, Felsinseln und Felstor, erreicht, die sich im Sommer regen Zuspruchs erfreut. Ein „Camping verboten"-Schild untersagt hier das einstmals auch unter marokkanischen Familien sehr beliebte wilde Campen, ebenso entlang der weiteren Sandbuchten.

Nach 65 km (23 km ab Mirleft) führt rechts bei einem weißen Haus mit Zinnenturm und dem Wegstein „Auberge Le Gzira" ein Abzweig ans Meer. Nach 300 m Piste (auch für Pkw) Abzweig links in eine kleine Schlucht. Nach knapp 1 km gelangt man zur wunderschönen **Bucht Legzira** mit gleichnamigem **Café/Hotel** mit schöner Terrasse (½€, sehr sauber), direkt am Meer. Das Essen im **Restaurant** (große Terrasse mit herrlicher Aussicht) ist gut (frisch gefangener Fisch) und preiswert. Noch günstiger ist es in dem provisorischen Café direkt am Strand, das aber angesichts fehlender sanitärer Anlagen und fließenden Wassers nur bedingt zu empfehlen ist. Am etwa 3 km langen Strand trifft man auf zwei gewaltige, von Wind und Wellen geformte Felstore – eines ist bereits wieder eingestürzt, ein drittes entsteht ganz am Ende neu. Vorsicht beim Durchwandern, denn ganze Brocken fallen aus dem porösen Gestein heraus! Oberhalb der Bucht mit ihren Fischerhütten steht ein Schild „Camping interdit", allerdings ist es nach Rückfrage in der Auberge und nach Zahlung einer Gebühr für Wohnmobile möglich, an deren Parkplatz stehen zu bleiben.

Bei km 75 erreicht man die Kreuzung nach Tiznit und Guelmim (links), geradeaus geht es weiter nach Sidi Ifni.

SIDI IFNI

1445 von den Spaniern gegründet, hat die ehemalige **Garnisonsstadt** heute ca. 15 000 Einwohner. Die Festung wurde Anfang des 16. Jahrhunderts zerstört, das Gebiet nach dem spanisch-marokkanischen Krieg 1860 an Spanien abgetreten. 1957 fand ein Aufstand der marokkanischen Bevölkerung gegen die Spanier statt. Weitere Angriffe von marokkanischer Seite folgten. 1969 wurde das Gebiet an Marokko zurückgegeben. Für das Militär ist Sidi Ifni nicht mehr von Bedeutung, die Kasernen und der Flughafen sind verlassen und jetzt vermittelt die Stadt einen etwas verschlafenen Eindruck und hat den **Flair einer alten Piratenstadt.**

Der Hauptplatz, im spanischen Stil erbaut, ist sehenswert, einige der Häuser sind renoviert worden. In Richtung Tiznit wächst die Stadt zusehends, die Stadtteile hier sind auch gepflegter als die in Richtung Süden. Der Sandstrand ist ansprechend, aber nicht immer sauber. Der Blick auf die Stadt ist sehr malerisch.

PRAKTISCHE INFOS

Tel. Vorwahl: 048, PLZ 85 200

Klassifizierte Hotels

◆ **Bellevue****
9, Pl. Hassan II., gegenüber Rathaus. Tel. 048 87 50 72, 048 78 04 99. €€, Frühstück 22 DH, Menü 76 DH, Bierausschank, schönes, empfehlenswertes Hotel im kolonialspanischen Stil. Die schönsten Zimmer liegen oben mit Blick zum Meer. Gutes Essen, besonders die Fischtajine. Schöne Terrasse über dem Meer.

◆ **Aït Bamrane***
Am Strand, mit Bar. Frisch renoviert, saubere, neue Sanitäranlagen. DZ mit Meeresblick und Bad ca. €€, EZ €A, Frühstück 24 DH.

◆ **Suerte Loca***
Gegenüber der Gendarmerie (von *Guelmim* kommend am „Round About" mit der Tankstelle links in die Hauptstraße, dann wieder rechts, nur wenige Meter von der Treppe zum Strand); angenehmes, sauberes Travellerhotel. Der

freundliche Manager *Ahmed* spricht englisch, französisch und spanisch (DZ mit Bad €, warme Solardusche). Zimmer im Altbau ohne Bad ½€. Es werden auch voll eingerichtete Appartments vermietet (€€B). Gutes Essen!

Camping

◆**Camping Municipal**
Einfacher, ummauerter Platz im Süden am Meer; 2002 angeblich renoviert.

◆**Camping El Barco**
Tel. 048 78 07 07. Sauberer Platz direkt am Strand gegenüber Hotel Aït Bamrane. 10 DH p. P., Auto/Wohnmobil 10 DH, Moto 5 DH, Zelt 10 DH, 6 DH Strom, 6 DH heiße Dusche. Einfache Sanitäranlagen, aber sauber. Sandboden, kein Schatten. Einfache Bungalows mit eigener Terrasse (€€ p. P.). Angeschlossen ist das *Restaurant La Plage*.

Essen und Trinken

◆**Ere Nouvelle**
Gegenüber der Polizei. Av. Sidi Mohammed Abdallah. Sehr sauber, gut und preisgünstig. Fleisch oder Fisch mit Pommes und Salat für 25 DH.

Nomad
9, Av. Mulay Yussef. Sehr nettes und gutes Lokal, das von drei jungen Leuten betrieben wird, die sich rührend um die Gäste kümmern. Lockere Atmosphäre mit viel Musik von Ray bis Rock und Pop. Auch zum selber Musizieren. Gegrillter Fisch 35 DH, Tee 5 DH, Salat 25 DH.

Café-Restaurant Mata-Rangi
Av. Hassan II, nahe dem Rathaus. Leserempfehlung: sehr sauber und gut, von mehreren jungen Marokkanern geführt. Hauptgerichte 25–40 DH.

Snack Les Fleurs
Av. Hassan II. Klein und nett, gute Brathähnchen, lobenswerter Service und Essen. Von einem Leser besonders empfohlen.

Du Chef
Gegenüber vom Hotel Ifrane. Reichhaltiges, preiswertes Essen.

Sonstiges

Es gibt einen *Marché Municipale* (mit öffentlicher Toilette), ein Postamt, eine Bank (*Banque Populaire*, man kann hier Traveller-Cheques eintauschen) sowie eine Tankstelle. Einmal jährlich im Sommer findet ein großer *Moussem* (Fest mit Reiterspielen) statt.

Hinter Sidi Ifni führt eine gute, schmale Teerstraße durch kleine Orte und bergiges Küstenland nach Guelmim.

Wieder an der Kreuzung vor Ifni erreicht man 95 km hinter Tiznit den kleinen, relativ neu gebauten Ort **Mesti.** Weiter führt die Straße durch bergiges Buschland. Bei km 122,5 führt links eine Teerstraße zu den *Thermalquellen von Abeinou* – wir fahren geradeaus weiter. Bei km 126,6 zweigt rechts die Straße zum Plage Blanche ab (beschildert „Plage blanche, Laksabi, Fort Bou Jerif"). Bei km 129,6 befindet sich Guelmim.

Guelmim – Tan-Tan – Tarfaya – Laâyoune

447 km, P 41

Gute Asphaltstraße, die als Versorgungsstrecke für die marokkanischen Truppen in Richtung Westsahara gebaut wurde. Die Strecke ist mittlerweile bis zur mauretanischen Grenze frei befahrbar, es gibt auch kaum mehr Kontrollstellen.

Gute Busverbindung (s. Guelmim). Die Straße führt vorwiegend an einer Steilküste entlang. Höhepunkte auf dieser Strecke sind die Mündungsgebiete der Flüsse mit ihrem Vogelreichtum, das Naturschutzgebiet um das *Sebkha Naila (Reserve Naturelle Naila)* und die Salzsenken *(Sebkhas)* vor Laâyoune, wo man auch Salzabbau beobachten kann. Viele Kilometer ziehen sich über öde, flache und langweilige Gegenden hin und lassen vor allem Radfahrer angesichts des Windes und der Eintönigkeit verzweifeln.

Die Küstenlandschaft bis *Tarfaya* ist eine flache Steppe, gesprenkelt mit niedrigen Büscheln hartholziger Steppenpflanzen, Sukkulenten und den grauen, stacheligen Polstern von Euphorbia. Hin und wieder ziehen kleine Sanddünen über die Straße. In wenigen Regionen wird Getreide angebaut, auf den restlichen karg bewachsenen Flächen weiden Schafe, Ziegen und Kamele. Die bereits **wüstenartige Landschaft** wird durch breite, canyonartige Quertäler verschiedener Oueds unterbrochen. Von diesen führen nur die *Oueds Drâa* und *Chebeika* gelegentlich Wasser. In den Mündungsgebieten findet man sehr häufig Flamingos und alle Arten von Wasservögeln, aber auch für Wohnmobilisten traumhaft schöne Übernachtungsplätze.

Von Guelmim aus führt die Straße ohne große Steigungen weitgehend über flache Landschaft, die Berge sind etwas weiter weg, bis man bei km 56 auf den Ort **Ras Oumlil** (Tankstelle, Café, Restaurants) trifft.

Hier beginnen karge, braune, im Winter vegetationslose Berge, und die Straße schlängelt sich über 16 km bergauf zu einer Passhöhe. In umgekehrter Richtung hat man bei klarer Luft fantastische Ausblicke auf die Ebene in Richtung Gouelmim.

Bei km 108 ist das *Oued Drâa* erreicht. Hier beginnt die Provinz Tan-Tan. Früher war hier die Grenze zum spanisch besetzten Teil der Sahara, bevor Spanien 1953 das Gebiet an Marokko zurück gab (noch vor der Aufgabe der Westsahara 1975).

Wenn man kurz vor der Brücke auf eine Piste in Richtung Meer abzweigt, erreicht man ein malerisches Militärfort mitten im Oued und einige Kilometer darauf die **Mündung des Oued Drâa.**

Bei km 127 zweigt eine asphaltierte Straße nach *M'sied* (frei befahrbar) ab.

Ein **Torbogen** mit zwei großen, steinernen Kamelen begrüßt den Reisenden bei der Stadteinfahrt nach Tan-Tan, das bei km 128 erreicht ist.

TAN-TAN

Die Provinz Tan-Tan hat etwa 65 000, die Stadt selbst, Gouverneurssitz und wichtiger Militärstützpunkt, 48 000 Einwohner. Sie liegt zwischen den Bergzügen des *Djabal Zini* und des *Djabal Bani*. Der 20 km entfernte Hafen von Tan-Tan (El Ouatia) wurde mit großem Aufwand zum Hochseehafen ausgebaut, denn die Küste hier ist sehr fischreich. Durch den Bevölkerungszuwachs infolge des Hafenausbaus wurden viele Neubauviertel rings um die Stadt erbaut. Die im Lehmbaustil errichtete Stadt mit zinnenbewehrten Mauern und den Arkadengängen in der Hauptstraße zeigt das typische Bild einer Wüstenstadt. Das Klima dort ist heiß (Jahresdurchschnitt Minimum 16°, Maximum 22°), die Niederschläge sind gering (82 mm Regen jährlich im Durchschnitt der letzten 20 Jahre). Trotzdem wird die Provinz nach und nach fruchtbar gemacht und sogar Weizenanbau betrieben. Hier arbeiten die Bauern mit Traktoren und modernen Maschinen, was in den Atlasregionen wesentlich seltener vorkommt. Haupteinkommensquellen sind jedoch der Fischfang und der Handel sowie eine Fisch verarbeitende und petrochemische Industrie.

Sehenswürdigkeiten fehlen, der Ort dient als Versorgungszentrum für den Süden, angefangen von Elektrogeräten bis zu einer guten Lebensmittelauswahl gibt es hier alles zu kaufen. Ein großes Geschäftsviertel (Beschilderung „Suq Hebodmaire") liegt links von der Durchgangsstraße.

GESCHICHTE

Die Region wird schon von dem berühmten Historiker *Ibn Khaldoun* erwähnt, der bereits von den Anfängen der Islamisierung und den Auseinandersetzungen zwischen Berbern und Arabern in der Region berichtet. Das Gebiet war ursprünglich von *Sanhahja-* und *Zenata-Berbern* besiedelt, die aber nach und nach von den arabischen *Beni Hassan* dominiert wurden. Diese breiteten sich über den ganzen Süden Marokkos und auch in die Westsahara aus. Das **Hassania,** ein arabischer Dialekt, wird auch in der Westsahara von den Saharaouis gesprochen, von denen viele auch der Ethnie der Beni Hassan angehören. Im 14. Jh., als die Spanier die Kanarischen Inseln besetzten, fassten sie auch an der Küste südlich von Tan-Tan (an der Khnefiss-Mündung) Fuß und errichteten dort ein Handelsfort, das auch als Sklavenzwischenlager diente. Immer wieder gab es Kämpfe mit den Bewohner des Hinterlandes, vor allem die Assa-Marabouts vereinten sich, und es gelang ihnen 1524 die Spanier zu vertreiben. Später drangen die Portugiesen an der Drâamündung ins Hinterland ein und lieferten sich Kämpfe mit der Bevölkerung. Bis ins 17. Jh. beherrschten die Portugiesen mit ihren befestigten Städten die Atlantikküste. Mit der Ausweitung der Handelsniederlassungen und der Dominanz der europäischen Mächte in Marokko gelang der Händler *Mac Kenzie* in die Region und errichtete in Tarfaya das *Bateau du Mer* (siehe dort), eine Burg im Meer, ein Handelslager, über das Zucker, Munition, Waffen und Gold transportiert wurden, bis Sultan *Hassan I.* dem Treiben des Handelsmannes 1884 ein Ende setzte.

Ende des 19. Jh. eroberten die Spanier abermals das Gebiet südlich des Oued Drâa und kolonisierten das Gebiet bis hinunter nach Mauretanien. Die spanische Kolonie **Rio de Oro** wurde geschaffen. 1953 überließen die Spanier das Gebiet nördlich von Tah-Daora bis zum Oued Drâa den Marokkanern. Die „Befreiung" der Westsahara, der so genannte **„Grüne Marsch"** im Jahr 1975, an dem 350 000 unbewaffnete Zivilisten zu Fuß in die gerade von den Spaniern verlassene Westsahara einmarschierten, startete am 6. November in Tan-Tan.

PRAKTISCHE INFOS

Tel. Vorwahl: 048, PLZ 82 000

Klassifizierte Hotels

◆ **Hotel-Restaurant Etoile du Sahara***
17, Rue el Fida, Tel. 048 87 70 85. €.

◆ **Amgala***
Tel. 048 87 73 88/08, im Zentrum. Kleines, sauberes Hotel. €.

◆ **Sable d'Or**
Bd. Hassan II. Tel. 048 87 80 69. Das nette kleine Hotel gehört *Brahim Boufous*, der 17 Jahre in Frankreich lebte. €.

◆ **Texas**
Tel. 048 87 78 53. Neues Hotel, über das mir noch keine Informationen vorliegen.

◆ **Bir Anzarane**
154, Bd. Hassan II. (an der Straße nach El-Ouatia), Tel. 048 87 78 34.

◆ **Al Aoubour**
51, Av. Hassan II., Tel. 048 87 75 94. Einfach, aber sauber.

Unklassifizierte Hotels

◆ **Royale** und ◆ **Tiznit** (am Ortsanfang an der Hauptstraße rechts). Ferner mehrere einfache Hotels im Zentrum.

Busverbindungen

Der CTM-LN-Busbahnhof liegt an der Hauptstraße Av. Hassan II, Tel. 048 877389, ebenso das Supratours-Büro (Bahnbusse), Tel. 048 7658 10.

Privatbusse

◆ **Satcoma-Satas**
Am Gare Routière, Tel. 048 87 73 89.

◆ **Salama**
Am Gare Routière, Tel. 048 87 88 45.

Private Busse verkehren nach Assa und Fam el-Hism oder nach Bou Izakarne und Tiznit.

CTM-LN-, Supratours-Verbindungen

➠ **Tan-Tan – Laâyoune (Dakhla):**
1x tägl. (über Nacht), 100 DH, Fahrzeit ca. 7 Std.

➠ **Tan-Tan – Marrakesch** (über Agadir):
2x tägl. (über Nacht), 165 DH, Fahrzeit ca. 11 Std. Nach Agadir 90 DH, ca. 7 Std.

Taxi/Sammeltaxi

Petit Taxis: Abfahrt am Hauptplatz El Amir Mulay Abdallah.

Sammeltaxis fahren etwas nördlich davon beim Hotel Rex ab. Viele Taxis zur Weiterfahrt in den Süden (ca. 100 DH bis Laâyoune).

Autoverleih

◆ **Lovota**
80, Bd Hassan II., Tel. 048 87 74 54, Fax 048 87 72 67.

Notfall

◆ **Medizinischer Notfalldienst**
Tel. 048 877174

◆ **Krankenhaus**
Hõpital Hassan II., Av. de la Plage, Tel. 048 87 71 24, 048 87 71 24

◆ **Nachtapotheke**
1er Arrondissement urbain, Tel. 048 87 87 18

Internetcafés

◆ **Saharanet**
211, Bd Mohammed V.

◆ **Mondialnet**
Bd. Hassan II., Rue El Kssaba 2

◆ **Micronet**
237, Bd. Mohammed V.

Feste/Veranstaltungen

Großer *Moussem* 2 km von Tan-Tan beim Marabut *Sidi Mohammed Laghdaf* im Juni.

Ab Tan-Tan führt eine gute Straße nach *El Ouatia* (ex *Tan-Tan-Plage*). Die Strecke *Tan-Tan-Plage – Tarfaya* wurde zur Besetzung der Westsahara 1975 in Windeseile ausgebaut.

4 km hinter Tan-Tan (Gesamt-km 132) zweigt links eine Straße zum Flughafen und 1 km weiter nach *Es-Semara (Smara)* in der Westsahara ab.

Bei einer Tankstelle (km 150) führt die Straße geradeaus nach *El Ouatia* und links weiter nach *Tarfaya* und *Laâyoune*.

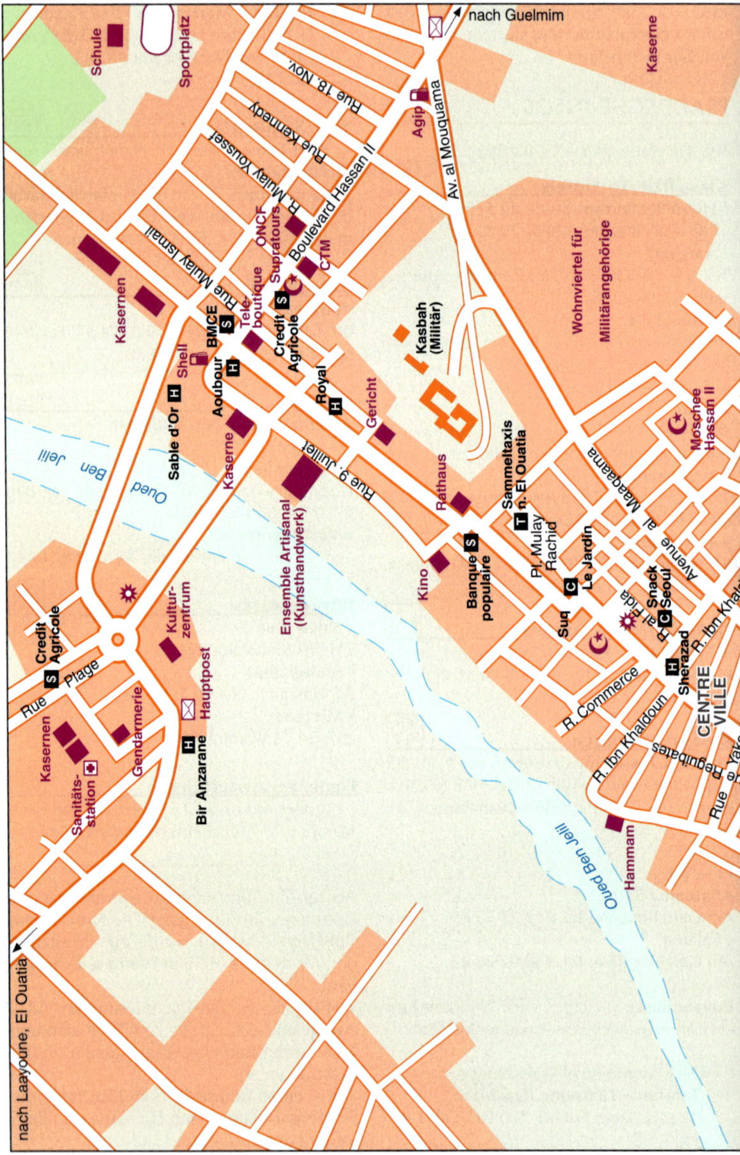
nach Guelmim
Kaserne
Schule
Sportplatz
Rue 18. Nov.
Rue Kennedy
R. Mulay Youssef
Agip
Av. al Mouquama
Boulevard Hassan II
ONCF
Supratours
CTM
Rue Mulay Ismail
Kasernen
Tele-
boutique
BMCE
Credit
Agricole
Shell
Aoubour
Sable d'Or
Royal
Kasbah
(Militär)
Wohnviertel für
Militärangehörige
Gericht
Kaserne
Oued Ben Jelil
Rue 9. Juillet
Ensemble Artisanal
(Kunsthandwerk)
Rathaus
Sammeltaxis
n. El Ouatia
Moschee
Hassan II
Avenue al Maqaama
Pl. Mulay
Rachid
Le Jardin
Kino
Banque
populaire
Snack
Seoul
Suq
al Fida
R. Ibn Khaldoun
Sherazad
CENTRE
VILLE
R. Commerce
R. Ibn Khaldoun
Rue de Reguibates
Rue Yak
Kultur-
zentrum
Credit
Agricole
Rue Plage
Hauptpost
Kasernen
Gendarmerie
Sanitäts-
station
Bir Anzarane
Oued Ben Jelil
Hammam
nach Laayoune, El Ouatia

Tan Tan
Hotel
Café
Bank
Taxistand
Post
Moschee
Tankstelle
Campingplatz
Sanitätsstation
Polizei
0
200 m
N
Mansour
Schule
Wasserturm
Filata
Rue Mohammed V.
Rue Oulad Dlim
Maagaama
Rue Oulad Bouita
Rue Yiggout
al
Avenue
Rue Oulad Tigrawne
Avenue
Jour et Nuit
Tafoukt
Dakar
Taxis
Pl. de la Marche Verte
Busgesellschaften (Gare Routière)
Schule
Marché Municipal
Rue Ine Rahma
INE RAHMA
Rue Bine el Widane

El Ouatia (ehemals *Tan-Tan Plage*) ist ein kleiner, aufstrebender Ort mit vielen Neubauten und Sommerfrische für die Bewohner von Tan-Tan. Der Fischereihafen wurde in den vergangenen Jahren stark vergrößert, ein Ausbau zum Touristenort ist geplant. Seit 1998 ist der Ort Sitz des nationalen Meeresforschungsinstituts.

Es gibt hier **zwei bewachte Stellplätze für Wohnmobilisten:** 1. an der Strandpromenade für 10 DH (Nachtwächter), 2. kostenlos gegenüber dem **Hotel Equinox** an der Küste, ca. 50 m Luftlinie vom ersten Stellplatz entfernt. Im gepflegten Hotel/Restaurant des franz. Ehepaars *René* und *Jo Denis* kann man ausgezeichnet Essen und frühstücken. Ein weiteres gutes Restaurant ist das koreanische *Korea-House,* ein weiteres Hotel das einfache, aber saubere **Le Marin,** Av. Sidi Ahmed El Garn, Tel./Fax 048 8795 07.

Hinter El Ouatia, in Richtung Tarfaya, führt die Straße die ersten 15 km nahe des Kiesstrandes, der von kleinen Felsriffen unterbrochen ist, entlang. Dann folgt Steilküste, an der sich meterhohe Wellen brechen. Eine flache, fast vegetationslose Wüstenlandschaft, die lediglich in den Wadis dünn bewachsen ist, zieht sich ins Landesinnere. Viele Fischer mit 5 m langen Angelruten stehen am Steilabbruch und versuchen ihr Glück. Hier kann man günstig frische Fische kaufen.

Eine Kormoran-Nistkolonie findet man bei km 174 unter den Küstenfelsen, und 6 km weiter (km 180) mündet das **Oued Chebeika** ins Meer. Dünen säumen die Mündungslagune, und häufig kann man hier Flamingos beobachten.

Die Mündung des **Oued Ma Fatma,** ist bei km 209 erreicht. Hier sieht man ebenso häufig Flamingos, wie auch an der Mündung des **Oued El Ouaar** (km 218 – Brücke). Eine schöne Sandbucht wird von schwarzen, ausgewaschenen Felsterrassen mit Höhlen und Muschelbänken begrenzt (s. Foto). Im Schwemmbereich gibt es viel Müll, davor ist es aber bei Ebbe sehr schön.

Kurz darauf trifft man auf drei Tankstellen links der Straße. Ab hier kann man wesentlich **preiswerter** (zoll- und steuerfrei) **tanken** als im Norden (Diesel ca. 2,9 DH, Super ca. 4,9 DH). Das gesamte Gebiet der Westsahara ist zoll- und steuerfreies Gebiet!

Bei km 238 trifft man auf die *Station de la Marine*. Nebenan findet man ein großes **Loch mit Meereseinbruch** rechts der Straße. 1 km weiter (Gesamt-km 239) ist der Ort **Akhfennir** erreicht. Einfache Häuser, eine Tankstelle und viele Cafés säumen die Straße. Die Steilküste endet hier und geht in einen schönen, kilometerlangen Sandstrand über. Bald darauf ziehen sich immer wieder kleine Sanddünen entlang der Straße.

Bei km 261 steht rechts ein gemauerter Wegweiser, der auf einen Abzweig in das **Naturschutzgebiet Reserve Naila – Sebkha Naila** hinweist. 1 km weiter trifft man auf ein kleines Fischerhäuschen am Ende der Zufahrtsstraße. Es gibt kein Infobüro mehr. Zur Übernachtung dort auf dem Parkplatz braucht man eine Genehmigung der Polizei in Akhfennir (kostenlos und kein Problem laut Auskunft eines Touristen). Der arabisch sprechende Aufpasser macht darauf aufmerksam. Hier an diesem Platz ist es nicht besonders schön (müllig, trist), fährt man aber die Hauptstraße nach Laâyoune 3 km weiter, sieht man rechts unten das schöne Naturschutzgebiet um den Salzsee, an einer großen, tiefblauen, von gelben Sanddünen und Schilf gesäumten Lagune liegen.

Die Straße führt nun ca. 1 km vom Meer entfernt weiter in Richtung Süden. Immer wieder überziehen Wanderdünen die Asphaltstraße.

Das große **Sebkha Debira** bzw. Tamzra (km 278) liegt rechter Hand der Straße. An der Küste liegt das Marabut des **Sidi Lemsid** *(Sidi El Msid)*. Die Sebkha Debira ist von einer Kette gelber Sanddünen eingerahmt und erstreckt sich von Westen nach Osten in einer Länge von 25 km. An seiner Mündungslagune stehen die Reste eines viereckigen kleinen Forts, das seinerzeit die Einfahrt zum „Puerto Cansado" beschützte. Das ganze Küstenplateau ist übersät mit Muschelschalen, darunter fand man früher auch allerhand prähistorische Artefakte wie Pfeilspitzen, kleine Steinbeile, auch eine Menge Straußeneierschalen, manche mit Ornamentik versehen, sowie kleine Ringe aus diesem Material, welche einst die Frauen als Halskettenschmuck getragen haben mögen. Auch Skelettstücke von Walfischen wurden an dieser Küste gefunden. Ein Abstecher lohnt sich sowohl landschaftlich und auch wegen des traditionellen Salzabbaus

Bei km 310 führt die Straße wieder am Meer entlang, darunter liegt die Steilküste mit Sandstrand.

16 km weiter sieht man ein gestrandetes Schiff, und bei km 331 endet die Steilküste. Jetzt ist es leichter, ans Meer zu kommen, denn ein breiter Sandstrand zieht sich bis Tarfaya. Nach wiederum 12 km und die darauffolgenden Kilometer trifft man auf viele gestrandete Schiffe. Angeblich soll es jetzt häufiger zu Havarien kommen, da der Leuchtturm von *Cap Juby* nicht mehr funktioniert.

Ein Abzweig (bei einer Tankstelle) führt bei km 344 links nach *Laâyoune*, rechts nach *Tarfaya*. Über den Abzweig erreicht man nach 3 km den kleinen Ort. Zurück zur Straße nach Süden in Richtung Laâyoune sind es 11 km.

TARFAYA

Viele Kasernen deuten auf die Wichtigkeit als militärischer Stützpunkt hin. Bereits unter den Franzosen war Tarfaya, damals wegen des vorgelagerten Kaps **Cap Juby** genannt, ein wichtiger Posten. Es gab einen Leuchtturm, der die Schiffe vor den Klippen der Steilküste warnte, und die Postfliegerstation des französischen Militärs, von der aus Briefe in die westafrikanischen Kolonien geflogen wurden. Der berühmte Schriftsteller **Antoine de Saint Exupéry** war hier 1927–1929 als Flieger des *Service Aéropostale* stationiert, einer Postkurierlinie, die Frankreich mit St. Louis im Senegal verband. Hier holte er sich die Inspiration für einige seiner wichtigsten Bücher wie „Nachtflug“, „Wind, Sand und Sterne“, „Der kleine Prinz“ oder „Stadt in der Wüste“. Nach den schönen Beschreibungen des bekannten Schriftstellers erwartet man sich hier mehr als diesen kleinen Ort am Ende der Welt. Man kann jedoch noch die Kolonialfassade der französische Kaserne, in der jetzt marokkanisches Militär untergebracht ist, bewundern sowie ein kleines Denkmal, das an den berühmten Flieger erinnern soll – ein Metallflugzeug aus Rohren zusammengeschweißt am Strand gegenüber der ehemaligen französischen Kaserne. Von hier hat man einen sehr schönen Ausblick auf den weiten Sandstrand und das **Chateau de Mer** (s. Tan-Tan, Geschichte) mitten im Meer. Dessen Erbauer, der Schotte *Donald MacKenzie,* hat die Stadt als Handelsniederlassung gegründet.

Das Trinkwasser ist leicht salzhaltig und schlecht, es gibt viele Geschäfte und zum Einkehren eignen sich das ◆**Café-Restaurants Atlas** oder das ◆**Essalam** an der Hauptstraße. **Übernachtung** in einem kleinen, heruntergekommenen Hotel im Ortszentrum (DZ €B).

An der Straße nach Laâyoune liegt ein hübscher, neu ausgebauter Fischerhafen.

375 km hinter Gouelmim (30 km von Tarfaya) ist das **Sebkha Tah** links zu sehen, das man besser nicht durchfahren sollte, da hier in der Nähe die ehemalige Grenze verlief und Minengefahr besteht. Man hat aber von hier einen schönen Ausblick in den Salzsee und seine zerklüfteten Steilwände. Das Sebhka liegt 15 m unter dem Meeresspiegel und ist damit der tiefste Punkt Marokkos. Rechts der Straße liegt ein kleines Dünengebiet der **Erg Ladam.**

6 km weiter (km 381) gibt es eine kleine **Tankstelle** und das ◆**Café Tah.** Hier an der ehemaligen Grenze zwischen Marokko und Spanisch-Sahara ist ein kleiner Ort neu entstanden, und die Reste des spanischen Grenzgebäudes von **Tah,** zwei Kuppelgebäude, sind noch zu sehen. An der Straße stehen kleine Steinpyramiden mit arabischer Beschriftung und Jahreszahlen, dekoriert von einem Fahnenstangenwald und Denkmal zur Erinnerung an den „Grünen Marsch“. Hier beginnt das eigentliche Gebiet der Westsahara.

Das **Sebkha Oum D'ba** ist bei km 389 rechter Hand zu sehen. Ein Abstecher lohnt sich: Etwa 500 m, nachdem man von der Straße aus in das Sebkha schauen kann, geht rechts eine Piste ab. Unterhalb steht eine verfallene Hütte mit einem Schrott-Lkw. Von dort führt nach links eine kleine Piste zu einer Quelle, die einen Teich mit glasklarem Wasser bildet und von wo man einen schönen Blick auf die Salzkruste des Sebkhas hat. Dieser echte Salzsee ist von gigantischen Steilwänden umgeben, und man kann auf einer Piste über die weißglitzernde Ebene hinausfahren bis zur Mitte, wo Salz abgebaut wird - aber besser nur, wenn es trocken ist. Danach sollte man das Auto waschen lassen, denn das agressive Salz ist als Wagenpflege natürlich nicht geeignet.

Zurück auf der Hauptstraße trifft man bei km 403 auf eine **Tankstelle;** ein **Abzweig** führt links nach **Daoura,** einem kleinen, neu aufgebauten Ort.

Bei **km 410** (399) Abzweig rechts auf eine Piste; 4,5 km sind es zum ◆**Camping Le Roi Bédouin** (GPS-Daten N 27°27,717′ W 13°03,115′). Der Platz wird von dem überaus freundlichen belgischen Ehepaar *Luc* und *Martine Requilé* geführt. Sehr gepflegte sanitäre Anlagen; großes „Hochzeitszelt" als Restaurant. Pro Person 25 DH, im Beduinenzelt Royal 75 DH pro Pers. (120 DH für Zwei), Frühstück 25 DH, Tajine 60–75 DH. Fax 048 99 45 46 (19–23 Uhr), le_roi_bedouin@hotmail.com, www.geocities.com/le_roi_bedouin. In der Nähe gibt es einen kleinen Wasserfall.

Aïn Tissegrad, ein Ort, der nur aus zwei Häusern besteht, ist bei km 435 erricht. 10 km weiter, bei km 445 (Tankstelle), gibt es einen weiteren **Checkpoint.** Alle Personalien werden geprüft. Bei der Tankstelle führt links ein **Abzweig nach Cheira** *(Ed Chera),* geradeaus weiterfahren nach Laâyoune.

Die ersten Gebäude von **Laâyoune** sind bei km 447 erreicht, rechts steht ein Pseudoschlösschen, das aber eine Kaserne ist. Kontrollpunkkt der Gendarmerie. Von hier hat man einen schönen Blick auf die Stadt. Über die Brücke am *Oued Seguiat al Hamra* erreicht man Laâyoune.

LAÂYOUNE

Die Stadt hat ca. 180 000 Einwohner (1960 waren es nur 5700!) und liegt in der Senke des *Oued Seguiat al Hamra,* kurz vor dessen Mündung ins Meer. Laâyoune wächst unaufhörlich, zahlreiche neue Viertel entstehen. Allerdings sind ein großer Teil der zugezogenen Bevölkerung marokkanische Soldaten und Händler. Der Innenstadt wurde ein neues Gesicht verpasst, mit viel Aufwand wurde ein modernes Zentrum errichtet, das sehr sauber gehalten wird. Kaum eine Frau läuft hier verschleiert, und die Bewohner kleiden sich überwiegend westlich und sind Fremden gegenüber sehr aufgeschlossen. Insgesamt macht die Stadt einen wesentlich moderneren Eindruck als viele Städte im Norden.

Der Hafen bei Laayoun-Plage wurde als Hochseehafen ausgebaut, um die ausgebeuteten Rohstoffe gleich unmittelbar verschiffen zu können. Treibstoff ist hier sehr billig. Auch die Einkaufsmöglichkeiten sind sehr gut. Laâyoune ist wichtiger Militärstützpunkt und Hauptstadt der „Provinz Sahara". Die Stadt verfügt über keine Sehenswürdigkeiten. Interessant sind vielleicht der **Colline des Oiseaux**, ein schön angelegter Park mit exotischen Vögeln, und das **Centre Artisanal,** das staatliche Kunsthandwerkszentrum.

PRAKTISCHE INFOS

Tel. Vorwahl: 048, PLZ 70 000

Touristeninformation

◆**ONMT**

Av. de l'Islam. B.P. 471, gegenüber dem Hotel *Parador*, 048 89 16 95, Fax 048 89 16 94.

Klassifizierte Hotels

◆**Nagjir******

Tel. 048 89 42 44, 048 89 42 60 12, Fax 048 89 09 62, Av. de la Mecque/Oqba ibn Nafi, mit Schwimmbecken, €€€€.

◆**Parador Sahara*******

Rue Oqba ibn Nafi, Tel. 048 89 29 50, 048 89 28 14, Fax 048 89 23 46. Sehr schönes Hotel mit Pool und allem Komfort.

◆**Sahara Line******
Ecke Rue Kairaouane und Rue 24. Novembre. Tel. 048 99 54 54, Fax 048 99 01 55. Schönes neues Hotel nahe des Zentrums, Sat-TV. DZ €€€€B, Dreier-Zi. €€€€, EZ €€€.

◆**Nagjir******
Place (Sahat) Dcheira, Tel. 048 89 09 83, Fax 048 89 09 82; mit Disko und Pool. €€€€B. Schöne Lobby, Zimmertrakt entspricht nicht so recht 4-Sterne-Standard. Große Zimmer, sehr kleine Toilettenräume, Teppichböden im Flur und Zimmer schon recht verschlissen. Viele UNO-Beauftragte sind im Hotel untergebracht. Günstiger Ausgangspunkt in die Av. de la Meque (Hauptgeschäftsstraße, z. B. Supermarché Barda), zudem liegen am Platz Dcheira eine Wafa-Bank und die Royal Air Maroc.

◆**Le Champignon**
Laâyoune Plage (Foum el-Oued). Tel. 048 89 21 15, Fax 048 89 27 91. Etwas verkitschter Tourismuskomplex mit Bungalows in Pilzform (2–6 Personen), Freibad, Restaurant, Kiosk, Bar. Vorsaison €€, Hauptsaison €€€€B (jeweils DZ). Im Sommer ist hier ziemlich was los, man wähnt sich in Spanien. Discomusik am Pool. Im Winter ist wenig los.

♦**Lakouara*****
Av. Hassan II., Tel. 048 89 33 78/79, €€A.
♦**Hotel Josefina*****
Tel. 048 99 84 74, El Marssa, kurz nach der Stadtausfahrt in Richtung Boujdour; spanische Besitzer, Restaurant. €€€.
♦**El Alya****
Tel. 048 89 41 44, Tel./Fax 048 89 19 55; 1, Rue Kadi El Ghalaoui, €€.
♦**Jodessa****
223, Av. Meque (Mecca), Tel. 048 99 20 63, Fax 048 99 20 64. €€.
♦**Residencia****
Rue Prince Mulay Abdellah, Tel. 048 89 38 29.
♦**Atlas***
186, Av. Md S. Baida, Tel. 048 89 47 97.

Camping

Einfacher Campingplatz *Nil* in *Laâyoune Plage* gegenüber dem *Hotel Champignon.*

Wohnmobilisten können in *Foum el-Oued* am Ende der Strandpromenade auf einem großen Parkplatz oder weiter hinten bei den Dünen (etwas vermüllt) problemlos stehen.

Busverbindungen

Der Busbahnhof liegt im Zentrum an der Av. Meque (Mekka) neben *Supratours* und *Hotel Bahia*. **CTM:** Tel. 048 89 02 48. **Supratours-ONCF:** Tel. 048 89 07 72.

Busverbindungen der Eisenbahngesellschaft ONCF (Supratours) und CTM-LN

- **Laâyoune – Dakhla:** 1x tägl., 141 DH, 9 Std. Fahrzeit.
- **Laâyoune – Gouelmim – Marrakech:** 4x tägl., 265 DH, ca. 17 Std. Nach Gouelmim 134 DH (über **Agadir** mit Anschluss nach **Rabat** und **Casablanca**).

Taxi/Sammeltaxi

Abfahrt am Ende (NW) der Av. Hassan II. in Richtung Norden. Die Taxis nach Boujdour/Dakhla fahren von woanders ab (weiter südlich, nach dem „Gare Routière taxi collectives, direction Boujdour" fragen).

- **Laâyoune – Agadir:** ca. 220 DH
- **Laâyoune – Gouelmin:** ca. 160 DH

Flugverbindungen

♦**Royal Air Maroc**
7, Place Bir Anzarane, Tel. 048 89 40 71

♦Der **Flughafen Hassan II.** liegt 1 km außerhalb, Tel. 048 89 33 46/47. Nach *Casablanca* 6x wöchentlich Flüge.

Essen und Trinken

Um den Place Cheira (Dcheira) und entlang der Av. Mekka (Meque) gibt es viele preiswerte Restaurants und Cafés.
♦**Café-Restaurant Amal,** Pl. Cheira
♦**Le Mareika,** 78, Av. Hassan II.
♦**Le Poisonnier,** 183, Av. Meque (Mekka)
♦**San Francisco,** Av. Meque

Rund ums Auto

Autovermietungen

♦**Soubal,** 40, Rue Asilah, Tel. 048 89 31 99
♦**Massira Tours**
20, Av. Meque, Tel. 048 89 42 29
♦**Thali Rent Car**
1, Av. Kairuan, Tel. 048 99 07 90

Werkstätten

♦**Kentaoui Lhebib**
2, Av. Hassan II. Tel. 048 89 35 29. Gute Werkstatt, riesiges Ersatzteillager v. a. für Landrover.
♦**El Mansouri A.**
1, Av. Taha Houcine. Tel. 048 89 22 01
♦**Socotec Maroc Sud**
2 Rue 8, Qu. Essalam, Tel. 048 89 19 04

Reifenreparaturen

♦**Hadj Mokthar El Joumani**
23, Bd Sakia el Hamra, Tel. 048 89 34 16

Reisebüros

♦**Massira Tours International**
20, Av. de Meque, Tel. 048 89 42 29
♦**Baida Travel**
52, Av. de La Meque, Tel. 048 89 09 48
♦**Bureau de Tourisme du Sahara (BTS)**
Av. Chaid Bouchraya, Tel. 048 89 07 72

Sonstiges

Es gibt in Laâyoune eine **Eisfabrik,** wo man evtl. Stangeneis (für Fahrer mit Kühlbox interessant) bekommen kann.
♦**Gaze Conserverie de Laâyoune**
Im Hafen, Tel. 048 89 42 84. Befüllung von Gasflaschen.

Marrakesch und Hoher Atlas

MARRAKESCH

VON MARRRAKESCH ZU DEN OUZOUD-WASSERFÄLLEN, IMI-N-IFRI UND ZUM STAUSEE BIN-EL-OUIDANE

VON MARRAKESCH INS OURIKATAL UND NACH OUKAÏMEDEN

VON MARRAKESCH NACH TAROUDANNT
(Bergsteigen im Toubkal-Gebiet)

VON MARRAKESCH NACH OUARZAZATE
(Telouét und Aït Benhaddou)

VON OUARZAZATE NACH TALIOUINE UND IRHERM BZW. TAROUDANNT

MARRAKESCH UND UMGEBUNG

EINFÜHRUNG

Marrakesch, die **zweitälteste Königsstadt,** liegt zwischen den fruchtbaren Ebenen von *Beni-Mellal* und dem Hohen Atlas, dessen 4000 m hohe Gipfel nur 50 km von der Stadt entfernt am Horizont auftauchen. Vom Atlantik ist Marrakesch nur knappe 200 km entfernt. Das **Klima** um Marrakesch ist geprägt vom Hohen Atlas. Auch wenn es in der Stadt im Sommer durchaus Temperaturen um die 40°C, im Winter um die 24°C haben kann, weht doch selbst im Juni in den Abendstunden noch ein kühler Wind vom Hohen Atlas her. Im Hochgebirge liegt von Ende Dezember bis Ende März meist eine dicke Schneedecke, manche Pässe sind kurzzeitig gesperrt, Pistenfahrten müssen im Winter gänzlich unterbleiben.

Wollverkäufer in Marrakesch

Der **Hohe Atlas** ist das **höchste Gebirge in Nordafrika.** Seine Nordseite ist dicht bewachsen und von zahlreichen reißenden Bergflüssen durchzogen. Diese Region ist den Alpen oder dem französischen Zentralmassiv wesentlich ähnlicher als die Atlassüdseite. Statt Fichten, Tannen und Buchen gedeihen hier Eichen, Thujen und Wacholder, aber auch Zedern, und die sprudelnden Bäche unterscheiden sich nur wenig von unseren Gebirgsflüssen.

Wer sich aktiv betätigen will, kann sich zu einer Trekkingtour oder im Winter zu einer Skitour aufmachen. Es eignen sich dazu die Regionen um *Asni, Imlil, Ouirgane, Oukaïmeden* oder *Setti Fatma* sowie das *Aït-Bougoummez-Tal* bei *Agouti* und *Tabannt* (südlich Azilal, s. Ausflüge Azilal). Zu Fuß oder auch mit einem Pferd oder Muli den Atlas zu durchqueren, kommt der Lebensart der Menschen hier wesentlich näher, und Kontakte zu den Einwohnern lassen sich auf diese Weise viel leichter schließen. Buchungsmöglichkeiten für Trekking-, Ski-, Wildwasser, Mountainbike- oder Geländewagentouren gibt es in Marrakesch in spezialisierten Reisebüros; siehe hierzu bei den „Praktischen Infos“ zu Marrakesch.

Erst auf der trockeneren Atlassüdseite oder in den Ebenen um Marrakesch begegnen uns Palmen; auf den Höhen der schneereichen Nordseite des Hohen Atlas können Palmen nicht gedeihen, auch wenn sie durchaus ein wenig Frost vertragen.

Die mächtigen Kasbahs der Berberfürsten und Paschas sind ebenfalls erst auf dem Weg in den Süden zu sehen.

Ausgangspunkt für eine „Eroberung“ des Südens sind in der Regel Marrakesch oder die neue Touristenstadt **Ouarzazate.** Insgesamt sind der Hohe Atlas und der Süden sicherlich die Gegenden Marokkos, in denen man auf verhältnismäßig kurzen Entfernungen die meisten Kontraste erlebt.

MARRAKESCH

Die Stadt, oft auch **„Perle des Orients"** genannt und mittlerweile auf fast eine Million Einwohner angewachsen, spiegelt die ganze Vielfalt des orientalischen Lebens, auch in seiner krassen Gegensätzlichkeit. Nicht umsonst war die Stadt Schauplatz zahlreicher Filme und Namensgeber für einige Filmtitel, die sich im Umfeld der Stadt abspielten.

Im Norden der Stadt, angrenzend an die Palmeraie, sind die Viertel der Wohlhabenden, aber auch einige neuere Luxushotels zu finden. Im Westen, im Viertel *Hivernage*, liegt das in den 1970er Jahren erbaute Hotelviertel. In der Medina - der Altstadt - versteckt hinter roten Mauern und nur über enge Gassen erreichbar, teilen sich Großfamilien den wenigen Wohnraum in mehrstöckigen, zu den Gassen hin fast fensterlosen Häusern mit Innenhof und Dachterrasse. Manche der Häuser sind verwahrlost und baufällig, viele aber wahre Kleinode, die vom Reichtum vergangener feudaler Zeiten als Pascharesidenz oder Wesirspalast zeugen. Viele dieser Riads - **Riad** bedeutet eigentlich Garten, der Begriff wird aber auch für traditionelle Stadthäuser mit Garten oder Grün im Innenhof verwendet - wurden zu kleinen, feinen Hotels umgebaut (s. a. Exkurs „Leben wie ein Pascha in der Medina von Marrakesch"). Welcher Luxus sich hinter den Mauern verbirgt, kann man erst ermessen, wenn man einmal Gelegenheit hatte, solch einen Palast zu besichtigen. Nach außen hin wird in der orientalischen Stadt der Reichtum nicht zur Schau gestellt, sozusagen „understament pur". Auf Elendsviertel mit halb zerfallenen Lehmbauten trifft man außerhalb der Stadtmauern im Osten, nahe des Töpferviertels. Die bevorzugte Wohngegend der Mittelschicht, mit zwei- bis vierstöckigen Mietshäusern, liegt im Südosten oder in Gueliz, der von den Franzosen errichteten ursprünglichen Neustadt.

In kaum einer anderen Stadt kann man die Gegensätze so hautnah erleben. Hier begegnen uns reiche, elegant gekleidete Marokkaner, junge Mädchen in Mini-Rock, Jeans oder Kaftan, Bettler, Gaukler, selbsternannte Führer, Marktschreier, Handwerker, Wasserverkäufer und Nomaden aus der Wüste, neben kamerabehängten Touristengruppen. In der Hitze der Innenstadt pulsiert das Leben und unweit der Stadt breiten sich prachtvolle Landschaften aus. Trotz mörderischen Verkehrs, Dieselgeruchs und Mopedknattern, wiehernden Pferden und Eseln findet man Ruhe und Entspannung bei einem Glas Minztee in manch herrlichem, zum Restaurant umgebauten Innenhof oder auf der Dachterrasse eines Riads.

Eine Oase der Sinne, um mit dem Slogan des Fremdenvekehrsamtes zu sprechen, ist der **Jardin Majorelle,** in dem man sich nach einer anstrengenden Stadtbesichtigung ausruhen kann. Volksnaher sind der **Menara-Garten** oder der **Jardin d'Agdal,** beides alte Obst- und Olivengärten, in denen sich die Bevölkerung zum Picknicken oder auch nur zum Entspannen trifft. Zu den Gärten oder rund um die Stadtmauern kann man sich auch mit einer der vielen Pferdekutschen transportieren lassen.

Marrakesch ist neben Agadir die von Touristen meistbesuchte Stadt, sie hat sich aber trotzdem ihren eigenen, ursprünglichen und einzigartigen Charakter bewahrt. Wer nur wenig Zeit für einen Marokkourlaub mitbringt, sollte Marrakesch nicht aussparen. Kaum jemand kann sich satt sehen an all den Eindrücken, die hier auf den Orientneuling niederprasseln. Die **besondere Atmosphäre** und eine Mixtur aus Tradition und einem dem Tourismus angepassten, geschmackvollen Angebot an Souvenirs, Restaurants und Hotels ist mit keiner anderen orientalischen Stadt vergleichbar. Auch die Bevölkerung ist so sehr an Touristen gewöhnt, dass man dank Aufklärungsmaßnahmen in den Medien mittlerweile von jeglicher Anmache verschont bleibt und ungestört bummeln kann. Obwohl die **Terroranschläge** vom 11. September 2001 in New York und vom 16. Mai 2003 in Casablanca Marokko als Touristenziel einen merklichen Dämpfer verpassten, ist der Boom in Marrakesch ungebrochen. Auch für Incentive-Reisen und Kongresse ist die Stadt eine beliebte Destination: Internationale Gipfeltreffen wie das GATT-Treffen 1995 oder die Weltklimakonferenz im Oktober 2001 wurden in Marrakesch abgehalten. Ebenso setzt sich der Trend zum Zweitwohnsitz Paschapalast für Europäer und Amerikaner fort (vgl. Exkurs „Leben wie ein Pascha in der Medina von Marrakesch").

GESCHICHTE

Marrakesch wurde von alten arabischen Chronisten Marrukusch (= Stadt) genannt, woraus portugiesisch *Marocos,* spanisch *Marruecos* (daraus deutsch Marokko) wurde, so dass man mit Recht sagen kann: Marokko hat seinen Namen von Marrakesch. Heute wird sie, arabisch ausgesprochen, **Mraksch** genannt, und die Bewohner nennen sich stolz Mrakschis.

Früher war Marrakesch lediglich ein **Karawanenlagerplatz.** Erst *Abu Bakr,* der Anführer der Almoraviden, erkannte diesen Platz als vorzügliches Lager für seine Truppen. Sein Vetter **Yussuf Ibn Tashfin** baute die erste Moschee und Häuser (1062) und pflanzte die riesigen Dattelpalmenhaine, die *Palmeraie,* die man jetzt noch im Nordosten der Stadt bewundern kann. Zur Bewässerung der Gärten ließ er unterirdische Wasserkanäle anlegen („Foggaras" bzw. in Marokko „Khettaras"). Von Marrakesch aus brach *Yussuf Ibn Tashfin* auf, das ganze Land zu erobern. Dabei stieß er bis nach Andalusien vor. Marrakesch wurde zur Hauptstadt des Reiches.

Nach und nach wurde die Stadt von den **Almoraviden** unter dem Sohn Ibn Tashfins, *Ali Ibn Yussuf* (1106–1143), ausgebaut. Auch das Bewässerungssystem wurde wesentlich erweitert, so dass die Gärten der Stadt die zunehmende Bevölkerung ernähren konnten. Die 9 km lange und zwischen 6 und 9 m hohe Stadtmauer, in dieser Zeit gebaut, blieb als einziges Bauwerk dieser Epoche erhalten. Marrakesch wurde zum Handelszentrum; der Aufschwung der Stadt lockte auch Künstler und Gelehrte an. Die Regentschaft Ali Ibn Yusuffs war die Blütezeit der Stadt, aber durch den ver-

Die Stadtmauer von Marrakesch

meintlichen Sittenverfall und die weniger streng eingehaltenen islamischen Lebensregeln gruppierten sich islamische Erneuerer unter **Ibn Tumart,** der den Koran in Kairo und Damaskus studiert hatte. Er ließ sich 1125 in *Tin Mal* nieder, predigte den Islam und nannte sich „Mahdi" – „der von Gott Gesandte". Seine Anhänger nannten sich „El Muwahidun", „die Bekenner der göttlichen Einheit". Daraus entstand der Begriff **Almohaden,** die unter *Abd al Mu'min* 1147 Marrakesch eroberten und mordend und brandschatzend durch die Stadt zogen. Alle Bauwerke der Stadt bis auf die Stadtmauer wurden zerstört, die Almoravidenherrscher ermordet. Abd al Mu'min ließ die Stadt aber wieder neu errichten und zog in den wiederaufgebauten Palast von Ali Ibn Yussuf. Unter seiner Regentschaft wurde die *Kutubiya-Moschee* erbaut. Unter den Nachfolgern *Abu Yakub Yussuf* und *Abu Yussuf Yaqub al Mansur* (1184–1199) – letzterer Sohn einer schwarzen Sklavin, deshalb auch schwarzer Sultan genannt – erblühte Marrakesch wieder zur Kulturstadt. *Al Mansur (der Siegreiche)* stellte die Kutubiya-Moschee fertig, ließ neue Suqs in deren Nähe anlegen sowie Krankenhäuser, eine Pferderennbahn und eine Kasbah mit zwölf Palästen errichten. Kunst- und Kulturschaffen erreichten ihren Höhepunkt. Nach dem Tod Al Mansurs leiteten zahlreiche Zwistigkeiten um die Thronfolge und Aufstände umliegender Berbervölker den Niedergang der Almohaden ein. Aus dieser Zeit existieren ebenfalls nur Ruinenreste, da nachfolgende Sultane die Eigenart hatten, die Paläste ihrer Vorgänger zu zerstören und eigene zu bauen. Zu den eindrucksvollsten Almohadenbauten zählen die Stadttore und das berühmte Minarett der Kutubiya-Moschee.

Die nächste Dynastie der **Meriniden** blieb nur kurz in der Stadt und wählte Fès zu ihrer Hauptstadt. Erst **1524,** als die **Saaditen** unter *Ahmad al-Aradj* und *Muhammad ash-Shaykh* an die Macht kamen, kehrte der königliche Hof nach Marrakesch zurück. Die stark zerstörte Stadt wurde wieder aufgebaut und unter *Ahmad al Mansur* (1576–1602) erneut mit Prachtbauten versehen. Er erhielt den Beinnamen „ad-Dahabi" – „der Vergoldete", da er durch die Eroberung von Timbuktu zahlreiche Goldschätze in Marrakesch anhäufen konnte. Aus dieser Zeit sind noch zahlreiche Bauten erhalten. Am schönsten und kunstvollsten sind die *Saadier-Gräber,* deren Haupteingang der Alawidensultan **Mulay Ismail** zumauern ließ und der erst 1917 wieder entdeckt wurde. Der riesige Königspalast *Dar el Badi,* den Sultan Ahmad al-Mansur ad-Dahabi erbauen ließ, wurde von Mulay Ismail zerstört und abgetragen. Die Steine verwendete er für den Bau seines Palastes in Meknès. Aus der Alawidenzeit stammt lediglich der *Bahia-Palast,* der einen hervorragenden Eindruck von dem luxuriösen Leben der damaligen Herrscher vermittelt.

Ende des 19. Jahrhunderts verloren die Alawidenherrscher immer mehr an Einfluss, örtliche Paschas und mächtige Berberfürsten gewannen an Macht, unter anderem die Paschas von Marrakesch. Der Pascha **Madani al-Glawi** (al Glaoui) unterstützte **Mulay Abd al-Hafizh,** den Bruder des amtierenden Sultans, im Kampf um den Thron und wurde, als dieser die Sultanswürde erlangte, mit zahlreichen Machtbefugnissen ausgestattet. Als Abd al-Hafizh unter den Franzosen 1912 zurücktrat, eroberte der Rebell *al-Hiba* die Stadt. Die Franzosen verbündeten sich mit **Thami al-Glawi,** dem jüngeren Bruder *Madani al-Glawis,* und vertrieben nur zwei Monate nach dem Einmarsch al-Hibas im August 1912 diesen aus der Stadt. Thami al-Glawi wurde zum neuen Pascha ausgerufen und arbeitete nach dem Einmarsch der Franzosen mit diesen zusammen. Er verschaffte sich durch diese Verbindung zahlreiche Vorteile. Mit Hilfe der Franzosen konnte er die aufständischen Berberstämme rings um seinen Einflussbereich niederhalten und wurde bald einer der reichsten und einflussreichsten Männer ganz Marokkos. Mit der Unabhängigkeitsbewegung konnte er sich nicht abfinden, da er den Einfluss seiner Sippe und seines Reiches schwinden sah. Als *König Muhammad V.* 1956 den Thron bestieg, war es aus mit seiner Macht. Drei Jahre später starb der einst mächtige Pascha, sein Vermögen wurde vom Staat beschlagnahmt.

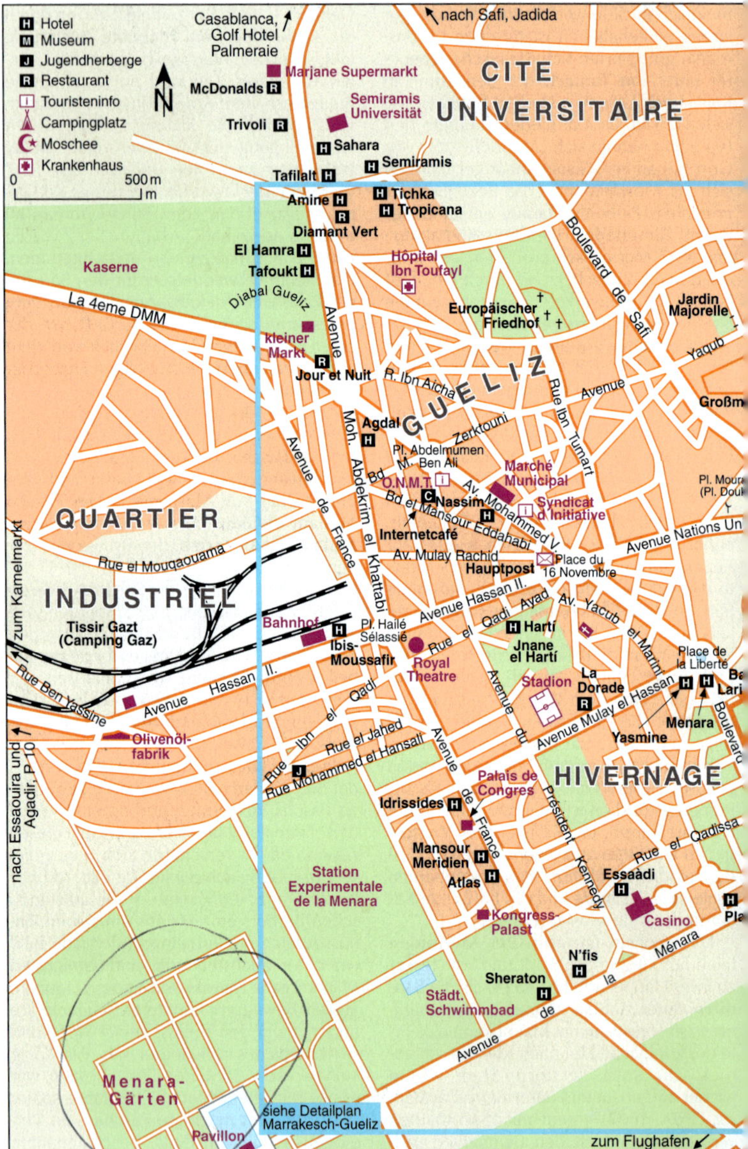
Hotel
Museum
Jugendherberge
Restaurant
Touristeninfo
Campingplatz
Moschee
Krankenhaus
0
500 m
Casablanca, Golf Hotel Palmeraie
nach Safi, Jadida
CITE UNIVERSITAIRE
Marjane Supermarkt
McDonalds
Semiramis Universität
Trivoli
Sahara
Semiramis
Tafilalt
Amine
Tichka
Tropicana
Diamant Vert
El Hamra
Tafoukt
Kaserne
Hôpital Ibn Toufayl
Boulevard de Safi
Jardin Majorelle
Europäischer Friedhof
La 4eme DMM
Djabal Gueliz
kleiner Markt
Jour et Nuit
R. Ibn Aicha
GUELIZ
Avenue Yaqub
Großm
Agdal
Zerktouni
Rue Ibn Tumart
Pl. Abdelmumen M. Ben Ali
Marché Municipal
O.N.M.T.
Nassim
Syndicat d'Initiative
Internetcafé
Av. Mohammed V.
Bd el Mansour Eddahabi
Av. Mulay Rachid
Hauptpost
Place du 16 Novembre
Avenue Nations Un
Pl. Moura (Pl. Douk
QUARTIER INDUSTRIEL
Rue el Mouqaouama
Avenue de France
Moh. Abdekrim el Khattabi
Avenue Hassan II.
Tissir Gazt (Camping Gaz)
Bahnhof
Pl. Hailé Sélassié
Ibis-Moussafir
Royal Theatre
Rue el Qadi Ayad
Harti
Jnane el Hartí
Av. Yacub el Marini
Place de la Liberté
Stadion
La Dorade
Avenue du
Avenue Mulay el Hassan
Menara
Yasmine
zum Kamelmarkt
Rue Ben Yassine
Avenue Hassan II.
Olivenöl-fabrik
Rue Ibn el Qadi
Rue el Jahed
Rue Mohammed el Hansali
Palais de Congres
HIVERNAGE
Idrissides
Avenue de France
Président Kennedy
Mansour Meridien
Atlas
Rue el Qadissa
Essaâdi
Casino
Kongress-Palast
nach Essaouira und Agadir, P 10
Station Experimentale de la Menara
N'fis
Sheraton
Städt. Schwimmbad
Avenue de la Ménara
Menara-Gärten
Pavillon
siehe Detailplan Marrakesch-Gueliz
zum Flughafen

MARRAKESCH
CITE MOHAMMEDIA
MEDINA
Redouane
Le Tikida
Province
Cite Mohammedia
Route Nr. P24
nach Meknès, Fès, Beni Mellal, Ouarzazate
Suq el Khemis
Route des Remparts
Bab Kechich
Oued Issil
Bab el Khemis
Derb Kaa el Mechra
Zawia & Moschee Sidi Bel Abbes
Dar Yacout
Dar Fes
Zawia Sidi Ben Slimane
Rue de Bab Tarhzout
Rue Assouel
Rue de Bab Khemis
Rue el Gza
Dar Marjana
Bab Debbarh
s. Detailplan die Suqs
Riad Zina
Fontaine Echroub ou Chouf
Ben Yussef
Medersa Ben Yussef
Rue de Bab Debbarh
Gerberviertel
Rue de Bab Doukkala
Dar el Glaoui
Dar si Aissa
Stylion
Handwerkszentrum
Moschee Mouassin
Ksar Essousan
Borj Dar Lahmane
Pl. Ben Salah
Rue Issebtiyne
Place Sidi Youb
Rue de Bab Ahlen
Bab Ahlen
Mittwochsmarkt
Töpferviertel
Route des Remparts
Stadtbusse
Islane
Dar el Baroud
Art & Decor (Lampen, Fliesen, Tische)
Pl. Djemaa el Fna
Riad Noga
Lyceé Moh. V (Schule)
Rue Bab Ahmad
Schule
Flohmarkt/ Textilien
Sherazade
Essaouira
Gallia
Tazi
Volkskunstmuseum Dar Sidi Said
Prefecture
Dar Tiskiwine (Bert Flint)
Palais de la Bahia
Ag. Ba Ahmad
Bab Rhemat
Kutubiya-Moschee
Stadtbusse
Pl. Yussef Ibn Tashfin
Grabmal des Y.I.Tashfin
Rue el Mouahidine
A. Houmame Fetouaki
Mellah
Pl. des Ferblantiers
Palais Bahia
R. Essaadiyne
Kasbah-Moschee
Rue de la Kasbah
Palais el Badi
Bab Agnaou
Bab Er Robb
Saadiergräber
Königspalast
Jnane el Afia
Route des Remparts
nach Ouarzazate, P 31
Bab Ahmar
n. Ourika und Oukaimeden
siehe Detailplan Südliche Medina
Marrakesch

Viele Kasbahs zeugen noch von der Macht des Paschas. Besonders eindrucksvoll sind die Ruine des *Dar Glawi* (Glaoui) in *Telouèt,* dem Stammsitz der Glawi-Sippe sowie die *Kasbah Taourirt* in Ouarzazate.

Wenn die Gerüchte wahr sind, dass der junge König *Mohammed VI.* Marrakesch wieder zur Hauptstadt des Landes ernennen will, dann dürfte die Stadt für die Geschichtsbücher erneut Bedeutung erlangen.

SEHENSWÜRDIGKEITEN

★DJAMÂA-EL-FNA-PLATZ

Zweifellos das größte Schauspiel und die bedeutendste Attraktion ist der Platz Djamâa-el-Fna, der **„Platz der Geköpften".** Angeblich wurden hier früher die Köpfe der Hingerichteten auf Stangen gespießt aufgestellt, bis nur noch die kahlen Schädel übrig blieben.

Am späten Nachmittag wird dieser Platz von den **Darbietungen** der Akrobaten, Tänzer, Schlangenbeschwörer, Märchenerzähler und Musikanten beherrscht. Die Märchenerzähler trifft man allerdings auch schon am frühen Morgen vor Arbeitsbeginn an, dann sind nur Marrakschis als Zuhörer anwesend. Durch dieses Gewirr von Menschen tönt das Glockengeläut der Wasserverkäufer, die das Bild des Platzes prägen. Man muss schon besonders geschickt sein, will man ein Foto dieser malerisch gekleideten Gestalten schießen, ohne dafür bezahlen zu müssen. Manchmal glaubt man geradezu, die Wasserverkäufer hätten auch hinten noch Augen, denn ihr Geschäft machen sie nicht mehr mit dem Verkauf des Wassers, sondern mit den Honoraren von fotografierenden Touristen. Ein Foto ist auf dem Djamâa-el-Fna nirgendwo mehr umsonst zu knipsen (in der Regel werden 5 DH verlangt). Alle Akrobaten, Händler und Märchenerzähler haben es geschickt verstanden, so aus dem Tourismus einen persönlichen Nutzen zu ziehen. Diese Darbietungen sind aber keineswegs nur für Touristen. Es ist Tradition, dass auf diesem Platz solche Vorführungen stattfinden, und dies schon lange, bevor der Tourismus über Marokko hereingebrochen ist. Gerade die Wahrsager, Märchenerzähler und Theatergruppen werden von vielen Menschen umlagert. Für viele Analphabeten oder die wenigen, die keinen Fernseher besitzen, ist die „Halka" (der Gesprächs- oder Erzählkreis) das einzige Amüsement im tristen Alltag. Nur wenige der älteren Erwachsenen können schreiben und lesen. Märchen ermöglichen daher eine Flucht aus dem düsteren Alltag, der dem einfachen Bauern und Nomaden nichts schenkt. Ein Zurückversetzen in die ruhmreiche Vergangenheit? Wer weiß ... Auch wenn man nichts versteht, ist man fasziniert von der Mimik und Ausdruckskraft der Erzähler und der Andacht der Zuhörer. All diese Eindrücke auf sich wirken zu lassen, ist ein besonderes Erlebnis, auch wenn Sie inzwischen nicht mehr der einzige Tourist, sondern einer von Hunderten auf diesem Platz sind.

Am Abend weichen die Märchenerzähler, Schlangenbeschwörer und Akrobaten. Es entstehen dann alle möglichen **Buden** mit großen Kesseln, Tischen und Bänken. Bald duftet es aus vielen Richtungen nach Kebab, scharfen Soßen und Zuckergebäck. Ganze gedünstete oder gebratene Hammel- und Ziegenköpfe, Schafsfüße, gekochte Schnecken mit gestreiftem Schneckenhaus, aber auch gegrillter Fisch, Kefta und die roten Merguezwürstchen werden angeboten. Wer sich nicht scheut, einheimische Speisen wenigstens einmal zu probieren, kommt hier voll auf seine Kosten. Preiswert und erstaunlich sauber (es gibt Kontrollen der Gesundheitsbehörde) kommen die Gerichte hier täglich frisch auf den Tisch. Ob Montezumas Rache ausbleibt, werden Sie am nächsten Tag feststellen ... Überall rund um den Platz sind Saftstände aufgebaut, wo man ein Glas frisch gepressten Orangensaft kaufen kann. Touristen werden am Djamâa-el-Fna häufig zu Glücksspielen aufgefordert. Selbst wenn es noch so harmlos ausschaut, ein Betrug ist garantiert. Lassen Sie sich besser gar nicht darauf ein!

Anlässlich des GATT-Gipfels in Marrakesch 1995 wurde der Djamâa-el-Fna-Platz komplett mit einer Teerdecke überzogen – mit der Konsequenz, dass es zwar weni-

DJAMÂA-EL-FNA – PLATZ DER GEKÖPFTEN

von Franz Riegel

Die Sonnenstrahlen erreichen die ersten Stuhlreihen. Ich sitze auf der Terrasse des Café France bei Milchkaffee und Croissant. Magere Maultiere traben vorbei. Sie sind vor Karren gespannt und ziehen Wagen voller Wollbündel in die Suqs.

Der Schlangenbeschwörer kommt über den leeren Platz. Ich erkenne ihn an der grauen Djellabah und an der Art, wie er seinen Turban gewickelt hat. Er zählt dem Aufseher einige Dirham in die Hand und breitet an seinem Stammplatz den Teppich aus. Es ist ein kleiner, verblichener Teppich, etwa so groß wie ein Gebetsteppich, darauf legt der Schlangenbeschwörer seine Gerätschaften aus: einen wassergefüllten Blecheimer, in den er die Schlangen steckt, wenn sie zu lebendig werden, ein Tamburin und eine Flöte. Die beiden Kobras sind in einen Leinenbeutel eingesperrt.

Muhammad schiebt seinen zweirädrigen Karren vor sich her. Er hat Orangen geladen. An seinem Standplatz angekommen, spannt er das Sonnendach auf, schraubt die Saftpresse an die Wagenwand und beginnt, die Orangen zu einer Pyramide aufzuschichten.

Schlangenbeschwörer

Marrakesch

Neben der Schießbude sitzen einige Männer, trinken Pfefferminztee und rauchen Kif. Der Schlangenbeschwörer geht hinüber und setzt sich zu ihnen. Er langt in die Kapuze seiner Djellabah und zieht auch ein Kif-Pfeifchen hervor. Die ersten Touristen schlendern über den Platz. Eine Flöte trillert, der Wasserverkäufer klingelt mit seinem Glöckchen und rückt sich den Fransenhut zurecht. „Machen Sie ein Foto! Nur fünf Dirham!", bettelt er. Und wehe, einer der Touristen hebt die Kamera und will nicht zahlen! Der Schlangenbeschwörer sitzt auf seinem Teppich und trinkt Tee. Schon halb zehn Uhr und immer noch kein Betrieb auf dem Djamâa. Zwei dunkelhäutige, ehemalige Haratin in der Tracht der „Blauen Männer" eilen zum Suq. Sie tragen weite, indigofarbene Gewänder und gelbe Pantoffel.

Der Schlangenbeschwörer stellt das Tablett zur Seite, spannt seinen Sonnenschirm auf und nimmt die Flöte in die Hand. Der Djamâa-el-Fna ist aufgewacht!

Um einen halbnackten Mischling hat sich ein Kreis gebildet. Im Gesicht des Gauklers hängen zwei Skorpione, um seinen Hals winden sich Schlangen. Mit den Zähnen hat er einen Dornschwanz gepackt. Er stampft im Kreis, Speichel rinnt ihm aus dem Mundwinkel. Er tanzt um eine Eidechse, der er zuvor den Schwanz abgeschnitten hat. Daneben windet sich eine Baumschlange, deren Kiefer und Schwanz mit einer Nadel zusammengesteckt sind. In der Mitte des Kreises hockt eine Frau, die einen Buben im Arm hält. Der steht manchmal auf, stolpert auf einen der Zuschauer zu und erhält eine Münze. Der Gaukler grunzt, und wenn ihm der Junge zu nahe kommt, stößt ihn der Vater mit einem Fußtritt zurück. Dem Jungen wird eine der Schlangen um den Hals gelegt. Die kleine Hand, die er dem Publikum entgegenstreckt, ist zerstochen und geschwollen. Mit der anderen Hand streichelt er den Kopf der Natter und lächelt. Plötzlich schreit er auf: Eine Echse hat sich in seinem Arm verbissen. Der Vater löst sie ab, und der Junge versteckt sich im Schoß seiner Mutter. Er schluchzt, und schläft über seiner Traurigkeit ein. Die Show geht weiter.

Im Verborgenen wird ein anderes Spiel gespielt: Der Spieler legt ein Stück Schnur zu einem verdrehten Achter aus und setzt einen Geldbetrag. Der Mitspieler setzt den gleichen Betrag dagegen. Er muss seinen Finger in eine der Schlingen halten und gewinnt den Einsatz, wenn die Schnur beim Wegziehen an seinem Finger hängen bleibt. Ich sehe zweien zu, die spielen. Der Spieler trägt einen speckigen, zerrissenen Anzug und Gummistiefel. Mit einer schnellen Bewegung hat er aus der Schnur einen doppelten Achter gelegt. Zweimal einhundert Dirham liegen neben der Schlinge, viel Geld, mehr, als ein Bauer im Monat verdient. Und wie ein Bauer sieht der Mitspieler aus, der jetzt raten muss, welche der beiden Schlingen die echte ist. Er sticht mit dem Finger in die rechte Schlinge, und es ist ganz offensichtlich, dass er gewinnen wird. Der Spieler zieht an der Schnur, und tatsächlich, sie bleibt am Finger des Bauern hängen. Er streicht das Geld ein. Wieder legt der Spieler die Schlinge zum Achter. Und wieder tippt der Bauer in die richtige Schlinge. Er wird die zweihundert Dirham so offensichtlich gewinnen, dass ein Raunen durch die Zuschauer geht. Ist der Mann mit der Schnur nicht ganz richtig im Kopf? Oder ist da ein Trick dabei, oder eine List? Der Spieler zieht an der Schlinge, sie bleibt am Zeigefinger des Bauern hängen. Er schiebt die zwei Hundert-Dirham-Scheine ein und ist schon in der Menge verschwunden.

„Willst Du spielen?" Der Mann mit der Schnur zupft mich am Ärmel. „Nur zum Spaß!", drängt er, weil ich zögere. „Nur probieren!" Er legt die Schnur, und wieder ist ganz deutlich zu sehen, welche der Schlingen halten wird. Ich tippe hinein, der Spieler zieht, die Schnur bleibt am Finger hängen. Ich habe gewonnen. Der Mann mit der Schnur legt griesgrämig zwei weitere Scheine dazu und legt die Schnur von neuem. Die Schlinge ist so eindeutig zu erkennen ... Auf dem Boden liegen vierhundert Dirham, eine Menge Geld! Davon könnte ich eine Woche leben. Ich bin sicher, dass ich das System durchschaut habe. Noch einmal folge ich den Windungen der Schnur, nein, ich irre mich nicht. Ich tippe in die richtige Schlinge und grinse schadenfroh. Um uns hat sich ein enger Kreis gebildet, die Zuschauer murmeln beifällig. Der Mann zieht an, die Schnur gleitet an meinem Finger vorbei. Das verstehe ich nicht. Habe ich einen Augenblick lang nicht aufgepasst? Der Knoten ist genauso fest wie vorher. Ich lange in meinen Beutel und lege einen weiteren Schein auf den Tisch. Wieder erkenne ich die „richtige" Schlinge eindeutig, und wieder gleitet sie an meinem Finger vorbei. Einen dritten Schein verliere ich noch, dann bin ich von dem Spiel mit der Schnur geheilt.

Als ich Muhammad, dem Teppichhändler, von meinem Spiel mit der Schnur erzähle, lacht er mich aus. „Es ist ein Kunststück", sagt er, „es gibt verschiedene Arten, die Schnur zu legen, und wer es versteht, kann die Schlingen so kunstvoll legen, dass keine einzige Schlinge hält". Einer seiner Freunde könne mir den Trick mit der Schnur sicherlich beibringen, für ein kleines Entgelt selbstverständlich. So kaufe ich diesmal keinen Teppich bei Mohammed. Ich gebe das Geld Mohammeds Freund, der mir dafür das Spiel mit der Schnur beibringt.

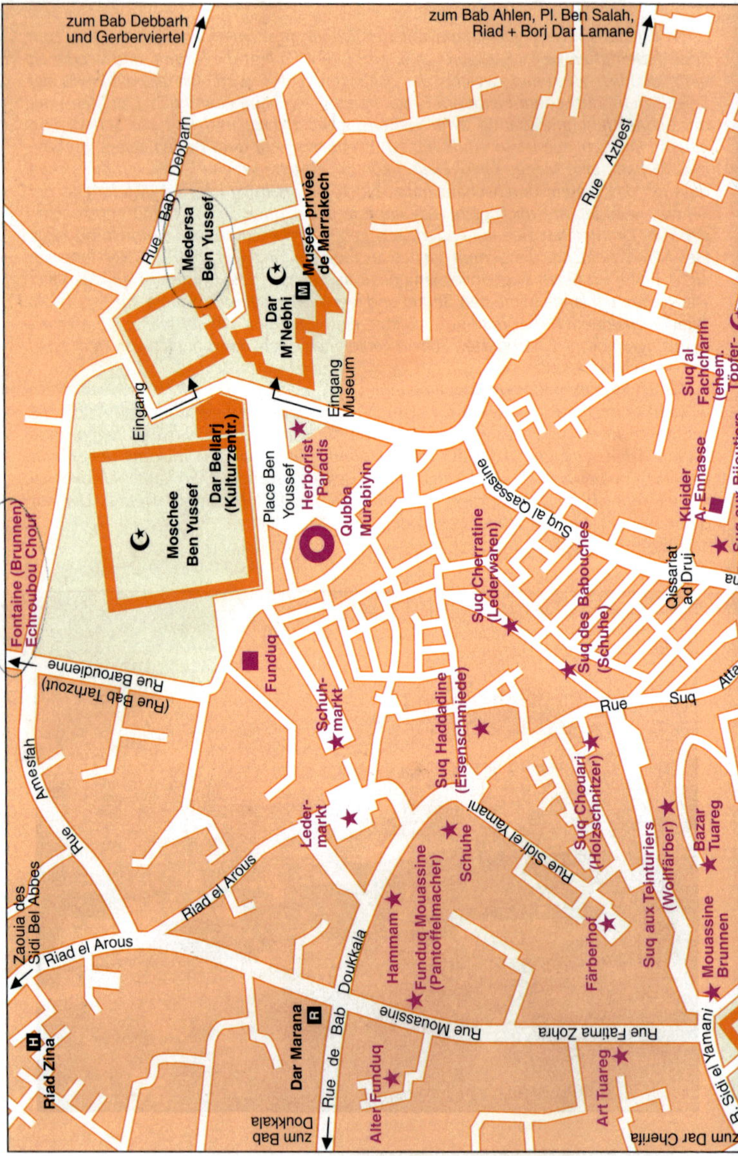

zum Bab Debbarh und Gerberviertel
zum Bab Ahlen, Pl. Ben Salah, Riad + Borj Dar Lamane
Rue Bab Debbarh
Rue Azbest
Medersa Ben Yussef
Musée privée de Marrakech
Dar M'Nebhi
Eingang
Eingang Museum
Dar Bellarj (Kulturzentr.)
Moschee Ben Yussef
Place Ben Youssef
Herborist Paradis
Qubba Murabiyin
Fontaine (Brunnen) Echroubou Chouf
Rue Baroudienne (Rue Bab Tarhzout)
Funduq
Schuhmarkt
Ledermarkt
Suq al Qassasine
Suq Cherratine (Lederwaren)
Suq des Babouches (Schuhe)
Suq al Fachcharin (ehem. Töpfer-
Kleider A. Ennasse
Qissariat ad Druj
Rue Suq Attar
Suq Haddadine (Eisenschmiede)
Suq Chouari (Holzschnitzer)
Rue Sidi el Yamani
Schuhe
Rue Amesfah
Riad el Arous
Zaouia des Sidi Bel Abbes
Funduq Mouassine (Pantoffelmacher)
Hammam
Färberhof
Suq aux Teinturiers (Wollfärber)
Bazar Tuareg
Mouassine Brunnen
Rue Mouassine
Rue Fatima Zohra
Rue de Bab Doukkala
Dar Marana
Riad Zina
zum Bab Doukkala
Alter Funduq
Art Tuareg
R. Sidi el Yamani
zum Dar Cherifa

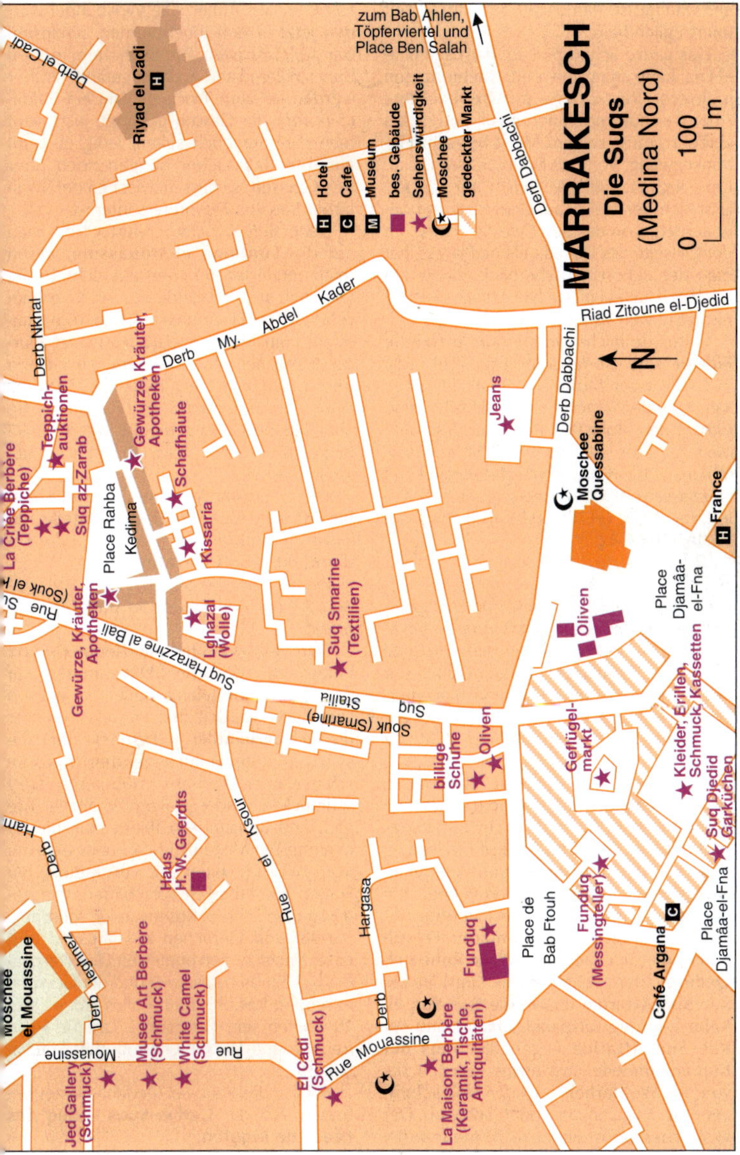
MARRAKESCH
Die Suqs
(Medina Nord)
0
100
m
Hotel
Cafe
Museum
bes. Gebäude
Sehenswürdigkeit
Moschee
gedeckter Markt
zum Bab Ahlen, Töpferviertel und Place Ben Salah
Riyad el Cadi
Derb el Cadi
Derb Dabbachi
Derb My. Abdel Kader
Riad Zitoune el-Djedid
Derb Nkhal
Teppich-auktionen
La Criée Berbère (Teppiche)
Suq az-Zarab
Place Rahba Kedima
Gewürze, Kräuter, Apotheken
Schafhäute
Kissaria
Jeans
Moschee Quessabine
France
Place Djamâa-el-Fna
Rue Souk el Ksour (Souk el K...
Suq Haraziine al Balí
Lghazal (Wolle)
Suq Smarine (Textilien)
Suq Stailia
Souk (Smarine)
Oliven
billige Schuhe
Geflügel-markt
Kleider, Brillen, Schmuck, Kassetten
Suq Djedid Garküchen
Funduq (Messingteller)
Café Argana
Place Djamâa-el-Fna
Place de Bab Ftouh
Funduq
Hargasa
Derb
Rue el Ksour
Haus H. W. Geerdts
Derb Ham
Derb Jeghnez
Moschee el Mouassine
Musee Art Berbère (Schmuck)
White Camel (Schmuck)
Rue Mouassine
Jed Gallery (Schmuck)
El Cadi (Schmuck)
La Maison Berbère (Keramik, Tische, Antiquitäten)

Marrakesch

ger staubig ist, dafür aber zur Mittagszeit unerträglich heiß.

Das ganze Schauspiel auf dem Djamâa-el-Fna kann man von den Dachterrassen mehrerer Restaurants gut beobachten. Aber wer nur fotografieren will und nichts verzehrt, muss zahlen. Meist herrscht Getränkezwang. Von den Dachterrassen (z. B. *Café Argana, Café de Paris, Café Glacier*) lässt sich der Trubel auf dem Platz gut beobachten. Von der des *Café de France*, an der Ostseite des Djamâa-el-Fna-Platzes, hat man den schönsten Überblick, da sie am höchsten gelegen ist. Nur ist sie verhältnismäßig weit vom Geschehen weg.

Gute, deutsch sprechende **offizielle Führer** sind *Abdelkader Dizi* (Tel. 044 30 97 78 oder Mobil 067 96 49 12), *Hassan Moumen* (Mobil 061 581 681) und *Omar Faris* (Mobil 061 16 36 22). Auch *Ahmed Tija* (Tel. 044 30 03 37) ist zu empfehlen. *Guide National* (für das ganze Land zugelassen) ist *Mohammed Agouri* 148, Ville Errac Assif, Tel./Fax 044 30 05 56, Mobil 061 18 68 42.

★DIE SUQVIERTEL

Die **Suqs** von Marrakesch sind die **größten des Landes,** die Orientierung ist leichter als in Fès. Sie starten an der Nordseite des Place Djamâa-el-Fna (gegenüber der Post). Ziemlich ungestört kann man morgens zwischen 8.30 und 9.30 Uhr oder zur Mittagszeit zwischen 13 Uhr und 14.30 Uhr bummeln, dann öffnen gerade die Läden bzw. manche machen Mittag, und im Suq ist am wenigsten los, weil die Touristengruppen entweder noch nicht unterwegs sind oder bereits Mittagspause machen.

Vom Djamâa-el-Fna-Platz aus kann man als erstes die **Töpfer-Suqs** erreichen. Von dort gelangt man durch das Haupttor des Marktes auf die **Rue Suq Smarine (Textil-Suqs)**, die sich nach dem **Place Rahba el-Qedima** (der rechter Hand liegt) in die Rue **Suq Attarine** und in die Rue **Suq el-Kebir** V-förmig aufspaltet. Linker Hand der **Rue Suq Attarine** liegen die **Suqs der Kupferschmiede** und etwas nördlich davon der **Wollfärber-** und der **Holzschnitzer-Suq** (*Suq Chouari*, sprich Schwari). Der WollfärberSuq ist leider nicht mehr so interessant wie früher. Die Wollbündel werden jetzt in den Innenräumen, uneinsehbar für Touristen, in Bottichen in den buntschillerndsten Farben gefärbt. Früher wurden sie zum Trocknen wie ein Baldachin über die Gassen gehängt, jetzt sieht man dies nur noch selten, lediglich bunt gefärbte Batiktücher hängen noch über den Gasssen, so dass inzwischen der Wollfärber-Suq von *Fès* interessanter ist.

Nahe dem Wollfärberviertel trifft man auf die **Fontaine el-Mouassine,** einen reich verzierten Brunnen aus dem 16. Jh. Daneben steht die Ende des 16. Jh. erbaute Moschee **El-Mouassine,** die vom Saaditensultan *Mulay Abdallah* errichtet wurde. Nahe der Moschee liegt die Galerie und das Atelier des deutschen Malers *Hans-Werner Geerdts,* ein Besuch sollte aber telefonisch angemeldet werden (siehe Praktische Infos, Galerien, am Ende dieses Kapitels).

Zwischen **Suq Attarine** und **Suq el-Kebir** befinden sich die **Eisenschmiede** mit ihren Werkstätten und Waren und der **Ledermarkt (Suq Cherratine).**

Rechts von der *Suq-el-Kebir-Gasse* stoßen Sie auf den **Schmuck- und Teppichmarkt.**

Beim **Rahba el-Qedima (Kedima)-Platz** befand sich der **alte Sklavenmarkt,** auf dem jahrhundertelang schwarze Sklaven versteigert wurden. Jetzt haben sich hier die **Gewürzhändler** und **Quacksalber** die sich mit dem wohlklingenden französischen Namen „herborist" (Kräuterkundige) schmücken, niedergelassen. In allerlei Tiegeln und Behältnissen findet man die eigenartigsten Mixturen und Grundessenzen. Vom Aphrodisiakum und von Mitteln, die Frauen Fruchtbarkeit verschaffen, von getrockneten Echsen, Rosenwasser, Moschusparfüm und Gerüchen aus Tausend und einer Nacht zu den buntesten Gewürzschalen von Safran bis Paprika und der Gewürzmischung Ras el Hanut – alles gibt es hier zu kaufen, ein Eldorado auch für Fotofreunde und Liebhaber exotischer Spezialitäten.

Südlich des Rahba el-Qedima-Platzes befinden sich die **Gerber-Suqs – Suq des Peaux de Mouton.**

Das eigentliche **Gerberviertel** liegt am nordöstlichen Stadtrand am Bab Debbarh (östlich der Medersa ibn Yussuf). Sollten Sie sich dafür interessieren, dann besser am Vormittag, denn da ist es am betriebsamsten. Gegerbt werden Rind-, Kamel- und Ziegenleder. Man kommt am besten dorthin, wenn man beim *Bab Debbarh* außerhalb parkt, durch das Tor geht und in die erste Straße rechts einbiegt. Nach einigen Metern findet sich ein Holztor auf der rechten Seite. Durch dieses gelangt man zu dem kleinen Gerberviertel, in dem Schaf- und Ziegenleder verarbeitet werden. Das große Gerberviertel befindet sich linker Hand einige Meter weiter. Bei einem Besuch der Gerber sollten Sie generell nicht zu geruchsempfindlich sein!

Im Norden der Suqs, über die Rue Riad el Mouassine und vor dem Beginn der Rue Riad el Larouss rechts in die Rue Amesfah, dann nördlich der Medersa Ben Youssef (s. u.) links in die Rue Baroudienne folgen, und nach einem weiteren Rechtsschwenk erreicht man ca. 100 m danach, an der Kreuzung zur Rue Diar Saboun, die **Fontaine Echroub ou-Chouf** (Eshrub u-Shuf), einen Brunnen mit herrlich geschnitzter Fassade, Kufi-Ornamenten und einem Stalaktiten-Vordach.

Von hier kommt man auf dem selben Weg zurück oder der Gasse vom Brunnen aus Richtung Osten bis zur Rue Hart es Soura folgend und dort rechts nach Süden abbiegend in 8–10 Minuten zur **Moschee des Ibn (Ben) Yussuf** und der gleichnamigen Medersa. Die Koranschule stammt aus dem 14. Jahrhundert, wurde zur Saadierzeit 1564–1565 renoviert und war ehemals die größte Koranschule des Maghreb. Die **Medersa Ibn Yussuf** kann täglich ab 9 Uhr (außer montags) besichtigt werden (20 DH; mittags von 12–14 Uhr geschlossen, im Winter bis um 14.30 Uhr). Besonders erwähnenswert ist der Reinigungsbrunnen mit seinen Verzierungen, die neben Ornamenten auch figürliche Darstellungen, hier Tiere, aufweisen. Dies ist normalerweise bei islamischen Bauwerken nicht üblich. Die Meder-

Marokkanische Schönheitsutensilien

Die Medersa Ben Youssef

sa ist eines der ältesten Gebäude in Marrakesch. Die Täfelung der inneren Portale ist aus Zedernholz gefertigt – eine wundervolle Arbeit, ebenso wie die Stuckdekoration und die Mosaiken! Der Fußboden des großen Patio mit dem viereckigen Wasserbecken ist mit Carrara-Marmor gedeckt. Er wurde einst nach gleichem Gewicht gegen Zucker eingetauscht. Die Medersa war eine islamische Hochschule für Theologie und Jura. Die Studenten kamen aus allen Gegenden Marokkos und lebten hier für die Zeit ihres Studiums zwischen dem 14. und dem 27. Lebensjahr 12 Jahre im Internat. Sie studierten am Morgen in der Moschee Ibn Yussuf. Das Alumnat im oberen Stock beherbergt 133 kleine Zimmer, in denen je zwei bis drei Studenten wohnten. Sie hatten Zimmer und Essen auf Kosten der Regierung frei, kochten ihr Essen aber selbst. Später wurden sie Richter und Sekretäre im Staatsdienst oder Mullahs. Jetzt sind auch diese Studenten in der normalen Universität untergebracht, die Medersa ist nur noch nationales Museum und wurde 1999 sehr schön renoviert. Die Toiletten (mit die saubersten des Landes) beherbergen einen sehr schönen Brunnen, den man nicht sieht, sofern man nicht das Örtchen aufsucht.

Direkt an die Medersa, am Place Ben Youssef, grenzt das **Musée privé de Marrakesch,** Tel. 044 36 09 11. Das Museum – eine Stiftung der privaten Fondation FOB – ist im **Dar M'Nebhi,** einem modernisierten Palast aus dem 19. Jahrhundert, untergebracht und öffnet um 9 Uhr. Eintritt 30 DH. Auch der geschmackvolle Innenhof mit seinen Skulpturen, den man auch ohne in die Ausstellungsräume zu gehen, besichtigen kann lohnt sich. Vorwiegend sind im Museum mit einer kleinen Dauerausstellung, wechselnde, moderne Künstler präsentiert.

Direkt angrenzend an die Ibn Yussuf-Moschee liegt das **Dar Bellarj** – das Haus der Störche – (dar_bellarj@hotmail.com, 9, Toualat Zaouiat Lahdar, Tel. 044 44 45 55, Fax 044 44 21 23), das der Schweizerin *Susanne Biedermann* gehört. Diese Kulturstiftung *(Fondation pour la culture au Maroc)* zeigt wechselnde, sehr sehenswerte Ausstellungen über Kulturprojekte in Marokko, aber auch Videofilme und -fotos, z. B. über die Erhaltung von Kulturgütern wie Kabahs, und erklärt wie Lehmbauten errichtet werden. So war z. B. ein Thema die Restaurierung der Kasbah Tamnougalt im Drâatal mit einem kleinen Modell der Anlage. Ein Projekt über den Agdal-Garten folgte 2003. Die Fondation ist in einem schönen, alten und stilsicher renovierten Stadthaus untergebracht. Der Eintritt kostet 15 DH.

Südlich der Ibn-Yussuf-Moschee befindet sich am Ende einer abgesperrten Sackgasse die **Qubba (Marabut) Murabiyin.** Sie wurde um 1100 errichtet und kann, sofern der Torwächter aufschließt, besichtigt werden (Eintritt 10 DH).

Von der Moschee Ibn Yussuf gelangt man über die Rue Assouel zum **Bab el-Khemis,** einem Stadttor aus der Almoravidenzeit.

Bummelt man von hier wieder gen Westen, so erreicht man die Grabstätten zweier Heiliger, der Sekten- bzw. Ordensgründer *Sidi Bel Abbes* und *Sidi Ibn Slimane.* Die **Zawia des Sidi Bel Abbes** wurde Anfang des 17. Jh. errichtet und gilt als Wallfahrtsort, vor allem für Blinde.

Die **Zawia des Sidi ibn (Ben) Slimane** stammt aus dem 16. Jh. Er wird vor allem wegen seiner Erfolge im Krieg gegen die Portugiesen verehrt.

Der **Dar Glaoui,** der Palast des franzosenfreundlichen, prunksüchtigen und unbeliebten Paschas *El Glaoui,* befindet sich im Osten der Suqs und kann nicht besichtigt werden.

Grundriss der Kutubiya-Moschee

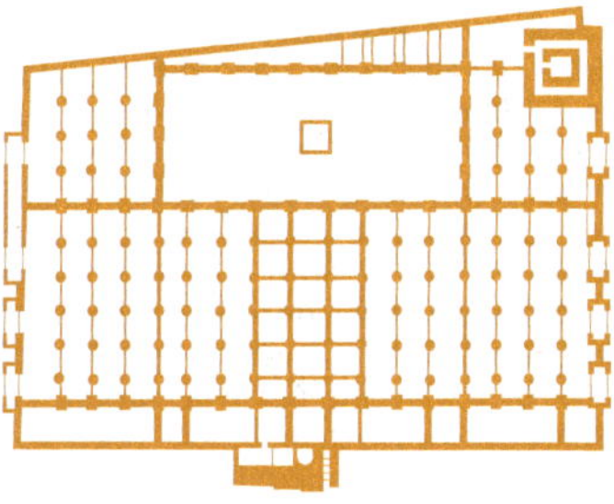

Die Kutubiya-Moschee mit der Qubba von Lalla Zohra Bint el Kuch

★DIE SÜDLICHE MEDINA

Das Minarett der **Kutubiya (Kutubiya)-Moschee** ist das Wahrzeichen von Marrakesch und schon von weitem deutlich erkennbar. Es ist das bedeutendste Bauwerk der Stadt (1997 vollständig von außen renoviert) und liegt im Westen des Djamâa-el-Fna-Platzes.

Die Moschee wurde 1158 erbaut, das Minarett allerdings erst 1189. Mit dem Hassanturm in *Rabat* und der Giralda in *Sevilla*, die der Kutubiya als Vorbild dienten, ist das Minarett bis heute Modell marokkanischer Architektur. Das Minarett der Kutubiya ist das einzige fertig gestellte der Almohadenzeit. Seinen Namen hat es von den *Kutubiyn,* den Buchhändler-Suqs, die sich früher um das Gebäude gruppierten. Es misst 12,8 m in der Seitenlänge, ist 69 m hoch bis zur Terrasse und 77 m hoch zusammen mit den vergoldeten Kugeln, welche die Turmkuppel krönen. Außen ist der Turm – jede Seite ist unterschiedlich – mit herrlichem Dekor und emaillierten Ornamentflächen verziert. Das Gebäude der Moschee ist aus Haussteinen und Ziegeln in T-Form mit einem Quer- und 17 Langschiffen errichtet und außen mit ziselierten Ornamentgipsplatten verziert. Mit ihren Hufeisenbögen, Pflanzenornamentkapitellen und dem Gewölbedekor ist sie eine der schönsten Moscheen des nordafrikanischen Raumes.

Am Fuße des Turmes befinden sich die Reste einer **Qubba** (Marabut), einer als heilig verehrten Frau, genannt **Lalla Zohra Bint el Kuch,** Tochter eines schwarzen Fürsten (was im arabisch/berberischen Kastensystem sehr selten war), aus dem 17. Jahrhundert. Sie ist für viele Frauen Marrakeschs Vorbild, und oft werden ihr zu Ehren Kinder geweiht.

Südlich des Place Djamâa-el-Fna gelangt man von dort über die **Rue Bab Agnaou** (Fußgängerzone) zum Bab Agnaou und zum benachbarten **Bab el-Robb** aus dem 12. Jh. Ähnlich wie am Djamâa-el-Fna-Platz wurden auch hier die Köpfe der Hingerichteten aufgespießt. Von der Kutubiya-Moschee läuft man am besten über die Rue Ibn Khaldoun zum Place Yussuf ibn Tashfin (oft auch *Youssuf Ben Tachfine* geschrieben) und weiter die Mauer entlang bis zum Bab Agnaou (Agnau). Durch dieses gelangt man in das **Kasbah-Viertel,** die alte Almohadenstadt. Die **Kasbah-Moschee** wurde in dieser Zeit (Ende des 12. Jahrhunderts) errichtet.

Südlich davon liegen die **Saadier-Gräber,** eines der schönsten Bauwerke der Stadt. Um sie zu erreichem, muss man nach der Moschee und den angrenzenden Souvenirläden, bei dem Laden mit der orangen Markise, nach links einbiegen. Ein wenig auffallendes Tor an der Mauer rechts der Moschee führt in das Innere. Die Grabstätten wurden Ende des 16. Jh. angelegt und unter Mulay Ismail zugemauert. Erst 1917 entdeckte man den Eingang wieder. Die Gräber sind in zwei verschiednenen Mausoleen untergebracht, die von einem schönen Garten umgeben sind. Eine herrliche Zederholztür mit geschnitzten Ornamenten führt in den Begräbnisraum. Alle Räume sind mit prachtvollen Mosaikfliesen und kunstvollen Holzarbeiten aus Zedernholz verziert. Darüber spannen sich Bogendurchgänge mit Marmorsäulen und Stalaktiten- und Trompenschmuck. Das Hauptgrab ist das des Alawiten-Sultans *Mulay el-Yazid* (1790–1792), aber der Höhepunkt ist das Grab des Saaditensultans *Mulay Ahmed al-Mansur.* Dieser ist im größten Raum mit faszinierenden Stalaktitengewölben, die von 12 Marmorsäulen getragen werden, bestattet. Die Besichtigung ist täglich von 9–11.45 und 14.30–17 Uhr möglich und sollte nicht versäumt werden. Eintritt 10 DH.

Von der Kasbah-Moschee geht man wieder zum Bab Agnaou und wählt von dort die Straße, die geradeaus direkt nach Osten führt, um zum Place des Ferblantiers zu gelangen.

Der **Place des Ferblantiers** ist das Quartier der **Lampenmacher.** Hier werden in einem Karree aus Läden, das einen Teil des Platzes wie einen Hof umgibt, kunstvolle Lampen aus Messing, Kupfer und Eisen geschmiedet oder aus Kamelhäuten gefertigt. Hier hat man die beste und preiswerteste Auswahl. Rechter Hand (südwestliches Ende) des Platzes liegt im 1. Stock das **Restaurant Palais el Bahia (De Paris),** von dessen Terrasse man einen schönen Blick auf die Mauern des El-Badi-Palastes und vor allem auf die Storchennester hat. Das Essen ist gut und preiswert. Nördlich des Platzes bzw. der Gartenanlagen liegen die überdachten Suqs der Juweliere, die bereits zur Mellah gehören (s. u.).

Südlich des **Place des Ferblantiers** befinden sich die Ruinen des **El-Badi-Palastes. Öffnungszeiten:** werktags bis 12 Uhr und wieder ab 14.30 Uhr. Der Palast wurde von dem Saadier-Sultan *Ahmad el Mansur* Ende des 16. Jh. erbaut und von *Mulay Ismail* um 1700 zerstört. Teile des Palastes wurden abgetragen und für die Paläste von *Mulay Ismail* in Meknès verwendet. Der *El-Badi-Palast* war eine der prächtigsten Palastanlagen des Maghreb. Die noch vorhandenen Grundmauern lassen die einsti-

Lampenschmiede am Place des Ferblantiers

gen Dimensionen erahnen, viel ist nicht mehr zu sehen. Überall auf den Mauerresten nisten Störche.

Unter dem Innenhof liegen die ausgedehnten **Gefängnisse,** von denen oben gerade noch Lichtluken zu sehen sind. In den finsteren Gewölben kann man sehen, wo die Gefangenen angekettet waren, doch kann man nur in Ansätzen deren Leid erahnen. Wobei allerdings bezweifelt werden kann, ob sämtliche unterirdischen Räume Gefängnisse waren, oder ob der Teil der Keller unter den Wohnräumen als Versorgungsräume genutzt wurde. Wenn man dem Schild „Minbar de la Kutubiyya" folgt, erreicht man im südlichen Bereich des Ruinengeländes, einen Ausstellungsraum, in dem das renovierte, sehr wertvolle hölzerne **Minbar der Kutubiya-Moschee** aus dem 12. Jh. und eine Ausstellung zur Renovierung der Kanzel besichtigt werden kann. Eintritt 12 DH.

Im El-Badi-Palast wird ab und zu (früher jährlich) ein Folklorefestival abgehalten, bei dem eingebunden in die Geschichte des Landes die verschiedenen Volksgruppen ihre Tänze und Lieder vorführen.

An den El-Badi-Palast im Süden schließt sich der **Königspalast Dar el Makhzen** an, der vom König bei Aufenthalten in Marrakesch noch ab und zu benutzt wird. Eine Besichtigung ist nicht möglich.

Zwischen dem El-Badi-Palast und dem Palais de la Bahia bzw. um den Place des Ferblantiers liegt die **Mellah,** die im 16. Jahrhundert gegründet wurde und bis ins 20. Jahrhundert die größte Marokkos war. Hier gibt es auch einige Juweliere (in überdeckten Suqs oberhalb des Place des Ferblantiers), Messing- und Silberschmiede bzw. Lampenmacher (s. o.). Nördlich des Place des Ferblantiers liegen rechter Hand die **Suqs der Mellah,** die bei Touristen weitgehend unbekannt sind. Hier gibt es zu günstigen Preisen Obst, Gemüse, Gewürze, Musikinstrumente, Kleider u.v.m. Lohnenswert ist ein Besuch der **Synagoge** und des jüdischen Friedhofs (Trinkgeld für den Wärter wird erwartet).

Das **Palais de la Bahia** liegt an der wichtigsten und neu gepflasterten Gasse zum Place Djamâa-el-Fna, der *Riad Zitoun el Jedid* nördlich des *Place des Ferblantiers.* Der sehenswerte Wesirpalast wurde um 1900

DERB DABBACHI
EL KANNARIA
RIAD ZITOUNE EL DJEDID
EL KEDIM
AGUEDAL
BA AHMED
Bab Rhemat
R. du Djenan Ben Chegra
Rue Bab Ahlen
Pl. Ben Salah
Pl. Rahba Qedima
Suq Smarine
Suqs
Derb Dabbachi
Rue Duar Graoua
Derb Djedid
Riad Zitoun Djedid
Derb Sidi Bouloukouf
R. d. Banques
Lebensmittelsuq
Geflügel-markt
Place de Bab Ftouh
Place Djamaa el-Fna
Garküchen
Park-garage
Arset el-Bilk
Rue Riad Zitoun el Kedim
R. de la Recette
Avenue Houmane Fetouaki
Rue Ibn Rochd
Rue de Bani
R. Mulay Ismail
Rue Mouahidine
Rue Marine
Rue Bab Agnaou
Rue el-Koutoubia
Rue de la Koutoubia
Rue Fatima Zohra
Av. Mohammed V.
Rue Ibn Kaldoun
Rue Sidi Mimoun
Place Youssef Ibn Tashfin
Mausoleum Ibn Tashfin
Kutubiya Moschee
Stadtbusse (Linie 1-14)
Qissariat
Einkaufs-zentrum
Qissaria
Hammam
Minarett Bochara
Überdeckter Mellah Suq für Schmuck
Rosen-garten/Park
Place des
Lampen-geschäfte
Suq Mellah (Lebensmittel, Kleidung)
El Bahia Palast
Eingang
Eingangs-tor
Torbögen
R. Imam el Ghazali
Souvenir-geschäfte
Sahara stone
Volkskunst-museum Dar Sidi Said
Dar Tiskiwin (Bert Flint)
Riad Tamsna Galerie/Bücher
Prefecture
Riad Houlki
Riad Noga
Dar Hadj Idder
Kennaria
El Marrakchi
Marhaba
Mounia
Mimosa
Badr
France
Residence de la Place
Baraka
CTM
C.T.M.
Glacier
des Amis
Sher-azade
Dar Limoun
Jnane Mogador
Eddakhla
Lune d'Or
de la Paix
Central
Medina
Essaouira
Riad Zinoun
El Hamra
Dar es Salam
Dar Gharnata
Chellah
Arabia
Silber- u. Gold
Afriquia
Snack
Sahara
Gallia
Hilal
Souira
Farah
Atlal
Tazi
la Gazelle
Mabrouk
Ichbilia
Alí
Argana
Les Jardins de la Koutoubia
Club Méditerranée
Foucauld
Ksar Essoussan
Stylia
Dar el-Baroud
Pizzeria Islane & Café
Islane
Dar Diaffa
Douiria
El Bahia

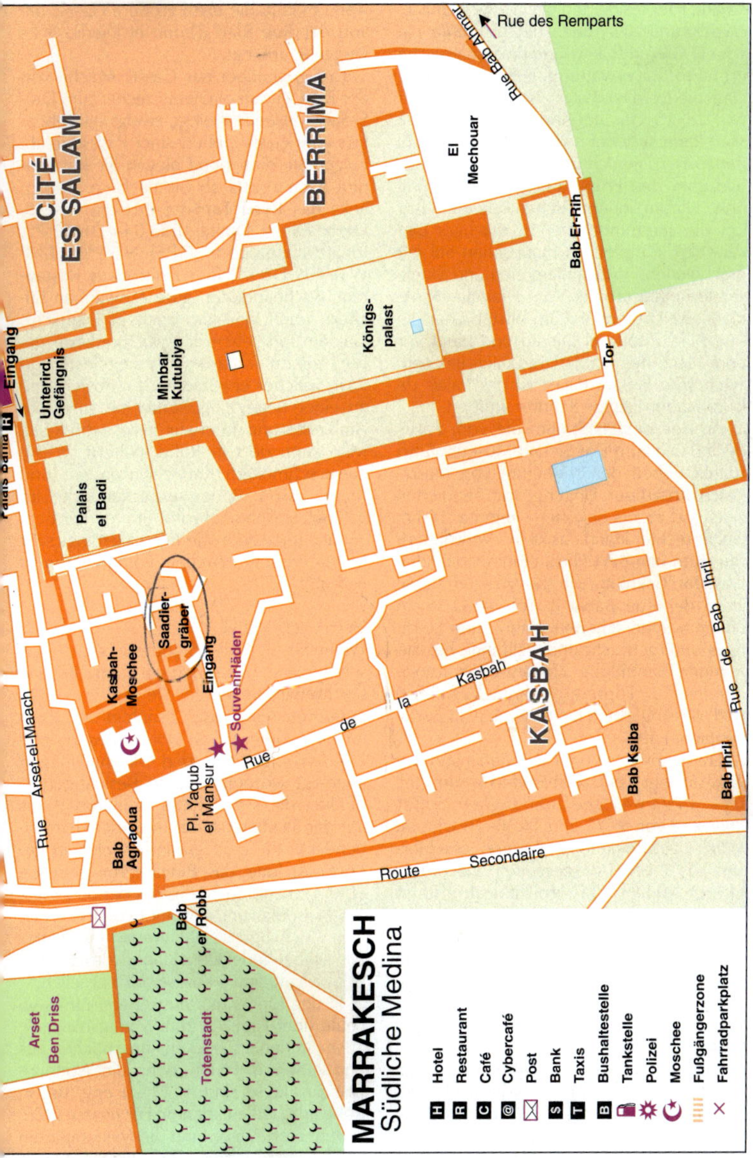
MARRAKESCH
Südliche Medina
Hotel
Restaurant
Café
Cybercafé
Post
Bank
Taxis
Bushaltestelle
Tankstelle
Polizei
Moschee
Fußgängerzone
Fahrradparkplatz
CITÉ ES SALAM
BERRIMA
KASBAH
Rue des Remparts
Rue Bab Ahmar
El Mechouar
Bab Er-Rih
Königs-palast
Tor
Minbar Kutubiya
Unterird. Gefängnis
Eingang
Palais Badia
Palais el Badi
Saadier-gräber
Eingang
Souvenirläden
Kasbah-Moschee
Rue Arset-el-Maach
Rue de la Kasbah
Pl. Yaqub el Mansur
Bab Agnaoua
Bab er Robb
Route Secondaire
Bab Ksiba
Bab Ihrli
Rue de Bab Ihrli
Arset Ben Driss
Totenstadt

erbaut. Hier residierten die Wesire *Rahman, Hassan* und *Aziz*, auch der bekannte Pascha **El Glaoui** (Glawi)und die französische Protektoratsverwaltung ließen sich hier kurz nieder. Der Palast ist von 9–12 Uhr und 15–18 Uhr geöffnet, Eintritt 30 DH. Man kann sich bei der Führung (englisch, französisch, manchmal deutsch) ein gutes Bild über den Prunk und die Ausstattung (inkl. Harem) orientalischer Fürstenhäuser um die Jahrhundertwende machen. Der Palast ist komplett im maurischen Stil mit prachtvollen Holzschnitzereien und Stuckverzierungen erbaut. Vom Djamâa-el-Fna-Platz erreicht man ihn am besten über die Rue Riad Zitoun el Djedid und biegt vor dem Place des Ferblantiers nach links ab. Auch vom El-Badi Palast ist das Palais de la Bahia nur wenige Schritte entfernt.

An der kleinen Straße, die vom Palais de la Bahia zum Dar Si-Said-Museum führt (direkt neben der Prefecture von Marrakesch, torartiger Eingang, mit Teppichen links und rechts dekoriert) liegt ca. 100 m weiter rechter Hand das kleine **Volkskunstmuseum von Bert Flint,** einem Holländer. Das **Dar Tiskiwin,** wie das Museum heißt, ist in der Rue Bahia 8, Tel. 44 33 35, in einem wunderschönen maurischen Stadthaus untergebracht und stellt eine hervorragende Sammlung afrikanischen Kunsthandwerks (Töpferei, Schmuck, Kupfer- und Messingarbeiten, Stickereien, Hausrat, Teppiche) aus.

Etwas nördlich vom *Palais Bahia* und *Dar Tiskiwin* liegt das **Dar-Si-Said-Museum.** Tel. 044 44 24 64, geöffnet täglich außer Dienstag von 9–12 und 14.30–20 Uhr, im Winter geöffnet ab 9 Uhr und geschlossen ab 17 Uhr (Mittagszeiten wie oben). Eintritt 10 DH. Das Volkskunstmuseum wurde in einem Palast aus dem 19. Jh. mit prachtvollem Innenhof untergebracht und beherbergt die umfangreichste Sammlung des berberischen Kunsthandwerks in Marokko, ebenso wie einen traditionellen Festsaal im 1. Stock, mit einer fantastischen Holzdecke, einem Hochzeitsthron und festlichen Kleidern. Man erreicht das Museum vom Palais de Bahia kommend über die Rue Riad Zitoune el Jedid rechts, oder, kommt man vom *Djamâa-el-Fna-Platz,* wenn man in die erste größere Gasse, die von der Rue Riad Zitoun el Djedid links weggeht, abbiegt.

Fast gegenüber der Gasse, welche von der Riad Zitoun el Djedid rechts zum Dar-Si-Said-Museum abbiegt, zweigt links ebenfalls eine Gasse neben einer Pâtisserie ab. Folgen Sie dieser und biegen Sie kurz darauf nach rechts ab bis nach ca. 200 m links das **Ryad Tamsna** erreicht ist (23, Derb Zanka Daika, Tel. 044 38 52 72, info@tamsna.com, GPS: N 31°37,438′ W 07°59,115′). Diese Einheit aus Restaurant, Buchhandlung (gute Auswahl an Büchern über Marokko auch in Deutsch), Galerie und sehr exklusiver Boutique gehört einem französisch-senegalesischen Paar, welches ein Stadthaus renoviert und zu einer Begegnungsstätte mit stilvollem Ambiente und Interieur hergerichtet hat. Man kann dort in Ruhe stöbern, in Büchern schmökern, Kaffee trinken, gut (und teuer) essen, Bilder angucken oder im 1. Stock geschmackvolle Stoffe, Taschen, Schuhe und Lederwaren (zu allerdings sehr hohen Preisen) erstehen. Fotografieren ist verboten.

★DIE GÄRTEN

Wenn Sie von der Stadtbesichtigung erschöpft sind, bietet sich ein kurzer Besuch der **Menaragärten** an. Sie sind im 12. Jh. unter den Almohaden errichtet und dann im 19. Jh. unter *Sultan Mohammed ibn Abd el-Rahman* als Obst- und Olivenplantagen angelegt worden. Einzige Besichtigungspunkte, die sich lohnen, sind das Palais aus der Saadierzeit, das mit einem Pyramidendach aus grün glasierten Ziegeln gedeckt ist, und das Bewässerungsbecken (150 x 200 m) davor – eines der beliebtesten Prospekt- und Fotomotive, erst recht, wenn sich bei klarem Wetter im Winter die schneebedeckten Hänge des Hohen Atlas als attraktive Kulisse dazu gesellen.

In den Menaragärten treffen sich junge Leute oder Familien zum Mittagspicknick, auch Studenten packen ihre Bücher aus und lernen im Freien, denn die Wohnungen zu Hause sind meist zu eng, um in Ruhe arbeiten zu können. Für unsere grünverwöhnten Augen sind die Menaragärten

Im Palais Bahia

jedoch nur bedingt lohnenswert, denn zwischen den Bäumen wächst nicht viel, lediglich die Atmosphäre und das Wasserbecken rechtfertigen den Besuch.

Die 150 km² große **Palmeraie** (Dattelpalmen) im Norden der Stadt, wird nach und nach zum neuen Hotelviertel, die Palmen sind mehr Dekoration oder in die weitläufigen Hotelgärten integriert, als noch zusammenhängende Oasengärten.

Am schönsten von allen Gärten ist der **Jardin Majorelle** an der *Av. Yaqub el Mansour,* in der Neustadt, ungefähr gegenüber dem Großmarkt. Er wurde von dem französischen Maler *Majorelle* (1859–1926) angelegt und in den 1970erJahren von *Pierre Bergé* und *Yves Saint-Laurent* gekauft. Sie errichteten im ehemaligen Atelier des Malers ein kleines **Museum** *(Museé Art Islamique),* wo auch Werke des Malers Majorelle ausgestellt sind (kostet extra).

Im Jardin Majorelle

Der Garten ist mit vielen tropischen Pflanzen, u. a. Riesenkakteen und -bäumen, bepflanzt. In den Teichen tummeln sich viele kleine Schildkröten. Manche Pflanzen sind auf kleinen Täfelchen mit ihren botanischen Namen beschildert. Die Gebäude sind knallblau gestrichen mit gelb-weiß umrahmten Fenstern und eingesäumt von lila Bougainvilleen - ein Augenschmaus. Zudem ist es sehr schattig und erholsam in dem mit Goldfischteichen versehenen Park. Ein Spaziergang durch diesen Garten Eden ist ein wahres Erlebnis, und es kommt das Gefühl auf, man befände sich im Paradies. Die Gärten wurden erst kürzlich rundum instand gesetzt und erstrahlen in neuem Glanz. Es gibt sogar eine Edelboutique, in der Postkarten, ein Buch über die Gärten und allerlei noble und sehr teure Accessoires verkauft werden. Der Besuch im Jardin Majorelle ist ein Muss bei einem Marrakesch-Aufenthalt! Hunde haben keinen Zutritt, Eintritt 20 DH, geöffnet von 8–12 und 14–20 Uhr im Sommer (ab Juni), im Winter 9–12 und 14–17 Uhr; Museum nur bis 11.30 Uhr, 15 DH Eintritt. Es lohnt sich, früh da zu sein, um den anderen Touristen (z. T. ganze Busladungen) zuvorzukommen.

Weitere alte Sultansgärten sind die **Aguedal-ba-Ahmed-Gärten** hinter dem **Dar-Si-Said-Museum** mit Grünanlagen rings um ein Wasserbassin (trocken und vermüllt) sowie die **Agdal-Gärten** (nicht immer zugänglich) im Süden des Königspalastes. Diese sind jedoch ähnlich wie die Menaragärten reine Olivengärten, es gibt dort ebenfalls ein Wasserbecken mit kleinem Palais.

Alle Gärten kann man gut mit dem eigenen Auto erreichen, die Menara- oder Agdalgärten auch romantisch (aber teuer) mit der Pferdedroschke auf einer Stadtrundfahrt. Sie kostet inzwischen für 1 Stunde um die 70 DH/Person. Wer nur eine kurze Kutschfahrt im Sinn hat, sollte sich an der an der Ostseite der Aguedal-Ba-Ahmed-Gärten verlaufenden Straße eine Linienkutsche nehmen, die bestimmte Strecken befahren und nur ca. 5 DH kosten.

★DIE NEUSTADT – GUELIZ

Die ursprüngliche Neustadt (jetzt nur noch das Viertel Gueliz) ist in der Kolonialzeit im Westen der Medina, außerhalb der rosafarbenen Stadtmauern, entstanden. Sie ist vor allem zum **Einkaufen** interessant. Aber auch **viele Hotels** und die meisten der neueren **Restaurants** liegen hier. In diesem Stadtviertel befinden sich die moderneren **Geschäfte,** von Boutiquen bis zu Supermärkten. Zahlreiche Läden an der Av. Mohammed V. und in den Seitenstraßen verkaufen viele schöne Souvenirs oft günstiger als im Suq. Auch Schmuck- und Antiquitätenläden, schicke Kleidergeschäfte, Buchhandlungen, Discos, Cafés und zahlreiche schöne Restaurants sind hier zu finden. Ein neues architektonisches Prunkstück ist das **Théâtre Royale** am *Place Haile Selassie,* dem Kreuzungspunkt der Straßen nach Casablanca und Essaouira. Die große Kuppel des Theaterbaus erinnert an Moscheen in Asien. Ein marokkanisches **Einkaufszentrum** an der Av. Mohammed V. mit verglasten Fronten, Innenhof mit Brunnen, Rolltreppe und zahlreichen Boutiquen versucht das Flair einer westlichen Einkauspassage zu vermitteln. Der hervorragende Antik-Schmuckladen im Untergeschoss lohnt einen Besuch. Das eine oder andere preiswerte Schmuckstück, kann man auch im ersten Stock im Krimskramsladen (Schmuck, Souvenirs und diversen Kleinkram) erstehen. Die **Markthalle** *(Marché Municipale oder central),* von der Medina kommend rechts, fast am Ende der Av. Mohammed V., mit frischestem Obst und Gemüse und die angrenzenden **Souvenirstände** sind ebenfalls lohnenswert und preiswerter als die Suqs.

Sämtliche Verwaltungsgebäude, Reiseagenturen und Flugbüros sind in der Neustadt angesiedelt. Hier kann man, im Gegensatz zur Ärmlichkeit der Altstadtgassen, einen Hauch von Luxus spüren. An der Ausfallstraße nach Casablanca (links der Straße) gibt es eine **Kunsthandwerkskooperative** und ein Töpferzentrum.

Wer tatsächlich etwas marokkanischen Alltag mitbekommen will, sollte die Viertel im Osten der Stadt, angrenzend an die Route des Remparts, besuchen. Hier, nahe dem Bab Rhemat, sind quirlige Märkte, Straßenhändler, das **Töpferviertel mit Töpferständen (Mittwochsmarkt,** sehr günstig für Keramikeinkauf) und kleine Geschäfte zu finden, wo die Einheimischen kaufen. Die hektische Betriebsamkeit, der Verkehr und der Müll im Flussbett neben Bretterbuden und neuen Mietshäusern haben für uns zwar Folklorecharakter, spiegeln aber doch die zum Teil schwierigen Lebensumstände in den wuchernden Außenbezirken der Städte wider.

Zwei bis drei Tage sollten Sie sich für die Besichtigung Marrakeschs mindestens Zeit nehmen.

★DINER-VERANSTALTUNGEN

Die sog. **„Diner spectacle“** (Folklore mit Essen) werden in extra für Touristen errichteten Kasbahkomplexen oder Zelten in der Palmeraie, nördlich von Marrakesch (in Richtung Casablanca) veranstaltet.

Im **Chez Ali,** einem palastartigen Konglomerat mit kleinem Museum, wird man bereits am Eingang von einer berittenen Garde und Folkloregruppen aus allen Regionen Marokkos empfangen. Während des Essens im Freien bzw. in den überdachten Palastvorbauten wird getrommelt, getanzt und geflötet, was das Zeug hält und kaum dass man fertig ist beginnt die große Schau mit Fantasia und akrobatischen Reiterspielen, Kamelen und Einzug der Folkloretruppen auf dem Reitplatz, deren krönender Abschluss ein Feuerwerk ist. Chez Ali ist zwar ein gewaltiges Touristenspektakel, zu dem alle großen Gruppen gekarrt werden, nichtsdestotrotz eindrucksvoll. Etwas lästig ist, dass mittlerweile die Tänzer auch an die Tische kommen und teils penetrant zum Mittanzen animieren und dann noch zusätzlich Tringeld wollen.

Der Spaß ist nirgendwo billig (350–450 DH pro Person), der Service gut, das Essen je nach Preis (es gibt unterschiedliche Preise bei den Vorbuchungen) mäßig bis gut. Das Mechoui (Meschwi, s. Kapitel Küche) bekommen jedenfalls nur diejenigen, die mehr Geld hingeblättert haben. Der Wein kostet ebenfalls extra. **Buchen** kann man über Hotels, Reisebüros, oder direkt bei:

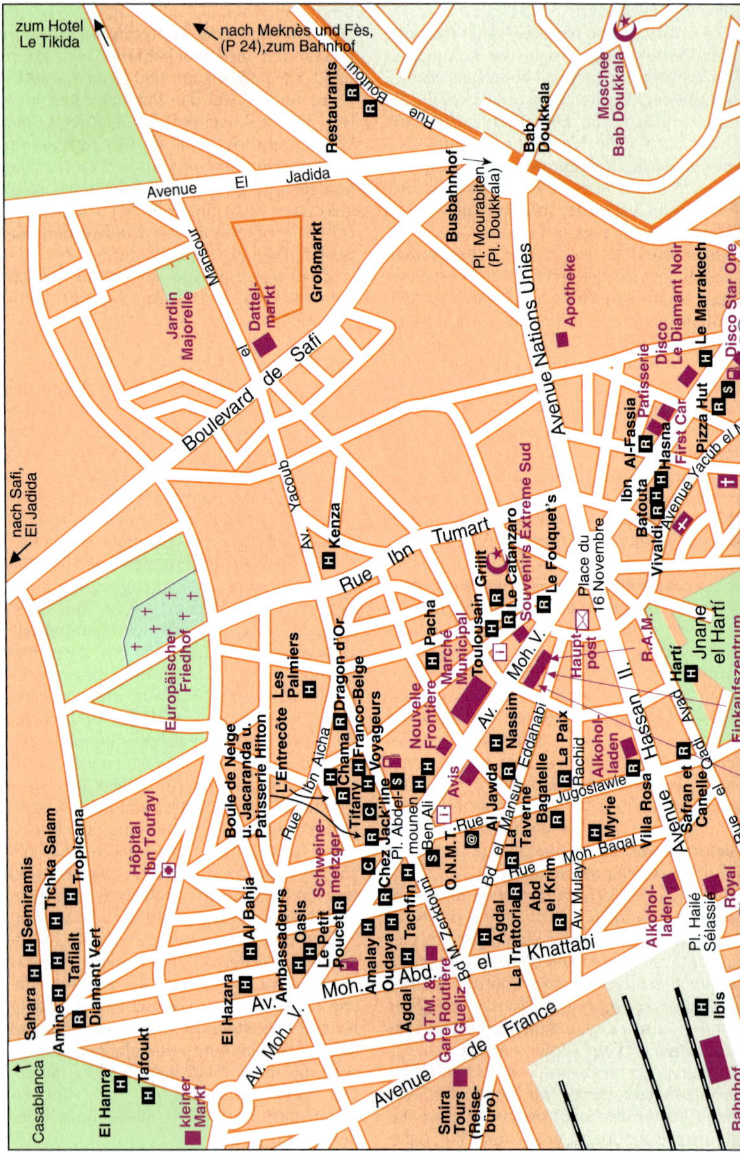
zum Hotel Le Tikida
nach Meknès und Fès, (P 24), zum Bahnhof
Rue Bouhou
Restaurants
Bab Doukkala
Moschee Bab Doukkala
Avenue El Jadida
Busbahnhof
Pl. Mourabiten (Pl. Doukkala)
Avenue Nations Unies
Apotheke
Disco Le Diamant Noir
Le Marrakech
Disco Star One
Patisserie
Al-Fassia
Ibn Batouta
Vivaldi
Hasna
First Car
Pizza Hut
Avenue Yacoub el Mansour
Mansour
Jardin Majorelle
Dattelmarkt
Großmarkt
el
Boulevard de Safi
nach Safi, El Jadida
Av. Yacoub
Kenza
Rue Ibn Tumart
Le Catanzaro
Souvenirs Extreme Sud
Le Fouquet's
Place du 16 Novembre
Toulousain
Grill
Pacha
Marché Municipal
Moh. V.
Hauptpost
R.A.M.
Jnane el Hartí
Harti
Einkaufszentrum
Europäischer Friedhof
Les Palmiers
Dragon d'Or
Franco-Belge
Voyageurs
Nouvelle Frontière
Boule de Neige u. Jacaranda u. Patisserie Hilton
L'Entrecôte
Rue Ibn Aicha
Chama
Tifany
Jack'line
Pl. Abdel-Moumen Ben Ali
Avis
Av.
Nassim
Al Jawda
Eddahabi
La Paix
Rachid
Alkoholladen
Hassan II.
Ayad
Bd el Mansur
La Taverne
Bagatelle
Rue Jugoslawie
Myrie
Villa Rosa
Avenue
Safran et Canelle
Qadi
Rue el
Semiramis
Tichka Salam
Tropicana
Sahara
Amine
Tafilalt
Diamant Vert
Hôpital Ibn Toufayl
Schweinemetzger
Chez
O.N.M.T.
Rue
Rue Moh. Baqal
Abd el Krim
Av. Mulay
La Trattoria
Agdal
Al Bahja
El Hazara
Av. Ambassadeurs
Oasis
Le Petit Poucet
Amalay
Oudaya
Tachfin
Agdal
Moh. Abd.
Bd M. Zerktouni
el Khattabi
Alkoholladen
Pl. Hailé Sélassié
Royal
C.T.M. & Gare Routière Gueliz
Av. Moh. V.
Avenue de France
Ibis
Bahnhof
Casablanca
El Hamra
Tafoukt
kleiner Markt
Smira Tours (Reisebüro)

MARRAKESCH
Neustadt
Gueliz u. Hivernage
Kirche
Hotel
Jugendherberge
Restaurant
Cybercafé
Bank
Museum
Tourist-Information
Post
Moschee
Tankstelle
Krankenhaus
Campingplatz
0
500 m
N
Ensemble Artisanal
Av. Mohammed V.
Arset Mulay Abdeslam (Grand Cité Jardin)
Jardin
Bab Larissa
R. Abou el Abbes Sebti
Bab Makhzen
Bab el-Djedid
Mamounia
Krankenhaus Avenzovar
Route Nr. 513 n. Oukaimeden
zum Flughafen und R.N. 8
Boulevard el Yarmouk
Menara
El Kutubia
Imilchil
Le Jardin
Imperial Borj
Plaza (Toubkal)
Rue el Quadissa
Es-Saâdi
Casino
Kenzi Farah
Avenue Moulay el Hassan
Kenzi Safir
El Andalous
N'Fis
Avenue de la Ménara
Oliveraie de Bab Jdid
Stadion
Avenue du Président Kennedy
Sheraton (Palais al Badi)
Avenue de France
Les Idrissides
Palais de Congrès
Mansour Meridien
Atlas le Marrakech
Station Experimentale de la Menara
Rue Ibn el Qadi
Rue el Jahed
Rue Mohammed el Hansali

Marrakesch

◆**Chez Ali**
Douar Belaguid, Circuit Jaffa, Palmeraie. Büro: Rue Ibn Aïcha, Tel. 044 44 54 99, Fax 044 44 13 44.
◆**Borj Bladi**
Route de Casablanca, Tel. 044 43 08 90 oder 044 43 26 98.
◆**Fantasia**
Route de Casablanca, Tel. 044 44 81 87.
◆**Kasbah Tassarouth**
Duar Ben Rahmoun, km 12, Route de Casablanca, Tel. 044 43 87 81/82, Tasarout@iam.net.ma.

PRAKTISCHE INFOS

Tel. Vorwahl: 044, PLZ 40 000

Touristeninformation

◆**O.N.M.T.**
Pl. Abdelmoumen Ben Ali, Tel. 044 43 61 31, Fax 044 43 60 57. Bessere Beratung als im Syndicat-Büro.
◆**Syndicat d'Initiative de Tourisme**
176, Bd Mohammed V., Tel. 044 43 20 97.
◆**Informationen im Web:** www.marrakech-info.com und www.marrakech-holiday.com; die Websites sind in Deutsch und bieten Informationen zu Hotels, Restaurants, Autoverleihern und zahlreiche andere Tipps.

Klassifizierte Hotels

Ohne **Reservierung** ist ein Unterkommen in Marrakesch (v. a. an Ostern, Weihnachten und zu Ferienterminen) schwierig!

Fast alle Hotels verfügen über eigene, bewachte Parkplätze, mit Ausnahme einiger Hotels direkt an der Av. Mohammed V. (hier gibt es bewachte, öffentliche Parkplätze). Fahren Sie aber keinesfalls Ihr Hotel in der Altstadt direkt an, denn der Stadtplan ist nie so genau, wie man es sich wünschen würde (er dient nur als Anhaltspunkt). Aufgrund der unbeschilderten Gassen ist es auch nicht möglich, sich auf gut Glück zurechtzufinden. Rufen Sie deshalb vorher im Hotel an oder vereinbaren Sie einen Treffpunkt.

Siehe auch auf den folgenden Seiten bei den Kategorien Clubs/Clubhotels bzw. **Maisons d'Hôtes (Riads).** Bei den so genannten *Maisons d'Hôtes* handelt es sich um kleine Hotels in Riads, manchmal sehr luxuriösen, traditionellen Stadthäusern mit Innenhof in der Medina.

◆**Amanjena***** (Palace)**
Route de Ouarzazate, km 12, amanjena@amanresorts.com, www.amanresorts.com, Tel. 044 40 33 53, Fax 044 40 34 77. Das teuerste aller Hotels mit allem erdenklichen Luxus (€€€€€, Pavillon oder Bungalow), auf einem riesigen Gelände an der Straße nach Ouarzazate, beim Golfplatz *Amelkis*.
◆**La Mamounia*****(Palace)**
Av. Bab Djedid, am Rande der Medina, Tel. 044 38 86 00, Fax 044 44 46 60/44 49 40, resa@mamounia.com, www.mamounia.com. Das Luxus- und Traumhotel Marokkos schlechthin! Kulisse zahlreicher Filme und Absteige von Prominenten (€€€€€A). Wer nur einen Kaffee dort schlürfen oder sich umschauen will, sollte angemessen gekleidet sein (kein Einlass mit kurzen Hosen).
◆**Palmeraie Golf Palace*****(Luxe)**
Les jardins de la Palmeraie, B.P. 1488, Tel. 044 30 10 10, Fax 044 30 50 50, golfpalace@pgp.ma, www.pgpmarrakech.com. Sehr schönes und luxuriöses Hotel (€€€€€) in der Palmeraie im Norden der Stadt. Eigener Golfplatz und Disco, in der die *Haute Volée* der Stadt ein und aus geht.
◆**Le Meridien N'Fis*****(Luxe)**
101, Av. de la France, Ecke Rue Marrakesch, neben dem Messe- und Konferenzzentrum, Tel. 044 44 87 72, Fax 044 44 74 46, www.lemeridien.com. €€€€€B. Sehr schönes Club-Hotel mit Garten und Pool, gutes Mittagsbüffet, Nightclub Paradise (teuer).
◆**Es-Saâdi*******
Av. Quadissia, Hivernage, B.P. 523, Tel. 044 44 88 11, Fax 044 44 76 44/85, info@essaadi.com, www.essaadi.com. Luxus-Hotel mit Tennis, Sauna, Pool. €€€€€B.
◆**Kenzi Semiramis *******
Route de Casablanca, Quartier Semlalia, im Norden in der Palmeraie, Tel. 044 43 13 77, Fax 044 44 71 27, semiramis@kenzi-hotels.com, www.kenzi-hotels.com. €€€€. Mit allem Komfort, Swimmingpool, Golf- und Tennisplätzen usw.
◆**Sheraton Marrakesch*******
B.P. 528, Av. de la Ménara, in Richtung Flughafen, Tel. 044 44 89 98, Fax 044 43 78 43,

sheraton@cybernet.net.ma, www.starwood.com/sheraton. Luxushotel mit schönem Pool, Tennis, Golf, Konferenzzentrum. €€€€ bis €€€€€B.

◆Les Jardins de la Koutoubia***
26, Rue de la Koutoubia, Tel. 044 38 88 00, Fax 044 44 22 22, hoteljardinkoutoubia@ menara.ma, www.lesjardinsdelakoutoubia.com. Sehr edles und geschmackvolles Hotel mit Pool, Fitness und allen Schikanen. €€€€€A.

◆Kenzi Farah***
Av. Kennedy, Tel. 044 44 74 00, Fax 044 44 87 30, info@kenzi-hotels.com. Mit Pool, Fitness, Sportcenter. €€€€€B.

◆Tikida Garden**
Circuit de la Palmeraie, an der Route nach Beni-Mellal, Tel. 044 32 95 95, Fax 044 32 95 99, tikida@tikida-hotels.ma, www.marrakech-tikida.com. Sehr schönes Hotel mit allem erdenklichen Luxus, Pool, Solarium, schönem Garten. €€€€A.

◆Atlas Privilege (Asni Marrakech)**
Av. de France, Tel. 044 33 99 00, Fax 044 43 33 08, E-Mail: atlasmrak@iam.net.ma, www.hotelsatlas.com. Hochhauskomplex ohne Atmosphäre, Spa-Bereich, Hammam, €€€€A.

◆Tichka Salam**
Route de Casablanca, Tel. 044 44 87 36, 044 44 87 10, Fax 044 44 86 91. €€€€. Günstige Pauschalangebote über Thomas Cook (www.thomascook.de).

◆Le Tafilalet ****
Av. de Casablanca, Tel. 044 44 98 18, Fax 044 44 75 32. Schönes, zentral gelegenes Hotel in der Neustadt. €€€€.

◆Safir Siaha ****
Av. Kennedy (Hivernage), Tel. 044 43 52 24, 044 44 89 52, Fax 044 44 69 27. Schöne Bungalows (4–5 Personen) im Garten mit TV, Klimaanlage, eigener Terrasse. €€€€, Pool, Tennisplatz.

◆Tropicana**
Lôtissement Semlalia, Richtung Palmeraie/Casablanca, Tel. 044 44 74 50, Fax 044 44 74 58, www.marrakech-hotel-tropicana.com. 149 DZ und 6 Suiten, alle mit TV und Klimaanlage. Sauna, Pool, Disco. €€€€B, Suite €€€€. Günstige Paketangebote vom französischen Veranstalter *Nouvelles Frontières* (www.nouvelles-frontieres.fr), z. B. 1 Woche inkl. Flug 330 Euro.

◆Les Idrissides**
Av. de France, Gueliz, Tel. 044 44 84 70, 044 43 06 36. €€€€. Luxushotel der französischen Gruppe Framhotel mit Pool.

◆Imperial Borj ****
Av. Echouhada, Hivernage, Tel. 044 44 73 22, Fax 044 44 62 06, borjhotl@menara.ma, www.net-tensift.com/borj. €€€€A. Luxushotel mit 187 Zimmern, Pool, mehreren Restaurants, Konferenzsaal, Piano-Bar.

◆Kenza**
Av. Yaqub El Mansur, Tel. 044 43 54 88, 044 44 83 30, Fax 044 43 35 86, €€€€B. 128 Zimmer auf sechs Etagen (mit AC, TV usw.), Pool, Panoramaterrasse.

◆El Andalous**
Av. President Kennedy, Tel. 044 44 82 26, Fax 044 44 71 95, Reservierung unter Tel. 044 44 72 34, contact@elandalous-marrakech.com, www.elandalous-marrakech.com. Komfortables, sehr schönes, renoviertes Hotel im Hivernage-Viertel, nahe der Altstadt, großer Garten, im andalusischen Stil. €€€€A, Frühstück 100 DH, Menü 200 DH. Pool, TV usw.

◆Le Marrakech**
Place de la Liberté (Pl. El Hourria), B.P. 761, Tel. 044 43 43 51, Fax 044 43 49 80. Zentral gelegen, am Beginn der Av. Mohammed V. mit Blick auf die Kutubiya. €€€€. Frühstück für 55 DH, Essen ca. 160 DH. Schönes Hotel mit Pool im Innenhof, Bar, Sauna.

◆Agdal ****
1, Bd Med Zerktouni, Tel. 044 43 36 70, Fax 044 43 12 39. Air-Condition, Pool und Parkplatz. €€€A.

◆Les Almoravides**
Arset Djenan Lakhdar, Tel. 044 38 68 42, 044 44 51 42, Fax 044 44 31 33. Kürzlich renoviert. €€€€B. Zimmer mit AC und TV.

◆ Marrakech Plaza ****
Rue Harroun Errachidia, Hivernage, Tel. 044 42 05 05, 044 44 88 72, 044 44 88 78, Fax 044 44 89 87. Das ehemalige Toubkal-Hotel wurde umgebaut und renoviert. Sehr schönes Hotel mit großem, fast parkähnlichem Garten und sehr freundlichem Personal. Von den Zimmerbalkonen herrlicher Blick zur Kutubiya. €€€€B.

◆La Menara***
Av. des Remparts (Seitenstraße der Av. Mohammed. V.), nettes Hotel, zentral gelegen. Die Medina ist zu Fuß erreichbar. Tel. 044

43 23 58, 044 43 64 78, Fax 044 44 73 86. Angenehmes und Hotel, sehr freundliches Personal, mit AC, TV (nur zwei Kanäle), Pool. Telefonieren nur aus der Halle, die Bar schließt schon um 21 Uhr. €€€€B. Ein guter Stadtführer, *Chouqir Mustafa* (engl.), wird von dort vermittelt.

◆**Chems*****

Av. Houmam el Fetouaki, B.P. 594, Tel. 044 44 48 13/15/16, Fax 044 44 05 47. €€€€B, Internetpreis €€€, Pool, Tennis.

◆**Sahara-Inn*****

Route de Casablanca, Tel. 044 43 83 34/35, Fax 044 43 46 10, €€ pro Pers. mit Halbpension, Preis saisonabhängig. 170 Zimmer mit Klimaanlage und WC/Bad, Pool.

◆**Nassim*****

115, Bd Mohammed V., Tel. 044 44 84 01, Fax 044 43 67 10, E-Mail: contact@hotelnassim-marrakech.com, www.hotelnassim-marrakech.com. Schönes Hotel mit Marmorbädern, Fitness-Studio, Restaurant, Dachterrasse, Hammam, zentral in der Neustadt gelegen. €€€€, Frühstück 70 DH, Dinner 170 DH.

Storchennester auf den Mauern des El-Badi-Palastes

◆**Amine *****

Av. Abdelkrim El Khettabi (Route de Casa), Tel. 044 43 63 76, Fax 044 43 81 43, badoa@menara.ma, www.hotel-amine.com. Air-Condition, Pool und Parkplatz, €€€€.

◆**Amalay*****

87, Bd Mohammed V., Tel. 044 44 86 85, Fax 044 43 15 54, www.amalay-tachfine.ma. 40 Zimmer mit AC und TV, zentral, Restaurant und Bar, €€€, Menü 90 DH, Frühstück 40 DH.

◆**Imilchil *****

Av. Echouhada, Hivernage, Tel. 044 43 89 41, 044 44 76 53, Fax 044 44 61 65, E-Mail: imilchil@cybernet.net.ma. Ordentliches, renoviertes Hotel in ruhiger Lage, nahe den Hotels *Imperial Borj* und *Essaadi*. Kleiner Pool, komfortable Zimmer. €€ p. P. HP (je nach Saison).

◆**Akabar *****

Av. Echouhada, Hivernage-Viertel, HP €€€. Tel. 044 43 77 99, Fax 044 43 80 02. Neues, angenehmes Hotel, nahe dem Hotel *Imilchil*.

◆**Ibis – Moussafir *****

Av. Hassan II., Place de la Gare, Tel. 044 43 59 29-33, Fax 044 43 59 36, www.ibishotel.com. Sehr schönes Mittelklassehotel mit Pool, freundlichem Service, gutem Frühstück und schöner Einrichtung, €€€, Zimmer nach vorne laut, unbedingt Zimmer zum Garten verlangen!

◆**Tafoukt (Nouzah)*****

Place Petit Marché (Route de Targa), Tel. 044 43 55 10/11, Fax 044 44 83 80, h.tafoukt.rak@wanadoo.net.ma, www.hotel-tafoukt.com. Kleines, angenehmes Mittelklassehotel, etwas außerhalb. €€B bis €€€ mit Frühstück, preisgünstig.

◆**Oudaya*****

147, Rue Mohammed El-Beqal, Nähe Zentrum. Tel. 044 44 85 12, Fax 044 43 54 00, oudayaho@iam.net.ma, www.ouadaya.ma. Sehr freundlich und korrekt, Pool, Hammam, behinderten- und kinderfreundlich. Zimmer mit Sat-TV (gebührenpflichtig) und AC €€€. Frühstück nicht besonders. Fahrräder können im Innenhof eingestellt werden. Günstige Pauschalangebote über Thomas Cook Reisen.

◆**Myriem *****

154, Rue Mohammed El Beqal, Tel. 044 43 70 62, Fax 044 43 70 66. Neues, schönes Hotel nahe der Touristeninformation (Wegweiser von dort, Häuserblock zwischen Mly. el

Im Jardin Majorelle

Rachid und Av. Hassan II.). Mit Pool, Sauna, Air-Condition, sehr freundlich, Kreditkarten werden akzeptiert. Frühstück 40 DH (sehr gut). Darauf achten, dass das Frühstück nicht ungebucht berechnet wird.

◆**Tachfine*****
Ecke Av. Zerktouni und R. Mohammed El Beqal, Tel. 044 44 71 88, Fax 044 43 78 62, www.amalay-tachfine.ma. Schönes Hotel, linker Hand in einer Seitenstraße der Av. Mohammed V. (von der Innenstadt kommend). Schöner Blick vom Balkon, aber laut. Klimatisierte Zimmer mit TV €€€.

◆**Al Boustane*****
68, Bd Zerktouni, Tel. 044 44 68 10/12, Fax 044 44 73 94.

◆**El Harti** *****
30, Rue Kadi Ayad, Tel. 044 44 80 00, Fax 044 44 93 29. Ordentliches Hotel, arbeitet aber mit Schleppern zusammen.

◆**Sidi Mansour*****
km 12, Route Beni Mellal/Fès, Tel. 044 32 91 19, Fax 044 32 93 45, contact@ hotelsidimansour.com, www. hotelsidimansour.com. Bungalows für bis zu 4 Pers. €€€€B, Menü 150 DH, Pool.

◆**Al Kabir*****
Ecke Bd Zerktouni und Rue Loubnane, Tel. 044 43 41 50, Fax 044 44 80 20, hotel_alkabir2001@yahoo.fr, zentral in der Neustadt.

◆**Toubkal*****
Rue Harroun Errachidia, Tel. 044 44 88 72, Fax 044 44 89 87. Sehr schönes Hotel mit großem, fast parkähnlichem Garten und sehr freundlichem Personal. Von den Zimmerbalkonen herrlicher Blick zur Koutubiya. Frisch renoviert. DZ €€€€ (inkl. Frühstück).

◆**Hasna*****
247, Bd. Mohammed V., Tel. 044 44 99 72/73/74, Fax 044 44 99 94. Angenehmes Hotel, zentral gelegen, aber laut. DZ ohne Frühstück €€€A.

◆**Yasmine****
Place de la Liberté, Tel. 044 44 62 00, Fax 044 44 73 86, zentral gelegen, sehr freundlich. Bäder stark abgenutzt, Pool. Beide nicht besonders sauber. €€ (mit Frühstück).

◆**Le Pacha****
33, Rue de la Liberté, Tel. 044 43 13 27, Fax 044 43 13 26. €€A, mit Dusche, angenehme, saubere Zimmer.

◆**Chama****
25, Rue Moulay Ali, Tel. 044 43 14 65, Fax 044 43 53 86.

◆**Ibn Battouta****
Av. Yaqoub el Merini (hinter *Hotel Hasna*) nahe der Medina, Tel. 044 43 81 62, Fax 044 43 40 62, ibnbatouta@cybernet.net.ma. Sehr sauber, ruhig, große Zimmer mit Balkon und Blick zur Kutubyia-Moschee. €€€.

◆**Islane** A**
279, Av. Mohammed V., Tel. 044 44 00 81, Fax 044 44 00 85. Mittlerweile schon etwas verwohntes, ideal gelegenes Hotel (laut) mit mäßig freundlichem Personal und bewachtem Parkplatz. Gutes Frühstück im schönen Dachgarten des Restaurants (mäßig) mit Blick auf die Kutubiya. DZ mit Frühstück €€A, 5 DH Tax extra. Parken 5 DH, nach Zimmer zum Hof fragen, diese haben Fenster.

◆**Redouane****
Avenue Allal El Fassi, an der Straße nach Casablanca, Tel. 044 30 76 77 und 044 31 16 72, Fax 044 30 11 36. Schöne Dachterrasse.

Im Bordj Dar Lamane

◆**De Foucauld** **
Av. El Mouahidine (gleich beim Djamâa-el-Fna), Tel. 044 44 54 99. DZ €€€A (mit Frühstück und gutem Abendbüffet, Zimmer ohne Essen werden nicht vermietet), Klimaanlage, freundliches Personal, inzwischen aber schon recht abgewohnt und lt. einer Leserin nicht besonders sauber. Zimmer nach vorne etwas laut. Gefliester Speisesaal im marokkanischen Stil mit Stuckbordüren und marokkanischen Lampen. Buchungsstelle des zuverlässigen Reisebüros **Bens Marie Tours** im Hotel. Bewachtes Parken am Eingang möglich; Kreditkarten. Eine Wechselstube (auch am Wochenende offen) befindet sich direkt neben dem Hotel.

◆**Gallia****
Rue la Recette (in der Medina), Tel. 044 44 59 13, Fax 044 44 48 53. Das Hotel mit viel Atmosphäre gehört der Französin *Madame Galland.* Altes Stadthaus mit zwei Innenhöfen und herrlicher Dachterrasse und 20 schönen Zimmern. €€€ (mit Bad) inkl. Frühstück.

◆**Sherazade****
Derb Djamaa 3, Riad Zitoun El Kedim (ca. 5 Minuten vom Djamâa-el-Fna), Tel./Fax 044 42 93 05, reservation@hotelsherazade.com, www.hotelsherazade.com. Vom Djamâa-el-Fna aus in die Rue Riad Zitoune El Kedim einbiegen (Gasse mit dem Torbogen, die im Süden des Platzes, rechts neben der Parkgarage weggeht), dann in die 3. Straße auf der linken Seite einbiegen (Derb Djama). 1997 von einem deutsch-marokkanischen Paar *(Sabina* und *Ahmed Benchaira)* eröffnet. Sehr nettes, sauberes und geschmackvoll eingerichtetes Hotel im marokkanischen Stil in drei Stadthäusern mit 21 Zimmern. Die alten Häuser mit schönen Kacheln, Innenhof und Dachterrasse liegen sehr zentral. Ein Menü im kleinen Restaurant kostet 70–90 DH, sehr gutes Frühstück 35 DH, Essen auf Vorbestellung (sehr gute Tajine). DZ mit Bad €€, klimatisiertes Apartment €€€€, DZ ohne Bad €€B (laut, da direkt an der Terrasse). In der Hochsaison (z. B. Ostern) 100 DH Zuschlag, ohne Bad 50 DH, Frühstück 50 DH. Es werden auch Tagesausflüge organisiert und Führer sowie Leihwagen vermittelt. Parken schwierig. Vorausbuchen!

◆**Grand Hôtel Tazi** **
Ecke Rue El Mouhahidine/Rue Bab Agnaou, Tel. 044 44 27 87, Fax 044 44 21 52. Sauberes Hotel, mäßiger Service, Zimmer nach vorne

ziemlich laut, DZ mit Bad €€, zu teures und mäßiges Essen (ca. 90 DH), Garage 10 DH. Unfreundlich gegenüber Rucksacktouristen.

◆**Jnane Mogador****

116, Riad Zitoun Kedim, Derb Sidi Bouloukat (kurz vor dem Essaouira Hotel, 5 Minuten vom Djamâa-el-Fna), Tel. und Fax 044 42 63 23, contact@jnanemogador.com, www.jnanemogador.com. Hübsches, sauberes Hotel mit netten Zimmern, sehr schönem Innenhof und geschmackvollem Gemeinschaftsbereich. Schöne Dachterrasse, untere Zimmer sogar recht kühl. €€A (DZ mit Dusche).

◆**Les Ambassadeurs***

2, Av. Mohammed V., Tel. 044 44 71 59, Fax 044 44 92 74.

◆**Al Moutamid***

94, Av. Mohammed V., nicht weit entfernt von der Hauptpost, Tel. 044 44 88 55, Fax 044 44 88 54, 044 44 68 13. €€B, freundliche Zimmer.

◆**Oasis et Negociant ***

50, Av. Mohammed V., Tel. 044 44 71 79. €A, kleines, einfaches, sauberes Hotel mit Restaurant, beim Regent Kino.

Maisons d'Hôtes, Riads und Dars

Ein **Maison d'Hôtes** ist ein Gästehaus in einem traditionellen Stadthaus mit meist weniger als 10 Zimmern und „authentischer" Atmosphäre à la 1001 Nacht. Die oft prächtigen Häuser in traditionell marokkanischem Stil mit Zelliges (Mosaiken), offenem Innenhof und Zedernholzschnitzereien an der Decke und den Türen unterscheidet man in Riads und Dars. Bei einem **Dar** gruppieren sich, ebenso wie beim Riad, die Zimmer um einen Innenhof mit Springbrunnen, es gibt jedoch keinen Garten. Ein **Riad** hat einen Garten, was normalerweise bedeutet, dass einige Orangen- und Zitronenbäume im Hof wachsen. Der Einfachheit halber nennen sich fast alle Gästehäuser Riads. Die Unterscheidung in Maison d'Hôtes und Hotel ist schwierig, denn einige in Stadthäusern etablierte Hotels, wie z. B. das *Sherazade* oder das *Gallia,* firmieren eindeutig unter Hotel, ebenso fast alle kleinen Hotels in der Altstadt, die in Stadthäusern untergebracht sind (s. a. unter Hotels). Inzwischen gibt es in der Medina mehr als 100, häufig teure und sehr luxuriöse *Maisons d'Hôtes*. Die meisten werden von Ausländern betrieben (vgl. Exkurs „Leben wie ein Pascha in der Medina von Marrakesch"). Kleinere Riads können auch als Ganzes gemietet werden (vgl. Vermittlungsagenturen weiter unten).

◆**Riad Noga**

78, Derb Jdid Douar Graoua, in der südlichen Medina, nahe des Dar Si Said-Museums, Tel. 044 37 76 70 und 044 38 52 46/47, Fax 044 38 90 46, riadnoga@iam.net.ma, www.riadnoga.com. Schlicht **ein Traum!** Wer sich in Marrakesch wohlfühlen will und nicht knapp bei Kasse ist, ist hier richtig aufgehoben. Zwei aneinandergrenzende, anspruchsvoll renovierte Stadthäuser (deutsche Besitzerin ist *Gabriele Noack-Späth),* mit traditionellem Innenhof: einer mit Orangenbäumen und Haustieren (Schildkröten und Papagei), der andere im neueren, erdroten Haus mit Pool. Sieben verschiedenfarbig und unterschiedlich eingerichtete (mit Originalgemälden von bekannten Künstlern) DZ mit Bad, Heizung/AC, Stereoanlage, Sat-TV, Internetstecker. Zwei große Dachterrassen, im traditionellen aber etwas modernisierten Stil, sehr geschmackvoll. Die Köchin *Fatima* kocht nach Bedarf vorzüglich für die Gäste und *Mohammed,* der Chef-Ober, sowie die deutsche Hausdame *Sandra* betreuen ihre Gäste hervorragend. Zehn Minuten vom Djemâa-el-Fna entfernt, ist dieses luxuriöse Haus eine Oase für anspruchsvolle Urlauber, die das Individuelle lieben. Beheizter Pool, Bibliothek. € (20% Zuschlag an Weihnachten, Ostern, Pfingsten). Unbedingt vorreservieren!

◆**Riyad el Cadi**

87, Derb Moulay Abd el Kader, Dabachi, B.P. 101, Tel. 044 37 86 55, Fax 044 37 84 78, riyadelcadi@iam.net.ma, www.riyadelcadi.com. Ab Café France in die Gasse Derb Dabachi rechts einbiegen, dann die 2. Gasse links. Dieser edle Riad besteht aus fünf Häusern mit miteinander verbundenen Patios, in denen 12 komfortable Zimmer oder Suiten untergebracht sind. Er gehört dem ehemaligen deutschen Botschafter in Rabat, *Dr. Herwig Bartels,* der auch ein renommierter Kunstsammler ist. Sein prachtvoller Riad mit Antiquitäten aus aller Welt und exquisitem Designer-Interieur ist in erster Linie für anspruchsvolle Reisende und Kunstliebhaber gedacht. Das Haus ist nicht vollgestopft und überzeugt durch einen gewissen Minimalismus. Es ist aber gleichermaßen ein Museum für die gesammelten Kunstgegenstände, z. B. antike Berbertextilien, Türen, Einrichtungsgegenstände und eine Kunstgalerie für orientalische Textilien aus dem osmanischen Reich (15.–17. Jh.), die ihresgleichen sucht. Das Ensemble mit Hammam, kleinem Pool, Innengarten und großzügigen Terrassen lässt keine Wünsche offen. Vorreservierung erforderlich (Mindestverweildauer 3 Tage, über Weihnachten 5 Tage). DZ €€€€A, Suite €€€€€.

◆**Bordj Dar Lamane**
11, Ben Salah Derb Koudia (direkt beim Place Ben Salah und der gleichnamigen Moschee), Tel. 044 37 85 41, Fax 044 33 04 87, E-Mail: BeduinoCaravanserail>suntrek@iam.net.ma. Info in Deutschland: Tel. (0711) 47 50 78, Fax 47 50 79, www.golfreisen-guethe.de, E-Mail: guetheConsulting@aol.com. Das Haus gehört Frau *Ingeborg Güthe* und einem marokkanischen Partner (Beduino Caravanserail, hier auch Tourenbuchung). Ein exzellent ausgestatteter Riad (****) im traditionellen marokkanischen Stil (vorwiegend in Blau gehalten) in der Medina. Das Haus hat sieben geschmackvolle und komfortable Zimmer, die sich um den Innenhof mit Brunnen auf mehrere Stockwerke verteilt gruppieren. Eine schöne Dachterrasse bietet einen herrlichen Blick auf die Dächer Marrakeschs, eine Zwischenterrasse mit vielen Pflanzen, zum Essen und gemütlichen Verweilen steht zusätzlich zur Verfügung. Hervorragendes Essen! Das Haus kann auch komplett gemietet werden (ab 3 Nächten 650 Euro/Tag), €€€€. Die Gäste werden liebevoll von der reizenden Hauhälterin *Latifa* (spricht englisch und deutsch) betreut.

◆**Riad Zina**
38, Derb Assabane, Riad Larousse, Tel./Fax 044 38 52 42, beate.prinz@laposte.net, www.riadzina-marrakech.com. Das schöne Stadthaus in der nördlichen Medina (nahe der Suqs) wird von *Beate Prinz* betrieben und verfügt über drei Zimmer und eine wunderschöne Suite (€€€€) mit offenem Kamin. Alle Zimmer sind geschmackvoll eingerichtet, es gibt einen Innenhof mit Pflanzen und Brunnen und eine Dachterrasse. Der Riad ist sehr gut geeignet für Malferien und beschauliche Tage, auch Reitliebhaber sind hier willkommen, denn die Hausherrin ist begeisterte Reiterin. Das Haus kostet komplett 4500 DH pro Nacht.

◆**Dar el Farah**
Eines der ersten Riads in Marrakesch (französische Eigentümer *Thierry* und *Nancy Wauquiez)* an der Rue Riad Zitoune el Kedim in der südlichen Medina, nahe beim Pl. des Ferblantiers und Palais el Bahia. Tel. 044 43 15 60, Fax 044 43 15 59, riad-medina@wanadoo.net.ma, www.riad-medina.com. Sehr schöner Innenhof mit Bäumen, Bananenstauden und Pool. Sehr gut ausgestattet im traditionellen Stil. 8 Zimmer mit Bad/WC (2 EZ, 6 DZ).

◆**Dar Limoun**
25, Derb Amrane, Riad Zitoune el Kedim (zwei Gassen hinter dem Sherazade-Hotel, unbeschildert), Tel./Fax 044 42 66 43. Das symphatische Haus mit nur vier Zimmern und Kaminzimmer gehört dem französischen Schriftsteller *Michel Orcel.* €€€. Sehr gutes und reichliches Frühstück für 35 DH.

◆**Riad Zinoun**
31, Derb Ben Amrane, Riad Zitoune el Kedim (zwei Gassen hinter dem Sherazade-Hotel, beschildert „Restaurant Dar Mimoun", und bei der Gabelung die linke Gasse bis zum Ende, dann links), Tel. und Fax 044 42 67 93, 062 51 14 29, www.riadzinoun.com. Das kleine, sympathische, sehr hübsche Gästehaus mit vier Zimmern und geschmackvollem Innenhof gehört dem sehr netten marokkanisch-französischen Paar *Said* und *Michelle,* das mit seiner Familie selbst dort wohnt. Beide sprechen auch englisch. Jedes Zimmer ist unterschiedlich eingerichtet und sehr ruhig. Zwischen €€€€B und €€€€A (je nach Zimmer und Saison), einschließlich Frühstück. Sehr gutes Essen (vorher anmelden), auch guter marokkanischer Wein. Dachterrasse. Vermitteln auch günstige Mietwagen und Ausflüge.

◆**Riad Yasmina/Chez Amina**
47, Derb Sidi Bouloudfail (Boulfadail), 5 Min. vom Djamâa-el-Fna, Tel./Fax 044 42 65 19, 061 24 29 25, ryadyasmina@yahoo.fr. Sehr nettes, sauberes und geschmackvoll eingerichtetes Haus mit 6 Zimmern. Sehr freundlich und angenehm. *Amina* spricht englisch und japanisch. €€€€B.

◆**Dar Dounia**
1, Derb Lalla Azouna, Kat Benhahid, Tel. 044 37 70 65, Fax 044 38 66 57, Mobil 061 76 52 63, E-Mail: info@dardounia.com, www.

dardounia.com. Dieses Haus aus dem 18. Jh. wurde von dem bekannten Architekten und ersten Marrakesch-Investor *Quentin Wilbaux* 1996–1998 geschmackvoll restauriert. Der luxuriöse Riad hat 3 große Zimmer mit Badezimmer und eine 60 m² große Suite mit eigenem Wohnzimmer, Terrasse und Badezimmer, €€€€. Wilbaux ist Autor des stadtgeographischen Buches „La médina de Marrakech" (L'Harmattan, Paris).

◆**Riad Kaiss**

65, Derb Jdid Zitoun Kedim, Tel. 044 44 01 41, riad@riadkaiss.com, www.riadkaiss.com. Im Jahr 2000 eröffneter Luxus-Riad aus dem Jahr 1860. Urwaldähnlicher Garten im Innenhof. Acht individuell mit lokalen Materialien eingerichtete Zimmer. Fitnessraum, Dampfbad, Dachterrasse mit kleinem Pool. DZ inkl. Frühstück €€€€€. Abendessen auf Bestellung (300 DH). Öffentlicher Parkplatz in der Nähe (30 DH/Nacht).

◆**Dar Moha Al Madina**

81, Rue Dar el Bacha, Tel. 044 44 55 60, Fax 044 44 49 98. Das sehr schöne Haus wurde im 19. Jh. für den Sekretär des Paschas gebaut und 1998 neu renoviert. 3 Doppelzimmer, eine Mini-Suite, drei Salons und ein wunderschöner Garten mit Swimming-Pool. €€€€A.

◆**Villa Dar Zina**

4, Jnane Brika, Targa (nicht in der Medina). Tel. 044 34 66 45, Fax 044 30 42 52, info@villadarzina.com, www.villadarzina.com. Lu xusriad mit großem Garten und Pool. Sehr schön und stilvoll mit marokkanischem Intérieur, jedoch sehr teuer. Jede Suite ist anders gestaltet.

◆**Riad Al Malika**

29, Arzet Aousal, Bab Doukkala, Tel. und Fax 044 38 54 51, jean.luc_1@menara.ma, www.riadmalika.com. Im Haus des Künstlers *Jean-Luc Lemée* gibt es 5 luxuriöse Apartments (€€€€) und 4 Suiten (€€€€A). Innenhof mit Pool.

◆**Les Couleurs de L'Orient**

22, Riad Zitoun Lakdim, Derb Lakhdar, Tel. 044 42 65 13, Handy 061 51 41 89, www.site.voila.fr/riad_vanessa_et_eric. Schönes Haus mit Dachterrasse, Innenhof und Brunnen, Hammam, angenehm ruhig, freundliches Personal und nahe am Djamâa-el-Fna (Seitenstraße der Gasse Riad Zitoun el Kedim). €€€ bis €€€€B.

Eine Auflistung aller Gästehäuser, die wie Pilze aus dem Boden schießen, ist an dieser Stelle nicht möglich. Eine Übersicht kann man sich jedoch bei den nachfolgenden **Zimmer- und Riad-Vermittlungsagenturen** verschaffen.

◆**Medina**

2, Derb Tizougarine (Dar el Bacha), in der Nähe des Bab Doukkala, Tel. 044 44 24 48, Fax 044 39 10 71, marrakech-medina@iam.net.ma, www.marrakech-medina.com. Vermittelt **Zimmer, Apartments und Suiten** oder auch **ganze Häuser** in der Medina. Eine Liste der Häuser mit Preisen ist auch im Fremdenverkehrsamt erhältlich.

◆**Marrakesch Riads**

8, Derb Charfa Lakbir, Mouassine, Tel. 044 42 64 63, Fax 044 42 65 11, reservation@marrakech-riads.net, www.marrakech-riads.net. Vermittelt und verkauft ebenfalls Riads in Marrakesch, sowohl ganze Häuser als auch Zimmer. Ein Prospekt ist über das Fremdenverkehrsamt Düsseldorf erhältlich.

◆**Riads au Maroc**

1, Rue Mahjoub Rmiza, Menara Guéliz, Tel. 044 43 19 00, Fax 044 43 17 86, riadomaroc@iam.net.me, www.riadomaroc.com. Vermittlung von Zimmern, Suiten und ganzen Riads und Kasbahs in verschiedenen Städten Marokkos. Alle Preisklassen vorhanden.

Résidences/Apartments

Meist sind diese mit Küche sowie Wohn- und Schlafraum für 4–5 Personen ausgestattet. Die Preise für ein komplettes Apartment liegen um die 650 DH/Tag, billiger ist es bei Langzeitmieten ab 14 Tagen. Club Issil und Sangho bieten gleichzeitig Clubhotel mit Sportangebot, Animation und Restaurants als auch Apartments mit Selbstversorgung.

◆**Club Sangho Privilege**

B.P. 1567, Palmeraie, Route de Casablanca, Tel. 044 30 48 53, Fax 044 30 91 26. Selbstversorger-Apartments, Restaurants, Pool, Sport.

◆**Club Issil**

Gehört zu Club Sangho, ähnliche Einrichtungen. Circuit de la Palmeraie, Tel. 044 30 91 92, Fax 044 30 43 76.

◆**Le Grand Sud**

Tel. 044 43 52 50, Fax 044 43 52 51. Bd El Mansur Eddahbi, nahe Av. Mohammed Zerkt-

LEBEN WIE EIN PASCHA IN DER MEDINA VON MARRAKESCH

von Prof. Dr. Anton Escher und Dipl. Geogr. Sandra Petermann
(Geographisches Institut der Johannes-Gutenberg-Universität Mainz)

Wo ist das Unauffindbare findbar, wo das Unmögliche möglich, und wo werden dem Menschen alle Wünsche erfüllt? Glaubt man dem bekannten Filmarchäologen Indiana Jones, dann existiert nur ein Ort, an dem dies zutrifft: Marrakesch! Allein der Name Marrakesch genügt, um in der Fantasie und Vorstellung der Europäer den „Zauber des Orients“, die Sehnsucht nach dem „Taumel des Seins“ und das Versprechen zur Befriedigung aller sinnlichen Bedürfnisse zu erzeugen. Wenn man durch die Altstadt von Marrakesch bummelt und einen Blick hinter die zum Teil für Besucher geöffneten Türen der hohen Hausmauern wirft, entdeckt der Flanierende eine märchenhafte Welt: Verwinkelte Ateliers, kunstvolle Galerien, luxuriöse Gästehäuser, exotische Restaurants, völkerkundliche Museen und prachtvolle Privatdomizile mit Innenhofgärten (die berühmten Riads) laden ein, in die Welt der Paschas aus 1001 Nacht einzutauchen.

Zu Beginn des französischen Protektorats fanden europäische Künstler wie Jacques Majorelle den Weg nach Marrakesch, ihnen folgten über Tanger amerikanische Schriftsteller der Beat-Generation, der internationale Jet-Set und über Essaouira mit Blumen bekränzte Hippies. Heute besuchen nahezu alle Marokko-Touristen die rote Stadt. Im Gegensatz zu vielen verfallenden Altstädten des Orients, in denen die unterste Bevölkerungsschicht des Landes lebt, erfreut sich die Medina von Marrakesch eines vorher nicht gekannten Glanzes. Für die umfassende Renovierung vieler Wohnhäuser sind Europäer verantwortlich, von denen sich bereits Ende des 20. Jahrhunderts 150 in der Altstadt etabliert hatten. Heute besitzen über 900 ausländische Eigentümer einzelne Wohnhäuser, Hauskombinationen bis hin zu ganzen Sackgassenabschnitten, und die Neu-Marrakechi bauen ihren Wohnsitz nach orientalistischen Vorstellungen aus und um. Angestoßen wurde der ungeahnte europäische Zuzug einerseits durch den jungen belgischen Architekten Quentin Wilbaux, welcher in den 1990er Jahren hunderte Wohnhäuser in der Altstadt durch Vermessung und Kartierung wissenschaftlich erfasste und einige Jahre später zusammen mit seinem marokkanischen Freund Abdellatif Ait Ben Abdallah über eine Immobilienfirma vermarktete. Andererseits bewirkten die Medien, allen voran das französische Fernsehen mit einer Sendung über den Hauskauf in den Altstädten von Marrakesch und Essaouira, dass die Medina nicht mehr lediglich Reiche und Künstler anzieht. In Zeitungen, Journalen, Spielfilmen und im Internet werden das orientalische Bild und das märchenhafte Image der Stadt Marrakesch sowie die Attraktivität der Riads immer wieder thematisiert. Im Laufe der letzen fünf Jahre wurden so – ermöglicht durch die historische Bausubstanz und begleitet von wirtschaftlichen und politischen Veränderungen in Marokko – die Bedingungen für eine weltweite Vermarktung der Altstadt-Immobilien von Marrakesch geschaffen. Und die Nachfrage nach diesem Angebot scheint, trotz der Terroranschläge von New York und Casablanca, nicht nachzulassen. Auch hat die Anwesenheit der Ausländer inzwischen dazu beigetragen, dass die kommunale Infrastruktur der Altstadt (Wegepflasterung, Parkanlagen, Wasser- und Stromversorgung sowie Kanalisation) erneuert wurde. Der ausländische Zuzug in die

Altstadt wird weiter anhalten, und der Immobilienmarkt zwischen den Europäern wird sich verstärken. Marokkaner aller Schichten finden die Medina wieder attraktiv und investieren. Insgesamt kann die Entwicklung der Medina für den größten Teil der Menschen in der Stadt, für Marokkaner und Europäer, als positiv bezeichnet werden. Das nicht immer konfliktfreie Zusammenleben von Marokkanern und Europäern hat allerdings lediglich dann eine Zukunft, wenn sich beide Seiten gegenseitig in ihren kulturellen Unterschieden anerkennen und achten. Nur so wird es für Europäer möglich sein, den Zauber des Orients dauerhaft in Marrakesch zu genießen.

Literatur: Escher, Anton & Petermann, Sandra (2004): Gentrification in den Altstädten des Königreichs Marokko. - Meyer, Günter (Hrsg.): Die Arabische Welt im Spiegel der Kulturgeographie. Veröffentlichungen des Zentrums für Forschung zur Arabischen Welt (ZEFAW) Band 1. Mainz: 154–162.

Dachterrasse im Riad Noga

ouni. Mit Pool, schöne DZ ohne Frühstück, €€€€B, zu Fuß 40 Minuten vom Zentrum entfernt.

El Bahja
Av. Mohammed El Beqal, Tel. 044 44 81 19, Fax 044 43 60 63.

Ezzahia
Av. El Khattabi (in Richtung Casablanca von der Innenstadt aus links). Tel. 044 43 71 13, Fax 044 43 71 36 oder 044 44 88 62. Schöne Hotelapartments mit Reinigungsdienst. €€€ bis €€€€B (je nach Saison) für zwei Personen mit Frühstück.

Mouna
Av. Yaqub el Mansur, Tel. 044 43 76 32, Fax 044 43 76 35.

Goumassine
71, Av. Mohammed Zerktouni, Tel. 044 43 30 86, Fax 044 43 30 12.

Clubhotels

Palmeraie Golf (s. o.)

Club Coralia Palmariva
Km 6, Route de Fès, Tel. 044 32 91 68/67, Fax 044 32 90 85, H3000@accor-hotels.com, www.accor-hotels.com (günstige Internetangebote). Der exklusive Club liegt in einem 25 ha Palmenhain und verfügt über 326 klimatisierte Zimmer. Es gibt 4 Restaurants, Bars, einen Pool und einen künstlichen See für Wassersport, 9 Tennisplätze, Squashanlagen, Reithalle, Minigolf, Golf Driving Ranch, Fitness Center, Animation, Disco und Konferenzsäle. Sehr edel.

Club Valtur
Route de Casablanca, BP 157, Tel. 044 30 32 02, Fax 044 30 91 26. Edel wie alle Club Valtur mit allen Schikanen, Golfplatz-Transfer, Tennis etc. valtur@cybernet.net.ma

Club N'Fis (s. Hotels)

Club Mediterranée
Tel. 044 44 40 16, Fax 044 44 46 47, www.clubmed.de. In einer Seitenstraße direkt beim Djamâa-el-Fna. Nur mit Vorausbuchung, ca. 1030 Euro/Pers. für 1 Woche all inclusive mit Flug ab Deutschland. 207 Zimmer mit Klimaanlage, TV usw. 1000 m² Spa-Bereich, Golf, Tennis, Fitness.

Campa Ville Club
km 7, Route de Casablanca, Tel. 044 30 30 39, Fax 044 30 72 17. Luxuriöse Anlage in einem großen Gartenareal (das auch häufig für Modeaufnahmen in Magazinen dient) mit 84 komfortablen Zimmern, 26 Bungalows sowie 6 Suiten. Alle mit Balkon bzw. Terrasse. Tennis, Pool, Sauna, Fitnessraum, Sat-TV, mehrere Restaurants.

Unklassifizierte Hotels

Die einfachen Hotels liegen in den Seitenstraßen südlich des Djamâa-el-Fna, z. B. in der Rue de Bab Agnaou, Av. Houmane el Fetouaki, Rue Riad Zitoun el Khedim und in den davon abgehenden Fußgängergassen (dorthin kommt man in der Regel nicht mit dem Auto, mit dem Petit Taxi geht zumindest meist die Anfahrt). Es besteht aber die Möglichkeit, am Djamâa-el-Fna Kofferträger mit einem Eselskarren zu mieten. Einige preiswerte Hotels liegen in der Neustadt beim Busbahnhof.

Souira und **Atlal**
Souira: Tel. 044 42 67 57, **Atlal:** 044 42 78 98. Beides ehemalige Stadthäuser reicher Marokkaner, in denen jetzt kleine Privathotels untergebracht sind. Einfache aber saubere Zimmer, sehr freundliche Vermieter. Folgendermaßen zu erreichen: Ab Djamâa-el-Fna die Fußgängerstraße Richtung Süden, zweite Gasse links gegenüber dem Kino. Beide im typisch maurischen Stil mit schönem Innenhof und Brunnen, mit schönen Stuckornamenten, Fliesen und vielen Pflanzen. €, Frühstück 25 DH. Heiße Etagenduschen (10 DH) und Toiletten. Das Atlal hat keine Dachterrasse und soll nur relativ sauber sein.

Hotel du France
Rue Riad Zitoune el Kedim, Tel. 044 44 30 67, 044 44 23 19, nahe des Djamâa-el-Fna. Nicht immer ganz ordentlich, netter Innenhof und kleine Terrasse, ½€, warme Gemeinschaftsduschen 5 DH (sehr sauber), kalte Dusche 3 DH. 3er-Zimmer und 4er-Zimmer €. Personal nicht besonders freundlich.

Nicht zu verwechseln mit dem **Hotel-Cafe du France** am Djamâa-el-Fna-Platz, mit Dachterrasse und schönem Blick auf das Treiben am Platz, das keine Zimmer hat.

Marhaba
Rue de Banques, Tel. 044 44 23 22. Das Hotel befindet sich in einer Seitenstraße neben dem *Hotel du France*. Empfehlenswert, freundliches Personal, DZ €B. Die Zimmer, die nach vorne gehen, sind sehr laut.

Im Marché Municipal

◆**Mimosa**
16, Rue des Banques, Tel. 044 42 63 85. Gegenüber von Marhaba, direkt beim Djamâa-el-Fna. Nettes kleines Hotel mit Innenhof und Dachterrasse (meist geschlossen). DZ €B. Die Zimmer sind sauber, die Sanitäranlagen mäßig. Laut eines Lesers Vorsicht bei der Aufbewahrung von Wertgegenständen (Rückgabe kann schwierig werden)!

◆**Afriquia**
45, Sidi Bouloukat (nahe Djamâa-el-Fna in der südlichen Medina). Tel. 044 44 24 03. Einfaches und recht sauberes Hotel mit großem Innenhof mit Orangenbäumen, netter Besitzer. Zimmer mit Waschbecken €B, warme Etagen-Duschen.

◆**Toulousain**
Tel. 044 43 00 33, Fax 044 43 41 46, Rue Tariq Ben Ziad (in der Neustadt). Ruhig und angenehm, (z. T. recht hitzestauende) DZ mit Bad €, inkl. Frühstück (gut und reichlich), ohne Bad/WC €A, wame Dusche 5 DH extra. Schöner Innenhof mit alten Bäumen und Schildkröten, Parkmöglichkeit im Hof, kostenlose Gepäckaufbewahrung. 2 Min. von Bushaltestelle Nr. 1 und 20.

◆**C.T.M.**
Djamâa-el-Fna, Tel. 044 44 23 25. Mit Dachterrasse, nicht besonders saubere Zimmer mit und ohne Bad. DZ mit Bad/WC und Frühstück €, ohne Bad/WC (mit Waschbecken) €B inkl. obligatorischem Frühstück (auf der Dachterrasse), Dreierzi. €A mit Bad. Parken im Innenhof ca. 15 DH. Die Zimmer im hinteren Anbau sind etwas ruhiger (vom Platz abgewandt).

◆**Riad Maria**
Nahe Djamâa-el-Fna. Schöne bepflanzte Dachterrasse, Übernachtung im Berberzelt auf der Terrasse möglich (€B). Empfehlenswert.

◆**Provence**
16, Derb Sidi Bouloukat, nahe Djamâa-el-Fna, Tel. 044 42 66 21, einfach, warme Duschen 5 DH, €B.

◆**Essaouira**
3, Rue Riad Zitoune el Khedim, Tel. 044 44 38 05. In einer Seitengasse südlich vom Djamâa-el-Fna (am Südende in die Gasse mit dem Torbogen, links am Platz liegt eine kleine Parkgarage, rechts ein Café, einbiegen, und ca. 5 Minuten laufen bis rechts in der zweiten kl. Seitengasse deutlich sichtbar und beschildert das Hotel liegt. Hohe Dachterrasse, von der

…errlichen Blick auf die Stadt und …hat; einfaches, hübsches, gut be…nd beliebtes Travellerhotel; ½€ (war…che 5 DH, kalt 3 DH). Für 50 DH kann …uch auf der Dachterrasse übernachten. Frühstück 10 DH, Essen auf Bestellung. Gepäckaufbewahrung ist möglich (ca. 20 DH/Tag). Autovermittlung über Ste. S. Car Ikhouane (s. Autovermietungen).

◆Aday
Rue Riad Zitoune el Khedim, genau gegenüber dem Hotel Essaouira in der Medina. EZ/DZ ½€, Dreibettzimmer €B. Zimmer ohne Dusche und WC, aber Etagendusche/WC. Warme Dusche 5 DH, kalte Dusche 3 DH. Unscheinbares Hotel, aber sehr sauber! Sehr freundliches Personal. Sollten die EZ belegt sein, kann man den Preis eines DZ drücken. So man möchte, kann man auch auf der Dachterrasse übernachten.

◆Eddakhla
43, Rue Sidi Bouloukate, vom Djamâa-el-Fna rechts an der ehemaligen CTM-Garage vorbei und geradeaus, dann links und den Schildern folgen. Tel. 044 44 23 59. Der Chef *Mohammed Ankab* spricht passabel englisch und ist recht hilfreich; sauber, Etagenduschen, ½€.

◆Souihala
51, Boutouil Doukkala, vom Busbahnhof links, am *Hotel Bab Doukkala* 30 m nach links; Tel. 044 42 66 85. Zimmer sehr sauber, mit Waschbecken, netter Manager, DZ €, warme Duschen, schöne Dachterrasse.

◆Bab Doukkala
Direkt beim gleichnamigen Tor und Busbahnhof. Mäßig saubere Zimmer, Etagenduschen und Toiletten, ½€.

◆Hotel/Restaurant Ali
Rue Mulay Ismail (nahe Djamâa-el-Fna), Tel. 044 44 49 79, Fax 044 43 36 09. Laut und nicht klimatisiert, aber sauber. Zimmer sehr klein, bewachter Parkplatz, DZ mit Frühstück €B, auf der Dachterrasse (Matratze und Schlafsäcke vorhanden) 50 DH inkl. Frühstück, internationales Low-budget-Travellerpublikum. Sehr freundliche Besitzerin, die sich um alles kümmert. All-you-can-eat-Büffet auf der Dachterrasse (Blick auf Djamâa-el-Fna) für 30 DH. Eigener Pizza-Ofen. Hier treffen sich regelmäßig die marokkanischen Bergführer. Internetcafé (5 DH/Std.). Tausch von Travellercheques möglich.

◆Chellah
Tel. 044 44 29 77. 14, Derb Sekaya, Riad Zitoune el Khedim. Nahe dem Djamâa-el-Fna Platz. Von dort kommend in der Rue Zitoune Khedim gegenüber einem kleinen Schuhladen in die 3. Quergasse rechts einbiegen, dann noch 100 m. Gemütliches Hotel, schöner Innenhof mit Zitronenbäumchen. Saubere, etwas dunkle Zimmer (½€), warme Dusche 10 DH.

◆Ichbilia
1, Rue Bani Marine, Tel. 044 39 04 86. Ganz nahe am Djamâa-el-Fna und an der Rue Bab Agnaou. Angenehm, sauber, hübsche Dachterrasse mit Café. ½€ (Zimmer mit Waschbecken, Etagenduschen und WC).

◆Medina
Nahe am Djamâa-el-Fna, in die Riad Zitoune el Khedim, dann 2. Gasse links, neben dem Essaouira. Einfach, freundlich und preiswert, etwas kleiner als das Essaouira. ½€, Dusche 5 DH, kalt 3 DH. Man kann für 10 DH auf der Dachterrasse schlafen.

◆Kennaria
10, Rue el Kennaria, Tel. 044 39 02 28. Sehr freundliche Rezeption, abends englisch. Zimmer sauber, gute Etagen-Duschen. ½€.

◆Mounir
57, Rue Kennaria Dabachi, hinter dem Djamâa-el-Fna, Tel. 044 44 43 56. Einfach, sauber und freundlich, ½€.

◆Central
59, Sidi Bouloukate, 5 Minuten vom Djamâa-el-Fna entfernt, Tel. 044 44 02 35, Fax 044 44 28 84, €. Sauber und hübsch inmitten der Medina. Schöner Innenhof und Dachterrasse mit tollem Blick über die Medina.

◆Hotel Mahatta
Nähe Bab Doukkala, sauber, DZ ohne Dusche und WC €B. Laut.

Jugendherberge

In der Rue el Jahed, Tel. 044 43 28 31, in einer Parallelstraße zum Boulevard el Hansali. Die Jugendherberge wurde vor einigen Jahren komplett renoviert, netter Herbergsvater, sehr sauber. 40 DH pro Person, geöffnet von 8–22 Uhr.

Campingplatz

◆Camping Ferdaous
Tel. 044 31 31 67, Fax 044 43 65 84. Er liegt 13 km außerhalb an der Straße Richtung Casa-

blanca (Route de Casa) auf der linken Seite (rosa Gebäude, ca. 100 m vor der dunkelblau/gelben Tankstelle links abbiegen; bzw. von Casa kommend ca. 100 m nach der Tankstelle rechts). Der große Campingplatz ist in mit Bäumen und Büschen umzäunte Bereiche geteilt (leider kein Schatten auf den Stellplätzen) und beginnt schon wieder zu verfallen. Die mittelmäßigen sanitären Anlagen (heiße Duschen) sind immer noch nicht alle fertig, ebenso wie der geplante Pool, Bungalows usw. Warmwasser gibt's nicht immer, hin und wieder fällt die Pumpe aus. Preis pro Person/Tag mit Wohnmobil ca. 50 DH. Taxi (buchbar am Camping) zur Medina ca. 50 DH.

◆ Der **Campingplatz 10 km außerhalb in Richtung Safi** (GPS N 31°42,96' W 8°04,81') ist nicht zu empfehlen; dort wird abends in der Umgebung Müll verbrannt, die Rauchschwaden sind kaum auszuhalten.

Essen und Trinken

Die nachfolgend aufgeführten Lokale gehören der teuren bis mittleren Preisklasse an, ein Menü kostet zwischen 90 und 300 DH, im Extremfall auch bis zu 500 DH. Die meisten Restaurants die in der Medina in Stadtpalästen untergebracht sind, haben **erst abends geöffnet.** Häufig wir ein Programm geboten (Musik, Bauchtanz etc.) und nach dem letzten Gang wird bereits die Rechnung gebracht ud erwartet, dass man nicht mehr zu lange bleibt, bzw. viele schließen bereits um 23 Uhr.

Marokkanische und internationale Küche

◆ **Safran et Canelle**
40, Av. Hassan II, Tel. 044 43 59 69, Fax 044 43 42 74. Sehr schönes und gutes Restaurant mit außergewöhnlichen marokkanischen Gerichten, die von der üblichen Restaurantkost abweichen. 200–290 DH Menü (abends) und 95 DH mittags. Mit Gnawa bzw. andalusischer Musik und Bauchtanz zu späterer Stunde. Achtung: die ausführliche Karte *(Menue à la carte)* verlangen, denn sonst wird nur eine Karte mit einem Menü präsentiert. Essen ab 19 Uhr.

◆ **Dar Moha**
Tel. 044 38 64 00. Das frühere Haus des Modeschöpfers *Pierre Balmain* wurde zum exklusiven Restaurant umgebaut. Sehr gute, abwechslungsreiche Küche. 300–350 DH/Menü inkl. Wein.

◆ **Al Fassia**
232, Av. Mohammed V., (nach dem Place 16. Nov. links stadteinwärts) Tel. 044 43 40 60. Hervorragendes Essen, angenehme Atmosphäre. Mittags preiswertes Menü, abends Reservierung nötig. Hervorragende Tauben-Bastilla. Nicht billig, aber gutes Preis-Leistungsverhältnis.

◆ **Dar Mounia**
Rue Khalifa Othmane, im Hivernage-Viertel, Tel. 044 43 12 41. Sehr exklusiv mit Palastatmosphäre, sehr schöner Innenhof. Ausgezeichnete Küche. Menü mit Soft Drink und Tee 100–120 DH.

◆ **Kasbah La Rotonda**
Tel. 044 38 15 86; Derb Lamnahba (Medina); exklusive marokkanische und italienische Küche, Panorama-Terrasse

◆ **Dar El Hadj Idder**
14, Derb el Hajra – Derb Dabachi (östlich des Djamâa-el-Fna, ca. 10 Min., Tel. 044 44 53 75. Nur abends offen. Ein sehr schönes Restaurant in einem ehemaligen Wesirpalast im typischen, traditionell marokkanischen Stil mit einer kunstvoll geschnitzten Kuppel in der Mitte. Mehr für Gruppen geeignet, mit Musikuntermalung und Bauchtanz und sehr gutem Essen (250 DH). Keine Kreditkarten. Schließt um 23 Uhr.

◆ **Palais Yacout**
Derb Sidi Ali Tair (beom Bab Doukhala), Tel. 044 38 29 00. Elegantes Palastrestaurant der gehobenen Klasse mitten in der Medina, mit einem herrlichen Blick von der Dachterrasse über die Dächer von Marrakesch. Sehr gutes Essen, hervorragender Bauchtanz. Menü 500 DH. Reservierung lange im Voraus.

◆ **Dar Diaffa**
1, Rue Jebel Akhdar, in der Medina, Tel. 044 38 68 98. Traumhaft schönes und gutes Palastrestaurant (Atmosphäre wie aus 1001 Nacht), verschiedene Musikgruppen, Menü zwischen 400 und 500 DH.

◆ **Dar es Salaam**
170, Riad Zitoune Kedim, Tel. 044 44 32 73. Ebenfalls ein stilvolles Palastrestaurant, Menü 150 DH und damit preiswerter als andere Palastrestaurants.

◆ **Dar Mimoun**
Riad Zitoune Khedim, Derb Ibn Amrane Nr. 1, Tel. 044 44 33 48. In prachtvoller, angenehmer Atmosphäre im marokkanischem Stadthaus,

mit einem schönen Innenhof, kann man hervorragend essen. Menü um die 120 DH. Folkloreveranstaltungen (nicht zu laut).

◆**Dar Fez**

8, Rue Boussouni el Gza, Riad Laarous, Tel. 044 38 23 40. Sehr schönes und stilvolles Restaurant mit Essen im begrünten, sehr schönen Innenhof (in der Medina). Gehobene Preisklasse.

◆**Douirya**

14, Derb Jdiday Salam, Tel. 044 40 30 30, zwischen El Badi Palast und Palais de Bahia, am Mellah-Eingang. Schöne Atmosphäre, Musik und Bauchtanz, aber für das Gebotene zu teuer (Menü zwischen 400 und 500 DH, Flasche Wein 400 DH).

◆**Ksar el Hamra**

24, Rue Goundafa, eine Seitenstraße der Riad Zitoune, etwa die vierte Straße vom Djamâa-el-Fna kommend links ab in Richtung Dar Si Daid Museum. Tel. 044 42 76 07, Fax 044 42 77 42, ksar-hamra@wanadoo.net.ma, www.net-tensift.com/ksar-hamra. Sehr schöner Innenhof, sehr edel. Teuer, dafür riesige Portionen (ein Menü genügt für zwei Personen). Meist voll.

Am Place Yacoub el Mansour

◆**Palais Gharnata**

5-6, Derb el Arset, Riad Zitoune Djedid (Medina), Tel. 044 38 96 15.

◆**Stylia**

34, Rue Ksour (Medina), Tel. 044 44 35 87. Sehr gute Küche der gehobenen Kategorie. In einem in der Neustadt gelegenen, aufwendig, aber nicht stilsicher zum Palast umgestalteteten Gebäude. Menü 400–500 DH.

◆**Palais Chahramane**

6, Rue Sidi Bouchouka, Arset Lamaache, Tel. 044 38 99 18. In einem sehr schönen Palast, gehobenere Preisklasse.

◆**Dar el Baroud**

Av. Mohammed V., neben Hotel Islane, nur abends offen (19–22 Uhr), Tel. 044 42 60 09. Teuer (400 DH/Menü), aber sehr gut und gepflegt, wenn auch nicht ganz stilecht. Sehr freundlicher Service. Französische Besitzerin.

◆**Ksar Essaoussan**

3, Derb el Messaoudyenne, Ksour, in der Medina, Tel. 044 44 06 32, Fax 044 42 60 75. Links geht es am *Café Argana* vorbei in die Medina, dann geradeaus über den Place Bab Ftouh und vor dem Teppichhaus *Chichoua* nach links bis zu einem Haus mit bunter Tür (linke Seite); kurz danach rechts (Schild „Le Ksar"). In dem Stadthaus aus dem 17. Jh. mit schönem Innenhof kann man stilvoll und mit Musikuntermalung speisen. Reservierung empfehlenswert, da nur begrenztes Platzangebot. Menü inkl. Wein 350–550 DH.

Internationale Küche

◆**La Villa Tivoli**

Km 3, Route de Casablanca,
Tel. 044 31 35 28. Französische Küche und Grillgerichte; sehr geschmack- und stilvolles Restaurant mit Bewirtung in schönem Garten und Kaminzimmer

◆**Bagatelle**

101, Rue Yougoslavie, Gueliz, Tel. 044 43 02 74, nettes Bistro-Restaurant, im Sommer auch im Garten. Gute Küche zu vernünftigen Preisen.

◆**Le Swing**

5, Rue Sourya, Gueliz (hinter dem Marché Central), Tel. 044 44 64 20; mit Billardsalon.

◆**Le Pavillion**

67, Derb Zaouia, Bab Doukkala, nahe *Hotel Maison d'Arabe*, Tel. 044 44 37 47. Gute, aber teure französische Küche.

◆**La Taverne**
23, Bd Mohammed Zerktouni, Tel. 044 44 61 26; sehr schönes Lokal mit Garten nahe an der Av. Mohammed V., Menü mit 4 Gängen ca. 100 DH

◆**Catanzaro**
Gueliz, Rue Tarik Ibn Zayad (Straße hinter Marché Central), Tel. 044 43 37 31 Spitzenpizzeria und französische Küche, gepflegtes Erscheinen erwünscht. Gut und für die besseren Restaurants auch preisgünstig.

◆**Rôtisserie de la Paix**
68, Rue Yougoslavie, Tel. 044 43 31 18. Preisgünstiges Restaurant in sehr schönem Garten!

◆**Dar Mima**
9, Derb Zaouia el Kadira, Riad Zitoun el Djedid, Tel. 044 38 52 52, www.darmimaifrance.com. Reservierung erwünscht! Das sehr schöne Restaurant mit Innenhof auf drei Etagen verteilt wurde 2001 von der franz. Besitzerin des Hotels Gallia eröffnet. Sehr gutes marokkanisches Essen in traditioneller Atmosphäre. Schwer zu finden, aber vom Hotel Gallia aus kann man sich gegen Trinkgeld einen Führer nehmen. Von dort ca. 8 Min. zu Fuß.

◆**Café Restaurant Tiphany**
56, Rue Abdelkrim El Khettabi, Tel. 044 44 67 01; gut und preisgünstig.

◆**La Pergola**
Pl. 16. Novembre (Gueliz), Tel. 044 43 58 48.

◆**Vivaldi**
Pizzeria, Grill. Rue el Mouatamid ben Abbad. Tel. 044 43 67 01. In einer Seitenstraße, die links von der Av. Mohammed V. direkt beim Hotel Hasna weggeht. Schönes und gutes Restaurant, akzeptable Preise.

◆**Villa Rosa Canopee**
64, Av. Hassan II. , Tel. 044 43 08 32. Gute italienisch-französische Küche in angenehmer, stilvoller Atmosphäre, im Sommer unter Oliven- und Zitronenbäumen.

◆**Le Jacaranda**
32, Bd Mohammed Zerktouni, mit schönem Garten. Tel. 044 44 72 15; Dienstag und Mittwoch geschlossen.

◆**L'Amandier**
Ecke Rue de Paris und Av. Chouhad, im Hivernage-Viertel, Tel. 044 44 60 93. Der marokkanische Chef hat in Frankreich gelernt und bietet abwechslungsreiche und gute französische Küche in netter Umgebung (im Sommer im Garten). Um die 200–250 DH/Menü.

◆**L'Entrecote**
55, Bd. Zerktouni, Tel. 044 44 94 28.

◆**Kim Son**
5, Rue Ibn Toumert, Tel. 044 43 01 59. Asiatische Küche.

◆**Diamant Vert**
Akioud Semlalia (im Norden der Stadt), Tel. 044 43 15 81.

◆**Chez Jack'Line**
63, Av. Mohammed V., Tel. 044 44 75 47; Menü ca. 80 DH; italienische, französische und marokkanische Spezialitäten. Verstaubter Charme mit Madame, Papagei und „Diner for one-Ober".

Dies sind Lokale der teueren bis mittleren Preisklasse: Menü zwischen 70 und 250 DH (in Stadtpalästen und großen Hotels).

Cafés/Eisdielen/ Fast Food/einfache Restos

Alkohol gibt es in den Altstadtlokalen – außer in den lizensierten Edelrestaurants – nicht!

Am preiswertesten isst man direkt auf dem Djamâa-el-Fna ab 17 Uhr, wo man direkt aus dem Kochtopf der **Garküchen** sein Essen bestellt (Cous-Cous, Tajine ca. 15 DH, Brochettes pro Spieß 2 DH, Auberginen 3 DH, Orangensaft 2–4 DH, Harira 2,5 DH, 1kg Datteln 16–25 DH, Zuckerringe 1 DH, Fisch mit Tomatensoße, Auberginen, Pommes, Brot ca. 13 DH).

Sehr lecker ist frisch gepresster **Orangensaft** bei den zahlreichen Saftverkäufern auf dem Platz. Angeschrieben steht überall 2,50 DH das Glas, oft bekommt man es auch für 2 DH oder nachgeschenkt mit Hinweis auf die Standnummer, damit man diesen weiterempfiehlt. Achten Sie darauf, dass der Saft auch wirklich frisch gepresst und kein (verkeimtes) Eiswasser beigemischt wird!

Günstig ist das ◆**Snack Hippy,** ebenfalls empfehlenswert (sehr gutes Essen) ist das ◆**Café Toubkal** (Suppe 2 DH, gemischter Salat 4 DH), alle am Djamâa-el-Fna-Platz.

Gegenüber dem C.T.M-Hotel (in der Nähe des Djamâa-el-Fna-Platzes) liegt das sehr preiswerte und recht gute Restaurant ◆**Nhaza.** Der Besitzer ist ein Original, die Bedienung sehr freundlich. Leser klagten jedoch, dass es zur Mittagszeit sehr hektisch zugehe (sehr viele Touristen) und nicht immer korrekt bedient werde.

Das ◆**Café Argana** ist gut gepflegt, aber, auch wegen seiner guten Aussicht auf den Platz, das teuerste (Tee 9 DH); ähnlich verhält es sich mit dem ◆**Café Glacier,** von dem man auch eine gute Sicht auf den Djamâa-el-Fna hat, sowie mit dem ◆**Café du France,** das auch nicht gerade billig ist (Café 7 DH, Salat 15 DH, großes Mineralwasser 12 DH, schlechtes Menü 100 DH). Die Lokale sind von Touristen überlaufen, das Essen ist nicht besonders. Da die Terrassen dieser Cafés den besten Blick bieten, legt sich jeder mit dem Teleobjektiv auf die Lauer, um den besten Foto-Schuss nach unten zu bekommen. Wer mehr Wert aufs Essen legt, isst besser in einem der **Einheimischen-Lokale** in der Parallelstraße zur Rue Bab Agnaou (Rue Bani Marine). Im ◆**Residence de la Place** (Rest. Panoramique, neben Café de la France) auf der Dachterrasse zum Gauklerplatz hin gibt es gutes bis mäßiges Essen für 65–100 DH (schwankende Qualität). Es heißt auch, dass anstatt Sidi Ali Leitungswaser angeboten wird und nur noch die teure Menükarte (Menu 100 DH) gereicht wird – also aufpassen!

Das Restaurant ◆**Chez Chegzouni** liegt nordöstlich vom Djamâa-el-Fna und ist mit 30 DH für die gute und reichliche Tajine sehr preisgünstig. Jedoch sollte man unbedingt das Wechselgeld kontrollieren!

Nahe am Djamâa-el-Fna in der Rue Bab Agnoua (beim Kino Mabrouk) liegt die ◆**Patisserie-Pizzeria Mabrouka.** Von der oben gelegenen Terrasse hat man einen netten Blick auf das Treiben in der Straße. 2004 war die Pizzeria geschlossen bzw. im Umbau. Man sollte auch hier darauf achten, dass der Ober korrekt herausgibt bzw. rechnet! Das nahe gelegene ◆**Café Dallas,** 85, Rue Bab Agnaou, ist ein sehr nettes Café und hat günstige Preise.

Am Place des Ferblantiers, gegenüber dem Eingang zum El Badi-Palast, liegt das Dachterrassenrestaurant ◆**Palais al Bahia.** Hier hat man einen fantastischen Blick auf den El Badi-Palast mit seinen vielen Storchennestern und kann zudem gut und preiswert essen.

Ein **gutes amerikanisches Frühstück** für 45 DH oder ein französisches Frühstück für 7–20 DH bekommt man im Eissalon bzw. ◆**Pâtisserie Boule de Neige,** 35, Rue Yougoslavie, Ecke Place Abdelmoumen (an der Mohammed V. von der Stadtmitte kommend rechts, lila Gebäude).

Hier an der Av. Mohammed V. und am Place Abdelmoumen gibt es viele recht nette und gepflegte Cafés im Stil französischer Straßencafés, beispielsweise das nette ◆**Café les Negotians.**

Gleich zu Beginn der Av. Mohammed V., beim Hotel Islane und gegenüber der Kutubiya-Moschee liegt die ◆**Restaurant Islane (ehemals Pizzeria Venezia)** mit einer schönen Terrasse und Blick auf die Moschee. Das Essen hat leider nachgelassen, das Frühstück ist immer noch gut.

Einen sehr schönen Blick hat man vom 6. Stock des kürzlich renovierten ◆**Café de la Renaissance** am Place Abdelmoumen von oben (Getränk und Aufzug kosten 10 DH).

Einen Imbiss oder kleines Essen kann man im Gartenlokal ◆**Sandwich-Cafe-Snack Jardin** einnehmen, an der Av.Mohammed V. direkt beim Park Mulay Abdessalam und gegenüber vom Essemble Artisanal.

◆**Pizza Hut** an der Av. Mohammed V. lohnt sich nicht – schlechter Service!

Links vom **Hotel Souihala** (s. Hotels) gibt es ein ◆**kleines Restaurant** mit 10 Sitzplätzen, wo man sehr preisgünstig essen kann.

◆**Glacier Farah,** Bd Mohammed Zerktouni, schöne Eisdiele.

Frühstück gibt es auch günstig in der sauberen Bäckerei zwischen Grand Hotel Tazi und Torbogen.

Ein ◆**McDonald's** liegt an der Straße nach Casablanca, an der Kreuzung zur Av. Al Khattabi. Hier kann man gut parken und findet saubere Sanitäranlagen. Notfalls ist es auch möglich, mit dem Wohnmobil auf dem Parkplatz zu übernachten. Der Marjane-Supermakt mit einer Mall ist gleich daneben.

◆**Rôtisserie de la Paix**
68, Rue Yougoslavie (Gueliz), gut, preiswert. S. a. ◆**Restaurant/Hotel Ali** (siehe unklassifizierte Hotels). Empfehlenswertes All-you-can-eat-Büffet und Pizza.

Nachtleben

In jedem der genannten Luxushotels gibt es eine Bar, in der man auch alkoholische Getränke (Bier, Cocktails) zu entsprechenden Preisen und z. T. mit Live-Musik-Untermalung konsumieren kann.

- **La Casa Latina**
Im Hotel *El Andalous*, Restaurant und Pub.
- **Comptoir Darna Paris-Marrakech**
Bar, Restaurant, Av. Echouada, Hivernage.
- **La Concha**
Ecke Rue Loubnane und Sourya, Restaurant und Pub.
- **New Feeling**
Im Hotel *Palmeraie Golf Palace*, in der Palmeraie, Route de Casablanca – die Nobeldisco für die reichen Marrakchis!
- **Le Paradise**
Im Hotel *Meridien Mansour*, Av. de France – neben dem New Feeling die beliebteste Disco in Marrakesch! Teuer, kleines Bier 75 DH!
- **Stars One,** Place de la Liberté
- **Regins,** Hotel *Mamounia*, außerdem **Casino del Mamounia.**
- **Diamant Noir,** Av. Mohammed V.
- **Jardin d'Eau,** s. Restaurants.
- **Pub Le Casablanca**
Rue Yaqub el Mansur, mit schönem Garten.
- **Casino Essaadi**
Tel. 044 44 88 11, im Internet unter www.casinodemarrakech.com. Im Hivernage-Viertel. Casino und Folkloreshows mit Akrobatik.
- **Safran et Canelle**
S. Restaurants (Pub, Restaurant und Karaoke).

Siehe auch Diner-Veranstaltungen unter Sehenswürdigkeiten.

Kinos

- **Colise,** Bd Mohammed Zerktouni
- **Mabrouka,** Rue Bab Agnaou
- **Marhaba,** 144, Bab Taghzout
- **Mauritania,** 271, Rue de la Kasbah
- **Regent,** Bd Mohammed V.
- **Cine-Théatre El Massira**
- **El Hillal,** 53, Bab Ghmat Sidi Yussuf Ibn Ali

Internet-Cafés

Alle Internet-Cafés berechnen 10–15 DH pro Stunde.

- **Cyberland**
61, Rue Yougoslavie, Passage Ghandouri 46. Von 10 bis 22 Uhr geöffnet.
- **Ali**
Im gleichnamigen Hotel, Rue Mly Ismail.
- **Cyber Kutubiya**
Rue Bab Agnaou, Kissariat Essalam 17. In der Fußgängerzone, die südlich vom Djamâa-el-Fna weggeht.

Notfall

- **Polizei:** Tel. 19, Place Djamâa-el-Fna.
- **Feuerwehr:**
Tel. 16, Rue Khalil Ben El Oualid.
- **Krankentransport (privat):**
Tel. 044 44 58 21, Rue Fatima Zohra.
- **Rotes Kreuz:**
Tel. 044 54 27, Place Djamâa-el-Fna.

Ärzte

- **Zahnarzt:** *Dr. El-Qabli,* 213, Av. Mohammed V., Gueliz, Tel. 044 44 86 64.
- **HNO:** *Dr. Belkaya,* Rue de Mauretanie, Imm. Moutaouakkil, Tel. 044 43 66 92.
- **Atemwege, Allergien:** *Dr. Mohammed Rachid,* 4, Rue de la Liberté, Tel. 044 79 47.

Krankenhäuser

- **Ambulanz**
2, Rue de Yugoslavie, Tel. 044 37 24 (rund um die Uhr offen).
- **Clinique Asni**
Bd. Mohammed V., Tel. 044 43 52 71.
- **Yasmina**
Rue Ibn Toumert, Tel. 044 43 33 23.
- **Polyclinique ibn Ruchd**
Rue Sebou, Tel. 044 43 30 79, 044 43 40 58.
- **Kinderklinik Arset el Bacha**
Gueliz, Tel. 044 43 87 18.

Apotheken

- **Pharmacie de Nuit (Bereitschaftsdienst/Nachtapotheke)**
Rue Khalid Ibn Oualid, Tel. 044 43 04 15.
- Weitere Apotheken überall in der Stadt.

Busverbindungen

Stadtbusse

Die meisten Stadtbusse (3 DH) fahren vom **Arset el-Blîk** ab (ehemals Pl. de Foucauld, zwischen Kutubiya und Djamâa-el-Fna), wobei alle Linien bis auf Nr. 6 und 9 über die Neustadt (Av. Mohammed V.) fahren. Eine wichtige zentrale Haltestelle der Busse liegt in der **Av. Mohammed V.** nahe des Hotel Islane, schräg gegenüber der Kutubiya-Moschee.

Die Linien **Nr. 4 und 12** fahren zum **Jardin Majorelle.**

Die **Nr. 3 und 10** fährt zum **Bab Doukkala.** Die Linien **4,5,12 & 19** zum Gare Routiere (Busbahnhof) und die **Nr. 11** in die **Av. de la Menara;** Stadtbustarife 3 DH.

Die Linien **Nr. 3 und 8** fahren vom **Bahnhof** (von der Jugendherberge 5 Minuten) ins Zentrum.

Fernverkehrsbusse

◆**Busbahnhof** (Privat- und C.T.M-Busse) am *Place el-Mourabiten* (nahe Bab Doukkala), Tel. 044 43 43 52, 044 43 39 33.
◆**CTM-Büro:** 12, Bd. Zerktouni, Tel. 044 44 83 28 und am Busbahnhof.
◆**Privatlinien** am *Place er Robb*. Busse an den Nordrand des Hohen Atlas (z. B. Amizmiz, Setti Fatma), s. a. Sammeltaxis.

Bahnbusse (ONCF) – Supratours

Der Busbahnhof für Supratours liegt an der Av. Hassan II., ca. 200 m westlich vom Bahnhof in Richtung Essaouira. Einen Tag im Voraus buchen, um den Platz zu sichern.

- **Essaouira – Agadir – Laâyoune – Dakhla:** 4x täglich bis Agadir (Fahrzeit 2,5 Std.) und Essaouira (4,5 Std.). 1x täglich bis Laâyoune, Fahrzeit ca. 24 Std. Preise: nach Essaouira 55 DH (plus 5 DH für Gepäck), Agadir 75 DH, Laâyoune 290 DH. Klimatisierter und geräumiger Bus.
- **Casablanca:** mehrmals tägl., Fahrzeit 4 Std.
- **Ouarzazate:** 1x tägl., 4 Std. Fahrzeit.

CTM-Verbindungen (Schalter 10)

Verbindungen und Preise im Internet unter www.ctm.co.ma!

- **Marrakesch – Casablanca:** 10x täglich (die Busse kommen z. T. von anderen Städten wie Laâyoune, Ouarzazate, Tafraoute, Guelmim etc.), ca. 70 DH, ca. 4 Std. Fahrzeit.
- **Marrakesch – Safi:** 1x tägl., ca. 3 Std. Fahrzeit, 37 DH.
- **Marrakesch – Ouarzazate:** 2x tägl., Fahrzeit 4 Std. (Schnellbus), 70 DH bzw. 50 DH (Fahrzeit 6 Std).
- **Marrakesch – Fès (über Beni Mellal, Khénifra, Azrou, Ifrane):** 3x tägl., Fahrzeit ca. 9 Std., 140 DH.
- **Marrakesch – Laâyoune:** 2x wöchentl., 15 Std. Fahrzeit, 265 DH.
- **Marrakesch – Errachidia:** 1x tägl., 10 Std. Fahrzeit, 115 DH.
- **Marrakesch – Paris (CTM):** täglich außer Freitag und Sonntag, ca. 1200 DH.
- Auch mehrmals täglich Busse nach **Agadir, El Jadida, Meknès, Rabat, Taroudannt.**

Private Linien

- **Marrakesch – Agadir (Taroudannt):** Stündliche Verbindungen mit den Bussen der Gesellschaft *Saada* (Schalter 19), Preis nach Taroudannt über Inezgane (Agadir) 70 DH.
- **Marrakesch – Essaouira:** 9x täglich zwischen 4 Uhr morgens und 17 Uhr, 3 Std. Fahrzeit, 40 DH.
- **Marrakesch – Asni–(Ouled Berhil)** (vom Gare routière am Bab er Robb): 3x täglich nach Asni (1,5 Std. Fahrzeit), über den Tizi-n-Test 1x tägl. 40 DH, Fahrzeit 5–6 Std. Nach Asni ca. 10 DH.
- **Marrakesch – Ouarzazate:** 4x tägl., Fahrzeit 7 Std., ca. 55 DH.

Eisenbahn

◆**Bahnhof** in der **Av. de la Marche Verte,** Tel. 044 44 77 68, im Westen der Neustadt. Zu Fuß mit Gepäck ist es sehr mühsam bis zur Medina, besser mit dem Taxi; zur Jugendherberge sind es allerdings nur ca. 10 Min.!

Verbindungen und Preise

Abfahrtszeiten in der Tageszeitung oder unter www.oncf.ma.

- **Casablanca – Rabat (–Tanger)** 9x täglich, Fahrzeit nach Casa 3 Std. 15 Minuten, nach Rabat 4 Std., nach Tanger 9 bzw. 10 Std. Preise: nach Tanger 1. Klasse 281 DH, 2. Klasse 188,50 DH; nach Rabat 1. Klasse 150 DH, 2.Klasse 101 DH; nach Casablanca 1. Klasse 110,5 DH, 2. Klasse 75,50 DH.
- **Casablanca – Rabat – Fès:** 8x täglich, Fahrzeit 7,5 Std. bis Fès. Preise: nach Fès 1. Kl. 254,50 DH, 2. Klasse 171 DH.

Flugverbindungen

◆**Flughafen Marrakesch-Menara**
6 km südwestlich; Fahrzeit 15 Minuten. Keine öffentlichen Busse. Tel. 044 44 78 62.

Auch Kutschieren macht müde

- **Flugtaxi Air Star**
33, Rue Loubnane Guéliz, Tel. 044 43 55 02.
- **Flugbüro Royal Air Maroc**
197, Av. Mohammed V., Tel. 044 44 64 44.
- **Aero Club Royal**
BP 591, Tel. 044 44 77 64.
- **Helicopter Heli Service**
Av. Allal el Fassi, Tel. 044 30 06 58.

Inlandsflüge

gehen alle über Casablanca und lohnen sich zu den Städten, mit denen eine Bahnverbindung besteht, nicht. Auch ein Flug nach Agadir ist nicht empfehlenswert, da die Busfahrzeit ca. 4 Std. beträgt und der Flug über Casablanca mit Umsteigen fast genauso viel Zeit beansprucht.

- **Agadir,** täglich, ca. 500 DH
- **Fès,** 6x wöchentlich, ca. 700 DH
- **Casablanca,** mehrmals tägl., ca. 500 DH
- **Oujda,** 5x wöchentlich, ca. 1000 DH
- **Tanger,** 6x wöchentlich, ca. 1200 DH

Auslandsflüge

(mit der RAM über Casablanca) gehen nach

- **Paris,** mehrmals täglich (auch direkt) mit Air France und RAM
- **Amsterdam,** 4x wöchentlich
- **Frankfurt,** 5x wöchentlich
- **Genf,** 3x wöchentlich
- **Wien,** 2x wöchentlich
- **Zürich,** 2x wöchentlich
- Nach **Mulhouse, Metz** (und andere Städte Frankreichs)**, Zürich, Basel, London** bestehen Direktcharterflugverbindungen.

Taxis

Petit Taxi/Grand Taxi

Petit Taxis (3 Fahrgäste) nur im Umkreis von ca. 12 km um die Stadt. Stadtfahrt zwischen 5 und 10 DH, je nach Entfernung. Taxameter einschalten lassen, beginnt mit 1,40 DH Grundtarif, nachts 2,10 DH – **Vorsicht: Häufig wird auch tags der Nachttarif eingeschaltet!** Vom Flughafen zur Innenstadt mit Grand Taxis (Mercedes Limousinen) ca. 100 DH. Nachts 50% Aufschlag.

Es besteht die Möglichkeit, ein Grand Taxi auch **für Ausflugsfahrten für den ganzen Tag zu mieten** (um die 600–700 DH), z. B. ins Ourikatal oder nach Tin Mal.

Preisbeispiele für Grand Taxis (ganzes Taxi, teilbar durch Zahl der Fahrgäste, max. 6): nach Imlil ca. 200 DH, nach Asni ca. 150 DH. Vom **Flughafen** zum Djamâa-el-Fna 50 DH, nach Guéliz 60 DH.

◆**Hassan Ed Hadmo** und sein Grand Taxi (Nr. 732) stehen auf Abruf für Fahrten unter der Handy-Nr. 061 16 69 75 bereit.
◆**Lhouceine Baibrou** (Taxi Nr. 422), 9, Derb Chmaa Hay Essalam, fährt sehr günstig Fernstrecken (nach Agadir nur ca. 800 DH).
◆Die **Taxibeschwerdestelle** ist unter Tel. 044 30 86 30 erreichbar.
◆Ein **Taxiservice** (deutschsprachig), z. B. zum Flughafen (auch nach Casa), wird unter der Info-Tel. 044 47 34 61 bzw. www.marrakech-info.com/unterkuenfte/taxi.htm betrieben.

Sammeltaxi (taxi collective)

◆**Gare Routière** für Fahrten in Richtung Süden an der Stadtmauer beim **Bab Robb** (s. Plan südliche Medina). 2x täglich (morgens) fährt von hier ein **privater Bus** (aber auch Sammeltaxis) nach **Asni** und weiter über den **Tizi-n-Test nach Ouled Berhil.** 40 DH, Fahrzeit 5–6 Stunden.

Wenn man nach **Aït Benhaddou** oder **Telouèt** will, ist es möglich, sich an der Kreuzung zu den jeweiligen Orten absetzen zu lassen und von dort weiterzutrampen. Preisbeispiele (pro Fahrgast): Nach **Ouarzazate** 70 DH (+ 10 DH Gepäck), nach **Asni/Imlil** 15 DH, nach **Setti-Fatma (Ourika-Tal)** ca. 18 DH.

Pferdedroschken

Mit den allgegenwärtigen Pferdedroschken *(calèche)* kann man sich in Marrakesch **zu allen Sehenswürdigkeiten** fahren lassen. Eine Stunde kostet ca. 70 DH pro Kutsche, manchmal werden horrende Preise verlangt. Dann ist Handeln angesagt! Der Hauptstandplatz der Kutschen ist gleich bei der Kutubiya, am Square Abd el Moumen und Anfang der Av. Mohammed. V. Es fahren aber auch Kutschen im Linienbetrieb, dann kostet die Fahrt nur um die 5 DH pro Person. Ein reger Kutschbetrieb herrscht an der Ostseite der südlichen Medina (hinter den Ba-Ahmed-Gärten).

Rund ums Auto

Die Ausschilderung in Marrakesch ist schlecht. Wer sich nicht verfahren will, sollte ein Petit Taxi vorausfahren lassen.

Parken

Im Gegensatz zu anderen marokkanischen Städten kann man in der Medina fast direkt **beim Djamâa-el-Fna-Platz** gut parken. In den großen Straßen (beschildert von der Av. Mohammed V. aus) nahe der **Kutubiya-Moschee** gibt es einen bewachten Parkplatz (20 DH die Nacht) sowie ein ummauertes Gelände bei der Moschee (40 DH/24 Std.), auch ein **Fahrradparkplatz** steht am Djemâa el-Fna zur Verfügung (5 DH Gebühr für ca. 4 Stunden, 1 Std. 1 DH). Beim C.T.M.-Hotel befinden sich **bewachte Park- und Garagenplätze** (auch für „non-residents", ca. 25–40 DH/Tag je nach Größe des Autos). In der **Av. Mohammed V.** in Guéliz, kann man sowohl am Mittelstreifen als auch auf beiden Seiten bewacht parken (40 DH).

Die **Saadier-Gräber** sind sehr gut mit dem Auto erreichbar, da man beim *Bab er Robb* problemlos parken kann.

Die **Gärten Menara und Agdal** sind sowohl problemlos mit dem Auto (bewachte Parkplätze) als auch bequem, aber teuer (ca. 70 DH) mit der Kutsche auf einer Rundfahrt zu besuchen.

Autovermietungen

◆**Always Car**
Tel. 044 44 67 97, Fax 044 43 09 38, Complexe Kawkab (Nähe Av. France) und Flughafen. 400 DH pro Tag bei Miete zwischen 3 und 6 Tagen bzw. 380 DH ab 7 Tagen. Deposit 5000 DH.
◆**Avis**
137, Av. Mohammed V., Tel. 044 43 37 27.
◆**Beautiful Cars**
92, Bd Zerktouni, 1. Stock, App. 2, Tel. 044 44 99 87, Fax 044 43 65 71, beautiful@iam.net.ma (buchbar auch über www.marrakech-info.com). Preise siehe Flash Car.
◆**Brothers Car**
115, Rue Yougouslavie, Gueliz, Tel. 044 44 72 10. Gute und günstige Autovermietung. Auch über Tamsilt-Tours bei *Beatrice Buschor* zu buchen (deutschsprachig), s. Reisebüros.

◆**Budget**
Bd Zerktouni, Tel. 044 43 11 87, 044 43 88 75, Fax 044 43 11 80, sowie im Hotel Mamounia und am Flughafen.
◆**Dounia Jad**
21, Rue Tarik Benziad, App. 12, Tel. 044 44 73 78, Fax 044 44 97 05 und am Flughafen.
◆**Europcar**
Zentrale Reservierung: Tel. 00212-22 31 37 37, Fax 022-31 02 30, maroc@europcar. ma; in Marrakesch: 63, Bd Zerktouni (Gueliz), Tel. 044 43 12 28, Fax 044 44 70 95, und am Flughafen Menara, Tel. 044 43 77 18.
◆**First Car (Partner von Holiday Car)**
234, Bd Mohammed V., Residence Zaher, Tel. 044 43 87 64 und 044 43 87 49, Fax 044 43 87 40, und am Flughafen. Renommierte und gute Autovermieterkette, 1 Woche Fiat Uno 3360 DH inkl. Versicherung plus Steuer (TVA) 20% (ab D 350 Euro all incl.).
◆**Flash Car**
Rue Tarik Ibn Ziad,Gueliz, Tel. 044 43 39 13, 044 44 86 96, Fax 044 43 39 15, flashcar@iam.net.ma (auch über www.marrakech-info.com zu buchen). Ein Fiat Uno kostet 350 DH, ein Fiat Palio 450 DH/Tag, ein 4x4 Galloper 970 DH (ab 7 Tage). Ein Fahrer ist für 250 DH/Tag erhältlich.
◆**Foussha Cars**
85 bis, Rue Bab Angnaou, App. 4, Tel. 044 44 56 21, 214 DH/Tag, 2,14 DH pro Km. Fiat Uno 3 Tage 1652 DH, 7 Tage 2892 DH (ohne Km-Limit) plus Versicherung 4500 DH und 75 DH Tax.
◆**Hertz**
154, Av. Mohammed V., Tel. 044 43 99 84 und 044 43 13 94, Fax 044 43 99 83; Flughafen: Tel. 044 43 16 35.
◆**Khouloud Car**
67, Bd. Mansur Eddahbi, Imm. Belkahia, Tel./Fax 044 43 59 99, Mobil 065 16 73 37, E-Mail: SIMO1288@hotmail.com. Zuverlässiger und günstiger Vermieter mit Zweigstelle in Ouarzazate. Fiat Palio 300 DH/Tag, 1 Woche 2000 DH; Honda Civic 600 DH/Tag bzw. 4100 DH/Woche; Toyota Landcruiser 1200 DH/Tag bzw. 8250 DH/Woche.
◆**Majorelle Car**
112, Av. Mohammed V., Tel. 044 43 72 72,Fax 044 43 90 00. Sehr freundlich (Englisch-Kenntnisse). Fiat Uno 3 Tage 1050 DH. Fahrzeuge schon etwas älter, aber o.k.
◆**Nomade Car**
112, Bd Mohammed V., Tel. 044 44 71 26, 044 44 73 75, Fax 044 43 52 86. Autos nicht gerade in super Zustand, fahren aber einwandfrei. Ersatzreifen ansehen! 5 Tage 1500 DH.
◆**Ste. S. Car Ikhouane**
An Frau *Khadija* (spricht englisch) oder *Aziza* wenden. Tel./Fax 044 43 93 28, Handy 061 18 12 63, locationsisterscar@hotmail.com, oder über Hotel Sherazade bzw. Essaouira, 10, Rue Fatima El Fihria, Gueliz. Angenehme und nette Vermietung. 350 DH/Tag für einen Fiat Uno bzw. Peugeot 205. 450 DH für Fiat Siena, Renault 19 (klimatisiert) 500 DH/Tag. Ein 4x4 (klimatisiert) kostet 1000 DH/Tag. Die Preise variieren nach Saison. Unbegrenzte Km und Versicherung inklusive.
◆**Visa Car**
Bd. Zerktouni, Tel. 044 43 21 98, Fax 044 43 21 98. R 4 350 DH/Tag, Fiat Uno 450 DH/Tag, 4x4 1200 DH/Tag (alle Tarife mit unbegrenzter Km-Zahl).
◆**Yousstrans**
8, Av. Hassan II, Tel. 044 49 27 17. Auch Allradfahrzeuge.

Motorrad/Fahrradvermietung

◆**Cycles Bouhar**
76 bis, Av. Abdelkrim el Khattabi (Rue de Casa) in Guéliz. 200 DH/Tag für Motorrad.

Übers Internet unter www.marrakech-info.com/marrakech/mietwagen.htm oder nahe beim Hotel *Marhaba* und *Yasmin*. Dort gibt es auch Fahrräder zu leihen. Am Djamâa-el-Fna finden sich auch ein Fahrradverleih und -parkplatz.

Niederlassungen/Werkstätten

◆**Nouvelle Compagnie Royal Automobiles**
Route de Casablanca, Tel. 044 43 30 89 (Renault).
◆**Du Gueliz**
55-61, Av. Mohammed V., Tel. 044 44 83 23 (Renault).
◆**Garage Tazi,** Place Okba Ibn Nafi (Renault).
◆**Citroën-Werkstatt**
In der Rue Tarik Ben Ziad.
◆**Auto Hall**
5, Rue de Yougoslavie, Tel. 044 44 84 23 (Fiat, Ford, Talbot, Mitsubishi).

◆**SIMG**
Rue Abdellah Ben Yassine, Quartier Industriel, Tel. 044 34 59 12, 044 34 59 13 (Mercedes); 66, Av. Mohammed V., Tel. 044 44 82 66 (BMW, Fiat, Citroën, Honda, Toyota).
◆**Garage Camping El Harrouni Hassan**
43, Rue Yougoslawie, Tel. 044 30 98 47.
◆**Inter-Auto**
44–46, Av. l'Iraq, Quartier Industriel, Tel. 044 43 07 36.
◆**Centre Européen de l'Automobile**
18, Bd Mulay Rachid, Tel. 044 43 45 27.

Automobilclub
◆**Royal Automobile Club**
Rue Oued el Makhazine, Tel. 044 43 14 90.

Sport

Schwimmen
Baden ist in fast allen Hotels gegen Eintritt möglich (nicht jedoch im Mamounia).

Das öffentliche Schwimmbad (Piscine Municipale) ist in der Rue des Remparts.

Der Pavillon in den Menaragärten

Skilaufen und Bergsteigen
◆**ANGAM**
Nationale Bergführervereinigung. B.P. 47, 42150 Asni, Tel. 044 44 49 79, Fax 044 44 05 22, angam45@hotmail.com.
◆**Club Alpin Francais Casablanca**
50, Bd Moulay Abderrahmane, B.P. 6178, Casablanca 20200, Tel. 022 27 00 90, Fax 022 29 72 92, www.cafmaroc.co.ma. Infos über Bergsteigen und Skifahren in der Toubkal-Region (Schutzhütten, Führer, Karten usw.).
◆**Centre National de Ski et d'Alpinisme**
Av. Mohammed V., Tel. 044 43 40 26 und 044 45 91 01.
◆**Station de Ski de l'Oukaimeden**
Tel. 044 31 90 05, Fax 044 31 90 06 (70 km von Marrakesch). Hier ist Skifahren und Snowboarden in den Monaten Dezember bis März möglich (je nach Schneelage). 1 Sessellift und 5 Schlepplifte.

Bergtouren, Trekking und Wüstentouren bieten auch viele Reisebüros und einschlägige Veranstalter an (siehe unter Sonstiges/Reisebüros).

Jagen und Angeln
Jagd- und Angelerlaubnis beim Wasser- und Forstamt: ◆**Délégation des Eaux et Fôrets,** Rue El-Abbas Assabti, Tel. 044 44 21 43, 044 44 39 90.
◆**Atlas Chasse**
Rue Rabah Villa 17, Assif D, 40000 Marrakech, Tel. 044 30 65 95, Fax 044 30 67 97. Veranstalter von Jagd- und Angelausflügen (mindestens 6 Personen).

Tennis
◆**Royal Club de Tennis**
Rue Oued el Makhazine, Tel. 044 43 19 02.

Reiten
◆**Royal Club Equestre**
Reitclub. An der Straße nach Asni, Km 4; Tel. 044 38 18 49.
◆**Ranch de la Palmeraie**
Circuit de la Palmeraie, im Norden der Stadt, Tel. 044 31 10 10
◆**Hotel Club Sport Roserai Ourigane**
60 km entfernt an der Straße nach Asni, Taroudannt, BP 769 Marrakesch, Tel. 044 43 91 30. Gepflegtes Hotel mit Reitanlage in schöner Lage im Hohen Atlas.

Golf

◆Royal Golf Club
An der Straße nach Ouarzazate, B.P. 634, Tel. 044 44 43 41.

◆Golf d'Amelkis
Km 12, Route de Ouarzazate, Tel. 044 40 44 14.

◆Golf Palmeraie
Beim Hotel Palmeraie, Tel. 044 30 10 10. Green Fees ab 50 Euro.

Fliegen

Der **◆Aero Club Royal** befindet sich am Aéroport Marrakech; Tel. 044 44 77 64. Außerdem gibt es noch den **◆Club Para Toubkal** am Flughafen.

Heißluftballon

Infos und Organisation: Tel. 044 38 31 91.

Quad

◆Mega Quad
B.P. 71, Tamesloht, Marrakesch, Tel. 044 38 31 91, 061 21 68 24. Kurse und Ausleihe, auch organisierte Quad-Touren.

Einkaufen

Zeitungen

In den großen Hotels, z. B. **Menara** und **Mamounia,** und an den Zeitungsständen in der Neustadt, Bd Mohammed V., kann man **deutsche Zeitungen** und Illustrierte kaufen.

Schmuck/Traditionelles Handwerk

Im **◆Ensemble Artisanal,** Tel. 044 43 60 78 (rechter Hand der Av. Mohammed V. von der Innenstadt kommend), beim *Hotel Almoravides*, kann man zu Festpreisen eine große Auswahl an Kunsthandwerk einkaufen. Vor allem zur Preisinformation vor dem Suq ist ein Besuch anzuraten.

Souvenirs gibt es in der größten Auswahl in der Medina in den Suqs, hier muss man aber bis aufs Äußerste handeln. Viele schöne Souvenirs bekommt man in nicht so großer Auswahl, manchmal preisgünstiger in der Neustadt. Schönen, alten **Silberschmuck** und andere Antiquitäten, sehr schöne Keramik gibt es in diversen Antiquitätenläden in der Neu- und Altstadt.

Empfehlenswert für alten und echten Schmuck sind die Läden 33 und 22 im alten Funduk nahe des Djamâa-el-Fna. Ferner: **◆El Hadj,** 56, Place Bab Ftouh, Tel. 044 44 12 58 (sehr schöner, auch alter Schmuck). Ebenfalls empfehlenswert: **◆Al Yed Gallery, Ouzid Mustapha,** 66, Rue El Mouassine (Medina, Suqviertel, Tel. 044 44 29 95, Festpreise) und **◆Galerie Jassim,** 219 Av. Mohammed V. (in der Neustadt, in dem neuen Glaspalast), Tel. 044 43 68 88. In den beiden Läden gibt es wirklich wunderschönen, wertvollen, auch neuen Schmuck, ebenso im **◆Tresor du Sud,** *Benhatom Erraid,* 49, Rue el Mouassine, sowie in der **◆Galerie White Camel,** 21, Hormat Cheikh bei der Rue el Mouassine, Tel. 044 44 39 10 von *Kait Abdellak Ahwed.* In derselben Straße liegt der kleine Schmuckladen (nette Stücke) von **◆Aziz el Cadi** (Rue Mouassin 17), der zu akzeptablen Preisen verkauft – Handeln ist trotzdem angesagt!

◆Musée Art Bérbere
1 bis Rue Mouassine, Tel. 044 42 74 74. Ebenfalls schöner Schmuck und auch einige alte, edle Stücke zu fairen Preisen.

◆Maison Berbere
Ebenfalls in der Rue Mouassine, 23 bis, Tel. 044 39 08 49. Wunderschöne Keramik, Tische und Antiqutäten. Sehr angenehm und unaufdringlich, aber edel und teuer.

◆Caverne Ali Baba
17, Rue Mouassine (vom Place Bab Ftouh rechter Hand eine der großen Gassen in der Altstadt). Schmuck und vor allem schöne Keramik zu reellen Preisen – die Verkäufer sind unaufdringlich.

◆Bazar Ikhouan
Marché Sidi Ishak 15, im Suq. Deutschsprachige Verkäufer, große Auswahl an Souvenirs und Schmuck (nicht alt).

Ebenso kann man Schmuck (z. B. Ringe und Amulette für 550 DH) erwerben in der **◆Bijouterie Ennasr** von *Snoubi Mohammed,* Riad Zitoun Kédim Nr. 37 (südliche Medina). Tel. 044 44 46 53, und im **◆Maison Touareg** von *Mohamed El Barmaqui,* 164, Riad Zitoune Jdid (südl. Medina), Tel. 044 42 72 71, der auch Gravuren ausführt.

Schönen Tuareg- und Berberschmuck sowie Mauren-Artikel verkaufen **◆Bazar Touareg,** 25/6, Rue Rahba El Kedima, Tel. 044 44 51 43, und der sehr freundliche Laden **◆Art Touareg,** 21 Suq des Teinturiers (Färbersuq), Tel. 044 44 32 74.

Perlen und Schmuck, auch alte Stücke und Tuaregschmuck, verkauft ◆**Ali Abril,** 176, Rahba el Kedima. Die Kaufatmosphäre ist sehr entspannt, und man wird nicht dauernd zum Kauf animiert. Preise nach Gramm.

Altes Kunsthandwerk in bester Qualität verkauft die ◆**Galerie Mourjana,** Lamassine Fhal Chiadmi Nr. 33/2, Tel. 044 43 45 46 (kräftig handeln!).

Der ◆**Bazar Atlas** in der Neustadt, 129, Av. Mohammed V., hat eine schöne Auswahl an altem und neuem Schmuck und nette Verkäufer (z. B. *Abdelatif Boujire*). Ebenfalls an der Av. Mohammed V. (198-200), liegt der große Laden ◆**Extreme Sud Artisanal,** Tel. 044 43 19 44, E-Mail: esa200@iam.net.ma, mit schöner Auswahl an allen möglichen Souvenirs von hübschen Korbwaren, Stühlen bis zu Schmuck und Lampen.

Eisenstühle und Töpferwaren kann man im ◆**L'Atelier de Jade** bei *Janice Guilbaud* kaufen, B.P. 2263, Tel. 044 24 24 83 oder 044 44 91 31. ◆**Ali Bouelaidi** ist ein Schmied, der nach traditionellen Methoden arbeitet. Zu finden ist er im Suq el Haddadine 12, Tel. 044 39 08 52. ◆**Younes Cherkaoui Jaouad** stellt **Lampen, Tische und Töpferwaren** her sowie Zellaghes-Tadlakt-Tische und Eisenstühle, 274, Suq Alkebir, Tel. 044 24 35 06, E-Mail: Younessan@hotmail.com. Die gleichen Artikel findet man bei ◆**Art & Décor,** 50, Rue Sidi El Yamani Mouassine, am Rand der Medina, Tel./Fax 044 44 08 72.

Kleidung

Wer sich **Lederkleidung** maßschneidern lassen will, ist bei **Hassan Kheiraoui,** 4, Suq Harrarine Jdida (Medina), Tel. 44 09 29 gut bedient (gute Qualität).

Kleider, Optiker und Waren des europäischen Bedarfs findet man in der Neustadt.

Supermärkte/Lebensmittel

◆**Marjane**
Riesiger Supermarkt nach französischem Vorbild an der Route de Casablanca, Ecke Av. Al Khettani. Dort gibt es auch einen McDonald's und eine kleine Mall.

Wie in Agadir gibt es inzwischen auch in Marrakesch einen ◆**METRO-Großmarkt** an der Straße nach Azrou.

◆**Achkid Service,** 32, Rue Mauritania.

◆**Supermarché Menara**
Rue Rif, Ecke Abu Bakr Seddik.

◆**Supermarché Al Qods,** 51, Rue Palestine.

Frischen Honig gibt es im Honigladen von ◆**Hadj Abid Miels,** der sowohl einen Laden in der Medina, 1ère Boutique, 97, Derb Dabachi, als auch in der Neustadt, 2ème Boutique, 21, Rue Tariq Bnou Ziyad, betreibt.

Gewürze gibt es am alten Sklavenmarkt (siehe Sehenswürdigkeiten) und auf dem ◆**Marché Central,** Av. Mohammed V. (zwischen Hauptpost und Place Abdelmoumen).

Kräuter, Schönheitsmittel, Parfüms, Gewürze in großer Auswahl mit guter Vorführung gibt es beim ◆**Herboriste du Paradis** am Place ibn (Ben Youssef) Yussef gegenüber der Ben Youssef Moschee und Medersa und in der ◆**Heboristerie Ibnou Baytar,** Deffa Ourbaa Derb Sidi Larbi, 2, Tel. 044 42 75 83. Ein Leser empfahl ◆**Herboriste La Baraca,** ein modernes Geschäft in der Medina mit großer Auswahl an Gewürzen.

Frischwaren wie Brot, Butter, Yoghurt, Fleisch, Gemüse und Obst am ◆**Marché Central,** Av. Mohammed V.

Einen **Schweinemetzger,** die ◆**Charcuterie Marrakesch (Chardema),** gibt es in 51bis, Zone 1, Quartier Azli, Tel. 044 34 68 50.

Alkohol bei ◆**Somardis,** 105, Av. Mohammed el-Beqal, Tel. 044 44 92 74.

Banken/Wechselstellen

◆**Banque Al Maghrib, Banque du Maroc**
Beide am Place Djamâa-el-Fna.

◆**B.M.C.E.**
114, Av. Mohammed V (am Pl. Abd el Moumen) mit EC-Automat und Rue Moulay Ismail, ebenso in der Rue Bab Agnaou (Medina) mit EC-Automat und **Wechselstube.**

◆**B.M.C.I.**
35, Bd Zerktouni, Rue Moulay Ismail, Rue el Mouhidine (südlich des Djamâa-el-Fna).

◆**A.B.M. Bank**
55, Boulevard Zerktouni.

◆**B.C.M**
Ecke Bd Zerktouni/Rue Ibn Aicha. Die BCM-Bank beim Imperial Borj-Hotel hat am Samstag von 9.15–12.30 Uhr geöffnet.

◆**S.G.M.B.**
59, Rue Yougoslavie, mit EC-Automat.

◆**Wafa-Bank**
213, Bd Mohammed V.

Post

Place du 16. Novembre, Av. Mohammed V. (Hauptpost), und am **Djemâa-el-Fna.** Postlagernde Sendungen beim Hauptpostamt.

Sonstiges

Kunst

Wer sich gerne mit Malerei beschäftigt, dem sei ein Besuch bei dem Maler und Schriftsteller ◆**Hans Werner Geerdts** in der Medina empfohlen. Herr Geerdts lebt seit Jahrzehnten in Marrakesch und schreibt Kurzgeschichten, Essays, Prosa über das Leben in der Medina und malt mit Aquarell-, Öl- und Acrylfarbe. Er hat in seinem Privathaus eine Privatgalerie eröffnet, in der man gegen telefonische Vorankündigung vorbeischauen kann: Tel. 044 39 04 44, Fax 044 44 48 41. Auch Zimmer können in seinem Haus in der Medina gemietet werden.

Weitere Galerien: ◆**Ets Bouchaib Benzaiter,** Bassi, Kasbah 38/853 oder ◆**Khalid Art Gallery,** Rue dar el Bacha, Marrakech Medina, Tel. 0 44 44 24 10, Fax 044 39 12 09, außerdem im ◆**Riad Tamsna** (s. Sehenswürdigkeiten südliche Medina).

Kreative Kurse für Malerei/Zeichnen, Fotografie und kreatives Schreiben bietet das ◆**Atelier Art & Poetry** (95, Bab Taghazout, Tel. 071 37 17 94, monterey_artandpoetry@hotmail.com) der deutschen Künstlerin und Journalistin **Vera Monterey** an. In ihren Kursen (3 Tage oder 1 Woche) unter dem Motto „Sehen lernen" können die Kursteilnehmer die vielfältigen Eindrücke in Marrakesch gestalterisch umsetzen.

Reisebüros

◆**Tamsilt Tours**
Beatrice Buschor (deutschsprachige Schweizerin) und *Lahoucine Oulkadi,* Tel./Fax 044 34 37 98, tamsilt@iam.net.ma. Poste Medina, B.P. 211, 40 000 Marrkech. Lahoucine ist geprüfter Bergführer und stammt aus dem Ait Bougoummez-Tal, d e r Bergsteigerregion Marokkos. In kleinen Gruppen führen Beatrice und Lahoucine durch die Berge und die Wüste – zu Fuß oder per Fahrzeug, mit Muli oder Kamel. Empfehlenswert.

◆**Cultures Natur Voyages**
Rue Oum R'Bia, Immeuble Nakhil, App. 19, Guéliz, Tel. 044 43 98 66, Fax 044 43 98 73, aguelzimrando@yhoo.fr. Bergsteigen und Skitouren, Pferde- und Kameltrekking, 4x4-Touren, Gleitschirmfliegen und Wildwassertouren. Die hervorragenden Webseiten www.marokkotrekking.de informieren in Deutsch über das umfassende Angebot. Gehört der Familie des Bergführers *Slimane Baadoud.*

◆**Marabout Travel/Amalou Voyages**
Brigitte Zahner & Lahoucine Taha, Rue Ibn Aicha 2 (am unteren Ende der Mohamed V., nach Chatr rechts, gleich wieder rechts, bei „Attika Beauty" und „Diffa Tours"), 2. Stock, App. 9, Guéliz, 40 000 Marrakech, Tel. 044 43 22 41, Tel./Fax 044 43 22 42, Mobil (Brigitte) 068 88 31 94 oder (Lahoucine) 062 29 33 41, info@maraboutreisen.ch oder amalou@menara.ma, www.maraboutreisen.ch. Brigitte ist Schweizerin, Lahoucine aus dem Ait Bougoummez-Tal. Beide sprechen deutsch und sind spezialisiert auf Wanderungen, Landrovertouren und Themenreisen. Auf ökologische und soziale Verträglichkeit wird besonderen Wert gelegt. Professionelle Betreuung, Reisen in Kleingruppen, Kontakt zur Bevölkerung. Auch individuelle Touren für Familien mit Kindern werden angeboten.

◆**Atlas Sahara Treks**
6 bis, Rue Houd Houd, Quartier Majorelle, Tel. 044 31 39 01, Fax 044 31 39 05. Trekking, Skitouren, Kameltouren, Mountainbiking.

◆**Sport Travel**
154, Bd Mohammed V, Tel 044 43 99 68, Fax 044 43 99 69. Trekking-, Ski- und Pferdetouren, Wildwasserfahrten, Mountainbiking. Arbeitet mit Sport-Travel Peter Sachse in Deutschland zusammen.

◆**Tourisport**
213, Av. Mohammed V., App. 31, Tel. 044 44 81 39, Fax 044 44 81 65 (Trekking-, Ski- und Pferdetouren, Wildwasserfahrten, Mountainbiking).

◆**Unitours Maroc**
127, Av. Mohammed V., Tel./Fax 044 44 69 13 (Trekking-, Ski- und Kameltouren, Wildwasserfahrten), www.unitoursmaroc.com.

Es gibt zahllose **Trekkinganbieter** in und um Marrakesch, die jedoch nicht immer legal arbeiten. Man sollte bei der Auswahl eines Veranstalters deshalb nicht nur auf den Preis achten, sondern darauf, dass die Touren auf die Einhaltung bestimmter ökologischer und sozialer Prinzipien achten. Dazu gehört z. B. ein angemessener und fairer Lohn für alle Mitarbeiter. Ein seriöser Anbieter kann daher keine Dumping-Preise bieten. Besondere Trekking-Highlights sind die Überquerung des Hohen Atlas durch die spektakuläre Mgoun-Schlucht oder Wanderungen im Ait Bougoummez-Tal.

Feste/Veranstaltungen

◆Folklorefestival

Im Juni für 10 Tage; das Festival findet auf dem Ruinengelände des Badi-Palastes statt. Früher jährlich, jetzt nur noch gelegentlich.

◆Moussem Moulay-Brahim

In der Nähe von Asni; 10 Tage nach Mouloud.

◆Moussem Setti Fatma

Im Ourika-Tal im August.

Genaue Termine der Moussems können Sie im Touristenbüro erfragen!

Ausflüge

Organisierte Ausflüge

Hotels und Reisebüros bieten eine breite Palette an Ausflügen an: **Tagesfahrten** ins **Ourika-Tal,** nach **Asni** und **Aghbalou,** nach **Asni** und **Ouirgane,** nach **Ouarzazate,** nach **Essaouira; Zweitagesfahrten** nach **Zagora.**

TUI bietet auch **Stadtführungen** an: **Suq-Besuch** mit Besichtigung der **Medersa ibn Yussuf,** die **Monumente von Marrakesch, Kutschfahrt** entlang der Stadtmauer mit **Besuch des Jardin Majorelle, des Menara-Gartens** und des **Agdal-Gartens** (Preise sind in den Hotels zu erfahren).

Fantasiaabend, Marrokkanischer Abend (Abendessen mit Foklore und Tanz) oder **Berberabend** (in der Palmeraie mit Vorführungen und Abendessen im Zelt) je 350–400 DH.

Einen Tagesausflug zur **Berber-Kasbah von Imlil** mit Blick auf den Djabal Toubkal (in englischem Besitz) und Besuch der Suqs von Tahanoute (am Dienstag) und Asni (am Samstag) und mit Mittagessen in der Kasbah, Hammambesuch oder Muliritt kann kann man unter E-Mail: kasbah@discover.ltd.uk, Tel. 061 34 33 37, oder über das Hotel Riad Noga buchen (siehe dort).

Ausflüge auf eigene Faust

(mit Mietwagen, Sammeltaxi oder öffentlichen Verkehrsmitteln)

Halbtagesausflüge zum Stausee des **Oued N'Fiss – Lalla Takerkoust** 20 km südlich an der Straße 507; mit Bade- und Einkehrmöglichkeit sowie Jet-Ski.

Als **Tagesausflug** bietet sich die Weiterfahrt nach **Ouirgane** und **Tameslout** an, einem religiösen Zentrum in der **Haouz-Ebene.** Hier liegt die Zawia des **Sidi Ahmed Ben Laaroussi**, dem Mann, der viele Wunder bewirkte und angeblich in 366 Wissenschaften bewandert war. Die Zawia ist leider innen nicht zu besichtigen, dafür die Reste einer alten Kasbah. Anfahrt: 19 km von Marrakesch in Richtung **Taroudannt,** nach 5 km in Richtung **Amizmiz** abbiegen und bei km 15 wieder rechts. Ein wichtiger Moussem findet am **Aid el Fitr** statt, siehe Feiertage und islamischer Kalender.

Tagesausflüge können auch ins **Ourika-Tal** und nach **Oukaïmeden** unternommen werden (Skigebiet und schönes Wandergebiet; nach **Mulay Brahim** (Wallfahrtsort), oder **Asni, Ouirgane** und nach **Tin Mal** zur Gründermoschee der Almohaden. Oder nach **Demnate – Pont Naturel Imi-n-Ifri** und zu den **Saurierabdrücken** und zu den **Ouzoud-Wasserfällen**.

Zweitagesausflüge bieten sich an nach **Telouèt,** zu der Kasbah des Paschas El Glaoui, und nach **Aït Benhaddou,** zu dem von der Unesco geschützen Ksar. Beide liegen auf der Strecke in Richtung **Tizi-N-Tichka** und Ouarzazate. Telouét geht auch an einem Tag.

Dreitagesausflüge: Bergsteigen im **Djabal Toubkal-Nationalpark**, mit Anfahrt über Asni und **Imlil**, ab dort zum **Djabal Toubkal** (siehe Route C 22 oder nach **Agouti oder Tabant im Aït-Bougoumez-Tal).**

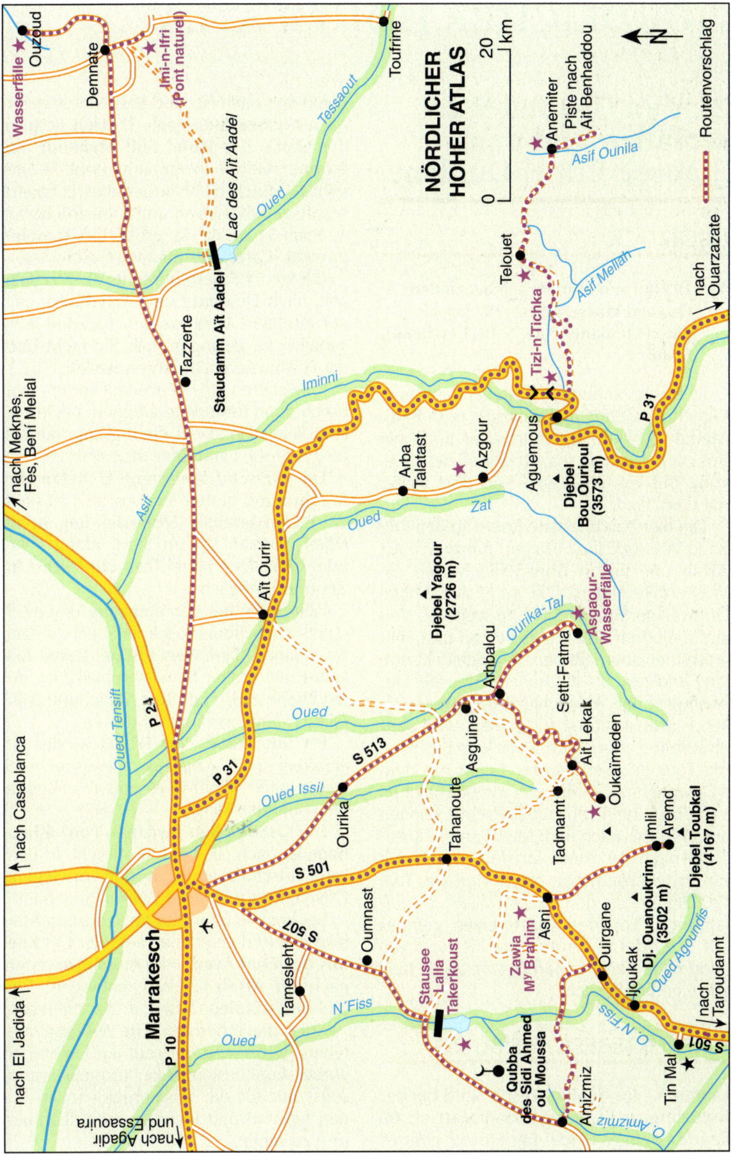
NÖRDLICHER HOHER ATLAS
0
20
km
N
Routenvorschlag
Wasserfälle
Ouzoud
Demnate
Imi-n-Ifri (Pont naturel)
Toufrine
Tessaout
Oued
Lac des Aït Aadel
Staudamm Aït Aadel
Tazzerte
nach Meknès, Fès, Beni Mellal
nach Casablanca
nach El Jadida
nach Agadir und Essaouira
Asif
Iminni
Arba Talatast
Azgour
Oued
Zat
Aït Ourir
Djebel Yagour (2726 m)
Aguemous
Djebel Bou Ourioul (3573 m)
P 31
Tizi-n'Tichka
Telouet
Asif Mellah
Anemiter
Piste nach Aït Benhaddou
Asif Ounila
nach Ouarzazate
Oued Tensift
P 24
P 31
Oued
Oued Issil
S 513
Ourika
Asguine
Arhbalou
Ourika-Tal
Setti-Fatma
Asgaour-Wasserfälle
Aït Lekak
Oukaïmeden
Tadmamt
Tahanoute
S 501
Marrakesch
P 10
Oumnast
S 507
Tamesleht
N'Fiss
Oued
Stausee Lalla Takerkoust
Qubba des Sidi Ahmed ou Moussa
Zawia M'y Brahim
Asni
Imlil
Aremd
Djebel Toubkal (4167 m)
Dj. Ouanoukrim (3502 m)
Ouirgane
Ijoukak
Oued Agoundis
O. N'Fiss
nach Taroudannt
S 501
Tin Mal
Amizmiz
O. Amizmiz

Marrakesch

NÖRDLICHER HOHER ATLAS

Zu den Ouzoud-Wasserfällen und dem Stausee Bin-el-Ouidane

ÜBERBLICK

195 km von Marrakesch bis zu den Ouzoud-Wasserfällen, 257 km bis Bin-el-Ouidane; P 24, S 1811 (schmal), S 508

Gute Busverbindungen bestehen mehrmals täglich zwischen Marrakesch und **Beni-Mellal** (314 km). Es fährt aber auch ein Bus nach Aït Attab (ca. 10 Uhr ab der Kreuzung bei km 146,6 und von dort weiter mit dem Taxi).

Die hier beschriebene Route zu den Ouzoud-Wasserfällen (195 km) führt nach **Aït Attab** und in die Abid-Schlucht, wo die Wasserfälle liegen. Die im ersten Drittel langweilige Strecke führt im weiteren Verlauf malerisch durch Steineichen und Thujenwälder oberhalb der Abid-Schlucht entlang und zum Bin-el-Ouidane-Stausee. Der Ausflug (ohne Abidschlucht) ist ab Marrakesch in Reisebüros zu buchen, wird aber eher selten angeboten. Es ist kein Problem, die Tour in zwei bis drei Tagen mit dem Mietwagen zu fahren oder mit öffentlichen Verkehrsmitteln. Individualreisende können aus dem Bus nach Beni Mellal an der Kreuzung nach Aït Attab aussteigen und mit einem Sammeltaxi oder kleinen Taxi (20 DH bis zu den Wasserfällen) weiterkommen. Von den Wasserfällen geht es mit Taxi oder per Autostopp bis zur Kreuzung nach Azilal – Marrakesch; ab da Buszusteigemöglichkeit.

ANFAHRTSBESCHREIBUNG

Fahren Sie los in Marrakesch-Nord bei der Kreuzung in Richtung Ouarzazate. Links liegt das *Hotel Tikida*. Bei km 5,2 geht es geradeaus nach Fès und Beni-Mellal, rechts nach Ouarzazate. Nach 11½ km liegt an der Straße das **Hotel Sidi Mansour,** mit schöner Gartenanlage und Pool. Weiter geht es durch dicht besiedeltes Landwirtschaftsgebiet (Oliven und Zitrusfrüchte).

Nach 51 km ist der große Ort **Tamelelt** erreicht (Cafés, Restaurants, Geschäfte).

Bei km 54,7 besteht rechts die Möglichkeit, nach **Demnate** und **Azilal** und auch auf direktem Weg zu den Ouzoud-Wasserfällen zu gelangen, falls Sie nicht über die El Abid-Schlucht fahren wollen.

Im weiteren Streckenverlauf kommt man durch dünn besiedelte Gegend; bei km 67 liegt linker Hand ein Gebirgszug, danach folgen große Landgüter *(domaines)*.

Die hübsche Kleinstadt **El Kelaa des Sraghna** mit netten Straßencafés ist nach ca. 82 km erreicht. Übernachtung ist im *Hotel Zaouia***** (am Stadtanfang links) oder im kleinen Hotel Tessaout (rechts im Zentrum) möglich .

Fahren Sie bei der Kreuzung (km 82,5) rechts nach Beni-Mellal; links geht's nach Casablanca. 6 km weiter ist der **Canal Tassaout,** ein breiter Bewässerungskanal, der die Ebene zwischen Beni-Mellal und Marrakesch bewässert, zu sehen.

Bei **km 122,4** führt rechts wieder ein Abzweig nach Azilal, geradeaus geht es weiter nach Beni-Mellal und Fès; Beginn des Mittleren Atlas.

Der Ort **Sidi Ben Taya** bzw. **Pont d'Jmahene** ist nach ca. 124 km erreicht. In dem Landwirtschaftsgebiet werden vorwiegend Oliven, Kartoffeln und Weizen angebaut.

Bei km 146,6 (immer ab Kreuzung Marrakesch-Nord gerechnet) liegt der Ort **Khemis des Oud Ayad.** Hier muss man rechts nach **Aït Attab** (25 km) einbiegen. Tee- und Imbissbuden stehen an der Kreuzung.

Kurz danach folgt eine V-Gabelung; rechts geht's lang, bergauf am Steinbruch vorbei. Euphorbienpolster (normalerweise sonst nur für die Küstenregionen im Süden typisch) und Gehöfte mit Ölbäumen sind zu sehen.

Nach 158 km wird eine kleine Passhöhe (980 m) passiert, dann geht es bergab – der Bewuchs ist wesentlich dichter. Ab und zu sieht man Bauerngehöfte und die typisch rote Erde dieser Region. Der große Taleinschnitt des **Oued El Abid** liegt vor uns.

Der Ort **Aït Attab** folgt bei **km 168,8.** Es finden sich eine Tankstelle und eine gut bestückte „Crémerie", in der Gebäck, Milch und Yoghurt verkauft werden. Markttag ist am Mittwoch. Ein Bus fährt um ca. 10 Uhr in Richtung zur Straße Marrakesch bzw. Beni Mellal.

Im Ort geht es geradeaus weiter. Die Straße windet sich bergauf ins Tal des Oued El Abid und folgt dann diesem nach Süden. Über eine Stahlbrücke geht es bei **km 177** über den **Oued Abid** (550 m). Die Straße schlängelt sich in vielen Serpentinen durch Thujen, Wacholder, Pinien- und Eichenwald bergauf am Canyonrand entlang; die Sicht auf die Oued-Abid-Schlucht und **Aït Attab** ist bei klarer Sicht überwältigend. Die landschaftlich sehr schöne Strecke führt durch kaum besiedeltes Gebiet und trifft bei knapp km 193 auf den Weiler **Ouzo** und darauffolgend ein Forsthaus. 1 km weiter spannt sich eine Stahlbrücke über den Fluss.

Kurz danach (km 194,6) ist das Dorf **Ouzoud** erreicht. Zurück: beschildert nach Aït Attab 26 km, links nach Azilal.

OUZOUD

Das kleine Dorf Ouzoud ist wegen der **höchsten und schönsten Wasserfälle Marokkos** bekannt geworden. Die Wasserfälle, die in mehreren Etagen über rote Felsen nach unten fallen (wenn sie nicht eine lange Trockenheit zu Rinnsalen schrumpfen lässt) und deren Ufer von Feigenbäumen und urwaldartigen Lianen bewachsen sind, haben sich zum Sommertreffpunkt campender Marokkaner und zahlreicher Touristen entwickelt. Das hat leider dazu geführt, dass sich im Sommer viel Müll entlang der Flussufer sammelt und das einstmals klare Wasser vom aufgewühlten Schlamm dreckig braun dahinfließt. Ruhig und zum Baden einladend ist es nur noch, wenn man ein ganzes Stück weit nach unten läuft, bis der Trubel aufhört, oder man die Monate Juli und August meidet. Einiges hat sich jedoch verbessert, denn die Zufahrt zum Fluss ist durch die Bauten am oberen Bereich des Wasserfalls nicht mehr möglich, so dass man sich nur noch per pedes nach unten aufmachen kann, was die Situation entschärft und das wilde Campen entlang der Flussufer eingeschränkt hat.

Am Hotel *Es Salam* führt links ein Weg zum Fuß der Wasserfälle (etwa 10 Min.). Rechts daran vorbei kann man an die Oberkante der Wasserfälle gelangen (schöner Blick) und auf einem steilen Weg auf der rechten Seite der Wasserfälle oder zwischen *Riad Ouzoud* und dem Campingplatz auf kleinen Pfaden links des Flusses nach unten. Unten kann man mit einer kleinen Fähre den Fluss überqueren und auf dem normalen Weg über die Treppen wieder nach oben gelangen (ca. 1 Std.).

In der Ortschaft und bei den Hotels bieten sich **Führer** an, die Ihnen die Umgebung zeigen, z. B. die „Mexican village",

Die Ouzoud-Wasserfälle

ein Lehmdorf, das an die Pueblodörfer in Mexiko erinnert und deshalb den Namen bekam. Zu den Wasserfällen brauchen Sie keinen Führer, vielleicht aber für das besagte Dorf oder zu weiteren Ausflugsmöglichkeiten zu den Grotten. Wer Trekking und Bergtouren in der reizvollen Umgebung machen will, sollte sich an den staatlich geprüften **Bergführer** und Besitzer des Campingplatzes, *Mustapha Jabbor* (s. Camping), wenden.

Nehmen Sie **Badesachen** mit, denn am Fuße der Wasserfälle kann man in der Vor- und Nachsaison (im Winter natürlich nicht) herrlich baden. Der Weg zu den Wasserfällen führt durch eine wunderschöne, dicht bewachsene Landschaft: Kakteen, zahlreiche Feigenbäume, Oleander und vieles mehr gedeiht. Wer Glück hat, kann bei den Fällen und in der Abid-Schlucht Makakken-Affen beobachten. Zum Fotografieren hat man am frühen Nachmittag das beste Licht, morgens und abends liegen die Wasserfälle im Schatten.

In Ouzoud kann man neben den Wasserfällen noch alte **Öl- und Mehlmühlen** in Betrieb besichtigen.

Hotels

◆**Riad Cascades d'Ouzoud**

Tel. 023 45 96 58, Fax 023 45 88 60, E-Mail: patricklamerie@yahoo.fr, www.ouzoud.com. Dieser sehr komfortable und geschmackvolle Riad in einem restaurierten zweistöckigen, original marokkanischen Lehmhaus mit Innenhof und Dachterrasse gehört dem Franzosen *Patrick Lamerie*. Die fünf Zimmer (alle mit Badezimmer im marokkanischem Stil: Fliesen, Tadlakt, Messingwaschbecken) sind sehr schön, und von der Dachterrasse hat man einen herrlichen Blick zum Wasserfall. Hier kann man einen beschaulichen Urlaub weitab vom Großstadttrubel machen. €€€€. Sehr gutes Menü für 120 DH, Frühstück 40 DH. Kinder bis 2 Jahre frei, bis 5 Jahre 50% Ermäßigung.

◆**La Franca**

Gehört einem Franzosen. Ebenfalls in einem renovierten Lehmhaus neben dem Es Salam-Hotel. Komfortabel, €€€€.

◆**Dar es Salam**

Chez Mohammed. Tel. 023 45 96 57. Einfache Zimmer ohne Dusche, €, laut Zuschrift eines Lesers inzwischen ziemlich heruntergekommen und dreckig. Gutes Essen. Innenhof mit Bäumen.

Camping

Inzwischen haben entlang der Straße einige sehr einfache (nicht empfehlenswerte) Plätze eröffnet, auf denen Camping möglich ist.

Direkt oberhalb der Wasserfälle liegt der nette ◆**Camping de la Rivière,** der von dem sehr freundlichen *Mustapha Jebbor* betrieben wird. Mustapha ist staatlich geprüfter Führer und Bergführer und spricht gut englisch. Sehr einfache Toiletten und Duschen, ebene Stellflächen mit etwas Schatten. 15 DH/Person, 10 DH/Auto, 10 DH Zelt. Durch den Hinterausgang kommt man direkt zu den oberen Badebecken.

Essen und Trinken

Direkt neben dem Campingplatz liegt ein kleines einfaches **Snackrestaurant** (nur Stühle und Tische draußen), das der Familie *Abassi* gehört. Es gibt dort gute und preiswerte kleine Gerichte, aber auch Brochettes, Tajine und Kefta.

Taxi/Sammeltaxi

Die Leute vom Campingplatz oder vom Hotel sind bei der Taxibeschaffung behilflich. Ouzoud wird von **Sammeltaxis** angefahren (bis Marrakesch ca. 65 DH, bis Azilal ca. 15 DH, bis Aït Attab ca. 10 DH). An der Kreuzung Marrakesch – Azilal (s. u.) hält morgens und nachmittags ein Bus nach Marrakesch.

---

17 km hinter Ouzoud (Gesamt-km 211) zweigt die Straße in die S 508 ein. Links geht es nach Azilal, zum Stausee *Bin el-Ouidane-Stausee* und nach *Beni Mellal,* rechts nach *Demnate* und *Marrakesch.* An der Kreuzung liegt das **Hotel Restaurant Azilal** mit Bar-Piscine.

Links weiter fährt man an einem Oliven- und Obstanbaugebiet entlang, danach geht es bergauf durch eine steinige Gegend mit Macchia, kleinen Steineichen und Wacholderbäumen. Danach folgt ein weitgehend landwirtschaftlich genutztes Gebiet, in dem kaum noch Bäume stehen. Die steinige Erde wird mit Weizen, Mandel- und Olivenbäumen bepflanzt, dazwischen liegen einige wenige Häuser. Ab und zu werden entlang der Straße auch Eukalyptusbäume angepflanzt. Bei km 231 ist Azilal erreicht.

AZILAL

Der 1400 m hoch gelegene Provinzort ist **Ausgangspunkt** nach *Aït Mohammed* und **zu Trekking- bzw. Mountainbiketouren in den Hohen Atlas:** auf den *Djabal Azourki*, 3690 m; zum *Lac d'Izourar;* nach *Aït Buguemezz*, zur Steinkathedrale („Cathédrale des Roches"); zum *Irhil M'Goun*, (4071 m) und ins *M'Goun-Tal* weiter bis *Kelaa M'gouna* zur Straße der Kasbahs. Aït Mohammed und das südliche *Tabannt* im *Aït-Bougoummez-Tal* sind das Zentrum der marokkanischen Bergsteigerschulen.

Besonders bekannt wurde die Stadt, bzw. die Region 1987, als man dort eines der größten erhaltenen **Dinosaurierskelette** der Welt fand. Das ca. 165 Mio. Jahre alte Skelett des *Atlasaurus Imelakai* wurde in einem Trockenflussbett nahe der Ortschaft Woudane gefunden. Die Ausgrabungsarbeiten dauerten Jahre, die über 500 kg schweren Knochen mussten mit dem Hubschrauber ausgeflogen werden. Jetzt ist das Skelett im Bergbaumuseum in Rabat (s. dort) zu besichtigen.

Azilal ist in den letzten Jahren enorm gewachsen. Es gibt viele neue Verwaltungsgebäude und einen kleinen Park.

Die Berberfrauen tragen in der Gegend von Azilal sehr schöne bunte, mit Pailletten verzierte Umhängetücher, die man auf dem **Suq am Mittwoch** kaufen kann.

PRAKTISCHE INFOS

Tel. Vorwahl: 023, PLZ 22000

Touristeninformation

◆ **Délégation Provencal de Tourisme**
Av. Mohammed V., Tel. 023 48 87 22, Fax 023 45 83 34. Auch Bergführervermittlung. Hier gibt es eine hervorragende Karte über die Region zu kaufen: Carte touristique Region Tadla-Azilal 1:250 000 bzw. eine weitere Carte touristique Azilal-Zaouia Ahancal 1:100 000 mit Trekking- und Mountainbikerouten. Die Karten kosten 200 DH pro Stück.

Klassifizierte Hotels

◆ **Hotel/Restaurant Assounfou****
Bd Hassan II. Tel. 023 45 92 20, Fax 023 45 84 42. 26-Zimmer-Hotel im Zentrum von Azilal. DZ (nicht immer sauber) mit Dusche, Sat-Fernsehen und Frühstück €€. Mit Terrassenrestaurant.

◆ **Hotel Souss****
Tel. 023 45 81 14. Im Zentrum an der Av. Hassan II. Einigermaßen sauberes Hotel am großen Platz rechter Hand der Hauptverkehrsstraße (von Marrakesch kommend).

◆ **Hotel/Restaurant Tanout****
Quartier Tanout, Tel. 023 45 87 78 und 023 48 82 81, an der Straße von Beni-Mellal kommend. Düstere Zimmer im Souterrain, €, von der Klassifizierung überbewertet.

Unklassifizierte Hotels

◆ **Oulad**
Im Zentrum; einfaches Hotel, ½€.

◆ **Dadès**
An der Hauptstraße aus Tannant kommend rechts, DZ ohne Frühstück ½€. Warme Etagendusche für 5 DH/p. P. extra.

Essen und Trinken

An der Av. Hassan II. liegen zahlreiche Cafés und Restaurants, alle verhältnismäig einfach. Zu empfehlen ist das Restaurant ◆ **Ibnou Ziad,** linker Hand an der Av. Hassan II., ca. 100 m vor dem Hauptplatz. Gute, preiswerte Tajine (um die 35–40 DH). Gut besucht von Einheimischen und Touristen. Im 1. Stock gibt es einige ruhigere Plätze abseits des Trubels unten.

Busverbindungen

Der Busbahnhof liegt nahe des Bd. Hassan II./Ibn Ziad im Zentrum.

- Busse **nach Beni-Mellal:**
  5x tägl., 1½ Std. Fahrzeit, 30 DH.
- nach **Casablanca:**
  4x tägl., 5 Std. Fahrzeit, 40 DH.
- Busse nach **Marrakesch** (Agadir) fahren 3x täglich, ca. 50 DH, 3–4 Std. Fahrzeit.

Minibusse nach **Agouti** (Aït Bougoummez-Tal) fahren 3x wöchentlich, ca. 1½–2 Std Fahrzeit.

Taxi/Sammeltaxi

Abfahrt der meisten Grand Taxis ab dem Busbahnhof. Die Sammeltaxis zu den Ouzoud-Wasserfällen (ca. 15 DH/Pers.) fahren jedoch meist auf dem Suq von einer Anhöhe ab (wenn man von Marrakesch kommt, auf der linken Seite der Hauptstraße) und nicht am normalen Taxi-/Busabfahrtsplatz.

Ein Sammeltaxi nach Marrakesch kostet ca. 65 DH pro Person, nach Beni-Mellal ca. 35 DH und nach Aït Mohammed ca. 25 DH.

Banken

Es gibt zwei Banken in Azilal im Zentrum an der Av. Hassan II.: die **Credit Agricole** und die **Banque populaire** (mit EC-Automat).

Sport

Trekking/Skifahren/Kayak

Azilal ist das **Bergsteigerzentrum Marokkos,** es gibt hier viele qualifizierte Führer, sowohl für Berg- oder Ski- als auch für Kayak- und Riverrafting-Touren. Führer kann man im über das Touristenbüro engagieren.

Sehr empfehlen kann ich ◆**Tamsilt Tours,** das dem geprüften Bergführer *Lahoucine Oulkadi* gehört (Handy 061 08 45 87, E-Mail: tamsilt@iam.net.ma, in Marrakesch unter Tel. 044 34 37 98). *Beatrice Buschor* aus der Schweiz und Lahoucine führen Trekking- und auch Geländewagentouren durch und gehen sehr auf die Wünsche der Gäste ein. Lahoucine spricht französisch, englisch, spanisch und lernt deutsch. Da er häufig mit Gruppen unterwegs ist, empfiehlt sich eine Anmeldung. Die Familie von Lahoucine führt auch eine sehr schöne *Gîte d'Etappe* in Agouti (s. dort).

Von einem Leser wurde der erfahrene Bergführer ◆**Mustapha Almazdi** sehr empfohlen. Er spricht französisch und englisch und organisiert individuelle Touren nach den Wünschen der Gruppe. Fragen Sie im Ort nach ihm. Vorherige Anmeldung erwünscht (Fax 023 45 89 37, mustalma@hotmail.com).

Empfohlen wurde auch der Bergführer ◆**Lahoucine Outezdot**, der im Ait Bougoummez-Tal (siehe B12) eine *Gîte d'Etappe* mit leckerer Küche und Familienanschluss betreibt. Er ist außerdem Autor des „Gîte d'Ait Ayoub", selbst Bergführer und vermittelt andere Führer, Tel. 067 256354, Fax 023 45 89 37. Vorherige Anmeldung sinnvoll.

Feste/Veranstaltungen

◆**Moussem Sidi Hmad ou Ameur**

Im Douar Aganane, Caidat Aït M'Hamed (Aït Mohammed); in der 1. Maiwoche.

Hinter Azilal führt die Straße in Richtung des Stausees Bin-el-Ouidane durch sehr steinige Gegend. Die Erde rund um die Seeregion leuchtet in dunklem Rot – welch ein Kontrast zum hellblauen Wasser des Sees! Bei km 257 (26 km nach Azilal) ist die Kaserne und das Dorf (Markttag ist Donnerstag) **Bin-el-Ouidane** und danach die Staumauer erreicht. Fotografieren ist verboten! Die **Straßengabelung** in Bin-el-Ouidane führt links nach *Afourér,* rechts entlang des Stausees nach *Ouaouizarth.*

★STAUSEE BIN-EL-OUIDANE

Der Stausee Bin-el-Ouidane, 1955 fertig gestellt, schließt die Schluchten des *Oued el Abid* ab, der zwischen der Hauptkette des *Mittleren Atlas* und dem parallelen Vorgebirge zum *Hohen Atlas,* dem *Dir,* verläuft. Der See liegt auf 1200 m Höhe zwischen Bergen und Wäldern. Die Ufer sind von Kakteen bewachsen, die im Frühjahr herrlich blühen. Auch Affenherden soll es beim Stausee geben.

Es befinden sich einige Ansiedlungen nahe des Sees, die Umgegend lädt zum **Wandern** ein. Das Seewasser dient zur Bewässerung der Ländereien und Obstplantagen um das Gebiet von Beni-Mellal.

Der See, bis vor kurzem der größte des Landes, kann nach dem Ausbau des Stausees *Idriss I.* bei Fès und dem Staudammprojekt von *Mjara,* das inzwischen fertig gestellt ist, nur noch den Titel des ältesten Stausees Marokkos für sich beanspruchen. Die Staumauer wird vom Militär bewacht – **hier ist Fotografieren verboten!** Das Verbot wird damit begründet, dass solche Objekte für das Land von immenser Bedeutung und der Stolz der ganzen Nation seien – und somit auch Ziel eines Anschlags sein können.

Am Stausee Bin-el-Ouidane

Über den See ans andere Ufer geht eine kleine **Fähre** (2 DH). Auf dieser Seite führt noch keine Straße entlang, trotzdem sind einige schöne Häuser dort entstanden.

Wer noch ein wenig mehr vom See sehen oder baden will, fährt rechts in Richtung *Ouaouizarth* längs des Stausees. Um den See gibt es einige **schöne Lagunen,** zu denen man mit halbwegs geländegängigen Fahrzeugen kommt; am Seeufer lässt sich **campen.** Die Seeufer sind allerdings leicht verschlammt; vielleicht sollte man die Hügel etwas oberhalb, wo es sogar einige nette Pinienwäldchen gibt, zur Übernachtung im Zelt vorziehen. Ab und zu kommen Bewohner der näheren Umgebung und wollen ihre Wunden verarzten lassen oder ein Pläuschchen halten.

In Serpentinen geht es bergauf durch schöne Gebirgslandschaft mit Steineichen, Wacholder, Stechpalmen und herrlichen Ausblicken auf den See.

Nach 15 km erscheint rechter Hand **Ouaouizarth** in schöner Lage etwas oberhalb des Stausees. Im Ort gibt es diverse Geschäfte, das einfache *Hotel-Restaurant Atlas* und eine Tankstelle. Ab hier kann man ebenfalls auf landschaftlich schöner Strecke nach Beni-Mellal fahren.

Von der Staumauer weiter in Richtung Afourer trifft man ungefähr bei km 260 (ohne die 15 km entlang des Sees) auf einen Abzweig zum **Hotel Auberge du Lac*** (€€€), Tel. 044 44 24 65. Das neben diversen Villen gelegene kleine Hotel mit 32 Zimmern und angeschlossenem Campingplatz liegt leider nicht am See, sondern einen halben Kilometer von der Staumauer entfernt, nahe am Fluss unterhalb des Sees. Da der Fluss direkt von der Staumauer in Richtung Tal fließt, ist er verhältnismäßig reißend und ziemlich kalt. Baden ist hier verboten, dafür kann man (mit Erlaubnis) angeln. Die Hotelanlage ist etwas vernachlässigt, aber ruhig und nett.

In Serpentinen geht es bergab. Herrliche Ausblicke öffnen sich auf die grüne, dicht bewaldete Landschaft entlang des El-Abid-Flusses und die große Ebene von Beni-Mellal.

Bei km 287,5 (27½ km vom Hotel entfernt) ist der große Ort **Afourer** erreicht. Unterkunft im **Hotel Chems Tazerkount,** Tel. 023 44 01 01/02 01, Fax 023 44 00 94, www.tazarkount.com, hotel@tazarkount.com. Das schöne 4-Sterne-Hotel (€€€€) mit Pool, Hammam und Fitnesscenter gehört der Österreicherin *Ilse Reddad,* die hier eine Wellnessfarm betreibt. Buchen kann man einen Aufenthalt, der auch mit Ausflügen ins Hinterland verbunden ist, schon in Deutschland. Es ist freilich ebenso möglich – freie Zimmer im Hotel vorausgesetzt –, sich vor Ort einzumieten. Vom Hotel aus werden Ausflüge nach Fès und Marrakesch, ferner Rafting- und Trekkingtouren organisiert.

Für weniger Finanzkräftige steht eine einfache **Jugendherberge** *(Maison de Jeunesse)* zur Verfügung.

Die Straße führt bergab in die Ebene von Beni-Mellal; das Panorama aus Feldern und Obstplantagen im Tal ist toll.

Nach ca. 295 km ist die Hauptstraße Marrakesch – Beni Mellal erreicht, rechts entlang sind es noch 19 km bis Beni-Mellal, das als Zucker- und Obstanbauzentrum nicht besonders sehenswert ist. Nach links besteht die Möglichkeit, nach Marrakesch (280 km) zurückzufahren, wobei sich auch der Weg ab Bin-el-Ouidane zurück bis zur Kreuzung nach Ouzoud und über Demnate und Imi-n-Ifri anbietet.

Von Azilal nach Demnate und Imi-n-Ifri

ÜBERBLICK

Busse fahren von Beni-Mellal oder Marrakesch nach *Azilal* bzw. *Demnate,* Sammeltaxis nach *Ouzoud und Imi-n-Ifri.* Der Ausflug kann gut mit den Ouzoud-Wasserfällen kombiniert werden, allerdings sollte dann überlegt werden, ob man noch die zusätzlichen Kilometer bis zum Bin-el-Ouidane-Stausee fährt. Kilometrierung und Beschreibung nachstehender Route beginnen ab der Kreuzung zu den Ouzoud-Wasserfällen.

ANFAHRTSBESCHREIBUNG

Fahren Sie von Azilal kommend an der Kreuzung zu den Ouzoud-Wasserfällen geradeaus bzw. von den Wasserfällen kommend nach links in Richtung *Tanannt* und *Marrakesch.* Hier kann man auch in den Bus nach Marrakesch zusteigen bzw. von Azilal kommend aussteigen und die 16 km zu den Wasserfällen trampen oder mit dem Sammeltaxi zurücklegen.

Die gute Straße führt nach 23 km (hinter der Kreuzung) zur kleinen Ortschaft **Tanannt,** halblinks bzw. geradeaus geht es weiter nach Demnate und zur Naturbrücke von Imi-n-Ifri, rechts nach *Bzou* und zur P 24.

Zweigen Sie bei km 40 links nach Demnate ab, geradeaus geht es nach Temalelt und Marrakesch.

Nach 45 km zum *Cercle de Demnate* rechts, geradeaus weiter, nach ca. 500 m links nach *Imi-n-Ifri,* rechts *Cercle de Demnate,* geradeaus *Zaouia Taglaout*.

50 km hinter der Kreuzung nach Ouzoud ist der hübsch zwischen Bergen, Ölbäumen, Pinien, Palmen und Mandarinenbäumen gelegene Ort Demnate erreicht.

DEMNATE

Sehenswert sind die alte Stadtmauer und der schöne Sonntagsmarkt. Zahlreiche Geschäfte, Cafés und die zwei sehr einfache **Hotels** *Imi-n-Ifri* und *D'Olives* (½€) entlang der Hauptstraße sorgen für Verpflegung und Unterkunft.

Von Demnate bestehen **Busverbindungen** nach Marrakesch (7x täglich, 30 DH, 2 Std. Fahrzeit), nach *Azilal* und *Beni Mellal* und weiter nach *Casa* (etwa 8x täglich, 40 DH).

Ende September wird in Demnate der *Moussem Sidi Ali Ben Hamdouch* gefeiert.

★IMI-N-IFRI

Von Demnate fahren Sie 1 km zurück zur Kreuzung und dann links nach Imi-n-Ifri. Am Haus der Forst- und Wasserverwaltung *(Eux et Fôret)* vorbei und durch Pinienwälder bergauf, ist nach 6 km bei Gesamtkm 56 Imi-n-Ifri erreicht.

Hier befindet sich eine Naturbrücke, **Pont Naturel** - der *Oued Lakhdar* hat sie geschaffen, als er sich unter der Erde und dem Stein durchgrub. Man kann von der Brücke zum Fluss in 15–20 Min. hinuntersteigen und unter der Brücke hindurch auf der anderen Seite mit etwas Kletterei nach oben gelangen (ca. 45 Min.). An den Steilhängen zur Brücke nisten in zahlreichen kleinen Höhlen und Nischen unzählige Vögel, im Fluss gibt es Wasserschildkröten.

An diesem Ort findet jedes Jahr am 15. Tag nach dem *Aid el Kebir* ein Moussem statt.

Die Brücke von Imi-n-Ifri ist Ausgangspunkt für zahlreiche Ausflüge und Wanderungen. Unter anderem kann man von hier zu Dinosaurierspuren (siehe unten) und Felszeichnungen vordringen. Eine inzwischen zur Teerstraße ausgebaute Strecke geht weiter ins *Tessaout-Tal* im Hohen Atlas und führt bis kurz vor Ouarzazate (auch als Trekkingtour über mehrere Tage möglich).

★DINOSAURIERABDRÜCKE

Gegenüber der *Auberge Imi-n-Ifri* zweigt eine kleine Teerstraße nach links von der Hauptstraße ab. Beachten Sie die Piste nicht, die nach 30 m wiederum nach links wegführt und fahren Sie geradeaus bzw. halbrechts weiter. Dicke Euphorbienpolster liegen linker Hand am Berghang. Die ehemals steinige Piste ist mittlerweile geteert und auch mit Pkw befahrbar.

Nach 4 km fährt man über einen kleinen Pass und dann bergab in einen Talkessel, von dem sich ein herrlicher Blick auf den Hohen Atlas und einige Dörfer bietet.

Bei **km 7** führt die Straße bei einem Steinabbruch (flache, rotbraune, schräge Platten) nach unten. Kurz vor zwei Dörfern auf einem Hügel befinden sich die Saurierabdrücke auf den 20x10 m großen, roten Steinplatten links von der Straße (von oben gut zu erkennen). **GPS-Position N 31°43,578′ W 06°54,502′**. Meist stehen die Dorfkinder schon auskunftsbereit auf den Platten. Es soll in ca. 4 km Entfernung (ca. 1 Std. Fußmarsch) noch weitere Abdrücke geben.

Gebirgsidylle südlich von Imi-n-Ifri

Die Dörfer werden von Lastwagen angefahren, so dass man ohne Auto evtl. von Lkws mitgenommen wird.

Nach 17 km Rückfahrt (über die Rundfahrtstrecke *Cercle de Demnate)* kommt man wieder zurück auf die Hauptstraße S 6206 Tanannt - Marrakesch (103 km); links weiter. Die Straße durchquert ein Landwirtschaftsgebiet mit Orangenplantagen, Kornfeldern und Ölbaumhainen. Bei km 146 ist die P 24 erreicht. Dann sind es noch 33 km bis Marrakesch.

Von Azilal ins Aït-Bougoummez-Tal

ÜBERBLICK

Die Strecke ist inzwischen bis *Tabant* geteert und mit Pkw befahrbar. Ab Azilal fahren Minibusse und Sammeltaxis. Hinter *Imelghas* ist die Piste nur noch für Geländewagen oder Mountainbikes befahrbar. Das *Aït-Bougoummez-Tal* ist Ausgangspunkt für das **Mgoun-Trekking,** eine der beliebtesten Trekkingrouten im Hohen Atlas, sowie weitere reizvolle Trekkingrouten. Ohne Vorbuchung kann man auch direkt ab Agouti oder Sidi Moussa, bzw. Tabant Führer für Touren anheuern.

ANFAHRTSBESCHREIBUNG

Biegen Sie in Azilal ca. 1 km nach dem Zentrum (von Marrakesch kommend) nach rechts ab. Nach 16 km stoßen Sie auf eine Gabelung mit einem Wegstein (GPS N 31°52,47′ W 06°29,25′), dessen Aufschrift schlecht leserlich ist. Links führt die Straße weiter nach **Aït Mhammed** (ca. 2 km). Rotbraune steinige Berghänge mit Steineichen und Wacholder säumen das fruchtbare, grüne Flusstal, in dem zahlreiche Schichtsteinkasbahs (bzw. Tighremts oder Irherm) die Ufer säumen. Die Region ist sehr ursprünglich, die Berber haben sich ihre Traditionen abseits des Touristentrubels bewahrt.

Von der **Passhöhe** nach 33 km bietet sich eine grandioser Blick nach unten. Einige Kilometer fährt man einen Sattel entlang bevor die Straße in Serpentinen und weiten Kurven bergab ins **Lakhdar-Tal** führt. Pinienwälder säumen das breite Flusstal mit seinen steil abfallenden Hängen. Die schönen Dörfer kleben oberhalb einer Schlucht, und wieder bieten sich großartige Ausblicke auf weitere Dörfer und das Tal. Mais wird auf den Lehmdächern getrocknet.

Hinter **Imi-n-Talat** (ca. km 62) biegt die Teerstraße langsam nach Osten in das **Aït-Bougoummez-Tal** (sprich Aït Bugmes) ein. Das Tal ist nach der dort lebenden Volksgruppe benannt (Aït = abstammend von) und wird auch **„Vallée des hereuses"** genannt – das Tal der Glücklichen. Der Fluss führt hier selbst in trockenen Jahren ausreichend Wasser, das Klima in 1800 m Höhe (im Winter liegt Schnee, im Sommer herrschen südeuropäische Temperaturen) ermöglicht gute Ernten, und es wachsen viele Obstbäume (v. a. Äpfel).

Wieder führt die Straße an einer Schlucht entlang, die Sicht auf das grüne Tal mit dem Bergbach und den Lehmhäusern an den Hängen ist großartig.

Bei km 64 erreicht die Straße den Fluss und einen kleinen Teich. 2 km weiter bei km 66 nach Azilal ist **Agouti** erreicht.

AGOUTI

Agouti liegt **auf 1800 m Höhe** und hat mit den Nachbarorten zusammen ca. 11 600 Einwohner. Das **Lehmdorf** ist an die Stromversorgung angeschlossen und es gibt eine Klimastation. Die Bewohner des Tales leben vorwiegend von der Landwirtschaft. Vor allem der Trekkingtourismus gewinnt zunehmend an Bedeutung. Viele französische Berggruppen, aber auch deutsche Trekkingreise-Veranstalter wie Summit-Club und Hauser Exkursionen besuchen regelmäßig dieses Gebiet. Das Tal ist **Ausgangspunkt für Trekkingtouren ins Mgoun-Tal** bzw. in die spektakuläre *M'Goun-Schlucht,* also einer Atlasüberquerung, die bei Kelâa M'gouna bzw. der Straße der Kasbahs endet. Die Tour dauert von Tabannt bis Kelâa M'gouna ca. 6–7 Tage. Sie erfordert eine sehr gute Kondition und Ausrüstung.

Im ganzen Aït-Bou Goumez-Tal gibt es zahlreiche **Gîtes d'Etappe,** einfache Unterkunftshütten (Gemeinschaftslager), die mittlerweile über Duschen und Toiletten verfügen (Übernachtung 35–50 DH). Besonders zu empfehlen ist die wirklich schöne und komfortable Gîte der Famlie *Oulkadi,* **Filou – La maison berbère** (mit angeschlossenem **Restaurant Chez Ismaïl).** Im Wesentlichen kümmern sich *Ismaïl* und *Said* um die Gäste, wenn *Lahoucine Oul-*

Von Marrakesch nach Amizmiz und Ouirgane

ÜBERBLICK

86 km, Asphalt, S 507 und S 6038

An der Straße nach Amizmiz trifft man auf drei schöne **Kasbahs:** mächtige Wohnburgen aus rotbraunen, dicken Lehmmauern mit vier hohen, zinnengekrönten Türmen an den Ecken, auf denen Störche ihre Nester gebaut haben.

Die Bäche in den Tälern sind von rosablühenden Oleanderbüschen und bewaldetem Bergland gesäumt. Walnuss-, Mandel-, Ölbäume und Feigen wachsen hier. Entlang des *Oued N'Fiss* führt die landschaftlich großartige Strecke bis zur Straße von Agadir/Taroudannt nach Asni (S501). Busse fahren ab Marrakesch.

ANFAHRTSBESCHREIBUNG

Man verlässt Marrakesch auf der Straße in Richtung Ouirgane und Asni und fährt nach 5 km geradeaus weiter. Die Straße nach *Asni (Tizi-n-Test)* bleibt links. An der Kreuzung liegt das schöne **Restaurant Ksar Rifia.**

Bei **km 32** führt eine Brücke über den *Oued N'Fiss.* Flussabwärts liegt der 7 km lange **Stausee Lalla Takerkoust,** der in erster Linie der Bewässerung der *Haouz-Ebene* dient. Eine Piste zweigt zum Stausee links von der Straße ab. Dort liegt das nette **Café Takerkoust,** mit einem hübsch angelegten Vorplatz und Blick auf Stausee und Hohen Atlas. Trotz der Schilder „Baden verboten" kommen am Wochenende zahlreiche Badegäste. Angeblich gilt das Badeverbot auch nur für Nichtschwimmer ... Einige Bereiche um den See wurden mit Pinien aufgeforstet, und es finden sich nette Picknick-, Camping- und Badeplätze in der Nähe des Seeufers.

Weiter entlang der Straße nach Amizmiz liegt bei **km 49** linker Hand der Straße die **Zawia** des **Sidi Boudhaj,** der hier sehr verehrt wird.

Bei **km 54** ist **Amizmiz** erreicht, ein reichlich schmutziger 3000-Einwohner-Ort auf etwa 1000 m Höhe, der durch den Fluss in zwei Teile getrennt wird. Dienstags ist großer Suq – einer der größten Märkte im Hohen Atlas und ganz und gar nicht touristisch. Hier werden hübsche Tongefäße verkauft. Die Gegend um Amizmiz ist sehr schön und wer sich hier aufhalten will findet 4 km außerhalb, nahe der Straße nach Marrakesch, eine nette Unterkunft sowie ein gutes **Restaurant Le Source bleu,** Tel. 044 45 45 95.

In Amizmiz folgt man dem Wegweiser *Ouirgane.* Die Straße führt durch kahle Hügellandschaft, die teilweise mit Eukalyptus aufgeforstet wurde und erreicht bei **km 60,5** das Dorf **Amghrass.** Man fährt an weiteren Weilern und kleinen Dörfern vorbei bis man bei **km 71,5** auf eine **betonierte Furt** durch den *Oued N'Fiss* stößt, auf der Ostseite etwas oberhalb liegt das Dorf *Aouzzer.* Die Straße führt kontinuierlich bergauf bis zur **Passhöhe** bei **km 79.** Dann geht es bergab durch ein schönes Bergland mit Aussicht auf das Oued-N'Fiss-Tal. Auf den Berghängen wachsen Ginster, Salbei, Lavendel, Absinth, Zistrosen, Thujen und Wacholder, die im Frühjahr herrlich blühen.

Weiter geht es bergab an einer Saline rechter Hand vorbei durch Olivenhaine und Felder. Bei **km 86** ist **Ouirgane** erreicht.

Von Marrakesch ins Ourika-Tal und nach Oukaïmeden

ÜBERBLICK

79 km, S 513

Sammeltaxis fahren bis *Setti-Fatima* oder *Oukaïmeden* und ein Bus ab *Marrakesch* (bis *Arhbalou),* dann weiter mit Taxi. Man kann den Ausflug auch über ein Reisebüro in Marrakesch buchen.

Die Straße führt durch das sehr schöne *Ourika-Tal* mit rauschenden Flüsschen, vielen Chalets, Restaurants und Hotels. Im Tal wachsen zahlreiche Früchte wie Erdbeeren, Kirschen, Pfirsiche, Feigen und Walnüsse. Man kann bis nach Setti Fatima fahren und findet am Ende des Ourika-Tales (ca. 30 Min. Fußmarsch) schöne Wasserfälle. Von dort sollte man zu Trekkingausflügen in das hier sehr grüne Bergland aufbrechen. Man kann für eine mehrtägige Tour Packmulis mieten und zum *Djabal-Yagour-Plateau* gehen, auf dem es interessante Felsgravuren gibt. Eine Beschreibung dazu findet man in der Broschüre *Gravure rupreste dans le Haut Atlas,* die über das Tourismusministerium oder in Buchhandlungen in Marrakesch erhältlich ist.

Das Ourika-Tal wurde im Sommer 1995 durch **Unwetter,** die über 1000 Menschenleben forderten, stark verwüstet. An der ganzen Strecke sind deshalb Warnschilder angebracht, wegen Überschwemmungsgefahr nicht zu parken. Wer sich für die Situation der Menschen in dieser Region interessiert und helfen will, kann sich mit der *Association de Bienfaisance et de Developpment du Bassin d'Ourika* in Verbindung setzen: A.B.D.B.O, B.P. 16, CP 42350 Ourika, Tel./Fax 044 48 46 90. Die Vereinigung hilft Frauen in Not, führt Alphabetisierungsmaßnahmen durch, hilft bei der Gewinnung von sauberem Wasser, dem Aufbau von Läden u.v.m.

ANFAHRTSBESCHREIBUNG

Ab Marrakesch geht es auf guter Teerstraße mit herrlichem Blick auf den im Frühjahr verschneiten Atlas entlang der Stadtmauer in Richtung Süden (Richtung Asni, Ourikatal).

Bei km 25 ist der Abzweig rechts nach **Tahanaoute** zu ignorieren, 500 m weiter geht es links nach **Aït Ourika** bzw. **Dar-Caïd-Ouriki.** Die Straße führt nun bergauf, am herrlich grünen Ourika-Tal entlang; viele Obstbäume wachsen hier, im Frühjahr eine Augenweide. Rote Berghänge begrenzen die Straße. Weiter oben hat man einen herrlichen Ausblick auf das grüne Tal unterhalb.

Linker Hand der Straße liegt etwa bei km 31,5 der kleine ◆**Campingplatz Ourika Amassine** inmitten eines wunderschön angelegten Gartens. Man kann über eine Treppe zum Ourikafluss gelangen und hier oder im Garten zelten oder mit dem Auto auf einem Stellplatz vor dem Garten. Sehr einfache, nicht immer saubere sanitäre Anlagen.

Bei km 35 ist **Asguine** erreicht, ein kleiner Ort mit Läden und dem gepflegten und hübschen ◆**Hotel Ourika***,** Frühstück 40 DH, €€€€B.

37 km hinter Marrakesch führt die Straße links nach *Ourika* und ins *Ourika-Tal,* 300 m weiter liegt das nicht empfehlenswerte *Hotel Nouza.* Rechts geht es nach *Oukaïmeden* (s. spätere Beschreibung). Wir fahren links weiter. Bei km 38 ist **Arhbalou** erreicht. Es geht geradeaus ins *Ourika-Tal* (24 km). Übernachtung im ◆**Hotel Arhbalou**.**

Bei km 40 liegt rechts ◆**La Kasbah de L'Ourika,** ein riesiges Luxus-Restaurant im Palast-(Kasbah-)Stil.

Nur 2 km weiter folgt das ebenfalls teure Palast-Restaurant ◆**Le Lion de l'Ourika** und nach einem weiteren Kilometer die schön gelegene, hübsche ◆**Auberge Ramuntcho****, die sich als Übernachtungsquartier empfiehlt.

Der kleine Ort **Traghf** bzw. **Ighref** folgt bei **km 44.** Zum alten Ortsteil gelangt man nur über eine Treppe. Die Moschee des Ortes steht direkt am Rande einer tiefen Schlucht. Hier und im nachfolgenden Ort **Oulmès** bieten sich gute Wandermöglichkeiten. Dort findet man ebenfalls viele Cafés und kleine Restaurants. Das ◆**Hotel Raga**, das ◆**Restaurant/Hotel Borj** und ◆**Achkid** haben einfache Zimmer (½€), letzteres auch ein Appartement mit Dachterrasse (€, handeln).

Weiter geht es entlang des Flusstals durch schöne Gegend. Bei km 48 durchfährt man **Tazitounte** und 2 km darauf folgt **Imi-n-Taddart**.

52 km nach Marrakesch liegt **Assgaouar** mit dem ◆**Café-Auberge Tafoukt** bzw. **Assgaour** (Zimmer mit Dusche). Darauf folgt direkt anschließend der Ort **Setti-Fatima.** Bei Hochwasser muss man häufig das Auto hier stehen lassen, wenn Teile der Straße überschwemmt sind. Außer dem

Im Oued N'Fiss-Tal

Hochwasser im Ourika-Tal

sehr einfachen ◆**Hotel Café-Atlas** (ohne Duschen, ½€) gibt es noch Cafés und das *Restaurant-Bar Kasbah*.

Ganz am Ende des Tales liegt das ◆**Hotel Perle d'Ourika – Chez Kader** (E-Mail: laperledourika@hotmail.com, Tel. 044 44 67 24, Handy 061 56 72 39). Nettes, angenehmes Hotel, DZ € (warme Duschen), HP €€A (2 Personen). Der algerische Besitzer kocht sehr gut. Auch die Aussicht von hier auf das Tal ist großartig.

Es bestehen sehr schöne Wandermöglichkeiten und die eingangs erwähnte Gelegenheit, zu den Wasserfällen zu wandern; zahlreiche Führer bieten sich dafür an.

Der erste Wasserfall ist sehr leicht zu finden: Die Straße bis zum Ende fahren, dort am großen Parkplatz parken (5 DH). Rechts hinter dem Parkplatz ist der eigentliche Ort Setti-Fatima mit einigen kleinen Restaurants. Gegenüber diesen Restaurants links über einen kleinen Holzsteg (Brücke existiert nicht mehr) auf die andere Seite des Flusses gehen, an einem kleinen Café vorbei und dann immer bergauf dem Bachlauf und den vielen Touristen nach. Diese etwa halbstündige Wanderung führt durch ein sehr grünes Tal mit Nussbäumen und großen Felsen bergauf (etwas Kraxelei ist angesagt), bis man unterhalb des Wasserfalles zu einem kleinen Café kommt. Trotz der vielen Touristen im Sommer ein schöner Weg. Wer noch gut zu Fuß ist, kann von hier noch weiter nach oben in die Berge wandern. Gutes Schuhwerk ist angebracht. Im Winter ist der Weg ohne Hilfe nicht ganz leicht zu finden, und sollte nur bei trockenem Wetter ohne Schnee begangen werden. Die Bevölkerung ist leider nicht mehr so zurückhaltend wie früher, es gibt einige aufdringliche „Führer".

Zurück, bis 1 km hinter Arhbalou, ist es ab der Kreuzung möglich, weiter nach Oukaïmeden zu fahren.

OUKAÏMEDEN

Die Straße führt 29 km in steilen Serpentinen durch Buschwald und schroffe Berglandschaft nach Oukaïmeden in 2650 m Höhe. Am Ortsanfang stößt man auf einen kleinen Stausee, an dem das mittlerweile fertig gestellte Hotel Kenzi Louka steht. Hier fühlt man sich eher ins schottische Hochland versetzt als nach Marokko. Im Vergleich zu der Hitze in Marrakesch ist es angenehm kühl, die Berge sind meist in Wolken gehüllt, so dass man in dieser luftigen Höhe schon einen Pullover gebrauchen kann. Über 2000 m Höhe wächst noch Ginster, ansonsten findet man nur noch wenig Vegetation: Büschel, Kissen und Polster eines niedrigen holzigen Strauches. Wenn man ab dem Stausee die Sperre zum **Skigebiet** passieren will, muss man 5 DH (im Winter 10 DH) bezahlen.

Der Sessellift zum **Djabal Oukaïmeden** (3265 m) wurde wegen Altersschwäche geschlossen, ein neuer Lift soll errichtet werden. Ein Zweiersessellift und mehrere Schleppliftanlagen erschließen das weitere Gebiet. Drei Skipisten führen hinunter nach Oukaïmeden. Im Ort und auf der Bergstation gibt es einen Skiverleih (ca. 120 DH für die komplette Ausrüstung).

In und bei Oukaïmeden gibt es einige **Felsgravuren,** kaum mehr erkennbare gleich hinter dem *Restaurant/Auberge „Chez Juju"*, andere beim Skilift, bei der Schutzhütte des *Club Alpin* und beim *Maison de la Jeunesse et de Sports.*

Den Ort verunstalten einige hässliche Betonbauten, es gibt ein Sportzentrum, Restaurants, drei Hotels und Polizei. Im Sommer wirkt er wie verlassen.

Am Ortsende von *Oukaïmeden* an einer Kreuzung kann man in Richtung Radio/TV-Station (auf dem Berg) rechts (links geht's zu den Liften) auf einer kurzen Piste (bei späterem Abzweig wieder rechts) zu einer Aussichtsplattform „Table d'orientation" (die zerstört wurde), 2740 m, fahren. Hier hat man einen großartigen Rundblick auf den *Tizi-n-Test, Djabal Toubkal* und *Marrakesch*. Mit etwas Glück kann man einen der seltenen Lämmergeier beobachten, die hier oben zu Hause sind.

Unterkunft

◆**Kenzi Louka******

Tel. 044 31 90 80, Fax 044 31 90 88. Das große Hotel gleich am Ortsanfang links (beim See) verfügt über 100 komfortable Zimmer mit Panoramaterrassen. EZ/DZ €€€€, Suite €€€€€B. Sehr gutes Essen (auf Vorbestellung) 140 DH. Das Schwimmbad wird erst bei einer gewissen Auslastung geheizt. Ski-, Kletter-, Trekkingtouren, auch Paragliding kann vom Hotel aus organisiert und Mountainbikes gemietet werden.

◆**Chalet d'Oukaimeden****

Im Schweizer Chaletstil erbaut. €€€A/DZ/HP. Unterkunftshaus des **Club Alpin Français.** Tel. 044 31 90 20 und 044 31 90 36, ouka@cafmaroc.co.ma, www.cafmaroc.co.ma. Skiclubhüttenreservierung s. a. Exkurs „Bergsteigen im Djabal-Toubkal-Gebiet".

Der ◆**Campingplatz** ist so gut wie nie besucht, da es hier meist sehr kalt ist.

Nach Asni, Ouirgane und über den Tizi-n-Test nach Taroudannt

ÜBERBLICK

229 km, bis Asni 48 km, S 501

Mit dem Bus oder Sammeltaxi in Marrakesch vom Bab er Robb nach Asni. Von dort fahren Busse nach Ouled Berhil. Viele Busse fahren nur bis Asni, es gibt aber auch einen Privatbus, der die Strecke nach Taroudannt fährt. Bis Mulay Brahim kostet ein Grand Taxi komplett ca. 600 DH (5 Fahrgäste).

Wintersperre bei frischem Schneefall. Diese landschaftlich sehr schöne Strecke ist etwas abenteuerlicher als die Passstrecke über den *Tizi-n-Tichka*. Zwischen Asni und Ouled Berhil gibt es keine Tankstelle.

Manchen Reisenden ist es wohler, die Strecke in umgekehrter Richtung zu fahren, da man dann auf der komplizierteren und gewundeneren Südseite die Felswand und nicht den ungesicherten Abhang neben sich hat, v. a. bei schlechtem Wetter, oder wenn ein größeres Fahrzeug entgegenkommt. Bei Nebel ist diese Strecke ausgesprochen unangenehm zu fahren, es lohnt sich, auf besseres Wetter zu warten. **Für Wohnanhänger und überdimensionale Wohnmobile ist sie nicht geeignet.** Auch für **bergungewohnte oder nicht schwindelfreie Fahrer** kann die Strecke zwischen der Passhöhe und den folgenden 15 km zum Alptraum werden.

Das Gebiet zwischen Mulay Brahim und Ouirgane war 1995 von einem schweren Erdrutsch betroffen. Zahlreiche Häuser wurden weggerissen und 1000 Menschen starben. Bis Moulay Brahim, Asni und Ouirgane ist die Fahrt jedoch kein Problem. Die Orte mit ihren Nuss- und Obstbäumen, den sprudelnden Bächen und dem milden Klima sind im Sommer beliebte Ausflugsziele der Einheimischen.

ANFAHRTSBESCHREIBUNG

Ab Marrakesch beachten Sie die Beschilderung nach Taroudannt, bei km 5 geht es links in Richtung **Taroudannt** weiter, rechts nach **Amizmiz.**

Bei km 30 ignorieren Sie den Abzweig links ins Ourika-Tal. Bei km 31 liegen vor dem Ort **Tahanaoute** eine Tankstelle und ein Marktgelände, wo dienstags ein **schöner Markt** stattfindet. Trotz vieler Touristen aus Marrakesch ist dieser Wochen-Suq noch recht ursprünglich. Es werden sowohl Waren des täglichen Gebrauchs angeboten als auch Dienstleistungen erbracht. So sieht man sowohl Schreiber, die für die im Gebirge zahlreichen Analphabeten Briefe aufsetzen, als auch Friseure, die den Berbern den Bart stutzen, die Haare schneiden oder gar den Schädel kahl scheren, weil das gegen Ungeziefer hilft.

Nach 1 km ist der große Ort Tahanaoute, nach 34 km das Dorf **Saour** erreicht; viele Souvenirläden verteilen sich links und rechts der Straße.

Nach 3 km führt eine Brücke über den **Asif Reraïa**; rote Lehmhäuser, die sich kaum von der Umgebung abheben, ziehen sich entlang der Hänge.

Auf der weiteren Strecke trifft man auf diverse Cafés am Straßenrand. Bei **km 47** besteht die Möglichkeit, zur **Zawia** und nach **Moulay Brahim** abzuzweigen (4 km).

MOULAY BRAHIM

Das schöne Bergdorf, nach dem „Heiligen" *Moulay Brahim* benannt, liegt auf 1200 m Höhe. Einige Tage nach Mauladbeginn findet hier ein wichtiger und sehenswerter **Mausim** (Moussem) statt. Das Dorf unterteilt sich in ein **Wohn- und** ein **Marktviertel.** Letzteres erreicht man, wenn man am Ortseingang bei den Restaurants oder dem *Hotel Haute Roches* parkt und linker Hand die Treppen hinaufsteigt. Hier sind Frauen damit beschäftigt, ihren Geschlechtsgenossinnen die Hände mit **Henna** zu verzieren – das bringt „Baraka", den göttlichen Segen. Die Tradition der Hennabemalung wird vor allem in Wallfahrtsorten gepflegt und ist auch bei Hochzeiten üblich. Touristinnen können sich ebenfalls schmücken lassen (einfache Bemalung für ca. 30 DH); s. a. Exkurs nebenan.

Der Ort wirkt von der Straße aus etwas schmuddelig, aber er ist als typischer kleiner Wallfahrtsort mit Führung (s. u.) sehr sehenswert. Der **Suqbereich** zieht sich zur **Zawia** hin, und je näher man dem Heiligtum (an dem grünen Dach zu erkennen) kommt, desto mehr Devotionalien werden verkauft. Moulay Brahim ist in erster Linie Wallfahrtsziel für Frauen mit unerfülltem Kinderwunsch.

Vom Marktbereich gelangt man zum **Wohnbereich.** Dazwischen kann man noch die heiligen Quellen besichtigen und im Wohnbereich sehr schöne Einblicke in das Leben einer ländlichen Gemeinde gewinnen, sei es durch einen Blick in die Bäckerei oder auf traditionelle Haushammams. Sie sind aus Ruten geflochten und mit Plastik verkleidet. Man sitzt darin im Dampfbad, darunter wird Wasser über einem Holzkohlebecken erwärmt. Diese Urform des Hammams wurde angeblich geschaffen, damit die Frauen nicht in ein öffentliches Bad gehen müssen, denn es heißt, dass noch einigen Frauen des Ortes das Verlassen des Hauses verwehrt wird.

Ein guter und sehr netter Führer ist *Mohammed Boussalem,* Mulay Brahim Nr. 94 (ca. 60 DH). Beim Ort beginnen die **Schluchten des Mulay Brahim** mit dem *Oued Mulay Brahim.*

Übernachten kann man im ziemlich heruntergekommenen ◆**Hotel Haut Roches** (€, Essen o.k., herrlicher Blick von der Terrasse in die Schlucht) oder im ebenfalls einfachen ◆**Star Hotel** etwas oberhalb (€€B inkl. Frühstück). Es gibt noch weite-

HENNA – URALTE KULTURPFLANZE UND SEGENSBRINGER

von Jamila Guntermann

Der Name „Henna" soll aus dem Persischen stammen und bezieht sich auf den Hennastrauch (lat.: lawsonia inermis). Dieser ist beheimatet in Nord- und Ostafrika, in Vorder- und Ostasien sowie in Australien. Die Blätter liefern einen rotbräunlichen Farbstoff, und die Blüten werden zu einem wohlriechenden Parfümöl verarbeitet. Die Wurzel gibt zusätzlich roten Farbstoff für fettende Öle ab.

Bekannt war Henna bereits zur altägyptischen Zeit. Bei den alten Römern wurde es zu kosmetischen Zwecken verwendet.

Bei den islamischen Völkern gilt Henna noch heute als Überträger von „Baraka" (göttlicher Segen) und wird von einer „Neqqacha/Hennaya" (Henna-Zeremonienmeisterin) bei Hochzeitsfeierlichkeiten o. Ä. in stundenlanger Arbeit auf die Hände und Füße der Braut mit einem zarten Spitzenmuster aufgetragen. Diese kunstvollen Körperbemalungen färben sich später von grün zu rot. Zu den Füßen der Braut, traditionsgemäß in Grün und Weiß gekleidet, steht ein großes Messingtablett mit den vorgeschriebenen Schalen voller Henna, getrockneter Rosenknospen und Nelken sowie den Zuckerhüten (Symbole der Reinheit), Eiern (Symbole der Fruchtbarkeit) und den drei kleinen Tellern mit Dufthölzern oder Gewürzen, die verbrannt werden und einen intensiven Geruch verbreiten, der die bösen Geister von der Braut fernhalten soll. Den orientalischen Männern und Kindern werden des öfteren dabei die Handinnenflächen leicht mit Henna betupft.

Hauptanwendungsgebiet von Henna ist jedoch die Verwendung als kosmetisches Mittel, hauptsächlich zur Haarfärbung, wobei die nassen Haare mit Henna (eine Paste, zu einem grünlichen Schlamm zusammengerührt) bestrichen werden. Nachdem die Paste eingezogen und wieder ausgewaschen ist, ist die rötliche Färbung der Haare erkennbar.

Einige Orientalen benutzen Henna als durchblutungsanregendes Heil- und Schönheitsmittel für die Fußsohlen. Henna wird außerdem noch verwandt zur Färbung von Leder und Textilien sowie für Cremes und Lotionen.

re sehr einfache Hotels, die aber nicht mal ein Waschbecken im Zimmer haben.

Folgt man der Straße weiter, so gelangt man auf das Plateau (fantastische Aussicht) weiter nach Aguergou (ca. 10 km) und nach weiteren 5 km zur **Kasbah Tiferouine,** einem beliebten Ausflugsziel, wo sich ein hübsches Grill-Restaurant findet.

Hinter Moulay Brahim schlängelt sich die Straße hinauf ins Bergland. Der Boden ist bewachsen mit Oleander, Thuja, Kiefern und Steineichen. Nach 48 km ist Asni erreicht.

ASNI

Asni ist der **größte Ort im Asif Reraïa-Tal** und stetig im Wachsen begriffen. Neben zahlreichen Neubauten, einem Marktplatz und vielen Geschäften gibt es eine Kasbah. Viele wohlhabende Einwohner Marrakeschs haben sich im Ort ihre Sommerhäuschen gebaut.

Von Asni aus kann man Wanderungen in den Hohen Atlas unternehmen. Der Ort ist ebenso Ausgangspunkt für eine *Djabal Toubkal*-Besteigung (s. Exkurs weiter unten) und das Zentrum der Mineralienverkäufer des Hohen Atlas. Überall entlang der Straße zum *Tizi-n-Test* stehen sie und bieten ihre echte oder auch gefälschte Ware feil.

PRAKTISCHE INFOS

Tel. Vorwahl: 044, PLZ 42 150

Unterkunft

- **Grand Hotel du Toubkal*****
- Eine **Jugendherberge** befindet sich hinter dem *Hotel Toubkal*, hier kann man auch campen (25 DH pro Person).

Blick auf Moulay Brahim

Verkehrsverbindungen

◆**Sammeltaxis** bis *Imlil* für ca. 10 DH. Taxi nach Marrakesch (komplett für 4–5 Personen) ca. 500–600 DH, Bus/Sammeltaxi ca. 15 DH. ◆**Bus** nach Ouled Berhil 2x tägl., 40 DH.

Ausflüge

Lohnenswert ist ein Abstecher nach **Imlil** (Straße inzwischen vollständig geteert). Über dem Ort thront eine Kasbah (ca. 20 Minuten Aufstieg), die jetzt als Restaurant und Hotel ◆**Kasbah du Toubkal** (7 Zimmer) von den Engländern *Catherine* und *Mike* betrieben wird. 10% der Einkünfte kommen einer *Association* zu Gute, die sich für Hilfsprojekte engagiert. Ausflüge zur Kasbah sind auch ab Marrakesch buchbar (kasbah@discover.ltd.uk, www.kasbahdutoubkal.com, Tel. 044 48 56 11, Fax 044 48 56 36). Es gibt auch einen Konferenzsaal und einen Berbersalon. Die Zimmer sind sehr schön, haben aber auch ihren Preis (inkl. Frühstück €€€€A). Der Salon kann komplett (max. 8 Personen, Matratzenlager) gemietet werden.

Weitere Unterkünfte im mittleren Preissegment (€) sind das ◆**Hotel Etoile Toubkal,** im Zentrum des Ortes und die ◆**Auberge Chez Jean Pierre,** die einem Franzosen gehört. Außerdem gibt es das einfache, saubere ◆**Hotel Aksoual,** ½€, und das saubere ◆**Hotel El Aine,** ½€, sowie Privatunterkünfte z.B. bei dem pensionierten Bergführer ◆**Brahim Azdour.** Er wohnt in einem Steinhaus oberhalb Imlils, wo es Gästezimmer gibt (½€). Das Essen ist sehr gut (Frühstück 30 DH, das Abendessen für 40 DH reicht für zwei). Sein Bruder ◆**Hassan Ben Mohamed Azdour** (Tel. 044 48 56 66), der die Unterkunft betreibt, ist geprüfter Bergführer und wurde von einem Leser als sehr freundlich und hilfsbereit gelobt. Überflüssiges Gepäck kann im Gästehaus zwischengelagert werden. Ein empfehlenswertes kleines Hotel ist die ◆**Auberge Lepiney,** bouredda@hotmail.com, Tel. 068 67 35 84. Sie liegt etwa 20 Min. Fußmarsch an der Piste Richtung *Lepiney*, hat sehr saubere Zimmer mit 2 bis 4 Betten, sehr saubere gemeinschaftliche Sanitäranlagen und eine Dachterrasse mit einem atemberaubenden Blick. Der Besitzer ist sehr nett. Gutes Preis-Leistungsverhältnis (€ pro Pers. mit HP). Weitere Unterkunftsmöglichkeiten bestehen in **Aroumd.** Gutes Essen gibt es im ◆**Restaurant le Soleil.** In Imlil kann man auch Maultiere mieten.

Von Imlil aus beginnt der Aufstieg auf den *Djabal Toubkal* mit 4165 m (vgl. Exkurs). Führer über die A.N.G.A.M (die Vereinigung marokkanischer Bergführer) oder ◆**Slimane Baadoud,** der von hier stammt (E-Mail: baadoud@hotmail.com, Mobil 061 24 16 43). Er betreibt auch ein **Gästehaus** (½€, mit sieben Zimmern, heißen Duschen und schöner Terrasse) mit Toubkal-Blick in Imlil, das ca. 100 m hinter der Schule liegt. Unter www.marokkotrekking.de findet man Details und Fotos zum Haus. 40 DH p. P. Auch Bergausrüstung und Karten kann man dort leihen bzw. einen Führer anheuern. Als Führer ebenfalls zuverlässig ist ◆**Mohammed Id Belaid** (gegenüber *Café Lac Ifni)*, in dessen Haus man übernachten kann. Weitere Führer vermittelt das *Bureau des accompagnateurs* (Führerbüro) in Asni, Marrakesch oder in Imlil.

Im Gebiet des *Djabal-Toubkal-Nationalparks* gibt es mehrere Schutzhütten.

Bei **km 50** hinter Marrakesch zweigt links die Straße nach **Imlil** ab, Ausgangspunkt der Toubkalbesteigungen. Siehe Ausflüge Asni und entsprechenden Exkurs. Bald weicht der Wald Getreidefeldern. Nach 56 km zweigt rechts eine 2 km lange Piste zum ◆**Hotel/Camping/Restaurant Adam** ab, eine sehr schön gelegene Herberge mit weitem Blick übers Tal. Angenehme, saubere Zimmer (€€), gutes Essen.

Bei **km 58** erreichen wir den beliebten Ausflugsort **Ouirgane,** ein Abzweig führt rechts nach *Amizmiz.*

Nahe des Ortszentrums hat die ◆**Auberge Chez Momo** aufgemacht (Tel. 044 48 57 04, Fax 048 57 27). Das Hotel nennt sich *Gîte d'Etappe,* was aber reichlich untertrieben ist, denn die geschmackvollen Zimmer sind kleine Suiten mit Salon und Kamin, einer zusätzlichen Schlafcouch und Badezimmer (€€€ mit gutem Frühstück). Es gibt in der Anlage mitten im Olivenhain auch einen Pool.

3½ km hinter dem Ortszentrum von Ouirgane (km 60,5) folgt das ◆**Hotel Residence de la Roseraie****,** Tel. 00212/

BERGSTEIGEN IM DJABAL-TOUBKAL-GEBIET

Imlil ist Ausgangspunkt für die Besteigung des Djabal Toubkal und viele weitere Bergtouren im Hohen Atlas, zu erreichen von Marrakesch über Asni. In Imlil (vgl. Asni/Ausflüge) gibt es einen Lebensmittelladen, einen bewachten Parkplatz, mehrere Herbergen und eine Bergsteigerhütte des Club Alpin Français. Es empfiehlt sich, hier oder in Aroumd (s. u.) zu übernachten, damit man den ganzen Tag Zeit hat für den langen Marsch zur Toubkal-Hütte. Man kann hier auch Mulis für den Gepäcktransport anmieten (max. 85 DH) oder Bergführer anheuern (200 DH plus Trinkgeld), sollte sich aber nur einem ausgebildeten Bergführer mit Diplom anvertrauen (Ausweis zeigen lassen).

Für die ***Besteigung des Toubkal*** *rechnet man* ***1½ Tage.*** *Für eine Rundtour über mehrere Gipfel sind fünf Tage zu veranschlagen. Der Aufstieg zum Gipfel beansprucht ca. 8 Std. ab Aroumd: etwa 5 Std. bis zur Toubkal- (ex Neltner-) Hütte auf 3207 m, und von dort noch 3 Std. zum Gipfel, für konditionell gute Bergsteiger ist das auch an einem Tag machbar. Die Tour ist aber generell nur für geübte Geher zu empfehlen. Eine Regenjacke, dickere Kleidung und Schlafsack sowie diverse Verpflegung nicht vergessen!*

Die ***Toubkal-Hütte*** *ist die ideale* ***Zwischenstation*** *für die Besteigung des Djabal Toubkal und viele weitere Gipfel rund ums Mizane-Tal. Sie bietet eine Kochgelegenheit für mitgebrachte Verpflegung. Mineralwasser, Tee und eine warme Mahlzeit (z. B. Couscous, Tajine) sind beim Hüttenwirt erhältlich. Wer selbst kochen will, kann dies auf dem vorhandenen Gaskocher. Die Hütte hat eine Dusche und der Hüttenwirt ist per Handy erreichbar. Eine Übernachtung kostet 40 oder 60 DH mit Ausweis (Mitglieder eines Alpenvereins oder des Jugendherbergsverbands, Pfadfinder) und 80 DH ohne Ermäßigung. Die Toubkal-Hütte ist nicht das ganze Jahr über vom Hüttenwirt besetzt, im Winter ist aber ein Wächter dort.*

In Imlil kann man u. a. im ***Café Lac Ifni*** *von Ait-Talib Brahim preiswert übernachten (weitere Unterkünfte siehe Asni/Ausflüge/Imlil). Campen ist ebenfalls möglich, außerdem kann man dort einen Führer anheuern. Das Café liegt direkt neben der Piste, die von Imlil talaufwärts führt. Es handelt sich um ein zweistöckiges Steinhaus vis-à-vis des Dorfes, dort gelegen, wo das Talbecken von einer Brücke überquert wird. Auf der gegenüberliegenden Flussseite wohnt der Bergführer Id Belaid Mohammed, der auch Zimmer vermietet.*

Vom Parkplatz in Imlil (ca. 300 m nach dem Marktplatz rechts), geht man auf dem gut ausgebauten Fahrweg immer der Markierung folgend talaufwärts, bis das Talbecken ungefähr beim Terrassendorf ***Aroumd*** *(manchmal auch Aremd oder Armed geschrieben) breiter wird.*

Am Ende der ***5 km langen Piste*** *erreicht man auch mit dem Auto einen Parkplatz und den* ***Campingplatz*** *sowie die* ***Auberge*** *unter Walnussbäumen von Omar Le Rouge bzw. mit richtigem Namen* ***Omar Id Mansour.*** *Seine Frau kocht auf Anfrage. Es gibt saubere Zimmer mit Abendessen und Frühstück. Unmittelbar dahinter liegt das kleine* ***Hotel*** *von* ***Lahcen Id Blaid*** *eröffnet. Diese Strecke verkürzt den Anstieg und man kann sich in Ruhe das schöne Terrassendorf anschauen.*

Der Aufstieg

Von Aroumd geht es quer nach links über den Bach. Zur Zeit der Schneeschmelze oder nach Regenfällen kann dieser recht reißend sein. Wer die Querung durchs Wasser umgehen will, sollte zwischen Imlil und Aroumd am ***Café Lac Ifni*** *links abbiegen und zum Bach hinunter bis zu einer kleinen Brücke steigen und über diese den Fluss queren, dann den Bach entlang wieder bergauf marschieren. Danach schlängelt sich der Weg den linken Hang hinauf.*

Nun immer links über dem Tal bis zum Bergdorf ***S'Chamharouch,*** *wo der Bach abermals überquert wird. Am rechten Ufer über Serpentinen hinauf, bis sich das* ***Mizane-Tal*** *verflacht und die Toubkal-Hütte sichtbar wird.*

Der Gipfelaufstieg *führt durch den südlichen* ***Irhzer n'Ikhibi,*** *das Tal, das etwa bei der Toubkal-Hütte ins Haupt-(Mizane-)Tal mündet. Es handelt sich um einen steilen, nach Westen exponierten Anstieg, der vormittags lange im Schatten liegt.*

Von der Neltner-Hütte aus überquert man den Mizane-Bach und steigt in dem zunächst steilen Seitental auf: entweder rechts, unangenehm und mühsam durch Schutt und Geröll, oder weiter links durch Rinnen und über Bänder des Felsabbruches, der die linke Talseite versperrt. Das Tal wird bald flacher. Es geht weiter über große Felsblöcke, dann wieder über Schutt, immer den Bach entlang, bis man eine Art Kessel erreicht. Schräg rechts führt der Weg über steiles Geröll zur Toubkalscharte ***(Tizi n'Toubkal)*** *und nach links über den SW-Grat zum Gipfel.* ***Gehzeit 3 bis 4 Stunden*** *ab der Toubkal-Hütte.*

Weitere Gipfel im Bereich der Toubkal-Hütte

Neben dem Djabal Toubkal gibt es noch eine ganze Reihe anderer leicht zugänglicher hoher Berge.

Den ***Ras n'Ouanoukrim*** *(4083 m) und die* ***Timesgouida*** *(4089 m) erreicht man über den Felsgrat nach Westen, später über Geröll zu den Gipfeln* ***Akioud*** *(4010 m) und* ***Afella*** *(4015 m) über die* ***Amrharas-N'Iglioua-Scharte.***

Ein weiteres beliebtes Ziel ist der Tazaghart (3980 m), dort kann man in der im Sommer bewirtschafteten Tazaghart- (ehem. Lepiney-) Hütte übernachten. Den Schlüssel dafür bekommt man im Winter in Tizi Oussem ausgehändigt.

Diese Routen auf die höchsten Atlasgipfel sind auch als ***Skihochtouren*** *(Skiführer anheuern) möglich. März bis Mai gilt als die beste Zeit hierfür.*

Für Kletterer gibt es jede Menge Routen, zumeist Gratklettereien mittlerer Schwierigkeitsgrade, jedoch auch extrem schwierige Wandklettereien. Die bekanntesten ***Kletterberge in der Region*** *sind* ***Tadat*** *(3760 m),* ***Le Clochtons*** *(3963 m),* ***Tadaft*** *(ca. 3900 m) sowie der* ***Djabal-Toubkal-Westgipfel.*** *Je nach Jahreszeit sind in den diversen Rinnen und Couloirs auch Eis- und kombinierte Fahrten möglich.*

Informationen zum Bergsteigen und Skifahren bei:

Club Alpin Français (CAF)
50, Bd Moulay Abderrahman (ex Bd Grande Ceinture), Quartier Beauséjour, Tel. 022 27 00 90, Mobil 072 81 64 66, Fax 022 29 72 92, www.cafmaroc.co.ma

Association Nationale des Guides et Accompagnateurs du Maroc (A.N.G.A.M.)
B.P. 47, Asni par Marrakesch 42150, Tel. 044 44 49 79, Fax 044 44 05 22, E-Mail: angam45@hotmail.com

Lokale Skiclubs, das Tourismusministerium in Rabat (info@dai.gov.ma) und örtliche Touristenämter erteilen ebenfalls Auskünfte.

Hüttenreservierung *über Club Alpin Français Casablanca oder CAF Oukaïmeden, Tel. (00 212) (0)44 31 90 36, Fax (00 212) (0)44 31 90 20, E-Mail: ouka@cafmaroc.co.ma*

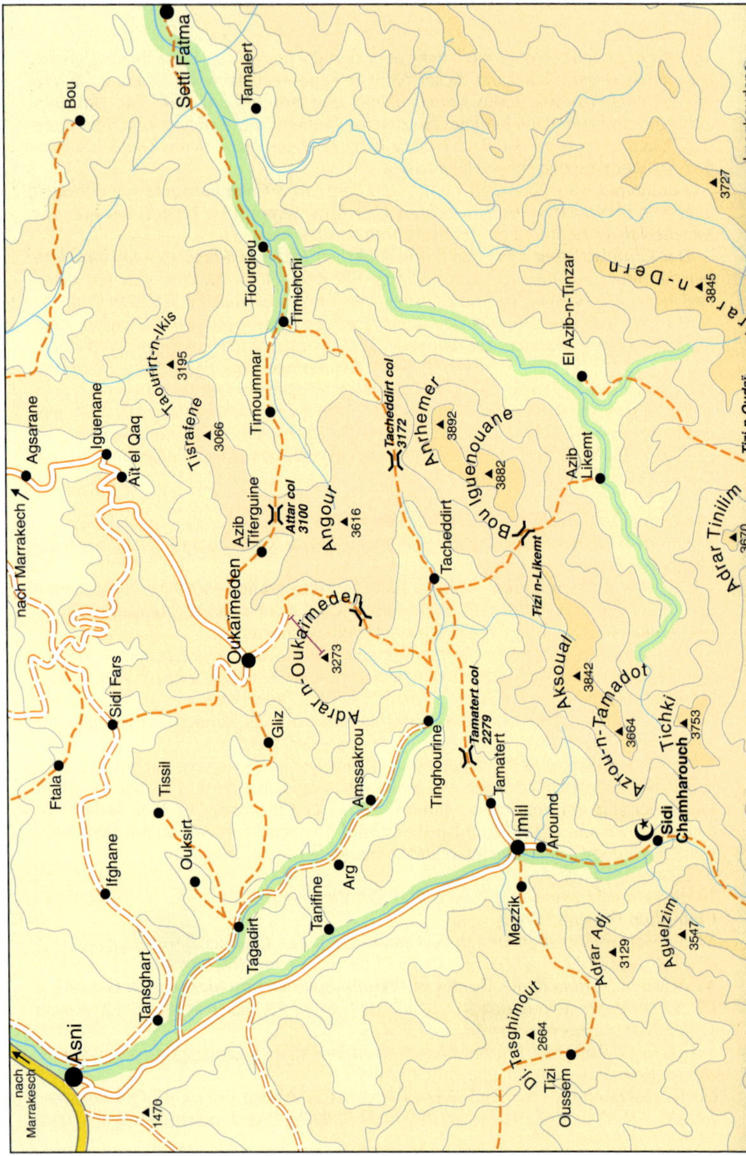
Setti Fatma
Tamalert
Bou
Tiourdiou
Timichchi
Taourirt-n-Ikis
3195
Timoummar
Tisrafene
3066
Agsarane
Iguenane
Aït el Qaq
nach Marrakech
Azib Tiferguine
Attar col
3100
Angour
3616
Tacheddirt col
3172
Anrhemer
3892
Bou Iguenouane
3882
Tacheddirt
Tizi n-Likemt
Azib Likemt
El Azib-n-Tinzar
n-Dern
3845
3727
Adrar Tinilim
3670
Oukaïmeden
Adrar n-Oukaïmeden
3273
Sidi Fars
Ftala
Gliz
Tissil
Ouksirt
Ifghane
Amssakrou
Tinghourine
Tamatert col
2279
Tamatert
Aksoual
3842
Azrou-n-Tamadot
3664
Tichki
3753
Sidi Chamharouch
Imlil
Aroumd
Arg
Tanifine
Tagadirt
Mezzik
Adrar Adj
3129
Aguelzim
3547
Tansghart
Asni
nach Marrakesch
1470
Tasghimout
2664
Tizi Oussem

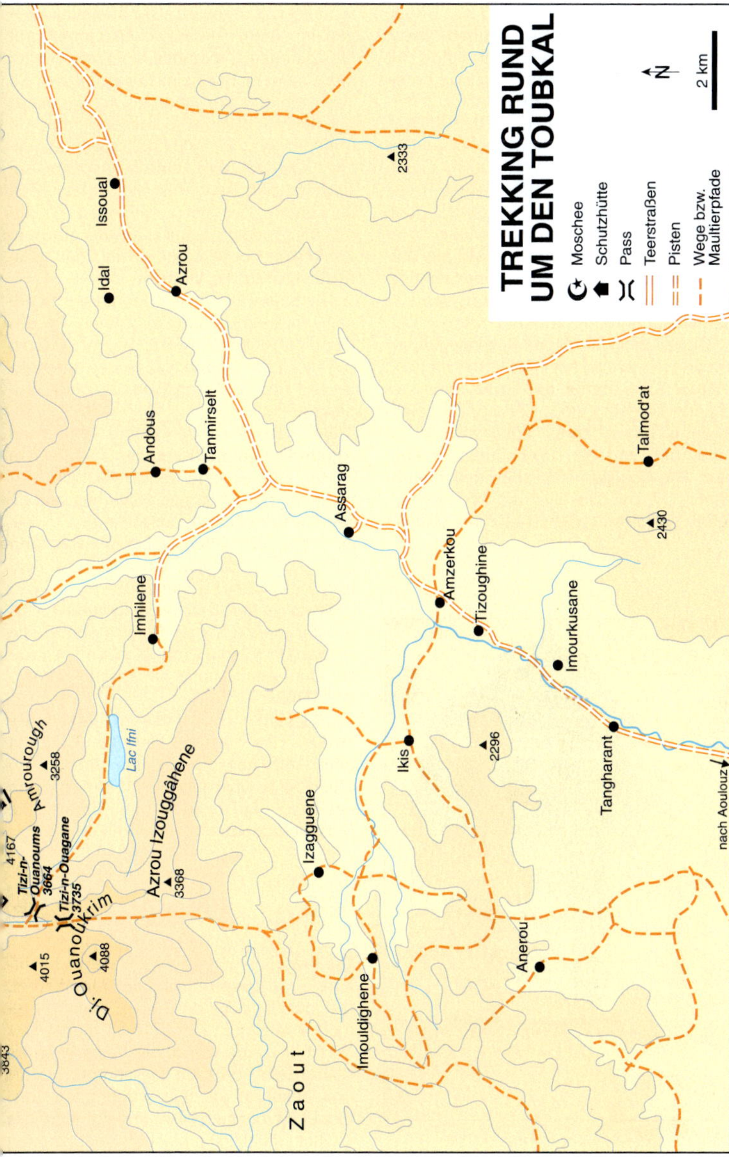
TREKKING RUND UM DEN TOUBKAL
Moschee
Schutzhütte
Pass
Teerstraßen
Pisten
Wege bzw. Maultierpfade
N
2 km
2333
Issoual
Idal
Azrou
Andous
Tanmirselt
Assarag
Talmod'at
2430
Amzerkou
Tizoughine
Imourkusane
Imhilene
Tangharant
nach Aoulouz
2296
Ikis
Lac Ifni
Amrourough
3258
4167
Tizi-n-Ouanoums 3664
Tizi-n-Ouagane 3735
Dj. Ouanoukrim
4015
4088
Azrou Izouggâhene
3368
Izagguene
Imouldighene
Anerou
Zaouit
3843

(0)44 43 91 28, Fax 044 43 91 30, E-Mail: roseraie@cybernet.net.ma, Internet: www.cyberent.net.ma/roseraie. Sehr schön mit Tennisplätzen, Reitstall und -platz in herrlicher Berggegend (HP €€€€A für 2 Personen, sehr gutes Menü ca. 120–200 DH), im Sommer in einem herrlich durftenden Rosengarten. Die Schlammflut im Gefolge der Unwetter 1995 bahnte eine breite Schneise in den daneben liegenden Fluss. Zahlreiche Bäume und die Mauer zum Fluss beim Hotel Roseraie sowie die Brücke wurden weggerissen. Riesige Steine lagen im Flussbett, die Bevölkerung war lange mit Aufräumungsarbeiten beschäftigt.

Gegenüber dem Hotel Roseraie, an der anderen Flussseite, liegt das Restaurant und ◆**Hotel Au Sanglier qui Fume,** das „rauchende Wildschwein", - es gibt dort auch zwei (nichtrauchende) Wildschweine, einen Affen und ein bewohntes Storchennest. Die bungalowähnlichen Reihenhäuschen (DZ mit Dusche und WC €€ bis €€€, Vollpension €€€€) wurden sehr geschmackvoll renoviert. Die Bungalows liegen in einem romantischen Garten mit Obstbäumen, 2 m hohen Stockmalven und rauschendem Bächlein; außerdem ist ein Schwimmbad vorhanden. Die Küche ist gut, aber nicht mehr so ausgezeichnet wie früher (Menü für 100 DH); sehr freundliches Personal. Wer keine Luxus-Hotel-Ansprüche stellt (sauber ist es), ist hier auch für längere Zeit gut aufgehoben. Geeignet als Ausgangspunkt für Bergtouren. Zahlreiche Souvenirbuden und das ◆**Café/Restaurant Le Mouflon** folgen.

Mihrab in der Moschee von Tin Mal

Die Straße führt weiter durch sehr schöne Gebirgslandschaft im grünen Tal des *Oued N'Fiss* flussaufwärts, begrenzt durch die steil aufragenden Hänge der Atlas-Berge. Am Fluss wachsen Walnuss- und Obstbäume.

Bei km 94 ist der kleine Ort **Oued Agoundis (Ijoukak)** erreicht. Etwa 1½ km weiter gibt es eine Tankstelle. Wer nur noch wenig Benzin hat, sollte hier auftanken, da die nächste Tankstelle erst in *Ouled Berhil* anzutreffen ist. Ein Abzweig führt nach *Tleta n'Yâcoub,* ein wichtiges Zentrum des *Goundafa*-Stammes.

Etwas entfernt stehen links und rechts der Straße zwei mächtige Kasbahs, die *Goundafa-Kasbah* mit Namen „Agadir N'Gouj" (rechts) und die *Kasbah Tagoundaft* (links).

103,5 km nach Marrakesch führt ein Abzweig rechts nach **Tin Mal.** Man kann mit dem Auto über eine kleine Brücke den Oued N'Fiss überqueren und erreicht dann nach ca. 1 km bzw. 15 Min. Fußweg die Moschee neben einem Lehmhüttendorf.

TIN MAL

Die Moschee und Zawia aus dem 12. Jahrhundert ist **Ursprungsort der Almohaden.** Der von den *Almoraviden* verfolgte *Ibn Tumart* fand hier im Jahre 1120 Zuflucht. Der Marabut wurde von seinen Anhängern als Mahdi (ein von Gott Gesandter) verehrt und bekehrte die hier wohnenden *Masmouda-Berber* zum Islam und gründete das Kloster „Ribat". Die Klosterbrüder nannten sich „Al Mohawadun", daraus wurde später der Name „Almohaden".

Der Nachfolger von Ibn Tumart, *Abd al Mu'min,* eroberte von Tin Mal aus in sieben Jahren ganz Marokko. Marrakesch wurde Hauptstadt.

Tin Mal blieb weiter heiliger Ort und letzte Zufluchtsstätte der Almohaden, als die *Meriniden* das Reich eroberten.

Die **Moschee** ließ *Abd al Mu'min* 1154 erbauen, sie wurde im Jahr 1276 von den Meriniden zerstört. Seit 1993 wird sie mit großem Aufwand von Stuttgarter Architekten renoviert und steht kurz vor der Fertigstellung.

Die schlichte, mit Lehmziegeln gebaute Anlage (48 x 44 m) bildet in ihrem Grundriss die für Maghreb-Moscheen typische T-Form, die sich aus der Anordnung von Querschiff und (neun) Längsschiffen ergibt. Die Bögen der Längsschiffe sind hufeisenförmig gestaltet und werden von 52 Pfeilern getragen. Nur der Qiblatrakt vor der Gebetsnische *(Mihrab)* ist mit Stalaktitenmustern ausgestattet, die Wandpfeiler sind mit Schmuckbändern verziert.

Die Moschee kann (außer freitags) für 20 DH besichtigt werden. Ein freundlicher junger Mann verfügt über den Schlüssel und steht als Führer bereit. Am Freitag steht die Moschee der Bevölkerung der umliegenden Dörfer zum Beten zur Verfügung.

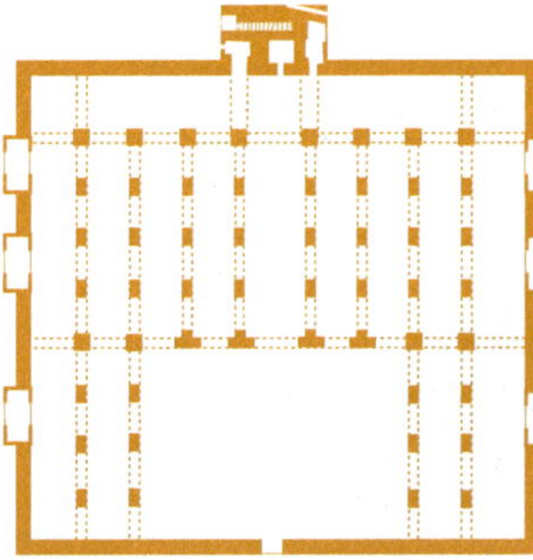

Grundriss der Moschee von Tin Mal

---

116 km hinter Marrakesch liegt das Dorf **Idni.** Ungefähr 1½ km hinter Idni ist eine „Barrière de Neige" eingerichtet, d. h. ab hier bzw. bei km 152 wird bei starkem Schneefall die Strecke von Süden her gesperrt.

Steile Abhänge ohne Begrenzung fallen hinab zum *Oued N'Fiss.* Oleander, Walnussbäume und im Frühjahr blühende Iris säumen das Flussufer. An die stark erodierten Hänge sind winzige kärgliche Lehmhäuser gebaut, die sich kaum von der roten Erde abheben.

Bei **km 135,6** ist der Pass **Tizi-n-Test** in 2093 m Höhe erreicht, wo mehrere Mineralienstände stehen. Hinter dem Café gibt es einen kleinen Campingplatz: ◆**Camping du Col,** 20 DH. Das ◆**Hotel Bellevue** mit Restaurant ist laut eines Lesers freundlich, einfach, aber etwas heruntergekommen und für das Gebotene zu teuer (€A; Vorsicht, dass nicht zu viel berechnet wird!). Ab dem Café ist eine sehr schöne Wanderung entlang der Piste zu einer Fernsehstation möglich. Der Aufstieg dauert ca. 2 Std. und man hat immer wieder eine traumhafte Aussicht auf das Soustal und die Passstraße.

Pinienaufforstungen sollen die fortschreitende Erosion stoppen. Eine schmale Straße führt bergab, immer wieder bieten sich herrliche Ausblicke. Infolge von Regen- und Schneefällen ist im oberen Bereich der Passhöhe die Teerdecke der Straße häufig beschädigt. Nach ca. 3 km ragt ein Felsüberhang über die Straße, der Fahrzeugen über 3,50 m Höhe Probleme machen dürfte.

Ein kleiner Wasserfall fließt links der Straße bergab, darunter (direkt unterhalb der Straße) haben sich Tropfsteingrotten gebildet. Auf den nächsten 10 km passiert man einige Cafés und Stände von Mineralienhändlern. Lavendel, Ginster, Steineichen und Stechpalmen wachsen an den Hängen. Weiter geht es in Serpentinen bergab – auf einer Strecke von 30 km führt die Straße von 2000 m Höhe bis auf eine Höhe von nur noch 500 m im Soustal.

152 km hinter Marrakesch trifft man auf eine weitere *Barrière de Neige,* daneben

Nebel zieht über den Tizi-n-Test

Mineralienhändler und ein einfaches Café, in dem Zimmer vermietet werden.

Ca. 164 km hinter Marrakesch flachen sich die Hänge des Hohen Atlas zur Sousebene hin ab, und das Arganiengebiet beginnt. Auf den zahlreichen Arganienbäumen klettern die Ziegen bis in die oberen Äste, um die gelben, im Sommer reifen Früchte zu erhaschen (vgl. Exkurs „Der Arganbaum").

Bei km 175,4 mündet die S 501 in die breite Straße P 32; links Abzweig nach *Aoulouz* und *Ouarzazate*, rechts nach Taroudannt.

Der große Ort **Oulad Berhil** ist etwa bei km 184 erreicht. Es bietet sich an, eine Pause in dem schönen ◆**Hotel Palais Riad Hida,** Tel. 048 53 10 44, an. Bei den Hinweisschildern im Zentrum unmittelbar links auf eine Piste, die am Markt vorbeiführt, abbiegen und 1,1 km geradeaus. Hier hat *Mohammed Laafissi* ein Restaurant in einem 1860 errichteten **Palast eines Paschas** eingerichtet. Der Palast ist mit typisch maurischem Dekor ausgestattet und mittlerweile prachtvoll renoviert. Im schönen, mit tropischen Pflanzen ausgestatteten Garten, in dem 14 Pfauen stolzieren, kann man auf der Terrasse des Palastes sitzen. Übernachtungsmöglichkeit besteht in einem der sechs Zimmer (€€€€). Besonders schön ist das Zimmer Nr. 10, das ehemalige Schlafgemach des Paschas.

Ein Bus über den Tizi-n-Test fährt von Ouled Berhil zweimal am Tag nach Asni (11 und 16 Uhr), ein Sammeltaxi nach Taroudannt kostet ca. 11 DH.

Im weiteren Bereich – das fruchtbare Soustal zieht sich von Ouled Berhil bis nach Agadir – wird viel Landwirtschaft betrieben. Immer wieder sieht man große Zitrusfrucht-Plantagen und Landgüter, die oft in Staatsbesitz sind. Zahlreiche kleine Orte reihen sich entlang der Straße bis Taroudannt.

2 km vor Taroudannt gibt es eine Shell-Tankstelle mit bleifreiem Benzin, und bei **km 229** ist **Taroudannt** erreicht. Bis Agadir sind es dann noch ca. 67 km.

Marrakesch - Tizi-n-Tichka - Ouarzazate

ÜBERBLICK

204 km, P 31

Auf der gut ausgebauten P 31 beträgt die Fahrzeit mit dem Bus ca. 4 Std. Ein Ausflug nach Ouarzazate kann auch in Marrakesch im Hotel oder Reisebüro gebucht werden. Die Berge des **Hohen Atlas,** die hier die natürliche Trennlinie zur Sahara bilden, sind fast unbesiedelt, die Täler der Gegend werden zum Obst- und Getreideanbau auf Terrassenfeldern genutzt. Die Bewohner leben in kleinen Häusern aus Stampflehmerde mit Flachdächern aus Knüppelholz, die stufenartig entlang der Berghänge gebaut werden. Ein Gemeinschaftsspeicher (Agadir) ist Bestandteil der Dörfer im Hohen Atlas. Eine Kasbah, die meist als Wohnsitz der Fürsten diente, bestimmt vor allem das Ortsbild auf der Atlassüdseite. Hier im *Glawi-Land* sind das vor allem die Kasbahs des Paschas *El Glawi* (siehe zur Geschichte bei Marrakesch).

Die Bewohner der Täler verdienen sich ein Zubrot zum ihrem kärglichen Unterhalt durch den Verkauf von Halbedelsteinen, die sie entweder selber suchen oder von Zwischenhändlern erwerben; Vorsicht vor Fälschungen! Mit etwas geübtem Auge allerdings lassen sich immer wieder sehr schöne und preiswerte Stücke ergattern.

Aus Marrakesch führt die P 31 in landschaftlich wunderschöner Gegend hinauf zum *Tizi-n-Tichka,* einem Pass (= Tizi) in 2260 m Höhe. Vor allem im Frühjahr, wenn die Kakteen und Oleanderbüsche blühen, ist der Ausblick in die Gebirgstäler ein Genuss. Man sollte unbedingt einen der zwei großen Atlas-Pässe, *Tizi-n-Tichka* oder *Tizi-n-Test,* befahren, da diese zu den landschaftlich schönsten Punkten Marokkos zählen, wobei die Strecke über den Tizi-n-Tichka wohl die allerschönste ist. Der Tizi-n-Tichka ist breit, gut ausgebaut und auch für Wohnanhänger geeignet. Im Winter ist er meist passierbar.

Im Palast Riad Hida

ANFAHRTSBESCHREIBUNG

Man verlässt Marrakesch über die Av. Mohammed V. entweder in nordöstliche Richtung (nördliche Umfahrung der Altstadt, die Wegweiser zeigen diese Richtung an, knappe 7 km bis zum Abzweig ab dem Djamâa-el-Fna) fährt nach 4 km am Amelkis-Hotel und Golfplatz vorbei und zweigt dann nach ca. 10 km ab obigem Abzweig, rechts in Richtung Ouarzazate ab, oder fährt alternativ ab der Innenstadt in Richtung Süden (schlecht zu finden) am Königspalast vorbei (während der Anwesenheit des Königs gesperrt), durchs Bab Ahmar, zur Av. des Remparts und dann rechts.

Nach Verlassen der Stadt führt die Straße über die fruchtbare Haouz-Ebene; vereinzelte Palmen sind zu sehen. Im Frühjahr hat man bei klarem Wetter am Rande der Stadt einen fantastischen Blick entlang der roten Stadtmauern auf die Palmenhaine, die grünen Felder und als Kulisse am Horizont die schneebedeckten Berge des Hohen Atlas.

Nach 16 km liegt linker Hand das nette, •**Motel/Hotel du Dades,** 1 km vor dem Ort Choutier. Bei 30 km erreicht man den Ort **Aït Ourir.** Zimmer gibt es im •**Motel Le Coq Hardi,** einer ursprünglich schönen Anlage mit großem Garten und Terrasse (€B ohne Frühstück, Menü für 60 DH nicht empfehlenswert). Eine weitere Herberge ist •**L'Hermitage**** an der **Pont du Zat,** Route de Ouarzazate. Hier zweigt die Straße nach *Oukaïmeden* und ins *Ourika-Tal* ab.

In dem kleinen Dorf **Agouim** bei km 46 liegt der sehr schöne **Agadir** (Igherm) **M'guild,** der aber nur von außen interessant ist.

Bei km 51 im Ort **Oued Touama** gibt es das kleine, sehr saubere •**Hotel/Café/ Restaurant Dar ou Dar,** Tel. 044 48 47 72. Es hat 14 Zimmer und 31 Betten (€, Frühstück 25 DH). Die Straße führt weiter bergauf, entlang aufgeforsteter Vorgebirgshänge und Felder, bis sich die Landschaft nach ca. 10 km immer mehr zum Gebirgswald wandelt.

Bei km 63 ist der kleine Ort **Toufliht** mit Café-Restaurant erreicht (sehr schöne Lage, einfach, warme Duschen, mittelmäßig sauber, sehr freundlich, DZ 70 DH (nach Handeln). Man fährt weiter über den *Tizi-n-Aït Imguer* (1470 m; bei km 67) mit herrlichem Blick auf den *Djabal Tistouit* (3224 m), links unten liegt das Dorf *Aghbalouh.*

12 km später passiert man das Straßendorf **Tazlida** (Tankstelle, Geschäfte, Restaurants) und erreicht 91 km hinter Marrakesch **Taddert.** Der sehr schön gelegene Weiler bietet eine fantastischen Blick in das Tal des Oued Tazlida. An den Hängen oberhalb des Flusses kleben malerisch die erdfarbenen Steinhäuser der Bewohner. Viele Steinhändler, auch auf der weiteren Strecke. Übernachtungsmöglichkeit in der •**Auberge Chez Patrick,** die für das Gebotene zu hohe Preise verlangt (€).

In den Flusstälern ist es im Sommer grün, die Berghänge sind kahl und schroff. Hier befindet sich die *barriere de neige*, d. h., dass im Winter nach Schneefällen die Straße zeitweise gesperrt sein kann. In diesem Fall kommt es gelegentlich vor, dass wegen Räumarbeiten zwei bis drei Stunden gewartet werden muss.

Bei km 107 ist der **Tizi-n-Tichka** in einer Höhe von 2260 m endlich erreicht. Auch hier haben sich zahlreiche Fossilien- und Mineralienhändler neben einem Café aufgestellt.

Schroffe, steil zerklüftete, meist kahle, zum Teil aber auch aufgeforstete Berghänge ziehen sich an der Südseite des Hohen Atlas hinab ins Tal. In landschaftlich ansprechender Umgebung geht die Straße vorbei an grünen Tälern mit sprudelnden Quellen und ursprünglichen Dörfern, in denen Märkte abgehalten werden.

Etwa bei **km 111** führt ein **Abzweig** nach *Telouèt* und *Anemiter* mit Pistenverbindung **nach Aït Benhaddou.** Dieser 75 km lange Abstecher (35 km Piste) gehört zu den schönsten Strecken Marokkos und verbindet die beiden Highlights Telouèt und Aït Benhaddou. Da die Strecke einige Erfahrung mit Geländefahrten erfordert und besonders zwischen Anemiter und Aït Benhaddou teilweise sehr schmal, tief ausgewaschen, steil und steinig ist (nur für Allradfahrzeuge machbar), sind in diesem Buch nur die Abstecher nach Telouèt bzw. weiter südlich nach Aït Benhaddou beschrieben. Geländewagenfahrer finden die exakte Pistenbeschreibung der Direktverbindung mit GPS-Koordinaten in unserem Reisehandbuch „Marokko – vom Rif zum Anti-Atlas" (Reise Know-How). Man kann den Ausflug aber auch mit einem gemieteten Geländefahrzeug mit Fahrer (über Reisebüros der Vermieter buchbar) unternehmen.

Abstecher nach Telouèt und Aït Benhaddou

Vom Tizi-n-Tichka verläuft die Strecke nach Telouèt durch das Tal des *Oued Imarene* und eine grandiose, stark zerklüftete Gebirgswelt, Folge starker Erosion. Bei klarem Wetter hat man herrliche Ausblicke auf die Berge des Hohen Atlas.

20 km nach dem Abzweig ist **Telouèt,** ein 1800 m hoch gelegenes „Großdorf" mit kleinem Restaurant erreicht.

TELOUÈT

Links der Straße thront das von mächtigen, zinnenbewehrten Mauern umgebene **Dar Glaoui,** der Herrschaftssitz eines der bedeutendsten Berberfürsten, des *El Glaoui.* Die El Glaoui-Stammesfürsten beherrschten das Glaoui-Bergland südlich von Marrakesch und kontrollierten die Handelswege. Am mächtigsten wurde der Pascha *Thami El Glaoui* (1879–1956), der sich während der Protektoratszeit mit den Franzosen verbündete, dies weidlich auszunutzen wusste und zeitweise mächtiger als der Sultan war. Erbaut wurde die Kasbah von Telouèt im 19. Jahrhundert; die Ausstattung war kunstvoll im maurischen Stil gehalten, voller Stuckverzierungen und bunten Fayencen, das Deckendekor aus Zedernholz geschnitzt und herrlich bemalt.

Mittlerweile ist es still geworden in der Kasbah des El Glaoui, die lange Zeit ein kultureller Mittelpunkt war, und die Festung verfällt zusehends. Grund: Der Staat steckt mit Ausnahme der *Kasbah Taourirt* in Ouarzazate kein Geld in die Renovierung der Bauten des ungeliebten Franzosenfreundes *Thami el Glaoui.* Trotz des schlechten Zustands ist zu erahnen, welche Pracht hier einmal geherrscht haben muss. In dem Dar Glaoui sind einige prunkvoll ausgestattete Räume zu besichtigen, am besten erhalten sind das Empfangszimmer und der Harem. Von der Dachterrasse hat man einen wunderbaren Ausblick auf die umliegenden, häufig schneebedeckten Drei- und Viertausender des Hohen Atlas.

Die Kasbah wird von dem freundlichen Führer bewohnt, der die Touristen gegen Trinkgeld in der Kasbah herumführt.

Markttag ist am Donnerstag.

Unterkunft

◆Café/Restaurant Auberge Telouèt Chez Ahmed

Tel. 044 90 40 71/77. Gegenüber der Ksabah. Gutes Essen im Nomadenzelt, einfache, saubere Übernachtungsmöglichkeit, auch mit dem Schlafsack auf der Dachterrasse. Sehr freundlicher Besitzer. *Ahmed* hat gegenüber der Straße neu gebaut. In dem schlossartigen Gebäude sind sechs sehr saubere Zimmer (mit Du./WC, ½€) sowie ein großer, rustikal eingerichteter Saal untergebracht.

Es gibt aber auch die Möglichkeit, **privat im Haus der Französin ◆Marie Paul** zu wohnen (renoviertes, geschmackvolles Berberhaus, €). Auskunft im Restaurant *Telouet-Chez Ahmed*, wo der Schlüssel liegt.

◆Café-Restaurant-Hotel Kasbah

Am Ortsanfang (gutes Essen im Berberzelt).

Es gibt außerdem eine **Gîte d'Etappe** (Unterkunftshaus für Bergsteiger) mit Namen **◆Gîte de Lac** im Ortsteil *Iaarabene,* B.P. 14, 550 m vom Hauptort entfernt, die von **◆Mohammed Bennouri** betrieben wird, Tel. 044 89 07 22. Die einfache Pension liegt 5 Minuten oberhalb des Suqs. Saubere und schlichte 2- und Mehrbettzimmer (½€), sehr freundliche Leute, Gemeinschaftsdusche.

Blick aus der Kasbah auf das Dorf Telouèt

Essen

Am Ortsanfang liegt das nette ◆**Café-Restaurant Le Pin,** wo man gut einkehren kann.

Einkaufen

Im Zentrum liegt das **Maison Nomade** der Brüder Alla (Alla Frères), die sehr schöne Kelims und Berberschmuck zu vernünftigen Preisen anbieten.

Verkehrsverbindungen

Ein **Bus** fährt ab Telouét täglich um 7 Uhr nach Marrakesch.

Nach Ouarzazate fahren bei Bedarf **Kleinbusse.**

Nach 31½ km endet die Teerstraße bei **Anemiter.** Ein **Bus** fährt von dort nach Marrakesch frühmorgens. Hier liegt das ◆**Restaurant/Café/Camping/Auberge Inmiter** am gegenüberliegenden Flussufer. Einfaches, aber gutes Essen, die Herberge ist sauber und hat einen schönen Aufenthaltsraum. Die Betreiber sind sehr freundliche Leute. Elektrizität und fließendes Wasser nur bei Voranmeldung.

Von Anemiter kann man eine schöne **Wanderung zum Tamda-See** machen, die 8–9 Stunden dauert. Am besten nimmt man sich zwei Tage dafür und übernachtet in der Gîte d'Etappe unterwegs, 2 Std. Gehzeit von Anemiter entfernt. Der Weg beginnt in Anemiter. 200 m nach Beginn der Teerstraße, zweigt eine Piste (von Anemiter kommend) rechts ab. Die Piste führt zwischen Hügeln hindurch und links am Berghang an mehreren Dörfern vorbei, um sich vor dem Dorf Tizgha in einen Muliweg zu verwandeln. Den geht es weiter durch eine Talenge in einen Boden voller Gärten. Der Weg führt weiter auf der rechten Talseite, um an einer breit ausgetretenen Kreuzung links abzubiegen, sobald man etwas rechts das rosa Minarett der Moschee sehen kann. Im nächsten Dorf **Aloukrite** gibt es eine Herberge *(Gîte).* Dann folgt der Maultierweg konsequent dem Bach und durchquert noch ein weiteres Dorf, dann wird es etwas einsamer. an einer tief eingeschnittenen Stelle mit einer steineren Schäferhütte geht es (dem Wasser nach) links bis in den weiten Talboden hinein. Dort geht es dann weiter rechts bis zum See. Im Jahr 2000 waren infolge der Trockenheit nur mehr einige Tümpel übrig. Die grandiose Berglandschaft in dem Hochtal ist aber unbedingt sehenswert. Wasser gibt es aus dem Bach (filtern oder abkochen!) und aus einer Quelle kurz unterhalb des Sees. Wer Zeit und Ausrüstung zur Übernachtung hat (es kann kalt werden, auch unter 0°), dem sei der Ausblick von der Bergkette im Norden (3600 m) empfohlen. Zurück geht es auf dem gleichen Weg. In Anemiter fängt die eingangs erwähnte Piste an, die über 30 km bis *Tamdakht* führt, wo vor Aït Benhaddou die Asphaltstraße beginnt.

Fährt man ohne Abstecher entlang der P 31, liegt bei km 130 das ◆**Café/Restaurant Tichka.** Es wirkt von außen sehr touristisch, die Terrasse auf der Rückseite öffnet jedoch einen wundervollen Ausblick auf die Berge.

Weiter geht es auf der Passstrecke *Tizi-n-Tichka – Amerzgane* auf guter Strecke. Der 1400 m hoch gelegene Ort ist nach ca. 163 km erreicht. Einige Kasbahs von geringer Bedeutung säumen den rechten Straßenrand.

Nach 176 km (direkte Strecke von Marrakesch) sollten Sie in **Tabourath** (bei der Tankstelle) den Teerstraßenabzweig links zu dem befestigten Dorf (Ksar) *Aït Benhaddou* nehmen. **Minibusse** fahren ab der Kreuzug dorthin; 5 DH p.P (s. a. vorhergehenden Abstecher). In Tabourath liegt auch der im Jahr 2000 eröffnete ◆**Campingplatz Le Tissa.** Der Platz ist sehr sauber, ebenfalls die Sanitäranlagen mit warmen Duschen. Links weiter.

AÏT BENHADDOU

8 km nach dem Abzweig ist der neue Ortsteil rechts der Straße erreicht, der nur aus wenigen Häusern, meist Souvenirbuden, Hotels und Cafés, besteht; hier liegt der Parkplatz und hier werden mittags zu den Restaurants scharenweise die Touristenbusse zum Essen angekarrt, bevor das alte Ksar

besichtigt wird. Planen Sie also möglichst den frühen Vormittag oder späten Nachmittag für Ihre Besichtigungstour ein. Lassen Sie sich nicht von diversen Führern falsch zu vermeintlichen Parkplätzen leiten, die nur abkassieren bzw. sich als illegaler Führer aufdrängen wollen! Es wird auch immer wieder (wahrscheinlich inoffiziell) 10 DH Eintritt verlangt.

Als **offizieller Führer** zu empfehlen ist ◆**Brahim Boulkayed** (Tel. 044 89 03 05), ein jüngerer, englisch sprechender und sehr gut informierter Herr, der in der Regel am Parkplatz anzutreffen ist. Von einer Leserin wurde außerdem ◆**Hassan Bouelkaid** wärmstens empfohlen (Tel. 067 59 84 97), der sich sehr für die Erhaltung des Ksar einsetzt und ein kleines Museum eingerichtet hat. Zeitaufwand ca. 2 Std., 80–100 DH Entlohnung sind angemessen.

Das **Ksar** (befestigtes Dorf) liegt auf der gegenüberliegenden Flussseite des neuen Ortes. Bislang führt nur ein Steg, der bei Hochwasser überschwemmt ist, über den Fluss. Pläne für eine Brücke und eine Zufahrt für Busse existieren, sind aber noch nicht verwirklicht ...

Das alte Ksar (befestigtes Dorf), das als **Weltkulturerbe** unter dem Schutz der *UNESCO* steht, liegt auf der anderen Flussseite und ist nur durch Trittsteine und Sandsäcke (die auch manchmal überschwemmt werden) zu Fuß erreichbar. Das Lehmdorf ist ein Labyrinth aus Häusern, Türmen und Kollektivspeichern, von denen es allein sechs Stück in Aït Benhaddou gibt. Die in tradtioneller Lehmbauweise errichteten Häuser, liegen ineinander und übereinander verschachtelt am Berghang auf der anderen Flussseite. Am Weg zum alten Ksar, der rechter Hand am unteren Dorfbereich mit dem für den Film „Sodom und Gomorrha" gebauten Tor (das zusehends zerbröselt und der Styropor-Unterbau zu sehen ist) und den Oasengärten vorbeiführt, liegen viele Souvenirläden und ein kleines Café rechter Hand. Im eigentlichen Ksar der ein paar hundert Meter weiter beginnt, herrscht ein enges Gewirr von schmalen Gassen und Steintreppen. Dunkle Gänge führen unter Häusern hindurch in denen noch sieben Familien wohnen. Es gibt auch noch eine intakte Speicherburg *(agadir)*. Von den Anhöhen des Dorfes bei den Ruinen der alten Festung hat man einen herrlichen Blick auf die Umgebung, die niedriger gelegenen Häuser und die vielen Storchennester (im Frühjahr) auf den Türmen. Aït Benhaddou ist zwar mittlerweile sehr touristisch, aber ein gutes Beispiel typischer Berberarchitektur (s. a. Kapitel „Baukunst der Berber").

In der Hauptgasse liegt rechter Hand die **Boutique La Kasbah** der Familie *El Yagoubi* (schönes Kunsthandwerk und Souvenirs). Daneben liegt das Haus der Familie von *Ibach Brahim* das man als **„Maison berbere"** besichtigen kann (Trinkgeld). Das einfache, typische Haus mit einigem Original-Interieur vermittelt eine Vorstellung vom traditionellen Wohnen im Ksar. Ein weiteres **„Maison traditionelle"** (Trinkgeld) liegt im oberen Bereich des Dorfes und kann ebenfalls besichtigt werden. Es gehört dem überaus netten *Ali Aït Malik* und seiner Familie, der auf Wunsch auch Tee serviert und einiges zum traditionel-

In Aït Benhaddou

len Wohnen erklärt. Das Haus wird von der Familie bewohnt und von der Dachterrasse hat man einen schönen Blick über das gesamte Dorf. Es gibt beim Haus auch noch Viehställe für Schafe, Hühner und einen Esel. Von der Hauptgasse zweigt ca. 200 m nach dem Haus von *Ibach Brahim* eine Gasse nach links ab, die nach unten zum Flussbett führt und wieder zurück zum neuen Ortsteil.

In Aït Benhaddou wurden zahlreiche **Filme** mit biblischem Inhalt gedreht, u. a. *Martin Scorceses* Film „Die letzte Versuchung Jesu", aber auch der bereits erwähnte Film „Sodom und Gomorrha" und auch „Lawrence von Arabien". Einen Überblick über die in Marokko gedrehten Filme kann man sich im Atlas-Filmstudio verschaffen (siehe folgende Seiten).

Am Geburtstag des *Marabut,* des Beschützers des Dorfes, wird ein großes Fest veranstaltet. Von weit her kommen die Gäste zu Fuß, auf dem Esel, Maultier oder Kamel. Verschleierte Frauen aus der Stadt legen ihre schönsten Festkleider und den besten Schmuck an; ab 16 Uhr schleppen sie große Kessel, Brennholz und alle sonstigen Zutaten zum Platz vor dem Grabe des Marabout und bereiten das Festessen vor, während die Männer ein Kalb, Schafe und Ziegen schlachten. Die Felle werden an Ort und Stelle versteigert. Nach einem ausgiebigen Mahl gehen alle ins Dorf zurück, und zum Takt der Bendirs und Flöten wird die ganze Nacht hindurch gesungen und getanzt.

PRAKTISCHE INFOS

Unterkunft

◆Auberge La Baraka

Tel. 044 89 03 05, Fax 044 88 62 73. Renoviert, günstig und empfehlenswert. Saubere DZ ½€, Dreierzimmer € mit Dusche/WC, auf der Polsterbank im Salon und auf der Dachterrasse im Schlafsack sowie im Nomadenzelt 20 DH (lauter Generator)! Es gibt ein gutes Restaurant im Nomadenzelt, Menü 60 DH. Camping ist bei der Auberge ebenfalls möglich. Eine Anmietung von 4x4-Fahrzeugen (Quat-Quat) oder organisierte Ausflüge sowie Taxibestellung sind über den freundlichen Besitzer *Hammou Aït Lhabib* möglich.

◆Hotel Restaurant La Kasbah

Tel. 044 89 03 02, Fax 044 88 37 87. Gegenüber dem Restaurant La Kasbah, am Ortsanfang links, kurz vor dem Weg hinab zum Fluss. Nettes, ausgebautes Hotel mit 30 Zimmern und hübschem Innenhof. Schwimmbad. Sehr freundlich, € DZ mit Frühstück bzw. €A HP, in der Nebensaison billiger. Die Preise sind oft Verhandlungssache. Von einem Leser wurde die Übernachtung im Nebengebäude des Hotels empfohlen.

◆Etoile Filante d'Or

Tel. 044 89 03 22, Fax 044 88 61 13. 200 m von der Schule entfernt in Richtung Tamdakht. Neue, hübsche Auberge mit schöner Aussicht (€). Der Besitzer *Rachid Ettijani* spricht sehr gut Deutsch.

◆Auberge El Ouidane

Sehr einfache Zimmer, im Winter absolut ungemütlich. Zu anderen Jahreszeiten angenehmer, auch weniger Rummel als in den anderen mit schöner Sicht auf den Ksar. €B.

◆Hotel Jardin

Schönes neues Hotel mit nettem Besitzer. Heiße Duschen. Raum mit Teppichen und Sitzgelegenheiten zum Relaxen. Die Frau des Hauses kocht Couscous, Tajine, Salat, Berber-Omelett. Vor dem Haus Garten und ein neu angelegter Olivenhain (Campingmöglichkeit). ½€, es gibt angeblich auch Zelte.

Sonstiges

Ein **Taxi** von Ouarzazate nach Aït Benhaddou kostet ca. 100 DH. Zurück ist es wesentlich billiger.

Wer nach der Besichtigung von Aït Benhaddou noch Lust auf weitere Unternehmungen hat, kann auf der Teerstraße 6 km weiter zur **Kasbah Tamdakht** fahren. Auch diese mächtige Kasbah gehörte einst dem *Glaoui-Pascha.* Heute steht sie leer und verlassen und beginnt stark zu verfallen. Die stolze Burg ist zum Wohnsitz von Tauben, Falken, Blauracken und Eulen geworden, und auf den Türmen haben Störche ihre Nester gebaut. Es ist möglich, die schöne Kasbah und die Oasengärten zu besichtigen. Der ehemalige Wärter der Kasbah, *Taoufik Abdelaziz,* hat nebenan eine nette Herberge, die **◆Auberge des Cigognes,** mit zwei Zimmern und Terrasse (Ma-

Die Kasbah Tamdakht vor der Renovierung

tratzenlager und Schlafsäcke) gebaut. Das schöne, große Haus neben der Kasbah ist nicht beschildert. Abdelaziz kümmert sich rührend um die Gäste und kocht sehr gut. Leider gibt es noch kein fließend Wasser, aber eine handbetriebene Dusche, die von Abdelaziz morgens mit warmen Wasser gefüllt wird. Abends Tanz und Musik. € mit Abendessen und Frühstück pro Person, Tel. 044 89 0370, Fax 044 88 52 25, Mobil 070 96 06 86. Weiter hinten im Dorf gibt es neuerdings auch eine komfortable Auberge einer Französin (€€€€).

Zurück auf der Teerstraße nach Ouarzazate zweigt bei ca. km 180 eine sehr breite Piste links ab. Am Boden der Teerstraße befinden sich die Aufschriften „Cave BBC". Das sind Hinweise für ein Filmteam, das unweit von hier Kulissen für den Film „Gladiator" errichtet hat. Fahren Sie diese Piste 4,2 km bis zu einer Y-Kreuzung und von dort rechts bergab. Nach 800 m erreicht man eine graue Arena in einer Senke mit einer Quelle und Palmen. Der Wärter schließt gegen Trinkgeld auf, und man kann einen Blick in die Arena und einen Filmkulissensteinbruch werfen.

Bei km 190,5 (von Marrakesch aus, ohne Abstecher) zweigt rechts eine Straße zur **Kasbah Tiffoultoute** (2 km) und nach *Zagora* ab. Die Kasbah des ehemaligen Kalifen *Abderrachmane* liegt imposant über dem Oued Drâa. Die Kasbah wird jetzt als **Restaurant/Auberge** betrieben und ist beliebtes Ausflugslokal für Gruppen und Folkloreabende. Die Aussicht vom zinnenbewerten Dach auf das Drâatal ist sehr schön.

Nach 192 km ist **Tamassint** erreicht. Hier gibt es das sehr hübsche ◆**Hotel Oscar** (Tel. 044 88 21 66, Fax 044 88 21 80, €€€, Frühstück 39 DH, Büffet 70 DH, Menü 140 DH) sowie die **Teppichkooperative Grand Atlas.**

Daneben liegen die ◆**Atlas-Filmstudios.** Die Gegend zwischen Aït Benhaddou bis Zagora hat sich zur beliebten Kulisse für

Filme mit orientalischer Handlung entwickelt: Zahlreiche bekannte Filme, darunter der „Diamant vom Nil“ mit *Michael Douglas*, „Kundun“ von *Martin Scorcese*, „Cleopatra“ mit *Timothy Dalton*, „Moses“ mit *Ben Kingsley*, „Gladiator“ mit *Ridley Scott*, „Harem“ mit *Nastassja Kinski*, „Asterix und Obelix“ mit *Gérard Depardieu*, wurden hier gedreht. Viele der Kulissen sind verstaubt oder wenig erhalten. Der Tempel aus „Kundun“ und der Papp-Düsenjet aus dem „Diamant vom Nil“ sind jedoch in gutem Zustand, außerdem ist es recht interessant, wenn man sehen kann, wie Kulissen aus Gips, Holz und Pappmachée gefertigt werden. Es kommt sogar vor, dass europäische Statisten für Filmaufnahmen benötigt werden und man vom Fleck weg angeheuert wird. Eintritt 30 DH. Wenn gerade gedreht wird, kann man die Studios nur am Sonntag besichtigen. Im Zweifelsfall im Touristenbüro fragen. Auf dem Gelände gibt es den ◆**Reiterhof North African Horse**, Tel. 061 16 84 72 (*Joël Proust* oder Stallmeister *Omar*) mit Araberpferden und Kamelen, wo man Reitstunden bzw. Ausflüge (auch Kutschfahrten) buchen kann. 1 Std. Kamel oder Pferd 140 DH, 2 Std. 250 DH, Kutsche für 3 Personen 240 DH.

Nach weiteren 4 km, bei Gesamtkilometer 196 (ohne Abstecher), erreichen Sie Ouarzazate.

Ouarzazate - Taliouine - Taroudannt

ÜBERBLICK

293 km, P 31, P 32; 260 km, S 7027

Gute Teerstraße an der Südseite des Hohen Atlas und den Ausläufern des Anti-Atlas entlang. Die erste Bachfurt zwischen *Ouarzazate* und *Tazenakht* kann nach Regenfällen evtl. unpassierbar und gesperrt sein. Die Straße zwischen *Tazenakht* und *Taliouine* ist sehr gut und schnell befahrbar. Landschaftlich meist reizvoll, wechselt

Filmkulisse im Atlas-Filmstudio

die Gegend zwischen schroffen Felsbergen und Prärie-Landschaft. Im Sommer und Herbst ist diese allerdings karg und trocken. Sehr schön ist die Landschaft um *Taliouine*.

Es verkehrt ein Bus ab Ouarzazate in Richtung Agadir (Abfahrtszeiten und Preise siehe bei Ouarzazate).

ANFAHRTSBESCHREIBUNG

Fahren Sie ab Ouarzazate in Richtung Marrakesch. Von dort erreicht man bei km 15 den Ort **Tabourath** (Tankstelle) mit Restaurants, Hotel und schönem Campingplatz. Rechts führt ein Abzweig nach Aït Benhaddou, geradeaus geht es weiter.

Nach 19 km zweigt links die Straße nach Agadir ab; Wegweiser „346 km". Weiter durch einsame Hügellandschaft.

Bei km 56 ist **Anezal** (Anzel), ein Ort in schroffer Felsgebirgslandschaft, erreicht. Die Gegend ist häufig sehr trocken und wirkt dann öde, aber nach Regenfällen und im Frühsommer sprießen Gras und Blumen, und dann gleicht sie einer Prärielandschaft aus Wildwestfilmen.

Bei km 63 geht es bergauf – das Felsgebirge erinnert an den Sinai, die Ausblicke auf das Umland sind herrlich. Hier hat sich die hubsche, kleine und saubere ◆**Auberge La Sirioua** etabliert. Den **Pass Tizi-n-Bachkoum** erreicht man nach 67 km, danach geht es 2 km bergab in einen sich weit öffnenden, hügeligen Kessel bis bei km 82 **Tazenakht** erreicht ist.

TAZENAKHT

Es gibt in diesem angenehmen Ort einen sehr schönen **Markt** im Arkadenhof (Wochenmarkt am Donnerstag, mit Viehmarkt). Ca. 2 km außerhalb in Richtung Talioune wurde eine neues Gelände für den Wochenmarkt errichtet. Es gibt zwei Tankstellen, das *Café Etoile* (Grill, Snack, Lunch) und das *Café-Restaurant La Marie* (Brochettes, Salate, Tajine).

Unterkunft

◆**Hotel/Restaurant Zenaga**
Tel. 044 84 10 32. An der Hauptstraße in der Ortsmitte. Sauber und freundlich. Besseres Zimmer mit Bad €, Dreierzimmer €A, sehr einfaches EZ ½€. Heißes Wasser nur am Abend und dann auch nicht immer, das Essen ist nicht besonders gut.

◆**Etoile**
Motelähnliches Gebäude mit großen Zimmern (riechen verschimmelt). Sie gruppieren sich um einen Innenhof, der Pool ist riesengroß, aber nie als Pool in Benutzung, wie uns ein Leser schrieb ...

◆**Café-Restaurant/Auberge Sanhaja**
Sehr einfach und billig (½€).

◆**Taghdoute**
Neues, kleines und ordentliches Hotel im Zentrum, kurz vor dem Zenagha.

Einkaufen

Die schwarz-gelben (mit Safran gefärbten) **Wollteppiche** sind eine Besonderheit dieser Gegend. Die Teppichkooperative in *Taliouine* wurde von *Wilfried Stürzer* aufgebaut, der sich intensiv mit Berberteppichen und dessen Geschichte befasst und auch traditionelle Muster wiederentdeckt und auch ein Buch darüber geschrieben hat *(W. Stürzer, H. Reinisch,* Berber, Collection Hersberger, CH-4132 Muttenz). Die Kooperative liegt ca. 10 km außerhalb, jedoch sind Besuche nicht besonders erwünscht, da die Teppiche lieber zentral vermarktet werden. Es gibt sehr viele Teppichläden in Taliouine, die sich mittlerweile alle „Cooperative" nennen, aber auch nur von diesen kaufen.

Dienstags fährt von Tazenakht ein **Bus** über *Ouarzazate* nach *Marrakesch* (70 DH, 7 Std.).

Während links ein Abzweig nach **Foum-Zguid** führt, geht unsere Route rechts weiter nach Taroudannt. Bei km 97 liegt linker Hand ein verfallenes Ksar mit Moschee und Marabout, die **Zawia Sidi Lahsain.** Nach 103 km laden zwei neue Cafés/Restaurants zur Rast ein und nach 4 km bei **km 107** ist der größere Ort **Kourkouda** erreicht; es gibt eine Tankstelle und Geschäfte. Ein alter Ksar schmiegt sich an den Hang. Weiter durch etwas langweilige Hügelgegend mit Weizenfeldern in der Halbwüste. Die größeren Berge sind jetzt weiter weg. Danach bergauf durch Hügel und Berge. Die Gegend zwischen *Tazenakht, Taliouine* und *Aoulouz* ist **Safranland,** hier wird Safran angebaut; unterwegs kann man bei Wander-Händlern, aber auch in den Dörfern die Fäden kaufen.

Weiter führt die Straße durch eine etwas langweilige, hügelige Halbwüstengegend mit Weizenfeldern, die größeren Berge sind jetzt weiter weg. Danach geht es wieder bergauf durch Hügel und Berge.

Bei **km 123** liegt rechts der Piste (ca. 2 km) ein prägnanter Hügel/Berg, in dessen Fels zahlreiche Höhlen gehauen wurden. Ob diese früher einmal als Zufluchtsstätten dienten oder aus sonstigen Gründen geschaffen wurden (einige entstanden sicherlich durch Erosion), konnte ich nicht in Erfahrung bringen; jetzt werden einige als Viehunterschlupf benutzt. Von den Höhlen hat man eine hervorragende Aussicht, die Hirten sind sehr freundlich und zurückhaltend.

Nach 139 km beginnt der Ort **Ighri** mit ein paar Häusern rechts und zwei Marabuts links der Straße. Der **Hauptort** folgt erst bei km 141,5, es gibt ein Café/Restaurant; 2 km darauf Tankstelle, Dorf und Kaserne. Weiterhin führt die Route durch schroffes Bergland. Die Region ist sehr dünn besiedelt, es gibt viele Hirten.

Km 152: links Abzweig nach **Agadir-Melloul** (Wegweiser 36 km).

Nach knapp 2½ km (km 154,4) zweigt eine Straße zum Dorf **Ifri** ab (GPS-Pos. N 30°27,02′ W 7°50,67′), das sehr schön an einem Flüsschen liegt, auf dessen Ostseite sich eine Felswand erhebt, in die von fern nicht sichtbar ein **Agadir** mit vielen raffiniert in den Fels gehauenen und mit Türen verschlossenen Kammern gehauen wurde. Den Speicher kann man mit dem Speicherwärter *Lahcen* besuchen, der im Dorf wohnt. Am Dorfanfang führt ein Abzweig zu einer Schule, an dieser fahren wir vorbei bis zum Wasserturm. Dort parken und in Richtung Moschee laufen und dort in der Gasse rechts davor einbiegen und nach Lahcen fragen (GPS-Pos. N 30°26,726′ W 007°50,440′). Innen kann man nicht so sehr viel sehen, es ist ziemlich dunkel, verschachtelt und eng, aber von außen ist der Speicher sehr imposant. Es ist kein offizielles Eintrittsgeld zu zahlen, aber dem Wärter sollten Sie Trinkgeld geben (ca. 50 DH). Oft erfolgt dann auch eine Einladung nach Hause zu ihm; bei seiner Frau kann man Safran kaufen. Die Schule freut sich über Schreibmaterial und Hefte. Im Ort kann man im Herbst auch sehr gut die Krokusfelder sehen, wo der Safran gewonnen wird.

Zurück an der Kreuzung ist ohne Abstecher bei km 165 Taliouine erreicht.

TALIOUINE

Die stark expandierende **Palmenoase** ist von den schroffen, vulkanischen Bergen des **Djabal Siroua** im Norden, im Süden vom **Anti-Atlas** umgeben. Eine schöne **Kasbah,** die der Pascha *El Glaoui* errichten ließ, thront auf einem Berg. Sie ist verlassen und weist eine sehr schöne Ornamentik im oberen Bereich bei den Zinnen auf. Neben der Kasbah stehen einige sehr einfache Lehmbauten, in denen Menschen und Vieh hausen. Hier findet sich jederzeit ein Führer. Der Ort lohnt sich aufgrund seiner schönen Lage zu einem längeren Aufenthalt und für Ausflüge in die umliegenden Täler und Berge des über 3000 m hohen Djabal Siroua. Man lebt hier sehr abgeschieden, auch wenn der Trekkingtourismus den Ort langsam entdeckt.

In Taliouine trifft man am Ortsausgang in Richtung **Ouarzazate** auf der linken Seite auf eine **Safran-Kooperative,** wo man preiswert einkaufen kann. Außerdem gibt es im Ort eine **Teppich-Frauenkooperative,** Tel. 048 53 41 48, Preise zwischen 400 und 2000 DH.

Hotels

- **Ibn Toumert** ***

Tel. 048 53 40 25, Fax 048 88 23 19, nahe der Kasbah. Etwas verstaubtes Hotel mit 100 Zimmern, die meistens leer stehen. Der Speisesaal hat den Charme eines Krankenhauses. €€€, Frühstück 39 DH, Menü 125 DH (nicht beson-

Der Felsagadir von Ifri

ders), sehr freundliches Personal, Pool oft ohne Wasser.

◆**Auberge/Restaurant Soukthana**
Tel. 048 53 40 75, Fax 048 23 14 11. Kleines, sauberes, hübsches Hotel (auch Camping ist möglich) direkt an der Hauptstraße mit Blick auf die Kasbah (aus Agadir kommend 1 km von der Stadtmitte entfernt, von Ouarzazate gleich hinter dem Toreinfahrtsbogen). Nette Zimmer (½€ bis €A), Camping 10 DH p.P., Zelt 7 DH, Wohnmobil 12 DH, Pkw 4 DH. Ein sehr gutes Restaurant ist angeschlossen, im sehr schönen Garten sitzt man gemütlich (Menü 65–70 DH). Das beliebte Trekkinghotel wird von dem engagierten Besitzer *Ahmed Jadid* und seiner französischen Frau *Michelle* betrieben und ist auf **Trekkingtouren** in den Djabal Siroua spezialisiert. Es gibt eine Broschüre mit Infos und Tourenpreisen (z. B. 2-Tagestouren mit Zeltübernachtung und Essen zur sehr schönen *Tislit-Schlucht* 800 DH mit Muli und Führer oder *nach Tizgui* für 700 DH; ohne Muli jeweils 100 DH weniger). Reitmöglichkeit und Fahrradverleih. Parkplätze im Hof.

◆**Auberge Askoun**
1 km außerhalb in Richtung Tazenakht. Die Zimmer sind o.k., aber etwas abgelegen und einsam, ½€.

◆**Hotel/Restaurant/Camping Siroua**
In der Ortsmitte links abbiegen, gegenüber der Polizeistation gelegen. Einfache und saubere Zimmer (€). Reichhaltiges Frühstück mit Olivenöl und Datteln 20 DH, gutes Menü 70 DH. Der Camping ist eher eine Notlösung (Zelt 8 DH, Person 7 DH, Auto 5 DH/Camper 15 DH).

◆**Hotel/Restaurant Camping Toubkal**
Tel. 048 53 40 17, Handy 061 83 84 23. Ca. 2 km vor Taliouine rechts (P 32, von Tazenakht kommend). Einfache Zimmer (€ mit Bad, Frühstück 15 DH) inmitten schöner Gartenanlage mit Pool. Es gibt auch einen kleinen Laden. Hervorragendes Essen im Berberzeltrestaurant. Noch vor wenigen Jahren war dieser Camping ein kleines Paradies, jetzt berichtet jedoch ein Leser von ungepflegten Zimmern und gelangweiltem Personal. Camping 35 DH, 20 DH Strom.

◆**Auberge/Restaurant Café Le Safran**
Tel. 048 53 40 46. Außerhalb des Ortes an der Straße nach *Kourkouda*. Auberge mit sauberen Zimmern (fast alle mit WC und Bad). Sehr schöne Lage mit Blick auf die Kasbah. DZ/EZ ½€, Dreier-Zimmer €B, Suite €. Der sehr nette Besitzer *Mahmoud Mohiydine* spricht fließend französisch und gut englisch und bietet Führungen in den Anti-Atlas und Hohen Atlas an. Er verfügt über hervorragende Kenntnisse der Region. Die Mutter kocht gutes Berberessen. Sehr empfehlenswerte Unterkunft!

Essen und Trinken

In der **Auberge Soukthana, Auberge Toubkal** oder im **Restaurant Caravane Selim.**

Verkehrsverbindungen

Busse verkehren nach **Ouarzazate, Taroudannt** (25 DH) und **Agadir.**

Sammeltaxis bedienen die Nebenstrecken in die Umgegend.

Internetcafé

Im Zentrum.

Ausflüge

Von der Auberge Soukthana aus werden mehrtägige **Trekkingtouren** ins *Djabal Siroua-Gebiet* veranstaltet. Es geht durch traumhaft schöne vulkanische Wüstenberge mit Basaltsäulen und schwarzen Schluchten mit Palmen. Wanderzeit 3–5 Stunden täglich.

Von Taliouine lohnt sich ein Ausflug zu dem **Agadir** (Speicherburg) von **Ifri,** der spektakulär in eine Felswand hineingebaut ist.

Empfehlenswert ist auch ein Ausflug nach **Askaoun** im **Djabal Siroua-Gebiet** (GPS N 30°54,034' W 07°47,932', über *Tozro* und *Tala* GPS N 30°36,450' W 07°50,189'), am Fuße des *Djabal Siroua*. 10 km Asphalt, dann gute Piste. Dort wird Safran angebaut, man zahlt nur 12 DH pro Gramm. Landschaftlich sehr schöne Strecke. Eine Rundfahrt über *Aoufour – Aoulouz* und zurück nach *Taliouine* ist möglich.

179 km hinter Ouarzazate liegt der Ort **Iouzioua Ounneïne** bzw. **Assaki** (Tankstelle und Geschäfte). Nach der Brücke über den **Oued Assaki** zweigt eine **neu geteerte Straße nach Igherm (90 km) und Tata** ab, eine lohnenswerte Variante (sehr schöne Landschaft, Speicherburgen, bizarre Hochgebirgslandschaft), falls man den Anti-Atlas besuchen will.

Nach dem Oued weicht die karge Felslandschaft mit Palmenoasen und Kasbahs einem Buschland, in dem Arganienbäume und Getreidefelder sich abwechseln. Es bietet sich immer wieder ein schöner Blick auf den Atlas.

Bei km 195,5 führt links (bzw. geradeaus) die Straße 7027 in Richtung **Agadir.** Diese Strecke nach Agadir und Taroudannt ist ca. 35 km kürzer, aber landschaftlich langweiliger; rechts führt die alte Route über **Aoulouz** nach **Ouled Berhil.**

Bei **km 202** erreicht man **Aoulouz,** einen großen Ort mit Tankstelle und Geschäften; viele Felder und Obstbäume gibt es im Flusstal.

Die Kreuzung rechts nach *Marrakesch* über den *Tizi-n-Test* ist bei **km 237** erreicht. links geht es nach *Taroudannt/Agadir.*

Km 244 Oulad Berhil. Weiter geht die Straße durch dicht besiedelte Regionen und erreicht bei **km 293 Taroudannt.**

Abkürzung in Richtung Agadir

Weiter geradeaus auf der S 7027 in Richtung Agadir, führt die schmale, gute Straße nach der Kreuzung bergauf; nach 5 km ist der Ort **El-Faid** erreicht.

Bei km 46,5 erreicht man den großen Ort **Khemis Arazane.** Weiter geht es durch die fruchtbare Sous-Ebene, ein landwirtschaftlich intensiv genutztes Gebiet. Sowohl große Landgüter als auch Kleinbauern produzieren hier. Weizen, Zuckerrohr, Arganien-, Mandel- und Oliven- und Obstbäume wachsen in der Ebene. Bei km 71 mündet die Strecke in die Straße *Agadir – Taroudannt:* geradeaus nach Taroudannt (6 km), links nach *Tata – Igherm.*

SÜDMAROKKO

Ouarzazate

Von Ouarzazate ins Drâatal
(Agdez · Zagora · M'hamid)

Die Strasse der Kasbahs
(von Ouarzazate nach Errachidia und Abstecher in die Todhra- und Dadès-Schlucht)

Die Wüstenregionen im Südosten
(Errachidia · Erfoud · Rissani · Erg Chebbi · Merzouga)

Von Rissani über Tazzarine ins Drâatal

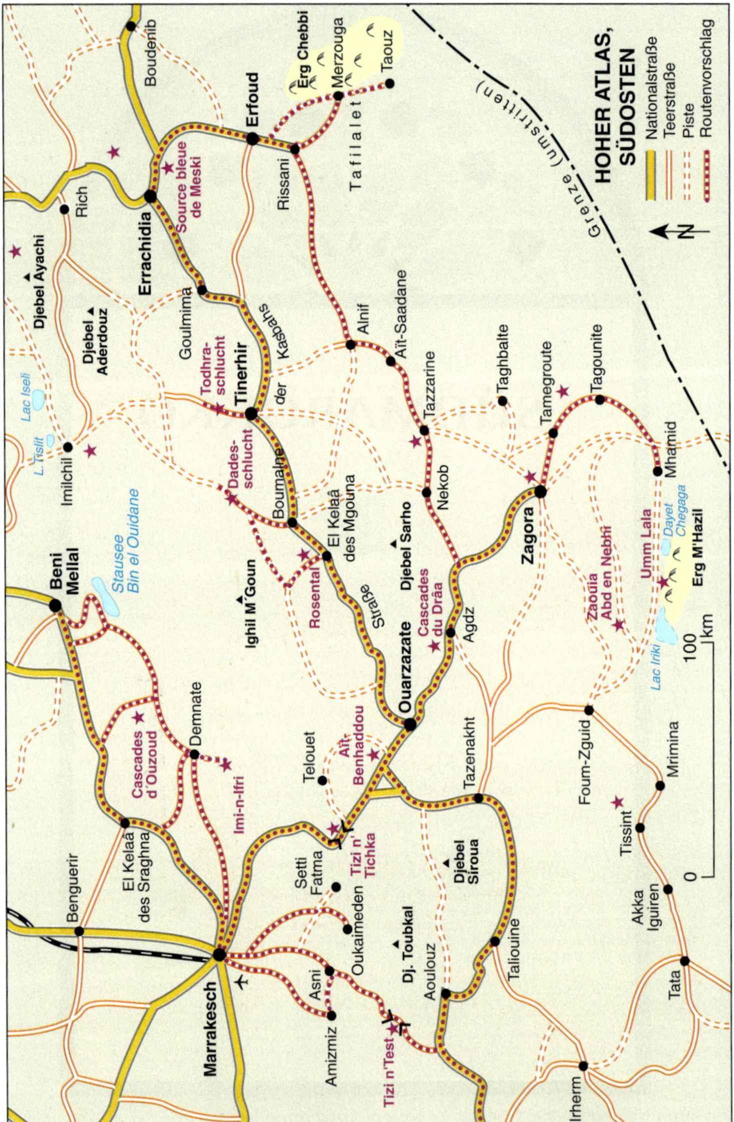
HOHER ATLAS, SÜDOSTEN
Nationalstraße
Teerstraße
Piste
Routenvorschlag
N
0
100
km
Grenze (umstritten)
Marrakesch
Beni Mellal
Benguerir
El Kelaâ des Sraghna
Cascades d´Ouzoud
Demnate
Imi-n-Ifri
Stausee Bin el Ouidane
Imilchil
L. Tislit
Lac Iseli
Djebel Ayachi
Djebel Aderdouz
Rich
Boudenib
Errachidia
Source bleue de Meski
Erfoud
Rissani
Erg Chebbi
Merzouga
Taouz
Tafilalet
Goulmima
Todhra-schlucht
Tinerhir
Straße der Kasbahs
Dades-schlucht
Boumalne
El Kelaâ des Mgouna
Rosental
Ighil M´Goun
Alnif
Aït-Saadane
Tazzarine
Taghbalte
Nekob
Djebel Sarho
Ouarzazate
Cascades du Drâa
Agdz
Zagora
Tamegroute
Tagounite
Mhamid
Dayet Chegaga
Erg M'Hazil
Umm Lala
Zaouïa Abd en Nebhi
Lac Iriki
Foum-Zguid
Mrimina
Tissint
Akka Iguiren
Tata
Irherm
nach Agadir
nach Essaouira
Telouet
Aït-Benhaddou
Tizi n' Tichka
Setti Fatma
Oukaimeden
Asni
Amizmiz
Dj. Toubkal
Tizi n'Test
Aoulouz
Taliouine
Djebel Siroua
Tazenakht

OUARZAZATE UND DAS DRÂATAL

ÜBERBLICK

Überquert man den Atlashauptkamm, wähnt man sich in einer anderen Welt. Die Berge werden kahl und unwirtlich, in dünn bewachsenen Hochtälern ziehen die Menschen mit ihren Viehherden umher und wohnen in Zelten, Höhlen oder Lehmhäusern, die sich in den Orten zu mächtigen Lehmburgen oder verschachtelten Wohnkomplexen türmen. Die felsigen Südhänge, die im Abendlicht rot schimmern, sind von tiefen Schluchten durchzogen, in denen Palmen wachsen und wo entlang der Flüsse Terrassenfeldbau betrieben wird oder kunstvolle Bewässerungskanäle gezogen sind.

Das ist das **Land der Kasbahs,** jenes Marokko, das in jedem Reiseprospekt vorgestellt wird. Vor allem für aktiv Reisende, Geländewagen- und Motorradfahrer, Radler und Wanderer gibt es in Südmarokko viel zu entdecken. Wer abseits der Teerstraßen auf Pisten fahren will, sollte auf mein Buch „Marokko – vom Rif zum Anti-Atlas" zurückgreifen; im vorliegenden Führer werden vor allem die Haupttouristikgebiete beschrieben.

Das **Klima im Süden** ist durch starke Temperaturunterschiede geprägt. Trockene, sehr heiße Sommermonate mit Tagestemperaturen bis über 40°C und Nachtwerten bis zu 28°C stehen der Winterzeit gegenüber, in der es nachts manchmal bis zu -5°C abkühlen kann, tagsüber aber in der Regel angenehme 25°C vorherrschen. Auch Regenfälle sind im Winter, nach heftigen Gewittern manchmal auch im Sommer zu erwarten. Für den Winter empfiehlt es sich demgemäß, warme Kleidung mitzunehmen, da die Nächte in den meist ungeheizten Hotels empfindlich kalt werden können, während im Sommer ohne Klimaanlage oder Ventilator eine Nacht im stickigen Zimmer v. a. kleiner Hotels nicht auszuhalten ist. Hier ist Reisenden mit schmalem Geldbeutel anzuraten, die Übernachtung im Schlafsack auf der Dachterrasse oder auf einem Campingplatz vorzuziehen.

Als günstiger Ausgangspunkt für Exkursionen in den Süden, allerdings ohne besonderen städtebaulichen Reiz, bietet sich Ouarzazate mit seiner sehr guten Hotelinfrastruktur an.

OUARZAZATE

Ouarzazate hat sich vom ehemaligen Militärstützpunkt zu einer sauberen und modernen Stadt gemausert und hat jetzt 146 000 Einwohner. Während der Protektoratszeit war die Stadt bereits wichtiger Militärstützpunkt, und nach dem Krieg waren auch deutsche Kriegsgefangene in Ouarzazate interniert.

Nach der Unabhängigkeit nutzten die Marokkaner den Ort weiterhin als Militärstützpunkt, und mit der Tourismusentwicklung im Süden wuchs auch die Stadt und bekam ein neues Gesicht. Braune und rote Häuser und Mauern mit weiß abgesetzten Zinnen, ein hübscher Hauptplatz *(Place du 3 Mars)* mit Springbrunnen und ein prunkvolles, fast protziges Hotelviertel sowie das Touristikviertel geben dem Ort das Aussehen und das Ambiente einer Touristen-Retortenstadt mit Kasbahcharakter.

BESICHTIGUNG

Die Stadt hat fast keine Sehenswürdigkeiten zu bieten. Wegen der zentralen Lage zwischen Hohem Atlas und Wüste eignet sie sich jedoch hervorragend als Ausgangspunkt für Ausflüge in die Umgebung. Dies haben die Reiseveranstalter erkannt, so dass inzwischen Pauschal- und Cluburlauber in die Stadt eingeflogen werden.

Die **Kasbah Taourirt** am Rande der Stadt – einst Wohnsitz des Paschas von Marrakesch (*El Glaoui,* siehe Marrakech und Telouèt) mit angeschlossenem Kasbahviertel – ist der Inbegriff der stadtähnlichen Kasbah mit Fürstensitz und Wohnvierteln (noch bewohnt), ein riesiger, verschachtelter Bau hinter hohen Mauern, der ehemals einem ganzen Stamm Unterkunft bot. Der sehenswerte Palastbereich hat schöne Holz- und Stuckverzierungen in den Innenräumen und wurde frisch renoviert. Er kann besichtigt werden, Eintritt 10 DH. Es gibt einen offiziellen Führer (Plakette bzw. Ausweis zeigen lassen), der für eine sehr gute einstündige Führung (leider nur in Französisch) 60 DH kassiert; am Eingang verlangen die herumstehenden „faux guides" für 30 Minuten 70 DH. Der zweite Eingang zur Kasbah führt in die daneben liegenden Souvenirläden (die Teppichhändler hier sind unaufdringlich, wissen sehr viel über die Kultur und haben faire Preise). Der anschließende dahinter angebaute Komplex (an der Hauptfront der Kasbah links vorbei) neben der Kasbah, ist ein Dorf für sich mit einer Anzahl verschieden hoher Bauten, einer Burg, zahlreichen Türmen und einer *Mellah* (Judenviertel), die sich zu einem Ganzen zusammenfügen und die *Kasbah* – in diesem Falle die ganze Altstadt – bilden. In der Mellah wohnen keine jüdischen Bewohner mehr; in der Synagoge ist jetzt eine Teppichweberei untergebracht. In diesem verwinkelten Komplex durch die Gassen zu bummeln, ist faszinierend, auch wenn sich schon einige Souvenirhändler in den Hauptgassen niedergelassen haben und Kinder sich als Führer aufdrängen. Jedoch sind sowohl der Teppichladen als auch der Laden am Ende der Gasse, die sich zum hinteren Kasbahbereich zum Platz hin öffnet, sehr angenehm und unaufdringlich. Hier kann man auch Anschauungsunterricht im Straßenfußball erhalten: wie es kleine Jungs in zwei Meter breiten Gassen schaffen, ein durchaus gekonntes Spiel zustande zu bringen. Die Bevölkerung ist freundlich, durch den Touristenansturm – oft auch kurzbehoster Mountainbiker vom Club Med, die bis in die hintersten Gassen vordringen –, aber mittlerweile nicht mehr ganz so begeistert von den Fremden.

Einen Besuch wert ist der kleine **Suq,** der zwar nicht mit den großen Städten konkurrieren kann, aber durchaus eine nette Auswahl an Waren bietet. Geöffnet ist er bis 22 Uhr. **Markttag** ist der Sonntag.

Die **Kasbah Tiffoultoute** (2 km) an der Verbindungsstraße *Marrakesch – Zagora* liegt imposant auf einem Hügel über dem Drâatal. Vor allem wegen der schönen Aussicht von der Dachterrasse und der grandiosen Außenkulisse lohnt sich ein Besuch (Eintritt 10 DH, inkl. Tee). Außerdem kann man einen Besuch dorthin mit einem Restaurantbesuch in der Kasbah verbinden. Von den Hotels „La Vallée" und „Drâa" ist die Kasbah entlang des Flusses auf einem schönen Spaziergang zu Fuß erreichbar.

Der **Stausee Mansour ed Dahbi** ist von schroffen Wüstenbergen umgeben und ca. 15 km von Ouarzazate entfernt. Hier entstanden an einem kleinen Bereich des Nordufers ein Nobelwohnviertel, in dem sich *Sean Connery* und *Alain Delon* eine Kasbah errichten ließen, und ein Touristikkomplex mit (mittlerweile aufgelassenem) Golfplatz, Surf- und Segelcenter. Das mit Palmen und allerlei mediterranen Pflanzen begrünte Villenviertel ist aber in den Anfängen steckengeblieben, die Prominenten der Filmszene sind nicht mehr anzutreffen, auch wenn sich einige betuchte Marokkaner hier niedergelassen haben. Das Viertel wirkt unwirklich und abgeschieden inmitten der ansonsten kahlen und unwirtlichen Uferlandschaft.

Die **Storchenkasbah** und ein anderes Ufer des Stausees erreicht man ebenfalls auf der Strecke in Richtung Zagora. Wenn man die erste Gasse nach dem Hotel La Vallée nach links fährt, trifft man nach ca. 3 km auf die alte Festung mit den Storchennestern (Kasbah Cigogne).

Am Place du 9. Novembre (kurz vor dem Campingplatz) gibt es einen kleinen, **zoologischen Garten** mit einheimischen Tieren wie Wildschweinen, Affen, Enten, Fasanen, Dornschwänzen, Schlangen. Eintritt 2 DH. Mit Kindern ganz nett, aber wer europäische Zoos gewöhnt ist, empfindet die Anlage trostlos.

Zum Ausflugsprogramm der Hotels gehört ein Abstecher in die 15 km entfernte **Palmenoase Fint,** die hübsch gelegen ist, sich aber eigentlich nicht rentiert; besser ist es, nach Skoura zu fahren, hier hat man wirklich einen großen Oasenhain zu besichtigen, zusätzlich zu einigen eindrucksvollen Kasbahs.

PRAKTISCHE INFOS

Tel. Vorwahl: 044, PLZ 45000

Touristeninformation

◆**Syndicat d'Initiative**

Av. Mohammed V., BP. 516, Tel. 044 88 24 85, Fax 044 88 52 90. Das Touristenbüro organisiert Tagesfahrten ab Ouarzazate für ca. 200 DH p. P. und vermittelt Bergführer.

Klassifizierte Hotels

◆**Meridien Berbère Palace******

Bd Mansur Eddahbi, Tel. 044 88 31 05, Fax 88 30 71. Sehr gutes und gepflegtes Hotel, etwas arrogant. €€€€A (zu teuer), Frühstück 50 DH (lohnt sich nicht). Erstklassiger Service, auch am Pool Barbetrieb bis 1 Uhr nachts. Gute Pizzeria neben dem Hotelrestaurant (Pizza ab 50 DH, Entrecôte 100 DH).

◆**Bélère******

Av. Prince Mulay Rachid, Tel. 044 88 28 03/88 29 37, Fax 88 31 45. Schönes aber schon in die Jahre gekommenes Hotel, erholsamer und schöner Garten mit Pool; €€€€ inkl. Frühstücksbüffet; bewachter Parkplatz. Das Preis-Leistungsverhältnis ist ausgezeichnet. Mittlerweile steigen viele Pauschaltouristen hier ab, eine Reservierung ist daher zur Hochsaison empfehlenswert. Das Büffet ist o.k. aber nicht berauschend.

◆**Karam Palace******

Av. Mulay Rachid, Tel. 044 88 25 22, Fax 044 88 26 42. Sauberes, schönes Hotel, auch mit Apartments , Rezeptionspersonal unfreundlich. Abendbuffet sehr gut; schöne Lage. €€€€.

◆**Farah Al Janoub******

Zone Touristique Erraha, Tel. 044 88 51 09, Fax 044 8852 24. Luxuriöses, neues Hotel mit allem Komfort. €€€€.

Die Kasbah Taourirt in Ouarzazate

◆**Club Hanane******
Avenue Erraha, Tel. 044 88 25 55, Fax 044 88 57 37. Sehr komfortabel im Kasbahstil, aber laute Klimaanlage. Man gibt sich wenig Mühe, da die meisten Reisenden ohnehin nur auf der Durchreise sind. Pool, Hammam 50 DH, €€€€, Frühstück 77 DH, Menü 165 DH (nicht besonders), Aufschlag mit Kreditkarte.

◆**Kenzi Azghor** ****
Av. Prince Mulay Rachid, Tel. 88 65 01/02, Fax 044 88 63 53; sehr hellhörig und laut, Essen nicht besonders; €€€€B ohne Frühstück.

◆**Riad Salam*****
Av. Mohammed V., Tel. 044 88 33 35, Fax 044 88 27 66. €€€€, Pool, Tennis, schönes Hotel, aber im Vergleich zum Bélère zu teuer, Essen meist gut; bewachter Parkplatz. Mittwoch und Samstag kommen die Touristenbusse, dann gibt es vor allem zur Osterzeit für Individualtouristen nur noch die schlechten Zimmer, und die Küche schafft es gerade noch, ein deutsches Büffet mit Dosengemüse zu „zaubern".

◆**Le Zat** ***
Quartier Aït Goudif (in Richtung Errachidia), Tel. 044 88 25 58/21, Fax 044 88 53 94. Flacher Bau, an dem der Putz bröckelt, abgewohnt, aber ruhig gelegen. Blick auf die Stadtkulisse, kleiner Garten, Pool, Essen mäßig, Massenabfertigung. €€€€, in der Nebensaison 25% weniger.

◆**Palmeraie*****
Bd Al Maghrib al Arabi, Tel. 044 88 57 70, Fax 044 88 57 49. Neben dem Hotel Hanane. Schönes Mittelklasse-Hotel, das jetzt zur französischen ARA-Groupe gehört. €€€A, Frühstück 38 DH. Manchmal bei wenig Belegung auch Sonderpreise. Jeweils drei Zimmer (mit Heizung und Klimaanlage) auf Bungalows verteilt, die locker im schönen Garten gruppiert sind. Menü 90–120 DH. Swimmingpool. Kinderfreundlich.

◆**Draa*****
Tabounte, km 2, Route de Zagora, Tel. 044 85 47 61, Fax 044 85 47 62, www.ouarzazate.com/hoteldraa. Im Ortszentrum von Taboun-

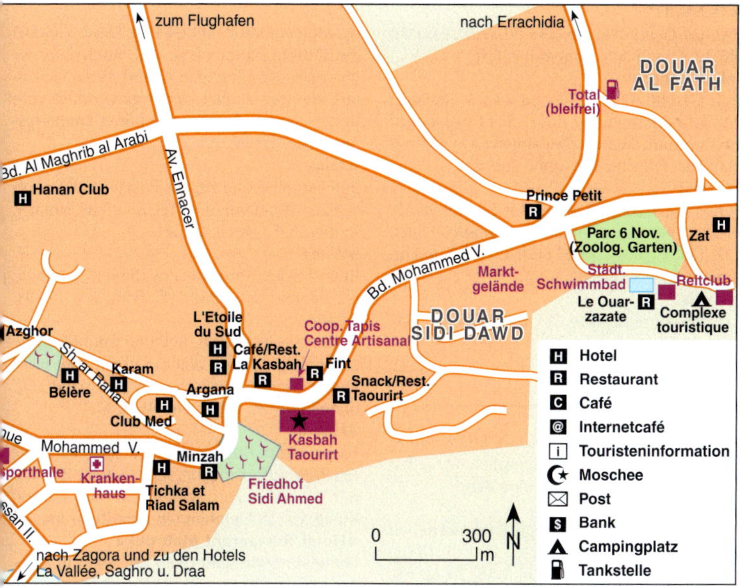

te, an der Hauptstraße direkt an der Kreuzung Zagora – Agadir und Marrakesch (Tankstelle). Sehr hellhöriges, sauberes Hotel mit Pool (nicht immer mit Wasser), Restaurant ohne Fenster (Essen nicht besonders und zu teuer), Panoramaterrasse und Straßencafé, bewachter Parkplatz. DZ mit Air-Condition und WC/Dusche €€A mit Frühstück.

◆**La Gazelle****
Av. Mohammed V., Tel. 044 88 21 51, Fax 044 84 47 27. Sparsam möblierte, etwas muffige Zimmer, gruppiert um einen Innenhof mit einem hübschen kleinen botanischen Garten. DZ mit WC und Dusche €A–€€B inkl. Frühstück, in der Nebensaison billiger; gutes Essen (Menü 100 DH, Tagesgericht 50 DH, Bier 15 DH); schöner und sauberer Pool, Parkmöglichkeit im Hof. Der neu gebaute Trakt für Touristengruppen heizt sich leider sehr auf.

◆**La Vallée ****
Tabounte, Tel. 044 85 40 34, Fax 044 85 40 43; außerhalb an der Straße nach Zagora, hinter der großen Furt über den Oued Ouarzazate. Beliebtes Travellerhotel. Saubere Zimmer, sehr freundliches Personal, hübscher Innenhof mit Pool, Festzelt zum Essen mit Musikuntermalung. Der Außenbereich macht mehr her als die Zimmer. Diese sind einfach und sauber, die Nachttischlämpchen funktionieren nur zum Teil, manchmal baumeln nackte Glühlampen von der Decke. €€ DZ mit Bad und Frühstück. €A ohne Duschen. Gutes und reichliches Essen (Essen 70 DH mit Berber-Live-Musik), gutes Frühstück mit Pfannkuchen 20 DH, Alkohol.

◆**Residence Karam****
Av. Prince Mulay Rachid, Tel. 044 88 25 24, Fax 044 88 33 28; sauber, auch Apartments.

◆**Saghro***
Tabounte, an der Kreuzung zur Straße, die nach Zagora führt, nahe La Vallée, Tel. 044 85 41 35. €B.

◆**Oasis***
Tel. 044 88 66 56, Bd Al Maghrib al Arabi. ½€, Menü 40 DH, Frühstück ca. 13 DH, 2000 eröffnet, einfach, aber sauber.

◆**Es Saada***
Avenue de la Poste, Tel. 044 88 32 31, Fax 044 88 32 31; einfach, ungemütlich, €.
◆**Bab Sahara***
Tel. 044 88 47 22, 044 88 44 65, Place El Mouaheddine, hinter dem CTM-Busbahnhof im Zentrum. Sauber, aber abgewrackt. DZ mit Bad inkl. Frühstück €, ohne Bad €B.
◆**Amlal ***
Rue du Marché im Zentrum,Tel. 044 88 40 30, Fax 044 88 46 00. einfaches, sauberes Hotel, DZ/Du. € plus 25 DH Frühstück, ohne Dusche ½€.
◆**Zahir***
Lotissment du Centre, Tel. 044 88 57 40, Fax 044 88 67 79.

Clubhotels/Riads

◆**Club Mediterranée**
Av. Prince Mulay Rachid,Tel. 044 88 26 50, Fax 044 88 28 14; für Tanzwütige spielt hier jeden Abend von 21.30–23 Uhr eine Band.
◆**Erimitage bleu**
Al Wahda 32, Richtung Flugplatz direkt neben dem großen Gebetsplatz, Tel. 044 88 75 03, Fax 044 88 75 02, Mobil 066 74 60 66, erimitagebleu@yahoo.com. Sechs individuell eingerichtete Zimmer (andalusisch-marokkanischer Stil) in einem sehr schönen, geschmackvoll eingerichteten Haus mit Garten, großer Terrasse und Berberzelt. Deutsche Besitzerin ist *Tina Hamman*. €€€€, inkl. Frühstück. Sie betreibt auch das **Restaurant Fly Club** in der Rue de la Marché.
◆**Club Hanane** und **Club Karam** siehe klassifizierte Hotels!

Unklassifizierte Hotels

◆**Warda** und **Residence Warda**
Av. Mohammed V.; freundliche, helle und sehr saubere Zimmer mit Badezimmer und Kochnische; sehr schöne Dachterrasse, freundlicher Besitzer, der auf Wunsch preisgünstige Exkursionen organisiert; Preis ist Verhandlungssache (€€B). In der Residence gibt es Selbstversorger-Apartments.
◆**Es Salaam**
Zentrum, Tel. 044 88 25 12; preiswertes, bedingt sauberes, etwas muffiges Hotel, viele Rucksackreisende; Duschen und WC im Zimmer, Fenster zum Flur. ½€.
◆**Royal**
Av. Mohammed V., Tel. 044 88 22 58. ½€, DZ mit Dusche, aber ohne WC, auch Zimmer ohne Dusche (Etagenduschen). Einfach, sanitäre Anlagen sauber. Nicht ganz ruhig, gute Betten, warme Duschen, schöner Empfangsraum und Innenhof.
◆**Atlas**
Beim Marché Municipale, Parallelstraße nördlich zur Mohammed V., Tel. 88 23 07. Einfach, sauber, ½€, Menü 30 DH.
◆**Waha**
Beim Busbahnhof (für Privatlinien), einfach, DZ mit und ohne Bad ½€, Frühstück 15 DH.
◆**Baba**
Einfaches Hotel, nett, hell und freundlich, direkt neben obigem Waha. Sauber, aber nicht immer frische Bettwäsche. Große Zimmer (DZ ohne Bad ½€, mit €, mit AC €A).
◆**Habib**
Ebenfalls am Busbahnhof, günstigstes Hotel am Platz, ½€. Einfache, sehr saubere Zimmer mit Waschbecken. Toiletten mäßig sauber. Ruhig, ca. 15 Gehminuten zum Zentrum.
◆**Hotel/Restaurant Mabrouka**
Ungefähr 2 km außerhalb der Stadt in Richtung Agdz. Sehr empfehlenswert (Leserempfehlung).

Camping

◆**Camping Municipale**
Tel. 044 88 25 78. Nach der Kasbah Taourirt in Richtung Stausee, dann ca. 1 km nach der Kasbah rechts, 4 km vom Zentrum entfernt. Gut gepflegter und sauberer Campingplatz mit schattigen Standplätzen, einfache, meist saubere (je nach Andrang) sanitäre Anlagen. Preise: 12 DH/Pers., 10 DH/Auto, 20 DH Strom. Trinkwasser nur in der Küche am Empfang (chlorig). Einfache Zimmer zu mieten. Nebenan liegt das öffentliche Schwimmbad (teuer!). Der Platz ist vom Tourismuszentrum umgeben, so dass man abends gleichzeitig mehrere Folkloreveranstaltungen in beträchtlicher Lautstärke akustisch mitverfolgen kann.

Essen und Trinken

Restaurants und Cafés

In den Hotels, z. B. im ◆**La Gazelle** bzw. ◆**Hotel La Vallée** (Tel. 044 85 40 34) isst man gut und preiswert mit Alkoholausschank.

Im Restaurant Chez Dimitri

Preiswerte Restaurants gibt es auch um den Suq und in der Av. Mohammed V., gegenüber der Touristeninformation.

◆Chez Dimitri
Bd Mohammed V., Tel. 044 88 26 53. Nur von 19.30–22 Uhr geöffnet. Schönes Restaurant, stilvolles Ambiente mit Autogrammfotos vieler Filmstars an der Wand, gute Küche, Alkoholausschank. Vorspeise 30–60 DH, Hauptgericht zwischen 70 und 120 DH, Flasche Wein 100 DH, Bier 15 DH. Das Restaurant profitiert vom Ruf vergangener Zeiten. Kreditkarten werden akzeptiert.

◆Café La Fibule
Neben Chez Dimitri. Gemütlich und preiswert. Hervorragende Harira.

◆La Kasbah
Tel. 044 88 20 33. Gegenüber der Kasbah Taourirt mit schönem Blick auf diese, Menü (ab 80 DH) zu teuer für das Gebotene.

◆Obelix
Rue de la Poste, Tel. 044 88 28 29. Neues, hübsches Restaurant, nahe am Zentrum. Gutes Essen.

◆La Dattes d'Or
Rue de la Poste, Tel. 044 88 71 17. Neues Restaurant, nahe am Zentrum.

◆Fint
Tel. 044 88 48 86, direkt neben dem Restaurant *La Kasbah*, herrliche Terrasse, gutes Essen (um die 100 DH/Menü).

◆The Fly Club
Av. P. S. Heritièr/Rue Todra; von der Av. Mohammed V. Richtung Flughafen auf der linken Seite, wenn man vom RAM-Büro kommt. Tel. 044 88 75 02/03. Schönes, neues Bistro, Restaurant und Café. Sehr gut, hübsch aufgemacht (deutsche Besitzerin, 90–110 DH Menü, internationale und marokkanische Küche).

◆Etoile du Sud
Bd Ennacer, Tel. 044 88 30 73. Großes Restaurant nahe der Kasbah mit Terrasse und Abendveranstaltungen.

◆Dadès
Av. de la Poste, neben dem Supermarkt *Dadès,* beim Busbahnhof. In Ordnung und preiswert, alles frisch zubereitet. Marokkanisches Essen und Publikum. Brochette mixte 45 DH, Filet-Steak 60 DH, Salatplatte 25 DH.

◆Petit Prince
Bd Mulay Abdullah, Tel. 044 88 77 79. Hübsches Restaurant an der Ortseinfahrt (wenn man von Tinerhir kommt).

◆Essalam
Av. Prince Heritièr Sidi Mohammed (in der Seitenstraße gleich rechts vom Chez Dimitri Richtung Suq); gutes Essen, schlappe Bedienung, Dachterrasse; Brochettes, Tajine 50–60 DH.

◆Chez Nabil
Av. de la Poste, Tel. 044 88 45 45, beim *Supermarché Dadès*. Auch Café und Eisdiele. Gutes marokkanisches Essen zu leicht überdurchschnittlichen Preisen. Bier 22 DH.

◆Eraha
Rue el Mouahidine (beim Busbahnhof). Sehr gut und freundliches Personal, das viele Sprachen spricht. Es wird Wert auf gute italienisch-französisch inspirierte Küche gelegt.

◆El Warda
Av. Mohammed V.; Menü ca. 50 DH, okay, gutes Frühstück.

◆Snack Taourirt
Neben der Kasbah Taourirt; wenn viele Touristen im Ort sind und frisch gekocht wurde, gibt es gute Tajine und ein Menü für 60–70 DH.

◆Pizza Venezziano
Av. Mulay Rachid, Tel. 044 88 76 76. Gute Pizza, nette Terrasse, aufmerksame Bedienung, gute Preise.

◆Pizzeria La Halte
Rue du Marché. Netter Besitzer, gute Pizza (nicht allzu groß), Pizza Margarita 25 DH.

◆Waha Drâa
Quartier Aït Gdif, Tel. 044 88 63 86. Gute marokkanische Küche, mittlere Preislage.

◆Glacier 3 Mars
Gute Eisdiele am Place de 3 Mars.

◆Patisserie Al Ailia
Gegenüber des Marchée Couvert. Gute Kuchenauswahl, lecker, französisches Ambiente.

◆Le Ouarzazate
Complexe Touristique, Quartier Sidi Daoud (beim Campingplatz und Zoo), Tel. 044 88 31 10. Menü 120–250 DH.

◆Café-Restaurant Hilal
Tel. 044 88 69 48, in der Rue du Marche, nähe Hotel Royal, gut aber wenig. Sehr freundlich.

◆Snack EL Hassania
Boussin Mohamad, Rue de Marché 32 (zwischen Hotel Atlas und dem Suq), Tel. 062 29 84 35. Kleines, schmuckloses Restaurant, dafür preiswert und schmackhaft, freundlich und ehrlich (Tajine 20 DH, Suppe 6 DH).

◆Restaurant Al Karama
Einfaches Restaurant neben dem Internet-Café *Cyber Satellite*. Kleines und gutes Menü für 30 DH, auch reichlich garnierte gute Sandwiches für 15 DH.

Busverbindungen

Büros/Busbahnhöfe

◆Der **CTM-Busbahnhof** liegt an der Av. Mohammed V. Büro: 5, Av. Mohammed V., Tel. 044 88 24 27. CTM bietet nur noch wenige Verbindungen an (z.B. 2x wöchentlich nach Casablanca), ansonsten fahren Privatbusse zu verschiedenen Zielen mehrmals täglich.

◆Der **Busbahnhof für Privatlinien** liegt am westlichen Stadtrand an der Parallelstraße zur Av. Mohammed V., nördlich der Garage Tichka. 50 m südlich halten auch die Sammeltaxis. Privatbusse nach

◆ **Bahnbusse: Supratours** (arbeiten mit CTM zusammen), Tel. 044 60 72 62.

Verbindungen (Auswahl):

- **nach Inezgane/Agadir:**
  5x täglich SATAS-Busse, 7 Std. Fahrzeit, 80 DH plus 10 DH Gepäck.
- **nach Agdz – Zagora – M'Hamid:**
  1x tägl. mit SATAS (mittags), ca. 40 DH.
- **nach Boumalne – Tinerhir:**
  2x täglich mit SATAS.
- **nach Marrakesch – Casablanca:**
  CTM-Bus 2x wöchentl., ca. 140 DH, ca. 9 Std. Fahrzeit. SATAS 3x täglich (abends) bis nach **Rabat.** Um nach **Aït Benhaddou** zu kommen, ist es möglich, in den Bus nach Marrakesch zu steigen und an der Kreuzung nach Aït Benhaddou (Tabourath) auszusteigen. Dort findet man für die restlichen 11 km meist sehr schnell eine Mitfahrgelegenheit oder kann in einem Pickup-Taxi auf der Ladefläche mitfahren.

SATAS verkehrt außerdem einmal täglich nach ➠ **Guelmim – Tiznit – Agadir/Inezgane** (abends), nach **Agdz – Tazzarine – Alnif – Errachidia** und nach **Safi** (jeweils morgens).

In Ouarzazate verkehrt ein gelber **City-Bus,** der z. B. die Atlas-Filmstudios anfährt und alle halbe Stunde an den Haltestellen mit gelben Schildern abfährt.

Taxi/Sammeltaxi

Stadttaxis

Vom Flughafen werden häufig Fantasiepreise verlangt, v. a. nachts vom Flughafen (Nachtzuschlag ist 50% des Tagestarifes). Dieser ist nur 3 km weit vom Stadtzentrum, nicht mehr als 25 DH zahlen! Tagsüber scheint der Einheitspreis der Petit Taxis 3,5 DH zu sein, egal wie weit man fährt, Taxameter werden erst gar nicht eingeschaltet!

Sammeltaxis

Abfahrt an drei verschiedenen Stellen (für die unterschiedlichen Richtungen) beim ◆**Busbahnhof für Privatlinien,** am westlichen Stadtrand an der Parallelstraße zur Av. Mohammed V., nördlich der Garage Tichka in **Richtung Norden** u. a. Marrakesch und Aït Benhaddou. Ein Sammeltaxi nach Marrakesch kostet ca. 60 DH, nach Zagora 50 DH plus 10 DH Gepäck. Ein Grand Taxi nach Ouarzazate über Aït Benhaddou und zurück nach Marrakesch kostet komplett 500 DH (5 Personen).

Es gibt auch einen **Taxiabfahrtsplatz** etwas hinter dem Hotel *Royal*, z. B. von dort auch nach Aït Benhaddou. Hin und zurück kostet dorthin für 6 Personen ca. 200–300 DH oder nach Zagora 300 DH (wenn man das ganze Taxi mietet). Einzelpersonen zahlen ca. 10 DH bis zum Abzweig nach Aït Benhaddou, die restlichen 11 km lassen sich trampend oder mit einem Pick-up-Taxi ab der Kreuzung in Tabourath (5 DH) bewältigen.

Der **Standplatz für die Taxis nach Osten,** z. B. Skoura (12 DH), Tinerhir, Erfoud (mit Umsteigen), liegt auf einem staubigen Gelände an der P 32 außerhalb der Stadt noch etwas hinter dem Abzweig zum Zoo. Komplettes Taxi nach Skoura 70 DH. Man hangelt sich auf dieser Streck von Ort zu Ort, z. B. bis Mgouna (13 DH), von Mgouna nach Boumalne (6 DH), von Boumalne nach Tinerhir (12 DH) und von dort für 25 DH bis Erfoud.

Ouarzazate – in der Hauptstraße Mohammed V.

Flugverbindungen

◆**Flughafen:** Taourirt, Tel. 044 88 23 48.
◆**Flugbüro Royal Air Maroc:**
1, Av. Mohammed V., Tel. 044 88 51 02, 044 88 50 80, 044 88 44 77, Fax 044 88 68 93. Flugpläne wechseln halbjährlich.

Inlandsflüge:

➠ täglich nach **Casablanca** und von dort Anschlussflüge zu anderen Städten.

Auslandsflüge:

➠ mit der RAM nach **Frankfurt** 3x wö., **Paris** täglich (alle über Casablanca).

Rund ums Auto

Mietwagen

◆**Avis**
Ecke Bd Mohammed V. et Rue A. Sehraoui, Tel. 044 88 43 10 und Flughafen.

◆**Europcar/Interrent**
Zentrale Resevierungsstelle: Tel. 00212-022-31 37 37 (Casa), Fax 31 02 30, E-Mail: maroc@europcar.ma. Bureau Nr. 4, Av. Mohamed V., Place du 3 Mars, Tel. 044 88 20 35, Fax 044 88 40 27. Geöffnet montags bis samstags von 8.30–12 und 14.30–19 Uhr sowie Sonntagvormittag. 375 DH/Tag bei Wochenmiete. Preise ab Deutschland s. Prakt. Tipps/Mit dem Auto unterwegs.

◆**Budget**
Av. Mohammed V., Tel. 044 88 42 02, Fax 044 48 42 12 und am Flughafen. Das Büro ist nicht immer besetzt, was ärgerlich ist, wenn der Wagen eine Panne hat und man dringend jemand erreichen möchte. Tarif für die billigste Klasse (Fiat Uno) 2800 DH für 1 Woche inkl. Km.

◆**Hertz**
Zentrale Reservierungsstelle: Tel. 00212-022-48 47 10 (Casa). Ouarzazate: 33, Bd Mohammed V., Tel. 044 88 20 84/88 34 85. Von den internationalen Autovermietern der billigste, aber noch immer 100 DH mehr pro Tag als bei den marokkanischen Vermietern. Preiswerter ist es nur bei Buchung von zu Hause aus. Montag bis Freitag 8–12 und 14–18.30 Uhr, Samstag/Sonntag 9–12 Uhr.

◆**Weekend Car**
Reservierungszentrale Casablanca: Tel. 022 47 25 58. Ouarzazate: 4, Av. Mohammed V./Place 3 Mars, Tel. 044 88 28 80, Fax 044 88 29 50. Auch Filiale in Agadir. In der Vergangenheit guter Service, kulant und empfehlenswert. Ein Leser klagte über schlechte Autos (u. a. total abgefahrene Reifen, hoher Km-Stand). Fiat Uno 2520 DH/Woche, Geländewagen 8400 DH/Woche. In der Nebensaison ca. 15% billiger. Mit Kreditkartenzahlung 5% Aufschlag. Es muss Kaution hinterlegt werden (ca. 10 000 DH). Verhandeln ist möglich.

◆**Khouloud Cars**
Tel./Fax. 044 88 31 35. Neben dem Hotel Bab Sahara, Place El Mouwahidine. Günstiger und sehr zuverlässiger Anbieter, z. B. 1 Woche ab 1800 DH (Nebensaison) alles inkl. Fiat Uno 400 DH/Tag. Neue Autos, im Fall der Panne wird das Auto gegen ein neues Fahrzeug eingetauscht.

◆**Sam Tour**
9, Av. Mulay Rachid, Tel./Fax 044 88 70 54, Mobil 066 23 96 00. Seriös und sehr freundlich, neuere Fahrzeuge, die ins Hotel gebracht und wieder abgeholt werden. Peugeot 205 für 2 Tage 950 DH.

◆**Draa Car**
Abdellah Rahmouni, Immeuble Charaf Nr. 2 (beim Hotel Amlal), Tel. 044 88 56 62, 044 88 28 92, Handy 061 64 64 46. Sehr netter Typ, gute Autos, Fiat Uno mit Risikoversicherung 300 DH/Tag.

◆**Amazrou Transport**
41, Av. Moh. V, Tel. 044 88 23 23. 1 Tag Fiat Uno 500 DH, 1 Woche ca. 2800 DH.

◆**Mars Location**
1, Place du 3 Mars, Tel. 044 88 69 82, sehr günstiger Anbieter, Preise verhandelbar.

◆**Tafouki Cars**
88, Rue d'Errachidia, Tel. 044 88 26 90, verleiht auch Räder und Mopeds.

◆**Citer (Dollar Rent a Car)**
Place du 3 Mars, Tel. 044 88 52 60. Angenehmer Service, ermäßigte Nebensaisonpreise.

◆**Dunecar**
Av. Mohammed V., Tel. 044 88 73 91, beim Hotel Amlal und Restaurant Es Salam. Sehr freundlich und zuvorkommend.

Siehe auch Reisebüros: Einige vermieten Geländefahrzeuge. Preisvergleich und Handeln lohnen sich. Bedingungen etc. siehe im Mietwagen-Kapitel.

Werkstätten

◆**Garage Tichka**
75, Av. Mohammed V., Tel. 044 88 51 96.

◆**Raquiq El Habib**
Quartier Industriel, B.P. 99, Tel. 044 88 49 33; führt Reparaturen zuverlässig aus und ist sehr zuvorkommend. Positive Leserresonanz.

Notfall

◆**Notruf:** Tel. 019
◆**Feuerwehr:** Tel. 015
◆**Polizei:** Tel. 019, Av. Mohammed V.
◆**Nachtapotheke:**
Av. Mohammed V., Tel. 044 88 24 81/70
◆**Rotes Kreuz:** Tel. 04488 36 35
◆**Clinique Chifa**
Bd. Mulay Rachid, Tel. 044 88 55 50

Nachtleben

Discos/Nachtclubs

In den großen Hotels.

Diner Spectacle

◆**Le Ouarzazate**
Quartier Sidi Daoud (beim Campingplatz und Zoo); Tel. 044 88 31 10; Folkloreshows und Abendessen in einer Kasbah (à la 1001 Nacht); Buchung in erster Linie durch Reisegruppen; der Spaß ist nicht gerade billig (ca. 400 DH), aber auch für Individualtouristen durchaus mal sehenswert.

Einkaufen

◆**Marché Municipal (Marché couvert)**
In einer nördlichen Parallelstraße bzw. am Platz zur Av. Mohammed V. (von Marrakesch kommend links); hier gibt es alle Frischwaren zu kaufen.
◆**Supermarché Dimitri**
In der Avenue Mohammed V. (gegenüber dem Restaurant Chez Dimitri); gute Auswahl an Konserven, kaum Frischwaren; Wein und Campinggaskartuschen; Öffnungszeiten von 8–21 Uhr.
◆**Supermarché Dadès**
(Beschilderung folgen) Av. de la Poste, neben Restaurant *Chez Nabil*. Gutes Angebot, aber teurer als in kleinen Geschäften, Mittagspause bis 16 Uhr.
◆**Café/Boulangerie/ Pâtisserie Dar es Salam**
Am Ende der Av. Mohammed V. in Richtung Marrakesch rechts; Brot und Backwaren, Jo-

Ouarzazate – Blick von der Kasbah Tiffoultoute

ghurt; hier kann man auch preiswert und gut frühstücken, schneller Service.

◆Ouarzazate ist einer der wenigen Orte im Süden, wo man problemlos **Butter, Wein und Bier** kaufen kann - also hier die Vorräte auffrischen!

Souvenirgeschäfte gibt es in und um die Kasbah Taourirt und im Hotelviertel gegenüber dem Hotel Bélère. Empfehlenswert ist die ◆**Tigre Boutique** zwischen Av. Mohammed V. und Rue du Marché. Der Inhaber spricht gut deutsch und hat einige schöne, auch alte Stücke. In der Av. Mohammed V. gibt es eine **Teppichweberkooperative** und in der ehemaligen Synagoge im Kasbahviertel eine **Teppichweberei.**

Außerdem hat Ouarzazate einen kleinen, interessanten **Suq,** der bis 22 Uhr geöffnet hat. Die Preise sind normal. **Markt ist am Sonntag.**

Reisebüros

◆**Desert et Montagne**
Kasbah Taourirt, Tel. 044 88 51 46; Wüstenreisen und Bergtouren, Verleih von Allrad-Autos.

◆**Holiday Service**
11, Av. Mohammed V. (neben Hotel la Gazelle), Tel. 044 88 61 01; der renommierte Veranstalter organisiert v. a. Touren für große Reiseveranstalter, aber auch eigenes Ausflugsprogramm.

◆**Les Hommes Bleus**
11, Place du 3 Mars, Tel. 044 88 29 97. Wüstenausflüge, Verleih von 4x4.

◆**Daya Travels**
(Voyages de culture et d'aventure au Maroc) Av. Mohammed V., Tel./Fax 044 88 77 07, Handy 062 49 82 87, E-Mail: Info@DayaTravels.com, www.DayaTravels.com. Vermietung von guten Fahrrädern ohne Nepp. Es wird holländisch, engl. und franz. gesprochen. Sehr freundlich, es werden auch Routenvorschläge gemacht.

◆**Palmiers Voyages**
Place de la Poste, Tel. 044 88 61 61.

◆**Ksour Voyages**
11, Place du 3 Mars, Tel. 044 88 28 40.

◆**Eclipse Voyages**
10, Imm Dades, Zone Hotelerie,
Tel. 044 88 56 26.

◆**Iriqui Excursions**
Place 3 Mars, Tel. 044 88 57 99, Fax 044 88 49 91, info@iriqui.com, www.iriqui.com. Ausflüge mit Allradautos, Hotelreservationen, Kameltouren. An *Labbas Sbaï* wenden.

Post/Telefon

◆**Hauptpost** an der Rue de la Poste.
◆**Telefonboutiquen** v. a. an der Av. Moh. V.

Internetcafé

◆**Cyber Satellite**
Av. Mohammed V. (1. Stock), 10 DH/Std.

Banken

◆**Banque populaire**
Av. Mulay Rachid und Av. Mohammed V.

◆**BMCE, BMCI** und **Wafa-Bank**
Av. Mohammed V. Die Wafa-Bank hat einen EC-Automaten, der aber am Wochenende meist abgeschaltet ist.

Gelegenheit zu wechseln besteht auch in den großen Hotels oder am Sonntag im Supermakt *Dimitri*.

Sport

Tennis/Baden/Reiten

Ein **Sportzentrum** mit Tennisplätzen gibt es im Hotelviertel oberhalb der Avenue Mohammed V. (gegenüber dem Hotel Bélère). Alle großen Hotels haben einen Pool. Ein **Reitstall** befindet sich im Quartier Sidi Daoud, siehe auch Atlas-Filmstudios, Anfahrt nach ourzazate. Pferde- und Kameltrekking organisiert auch die Angap, siehe unten.

Trekking/Wildwasser/Mountainbiking

Empfehlenswert für die Organisation von Bergtouren ist ◆**Slimane Baadoud**. Er spricht neben französisch auch fließend englisch. B.P. 8107, M'Hamid, Marrakesch-Menara, Tel. 044 36 01 49, Fax 044 36 01 83, Handy 061 24 16 43, naturetrekking@yahoo.fr, www.marokkotrekking.de, www.maroctrekking.com. Slimane kann Bergführer zu allen Landesregionen vermitteln und organisiert Berg- und Skitouren, Pferde- und Kameltrekking, 4x4-Touren, Mountainbiking, Gleitschirmfliegen und Wildwassertouren.

Autorisierte Bergführer für die Gegend sind ◆**Naïmi Lahcen,** B.P. 34, Khmis Dadés (in Richtung Errachidia), ferner ◆**Mohammed Aït Za,** B.P. 16, Tassoumat bei Ouarzazate, Tel. 044 88 27 29. Man kann diese Führer auch über das Touristenbüro in Ouarzazate engagieren bzw. über das „Bureau des guides et accompagnateurs" in Agdz, Tel. 044 84 30 80 (das Büro ist nur Freitag besetzt).

Mountainbiking über die ◆**Angap** (s. o.) oder ◆**Abdelilah Aït el Caid** (s. Agdez, Camping Palmeraie).

Feste/Veranstaltungen

◆**Semaine de Ouarzazate**
In Sidi Daoud bei Ouarzazate im April.
◆Weitere fünfzig Moussems finden in der Provinz Ouarzazate in der Zeit zwischen 7 Rabia I und 20 Rabia I statt.
◆**Symphonies de Desert**
Im Juni werden klassische Konzerte in der Wüste abgehalten; Näheres über das Fremdenverkehrsamt.

Ausflüge

Individuelle Ausflüge

Nach **Aït Benhaddou** und **Telouèt** (großes Ksar mit Kasbahs, Glaoui-Fürstensitz). Die Verbindungsstrecke zwischen beiden Orten sollte nur mit Geländefahrzeug befahren werden! Halbtagestouren im Reisebüro nach Aït Benhaddou kosten 650 DH, im privaten Taxi 200–350 DH (Verhandlungssache, Taxi z. B. über Hotel Warda).

Wenn man nicht über ein eigenes Auto verfügt und mit öffentlichen Verkehrsmitteln fährt (bis Tabourath, dann Pickup), sollte man sich zumindest für den Rückweg von Aït Benhaddou von anderen Touristen mitnehmen lassen oder im Hotel Baraka bitten, dass man ein Pickup-Taxi anhält.

Entlang der **Straße der Kasbahs** in Richtung Skoura, Kelâa M'Gouna und Tinerhir (siehe nachfolgende Route).

Ins **Drâatal,** zu den **Cascade du Drâa** und nach **Agdez** siehe nachfolgende Route.

Zur **Storchenkasbah,** zum **Stausee** und zur **Oase Fint** siehe Stadtbeschreibung.

Zu den **Atlas-Filmstudios** siehe Anfahrtsbeschreibung nach Ouarzazate.

Organisierte Ausflüge

In allen großen Hotels hängen Ausflugsprogramme aus, z. B. auch zur Oase **Fint** oder nach **Boumalne du Dadès** oder zu den Kasbahs in *Skoura* und *Kelaa M'Gouna* (Straße der Kasbahs). Alle hier genannten Reisebüros führen Ausflüge und Mehrtagestouren durch.

Ouarzazate – Agd(e)z – Zagora

ÜBERBLICK

165 km, gute Teerstraße P 31

Busse verkehren ab Ouarzazate. Die Route führt durch wild zerklüftete schwarze Canyonlandschaften bergab bis *Agdz,* dann landschaftlich sehr schön entlang der Palmenhaine des Oued Drâa (südliche Straße der Kasbahs). Der Drâa ist von einem breiten Palmenband gesäumt, er führt in der Regel Wasser bis Zagora, in regenreichen Jahren bis M'hamid, und versickert dann in der Sahara. Der Oued Drâa erreicht als einziger Fluss Marokkos aufgrund des Staudammbaus in Ouarzazate den Atlantik nicht mehr – davor wenigstens noch von Zeit zu Zeit. Sein lang gezogenes Flussbett und die Mündung sind allerdings sowohl auf der Landkarte als auch in natura gut zu sehen. Viele noch gut erhaltene Kasbahs und ursprüngliche Ksour sind auf der linken Drâaseite zu bewundern. Die Gegend lieferte die traumhaft schönen Landschaftsbilder für *Bertoluccis* Film „Der Himmel über der Wüste".

ANFAHRTSBESCHREIBUNG

Verlässt man Ouarzazate Richtung Marrakesch, muss man nach 3 km links Richtung *Kasbah Tifoultoute* und *Zagora* (von Marrakesch kommend mehr oder minder geradeaus) „abbiegen". Viele Neubauviertel entstehen hier. Auf das *Restaurant/Hotel Le Vallée* trifft man nach der Furt über den Fluss. Nach 14 km zweigt links zur *Barrage El Mansour Eddahbi* und zur Staumauer eine Straße ab. Dorthin kann man nur mit Militärgenehmigung fahren, während die andere Seite frei zugänglich ist.

Nach weiteren 8 km überquert man einen Pass in 1300 m Höhe; die Aussicht auf Ouarzazate und das Drâatal ist sehr schön. 41 km danach ist der Ort **Aït Saoun** erreicht. Hinter dem Ort geht es 5 km in Serpentinen bergauf zum *Tizi-n-Tinifif*

(1700 m), wo ein alter Wachturm steht und sich der Blick auf Saoun, grüne Felder und einige Kilometer weiter auf die verschneite Bergkette des Hohen Atlas öffnet.

Die Straße windet sich durch ein arides, stark zerklüftetes schwarzes und rotbraunes Bergland. Die gänzlich unbewachsenen Gesteinsschichten sind schräg gefaltet und wie verrutschte Tortenböden aufeinandergeschichtet. In einem engen Canyon zwängt sich der Drâa einige Kilometer entfernt durch die faszinierenden Wüstenberge.

Zweigen Sie bei km 58 beim Schild **„Cascades du Tizgui"** links zu den kleinen Wasserfällen ab. Dieser Abstecher führt über eine Piste, die mit Pkw vorsichtig befahren werden sollte, durch hügeliges Gelände. Fahren Sie nach ca. 8 km bei einer Pistengabelung links. Bei km 9,3 und einer weiteren Pistengabelung geht es links steil bergab, bis nach ca. 700 m ein kleiner Parkplatz erreicht ist. Rechts führt die Piste weiter zum **Douar Tizgui** (dort Ende der Piste). Das Dorf ist eine Palmenoase im breiten Flusstal des *Oued Drâa*.

Vom Parkplatz erreicht man links (Hinweisschild) entlang eines steinigen, sandigen Flussbettes nach acht Minuten den kleinen Wasserfall, der sich hier in einer schönen Schlucht mit Palmen und Wassertümpeln in zwei Stufen nach unten in ein *Guelta* (Wasserbecken) ergießt. **Omar** aus dem Ort Tizgui breitet am Rande des Gueltas sein **Freiluftrestaurant** aus und serviert Tajine, Tee oder Softdrinks. Die Einnahmen kommen ihm und nicht dem Dorf zugute, wie er scheinbar gelegentlich zu suggerieren scheint. Aber nichtsdestotrotz ist es ein angenehmer Service, wenn man hier einen gemütlichen Badetag verbringt. In regenarmen Jahren sind die Cascades gelegentlich trocken, denn die Dorfbewohner haben von dort aus eine Bewässerungsrinne (Seguia) gebaut, die ins Dorf führt und die Felder bewässert. Wenn Wasser im Teich ist, lässt sich in dem Guelta herrlich baden, und die letzte Steinstufe, in der das Wasser in einer Rinne läuft, dient als Wasserrutsche.

Zurück auf der Hauptstraße erreicht man nach 2 km das Dorf **Ourika** (1100 m).

Omars Freiluftrestaurant

Weiter geht es durch flache Steinwüste mit Akazien bis **Agdez** (bei km 70).

AGD(E)Z

Der Ort (900 m) mit ca. 8000 Einwohnern war früher eine französische Garnison; die Festung, in der jetzt das marokkanische Militär stationiert ist, thront auf einem kleinen Berg über dem Marktplatz, wo am Donnerstag ein sehr schöner **Suq** stattfindet (bis mittags 12 Uhr; linker Hand an der Straße nach Zagora). Der sympathische Ort liegt im Drâatal am Fuße des 1531 m hohen **Djabal Kissane,** der als schwarzer, lang gezogener Tafelberg die Kulisse bestimmt. In den Läden des Ortes kann man leider nicht mehr ungestört einkaufen, einige Händler wollen ihre Ware recht aufdringlich an den Mann bringen. Man sollte sich davon aber nicht abhalten lassen, denn es finden sich bisweilen sehr schöne Dinge. Weniger penetrant sind die Händler, die nicht direkt am Hauptplatz ihr Geschäft haben. Besonders frech sind die Schlepper von dem Bazar neben dem Fahrradverleih Le Horizon Sud. Diese behaupten, Freunde des Campingplatzes zu sein und weisen den falschen Weg, man landet dann unweigerlich in ihrem Geschäft. Dennoch: wem es in Ouarzazate zu touristisch und „modern" ist, der wird sich in Agdz wohl fühlen, denn die Menschen hier - es ist Siedlungsgebiet der *Mezguita-Berber* - sind freundlich und - abgesehen von den wenigen Bazaristen im Ort - keineswegs aufdringlich. Die schöne Lage im Drâatal lädt zu Ausflügen in die Umgebung ein.

Wenn man von der Hauptstraße links in Richtung Campingplatz (Beschilderung „Camping la Palmeraie") durch sehr ursprüngliche alte Wohnviertel geht bzw. fährt, erreicht man nach ca. 1,8 km (rechts der Straße) eine sehr schöne Kasbah des Paschas El Glawi (s. Marrakesch), die aber nicht besichtigt werden kann, und nach 2 km neben dem Campingplatz die **Kasbah Asslim.** Die Kasbah (ca. 250 Jahre alt) gehört der Familie *Aït el Qa'id,* die auch den Campingplatz betreibt. *M'Barek,* einer von vier Brüdern und Soziologe, eröffnete den Campingplatz 1990 um durch die Einnahmen den Erhalt der Kasbah zu gewährleisten. Mittlerweile ist er in Errachidia für die Regierung tätig, engagiert sich aber weiterhin für die Kasbaherhaltung und für örtliche Projekte, so z. B. für eine Samstagsschule für Frauen (Alphabetisierungsmaßnahme). Sein Großvater war der letzte *Qaid* des nördlichen Drâatals. Die Kasbah selbst wird noch in einem Teil von der Familie bewohnt, ein anderer Teil wird an Urlauber vermietet. Zuständig dafür sind jetzt der jüngste Sohn *Aziz* und seine französische Frau *Gaelle,* die Englisch und auch etwas Deutsch spricht. Teile der Kasbah und die Dachterrasse mit dem herrlichem Blick auf den *Djabal Kissane* und die umliegenden, verschachtelten und halb zerfallenen Kasbahs sowie die Oasengärten können in Begleitung eines Familienmitglieds besichtigt werden (25 DH p. P., auch in Englisch). Auch wenn es keine Kunstwerke zu sehen gibt, so gewinnt man doch einen hervorragenden Einblick sowohl in die Architektur einer Familienkasbah als auch in das noch funktionierende Großfamilienleben. Details siehe prakt. Infos, Camping.

PRAKTISCHE INFOS

Tel. Vorwahl: 044, PLZ 45050

Klassifizierte Hotels

- **Kissane*****

Av. Mohammed V., am Ortsanfang rechts (von Ouarzazate kommend), Tel. 044 83 30 44, Fax 044 84 32 58. Nettes Durchgangshotel, sehr sauber, Swimmingpool. Preise für ein DZ mit Bad sehr unterschiedlich (€€ bis €€€). Abendessen (nicht empfehlenswert) 80 DH.

Unklassifizierte Hotels

- **Les Palmiers**

Av. Mohammed V., Tel. 044 84 31 27. Einfach, €. Sehr sauber, stündliche Reinigung, und der Besitzer fragt dauernd nach, ob es sauber genug sei - ein Leser schrieb dazu, man fühle sich fast schuldig, wenn man die Toilette benutzt.

FLUSSOASEN IN MAROKKO

Tradition und Wandel – Spiegel von Einst und Jetzt

von Dr. Martin Weiß

Der Begriff „Oase" weckt wohl ähnliche Assoziationen wie der Begriff „Orient". Namen wie Todrha- oder Drâaoase sind uns schon aus unseren Schulbüchern bekannt. Mit einer Oase verbinden wir Karawanenhandel, satte Vegetation inmitten einer unwirtlichen Umwelt, malerische Dörfer (Ksour) und exotische Landschaften. So manches aus unseren Vorstellungsbildern lässt sich auch in der Realität wiederfinden, und dennoch – wieviel anders, differenzierter und weit weniger exotisch ist die Wirklichkeit der Oase.

Südlich des Hohen Atlas bilden die Flussoasen eine ideale Anpassungsform menschlichen Wirtschaftens und Lebens an einen Raum mit erheblichen naturbedingten Risiken. Historisch, kulturell, politisch und demographisch bedeutsam hat die Oasenwirtschaft v. a. auch eines der intensivsten traditionellen Anbausysteme der Welt ausgebildet, um die Ernährung der auf engstem Raum zusammenlebenden Bevölkerung sicherzustellen.

Aufgrund der relativ gut beregneten Gebirgsmassive des Hohen Atlas ist der Typus der Flussoase in Marokko am häufigsten verbreitet. Die wohl bekanntesten unter ihnen finden sich entlang mehrerer Wasserläufe und nehmen eine Fläche von etwa 80 000 ha ein: der Oued Drâa mit seinen Nebenflüssen aus dem Hohen Atlas (Oued Dadès und Oued Mgoun); südlich des Hohen Atlas der Oued Todgha, Oued Rhéris und Oued Ziz; an der südöstlichen Abdachung des Hohen Atlas, östlich von Errachidia die beiden Flussoasen Boudenib und Bouânane; die aus dem Anti-Atlas kommenden Oued Zguid, Oued Tata, Oued Assa und Oued Akka.

Die Dattelpalme

Leitkultur der südmarokkanischen Flussoasen sowie für das Auge des Reisenden am beindruckendsten und schon von weitem sichtbar ist die Dattelpalme (phoenix dactylifera). Sie verfügt über eine hervorragende klimatische Eignung unter den vorherrschenden Vegetationsbedingungen und bietet diverse Verwertungsmöglichkeiten.

Die Dattelpalme zählt zu den ältesten Kulturpflanzen der Menschheit. Sie sind zweihäusig, es gibt also sowohl männliche als auch weibliche Bäume. Die Befruchtung der Dattelpalme erfolgt überwiegend künstlich (manuell). Dazu werden die männlichen Fruchtstände abgeschnitten und die weiblichen damit bestrichen. Durch diese Intensivierung der Befruchtung können Ernteerträge bis zu 40 kg pro Baum erzielt werden. Neben dem hohen Proteingehalt sind Datteln reich an Vitaminen und Kohlehydraten, wodurch sie einen hervorragenden Nährgehalt besitzen. Gedörrt eignen sich Datteln ideal für eine langfristige Vorratshaltung. Von Zeit zu Zeit werden in der lokalen Küche junge, noch eingerollte Palmblätter aus dem Palmherzen als Salat angeboten. Da dieses Entfernen der jungen Palmblätter die Pflanze zerstören würde, handelt es sich normalerweise um keine frischen Palmherzen – auch wenn sie als solche angepriesen werden –, sondern um Palmherzen der tropischen Königspalme (Ölpalme), die in Konserven nach Marokko eingeführt werden. Seltener wird man auf einer Reise durch die Oasen echten Palmwein als Delikatesse angeboten bekommen. Dieser milchig-trübe „Lebens"Saft der Palme wird bei alten Palmen durch das Anzapfen der Palmherzen oder direkt aus dem Stumpf frisch geschlagener Palmstämme gewonnen.

Datteln kurz vor der Reife

Die Stämme der Palme wurden traditionell als Baumaterial (Decken-, Quer-, Stützbalken) genutzt, verlieren aber durch die Verwendung moderner industrieller Baumaterialien immer mehr an Bedeutung. Die Palmblätter mit ihren langen, haltbaren Fasern eignen sich hervorragend für eine handwerkliche Verarbeitung. Dieses Handwerk, das auch heute noch teilweise von sozial und ökonomisch schlechter gestellten Bevölkerungsschichten ausgeübt wird, produziert vor allem Körbe, Transportbehälter und weitere kleinere Artikel für den alltäglichen Haushaltsbedarf.

Ein weiterer Vorteil der Dattelpalme als Kulturpflanze ist ihre Robustheit. Durch ihre tiefragenden Wurzeln (Pfahlwurzeln) kann sie zum einen Wasser aus bis zu 10 m Tiefe anzapfen, aber auch über einen längeren Zeitraum ohne Wasser auskommen. Dattelpalmen wachsen überwiegend in die Höhe (charakteristisch dafür ist der relativ dünn bleibende Stamm). Ihr Alter ist eher in der Höhe des Stammes und in Form von „vertikalen Altersringen“ zu ersehen. Mit den Altersringen ist die Verdünnung des Stammes während einer Trockenperiode gemeint. Steht wieder reichlich Wasser zur Verfügung, wächst die Dattel weiter in die Höhe, der Stamm verdickt sich wieder. So ist es auch dem Laien auf relativ einfache Weise möglich, Zeiten des Wassermangels zu erkennen.

Von allen Kulturpflanzen ist die Dattelpalme die einzige Spezies, die erhebliche Versalzungstendenzen toleriert. Damit eignet sie sich hervorragend für halb- bis vollaride Naturräume, in denen das Wasser oft sehr salzhaltig ist.

Die Dattelpalme ist eine sehr frostempfindliche Pflanze, so dass sie oberhalb von 1300–1400 m nicht mehr wächst. In den winterkalten Gebirgsregionen des oberen Dadès- und Ziztal z. B. wird man sie deshalb vergebens suchen.

Der größte Feind der Dattelpalme ist der „Bayoud“. Diese Pflanzenkrankheit hat sich seit der Jahrhundertwende von Marokko aus mittlerweile im ganzen Maghreb ausgebreitet. Es handelt sich um eine Gefäßkrankheit (fusarium oxysporum), deren Erreger über den Wurzelstock die Pflanze befällt. Nicht selten greift der Bayoud die Dattelpalme so stark an, dass innerhalb von zwei Jahren ein vollständiges Absterben erfolgt. Die eigentliche Gefährlichkeit des Bayoud liegt aber in seiner Art der Verbreitung. Die Erreger werden durch das Bewässerungswasser verbreitet. So können sie innerhalb kürzester Zeit große Palmenareale infizieren, wobei zuallererst die besonders anfälligen hochqualitativen Sorten als Wirt angenommen werden. Bis jetzt konnte – außer dem vollständigen Abbrennen der Palmen – keine Methode der Schädlingsbekämpfung gegen diese resistente Pflanzenkrankheit gefunden werden.

Traditionelle Bewirtschaftungs- und Anbaustrukturen

In den traditionellen Oasenwirtschaften dominierte die Eigenbewirtschaftung der Felder. Formen der Teilpacht waren dagegen nur von untergeordneter Bedeutung. Die Feldarbeit (Aussaat, Ernte) erfolgt nach genau definierten, von Generation zu Generation tradierten Regeln und Vorgehensweisen. Die kleinparzellierten Felder z. B. werden in Gemeinschaftsarbeit mit der Sichel geerntet, Nachbarschaftshilfe (wechselseitige Hilfe = Twiza) wird dabei großgeschrieben und bildet einen festen Bestandteil der kollektiven Organisation in der Oase. Alle Mitglieder der Oasengemeinschaft (Männer, Frauen, Kinder, Tiere) sind in die Arbeit miteingebunden.

Wahrzeichen der landwirtschaftlichen Nutzung einer Oase sind die Vielfalt und Dichte der unterschiedlichen Sorten und Produkte auf engstem Raum nicht nur in der Fläche, sondern auch in der Höhe. Diese vertikale Nutzung (Stockwerkanbau) erfolgt in seinem typischen Muster auf drei „Etagen". Die Bodenkulturen sind normalerweise annuelle Kulturen wie Getreide, Gemüse, Leguminosen, Futter- und Gewürzpflanzen. Futterpflanzen weisen auf eine nicht sichtbare Stallhaltung von Rindern,

Khettaraschächte im Erg Chebbi

Schafen oder Ziegen hin, die eine überaus wichtige Funktion für die organische Düngung der Felder und für die Ernährung der Oasenbevölkerung besitzt. Darüber folgen in der zweiten Etage die Fruchtbäume, wie Olivenbaum, Granat-, Feigen-, Mandel- oder Aprikosenbaum. Das oberste Stockwerk, und damit die Schattenspender für die darunterliegenden Anbaukulturen, wird von den Dattelpalmen ausgebildet. Damit erfolgt eine gleichzeitige Mehrfachnutzung des beschränkten fruchtbaren Bodens in der Oase. Hoher Nutzungseinsatz und optimale Verteilung der knappen Ressource Wasser können so gewährleistet werden.

Diese idealtypische Ausprägung einer Oase wird sich in der Wirklichkeit jedoch nur schwer finden. Zu differenziert und verschieden sind die jeweiligen lokalen Bedingungen. In den marokkanischen Flussoasen des Südens werden sie sich aufgrund der relativ guten Wasserverfügbarkeit etwas häufiger entdecken lassen, doch auch hier wird sich eine solche intensive Nutzung nur in unmittelbarer Nähe des Oasendorfes finden. Diese kleinparzellierten Flächen (manchmal auch als umzäunte Gärten vorzufinden) dienen hauptsächlich der Selbstversorgung, spielen aber für die gesamtlandwirtschaftliche Produktion der Oase nur eine untergeordnete Rolle. Der größte Teil der landwirtschaftlichen Flächen einer Flussoase zeigt eine wesentlich andere Anbaudifferenzierung. Befinden sich auf einer Fläche viele Dattelpalmen, so gibt es hier normalerweisen keine Unterkulturen, abgesehen vielleicht von einer schütteren Luzernendecke, deren Ertrag zur Fütterung der Stalltiere verwendet wird. Werden jedoch vorwiegend Bodenkulturen wie Getreide oder Futterpflanzen kultiviert, sind die Dattelpalmen entweder nur relativ locker und weitständig auf den einzelnen Parzellenflächen angesiedelt, oder sie befinden sich am Rand der Flur, zwischen den einzelnen Feldern an den Bewässerungskanälen. Hier übernehmen sie nicht selten die Funktion eines Schattendachs über den Kanälen zur Minderung der Verdunstung.

Unser Bild von der Schatten spendenden Dattelpalme stimmt somit nur bedingt. Allzu starke Beschattung der Unterkulturen behindert eher das Wachstum. Zahlreiche wissenschaftliche mikroklimatische Untersuchungen haben dies bestätigt. Das Blattwerk der oberen Stockwerke filtert das Sonnenlicht so stark, dass das für die Photosynthese benötigte Licht nur mehr bedingt bis zum Boden vordringt. Daneben kommt es zu einer verstärkten Aufheizung und Verdunstung in den unteren Stockwerken aufgrund ungenügender Belüftung und Luftaustausch. Die Pflanzen werden in der Folge krankheitsanfälliger.

All diese Zusammenhänge sind auch dem Oasenbauern seit jeher bekannt, und er berücksichtigt sie bei möglichen Anbauentscheidungen. Diese sind jedoch von komplizierten wasserrechtlichen und sozio-kulturellen Strukturen der traditionellen Organisation der Oase mitbestimmt, so dass er manchmal gezwungen ist, auf kleinster Fläche zur Selbstversorgung von allen Grundnahrungsmitteln etwas anzubauen. Im Raum von Kelaât Mgouna liegt z. B. die durchschnittliche Betriebsfläche unter 0,7 ha pro landwirtschaftlichem Betrieb. Das Phänomen der Stockwerkskulturen findet somit seine Erklärung vorwiegend aus dem Mangel an Boden und Wasser und der damit verbundenen traditionellen rechtlichen und sozialen Organisation der kleinbäuerlichen Subsistenzlandwirtschaft in den Oasen. Sie ist kein Indiz besonderen Reichtums oder Üppigkeit der Oase.

Soziale und rechtliche Organisation traditioneller Oasen

Privateigentum ist in der traditionellen Gesellschaft des Orients nicht bekannt. Es exisitieren lediglich verschiedene Formen des Besitzes. Vor allem im ländlichen Raum ist der Ressourcenbesitz noch stark durch das Islamische Recht, die Scharia, gere-

gelt. Den Orientierungsrahmen hierfür bildet das mündlich tradierte Gewohnheitsrecht (orf), welches sich nicht nur auf die Landbesitztitel, sondern auch auf Bäume und das Wasser erstreckt. Nicht selten sind deshalb ein Stück Land und die darauf befindlichen Nutzpflanzen unterschiedlichen Besitzern zuzuordnen.

Die dorfnahen Fluren sowie die Wohnhäuser gehören als Privatbesitz dem Einzelnen (melk). Daneben gibt es jema'a-Land als weiteren Besitzstatus. Zum jema'a-Land gehören alle diejenigen Siedlungs- und Produktionsflächen, die durch die Stammes- oder Dorfversammlung (jema'a) als Kollektivland für die gesamte Oase verwaltet werden. Dazu zählen z. B. die dörflichen Weideflächen (agdals), die nach ganz bestimmten Nutzungsrechten bewirtschaftet werden. Dieses Land kann gemeinschaftlich genutzt werden, oder auch an einen Einzelnen zur Bewirtschaftung übergeben sein. Sofern eine Aufteilung unter den Nutzungsberechtigten erfolgt, geschieht dies jedes Jahr durch Losentscheidung aufs neue. Als dritter Besitzstatus der traditionellen islamischen Rechtsorganisation ist das religiöse Stiftungsland (habus) zu nennen. Habus bezeichnet einen ehemaligen Privatbesitz, der als Gabe an eine Moschee oder islamische Bruderschaft (zawia) als Dank für Heilung oder religiös motivierte Stiftung übertragen wurde. Habus-Land kann durch die Bruderschaft in Eigenregie genutzt werden, wesentlich häufiger ist jedoch eine Verpachtung an private Nutzer.

Das Dorf (duar) gilt als Ausdruck eines funktionalen und normativen Sozialgefüges, am sinnfälligsten veranschaulicht in Form der gemeinschaftlich genutzten Einrichtungen, wie z. B. Moschee, Dorfbrunnen, Getreidespeicher (agadir), Friedhof usw.

Die Verteilung der knappen Ressource Wasser erfolgt mit Hilfe gewohnheitsrechtlicher und sozio-kultureller Ordnungsprinzipen. Zuständig für die Wasserverteilung ist ein Wasserwächter (Lokalbezeichnung: Sraïfi, Amazzal, Cheikh el-Ma), dessen Amt eine hohe Vertrauenstellung innerhalb der Sozialorganisation der Oase darstellt und jedes Jahr durch Wahlen neu besetzt wird.

Traditionelle Formen der Bewässerung – Relikte aus einer anderen Zeit?

Zur Förderung des Wassers gibt es die unterschiedlichsten und erstaunlichsten Methoden. Sie repräsentieren eine Form der Ressourcennutzung, die in hervorragender Weise an die natürlichen Gegebenheiten angepasst ist. Leider verlieren sie durch ihre Arbeits-, Zeit- und Pflegeintensität immer mehr an Bedeutung. Ihre schärfsten Konkurrenten sind die allgegenwärtigen Dieselpumpen.

Grundwasserförderung: Die wohl bekannnteste Form der Grundwasserförderung ist das seit dem 11. Jh. bekannte System der Khettara-Stollen. Hierbei handelt es sich um Galeriestollen, die entlang eines flachen Gebirgshanges den im Hang vorhandenen Grundwasserspiegel gewissermaßen anzapfen und mit einem geringeren Gefälle als der Hang am Übergang zur Ebene an die Oberfläche leiten. Hier wird das Wasser in einem Sammelbecken aufgefangen. Mit Hilfe eines Kanalnetzes (séguia, pl. souagui) wird es auf die einzelnen Parzellen verteilt. Durch diese Art der Bewässerung kann nur soviel Wasser angezapft bzw. verbraucht werden, wie augenblicklich im Grundwasserkörper verfügbar ist. Eine Übernutzung der natürlichen Wasserressourcen wird vermieden. Wegen des hohen Aufwandes zur Instandhaltung des Stollensystems (Reinigen, Stollenbefestigung usw.) finden sich immer weniger Beispiele für dieses ausgeklügelte System. Vereinzelt treten sie noch auf, wie z. B. im unteren Todghatal, im Raum Tinjdad, Goulmima und El Jorf am Rande des Tafilalet. Liegt ein oberflächennaher lokaler Grundwasserkörper vor, reichen zur Wasserförderung auch einfache Ziehbrunnen (Gounima, Tasskimt), die jedoch sehr zeit- und arbeitsintensiv *sind. Weiterentwicklungen des Ziehbrunnens stellen das Göpelwerk (Saniya) und der Deloubrunnen (= Arhrourbrunnen) dar. Beim Saniya handelt es sich um eine endlos verbundene Eimerkette auf einem senkrecht laufenden Rad. Die Endloskette verläuft dabei im Paternosterprinzip im Brunnenschacht. Dieses vertikal laufende Rad ist mit einem horizontal angeordneten Rad verbunden, welches von einem Tier, das sich im Kreis um den Brunnen bewegt, angetrieben wird. Beim Delou-Brunnen wird ein Wasserbehälter durch das Zurück- und Vorlaufen eines Tieres entlang einer schiefen Ebene im Brunnen niedergelassen. Um nach dem Hochziehen ein Auskippen des Wassers zu erreichen, ist ein zweites etwas kürzeres Seil mit dem Zugtier verbunden.*

***Oberflächenbewässerung:** Ein sehr einfaches Prinzip, um Wasser aus einem Fluss über ein gewisses Höhenniveau zu transportieren, ist das Aneinanderreihen nacheinandergeschalteter Schwenkarme mit einem daran befestigten Wasserbehälter. Dabei wird von dem niedrigeren Niveau mit Hilfe des Schwenkarmes das höher gelegene Becken aufgefüllt. Da es sich jedoch um eine sehr arbeits- und zeitintensive Methode handelt, wird diese Technik nur zur Überwindung geringer Höhenunterschiede verwendet. Eine weitere Möglichkeit der Oberflächenbewässerung besteht mit Hilfe eines Wasserrades (Noria), sofern ein Fließgewässer mit ausreichender Fließgeschwindigkeit zu Verfügung steht, das in der Lage ist, das Wasserrad selbstständig zu drehen. Norias sind in Marokko sehr selten geworden. Nur noch wenige Relikte sind im Raum Fès zu finden. In den Flussoasen südlich des Hohen Atlas treten sie überhaupt nicht auf.*

Die wohl bekannteste Form der Oberflächenbewässerung ist das System der Rinnenbewässerung (séguia, pl. suagui). Dazu wird ein Fließgewässer mit Hilfe eines kleinen Dammes (Ougoug) aufgestaut. Von diesem Staubecken zweigt mit einem geringeren Gefälle als das Fließgewässer ein Hauptkanal ab. Dieser kann dann entweder zu einem Sammelbecken führen, oder er verzweigt sich selber in die zahlreichen kleinen Nebenkanäle (Mesref, Aghlane), die das Wasser auf die einzelnen Felder verteilen.

Die Flussoasen Marokkos auf dem Weg in die Moderne

Die Flussoasen sind trotz ihrer teilweise archaisch anmutenden Form Gebilde, die in einen ständigen dynamischen Prozess der Veränderung eingebunden sind. Natürlich sind nicht alle Teile einer Oase gleichermaßen Bestandteil dieses Prozesses – Gebiete der Stagnation stehen Bereichen der Transformation gegenüber. Abhängig von der Wasserverfügbarkeit, der Wassergewinnung, der sozialen wie auch ökonomischen Situation der Bewohner lassen sich Bereiche sowohl des Niedergangs als auch innovativer Prozesse, teilweise in einem engen räumlichen Nebeneinander, finden.

Mittlerweile hat sich eine Vielzahl von unterschiedlichsten Kombinationen an Erwerbsquellen ausgebildet. Als dominierend, wie für viele andere Räume Marokkos auch, ist hier die temporäre Arbeitsmigration eines oder mehrerer Familienmitglieder zu nennen. Diese Arbeitsmigration orientierte sich anfangs hin zu den großen Städten Marokkos, vornehmlich Casablanca. Inzwischen wurde diese seit den 60er Jahren von der Migration in europäische Länder abgelöst. Kaum eine Familie ist ohne Mitglied in Europa. Derjenige Teil der Familie, der in der Oase geblieben ist, bewirtschaftet weiterhin die landwirtschaftlichen Flächen. Mit dem Einkommen aus der Arbeitsmigration wird teilweise modernisiert, oder es werden neue Erwerbsquellen vor Ort erschlossen, z. B. durch die Eröffnung eines kleinen Geschäftes. Zeitweise verlässt auch die ganze Familie die Oase, um Arbeit in der Ferne zu finden. Dabei werden in

Formen traditioneller Bewässerung in Marokko

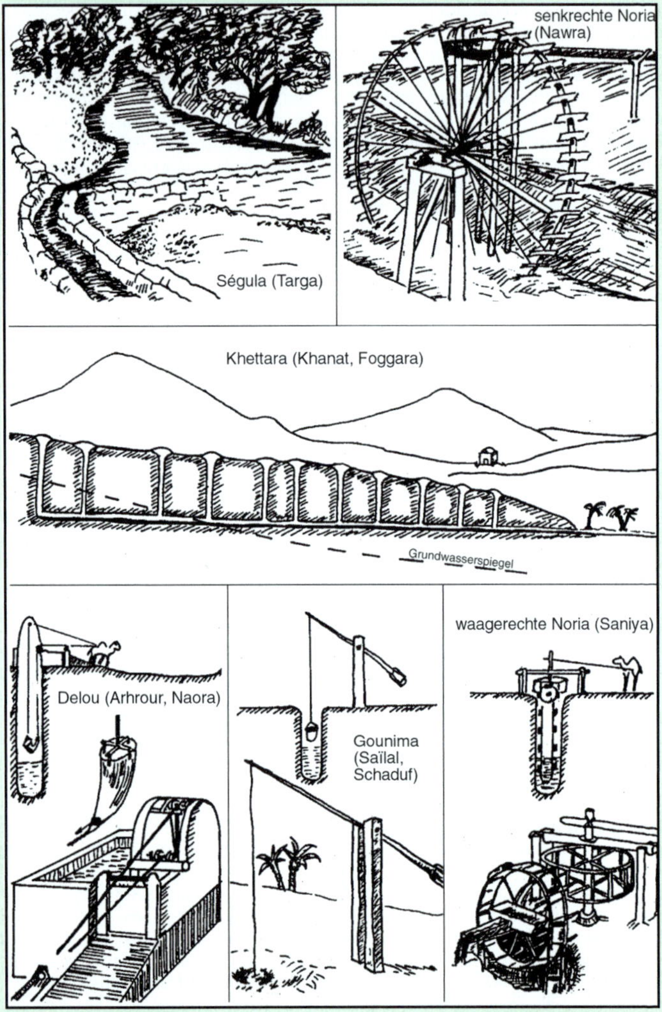

Originalentwurf H. Popp

der Regel die Besitztitel nicht aufgegeben. Beim Besuch einer Oase oftmals verlassen anmutende Anbauflächen deuten damit nicht auf den sukzessiven Niedergang der Oase hin, sondern lediglich auf eine zeitlich begrenzte Auflassung der landwirtschaftlichen Flächen, die nach der Rückkehr reaktiviert bzw. rekultiviert werden können. Gerade dieser ständige Bevölkerungsab- und -zustrom ist ein bestimmender Faktor für den Erhalt des Gesamtsystems Oase.

Geld und Initiative der temporären Arbeitsmigranten sind von großer Bedeutung und bedingen weitreichende Veränderungen in der Oase. Die temporäre Abwanderung und der damit einhergehende Arbeitskräftemangel müssen und können bis zu einem gewissen Grad durch auswärtige Lohnarbeiter ausgeglichen werden, auch wird auf extensivere Anbaumethoden ausgewichen. Die höheren finanziellen Mittel der Gastarbeiter erlauben inzwischen vielen Familien den Kauf privater Dieselwasserpumpen, um ihre Felder zu bewässern. Damit einher geht jedoch oft ein Absinken des Grundwasserspiegels. So manchem weniger kaufkraftstarken Nachbarn kann sprichwörtlich das Wasser abgegraben und seine Existenz gefährdet werden.

Immer ausgeprägter ist die Marktorientierung der Landwirtschaft, so durch Futteranbau für Milch- und Fleischproduktion, teilweise auch durch den Anbau von Sonderkulturen (Tomaten, Melonen) für ein jahreszeitlich differenziertes Angebot. Der Erwerb von höherwertigem Saat- und Pflanzengut sowie der Einsatz von Düngemitteln beschleunigen solche Modernisierungsprozesse. Die traditionelle Subsistenzwirtschaft verliert nach und nach ihre ursprüngliche Notwendigkeit und Bedeutung. Der Verlust traditioneller rechtlicher und sozialer Strukturen können die Folgen sein.

Diese Veränderungen beziehen sich nicht nur auf den landwirtschaftlichen Bereich. Alte traditionelle Baustrukturen werden von modernen städtisch nachempfundenen Wohnhäusern und der dazugehörigen gehobenen Komfortausstattung abgelöst (Satellitenfernsehen, fließend Warm- und Kaltwasser usw.). Daneben werden durch den vermehrten Außenkontakt und einfließende westliche Wert- und Normenvorstellungen die Ansprüche und Erwartungen der Oasenbewohner verändert. Westliche Konsumgüter und Konsumansprüche gehören mittlerweile ebenso zum Bild der Oasen wie z. B. der aus Europa importierte Gebrauchtwagen. Die Todrha-Oase mit ihrer kleinparzellierten Flur ist ein typisches Beispiel für jene sowohl positiven als auch negativer Modernisierungsprozesse im Gefolge der temporären Arbeitsmigration nach Europa.

Literatur

Aït Hamza, M. (o.J.): Auswirkungen der Arbeitsmigration auf die Oasen am Südrand des Hohen Atlas (Marokko). In: Geographische Rundschau 2/1997, S. 82–88

Bencherifa, A. (1990): Die Oasenwirtschaft der Maghrebländer: Tradition und Wandel. In: Geographische Rundschau 42, S. 82–87

Bencherifa A. und H. Popp (1990): L'oasis de Figuig, Persistence et changement, Passau (= Passauer Mittelmeerstudien, Sonderreihe H.2)

Büchner H.-J. (1986): Die temporäre Arbeitskräftewanderung nach Westeuropa als bestimmender Faktor für den gegenwärtigen Strukturwandel der Todrha-Oase (Südmarokko), Mainz (= Mainzer Geographische Studien, H. 18)

Büchner H.-J. (1994): Das Bild der saharischen Oasen des Maghreb im deutschen Erdkunde-Schulbuch. In: Popp H. (Hrsg.): Die Sicht des Anderen – Das Marokkobild der Deutschen, das Deutschlandbild der Marokkaner, Passau (= Maghreb-Studien, Bd. 4)

Müller-Hohenstein, K. und H. Popp (1990): Marokko, ein islamisches Entwicklungsland mit kolonialer Vergangenheit, Stuttgart (= Klett Länderprofile)

Themenheft der Geographischen Rundschau (GR): Oasen im Wandel. Heft 2/1997

◆**Drâa**
Av. Mohammed V. Einfach und nett (nicht immer sauber), warme Duschen, freundlicher Besitzer. €, gutes Restaurant.

Camping

◆**Camping la Palmeraie**
B.P. 23, 45050 Agdz, Tel. 044 84 36 40, E-Mail: g-aitelcaid@iam.net.ma. Im Ortszentrum bei der abknickenden Hauptstraße nach links abbiegen (Schild, Richtung Norden) und dann ca. 2 km gute Piste bis zum Platz (glauben Sie nicht den Bazaristen, die behaupten, der Camping sei geschlossen oder überfüllt!). Der Platz wird seit 2000 vom jüngsten Sohn *Aziz* und seiner französischen Frau *Gaelle* betrieben. Gaelle führt kompetent durch die Kasbah und spricht auch englisch und deutsch. Hier kann man sehr viel über die Umgebung erfahren und gute Tipps für Ausflüge bekommen. Der weitläufige Platz liegt romantisch unter Dattelpalmen (hoch, aber wenig Schatten) und Obstbäumen zwischen der **Kasbah Asslim** und den **Oasengärten** und wurde in den vergangenen zehn Jahren sehr persönlich und engagiert geführt (von der Familie *Aït al Qaid*, s. o. bei Kasbah). Die Sanitäranlagen sind sauber. Die Zisterne wurde zu einem **Schwimmbecken** umgebaut, das Wasser ist herrlich frisch (wird immer wieder nachgefüllt), es gibt allerdings keine Filteranlagen.

Es ist auch möglich, im **Nomadenzelt** am Campingplatz zu übernachten bzw. eines der hübschen **Zimmer in der Kasbah** zu nehmen (wurden 1998 renoviert).

Preise: Camping 12 DH p. P., 12 DH/Auto, 10 DH/Zelt, Elektrizität 10 DH, Zimmer in der Kasbah 90 DH, mit Frühstück 115 DH p. P. (je nach Saison), Toiletten und Duschen auf dem Campingplatz. Essen auf Wunsch (unbedingt nach dem Preis fragen). 1-Tages-Ausflug nach Tamnougalte mit Führungen durch alle Kasbahs und Mittagessen 200 DH.

Abdelilah Aït el Qa'id, der zweitjüngste Bruder, ist Mountainbikeführer und ebenfalls über den Platz zu erreichen. Weitere Ausflüge, sei es zu den Cascades du Tizgui, zu der Staumauer des Drâa, die nicht weit vom Campingplatz entfernt ist, oder nur ein Bummel durch die Oasengärten (weit ruhiger als in Zagora), werden angeboten. **Mountainbikes** können geliehen werden.

Auch die nahe gelegene **Kasbah Tamnougalte,** die als Kulisse im Film „Himmel über der Wüste" diente, gehört dem Familienclan. *Hassan* (spricht französisch), einer der älteren Brüder, führt auf Wunsch zu Fuß durch das Oasental zur Kasbah Tamnougalt, ca. 2 Std. (8–9 km). Wenn dieser verhindert ist, können Sie auch den Cousin *Hussein Achabak* kontaktieren (Handy 068 68 00 47), der gut englisch spricht und auch Kameltouren organisiert. Husain war früher zusammen mit Hassan für den Platz zuständig bevor Aziz aus Frankreich zurückkam und plant jetzt den Ausbau einer Kasbah als Herberge in der Oase Timiderte im Drâatal, ca. 20 km südlicher.

Gegenüber dem Camping befindet sich ein **Hammam,** 5 DH, Frauen nachmittags, morgens und abends Männer. Massage muss extra bezahlt werden.

Eine weitere **Campingmöglichkeit** sowie Übernachtung im Nomadenzelt gibt es beim ◆**Camping La Palmeraie Caravane Targuix** (ausgeschildert) in der Nähe der Kasbah Asslim, aber nicht so schön und mit wenig Schatten, dafür preiswerter.

Essen und Trinken

◆**Sable d'Or**
Ortsmitte an der Hauptstraße (auch Pâtisserie). Gutes und preiswertes Essen, Tajine für 25 DH.

Gut und preiswert frühstücken kann man auch in der ◆**Pâtisserie Chouai,** rechts an der Straße in Richtung Camping Palmeraie (vom Hauptplatz links abbiegen).

Verkehrsverbindungen

CTM-Bus und **private Linien:**

- **nach Zagora:** 2x tägl., 2 Std. 15 Min. Fahrzeit, ca. 20 DH plus Gepäck.
- **nach Ouarzazate:** 2x tägl., 2 Std. Fahrzeit, 16 DH plus 5 DH Gepäck
- Expressbus nach **Casablanca** (über Ouarzazate, Marrakesch) 1x tägl.
- Auch **Privatbusse** fahren abends nach **Zagora** und **Ouarzazate.** Vormittags fährt ein privater Bus (18 DH) nach Ouarzazate und weiter nach **Erfoud.**
- **Sammeltaxis** halten beim Marktplatz und im Zentrum, nach Zagora ca. 25 DH, ebenso nach Ouarzazate.

Internetcafé

◆**Cyber Agdz**
An der Straße zum Camping Palmeraie, 200 m nach dem Abzweig, 10 DH/Std.

Rund ums Auto

Ein gute **Werkstätte** gibt es an der Straße nach Zagora (ca. 1 km, *Garage mechanique*).

Feste/Veranstaltungen

◆**Moussem Sidi El Haj**
Im Douar Zaouite Taoudacht bei Agdz, im August.
◆**Moussem Sidi Hssaine**
In Agdz Ende September.
◆**Moussem Zaouite Timesla**
Bei der gleichnamigen Zaouia bei Agdz, am 18 Rabia I.
◆**Moussem Sidi Ameur**
Im Douar Sidi Ameur bei Agdz, 12 Rabia I (islamischer Kalender).

Hinter Agdz ändert sich die Szenerie. Die Strecke geht durch das Tal des *Oued Drâa* und ist landschaftlich recht abwechslungsreich und schön. Das Flusstal wird zur Linken von dem hohen Bergzug des *Djabal Kissane* begrenzt; davor ein breiter Saum von Dattelpalmen, Oleanderbüschen und vielen Kasbahdörfern: *Dar Cheikh-el-Arabi, Dar Fatima* u. v. m. Sandfarbene Wüstenratten und kleine, graue, gestreifte Erdhörnchen haben hier ihren Lebensraum, Kameldorn, Tamarisken, Gonfocarpus-Büsche und Schirmakazien geben der Landschaft einen ostafrikanischen Anstrich. In den Bergen heulen Schakale, mit Glück sind Adler und Blauracken zu sehen.

Ein **lohnender Abstecher** führt bei km 74 links über die Brücke in den Ksar **Tamnougalte.**

TAMNOUGALTE

Hier finden sich mehrere schöne Kasbahs innerhalb des Dorfes, darunter auch die **älteste Kasbah des Drâatales,** deren Besichtigung man sich keinesfalls entgehen lassen sollte (nur mit Begleitung eines Familienmitgliedes möglich). Jahrhundertelang war die **Kasbah Tamnougalte** – was übersetzt soviel wie Ort des Zusammentreffens bedeutet – Herrschaftssitz und Schutzburg für die umliegenden Dörfer. Ihre Gründung geht auf den Begründer der Alawitendynastie, *Mulay Rachid,* zurück, der im 17. Jh. an der Macht war. Tamnougalte war ein wichtiger Marktflecken auf dem Weg der Karawanen in Richtung Timbuktu, die Kasbah als Fürstensitz und Karawanserei sollte den Machtanspruch der Herrscher sichern. Die Kasbah wir jetzt mit Hilfe der Cerkaz (= nationales marokkanisches Institut zur Erhaltung der Kasbahs) und der spanischen Gesellschaft ONG restauriert.

Bereits auf dem Weg ins Dorf passiert man nach ca. 2 km die auf einem Hügel thronende etwa 60 Jahre alte **Kasbah Taouirt** (nicht zu verwechseln mit der Kasbah Taourirt in Ouarzazate), besser bekannt als das Fort Bounoura aus dem Film „Himmel über der Wüste". Für den Film wurden eigens ein Tor gebaut und eine Sanddüne angekarrt, um das *Fort Bounoura,* in dem der Hauptdarsteller starb, stilecht darzustellen. Leider ist sie halb zerfallen und fast leer.

Das unterhalb der Kasbah Taouirt liegende **Ksar mit der Kasbah Tamnougalte** ist ein verschachteltes Labyrinth aus Lehmburgen und engen Gängen, in dem ebenfalls wesentliche Szenen des Films gedreht wurden. Der Ort mit seinen schönen, mit Lehmornamenten verzierten Kasbahs ist bei weitem interessanter als die auf dem Hügel thronende Kasbah. Besonders schön ist das Eingangstor in den Ksar mit einer alten, geschnitzten Holztür und dem typischen Zahnbürstenschloss. Wer die Kasbahs besichtigen möchte, sollte hier an die Türe klopfen und nach *Jalil* oder *Rabi* oder auch *Nasir Aït el-Qa'id* fragen. Die Führung kostet pro Kasbah 10 DH (also 30 DH p. P., da es drei Kasbahs sind, zwei Personen 50 DH) und dauert gut 1 Stunde. Ohne Führer kann es manchmal recht anstrengend werden, sich Kinder und „falsche" Führer vom Leibe zu halten. Ein nettes ◆**Restaurant Chez Yacob** gibt es in der Kasbah (direkt am Parkplatz), dort wer-

TAMNOUGALTE

DIE GESCHICHTE EINER KASBAH UND VIEL MEHR ...

von Muriel Brunswig

Jahrhundertelang war die Kasbah von Tamnougalte Herrschaftssitz und Schutzburg für die umliegenden Dörfer. Herrschaftlich, wenn auch vom Verfall bedroht, ist sie heute noch. Nicht nur der bekannte Regisseur Bernardo Bertolucci hat die Schönheit und die Mystik dieses Ortes erkannt. Zahlreiche Filme wurden hier gedreht und es war für keinen schwer, den Zauber Tamnougalts einzufangen

Irrtümlicherweise wird die Kasbah Tamnougalt oft mit ihrer Schwester Taouirt verwechselt, die nur wenige hundert Meter daneben stolz auf einem Hügel thront. Stolz auch darauf, dass sie in dem berühmten Film „Der Himmel über der Wüste" eine Rolle spielen durfte: die des Fort Bounoura, in welchem der Protagonist stirbt. Abgesehen davon hatte sie keine Funktion. Erst vor 60 Jahren gebaut und nie vollendet, war sie nicht mehr als ein „Lückenfüller" im Konkurrenzkampf zwischen Glawi- und Qa'id-Familien. Nicht so die Kasbah Tamnougalt, die sich inmitten des alten Dorfes befindet. Sie war die erste Kasbah des Drâatals, sie kann auf eine lange und bewegte Geschichte zurückblicken.

Ein alter Mann, würdig im blauen Anzug, eine Zigarette im Mundwinkel, ansonsten jedoch zahnlos, erzählt die Geschichte seiner Familie. Er ist der Neffe des vorletzten Qa'ids von Tamnougalt und über 80 Jahre alt. Er freut sich, dass eine Europäerin etwas über seine Familie erfahren möchte und so beginnt er zu erzählen:

Weißt Du, sagte er, das ist eine lange Geschichte. Erinnerst Du Dich an Mulay Rachid? Ich frage ihn, ob er damit den Begründer der Alawiden-Dynastie meint, den Vorvater des heutigen Königs, der Mitte des 17. Jahrhunderts die Macht übernahm. Natürlich den, wen denn sonst? Nach einer kurzen Pause, in der ich zweifelnd gemustert werde, ob ich es wohl wirklich wert bin, dass man mir diese Geschichte anvertraut, nimmt der alte Mann den Faden wieder auf: Rachid war unzufrieden. Jahrelang hatte er das Herrscherhaus beobachtet und den steten Verfall seiner Macht erkannt. Ihm war klar, dass die Dynastie dem Untergang geweiht war, und so beschloss er, das Schicksal in seine Hände zu nehmen und selbst Sultan zu werden. Das Problem war Ben Micha'il, ein Jude, der immer an der Seite des Sultans war und ihn beschützte. Wenn man die Macht wollte, musste man an Micha'il vorbeikommen – aber wie? Er fragte seinen engsten Vertrauten, Ali Mansur. Ali, ein gewitzter Berber aus dem Rifgebirge, überlegte und ersann einen teuflischen Plan: Micha'il war für seine Gier nach Gold bekannt. Also würde er eine Kiste mit Gold erhalten, die so groß sein sollte, dass darin Ali selbst und zwei weitere Krieger Platz hätten. Die Kiste wurde zu Micha'il gesandt, und als dieser sie öffnete, sprangen die Krieger heraus, töteten den Mann und erlangten so die Herrschaft für Rachid. Meuchelmord also, die den ersten Sultan der neuen Dynastie an die Macht brachte, die Geschichte vom trojanischen Pferd. Der alte Mann fragt mich, ob diese Tatsache ein schlechtes Bild auf seine Familie werfe, denn, man ahnt es schon, der mutige Ali Mansur war niemand anderes als der Vorfahr der Familie Aït al-Qa'id, die bis zum heutigen Tag in der Kasbah lebt. Falls doch, so solle ich sie auf keinen Fall erzählen. Ich beteuere ihm, dass dies nicht der einzige Fall gewaltsamer Machterlangung sei und er sich deswegen keine Sorgen zu machen brauche. Er freut sich, denn Ali Mansur war es, der auf diese Weise die Herrschaft der Familie im Drâatal etablierte.

Mulay Rachid hatte aus den Fehlern seiner Vorgänger gelernt. Ein zentral geführter Staat, das hatte die Geschichte bewiesen, ließ sich nicht regieren. Also setzte er Verwalter ein, Gouverneure, die in seinem Namen das Land regierten. Als Dank für das, was Ali Mansur mit seinen zwei Brüdern für ihn getan hatte, ernannte er ihn zum Qa'id (arab. Führer, Gouverneur) des Drâatals und ließ als dessen Herrschaftssitz die erste Kasbah in Tamnougalt errichten. Und da steht sie noch heute. Sichtlich angeschlagen, aber sie steht. Großartig das Tor, reich verziert die Innenräume. Jalil, der

Eingang zum Ksar Tamnougalte

Großneffe des alten Mannes, der mir so spannend die Geschichte seiner Familie erzählte, führt mich durch die Burg und erklärt mir ihre Funktionen, denn eine Kasbah war mehr als nur ein Herrschaftssitz. Sie war Schutzburg für umliegende Dörfer, die den Stammeskriegen ausgesetzt waren, sie war Versammlungsort für den Dorfrat, Wohnort für die Herrschaftsfamilie und Marktfleck zugleich. Mit einer Fackel führt er mich durch dunkle Gänge von Hof zu Hof, erklärt mir die Architektur des Lehmbaus und erzählt mir viel über die Geschichte des Hauses. Von einer Kasbah gelangen wir über die Dächer zur nächsten, denn bald schon wurden mehr und mehr Kasbahs errichtet, zwei davon im selben Dorf, die anderen in Sichtweite der jeweils nächsten – eine Kette von Kasbahs, die sich, parallel zum Fluss, das Tal entlang bis nach Zagora zieht.

Tamnougalte, was in der Übersetzung so viel bedeutet wie „Ort des Zusammentreffens“, war seit ewigen Zeiten ein wichtiger Marktfleck auf der langen Handelskarawanenstraße von Fès nach Timbuktu: Die erste Oase, wenn man – von Marrakesch kommend – die Berge des Hohen Atlas und des Tinifift hinter sich gelassen hatte; die letzte für die Karawanen, die Gold, Elfenbein, Sklaven und Salz vom Süden nach Marrakesch transportierten. Die Kasbahs des Drâatales nördlich Zagoras blieben in den Händen der Nachkommen Alis. Starb ein Qa'id, übernahm – ganz im Sinne Mulay Rachids – der älteste Bruder dessen Funktion. So war es ausgemacht, damals, 1656, als Ali Mansur die Herrschaft im Drâatal übernahm. Denn seine Brüder waren es gewesen, mit deren Hilfe er Ben Micha'il hatte meuchelmorden können. Nur unter der Bedingung, dass es keinen Bruder mehr gibt, darf das Amt an den ältesten Sohn übergeben werden oder – falls es diesen nicht gibt – an den Neffen. Auf diese Weise wurde es bis Mitte der 40er Jahre des 20. Jahrhunderts gehandhabt, als die Familie ihren Titel abgeben musste. Nicht nur das, sie verlor ihren Besitz, ihr Land, ihre Kasbahs und somit ihre Ehre. Schuld daran war das französische Kolonialsystem, oder, besser gesagt, der kolaborierende Berberfürst Tami ibn Muhammad al-Maswari al-Glawi.

Betretendes Schweigen, als ich nach diesem Mann frage, dann blitzt Zorn aus den Augen des alten Mannes, der mir so schön die Geschichte seiner Vorfahren erzählt hatte. „Ein Verräter“ zischt er, „nicht wert, dass man sich seiner erinnert“. Natürlich bin auch ich empört, möchte dann aber doch mehr erfahren über diesen Mann, der auch von offizieller Seite Marokkos totgeschwiegen wird. Von den Menschen des Südens erfährt man nicht mehr, als dass die Glawis Verräter waren, Zorn bei der Erwähnung seines Namens. Kramt man aber ein wenig in der Literatur, wird man schnell fündig: Auf ihn gehen prächtige Kasbahs wie die Kasbah Taouirt in Ouarzazate oder Telouet zurück.

Schon im 19. Jahrhundert schaffte es der Berberclan der Glawa, sich durch skrupellose Kämpfe als größter Großgrundbesitzer des Südens zu etablieren. Seine Herrschaft war gefürchtet, seine Brutalität bekannt. Während die Berber erbittert gegen die französische Vorherrschaft kämpften, nutzte jener berüchtigte Tami ibn Muhammad die Gunst der Stunde und schloss sich den Franzosen an, die seit 1912 das Land zu ihrem Protektorat erklärt hatten. Spätestens damit begann sein Verrat. Seite an Seite mit den Franzosen erkämpfte sich der „Sultan des Südens“, wie er zu dieser Zeit genannt wurde, die Vorherrschaft im Drâatal. Bis Mitte der Vierziger Jahre konnten sich die Qa'ids mit Hilfe der Bevölkerung noch halten, dann wurde der letzte Widerstand gebrochen. Si Ali, der letzte Qa'id von Tamnougalt (welch Ironie des Schicksals, dass der letzte Qa'id denselben Namen trug wie der erste), musste ins Exil, seine Familienmitglieder wurden aus der Region verbannt, einige wanderten ins Gefängnis.

Heute noch sichtbares Zeugnis dieser Zeit der großen Konkurrenz zwischen den sultanfreundlichen Qa'ids und den franzosentreuen Glawis sind die zahlreichen Kasbahs, die mit Beginn dieses Jahrhunderts in der Region entstanden. Jede Familie versuchte, mit dem Bau einer Kasbah die andere Familie zu übertrumpfen. Wo eine Qa'id-Kasbah stand, wurde in direkter Nachbarschaft eine Glawi-Kasbah errichtet, exponierte Orte, wie der Hügel bei Tamnougalt, wurden durch den Bau einer Kasbah „besetzt". Nicht nur die wunderschöne Kasbah Taouirt von Tamnougalt besteht fast nur aus den Außenmauern, viele Kasbahs wurden nie vollendet, waren wie Taouirt auch nur „Lückenfüller" im Konkurrenzkampf. Heute zerfallen die Glawi-Kasbahs mehr und mehr, nur wenige werden - im Zeichen eines zunehmenden Tourismus - zögernd restauriert. Das erzählt mir der alte Mann nicht ...

Der Triumph der Glawi hielt nicht lange an. Schon 1956 musste sich Tami ibn Muhammad ergeben und sich dem Sultan Muhammad V. unterwerfen. Sein Besitz wurde verstaatlicht, seine Familie wanderte nach Frankreich aus. Er selbst starb nur wenige Monate nach seiner Niederlage. Der Untergang des Einen war der Sieg des Anderen: Aufgrund ihrer langen Sultanstreue erhielt die Familie Aït al-Qa'id ihren Besitz zurück. Natürlich konnte das alte System der Qa'id-Herrschaft nicht in dem jungen Staat übernommen werden, aber Ehre und Ehre überhäuften sich und Si Ali konnte eines zufriedenen Todes sterben. Er hinterließ seinen Söhnen und Neffen 10 Kasbahs. Ein paar davon sind heute zerfallen, denn die Lebensdauer einer Kasbah ist - wenn man sie nicht fortwährend erneuert und restauriert - kurz. Die meisten aber sind von den Nachfahren der Erben bewohnt, darunter sind zwei, die man besichtigen kann. Die eine ist die „Originalkasbah" in Tamnougalt, inzwischen fast 350 Jahre alt, die andere ist die Kasbah Asslim in Agdz. In ihr lebt ein Enkel von Si Ali, Si Ahmad mit Hassan, einem seiner Söhne und dessen Familie.

Der alte Mann lächelt mir zu und gebietet seinem Enkel, mir noch einmal Tee einzuschenken. Ob ich noch eine andere Geschichte hören möchte, die Geschichte vom furchtlosen Abdelkrim, der die Franzosen bekämpfte. Mir scheint, er muss beweisen, dass al-Glawi keine Brüder hatte. Ich nicke begeistert. Er zündet sich eine Zigarette an, nimmt einen Schluck des köstlichen Tees und beginnt ...

den auch einfache, aber romantische Zimmer (€B) vermietet. *Jalil Aït el Qa'id* hat eine ◆**Auberge/Campingplatz** (€B) in traumhaft schönem Gelände hingestellt. Der Bau ist leider etwas einfallslos und hässlich geworden. Es gibt aber eine schöne Terrasse und einen großen Pool. Die sehenswerten drei Kasbahs im Ksar werden jetzt mit Hilfe der *Association Les Amis de Tamnougalt* des Franzosen *Etienne* renoviert (E-Mail: weetien@aol.com, Internet: www.tamnougalt.com). Etienne betreibt im Ksar Tamnougalt auch eine hübsche ◆**Herberge** (neben dem Hammam, Tel. 044 84 38 70), die jedoch 2002 zum Teil eingestürzt ist.

Eine weitere Übernachtungsmöglichkeit besteht an der Straße, die vom Drâatal nach Tamnougalte abzweigt: Rechts liegt die ◆**Auberge Jardin Tamnougalte,** Tel. 044 84 36 14, deutsche E-Mail: Kollerei@hotmail.com. Die Familie von *Ismail Elalaoui* und die deutsche Besitzerin *Barbara Koller* haben sieben nette und saubere Zimmer mit Bad hergerichtet, die in einem sehr schönen Palmengarten liegen. Wer möchte, kann auch hier sein Zelt aufstellen oder im Nomadenzelt übernachten. DZ mit Frühstück €, jedoch nicht immer saubere Handtücher und nicht immer warmes Wasser. Die marokkanischen Betreiber der Pension sind nett, der Sohn führt durch die Oasengärten und ins Dorf.

◆**Hussein Achabak,** ein Cousin der Familie, macht auf Wunsch Führungen oder organisiert **Kameltouren.** Kontaktieren sie ihn über seine Handy-Nr. 068 68 00 47 bzw. 067 23 35 21. Er richtet eine Kasbah, die von Studenten einer deutschen Uni renoviert wurde, ca. 10 km weiter flussabwärts in der Oase *Timiderte* zu einer Auberge her.

Blick auf das Fort Bounoura (Kasbah Taouirt in Tamnougalte)

Ein privater Bus fährt von Tamnougalte um 17 Uhr nach Zagora.

Wer nicht auf der Teerstraße Richtung Zagora fahren möchte, kann von Tamnougalte aus die Piste nehmen, die bis zur Einmündung der Straße P 6956 auch für Pkw gut befahrbar ist. Sie führt links des Drâas an zahlreichen schönen Lehrmdörfern und Kasbahs vorbei nach Süden.

Wieder Richtung Zagora auf der Hauptstraße, liegt bei km 90 linker Hand **Timiderte,** ein noch recht ursprünglicher Ort mit schönen Kasbahs.

Bei km 97 ist die **Barrage Deriaba,** ein neuer Stausee, erreicht; ein Abzweig führt nach *Tazenakht*. 2 km weiter führt links ein beschilderter Abzweig nach *Nekob* und *Tazzarine*. Beim Abzweig liegt unter Palmen das nette, kleine *Hotel Bougafer*. Anschließend durchquert man mehrere schöne Ksour, u. a. *Tamsikht* und *Irchegui,* einige mit schönen Kasbahs.

Der Ort **Tinzouline** (Tankstelle, Geschäfte, schöner Souk am Montag und Donnerstag) mit einer schönen Kasbah folgt nach 125 km. Die diversen Café/Restaurants im Ort haben allenfalls Tajine anzubieten, deren Preis aber unbedingt im voraus ausgehandelt werden muss.

Wenn man in Tinzouline bei der Post rechts abbiegt (rostiges Schild „gravures rupreste s lybico berbere“ 7 km schlechte Piste) und immer geradeaus fährt, erreicht man nach guten 7 km einen kleinen Parkplatz, von dem aus man zu Fuß ca. 250 m das Oued entlanglaufen muss. Dann findet man an den Felswänden prähistorische Gravuren (ca. in Höhe eines gemauerten Brunnens). Besser ist es, sich einen Führer mitzunehmen, da man die Gravuren – Gazellen, Strauße, Reiter – schwer entdeckt.

Weiter geht es durch kleine Dörfer in hübscher Oasenlandschaft. Hinter **Zaouit Faggout** (km 132) wird das Flusstal enger, die Felswände rechts der Straße rücken näher; insgesamt ist das Tal von nun an dünner besiedelt.

Bei km 149 ist man in **Duar Khemis Beni Zoli,** einem hübschen Ort, in dem Touristen selten Halt machen. Suq ist am Donnerstagvormittag.

Ca. km 156 führt eine Piste über eine Brücke auf die andere Seite des Drâa 2 km zum Ort **Zorgane.** Dort gibt es eine nette aus Lehm gebaute ◆**Gîte d'Etappe – Camping Chez Hammou Aït Hssaine,** Tel./Fax 044 84 65 08, 067 35 90 80, aithssaine12@hotmail.com, Übernachtung 50 DH pro Person inkl. Frühstück in sauberen, ordentlichen Zimmern mit Gemeinschaftsdusche. Die Herberge liegt nach der Durchquerung des Palmenhaines am Rande der Berge nahe des alten Ksar und phönizischen Ruinen (die ich selbst nicht kenne). Camping 20 DH/Wohnmobil, p. P. 10 DH. Sehr positive Leserresonanz.

Ab hier oder Tamnougalte besteht die Möglichkeit einen Abstecher zu den Oasen auf der anderen Drâaseite zu machen (bei beiden Orten gibt es Brücken), welche von Touristen so wenig besucht werden und noch um einiges ursprünglicher sind als die stark frequentierten Orte entlang der Teerstraße.

Ungefähr 1 km weiter (10 km vor Zagora) liegt auf der linken (östlichen) Seite der neue ◆**Camping Oued Drâa,** hübsch und liebevoll angelegt. Große Palmen, Schatten, marokkanische Küche (lecker, Preis ist Verhandlungssache), sehr nett und familiär, sehr saubere sanitäre Anlagen, Besichtigung der Familienkasbah und der Palmengärten möglich. Von mehreren Lesern sehr empfohlen. Übernachtung im Berberzelt 50 DH.

In **Tissergat** (km 157) liegt die ◆**Auberge Dar el-Hiba.** Eine liebevoll hergerichtete Kasbah mit 7 Zimmern, hervorragendem Essen (die Mama kocht selber) und ein sehr netter Besitzer *(M. Larbi)* sogen für eine wunderbare, individuelle Atmosphäre. Allerdings sind die Zimmer sehr hellhörig. Wer Ruhe sucht und keine Angst vor Familiennähe hat, ist hier richtig. HP €A/Person (nur mit Halbpension). Tel. Reservierung unter Tel. 044 84 78 05.

Nach **165 km** ist **Zagora** erreicht.

ZAGORA

ÜBERBLICK

Früher wichtige Karawanenstation; das Schild „52 Tage nach Timbouctou", am Ende der Hauptstraße beim *Cercle de Zagora* vor der *Gendarmerie Royale* angebracht, zeugt noch davon. In der Protektoratszeit war der Ort französischer Militärstützpunkt und ist jetzt eine wichtige Garnison der marokkanischen Truppen.

Zagora ist eine große Garnisonsstadt, die am Rande der Wüste, an den palmengesäumten Ufern des *Drâa* liegt und von den Wüstenbergen des *Djabal Adafane* 1027 m und des **Djabal Zagora** (974 m) im Osten begrenzt wird. Auf dem *Djabal Zagora* befinden sich Reste einer Almoravidenfestung aus dem 11. Jh. Da sich dort das Militär niedergelassen hat, kann man mit dem Auto nicht mehr nach oben fahren, aber zu Fuß ist der Aufstieg erlaubt. Von hier genießt man einen schönen Fernblick über das ganze Drâatal und die Palmenoasen.

In der Stadt, die abgesehen von den Oasengärten und den vielen Möglichkeiten Kameltouren oder Ausflüge ins Drâatal zu unternehmen, wenig bietet, gibt es eine gute Infrastruktur: Tankstellen, Hotels und viele Geschäfte. Aufgrund des regen Tourismus expandiert sie stark. Die Stadt zählt mittlerweile ca. 41 000 Einwohner. Ihre Bewohner leben hauptsächlich von der Landwirtschaft und in zunehmenden Maße vom Tourismus, was zur Folge hat, dass bei Flaute die vielen Touranbieter die wenigen Touristen geradezu mit ihren Angeboten überfallen – die Anmache ist manchmal schon überaus penetrant.

Mit den Häusern, die mit rosafarbenen und weißen Ornamenten verziert sind, und den arkadengesäumten Geschäften in der Hauptstraße zeigt die Kleinstadt das typische Bild der marokkanischen Städte im Süden. Die Frauen tragen hier schwarze Umhänge und Kleider. Sie sind zwar nicht ganz verschleiert, ziehen aber häufig den Umhang vor das Gesicht, wenn ein Fremder sich ihnen nähert.

Es gibt einen **schönen Markt** am Sonntag, mit einem ebenso urigen Eselsparkplatz wie in *Rissani* (siehe dort).

Der Oasenbau wird vorwiegend für den Eigenbedarf entlang des Oued Drâa betrieben. Auf einem Spaziergang durch die **Oasengärten von Amezrou** kann man noch sehr gut die traditionellen Bewässerungsmethoden beobachten: Die diversen Kanäle und Verteilungssysteme werden durch Sperren blockiert und bewässern genau nach Plan die Gärten. Ausgangspunkt ist der Weg zum Camping *Amazrou,* der links am Hotel *Fibule du Drâa* vorbeigeht und dann erst an einigen schönen neuen Häusern (u. a. auch dem „Haus der Pfauen" von *Mohammed El Hachimi;* s. Hotels) und direkt zwischen Mauern und Häusern in den Palmenhain führt.

Auch wenn die Stadt keine Sehenswürdigkeiten zu bieten hat, so eignet sich der Ort hervorragend für **Wüstenexkursionen** mit dem Auto, dem Taxi, zu Fuß oder mit dem Kamel oder auch einfach nur zum Relaxen in einem der Hotels.

Die deutsche **GTZ** (Gesellschaft für technische Zusammenarbeit) unterstützt in Zagora ein Projekt namens „Lutte contre la Désertification dans la Vallée du Dra" (PROLUDRA), das, wie der Name sagt, die **Verwüstung der Region** verhindern soll (z. B. durch Befestigung der Dünen mit Palmzäunen), außerdem im Rahmen des Projekts die natürlichen Resourcen managen und dabei durch nachhaltige Bewirtschaftung zu deren Schutz beitragen sowie die Einkommensquellen der Bevölkerung verbessern will. Dazu zählt auch die Förderung des Tourismus. Geplant ist eine Association, die die vielen Tourenanbieter unter einen Hut bringen will und eine Kooperation anstrebt. Zielsetzung ist ein ökologischer Tourismus, kein Rallyetourismus. Auch Alphabetisierungskurse, Familienplanungsmaßnahmen und Frauenförderung werden betrieben. Des weiteren ist die **Errichtung eines Naturreservates geplant:** Ein Gebiet südlich von Zagora soll unter Schutz gestellt werden, denn die Region ist überweidet und die Hauptquelle des

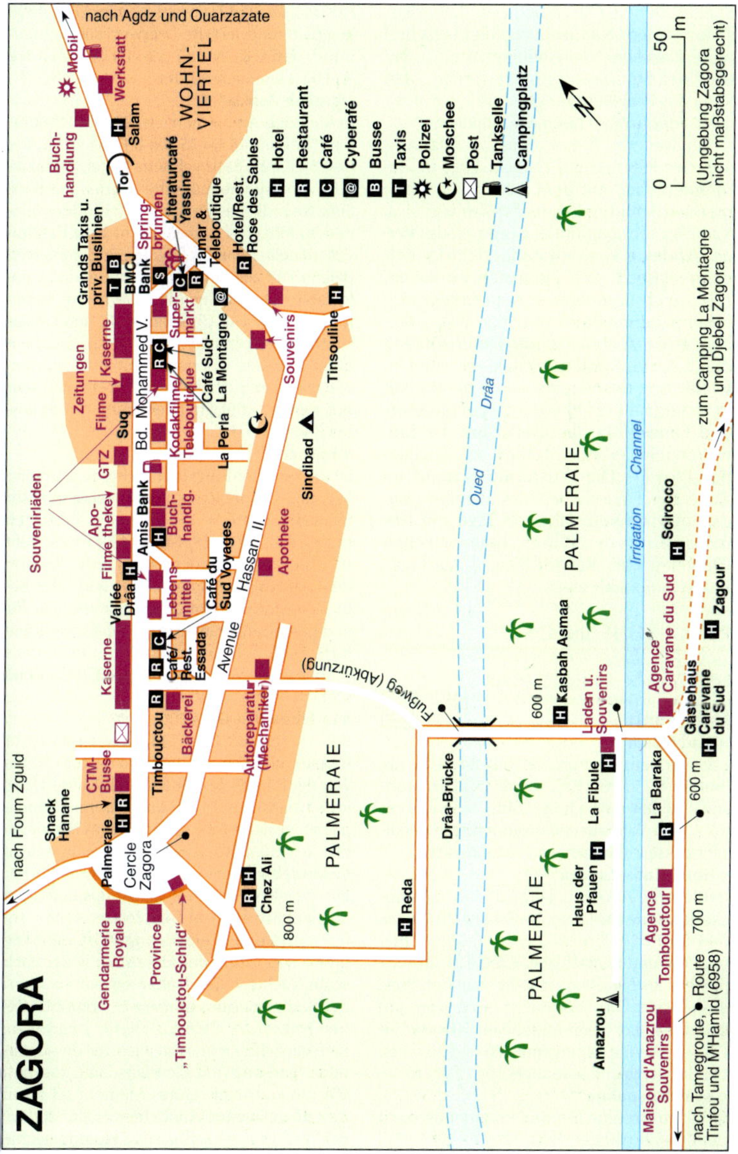
ZAGORA
nach Agdz und Ouarzazate
nach Foum Zguid
nach Tamegroute, Route Tinfou und M'Hamid (6958)
zum Camping La Montagne und Djebel Zagora
WOHN-VIERTEL
PALMERAIE
PALMERAIE
PALMERAIE
Oued Drâa
Irrigation Channel
Drâa-Brücke
Fußweg (Abkürzung)
Bd. Mohammed V.
Avenue Hassan II.
Cercle Zagora
Tor
Mobil
Werkstatt
Salam
Buchhandlung
Grands Taxis u. priv. Buslinien
BMCJ Bank
Springbrunnen
Literaturcafé Yassine
Tamar & Teleboutique
Hotel/Rest. Rose des Sables
Supermarkt
Café Sud-La Montagne
Kodakfilme/Teleboutique
La Perla
Souvenirs
Tinsouline
Sindibad
Zeitungen
Filme
Kaserne
Suq
GTZ
Souvenirläden
Apotheke
Filme
Amis Bank
Buchhandlg.
Vallée Drâa
Lebensmittel
Café du Sud Voyages
Apotheke
Kaserne
Café/Rest. Essada
Timbouctou
Bäckerei
Autoreparatur (Mechaniker)
CTM-Busse
Snack Hanane
Palmeraie
Gendarmerie Royale
Province
„Timbouctou-Schild“
Chez Ali
800 m
Reda
600 m
Kasbah Asmaa
Laden u. Souvenirs
La Fibule
Haus der Pfauen
Amazrou
Scirocco
Agence Caravane du Sud
Gästehaus Caravane du Sud
Zagour
La Baraka
600 m
Agence Tombouctour
700 m
Maison d'Amazrou Souvenirs
Hotel
Restaurant
Café
Cyberafé
Busse
Taxis
Polizei
Moschee
Post
Tankselle
Campingplatz
0 50 m
(Umgebung Zagora nicht maßstabsgerecht)

Sandes, der die Oasen bedroht. Außerdem sollen in dem Naturschutzgebiet verschiedene Gazellen- und Antilopenarten sowie eventuell Strauße ausgesetzt werden. Man kann das Projekt unter gtz-dra@iam.net.ma oder adedra@iam.net.ma kontaktieren.

Ein weiteres Projekt, das bei Marburg von der Psychologin *Daniela Vogt* in Zusammenarbeit mit dem aus Zagora stammenden Anthropologen *Abdellah Naji* (s. a. Kameltouren) gegründet wurde, ist der Verein **Azalay e.V.** (www.azalay.de), der sich dafür einsetzt, den Nomaden zu helfen, z. B. durch Brunnenbau, Kameltouren, Familienpatenschaften, Frauenprojekte, Aufbau einer Ambulanz mit Unterstützung durch Ärzte, Nomadenschule etc. Mit Unterstützung des Vereins wurde die Kasbah in Tissergate (15 km vor Zagora) renoviert und Ende 2004 das Gästehaus „Le Sauvage noble" eröffnet. Neu ist das einzigartige Projekt **„Die Wüste der Frauen"** im Zuge der Frauenarbeit des Vereins. Touristinnen können dabei elf Tage mit Nomadinnen in der Wüste zusammenleben (Buchung über Renard Bleu, s. Ausflüge/Kameltourenanbieter).

PRAKTISCHE INFOS

Tel. Vorwahl: 044, PLZ 45900

Unterkunft

◆ **Riad Salam******

Kurz vor dem Zentrum, Tel. 044 84 74 18, Fax 044 84 75 51. €€€€, Menü 150 DH, Frühstück 50 DH; sehr schöne Lobby, Innenhof mit Pool. Viele Fahrrad- und Bustouristen, europäisches Essen. Bargeldtausch ist möglich.

◆ **Hotel Reda Zagora******

In Richtung Amazrou, kurz vor der Drâa-Brücke. Route de M'Hamid, Tel. 044 84 70 70, Fax 044 84 70 12. Großzügiges, schönes Hotel mit Pool und Klimaanlage. €€€€, Frühstück 60 DH. Als Einzeltourist sollte man den Preis aushandeln. Das Personal ist ruhig, aber umständlich, das Essen mittelmäßig (besser im Fibule). Die Bar ist ungemütlich und zu teuer, der Service nicht besonders.

◆ **Ksar Tinsouline******

Im Zentrum (von Norden kommend), nach dem Einfahrtsbogen links, Tel. 044 84 72 52, Fax 044 84 70 42, tinsouli@iam.net.ma. 1998 komplett renoviert (Besitzerwechsel), komfortabel. €€€€, Menü 130 DH, Frühstück 50 DH. Hammam 40 DH.

◆ **Kasbah Asmaa*****

In Richtung Amazrou nach der Drâa-Brücke. B.P. 78, Tel. 044 84 75 55, 044 84 74 91, Fax 044 84 75 27. Sehr schönes Hotel, orientalische Atmosphäre, hübscher Garten mit Pool. Sehr freundliches Personal. Motorräder können im Innenhof parken. Nicht ganz das Traveller-Feeling wie im Fibule, die Zimmer mit Balkon sind allerdings etwas größer und komfortabler. Die Zimmer nach vorne zur Straße sind laut. €€ (Air Condition), DZ und Dreierzimmer, Halbpension obligatorisch, Gruppenermäßigungen. Übernachtung im Nomadenzelt mit HP € p. P. Das Essen im Hotel ist sehr gut. Kamelausflüge mit Zeltübernachtung kosten 350 DH p. P.

◆ **Scirocco*****

Über der Drâa-Brücke in Richtung Camping Montagne (vom Zentrum kommmend links) abbiegen, dann ca. 150 m auf der linken Seite. Tel. 044 84 61 25, Fax 044 84 61 26. Sehr schönes neues Hotel im Kasbahstil, das von dem französischen Paar *Brigitte* und *Gilles* betrieben wird. 16 komfortable Zimmer mit AC und guten Sanitäranlagen (europäischer Komfort). Schöner Garten und Pool. Derzeit das schönste der Mittelklassehotels! €€€, Menü 95 DH. Frühstück 40 DH.

◆ **La Fibule Du Drâa*****

B.P. 11, Tel. 044 84 73 18, Fax 044 84 72 71 (fibule@atlas-net.ma). In Amazrou, ca. 300 m von der Brücke des Oued Draâ. Nettes Hotel im Kasbahstil, mit Pool und Bar im schönen, palmengesäumten Innenhof. Etwas aufdringliche Rezeption, Geschäftemacherei und beim Geldwechsel nicht immer ganz korrekt. Aber ein Traveller-Hotel mit viel Atmosphäre, wo man herrlich ein paar Tage relaxen kann – sofern der Andrang nicht zu groß ist, denn die große Popularität des Hotels hat leider auch seine Nachteile. DZ (schon etwas verwohnt) mit Bad (Ameisen) und Air-Condition €€€ (mit Frühstück), €€€€B/HP für 2 Personen. Sehr einfache Zimmer im alten Teil des Hotels (klein und eng, mit Gemeinschaftsdusche), €A mit Frühstück. Gutes Menü in schönem Restaurant in marokkanischem Stil für 80 DH, der Wein ist ungenießbar. Das Hotel bietet Kameltouren an, die aber in zu großen Gruppen stattfinden und zu teuer sind, was auch für die sonstigen Ausflüge gilt. Wer eine solche Kameltour unternehmen möchte, kommt u. U. preiswerter weg, wenn er sie gleich mit Übernachtung im Hotel bucht. Das Gepäck kann man im Hotel einstellen.

Perle du Drâa***

In Amezrou, nach dem Hotel Fibule rechts an der Teerstraße 4 km in Richtung M'hamid. 2002 eröffnetes Hotel. Tel. 044 84 62 10, Fax 044 84 62 09, htperldra@hotmail.com, www.perledudraa.ma. 39 Zimmer, vier Suiten mit Bad/WC, AC, Sat-Fernsehen, Balkon mit Sicht zur Palmeraie oder zum Pool bzw. Djabal Zagora. 4x4- und Kameltouren werden organisiert. Restaurant und Nomadenzelt, Bar, Garten und Terrassen. €€€, Leser des Buches erhalten 10% Ermäßigung (an *Hassan Ouakas* wenden).

Le Sauvage noble

Dieses Gästehaus entstand in der alten Kasbah von Tissergate (15 km außerhalb) in Zusammenarbeit von Azalay e.V. und *Renard Bleu.* Die Kasbah mit eigenem Garten wurde aufwendig mit traditionellen Materialien und Techniken renoviert, die sieben Zimmer sind unterschiedlich gestaltet.

Zagour**

N 30°19,120' W 05°49,667'. Nach der Drâa-Brücke Richtung Camping Montagne (vom Zentrum kommend links) abbiegen, dann ca. 100 m auf der rechten Seite am Fuße des Zagora-Berges. Tel. 044 84 61 78, Fax 044 84 74 51, E-Mail: hotelzagour@yahoo.fr, www.leilacom.com/zagour. 14 DZ und vier Dreier-Zimmer mit Bad und fernsteuerbarer AC. Ein neues, sehr schönes und sauberes Hotel (von außen unscheinbar), geschmackvolle Zimmer, Pool, schöne Terrasse mit Blick auf die Palmengärten. Das Hotel organisiert auch Kameltouren. Triple €€€, DZ €€€B, in Nebensaison billiger. Sehr gutes Menü 75 DH, Frühstück 30 DH. Das Preis-Leistungsverhältnis ist hervorragend!

La Palmeraie *

Av. Mohammed V. im Zentrum, Tel. 044 84 70 08, DZ mit WC und Dusche €€B. Sauber, heiße Duschen und Pool. Gutes Essen, Treffpunkt der Einheimischen, nette Atmosphäre, schön! Achtung: Beim Parken vor dem Hotel muss ein Wächter organsiert werden!

Ternata

Av. Mohammed V. Neu eröffnetes dreistöckiges Hotel im Zentrum, Tel. 044 84 69 69, Fax 044 84 69 66, ternata_zagora@yahoo.fr. 40 ordentliche Zimmer mit TV und AC, Dachterrasse und Parkplatz. Pro Pers. €/HS, NS €B, Pool im Bau.

Unklassifizierte Hotels

Haus der Pfauen

Tel. 044 84 75 69, Fax 044 84 74 97, E-Mail: M.Elhachimi@t-online.de, Internet: www.Hausderpfauen.com. In Zagora über die Caravane du Sud. Dieses schöne Gästehaus direkt im Palmenhain vom Amezrou (nahe dem Fibule du Drâa) gehört *Mohammed el Hachimi,* der in Deutschland wohnt und während seiner Abwesenheit die Zimmer im Haus vermietet. Dazu gehört die überaus freundliche Haushälterin *Fatima,* die hervorragend kocht (Wünsche werden berücksichtigt) und putzt. Das architektonisch sehr schöne Haus mit Pfauengarten und Pool liegt sehr idyllisch. Die zwei Zimmer im Erdgeschoss und die drei Zimmer im 1. Stock teilen sich jeweils ein Bad. HP pro Person €€, Kinder 2–12 Jahre 50% Ermäßigung. Das ganze Haus kostet 1000 DH bis 5 Personen pro Tag inkl. Haushälterin.

Im Hotel Fibule du Drâa

◆Auberge Chez Ali
Av. Atlas, Zaouit el Baraka, Tel. 044 84 62 58, chez_ali@hotmail.com. Diese nette kleine Herberge in einem wunderschönen Garten gehört einem älteren Herrn und wird hervorragend geleitet. Die einfachen Zimmer haben Ausgänge zum Garten und sind sehr sauber. Auch Übernachtung im Zelt ist möglich (½€, 5 DH Dusche, 20 DH Frühstück). Auch ein sehr hübsches Restaurant (Menü für 60 DH) – sowohl im herrlichen Garten als auch innen sehr ansprechend – gehört dazu.

◆Vallée du Draâ
Av. Mohammed V. nahe der Bäckerei. Tel. 044 84 71 10, ein einfaches, aber sauberes und sehr angenehmes Budget-Traveller-Hotel. Die Räume zum Innenhof sind sehr ruhig, zur Straße laut. DZ mit/ohne Bad €. Die Qualität der Gerichte variiert.

◆La Rose des Sables
Av. Allal Ben Abdellah, Tel. 044 84 72 74. Einfache, saubere DZ mit und ohne Bad, ½€. Ein reichliches und gutes Menü kostet ca. 65 DH

◆Hotel-Café-Restaurant des Amis
Liegt in der Hauptstraße. Hotel und Restaurant sind etwas heruntergekommen, ½€, abends warme Duschen.

◆Dar Douni
Diese **Gite d'Etape** (Unterkunftshaus, ähnlich unseren Berghütten mit Matratzenlager und Kochgelegenheit) bietet mehrere Zimmer mit zwei und fünf Schlafplätzen und liegt 3 km außerhalb in Richtung Camping La Montagne auf der linken Seite zwischen Straße und Flusstal. Es gibt eine große Terrasse und einen schönen Garten, warme Duschen und saubere Toiletten. Tel. 044 84 70 61. Sie gehört der Familie *Azizi*, die auch als Veranstalter und Kameltouren-Anbieter Renard Bleu Touareg firmiert und den Verein Azalay e.V. unterstützt. ½€.

Camping

◆Camping Sindibad
Tel. 044 84 75 53. In der Nähe des Hotels *Tinsouline* inmitten eines großen Palmengartens. Die Zimmer sind sehr klein und einfach (½€). Besser ist es, bei Hitze im Schlafsack auf der nicht besonders sauberen Terrasse zu übernachten (10 DH). Der Platz ist mit hohen Palmen und Obstbäumen bepflanzt. Strom ist vorhanden. Das schöne Schwimmbecken wird von Untergrundwasser gespeist (nur bei größerem Besucherandrang). Die sanitären Anlagen am Campingplatz sind extrem einfach und meist schmutzig, im Winter gibt es heiße Duschen. Inzwischen ist schon alles ziemlich heruntergekommen. Nettes Restaurant mit gutem Essen (ca. 36 DH, Alkohol erhältlich) und üppigem Frühstück (20 DH) im Freien unter Palmen und im Zelt. Treffpunkt vor allem für jüngere Touristen und Marokkaner zum Quatschen, Dominospielen und Musikmachen. Gebühren: je 10 DH pro Person, Auto und Zelt.

◆Camping Les Jardins de Zagora
Neuer Campingplatz direkt links neben dem Hotel *Ksar Tinsouline*. Tel. 068 96 17 01, E-Mail: jardinsz@yahoo.fr. Gehört *Mohammed Akhatar,* der sehr nett ist und gut englisch spricht. Übernachtung 2 Pers. im Berberzelt 70 DH.

◆D'Amazrou
In Richtung Amazrou und unmittelbar hinter dem Hotel/Restaurant *La Fibule du Drâa* nach rechts abbiegen (noch vor dem Kanal). Eine schmale Stichstraße führt zu dem sauberen und angenehmen kleinen Platz inmitten eines wunderschönen Palmengartens – es gibt sogar Grasboden. Halbwegs saubere Sanitäranlagen, Sitzklos, Warmwasserdusche, Strom.

◆Camping Montagne
B.P. 87, 45900 Zagora, Tel./Fax 044 84 75 78 (abends). Auf der anderen Seite des Oued Drâa am Fuße des Djabal Zagora in Richtung Amazrou. Am Hotel Fibule und Kasbah Asmaa vorbei nach links bis zum letzten eingezäunten Gelände auf der linken Seite. Angenehmer Campingplatz, einfache, meist saubere sanitäre Anlagen. Das Gelände mit Blick auf das Oued und den Djabal Zagora ist im vorderen Bereich grün, die kiesigen Standplätze für die Fahrzeuge sind von vielen Bäumen begrenzt. Der Pächter, *Mohammed Azaghar,* ist ein angenehmer Gesprächspartner und vielseitig interessiert, er spricht fließend französisch und gut englisch. Er hat ein offenes Ohr für Probleme, man kann ihn gerne über das Leben und die Gewohnheiten in den Oasen befragen. Der Platz ist nicht an das örtliche Elektrizitätsnetz angeschlossen, deshalb ist eine Taschenlampe für den WC-Gang nötig.

Mohammed organisiert auch **Kameltouren** in die Umgebung, die von Lesern sehr gelobt werden, investiert aber in den Campingplatz – wegen der großen Konkurrenz im Ort – nicht mehr besonders viel. Seine zahl-

Das Kamel, das aus dem Wasserhahn trinkt – am Camping Montagne reichen Kamele sind im Stall, der direkt an den Campingplatz anschließt, untergebracht. Eine besonders witzige Sensation ist dabei ein Kamel, das auf Aufforderung aus dem Wasserhahn trinkt.

Campingpreise: 10 DH/Person, 10 DH/Auto, 5 DH/Zelt. Wer es ruhig und beschaulich mag und keinen großen Wert auf Komfort legt, ist hier gut aufgehoben.

Essen und Trinken

◆La Baraka
Route d'Amazrou, ca. 700 m vom Hotel Fibule entfernt, in Richtung Tamegroute, rechts der Straße; sehr gutes Menü für 90 DH, hervorragende Tajine, original marokkanische Atmosphäre, sehr freundlicher Besitzer der auch mal mit den Gästen Tee trinkt.

◆Chez Ali
Rue d'Atlas. Sehr gut, freundlich und preiswert. Siehe unklassifizierte Hotels.

◆La Rose des Sables
Av. Allal Ben Abdellah. Reichliches und sehr gutes Menü für 70 DH, Wein 70 DH, Mineralwasser 10 DH, gutes Frühstück. Laut Leserauskunft der beste Couscous ganz Marokkos!

◆Fibule du Drâa (s. a. Hotels)
Gutes Menü für 80 DH, Musik, sehr schöner Speisesaal. Qualität, Service und Wartezeit unterschiedlich. Die Aussagen schwanken von mittelmäßig bis sehr gut. Der Wein ist angeblich schlecht gelagert und ungenießbar.

◆Hotel de la Palmeraie
Gute marokkanische Küche in familiärer Atmosphäre. Hier treffen sich die Einheimischen.

◆Restaurant Tombouctou
Große Portion vegetarische Tajine für 15 DH.

Busverbindungen

CTM-LN und **private Linien:**

- **Zagora – Ouarzazate – Marrakesch:**
  1x tägl., ca. 100 DH, ca. 5 Std. Fahrzeit. Nach Ouarzazate ca. 50 DH, nach Agdz 20 DH.
- **Zagora – Agdz:**
  1x tägl. privater Bus, 20 DH. Auch die CTM-Busse nach Marrakesch fahren über Agdz. Fahrzeit 30 min.
- **Zagora – Ouarzazate – Casablanca:**
  1xtägl. (über Nacht) CTM-Bus, ca. 170 DH. Fahrzeit nach Ouarzazate ca. 3½ Std., nach Casa ca. 10 Std.
- **Zagora – M'Hamid**
  1x tägl. (nachmittags) CTM-Bus, 2 Std. Fahrzeit, ca. 18 DH.
- **Zagora – Agadir**
  Einmal wöchentlich über **Ouarzazate** von den privaten Linien (sehr ermüdend, lange Strecke, viele Stopps, endet außerdem in Inezgane mitten in der Nacht, so dass ein Weiterkommen schwierig ist). Besser mit dem Bus nach Ouarzazate und dann umsteigen in den CTM-Bus nach Agadir.
- **Zagora – Tazzarine – Rissani – Erfoud**
  Privatbus 2x täglich, 30 DH nach Tazzarine, nach Rissani 60 DH. Fahrzeit 3 Std. Wer auch was von der Landschaft vor Tazzarine sehen will, fährt besser im Winter mit dem Morgenbus.

Taxi/Sammeltaxi

Sammeltaxis (Grand Taxis) vom Busbahnhof nach **Ouarzazate** 50 DH (für 5 Personen), **Tamegroute** 6–8 DH, nach **M'Hamid** 25 DH und nach **Tazzarine** 45 DH. Grand Taxis können auch für einen ganzen Tag oder andere Ziele angemietet werden (Preis aushandeln, man zahlt für das ganze Taxi, bis zu 5 Personen). Vom Busbahnhof muss man ein Petit Taxi (5 DH) nehmen, wenn man zu den weiter abgelegenen Hotels oder zu den Campingplätzen will.

Internetcafé

Av. Mohammed V. und Av. Hassan II. und in einer Seitenstraße der Av. Mohammed V. (von der Draâ-Brücke kommend die nächste rechte Seitenstraße nach der Tankstelle).

Feste/Veranstaltungen

◆Moussem Zaouite Tamegroute
Bei der bekannten Zaouia am 10. Moharrem (siehe Ausflüge).

◆Moussem Sidi Ali ou Brahim
Im Ksar Tinsouline, im August.

Ausflüge

Organisierte Ausflüge

◆Tombouctour Aventures
79, Av. Mohammed V., Tel. /Fax 044 84 75 33, Mobil 061 34 84 37. Kameltrekking, Mountainbike- und Touren mit Geländewagen (auch 4x4-Vermietungen). Ansprechadresse in der

Schweiz ist *Monika Grundner*, Im Brünneli 24, CH-8127 Aesch, Tel./Fax 0041-01-9 80 55 59, E-Mail: monika.grundner @tombouctour.ch.

Landrover-Touren in die Wüste veranstalten verhältnismäßig teuer das Hotel Fibule du Drâa (Dunes de Tinfou, Chegaga, Lac Iriki etc.) und etwas preiswerter ◆**Brahim al Meddiki,** Hay El Massira, Khadra Nr. 6, Tel. 044 84 70 26, ein ehemaliger Soldat, der 30 Jahre in der Wüste stationiert war.

Kameltourenanbieter

Zagora ist das Zentrum der Kameltouren-Veranstalter. Es gibt viele Veranstalter, so dass man Preisvergleiche anstellen sollte. In der Regel werden Touren von einer Stunde bis zu einer Woche angeboten – wobei es schon einiger Übung und Kondition bedarf, eine Woche schaukelnd im Kamelsattel durchzustehen. Es gibt allerdings auch Touren, bei denen man mehr beschaulich neben dem Kamel läuft, was wiederum für Wanderer, die Wüstenfeeling suchen, sehr schön ist. Ausrüstungsmäßig sollte man zu Hause schon ein wenig vorsorgen; Unbedingt notwendig sind ein guter Sonnenschutz (Hut oder Chech), feste Schuhe und Micropur 1-l-Tabletten zur Wasserdesinfektion, falls man nicht immer Tee trinken will, eine Wasser- oder Thermosflasche, evtl. zur Geschmacksverstärkung auch Getränkepulver. Auch eine kleine Taschenlampe und ein Schweizer Messer oder Universalwerkzeug und ein Tagesrucksack können nicht schaden.

Hier eine Liste der Veranstalter, die ich entweder selbst kenne oder die positive Leserresonanz erhielten:

◆**Renard Bleu Touareg, Abdellah Najih Azizi**
Av. Mohammed V., B.P. 140, Zagora, Tel. 044 61 34 84 13, Fax 00212 (0)44-84 62 51, renardbleutouareg@yahoo.fr, www.renard-bleu-touareg.org, www.azalay.de. Sehr positives Feedback, arbeitet mit einigen deutschen Trekkingveranstaltern zusammen, z. B. Hauser Exkursion und Sun-Tours, oder dem französischen Naturreiseveranstalter Croq Nature; sehr freundlicher Service, sehr kompetent. *Abdellah Naji* ist Anthropologe und kann sehr viel über die Region erzählen. Er spricht mittlerweile schon recht gut deutsch. Ein Teil der Einnahmen kommt dem Verein Azalay e.V. zu Gute (s. Einführung Zagora). Renard Bleu erhielt 2002 den Preis TO DO! für sozialverantwortlichen Tourismus des Studienkreises für Tourismus und Entwicklung.

◆**Abdessadek Naciri und Doris Paulus,** über **Restaurant-Auberge Jnane Dar** in Tamegroute zu erreichen, Tel. 044 84 86 22. Deutschsprachig und zuverlässig (s. a. übernächste Seite).

◆**Caravane du Sud**, *Ali Yassine*, gegenüber dem Hotel Fibule du Drâa, Tel. 044 84 75 69, Fax 044 84 74 97, caravanesud@iam.net.ma. Sehr gute Resonanz, v. a. bezüglich Führer *Mohammed;* auch alleinstehende Frauen werden hier bestens und zuverlässig geführt.

◆**Caravane Mille Etoiles,** Boutique Ali, Nr. 45, Tel. 044 84 75 72. Auch als Frau alleine, schrieb eine Leserin, war sie mit Kamelführer *Abdou Diouni* auf einer mehrtägigen Tour in besten Händen: professionell, zuverlässig und immer korrekt.

◆**Caravane Tombouctour, Boutique Lac Iriki,** 79, Av. Mohammed V. , Tel. 044 84 75 33, siehe Links bei Veranstaltern, überwiegend positives Feedback, arbeitet mit TTH Hoffmann- und Oase-Reisen zusammen, siehe auch Reisebüros.

◆**Caravane de Patience,** *Ibrahim Bourkisse*, 79, O.N.E., Zagora (Tagounite), Tel. 044 84 88 01, Handy 062 15 29 18, bourkhisse@yahoo.fra. Anfragen in Deutschland: *Angelika Schau,* Pariser Str. 5, 10719 Berlin, Tel. 030 88 68 18 43, Fax 030 88 68 18 38, www.wuestentrekking.de, schau@wuestentrekking.de. Diese Agentur wird seit drei Jahren in deutsch-marokkanischer Zusammenarbeit betrieben, die Gruppen und Einzelreisenden Touren in persönlichem Rahmen ermöglicht. Reisegruppen ab Berlin (max. 18 Personen).

◆**Biosahara Exploration**
Tel./Fax 044 84 73 52, www.biosahara.com, info@biosahara.com. Kameltrekking und Wüstentouren, auch speziell für Biologen und Ornithologen. Zusammenarbeit mit der schweizer Agentur Cultoura Reisen.

Bei allen Veranstaltern bewegen sich die Preise auf ähnlichem Niveau: 1 Std. ca. 50 DH, ein halber Tag von 8 Uhr bis Mittag oder von 14 Uhr bis 18 Uhr ca. 150–250 DH; eine Nacht mit Abendessen und Frühstück (bei Abmarsch am Morgen mit drei Mahlzeiten), mit Brot- und Tajinezubereitung unter freiem Himmel, Schlafen im Nomadenzelt ab 16 Uhr (bei *Mohammed Azaghar* ab 10 Uhr) bis zum nächsten Tag (2 Tage, sicher die interessanteste Tour) 500 DH; ein Tag von 8–17 Uhr 250 DH mit Essen, 200 DH ohne Essen; eine Woche ca. 1800 DH mit Verpflegung.

Neben den genannten gibt es **zahlreiche andere Anbieter,** über die es unterschiedliche Leserstimmen gibt. Sie reichen von dickem Lob bis zur Rede von unangenehmer Anmache – wobei bei einigen nicht auszuschließen ist, dass es sich um gekaufte Verleumdungen handelt ... Der Konkurrenzkampf ist inzwischen so groß geworden, dass man sich gegenseitig anschwärzt: Eine Agentur behauptet von der anderen, sie würde Touristen bestechen, damit sie negative Leserbriefe an den Verlag schicken. Und Kamelbesitzer geben sich als Reiseveranstalter aus, um ihre eigene Agentur im Namen des Veranstalters zu loben etc. Es ist nicht möglich, in der Flut von Lob und Beschimpfungen, die Wahrheit herauszufinden – ein Jeder möge sich sein eigenes Bild machen!

Individuelle Ausflüge

18 km südöstlich von Zagora liegt der Ort **Tamegroute** mit einem altem Ksar, der **Zawia Tamegroute,** und einer Töpferkooperative. Der Ausflug dorthin kann ohne weiteres an einem halben Tag durchgeführt werden (siehe Beschreibung weiter unten), ebenso nach **M'hamid,** zu den **Dünen von Tinfou** und zum **Erg el Yahudi bzw. Erg M'hazil.** Ein Tag sollte für die Tour bis M'hamid einschließlich der Abstecher veranschlagt werden.

Wenn man die Piste am **Camping d'Amazrou** vorbei nach links über den **Drâa-Kanal** wählt, kommt man nach 8 km zu **zwei Kasbahs,** von denen die linke neu ist und die rechte angeblich aus der Almoravidenzeit stammen soll. In dieser Kasbah befindet sich eine Töpferei, die große, sehr altertümlich anmutende Gefäße für Wasser und Getreide fertigt. Weiter durch die Oase gelangt man zur Hauptstraße Agdz – Zagora (Einmündung bei **Tissergate).**

Zagora – M'hamid

ÜBERBLICK

91 km, S 6965

Auf der Strecke passiert man einige kleine Palmenhaine und Dünen, und von der Passhöhe bietet sich eine großartige Aussicht. Richtiges „Wüstenfeeling" kann man aber erst hinter M'hamid erleben: Voraussetzung für eine Fahrt durch die schöne Wüstenlandschaft entlang des Oued Drâa in Richtung *Lac Iriki* sind ein Geländewagen und Wüstenerfahrung. In Zagora oder M'hamid kann eine Rundtour bei den Veranstaltern oder im Hotel gebucht werden.

Ab Zagora bzw. ab Marrakesch verkehrt einmal täglich ein Bus nach M'hamid.

ANFAHRTSBESCHREIBUNG

Ab dem Zentrum von Zagora sind es 1½ km bis zum Abzweig rechts nach Tamegroute (hinter dem Hotel Fibule) bzw. 2 km zur Kasbah von **Amazrou.** Ca. 700 m danach kommt man am großen Souvenirladen **Maison d'Amazrou** vorbei.

Nach 18 km ist der Ort **Tamegroute** mit der **Zawia Tamegroute** erreicht. Das im 17. Jahrhundert von *Mohammed Bennacer* gegründete berühmte Heiligtum des *Nassirya-Ordens* enthält eine alte Bibliothek mit etwa 40 000 handgeschriebenen Büchern und Schriften, die ältesten vom Ende des 12. Jahrhunderts. In der Zawia befinden sich die Gräber von sieben heiligen Männern und einer heiligen Frau, die unter großen, grünen Brokatdecken ruhen, in einem Raum mit sehr schöner Wanddekoration.

Zu finden ist die grüngedeckte Zawia, wenn man im Ort links abbiegt und dann rechts vor dem großen Platz mit den Läden parkt. Viele Kinder bieten sich als Bewacher für das Auto an. Wer diesen Service in Anspruch nehmen will, sollte sich vor der Besichtigung einen Jungen aussuchen (und diesen nachher auch wiedererkennen!) und den Preis vorher aushandeln (maximal 3 DH).

Der Ort Tamegroute ist auch wegen seiner grünglasierten **Töpferwaren** bekannt. Die Handwerker sitzen in Erdhöhlen und formen die Töpfe mit der Hand auf einer runden Drehscheibe, die mit den Füßen bedient wird. Daneben gibt es seit neuestem auch moderne Gasbrennöfen und Farbmühlen. Die Töpfer haben sich zu einer Kooperative zusammengeschlossen, die auch von Deutschland unterstützt wird und in der man günstig Gebrauchskeramik kaufen kann (Verkaufsraum an der Hauptstraße links in richtung M'hamid). Des weiteren findet sich eine Frauenkooperative, die Teppiche herstellt.

In Tamegroute steht noch ein alter Ortsteil mit Lehmhäusern, überdachten Gassen und sehr ursprünglicher Atmosphäre – beim Bummel können allerdings bisweilen Kinder ganz schön nerven.

Unterkunft bietet das hübsche Hotel ◆**Jnane Dar** gegenüber der Bibliothek. Das Hotel wird von *Doris Paulus* und ihrem Geschäftspartner *Abdessadek Naciri* engagiert geführt. Es gibt 7 einfache Zimmer in einem hübschen Haus, das inmitten eines großen Palmen-, Blumen- und Gemüsegartens liegt. Auch Übernachtung im Berberzelt (½€, mit eigenem Schlafsack günstiger). Saubere, nette DZ (€). Manche Zimmer sind ohne Bad/WC, der Sanitärtrakt ist separat untergebracht. Sehr gutes Essen im Garten in einem wunderschönen Pavillon (Menü 60–90 DH). Mit Pool (wenn es genügend Wasser gibt ...). Kameltouren können vor Ort gebucht werden (BP 17, Tel. und Fax 044 84 86 22, 061 34 81 49, in der Schweiz Tel./Fax 0041 617 01 22 81, E-Mail: jnane_dar@yahoo.fr).

Weiter in Richtung M'hamid. Bei km 24,7 ist **Tinfou** erreicht; links der Straße liegt das große ◆**Hotel Porte de Sahara*****, das im Kasbahstil erbaut wurde (der deutsche Besitzer heißt *Fritz-Gerd Koring*), Tel. 044 84 85 62, Fax 044 84 70 02, E-Mail: hotelsahara@iam.net.ma. Die geschmackvoll eingerichteten Zimmer sind großzügig und komfortabel. Einige Reisegruppen steigen hier ab. Das Hotel steht einsam an den **Dünen von Tinfou,** der Hof ist

In der Zawia Tamegroute

noch wenig bewachsen und schon jetzt von den Sandverwehungen bedroht. Kein Pool (Wasserknappheit!). Es stehen auch Kamele für Rundtouren in der Gegend bereit. €€€B, Frühstück 45 DH, Menü für 80 DH. Es können Landrover für 2000 DH mit Fahrer gemietet werden. Für Individualreisende ohne fahrbaren Untersatz etwas weit abseits.

Das schöne ◆**Restaurant Repos du Sable** (in einem großen Palmenhain, in der Nähe der großen Sanddüne) folgt bei km 27. Das **Hotel** wird von *Majid,* einem mehrsprachigen Rasta, geführt, er kümmert sich gut um die Gäste. Sehr einfache, aber recht saubere DZ (€), heiße Duschen. Majids Eltern sind Maler (Bilder im Innenhof und in den Zimmern). Buchung von Wüstentouren mit Kamel und Führer möglich, 400 DH pro Person und Tag.

Ungefähr 6½ km danach wird das Oued Drâa überquert, und die Straße führt über eine kleine Passhöhe durch Ausläufer des **Djabal Bani,** die sich als schwarzbraune, kahle Wüstenberge präsentieren.

57 km hinter Zagora ziehen sich Palmenhaine links der Straße. 1½ km weiter weist ein Schild links zum ◆**Bivuac Auberge Aït Issfoul.** Die Piste führt ca. 2 km durch einen Palmenwald. Von dem großes Restaurant mit Nomadenzelt hat man einen traumhaft schönen Blick auf die Wüstenlandschaft. Übernachtung im Zelt (mit HP ½€ p. P.) oder in (sehr) einfachen Zimmern (HP €). Pool vorhanden, aber nicht immer mit Wasser gefüllt. Tel. 044 84 83 02, Fax 044 84 76 08.

Tagounite, eine Wüstenoase mit Geschäften, Bäckerei und sehr einfachen Hotels, folgt nach 64½ km. Ein Abzweig links beim *Hotel Café Oasis* und Trafohäuschen führt zum **Ksar Nasrate** (9,5 km), einem malerischen Lehmksar mit Palmenhain vor einer schwarzen Tafelbergkulisse, zu einer sehenswerten Kasbah und zur Geländewagenpiste nach *Hassi Remlia* und *Taouz*. Am Rande des Ortes (von der Hauptstraße beschildert) kann man auf dem sehr einfachen ◆**Camping La Palmeraie** übernachten (schattenlose Hoffläche, aber sehr freundlich und bemüht).

Rechter Hand liegt nach 66½ km der große ◆**Complexe Touristique Aït Atta** (mit Hotel). Gegenüber steht die schöne **Kasbah Aït Arbaa.**

Ab km 73 geht die Straße bergauf zur **Passhöhe Tizi-Beni-Salmane.** Auf einem Kegelberg steht ein Turm, ein Torbogen weist auf die Passhöhe hin; die Aussicht zurück ins Draâtal ist sehr schön.

Bei km 75,8 zweigt bei einer großen Hinweistafel der PROLUDRA (Projekt der GTZ zur Reinhaltung der Wüste, s. Zagora) (GPS N 29°54,04′ W 05°37,11′) eine Piste 6 km zu den Sanddünen des **Erg al-Yahudi** (oft auch *Erg Lihoudi* genannt), den Judendünen, ab. Der Legende nach soll hier einmal ein Jude, der die Nomadenzelte am Rande der Dünen als Händler aufsuchte, verschwunden sein. In Vollmondnächten soll man ihn rufen hören ... Hier (GPS N 29°53,97′ W 05°40,95′) liegt das ◆**Bivouac L'Erg,** das von *Mokhtar Daimin* und *Margot Kolnig* aus Heidelberg betrieben wird. Es gibt Übernachtungsmöglichkeiten im Zelt auf Matratzen, Decken und Betttücher sind vorhanden (€). Außerdem ein kleines (recht enges) Restaurant und Küche in einer Palmenhütte, das als Infozentrum und Treffpunkt dienen soll. Kamel- und Besichtigungstouren werden von dort aus veranstaltet (250–300 DH pro Tag und Person). Das Bivouac ist auch Anlaufpunkt für organisierte Reisegruppen. Die Tarife (ab 2–20 Personen) variieren je nach Dauer, Vollverpflegung und Tourenangebot. Kontakte bei der ◆**Agence Bivouac L'Erg,** B.P 8, 45 400 M'Hamid, Tel. 061 87 16 30, E-Mail: mdaimin@yahoo.fr. In M'Hamid gibt es ein Büro direkt gegenüber der Moschee.

Auf 7 km Piste kann man dann wieder direkt zur Asphaltstraße nach M'hamid fahren, wo man bei **GPS-Pos. N 29°53,97′ W 05°37,15′** und 13 km vor M'hamid auf die Straße trifft.

Bei km 84,4 ist **Ouled Driss** erreicht. In diesem Ksar mit Kasbah wurde ein kleines, informativ gestaltetes Museum zum Leben in der Kasbah errichtet. Der Lehrer führt (französisch und englisch) und beantwortet geduldig alle Fragen. Im Dorfzentrum gibt es ein Hinweisschild; das Museum befindet sich auf der rechten Seite (von Zagora kommend). Zur Unterkunft eignen sich ◆**Camping Carrefour des Caravanes,** Tel./Fax 00212-(0)44 84 86 65, 45 400 M'hamid B.P. 11, ein schön gelegener Platz, umgeben von Palmen und Sanddünen, und eine kleine ◆**Auberge** mit Campingplatz im Palmenhain. Der nette und unaufdringliche Besitzer *Mahjub Chems ed-Din* ist staatlich geprüfter Fremdenführer und führt auch zuverlässig Landrover- und Kameltouren zu festgesetzten Preisen durch (400 DH pro Person/Tag). Einfache, saubere Zimmer, sanitäre Anlagen eher mäßig, dafür großer, erfrischender, sauberer Pool auf dem Dach der Herberge. DZ oder HP im Nomadenzelt ½€.

Am Ortsende liegt links ein **Quad-Verleih** (auch organisierte Rundfahrten werden angeboten), Tel. 061 77 54 78, (in Frankreich) 046 6 01 12 50. Wer sich in den Dünen austoben will, ist hier richtig.

Ca. bei km 85 zweigt links eine Piste zu zwei weiteren Auberges ab. Direkt hier liegt die nette ◆**Auberge Oasis,** welche von zwei einheimischen Berbern gebaut wurde. Folgt man der schlechten, aber auch für Pkw befahrbaren Piste, gelangt man nach wenigen Kilometern zu der wohl „originellsten" Kasbah-Herberge: ◆**Auberge Kasbah Touareg.** Sehr einfache, aber saubere Zimmer werden im Familientrakt der Kasbah angeboten (½€, keine Leintücher). Hochromantisch für Menschen, die sich an der Einfachheit nicht stören. Man lebt mehr oder weniger mit der Familie, die Bäder aus gekalktem Lehm sind blitzblank. Restaurant und Camping (10 DH) sind angeschlossen, Mama kocht!

Zurück auf der Straße befindet sich 1 km hinter Ouled Driss die von einem Leser sehr empfohlene ◆**Auberge Chez Le Pacha,** Tel. 044 84 86 96, Fax 044 84 86 95, chezlepacha@iam.net.ma. Sehr schöner Platz der Familie *Dakhamat*. Übernachtung im Nomadenzelt (mit Bett), Toilettenanlage nach europäischem Standard, ausgezeichnetes Restaurant, gut organisiertes Kameltrekking und Geländewagentouren.

Bei knappen 88 km ist der ◆**Campingplatz Paradise Garden** des Holländers *Youssef van den Berg* erreicht (Handy 066 71 68 56). Er spricht sehr gut deutsch, englisch und französisch. Das Terrain 3,4 km vor M'hamid liegt am Rande eines Dattelpalmenhaines und ist sehr gepflegt. Sanitäranlagen mit europäischem Standard, großer Pool. Auch Übernachtung in Nomadenzelten möglich. Die Palmen im Gelände sind noch klein und bieten wenig Schatten. Es gibt einen schattigen Ruheplatz mit Liegen am Pool. Gute Küche. Camping pro Pers. 15 DH, Zelt 10 DH, Pkw/Motorrad 10 DH, Wohnmobil 15 DH, warme Duschen 10 DH, Pool 35 DH. Im Nomadenzelt 60 DH. Vollpension €€, HP €. Es werden auch Kamel- und Geländewagenausflüge angeboten.

Rechter Hand liegt bei km 90 der Camping ◆**Bivouac Mille Etoile.** Dieser nette und saubere Platz gehört zu **Renard bleu Touareg** (Familie *Naji Azizi*, s. a. Zagora), die auch als Kameltourenanbieter arbeitet. Die Nomadenzelte sind eingemauert, was Stabilität und Komfort gibt (½€). Restaurant, Souvenirladen und Hammam. Tel./Fax 044 84 79 22.

Nach **91 km** erreicht man **M'hamid.**

M'HAMID

PLZ 45 400. Die **große Oase** M'hamid (ca. 8000 Einwohner) liegt am Oued Drâa und besteht aus den acht Ksour *Talhab Ben M'hamid, Talhash Schirfa ou Marabut, Ulad M'Haya, Zenaga, Zawia Ben Nasseur, Ulad Yussef L'Batha* und *Ulad Bunu el Gabi.*

In den Lehmdörfern und in M'hamid gibt es Kasbhas zu besichtigen und die Umgebung lockt durch die zahlreichen Palmenhaine und kleinen Sandgebiete.

M'hamid ist Endpunkt der Asphaltstraße, liegt unmittelbar an der algerischen Grenze und ist deshalb militärisch sehr wichtig. Dennoch hat sich der Ort als Ausgangspunkt für Wüstentouren entwickelt, so dass die beschauliche Oase zu Ralleyzeiten einem Offroader-Treffpunkt gleicht und an anderen Tagen wie verlassen daliegt. Viele Agenturen haben sich auf die Vermittlung von Wüstensafaris spezialisiert, so dass auch Touristen ohne eigenes Fahrzeug hier auf ihre Kosten kommen.

Im Ort gibt es ein großes Wüstenfort, einen kleinen Suq – hier kann man preiswert Stoff für den schwarzen Wickelschal (Chech) kaufen, den man auf einer Wüstentour als Kopfbedeckung dabei haben sollte (10 DH/Meter) –, diverse Geschäfte und eine Sanitätsstation. **Keine Tankstelle, aber Diesel aus Fässern!** Viele Frauen sind von Kopf bis Fuß in bunte, leuchtend blaue, rote oder orange Baumwolltücher gehüllt; ihre ethnischen Verbindungen zu den Saharouis in der Westsahara und Mauretanien lassen sich nicht leugnen.

Es gibt in M'hamid auch mehrere **Artisanats,** wo man Souvenirs zu günstigen Preisen kaufen kann. Der wöchentliche **Suq** findet montags statt.

Sehr schön ist ein Bummel durch die Palmenhaine entlang des Oued Drâa oder eine Tagestour im Geländewagen zum *Dayet Chegaga* (einem Zeitsee) und dem angrenzenden *Erg M'hasil*, zur *Zawia Abd er Rahman* mit der *Source Sacré* oder zum *Lac Iriki,* der nur selten Wasser führt und in einsamer, eindrucksvoller Wüstenlandschaft voller Sanddünen und Berge liegt.

Diese Region ist neben dem Erg Chebbi bei Erfoud das zweite große Sanddünengebiet Marokkos; im südlichen Bereich des Erg M'hasil sind die Dünen bis zu 200 m hoch.

Führer und Touren zur Erkundung der unberührten Wüste werden überall vermittelt, neu ankommende Touristen werden sofort von eben diesen bestürmt.

Zuverlässig, aber relativ teuer ist ◆**Iriqi Excursions** (Tel. 044 84 80 23, info@iriqui.com, www.iriqui.com) am Hauptplatz. Handeln ist aber möglich! Am besten schon in Zagora buchen oder vergleichen!

Ausflüge und Rundfahrten veranstaltet auch ◆**Abdelkhalek Benalia** (Sahara Services), Handy 061 77 67 66, Fax 044 84 80 26, saharacamel@hotmail.com, www.saharaservices.com – auch kombiniert: 1 Tag auf dem Kamel, 1 Tag im Landrover.

Übernachtet werden kann im kleinen ◆**Hotel-Restaurant Iriqui** (Zimmer mit Du./WC), Reiseagentur angeschlossen (vgl. oben) oder im ◆**Hotel/Restaurant El Ghizlane,** Tel. 044 84 80 76, einem sehr einfachen, sauberen Hotel. Die Zimmer sind rudimentär und ohne Fenster, aber mit Dusche (½€). Essen okay, freundlich. Übernachtung auch bei der hübschen, einfachen ◆**Auberge La Boussoulé** am Ortsende von M'hamid in Richtung Lac Iriqi (s. folgende Route), Handy 066 74 69 18 oder 044 84 80 69. Die Auberge mit einfachen Zimmern (½€) wird momentan ausgebaut. Sie gehört der sehr netten Familie *Boudani (Khalifa* und *Abdelwahab).* Es werden auch Kamelausflüge und Offroad-Touren veranstaltet.

Sehr großes Lob der Leser erntete das neue, sehr schöne ◆**Hotel Kasbah Azalay** der gehobenen Klasse von *Mohamed Sbai* und seinen spanischen Geschäftspartnern (die Geschäftsführerin spricht deutsch). Etwas abseits des Ortes, von Mauern umgeben. Tel./Fax 044 84 80 85, Handy 068 16 79 18, 061 68 62 74, www.azalay.com, info@azalay.com. Das Hotel im Kasbahstil bietet auch 4x4-Ausflüge (z. B. Lac Iriqui 2000 DH für 6 Pers.) und Kamel-Exkursionen an (halber Tag 150 DH). DZ mit Frühstück €€€€, im Nomadenzelt €. Sehr gutes Essen und Wein. Sauber, super Service. Pool im Bau.

Camping ist an vielen Plätzen möglich, so z. B. an den diversen Plätzen vor M'hamid (s. Anfahrt auf den vorhergehenden Seiten) und in M'hamid auf der anderen Seite des Flusses in den Palmenhainen. Hier liegen drei Campingplätze:

◆**Camping/Auberge Al Khaïma**
Ca. 1 km südlich, in einem großen Palmenhain. Dort werden einfache Zimmer in der Lehmkasbah von *Khadiri Bachi,* Besitzer des Geländes, vermietet. Er ist sehr freundlich und veranstaltet auch Kameltouren. Zelten kann man direkt auf dem schattigen Palmengelände.

Unmittelbar daneben finden sich zwei weitere hübsch gelegene Campingplätze, die auch einfache Zimmer anbieten:

◆**Relais Hamada du Drâa**
BP 15 M'hamid, Tel. 044 84 80 86, Handy 062 13 21 54, naamani_el_hassanm@hotmail.com. Hübscher und sauberer Platz, kleine Bibliothek, Restaurant, netter Vorgarten. Übernachtung im Nomadenzelt 20 DH, Camping 15 DH, Essen 60 DH.

◆**M'hamid Oasis**
Schöner, weitläufiger Platz des sehr netten *Dr. Mohamed Ali Khoumani* in einem großen Dattelpalmenhain der Familie. Mobil 061 34 83 68, Tel. 044 84 80 55, Fax 044 84 76 08. Mit großem Zeltrestaurant (30 DH für einfaches Essen mit Gemüse der Saison, Brot wird selbst gebacken!). Mit Pool (eigene Quelle). Übernachtung im Turmzimmer in Vorbereitung. Auch Übernachtung im Nomadenzelt (20 DH). Camping 15 DH.

DIE STRASSE DER KASBAHS

Von Ouarzazate nach Tinerhir

ÜBERBLICK

165 km, P 32

Eine gute Busverbindung besteht zwischen **Ouarzazate** und **Errachidia** (302 km). Die Fahrt lässt sich problemlos in *Boumalne-du-Dadès* oder *Tinerhir* unterbrechen.

Die **„Straße der Kasbahs"**, wie diese beliebte Hauptverbindungsstrecke genannt wird, führt – nomen est omen – an zahlreichen festungsartigen Lehmburgen und -dörfern vorbei. Zum Teil sind sie verfallen, viele aber haben sich in sehr gutem Zustand erhalten. Einstmals wurden auf die Zinnen der Kasbahs zum Schutz gegen böse Geister umgestülpte Töpfe und Straußeneier gesetzt, jetzt verunstalten zahlreiche Satellitenschüsseln die Dächer der Lehmburgen.

Im ersten Routenabschnitt zieht sich die Straße flussaufwärts am Dadèsfluss entlang. Der Fluss entspringt im Hohen Atlas und windet sich in einem tiefen Canyon hinab zur Dadès-Schlucht. Bei Boumalne-du-Dadès biegt er in die Hochebene zwischen Boumalne und Ouarzazate ein. Vor Ouarzazate, vor der Mündung in den Drâafluss, wird er zum See gestaut. Es gibt zahlreiche schöne Oasendörfer mit Dattelpalmen und Kasbahs.

Bei Skoura und später bei Tinerhir sind weitere touristische Höhepunkte entlang der Route erreicht. **Skoura** ist die größte Dattelpalmenoase Marokkos und kann mit prächtigen Kasbahs aufwarten. **Tinerhir** hat einen fast ebenso großen Palmenhain, der eingebettet zwischen rötlichbraunen Bergen malerisch am *Oued Todrha (Todgha)* liegt. Auch hier stehen mächtige Kasbahs, zu bewundern ist ferner die eindrucksvolle Todrha-Schlucht mit ihren mächtigen, steil aufragenden Felswänden.

Der **erste Teil der Straße der Kasbahs ist der bekanntere und landschaftlich attraktivere Teil.** Er führt durch spektakuläre Landschaften auf guter Straße 165 km über Boumalne nach Tinerhir.

ANFAHRTSBESCHREIBUNG

Nach der Kasbah von Taourirt nimmt die Route ihren Anfang. Von dort fährt man die P 32 in östlicher Richtung. Sie führt zunächst über ein Wüstenplateau und erreicht bei km 18 rechts den Stausee **Mansour ed Dahbi** (siehe Ouarzazate)

Nach 44 km ist **Skoura,** ein großer Dattelpalmenhain mit eindrucksvollen Kasbahs, erreicht. In diesem hübschen Oasenort mit typischer Oasenbewirtschaftung sticht das verzierte rotbraune Mauerwerk der Kasbahs hervor. Viele der Lehmburgen liegen aber inzwischen verlassen und sind dem Verfall preisgegeben. Zahlreiche neue Häuser aus Betonziegeln entstehen entlang der Straße; der Lehmbau ist vielen Bewohner zu mühsam geworden, müssen die Häuser doch jedes Jahr nach dem Winter erneuert werden. Trotzdem sind noch mehrere schöne Kasbahs zu sehen. Die renovierte **Kasbah Ben Moro** mit Souvenirstand liegt direkt an der Straße links, ca. 1 km vor dem Ortsanfang (von Ouarzazate kommend) und ist jetzt ein **exklusives Hotel.** Die Kasbah wurde hervorragend instand gesetzt und ist im Besitz eines spanischen Paares. Der Rezeptionist *Aziz* spricht gut englisch und auch etwas deutsch. Tel./Fax 044 85 21 16, hotelbenmoro@yahoo.fr. Halbpension im DZ €€€A p. P., im Dreierzi. €€€, in der Suite und im EZ €€€€. Das Essen ist hervorragend und es gibt auch guten marokkanischen und französischen Wein. Den selben Besitzern gehört die wunderschöne **Kasbah Aït Abou Ali,** die versteckt im nordöstlichen Palmenhain neben einer Quelle im großen Oasengarten liegt (s. Anfahrtsbeschreibung unten) und als *Gîte d'Etappe* dient (einfache Unterkunft in Zimmern und Zelten, aber auch DZ). Anmelden muss man sich in der Kasbah Ben Moro, denn in der Kasbah Ait Ben Ali ist nicht immer jemand anwesend.

Eine sehr große und sehenswerte Kasbah erreicht man, wenn man kurz hinter dem Hotel Ben Moro und an der Verbindungsstrecke (keine Häuser) zwischen den ersten Häusern und dem eigentlichen Ort Skoura auf eine Piste links abbiegt (GPS N 31°02,865′ W 06°34,337′, Schild „Chez Slimani"). Die Piste führt auf die andere Seite des nahen Flussbetts, und insgesamt ca. 900 m von der Teerstraße entfernt liegt die sehr schöne **Kasbah Amerhidil** im Palmenhain am Ufer des Flussbetts (**GPS N 31°02,606′ W 06°34,888′**). Man kann aber auch von der Kasbah direkt hinein ins Flussbett laufen; nach 5 Minuten ist die Kasbah, die nördlich vom Hotel Ben Moro liegt, erreicht. *Essadirim Aziz* (Tel. 064 91 45 53) führt gerne durch das Gebäude und erzählt seine Geschichte. In einem kleinen Museum sind alte Werkzeuge und Gebrauchsgegenstände zu sehen. Anschließend gibt es noch einen Tee im Innenhof. Als Obolus zahlt man so viel, wie man will (angemessen sind 20–30 DH). Die Kasbah, die v. a. durch das Marokko-Standardwerk von *Werner Wrage*, „Die Straße der Kasbahs", bekannt wurde, erhält zur Zeit einen Anbau, der als Hotel genutzt werden soll.

Kasbah von Skoura (Abb. aus W. Wrage, „Straße der Kasbahs")

In Skoura werden zahlreiche Rosengärten unterhalten, die zur Gewinnung von Rosenwasser dienen. Auch viele Töpfereiwaren werden im Ort verkauft (Suq am Montag).

Neben den schon genannten Unterkünften gibt es noch die von einer Leserin empfohlene nette, familiäre Gîte d'Etape ◆**La Palmeraie,** geführt von *Abdellatif Assila,* ca. 800 m vom Zentrum im *Douar Rouha,* gitedetape@hotmail.com, Tel. 044 85 22 68, Mobil 066 93 40 39.

Gutes Essen gibt es im ◆**Restaurant Kasbah,** direkt an der Straße. Spezialität ist dort Ziegenkäse.

Ein **Grand Taxi** nach Ouarzazate kostet von Skoura 12 DH.

Zahlreiche **Moussems** finden in den umliegenden Dörfern zwischen 12. und 20. Rabia I statt; in Skoura selbst der **Moussem Sidi Othmane** am 14. Rabia I (siehe dazu Land und Leute/Feste/Islamischer Kalender).

Hinter Skoura führt die Straße weiter durch wüstenartige Gegend, die lediglich im Drâatal grüne Farbe zeigt. Entlang der Straße liegen gruppenweise malerische Kasbahs. Die Hauptverbindungsstrecke führt dann bergauf über ein ödes Plateau mit wenigen Aufforstungsprojekten zum Pass **Tizi-n-Taddert** (km 61). Danach geht die Straße hinab ins grüne Dadès-Tal zum Ort **Imassine** (km 66).

Aït Ridi, ein kleiner Ort mit Dattelpalmenhain und vielen Kasbahs, ist nach 85 km erreicht. Hier liegt rechts der Straße ein großer, natürlicher Pilz-Nagelfluh-Felsen, der durch Winderosion seine Form erhielt und jetzt als Aussichtspunkt dient. Eine neue, betonierte Treppe führt hinauf. Unten gibt es zahlreiche Souvenirläden, einen großen Parkplatz und Cafés.

4 km weiter führt eine Brücke über den **Assif M'Goun.** In der Nähe haben sich viele Restaurants, Cafés und Steinverkäufer entlang der hübschen Palmenhaine angesiedelt. Die landschaftlich sehr schöne

Im Rosental bei Bou Thraghrar (Thrarar)

Strecke führt weiter entlang des Dadès-Tals. Der Fluss hat sein Bett tief in den roten Sandstein eingegraben. Viele Kasbahs und Ruinen säumen die Ufer. Bei km 89 hat sich das ◆**Hotel Rosa Damaskina (Chez Jean-Pierre)** etabliert (franz. Leitung, Tel. 044 83 69 13, Fax 044 83 69 69). Jedes der sehr sauberen Zimmer hat eine eigene Espresso-Kanne mit Kochplatte, ist ansonsten aber nicht so schön eingerichtet. DZ mit Bad €, Dreier-Zimmer €€. Üppiges Frühstück (mal was anderes als Brot, Marmelade und Margarine) für 28 DH, sehr gutes Essen (Menü 98 DH, Auswahl unter zehn Hauptgerichten). Herrlich sind die Terrasse und der Blick von derselben.

El Kelâa des M'Gouna (*Kelaa* bedeutet Festung, *Mgouna* ist der Name des Stammes) folgt bei km 94. Die Oase mit ca. 10 500 Einwohnern liegt 1467 m hoch sehr schön am Fluss **Assif M'Goun,** der hier vom Hohen Atlas kommend ins Dadès-Tal einbricht und wenige Kilometer vor El Kelâa in den Dadès fließt. Auf einem Felsen, der die Oase überragt, „sitzt" die Kasbah des früheren Paschas von Marrakesch, El Glawi (Glaoui). Es bieten sich im Ort zahlreiche Führer dorthin an; ein Ausflug kann auch in Ouarzazate gebucht werden. Die Oase ist vor allem durch die Herstellung von Rosenwasser und Rosenöl bekannt, ersteres wird vor allem zum Backen und Kochen verwendet, letzteres dient als Essenz für die Parfümherstellung. Der bekannte **Moussem Fête touristique des Roses** wird am ersten Wochenende im Mai zur Rosenernte gefeiert. **Markttag** ist der **Mittwoch** (schöner als in Boumalne).

◆**Hotel Roses de Mgouna******, Tel. 044 83 63 36, Fax 044 83 60 07. €€€, ab zwei Nächten günstiger. Insgesamt ziemlich abgewirtschaftet, ohne Atmosphäre, aber super Lage. Heizölgeruch im ganzen Haus. Mit etwas Glück bekommt man Zimmer mit eigener Dachterrasse und herrlichem Ausblick. Ungemütliches Restaurant, 100 DH/Menü (durchschnittlich). Besser isst man im Ort bei irgendeiner Metzgerei mit Grill.

Verkehrsverbindungen: Der **private Bus** nach Boumalne kostet 4 DH – vor allem am Markttag ist die Fahrt ein Erlebnis

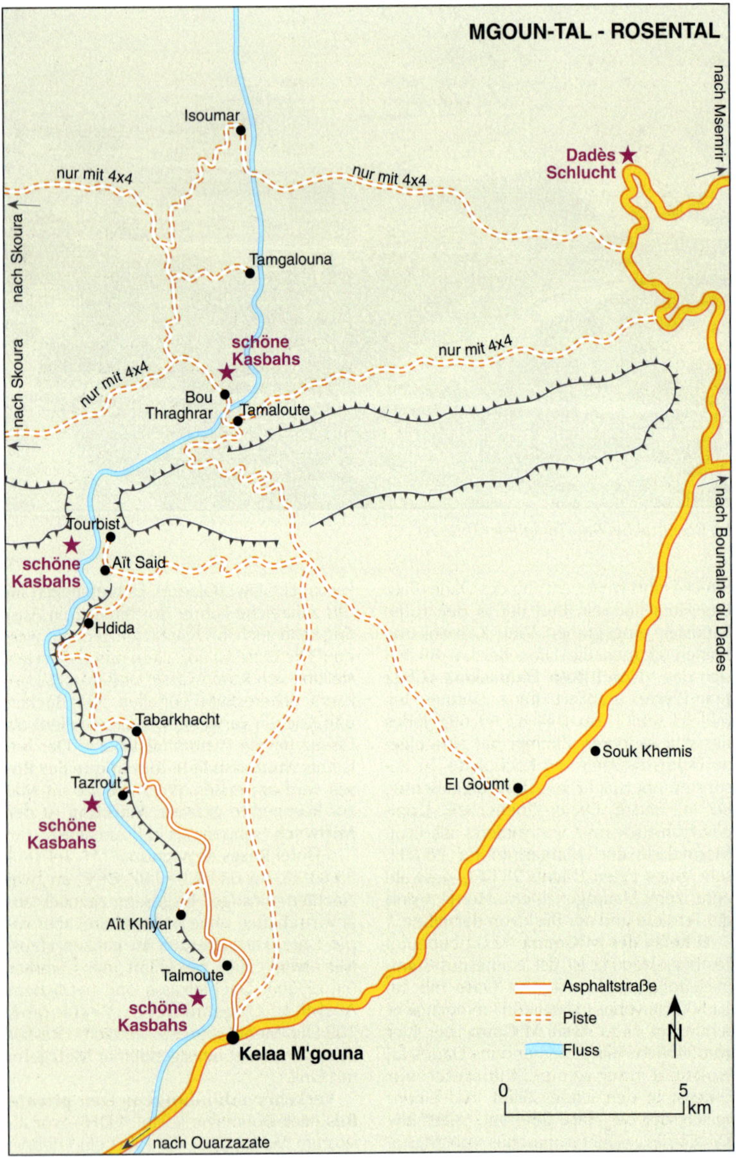
MGOUN-TAL - ROSENTAL
Isoumar
nur mit 4x4
nur mit 4x4
nach Msemrir
Dadès Schlucht
nach Skoura
Tamgalouna
schöne Kasbahs
nur mit 4x4
nur mit 4x4
nach Skoura
Bou Thraghrar
Tamaloute
Tourbist
schöne Kasbahs
Aït Said
Hdida
nach Boumalne du Dades
Tabarkhacht
Souk Khemis
El Goumt
Tazrout
schöne Kasbahs
Aït Khiyar
Talmoute
schöne Kasbahs
Kelaa M'gouna
Asphaltstraße
Piste
Fluss
N
0
5
km
nach Ouarzazate

für sich. Der Bus hält dann bis zu 40 Mal und braucht für die 20 km lange Strecke 1 Stunde. Die Gäste lamentieren wortreich wegen der vielen Stopps – für den Touristen aber kein Grund zum Ärgernis, sondern eher amüsant.

Sammeltaxis nach Boumalne 6 DH, nach Ouarzazate 13 DH.

Von El Kelâa kann man auf guter Piste ins **Rosental** *(Vallée des roses)* fahren. Der Abzweig in der Ortsmitte ist ohne Hinweisschild, einen Anhaltspunkt bietet das Hotelschild „Hotel Roses de Mgouna". Die Piste ist breit ausgebaut, aber man sollte nicht zu viel erwarten, denn nur auf dem ersten Stück und dann wieder bei Hdida führt die Piste direkt am Tal entlang und bietet herrliche Ausblicke auf das untengelegene Flusstal, sonst führt die Strecke durch uninteressante Steinwüste. Deshalb sollte man unbedingt einen Abstecher ins Tal bzw. eine Wanderung dorthin unternehmen. Es geht an verschiedenen kleine Dörfern vorbei bis nach **Tourbist,** einem Ksar mit vielen schönen Kasbahs. Die Stichstraße dorthin ist nicht zu erkennen bzw. eigentlich nur ein Maultierpfad, und die Hauptstrecke biegt stattdessen ohne erkennbaren Abzweig nach Osten ab bis nach ca. 7 km eine Wegkreuzung erreicht ist: **GPS N 31°21,491' W 06°06,682'.** Rechts geht es nach El Goumt und zurück auf die Straße der Kasbahs, links führt die Piste über einen ca. 1900 m hohen, steil aufragenden Bergrücken und dann wieder steil bergab nach **Tamaloute,** einem schönen, ursprünglichen Berberdorf, in welchem man Frauen noch in ihren bunten Trachten sehen kann. Inmitten des Ortes an einer unscheinbaren Y-Kreuzung geht es links nach *Bou Thraghrar* (hier enden die Trekkingtouren vom Aït-Bougoummez-Tal durch die Mgoun-Schlucht) und rechts ins Dadès-Tal (Piste Richtung Osten). Hier im Hochland wird es ziemlich karg, bevor sich im Dadès-Tal prachtvolle Canyon-Landschaft präsentiert. Wer jedoch entlang der Piste Ausblicke auf herrliche blühende Rosenfelder erwartet wird enttäuscht. Dazu muss man sich schon im Mai, Juni direkt ins Flusstal begeben. Die Piste mündet in die Dadès-Schlucht ein (hoher Betonpfosten einer Überlandleitung und Schild „Gîte d'Etappe".

Ausflüge ins Rosental werden vom **Bureau des Guides et Accompagnateurs** in Suq el-Khemis (s. u.) oder vom *Hotel Le Soleil bleu* in Boumalne aus organisiert.

Zaouiat el Bir folgt nach 103 km. Ab hier führt unsere Route weiter durch dicht besiedeltes Gebiet bis Boumalne du Dadès. Eine schöne Kasbah steht auf einem Hügel rechter Hand. Man kann nur noch gelegentlich einen Blick auf die Kasbahs und die rechter Hand liegenden Berge werfen, weil alles zugebaut ist. Bei km 108 ist **Souk el Khemis** erreicht. Rechts neben der Straße steht eine schön renovierte **Kasbah mit Museum** (beschildert). Außerdem das *Bureau des Guides et Accompagnerus de Montagne,* ein Büro, das Bergführer ins Atlasgebiet oder in die Wüste vermittelt; Adresse: BP 45350, Ouarzazate.

Bei **km 115** ist **Boumalne** erreicht.

BOUMALNE

Boumalne du Dadès, in einer Höhe von 1586 m gelegen, hat ca. 10 000 Einwohner und ist **Markt- und Verwaltungszentrum der Region.** Es liegt zwischen den kahlen, verwitterten Berghängen des Hohen Atlas im Norden und dem vulkanischen *Djabal Sarhro* im Süden.

Der schöne Ort ist aufgeteilt in ein neues Verwaltungszentrum auf dem Plateau und in den alten Teil mit Marktzentrum, der sich als gut erhaltener Ksar mit zahlreichen mächtigen Kasbahs am Fluss entlang zieht. Vom Verwaltungsviertel, in dem auch die Hotels stehen und in dem eine rege Bautätigkeit festzustellen ist, hat man einen herrlichen Blick auf den alten Ortsteil und den Marktplatz.

Der Ort ist **Zentrum der Aït Atta-Nomaden.** Die Frauen tragen traditionell ein schwarzes Wickelgewand, das an den Schultern mit silbernen Fibeln gehalten wird und um die Taille von einer bunten Kordel. Die Haare sind mit einem schwarzen Tuch verhüllt, das mit Kordeln fast hutartig verschnürt wird. Die Art, wie die Kopftücher getragen werden, variiert von Stamm zu Stamm. An der Schnürung der Kopfhaube (rund oder spitz) ist zu erkennen, ob eine Frau ledig oder verheiratet ist. Die Haare selbst sind oft zu Zöpfen oder Schnecken zusammengebunden. Nur noch selten zu sehen sind traditioneller Schmuck wie z. B. Bernsteinketten mit dicken Kugeln und schwere, gezackte Silberarmbänder, häufiger jedoch Ketten und Anhänger, beispielsweise die fünffingrige Hand der Fatima als Schutz gegen den „Bösen Blick".

Die Männer tragen den weißen Turban „Rezza", der häufig den Hinterkopf freilässt, oder ein besticktes Käppchen, das „Takia", auf dem Kopf und am Körper weiße oder blaue Djellabhias und darüber, wenn es kalt ist, einen wollenen, braungrauen Kapuzenmantel. Die traditionelle Kleidung weicht aber zunehmend moderner europäischer Kleidung, v. a. bei den jungen Leuten. Je mehr man in die Seitentäler vorstößt, desto häufiger sieht man noch die Tracht der einzelnen Regionen. Der wollene Kapuzenmantel, als Schutz vor der im Winter grimmigen Kälte, ist noch überall anzutreffen.

Die Bewohner leben in erster Linie von der Landwirtschaft, die hier vor allem entlang der Flüsse im Terrassenfeldbau betrieben wird. Die Felder bekommen durch zahlreiche Bewässerungskanäle auch zur trockenen Jahreszeit ausreichend Wasser zugeführt (s. a. Exkurs „Flussoasen in Marokko"). Am Flussufer wachsen Silberpappeln und viele Obstbäume, aber auch Gemüse und Getreide werden angebaut. **Markttag** ist am Mittwoch; ein Besuch des sehr ursprünglichen Marktes, zu dem die Bewohner der gesamten Umgebung kommen, lohnt sich.

Boumalne-du-Dadès eignet sich gut als **Ausgangspunkt für Touren** in die wildromantische **Dadès-Schlucht** oder in das **Djabal-Sarhro-Gebiet.**

Die Dadès-Schlucht ist eindrucksvoller als die *Todrha-Schlucht;* schon nach wenigen Kilometern trifft man auf sehr schöne Kasbahs und grandiose Landschaft. Bei hohem Wasserstand bieten im Frühjahr verschiedene Reiseveranstalter oder einheimische Agenturen Kayak-Touren an. Selbst wenn man die Schlucht nicht ganz durchfährt, ist es empfehlenswert, zumindest bis *Aït-Oudinar* oder noch die Serpentinenstraße nach oben zu fahren (s. u., Ausflüge).

In der Dadès-Schlucht sind die Kasbahs besser erhalten und faszinierender als an der Hauptstraße, sie thronen auf Hügeln inmitten des grünen Flusstales, umgeben von einer schroffen Hochgebirgsszenerie.

PRAKTISCHE INFOS

Tel. Vorwahl: 044, PLZ 45150

Klassifizierte Hotels

◆**PLM-Hotel El Madayeq*****

Tel. 044 83 02 61, Fax 044 83 02 62. Oberhalb des Ortes in Richtung Tinerhir, dann links. Hotel im modernisierten Kasbahstil mit schöner Aussicht, aber unpersönlicher Atmosphäre, schon ziemlich abgewohnt, es wird aber renoviert. €€, Frühstück 35 DH, Essen mäßig.

◆**Hotel Kasbah Tizzariouine**

B.P. 53, Tel. 044 83 06 90, Fax 044 83 02 56, im Ort rechts abbiegen (beschildert), dann einige 100 m Piste. Großes Hotel ganz im Stile einer Kasbah mit großem Eingangstor. Die Kasbah ist in mehrere Sektionen eingeteilt, die für jeden Anlass (Feste usw.) Platz bieten, die aber auch jede Menge Reisegruppen unterbringen. Die Terrasse am hinteren Ende der riesigen Anlage bietet einen wunderschönen Blick auf Boumalne. Eines der zwei sehr hübschen Restaurants befindet sich in einem Berberzelt. Übernachtung ist in normalen Zimmern (€€€€, auch 3-Personen-Zimmer) oder in kleinen Höhlenzimmern (direkt in den Fels unterhalb des eigentlichen Hoteltrakts geschlagene, originelle Zimmer ohne Fenster, mit eigener Terrasse und Superblick, DZ €€€ p. P. und HP) und in Berberzelten möglich (€€ mit Frühstück, €€€ p. P. und HP, sanitäre Anlagen im Gebäude daneben, bei Ansturm nicht immer sauber). Schwimmbad, außerdem große Luxus-Suiten €€€€A/HP. Das Essen ist nicht besonders, ebenso beschwert sich eine Leserin über gestresstes und unfreundliches Personal wegen Touristen-Massenandrangs. Das Frühstück ist sehr gut. Berberfolklore (zu laut und angeblich sehr aufdringliche Tänzerinnen). Ausflüge werden angeboten, sind aber teuer. Der Besitzer des Hotels, *Mohammed Lemnaouar,* betreibt neben dem Hotel einen Souvenirladen mit schönen, aber nicht gerade billigen Stücken.

◆**Hotel/Restaurant Chems****

Tel. 044 83 00 41, Fax 044 83 13 08. Oberhalb des Ortes in der Kurve Richtung Tinerhir, schöne Aussicht. Sauber, DZ mit Dusche ca. €€A. Apartment €€€€B. Gutes Restaurant, Tajine 38 DH. Im angeschlossenen Souvenirladen werden die Betreiber schnell unangenehm, wenn man nicht kaufen will.

◆**Soleil Bleu***

Boumalne B.P. 23, Tel. 044 83 01 63. Ebenfalls oberhalb des Ortes (2 km) in Richtung Tinerhir und dann links. Vom Hotel Madayeq ca. 400 m weiter auf Piste. €€€, DZ mit WC/Dusche mit und ohne Blick ins Tal (keine Kreditkarten), sauber, sehr freundlich. Camping (Stellplatz) im Hof 10 DH p. Person und Fahrzeug. Gutes Restaurant mit sehr schöner Terrasse, von der man einen herrlichen Blick ins Dadès-Tal hat. Der sehr nette und hilfsbereite Sohn des Hauses, **Mustapha Najim,** ein staatlich geprüfter Bergführer, veranstaltet Bergtouren durch den Djabal Sarhro, den Hohen Atlas, ins Rosental und zu weiteren Gebieten. Auch die große Atlas-Querung ins Ait-Bouguemmez-Tal und M'goun-Tal ist mit ihm zu machen, Dauer von einer Woche bis zu 14 Tagen, aber es gibt auch einfache Touren von zwei Tagen zu Fuß, per Pferd oder Kamel. Die Preise sind fest, die Tourangebote hängen zur zwanglosen Information im Hotel aus.

◆**Vallée des Oiseaux***

Av. de Prince Héritier Sidi Mohammed, Tel. 044 83 01 25, Tel./Fax 044 83 07 64. Am Ortsende in Richtung Tinerhir links. Zimmer mit Dusche und WC (leider nur durch Vorhang abgetrennt), sehr freundliches Personal, gutes Essen in einem großzügigem Speiseraum, nettes Hotel. DZ mit Bad €B , ohne ½€.

Unklassifizierte Hotels

◆**Adrar**

Links der Hauptstraße, gegenüber der Bushaltestelle, ½€, einfach, Bettwäsche wird oft nicht gewechselt.

◆**Bougafer**

Links hinter der Bushaltestelle (von Ouarzazate kommend), einfach, sauber, empfehlenswert, nett eingerichtet, hübsche Terrasse und Dachterrasse. ½€, EZ mit Dusche und Waschbecken (ohne WC), auch Dreierzimmer. Essen nicht besonders.

◆**Al Mandor**

Av. Mohammed V., in Richtung Tinerhir, steil die Straße hoch, auf der rechten Straßenseite. Schöne Zimmer mit heißer Dusche und WC, mit herrlichem Blick ins Tal. Gutes Restaurant, netter Besitzer, Personal freundlich und unaufdringlich, Garage zum Abstellen von Motorrädern. DZ € im neuen Hotelteil; €B im alten Teil (sparsamer möbliert) inkl. Dusche/WC und Balkon mit toller Sicht ins Tal; ohne Dusche/WC ½€. Gutes Frühstück 20 DH, Menü 60 DH.

◆Viele weitere Hotels finden sich in der Dadès-Schlucht.

Blick auf den Markt von Boumalne

Essen und Trinken

◆**Restaurant Chems**
Im Hotel. Leckere Gerichte, schöne Terrasse.
◆**Café/Restaurant Ossikis**
No. 75, Suq Boumalne (im Marktgelände). Sehr einfach, aber ordentlich. Gutes Omelette Berbère.
◆**Bougafer**
Gegenüber vom Markttor. Das hintere von zwei Restaurants mit der weinüberwachsenen Terrasse. Es ist Zentrum der Bergführer (auch Vermittlung) und sehr gut, Menü 60 DH, einfache Zimmer.
◆In der **Garküche** direkt links (vom Markttor aus gesehen) werden hervorragende Omelette Berbère zubereitet.

Verkehrsverbindungen

- **CTM-Busse nach Ouarzazate und Marrakesch:** täglich, 30 DH, 2,5 Std. Fahrzeit nach Ouarzazate, 6 Std. nach Marrakesch.
- **CTM-Bus nach Ouarzazate und Agadir:** 1x täglich. **Privatbus** 1x täglich, Fahrzeit nach Marrakesch 7,5 Std., 70 DH, bis Skoura 15 DH.
- **CTM-Bus nach Tinerhir und Errachidia:** 1x tägl., Fahrzeit 4 Std. Die **Privatbusse** fahren mehrmals täglich an der Sammeltaxihaltestelle etwa 100 m südlich der Mochee an der Hauptstraße ab.
- **Privat-Bus nach Erfoud:** 2x tägl., 40 DH, 4 Std. Fahrzeit.
- **Sammeltaxis** (Kleinbusse oder Grand Taxis) mittags ab der Bushaltestelle (bei der Moschee) in die Dadès-Schlucht bis **Aït Arbi** 10 DH und bis **Aït Oudinar** 15 DH (sie fahren, wenn genügend Passagiere da sind), nach **Tinerhir** 12 DH, nach **Ouarzazate** p. P. 20 DH, (Fahrrad 20 DH), Abfahrt an der Hauptstraße ca. 100 m südlich der Moschee; in den **Djabal Sarhro** nach **Iknioun** fahren nur Lastwagen; ein Grand Taxi komplett nach **Agadir** für 4 Personen kostet ca. 1000–1200 DH.

Internetcafé

Club Tazarin beim Markt und **Dadesnet** neben der Moschee; 10 DH/Std.

Sonstiges

Es gibt in Boumalne im Zentrum zwei **Banken,** die **Post** liegt oberhalb des Zentrums zwischen PLM-Hotel und Soleil bleu. Briefmarken gibt es außerdem in der Buchhandlung im Zentrum.

Der **Schuster** am Marktplatz ist ein wahrer Künstler.

Ausflüge

Als **Bergführer** zu empfehlen ist die Familie *Mansoub*, auch z. B. ins **Rosental.** Zu finden über die Boutique *Tizi Berbere, Moha Mansoub* rechts von der Bank, dort ist immer jemand von der Familie anwesend. Tel. 044 83 0072, Fax 044 83 00 72, moha.mansoub@voila.fr, im Internet: www. atlastrekking.com.

Die Organisation von Touren ist auch im **Bureau des Guides** gegenüber der Bushaltestelle möglich.

Wichtigster und interessantester Ausflug von Boumalne aus ist die **Dadès-Schlucht** (Halbtagestour im Taxi 300 DH = ortsüblicher Standardpreis, Ganztagestouren teuer) oder das **Rosental** (rentiert sich nur zur Rosenernte im Mai, im Herbst eher langweilig, abgesehen von den Kasbahs), das von der Dadès-Schlucht abzweigt. Touren nach Bou Thrarar und ins Rosental bietet das Bureau des Guides in Suq al Khemis 9 km südlich an der Strecke zwischen Boumalne und El Kelâa an.

Sehr reizvoll sind Trekkingtouren in den **Djabal Sarhro,** ein wild zerklüftetes, bergiges Wüstengebiet vulkanischen Ursprungs. Es wird auch von deutschen Trekkingveranstaltern angeboten wird.

Weitere Ausflugsziele sind Wanderungen in den Hohen Atlas zu den Höhlennomaden oberhalb der Dadès-Schlucht, oder zur **Todrha-Schlucht** bei Tinerhir.

★ Abstecher in die Dadès-Schlucht

Nach dem Zentrum von Boumalne wählen Sie den Abzweig rechts, ein Schild kündet von „Gorge Dades, Msemrir 60 km". Eine schöne Kasbah liegt rechter Hand des Flusses.

Der **Dadès** windet sich auf den weiteren Kilometern als grünes Band durch die Landschaft. Feigen- und Obstbäume, Palmen und Silberpappeln wachsen entlang des Flussbettes, das von kargen Felsbergen begrenzt wird. Die Straße windet sich in großen Kehren bergauf. Am Dadès-Talausgang ziehen sich die Berghänge wie gefaltete braune Riegel bergab zu den saftigen grünen Feldern im Tal hin. Bei km 7 liegt rechter Hand im Tal die imposante **Kasbah Aït Youl,** zusammen mit dem grünen Tal und der braunen Bergkulisse im Hintergrund ein beliebtes Fotomotiv. In Folge die Orte Aït Ishak (km 9) und Aït Ibrahim. Häuser reihen sich entlang des Tales bis bei **km 15** das *Café/Restaurant Meguirne* erreicht ist.

Bei km 17 sind der Ort **Tamlalt** und das ◆**Hotel/Restaurant Kasbah** erreicht. Es ist in typisch marokkanischem Stil gehalten (nicht besonders saubere DZ €).

Danach (km 18) sind rechter Hand auf der anderen Flussseite interessante **Felsformationen** (-verwerfungen) zu sehen, die häufig auf marokkanischen Touristenplakaten abgebildet sind. Sie ähneln überdimensionalen Gehirnen. Im grünen Tal sind die Reste einer verfallenen Kasbah zu sehen. Oberhalb liegt ein kleiner Parkplatz mit Fotopoint und Souvenirstand. Linker Hand der Straße steht eine **Jugenherberge (Auberge de Jeunesse).** ½ km weiter wird die schöne **Kasbah Aït Arbi** sichtbar. Man kann diese besichtigen (10 DH), ist dabei aber auf einen Führer angewiesen, der die Kasbah aufschließt. Am besten geht man ins Dorf und frägt die Bewohner nach jemanden, der diese Aufgabe übernehmen kann. Kurz danach liegt das ◆**Hotel/Restaurant Kasbah Aït Arbi,** das der sehr netten Familie *Hammou* (sprechen Französisch und etwas Englisch) gehört. Sie bieten auch Essen ab 35 DH an. Sehr schöne Aussichtsterrasse, Zimmer mit warmer Dusche (€), auch Übernachtung auf der Dachterrasse möglich. Touren in die Umgebung können organisiert werden. Tel. 044 83 17 23.

Danach gibt es links (direkt vor der Glaoui-Kasbah) den Abzweig zur Piste Richtung Rosental (s. bei Kelâa M'Gouna), den man – als Geländewagenfahrer – auf dem Rückweg als Variante zur dicht besiedelten Hauptstraße Richtung Kelâa M'Gouna wählen kann.

3 km weiter folgt der Ort **Aït-Ali,** mit schönen Kasbahs (für 10 DH plus Trinkgeld für den Führer zu besichtigen) am rechten Flussufer. 5 km darauf (km 25) erscheint **Aït Oudinar,** ein lang gezogener, kleiner Marktort. An der Strecke liegen auf den nächsten Kilometern bis **Aït Ouffi** zahlreiche Hotels und Campingplätze, wo vor allem Individualreisende Halt machen. So die ◆**Auberge Gorges du Dadès,** links der Straße gleich nach der Brücke. Camping (30 DH/2 Personen/Wohnmobil), eine nette Herberge mit einer Terrasse direkt zum Fluss in sehr schöner Lage. Schöne Zimmer, Strom nur abends (DZ mit Frühstück €). Gutes Essen 55–75 DH. Der Besitzer hat hervorragende Kenntnisse der Umgebung und führt durch den Fluss zu Fossilienfelsen und zu Höhlennomaden, sofern er Zeit hat und sein Bruder ihn solange in der Auberge vertritt. Daneben bzw. zugehörig ◆**Camping Aït Oudinar,** 10 DH p. P.

In der Dadès-Schlucht

In der oberen Dadès-Schlucht

Bei km 27 liegt rechter Hand am Hang die Auberge ◆**Chez Pierre,** Tel. 044 83 02 67 (französischer Besitzer). Die Herberge hat acht sehr schöne, geschmackvoll eingerichtete Zimmer (€€€). Die Auberge ist aus Lehm in mehreren Etagen im Kasbahstil gebaut und verfügt über mehrere Terrassen und einen Pool – für einen Edel-Urlaub in ruhiger, erholsamer Lage gut geeignet. Hervorragendes Essen! Ausflüge werden organisiert, Allradvermietung und Mountainbikeverleih! Ca. 800 m weiter folgt die ◆**Auberge Fibule du Dadès.** Anschließend reihen sich viele Souvenirläden die Straße entlang. Einen knappen Kilometer danach (km 28,5) ist **Aït Ouffi** erreicht, ein kleiner Ort, der sich die Felswände und die Straße entlangzieht. Es bieten sich zahlreiche Unterkunftsmöglichkeiten. Zum Beispiel das einfache, saubere ◆**Hotel/Restaurant du Peuplier** (Campen möglich, DZ mit warmen Duschen und Frühstück €B). Das Hotel gehört *Mohammed Echaouich,* der Touren zu den in den Bergen lebenden Höhlennomaden durchführt. Er betreibt auch ein kleines Souvenirgeschäft. Links daneben das ◆**Hotel La Gazelle,** nett und sauber. DZ mit Dusche €, ohne Dusche ½€, Nacht im Nomadenzelt oder im Salon 20 DH, auf der Terrasse 10 DH.

Teurer, aber deswegen nicht unbedingt besser ist das ◆**Hotel/Restaurant La Kasbah** daneben (€, Camping möglich). Der Platz ist allerdings sehr klein. Die sanitären Anlagen (heiße Duschen) im Hotel können von Campern benutzt werden. Am Abend werden Berbertänze aufgeführt. Es gibt ein gutes Menü für ca. 70 DH.

Am Ortsende liegt die ◆**Auberge Tissadrine** der freundlichen Brüder *Ourizi Lahsen, Daud* und *Youssef.* Einfach, aber sehr angenehm in traumhafter Lage direkt am Fluss, hübsche Zimmer mit heißer Dusche (½€), kleines Restaurant mit preisgünstigem und gutem Essen, Camping möglich. Eine Führung in die Berge wird für einen Tag kostenlos angeboten.

Von den Unterkünften aus bietet sich eine **spektakuläre Wanderung** an: Gleich unterhalb der Auberge Tissadrine kann man durch den Dadès waten und dann links in den Taleinschnitt (Seitental des Dadès) einbiegen. Nach ca. 30 Minuten bei der Gabelung nach links abbiegen, wo der Canyon am engsten wird. Hier bietet sich ein Grand Canyon im Kleinformat. Die Wanderung dauert ca 1,5 Std ohne Kletterkünste.

Kurz danach liegt das neue kleine ◆**Atlas Berber Hotel** (sehr hübsch im Kasbahstil), sehr schöne DZ (€B), Terrasse am Fluss, eine Terrasse auf dem Dach, sehr netter Besitzer, sehr gutes Essen, kleiner Souvenirshop; Tel. 044 83 17 42. Daneben liegt das große und saubere ◆**Hotel Vieux Chateau.** Durch seine Größe etwas steril wirkend, aber sehr nette Besitzer. Jeden Abend wird von den Brüdern schöne Musik gemacht, ohne dass es wie ein Touristenspektakel wirkt. Geräuschempfindliche Gäste sollten im linken Flügel schlafen, da rechts der Generator lärmt. Große, freundliche Zimmer (€). Tel. 044 83 01 31, Fax 044 83 17 10.

Die Piste führt nun steil in engen Serpentinen bergauf (für Pkw befahrbar) bis zur Passhöhe in 1850 m; senkrechte Felswände fallen hinab zum *Dadès*.

Direkt am Eingang in die Schlucht bei km 34 liegt rechts das ◆**Hotel/Restaurant Kasbah des Roches** mit zuvorkommendem Wirt, gutem Essen und Terrasse. Der Wirt führt auch zu den Höhlennomaden (2–3 Std.). Übernachtung auf der Dachterrasse 20 DH. Gegenüber liegt das ◆**Hotel Taghia** (€B), Campingmöglichkeit im Hof, einfach, sauber, warme Duschen. Das Hotel wurde erweitert, und über eine Fußgängerbrücke gelangt man über den Dadès, wo man in das an die Felswand gebaute Hotel gelangt. Freundliche Leute, kein Touristennepp, gutes Essen, vernünftige Preise.

Danach verengt sich die Schlucht, und ein landschaftlich sehr schöner Abschnitt beginnt. **Imdiazen,** ein Ort mit wenigen Häusern und einer schönen Kasbah ist nach 3 km (km 37) erreicht; die Schlucht weitet sich.

Am Ausgang der Schlucht liegt der saubere, relativ neue ◆**Campingplatz Berbère de la Montagne,** 25 DH/Pers.

1 km danach folgt **Aït Toukhsine.** Die Häuser und Felder im Tal sind von stark zerklüfteten und schräg gefalteten braunen Bergen umgeben. Wieder 1 km weiter trifft man auf eine schöne Kasbah. Die Häuser und Felder ziehen sich am Fluss entlang. Es wachsen Pappel-, Äpfel-, Feigen- und Walnussbäume, begrenzt von schroffer Gebirgskulisse. Es gibt in dieser sehr schönen Gegend Höhlen, in denen Nomaden im Sommer über leben. Bei km 41 stößt man auf das ◆**Café Fedragaun.**

Nach 3 km führt die Piste bergauf und wird etwas schmäler, ist aber nach wie vor gut. Bei km 47 verengt sich das Tal, und die Piste führt nach 2 km auf einer Brücke über den *Dadès*.

Nach einem kleinen Ort bei km 53 steigt die Piste bis auf 2100 m an. Hier bietet sich ein **herrlicher Blick in den Canyon des Dadès;** unten schlängelt sich der Fluss in grünen Schleifen durch die graubraunen schroffen Berge.

Bei km 59 führt eine Brücke über einen Dadès-Seitenarm, ca. 1 km weiter folgt links ein Abzweig nach *Ouskis* (Wegestein: *Msemrir* 3 km, Ort *Zawia Sidi Moha*). Die Häuser hier sind nicht mehr aus Stampflehm, sondern aus Stein.

63 km hinter Boumalne ist **Msemrir** erreicht, ein Bergdorf mit roten gemauerten Häusern. Markt ist am Samstag. Im Spätherbst, Winter und Frühjahr ist es hier oben sehr kalt, es wurde mir von -10° C im April berichtet! Bedingt zu empfehlen sind die Hotels ◆**Chez Achour** und ◆**Hotel-Restaurant Aït Atta** (½€), mit Campingmöglichkeit in einem netten Obstgarten voller Sonnenblumen, ferner die ◆**Auberge Agdal** (sauber, warme Duschen, ½€) und die sehr einfache ◆**Auberge El Warda.** Der Besitzer *Mohammed Outakhchi* ist Bergführer, sehr hilfsbereit und sehr kompetent in der Routenwahl. Mit etwas „good will" der netten Angestellten kann man sich hier Fahrräder ausleihen (nicht offiziell) und nach Boumalne hinunterfahren und die Räder mit Taxis zurückbringen lassen.

Wer über ein Geländefahrzeug verfügt, kann von Msemrir auf sehr schwieriger Piste nach *Agoudal* und *Imilchil* oder über ein Hochtal (2700 m) bis in die **Todrha-**

Schlucht fahren. Die Asphaltierung von Tinerhir über die Todrha-Schlucht bis Imilchil ist im Gang (bisher bis Ait Hani geteert), so dass aus der hier beschriebenen Richtung nur noch die Passage bis *Agoudal* Schwierigkeiten bereitet.

Wieder zurück in Boumalne geht es in Richtung Tinerhir durch eine baumlose Hochebene ohne besonderen Reiz, begrenzt im Norden durch den Hohen Atlas, im Süden durch den Djabal Sarhro.

135 km hinter Ouarzazate ist der Ort **Imiter** erreicht. Hier stehen sehr schöne Kasbahs, das Landschaftsbild wird grüner, da ein Flüsschen ins Tal einbiegt.

22 km weiter liegt an der Straße das ◆**Café/Restaurant/Camping Saghro,** bei km 159,3 das ◆**Café/Restaurant La Berbère.**

Nach 165 km ist Tinerhir (Tineghir) erreicht.

TINERHIR (TINEGHIR)

Das ehemalige Festungsdorf in 1342 m Höhe liegt inmitten einer großen Palmenoase und setzt sich aus 25 Oasendörfern zusammen, die sich das Tal entlangschlängeln. Tinerhir ist **Kreisstadt und Verwaltungszentrum** für 72 Orte des Umkreises. Bedingt durch den Tourismus ist Tinerhir in den letzten Jahren stark gewachsen, und es sind viele neue Häuser und Verwaltungsbauten entstanden.

Immer noch leben die ca. 30 000 Einwohner des Verwaltungsbezirkes hauptsächlich vom traditionellen Oasenfeldbau. Die Dattelpalme als höchster Baum beschattet Obstbäume und Sträucher, und diese wiederum die Bodenkulturen. Dazwischen ziehen sich zahlreiche Kanäle, die die Felder bewässern (s. a. Darstellung der Oasenbewässerung im Exkurs „Flussoasen in Marokko"). Um einen Oasenrundgang anzutreten, parken motorisierte Touristen am besten kurz nach Einbiegen auf die Straße in die Todrha-Schlucht auf der linken Seite. Ab hier kann man gut mit einer Besichtigung der Oasengärten beginnen. Grundsätzlich ist es angebracht, beim Bummel durch die Gärten Bauern oder Feldarbeiter um Erlaubnis zu fragen oder einen einheimischen Führer zu nehmen, da es sich um private Grundstücke handelt und auch bei uns Bauern sicherlich nicht besonders erfreut wären, wenn täglich Scharen von Touristen durch Ihe Gemüsebeete stapfen würden! Gute Erfahrungen machten Leser mit einem netten jungen Mann, names *Driss Haddi.* In der Oase (neben dem Hotel Sangho) steht auf einem Hügel eine einstmals **imposante Kasbah,** die ursprünglich dem Pascha *El Glaoui* gehörte und jetzt,da sie sich in Privatbesitz befindet, weitgehend zerfallen ist. Einen schönen Blick hat man jedoch von der Dachterrasse des ◆**Restaurant** und **Hotel La Kasbah** (DZ € bis €€€, je nach Größe und Ausstattung, inkl. Frühstück), das in einer alten, gut erhaltenen Lehmburg untergebracht ist. Die Inhaber sind sehr freundlich und führen durch das Gebäude nach oben (Trinkgeld oder Einkehr in dem Lokal). Weitere schöne Kasbahs und viele alte Ksour liegen in Richtung der Todrha-Schlucht.

Tinerhir bietet alle Versorgungsmöglichkeiten. Der Markt ist empfehlenswert, bei den Souvenirhändlern zahlt man die üblichen Touristenpreise.

PRAKTISCHE INFOS

Tel. Vorwahl: 044, PLZ 45800

Klassifizierte Hotels

◆**Kenzi Hotel Bougafer******

Tel. 044 83 32 60, 044 88 32 60, Fax 044 83 32 82. Großes Hotel am Ortsanfang links, neu renoviert, schöner Pool, €€€€ inkl. Frühstück, Preis-Leistungsverhältnis ist o.k.

◆**Kenzi Sargho******

Tel. 044 83 41 81, Fax 044 83 43 52. Auf einem Hügel gelegen, mit herrlichem Blick auf die Kasbah. Das Hotel ist ein ungemütlicher Kasten, aber mittlerweile neu renoviert. €€€€, Frühstück 50 DH, Menü 120 DH.

◆**Kasbah Lamrani** ***

Bd. Mohammed V., par la Route de Ouarzazate. Am Ortsanfang links (aus Richtung Boumalne) neben Kenzi Bougafer. Tel. 044 83 50 17,

Fax 044 83 50 27, www.kasbah-lamrani.com. Sehr schönes neues Hotel im Kasbahstil, mit Pool und Garten mit Olivenbäumen. Großzügige, geschmackvolle Zimmer, AC, €€€A, Frühstück 35 DH, Menü 120 DH. Europäisches Restaurant und marokkanisches Restaurant in Berberzelt (sehr gut). Freundliches Personal (Chef deutschsprachig). Bewachter, schattiger Parkplatz vor dem Haus.

◆Tomboctou**

Av. Bir Anzarane, Tel. 044 83 51 91 oder 044 83 46 04, Fax 044 83 35 05, tombouctu@iam.net.ma, www.hoteltomboctou.com. Das sehr schöne Hotel ist in einer über 70 Jahre alten Kasbah des *Cheikh Bassou Ou Ali* untergebracht. Es gehört dem Schweizer *Edi Kunz*, der sich v. a. an Aktiv-Reisende wenden will (Mountainbike, Wanderungen, 4x4-Verleih, s.a. Reiseveranstalter/Suptrateam Travel). Sehr sauber, gepflegt und stimmungsvoll. Sehr freundliches, mehrsprachiges Personal. Toller Blick von der Dachterrasse über die Stadt, Pool, 17 Zimmer, im Winter alle mit Heizung, einige mit Klimaanlage. Von besonderem Reiz sind die Turmzimmer (wenn man alleine ist und auf ein eigenes Bad verzichten kann), klein, aber praktisch eingerichtet (für zwei Personen etwas zu klein). Drei Turmzimmer teilen sich das Bad. Ein Leser schrieb: „Das mit Abstand bestgeführte Hotel der Reise!" DZ/Bad €€€€B, ohne HP €€. EZ ohne Bad ½€. Turmzimmer €B. Frühstück 30 DH. Sehr gutes Essen, auch Ausschank von alkoholischen Getränken. Kreditkarten werden (mit Aufschlag) akzeptiert. Parkplatz mit Wächter. In einem kleinen Raum finden wechselnde Ausstellungen statt. Gutes Kartenmaterial zur Umgebung an der Rezeption.

◆Todhga (Todrha) **

37, Av. Hassan II., Tel. 044 83 42 49, Fax 044 83 45 65. Zimmer recht sauber und neu gestrichen, aber sehr heiß. Es gibt auch schöne, saubere und luxuriöse Suiten. Sehr saubere Badezimmer. DZ €€ (bessere Kategorie). Im Hotel ist eine Bar untergebracht.

Unklassifizierte Hotels

◆De l'Avenir

Im Zentrum, Tel. 044 83 46 04, Fax 044 83 45 99, avenirhotel@yahoo.com. Neuer, einheimischer Besitzer, nett, aber geschäftstüchtig, etwas aufdringlich mit Tourenangebo-

Dorf vor Tinerhir (von der Todrha-Schlucht kommend)

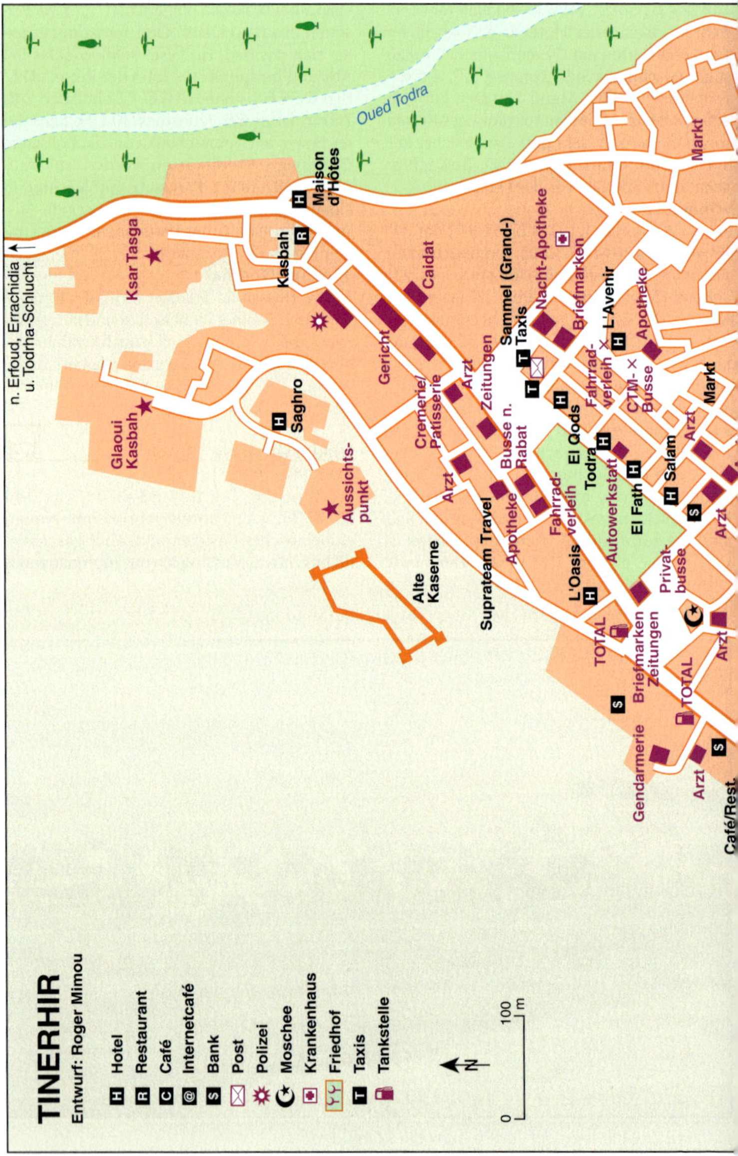
TINERHIR
Entwurf: Roger Mimou
Hotel
Restaurant
Café
Internetcafé
Bank
Post
Polizei
Moschee
Krankenhaus
Friedhof
Taxis
Tankstelle
N
0
100 m
n. Erfoud, Errachidia u. Todrha-Schlucht
Oued Todra
Maison d'Hôtes
Kasbah
Ksar Tasga
Caidat
Glaoui Kasbah
Saghro
Aussichts-punkt
Gericht
Cremerie/ Patisserie
Arzt
Zeitungen
Sammel (Grand-) Taxis
Nacht-Apotheke
Briefmarken
L'Avenir
Apotheke
Markt
Fahrrad-verleih
CTM-Busse
El Qods
Busse n. Rabat
Todra
Salam
El Fath
Autowerkstatt
Suprateam Travel
Alte Kaserne
L'Oasis
Privat-busse
TOTAL
Briefmarken Zeitungen
Gendarmerie
Café/Rest.

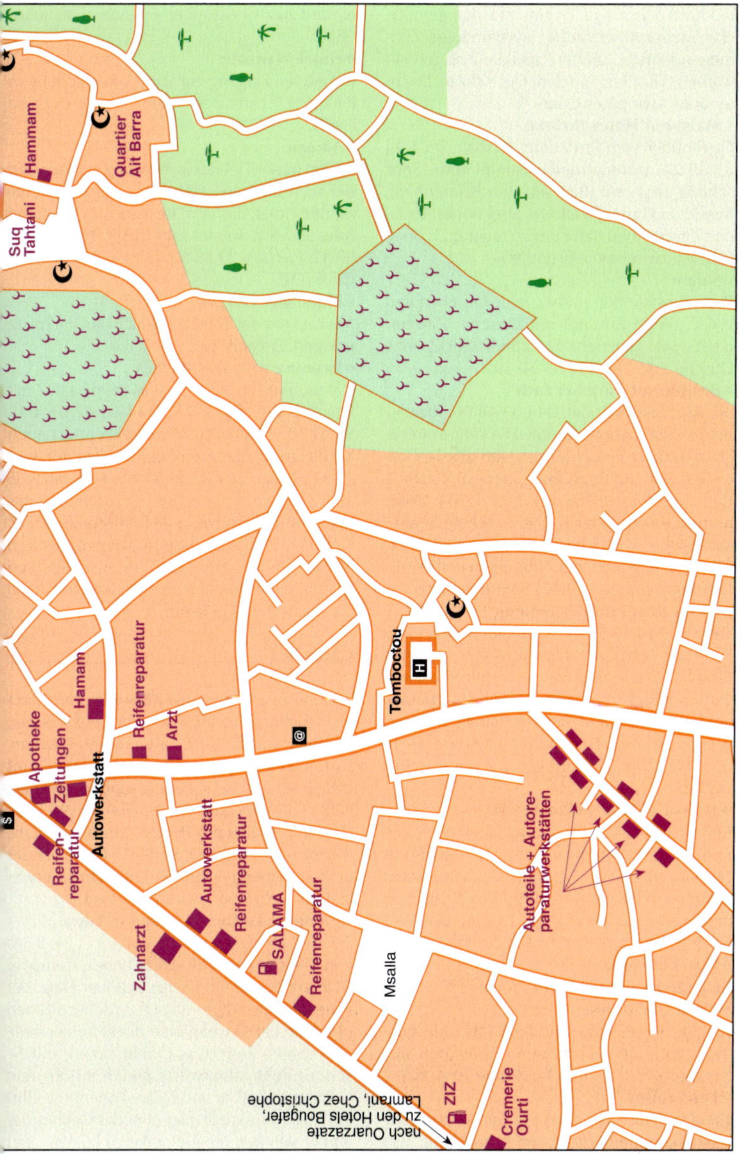
Hammam
Quartier Ait Barra
Suq Tahtani
Tomboctou
H
Reifenreparatur
Arzt
Hamam
Apotheke
Zeitungen
Autowerkstatt
@
$
Reifen-
reparatur
Autowerkstatt
Reifenreparatur
SALAMA
Reifenreparatur
Zahnarzt
Msalla
Autoteile + Autore-
paraturwerkstätten
ZIZ
Cremerie
Ourti
nach Ouarzazate
zu den Hotels Bougafer,
Lamrani, Chez Christophe

ten nach Merzouga. Es gibt im Hotel gemütliche Sitzecken, einfache, zweckmäßige Zimmereinrichtung, saubere sanitäre Anlagen mit warmen Duschen auf dem Flur, schöne Dachterrasse, sehr gutes Essen, €.

◆**Maison d'Hôtes Ihrtane**
Gegenüber vom Restaurant Kasbah, Tel. 044 83 49 24, hôtecalme@caramail.com. Sehr schöne Lage mit Blick auf den Palmenhain, herrlicher Garten. Saubere, aber höchst einfache Zimmer und dafür viel zu teuer (z. T. ohne Fenster, zwischen ½€ und €).

◆**Salam**
Beim Busbahnhof; sauber, neue Duschen und WCs, einige Zimmer mit Dusche, Zimmer nach vorne laut, nette Dachterrasse. DZ ohne Dusche ½€. Tel. 044 83 50 20.

◆**Restaurant/Hotel El Fath**
56, Av. Hassan II., Tel. 044 83 48 06. Kleines, neues und sauberes Hotel. Die sehr freundlichen Besitzer bemühen sich sehr um die Gäste. Tee wird zur Begrüßung gereicht. Saubere DZ, auch EZ mit Waschbecken (½€). Gutes und preiswerten Essen. Mehrsrachige Speisekarte. Über das Hotel kann man einen **Bergführer** engagieren, der Führungen in den Hohen Atlas und den Djabal Sarhro anbietet.

◆**Hotel/Restaurant/Camping Le Soleil**
Tel./Fax 044 83 52 01. 6 km hinter Tinerhir in Richtung Schlucht. Hübsches, sehr sauberes Hotel mit Camping neben einem hübschen Garten. Junge Bepflanzung, Stellplätze parzelliert, sehr gute und saubere Sanitäranlagen, warme Duschen. Der Koch *Mohammed* spricht deutsch und kocht sehr gut. DZ mit Dusche/WC €B.

◆**Maison d'Hôtes Riad Toudra**
E-Mail: todra2@caramail.com. Nahe der Todhra-Schlucht. Schönes Hotel von Monsieur *Hamou,* im Sommer 2004 z. T. noch im Aufbau (Zimmer und Salon). Geschmackvolle Zimmer in marokkanischem Stil mit Dusche und WC. Schöne Dachterrasse mit Blick auf den Fluss.

◆**Hotel El Qods**
Klein und sauber. 2-Bett-Zimmer ½€.

◆**Chez Christopher**
Kleines, neues Hotel an der Straße von Boumalne kommend rechts am Ortsanfang. Sauber, preiswert, Zi. mit Bad (ohne Türe, €A).

◆**Les Etoiles**
Kleines, neues Hotel an der Straße von Boumalne kommend rechts am Ortsanfang, kurz hinter Chez Christopher. Einfach und sauber (€).

◆**Hotel Mansour**
Es liegt am Eingang zur Todrha-Schlucht beim Parkplatz. Schön, sehr freundlich, gutes Essen (½€).

◆**Amazir**
8,5 km hinter Tinerhir in Richtung Schlucht auf der rechten Seite. Hübsches, sehr sauberes kleines Hotel, das dem Besitzer von Camping Atlas gehört. Tel. 044 89 51 09, Handy 061 05 42, Fax 044 89 50 50. DZ mit Bad €€, HP €€€/DZ.

◆**Etoile des Gorges**
Am Eingang der Todrha-Schlucht am Parkplatz gelegen. Einfach, ½€.

◆**Yasmina** bzw. **Des Roches**
Das teurere von beiden ist das *Yasmina* (DZ mit Dusche/WC €€B, Tel. 044 83 42 07, 044 89 51 18, 044 83 36 11), es akzeptiert auch Kreditkarten. Das *Hotel des Roches,* Tel. 044 89 51 34, Fax 044 83 41 57, hat fünf einfache aber saubere Zimmer, heiße Duschen, gutes Essen und einen freundlichen Manager, DZ €€. Beide Hotels liegen ausgesprochen hübsch, da es aber tagsüber von Touristen wimmelt, hat man erst abends Ruhe und kann die Landschaft genießen.

Camping

◆**Camping Atlas**
Tel. 044 89 50 46. Neun Kilometer von Tinerhir in Richtung Todrha-Schlucht. Sehr schöner, sauberer Campingplatz unter riesigen Palmen. Netter Besitzer, gutes Essen im Restaurant (Menü 45 DH), sehr saubere sanitäre Anlagen, heiße Duschen, auch nette Zimmer (90 DH), Camping 10 DH pro Person, Motorrad 6 DH, Zelt bzw. Auto 15 DH, Strom 15 DH. Einer der besten Plätze in Marokko, manchmal etwas laut, da viele Feste gefeiert werden.

◆**Camping Le Lac – Garden of Eden**
Tel. 044 89 50 05, Handy 067 69 11 74. 9 km von Tinerhir entfernt, direkt neben Camping Atlas auf der rechten Seite. Schöner Platz, der in bevorzugter Lage idyllisch zwischen Palmen oberhalb der Oasengärten direkt an der heiligen Quelle liegt. Das Quellbecken (mit Fischen) liegt talaufwärts gleich hinter dem Camping. Glasklar und badewannenbreit führt ein Ableitungskanal quer über das Gelände; er eignet sich gut, um Getränke zu kühlen, aber

auch zum Baden. Das Personal ist freundlich und gerne bereit, Gäste durch die Oasengärten und zu einer halb verfallenen Kasbah zu führen. Campinggebühren: 20 DH/p. P., Zelt 10 DH, Auto 10 DH, 6 DH Motorrad. Warme Duschen. Es gibt auch Zimmer (mit Bad €B) oder die Möglichkeit, im Nomadenzelt oder auf der Dachterrasse zu übernachten (15 DH). Gutes Essen auf Vorbestellung (35–60 DH). Auch Allradausflüge werden organisiert.

◆**Camping Source de Poisson Sacré**
Tel. 068 25 53 09 (Mobil). Schattig und sehr idyllisch, oberhalb Camping Le Lac. Die heilige Quelle ist in ein Becken gefasst worden, in dem Fische herumschwimmen. Direkt daneben ist ein nettes Restaurant im Nomadenzelt untergebracht, das sich auch gut für eine Pause dort eignet. Einfache, saubere sanitäre Anlagen, einfache, saubere Zimmer für 60 DH, Camping 8 DH p. P., 10 DH Auto, 20 DH Wohnmobil, 10 DH/Zelt.

◆**Camping Chez Bernard**
Von Tinerhir kommend links nach ca. 8,5 km in Richtung Todhraschlucht. Sehr gepflegte Sanitäranlagen, einfache Zimmer. Waschmaschinenbenutzung gegen 20 DH. Schöne Stellplätze, Strom. Noch wenig Schatten, da der Platz relativ neu ist.

◆**Camping Almo**
Am südlichen Ortsrand, 2 km vom Zentrum. Kleiner Platz mit gepflegtem Pool, ordentlichen Sanitäranlagen und Restaurant mit marokkanischer Küche, Essen 40 DH. Camping 7 DH p. P., Auto 10 DH, Zelt 8 DH.

Auch Camping beim **Hotel/Camping Le Soleil,** s. unklassifizierte Hotels.

Essen und Trinken

◆**Café/Restaurant Central**
48, Av. Hassan II., ausgezeichnete Tajine (ca. 45 DH), auch vegetarisch.

◆**Restaurant Kasbah**
69, Av. Mohammed V., Tel./Fax 044 83 44 71, Mobil 061 79 60 31. Leckeres Essen (Cous-Cous, Brochettes, Tajine) für ca. 50 DH, Menüs 70 DH; gemütlicher Speiseraum; das Lokal wird von Lesern sehr gelobt! Glauben Sie nicht den Schleppern, die behaupten, das Lokal hätte geschlossen, diese wollen lieber Lokale vermitteln, die Provision bezahlen. Der Chef des Lokals, *Mohammed El Barkaoui,* weiß übrigens sehr gut über Berbertraditionen Bescheid. Es stehen mittlerweile auch einfache, sehr saubere **Zimmer** in den Türmen der Kasbah zur Verfügung. DZ inkl. Frühstück €€.

Im ◆**Restaurant El Fath** – s. Hotels – gibt es gutes, preiswertes Essen und eine mehrsprachige Speisekarte. Travellerpublikum.

In den **Straßencafés** in der Altstadt nahe dem Hotel Tombouctou wird Trinkgeld wieder zurückgegeben, mit der Begründung, es wäre unüblich! Eine überaus seltene Erfahrung in Marokko!

Busverbindungen

- nach **Goulmima, Erradichia:**
  4x tägl., Fahrzeit knappe 3 Std., ca. 30 DH.
- nach **Ouarzazate (Marrakesch):**
  4x tägl., ca. 25 DH, nach Marrakesch 1x tägl., Fahrzeit 7,5 Std., 65 DH.
- nach **Erfoud, Rissani:**
  Täglich auch direkte Busse nach Rissani via Tinjedad, Erfoud (ohne Umsteigen) 25 DH plus Gepäck.
- nach **Agadir (über Ouarzazate):**
  1x täglich, Fahrzeit 14 Std., ca. 130 DH.

Taxi/Sammeltaxi

Sammeltaxis (am Platz vor der Post) in alle Richtungen. Nach **Tinjedad** ca. 1 Std., ca. 20 DH. Zum Eingang der Todrha-Schlucht (Hotel Yasmina) für ca. 6 DH, mit **Berber-Trucks** kommt man auch weiter bis **Aït-Hani** oder **Imilchil** (meist montags gute Verkehrsverbindungen, wenig Lastwagenverkehr im Winter, siehe Route C 10). Nach **Erfoud** kostet ein Sammeltaxi 25 DH.

Wer von Tinerhir mit öffentlichen Verkehrsmitteln zur Dadès-Schlucht will, sollte mit dem Bus oder Sammeltaxi erst bis Boumalne fahren (12 DH) und von dort mit den zahlreichen Taxis in die Schlucht.

Reiseveranstalter/-büros

◆**Suptrateam Travel**
Rue Abdelmoumen, 45 800 Tinghir, Tel. 044 83 49 34, Fax 044 83 22 23, suprateam@iam.net.ma. Büro neben dem Abfahrtsplatz der Busse nach Rabat (siehe Plan). Erfahrener Veranstalter unter Leitung von *Edi Kunz* (siehe Hotel Tomboctou). Trekking, Geländewagen- und Fahrradtouren, Kameltrekking, Rundreisen etc.

Fahrradverleih

Die Mountainbike-Vermietung **Chez Driss Alakheir** befindet sich bei der CTM-Busstation, 1. Querstraße rechts einbiegen. Sie wird von einem jungen, hilfreichen Marokkaner betrieben. Er verfügt über vier gute französische Räder und verlangt 100 DH pro Tag.

Ein weiterer Fahrradverleih ist beim **Hotel Al Qods** bzw. beim Taxistandplatz im Zentrum, s. Karte. **Suptrateam Travel** (s. o.) verleiht ebenfalls Räder.

Internetcafé

◆**Cybercafé Machichi**
Rue Azilal (bei der Moschee).

Einkaufen

Neben dem Hospital gibt es einen **Gewürzladen,** der **Abdellah Hachcar** gehört, der sehr viel von traditioneller Medizin versteht. Er verkauft auch allerlei Kunst und Krempel, auch sehr schöne Töpfereien. Er hat gute Preise, die allerdings wenig Spielraum zum Handeln lassen.

In der Todrha-Schlucht

Es gibt einen neuen **Supermarkt Chez Michelle** an der Straße nach Boumalne (von der Ortsmitte kommend links) Bier und Wein sind dort günstig erhältlich.

★ Abstecher in die Todrha-Schlucht

Ab *Tamtattouchte* zwängt sich der *Oued Todrha* durch die enge Schlucht. Palmen und Oleander wachsen, die Felswände ragen links und rechts des Flusses bis zu 1000 m in die Höhe, Ziegen klettern auf schmalen Pfaden entlang der steil abfallenden Schluchtränder.

Inzwischen wurde die Strecke durch die Schlucht bis nach *Aït Hani* asphaltiert. Sie soll weiter bis nach *Imilchil* ausgebaut werden. Im Frühjahr kann es vorkommen, dass die Straße nach starken Regenfällen nicht passierbar ist, während im Sommer der Fluss bloß noch bis zur *Auberge Yasmina* fließt. Wenn man nicht die ganze Rundfahrt durch die Todrha- zur Dadès-Schlucht (oder umgekehrt) machen will, sollte man keinesfalls versäumen, wenigstens einige Kilometer hineinzufahren oder zu wandern. Zu Fuß geht man ca. fünf Stunden durch die Schlucht, es lohnt sich nur das erste Drittel!

Von Imilchil kann man in Richtung Südosten über die Teerstraße nach *Rich* und *Erfoud* gelangen. Eine weitere lohnenswerte Variante ist derzeit nur mit Geländewagen möglich: die **Drei-Schluchten-Rundfahrt** durch die Todrha-Schlucht nach *Tamtattouchte, Aït Hani* und von dort nach *Assoul* und durch eine wunderschöne Schlucht nach *Imiter* und *Amellago*. Weiter durch die *Rherisschlucht* nach *Goulmima* (ausführliche Beschreibung im Handbuch „Marokko – vom Rif zum Anti-Atlas", Reise Know-How).

Zur **Anfahrt** nehmen Sie 1 km von Tinerhir entfernt den Abzweig in die Todrha-Schlucht. 8½ km hinter dem Abzweig reihen sich bei dem Ort **Aït Ouritane** mehrere Campingplätze aneinander; alle liegen schattig im Palmenhain.

Am Camping ◆**Le Lac – Garden of Eden** (siehe bei Tinerhir) liegt auch das ◆**Restaurant** (und Camping) **Source de**

Poisson Sacré (schattig und idyllisch, siehe bei Tinerhir), wo man Halt machen sollte, um die heilige Quelle zu besichtigen. Die Quelle ist in ein Becken gefasst worden, und Fische schwimmen darin herum.

14 km hinter Tinerhir folgt das ◆**Hotel-Restaurant Mansour** und das ◆**Etoile des Gorges.** Es gibt einen bewachten Parkplatz (5 DH) für alle, die nicht in die Schlucht weiterfahren.

Bei den Hotels ist die engste Stelle und die Todrha-Schlucht nimmt ihren Anfang. Eine betonierte Furt führt durch den Fluss, der bis hier wasserreich ist (durch den Quellzufluss), danach aber oft versiegt.

1 km weiter – bereits in der Schlucht – liegt rechts das ◆**Hotel-Restaurant Yasmina.** Daneben befindet sich das ◆**Hotel des Roches** (s. Hotels bei Tinerhir). Beide Hotels liegen ausgesprochen hübsch nahe der segensbringenden Quelle, die am Eingang der Schlucht entspringt (rechter Hand vor der Brücke).

Bis hierher und einen weiteren Kilometer hinein in die Schlucht wimmelt es zu manchen Jahreszeiten von Touristen. Außerhalb der Saison ist es dagegen ziemlich ruhig. Einschließlich Rotel-Tours sind hier alle Marokko-Reiseveranstalter vertreten. Früher sammelte sich der Touristenstrom am Anfang der Schlucht, seit die Straße fertig ist, verteilt er sich bis hinauf nach Tamtattouchte. Die Landschaft ist grandios, auch wenn die Straße etwas von der Romantik nimmt, die früher hier herrschte. Die roten Felswände ragen steil in den klaren blauen Himmel. Durch die Schlucht schlängelt sich der **Todrha-Fluss,** umgeben von Dattelpalmen und Dornbüschen, Oleander und Kakteen. Vereinzelt klettern Ziegen in den schwindelnden Höhen der Felswände. Die Piste ist im Großen und Ganzen in Ordnung (wenn nicht gerade Unwetter bzw. ein hoher Wasserstand des Todrha die Piste zerstören; eng wird es bei Lkw-Gegenverkehr). Beim

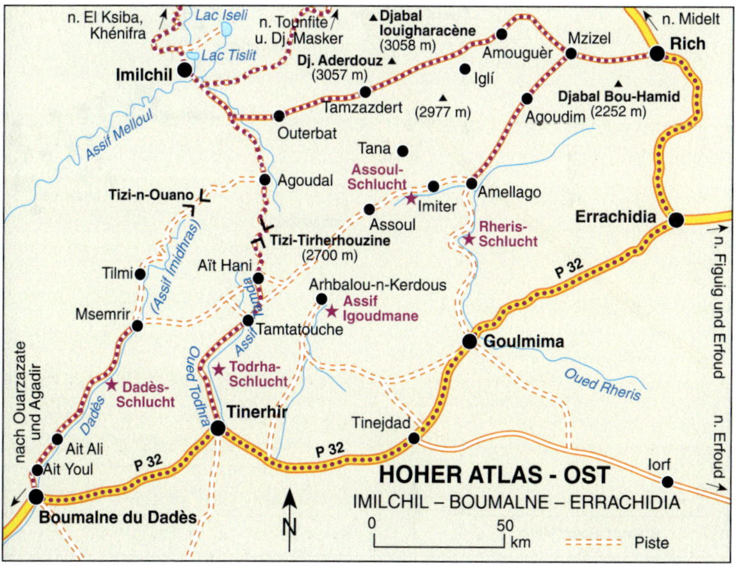

Straße der Kasbahs Südostmarokko

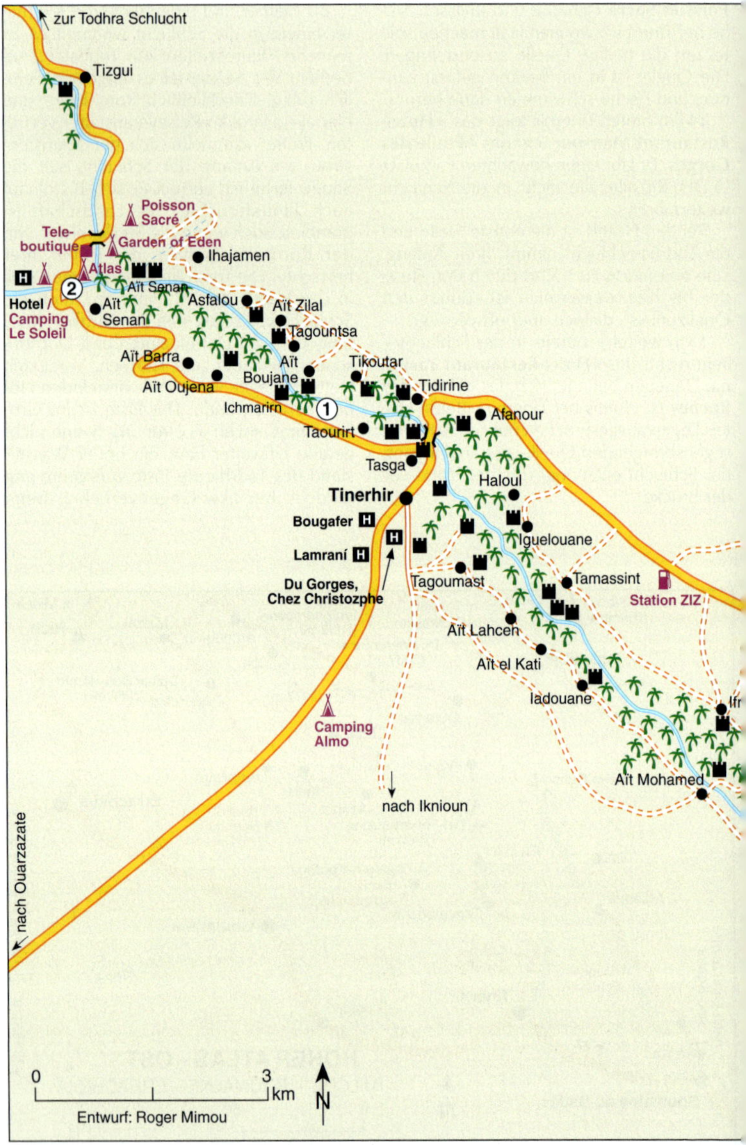
zur Todhra Schlucht
Tizgui
Poisson Sacré
Tele-boutique
Garden of Eden
Ihajamen
Atlas
Aït Senan
Hotel / Camping Le Soleil
Aït Senan
Asfalou
Aït Zilal
Tagountsa
Aït Barra
Aït Oujena
Aït Boujane
Tikoutar
Tidirine
Ichmarirn
Afanour
Taourirt
Tasga
Tinerhir
Haloul
Bougafer
Lamraní
Du Gorges, Chez Christozphe
Iguelouane
Tagoumast
Tamassint
Station ZIZ
Aït Lahcen
Aït el Kati
Iadouane
Camping Almo
Aït Mohamed
nach Iknioun
nach Ouarzazate
0
3
km
N
Entwurf: Roger Mimou

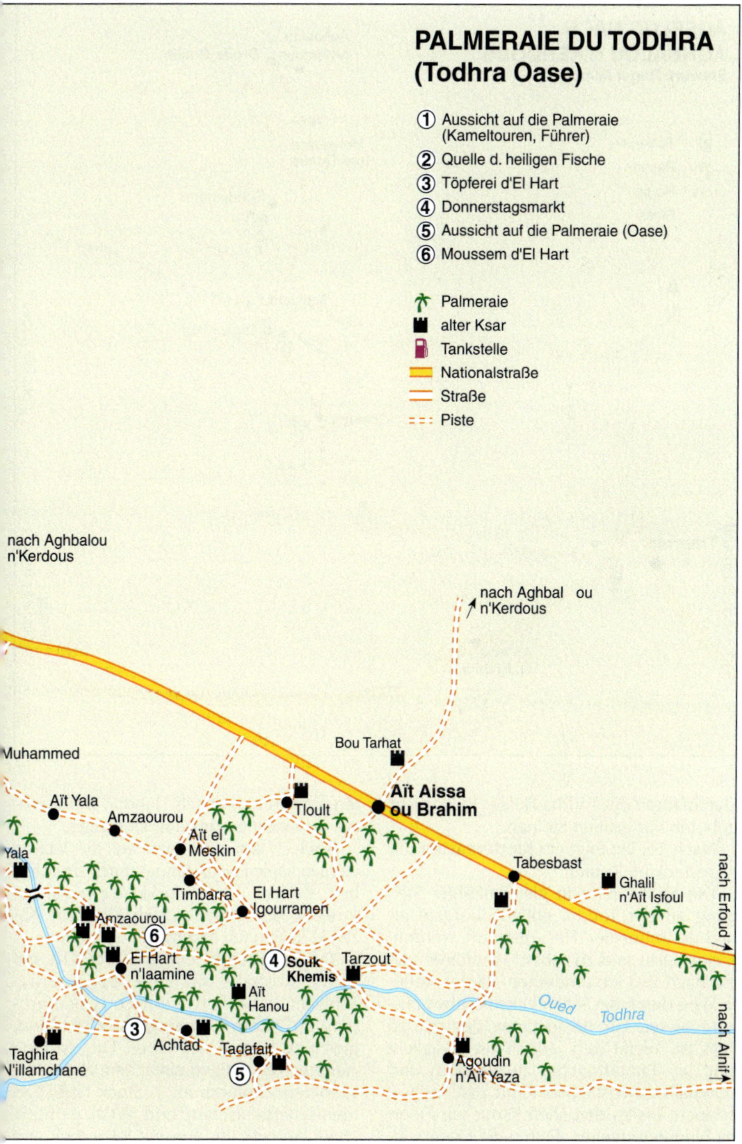
PALMERAIE DU TODHRA
(Todhra Oase)
① Aussicht auf die Palmeraie (Kameltouren, Führer)
② Quelle d. heiligen Fische
③ Töpferei d'El Hart
④ Donnerstagsmarkt
⑤ Aussicht auf die Palmeraie (Oase)
⑥ Moussem d'El Hart
Palmeraie
alter Ksar
Tankstelle
Nationalstraße
Straße
Piste
nach Aghbalou n'Kerdous
nach Aghbal ou n'Kerdous
Muhammed
Bou Tarhat
Aït Yala
Amzaourou
Tloult
Aït Aissa ou Brahim
Aït el Meskin
Yala
Tabesbast
Ghalil n'Aït Isfoul
Timbarra
El Hart Igourramen
nach Erfoud
Amzaourou
El Hart n'laamine
Souk Khemis
Tarzout
Aït Hanou
Oued Todhra
Taghira N'illamchane
Achtad
Tadafait
Agoudin n'Aït Yaza
nach Alnif

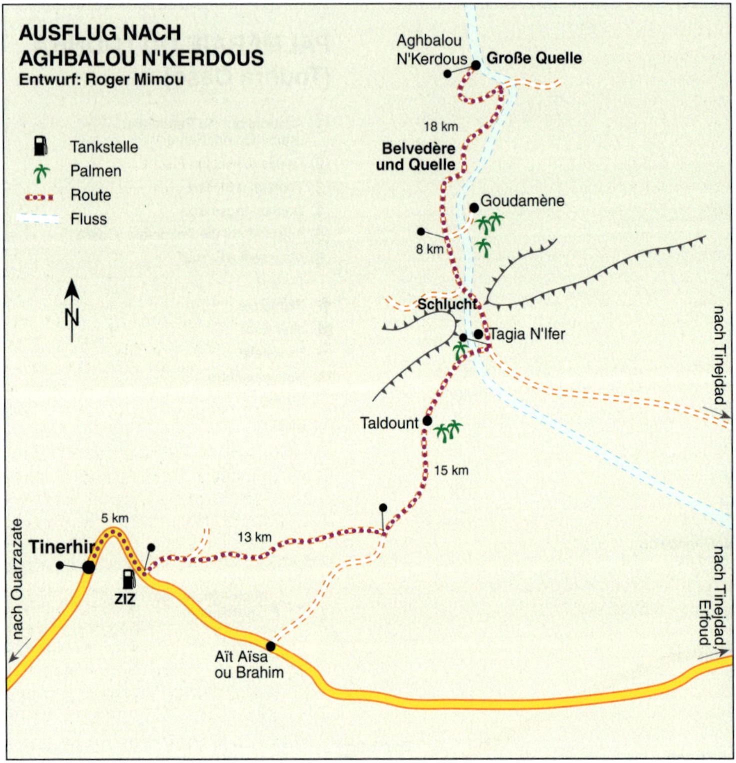

Durchfahren des Todrha-Flusses ist Vorsicht geboten vor großen Steinen.

Nach 1½ km folgt ein **Klettergarten** mit abgesteckten Routen.

Die Straße führt in gleichmäßiger Steigung an der Todrha entlang bergan, ab und zu muss der Fluss gequert werden. Kleine Orte sind zu sehen. Wanderer sollten nach 2–3 km umdrehen, da der weitere Weg durch die Schlucht keine Abwechslung bietet. Für denjeinigen, der gut zu Fuss ist, bietet sich jedoch die Möglichkeit, bis Tamtattouchte zu wandern und oberhalb am östlichen Rand der Todhraschlucht bis zu den alten Ksour vor Tinerhir hinunterzugehen. Durch die Oasengärten geht es dann nach Tinerhir. Dafür sollten Sie einen ganzen Tag einplanen.

Nach 17 km trifft man auf die letzten Palmen, viele Furten führen durch das Kiesbett. Bei km 29 ist ein kleiner Marabout erreicht, und 3 km danach führt ein Abzweig links nach **Msemrir.**

Tamtattouchte, ein größerer Ort mit vielen Kasbahs am Ende der Todrha-Schlucht, ist bei km 33 erreicht. Übernachtung im ◆**Café/Camping/Hotel Baddou,** gleich zu Beginn des Ortes. Dies ist eine Auberge mit einigen einfachen, aber blitzsauberen Zimmern im 1. Stock (½€, Gemeinschaftsduschen und WC), gemütlichem Aufenthaltsraum mit Bibliothek und

Spielen und mit einem schön angelegten Campingplatz (20 DH, warme Duschen). Der Besitzer *Moha Abaz* ist sehr freundlich und weiß viele gute Ratschläge. Schräg gegenüber auf einem Hügel mit schöner Aussicht liegt das ◆**Hotel Kasbah Taymat, Chez Moha,** das ebenfalls *Moha Abaz* gehört (Fax 044 83 40 71). Es hat einen kleinen Innenhof und nette Mehrbettzimmer (ebenfalls warme Gemeinschaftsduschen und WC). Daneben bzw. direkt gegenüber vom Baddou die einfache ◆**Auberge Bougafre,** in der der freundliche Chef persönlich und laut Leserbrief „saugut" kocht. Die Auberge ist einfach und weniger komfortabel als Baddou, aber auch nur halb so teuer. Eine Leserin empfahl besonders das Restaurant der ◆**Auberge Haut Atlas, chez Brahim.**

★ Ausflug nach Aghbalou N'Kerdous

Dieser Ausflug (104 km Piste) führt durch eine hübsche Schlucht zur Quelle *Aghbalou N'Kerdous.* Anfahrtsbeschreibung: 5 km hinter Tinerhir, gegenüber der ZIZ-Tankstelle, geht die Piste ab. Man folgt dieser bis sie nach 13 km auf eine andere Piste stößt. Links weiterfahren bis zum Dorf Taldount. Von dort der Piste folgen. Diese führt nach ca 4,5 km durch einen Fluss, der durch die **Schlucht von Tagia N'Ifer** führt. Immer geradeaus kommt man nach 8 km zu einem schönen **Aussichtspunkt mit kleiner Quelle.** Nach weiteren 18 km ist die große und schön gelegene Quelle **Aghbalou N'Kerdous** erreicht.

Von Tinerhir nach Goulmima und Errachidia

138 km, P 32

Der letzte, weniger besuchte Teil der Straße der Kasbahs führt von Tinerhir weiter durch karge, steinige Wüstenlandschaft, begrenzt von den Bergzügen des *Djabal Tisdafine* im Norden und jenen des *Djabal Ougnat* im Süden, bis nach Goulmima, einer letzten großen Ansammlung befestigter Dörfer, um schließlich in Errachidia zu enden.

Kurz vor Tinjedad geht rechts ein Abzweig (500 m) zum **Ksar El Khorbat,** wo das neue und sehr schöne Restaurant/Berbermuseum (20 DH Eintritt) und Gästehaus ◆**Maison d'Hôtes El Khorbat** eingerichtet wurde (€€€ in komfortablen Zimmern, Tel. 055 88 03 55, Fax 055 88 03 57). Es gehört dem Spanier *Roger Mimo,* dem ehemaligen Betreiber des *Hotel Tombouctou* in Tinerhir. Sehr angenehme Atmosphäre, schöner Garten, gemütliches Restaurant. Roger Mimo gibt den Gästen viele Tipps zur Umgebung, er kennt Marokko wie seine Westentasche und ist Autor eines spanischen Marokko-Reiseführers.

Nach 55 km ist **Tinjedad** erreicht, ein großer Ort mit allen Versorgungsmöglichkeiten. Es gibt keine Übernachtungsmöglichkeit, dafür aber eine hübsche **Galerie,** mit einer Ausstellung an Kunsthandwerk und alten Gebrauchsgegenständen, die seinesgleichen in Marokko sucht. Geführt wird dieses „Museum" von *Said Ouabou* und einer netten Frau. Er hat in Heidelberg studiert und sammelt seit 25 Jahren alte Gegenstände seines Landes. Bei Interesse kann man ihm auch etwas abkaufen. **Einfaches Essen** gibt es in mehreren kleinen Restaurants und Cafés.

In Tinjedad kann man direkt nach *Erfoud* abbiegen. Ein **Bus** fährt 1xtägl. nach Erfoud, nach Errachidia (von Casa kommend) und nach Agadir (über Ouarzazate). Es fahren auch Sammeltaxis nach Erfoud (ca. 25 DH).

Weiter in Richtung Osten folgt nach 14 km (Gesamt-km-Zahl 79) Goulmima.

GOULMIMA

Die saubere Stadt mit ihren roten Häusern hat 14 000 Einwohner und besteht aus einem neuen und einem alten Teil. In der Neustadt befinden sich alle wichtigen Geschäfte, die **CTM-Busstation** und die **Bank** in der Hauptstraße. Goulmima hat ein hübsches, zinnengekröntes und ummauertes Suqgelände; **Markt** ist am Donnerstag.

Die unbedingt **sehenswerte Altstadt** (Beschilderung zum Ksar Goulmima), 1,2 km südlich der Neustadt, ist ein typischer Lehmksar aus engen, dunklen, zum Teil überdachten Gassen mit einem Hauptplatz, einer Moschee und einem alten, sehr schönen Eingangstor, das von mächtigen, quadratischen und mit Ornamenten verzierten Ecktürmen flankiert wird. Hier leben ungefähr 3000 Menschen, die noch sehr freundlich auf Touristen reagieren. Mit einem der netten Studentenführer ergibt sich auch hin und wieder die Gelegenheit, ein Wohnhaus zu besichtigen.

Gut für einen Imbiss ist das ◆**Café/Cassecroute Chez Mohammed** (rechts an der Hauptstraße, von Tinerhir kommend). Der nette Besitzer spricht gut deutsch und hat lange in Holland gearbeitet.

Unterkunft gibt es im sauberen ◆**Hotel Gheris*,** Avenue Hassan II. (€, Tel. 05/78 31 67) oder besonders hübsch in einem fantastischen Garten in der ◆**Auberge und Camping Les Palmiers,** 6bis, Hay Outmane, Secteur 2, Tel. /Fax 78 40 04. Beim Kreisel an der Straße nach Errachidia ausgeschildert. Man folgt dem Schild ca. 500 m nach rechts. Man kann dort auch campen. Das Zufahrtstor ist etwas niedrig und für größere Wohnmobile nicht geeignet, für kleinere Wohnmobile und Autos mit Zelt ideal. 15 Stellplätze liegen in einem schattigen Palmengarten. Das Tor in der hohen Mauer ist immer verschlossen, man muss klopfen. Die sehr sauberen Sanitäranlagen sind im Haus, es gibt Warmwasser. Die schöneren Zimmer liegen in einem Nebenbau im Garten, die älteren, größeren Zimmer im Haupthaus. Geführt wird es von *Madame Odile,* die auch ein nettes Restaurant und die Auberge betreut. Es werden außerdem Ausflüge angeboten. Preise: Camping pro Person 25 DH. Hotel: zwei DZ mit Bad €, HP €€B, Zi. ohne Bad ½€, auch Viererzimmer mit Bad und ohne Bad. Frühstück 21 DH, Menü 75 DH.

Ein paar Straßen weiter gibt es eine ◆**Jugendherberge,** Tel. 066 90 84 42, Fax 055 88 50 83, Secteur 3, Nr. 4, Ksar Goulmima, die vom Cousin des in Deutschland lebenden *Said Hammy* betrieben wird (www.geocities.com/yhgoulmima2001). Die Jugendherberge liegt schön, ist sehr geräumig und bietet einen für Jugendherbergen guten Komfort. Die Nacht kostet 50 DH, das Essen 45 DH, eine warme Dusche 10 DH, eine kalte 5 DH.

Im **Zentrum** links zweigt eine Teerstraße ab, die durch die **Schluchten des Oued Gheris (Rheris)** nach *Ammelago* und weiter nach *Rich* durch fantastische Landschaften führt (s. a. auch Karte oben). Diese Tour sollte man aber nur mit Geländewagen unternehmen (s. a. Reisehandbuch „Marokko – vom Rif zum Anti-Atlas“).

Die Strecke hinter Goulmima führt über eine wenig abwechslungsreiche Hochebene. Bei **km 138** ist **Errachidia** erreicht.

ERRACHIDIA

Der ursprüngliche Name (*Ksar* = Festung und *Suq* = Markt) deutet auf die militärische und wirtschaftliche Bedeutung als wichtiger Kreuzungspunkt zweier Straßen hin. Früher war die Stadt Stützpunkt der Fremdenlegion, jetzt ist sie Standort der marokkanischen Truppen und ein schnell wachsender, wenig attraktiver Ort mit mittlerweile 190 000 Einwohnern am Rande der Sahara. Die saubere Stadt mit den typisch rosa-weißen und braunen Mauern und Häusern des Südens hat mit keinen besonderen touristischen Attraktionen aufzuwarten, ist aber ein günstiger Ausgangsort für Ausflüge in die Sahararandgebiete.

Es gibt in Errachidia eine Universität am Ortsausgang in Richtung Ziz-Schlucht. Die Uni erinnert eher an einen Palast, denn sie hat die Architektur einer riesigen Kasbah.

PRAKTISCHE INFOS

Tel. Vorwahl: 055, PLZ 52000

Touristeninformation

◆Quartier Bouralamine, 44, Bd. Mulay Abdellah, Tel. 044 57 09 44, Fax 044 57 09 43.

Klassifizierte Hotels

◆ **Kenzi Rissani******

B.P. 3, Bd El-Massira, Tel. 055 79 09 00, 055 57 21 86 und Fax 055 57 25 85. €€€€, Frühstück 70 DH; Schwimmbad; man wechselt Travellerschecks. Im Haus befindet sich eine Bar. Komfortables Hotel, aber ungemütlicher Betonbau.

◆ **Oasis****

4, Rue Sidi Abou Abdellah, Tel. 055 57 25 19, Fax. 055 57 01 26. €, Menu 76 DH. Sehr einfache, aber saubere, abgewohnte Zimmer mit sehr kleinem Bad, nettes Personal, etwas ungemütliches Restaurant im Keller.

◆ **M'Daghra ****

92, Rue M'Dghra/Oued Lahmer, Tel. 055 57 40 47, Fax 055 79 08 64. Sauberes, aber etwas dunkels Hotel, €A DZ mit Dusche.

◆ **Meski ***

Av. Moulay Cherif, Tel. 055 57 20 65, Fax 055 57 42 29. Abgewracktes Hotel (Ungeziefer) mit Pool (ohne Wasser), Zimmer heiß und stickig. €, Frühstück 25 DH. Essen sehr gut.

Unklassifizierte Hotels

◆ **Renaissance**

19, Rue Mulay Youssef, Tel. 055 57 26 33. Ca. 200 m vom Busbahnhof, die Straße zweigt in der Stadtmitte von der Hauptstraße ab. Etwas heruntergewirtschaftet, für einfache Ansprüche aber o.k., DZ mit Dusche (nur abends warm) und HP €€B. Freundlicher Besitzer; allerdings ist *Abderrazak Mahfoud* sehr geschäftstüchtig, bei Ausflugspreisen und Wagenmiete sollte man aufpassen – laut Leserbrief unverschämte Preise und Versprechun-

Auf dem Weg zum Markt

gen, deshalb unbedingt Preisvergleiche einholen. Es gibt nicht immer Essen.

◆**Royal**
6, Rue Moh. Zerktouni, Tel. 055 57 22 78, sehr einfach, ½€.

◆**Zitoune**
25, Pl. Hassan II., Tel. 055 57 24 49, ½€.

Essen und Trinken

◆**Imilchil**
Tel. 57 21 23. An der Hauptstraße links (von Süden kommend); gutes Essen, schöne Außenanlagen, nettes Personal.

◆**Al Boustane**
Rue d'Erfoud, nettes Restaurant und Café mit Grünanlage nach der Brücke rechter Hand in Richtung Erfoud.

◆**Lipton**
Rue M'daghra, preiswert und gut.

◆**Etoile du Sud**
107, Rue Zerktouni, Tel. 57 39 28. Neues Restaurant, gute Küche.

◆**Café le France**
Rue Ibn Batouta. In der Nähe des Zentrums beim Marktplatz. Sehr gute Küche, soll zum Hotel ausgebaut werden.

Busverbindungen

Auch in Errachidia wurden viele CTM-Verbindungen gestrichen. Mehrmals täglich fahren jedoch verschiedene Privatbusse in alle Richtungen.

Verbindungen (CTM und Privatbusse)

- **Marrakesch** (über **Ouarzazate**): 1x tägl., 115 DH, 10,5 Std. Fahrzeit
- **Agadir** (über Ouarzazate, Tazenakht): 25 Std. Fahrzeit, ca. 168 DH. Privatbusse mehrmals täglich.
- **Casablanca:** 1x täglich CTM-Nachtbus, Fahrzeit ca. 12 Std., 155 DH. In Casa Umsteigen nach **Essaouira** möglich (270 DH).
- **Rabat**: 1x täglich CTM-Nachtbus, ca. 10 Std., 135 DH.
- nach **Erfoud** und **Rissani:** mehrmals täglich, 2 Std. Fahrzeit, ca. 30 DH.
- nach **Meknès, Fès:** CTM 2x tägl., nach Meknès: Fahrzeit 8–9 Std., 90 DH, nach Fès 102 DH. Auch Privatbusse.
- nach **Bouarfa** und **Figuig:** mehrmals täglich Privatbusse nach Bouarfa, dort Umsteigen nach Figuig.

Taxi/Sammeltaxi

Der Sammeltaxiparkplatz befindet sich bei der Moschee, Sammeltaxis verkehren nach Süden und Norden. Preise: nach **Erfoud** ca. 20 DH, nach **Tinjedad** ca. 14 DH.

Rund ums Auto

Die zuverlässige **Renault-Werkstatt Sjilmassa** liegt an der Hauptstraße rechts am Stadtanfang Richtung Erfoud.

Post

Hauptpost an der Av. Mulay Cherif, gleich bei der Stadteinfahrt (wenn man von Ouarzazate kommt).

Banken

◆**BMCE-Bank** etwas nördlich vom *Hotel Oasis.*

◆**Banque Populaire** oberhalb (Treppen) der Av. Mulay Cherif, gegenüber vom Ensemble Artisanal.

Ausflüge

Neben dem *Hotel Renaissance* veranstaltet **Larbi Lamrani** vom Souvenirladen **Touren nach Merzouga.** Larbi spielt auch zuverlässig Chauffeur für Leute, die in den Erg Chebbi unterwegs sind und sich selbst nicht zutrauen, zu fahren (150–250 DH). Wesentlich preiswerter ist die Fahrt mit dem Sammeltaxi.

Von Errachidia kann man gut Ausflüge zur **Source bleue de Meski** (Richtung Erfoud) unternehmen (s. nächstes Kapitel).

Auch zum **Stausee Hassan Adakhil Tirhiourine** und zum **Tunnel der Legionäre** (an der Strecke nach Midelt) lohnt sich ein Ausflug.

In der Nähe von Errachidia wurde das **Resèrve de Tamda** – ein Gazellenreservat errichtet, in dem seltene Gazellenarten wieder ausgewildert werden. Meines Wissens ist das Reservat aber nicht zugänglich. Näheres beim Fremdenverkehrsamt Errachidia.

Imilchil

Ein **2-Tages-Ausflug** könnte nach Imilchil im Hohen Atlas führen. 63 km nördlich von Errachidia zweigt eine Straße nach Rich ab (4 km). Von dort führt eine hervorragende Teerstraße (130 km, Fahrzeit 2½–3 Std.) über *Igli, Aït el Rhazi, Aït-Taddert, Outerbat* bis Imilchil (siehe Karte „Hoher Atlas, Ost"). Imilchil und die Nachbarorte *D'Agda* und *Agoudal* liegen sehr schön auf einem Hochplateau auf einer Höhe von über 2000 m. Imilchil hat etwa 7500 Einwohner. Dominiert werden die Orte von **mächtigen Lehmtighremts.** Sehr schön ist die Tracht der *Aït-Hadiddou-Frauen* mit ihren schwarz-weiß gestreiften Wollumhängen und den roten Wolltroddeln anzusehen, allerdings wird sie immer seltener getragen. Man sieht sie weit häufiger in den vorhergehenden Orten zwischen Agoudal und Imilchil. Am Samstag wird in Imilchil ein sehr ursprünglicher **Markt** abgehalten.

Imilchil ist vor allem bekannt durch den Mitte September (Freitag bis Sonntag) stattfindenden **Moussem der Bräute.** Eigentlicher Veranstaltungsort ist jedoch **Agda** etwas südlich von Imilchil. Die hier lebenden *Aït Hadiddou* mit ihren Untergruppen *Aït Brahim* und *Aït Yazza* gehören zur großen Berbergruppe der Beraber. Sie treffen sich hier mehrere Tage zu Ehren eines Lokalheiligen. Die Frauen dieser Bergstämme sind frei und selbstständig. Nach einer Scheidung (sie wird vom Mann ausgesprochen) der von den Eltern vermittelten Ehe können sie sich dann angeblich nach freiem Willen einen Mann wählen. Dies geschieht auf dem **„Heiratsmarkt" von Imilchil,** wo aber auch Erstverheiratungen, also von Eltern gestiftete Ehen, stattfinden. Der Brauch entwickelte sich angeblich deshalb, weil im ganzen Jahr irgendwo Hochzeiten stattfanden und dazu immer sämtliche Aït Hadiddou der Umgebung eingeladen wurden. Um das zu vereinfachen und die Hochzeit preiswerter zu gestalten, wurde der einmal jährliche Hochzeitstermin ins Leben gerufen. Da die Frauen nach einer Scheidung den Ehepartner frei wählen können, sind die Scheidungen sehr häufig geworden. Damit geht der Brautpreis, den die Familie des Ehemannes zahlen musste, verloren. Nun ist man angeblich auf den Trick gekommen, ein Mädchen mit dem Bruder der besten Freundin zu verheiraten und diese wiederum mit deren Bruder. Im Falle der Scheidung hat dann keine Familie einen Verlust.

Am Moussem sind die Frauen der Aït Hadiddou stark geschminkt und geschmückt. Die verheirateten Frauen und die Geschiedenen erkennt man an der hohen, spitzen Haube. Sie sitzen in Grüppchen zusammen und flirten mit den vorbeikommenden Männern. Ist man sich mit einem einig geworden oder wurde die Vermählung vorher schon von den Eltern abgesprochen, marschiert man am letzten Tag des *Moussem* zum *Qadi,* um den Heiratsvertrag aufzusetzen. Wenn der Vertrag unterschrieben ist, wird in der *Qubba der Marabut* der Segen des Heiligen erfleht.

Inzwischen ist daraus ein **Touristenspektakel** geworden, und der ganze Moussem gleicht eher einem riesigen Nomadenmarkt (Kamele, Mulis, Schafe, Ziegen, Kühe und viele sonstige Waren). Verheiratungen finden kaum mehr statt. Trotzdem ist der Moussem sehenswert. Der Freitag ist wegen des Viehmarktes am interessantesten. Die meisten Touristen kommen erst am Samstagnachmittag, wenn die Tänze anfangen und die ersten Verheira-

DER HAMMAM – EINE ORIENTALISCHE INSTITUTION

von Olaf Weißenborn

„... Nur der Hauptraum des Hammam ist ein wenig beleuchtet, die beiden anderen sind dunkel. Es herrscht ein Zwielicht, in dem auch ein scharfes Auge nur mit Mühe einen schwarzen Faden von einem weißen zu unterscheiden vermochte ...“
(Tahar Ben Jelloun – „Die Nacht der Unschuld“)

Der Hammam, das Dampfbad, ist in orientalischen Ländern eine wichtige soziale Institution. Das öffentliche Badehaus ist über den gesamten islamischen Kulturkreis verbreitet. Das Erscheinungsbild eines Hammam kann sehr unterschiedlich sein. Unter dem Begriff Hammam werden sowohl sehr einfache Dampf- als auch prunkvolle Marmorbäder verstanden, wie sie in der Türkei, Persien oder östlichen arabischen Ländern verbreitet sind. In den Ländern des Maghreb ist der Hammam in der Regel eher schlicht und funktional ausgestattet.

Der Hammam entspricht nach unseren Vorstellungen etwa einer Kombination aus Bad und Sauna. Neben dem Waschen vervollständigt das Schwitzen die körperliche Reinigung und trägt zur Entspannung bei. Ein Sauna-Effekt wird durch die unterschiedlich temperierten Räume bewirkt, die der Besucher nacheinander aufsucht. In der Regel kommt noch eine Massage hinzu, die gegen ein geringes Entgelt vom Masseur des Hammam vorgenommen wird.

Die Entstehung öffentlicher Badehäuser gründet in den orientalischen Ländern nicht zuletzt in der Glaubenslehre des Islam. Der Islam räumt der Sauberkeit einen großen Platz ein und schreibt dem Gläubigen bestimmte Reinigungszeremonien vor. So sind dem Muslim vor den täglichen fünf Gebeten die Waschungen bestimmter Körperstellen vorgegeben. An den Moscheen bestehen zu diesem Zwecke einfache Waschgelegenheiten.

Der Koran hat die Hygiene der Gläubigen jedoch auch weitergehend geregelt. So wird z. B. der Geschlechtsverkehr zwischen Mann und Frau als unrein eingestuft. Sowohl nach vollzogenem Verkehr als auch nach „unreinen“ Phantasien sind dem gläubigen Muslim umfassende Waschungen vorgeschrieben, anderenfalls er die Moschee nicht betreten darf und Allah das Gebet nicht akzeptieren würde.

Diesseits religiös vorgeschriebener Reinigungssitten schließt der Hammam zunächst eine Versorgungslücke: In Ländern, in denen das eigene Bad noch längst nicht zur selbstverständlichen Ausstattung der Wohnung gehört, stellt der Hammam einen Grundpfeiler der Hygiene dar.

Neben der körperlichen Reinigung erfüllt der Hammam auch wesentliche soziale Funktionen. Nach Geschlechtern streng getrennt, stellt er einen Treffpunkt der Männer- und Frauenwelt in islamischen Ländern dar. So ist der Hammam ein Ort der Begegnung, in dem Gespräche über Familie, Erziehung und gesellschafftliche Dinge geführt werden.

Für Männer und Frauen existiert üblicherweise ein jeweils eigener Hammam, oder aber bestimmte Öffnungszeiten sind dem jeweiligen Geschlecht vorbehalten.

Tahar Ben Jelloun beschreibt in seinem Roman „Harrouda“, wie der Hammam für einen pubertierenden Jungen in Fès zu einem Ort sexueller Träume und Phantasien wird und der Junge sich im Traum Zugang zum Frauenhammam verschafft. In Län-

dern, in denen voreheliche Erfahrungen mit der Nacktheit des anderen Geschlechts fehlen, vermag es kaum zu verwundern, dass gerade auch das öffentliche Badehaus die Phantasien der Menschen anregt. Auch im Hammam ist vollständige Nacktheit jedoch tabu, Badekleidung oder Unterwäsche wird anbehalten.

Der Hammam spielte im orientalischen Alltagsleben schon immer eine wichtige Rolle, so auch heute noch bei verschiedenen gesellschaftlichen Ereignissen. So ist es z. B. vor Hochzeiten in Marokko üblich, dass die Braut sich in Begleitung von Freundinnen oder weiblichen Verwandten in den Hammam zum Zwecke einer umfangreichen Reinigung begibt.

In den Städten wird der Hammam heute zunehmend durch öffentliche Duschen und moderne Badeanstalten ersetzt. So scheint es nur eine Frage der Zeit zu sein, bis die Institution Hammam ganz verschwunden sein wird.

Als Tourist im Hammam

„... Kein warmes Wasser heute, erst morgen früh ist warmes Duschen möglich ...", gab mir der Mann an der Hotelrezeption in Errachidia zu verstehen. Nach längerer Fahrt und den einfachen Waschgelegenheiten in der Unterkunft an den Sanddünen des Erg Chebbi hatte ich mich auf eine warme Dusche im Hotel gefreut. Philip, einen jungen Lehrer aus Frankreich, und seine Frau Catherine hatte ich auf der Fahrt vom Tafilalet nach Errachidia kennen gelernt. Beide waren in Errachidia auf Verwandtschaftsbesuch und so mit den örtlichen Gegebenheiten bestens vertraut. Philip schlug mir vor, mit ihm zusammen den örtlichen Hammam zu besuchen, er sei bislang zwar auch noch nie dort gewesen, wolle dies aber einmal ausprobieren. Warum eigentlich nicht, dachte ich mir. Ein Besuch des Hammam wurde mir in Marokko bereits öfters von Einheimischen empfohlen. Allein und ohne Kenntnis, wie man sich in einem Hammam verhält, hatte ich meine Neugier jedoch immer wieder aufgeschoben. Wir verabredeten, uns eine Stunde später im Männerhammam in der Nähe der Moschee zu treffen. Da ich keine genaue Vorstellung hatte, was man zum Besuch eines Hammam eigentlich benötige, entschied ich mich kurzerhand, einfach die Sachen mitzunehmen, die ich daheim auch für einen Schwimmbadbesuch einpacken würde.

Als ich unterwegs zwei junge Marokkaner nach dem Weg zum Hammam fragte, erntete ich erstaunte Blicke. „... Hammam? ...", fragten die Beiden verwundert, während sie sich mit Gesten nachhaltig versicherten, ob ich tatsächlich das öffentliche Bad meinte. Offenbar fanden die beiden Marokkaner es merkwürdig, dass ein europäischer Tourist den öffentlichen Hammam aufsucht, wo doch in der Hotelunterkunft eine Dusche zur Verfügung steht. Freundlicherweise führten sie mich zum Hammam, den ich der unscheinbaren Fassade nach wohl kaum als Bad hätte ausfindig machen können: Kein Hinweisschild an der schlichten und verwitterten blauen Holztür verriet, dass sich hier der Hammam befindet.

Nach dem Eintreten gelangte ich in einen Vorraum, in dem sich etwa zwanzig Marokkaner aufhielten und in Unterhosen auf Holzbänken saßen. Vor den Bänken standen alte Holzeimer. Lediglich ein Marokkaner war mit einer Djellabah bekleidet und gab sich so als Bediensteter des Bades zu erkennen. Der erste Eindruck vom Vorraum erinnerte an die Umkleidekabine eines Sportvereins.

Ich suchte mir einen Platz und begann – etwas ratlos – mich zu entkleiden. Immerhin soviel war mir bekannt, dass man sich nicht gänzlich auszieht, sondern die Bade- oder Unterhose anbehält. Von den anwesenden marokkanischen Besuchern wurde ich zwar neugierig und erstaunt beobachtet, jedoch insgesamt durchaus freundlich willkommen geheißen. Üblich ist es sicher nicht, hier abseits der großen Touristenzentren, dass ein Tourist den Hammam aufsucht ...

Der Angestellte des Hammam trat auf mich zu und deutete auf ein verstecktes Holzfach, in dem ich Kleidung und Wertsachen einschließen könne, und wies auf eine Tür, die hinein ins Bad führte.

Das Innere des Hammam bestand aus drei kellerartigen Räumen, die sehr schlicht gehalten waren. Die Räume waren unterschiedlich temperiert, wobei der hinterste Raum der heißeste, der vorderste der kühlste war. Die drei Räume hatten gewölbte Decken, einfach verputzte und wasserabweisend lackierte Wände, die Böden waren mit einfachen alten Kacheln ausgelegt.

Die spärliche Beleuchtung und der Wasserdampf beschränkten die Sicht auf die unmittelbare Umgebung. Im mittleren Raum befanden sich zwei große Wasserbecken, die in der Wand eingemauert waren und von einem Angestellten des Hammam aufgefüllt wurden. Derselbe Mann reichte jedem Gast zwei Eimer, einen mit sehr heißem, einen mit lauwarmen Wasser. Ist das Wasser aufgebraucht, können die Wassereimer beliebig oft nachgefüllt werden. Mit den Eimern suchte ich mir auf dem Boden des hinteren Raumes einen Platz und begann mich zu waschen.

Erst als ich angesprochen wurde, erkannte ich Philip. Philip war mit einem Marokkaner ins Gespräch gekommen und unterhielt sich – der arabischen Sprache mächtig – mit diesem über die gesellschaftliche Bedeutung des Hammam. Wie mir Philip übersetzte, fand es der Marokkaner prima, dass wir den Hammam kennen lernen wollten. Schon öfters hatte ich auf Reisen in Marokko die Erfahrung machen können, dass mit der eigenen Bereitschaft, Land und Leute tatsächlich kennenzulernen, sich auch die Offenherzigkeit und Gastfreundschaft der Marokkaner zeigt. Wer Begegnungen sucht und bereit ist, ein wenig in den marokkanischen Alltag einzutauchen, dem öffnen sich Einblicke, die dem eiligen Touristen verborgen bleiben.

Während Philip sich unterhielt, schaute ich mich um. Der Hammam war gut besucht, in dem Raum saßen ungefähr 15 Personen aller Altersstufen. Manche diskutierten lautstark miteinander, andere wuschen sich, einige entspannten beim Schwitzen. Ein Marokkaner reichte mir einen kleinen Schöpfbecher, mit dem das Abschöpfen aus den großen Eimern leichter fiel.

Nach ausgiebigem Waschen wechselte ich in den mittleren Raum des Bades, der etwas kühler war. Dem Temperaturunterschied entsprechend wurden die Eimer nun nicht mehr mit ganz so heißem Wasser gefüllt.

Neben mir ließ sich jemand vom Masseur des Hammams „kneten". Die Frage des Masseurs, ob ich mich im Anschluss auch massieren lassen wolle, bejahte ich spontan. Sich auf ausgiebiges Waschen zu beschränken, erschien mir hier zu eintönig; wenn ich schon einmal im Hammam war, wollte ich auf die Massage auch nicht verzichten. Auch Philip wurde von dem Masseur angesprochen, verneinte jedoch. Und schnell wurde mir auch klar warum: Philip hatte wohl die Massage schon länger beobachtet, und so langsam wurde auch mir bewusst, auf was ich mich da eingelassen hatte – gerade eben drückte der Masseur seinem Kunden zunächst das Knie in den Rücken, zerrte dann an dessen Kopf, Armen und Beinen, um sich anschließend auf den Rücken des „Massierten" zu stellen ... Ich musste schlucken, hatte ich doch bereits zugesagt und war als nächster an der Reihe. Der Masseur erschien mir plötzlich ausgesprochen kräftig und nicht gerade leichtgewichtig.

Meinen immer skeptischer werdenden Gesichtsausdruck hatten offenbar auch einige andere Hammambesucher bemerkt, denn sie lächelten mir aufmunternd zu – oder war es die Vorfreude auf das Erlebnis, wie es dem verwöhnten Touristen ergehen würde ...?

Ich kam an die Reihe. Der Masseur signalisierte mir, dass ich mich auf den Bauch legen solle. Auf meinem Kreuz sitzend, begann er, mich mit einem harten Scheuerschwamm abzuschrubben. Vom Schutzmantel der Haut ist hier offenbar nicht allzuviel bekannt, dachte ich mir. Durch die Prozedur sollen die Durchblutung angeregt und selbst kleinste Schmutzpartikel gelöst werden. Nach diesem Auftakt stellte sich der Masseur hinter mich und umfasste mit beiden Händen mein Kinn. Es folgte nacheinander ein kurzes ruckartiges Zerren nach beiden Seiten. Dann nahm der Masseur meinen Fuß – ich lag immer noch auf dem Bauch ausgestreckt – und zog ihn bis zu meinem Nacken hoch. Während ich in dieser gebogenen Haltung lag, wiederholte er das Federn der Muskulatur einige Male. Auf ähnliche Weise wurden die Arme gedehnt: Hinter dem Rücken zog mein Foltermeister die rechte Hand zum linken Ohr und umgekehrt die linke Hand zum rechten Ohr. Ich musste mich über meine eigene Gelenkigkeit wundern. Glücklicherweise ging es mit einer sanfteren Massage der Schultern weiter, eine angenehme Kneterei, die Verspannungen im Schulterbereich löste. Die Behandlung endete damit, dass mir Haare und Rücken gewaschen wurden.

Was sich hier zum Teil nach einer körperlichen Peinigung angehört haben mag, verfehlte seine Wirkung nicht: Jegliche Verspannung war gewichen, und trotz des zeitweilig flauen Gefühles im Bauch kam bei mir nie der Eindruck auf, dass der Masseur von seinem Handwerk nichts verstehen würde.

Ich kühlte mich abschließend im vordersten Raum mit kaltem Wasser ab. Ein Marokkaner, der neben mir saß, klopfte mir anerkennend auf die Schulter. Nach ausreichender Abkühlung entschloss ich mich, mich anzukleiden und zu gehen.

Bezahlt wurde am Ausgang, 3 DH kostete der Hammambesuch, die Massage 20 DH. Mehrere Marokkaner verabschiedeten sich von mir mit einem freundlichen „besläma".

Vor der Tür wartete Philip und lächelte mich an: „Comment ca va?" Ich fühlte mich wie neu geboren und gab ihm dies zu verstehen. Philip gestand mir später, dass ihn die Massage insgeheim schon neugierig gemacht habe, und da ich ja offensichtlich unversehrt geblieben war, beschloss er, gleich am nächsten Tag den Hammam aufzusuchen und auch eine Massage auszuprobieren.

Ich kann jeden Reisenden nur dazu ermuntern, den Mut aufzubringen und einen Hammam zu besuchen. Für mich war es jedenfalls eine interessante und schöne Erfahrung. Bei meinem nächsten Marokko-Urlaub ist ein Besuch im Hammam auf jeden Fall wieder eingeplant.

tungen zu erwarten sind; am Sonntag ist es bereits wieder ruhig. Übernachtungsmöglichkeiten gibt es zu diesem Anlass in extra aufgestellten Nomadenzelten bei *D'Agda* (mit Wolldecken ca. 120 DH pro Person) und in den kleinen Hotels der umliegenden Orte. Man kann dort auch im eigenen Zelt übernachten (Toilettenbenutzung 1 DH).

Imilchil ist aber nicht nur zu Moussemzeiten interessant, sondern v. a. wegen seiner schönen Hochgebirgslandschaft, die zum Wandern einlädt.

Übernachtung in der ◆**Auberge Kasbah Adrar,** BP 23, Imilchil, Tel./Fax 023 44 21 84. Relativ neues Hotel, Restaurant, Café im alten Kasbahstil erbaut, 10 Zimmer mit Dusche (warmes Wasser) und Toilette, € inkl. Frühstück und Mittagessen. Ein Leser berichtete von schlechten Erfahrungen (u. a. sehr unfreundlich). Campingplatz in der Nähe des Hotels. *Hassan Baamti,* einer der Brüder, die das Hotel führen, ist Bergführer und kann Touren arrangieren.

Am **Tislit-See** ist eine Übernachtung im ◆**Hotel du Lac-Auberge Tislit** möglich (Tel. 055 52 48 74, Fax 055 52 70 39). Von der Terrasse hat man einen wunderbaren Blick auf den See. Die Besitzer sind sehr freundlich, die Zimmer sind zwar einfach, aber sehr sauber. Warme Duschen, gutes Essen. €, Essen 40 DH, Frühstück 25 DH, Camping 15 DH.

Von Imilchil kann man bei km 130 zum **Lac Iseli** (ca. 18 km hin und zurück) gelangen. Dieser See ist unbewohnt und liegt in kahler, unwirtlicher Umgebung. Die beiden Seen werden als Braut *(Lac Tislit)* und Bräutigam *(Lac Iseli)* bezeichnet, und der Sage nach sind sie durch die Tränen eines Liebespaares entstanden, das nicht heiraten konnte, weil die beiden Stämme, von denen Braut und Bräutigam abstammten, verfeindet waren. Die Legende wird in enge Verbindung zum Heiratsmarkt gebracht. Die Seen sind sehr fischreich, im Lac Iseli gibt es einen auf der Welt einzigartigen Fisch, der 1940 erstmalig entdeckt wurde und seitdem immer regelmäßig auf seinen Bestand hin kontrolliert wird.

Ein **Bus** fährt jeden zweiten Tag **nach Rich** (Montag, Mittwoch, Freitag, am Samstag wegen des Marktes zweimal, nicht am Sonntag).

DAS TAFILALET UND DER SÜDOSTEN

Errachidia - Erfoud - Rissani

Auf der Strecke besteht eine gute Busverbindung. Die Teerstraße ist ausgezeichnet und zieht sich landschaftlich reizvoll am palmenbewachsenen **Ziz-Tal** entlang.

Hinter Errachidia führt die Route durch eine trockene Ebene mit Streusiedlungen. Von der Straße aus ahnt man nicht, dass sich der *Oued Ziz* sein Bett tief in die Wüstenebene „gefressen" hat. Der Fluss ist von einem grünen Palmenband gesäumt und fließt ca. 1 km rechter Hand der Straße.

16 km hinter Errachidia zweigt eine kleine Straße ins Tal ab zu den Quellen.

★ Source Bleue de Meski

Die „Blaue Quelle von Meski" ist nach 600 m erreicht. Die Quelle oberhalb des *Ziz-Flusses* wurde während der französischen Protektoratszeit gefasst. Sie fließt durch mehrere **Steinbecken,** die als Schwimmbad genutzt werden, in die Oasengärten. Entlang der Becken mit meist klarem (das Wasser erneuert sich alle zwei Stunden von selbst), kaltem Wasser wachsen hohe Dattelpalmen. Im Sommer ist es in Meski alles andere als ruhig und erholsam: Dann sind die Quellen Treffpunkt marokkanischer Jugendlicher und Soldaten. Vor allem am Wochenende sind die Plätze rund um das Schwimmbecken voll besetzt. Außerhalb der Saison, im Frühjahr und Herbst, findet man die Anlage meist ordentlich vor. In Folge der seit einigen Jahren anhaltenden Trockenheit herrscht heute leider akuter Wassermangel. Es ist zu hoffen, dass es bald wieder mehr Wasser gibt, da das Becken zusehends verschlammt. Schade um diesen ehemals paradiesischen Badeplatz!

Angrenzend an den Badebereich zwischen den Palmengärten liegt ein **Campingplatz mit Restaurant** und einigen Souvenirläden und bisweilen recht penetranten Händlern. Die schön konzipierte Anlage ist in öffentlichem Besitz und wurde in der Vergangenheit leider sehr schlecht gepflegt. Inzwischen hat sich die Situation wesentlich gebessert und sowohl der Platz als auch die Toiletten sind im guten Zustand und relativ sauber.

Campinggebühren: 10 DH pro Person, Auto 10 DH, Zelt 20 DH, Wohnmobil 20 DH. Der Eintritt nur fürs Schwimmbad beträgt 6 DH, für Camper ist er frei. Parken nur zum Besichtigen kostet 5 DH. Viele Wohnmobilisten sind anzutreffen.

Oberhalb **im Ort** gibt es eine kleine Post, eine Téléboutique, einen Laden und das Restaurant *Snack de la Source Bleue de Meski* mit gutem Essen (außerhalb der Saison auf Vorbestellung; Brochettes mit Salatteller und Pommes 60 DH).

Auf der anderen Seite des Flusses befindet sich die halbverfallene **Kasbah Meski** mit gut erhaltenen Mauern. Die Kasbah liegt auf einem Felssporn, von dem sich vor allem morgens oder bei Abendlicht ein schöner Blick auf das Ziz-Tal eröffnet. Man kann direkt vom Campingplatz hinunter durch die Oasengärten ins malerische Ziz-Tal laufen, wo die Frauen am Fluss Wäsche waschen und die Bauern die Felder bestellen. Beim Waschplatz ist es möglich, relativ trockenen Fußes den Fluss zu überqueren, hinauf zur Kasbah zu laufen und diese zu Fuss zu umrunden - ein sehr lohnenswerter Ausflug!

Zurück auf der Hauptstraße liegt ca. 20 km hinter der Quelle ein Parkplatz mit Aussichtspunkt auf das Ziz-Tal, in dem Lehmhäuser und Palmenhaine zu sehen sind. Ein kleiner kasbahähnlicher Komplex wurde 1995 zum Restaurant ausgebaut.

Bei km 38, 22 km nach der Source bleue, liegt **Zawia Amelkus.** Das Heiligtum befindet sich rechts im Palmenhain, danach trifft man auf sehr schöne Lehmksour rechts der Straße.

Aoufouss, ein großer Ort mit Geschäften, kommt 51 km nach Errachidia. Schöne rosa Häuser mit rot-weißen, zinnengekrönten Arkaden schmücken das Dorf. Ab hier ist die Landschaft besonders sehenswert. Der Oued Ziz fließt in einem tiefen Taleinschnitt mit grünen Oasengärten, Palmen und Lehmdörfern - der Kontrast zu den Wüsten-Plateau-Bergen könnte nicht stärker sein.

Entlang des Ziz-Tals führt nun die Straße hinein in das **Gebiet des Tafilalet** und nach *Erfoud*.

Bei km 59 spritzen auf der rechten Seite nahe der Straße **Wasserfontänen** in die Luft. Amerikanische Geologen haben hier nach Wasser gegraben und reichlich gefunden! Das Wasser wird durch den Schwemmdruck des Atlas nach oben gefördert. Da aber auf dem Gebiet des Tafilalet im Tertiär ein Ozean war, sind die Sedimente ziemlich calziumhaltig; daher wird leicht salzhaltiges Wasser gewonnen. Ein Probeschluck ist nicht abträglich, für den täglichen Gebrauch jedoch kommt das Wasser nicht in Frage. Nach Erfoud und Rissani wurde eine Pipeline gebaut, so dass dort zumindest für Waschzwecke fließendes Wasser zur Verfügung steht. Ein Becken bzw. eine Art Springbrunnen, in das das Wasser läuft, wurde angelegt. 3 km weiter folgt abermals eine Wasserfontäne; kleine, goldgelbe Sanddünen mit Befestigungen aus Palmwedeln (damit die Dünen nicht wandern) säumen die Straße.

Bei km 73 ist der Ort **Maadid** erreicht. Der alte Ksar hat ein prächtiges Eingangstor aus der Almohadenzeit und ist von mächtigen Mauern und schönen Oasengärten umgeben. Gegenüber hat sich das sehr empfehlenswerte ◆**Kasbah-Hotel Xaluca Maadid******** (s. Hotels bei Erfoud) etabliert.

Erfoud folgt bei **km 77.**

Erfoud - Innenhof des Hotel Tafilalet

ERFOUD

Die Stadt hat ca. 25 000 Einwohner und ist Hauptstadt des Tafilalet. Der einst malerische Ort aus roten Lehmbauten liegt auf 802 m Höhe am Fuße des *Djabal Erfoud* (935 m). Er wurde 1917 von den Franzosen gegründet und war **im Mittelalter Karawanenstützpunkt** auf dem Weg nach *Sjilmassa* (20 km südlich von Erfoud). Sklaven und Gold wurden aus Schwarzafrika nach Marokko, Arabien und später auch in die europäischen Länder gebracht. Erfoud selbst hat keine besonderen Sehenswürdigkeiten aufzuweisen, ist aber als Ausgangspunkt für Touristen in das einzige gut erreichbare Dünengebiet Marokkos, den **Erg Chebbi,** zum **versteinerten Korallenriff** und in die südlichen Wüstenoasen Merzouga und Taouz interessant. Auch das jährlich im September stattfindende **Dattelfest** (zur Dattelernte) ist sehenswert. Ein herrlicher Blick über das Tafilalet bietet sich vom **Bordj Est,** der Festung am Hügel direkt am Fuße des Ziz-Flusses, wo bis vor kurzem das Militär saß. Vor allem bei Sonnenuntergang ist der Blick atemberaubend. Man kann bis zu einer Aussichtsplattform unterhalb des Gipfel hinauffahren, um die Aussicht zu genießen.

Hotel Kasbah Xaluca bei Erfoud

Es gibt ein Schwimmbad, ein Krankenhaus, mehrere Geschäfte, einen kleinen **Suq** mit guter Auswahl an Frischwaren und einigen kunsthandwerklichen Dingen, auch diverse Kunsthandwerksläden. Vor allem **Fossilien** kauft man am besten in Erfoud, da diese aus dem versteinerten Korallenriff gebrochen werden. Es handelt sich hier vor allem um **Belemniten und Ammoniten,** die etwa den Tintenfischen entsprechen (aber mit Haus). **Trilobiten** stammen meist nicht von den Fundstellen bei Erfoud, sondern aus dem 110 km entfernten Alnif. Hier gibt es auch gute Fälschungen, die sich aber häufig durch ihre Gleichartigkeit verraten. Strikt abzuraten ist vom Kauf der hier ebenfalls angebotenen jungsteinzeitlichen Steinbeile und Pfeilspitzen, denn deren Ausfuhr ist verboten.

Wem der Sinn nach Kunst steht, sollte nicht versäumen in der **Privatgalerie** von *Madeleine Laurent* (einer Schweizerin) in der Rue al Wahda 68 in Erfoud vorbeizuschauen. Frau Laurent lebt seit 15 Jahren hier und malt sehr schöne Aquarelle von Marokko. Zwischen 10 Uhr und 16 Uhr ist sie dort anzutreffen und in der Regel nach 17 Uhr im Hotel Salam, wo es auch eine Ausstellung und Verkauf Ihrer Bilder und handcolorierten Postkarten gibt.

Weitere Kunstwerke besonderer Art sind in **Richtung Tinjedad** zu bewundern. Dort gibt es mitten in der Wüste die **„Himmelstreppe“ und die „Goldene Spirale“,** die der Künstler und Architekt *Hannsjörg Voth* geschaffen hat. Diese Freiluftkunst kann man auf dem Weg nach Tinjedad (s. Beschreibung Route Erfoud – Tinjedad) **nur mit autorisiertem Führer ab Fezna** besichtigen.

PRAKTISCHE INFOS

Tel. Vorwahl: 055, PLZ 52200

Klassifizierte Hotels

◆**Salam******

Route de Rissani, Tel. 055 57 64 25, 055 57 60 23, Fax 055 57 64 26. Mit Pool und Klimaanlage. Gutes und schön ausgestattetes Hotel, arrogantes Personal, das auch freundlich sein kann, wenn die Gäste seinen Vorstellungen entspricht (auch deutschsprachig), gutes Essen. Bewachter Parkplatz. DZ €€€€B, Suite €€€€, gutes Menü 160 DH, Frühstück 50 DH.

◆El Ati***

Route de Rissani, B.P. 14, Tel. 055 57 73 72/73, Fax 57 70 86, atihotel@iam.net.ma. Komfortables Hotel mit Pool im Innenhof (allerdings wenig Schatten), Klimaanlage. Freundliches Personal, €€€€, Frühstück 50 DH (mäßig), Abendessen: Gutes Büffet für 180 DH.

◆Kasbah Hotel Xaluca Maadid

Km 5, an der Straße nach Errachidia (in Maadid), Tel. 055 57 84 50/51/52, Fax 055 57 84 49, 055 57 77 65, xaluca@yahoo.es, www.xalucamaadid.com. Die spanische Xaluca-Gruppe hat zusammen mit *Tayeb Ettayek* aus Erfoud auf einem Areal von 80 000 m² in einem Kasbahkomplex ein Hotel mit 60 klimatisierten Zimmern und 6 Suiten eröffnet. €€€€B, Suite Junior €€€€, Suite Royale €€€€€A, 3. Person im Zimmer 100 DH, Frühstück 40 DH, Menü 120 DH, Tax 7 DH. Sehr schönes Hotel mit Liebe zum Detail, stilvoll eingerichtete Zimmer (Waschbecken aus Fossilienstein usw.) mit marokkanischen Fliesen, Decken aus Palmholz, stabilen Betten auf Steinsockeln. Restaurant mit gutem Essen (zweites Restaurant im Bau), großer Pool, sehr freundliches Personal, reichhaltiges Frühstück. Camping im Hinterhof möglich mit separaten Sanitäranlagen (100 DH für Caravan), noch keine Palmen angelegt, aber Ausbau des Platzes in Planung (momentan noch eher Baustelle). Ein Reisebüro, das Exkursionen veranstaltet, ist angeschlossen *(Lakhlafa Ettayek)*. Kooperation mit der Auberge Tombouctou in Merzouga sowie dem Restaurant des Dunes (der Brüder *Ettayek*). Hervorragendes Preis-Leistungsverhältnis! Führervermittlung (z. B. der deutsch sprechende *Youssef Mhamdi*).

◆Belere***

Tel. 055 57 81 90-95, Fax 055 57 68 11. Luxushotel mit Pool, Air-Condition, intern. Restaurant, an der Straße nach Rissani. €€€€.

◆Kasbah Tizimi**

B.P. 94, Route de Jorf (in Ri. Tinjedad ca. 700 m ab Kreuzung), Tel. 055 57 61 79, Fax 055 57 73 75, KATIZIMI@iam.net.ma. Schönes Kasbah-Hotel mit Pool, geschmackvoll mit marokkanischen Fliesen und Stilelementen ausgestattet. AC, geschmackvolle Zimmer. €€€ bis €€€€, je nach Kategorie und Saison, Frühstück 35 DH, Menü 120 DH (nicht besonders). Vermittlung von Touren und Fahrzeugen möglich, dauert aber etwas.

◆Tafilalet**

Av. Mulay Ismail, Tel. 044 57 65 35, 044 57 68 81, Fax 044 57 60 36, tafilalet@fesnet.net.ma, www.tafilalet.ma. Schöner zweiteiliger Innenhof mit Pool, Bar und Garten. DZ mit Frühstück €€€€B (zu teuer für das Gebotene, da es zwar sauber, aber schon etwas abgewohnt ist; manchmal kein warmes Wasser). Essen 150 DH/Menü (unterschiedliche Qualität). 15% Rabatt auf die Zimmerpreise für Reise-Know-How-Leser. Hier werden Landrover-Touren nach Merzouga und Kameltouren dort organisiert. Das Hotel betreibt dort die Depandance *Auberge Merzouga*. Man kann im Hotel auch Bier kaufen.

◆Hotel Canne*

Av. Mulay el Hassan. Gut geführtes neues Hotel unter französischer Leitung an der Straße zum Suq. DZ mit Bad, €€A.

◆Hotel du Ziz*

94, Av. Mohammed V. Tel. 055 57 61 54, Fax 055 57 68 11. 100 m vom Busbahnhof und dem Sammeltaxistand entfernt. Die um einen kühlen rechteckigen Innenhof mit mehrfarbigem glasgedecktem Dach angeordneten Zimmer sind sauber, die sanitären Anlagen sollen aber nicht besonders sein. Das Hotel wird von *Zizi Larbi* geführt, der auch Landrovertouren zum *Erg Chebbi* organisiert. Freundliches Personal, gutes Essen. DZ mit Bad, €€A.

◆Farah Zouar*

Av. Mulay Ismail, Tel. 055 57 61 46, Tel./Fax 055 57 62 30; am Ortsanfang von Rissani kommend, gegenüber dem Hotel Salam. Saubere Zimmer (sehr hellhörig), Dachterrasse, DZ mit Bad/WC oder Suite, €€, Frühstück 30 DH. Tagesmenü 90 DH.

◆Hotel/Restaurant Lahmada*

Av. Mulay Ismail, in Richtung Rissani (neben Farah Zouar) Tel. 055 57 61 46, 055 57 69 80. Neueres, einfacheres Hotel, DZ mit Bad €€B.

◆Hotel Sable D'Or*

141, Av. Mohammed V., (im Zentrum) Tel. 055 57 63 48, an der Hauptkreuzung im Ort, schräg gegenüber der Post. Freundlich, ruhig, Essen mäßig. Saubere DZ mit Dusche/WC €.

Vom Hotel aus werden empfehlenswerte Touren nach Merzouga mit Übernachtung in der *Auberge du Sud* angeboten.

Unklassifizierte Hotels

◆**Restaurant/Hotel La Gazelle**

Av. Mohammed V., Tel. 055 57 60 28. DZ €B. Nicht mehr besonders sauber, Bettwäsche oft nicht gewechselt, baufällige Betten, heruntergekommen. Nicht empfehlenswert.

◆**Hotel Merzouga**

Av. Mohammed V., Tel. 055 57 65 32. Nettes, sauberes Hotel, sehr freundliche Leute, die sich zusammen mit Geschäftsführer *Mohammed Abdellaove* rührend um die Gäste kümmern (sprechen englisch), DZ mit Bad ½€, mit reichhaltigem Abendessen und Frühstück €A. Man kann aber auch im Berberzelt übernachten. Als **Führer** kann man dort den zuverlässigen, englisch sprechenden *Hisham el-Kasri* engagieren.

Camping

◆Campingplatz mit guten Sanitäranlagen, aber wenig Schatten. 10 DH p. P. und 20 DH für ein Wohnmobil, 20 DH Strom.

◆Camping ist auch am Hotel *Kasbah Xaluca* möglich (Wohnmobil 100 DH, s. Hotels). Großzügige Sanitäranlagen und Pool.

Essen und Trinken

Restaurants

◆**Café/Restaurant des Dunes**

Tel. 055 57 67 93. Besitzer ist *Sadek Ettayek*, dessen Brüder das Hotel *Kasbah Xaluca* managen. Neben der ZIZ-Tankstelle, sehr gut und

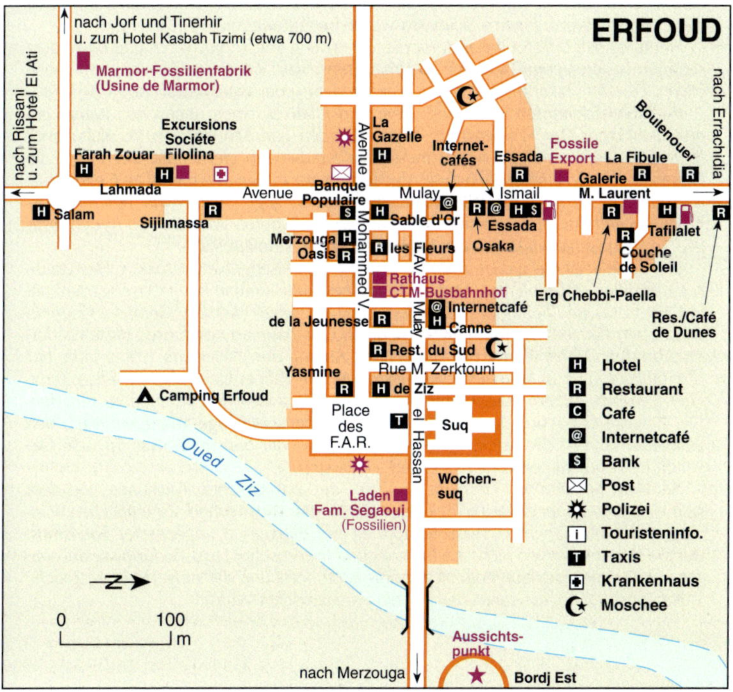

DAS TAFILALET

Das Tafilalet-Gebiet erstreckt sich südlich von Erfoud über eine Länge von 30 km und eine Breite von 4 bis 16 km. Am Horizont der blauschwarzen Steinwüste dehnt sich der Erg Chebbi aus, Berge gelber Sanddünen, durchwachsen von einigen Grasbüscheln, im Sand Spuren von Käfern, Vögeln und Schakalen, die die spärlichen Grasbüschel nach Wüstenratten durchsuchen.

Sijilmassa, im 10. und 11. Jahrhundert Hauptstadt dieser Landschaft, war so mächtig, dass sie sich mit Fès und Marrakesch messen konnte. Die Ursprünge von Sijilmassa sind umstritten, nach Leo Africanus war es eine römische Gründung, nach dem Geographen El Bekri eine Gründung des Schmieds Midrar aus Meknès. Jedenfalls war es die Wiege der Alouiten: Von hier brachen die Chorfa, Nachkommen Mohammeds und Begründer der jetzt noch regierenden Alouitendynastie, Anfang des 17. Jahrhunderts auf, die religiöse Erneuerung ins ganze Land zu tragen. Sie eroberten Marrakesch und unter Moulay Rachid 1666 auch Fès und den Norden. Das Tafilalet war wichtiges Karawanen- und Handelszentrum. Von hier zogen die Karawanen nach Timbouctou und Schwarzafrika, auf ihrem Rückweg brachten sie Sklaven und Gold mit. Doch der Stern des Tafilalet erlosch langsam, und auch Moulay Ismail, der große Sultan von Meknès und Beherrscher Marokkos über einen Zeitraum von 55 Jahren, konnte Ende des 17. Jahrhunderts die Region, aus der seine Vorfahren stammten, nicht wieder voranbringen – Sijilmassa wurde bedeutungslos.

Heute ist das Tafilalet bekannt für die Herstellung von Töpferwaren und besonders schönen Ledererzeugnissen, den so genannten „Filali". Diese werden mit dem speziellen Gerbstoff „Takaout" präpariert, welcher dem Leder seine natürliche Farbe lässt.

Im Tafilalet kämpfen Menschen, Tiere und Pflanzen einen ungleichen Kampf gegen den Sand. Der Wüstensturm bläst Myriaden von Sandkörnern ins Kulturland, haushohe Dünen wälzen sich wandernden Sandwogen gleich und überfluten die Oasen, so dass die Menschen zum Abwandern gezwungen werden. Die Gegenwehr ist mühsam: Hecken aus Palmenzweigen werden gegen den Wind errichtet und Reihen bestimmter genügsamer Gräser angepflanzt, deren Wurzeln den Boden festigen. Im Windschatten der Gräser kommt dann der Sand zur Ruhe.

Das Tafilalet ist das größte zusammenhängende Oasengebiet Marokkos. Hier wachsen unzählige Dattelpalmen, und die Menschen kultivieren in ihren Oasengärten, die mit Khettaras und Schöpfbrunnen (Segouias) bewässert werden, Gemüse, Getreide und Futterpflanzen. Die Kulturen werden von Obstbäumen beschattet, diese wiederum von den Dattelpalmen. Die Trockenheit Anfang der 1980er und 1990er Jahre hat das Tafilalet stark in Mitleidenschaft gezogen. Die Palmenhaine sind in vielen Bereichen verdorrt, zudem macht eine gefährliche Pilzkrankeit den Bäumen zu schaffen. Der Bevölkerung wurde somit die wichtigste Lebensgrundlage entzogen. Nach den „mageren Jahren" der Trockenheit folgten zwar wieder bessere Zeiten, für viele Oasenbauern und Palmenhaine war es jedoch zu spät.

Als Licht am dunklen Horizont erscheint der anwachsende Tourismus, von dem sich viele Einwohner einen finanziellen Aufschwung versprechen. Zu wünschen wäre wegen der permanenten Wasserknappheit ein ökologisch angepasster Tourismus, der die Wasserreserven nicht zur Befriedigung touristischer Luxusbedürfnisse ausbeutet – angesichts überlaufender Hotelpools andernorts und der steigenden Ansprüche vieler Touristen höchstwahrscheinlich ein unrealistischer Wunsch ...

freundlich, 4-Gänge Menü für 60 DH, 3-Gänge 40 DH. Hervorragende Spezialität des Hauses ist ein Fleischragout in Tajine mit 44 Gewürzen, genannt *Kalia,* das 50 DH kostet. Auch Salat und Dessert sind sehr gut.

◆**Restaurant Le Couche du Soleil**
Av. Mulay Ismail. Preisgünstiges Essen in angenehmer Atmosphäre (z. B. Brochettes 35 DH, Bananenmilch 5 DH).

◆**Café du Sud**
Av. Mohammed V. Sehr gutes Restaurant, in dem auch die Einheimischen essen gehen (marokkanische Küche), mittlere Preise (Verhandlungssache). Inhaber *Said* betreibt auch das *Hotel Said* in Richtung Merzouga.

◆**Restaurant le Clap**
Beim Busbahnhof beim CTM-Schalter. Sehr gut und freundlich.

◆**Weitere nette Restaurants** sind das **Erg Chebbi** und das **La Fibule** an der Hauptstraße Av. Mulay Ismail sowie das **Yasmin** am Place des F.A.R. (nahe Suq), das **L'Oasis** und das **Le Fleur** in der Av. Mohammed V.

Busverbindungen

Busbahnhof an der Av. Mohammed V. Private Busgesellschaft **Salam** an der Av. Mulay Ismail, Tel. 055 57 60 41.

- **nach Errachidia und Meknès:** CTM täglich abends, 110 DH, 8 Std. Fahrt nach Meknès, nach Errachidia ca. 25 DH, ca. 2 Std. Private Busse fahren mehrmals täglich.
- **nach Rissani:** mehrmals täglich, ca. 15 DH, ca. 30 Min.
- **nach Tinerhir** (über Tinjedad und nicht über Errachidia): täglich, 27 DH, Fahrzeit 3,5 Std. Ab Tinerhir hat man dann Anschluss an den CTM-Bus nach *Ouarzazate* (30 DH, 3 Std.).
- **nach Rich und Midelt:** 1x tägl. CTM, nach Rich 38 DH, 2 Std. Fahrt; nach Midelt 59 DH, 3 Std. Fahrt.
- **nach Zagora** (über Tazzarine – Nekob): am Sonntag, Dienstag und Donnerstag (Pannen auf dieser Strecke sind angeblich nicht selten, es gibt dann lange Wartezeiten).
- **nach Merzouga:** Kleinbus zum *Erg Chebbi* und *Merzouga* 3x täglich in der Av. Mulay Al Hassan (ca. 50 m nach den Taxis, direkt beim Suq). Auch 3x täglich Rückfahrt. So kann man z. B. zum Sonnenuntergang mit dem Nachmittagsbus fahren und morgens wieder zurück oder morgens hin und mittags wieder zurück. Man sollte sich genau erkundigen, wann es eine Rückfahrt am selben Tag gibt, sonst muss man sich auf eine Übernachtung in Merzouga einstellen, was empfehlenswert wäre. Denn wenn man womöglich erst mittags abfährt und nachmittags zurück will, reicht die Zeit gerade für einen kurzen Dünenspaziergang, außer Sie nehmen den Morgenbus. Da die Strecke ab Rissani nach Merzouga nun geteert ist, verkehren die Busse in erster Linie über Rissani.
- **nach Tinjedad (nach Fezna):** Kleinbus mittags nach Tinjedad, 15 DH, Fahrzeit 2–3 Std., Fezna (Himmelstreppe) 5 DH, Haltestelle gegenüber der Post.

Taxi/Sammeltaxi

Abfahrt der **Sammeltaxis** vom Place des F.A.R. nach *Tinerhir,* Fahrpreis ca. 20 DH p. P., mit Sammeltaxi (komplett 400–800 DH, geteilt durch die Fahrgäste oder ca. 20 DH/Person), 1,5 Std. Fahrzeit. Taxi von *Tinjedad* nach *Tinerhir* ca. 15 DH.

Von Erfoud geht es nach *Rissani* für ca. 6 DH pro Person im Sammeltaxi, von Rissani mit Mercedes-Kleinbus/Sammeltaxi nach *Merzouga* (4 DH).

Manchmal fahren alle 2 Stunden Taxis nach Merzouga, die Häufigkeit hängt aber vom Passagieraufkommen und der Touristensaison ab.

Einkaufen

Die **Av. Mulay el Hassan** führt direkt auf den Suq zu. An ihr sowie an der **Av. Mohammed V.,** die ebenfalls zum Place des F.A.R und zum Markt bzw. Taxistandplatz führt, sind sämtliche wichtigen Geschäfte und Banken zu finden. Am Platz vor dem Suq *(Place des Forces Armee Royale)* befinden sich die **Polizei** und andere wichtige Ämter sowie ein großer Parkplatz.

Den **Suq** erreicht man durch einen rotweißen Eingangsbogen. Neben dem Eingangstor liegen rechter Hand diverse **Souvenirgeschäfte,** in denen man günstig einkaufen kann, z. B. die Boutique Nr. 3 von *Mohammed Madane* sowie Nr. 5 von *Ismaili Aloui.* Hinter dem Hofbereich des Suq, auf dem Waren der Saison, z. B. im Herbst Datteln, angeboten werden, liegt der überdachte Bereich des **Lebensmittel-Suqs.** Hier gibt es jede Menge Obst und Gemüse sowie Milch und Yoghurt, Eier, Brot und Metzgereien. Das Angebot ist sehr gut und preiswert. Der **große Wochenmarkt** ist am Sonntag und findet neben dem Suqgelände statt.

Einen **Supermarkt** gibt es an der Av. Mohammed V. gegenüber dem Hotel Sable d'Or. Daneben befindet sich ein Geschäft für **Autoersatzteile** (besonders Geländewagen)!

In Erfoud kann man wunderschöne geschliffene **Fossilien** kaufen, die ca. 20 km südlich aus einem versteinerten Korallenriff gebrochen werden. Diese Schnecken- und Muschelversteinerungen kosten je nach Größe 50–120 DH. Eine gute Auswahl (auch Kunsthandwerk und Keramik) hat man bei der Familie *Segaoui* am Korallensteinbruch oder in deren Laden am Ortsende von Erfoud, ◆**Fossiles du Sahara,** Av. My. Hassan, Tel. 055 57 66 92, rechts an der Straße in Richtung Bordj Est und Merzouga, die Preise sind allerdings nicht mehr so günstig wie früher, preiswerter ist es u. U. mit Handeln direkt an den Buden in der Nähe der Steinbrüche (s. *Erfoud - Merzouga).*

Es gibt außerdem einige sehr schöne und noble Fossilienläden in Erfoud. Dort sind sogar fertige Tische aus Fossilienplatten erhältlich. Sehr schöne Stücke hat das ◆**Maison Tamlalet** in der Av. Mulay Ismail (nahe der Total-Tankstelle), wo man auch mit Kreditkarte bezahlen kann.

Selbstverständlich sollte man sowohl bei den Segaouis als auch bei den anderen Fossilienhändlern handeln, um nicht mehr zu bezahlen als in Deutschland.

Schönen, auch „antiken" Schmuck und Gebrauchsgegenstände findet man in dem kleinen Laden ◆**Antiques & Fossiles Boutique von Abdelou Jakani,** 44, Av. Mohammed V. (neben dem Hotel Tafilalet).

Ksar Oulad Abd el Halim am Cirquit touristique (bei Rissani)

Banken und **Tankstellen** sind ebenfalls an der Hauptstraße anzutreffen.

Internet-Cafés

◆An der Av. Mohammed V., an derselben Straßenseite wie Hotel *Sable d'Or.*

◆An der Av. Mulay Ismail (neben Restaurant *Osaka)* und an der Av. Mulay el Hassan (Straße zum Markt). Sowie mindestens zwei weitere Internet-Cafés.

Feste/Veranstaltungen

In der dritten Oktoberwoche, anlässlich der Dattelernte, findet das **Dattelfest** statt (von Freitag bis Sonntag).

Ausflüge

Von allen Hotels, aber auch im Ort, kann man Touren zum **Erg Chebbi** oder nach **Rissani** buchen. Je länger man wartet, um so preiswerter werden die Angebote. Ein Fahrzeug mit Fahrer kostet pro Tag für zwei Personen ca. 300 DH, bei vier Personen ca. 400 DH (Dauer 4–5 Std.). Da die Teerstraße von Rissani nach Merzouga jetzt fertig ist, können keine Wucherpreise mehr verlangt werden und eine Abfahrt ab Rissani ist womöglich preiswerter. Das Wüstenerlebnis ist jedoch auf der Pistenfahrt entlang der Dünen größer. Sehr schön ist eine Umrundung des Erg Chebbi (zwischen 60 und 85 km, je nach Strecke). Wer zum Sonnenuntergang nach Merzouga fahren will, sollte spätestens um 15 Uhr aufbrechen, um noch genügend Zeit zu haben, die Dünen zu erklimmen, bevor die Sonne untergeht. Schöner ist der **Sonnenaufgang,** da die Sonne hier hinter den Dünen aufgeht, während sie zum Sonnenuntergang über Merzouga steht.

Empfehlenswert ist **Ibrahim Karaoui** mit seinem Unternehmen **Amlal-Tours.** Er führt in ganz Südmarokko Touren mit seinem Landrover durch (bis 6 Personen, ein Tag komplett inkl. Auto und Fahrer bzw. Führer 1300 DH) und spricht gut deutsch und englisch.

In Erfoud wird **Youssef Mhamdi** (200 DH/Tag) als Führer über das Hotel *Kasbah Xaluca* oder über das *Café des Dunes* vermittelt. Er ist sehr angenehm, spricht sehr gut deutsch und macht gute Führungen in die Umgebung inkl. Erg Chebbi. Sie können ihn auch über E-Mail: ymhamdi@yhoo.fr oder Handy 068 35 23 47 erreichen. Außerdem bietet **Alioui Makthar** (über *Hotel Tafilalet)* um 17 Uhr in Erfoud eine einstündige Rundfahrt durch die Palmeraie von Erfoud und zum *Djabal Erfoud* an und bricht am nächsten Morgen um 4.30 Uhr in Richtung Merzouga zum Sonnenaufgang auf. Rückkehr ist um 14 Uhr (mit Besichtigung von Rissani). Er weiß sehr gut über das Leben in den Oasen Bescheid.

Von Erfoud oder Rissani kann man direkt nach Merzouga und zum Erg Chebbi fahren. Die Route ab Rissani ist geteert. Pkw sollten diese Strecke wählen, auch zu den Herbergen vor Merzouga. Will man das Ganze als Rundtour machen, so ist es mit dem Pkw günstiger, erst nach Rissani – Merzouga und zurück nach Erfoud zu fahren, da dann bei den kritischen Sandstellen evtl. bergab gefahren werden kann. Trotzdem sei Pkw-Fahrern, die noch über keinerlei Wüsten- und Pistenerfahrung verfügen, dringend angeraten, die Teerstraße ab Rissani zu benutzen.

Von Erfoud aus geht es an Palmenhainen entlang auf der breiten P 21 nach Rissani. 5 km hinter Erfoud überquert man eine Khettara (Foggara), einen unterirdischen Bewässerungskanal. Nach 15 km ist das Hotel Kasbah Asmaa erreicht, 2 km weiter (km 17) zweigt rechts die Straße nach Alnif und Tazzarine ab. 1 km weiter sieht man alte Gemäuer, Überreste des ehemaligen Sjilmassa, und kurz darauf die ersten Häuser von Rissani. Nach 20 km bei **Gesamt-km 244** ist das Zentrum von Rissani erreicht.

RISSANI

ÜBERBLICK

Rissani liegt am Rande der Wüste, zählt ca. 10 000 Einwohner und ist einer der Orte, der in keinem Reiseprogramm fehlt. Der Massentourismus hat seine Spuren hinterlassen. Die Kinder sind zwar nicht mehr so aufdringlich wie früher und grüßen sogar freundlich, aber Führer und Geschäftemacher, die selbst beim Vorbeifahren dumme Sprüche wie „alles klar“ u. a. loswerden müssen, gibt es so viele wie der Erg Chebbi Sandkörner zählt.

Diese Unannehmlichkeiten außer Acht gelassen, ist Rissani – inmitten eines riesigen Palmenhains gelegen – eigentlich ein **hübscher Oasenort** mit rosafarben getünchten Lehmhäusern, einer großen Kasbah und einem herrlichen, inzwischen auch reichlich touristischen Markt. In den zahlreichen Oasen ringsherum wird noch typische Oasenbewirtschaftung betrieben. Wichtigste Handelsware ist die Dattel.

GESCHICHTE

Rissani war das legendäre *Sijilmassa,* die **ehemalige Hauptstadt des Tafilalet** – außer ein paar kläglichen Überresten 2 km außerhalb von Rissani ist allerdings nichts mehr erhalten. Der marokkanische Reisende *Leo Africanus* (1495 bis ca. 1550) führt die Gründung auf die Römer zurück, der Geograph *Al-Bekri* glaubt an eine Gründung im Jahre 757. Damit wäre das Reich Sijilmassa eines der ersten Sultanate auf islamischem Boden. 922 errangen die Fatimiden die Staatsgewalt über das Wüstenreich, und 1056 besetzten die Almoraviden Sijilmassa, danach folgten die Almohaden und 1255 die Meriniden.

Im Mittelalter war der Ort ein **bedeutender Karawanenstützpunkt** und Handelszentrum, in dem Datteln, Salz, Leder- und Metallwaren gegen Gold, Elfenbein und Sklaven getauscht wurden. Mitte des 17. Jh. eroberten die Alawiden-Cherife aus dem Tafilalet unter *Mulay al-Rashid* (1664-1672) Fès und Marrakesch und gründeten die auch heute noch regierende *Alawiden-Dynastie*. Zahlreiche Kasbahs wurden errichtet, nach und nach aber wurde Rissani zur Hauptstadt des Tafilalets, und Sijilmassa verfiel.

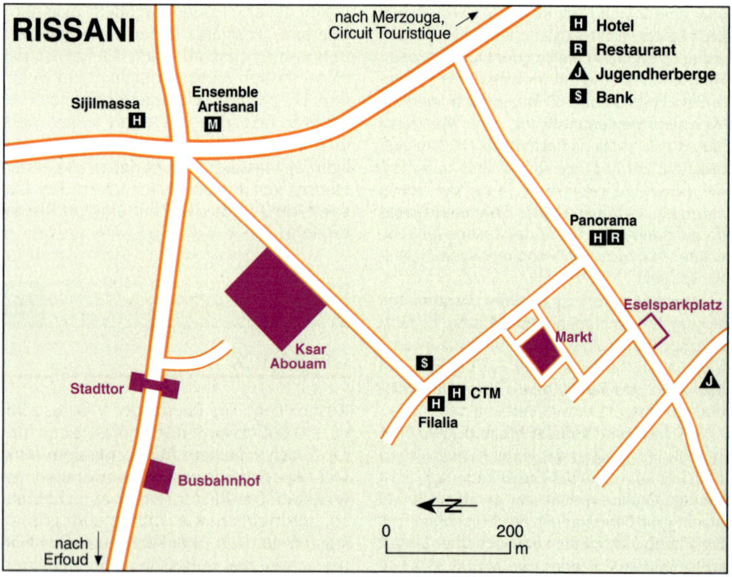

BESICHTIGUNG

★ TORBOGEN

Die Einfahrt von Rissani schmückt ein großer, prachtvoll verzierter **Torbogen,** der unter *Hassan II.* zum Gedenken an seine aus der Gegend stammenden Vorfahren errichtet wurde.

★ MARKT

Besonders sehenswert ist der Markt: Sonntag ist großer, Dienstag und Donnerstag kleiner Markt.

Zwischen den Mauern des Suq hocken die Händler mit Gemüse, unter den Arkaden befinden sich die Läden der Handwerkskünstler sowie die Bäcker und Fleischer. In einigen Höfen werden Schafe, Ziegen, Hühner und anderes mehr verkauft. Der Handel dürfte sich – abgesehen von modernen Errungenschaften wie Handys, Uhren und Textilien sowie Plastikwaren, die auch auf dem Markt verkauft werden – noch genauso abspielen wie vor hundert Jahren.

Ein echtes Erlebnis ist der Parkplatz für Marktteilnehmer. Nein, nicht Autos oder Fahrräder stehen hier, Esel und Kamele werden „geparkt". Vor zwei umfriedeten Höfen werden die Sättel der Vierbeiner gelagert, ein imposanter Anblick. Im Hof aber geht es rund: Dicht gedrängt stehen die Esel, oftmals übereinander – wann trifft man auch schon so viele hübsche Eselinnen ... Das Gewieher ist laut, die Brunftschreie überschlagen sich, ein gewaltiges Schauspiel – und für den Berber ein Geschäft, kann er doch davon ausgehen, seine Stute „in anderen Umständen" nach Hause zu führen ...

★ KASBAHS

Neben dem *Hotel El Filalia* liegt der sehenswerte **Kasbahkomplex Ksar Abouam.** Der Lehmkomplex mit seinen verschachtelten Gassen und Innenhöfen hat ein gut erhaltenes, prachtvolles, von mächtigen Türmen flankiertes Eingangstor. Der Bau diente als Filmkulisse für „Marco Polo", „The secret of the Sahara" und „Himmel über der Wüste". In ihm liegt der schöne Kunsthandwerksladen von *Hafid* und *Ismail*

Im Erg Chebbi

Dribi Alaoui **„La Maison Saharienne"** (s. u.) mit mehreren Ausstellungsräumen. Hier wird man sehr unaufdringlich auf Deutsch beraten und in keinster Weise zum Kauf genötigt. Ein kleines sehenswertes Museum ist in einer Kasbah gegenüber dem Hotel *Sjilmassa* untergebracht, ebenso eine Ensemble Artisanal (staatlicher Kunsthandwerksladen mit Festpreisen).

★ MAUSOLEUM MULAY ALI CHERIF

Nicht unbedingt lohnenswert ist ein Besuch des 2 km entfernten Mausoleums (Zaouia) von *Mulay Ali Cherif* (Moschee und mosaikgeschmückte Grabkammer), da sowohl das Grabmal als auch die Moschee für Nicht-Moslems nur von außen besichtigt werden können. Mulay Ali Cherif ist ein Vorfahr des jetzigen Königs.

★ OASENRUNDFAHRT

Weiter entlang der **Oasenrundfahrt (Circuit touristique)** passiert man zahlreiche schöne Ksour, so das **Ksar Abbar,** ein riesiger Lehmbaukomplex mit herrlicher Ornamentik auf dem von mächtigen Türmen flankierten Eingangstor. Diesen Komplex schuf der Sultan *Mulay Abd al-Rahman,* Mitte des 19. Jh., der hier sowohl seine Schätze als auch seine zahlreichen Frauen von einer schwarzen Leibgarde bewachen liess. Das Ksar wird momentan aufwendig renoviert.

2 km weiter auf der Piste, die beim Mausoleum vorbeiführt, gelangt man zu den Resten des **Ksar Oulad Abd al-Halim** aus dem 19. Jh., das noch bewohnt ist und einst eines der schönsten Wehrdörfer in der Wüste war. Inzwischen stark verfallen, zeugt es doch von einer prunkvollen Vergangenheit, und Reste einstmals kunstvoller Lehmhausarchitektur sind noch zu besichtigen. Das malerische, aber auch kärgliche Leben zwischen den halbverfallenen Mauern ist zumindest genauso interessant, wie es die Reste aus alten Zeiten sind.

Sehenswert ist auch das **Ksar Dar al-Beida** (18. Jh.), für das sogar Marmor aus Volubilis herangeschafft wurde. Teilweise sind die Außenmauern und Wehrtürme noch gut erhalten. Fährt man weiter entlang der Oasenrundfahrt auf schlechter,

Palmensterben im Tafilalet

ausgewaschener Piste durch zahlreiche, z. T. abgestorbene Palmenhaine, erreicht man nach insgesamt 20 km *(Circuit touristique Rissani - Zaouia Mulay Ali Sherif - Rissani)* wieder Rissani von Süden her.

Die Dörfer können besichtigt werden, da man jedoch häufig von den Kindern regelrecht „überfallen" wird, ist es hier evtl. sinnvoll, einen offiziellen Führer mitzunehmen, der einem etwas Bewegungsspielraum verschaffen kann.

Die ganze Rundfahrt rentiert sich nicht, interessant sind nur die ersten 8–10 km an der Zaouia vorbei entlang der alten Ksour.

PRAKTISCHE INFOS

Tel. Vorwahl: 055, PLZ 52450

Klassifizierte Hotels

◆ **Hotel Kasbah Asmaa*****

Tel. 055 77 40 83, Fax 055 57 54 94. Angenehmes Hotel mit Pool, ca. 3 km vom Zentrum in Richtung Erfoud auf der linken Seite. €€€A, inkl. Frühstück, Menü 92 DH. Freundlich, schöner Garten.

◆ **Hotel/Restaurant El Filalia**

Grand Place Rissani (bei der Bushaltestelle), Tel. 055 57 51 03, Fax 055 57 58 56, Handy 066 36 70 06 (Zakaria Bel Mekki). Das Hotel gehört *Mohammed Bel Mekki* (nur franz.), der von seinen sehr netten Brüdern *Zakaria* und *Redouane* unterstützt wird (englisch und etwas deutsch). Die Zimmer sind einfach, aber sauber, bei manchen Zimmern weisen die Fenster nach innen zu einem Schacht, deshalb ist es in diesen etwas rauchig und stickig. Die Duschen und Toiletten (mäßig sauber) liegen auf dem Flur (kein warmes Wasser). ½€, Dreierzimmer €, Übernachtung auf der Dachterrasse 20 DH, freundliches Personal und Besitzer. Rucksäcke werden auf Wunsch sicher aufbewahrt. Landrovertouren nach *Merzouga* und zurück werden organisiert. Das Hotel scheint jedoch einen Vertrag mit der Auberge Camping Lahmada zu haben. Die Touristen landen dann dort und nicht in Merzouga. Außerdem sind die Touren nach Aussagen von Lesern zu teuer.

◆ **Hotel/Café/Restaurant Sijilmassa**

Place Massira Khadra, Tel. 055 57 50 42. Manager ist *Aziz Touji*. Geräumige und saubere Zimmer mit WC/Dusche, €. Gutes Abendessen. Spezialität ist *Sekalia*, ein Gericht aus Tomaten, Zwiebeln und Fleisch. Touren nach Merzouga 350 DH.

Jugendherberge

53, Hay Moulay Rachid, gegenüber vom Marktplatz, Tel. 055 57 53 89, Handy 068 19 11 59. Der Leiter *Abdullah* ist sehr nett und lustig. Die Herberge ist nun in einem geräumigeren Haus untergebracht und sehr sauber. Die sanitären Anlagen sind einfach. Es gibt eine Küche im Keller, wo man zusammen mit Abdullah kochen kann. Übernachtung mit Jugendherbergsausweis 25 DH, ohne 35 DH, DZ 70 DH, Triple 100 DH. Es werden auch diverse Ausflüge in die Umgebung angeboten.

Essen und Trinken

Eine Spezialität des Tafilalet ist die **„Berberpizza"**, ein mit Fleisch, Zwiebeln, Knoblauch, 44 Gewürzen und Eiern gefülltes Fladenbrot. Dieses sehr gut schmeckende Gericht gibt es häufig nur auf Vorbestellung, besonders gut nahe dem Markt bei Fatima. Das Brot ist aber auch in den meisten Herbergen am Erg Chebbi zu haben.

Links vom *El Filalia* liegt das ◆ **Café-Restaurant Du Sud,** wo man von „guides" umlagert wird, Bedienung und Essen sind mäßig. Wesentlich angenehmer und ruhiger sitzt man auf der Terrasse des ◆ **Hotels Sijilmassa,** wo man ziemlich ungestört bleibt.

Empfehlenswert und preiswert (Menü für 40 DH) ist das ◆ **Restaurant Toumbouctou,** linker Hand an der Straße nach Merzouga, ca. 2 km vom Zentrum entfernt. Besitzer *Ibrahim* spricht auch deutsch. Tel. 055 57 58 26, 062 15 30 08.

Busverbindungen

Die **Busse** und **Sammeltaxis** fahren ab dem *Gare Routière* vor dem Stadtor (in Richtung Erfoud). Der CTM-Bahnhof ist neben dem Hotel *El Filalia* im Zentrum.

- **nach Erfoud und Errachidia:** jeden Abend mit CTM, bis Errachidia 2,5 Std. Fahrzeit, 28 DH; bis Erfoud ca. 1 Std. Fahrzeit, 6 DH. Sammeltaxi 20 DH.
- **nach Meknès** und **Fès** (über Erfoud, Errachidia, Midelt, Azrou): jeden Abend mit CTM (vgl. oben), 115 DH, ca. 8–9

Std. nach Meknès. Auch Privatbus 1x tägl. Ein Sammeltaxi ist schneller und nur wenig teurer (20 DH bis Errachidia und ab dort 100 DH nach Fès).

- nach **Tinerhir** gibt es einen Bus via Erfoud.

Mit **Mercedes-Kleinbus** weiter zu verschiedenen Stellen des Erg Chebbi bzw. nach **Merzouga** mehrmals täglich ab dem Markt, 4 DH p. P. (wenn der Bus voll wird, sonst bis 15 DH), Rückfahrt nachmittags oder am nächsten Tag frühmorgens.

Sonstiges

◆**Maison Saharienne**
Ksar Abouame (im Zentrum, zwischen Kasbah und Moschee), Tel. 055 57 52 89, Handy 061 35 16 85, maison_saharienne@hotmail.com. Der nette Laden gehört **Ismail Dribi Alaoui,** der sehr freundlich und sachkundig ist. Schöne Teppiche, Schmuck, Kupfer- und Lederarbeiten.

Außerdem gibt es noch die Souvenirläden ◆**Maison Touareg,** Tel. 055 77 01 75, mit einem großen Sortiment an Teppichen und Kunsthandwerk, und ◆**Maison Bedouine** in Richtung Mausoleum Moulay Cherif.

Für den **Notfall** stehen ein ◆**Centre Medical** und zahlreiche Apotheken bereit. Das nächste Krankenhaus ist in Erfoud.

Im ganzen Ort findet man ausgezeichnete, moderne **Téléboutiquen** (mit Fax). Die **Postleitzahl** von Rissani ist 52 450.

Es gibt ein **Hammam** in Rissani, der nach staubiger Fahrt sehr gut tut (30 DH).

Feste

Im Frühjahr findet das **Recontre de Musique Melhoun** statt, ein Musikfestival mit klassischer Musik. Mitte Dezember wird an der Université Mulay Ali Cherif ein Fest gefeiert.

Im September 2003 fand in Rissani und Merzouga zum ersten Mal das **Festival des Musiques du Désert** statt.

Ausflüge

Merzouga bzw. Taouz liegen am **Erg Chebbi,** neben dem *Erg M'hazil* südlich von M'hamid die einzigen höheren Sanddünen Marokkos (bis zu 200 m hoch). Wüsteneinsamkeit findet man hier nur viele Kilometer abseits der Piste, und trotzdem wird der Erg Chebbi von Sahara-Neulingen als das Wüstenerlebnis schlechthin empfunden. Meist wird diese Tour, die man auch vom *Hotel Filalia* oder *Sijilmassa* aus buchen kann (350 DH pro Person und Fahrzeug), mit Sonnenuntergang/-aufgang empfohlen. Der Preis einer Tour hängt im Wesentlichen von der Dauer ab (ob Halbtagestour oder mit Übernachtung und Essen). Die Zeitangaben bei den organisierten Touren sind sehr unzuverlässig. Kalkulieren Sie lieber mehr Zeit ein, um bei der Weiterreise zeitlich nicht in Schwierigkeiten zu kommen. Wer über ein eigenes Fahrzeug verfügt, kann den Sonnenaufgang bzw. -untergang wesentlich ruhiger und stimmungsvoller abseits des Trubels in den Dünen genießen, denn Campingmöglichkeiten gibt es am Rande des Erg Chebbi genug.

Ende 2002 wurde die neue, 40 km lange **Teerstraße von Rissani nach Merzouga** fertig, was die Anfahrt enorm erleichtert, aber das Wüstenfeeling schmälert!

Die Hotelbesitzer und Tourenveranstalter in Rissani haben sich zu einem **Tourismusverband** zusammengeschlossen, dessen Präsident *Mohammed Belmekki* vom Hotel Sijilmassa ist. Organisator ist *Mohammed Lamene (Directeur commercial,* Tel. 067 33 26 89), ein sehr rühriger, ehemaliger Hochschullehrer, der gut englisch und französisch spricht. Hier werden zu vernünftigen Preisen Tagestouren angeboten (im Landrover 5 Personen, im Kleinbus 8 Personen – trotzdem handeln!). Aber auch 4-Tagestouren (1314 DH/Person) oder 9-Tage-Kamelritte nach Zagora sind Optionen. Schön ist eine Fahrt zum Erg Chebbi mit Kamelritt, Folklore und Dünenskifahren. Übernachtung im *Hotel Yasmina*. Der Verband hat auch Fördermittel zur Renovierung der Hotels beantragt – vielleicht klappt es ja!

Sehr schön ist der **Dayet Sri,** ein flacher See in der Wüste, der je nach Regenfall und Jahreszeit gefüllt oder trocken ist, und an dem man, sofern es Wasser gibt, gelegentlich Flamingos und badende Kamele beobachten kann. Auch beim Café Yasmina am Nordrand des Erg Chebbi und beim Ksar Sania südlich von Merzouga bilden sich in regenreichen Jahren Seen, die zusammen mit den Sanddünen ein herrliches Bild ergeben. Rundfahrten und Führer siehe bei Erfoud.

Erfoud – Merzouga – (Taouz) – Rissani

ÜBERBLICK

ca. 89 km, Piste 346 und Asphalt

Verkehrsverbindungen siehe Erfoud und Rissani. Die Strecke von Merzouga nach Rissani ist seit 2002 asphaltiert.

Mit **Pkw** ist die Route mit Vorsicht befahrbar: Sie sollten nicht zu nahe an die Dünen fahren und auf den ausgefahrenen Spuren bleiben. Da es mit Pkw aber durchaus passieren kann, dass man im Sand stecken bleibt, sollten Sie eventuell im Geleit mit anderen Fahrzeugen unterwegs sein. Nehmen Sie einen Notvorrat an Verpflegung und Trinkwasser mit, denn mit einer Panne muss man immer rechnen. Mit großen, nicht geländegängigen **Wohnmobilen** mit geringer Bodenfreiheit sollte die Piste von Erfoud nach Merzouga keinesfalls gefahren werden (Gefahr des Aufsitzens bei Wadidurchfahrten, Bewässerungskanälen, Abbruchkanten). Mit solch einem Gefährt sollte man die Teerstraße von Rissani nach Merzouga wählen. Zu den Herbergen bei *Hassi Labied* führen gute Pisten von der Straße weg, die auch mit Wohnanhängern und Wohnmobilen befahren werden können.

In Erfoud wie auch in Rissani wird man umringt von Halbwüchsigen, aber auch von Erwachsenen, die sich als Führer verdingen wollen. Wer schon über Wüstenerfahrung und ein gutes Fahrzeug verfügt, kann sich diese Geldausgabe sparen, da die Piste hinaus aus dem Ort kaum zu verfehlen und mit etwas Geschick im Landkartenlesen und mit Kompass auch kaum zu verlieren ist. Schwieriger wird es bei einem normalen, womöglich noch vollbeladenem Pkw, bei Sandsturmgefahr (oft im Herbst oder Frühjahr) oder wenn man ohnehin unsicher beim Pistenfahren bzw. in der Wüstenorientierung ist (siehe dazu auch die Ausführungen bei Erfoud, Ausflüge). So empfiehlt sich Vorsichtigen, ei-

Fossiliensuche am Korallenriff im Steinbruch Segaoui

nen Führer zu nehmen. Wer über ein Satellitennavigationsgerät verfügt, kann sich nach den in der Karte und im Text genannten Koordinaten orientieren.

ANFAHRTSBESCHREIBUNG

Der meiner Meinung nach besser zu findende Weg führt von Erfoud am Suq und Hauptplatz vorbei, geradeaus über den **Oued Ziz** und am **Bordj Est** vorbei; die ersten 17 km sind geteert. Ca. **9 km** östlich von Erfoud zieht sich links der Straße ein 350 Millionen Jahre altes **Korallenriff** hin, wo schöne Versteinerungen zu finden sind **(GPS N 31°22,851′ W 04°10,422′).** Die Straße ist ziemlich durchlöchert, so dass man besser auf die Piste daneben ausweicht.

Bei **km 11** führt links eine Piste zu einem **Fossiliensteinbruch** (5 km). An drei Häusern links vorbei. Nach 2 km erreicht man die Häuser der ◆**Familie Segaoui** und anderer Familien, die aus dem Steinbruch Fossilien brechen. Man kann dort auch kaufen, sollte aber handeln und vorher bereits Preise in Erfoud erfragen. *Ahmed Segaoui* hat inzwischen das reinste Museum hier errichtet. In einem großen Gebäude findet man jede Menge alten Hausrat, Kunsthandwerk, Keramik und sonstige schöne Souvenirs, draußen neben den geschliffenen und den Rohfossilien ganze Drusen und noch unpolierte Steinplatten und ein riesiges Lager an alten und neuen Tonkrügen. Polierte Fossilien werden auch an den nahe gelegenen Fossilienständen links der Piste verkauft.

Vom Haus der Familie *Segaoui* 50 m entfernt, auf der linken Seite, bricht ◆**Brahim Boumia** ebenfalls Fossilien aus dem Steinbruch und bietet sie zum Verkauf an. Er ist sehr bescheiden und unaufdringlich und führt auch durch den Erg Chebbi. Zu empfehlen ist auch der nette und ebenfalls unaufdringliche ◆**Ali Tirhi,** der direkt am Riff einen Laden betreibt, und wo man auch ohne weiteres selber suchen kann: *La Carriere des Fossiles de Boutachrafine, Chez Ali Tihri.*

Ca. km 13 Hier geht es zu den Fossilienverkaufsständen diverser Händler.

Bei **km 17 endet** die ohnhin nur noch fragmentarisch vorhandene **Teerstraße.** Die Piste verläuft etwas links der Straße parallel zu den Dünen weiter, und ist anfangs durch grün-weiße Pfosten, dann rosaweiß und zum Schluss nur noch weiß, gekennzeichnet. Lediglich im nördlichen Teil des *Erg Chebbi* kann man direkt bis zu den Dünen heranfahren, weiter südlich sandet man ein.

Bei **km 19** führt eine Zementfurt über ein Oued und an einem Brunnen vorbei. Ein 20 m hoher Sendemast dient als Orientierung. 200 m davon entfernt liegt rechts **(N 31°18,869′ W 04°06,287)′** das neu erbaute ◆**Kasbah Hotel Said,** das dem Spanier *Fredi* und dem Besitzer des *Restaurant du Sud* in Erfoud, *Said,* gehört. Das sehr schöne Hotel mit geschütztem und begrüntem Innenhof hat sehr geschmackvolle Zimmer (HP €€B). Auch Camping ist vor dem Hotel auf einem ummauertem Gelände möglich. Handy 064 49 40 50, 061 70 30 82, Tel./Fax 055 57 71 54, www.kasbah-hotel-said.com, cafe-rest@caramail.com.

Bei km 23 durchfährt man wieder um auf einer **Furt ein Wadi,** die Telegrafenleitung endet hier. 200 m weiter die ◆**Auberge Kasbah Derkoua (N 31°17,451′ W 04°05,599′),** mit Pool und Café. Tel./Fax 055 57 71 40, Handy 061 34 36 77. Das hübsche, sehr gepflegte kleine Hotel mit geschmackvollen Zimmern (mit AC, HP €€€) hat einen herrlichen kleinen Garten und schönen Pool (für Nicht-Hotelgäste Eintritt 40 DH) und wird von dem Franzosen *Michel Aurat* geführt (August geschlossen). Man kann dort auch Pferde ausleihen und Reitstunden nehmen.

Bei **km 31,3** geht es nordwestlich auch zu den Dünen (siehe „Variante entlang der Dünen"), die Hauptpiste zieht sich rechter Hand in Richtung Norden. Fährt man hier weiter, kommt man bei km 34 zu einem Schilderwald (zahlreiche Hinweisschilder z. B. zum *Café Dunes d'Or* und *Auberge Erg Chebbi*) und gelangt ebenfalls zu den Dünen.

Entlang der Hauptpiste ist bei km 45,5 die Einmündung der Piste von *Rissani* (von Osten) erreicht.

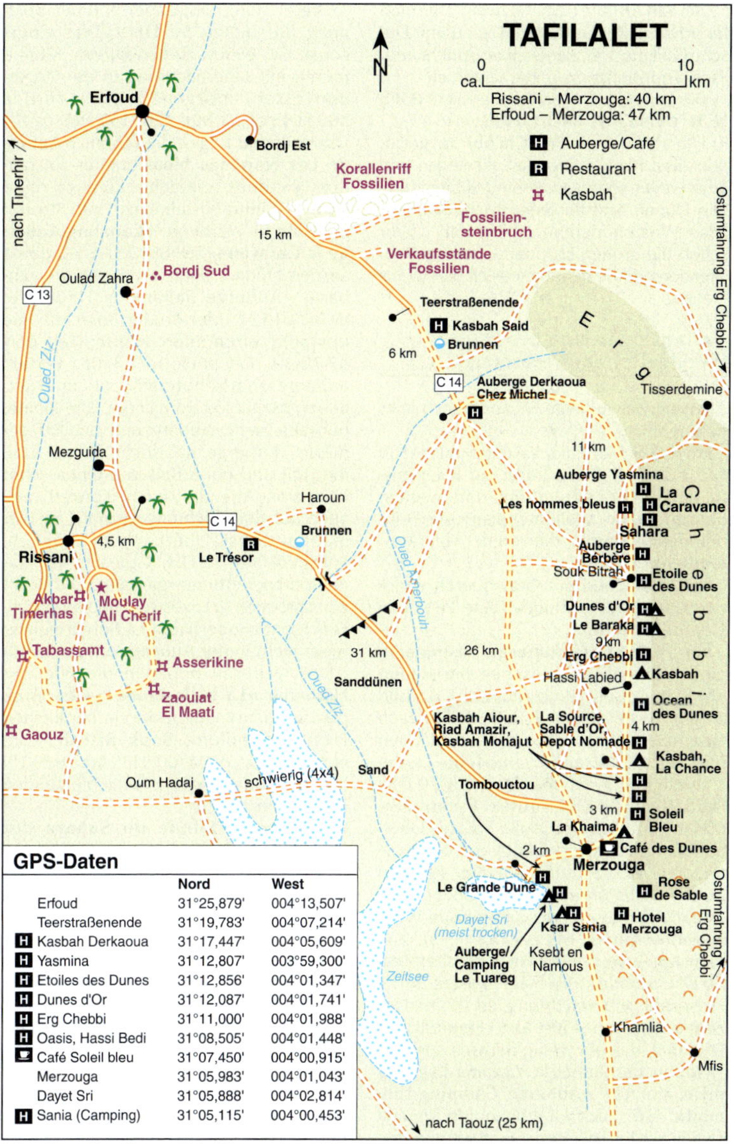

GPS-Daten

	Nord	West
Erfoud	31°25,879'	004°13,507'
Teerstraßenende	31°19,783'	004°07,214'
H Kasbah Derkaoua	31°17,447'	004°05,609'
H Yasmina	31°12,807'	003°59,300'
H Etoiles des Dunes	31°12,856'	004°01,347'
H Dunes d'Or	31°12,087'	004°01,741'
H Erg Chebbi	31°11,000'	004°01,988'
H Oasis, Hassi Bedi	31°08,505'	004°01,448'
Café Soleil bleu	31°07,450'	004°00,915'
Merzouga	31°05,983'	004°01,043'
Dayet Sri	31°05,888'	004°02,814'
H Sania (Camping)	31°05,115'	004°00,453'

Bei **km 48** führt ein Abzweig zum netten ◆**Hotel/Restaurant Oasis,** DZ mit Dusche/Toilette ½€, der Besitzer spricht englisch. Touristenkamele, Berberzelt etc.

Bei **km 46,3** ist **Merzouga** erreicht (**GPS N 31°05,983' W 04°01,043'**).

Um direkt zum **Erg Chebbi** zu gelangen, lässt man Merzouga links liegen und fährt weiter vorbei an einem Militärposten. Die Dünen sind für jeden Marokkofahrer „das Wüstenerlebnis schlechthin". Wer schon die großen Ergs der Sahara (z. B. in Algerien) kennt, dem bietet sich hier nichts Neues.

Variante: Entlang der Dünen (Westseite) nach Merzouga

Abzweig bei *Auberge Derkoua* nach links nehmen.

km 1,2 Schild links Yasmina „Visitez le *Lac Yasmina*". Erst parallel zur Hauptpiste und Telegrafenleitung und wenige Spuren, dann Wellblechpiste und einmündende Spuren, die von der Hauptpiste queren.

km 10,5 Oued mit Gras queren, holprig. 400 m weiter mündet eine Piste ein. Geradeaus weiter.

km 14,3 ◆**Café/Auberge Yasmina** in einer ehemaligen Moschee am Rande der Dünen (sehr atmosphärisch). Ab und zu gibt es bei reichlich Regenfällen auch einen See direkt zwischen den Dünen und der Auberge. Freundliche Leute, Übernachtung auf dem Dach für 20 DH, Frühstück 20 DH, gutes Essen 25–60 DH, DZ ½€. Der große Speise-/Übernachtungssaal wurde renoviert, dort kostet die Übernachtung auf den Polstern 20 DH (sehr unruhig), warme Duschen. Ziemlich abgeschieden, aber urige Wildwestatmosphäre. Mit zwei Kamelen kann man Ausflüge in die Wüste machen (ca. 50 DH/Stunde), 1½ Tage kosten für 2 Pers. inkl. Übernachtung im Nomadenzelt und Essen 1500 DH. Freundliches Personal, das ein wenig deutsch spricht.

Neben der Auberge Yasmina liegt die neue, einfache ◆**Auberge/Camping Lahmada,** ½€, auch Übernachtung im Zelt möglich. Die Toiletten/Duschen könnten sauberer sein (hängt aber von der Belegung ab). Essen 50 DH (gutes Couscous). Ca. 350 m zu den Dünen. Kameltouren mit Übernachtung in der Wüste und Essen, morgens wieder zurück 500 DH p. P., 1 Std. 120–140 DH.

Kurz darauf folgen die schöne ◆**Auberge Les Hommes bleus** (nettes Restaurant, saubere, einfache Zimmer ohne Bad, Wohnmobilstellplätze mit Strom), die einfache Herberge ◆**Camping Auberge la Caravane,** Tel. 061 35 16 54, direkt an den Dünen, ebenso wie die benachbarte ◆**Auberge Sahara** (N 31°08,100' W 04°01,122') der Brüder *Bourchuk,* die uns sehr empfohlen wurde: Tel. 055 57 70 39, Fax 055 57 73 03, E-Mail: aubergesahara@hotmail.com, Internet: aubergesahara@caramil.com. Die kleine, hübsche, sehr saubere und familiär geführte Herberge hat sechs kleine Zimmer mit und ohne Bad und einen schönen Salon. Abends Trommelkonzert. ½€, auch auf der Dachterrasse oder im Nomadenzelt ist Übernachten möglich, Frühstück für 25 DH. Gutes Essen. Kameltouren werden organisiert. Die Besitzer sprechen französisch und englisch. Das Familienoberhaupt ist Bürgermeister (aber nicht in der Auberge anzutreffen).

Des weiteren nebenan die hübsche Herberge ◆**La belle Etoile** (viele Gruppen, auch Nomadenzelte) in der kleinen Hüttenansiedlung **Souk Bitrah** (GPS N 31°13,112' W 04°00,913', km 16,5–17) an die sich im Süden die nachfolgenden Herbergen reihen:

◆**Auberge Fibule du Sahara** des freundlichen Besitzers *Mohammed Ismaily,* Tel./Fax 055 57 75 99, dann die ◆**Auberge Bérbère** (einfach, mit Nomadenzelten).

Es folgt bei **km 18,2** das ◆**Café Etoile des Dunes,** Übernachtung in Zimmern und Campmöglichkeit, funktionierende Duschen, Kamele für Ausflüge.

300 m weiter steht das ◆**Café/Auberge Camping du Sud,** €, reichhaltiges, gutes Menü 60 DH, Übernachten auf der Terrasse 25 DH, Camping 10 DH, Frühstück 20 DH. Rustikal (einfach), sehr sauber, netter Manager *Ahmed* und freund-

Kamele im Erg Chebbi

liches Personal, das deutsch spricht, europäische Toiletten. Nette und ungezwungene Atmosphäre.

km 19,8 ◆**Hotel Dunes d'Or,** Handy 061 35 06 65, eine sehr schöne und gut aufgemachte Herberge in einem hübsch hergerichteten Areal mit Bäumen und Bänken vor den Dünen. Sauber, freundliche Leute, macht von den vielen Cafés/Hotels den besten Eindruck. Zimmer mit Dusche, Solarstrom, **Camping möglich,** auch Zelt in den Dünen. € mit Frühstück oder HP. Darauf folgend die kleine ◆**Auberge Le Baraka** der netten Familie von *Mohammed Otalb*; hübsch zwischen kleinen Bäumen gelegen.

km 22 ◆**Hotel/Auberge Erg Chebbi,** ein großes, gepflegtes Gelände mit Bäumen; freundliche Leute, sauber, Dachterrasse, DZ mit Dusche (warm!) €B.

Kurz darauf (ca. **km 25**) das ◆**Hotel Atlas du Sable.** Sehr saubere Zimmer, warme Duschen im Zimmer, gutes marokkanisches Essen, sehr freundlich.

km 27,5 Ort **Hassi Bedi (Hassi Labied),** Souvenirladen ◆**Maison Merzouga** von *Lahsen Seggaoui* (seggaoui@caramail.com, Antwort kann dauern, Tel. 055 57 72 99). Herr Seggaoui ist ein gastfreundlicher, deutsch sprechender Berber, der neben den Erklärungen zu seinen Verkaufsstücken informative Erläuterungen zu Kultur, Land und Leuten vermittelt; sehr schöne Teppichauswahl. Ein **Gästehaus** mit sauberen Zimmern ist mittlerweile angeschlossen. Eine Leserin klagte über Abzocke, Preise also vorher vereinbaren.

Außerdem gibt es im Ort noch die ◆**Auberge-Café L'Oasis,** Handy 061 73 90 41, sehr freundlich, einfache, saubere Zimmer mit und ohne Dusche, im Schlafsack auf der Terrasse 25 DH, es gibt auch Schlafsäcke zum Ausleihen (15 DH).

Es folgt die einfache ◆**Auberge La Source,** sehr freundlicher und zuvorkommender junger Besitzer *Hassan,* sauber, ½€, Handy 062 10 15 85, Dachterrasse 20 DH. Des weiteren die ◆**Auberge Sable d'Or** und ◆**Camping Kasbah.** Rechts davon liegt dann der Souvenirladen ◆**De-**

pot Nomade von *Ahmed Amroui,* der gut deutsch spricht und gerne Geschichten über Berber, Teppiche und Beduinen bei entspannter, nicht aufdringlicher Atmosphäre erzählt. Links davon der einfache ◆**Campingplatz La Chance** mit Nomadenzelten zum Übernachten und Duschen. Es folgt die ◆**Auberge Kasbah Aiour,** Tel./Fax 055 57 73 03, Mobil 062 08 16 20. Sie hat nette, sehr saubere Zimmer, auch warme Duschen. ½€. Gutes Essen (Berber-Pizza und marokkanische Gerichte) und ein Nomadenzelt mit Teebewirtung.

Daneben, direkt an den Dünen, steht die sehr liebevoll aufgemachte ◆**Auberge Riad Amazir,** Tel./Fax 055 57 65 82, Handy 061 35 56 96, von *Mohammed Ait Bahadou Larbi,* die über eine prachtvolle Aussichtsterrasse verfügt. 20 sehr hübsche und große Zimmer im Neubau mit eigenem Bad, auch einige mit Zugang zur Terrasse, sehr sauber mit großem und sehr geschmackvoll gestaltetem Restaurant. Für die wenigen Zimmer ohne Bad im Altbau gibt es sehr saubere Gemeinschaftsduschen und Toiletten. Zimmer mit Bad €€ p. P. mit HP, ohne Bad € p. P. mit HP. 400 DH Kamelausflug mit Übernachtung und Essen.

Direkt daneben liegt die neue und sehr schöne Herberge ◆**Auberge-Kasbah Mohajut** mit Camping, Handy 066 03 91 85, Tel./Fax 055 57 84 28, info@paynes.de, www.paynes.de/kasbahmohajut (GPS-Pos. N 31°07,869′ W 04°01,034′). Sie gehört *Mohammed Oubadi* („Moha" im Namen) und der deutschen Reiseveranstalterin *Jutta Payne* („Jut"). Mohammed Oubadi spricht sehr gut deutsch und ist sehr nett und hilfsbereit und kennt sich hervorragend in der Gegend aus (E-Mail: mohajut@yahoo.fr, Abruf nur übers Internet-Café in Erfoud 1x wöchentlich). Die Anlage ist sehr hübsch, komfortabel und schön konzipiert. Die großen und geschmackvollen Zimmer haben eigenes Bad und WC (DZ mit HP €€€€B, Übernachtung auf der Dachterrasse 25 DH). Es gibt einen großen Wohnmobilstellplatz mit Stromversorgung, sauberen Toiletten und warmen Duschen und eine Entsorgungsstation für Chemietoiletten. Waschmaschine vorhanden. 20 DH mit Auto und 2 Personen. Ein Kamelausflug zu den Dünen mit Übernachtung und Essen kostet 300 DH, ein 3-Std.-Ausflug zum Sonnenuntergang 150 DH. Sehr hübsches Restaurant (Menü 70 DH), Wein erhältlich. Buchen kann man auch über *Paynes Reisen.*

Wenige hundert Meter weiter die ◆**Auberge Hotel Tombouctou,** eine Dépendance des Hotel *Kasbah Xaluca,* die ebenfalls von einem der Ettayek-Brüder betrieben wird. Tel. 055 57 67 93, Fax 055 57 77 65. HP € pro Person (Zimmer mit Dusche), Übernachtung auf der Dachterrasse 25 DH. Die Auberge ist sehr authentisch mit Kasbaheingangstüre und großem Innenhof (auch für Gruppen). Wenn auch nicht so geschmackvoll innen, ist die Auberge im einfachen Sinne doch original marokkanisch. Dünenausflug mit Übernachtung und Essen 300 DH.

Die nächste Auberge ist links an den Dünen ◆**Chez Tirhi – Suerte Loca** (mit Camping) (N 31°07,434′ W 04°00,713′), Tel. und Fax 055 57 65 77, Handy 061 38 18 43, 62 06 14 97, E-Mail: cheztirhi@yahoo.fr, merzouga82@hotmail.com, Internet: www.tuaregexpeditions.com. Auf der Teerstraße nach Rissani steht ein Schild (km 33), links abbiegen (1,8 km). Die sehr schöne und großzügig angelegte Herberge mit großem Innenhof in Lehmbauweise hat sehr saubere und geschmackvoll eingerichtete Zimmer mit Bad, € p. P. HP, Camping 10 DH p. P. mit warmen Duschen, 10 DH/Auto. Es gibt einen großen Wohnmobilstellplatz. Kamelausflüge in die Wüste. Schlafmöglichkeit im Zelt 25 DH. Auch Restaurant (Menü 6 Euro).

km 28 ◆**Auberge Kasbah de Dunes, Chez Ali Cherhane**, Tel. 055 57 72 87, Fax 055 57 73 03, www.kasbahdunes.homestead.com. Einfach von außen, innen sehr hübsch aufgemacht, kleine Zimmer ohne WC/Dusche ½€, auch Gruppenzimmer, nette Leute, gutes (aber zu teures) Essen. Kameltouren werden organisiert (250 DH p. P. für 5 Std.).

Blick auf Hotel-Camping Ksar Sania und Merzouga

Danach folgt die ◆**Auberge/Restaurant La Valleé des Dunes** in Hassi Bedi, wo es einfache Zimmer ohne Dusche gibt. Der Besitzer *Ali Ourgaga* kümmert sich nett um die Gäste und weiß viel über das Leben in der Sahara. Kameltouren organisiert zuverlässig *Youssef Ourgaga*. Ein Restaurant ist angeschlossen.

km 31 ◆**Auberge Restaurant Panorama,** Handy 062 08 55 73, 067 25 99 52, Fax 055 57 7146, aubergepanorama@yahoo.fr, links auf einem Hügel mit herrlichem Ausblick, jedoch 1 km abseits der Dünen (N 31°06,873′ W 04°00,765′). Nette und sehr saubere Auberge mit 6 Zimmern mit Bad. Besitzer ist *Youssef Aït Behaddou,* der sich nett um die Gäste kümmert. Übernachtung pro Person €/HP, auf der Dachterrasse oder im Nomadenzelt ÜF für 25 DH. Schönes Restaurant.

km 32,1 Anfang von Merzouga und Funkmast, nach rechts führen Spuren zur Hauptpiste und zum Teppichladen ◆**Le Palais Berbère** (siehe Merzouga). Linker Hand geht es zum *Camping La Khaima* (siehe Merzouga).

MERZOUGA

Diese kleine Wüstenoase (ca. 1200 Einwohner) liegt am Rande des *Erg Chebbi*, dem größten Dünengebiet Marokkos. Rotgelb schimmern die ca. 100 m hohen **Dünen** im Abend- und Morgenlicht und wirken wie ein Abziehbild der großen algerischen Wüstenlandschaften. Entsprechend ist die Vermarktung: Der Ort lebt – abgesehen von geringfügiger Landwirtschaft – allein von Touristen. Die Preise sind dementsprechend. Ein Kamelritt hinauf auf die Dünen wird gelegentlich sogar für 150–200 DH (für ½ Stunde) verkauft – Nepp pur; zu Fuß ist man schneller auf den Dünen. An den Dünen haben sich bis zum Nordrand zahlreiche Cafés/Hotels etabliert, die von Jahr zu Jahr mehr werden und häufig nur Minimalkomfort bieten. Wandert man jedoch etwas abseits in das Dünengebiet, ist es sehr schön.

Auch ein Besuch der **Oasengärten** und die Besichtigung der **Bewässerungsanlagen** ist lohnenswert. Es gibt auch noch wenige Ziehbrunnen.

3 km westlich von Merzouga liegt der **Dayet Sri,** ein flacher See, der in regenreichen Jahren im Winter Wasser führt und wo man von Zeit zu Zeit auch Flamingos antrifft. Der See enthält nicht immer Wasser, da er während einer längeren Trockenperiode austrocknet. Dadurch besteht keine Bilharziosegefahr.

Fahren Sie vom Restaurant des Amis die Mauer entlang in Richtung Westen, danach gleich rechts die Piste entlang, die erste Abzweigung wieder rechts und dann ziemlich geradeaus. Die Piste führt auf leichte Hügel zu, von wo aus der See gut zu überblicken ist. Die Fahrt dorthin stellt auch mit Pkw kein Problem dar.

Unterkunft

◆**Auberge Kasbah Toumbouctou**
Siehe vorhergehende Routenbeschreibung.

◆**Hotel Merzouga**
Dépendance des Hotel Tafilalet in Erfoud. Einfache, aber saubere Auberge, DZ mit Dusche €. Keine Handtücher. Frühstück und kleine Speisen im Straßenrestaurant vor dem Hotel.

◆**Café/Restaurant Hotel des Amis**
Geführt von *Hassan Bokbot* und seinem Bruder, mit Schlafsack in Gemeinschaftsräumen oder DZ, ½€. Es handelt sich hier um eine sehr einfache, aber saubere und ruhige Auberge am Rande der Dünen. Die Brüder betreiben inzwischen auch den

◆**Campingplatz La Khaima**
Einfacher Platz, direkt an den Dünen mit einem Berberzeltrestaurant (nicht immer aufgebaut) errichtet. Gehört zum Hotel des Amis. Pro Person 8 DH, Zelt/Auto 10 DH.

◆**Auberge/Camping Le Touareg**
Wird von dem sehr netten *Hassan Aït-Ali* und dem deutsch-portugiesischen Arzt *Phillipe von Quirnheim* betrieben, Handy 062 09 70 86, Fax 055 57 72 15; mit ummauerten Campingplatz mit Palmen und Nomadenzelt, am Ortsausgang 2 km in der Palmeraie, rechts gegenüber der großen Düne, neben Camping Ksar Sania. Alles im Stil einer Kasbah, mit Galerie und Aussichtsterrasse darüber. Saubere, einfache Zimmer mit Bad, die sich um den großen Garten mit Palmen und Oleanderbüschen gruppieren. Die einfachen Zimmer ohne Dusche liegen im alten Trakt. €A HP pro Person (Zimmer mit Bad), €B ohne Bad, auf der Terrasse 60 DH, im Nomadenzelt 25 DH. Camping bis zur Fertigstellung des neuen Campingareals nebenan im Garten, 20 DH pro Person und Fahrzeug. Kamelausflüge mit Übernachtung in der Wüste 300 DH. Geländewagen können über die Auberge gemietet werden. Bei Gesundheitsproblemen ist Phillipe auch bereit zu helfen, sofern er in Marokko ist.

◆**Hotel-Camping Ksar Sania**
Tel. 055 57 74 14, Fax 055 57 69 47. Das hübsche Hotel im Kasbahstil liegt ebenfalls 1 km außerhalb in der Palmeraie, direkt neben den Dünen. 1995 eröffnet, wird es von der Französin *Françoise* geführt. Der Campingplatz (mit Strom für Caravans) und die Sanitäranlagen (heiße Duschen) sind in gutem Zustand und sauber. Das Campingareal ist allerdings recht klein (Schwerpunkt auf Zimmervermietung) und fast ohne Schatten. Die Zimmer sind einfach (einige mit Bad), aber hübsch und sehr sauber. €€ HP pro Person, im Nomadenzelt € pro Person/HP, Camping 20 DH pro Person. Gutes Abendessen auf Vorbestellung im geschmackvollen Restaurant (90 DH, Kinder zahlen die Hälfte). Keine Kreditkarten und Travellerschecks. Touren mit Kamel oder Allradfahrzeug (sehr zufriedene Resonanz von Lesern) werden organisiert (z. B. 2 Std. mit dem Kamel, Abendessen und Übernachtung in den Dünen und Frühstück 300 DH p. P.). Leider ist der Platz auch Ausgangspunkt für Geländefahrten ganzer Gruppen an Quadfahrern – es ist dann dementsprechend laut.

◆**La Palmeraie**
Handy 063 86 31 86. 200 m südlich von Ksar Sania, ganz nahe bei den Dünen, einfach, neue Duschen (warmes Wasser) und WC, nette Atmosphäre, aber einheimischer Männertreffpunkt, deshalb weniger geeignet für alleinreisende Frauen. ½€.

◆**La Grand Dune**
Liegt direkt bei der großen Düne in Merzouga. Sehr einfache, kleine Auberge mit wenigen Zimmern.

◆**Rose de Sable**
Tel. 055 57 71 45, Handy 066 03 91 81. Der Besitzer *Ibrahim* spricht gut englisch. An der Straße nach Taouz gelegen, N 31°04,848′ W 04°00,524′. Neue, hübsche und sehr saubere Auberge im Kasbahstil mit 14 Zimmern. €B, auf der Dachterrasse 20 DH, Campen 30 DH. Kamelausflüge und Tagestouren

(1 Std. 50 DH, 1 Tag 200 DH, mit Übernachtung und Essen 300 DH).

◆**Lac de Sahara**
Handy 062 19 12 18. Vor der großen Düne in Merzouga, kein Strom (Gaslampen), einfach eingerichtet, aber sauber und sehr freundlich. Die teureren Zimmer sind recht geräumig. ½€ bis €B, Terrasse 20 DH. Essen um die 50 DH. Netter Aufenthaltsraum.

◆**Auberge Chez Julia**
B.P. 53, 52202 Merzouga (hinter der Moschee), Tel. 070 18 13 60. Kleine, ruhige Auberge mit Restaurant (marokkanisch und österreichisch), betrieben von der österreichischen Malerin, Bildhauerin und Kirchenrestauratorin *Julia Günther*. Sie legt besonderen Wert auf individuelle Betreuung und Sauberkeit. Es können auf Anfrage Seminare, Sprach- und Malkurse o. Ä. abgehalten werden. Auch Tagesausflüge und Kameltouren in die Umgebung. Zimmer (1 bis 4 Pers.) € bis €A. Großer Salon (für Gruppen, 7 Pers.) €€€B. Reichhaltiges Frühstück 35 DH, Menü 30–120 DH.

◆**Auberge Familiale Chez Belkazem**
Tel. 066 91 17 32, moha_dros@yahoo.com, www.merzouga-dromadaire.com. Kleine Auberge in der Nähe von *Chez Julia*. Leserempfehlung. Freundlicher und unaufdringlicher Besitzer (spricht englisch), gutes Essen, Kameltouren in die Umgebung. € p. P. mit HP.

◆**Kanz Erremal**
Tel. 066 03 91 78, Fax 055 57 84 35, www.kanzerremal.com. Direkt am Dünenrand 3 km außerhalb von Merzouga hat diese neue und komfortable Auberge im Kasbahstil aufgemacht. 10 große DZ mit Bad, 4 Turmzimmer. Frühstück 30 DH, Dinner 90 DH. DZ €€€.

◆**Ksar Bicha**
Tel./Fax 055 57 71 13, Mobil 066 50 64 81. GPS N 31°06,438′ W 04°00,635′. Lesertipp, 2004 neu eröffnet, gepflegt und sauber. Ordentliche Zimmer mit geräumigem Bad. Bepflanzter Innenhof, Speisesaal mit gutem Essen. Der Betreiber *Ali* ist freundlich, spricht deutsch und führt auch Kameltouren durch.

Essen und Trinken

◆**Café/Restaurant des Dunes**
Hübsches Café direkt am Torbogen des Ortes mit Terrasse. Hier spielt sich ein Teil des Dorflebens ab, die Alten schlürfen ihren Tee, die Jungen amüsieren sich mit Spielchen und Unterhaltungen. Hier kann man, sobald man alle Souvenirhändler und Führer abgewimmelt hat, sehr nett ins Gespräch kommen und von der Terrasse aus das Dorfleben beobachten.

◆**Café/Restaurant Panorama**
Zwischen Merzouga und *Hassi Labied* (siehe km 31). Herrlicher Weitblick auf Merzouga und den Dayet Sri. Besitzer ist *Hassan Aït Behadou*, der sich nett um die Gäste kümmert.

◆Auch gutes Essen in den diversen Auberges, Hotels und in *Hassi Labied*.

Verkehrsverbindungen

Ein **Sammeltaxi** (Mercedes-Kleinbus) fährt nach **Erfoud** und **Rissani.** Man kann es überall im Ort anhalten, am besten von der Terrasse des *Café des Dunes* aus. Die meisten Taxis fahren beim Torbogen beim Militär frühmorgens ab (Sonnenaufgang, 10 DH). Nachmittags von Rissani ca. 14 Uhr wieder zurück. Manche Taxis fahren mehrmals, und die Hotelbesitzer helfen gerne, eine Fahrmöglichkeit zu beschaffen.

Post

Post (rosa Gebäude mit grünem Dach) am Ortseingang. Hier kann man nach Voranmeldung und Schlangestehen am Schalter **telefonieren,** was auch von der *Auberge Kasbah des Dunes* aus geht.

Einkaufen

◆Am **Markt** und in kleinen Läden sind alle Lebensmittel erhältlich.

◆**Supermarkt** nahe der Post, mit Alkohollizenz (Besitzerin ist Italienerin).

◆**Palais Berbère,** Handy 061 35 37 58, Fax 055 57 65 89, brahimkaraoui@hotmail.com. Der sehr schöne Teppichladen im Norden des Ortes nahe des Mobilfunkmastes (400 m vom Zentrum, großes Schild), gehört *Ibrahim Karaoui,* der sehr gut deutsch, englisch, spanisch und französisch spricht. Er verkauft auch Nomadenzelte und Kunsthandwerk. Die Teppiche werden von Ibrahim von den Familien in Komission übernommen und dort verkauft. Die Preise sind fair. Er führt auch Touren ins Gelände mit dem Landrover und in ganz Marokko durch (max. 6 Personen), macht Rundfahrten zu den Felsgravuren von Taouz oder rund um den Erg Chebbi etc. (1300 DH pro Tag für Fahrzeug, Begleitung und Versicherung). Auch Informationen zur Region gibt es bei Ibrahim.

Die Preise der **Touren,** auch bei anderen Anbietern, hängen im Wesentlichen von der Dauer ab (1 bis 3 Stunden Kamelritt, aber auch Touren mit Zeltübernachtung in der Wüste sind möglich – also Preise vergleichen!).

Weiterfahrt nach Taouz

Die Weiterfahrt in den Süden nach Taouz (nahe der algerischen Grenze) bietet wenig. In der Nähe gibt es Bleiminen und nordwestlich Felszeichnungen, die jedoch nicht weiter erwähnenswert sind.

Merzouga beim Hotel *Rose de Sable* nach Süden verlassen. **Nach 6 km** erscheint ein Dorf, das sich, von Sanddünen flankiert, 1 km hinzieht.

Bei **km 10** mündet eine Piste von rechts ein; links weiterfahren. Einige Kilometer entfernt sind schroffe Bergspitzen auszumachen.

Es folgen zwei Furten (km 11 und 12) über ein Oued.

Bei **km 12** folgen rechts ein Turm und nach links ein Abzweig (N 31°19,006' W 04°06,315') ostwärts nach *M'Fis,* zu den Bleiminen (7,5 km).

km 13 Abzweig nach rechts; links weiter auf der Wellblechpiste durch Hügellandschaft mit kleinen Dünen.

Bei **km 21** ist **Taouz** erreicht.

Eine Weiterfahrt zu den **Felszeichnungen** ist nur mit Führer möglich, ohne ihn sind sie kaum zu finden. Die Polizei in Taouz vermittelt Jugendliche, die gegen Bakschisch die Führung übernehmen.

Felsgravuren in Aït Ouazik

Von Merzouga nach Rissani

Die Strecke von Merzouga nach Rissani (39 km) ist seit Ende 2002 asphaltiert.

km 24 Durchfahrt des *Oued Ziz* über eine Zementfurt. 5 km (km 29) weiter folgt das ◆**Hotel/Restaurant Le Tresor** mit Pool, an einem Ziehbrunnen inmitten einer kahlen, flachen Ebene. Gutes Essen, v. a. leckerer Salat.

Bei **km 31** zieht sich ein Korallenriff ähnlich wie bei Erfoud links die Straße entlang. 1 km später beginnt der Palmenhain von Rissani.

km 38 Kreuzung mit dem Wegweiser *Haroum – Merzouga,* links zum *Mausoleum Mulay Sherif* (siehe Rissani). Geradeaus nach Rissani, das nach ca. 1 km erreicht ist (GPS N 31°16,976′ W 04°15,742′).

Erfoud – Tinjedad

ÜBERBLICK

➡ **87 km, P 3451**

Diese Abkürzungstrecke zurück zur Straße der Kasbahs führt durch schöne Wüstengegend auf ausgebauter, meist zweispuriger Straße. Manchmal ist die Straße im Bereich von Furten schlecht. Der Busverkehr zwischen Erfoud und Tinjedad ist spärlich, häufiger verkehren Sammeltaxis.

ANFAHRTSBESCHREIBUNG

In Erfoud biegen Sie – vom Zentrum kommend – bei der Kreuzung zu den Hotels **Farah Zouar** und **Salam** rechts in Richtung Tinjedad ab (Beschilderung).

Nach 4½ km liegt ein Ort mit schöner Lehmkasbah links der Straße.

Bei km 7,2 führt eine Furt über den **Oued Gheris**, der bei Regen im Frühjahr viel Wasser führt. Die Furt ist betoniert, so dass der Fluss problemlos passiert werden kann, es sei denn, die Furt weist Beschädigungen infolge von Hochwasser auf. Rechts der Straße befindet sich ein versteinertes Korallenriff.

Jorf, ein größerer Ort mit Palmenhain und schönem Ksar, Tankstelle und Geschäften erreicht man nach 19 km.

Bei km 22,4 ist rechter Hand bei dem Ort **Achouria** eine Foggara/Khettara zu sehen. Der unterirdische Wasserkanal, früher von Sklaven ausgehoben und instand gehalten, ist heute an den 2–3 m hohen Sandkegeln zu erkennen, durch deren Öffnung man nach unten blicken kann. Dies waren die Einstiege für die Sklaven, die die immer wieder versandenden Kanäle freischaufeln mussten. Heutzutags werden die meisten Foggaras nicht mehr benutzt.

Nach 25,8 km, bei **Fasna (Fezna),** zweigt eine Straße zur **Barrage** (Stausee) **Fezna** ab. Der Wärter **Mohammed** erklärt und zeigt die Anlage.

Wer zur **Himmelstreppe** will (6–7 km entfernt), **muss folgendes beachten:** Die Kunstwerke sind bewacht und werden vom Künstler zu bestimmten Zeiten als Atelier privat genutzt. **Ohne einen vom Künstler autorisierten Führer können die Kunstwerke nicht besucht werden** (siehe Exkurs „Kunst in der Wüste")! Wer die Himmelstreppe, die Goldene Spirale oder das neueste Projekt Stadt des Orion besichtigen möchte, meldet sich im *Ksar Jellal Ouled* in der Oase Fezna bei dem **Führer Ahmed Ben Sadiq** einen Tag vorher telefonisch an: Tel. 055 78 92 08, Mobil 068 65 18 28. Nur er ist befugt, den Besucher für einen Betrag von 200 DH pro Person bzw. 500 DH mit Anfahrt im Geländewagen zu den Kunstwerken zu bringen. Ahmed kann auf Wunsch Infomaterial über die Kunstwerke aushändigen. Ihr Unkostenbeitrag wird für die Führung zu den Kunstwerken, deren Überwachung und Pflege verwendet.

Wenn der Besucher mit dem Auto unterwegs ist, sollten Fahrten durch die Ksour von Fezna und deren Oasengärten vermieden werden und zum Schutz der Landschaft nur die vom Führer vorgegebenen Pisten befahren werden.

Zum Schutz gegen Motorräder und Geländewagen wurden um die Kunstwerke Steinkreise gesetzt. Fahrzeuge müssen auf den ausgewiesenen Plätzen außerhalb der Steinkreise parken. Die Strecke von den

KUNST IN DER WÜSTE – DIE HIMMELSTREPPE UND DIE GOLDENE SPIRALE

*Die aus Lehmziegeln gefertigte **„Himmelstreppe“** des Münchner Künstlers Hannsjörg Voth wurde 1986 fertig gestellt und hat die Form eines Dreiecks. Das Dreieck, dessen langer Schenkel 23 Meter misst (Boden), hat eine Höhe von 16 Metern. Die Hypothenuse beträgt 28 Meter: Hier verläuft zwischen zwei 140 Zentimeter hohen und 52 Zentimeter breiten Wangen-Brüstungen eine Treppe mit 52 Stufen. Die Stirnseite des Dreiecks ist an der Basis 6,80 m breit und verjüngt sich bis zur Spitze auf 3,60 m. Diese senkrechte Seite wird durch einen 60 Zentimeter tiefen Einschnitt profiliert und vertikal gegliedert. Die 52 Treppenstufen führen zu einer Plattform, die vier Meter unterhalb der Spitze des Bauwerks liegt.*

Im Inneren der Treppe befinden sich im oberen Raum zwei Flügel mit Federkleid aus handgeschmiedeten Messern. Die Spannweite beträgt 3,50 m.

*Das 10 Jahre später realisierte Objekt der **„Goldenen Spirale“** hat wie der Name sagt, die Form einer Spirale und ist über einen Brunnen gebaut. Der Grundriss ist aus neuen Viertelkreisen konstruiert. Diese Spirale wurde mathematisch durch eine Summenreihe wiedergegeben, in der jede Zahl die Summe der zwei vorangegangen zahlen ist: 1, 2, 3, 5, 8, 13, 21, 34, 55, 89 usw. (Fibonacci-Reihe des Leonardo von Pisa, 1180–1250).*

Jede Tirade dieser Summenreihe ergibt eine Annäherung an den Phi-Wert des Goldenen Schnittes. Diese Verbindung des Goldenen Schnittes über die Fibonacci-Reihe ist eine Gesetzmäßigkeit, die in vielen ungestört ablaufenden Prozessen in der Natur stattfindet: in Kristallen, Muscheln, Pflanzen, auch in unserem Körper.

Die Umfassungsmauer der Anlage erreicht nach 260 Metern den höchsten Punkt von sechs Metern. Eine aufgeschüttete Rampe führt ins Zentrum der Spirale.

Literatur: *Voth, H.: „Hassi Romi – Himmelstreppe", Verlag für Moderne Kunst, Nürnberg, ders.: „Die Goldene Spirale“, ebenfalls Verlag Moderne Kunst.* ***Internet:*** *www.hannsjoerg-voth.de*

Nomaden-
mädchen
an der Himmels-
treppe

Sehr geehrte Besucher,

Dank der Genehmigung und Unterstützung durch das Königreich Marokko konnte ich die „Himmelstreppe", die „Goldene Spirale" und die „Stadt des Orion" in der Marha-Ebene bauen. Ihr Interesse an meinen Kunstwerken ehrt und freut mich. Doch meine Motive, diese Skulpturen in der Marha-Ebene zu realisieren, waren und sind, dort in Ruhe und Abgeschiedenheit meiner künstlerischen Arbeit nachgehen zu können. Ich habe diese Kunstwerke entworfen, ihre Realisierung organisiert und selbst finanziert.

Zehn Jahre konnte ich dort ungestört arbeiten. Doch seit geraumer Zeit wird das Interesse von Kunstfreunden und Touristen, diese Skulpturen zu besichtigen, immer größer, leider zum Nachteil der Kunstwerke und meiner künstlerischen Arbeit. Durch unsachgemäßes Verhalten vieler Besucher häuften sich die Schäden an den Bauwerken. Um diese bedauerlichen Folgen zu vermeiden, bitte ich Sie um Verständnis, dass eine kontrollierte Führung zu den Kunstwerken und deren Überwachung notwendig geworden sind.

Ich bitte Sie, die Hinweise des Führers und des Bewachers zu beachten, denn ich habe Ihnen die Verantwortung übertragen, die Kunstwerke und ihr Umfeld zu schützen.

Hannsjörg Voth

Steinkreisen zu den Skulpturen ist zu Fuß zurückzulegen, denn die Plätze gehören zu den Kunstwerken.

Die „Himmelstreppe" und die „Goldene Spirale" können aus statischen und bautechnischen Gründen nur in kleinen Gruppen bis maximal vier Personen betreten werden. Aus zeitlichen Gründen und zur Sicherheit der Besucher können Führungen nur einmal am Tag stattfinden. Die Führung zu Fuß dauert 2–3 Stunden, mit dem Geländewagen ca. 1 Stunde. Wer die Flügelinstallation aus geschmiedeten Messern in der „Himmelstreppe" sehen möchte, kann sie nur besichtigen, wenn der Künstler nicht in der Treppe arbeitet. Die Besichtigung erfolgt unter Aufsicht des Führers und auf eigene Gefahr. Die Notdurft ist an einem mit einem weißen Fähnchen ausgewiesenen Platz in den Dünen zu verrichten. Das Lagern und Campen im Umfeld der Kunstwerke ist untersagt. Aus urheberrechtlichen Gründen ist das Fotografieren und Filmen nur für private Zwecke gestattet.

Die „Goldene Spirale" kann in den Wintermonaten von Oktober bis März nicht besichtigt werden. Der Künstler möchte in dieser Zeit ungestört dort seiner Arbeit nachgehen und bittet um Verständnis.

Wieder auf der Hauptstraße sieht man bei km 27,3 rechts der Straße Ruinen einer Karawanserei oder einer Festung.

Nach 1½ km überquert die Straße erneut eine Foggara, die zum Teil 1,50 m hohe Ausgrabungshügel bei den Zustiegslöchern hat.

Nach 35 km beginnen die Oasendörfer entlang des **Oued Gheris.**

Touroug, eine große Wüstenoase, passiert man nach 50 km.

67,6 km hinter Erfoud kommt **Mellaab (Igli),** ein großer Ort mit einem alten Lehmksar (1 km weiter beim Oued, in einem großen Palmenhain) und neuen rosa Häusern, zwischen schräg gefalteten Bergen gelegen. Die Oase liegt idyllisch am **Oued Todrha.** Die Kinder vor Ort sind allerdings eine Plage!

83½ km von Erfoud entfernt mündet die Straße beim **Café/Restaurant Oued Eddahab** in die P 32: Rechts geht es nach Errachidia, links nach Tinjedad und Ouarzazate.

Bei **km 87** ist **Tinjedad** erreicht.

Rissani – Tazzarine – Nekob – Drâatal

ÜBERBLICK

Die durchgehend asphaltierte, 233 km lange Route ins Drâatal bietet sich zur Rückfahrt an, um nicht auf gleicher Strecke wieder nach Ouarzazate zurückkehren zu müssen.

Die landschaftlich schöne Strecke, die zwischen **Djabal Sarhro** und der Sahara nördlich der algerischen Grenze verläuft, ist weniger frequentiert als die Straße der Kasbahs, bietet aber auch weniger Höhepunkte. Sehenswert sind die Oase **Tazzarine** und die nahe gelegenen Felsgravuren sowie die Palmenoase Nekob mit ihren vielen Kasbahs.

Eine Busverbindung besteht von Rissani aus (s. Verkehrsverbindungen Rissani). Sammeltaxis verkehren nach **Alnif** bzw. **Nekob**. Ab **Tazzarine** gibt es Sammeltaxis Richtung Zagora, d. h. bis zur Straße P 31 *(Ouarzazate – Zagora),* dort dann weitere Sammeltaxis in beide Richtungen.

ANFAHRTSBESCHREIBUNG

Verlassen Sie Rissani in Richtung Erfoud. Fahren Sie bei dem Schild „Circuit de Touristique" geradeaus weiter. Nach 4½ km kündigt sich das Ende der Tafilalet-Oasen mit kleinen Sanddünen an.

Fahren Sie bei **km 5,5 links** weiter nach *Alnif* und *Tazzarine*, geradeaus geht es nach *Errachidia*.

9 km nach dem Abzweig bei einem alten, kleinen weißen Pfeilschild „Forces Armée Royale" führt nach rechts (N) eine Piste auf einen **kreisförmigen Berg mit Krater** zu. Besser ist es, 12 km nach dem Abzweig (N 32°16,165′ W 04°24,706′) abzubiegen – hier führt die Piste ohne Umweg auf breiter, mit jedem Fahrzeug

befahrbarer Piste zu dem Berg, der bei **GPS-Pos. N 31°17,858′ W 04°24,099′** erreicht ist. Dieser Berg ist nach Westen hin offen und durch eine große dicke Mauer bis auf einen ca. 3 m breiten Einlass zugemauert. Eine Zufahrt führt nach innen, eine schmale Piste nach oben bis an den Kraterrand. Von oben hat man eine herrliche Aussicht auf die ehemalige Meeresebene und die Korallenriffabhänge. Das Gestein am Berg enthält auch Fossilien. Der Krater diente früher angeblich Karawanen als Schutz vor Sandstürmen und später der französischen Armee als Festung. Bei den Einheimischen heißt der Berg **„Lamdouar"**, was so viel wie „runder Berg" bedeutet.

Nach 26 km liegt das **Bordj Taguerroumt** zur Linken. Bis *Mecissi* zieht sich ein schwarzes und schroffes Bergmassiv zur Rechten. In den Oueds wachsen Grasbüschel und Akazien, vereinzelt weiden Ziegenherden.

Mecissi, ein kleiner Ort mit spärlichen Versorgungsmöglichkeiten und Tankstelle, ist nach **55 km** erreicht. Im ◆**Café/Restaurant Tombouctou,** Tel. 055 88 45 87, gibt es einige Fremdenzimmer und ein Camping ist im Bau. Das Café hat eine nette Terrasse und guten frisch gebackenen Kuchen aber auch gute Steaks bzw. Brochettes mit Fritten. Der freundliche junge Chef spricht auch gut englisch. Im ◆**Café Lève du Soleil** kann man auf der Durchreise auf Anfrage kalt duschen (nicht besonders sauber). Weiter geht es durch schwarzbraune Wüstenlandschaft mit kleinen Bergen, Kameldornbüschen und vereinzelt stehenden Akazien.

Bei km 82,5 folgt **Achbarou,** eine lang gezogene Palmenoase. Ein zerfallenes Ksar liegt malerisch am Berg links der Straße. Im ◆**Café/Restaurant Sahara** bietet sich eine Rast an. Weiter führt die Strecke entlang eines palmenbestandenen Flusstales.

Der stark expandierende Ort **Alnif** (Militärposten, 95 km von Rissani entfernt) mit rot-weißen Häusern ist bekannt für seine Trilobiten (fossile Urkrebse, Vorsicht vor Fälschungen). **Übernachtung** im einfachen ◆**Restaurant/Hotel Bougafer,** €B DZ ohne Frühstück (heiße Duschen, allerdings über den WC-Löchern, laut und stickig) und im ebenfalls einfachen ◆**Gazelle du Sud.** Es gibt eine große Tankstelle und einen kleinen ◆**Souvenir- und Mineralienladen,** der *Ihmadi Mohand* gehört (E-Mail: trilobites@caramail.com), ca. 20 m vom *Hotel Gazelle du Sud* entfernt. Er hat Geologie studiert und ist kompetente Informationsquelle für Fundstellen oder die Zuordnung selbstgesuchter Fossilien. Schlepper duldet er nicht in seinem Laden. Alle Preise sind fair und angeschrieben. Er hat beim Kartografieren der Gegend mitgeholfen und gibt Touristen eine aktuelle Skizze der Route Alnif – Tinerhir (Piste, mit Pkw bedingt befahrbar). Es gibt eine große Tankstelle im Ort.

Bei km 106 taucht die Palmenoase **Tisernay** am **Oued Tazlaft** auf. Sie liegt zwischen schwarzen Bergen. Die Straße führt durch flache Steinwüste, die von Bergketten gesäumt wird.

Nach 127 km passiert man **Imi-n-Ouzrou,** den Hauptort einer großen Palmenoase (diverse Orte, u. a. **Aït-Saadane, Aït-Oufrou),** die sich über mehrere Kilometer am Fuß eines hohen, dunklen Berges hinzieht. Die sehr schöne Landschaft ähnelt der von Arizona: Rötlichbraune Tafelplateauberge mit ausgewaschenen Felsformationen flankieren eine Halbwüstensteppe.

Bei **km 155,6** mündet die Straße von *Taghbalte* und *Zagora* ein (neue Teerstraße Richtung Süden bis Taghbalte).

Bei km 158 ist Tazzarine erreicht.

TAZZARINE

Der Ort ist Militärposten und verfügt über einfache Versorgungsmöglichkeiten. Es gibt ein Restaurant, Hotel, zwei Campingplätze und eine Tankstelle. Die große, schöne und **ursprüngliche Palmenoase** ist ein gutes Beispiel einer noch „funktionierenden" Saharaoase. Lehmhäuser, enge Gassen, Bewässerungskanäle und zum Teil noch gut erhaltene, alte, kasbahähnliche Häuser prägen das Erscheinungsbild. Die **Kasbahs Aït Chaib** und **Aït-Ali Ouhda** sind zu besichtigen. In einer von ihnen hat der

Campingplatzbesitzer *Lahcen El Ouarzizi* ein kleines **Museum** eingerichtet, das sehenswert ist. Ebenfalls rentiert sich ein Bummel durch den Ort und die Oasengärten, im Gefolge natürlich ein Tross Kinder, die wenigstens recht freundlich sind.

Von Tazzarine aus empfiehlt sich ein Ausflug zu den Felsgravuren (Buchung am Campingplatz) oder in den **Djabal Sarhro.** Letzterer kann auch im Rahmen einer Trekkingtour erkundet werden (in Deutschland z. B. über Hauser Exkursionen oder den Summit Club des Dt. Alpenvereins zu buchen). Im Djabal Sarhro in Richtung *Tizi-N-Tazazert* (Pass) und *Iknioun*n gibt es bizarre Berge, die wie Vulkanschlote in den Himmel ragen; Wasserfälle und herrliche Schluchten runden die schöne Landschaft ab. Die Tour dorthin ist aber nur mit Geländewagen möglich. Auch Kameltouren werden ab Tazzarine organisiert.

PRAKTISCHE INFOS

Unterkunft

◆Hotel/Restaurant Bougafer

Von Agdz kommend rechts über die Brücke, Beschilderung „Village touristique" links, am Ortsanfang sofort links. Tel. 044 83 90 05, Fax 044 83 90 86. Der nette Juniorchef *Brahim Mulay Aziz* spricht fließend englisch und hat in Agadir Touristik studiert. Er hat ein sehr schönes Hotel (35 Zimmer, €€B HP p. P., €B ÜF p. P. im DZ) mit drei Restaurants, Swimmingpool und Campinganlage (Tel. 044 83 90 84, Fax 044 88 57 76) gebaut. Der etwas sterile, ummauerte Platz bietet nur wenig Schatten, ist aber auch für größere Wohnmobile geeignet (p. P. 25 DH inkl. Fahrzeug, Strom 10 DH, Poolbenutzung extra 40 DH). Kreditkarten werden akzeptiert, eine Autovermietung ist angeschlossen (Pkw, Landrover mit Chauffeur und Pajero für Selbstfahrer). Ausflüge werden organisiert.

◆Camping Amasttou

Tel. 044 83 90 78, Fax 044 83 84 64. GPS N 30°46,509' W 05°33,265'. Der wunderschöne Campingplatz unter Palmen, mit hervorragenden sanitären Anlagen (europäische Norm) und einem kleinen Wasserbecken zum Planschen (meist ohne Wasser wegen Wassermangel), bietet Übernachtungsmöglichkeit im luftigen Nomadenzelt (mit Matratzen und Bettwäsche) und in etwas heißen kleinen Zimmern (mit Ventilator). Gutes Zeltrestaurant. Wenn große Gruppen ankommen ist der Platz allerdings ausgelastet. Pro Person 15 DH, Wohnmobil 24 DH, Zelt 12 DH, Strom 12 DH, warme Dusche 9 DH, Kind 6 DH. Zimmer €€B (inkl. warmer Duschen), im Nomadenzelt ½€. Der Campingplatz ist für große Wohnmobile wegen der Anfahrt durch schmale Gassen und unter niedrigen Stromleitungen hindurch mühsam. Höhere Fahrzeug können außerdem nur neben dem Platz auf einem umzäunten Gelände stehen, weil die Toreinfahrt hoch gelegt wurde und jetzt Fahrzeuge über 2,20 m nicht mehr in die Einfahrt passen. Es gibt auch einen kleinen Laden. Vom Campingplatz aus können **Ausflüge** zu den nahe gelegenen **Felszeichnungen** *Tirourirines* und *Abdi Boulili* und *Aït Ouazik* (400 DH für Hin- und Rückfahrt und 2 Std. Besichtigungszeit), zu den Wasserfällen *Imi Nougizi Noukbache* und nach *Taghbalte* organisiert werden. Auch **Kameltouren** oder die Miete eines kompletten Landrovers (1000 DH/Tag mit Chauffeur), sind möglich. Die sehr regen Patrons *Lahcen* bzw. *Brahim El Ouarzazi* sind gerne bei allen Fragen behilflich oder vermitteln einen Führer zur Besichtigung der örtlichen **Kasbahs Aït Chaib** und **Aït-Ali Ouhda.** In einer der Kasbahs ist ein sehenswertes **Museum** errichtet (Eintritt 10 DH). Gute Detailkarten über die Gegend hängen an der Rezeption aus. Gutes Essen wird im Nomadenzelt (36–95 DH) serviert. Der Campingplatz liegt mitten zwischen Lehmmauern des alten Ksar am Rande der **Oasengärten.** Von hier kann man wunderbar die Gärten und die alten Ortsteile besichtigen, die Bevölkerung ist sehr freundlich.

◆Camping Serdrar

Handy 067 23 80 22, 066 48 10 34, Fax 044 83 91 34, camping.sardrar@caramail.com. N 30°43,318' W 05°28,547'. Neu eingerichteter Camping südöstlich von Tazzarine. Auf der neuen Straße ab Tazzarine südwärts, bei km 12 links abbiegen auf Piste (noch 5 km, auch für Pkw) bis zum Camping bei *Oum Jrane*. Großes Gartengelände (junge Palmen) mit 21 Berberzelten zur Übernachtung und einem Restaurant. Sanitäre Anlagen mit heißen Duschen. Vier Zimmer.

Verkehrsverbindungen

Sammeltaxi morgens nach Zagora. Abfahrtsstelle nahe der Tankstelle vor der Teleboutique. Möglichst schon am Tag vorher einen Sitzplatz buchen.

Um nach Ouarzazate zu kommen, kann man auch mit dem **Taxi** bis Tansikht mitfahren und dann in ein Taxi von dort umsteigen (kaum Wartezeit) oder den privaten Bus nach Ouarzazate anhalten, sofern dieser noch einen Platz frei hat.

Ausflüge

Organisierte Ausflüge

Vom Camping Amasttou können Ausflüge zu den nahe gelegenen Felszeichnungen **Tirourirines, Abdi Boulili** und **Aït Ouazik**, zu den Wasserfällen **Imi Nougizi Noukbache** und nach **Taghbalte** organisiert werden. Auch Kameltouren oder die Miete eines kompletten Landrovers (1100 DH/Tag) sind möglich. Der Patron, der selbst über viel Reiseerfahrung verfügt, ist bei allen Fragen behilflich und vermittelt Führer zur Besichtigung der örtlichen Kasbah. Gute Detailkarten von der Gegend hängen in der Rezeption aus.

Zu den Felsgravuren von Aït Ouazik

Durchgehend gute, steinige Piste. Notfalls (mühsam) auch mit Pkw möglich!

Ab der Kreuzung links weiter fahren, nach 400 m kommt wieder eine Kreuzung, rechts weiter. **GPS N 30°41,034′ W 005°38,485′.** Rechte Spur über Hammada wählen. Nach 1 km bei **GPS N 30°41,381′ W 005°37,372′** trifft man auf einen **Parkplatz mit Steinhaus bzw. kleinem Café** (Softdrinks 7 DH) oberhalb des Oueds auf dem Hügel. Es gibt mittlerweile auch einen Wärter. An der Abbruchkante zum Oued finden sich auf am Boden liegenden Steinen zahlreiche schöne **Gravuren,** wie Gazellen, Strauße, Rinder und Fische **(GPS N 30°41,126′ W 005°39,069′).** Etwa 500 m weiter ebenso. Bitte achten Sie darauf, nichts zu zerstören oder gar auf den Steinen herumzusteigen, es wurde ohnehin schon von den Einheimischen zuviel zerstört; sie verwendeten Steine sogar zum Hausbau. Die Gravuren sind unwiederbringlich und an die 8000 Jahre alt, bitte bedenken Sie das!

Auf der gleichen Piste wieder zurück.

Von Tazzarine in Richtung Nekob passiert man eine sehr schöne Wüstenlandschaft parallel zum Oued, gesäumt von vielen Palmenhainen und Bergketten. Nach 6 km endet der Palmenhain von Tazzarine.

Ca. 8 km nach Tazzarine liegt der kleine Ort **Tamsahalte.** Hier zweigt links eine Piste ab, die sowohl zum Ort als auch zur ◆**Kasbah Riad du Sud** führt. Nach 800 m erreicht man das schöne Hotel, das von *Edi Kunz,* dem auch das *Hotel Tombouctou* in Tinerhir gehört, geführt wird. Es gehört drei Schweizern. Tel. 044 83 58 15, Fax 044 83 22 23, www.hotelriaddusud.com, hotelriaddusud@iam.net.ma. In der originalgetreu renovierten Kasbah gibt es neun Zimmer. Diese Oase der Ruhe am Rande der Wüste bietet sich als Ausgangspunkt für Ausflüge mit Kamel, Mountainbike oder 4x4 an. DZ (Standard oder Turmzimmer) mit Bad und Halbpension €€€€.

20½ km von Tazzarine bzw. 178,5 km von Rissani entfernt passieren wir den kleinen Ort **Ilal** links der Straße. Linker Hand sind interessante Bergplateaus zu sehen. Große Palmenhaine ziehen sich die Bergkette entlang.

Nach 6 km ist **Aït Massaoud,** ein kleiner Ksar mit Moschee und Kasbah, erreicht. Bei Gesamt-km 193 von Rissani, 35 km hinter Tazzarine, folgt der große Ort **Nekob** (bzw. N'kob).

NEKOB

Der expandierende Ort liegt auf 1000 m Höhe, es gibt eine Geschäftsstraße, einen Mechaniker und die obige Tankstelle. **Markt** ist am Sonntag. Was man von der Hauptdurchgangsstraße nicht sieht, sind der große Palmenhain und die mächtigen Kasbahs im Ort. Es sollen 150 Stück sein, die meisten sind noch bewohnt. Hier in Nekob hat man einen garantiert unverfälschten Urlaub ohne viele Touristen!

Eine Übernachtung ist in der ca. 1,5 km außerhalb (Richtung Boumalne) liegenden traumhaften ◆**Auberge Club Kasbah Baha Baha** möglich. Die 50 Jahre alte Kasbah wurde 1999 von *Lahcen* und *Brahim El-*

Ouarzizi zum Hotel umgebaut (Lahcen betreibt auch den Camping *Amasttou* in Tazzarine). Die gesamte Anlage ist liebevoll eingerichtet, mit einem kleinen ethnographischen Museum, Pool und stilvollem Restaurant. Zu besichtigen ist auch die alte und restaurierte Küche, wo sich der Besucher über traditionelle Kochweisen kundig machen kann und von der Terrasse hat man einen herrlichen Blick über das ganze Tal. Zwei Zimmer haben ein Bad, die Etagenduschen sind mehr als sauber. Alles in allem eine traumhafte Anlage, in der es sich wunderbar ein paar Tage in aller Ruhe enspannen lässt. DZ mit Bad €€€, ohne Bad €€, im Zweiernomadenzelt (mit Matrazen und frischer Bettwäsche) ½€, Doppelzelt und Dreierzelt €, Frühstück 25 DH, Tajine 45–50 DH. Tel. 044 83 90 78, im Internet: www.kasbahbaha.free.fr. Von hier werden Touren nach Boumalne veranstaltet. Die einsame Fahrt geht durch die bizarre Wüstenlandschaft des *Djabal Sarhro.*

Ca. 4 km hinter Nekob liegt der Ort **Aït Ouzzine** am Fuß schwarzer Tafelberge. Dort hat das schöne ◆**Maison d'Hôtes/ Restaurant Ksar Jenna** neu eröffnet (Tel. 044 83 97 90, Fax 044 83 97 91, info@ksarjenna.com, www.ksarjenna.com). Das Hotel im Kasbahstil hat ein marokkanisches Restaurant und komfortable Zimmer.

Die Straße weiter in Richtung Drâatal führt zwischen zwei Bergzügen durch flache steinige Steppe mit niedriger Buschvegetation. Ungefähr 40 km hinter Nekob (Gesamt-km 233) mündet die Route im Drâatal nördlich von **Tamsikht** in die P 31. Rechts geht es nach **Agdz** (29 km) und **Ouarzazate** (ca. 100 km), links nach **Zagora** (66 km).

PRAKTISCHE INFOS A–Z

AUSRÜSTUNG
ANREISE NACH MAROKKO

EINREISE- UND ZOLLBESTIMMUNGEN
ESSEN UND TRINKEN

FINANZEN • GESUNDHEIT

INFORMATIONSSTELLEN

POST/TELEFON/INTERNET

TRANSPORT • SOUVENIRS

SONSTIGES WISSENSWERTES
(Elektrizität, Trinkgeld, Fremdenführer, Uhrzeit)

UNTERKUNFT

VERANSTALTER/RUNDREISEN

VERSICHERUNGEN

AUSRÜSTUNG

REISEGEPÄCK

Eine rechtzeitig angelegte **Checkliste** garantiert, dass man nichts einzupacken (und vorab zu erledigen) vergisst. Grundsätzlich erfordert eine Marokkoreise kaum andere Vorbereitung als eine beliebige Südeuropareise. Zu beachten ist jedoch, dass man in ein arabisches Land reist (u. a. strengere Kleidungssitten).

KLEIDUNG

Sie richtet sich nach **Reisezeit, Reiseziel und Reiseart.** Wer einen Pauschal-Badeurlaub gebucht hat, muss anders packen als der Rundreisende. Sportliche Freizeitkleidung ist auch für Mehr-Sterne-Hotels ausreichend. Smoking und Abendkleid sind kaum irgendwo angemessen, geschweige denn erforderlich, außer vielleicht im *Mamounia*-Hotel in Marrakesch.

Selbst in der heißesten Jahreszeit muss auf jeden Fall **Rücksicht auf das islamische Gastland** genommen werden. **Nacktbaden** ist in Marokko **verboten!** „Oben ohne" wird höchstens an den Hotelpools geduldet, an Stränden jedoch signalisiert die barbusige Europäerin dem männlichen Marokkaner sexuelle Bereitschaft, was entsprechende Belästigungen nach sich zieht. Badekleidung, Shorts, tief ausgeschnittene, rücken-/bauchfreie Oberteile bei Damen sollten auf die Badezonen und den Hotelbereich beschränkt bleiben.

Zu empfehlen ist Kleidung aus **pflegeleichten, luftdurchlässigen Baumwoll- oder anderen Naturfasern.** Mit leichten, langen Hosen oder luftigen, kniebedeckenden Röcken und bequemen, weitärmeligen Blusen oder T-Shirts ist man unterwegs nicht nur „anständig" angezogen, sondern auch vor der intensiven Sonneneinstrahlung geschützt. Marokkaner wird man außerhalb der Küstenstädte selbst im Hochsommer nur selten in Shorts auf der Straße antreffen (kurze Hosen sind in der traditionellen arabischen Welt Unterhosen!). Auch der wohlgeformte Mann würde sich daneben benehmen, liefe er mit entblößter Brust herum. Diese Regeln gelten umso mehr, je weiter man sich von touristischen Zentren entfernt, z. B. bei Stadtbesichtigungen und Rundfahrten über Land.

Das Tragen **marokkanischer Landestracht** empfiehlt sich nur zu geeigneten Anlässen: Als Kopfbedeckung bei einer staubigen Tour unter sengender Sonne etwa, ist ein *Chech* (Kopfwickeltuch der Tuareg und anderer Saharavölker) sehr praktisch. Beim Stadtrundgang kann durchaus eine *Djellabah* getragen werden. Insgesamt aber sollte auch hier das nötige Fingerspitzengefühl bewiesen werden.

Sehr praktisch für Frauen ist ein möglichst großes, leichtes **Tuch,** beliebig über Kopf und/oder Schultern zu tragen. Dies ist nicht nur ein empfehlenswertes Zugeständnis an die Landessitte, es schützt auch Kopf und Nacken vor der Sonne und das Haar vor Austrocknung, Ausbleichung und Staub – außerdem lässt sich damit bei Besuchen z. B. von Moscheen, Museen, Suqs, Restaurants etc. ein etwaiges Zuviel an nacktem Fleisch im Schulterbereich dezent verhüllen.

Auch ins Sommergepäck gehören ein **warmer Pullover** für kühle Abende sowie ein leichter Wind- und Regenschutz. Im Winter braucht man v. a. im Gebirge durchaus eine dicke Jacke oder einen Fliespullover, Regenkleidung und/oder einen warmen Mantel.

Feste, geschlossene **Schuhe** sind nicht nur für Wüstenexkursionen nötig; auch bei Ausflügen ins Gelände und Besichtigungen antiker Ruinenstätten gewähren sie sicheren Halt. Ansonsten sind wasserfeste Trekkingsandalen ideal. Badeschuhe nicht vergessen!

SONSTIGES

Auch wenn Sie etwas zu Hause vergessen haben – fast alles (Kleidung, Toilettenartikel etc.) lässt sich in Marokko, zumindest in Städten und Touristenzentren, nachkaufen. Wichtig ist generell, an die **persönlichen, unersetzlichen Dinge** zu denken,

z. B. Personaldokumente, Brillen, besondere Medikamente, Adressenbüchlein, französisches Wörterbuch und evtl. ein marokkanisch-arabischer Sprachführer (z. B. Kauderwelsch, Reise Know-How). Reiseführer/-karte und Urlaubslektüre (deutsche Tageszeitungen und Zeitschriften) sind auch in den Urlaubszentren Agadir, Marrakesch und Ouarzazate erhältlich.

Fotografen sollten ausreichend Ersatzbatterien und Filmmaterial dabei haben (letzteres ist in Marokko teurer und u. U. schlecht gelagert, aber erhältlich).

Sonnenbrille, Sonnencreme, Badetücher (die Hoteltücher dürfen außerhalb des Zimmers nicht benützt werden) sind wichtig für **Badeurlauber.** Sollten Sie vorzugsweise in kleinen, unklassifizierten Hotels nächtigen, kann ein **Handtuch** auch nicht schaden, denn diese gehören selten zur Ausstattung. Für Trekking, Übernachtungen auf der Dachterrasse und in Jugendherbergen empfiehlt sich im Winter ein warmer Schlafsack, im Sommer reicht ein Leintuch oder Jugendherbergsschlafsack.

Packen Sie eine kleine **Taschenlampe** ein: Sie brauchen sie bei evtl. Stromausfällen, bei abendlichen Spaziergängen durch schlecht oder unbeleuchtete Straßen, bei Touren über Land für Übernachtungen in Zelten oder Hütten, gelegentlich sind sie auch nützlich bei Besichtigungen von Ruinenstätten. Ein kleiner **Schirm** ermöglicht Spaziergänge notfalls auch bei Regen (Frühjahr, Spätherbst).

Empfehlenswert ist die Mitnahme einiger individueller **Geschenkartikel** als Dank für kleinere Dienstleistungen. Auch Kellner und Zimmermädchen freuen sich (neben dem Trinkgeld) darüber. Beliebt sind Seifen, Parfüms, amerikanische Zigaretten, Jeans, ausgediente GSM-Telefone oder ein typisches Souvenir (Kalender/Postkarten/Bildband/Aschenbecher) von zu Hause. Kinder freuen sich über Kugelschreiber (z. B. für die Autobewachung oder wenn sie einem den Weg gezeigt haben).

Noch ein Tipp: Ein **Notizbuch** mit Kalenderteil sollte jeder dabeihaben, um die eine oder andere Information festzuhalten. Handelt es sich um die erste und einzige Marokkoreise, hat man später ein interessantes Souvenir. Folgen weitere Reisen, kann man dankbar auf das Notierte (z. B. Preise, Hotel-, Restaurant- oder Einkaufstipps, Adressen) zurückgreifen.

Kopien von Pass und wichtigen Personalpapieren – separat aufbewahrt – sind nützlich bei Verlust der Originale.

ANREISE NACH MAROKKO

Pauschalurlauber erreichen Marokko im Allgemeinen **per Charterflug** mit Ferienfluggesellschaften wie Condor, Hapag Lloyd und LTU von vielen Flughäfen in Deutschland, Österreich und der Schweiz **nach Agadir/Ait Melloul (Flugzeit ca. 4 Std.)** und gelangen anschließend per Bustransfer zum Hotel.

Fehlen Schuhe im Gepäck ...?

Nonstop- oder Direktverbindungen aus dem deutschsprachigen Raum nach Marokko bestehen auch **nach Casablanca** sowie nach Nador. Daneben gibt es etliche Umsteigeverbindungen mit mindestens einem Zwischenstopp im Heimatflughafen der jeweiligen Airline. In Casablanca bestehen Anschlüsse nach Agadir, Marrakesch und Ouarzazate.

Nonstop- oder Direktflüge **nach Marrakesch** gibt es ab Deutschland nicht, jedoch ab Genf, Paris und London.

Nachfolgend eine Auflistung der wichtigsten Fluggesellschaften mit Verbindungen nach Marokko:

- **Air France,** www.airfrance.de. Von vielen Flughäfen in Deutschland, Österreich und der Schweiz über Paris nach Casablanca und Marrakesch.
- **Alitalia,** www.alitalia.de. Von mehreren Flughäfen in Deutschland, Österreich und der Schweiz über Mailand oder Rom nach Casablanca.
- **Austrian Airlines,** www.aua.com. Von Wien nach Casablanca und Agadir.
- **British Airways,** www.britishairways.de. Von vielen Flughäfen in Deutschland, Österreich und der Schweiz über London nach Casablanca und Marrakesch.
- **Condor,** www.condor.com. Von mehreren deutschen Flughäfen nach Agadir.
- **Hapag Lloyd,** www.hlf.de. Von mehreren deutschen Flughäfen nach Agadir.
- **Helvetic Airways,** www.helvetic.com. Von Zürich nach Marrakesch und Agadir ab 495 SFr. Fliegt man zehnmal mit Helvetic, bekommt man den 11. Flug umsonst.
- **Iberia,** www.iberia.de. Von vielen Flughäfen in Deutschland, Österreich und der Schweiz über Madrid nach Casablanca, Marrakesch und Tanger.
- **LTU,** www.ltu.de. Von mehreren Flughäfen in Deutschland nach Agadir.
- **Lufthansa,** www.lufthansa.de. Von Frankfurt nach Casablanca.
- **Royal Air Maroc,** www.royalairmaroc.com. Von Düsseldorf und Frankfurt nach Casablanca sowie von Düsseldorf und Frankfurt nach Nador. Von Genf und Zürich nach Casablanca und Marrakesch sowie nach Agadir via Casablanca.

Einreiseformular

CARTE DE DEBARQUEMENT
EINREISE

1 Nom: ....
Name (Druckschrift)

Nom de jeune fille: ....
Geburtsname

Prénoms: ....
Vorname

2 Date de naissance: ....
Geburtsdatum

3 Lieu de naissance: ....
Geburtsort

4 Nationalité: ....
Nationalität

5 Profession: ....
Beruf

6 Domicile: ....
Heimatadresse

7 Passeport no .... délivré à .... le ....
Reisepaß-Nr. ausgestellt in am

8 Allant à (adresse): ....
Zielflughafen

Réservé à l'Administration
Für behördliche Eintragung

Form 300012 -95

FLUGPREISE

Je nach Fluggesellschaft, Jahreszeit und Aufenthaltsdauer schwanken die Preise für einen Hin- und Rückflug nach Agadir erheblich; so kann es im Januar, Februar, Juni oder November durchaus möglich sein, einen Flug **ab 160 Euro** zu ergattern, während in den Ferienmonaten ein Flug unter 450 Euro kaum zu bekommen ist. Ihre Entscheidung für eine bestimmte Airline kann auch beeinflussen, ob Sportgepäck (Fahrrad, Surfboard, Tauchausrüstung etc.) ohne Aufpreis befördert wird.

Von Zeit zu Zeit offerieren die Fluggesellschaften befristete Sonderangebote. Ob für die gewünschte Reisezeit gerade günstige Flüge nach Marokko auf dem Markt sind, lässt sich im Internet auf der Website von Jet-Travel (www.jet-travel. de) unter „Flüge" entnehmen, wo sie als **Schnäppchenflüge** nach Afrika mit aufgeführt sind.

In Marokko selbst lassen sich **Inlandsflüge** (auch verbilligte Wochenendtarife) über die Royal Air Maroc buchen, jedoch gehen diese in der Regel nicht von Stadt zu Stadt, sondern immer über Casablanca, so dass sich diese Art des Reisens im Land nicht lohnt.

BUCHUNG

Die Preise für Tickets ein und derselben Airline können in den verschiedenen Reisebüros stark variieren. Ein Vergleich (auch über das Internet oder als Anfrage per Telefon) lohnt sich also durchaus.

Folgende zuverlässigen **Reisebüros** haben meistens günstigere Preise als viele andere:

◆**Jet-Travel,** Buchholzstr. 35, D-53127 Bonn, Tel. 02 28-28 43 15, Fax 28 40 86, info@jet-travel.de, www.jet-travel.de.

◆**Globetrotter Travel Service,** Löwenstrasse 61, CH-8023 Zürich, Tel. 01-228 66 66, zh-loewenstrasse@globetrotter.ch, www.globetrotter.ch. Weitere Filialen gibt es in Baden, Basel, Bern, Biel, Chur, Freiburg, Luzern, Olten, St. Gallen, Thun, Winterthur und Zug.

◆**Air Fair,** Rokin 52, NL-1012 KV Amsterdam, Tel. 020-620 51 21, Fax 620 53 06, info@AirFair.nl, www.AirFair.nl. Ideal für Tickets ab den Niederlanden oder Belgien. Sonderangebote auf der Website unter „Aanbiedingen" und „AirFair Specials".

Die vergünstigten Spezialtarife und befristeten Sonderangebote kann man nur bei wenigen Fluggesellschaften in ihren Büros oder direkt auf ihren Websites buchen; diese sind jedoch immer auch bei den oben genannten Reisebüros erhältlich.

LAST-MINUTE

Wer sich erst im letzten Augenblick für eine Reise nach Marokko entscheidet oder gern pokert, kann Ausschau nach Last-Minute-Flügen halten, die von einigen Airlines mit deutlicher Ermäßigung ab etwa 14 Tage vor Abflug angeboten werden, wenn noch Plätze zu füllen sind. Diese Last-Minute-Flüge lassen sich bei Condor (www.condor.com), Hapag Lloyd (www.hlf.de) und LTU (www.ltu.de) direkt und ansonsten nur bei Spezialisten buchen (bei den Rufnummern werden 0,12–0,20 Euro bzw. 0,12 SFr pro Minute berechnet):

◆**L'Tur,** www.ltur.com; D: Tel. 01805-212121; A: Tel. 08 20-60 08 00, CH: Tel. 08 48-80 80 88, NL: 0900-202 30 08, sowie 140 Niederlassungen europaweit. Unter „Super Last Minute" gibt es Angebote für den Abflug innerhalb der nächsten 72 Stunden.

◆**Lastminute.com,** www.de.lastminute.com, D: Tel. 0 18 05-77 72 57, NL/B: Tel. 0900-405 06 07.

PAUSCHALREISE

Bei Pauschalreiseveranstaltern gibt es erhebliche **Preisunterschiede** für dieselben Destinationen in derselben Hotelklasse. Die maximalen Preisunterschiede können zwischen 13 und 26% liegen, d. h. ein Preisunterschied bis zu über 700 Euro.

Hier gilt es, die Preise sehr gründlich zu vergleichen, was nicht einfach ist. Auch bei den **Kinderpreisen** sollte man Acht geben, manche Anbieter unterscheiden nach kleinen Kindern (2 bis 6 Jahre) und großen Kindern (7 bis 11, 12, 13, 14 oder gar 15 Jahre), andere wiederum gar nicht.

Viele Internetanbieter bieten **Restplätze** für Pauschalreisen von den gängigen Veranstaltern an, allerdings oft nicht preiswerter, sondern lediglich „Last Minute". Insbesondere wenn man den Katalogpreis nicht kennt, hat man schnell ein angebli-

Buchtipps:
- Frank Littek
Fliegen ohne Angst
- Erich Witschi
Clever buchen, besser fliegen
- Erich Witschi
Unterkunft und Mietwagen clever buchen
(alle Bände Reise Know-How Praxis)

Praktische Infos

ches Schnäppchen gebucht, das dann doch nicht preiswerter als im Katalog ist. **Praktische Websites,** die mindestens die Pauschalangebote preislich vergleichen, sind www.lastminuteauskunft.de und www.nix-wie-weg.de.

Wenn man bedenkt, wie viel Zeit die Sucherei in Anspruch nimmt, ist es allerdings häufig günstiger, sich an ein **Reisebüro** in Ihrer Nähe zu wenden, welches aus der Flut der Angebote die gewünschte Reise innerhalb Ihres Preislimits heraussucht.

ANKUNFT IN MAROKKO

Die **Abfertigung am Flughafen** ist ziemlich unproblematisch. Dem Polizeibeamten legt man den Pass und den Einreisezettel *(Carte de Débarquement,* ist bereits im Flugzeug auszufüllen) vor. Daraufhin erhält man den Einreisestempel mit Identifikationsnummer. Bei der Ausreise ist ein Ausreisezettel auszufüllen, der meistens bei den Säulen am Flughafen rumliegt, und dem Beamten mitsamt dem Pass vorzulegen. Falls man mit dem Personalausweis einreist (besser ist der Pass), erhält man ein gesondertes Blatt mit dem Einreisestempel, das bei der Ausreise wieder vorgezeigt werden muss. Bei der Zollabfertigung werden Gruppenreisende selten kontrolliert. Bei Alleinreisenden kann es schon vorkommen, dass das Gepäck genauer in Augenschein genommen wird, erst Recht, wenn man in ein bestimmtes Klischee passt, z. B. als Mann mit langen Haaren oder Rastalocken (= Kiffer).

BEHINDERTENREISEN

Marokko ist kein ideales Land für Behinderte. Es gibt nur selten behindertengerechte Hotels, öffentliche Einrichtungen oder gar öffentliche Verkehrsmittel, die darauf eingerichtet sind, Rollstuhlfahrer zu befördern. Am ehesten geht dies noch mit der Eisenbahn. Auch die Straßen und Gehsteige sind überhaupt nicht behindertengerecht. So sind Gehwege ohnehin meist nicht vorhanden und wenn, dann häufig uneben. Pflastersteine fehlen oder Bordkantenabflachungen gibt es gar nicht. In den Medinas sind die Gassen oft so eng, dass man schon als normaler Fußgänger seine liebe Not hat, Mopeds, Eselswagen und Menschenmengen auszuweichen. Behinderte, die auf den Rollstuhl angewiesen sind, sollten deshalb unbedingt mit Begleitperson reisen. Es gibt zwar Rollstuhlfahrer, die sich auch alleine durch Marokko geschlagen haben, aber alle schildern dieses Unterfangen als ausgesprochen mühsam – immerhin lautet das einstimmige Urteil aller, dass die Bevölkerung Behinderten gegenüber sehr aufgeschlossen und freundlich wäre.

Eine kostenlose **Reiseberatung für Behinderte** erhält man bei der *Bundesarbeitsgemeinschaft der Clubs Behinderter und ihrer Freunde: BAGcbf,* Eupener Straße 5, 55131 Mainz, Tel. 0 61 31-22 55 14, www.bagcbf.de.

EINREISE- (ZOLL) BESTIMMUNGEN

Deutsche Staatsbürger benötigen für einen Aufenthalt in Marokko bis zu drei Monaten einen noch sechs Monate gültigen **Reisepass,** für Kinder unter 16 Jahren ist ein Kinderausweis mit Lichtbild oder Eintragung im Familienpass erforderlich. Jugendliche ab 16 Jahren brauchen einen eigenen Reisepass, alleinreisende Minderjährige grundsätzlich einen eigenen Reisepass und eine schriftliche Reisegenehmigung der Eltern, die notariell oder von einer Behörde beglaubigt und ins Französische übersetzt sein muss. Für deutsche **Pauschalreisende,** die einen Charterflug (fester Hin- und Rückflugtermin) mit Hotelaufenthalt für die gesamte Reisedauer gebucht und bezahlt haben, genügt auch der **Personalausweis.** Impfvorschriften bestehen nicht.

Private Gebrauchsgegenstände können zollfrei eingeführt werden. Laptops, Surf-bretter, Fahrräder und Boote müssen evtl. in einem extra Formular deklariert bzw. gegebenenfalls in den Pass eingetragen und wieder ausgeführt werden. Normalerweise gibt es damit aber keine Probleme. Erwachsene Reisende dürfen an Genussmitteln 200 Zigaretten oder 100 g Tabak oder 50 Zigarren, 1 Liter Wein und 1 Liter Spirituosen oder 3 Flaschen Wein zollfrei mitführen. Die Mitnahme von **Funkgeräten** aller Art, auch eingebauten, ist verboten. Amateurfunker (nicht CB) können aber in Deutschland bzw. Österreich oder der Schweiz eine Gastlizenz beantragen. Die Einfuhr von pornografischen Druckerzeugnissen ist ebenfalls verboten. Die marokkanische **Währung (Dirham)** darf offiziell nicht ein- oder ausgeführt werden.

Jagdwaffen und Munition können zeitlich befristet mit einer Genehmigung der *Sûreté Nationale* ins Land gebracht werden. Verboten sind alle sonstigen Waffen und Tränengassprays.

Die vorübergehende Einfuhr von **GPS-Geräten** erfordert neuerdings eine schriftliche Genehmigung der ANRT (Av. Ennakhil, Centre d'affaires, B.P. 2939, L. Sud, Hay Riad-Rabat/Marokko, Tel. 00212-37-71 84 00, Fax 037-71 64 98, www.anrt.net.ma). Unter Angabe der Personendaten, der technischen Daten des Gerätes und dem Zeitraum der Einfuhr kann man die Genehmigung relativ problemlos im Voraus von Deutschland aus beantragen (möglichst in Französisch).

Die Ein- und Ausfuhr von Rauschgift (in Marokko v. a. **Cannabis** in seinen Verarbeitungsformen Haschisch, Haschischöl, Marihuana und Kif) ist ebenfalls verboten und wird mit langen Gefängnisstrafen geahndet.

Bei **Hunden** (und Katzen) ist ein amtstierärztliches Gesundheitszeugnis, nicht älter als 10 Tage, vorgeschrieben. Das Zeugnis wird zwar selten wirklich verlangt, ist aber besonders zu empfehlen, wenn man auf dem Landweg anreist (gleiche Vorschrift in Spanien). Es ist sinnvoll, die Bescheinigung in Französisch auszustellen, bei einem internationalen Impfpass jedoch nicht nötig (Vordruck in Französisch vorhanden). Bescheinigung über Tollwutschutzimpfung, ausgestellt vor wenigstens einem Monat und nicht mehr als sechs Monaten. Für Hunde, jünger als drei Monate, und für Katzen, jünger als sechs Monate, ist nur ein Gesundheitszeugnis notwendig, da ein Impfnachweis in Form eines Impfpasses meistens noch nicht existiert. Mit einem Hund kann es erhebliche Probleme bei der Hotelsuche geben: Viele Hotels akzeptieren keine Tiere in den Zimmern!

Kraftfahrzeuge: Zollfreie Einfuhr (bis zu 6 Monaten) mit nationalem Führer- und Fahrzeugschein. Die Internationale Grüne Versicherungskarte muss auf Marokko gültig geschrieben sein, sonst obligatorischer Versicherungsabschluss bei der Einreise.

Mittelmeerfähren verkehren von Spanien nach Marokko: u.a. von Malaga und Almeria nach Melilla bzw. Nador und von Algeciras und Tarifa nach Ceuta und Tanger. Die längste und teuerste, aber auch bequemste Verbindung besteht von Sète (Frankreich) nach Tanger, im Sommer auch nach Nador (von der marokkanischen Linie *COMANAV* bzw. *SNCM)*. Im Sommer bietet COMANAV inzwischen auch eine noch längere Überfahrt (zwei Tage) von Genua nach Tanger an.

Duty-Free: Bei Ein- und Ausreise kann an allen Flughäfen in Duty-Free-Shops eingekauft werden (gegen Devisen, nicht marokkanische Dirham!).

Man beachte bei der Rückreise die **Einfuhrbestimmungen im Heimatland.** In **EU-Länder** wie Deutschland und Österreich darf man folgende Freimengen einführen: über 17-Jährige 200 Zigaretten, 100 Zigarillos, 50 Zigarren oder 250 g Tabak; 1 l Spirituosen (über 22% Vol.), 2 l Alkoholisches (bis 22% Vol.); über 15-Jährige 500 g Kaffee (Österreich auch 100 g Tee);

Buchtipp:
- Mark Hofmann
Verreisen mit Hund
(Reise Know-How Praxis)

ohne Altersbeschränkung 50 g Parfüm und 0,25 l Eau de Toilette sowie Waren bis zu 175 Euro.

In die Schweiz darf man pro Person 200 Zigaretten, 50 Zigarren oder 250 g Pfeifentabak, sowie 2 l (bis 15% Vol.) und 1 l (über 15% Vol.) an Alkohol einführen. Andere neu angeschafften Privatwaren sind bis zu einem Gesamtwert von 300 SFr pro Person abgabenfrei.

Wird der Warenwert von 175 Euro bzw. 300 SFr überschritten, sind **Einfuhrabgaben** auf den Gesamtwert der Ware zu zahlen und nicht nur auf den die Freigrenze übersteigenden Anteil. Die Berechnung erfolgt entweder pauschalisiert oder nach dem Zolltarif jeder einzelnen Ware zzgl. sonstigen Steuern.

Einfuhrbeschränkungen bestehen **in Deutschland** für Tiere, Pflanzen, Arzneimittel, Betäubungsmittel, Feuerwerkskörper, Lebensmittel, Raubkopien, verfassungswidrige Schriften, Pornografie, Waffen und Munition; **in Österreich** für Rohgold, Tiere, Pflanzen, Lebensmittel, Arzneimittel und Waffen; **in der Schweiz** für Pflanzen, Lebensmittel, Waffen, Tiere, CB-Funkgeräte etc.

Nähere Informationen gibt es für Deutschland unter www.zoll-d.de oder beim Zoll-Infocenter, Tel. 069-46 99 76-00; für Österreich unter www.bmf.gv.at oder beim Zollamt Villach, Tel. 0 42 42-3 32 33; für die Schweiz unter www.zoll.admin.ch oder bei der Zollkreisdirektion in Basel, Tel. 061-287 11 11.

ESSEN UND TRINKEN

Marokkos Kerngebiet ist ein fruchtbares Land mit vielen Wäldern und Tausenden von Obstbäumen – ein Land, in dem „Milch und Honig fließen". Die Märkte quellen über von frischem Gemüse und Datteln, Mandarinen, Aprikosen, Mandeln, Orangen, Äpfeln, ja sogar Kirschen, Erd-

Cous-Cous wird serviert

beeren und Pflaumen (was allerdings nicht bedeutet, dass im Land keine Menschen hungern würden).

Der Eiweissbedarf kann durch **Fische,** verschiedenste **Meeresfrüchte,** wie Krabben, Hummer, Langusten, Muscheln, Austern, und durch **Geflügel, Schaf-, Ziegen- und Rindfleisch,** manchmal auch Kamelfleisch, gedeckt werden.

Milchprodukte sind wegen der weit verbreiteten Viehhaltung ebenso erhältlich, auch wenn die Milch infolge von Kühlproblemen oft als Buttermilch oder Sauermilch genossen wird.

Oliven - sowohl frisch, mit Gewürzen und Kräutern eingelegt, als auch zu Öl verarbeitet - gehören zu den wichtigsten Nahrungsmitteln in Marokko. Früher wurde Olivenöl auch als Lampenöl verwendet.

Eine Spezialität Marokkos ist das **Arganienöl,** das aus den Kernen der gelben Arganienfrüchte gepresst wird und nussartig schmeckt (zum Arganienbaum vgl. auch entsprechenden Exkurs). Wegen der aufwendigen Gewinnung ist es verhältnismäßig teuer (pro Liter ca. 80 DH).

Getreide wird sowohl eingeführt als auch in großen Mengen angebaut. Getreidearten wie Weizen, Hirse oder Dinkel bilden die Grundlage marokkanischer Ernährung.

Eine wichtige Bedeutung als Grundnahrungsmittel haben ferner **Hülsenfrüchte** wie Linsen, Erbsen (vor allem Kichererbsen) und dicke Bohnen.

Das Wesentliche an der marokkanischen Küche sind aber die **Gewürze.** Araber waren lange Zeit führend im Gewürzhandel und konnten bis ins 13. Jahrhundert das Geheimnis der Herkunft von seltenen Gewürzen wie Muskat, Zimt, Nelken, Ingwer und Safran wahren. Erst die Reisen *Marco Polos* machten die Handelswege und Herkunftsländer bekannt.

Auf den marokkanischen Märkten leuchten die verschiedenen Gewürzläden und Gewürzstände in Rot-, Braun- und Gelbtönen. Die Nationalgerichte *Tajine* und *Cous-Cous* (s. u.) verdanken ihren Geschmack vielerlei Gewürzen. Eine spezielle Gewürzmischung *(Ras el Hanout),* die aus bis zu 35 verschiedenen Gewürzen besteht und auf marokkanischen Märkten erhältlich ist, vereinfacht es, einem arabisches Gericht auch zu Hause den nötigen Pfiff zu geben. Die Marokkaner jedoch sagen, dass dies die Gewürzmischung für Frauen sei, die nicht kochen könnten!

Die reichhaltige marokkanische Küche ist beeinflusst durch die jahrhundertealten Verbindungen zu den Mittelmeerländern: Andalusische und sizilianische Einflüsse *(Pastas)* machen sich bemerkbar und auch solche aus den östlichen arabischen Staaten bis nach Persien. Die eher dürftige Berberküche beschränkt sich auf wenige unzugängliche Gebiete, wo die Nahrungsmittelbeschaffung wesentlich komplizierter war und ist als in den Städten.

Traditionell wird in Marokko **auf Holzkohle gekocht.** Nach wie vor zieht die marokkanische Hausfrau ein transportables Holzkohlegestell oder einen Holzkohlerost zum Grillen dem Gasherd vor, auch wenn dieser inzwischen Einzug in die Stadtküchen gehalten hat. In Marokko kommen besondere Küchenutensilien zum Einsatz - z. B. der *Mehraz,* ein Messingmörser, oder die *Midouna* (auch *T'beck),* eine große, flache Korbschale zur Vorbereitung von Cous-Cous -, die auf dem Land immer noch **aus gebranntem Ton** bestehen. In Gebrauch sind außerdem mit **Zinn ausgekleidete Kupfertöpfe.** In den Stadthaushalten werden Kochtöpfe aus Aluminium verwendet, deren Ausmaße eine europäische Hausfrau oft in Erstaunen versetzen. Denkt man aber an die Anzahl der Familienmitglieder in einem marokkanischen Haushalt, sind sie nicht weiter verwunderlich.

Ist man in einem **marokkanischen Haus zu Gast,** so wird man sich häufig über das **strenge Zeremoniell** wundern. Zunächst ist es angebracht, dass man vor Betreten des Zimmers die Schuhe auszieht, selbst wenn der Gastgeber beteuert, dass man diese doch anlassen könne. Im marokkanischen Wohnraum befinden sich vor allem Decken und Teppiche, an der Wand reihen sich Polster und um einen niedrigen Tisch sind Sitzpolster gruppiert, auf denen man sich mit verschränkten Beinen niederlässt (s. a. Kapitel Einladungen).

Getrunken wird zum Essen meist **Wasser.** In modernen Haushalten werden auch **Softdrinks** wie Cola oder Limonade angeboten.

Zu jeder Tageszeit wird **Tee** serviert, meist auf einem kunstvoll ziselierten Messingtablett, manchmal auch versilbert, mit dazugehöriger bauchiger Teekanne und Gläsern mit Goldbemalung. Tee ist in Marokko ein Aufguss aus chinesischem grünen Tee und frischen Pfefferminzblättern, das Ganze stark gezuckert. Das **Nationalgetränk** wurde erst 1854 von britischen Händlern eingeführt. Der Tee wird sehr heiß serviert, kunstvoll in dünnem Strahl von weit oben in die Gläser gegossen, nachdem vorher in langer Zeremonie der Aufguss zubereitet wurde. Jedem in der Runde stehen drei Gläser zu. Erst dann ist die Teezeremonie beendet. Spaßeshalber wird das marokkanische Nationalgetränk auch „Whisky marocain" genannt.

In den Hotels oder Restaurants mit Alkoholzulassung gibt es auch marokkanischen **Wein** zu trinken, der vorwiegend in der Gegend von Meknès und um Boulâouane (südlich von Casablanca) angebaut wird. Der marokkanische Wein ist trocken, leicht und von guter Qualität.

BEKANNTE GERICHTE

Cous-Cous

Das marokkanische **Nationalgericht** wird auch in allen anderen nordafrikanischen Ländern in verschiedenen Varianten gegessen. Es besteht aus Hartweizengrieß, der in einem Sieb über einem Eintopf aus Hammel-, Lamm- oder Hühnerfleisch mit sieben verschiedenen Gemüsen und Kichererbsen gedämpft wird. Dazu kommt eine sehr scharfe Soße aus *Harissa* (Paprikamark mit Chilli). Traditionell wird Cous-Cous freitags serviert. Oftmals wird von reichen Familien auf dem Lande mehr als benötigt gekocht und zur Speisung bedürftiger Familien in die Moschee gebracht.

Mechoui

Das Gericht ist das **traditionelle Festmahl,** das v. a. zum Opferfest *Aid el Kebir* fünfzig Tage nach Ramadanende, aber auch zum *Mouloud,* dem Geburtstag Mohammeds, oder zum Neujahrsfest zubereitet wird. Ein junger Hammel wird am Stück am Spieß über einem Holzkohlenfeuer oder im Ofen gebraten, mit Knoblauch, Salz, Kreuzkümmel, Paprika und Cayennepfeffer gewürzt und eingerieben mit *Smen,* dem marokkanischen Butterschmalz.

Bastillia (B'stilla)

Ebenfalls ein **Festgericht.** Es handelt sich um eine aufwendig zubereitete Pastete aus hauchdünnen Teigblättern *(Warkha),* die mit Rosinen, Mandeln und Taubenfleisch, oder auch mit Früchten und Geflügel gefüllt ist.

Tajine

Das absolut landestypische Gericht wird **in jedem marokkanischen Restaurant angeboten.** Für die Zubereitung wird ein Tontopf mit spitzhaubigem Deckel verwendet, in dem das Gericht direkt über der Holzkohle im *Kanoun* (Holzkohlebecken) geschmort wird. Es gibt verschieden Tajine-Arten: gebratenes Hähnchen mit Mandeln, Rosinen und Oliven; gestückeltes Hammelfleisch mit Quitten; Rindfleisch mit Pflaumen und Mandeln oder mit Gemüse, usw.

Kebab (Brochettes)

Hierbei handelt es sich um die im ganzen arabischen Raum erhältlichen, auf **Spieße** gesteckten, gegrillten Hammelfleischstücke, welche mit verschiedenen Salaten gegessen werden.

Kefta

Die **Kügelchen** oder auch Würstchen **aus gerolltem Lammhack,** ziemlich scharf gewürzt und in Öl gebraten oder gegrillt, sind im gesamten Vorderen Orient und von Ägypten bis in den Maghreb beheimatet.

Merguez

Rötliche, kleine Würstchen, die wie unsere Bratwürstchen gebraten oder gegrillt werden.

Harira

Die **traditionelle Fastensuppe** ist eine dicke, nahrhafte Suppe aus Lammbrühe,

Lammfleisch, Linsen, Kichererbsen, gehackten Tomaten, Zwiebeln und frischen Kräutern und Gewürzen. Das Gericht ist in der ganzen arabischen Welt verbreitet und wird vorwiegend im Winter gegessen, wenn frisches Gemüse fehlt.

Sonstiges

In den Küstenregionen wird sehr viel **Fisch** gefangen, aber auch Langusten, Krabben und allerlei Meeresfrüchte gehen ins Netz. Zahlreiche Restaurants entlang der Meeresküste bieten hervorragende Fischgerichte an. **Salate aus frischem Gemüse** sind in Marokko weit verbreitet und in verschiedensten Variationen erhältlich. Sehr gebräuchlich ist ein Salatteller aus Gurken, Kartoffeln, Tomaten und Rote Beete.

Als **Nachtisch** reicht man **Obst** oder **süßes Gebäck** mit viel Honig und Mandeln.

Abschließend sei noch auf den **Stadt-Land-Unterschied** in der marokkanischen Küche hingewiesen: Opulente Menüs erhalten Sie nur in den Städten; in den Cafés und Restaurants auf dem Land muss man sich mit einfachem und preiswertem, aber nicht minder wohlschmeckendem Essen zufrieden geben. Die Auswahl beschränkt sich meist auf Tajine, Brochettes, Kefta, Omelette und Cous-Cous.

Der **Pauschalreisende** mit Halb- oder Vollpension wird hauptsächlich mit internationalen bzw. der französischen Küche angepassten Gerichten verköstigt. Oft ist im Hotel ein Büfett aufgebaut, in aller Regel zu den Hauptmahlzeiten, nicht unbedingt zum Frühstück. Mittag- und Abendessen bestehen häufig aus mehreren Gängen, oft mit Wahlmöglichkeit. Einheimische Gerichte sind die Ausnahme bzw. werden oft nur im Rahmen von „Folkloreabenden“ angeboten. Sehr viele Reisende berichten, dass selbst in 4-Sterne-Hotels bei Pauschalreisen immer wieder dieselben faden Büffets geboten werden und das Frühstück v. a. in Mittelklassehotels ziemlich mager ausfällt.

Wer ein Zimmer ohne Frühstück gebucht hat – was die Regel ist, wenn man nicht pauschal gebucht hat –, sollte auf eines der vielen Cafés/Pâtisserien in den Ortszentren ausweichen. Hier bekommt man für weniger als die Hälfte des in Hotels üblichen Preises ein gutes Frühstück mit frischgepresstem Orangensaft und leckeren Schokoladencroissants, auf Wunsch auch Ei, Omelette oder Yoghurt.

Teezeremonie

Auf keinen Fall sollte der Marokkobesucher sich scheuen, auch die schmackhafte landestypische Küche in Lokalen außerhalb der Hotels auszuprobieren. Diese zeichnet sich zwar im Süden nicht gerade durch Vielfältigkeit aus, aber eine Tajine vom Markt oder in den kleinen einfachen Restaurants ist oft um vieles schmackhafter als die dreimal so teure im Hotel.

FEIERTAGE

DER ISLAMISCHE KALENDER

Ein **„Hidjri“** entspricht einem Jahr christlicher Zeitrechnung minus 10–11 Tage je nach Mondaufgang, 100 Hidjri entsprechen ungefähr 97 Jahren christlicher Zeitrechnung.

Zum Thronfest sind Straßen und Gebäude mit Fahnen geschmückt

Der **1. Hidjri** ist das christliche Jahr **622 n. Chr.** (Auszug Mohammeds aus Mekka), dementsprechend ist 2005 ungefähr das islamische Jahr 1425/26.

Die Schwierigkeit der genauen Übertragung resultiert aus der Mondorientierung des islamischen Kalenders. Jedes neue islamische Datum beginnt abends nach Sonnenuntergang und jeder neue islamische Monat mit dem Mondaufgang.

Wochentage

Sonntag = *nhar el had*
Montag = *nhar et tnin*
Dienstag = *nhar el tlata*
Mittwoch = *nhar el arba*
Donnerstag = *nhar el khemis*
Freitag = *el djemaa*
Samstag = *nhar es sebt*

RELIGIÖSE FEIERTAGE

Die religösen Feiertage sind vom islamischen Mondjahr abhängig und verschieben sich jedes Jahr um ca. 11 Tage nach vorne. Da der Tagesbeginn im islamischen Jahr jeweils vom Sonnenuntergang abhängig ist, werden viele Feierlichkeiten und Gebete bereits am Vorabend abgehalten. Da der Termin des Feiertages vom Stand des Mondes abhängt, ist eine genaue Festlegung häufig erst kurz vorher möglich. Die aktuellen Festtermine sind auch im Internet unter **www.islam.de** zu finden.

Aid es Seghir (Aid al-Fitre)

Das Fest am Ende des Fastenmonats Ramadan findet 2005 am 03.11., 2006 am 24.10. und im Jahr 2007 am 13.10. statt.

Aid el Kebir (Aid el Adha)

Das Opferfest (im Volksmund auch Hammelfest) erinnert an die nicht vollzogene Opferung *Ismails* (Isaaks) durch seinen Vater *Ibrahim* (Abraham). Dieses Fest dauert vier Tage bis eine Woche, und überall in der islamischen Welt werden zu diesem Anlass Hammel geschlachtet.

Das Hammelfest beginnt 2005 voraussichtlich am 21.01., 2006 am 10.01. und im Jahr 2007 am 20.12.

Mouloud (Veladet)

Geburtstag Mohammeds; im Islam werden Geburtstage eigentlich nicht gefeiert, aber dieser Tag ist zugleich ein Gedenktag an die Emigration der Muslime von Mekka nach Matrib *(Hiçret)*. Zahlreiche Moussems finden an diesem Tag bzw. am Vorabend statt – 2005 etwa am 21.04, 2006 am 11.04. und 2007 am 31.03.

Rass El-Ain (islam. Neujahrstag)

Der islamische Neujahrstag ist 2005 (islamisches Jahr 1426) am 10.02, 2006 am 31.01. und 2007 am 20.01.

Achoura

Am 1. Tag des Monats *Muharram*. Ursprünglich ein Trauertag zur Erinnerung an den Tod des Märtyrers *Hussain*, Enkel des Propheten. Heute für Kinder wie Weihnachten (mit Geschenken).

Ramadan

Während der islamischen Fastenzeit im 9. Monat darf von Sonnenaufgang bis Sonnenuntergang weder gegessen noch getrunken werden. Diese Vorschrift legt das öffentliche Leben nahezu lahm, da nachts gegessen und gefeiert wird und tagsüber, soweit möglich, Erholung und Schlaf nachgeholt werden. Zeiten: 2005 ca. vom 05.10. bis 03.11., 2006 vom 24.09. bis 24.10., im Jahr 2007 vom 13.09. bis 13.10.

Die Pilgerfahrt (Hadj)

Der Tag des Aufbruchs zur Pilgerfahrt nach Mekka. Hat man einmal in seinem Leben das Pilgerziel erreicht, darf man sich „al Hadj" nennen. Der Beginn der Pilgerfahrt ist 2005 ca. am 10./11.03.

STAATSFEIERTAGE

- **1. Januar:** Neujahrsfest
- **1. Mai:** Tag der Arbeit
- **14. Mai:** Jahrestag der Armeegründung
- **30. Juli:** Fest der Thronbesteigung des Königs Mohammed VI. *(Fête du Throne)*
- **20. August:** Fest des Königs und des Volkes *(Fête du Roi et du peuple)*
- **21. August:** Fest der Jugend *(Fête de la Jeunesse),* am Geburtstag des Königs Mohammed VI.
- **6. November:** Jahrestag des „Grünen Friedensmarsches" zum Wiederanschluss der ehemaligen spanischen Sahara *(Anniversaire de la Marche Verte)*

Vor dem Opferfest – unter Lämmern: „Ein Freund von uns hat in der indischen Botschaft um Asyl gebeten ..."

- **18. November:** Unabhängigkeitsfest *(Fête de l'Indépendance)*

Wochenfeiertag und arbeitsfreier Tag ist der Sonntag, freitags sind mittags zur Gebetszeit zahlreiche Ämter zu, aber auch im Suq sind Freitagvormittag und mittwochs zahlreiche Läden geschlossen.

FINANZEN

DEVISENBESTIMMUNGEN

Der marokkanische Dirham ist zwar mittlerweile im **Bankenverkehr konvertierbar,** aber nicht im Bargeldverkehr. Marokkanische Dirham dürfen deshalb weder ein- noch ausgeführt werden. Nicht verbrauchte Dirhams können bis zu 50% des im Land eingewechselten Betrages gegen Vorlage der Umtauschbelege vor der Ausreise am Flughafen wieder zurückgetauscht werden, allerdings zu einem sehr ungünstigen Kurs – geben Sie Ihr Geld also besser aus!

WÄHRUNG, GELDWECHSEL

Währungseinheit ist der **marokkanische Dirham,** der in 100 Centimes unterteilt ist. Es gibt Scheine zu 10, 20, 50, 100 und 200 Dirham, Münzen im Wert von 1, 5 und 10 Dirham sowie 20 und 50 Centimes.

Geldwechsel ist möglich bei Banken und in autorisierten Wechselstuben (oft ist Vorlage des Reisepasses erforderlich) und in den meisten Touristenhotels (wo Bankschalter und Wechselstuben untergebracht sind). Inzwischen gibt es in den Städten auch fast überall **Bankomaten,** wo mit EC- bzw. Maestro- oder Kreditkarte und Geheimnummer Geld abgehoben werden kann (bis zu 4000 DH). Die preiswerteste Art der Geldbeschaffung ist eine **Barabhebung mit EC-/Maestro-Karte.** Je nach Hausbank in Europa wird dafür pro Abhebung eine Gebühr von 3–4 Euro bzw. 5–6 SFr berechnet. Es ist daher am günstigsten, größere Geldbeträge auf einmal abzuheben.

Von **Barabhebungen per Kreditkarte** ist abzuraten, weil dabei bis zu 5,5% an Gebühr einbehalten werden. Aber für das bargeldlose Zahlen berechnet der Kreditkartenaussteller nur eine Gebühr für den Auslandseinsatz in Höhe von 1–2%.

Bargeldlos bezahlen kann man nur in größeren, modernen Läden und Hotels.

Reiseschecks (auch in Euro) werden in Städten und größeren Orten eingelöst, wobei bei manchen Banken Gebühren verlangt werden. Erkundigen Sie sich vorsichtshalber am Bankschalter. Gute Erfahrungen haben wir mit *BMCI* und *Banque Populaire* gemacht. Manchmal muss die Kaufquittung beim Einlösen mit vorgezeigt werden, bewahren Sie diese also auf. Travellerschecks haben den Vorteil, dass sie bei Diebstahl ersetzt werden.

Verlust oder Diebstahl: Bei Verlust oder Diebstahl der Geldkarte/Reiseschecks sollte man diese umgehend sperren lassen.

- **EC-/Maestro-Karte,** D: Tel. 0049-18 05-02 10 21; A: Tel. 0043-1-204 88 00; CH: Tel. 0041-1-271 22 30; UBS: 0041-84 88-8 86 01; Credit Suisse: 0041-80 08-0 04 88.
- **Euro-/MasterCard und VISA,** D: Tel. 0049-69-79 33 19 10; A: Tel. 0043-1-717 01 45 00 (Euro/MasterCard) bzw. Tel. 0043-1-71 11 17 70 (VISA); CH: Tel. 0041-44-200 83 83 für alle Banken außer Credit Suisse, Corner Bank Lugano und UBS.
- **American Express,** D/A: Tel. 0049-69-97 97 10 00; CH: Tel. 0041-1-659 66 66.
- **Diners Club,** D: Tel. 0049-69-6 61 66-123; A: Tel. 0043-1-50 13 50; CH: Tel. 0041-1-835 45 45.
- **American Express Reiseschecks,** D: Tel. 0049-69-97 97 18 50; A: Tel. 0043-1-545 01 20; CH: Tel. 0041-17 45 40 20.
- **Travelex/Thomas Cook,** mehrsprachiger Computer für alle Länder, Tel. 0044-17 33 31 89 49.

Wechselkurs (Anfang 2005):
1 DH = 0,091 Euro, 1 Euro = 11,04 DH
1 DH = 0,14 SFr, 1 SFr = 7,08 DH

Öffnungszeiten der Banken: Montag bis Freitag von 8.15–11.30 Uhr und 14.30–16.30 (17) Uhr, freitags von 15–17 Uhr; in Großstädten sind manche Banken (bzw. Wechselstuben) auch samstags, gelegentlich auch sonntags geöffnet. Im Ramadan und in den Sommermonaten Juli und August sind die Geschäftszeiten kürzer: von 8–14 Uhr bzw. 14.30 Uhr. Während der Aid-Feiertage (s. o.) haben Banken und Wechselstuben mehrere Tage zu.

GELDNOT

Wer dringend eine größere Summe ins Ausland überweisen lassen muss wegen eines Unfalles o. Ä., kann sich weltweit über **Western Union** Geld schicken lassen. Man muss dazu lediglich die Person, die das Geld schicken soll, vorab benachrichtigen. Diese muss dann bei einer Western-Union-Vertretung (in Deutschland u. a. bei der Postbank) ein entsprechendes Formular ausfüllen und Ihnen den Code der Transaktion telefonisch oder anderweitig übermitteln. Man muss dann mit diesem Code und dem Reisepass nur noch zu einer beliebigen Vertretung von Western Union in Marokko gehen. Nach Ausfüllen eines Formulares wird das Geld binnen Minuten ausgezahlt.

Die nächstgelegene Repräsentanz kann man im Telefonbuch oder unter **www.westernunion.com** nachschlagen.

GESUNDHEIT

SCHUTZIMPFUNGEN

Eine Marokkoreise birgt normalerweise keine größeren gesundheitlichen Risiken als eine Reise in ein beliebiges südeuropäisches Land. **Impfungen** sind keine vorgeschrieben.

Unbedingt empfehlenswert ist jedoch eine gültige Impfung gegen **Tetanus** (Wundstarrkrampf) und **Polio** (Kinderlähmung, woran auch Erwachsene erkranken können).

Wer länger unterwegs ist, auch in billigen Garküchen Mahlzeiten zu sich nimmt und in intensiven Kontakt mit der einhei-

Fleisch nur durchgebraten verzehren!

mischen Bevölkerung tritt, sollte sich gegen **Hepatitis A** (infektiöse Gelbsucht) impfen lassen oder bei häufigen Reisen die Hepatitiskombinationsimpfung (A+B) wählen. Die **Hepatitis B und C** werden über Blut- und Sexualkontakte übertragen, z. B. über Spritzen und Blutübertragungen. Zur Verfügung steht ein gutverträglicher aktiver Impfstoff mit abgetöteten Viren (Havrix®, Vaqta®). Neben dem geringeren Allergierisiko spricht auch der mindestens zehnjährige Schutz für die langfristig billigere aktive Impfung. Da die Gelbsucht ein vieldeutiges Symptom ist, das sofort (!) abgeklärt werden muss, ist diese Impfung dringend zu empfehlen, um sich Angst und Probleme zu ersparen. Es handelt sich immerhin um die zweithäufigste Erkrankung bei Reisenden nach dem Reiseduchfall.

Ermessenssache ist auch eine Impfung gegen Typhus. **Typhus** wird durch das Bakterium Salmonella typhi verursacht. Es erzeugt Durchfall und kann über den Darm in den Blutkreislauf gelangen und sich so im Körper ausbreiten. Es gibt einen Schluck- und einen Spritzimpfstoff. Beide gewähren einen etwa 80%igen Schutz. Der Spritzimpfstoff (Typhim®) schützt für 3 Jahre. Der Schluckimpfstoff (Typhoral®) schützt für 1 Jahr.

ERKRANKUNGEN UNTERWEGS

Folgende Abschnitte stellen nur eine knappe Anleitung zur Selbsthilfe dar. Bei ernsthaften oder nicht abklingenden Symptomen sollte unbedingt ärztliche Hilfe in Anspruch genommen werden.

Reisegesundheitsinformationen im Internet unter **www.travelmed.de;** vgl. auch im Anhang.

Über Essen und Wasser übertragene Erkrankungen

Die häufigste Erkrankung in den Tropen ist der so genannte Reisedurchfall. Meistens wird er durch die relativ harmlosen (enterotoxischen = darmgiftigen) Bakterien *Escherichia coli* (ETEC) oder Viren hervorgerufen. Seltener sind die gefährlichen Erreger des Typhus, der bakteriellen Ruhr, der Cholera, Lambliasis und Amoebenruhr Ursache von Durchfall. Die Ansteckung erfolgt über verschmutztes Wasser und damit verunreinigte Lebensmittel. Auch Wurminfektionen (z. B. Spulwürmer, Ascaris) und Hepatitis A werden über verunreinigte Lebensmittel übertragen.

Häufig genug erkranken Touristen nicht vom Essen der Garküchen, sondern vom vermeintlich „guten Essen" der Hotelküche. Man kann keine verbindliche Regel aufstellen, warum und weswegen man das eine oder andere Mal an Durchfall erkrankt oder nicht. Vieles hängt von den eigenen Abwehrkräften und der momentanen gesundheitlichen Gesamtkonstitution ab. Nach unserer Erfahrung tritt zumindest nach mehreren Fernreisen eine Art Abhärtungseffekt ein. Der Körper bildet Antikörper und macht Sie widerstandsfähiger gegen Durchfälle und Infektionen.

Buchtipps:
Zum Thema Gesundheit bzw. Krankheiten auf Reisen hat Reise Know-How nützliche Ratgeber im Programm:
- Dr. Dürfeld, Dr. Rickels
Selbstdiagnose und -behandlung unterwegs
- David Werner
Wo es keinen Arzt gibt, Gesundheitshandbuch zur Hilfe und Selbsthilfe
- Armin Wirth
Erste Hilfe unterwegs effektiv und praxisnah
- Werner und Jeanette Lips
Schwanger reisen

Vorbeugung

- Zum **Trinken** sollten nur abgepackte Getränke oder abgekochtes Wasser verwendet werden. Das Leitungswasser in den Städten Marokkos ist ausreichend gechlort, dass dies zum Zähneputzen reicht. Zum Abkochen muss das Wasser mindestens 10 Minuten sprudelnd kochen. Im Handel erhältliche Tabletten oder Tropfen zur chemischen Wasserdesinfektion können in Marokko das Abkochen ersetzen. Desinfizieren Sie bei Auto-/Motorrad-/Fahrradreisen Ihr Trinkwasser mit *Micropur, Romin* oder *Certisil*, das es flüssig, in Pulver- oder Tablettenform gibt. Rucksackreisende sollten sicherheitshalber auf den Genuss von Leitungswasser verzichten, auch wenn sich dessen hygienischer Standard durch Chlorbehandlung in den Städten erheblich verbessert hat. Mineralwasser gibt es überall zu kaufen (zur Wasserdesinfektion s. a. Kapitel Ausrüstung).

  Filterpumpen müssen unbedingt nach Herstelleranweisung regelmäßig gereinigt werden.
- **Tee und Kaffee** aus nur kurz erhitztem Wasser sind nicht keimfrei.
- **Eiswürfel** sollten in einfachen Hotelanlagen und Restaurants gemieden werden.
- **Kohlensäurehaltige Getränke** sollten bevorzugt werden, da die vorhandene Kohlensäure als Beweis der intakten Originalverpackung gelten kann.
- **Obst** sollte man am besten eigenhändig schälen. Bei frisch gepresstem **Orangensaft** darauf achten, dass er nicht mit (verkeimtem) Wasser gestreckt wurde.
- **Fleisch und Gemüse** sollten stets stark gekocht sein, wenn man sich selbst versorgt am besten im Dampfkochtopf. Über rohes oder nicht ausreichend gegartes Fleisch kann eine Ansteckung mit Trichinen erfolgen. In Restaurants sollte bei Kurzgebratenem, wie Brochettes oder Kefta, darauf geachtet werden, dass das Fleisch ganz durchgebraten wurde. Tajines und Couscous sind immer lange genug gegart, hier braucht man keine Bedenken zu haben. Auf rohe Salate und Obst ohne Schale ist besser zu ver-

zichten, auch wenn es noch so verlockend ausschaut. *Salade marocaine* besteht meist aus gekochten Roten Rüben, Kartoffelsalat, geschälten Gurken und Tomaten. Man kann ihn bedenkenlos essen. Blattsalat wird ohnehin selten verwendet.

- **Eier** sollten Sie nach Möglichkeit in Läden mit Kühlschrank kaufen, da sie auf den normalen Märkten oft tagelang in der Sonne brüten.
- **Frischmilch** sollte gemieden werden, da über sie Rindertuberkulose und die Brucellose übertragen werden kann.

Behandlung

Kommt es trotzdem zu Durchfall, sollte man darauf achten, dass die dadurch entstehenden Wasser- und Elektrolytverluste ausgeglichen werden. Dazu gibt es in den Apotheken erhältliche Elektrolytpulver (z. B. Elotrans®), die man aber gewöhnlich nicht braucht. Im Notfall kann man sich mit 1 Teelöffel Kochsalz, 10 Teelöffel Zucker und 1 Glas Orangensaft auf 1 Liter Tee behelfen. Das sind Zutaten, die Sie in Marokko überall bekommen. Diese Kochsalzmischung, ähnlich Elotrans, kann man in Marokko ebenfalls in Apotheken bekommen. Sie heißt: *Sels de Rehydration orale* und kostet ca. 20 DH für 10 Päckchen à 1-l-Lösung. Zur Überbrückung kann kurzfristig Loperamid (z. B. Immodium®) eingesetzt werden. Da der Durchfall durch die Ausscheidung der Erreger auch zur Heilung führt, sollte man der Sache, sobald eine geeignete Toilette zur Verfügung steht, unbedingt freien Lauf lassen. Antibiotika sollten nicht selbständig eingenommen werden. Ist ein Arzt nicht verfügbar, kann Cotrimoxazol (z. B. Bactrim® 960 mg) 2 x 1 oder Ofloxacin (z. B. Tarivid® 400 mg) 2 x 1, in Abhängigkeit von der Symptomatik, für 3–14 Tage eingenommen werden. Langanhaltender Durchfall mit Fieber oder Blut im Stuhl sollte sofort zum Arztbesuch führen. Vor einigen Durchfallerregern kann man sich durch Impfung schützen.

Hungern ist kein wirksames Mittel gegen Durchfall, es schwächt nur den Körper. Wenn Sie Appetit haben, essen Sie, wenn auch zuerst Schonkost.

Sinnvoll ist erstmal schwarzer Tee (kein Kamillentee) sowie Zwieback oder Salzstangen. Am zweiten Tag Hühnerbrühe, Haferschleimsuppe und leicht verdauliche Speisen. Gegen Erbrechen und Durchfall wirkt auch Coca-Cola.

Dies hat meist innerhalb kurzer Zeit bei uns wieder zur Gesundung geführt. Hungern ist lediglich bei starkem Erbrechen vorzuziehen.

Wenige Würmer im Stuhl sind kein Grund zur Beunruhigung. Schwere Komplikationen wie Darmverschluss oder Verschluss der Gallenwege sind bei Erwachsenen selten. Da es kein Mittel gibt, das alle Wurmerkrankungen heilt, sollte vor einer Therapie eine Stuhluntersuchung stattfinden.

Marokkanische Mittel: Angeblich hilft ein Kräutertee, der mit dem Kraut *Louisa* gebraut wird, das es in allen Suqs gibt, hervorragend gegen Durchfall und Magenkrämpfe. Bei leichten Durchfällen sollen nach Angaben einer Leserin auch *Carub*-Schoten helfen, die es auf jedem Markt gibt. Gegen Verstopfung wird *kerwia*, Kümmel, angeraten. In den marokkanischen Apotheken wird von Apothekern *Intetrix* empfohlen, das sehr gut gegen Durchfall hilft.

Probleme durch Sonneneinwirkung

Vermeidung von **Sonnenbrand:** Bräunung ohne Rötung erreicht man durch langsame Gewöhnung an die Sonneneinstrahlung, wohldosierte Sonnenbäder (auch im Schatten bräunt man!) und eine Sonnenschutzcreme mit hohem Lichtschutzfaktor. Meiden Sie die Mittagshitze. Körperbedeckende Kleidung und eine Kopfbedeckung sind der beste Schutz. Kommt es trotzdem zum Sonnenbrand, lindert eine Brandsalbe den Schmerz. Bei hohen Temperaturen ist es wichtig, viel zu trinken (alkoholfrei versteht sich!) und salzreich zu essen.

Sonnenstich (Kopfschmerz, Blutandrang im Kopf, Übelkeit, Erbrechen bis zur Bewusstlosigkeit) ist eine Folge direkter, starker Sonnenbestrahlung des ungeschützten Kopfes oder Nackens.

Hitzschlag (ähnliche Symptome wie beim Sonnenstich, auch Schweißausbruch, Atmungsschwierigkeiten) entsteht meist durch Wärmestau (ungeeignete Kleidung).

Behandlung in beiden Fällen: den Kranken an einem kühleren Ort in den Schatten legen, Kopf hoch lagern, beengende Kleidung lockern, Kühlung beispielsweise mit kalten Umschlägen. Viel Flüssigkeitszufuhr, Ruhe, auch noch nach Abklingen der Beschwerden.

Bilharziose

Die Krankheit wird durch winzige Würmer übertragen, die beim Baden oder Waten in befallenen Gewässern durch die Haut eindringen. Die Eiablage der Würmer erfolgt in Blase und Darm und hat starke (bei Nichtbehandlung tödliche) Folgen. **Vorsicht** ist in Marokko v. a. im Falle stehender Wassertümpel, bei Bewässerungskanälen in den Oasen südlich des Atlas geboten! Die Würmer können sich nur bei warmen Temperaturen halten, deshalb gibt es diese Krankheit nicht in den Gebirgsregionen des Atlas. In Bergseen und Gebirgsbächen kann man problemlos baden!

Diverses

Haut-/Augenschutz: Sonne und Wind trocknen die Haut aus. Eine Fettcreme und ein Fettstift für die Lippen gehören ins Gepäck. Eine gute Sonnenbrille schützt die Augen vor grellem Licht und Staub.

Insektenschutz: Hautsprays oder Lotions (z. B. *Autan, Toxial, Zedan);* Insektensprays halten Stechmücken fern bzw. bringen sie um; Insektensalbe (in Marokko *Mousticrème)* oder -stift (z.B. *Soventol* oder *Fenistil)* verhindern Schwellungen und lindern den Juckreiz, wenn die Biester trotzdem gestochen haben.

Schlangenbisse/Skorpionstiche: Besten Schutz bietet festes Schuhwerk. Tragen Sie in unwegsamem Gelände keinesfalls Sandalen! Ein Skorpionstich ist schmerzhaft, für gesunde Menschen aber im Allgemeinen nicht tödlich. Nach einem evtl. Schlangenbiss – längst nicht alle Arten sind giftig – merken Sie sich trotz Schock, wie das Tier aussah; nur so kann evtl. das richtige Gegenserum gespritzt werden. Grundsätzlich gilt: so schnell wie möglich ärztliche Hilfe herbeiführen, keinesfalls die Wunde ausschneiden oder aussaugen. Ist ärztliche Hilfe in wenigen Stunden erreichbar, kann die Giftausbreitung in der betroffenen Extremität durch Bandagieren verlangsamt werden. Das Abbinden kann durch die Unterbrechung der Durchblutung zum Absterben der Extremität führen und ist nicht sinnvoll.

Wenn das jetzt alles etwas furchteinflößend klingt, kann ich Sie trösten: Seit 1971 in Marokko unterwegs, kenne ich niemanden, der dort von einem Skorpion oder einer Schlange gebissen worden wäre. Eine gewisse **Vorsicht** ist **bei Kindern** angebracht: Sie sollten nicht unbeaufsichtigt in der Wildnis spielen, denn unter dem einen oder anderen Stein mag ein Skorpion sitzen, vielleicht sonnt sich auch auf einem Felsen ganz unscheinbar eine Schlange oder zieht in der Nähe einer Wasserstelle ihre Bahnen.

Ansteckungsgefahr mit **AIDS** (franz. **SIDA)** besteht, wie bekannt, hauptsächlich beim ungeschützten Geschlechtsverkehr. Die AIDS-Quote liegt laut offiziellen Daten bei nur 0,1%, bei Prostituierten und Homosexuellen jedoch deutlich höher. Besser ist Zurückhaltung. Wer es trotzdem nicht lassen kann: Vorsicht und Kondome!

Viele Informationen über gesundheitliche Risiken, Impfvorschriften, Präventivmaßnahmen, Adressen von Tropeninstituten und -medizinern, Impfstellen etc. findet man im Internet:

- **www.crm.de, www.travelmed.de,** Centrum für Reisemedizin
- **www.fit-for-travel.de,** Tropeninstitut der Universität München

VERSICHERUNGSSCHUTZ

Die staatlichen Krankenhäuser und Gesundheitszentren in Marokko bieten ihre Grundleistungen auch für Ausländer kostenlos an. Sonderleistungen, Behandlungen in den besser ausgestatteten Privatkliniken und private Konsultationen müssen allerdings selbst bezahlt werden.

Die Kosten für eine Behandlung in Marokko werden von den gesetzlichen Krankenversicherungen in Europa nicht übernommen. Es muss also eine zusätzliche **Auslands-Kranken- und Unfallversicherung,** die im Notfall auch einen Krankenrücktransport übernimmt, abgeschlossen werden. Diese sind z. B. in Deutschland ab 5–10 Euro/Jahr auch sehr günstig.

Die Behandlungskosten beim Arzt sind in der Regel vorab bar zu zahlen. Ausführliche **Quittungen** (mit Datum, Namen, Bericht über Art und Umfang der Behandlung, Kosten der Behandlung und Medikamente) sind Voraussetzung, damit die Auslagen von der Versicherung erstattet werden.

Tipp: Vor besonders teuren Behandlungen sollte man sich von der Versicherung die Kostenübernahme per Fax o. Ä. bestätigen lassen.

Bei der **Wahl der Versicherung** sollten typische Leistungsunterschiede geprüft werden:

- **Reisedauer:** Bei einigen Versicherern wird von einer maximalen Reisedauer von 30 oder auch 62 Tagen ausgegangen. Bei längerem Aufenthalt wird auch die Versicherung teurer.

Guter Rat ist teuer

- **Rücktransport:** Wird in der Regel nur auf ärztliches Anraten übernommen. Im Todesfall werden unterschiedlich hohe Beträge für die Rücküberführung gezahlt.
- **Selbstbeteiligung:** Einige haben z. B. bei Zahnbehandlungen eine Selbstbeteiligung, andere zahlen 100%.
- **Nachleistungsfrist:** Kann man nicht wie geplant nach Hause reisen, sollte die Versicherung die Rechnungen noch eine Zeit lang weiterzahlen.
- **Altersgrenze:** Die Kosten sind nach Alter gestaffelt. Die Altersgrenzen sind je nach Versicherer unterschiedlich.
- **Chronische Krankheiten:** Wird aufgrund einer Krankheit, die schon vor Urlaubsantritt bestand, eine Behandlung fällig, wird diese nur von wenigen Versicherungen gedeckt.

MEDIZINISCHE VERSORGUNG IM LAND

Zumindest in den Städten und Fremdenverkehrsorten ist eine gute ärztliche Versorgung gewährleistet. Größere Hotels verfügen gelegentlich über einen eigenen Medizinischen Dienst. In den Ferienorten nennen Ihnen Hotelrezeptionen und Fremdenverkehrsämter die jeweils diensthabenden und evtl. auch englisch- oder sogar deutschsprachigen Ärzte. Beim ADAC (www.adac.de) können sich Mitglieder unter Tel. 00 49-89 76 76 76 vorab erkundigen, wo sich in Marokko deutsch sprechende Ärzte befinden

In den Städten gibt es **staatliche Krankenhäuser** *(hôpital)* und **private Kliniken** *(clinique),* in kleineren Orten oft nur Polikliniken, einfache Ambulatorien *(dispensaire)* oder mobile Stationen. Adressen finden Sie bei den Städten.

Apotheken *(pharmacie)* führen neben einheimischen auch ausländische (vor allem französische, schweizer und deutsche) Medikamente, die meist rezeptfrei und billiger als bei uns zu haben sind. In jedem größeren Ort gibt es Bereitschaftsapotheken *(pharmacie de nuit),* die auch nachts und an Sonn- und Feiertagen geöffnet und oft in den Rathäusern untergebracht sind.

INFORMATIONS-STELLEN

DIPLOMATISCHE VERTRETUNGEN

Adressen aller Vertretungen auch im Internet unter www.auswaertiges-amt.de, www.bmaa.gv.at, www.eda.admin.ch (die allerdings nicht immer auf dem neuesten Stand sind).

In Deutschland:

- **Königlich Marokkanische Botschaft**
  Niederwallstr. 39, D-10117 Berlin
  Tel. 030/20 61 24-0
  Fax 030/20 61 24-20
  www.marokko-botschaft.de
  Es gibt auch marokkanische Konsulate in Düsseldorf, Frankfurt/Main, Bremen, Kassel und München.

In Österreich:

- **Botschaft des Königreichs Marokko**
  Opernring 3–5, 4. Stock, A-1010 Wien
  Tel. 01/5 86 66 50/51
  Fax 01/5 86 76 67
  Es gibt auch ein marokkanisches Honorarkonsulat in Salzburg.

In der Schweiz:

- **Botschaft des Königreichs Marokko**
  Helvetiastr. 42, CH-3005 Bern
  Tel. 031/3 51 03 62
  Fax 031/3 51 03 64
  Es gibt auch marokkanische Konsulate in Lausanne und Zürich.

Deutsche Vertretungen in Marokko:

- **Ambassade de l'Allemagne**
  7, Zankat Madnine, Rabat
  Tel. 037/70 96 62
  Notfall-Tel. 061/14 70 59
  Fax 037/70 68 51
  www.amballemagne-rabat.ma
- **Consulat Honoraire**
  6, Rue de Madrid, Sect. Résidentiel
  Agadir, Tel. 048/84 10 25
  Fax 048/84 09 26

Österreichische Vertretungen in Marokko:

- **Ambassade d'Autriche**
  2, Rue Tiddas, Rabat
  Tel. 037/76 40 03, 037/76 16 98
  Fax 037/76 54 25
- **Consulat Général d'Autriche**
  45, Ave. Hassan II, Casablanca
  Tel. 02/226 69 04
  Fax 02/222 10 83

Schweizer Vertretungen in Marokko:

- **Ambassade de Suisse**
  Square de Berkane, Rabat
  Tel. 037/26 80 30/31/32
  Fax 037/26 80 40

FREMDENVERKEHRSÄMTER

Deutschland:

- **Staatliches Marokkanisches Fremdenverkehrsamt (ONMT)**
  Graf-Adolf-Str. 59, 40210 Düsseldorf
  Tel. 02 11/37 05 51/52, Fax 37 40 48
  www.tourismus-in-marokko.de
  Das Fremdenverkehrsamt verschickt eine Übersichtskarte sowie mehrere farbige, stimmungsvolle Prospekte zu verschiedenen touristischen Zielen (z. B. Marrakesch, Agadir usw.) mit schönen Fotos, aber kaum Informationen. Es sind auch Broschüren mit Urlaubstipps und praktischen Informationen erhältlich. Die Publikationen können im Internet bestellt werden (s. o.).

Schweiz:

- **Staatliches Marokkanisches Fremdenverkehrsamt (ONMT)**
  Schifflände 5, CH-8001 Zürich
  Tel. 01/2 52 73 16, Fax 01/2 51 10 44

Österreich:

- **Staatliches Marokkanisches Fremdenverkehrsamt**
  Kärtnerring 17/2/23, 1010 Wien
  Tel. 01/512 53 26, Fax 01/512 39 73

Marokko:

Die Hauptniederlassung des Fremdenverkehrsamtes und Vertretung des Tourismus-

Geschäftsschild einer Motorradwerkstätte im Süden

ministeriums befindet sich in Rabat. Die Auskünfte sind auch nicht wesentlich besser als in anderen marokkanischen Städten. Sie erhalten dort dieselben Prospekte wie in Deutschland.

- **Office National Marocain du Tourisme (ONMT)**
  31, Angle Rue Oued Fès – Av. Al Abtal
  Rabat-Agdal, Tel. 037/68 15 31
  Fax 037/77 74 37
  www.tourism-in-morocco.com

Weitere Niederlassungen marokkanischer Fremdenverkehrsbüros finden Sie im Reiseteil bei den einzelnen Städten unter „Praktische Informationen".

VEREINE

- **ADAC Camping- und Urlaubsservice**
  Am Westpark 8, D-81373 München
  Info-Tel. (0 18 05) 10 11 12 (0,123 Euro/Min.), www.adac.de (E-Mail-Anfragen zu verschiedenen Themengebieten möglich). Hier erhalten ADAC-Mitglieder eine Informationsmappe (Touren-Set mit wichtigsten Sehenswürdigkeiten, Routenplaner und übersichtlicher Landkarte) mit Info-Blättern über Einreise- und Verkehrsbestimmungen etc. Der ADAC unterhält auch eine Niederlassung in Agadir, s. bei Agadir, Praktische Infos!

Ferner gibt es zahlreiche **Vereine,** die dem **Informationsaustausch** zwischen Reisenden dienen oder sich zum Ziel gesetzt haben, **Völkerverständigung** oder **interkulturellen Austausch** zu betreiben:

- **DMF Deutsch-Marokkanischer Freundeskreis e.V.**
  H.J.-Gormanns-Str. 11b
  41812 Erkelenz, Tel. (0243) 94 28 00
  Fax (0164) 94 92 99
  dmf@marokko.net
  www.marokko.net/dmf/
  Aktivitäten sind z.B. Treffen hauptsächlich im Raum Duisburg, Köln, Mönchengladbach, weniger in anderen Regionen.

- **DMG Deutsch-Marokkanische Gesellschaft e.V.**
  Karl-Heinz Klingner
  Auf der Papenburg 45, 44801 Bochum
  Tel. (02 34) 70 22 89, Fax 978 96 89
  info@deumages.de, www.deutschmarokkanischegesellschaft.de
  Die DMG hat mehr Mitglieder und Aktivitäten als der DMF. Regionaltreffen mit interessanten Vorträgen und geselligem Beisammensein.
- **Euro-Arabischer Freundeskreis e.V.**
  c/o *Helmut Six,* Trautmannstr. 5
  81373 München, Tel. (089) 7 60 44 98
  Fax (089) 7 69 18 56,
  helmut.six@eaf-ev.de, www.eaf-ev.de
  Monatliches Informationsheft über Kulturelles und Touristisches aus arabischen Ländern, regelmäßige Treffen und Diaabende in München u. a.

NÜTZLICHE INTERNETADRESSEN

- **www.marokko.com**
  und **www.marokko.net**

Eine sehr aktive und sinnvolle Internet-Website mit vielen Diskussions-Foren, welche von Politik über Soziales bis Tourismus reichen. Viele Links auch zu anderen Marokko-Seiten. Das Tourismusforum wird u. a. von der Mit-Autorin Astrid Därr moderiert.

- **www.tourism-in-morocco.com**

Vom Tourismusministerium (französisch und englisch). Hotels, Angebote, Rundreisen, Links zu Veranstaltern, Kontaktadressen für Reiseveranstalter. Diese Seiten sind aber bei weitem nicht so aktuell wie die obigen von www.marokko.com.

- **www.tourismus-in-marokko.de**

Staatliches Marokkanisches Fremdenverkehrsamt Deutschland. Infos, schöne Bilder, Bestellmöglichkeit von Broschüren.

- **www.menara.net.ma**

Aktuelle News und E-Mail-Dienst. Unter „annuaires" findet man außerdem die Gelben Seiten und das Telefonbuch aller marokkanischen Großstädte (sehr praktisch!).

- **www.oncf.ma**

Zugverbindungen in Marokko (Preise, Fahrplan).

- **www.ctm.co.ma**

Busverbindungen in Marokko (französisch, englisch, spanisch).

- **www.alakhawayn.ma**

Seiten der Eliteuniversität Al Akahawayn in Ifrane (englisch, französisch).

- **www.mincom.gov.ma**

Seiten des Informationsministeriums. Politik, Statistiken zu einzelnen Städten und Provinzen, Links zu marokkanischen Stadtseiten, Zahlen, Fakten, Feste und Feiertage etc. (englisch, französisch, arabisch oder spanisch).

- **www.douane.gov.ma/**

Marokkanische Zollvorschriften.

- **www.statistic-hcp.ma/**

Sämtliche aktuelle Statistiken und Zahlen zu Marokko (französisch).

- **www.finances.gov.ma**

Marokkanisches Finanzministerium. Statistiken, Gesetze usw.

- **www.maroc.net**

Aktuelle Informationen zu Politik, Kultur, Wirtschaft usw. (französisch und englisch).

- **www.worldbank.org.ma**

Informationen über Projekte der Weltbank in Marokko (französisch).

- **www.amnesty.de**

Länderinfos von Amnesty International.

- **www.dihkcasa.org**

Diverse nützliche Informationen und Links der Deutschen Industrie- und Handelskammer in Casablanca. Bestellmöglichkeit von Publikationen.

- **www.arso.org**

Aktuelle Infos zur Westsahara und dem Referendum (engl., franz., spanisch).

- **www.un.org/Depts/german/sr/sr_them/westsa.htm**

Vereinte Nationen. Alle Beschlüsse zur Westsahara und zum Referendum.

- **www.traenenmond.de**

Die Autorin des Buches „Tränemond", *Ouarda Saillo,* unterstützt mit ihrem Verein ein Hilfsprojekt für missbrauchte Hausmädchen *(petites bonnes)* in Agadir.

- **www.sas.upenn.edu/African_Studies/Country_Specific/Morocco.htm**

Institut für African Studies der Uni Pennsylvania. Hier findet man zahlreiche Links zu englischsprachigen Seiten über Politik, Gesellschaft, Berbersprachen etc.

◆**www.oanda.com/convert/classic**
Währungsumrechner. Aktueller Kurs des Dirham (MAD) zum Euro oder Dollar.
◆**www.weltreiseforum.info**
Aktives und umfassendes Forum mit Austausch (Welt-)Reisender zu allen Themenbereichen und Erdteilen.
◆**www.sahara-forum.de**
Forum von Därr Expeditionsservice. Austausch von Reiseinformationen zu allen Kontinenten (hauptsächlich Afrika).
◆**www.daerr.info**
und **www.durchafrika.info**
Private Seiten der *Därrs.* Infos und aktuelle Nachrichten rund um Afrika, Tipps zu Saharareisen, Weltreisetagebuch etc.
◆**www.sahara-info.ch**
Sehr gute Internetseiten mit stark frequentiertem Forum und Tipps, Links, Afrikanews, v. a. zum Reisen in der Sahara, aber auch zu Marokko.
◆**www.atw.ch**
Seiten des Atlas-Travelshops von *Jürg Sollberger* in Bern, Forum, Tipps, Reisen mit Kindern, Links, Afrika News, Ausrüstung, Voodoo-Afrikatreffen etc.

POST/TELEFON/INTERNET

POST

Postämter gibt es in allen größeren Orten. Sie sind leicht zu erkennen an der Aufschrift „P.T.T." *(Poste, Téléphone, Télégraph).*

Öffnungszeiten sind Montag bis Freitag durchgehend von 8.30–18 Uhr. Kleinere Ämter schließen mittags zwischen 12 und 15 Uhr. Im Urlaubsmonat August schließen viele Postämter schon um 14 Uhr, in großen Städten gibt es manchmal einen Spätschalter.

Briefmarken gibt es meist auch in Tabak- und Schreibwarenläden, in denen Postkarten verkauft werden. Sowohl eine Postkarte als auch ein Brief bis 20 g nach Deutschland müssen bei Luftpost mit 6 DH frankiert werden.

Die **Laufzeit** für Briefe und Karten in die Heimat bewegt sich zwischen einer (Agadir) und drei Wochen.

TELEFONIEREN

Telefonieren ist inzwischen kein Problem mehr, denn überall in den Städten gibt es **öffentliche Telefonzellen** mit Direktwahlapparaten, von denen Sie nach Deutschland telefonieren können.

Als **Handybesitzer** können Sie getrost Ihr Handy mitnehmen, wenn Ihr Provider mit einem der beiden Dienstleister in Marokko einen Roaming-Vertrag hat. Man muss bei Nutzung eines europäischen Gerätes in Marokko jedoch mit **hohen Roaming-Kosten** rechnen. Preiswerter geht es, wenn man bei seinem Provider nachfragt oder auf der Website nachschaut, welcher der Roaming-Partner am preiswertesten ist, und diesen per manueller Netzauswahl bei den Telefonaten voreinstellt. Nicht zu vergessen sind auch die **passiven Kosten,** wenn man von zu Hause angerufen wird. Ein in Ihrem Heimatland befindlicher Anrufer zahlt nur die Gebühr ins inländische Mobilnetz, die Rufweiterleitung nach Marokko findet man später auf der eigenen Mobilrechnung wieder.

Extrem ärgerlich sind diese Kosten vor allem, wenn man nur vergessen hat, die **Rufumleitung auf die Mailbox** zu deaktivieren. Wenn man dann nicht zu erreichen oder es besetzt ist, schlägt die Rufumleitung nach Marokko und dann zurück nach Europa sich doppelt auf Ihrer Rechnung nieder (bzw. bei Prepaid-Verträgen ist das Guthaben schneller alle als erwartet).

Wesentlich preiswerter ist es, sich von vornherein auf das Versenden von SMS zu beschränken. Es ist in der Regel wesentlich preiswerter als zu telefonieren.

Der **Empfang von SMS** ist in der Regel kostenfrei, der von **Bildern per MMS** nicht nur relativ teuer, sondern je nach Roaming-Partner auch gar nicht möglich. Die **Einwahl ins Internet** über das Mobiltelefon, um Daten auf das Notebook zu laden, ist noch kostspieliger – da ist ein Gang ins nächste Internetcafé weitaus günstiger.

Inzwischen ist jedenfalls die **Netzabdeckung fast überall gewährleistet.** Wir hatten sogar in Dakhla und Boujdour in der Westsahara Empfang, wenn auch dazwischen mal für 100 km nichts ging.

Wenn Sie längere Zeit in Marokko unterwegs sind und erreichbar sein wollen, ist es evtl. sinnvoll, sich ein Handy mit lokaler Nummer **(SIM-Card)** und Prepaid-Guthaben anzuschaffen, das ist wesentlich billiger. Sie zahlen dann bei Anrufen aus/in Marokko keine Auslandsgebühren, wie dies bei einkommenden Anrufen auf dem deutschen Handy der Fall ist.

Falls Ihr Handy **SIM-lock-frei** ist, also keine Sperrung anderer Provider vorhanden ist, und Sie viele Telefonate innerhalb von Marokko führen möchten, können Sie sich eine örtliche **Prepaid-SIM-Karte** besorgen (Maroc Telecom: www.onpt.net.ma oder Meditel (www.meditel.ma).

Diebstahl und Verlust: Sollte das Mobiltelefon im Ausland verloren gehen oder gestohlen werden, sollte man bei einem Laufzeitvertrag, aber auch bei bestimmten Prepaid-Abonnements die Nutzung der SIM umgehend beim Provider sperren lassen (nicht immer kostenfrei!). Dazu muss man in der Regel folgende Angaben machen können: Rufnummer, SIM-Kartennummer (auf SIM vermerkt), Kundennummer oder -kennwort.

Ebenfalls vorher notieren sollte man die IMEI-Nummer (elektronische Zulassungsnummer), die nach Eingabe des Tastencodes des Stern-Raute-null-sechs-Raute auf dem Display erscheint – diese muss man in der Regel auch bei der Polizei bei der Diebstahl- oder Verlustmeldung angeben.

Kartentelefone sind inzwischen an jeder Ecke zu finden, Telefonkarten gibt es bei allen Niederlassungen der *Maroc Telecom* und in den meisten Läden zu 20 (30 DH), 50 (67,50 DH) und 100 Einheiten (129 DH).

In jedem Ort gibt es privat betriebene **Téléboutiquen** (z. T. auch Fax und Internetanschluss vorhanden) mit Münzapparaten (Kleingeld erforderlich). Das Personal hilft bei Problemen weiter und wechselt Kleingeld. Die Telefoneinheiten werden in 1,25-DH-Schritten heruntergezählt.

Die Auslandsvorwahlen lauten für:

- Deutschland: 0049
- Österreich: 0043
- Schweiz: 0041

Die Null der Ortsvorwahl wird danach weggelassen.

Die **billigste Zeit für internationale Gespräche** ist werktags von 0–8 Uhr und zwischen 22 und 24 Uhr sowie samstags und sonntags. Der Tarif für Gespräche nach Deutschland, Österreich, in die Schweiz sowie in die meisten europäischen Länder beträgt ca. 5 DH/Minute.

Telefonieren nach Deutschland vom **Hotel** aus ist meist horrend teuer und sollte unbedingt vermieden werden. Lassen Sie sich lieber von daheim im Hotelzimmer anrufen (Vermittlung über Rezeption).

Marokkos Telefongesellschaft *Maroc Telecom* (www.maroc-telecom.ma) wurde privatisiert und das Telefonnetz komplett modernisiert. Im Zuge dieser Änderungen wurden auch die marokkanischen Vorwahlen geändert bzw. der alten Vorwahl die Null und eine zusätzliche Zahl hinzugefügt, d. h. alle Nummern bis auf die Notrufnummern sind 9-stellig. Bei Gesprächen innerhalb Marokkos wählt man alle neun Ziffern (also 0 + Vorwahl neu + Vorwahl alt und die restliche Nummer). **In diesem Buch sind die Nummern bereits vollständig angegeben**, es muss also nicht zusätzlich die dreistellige Ortsvorwahl gewählt werden!

Bei Gesprächen aus dem Ausland wählt man die **Vorwahl für Marokko 00212** und die neunstellige Nummer ohne die 0 am Anfang.

Die Vorwahl marokkanischer **Mobiltelefone** (dreistellig) beginnt mit **06**.

Das **marokkanische Telefonbuch** sowie die **Gelben Seiten** findet man auch im **Internet: www.menara.ma** (unter *annuaires, pages jaunes* oder *pages blanches*).

Wichtige Tel.-Nummern:

- 15 – Feuerwehr
- 19 – Polizeinotruf
- 177 – Gendarmerie Royale
- 160 – Telefonauskunft
- 140 – Telegrammaufgabe

Gewürzstände auf dem Wochenmarkt in Agdez

- 100 - Handvermittlung
- 110 - Störungsstelle
- 130 - Reklamationen

INTERNET

Marokko boomt in dieser Hinsicht. Es gibt in **jeder Stadt und jedem größeren Ort ein Internet-Café.** Die Stunde im Netz kostet normalerweise 10 bis 15 DH (vergleichen Sie die Preise).

Per E-Mail mit Daheim zu kommunizieren oder sich seine Mails unterwegs abzurufen, ist somit sehr einfach. Per Internet können auch bequem die heimischen Nachrichten über die Seiten der deutschen Zeitungen oder Fernsehsender abgerufen werden. Internetanschluss, eigene E-Mail-Adresse und Homepage sind in Marokko nicht mehr die Ausnahme, sondern bei Firmen, touristischen Unternehmen und auch Privatpersonen immer häufiger. So kann man sein Hotelzimmer, den Mietwagen oder den Bergführer leicht und schnell übers Netz buchen.

ÖFFNUNGS-ZEITEN

In Marokko gilt **kein Ladenschlussgesetz,** das die Geschäftszeiten rigide vorschreibt, folglich können an dieser Stelle nur unverbindliche Öffnungszeiten genannt werden:

- **Geschäfte:** Mo bis Sa 9.30–13 Uhr und 15–19 Uhr.
- **Ämter und Behörden:** Mo bis Do 8.30–12 Uhr und 14.30–18.30 Uhr, Fr 8–11.30 Uhr und 15.30–18.30 Uhr.
- **Postämter:** s. Stichwort „Post".
- **Museen:** täglich außer Di von (8) 9–11.45 und 14–17 bzw. 18 Uhr (Eintritt zwischen 10 und 20 DH); im Sommer gelten die längeren Öffnungszeiten.
- **Suq in Großstädten:** täglich geöffnet bis in die Abendstunden, wobei mittags manche Geschäfte und Freitag vormittags wegen des Moscheebesuchs sehr viele Geschäfte geschlossen haben.

Im Fastenmonat Ramadan und in der Woche nach dem Opferfest *(Aid el Kebir)* sind die Öffnungszeiten sehr eingeschränkt (meist nur vormittags bzw. nach Lust und Laune).

TRANSPORT

Dem Urlauber stehen vielerlei Transportmittel zur Verfügung, um auf eigene Faust die Umgebung seines Ferienortes zu erkunden (Hinweise bei den jeweiligen Ortsbeschreibungen). Für den Nahbereich eignet sich z. B. das **Fahrrad** (Verleih – gelegentlich auch von **Motorrädern und Vespas** – in den Hotelzonen). In vielen Touristenorten verkehren **Pferdekutschen** *(calèches)*. Für größere Distanzen bieten sich **Busse, (Sammel-)Taxis** und die **Eisenbahn** an. Absolut unabhängig reist man mit **Mietwagen.**

Auch Rundreise- und Ausflugsprogramme sind in diesem Zusammenhang zu erwähnen (vgl. oben). Siehe dazu auch jeweils bei den Städten unter „Ausflüge".

BUSSE

Es gibt in Marokko ein staatliches Busunternehmen *(Compagnie de Transport au Maroc Lignes Nationales, CTM)* und eine Reihe privater Buslinien. Auf den Hauptstrecken ist das Reisen mit Bussen vollkommen problemlos. Im Süden wird es zunehmend schwieriger, kleine Nebenstrecken abseits der Hauptrouten werden grundsätzlich kaum bedient.

Busse sind das billigste und populärste Transportmittel, sowohl für Überland- wie für Stadtfahrten. Gedruckte Busfahrpläne von CTM (für die Hauptstrecken) sind mit Glück am Busbahnhof *(gare routière)* erhältlich, wo man auch Auskünfte erhält, ebenso in Touristen-Informationsbüros und an Hotelrezeptionen. Auch im Internet können die Abfahrtszeiten von CTM unter **www.ctm.ma** abgerufen werden. Wegen der häufigen Fahrplanänderungen der Pri-

Die marokkanische Eisenbahn – das zuverlässigste und schnellste Transportmittel

vatlinien und von CTM sind in diesem Buch nur die Häufigkeiten der Verbindungen angegeben, aber keine genauen Uhrzeiten. Die Busse von CTM und SATAS sind in gutem Zustand, der Service ist sehr gut. Die Preise sind insgesamt niedrig, variieren natürlich nach Entfernung, Bustyp und -gesellschaft, 1. oder 2. Klasse. Die Langstreckenbusse von CTM *(Moumtaz)* sind mit Klimaanlage und Video ausgestattet. Die Verbindungen von CTM werden jedoch zusehends reduziert, private Gesellschaften fassen mehr und mehr Fuß. Informieren Sie sich vor Ort über die genauen Abfahrtszeiten und vergleichen Sie die Preise der verschiedenen Privatbuslinien und von CTM. Buchen Sie längere Fahrten am Vortag, sonst kann es vorkommen, dass bereits alle Plätze belegt sind.

TAXIS

In den Städten ist das **Petit Taxi,** das max. drei Passagiere befördern darf, die einfachste, schnellste und – für unsere Preisbegriffe – auch eine erschwingliche Transportart. Diese Taxis sind – je nach Stadt – durch ihre einheitliche Farbe zu erkennen (oft gelb, blau oder rot). Ungefähre Preise kann man im Touristenbüro erfragen, um eine Verhandlungsgrundlage zu haben (Stadtfahrt ca. 10–15 DH, nachts 50% mehr). Grundsätzlich sollten Sie aber darauf bestehen, dass das Taxameter eingeschaltet wird.

Zu und von den Flughäfen sowie außerhalb des Stadtgebiets fahren nur **Grand Taxis,** die wesentlich teurer sind. Sie führen auch individuelle Ausflugsfahrten durch. Das Taxi wird dann als Ganzes angemietet, und der Preis sollte unbedingt vorher vereinbart werden (Tagesmiete bis etwa 1200 DH). Bei den Grand Taxis (Überland- bzw. Sammeltaxis) handelt es sich meist um Mercedes-Limousinen (beige) oder Peugeot-Combis, die sechs bis acht Personen fassen. Sie halten bei den großen Taxistandplätzen, Marktplätzen und Busbahnhöfen. Wird das Grand Taxi als Sammeltaxi genutzt, so teilt sich der Gesamtpreis für die Strecke durch die Anzahl der Passagiere. Abgefahren wird in der Regel erst dann, wenn das Taxi vollbesetzt ist. Wer nicht beengt sitzen will, zahlt einfach einen Platz zusätzlich, der dann frei bleibt.

Erwähnt seien noch die **Pick-Ups** *(camionettes)* und **Berber-Trucks** *(camions),* auf denen man gegen (ausgehandelte) Bezahlung auf der Pritsche mitfahren kann. Die günstigste Gelegenheit, zuzusteigen, bietet sich auf dem örtlichen Markt.

EISENBAHN

Die Eisenbahn in Marokko ist **pünktlich, bequem, preiswert und zuverlässig.** Zwischen Casablanca und Rabat verkehren stündlich Schnellzüge. Allerdings existiert ein Schienennetz nur bis Marrakesch, so dass allenfalls eine Anfahrt bis dahin möglich ist. Der Ausbau ist zwar bis Agadir und in die Westsahara geplant, doch bis wann mit einer Realisierung dieses Vorhabens zu rechnen ist, weiß allein Allah ... Zwischen Marrakesch und Agadir und weiter in den Süden verkehren allerdings Busse der bahneigenen Linie *Supratours,* die schnell und zuverlässig die Strecke befahren. Büros der Supratoursagenturen liegen in der Nähe der Busbahnhöfe (s. a. bei den Städten unter Busse). Der Fahrplan der Eisenbahnen und weitere Informationen zum marokkanischen Eisenbahnnetz können unter **www.oncf.ma** im Internet abgerufen werden.

MIETWAGEN

In Marokko gibt es sehr **viele** auch internationale **Autovermietungen** *(Avis, Europcar, Hertz, Holiday-Cars* usw.), die in der Regel nie ausgebucht sind. Die Palette der angebotenen Fahrzeuge reicht vom Kleinwagen (v. a. Renault und Fiat-Modelle) bis zum Kleinbus (Mitsubishi) und Geländewagen (Landrover, Opel Feroza, Suzuki, Hyundai, Toyota).

Wenn Sie versiert im Handeln sind, können Sie vor Ort bei kleinen Vermietern günstigere Tarife als von Deutschland aus erzielen. Bei der Preiskalkulation zu beachten ist allerdings, dass bei manchen marokkanischen Vermietern die Autos in katastrophalem Zustand sind und bei den Angeboten in Deutschland unbeschränkte Km-Zahl sowie Steuer (in Marokko 19% des Mietpreises) und Versicherung (in Marokko je nach Fahrzeugtyp 50–100 DH) enthalten sind, außerdem keine Kaution hinterlegt werden muss. In Marokko können Sie wählen zwischen Tagespreisen und Wochenpauschalen. Handeln ist immer möglich.

Voraussetzungen zur Miete eines Fahrzeugs sind: Alter von 21 Jahren (manchmal sogar 25, kleine Vermieter halten sich aber selten daran), ein Jahr im Besitz eines Führerscheins, evtl. Hinterlegung einer Kaution von 2500–3500 DH (bei Zahlung mit Kreditkarte Blankounterschrift). Bei der Endzahlung mit Kreditkarte schlagen viele Vermieter 5–10% drauf.

Tipp: Checken Sie das Mietauto gut durch, schon aus eigenem Sicherheitsinteresse (Bremsen, Licht, Reifen, Bordwerkzeug) und auch, um eventuelle Forderungen des Vermieters bei Rückgabe des Fahrzeugs zu vermeiden (wenn es etwa heißt, Sie hätten die Beule im Kotflügel zu verantworten, die aber tatsächlich schon fünf Jahre alt ist ...). Auch der Zustand der Reifen sollte geprüft werden, da Reifenschäden nicht im Versicherungsumfang enthalten sind und ein Ersatz auf Kosten des Mieters geht.

Es gibt unterschiedliche **Versicherungspakete.** In der Regel sind bei der Grundversicherung nur Schäden am Fahrzeug des Unfallgegners versichert, nicht am Mietfahrzeug. D. h., wenn Sie einen selbst verschuldeten Unfall mit dem Mietfahrzeug haben, wird der Vermieter die Kosten auf Sie abwälzen bzw. die Kaution einbehalten. In diesem Falle ist es besser, die Risikoversicherung abzuschließen, die solche Fälle ausschließt.

Ein Mietfahrzeug der kleinsten Klasse A (z. B. Fiat Uno) kostet pro Tag zwischen 250 und 450 DH, ein Kleinwagen mit Klimaanlage gibt es ab etwa 350 DH pro Tag. Ein Geländewagen ist ab 1000 DH/Tag zu bekommen. Wochenmieten sind günstiger.

Weitere Infos und Adressen der Anbieter finden sich bei den „Praktischen Informationen" der einzelnen Städte.

STRASSENNETZ

Marokko verfügt über das dichteste Teerstraßennetz Nordafrikas. Der Belag lässt auf den Nebenstrecken manchmal zu wünschen übrig (bedingt v. a. durch Wetterschäden wie Frost, Hitze und Erdrutsche), die Hauptstraßen aber *(routes principales* – in den Landkarten mit „P" und Nummer gekennzeichnet) sind in sehr gutem Zustand. **Vorsicht** vor Fußgängern, Eselskarren, Fahrrad- und Mopedfahrern, vor allem nachts!

Pistenfahrten sind (abgesehen von den im Buch genannten Strecken) nur mit Allradfahrzeug und der entsprechenden Ausrüstung und Erfahrung durchzuführen.

VERKEHRSREGELN

Es herrscht **Rechtsverkehr.** Vorfahrt hat, wer von rechts kommt.

Geschwindigkeitsbeschränkungen: 100 km/h außerhalb von Ortschaften und auf Autobahnen, in Orten 40 km/h, beim Überholen von Militärkolonnen 30 km/h. An Ausfallstraßen stehen häufig Polizisten und überwachen den Verkehr mit und ohne Radar. Gelegentlich kommt es vor, dass behauptet wird, man wäre zu schnell gefahren, obwohl weit und breit kein Radar in Sicht ist. Ein generell üblicher Strafbetrag für Verkehrssünden ist 400 DH, der aber verhandelbar ist (weil sich der Polizist dann das Geld ohne Quittung in die eigene Tasche steckt).

Anschnallpflicht besteht, wenn das Auto über Gurte verfügt. Es herrscht absolutes **Alkoholverbot!** Rotweiße Streifen am Randstein zeigen ein Halteverbot an.

Der Verkehr hat in Marokko in den letzten Jahren deutlich zugenommen, und es passieren leider auch viele tödliche Unfälle. **Erhöhte Vorsicht ist im Bereich von Großstädten und nachts** geboten, denn Eselskarren, Fußgänger, Mopeds und auch viele klapprige Lkw sind nicht oder nur unzureichend beleuchtet und scheren oft unerwartet aus oder haben plötzlich eine Panne. Viele Pannen-Lkw haben kein Warndreieck!

TREIBSTOFFVERSORGUNG

Es gibt ein dichtes Tankstellennetz in Städten und entlang der Hauptstraßen. Auch bleifreies Benzin und Super ist mittlerweile in allen größeren Orten erhältlich. Auf Nebenstraßen in dünn besiedelten Gebieten sollte man vorsichtshalber einen Ersatzkanister mit sich führen bzw. in größeren Orten auftanken.

Kraftstoffpreise (pro Liter):
- Normal *(ordinaire)*: 7–8,8 DH
- Super *(supercarburant)*: 9–9,3 DH
- Diesel *(gasoil)*: 5,85–6,1 DH
- Bleifrei *(sans plomb)*: 9,2–9,5 DH

Die Spritpreise sind an allen Tankstellen mehr oder minder einheitlich, an der Küste geringfügig und südlich von Tan-Tan und **in der Westsahara** (Zollfreigebiet) **deutlich niedriger** (Normal 4,9 DH/l).

SONSTIGES

ELEKTRIZITÄT

Die Netzspannung beträgt **220 V,** kaum noch 110 V. Da unsere Gerätestecker nicht immer in die marokkanischen Steckdosen passen, wird die Mitnahme eines französischen bzw. Südeuropasteckers empfohlen (im Fachhandel erhältlich).

FREMDENFÜHRER

Der Ärger mit (inoffiziellen) Fremdenführern und die Belästigung durch aufdringliche Kinder, Jugendliche und/oder „Mopedguides" haben in der Vergangenheit wesentlich zu dem touristischen Negativimage Marokkos beigetragen. Kampagnen in Fernsehen und Rundfunk sowie verstärkte Polizeikontrollen haben vor allem in den Großstädten die Situation wesentlich verbessert. Selbst in Marrakesch kann man mittlerweile unbeschwert bummeln. Anders verhält sich die Situation in den kleinen Oasen im Süden, wo man auf Schritt und Tritt von Kindern, Jugendlichen oder Geschäftemachern angesprochen wird, denn jeder will am Touristen verdienen (siehe dazu auch Eingangskapitel „Als Gast in Marokko").

Nehmen Sie sich, wenn Sie sich in orientalischen Ländern unsicher fühlen, kein Französisch sprechen oder auf eigene Faust etwas unternehmen wollen (in der Reisegruppe werden Sie mit einem zuverlässigen Führer versorgt) **einen autorisierten offiziellen Führer.** Diese sind vor großen Hotels anzutreffen, bei den örtlichen Fremdenverkehrsbüros *(Syndicat d'Initiative)* und bei den Vertretungen des Staatlichen Fremdenverkehrsamtes ONMT. Hier gibt man auch Auskünfte über die offiziellen Tarife (ca. 200 DH pro ½ Tag zzgl. Trinkgeld oder 350 DH für einen ganzen Tag). Diese Preise gelten pro Führung, unabhängig davon, wie viele Personen daran teilnehmen.

Zu erkennen sind die offiziellen Führer an dem vom Tourismusministerium ausgestellten Ausweis. Sagen Sie vor Beginn Ihrer Tour deutlich, was Sie sehen wollen und was nicht (z. B. Souvenir-/Teppichgeschäfte!). Wobei zu bedenken ist, dass auch staatliche Führer in keinem festen Anstellungsverhältnis stehen, also im Falle eines schleppenden Geschäftsgangs oder nach Krankheit für den Verdienstausfall nicht entschädigt werden und deswegen auf die Provision des Teppichhändlers oder Restaurantbesitzers angewiesen sind.

Engagieren Sie **keinesfalls einen illegalen Führer** *(faux guide)*, denn diesem droht, erwischt man ihn, eine Gefängnisstrafe bis zu einem Jahr. Kontrollen gibt es nahe der touristischen Sehenswürdigkeiten überall! Zudem ist bei einem *faux guide* die Wahrscheinlichkeit sehr hoch, nur von einem Teppichladen zum nächsten geführt zu werden.

TRINKGELD

Eine wichtige Sache, wenn man das meist geringe Einkommen der Einheimischen berücksichtigt. Zimmermädchen und Tischkellner im Hotel sollten nicht erst bei der Abreise bedacht werden – ein Trinkgeld vorweg bzw. zwischendurch hebt die Stimmung und verbessert den Service.

Im Restaurant sind je nach Service ca. 5–10% angemessen, bei Bar- und Taxipreisen rundet man auf. Auch Fahrer von Ausflugsbussen und örtliche Reiseleiter erwarten ein Trinkgeld.

Falls Sie jemanden als Aufpasser *(gardien)* für Ihr Auto engagieren, darf auch dieser einige Dirham erwarten.

UHRZEIT

Bezogen auf die mitteleuropäische Zeit (MEZ) geht Marokkos Uhr eine Stunde zurück, während der europäischen Sommerzeit MESZ zwei Stunden.

ZEITUNGEN, RADIO UND FERNSEHEN

Deutschsprachige Zeitungen und Illustrierte sind (etwas verspätet) in den großen Hotels der Touristenzentren und an Kiosken der Ferienorte und Großstädte zu kaufen, dort meist nur in der Hauptstraße, die fast immer *Mohammed V.* oder *Hassan II.* heißt.

Die **Deutsche Welle** ist recht gut zu empfangen (ab 19 Uhr, 49 m-Band bei 6075 kHz), manchmal auch *Bayern 3* und *Bayern 1* auf dem 49 m-Band bei 6085 kHz. Von den Kanarischen Inseln tönt vormittags ein privater deutscher Schnulzensender bis auf das marokkanische Festland herüber. Das beste Programm bietet wohl **BBC-World-Service** (in Englisch) mit aktuellen Nachrichten- und guten Musiksendungen. Voraussetzung zum Empfang der genannten Programme ist ein gutes Kurzwellenradio.

In den Touristenhotels verfügen die Zimmer über einen Fernseher, in kleineren Hotels ist oft ein **Fernsehraum** eingerichtet. Meist ist auch Satelliten-Empfang (deutscher, italienischer und französischer Programme) möglich.

SOUVENIRS

Die größte Auswahl und die günstigsten Preise für Souvenirs findet man **auf dem Suq.**

In typischen **Souvenirgeschäften** ist die (teure) Auswahl meist nur auf den Touristen abgestimmt, alltägliche Gebrauchsgegenstände sind dort in der Regel nicht zu bekommen.

Sehr reizvoll sind die kleinen **Märkte** auf dem Lande. Hier bekommen Sie oft sehr hübsche Töpferwaren und Dinge des täglichen Gebrauchs, und das „Drumherum" ist noch wesentlich ursprünglicher als in den Großstadtsuqs. In den Städten wiederum besteht eine Aufteilung nach Handwerkervierteln und auch die Möglichkeit, die Handwerker bei Ihrer Arbeit zu beobachten. Sollten Sie zudem Spaß am **Feilschen** haben, so können Sie das vor allem in den Großstadtsuqs stundenlang betreiben und vielleicht – das nötige Geschick vorausgesetzt – auch erfolgreich. Ein **Preisnachlass von 50%** sollte herausspringen, in manchen Touristenorten sind angesichts der unverschämt hohen Summen, die die Händler nennen, 75% angebracht. Wenn Sie ohne Führer kommen, ist die Chance, einen guten Preis zu erzielen, noch größer, weil dessen Provision entfällt. Jedoch sind manche Führer durchaus behilflich, den Preis nach unten zu handeln.

Feste Werte kann man nur für silbernen Berberschmuck und auch Goldschmuck angeben. Hier sind die Preise relativ konstant, es wird meist nach Gramm abgerechnet (Silberpreise ca. 5 DH/g bei neuen Stücken, 7 DH/g bei alten Stücken, bei wertvollen alten Stücken bis zu 35 DH das Gramm).

Für meisterhaftes Feilschen gilt eigentlich nur eine **Anstandsregel:** Ist der Händler (endlich) bereit, auf den von Ihnen gewünschten Preis einzugehen, wäre es mehr als unhöflich und unangebracht, die Ware nicht zu kaufen und so die eigentlich ernsthafte Angelegenheit als amüsantes Spielchen für den reichen Europäer erscheinen zu lassen! Beginnen Sie also erst gar keinen Handel, wenn Sie nicht die Absicht

Keramikteller warten auf Käufer

haben, den Gegenstand auch wirklich zu erwerben. Manchmal wird man zwar fast zum Handeln gezwungen, aber meist kann man deutlich machen, dass nicht das geringste Interesse besteht, etwas zu kaufen. Sollte der Händler trotzdem nicht lockerlassen, nennt man einen so idiotisch niedrigen Preis, dass ihm schnell die Lust zum Handeln vergeht, oder bietet irgendeinen wertlosen Gegenstand zum Tausch an.

Wenn Sie mit einem offiziellen oder auch inoffiziellen Führer unterwegs sind, werden Sie zwangsläufig durch diverse Geschäfte geschleift – die so genannte *tour de magasin*. Auch wenn Sie unmissverständlich klar machen, dass Sie das nicht wollen, wird Ihr Führer immer wieder von neuem versuchen, Sie zu einem Geschäftsbesuch zu überreden, denn an jedem verkauften Stück verdient der Führer mit, auch bei Restaurantbesuchen auf Empfehlung Ihres Führers verhält es sich so. Besser ist es, gleich anzugeben, welche Art von Geschäften man sehen will und welche nicht. Ein Besuch z. B. in einer Weberei, Teppichmanufaktur oder Töpferei ist auf jeden Fall lohnenswert, auch wenn man nicht die Absicht hat, etwas zu kaufen.

Sollten Sie am Handeln keinen Spaß finden oder Angst haben, zu teuer einzukaufen, dann suchen Sie die staatlichen Läden **Maisons de l'Artisanat** oder **Ensemble Artisanat** auf, die es in allen großen Städten gibt (Adressen beim Fremdenverkehrsamt erfragen oder auf Hinweisschilder in den Orten achten). Hier können Sie zu Festpreisen kaufen und bekommen die Waren auf Wunsch sogar nach Hause geschickt.

Grundsätzlich gilt: **Lassen Sie sich nie von einem Händler unter Druck setzen!** Will er Sie am Gehen hindern, oder führt er Sie in eine dunkle Ecke des Ladens, um psychologisch auf Sie einzuwirken, oder schlägt er einen aggressiven Ton an – sagen Sie ihm in aller Deutlichkeit, dass Sie sein Verhalten missbilligen, und verlassen Sie den Laden. Drohen Sie notfalls mit der Touristenpolizei. Keine Angst – Ihnen wird nichts passieren!

LEDERWAREN

Die Lederbearbeitung in Marokko beruht auf **jahrhundertealter Tradition,** die Produkte fanden schon früh in Europa Absatz (Lederwarengeschäfte heißen in Frankreich „Maroqinerie"!).

In der Gegend von *Tétouan* und im *Rif* sind die großen braunen und beigefarbenen Ledertaschen der Hirten und Nomaden mit farbigen Riemen verziert. Die Lederwarenhersteller von *Rabat* verfeinerten diese Technik und benutzten gefärbtes Leder mit gepunzten Ledermustern, um Taschen, Geldbeutel und Gürtel herzustellen. Die Vergolder von *Fès* bringen auf den verschiedensten Lederwaren goldene Ranken, Girlanden, Sterne und Muster an. In Marrakesch verzieren Sticker gelbes, violettes und weißes Leder mit farbiger Seide und verarbeiten es zu wunderschönen Kissen und Taschen. Diese werden dann mit roten oder blauen Riemen versehen. In der Gegend von *Zemmour* werden Sandalen, Gürtel und Taschen mit Filzringen und Silberfäden verziert.

Neben den traditionellen Lederwaren gibt es natürlich auch „moderne", z. B. Taschen und Rucksäcke, z. T. mit Kelimgewebe durchsetzt, Geldbeutel, Bekleidung, Sitzkissen etc.

MESSING- UND KUPFERWAREN

Die Messing- und Kupferbearbeitung ist auch in Marokko, wie in allen arabischen Staaten, sehr verbreitet. Die Gegenstände werden nach jahrhundertealten Mustern mit geometrischen Flechtwerken, Ranken, Blumen und Ornamenten verziert. Tabletts, Wasserkessel, Teekannen, Zuckertöpfe, Mokkaservices, Mörser, Leuchter, Laternen, Becher, Türklopfer und vieles mehr werden dadurch zu wertvollem und wunderschönem Hausrat.

Intarsienarbeiten aus Essaouira

Leider ist gerade dieses Handwerk durch das Vordringen von Plastikgegenständen und billigem Aluminiumhausrat stark gefährdet.

KUNSTSCHMIEDE

Bei den Kunstschmieden wird hauptsächlich Eisen zu Ranken, Bändern, Scheiben und Ornamenten verarbeitet, die Eingangstüren, Leuchter und Blumenvasen, Gartentore, Balkonbrüstungen, Fenster und noch vieles mehr verzieren.

SCHMUCK

Silber- und Goldschmuck ist in den Dörfern der Hochebenen bei den **Berbern** immer noch eine **wertvolle Geldanlage.** Er ist Aussteuer, Brautgeschenk und Prestigeobjekt zugleich, und man trägt ihn dauernd bei sich.

Der Silberschmuck der Berber wird mit Kerben und einfachen Linien dekoriert und zu sehr schweren Armbändern, Kopf- und Gürtelschmuck, Ringen und Anhängern verarbeitet. Vielfach werden die Schmuckstücke **mit Bernstein, Malachit oder Korallen** verziert.

Der Schmuck dient in Form von Amuletten vor allem **zur Abwehr des „bösen Blickes"**. Silber und Kupfer wird eine segensreiche Wirkung zugesprochen, welche noch durch die Form des Schmuckstückes verstärkt werden kann. So sind vor allem Amulette als fünffingrige Hand üblich, welche als „Hand der Fatima" (nach der Tochter Mohammeds) oder als *chamsa* (arabisch für *fünf)* bezeichnet werden. Diese Amulette sollen ebenfalls böse Geister und Unglück abwehren. Die Fünf wird als magische Zahl angesehen, und schon das Aussprechen der Zahl oder auch nur das Ausstrecken der rechten Hand genügt, um den bösen Blick von sich abzuwenden. Die Fünf bestimmt in zahlreichen Kombinationen das Design der Schmuckstücke, so auch in Form von Kreuzen und Sternen mit fünf Zacken (Doppelkreuz mit gemeinsamem Mittelpunkt) und als Kreuzbalken in Blütenform. Aber auch Dreiecksamulette und Amulette in Form eines stilisierten Auges sind sehr üblich.

Traditionell wird der Schmuck bei den Berbervölkern **von männlichen Schmieden hergestellt,** die je nach Gebiet einen unterschiedlichen Status haben. Da sie magisches Material verarbeiten, werden ihnen häufig auch **magische Kräfte zugesprochen.** Schmiede werden oft als Berater hochgestellter Persönlichkeiten herangezogen, sie werden aber auch wegen ihrer Kräfte gefürchtet und deshalb im öffentlichen Leben gemieden. Meist stehen sie außerhalb der Sozialordnung. Der Beruf des Schmiedes wird innerhalb der Familie weitervererbt.

Oft übernahmen den Beruf des Schmiedes Zugewanderte, Nachkommen von Negersklaven *(Haratin)* und Juden, welche vor allem in den *Mellahs* der Städte die Mehrheit der Schmiede stellten. Sie verarbeiteten auch den **Goldschmuck,** der vor allem von der arabisierten Bevölkerung der Städte gekauft wurde. Da aber die Juden nach dem Ersten Weltkrieg in großer Zahl das Land verließen, zudem die Edelmetalle für viele Familien unerschwinglich wurden, ist ein **Niedergang des Schmuckhandwerks zu beobachten.** Oft wird anstelle von Silber inzwischen Aluminium verwendet, damit viele sich überhaupt noch Schmuck leisten können. Der Goldschmuck wird hauptsächlich in der Stadt zu zierlichen Schmuckstücken verarbeitet. Sie werden mit Smaragden, Türkisen, Perlen und Granaten besetzt und haben einfache, aber trotzdem kunstvolle Muster.

Besonders schön und inzwischen auch sehr wertvoll sind die silbernen, mit Edelsteinen verzierten Dolche und Gewehre der Berber.

Alter Schmuck ist selten geworden. In Agadir und Marrakesch gibt es Antiquitätengeschäfte (s. bei „Praktische Informationen" der Städte), die solchen Schmuck zu sehr hohen Preisen im Angebot haben.

INTARSIENARBEITEN

Dazu wird das Holz von Zeder, Zitronen-, Nussbaum und Thuja verwendet. Für Intarsien in Schmuckkästchen, zierlichen

Möbeln, Schränken und Zigarettendosen kommt oftmals auch Perlmutt, Silber und Ebenholz zum Einsatz, um besonders hübsche Farbschattierungen und -nuancen zu erreichen. Die Muster bestehen in erster Linie aus Arabesken, Blumendekors und Linien. Die fertigen Stücke werden auf Hochglanz poliert und spiegeln in goldenen, braunen, beigen, schwarzen Farbtönen, jedes auf seine Art. Besondere Tradition hat die Intarsienarbeit in Essaouira, wo kunstvoll Kästchen, Tische und andere Möbelstücke gefertigt werden.

HOLZSCHNITZEREI

Viele Moscheen, Koranschulen und auch neuere Bauwerke wie das *Mausoleum Mohammed V.* bieten herrliche Beispiele für die Kunstfertigkeit der Holzschnitzer. **Decken und Kuppeln,** Wände und Leuchter sind mit Unmengen von Sternen, Geflechten und Ranken **kunstvoll verziert** (zu besichtigen beispielsweise im *Palais de la Bahia* in Marrakesch). Auch an Grabmälern und in *Medersas* (Koranschulen) findet man prachtvolle Holzschnitzereien, ebenso werden Musikinstrumente, Teller, Tabletts, Pfeifen etc. verziert. Den Touristen werden in der Regel nur kleinere Stücke interessieren, aber auch komplette Türen (mit Malereien) und Fensterläden kann man mit Glück im Suq erstehen. Wer will und es zu transportieren weiß, kann sich eine Wohnzimmereinrichtung anfertigen lassen.

KERAMIK

Die Töpferei des *Abaka-Stammes* ist bekannt für ihre rustikalen Formen und das fahlrote und weiße geometrische Dekor. Rotbraun glasierte Töpfe für *Tajine* und *Cous-Cous* und andere Gerichte bilden das übliche Geschirr marokkanischer Haus-

Ein Museumsstück – Teppich im Bert Flint Museum in Marrakesch

frauen. Kobaltblaue, schwarz umringte Muster auf Email verzieren Schüsseln, Buttertöpfe, Krüge, Schalen und Vasen.

Salé ist auf Ziertöpferei mit farbigem Email spezialisiert, und die grünen Ziegel der Dächer von *Fès, Meknès* und manchen Heiligtums sind ebenfalls aus Ton.

Die **bekanntesten Keramiken** stammen aus **Fès** (typische blau-weiße Keramik) **und Safi,** aber auch aus der Region Tétouan. Sie sind durchaus mit Keramiken aus Italien und Spanien vergleichbar, oft wegen der kunstvollen Bemalung sogar schöner.

Am besten kauft man direkt bei den Töpfern. Man kann aber auch in den Touristikzentren oft teure, aber sehr schöne Keramiken erstehen, mitunter sogar in Kunsthandwerksläden in Deutschland.

STICKEREIEN

Stickereien sind vor allem **als Raumschmuck beliebt** – Kissen, Tischdecken, Nischenvorhänge und Wandbehänge werden mit Baumwoll- oder Seidenfaden auf Baumwollstoff gefertigt. Die Stickereien stammen aus dem Norden, wo sich in allen großen Städten (Meknès, Fès, Tétouan, Chefchaouen, Rabat, Salé) ein eigener Stil herausgebildet hat.

Bestickte Kleidungsstücke, z. B. *Djeballahs* oder *Gandouras,* eignen sich hervorragend als Mitbringsel.

TEPPICHE

Sie fehlen in keinem Haushalt. Selbst in den Nomadenzelten der Berber verwendet man sie als Sitzgelegenheit und als Bettdecke in kühlen Nächten.

In den einfacheren Häusern sieht man oftmals nur Rohrmatten, auf die mit Wolle Muster geknüpft wurden. **Kelims,** Webteppiche (bei den Berbern heißen sie *Hambel),* in die neben ornamentalen Mustern häufig auch Figuren gewebt sind, findet man v. a. **bei den Berbern.** Sie kommen aber auch in städtischen Haushalten vor.

Am häufigsten sind **Knüpfteppiche,** die als Boden- oder Wandschmuck dienen.

Die **Teppichornamente sind sehr vielfältig.** Häufig verwendet werden Rautengitter-Muster. Das Dekor besteht aus unverbundenen, in sich geschlossenen Längs- oder Querstreifen mit Rauten oder Zickzackbändern oder miteinander verbundenen Rechteckketten. Bei vielen Teppichen, vor allem bei den Hochzeitsteppichen, die als Aussteuergut dienen, werden Geschichten aus dem täglichen Leben einer Familie dargestellt und in die einzelnen Ornamente Bilder von Häusern und Tieren eingearbeitet, seltener auch Menschenfiguren.

Traditionelle Berberteppiche haben im Gegensatz zu den asiatischen Orientteppichen nie eine abschließende Bordüre, die den Teppich umrahmt. Erst zu Anfang unseres Jahrhunderts tauchten Teppiche mit Bordüren auf, in Anlehnung an asiatische Vorbilder.

Die in den Städten vertriebenen Teppiche werden in den Nachbarregionen von Stämmen gefertigt, zu denen traditionell enge Handelsbeziehungen bestehen, z. B. von den Stämmen der *Beni Nguild* und der *Zayan* im Mittleren Atlas.

Gebetsteppiche werden nur zum Beten benutzt und sind nicht durch traditionelle Muster zu erkennen.

Berberteppiche scheinen farblich den Berglandschaften angepasst zu sein. Fahlrot und Beige bevorzugen die *Marmouchka Stämme* im Hohen Atlas, die *Beni Ouarain* Schwarz, Weiß und Grün. Bei den *Uled Besseba* in der *Haouz-Ebene* bei *Chichoua* werden Teppiche mit stilisierten Menschen, Tieren und Mustern in den Farben Ocker und Rot gefertigt.

Sehr berühmt sind die Teppiche der *Glawa* aus dem Hohen Atlas. Die Stämme der *Aït Glawa* weben in farbenfrohen Mustern, vor allem in Orange, Schwarz, Gelb, Grün und Weiß. In der Gegend von *Ouarzazate* werden Blau, Rot und Weiß bevorzugt.

Der **einzige Teppich städtischer Herkunft ist der Rabatteppich,** der zum Vorbild den Orientteppich hat.

UNTERKUNFT

Wer eine **Pauschalreise** nach Marokko plant, tut gut daran, verschiedene Kataloge zu vergleichen. Nicht jeder Veranstalter bietet alle Ferienzentren an. Große Unterschiede bestehen bei Rundfahrtprogrammen. Sonderangebote, Nachlässe für Kinder und Spartarife führen teilweise zu spürbaren Preisunterschieden.

Die in diesem Buch enthaltene Beschreibung der wichtigsten Urlaubszentren, der verschiedenen Hotelzonen bis hin zu einzelnen Hotels soll dem Leser schon bei der Buchung Hilfestellung leisten.

Wer individuell reist, sollte in der **Hochsaison** in Agadir und Marrakesch **vorbuchen** (Ostern, Weihnachten, Neujahr und in Agadir zusätzlich im August), sofern man ein bestimmtes Hotel präferiert. Zu anderen Zeiten ist eine Vorausbuchung nicht notwendig.

Reservierungen für große Hotels, Apartments und Bungalows können Sie, wenn Sie nicht über einen Veranstalter buchen wollen, direkt per Fax oder E-Mail in Marokko (Adressen siehe Städtekapitel) bzw. über die Reservierungszentralen der großen Hotelketten tätigen. Eine Buchung über das Reisebüro ist aber im Arrangement mit dem Flug fast immer günstiger.

HOTELS

In Marokko findet man **Hotels aller Kategorien.** Als Gruppen- bzw. Pauschalreisender wird man in der Regel in besseren Etablissements ab drei Sternen aufwärts untergebracht. Will man Geld sparen, kann man natürlich auch auf ein preiswerteres Hotel zurückgreifen. Die billigsten Unterkünfte befinden sich meist in der Nähe der Busstationen und in der Altstadt.

Bei einem längeren Aufenthalt sollte vor allem in Agadir beachtet werden, ob sich das Hotel in Strandnähe befindet – sonst kann es mitunter eine halbe Stunde dauern, bis man ans Meer kommt. Auch die Lage zur Medina (Altstadt) sollte überprüft werden, nicht dass der sehnlich erwartete Erholungsurlaub zum Überlebenskampf inmitten marokkanischer Geräusche, Gerüche und Geschäfte wird ...! Natürlich spielen bei der Auswahl der Unterkunft auch die eigenen Erwartungen eine Rolle: Will man sich ins marokkanische Alltagsgetümmel werfen, bietet sich eben gerade ein Hotel in oder nahe der Altstadt an, legt man mehr Wert auf Restaurantbesuche, Discos und Kinos, dann ist man in den touristischen Zentren und in den Neustädten besser aufgehoben. Ist man vor allem an Ruhe und Entspannung interessiert, wäre ein Mittelweg empfehlenswert. In Hotels direkt am Strand, in ausgewiesenen Tourismushochburgen und in der Altstadt geht es naturgemäß am lautesten und lebhaftesten zu, bestes Beispiel dafür ist der „Complexe Tafoukt" in Agadir.

Die **Zimmer** sind in allen Hotels in der Regel **sauber.** Einfache Hotels dienen gelegentlich als Stundenhotels, so dass eine Kontrolle der Zimmer und v. a. der Bettwäsche nicht schadet. In diesem Zusammenhang sei angemerkt, dass in Marokko ein Gesetz gilt, das dem/der Ausländer/in und dem/der Einheimischen ohne Trauschein keine gemeinsame Belegung eines Doppelzimmers gestattet. Ursprünglich war diese Vorschrift dazu gedacht, hetero- und homosexuelle Prostitution zu unterbinden. Doch Trieb und Geschäft finden immer einen (Aus-)weg: Heute wird den „Interessenten" (darunter viele arabische Geschäftsleute) auch in großen Hotels diskret nahegelegt, zwei Zimmer zu mieten – so kommen alle auf ihre Kosten ... Fast alle: Das Nachsehen haben „seriöse" marokkanisch-europäische Paare.

Die **Toiletten** einfacher arabischer Hotels oder Restaurants sind gewöhnungsbedürftig: Nicht immer sauber, muss man für Klopapier oft selbst sorgen bzw. die Spülung ist für Klopapier gar nicht ausgelegt und bringt nicht den nötigen Druck, um das Papier wegzuspülen. Hier hilft manchmal ein bereitgestellter Eimer. In diesem Fall sind die arabischen Stehklosetts wesentlich hygienischer als unsere Toiletten. Die Säuberung nach arabischer Tradition erfolgt mit der linken Hand (ein Wasserhahn ist neben der Toilette angebracht und eine Flasche steht ebenso bereit) bzw. ein

4-Sterne-Hotel in Agadir

kleines Rohr in der Schüssel spült ähnlich wie im Bidet von unten das Hinterteil.

In **Hotels ab zwei Sternen** aufwärts kann man durchaus mit schönen Zimmern rechnen, die normalen Ansprüchen genügen. Störungen allerdings können auch im teuersten Hotel vorkommen, besonders bei technischen Einrichtungen, etwa der Klimaanlage, dem Lift, der Strom- und Wasserversorgung, und, da erforderliches Ersatzmaterial oft erst importiert werden muss, auch länger andauern.

Die **Klimaanlagen** in den Hotels sind erfahrungsgemäß nur etwa von Mitte Juni bis Ende September in Betrieb. Wer zur kühleren Jahreszeit bucht, sollte auch auf **Beheizbarkeit** des Zimmers achten.

Nicht Jedermann teilt unter Umständen die Musikbegeisterung der Marokkaner. In Foyers, Restaurants, Bars, Hotelgärten, Poolanlagen – gehört **Musikbeschallung** häufig dazu, nicht selten auch TV-Berieselung!

ÜBERNACHTUNGEN BEI RUNDFAHRTEN

Auch die bei Exkursionen über Land angesteuerten Hotels, in denen meist nur einmal übernachtet wird, entsprechen grundsätzlich europäischem Standard. Ausnahmen sind Trekkingtouren in abgelegenere Gebiete: In diesem Fall wird in einfachen familiären Unterkünften – so genannten **Gîtes d'Etape** – übernachtet, evtl. auch in Zelten oder Berghütten. Mangelnder Komfort wird dabei durch ein Mehr an Romantik ersetzt.

HOTELKLASSIFIZIERUNG

Die Hotels werden vom marokkanischen Tourismusministerium in fünf Kategorien eingeteilt. Der Besucher kann wählen von der 5-Sterne-Luxusklasse über die Mittelklasse abwärts bis zu den einfachen 1-

Stern-Hotels. Außer den offiziellen Sterne-Hotels gibt es noch zahlreiche unklassifizierte Hotels bis hin zu extrem billigen (und entsprechend einfachen) Unterkünften, interessant vor allem für Individualreisende. Neben den üblichen Hotels gibt es komfortable **Ferienclubs** (Club Valtur, Club Méd), Clubhotels mit einem vielfältigen Sportangebot sowie Apartments *(Résidence)* und Bungalows für Selbstversorger.

Apartments werden zu sehr günstigen Preisen in Wochenarrangements von den Reiseveranstaltern in Deutschland angeboten (NUR, TUI u.a.).

Der Begriff **Riad** (oft auch *Ryad)* stammt aus dem Arabischen und bezeichnet ursprünglich ein traditionelles Stadthaus mit Garten (z. B. Zitrusbäumen) und Springbrunnen im Innenhof. Inzwischen werden aber der Einfachheit halber auch *Dars,* Stadthäuser ohne Grün im Innenhof oder angeschlossenen Garten, als Riads bezeichnet. Ein Riad war früher meist die Residenz eines reichen Händlers, Wesirs oder anderen wichtigen Menschen, der sich in der Altstadt z. B. von Marrakesch, Essaouira oder Fès ein prachtvolles Haus leisten konnte. Diese Häuser werden in den letzten Jahren im zunehmenden Maße zu individuellen und luxuriösen kleinen Hotels mit fünf bis maximal 10 Zimmern renoviert und umgebaut, den so genannten **Maisons d'Hôtes**. Die Besitzer sind häufig Deutsche, Franzosen, Italiener, aber auch wohlhabende Marokkaner, die hier wahre Kleinode geschaffen haben. In Marrakesch gibt es bereits unzählige *Maisons d'Hôtes* (vgl. Exkurs „Leben wie ein Pascha in der Medina von Marrakesch"), auch in Essaouira sind bald die meisten schönen Riads als Gästehäuser wiederhergestellt. Andere Städte wie Fès und Asilah ziehen nach. Die Zimmerpreise in einem Riad reichen von 800 bis 2500 DH für das Doppelzimmer. Manchmal kann man ein Haus auch komplett mieten. *Maisons d'Hôtes* niedrigerer Preiskategorie sind noch sehr wenige zu finden, in Marrakesch gibt es ein paar.

Hotelpreise bzw. -klassifizierung
Preisniveau (in Dirham, für ein Doppelzimmer):
€€€€€ - 5 Sterne und Luxusriads, 1500-3000
€€€€ - 4 Sterne, 460-1400
€€€ - 3 Sterne, 320-460
€€ - 2 Sterne, 200-320
€ - 1 Stern, 100-200
½€ - unklassifziertes Billighotel

€€€€ - Preis im mittleren Segment dieser Klassifizierung
€€€€A - Preis im oberen Segment dieser Klassifizierung
€€€€B - Preis im unteren Segment dieser Klassifizierung

HOTELPREISE

Im Reiseteil dieses Buches sind seit der 4. Auflage die **Preise in Kategorien angegeben.** Auf exakte Preisangaben wird verzichtet, da der recherchierte Preis bis zur Drucklegung meist ohnehin wieder überholt ist. Die Preiskategorien werden entsprechend der Hotelklassifzierung angegeben: von nicht klassifiziert bis 5***** de Luxe, von ½€ bis €€€€€A. Zu beachten ist, dass entsprechend dem Preisniveau auch ein z. B. mit drei Sternen kategorisiertes Hotel in der darunter oder darüber liegenden Preiskategorie eingeordnet sein kann (also €€ bzw. €€€€). Zusätzlich fügen wir ein A oder B an, d. h. €€€A liegt eher am oberen Grenzwert der 3-Sterne-Preiskategorie, B eher am unteren Grenzwert. Ohne Angabe von A oder B liegt der Preis ungefähr in der Mitte. Die Preiskategorien beziehen sich auf ein Doppelzimmer (DZ). Wer die Kosten genau wissen will, sollte telefonisch, per E-Mail oder Fax beim Hotel anfragen.

In der Regel beinhaltet der Übernachtungspreis **nicht das Frühstück,** und es steht nicht in allen Hotels ein morgendliches Büfett bereit. Oft ist das Frühstück eher dürftig (und dabei teuer), so dass es sich empfiehlt, in ein Café zu gehen.

In vielen Hotels übernachten **Kinder** unter 2 Jahren kostenlos, Kinder bis zu 12 Jahren (im Zimmer der Eltern) mit saisonal abhängiger Ermäßigung (10–40%).

In den Strandhotels müssen natürlich **Nebenkosten** eingerechnet werden, an erster Stelle steht oft die Miete eines Sonnenschirms (25–45 DH pro Tag) und Liegestuhls (25–40 DH), Wochenarrangements sind jeweils möglich. Auch alle weiteren Sonderleistungen, die sich vor allem auf das weite Feld der sportlichen Betätigungen beziehen, müssen zusätzlich kalkuliert werden.

Ein besonderes Angebot stellen die Programme zur **Fitness- und Schönheitspflege** dar (etwa verschiedene Therapien, z. B. Algo- und Thalasso-Therapie). Auch **Wellnessprogramme** werden in immer mehr Hotels in Agadir angeboten.

Saisoneinteilung

Hauptsaison: Anfang Juli bis Anfang September, Ostern und Weihnachten. Höchste Preise in den Hotels.

Zwischensaison: Anfang April bis Ende Juni und Mitte September bis Ende Oktober. Günstige Hotelpreise, wenig Betrieb.

Nebensaison: November bis Mitte Dezember und Mitte Januar bis März. Niedrigste Hotelpreise.

CAMPING/ JUGENDHERBERGEN

In Marokko verteilt sich eine stattliche Anzahl von Campingplätzen über das ganze Land. **Viele Anlagen sind allerdings in schlechtem Zustand,** was folgender pekuniären „Logik“ zu verdanken ist: Die Verpachtung städtischer bzw. staatlicher Plätze geschieht zu einem Zins, der sich nach dem Zustand des Campingplatzes richtet – die Folge: Der Pächter versucht, mit wenig Investitionen möglichst viel zu verdienen, und wenn nach einem Jahr die Pacht neu festgelegt wird, zahlt er für den heruntergewirtschafteten Platz entsprechend weniger ... Die Sauberkeit der Anlagen hängt aber nicht nur von ihrem Alter ab, sondern auch von Jahreszeit und Andrang. Im August ist v. a. an der Atlantikküste mit überfüllten und verdreckten Plätzen zu rechnen, weil zu diesem Termin viele marokkanische Familien Campingurlaub machen, während im Dezember und Januar die europäischen Rentner in Agadir die Plätze füllen. Toiletten und sanitäre Einrichtungen entsprechen selten europäischen Standards.

Die **Campingplatzgebühren** betragen zwischen 10 und 20 DH pro Person (für Kinder meist die Hälfte), je nach Fahrzeugtyp kommen 8–20 DH hinzu, Zelt und Stromanschluss (wenn vorhanden) werden extra berechnet.

Die **Jugendherbergen** *(Auberges de Jeunesse)* in größeren Orten sind sauber und brauchbar. Die Übernachtung kostet 20–35 DH pro Person. Ein Internationaler Jugendherbergsausweis ist unbedingt erforderlich (Adressen bei „Praktische Informationen“ zu den einzelnen Städten).

VERANSTALTER UND RUNDREISEN

Marokkoreisen werden in deutschen Reisebüros in vielfältiger Form angeboten, allerdings überwiegen reine Badeurlaubsangebote für Agadir. Pauschaltouristen, die nicht nur zum Baden nach Marokko wollen, sollten die **Rundreiseprogramme** diverser Veranstalter in Erwägung ziehen. Wer innerhalb seines Hotelarrangements Ausflüge bucht, bezahlt für Übernachtung und Verpflegung u. U. doppelt.

Bei Rundreisen handelt es sich v. a. um Touren zu den **Königsstädten** Rabat, Fès, Meknès und Marrakesch**, zu Kasbahs und Speicherburgen,** um Bus- oder **Geländewagenfahrten** in die **Berge** und die **Wüste.** Beachten Sie aber bei Rundreisen, die durch das ganze Land führen, dass eine solche Unternehmung mindestens 14 Tage dauern sollte, eher länger. Für eine Tour im Süden, ausgehend von Agadir nach Marrakesch und weiter nach Ouarzazate und entlang der Straße der Kasbahs, reichen 14 Tage, auf eine 8-Tage-Rundreise sollten Sie sich auch hier nicht einlassen.

Ferner werden u. a. **Wander- und Trekkingwochen, Fahrrad- und Sportreisen** sowie **Rundfahrten mit Mietwagen** angeboten. Vor allem Golfurlaub in Marokko gewinnt zusehends Liebhaber. Ein reiner Badeurlaub lässt sich anhängen. Aber auch Bausteinprogramme (Flug, kombiniert mit individuellen Destinationen und Ausflügen) kann man mittlerweile im Reisebüro buchen. Wer wirkliche Wüsten- und Atlasrundreisen abseits der Hauptrouten machen will, sollte nicht die gängigen Landrover-Fahrten großer Veranstalter buchen, sondern sich echten Wüstenreiseveranstaltern anschließen wie z. B. *Sun-Tours* (www.suntours.de) in Langgöns oder *Supratours* in Tinerhir. *Karavanserail* (www.brunswig.info), gegründet von der Marokko-Expertin *Muriel Brunswig*, bietet ebenfalls spezielle Touren in kleinen Gruppen für Naturliebhaber, Geschichtsinteressierte sowie Rundreisen mit Übernachtung in noblen Riads oder Kochkurse in Marokko an. Bei Studienreisen hat sich *Studiosus* (München) eine guten Namen gemacht, bei Trekkingreisen *Hauser Exkursionen* (www.hauser-exkursionen.de) sowie der *Summit-Club* (beide München). *Sport Travel* von *Peter Sachse* (www.sport-travel-tours.de) oder auch die im Kapitel „Sport“ sowie bei Marrakesch genannten *Tamsilt-Tours* und *Culture Nature Voyages* (www.marokkotrekking.de) sind für aktive Reisen sehr zu empfehlen. *Hora-Touristik* (www.marokko-tours.de) und viele andere Anbieter haben ein vielfältiges und variables Reiseprogramm.

Auch der Hotelurlauber wird (wenn nicht im Katalog, dann an Ort und Stelle) auf das vielfältige **Ausflugsprogramm** hingewiesen. Meist erläutert der Reiseleiter schon beim „Begrüßungs-Cocktail“ die verschiedenen Touren und nimmt Buchungen entgegen. Im Hotel sind am Aushang oder in den Infomappen der Veranstalter Ziele, Daten, Preise usw. zu erfahren.

HINWEISE UND TIPPS

1. Die über die Reiseveranstalter oder Hotels gebuchten Touren werden von **offiziellen Agenturen** mit örtlichen (oft deutschsprachigen) Reiseleitern durchgeführt. Die Ausflüge sind meist gut organisiert und die Teilnehmer versichert, was bei Buchung über private Anbieter nicht garantiert ist. **Eintrittsgelder** (ohne Fotogebühr), bei Ein- und Mehrtagesfahrten die **Übernachtungen** und **Mahlzeiten** (ohne Getränke) sind im Preis inbegriffen. Kinder erhalten meist Ermäßigung. Bei Abwesenheit gibt es weder „Lunchpakete“ noch eine Kostenerstattung vom gebuchten Ferienhotel.
2. Informieren Sie sich vor einer Buchung (z. B. anhand dieses Führers) über die jeweiligen **Ziele,** und vergleichen Sie die Angebote evtl. auch mit jenen der Nachbarhotels. Achten Sie darauf, kein allzu dicht **gedrängtes Besichtigungsprogramm** zu buchen. Wer überall nur durchhetzt, hat zwar viel „abgehakt“, aber wenig gesehen.

3. Ausflugskosten belasten die Urlaubskasse spürbar im Verhältnis zum oft günstigen Pauschalpreis. Prüfen Sie, was Sie (individuell und billiger) **allein unternehmen** können.
4. Bei manchen Fahrten werden fakultative, also extra zu bezahlende Ausflüge angeboten. Fahrer und Reiseleiter erwarten zum Schluss ein angemessenes **Trinkgeld.**
5. Seien Sie darauf gefasst, dass Sie bei Ortsbesichtigungen irgendwann in ein **Teppich- und Souvenirgeschäft** geführt werden. Tätigen Sie größere Souvenirkäufe aber besser an einem Ort, wo Ihnen genügend Zeit und Möglichkeit zum Vergleichen, zum Handeln und Feilschen bleibt. Bei Gruppenreisen wird die Provision des Führers bzw. Reiseleiters (bis 40%) im Kaufpreis einkalkuliert. Auch bei gratis angebotenen Fahrten zur Besichtigung von Leder-, Teppichfabriken etc. wird natürlich auf die Kauflust der Teilnehmer spekuliert.

VERSICHERUNGEN

REISEKRANKENVERSICHERUNG

Siehe „Versicherungsschutz" im Kapitel „Gesundheit".

REISERÜCKTRITTS-KOSTENVERSICHERUNG

Eine solche Versicherung lohnt sich vor allem, wenn man ein **„preiswertes" Flugticket** mit einer geringen Gültigkeitsdauer oder mit festen Reiseterminen gebucht hat, die nicht mehr geändert werden können. Denn sonst kann der Flugtermin für eine geringe Gebühr innerhalb der Gültigkeitsdauer beliebig oft verschoben werden.

Ob es sich lohnt, die teuren 35–80 Euro auszugeben, hängt nicht zuletzt von der Höhe der **Stornogebühr** ab, die im Falle des Reiserücktritts fällig würde. Wie hoch die Stornogebühr sein wird und wann sie fällig wird, sollte man bei Buchung der Reise genau klären.

In jedem Fall muss man eine solche Versicherung je nach Versicherer **binnen 8 bis 14 Tagen nach Reisebuchung** abschließen, sonst ist es nicht mehr möglich, sich gegen den Reiserücktritt zu versichern. Bucht man weniger als 14 Tage vor Reiseantritt Last Minute kann man diese Reise nicht versichern.

Bei der **Wahl der Versicherung** sollten typische Leistungsunterschiede geprüft werden:

- **Gründe für Rücktritt:** Tod, schwerer Unfall oder Erkrankung, Impfunverträglichkeit, betriebsbedingte Kündigung, neuer Arbeitsplatz nach Arbeitslosigkeit, Schwangerschaft, Schaden an Eigentum durch Feuer u. Ä. Krieg, Unruhen, Streik etc. gelten dagegen nicht.
- **Schadensgrenze:** Die vollen Storno-, Reiseabbruchs- sowie Umbuchungskosten sollten übernommen werden.
- **Selbstbeteiligung:** Bei Krankheit 20% oder mindestens 25 Euro.

Buchtipp:
- Hartmut Schäfer
All inclusive?
(Reise Know-How Praxis)

REISEGEPÄCKVERSICHERUNG

Der Abschluss einer Reisegepäckversicherung **lohnt sich seltener,** da die Policen zu viele Einschränkungen enthalten. Überdies besteht die Gefahr der Doppeltversicherung, denn Einbruch, Raub und Beschädigung von Eigentum sind in der Regel auch im Ausland durch die **Hausratsversicherung** gedeckt.

- **Verlorenes Gepäck:** Wird bei Flugreisen oft nur nach Kilopreis ersetzt, damit ist der „Armani"-Anzug dann wohl kaum gedeckt. Der Zeitwert wird nur nach Vorlage der Rechnung ersetzt.

- **Sorgfalt:** Wurde eine Wertsache nicht im Safe aufbewahrt, gibt es bei Diebstahl auch keinen Ersatz. Kameraausrüstung und Laptop dürfen beim Flug nicht als Gepäck eingecheckt worden sein. Gepäck im unbeaufsichtigt abgestellten Fahrzeug ist ebenfalls nicht versichert. Die Liste ist endlos ...
- **Höchstsumme:** Die Höchstsumme, für die man sich versichern kann, deckt meist nur einen Bruchteil der Wiederbeschaffungskosten für einen Laptop, die Kameraausrüstung etc.
- **Protokoll:** Ohne das detaillierte polizeiliche Protokoll oder die Verlustmeldung bei der Airline bekommt man nichts erstattet.

ANBIETERAUSWAHL

Der Abschluss einer **Jahresversicherung** ist in der Regel kostengünstiger als mehrere Einzelversicherungen. Günstiger ist auch die **Versicherung als Familie** statt als Einzelpersonen. Hier sollte man nur die Definition von „Familie" genau prüfen.

Eine Privathaftpflichtversicherung hat man in der Regel schon. Diese ist jedoch oftmals in **„Reiseversicherungspaketen"** enthalten, wodurch man unnötig doppelt – aber nicht besser – versichert ist. Bei der Unfallversicherung, die man schon hat, sollte man prüfen, ob diese im Falle plötzlicher Arbeitsunfähigkeit aufgrund eines Unfalls im Urlaub zahlt.

Auch durch manche **Kreditkarten** oder **Automobilclubmitgliedschaft** ist man für bestimmte Fälle schon versichert. Das sollte man noch mal klären, bevor man sich unnötig doppelt versichert. Achtung: Die Versicherung über die Kreditkarte gilt immer nur für den Karteninhaber!

Die **Stiftung Warentest** in Deutschland und **Konsument.at** in Österreich testen regelmäßig verschiedene Versicherungsarten. Über ihre Webseiten kann man Testberichte herunterladen, Online-Abonnent werden oder Hefte zum Thema bestellen: www.warentest.de, www.konsument.at.

Weitere Informationen erhält man auch in Deutschland bei der **Verbraucherzentrale** (www.verbraucherzentrale.com) und in Österreich bei der Arbeiterkammer (www.arbeiterkammer.at).

Tipp: Für alle abgeschlossenen Versicherungen die Notfallnummern notieren und mit der Policenummer gut aufheben! Bei Eintreten eines Notfalles sollte die Versicherungsgesellschaft unverzüglich telefonisch verständigt werden.

VERANSTALTER-PLEITE

Jeder, der eine Rund- oder eine Pauschalreise bucht, hat das Recht darauf, sich zu vergewissern, dass der Veranstalter **gegen eine Insolvenz versichert** ist.

Spätestens bei der ersten (An-)Zahlung sollte der Veranstalter bzw. das Reisebüro dem Kunden deshalb einen **Sicherungsschein** aushändigen.

Wenn kein Sicherungsschein ausgehändigt wird und man annehmen muss, dass der Veranstalter nicht versichert ist, sollte man ermessen, wie wahrscheinlich eine Insolvenz bei diesem Unternehmen ist. Das **Risiko** ist bei namenhaften Veranstaltern eher gering, bei so genannten **Billigveranstaltern** jedoch durchaus möglich. Im Zweifelsfall erhält man bereits bezahlte Reiseleistungen nicht – beispielsweise den Rückflug ...

Bei den deutschen Verbraucherzentralen kann man die **Broschüre „Recht auf Reisen"** für 7,15 Euro erwerben, die Ihnen im Fall von Ärger mit Veranstaltern weiterhilft (www.verbraucherzentrale.com).

ANHANG

SPRACHE

GLOSSAR

REISEGESUNDHEITSINFORMATIONEN

LITERATUR

LANDKARTEN

REGISTER

DIE AUTORINNEN

SPRACHE

In Marokko ist **Arabisch offizielle Amts- und Landessprache. Französisch** ist seit der Kolonialzeit **Verkehrs-, Bildungs- und Handelssprache,** also bei Behörden, in Büros und im Geschäftsverkehr üblich. Es ist Pflichtfach in den Schulen, in den meisten höheren Schulen sogar Unterrichtssprache. Straßen- und Hinweisschilder sind oft auf Französisch abgefasst. In den Ferienhotels und an populären Ausflugszielen hat man sich auf die ausländischen Besucher eingestellt; Hotelpersonal, Fremdenführer und Souvenirhändler verblüffen oft mit passablen Deutschkenntnissen. **Speisekarten** in den Touristenlokalen sind häufig zusätzlich in **Deutsch und Englisch** abgefasst.

Außerhalb der Touristenzentren muss man allerdings ohne Kenntnis wenigstens der **wichtigsten französischen Grundbegriffe** und Redewendungen mit Verständigungsschwierigkeiten rechnen. Es lohnt sich also, vor der Reise die Französischkenntnisse aufzupolieren und zumindest ein Wörterbuch oder kleinen Sprachführer mitzunehmen. Wer sich gar die Mühe macht, wenigstens ein paar Begriffe, Grußformeln, Redewendungen etc. auf Arabisch zu lernen, erleichtert Kontakte mit den Bewohnern und steigt in deren Achtung. In Marokko werden zusätzlich noch drei verschiedene Berbersprachen gesprochen; hier kann die Verständigung sehr schwierig werden.

Sehr zu empfehlen für den Aufenthalt in Marokko sind zwei handliche und praxisnahe Sprechführer aus der Kauderwelsch-Reihe des Reise Know-How Verlags: **„Marokkanisch-Arabisch – Wort für Wort"** sowie **„Französisch – Wort für Wort".**

AUSSPRACHE/UMSCHRIFT

Die folgende Auflistung soll helfen, Laute des marokkanischen Arabisch, die im Deutschen nicht existieren, annähernd richtig auszusprechen. Aufgrund einer einfacheren Handhabung müssen allerdings Zugeständnisse hinsichtlich der Differenzierung der Laute gemacht werden. Als Hilfe sei empfohlen, einheimische Radio- bzw. Fernsehsendungen zu hören, um ein Gefühl für Klang und Aussprache zu bekommen. Ebenso sollte man stets auf der Straße, im Café, im Suq oder sonstwo mit offenen Ohren unterwegs sein, dann ist man bald soweit, Unterschiede zu identifizieren und für den eigenen Sprachgebrauch nutzbar zu machen.

Damit Sie nicht die arabische Schrift lernen müssen, bedienen wir uns einer Umschrift, bei der in der Regel ein Zeichen einem arabischen Buchstaben entspricht – so gibt es keine Zweifel, ob „ch" französisch oder deutsch zu lesen ist, ob „sh" wie im Englischen ein Laut ist oder „s" und „h".

Konsonanten:

sh – wie das deutsche „sch"

j – stimmhaftes „sh" wie im franz. „Journal"

dj – stimmloses „Dsch" wie in „Dschungel"

r – ein rollendes Zungen-„r"

gh – Zäpfenchen-„r" wie in Norddeutschland oder Frankreich

' – Stimmabsatz, wie z. B. im Deutschen: „Vor'ab" oder „Neckars'ulm"

***** – der in europäischen Sprachen nicht existierende Kehlkopfverschlusslaut 'Ain. Es ist ein Würge-laut, der zur Folge hat, dass die folgenden Vokale dunkler gesprochen werden.

<u>s</u> <u>t</u> <u>d</u> <u>z</u> – emphatische, gepresste Varianten von s, t, d und z; sie verdunkeln den folgenden Vokal.

h – wie im Deutschen, doch immer hörbar, wie z.B. in Betle**h**em

<u>h</u> – stark gehauchter h-Laut (als ob man sich zum Wärmen der Finger in die Hände haucht)

ch – wie in deutsch „Dach"

z – stimmhaftes weiches ‚s' wie in deutsch „Rose".

q – hinten im Rachen gebildetes kehliges ‚k' (wie im Tiroler Dialekt)

w – wie in englisch *„what"*, mit beiden Lippen gebildet

y – wie im Deutschen das „j"

Die Konsonanten **b d g f k l m n s t** werden wie im Deutschen ausgesprochen und geschrieben. Doppelte Konsonanten werden deutlich gelängt ausgesprochen! Das Doppel-n im Deutschen „rennen“ entspricht im Marokkanischen einem einfachen Konsonanten.

Selbst- und Zwielaute:

Ai, au wie im Deutschen. Unterscheiden sie Kurzvokale **(a ä e i o u)** und Langvokale **(â ê î ô û).** Häufig ist der flüchtige Murmellaut ë, den es auch im Deutschen gibt: Gëbirgë, bëdankën etc.

Betonung:

Langvokale werden immer betont! Man halte sich aber an die Daumenregel, dass in einem Wort ohne Langvokale üblicherweise die letzte Silbe betont wird, wenn ein Wort jedoch mit zwei Konsonanten aufhört, wird die vorletzte Silbe betont: fëhë'mt = ich habe verstanden, töntkällem = ich spreche.

Ein Vokal am Ende eines Wortes wird niemals betont.

Kleine Sprachhilfe:

Die wichtigsten Worte und Redewendungen

Deutsch	**Marokkanisch**	**Französisch**
ja	nâ*m, îye	oui
nein	lâ	non
bitte	*afak, lla ichallëk	s'il vous plaît
danke	shukran	merci
in Ordnung	wachcha	d'accord
viel, zuviel	bzâf	beaucoup, trop
wenig	shwîya	(un) peu
billig	rëchîs	bon marché
teuer	ghâli	cher
groß, alt	kbîr	grand, agé
klein, jung	sghir	petit, jeune
lang	twêl	long
kurz	qsîr	court
es gibt	käyin	il y a
es gibt nicht (kein)	makäyinsh	il n'y a pas
ich will	bghît	je veux
ich will nicht	mabghîtsh	je ne veux pas
ich brauche, ich muss	chassni	il me faut
geben Sie mir	shibli, *âtinî	donnez-moi
komm/kommt	aji/ajiu	viens/venez
verschwinde/t	sirr/sirru	dégage/z la piste
	auch: ba*d minni/ba*du minni	
schau/schaut	shûf/shûfu	regarde/z
ich bin Österreicher/in	äna nemsâwi/nemsawîya	je suis Autrichien/ne
ich bin Deutscher/-e	äna almâni/almanîya	je suis Allemand/e
ich bin Schweizer/in	äna swîsri/swisrîya	je suis Suisse
ich bin verheiratet	äna mëmzuwwush	je suis marié/e
ich bin nicht verheiratet	äna mâshi mëmzuwwush	je ne suis pas marié/e
gut	mëziyân	bon
schlecht	chaib	mauvais/mal
schön	zwîn	beau/belle
hässlich	chaib, qbîh	laid
wieviel (kostet das)?	bschhâl (häd shi)?	combien (ça fait)?

Anhang

Deutsch	Marokkanisch	Französisch
nichts	wâlu	rien
ich will nichts	ma bghît wâlu	je ne veux rien
Achtung!	bâlak!	attention!
Entschuldigung!	smähli	éxcusez-moi
Was hast du gesagt?	shnu gulti	Qu'est-ce que tu as dit?
Ich habe nicht verstanden	ma fhëmtsh	je n'ai pas compris
noch einmal bitte!	*ud min fadlëk	encore une fois
so Gott will, hoffentlich	in sha'allâh	ésperons-le
im Namen Gottes	bismillâh	
gelobt sei Gott	al hamdu lillâh	

Begrüßung – Gespräch

Grüß Gott (höflich)	as salâmu *alêkum	bonjour, bonsoir
– Antwort:	wa *alêkum as-salâm	
wie geht's ?	labâs, ki dêr (m) ki dêra (w)	comment ça va ?
– Antwort:	labâs al-hamdu lillâh	
guten Morgen	sëbâh ël-chêr	bonjour
guten Abend	msa ël-chêr	bonsoir
gute Nacht	lêla sa*îida,tisbah *ala-chêr	bonne nuit
Mahlzeit! Guten Appetit!	bismillâh	bon appétit
zum Wohl (beim Essen, nach dem Hammam)	bisaha	à votre santé
– Antwort:	llah *tik ës-saha	
auf Wiedersehen	bëslâma, mâs:aläma	au revoir
bitte (als Aufforderung)	tfaddal (m),tfaddali (w) tfaddlu (Mz)	s'il vous plaît
Haben Sie Kinder?	wash *andëk ëddrâri?	avez-vous des enfants?
Junge/n	wuld/wulâd	garçon/s
Mädchen/Mz	bënt/bnât	jeune/s fille/s

Hilfszeitwörter

ich habe	*andi	j'ai
du hast	*andëk	tu as
er hat	*andu	il a
sie hat	*andha	elle a
wir haben	*andna	nous avons
ihr habt	*andkum	vous avez
sie haben	*andhum	ils ont

„Sein" wird in der Gegenwart nicht gebildet.
„Haben" wird eigentlich umschrieben: als ‚bei mir ist' usw. (*and = bei + Possesivpronomen)

Zahlen

eins	wâhid	un
zwei	juj	deux
drei	tlâta	trois
vier	arb*a	quatre
fünf	chamsa	cinq
sechs	sëtta	six

Anhang

Deutsch	Marokkanisch	Französisch
sieben	sb*a	sept
acht	tmaniya	huit
neun	tës*ud	neuf
zehn	*ashra	dix
elf	hadâsh	onze
zwölf	tnâsh	douze
13	tlätash	treize
14	ërb*atash	quatorze
15	chamstâsh	quinze
16	sëttâsh	seize
17	sb*atash	dix-sept
18	tamantâsh	dix-huit
19	ts*atâsh	dix-neuf
20	*ishrîn	vingt
21	wâhid u-*ishrîn	vingt-et-un
22	tnên u-*ishrîn	vingt-deux
23	tlâta u-*ishrîn	vingt-trois
30	tlätîn	trente
40	ërb*în	quarante
50	chamsîn	cinquante
60	sëttîn	soixante
70	sbë*în	soixante-dix
80	tmanîn	quatre-vingts
90	tës*în	quatre-vingts-dix
100	mîyya	cent
200	mîyyatên	deux cents
300	tlâtamîyya	trois cents
1000	alf	mille
2000	alfên	deux mille
3000	tlâtalâf	trois mille

GLOSSAR

Ashura bzw. **Achoura:** Neujahr, auch Kinderfest
Agadir: Umfriedung; befestigter Platz; befestigter Speicher
Aguedal: Gärten und Obsthaine der Sultane
Agoumi: entspricht etwa dem Begriff „Alpweide"
Aguelmame: See
Ahaidous: Tanz der Dorfbevölkerung im nördlichen Atlas
Ahwach: Tanz der Dorfbevölkerung im südlichen Atlas
Aid al Kebir: das große Fest (erinnert an das Opfer Abrahams)
Aid al Seghir: das kleine Fest – Abschluss des Fastenmonats Ramadan
Ain: Quelle
Ait: Söhne von..., Leute der... (Stammesname)
Amghar: Dorfältester; wohlhabender Dorfbewohner
Arhour: Brunnen für die Bewässerung (mit Rampe für Zugtiere)
Asif: Wasserlauf
Assarag: Tanzplatz
Azrou: Felsen

Bab: Tor, Durchgang
Balek: Warnruf wie „Achtung!"
Ben (Mz. *Beni*): Sohn des (der) ...
Bir: Brunnen
Bled: offenes Land (Gegensatz zur Stadt)

Chech: Gesichtstuch/-schleier (meist blau, weiß oder schwarz, 5–7 m lang)
Chergui: heißer Südwind, Wüstenwind
Chleuh (Schlöh): Berberstamm im Anti-Atlas
Chouari: Tragkorb mit zwei großen Taschen, den man über den Rücken des Esels legt
Cous-Cous: Gericht aus Weizen- oder Hirsegrieß mit Schaf- oder Hühnerfleisch und Gemüse

Dir: Geländerücken; in die Ebene hinauslaufender Sporn
Dirham: marokkanische Geldeinheit
Dar (Mz. *Duar* bzw. franz. *Douar*): Haus; ländliche oder vorstädtische Siedlung; Gruppe von Zelten oder Häusern
Djama: Moschee
Djamaa bzw. **Djemaa:** Versammlung der Bevölkerung eines Gebietes; Versammlungsplatz
Djabal bzw. **Djebel:** Berg
Djedid: jung, neu
Djellabah: weites, mantelartiges Kleid mit Kapuze; wird von Männern und Frauen im Freien getragen
Djinn (Mz. *Djnoun*): Dämon, Geist
Doum: Zwergpalmenart

Erg: Sandwüste

Fantasia: wilder Ritt, bei dem Gewehre abgefeuert werden (aus dem Spanischen)
Fata: rituelles Gebet
Fellah: Bauer
Fina: Hauskleid der Frau; Schleier, der über das Hauskleid getragen wird
Fkih: Lehrer an einer Koranschule

Gara (Mz. *Gour*): isolierter Tafelberg; Zeugenberg
Gharbi: Westwind, Meerwind
Ghezzou: Raubzug; Teilnehmer an einem Raubzug
Gnawa (franz. Gnaoua): Meist schwarze Musiker (Ursprungsland Guinea), die islamischen Orden angehören und deren Gesängen und Tänzen Heilkraft zugesprochen wird; oft auf dem Djamâa-el-Fna-Platz in Marrakesch zu sehen
Guedra: röhrenförmige Töpferarbeit (mit Fell bespannt als Tamburin verwendet); Volkstanz in Guelmim
Guich: bewaffneter arbischer Stamm, vom Sultan zur Überwachung eines Gebietes angesiedelt

Hadj: Wallfahrt nach Mekka
Haik: weibliches Kleidungsstück, Überwurf (nur noch selten getragen)
Hammada: Felswüste, Steinwüste
Hammam: islamisches Bad
Haratin: dunkelhäutige, aus der marokkanischen Sahara stammende Bevölkerung
Harira: kräftige Suppe zum Fastenunterbruch im Ramadan

Imam: frommer Mann, der das Gebet in der Moschee leitet
Imazighen: freie Leute, Freie
Irherm (Igherm): Umfriedung; befestigter Platz; befestigter Speicher

Kaftan: besticktes Kleid aus kostbarem Stoff
Kaid: s. Qaid
Kalif: Herrscher der Gläubigen; Nachfolger Mohammeds
Kanoun bzw. **Qanun:** Holzkohlebecken aus gebrannter Erde oder Metall
Kasbah: befestigter Wohnsitz einer Sippe, bzw. Ansammlung von mehren Tighremts, vor allem im südlichen Marokko
Kerkour: Pyramide, auf die jeder Vorbeigehende einen Stein legt, um Unglück abzuwenden
Kesra: rundes Brot
Khammès: Pächter, der ein Fünftel der Ernte erhält
Khettara: unterirdischer Bewässerungskanal
Khoms: Vereinigung verschiedener Stämme
Kibla: Gebetsmauer in der Moschee, nach Osten (Mekka) gerichtet
Kissaria: Markthalle für Stoffe, Leder, Parfüm usw.
Koubba: s. Qubba
Ksar (Mz. *Ksour*): von lat. „castrum"; in Marokko befestigtes Lehmdorf im Süden oder Osten des Atlas

Maghreb: Westen/Land des Sonnenuntergangs/Okzident; Sammelbegriff für die Länder Marokko, Tunesien, Algerien
Maghzen: Regierung des Sultans
Mahdi: der durch Gott bestimmte Führer (z. B. *Ibn Tumart*)
Makina: Fabrik
Marabut (franz. Marabout): islamischer Heiliger; wegen seiner Frömmigkeit und seines beispielhaften Lebens angesehener Mann bzw. sein Grabmal
Mechwar (franz. Mechouar): Versammlungsplatz der Stämme vor dem Sultanspalast
Mechoui: im geschlossenen Ofen gebratenes Schaf
Medersa: Schule, Hochschule der Muslims, zugleich Wohnhaus der Studenten
Medina: Stadt; traditioneller Stadtteil; Altstadt
Mellah: Judenviertel, Judenstadt
Mihrab: apsisförmige Gebetsnische in der Kibla
Mouloud bzw. **Maulad:** Geburtsfest des Propheten oder eines Heiligen
Moussem (franz.) bzw. **Mausim:** Fest oder Pilgerfahrt zu Ehren eines Schutzheiligen
Msid: Koranschule

Nouala: Hütte aus Schilfrohr und Lehm mit Strohhäcksel

Oued bzw. **Wadi:** Wasserlauf, Fluss
Oulad bzw. **Ulad:** Söhne des...

Pastilla (auch Bastilla): mit Taubenfleisch und Eiern gefüllte Pastete (aus dem Spanischen)

Qaid: Chef, Stammesoberhaupt
Qubba: Kuppel; gebraucht für Marabout mit runder Kuppel über quadratischem Grundriss

Ramadan bzw. **Ramadhan:** Fastenmonat im islamischen Kalender
Ras el Hanout: Gewürzmischung, der man allgemeine und besondere Heilwirkung zuspricht
Ribat: befestigtes Kloster
Ryad bzw. **Riad:** Innengarten eines Hauses, auch Herrenhaus oder Palast
Ryal: Münzeinheit - 0,05 Dirham (vom span. „Real")

Scherif (Mz. *Schorfa*): angeblicher Nachkomme des Propheten Muhammad; siehe chérif
Seguia: offener Bewässerungskanal

Sidi: mein Herr!
Suq bzw. **Souk (franz.):** in der Einzahl - Markt, meist Wochenmarkt; in der Mehrzahl - Marktgassen einer Stadt; die Wochenmärkte tragen die Namen der Tage, an denen sie stattfinden: el had = Sonntag, et tnine = Montag, et tleta = Dienstag, el arba = Mittwoch, el khemis = Donnerstag, el djema = Freitag, es sebt = Samstag

Tachelhit: einer der drei Berberdialekte Marokkos
Tajine: Fleisch mit Soße, in spitzdeckeligem Tontopf geschmort
Takbilt: politische Einteilung der Berberbevölkerung des Hohen Atlas (arabisch-berberische Mischform)
Taleh (Mz. *Tolba):* Student an einer islamischen Hochschule
Tamazight: einer der drei Berberdialekte Marokkos
Tarbouch: männliche Kopfbedeckung (städtisch)
Tigemmi: Haus
Tighremt: Umfriedung; befestigte Burg oder Speicherburg, auch Kasbah
Tirs: gute schwarze Ackerböden
Tit: Quelle
Tizi (franz. Col): Passübergang

Umma: Gemeinschaft der mohammedanischen Gläubigen

Zawia bzw. **Zaouia (franz.):** Heiligtum, kleine Moschee; Sitz einer religiösen Bruderschaft
Zellij bzw. **Zelliges:** Mosaik aus farbigen Keramikstücken,
verwandt mit dem spanischen „azul" (= blau); „azulejos"
Zenata: nomadisierende Berber (aus dem Osten zugewandert);
sie sprechen einen der drei Berberdialekte Marokkos

REISEGESUNDHEITSINFORMATIONEN MAROKKO

Stand: Ende 2004/© Inhalte: Centrum für Reisemedizin 2004

Die nachstehenden Angaben dienen der Orientierung, was für eine geplante Reise in das Land an Gesundheitsvorsorgemaßnahmen zu berücksichtigen ist. Die Informationen wurden uns freundlicherweise vom Centrum für Reisemedizin zur Verfügung gestellt. Auf der Homepage **www.travelmed.de** werden diese Informationen stetig aktualisiert. Es lohnt sich, dort noch einmal nachzuschauen.

Die nachfolgenden Angaben wurden nach bestem Wissen und sorgfältiger Recherche zusammengestellt. Eine Gewähr oder Haftung kann nicht übernommen werden.

Klima

Nordwesten mediterran beeinflusst mit trockenheißen Sommern und milden, niederschlagsreichen Wintern; landeinwärts zunehmend kontinentales Klima mit abnehmenden Niederschlägen; in den Sahararandgebieten trockenheißes Wüstenklima; durchschnittliche Temperatur in Agadir im Januar 13°C, im Juli 22°C.

Einreise-Impfvorschriften: **keine.**

Empfohlener Impfschutz

Generell: Tetanus, Diphtherie, Hepatitis A, Polio

Je nach Reisestil und Aufenthaltsbedingungen im Lande außerdem zu erwägen:

Impfschutz	Reisebedingung 1	Reisebedingung 2	Reisebedingung 3
Typhus	x		
Hepatitis B [a]	x		
Tollwut [b]	x		

[a] bei Langzeitaufenthalten und engerem Kontakt mit der einheimischen Bevölkerung
[b] bei vorhersehbarem Umgang mit Tieren

- Reisebedingung 1: Reise durch das Landesinnere unter einfachen Bedingungen (Rucksack-/Trecking-/Individualreise) mit einfachen Quartieren/Hotels; Camping-Reisen, Langzeitaufenthalte, praktische Tätigkeit im Gesundheits- oder Sozialwesen, enger Kontakt zur einheimische Bevölkerung wahrscheinlich.
- Reisebedingung 2: Aufenthalt in Städten oder touristischen Zentren mit (organisierten) Ausflügen ins Landesinnere (Pauschalreise, Unterkunft und Verpflegung in Hotels bzw. Restaurants mittleren bis gehobenen Standards).
- Reisebedingung 3: Aufenthalt ausschließlich in Großstädten oder Touristikzentren (Unterkunft und Verpflegung in Hotels bzw. Restaurants gehobenen bzw. europäischen Standards).

Wichtiger Hinweis: Welche Impfungen letztendlich vorzunehmen sind, ist abhängig vom aktuellen Infektionsrisiko vor Ort, von der Art und Dauer der geplanten Reise, vom Gesundheitszustand sowie dem eventuell noch vorhandenen Impfschutz des Reisenden.

Da im Einzelfall unterschiedlichste Aspekte zu berücksichtigen sind, empfiehlt es sich immer, rechtzeitig (etwa 4–6 Wochen) vor der Reise eine persönliche Reise-Gesundheits-Beratung bei einem reisemedizinisch erfahrenen Arzt oder Apotheker in Anspruch zu nehmen.

Malaria

Risiko: Mai bis Oktober; sehr geringes, herdförmiges Risiko in ländlichen Gebieten der Chefchaouen-Provinz (zentral); die übrigen Landesteile, Stadtgebiete und Touristenorte gelten als malariafrei.

Vorbeugung: Ein konsequenter Mückenschutz in den Abend- und Nachtstunden verringert das Malariarisiko erheblich (Expositionsprophylaxe).

Die wichtigsten Maßnahmen sind:

- In der Dämmerung und nachts Aufenthalt in mückengeschützten Räumen (Räume mit Air-Condition, Mücken fliegen nicht vom Warmen ins Kalte).
- Beim Aufenthalt im Freien in Malariagebieten abends und nachts weitgehend den Körper bedeckende Kleidung tragen (lange Ärmel, lange Hosen).
- Anwendung von Insekten abwehrenden Mitteln an unbedeckten Hautstellen (Wade, Handgelenke, Nacken). Wirkungsdauer ca. 2–4 Std.
- Im Wohnbereich Anwendung von Insekten abtötenden Mitteln in Form von Aerosolen, Verdampfern, Kerzen, Räucherspiralen.
- Schlafen unter dem Moskitonetz (vor allem in Hochrisikogebieten).
- Ergänzend ist die Einnahme von Anti-Malaria-Medikamenten (Chemoprophylaxe) dringend zu empfehlen. Zu Art und Dauer der Chemoprophylaxe fragen Sie Ihren Arzt oder Apotheker, bzw. informieren Sie sich in einer qualifizierten reisemedizinischen Beratungsstelle. Malariamittel sind verschreibungspflichtig.

Ratschläge zur Reiseapotheke

Vergessen Sie nicht, eine kleinere oder größere Reiseapotheke mitzunehmen (wenigstens Medikamente gegen Durchfall, Fieber und Schmerzen sowie Verbandstoff, Pflaster und Wunddesinfektion), damit Sie für kleinere Notfälle gerüstet sind. Nicht vergessen: Medikamente, die der Reisende ständig einnehmen muss! Wenn Sie spezielle Fragen zur Reiseapotheke haben, wenden Sie sich am besten an eine Apotheke mit reisemedizinisch qualifizierten Mitarbeitern.

Aktuelle Meldungen

- **Darminfektionen:** Risiko für Durchfallerkrankungen landesweit, gelegentlich auch für Typhus. Nahrungs- und Trinkwasserhygiene beachten, ggf. Impfschutz Typhus.
- **Tollwut:** Jährlich sterben in Marokko 20 bis 30 Menschen an Tollwut. 400 bis 450 Virusnachweise bei Hunden und Katzen werden jährlich erbracht. Zwei Fälle von Tollwut bei einem mitreisenden und einem illegal importierten Hund wurden 2004 aus Marokko nach Frankreich importiert. Ein österreichischer Tourist verstarb im September 2004 nach Rückkehr aus Marokko, wo er mehrere Wochen in Begleitung eines einheimischen Hundes reiste, von dem er auch gebissen worden war. Mit einem hohen Übertragungsrisiko, vor allem durch streunende Hunde, ist landesweit zu rechnen, auch in Städten und Touristikgebieten. Prinzipiell sollte bei einer Auslandsreise das Mitführen oder Mitbringen irgendwelcher Tiere unterbleiben. Bei verdächtigen Tierkontakten ist sofort ein Arzt aufzusuchen.
- **Leptospirose:** Eine ungewöhnliche Zunahme dieser bakteriellen Erkrankung, die mit schweren Organschäden verlaufen kann, wurde 2004 aus der Stadt Mèknes etwa 120 km östlich (landeinwärts) von Rabat gemeldet. Die Erreger werden von Nagetieren, vor allem Ratten, ausgeschieden, können im Wasser oder feuchten Erdboden längere Zeit lebens- und infektionstüchtig bleiben und Menschen über Kontakte mit verletzter Haut infizieren. Entsprechende Kontakte sind zu meiden.

LITERATUR

Einen guten geographischen und **landeskundliche Überblick** bietet aus der Reihe Länderprofile des Klett-Verlages das Buch „Marokko – ein islamisches Entwicklungsland mit kolonialer Vergangenheit" von *Klaus Müller-Hohenstein* und *Herbert Popp*. Prof. Popp vom Geographisch-Sozialwissenschaftlichen Institut der Universität Bayreuth hat noch einige andere Bücher zu speziellen Themen über Marokko herausgebracht, die auf jeden Fall lesenswert sind (s.a. Hinweise bei den einzelnen Kapiteln der Landeskunde). Für Liebhaber alter Bücher sind die Reprints englischer Reiseberichte wie „A Ride in Morocco", „Morocco and the Moors", „Morocco – its people and its places" von *Darf Publishers* in London eine wahre Fundgrube an Hintergrundinformationen und Geschichtswissen, volkstümlichem und Vergangenem. Staat und Gesellschaft sind sehr gut und informativ und auch durchaus kritisch in dem Buch von *Dr. Sonja Hegasy* „Staat, Öffentlichkeit und Zivilgesellschaft in Marokko" (Schriften des Deutschen Orient-Instituts) beschrieben.

Wer sich für **politische und Wirtschaftsdaten** interessiert, evtl. auch in Marokko arbeiten will, erfährt in den „Merkblättern für Auslandstätige und Auswanderer" vom *Bundesverwaltungsamt* alles Wichtige über Marokko, ebenso aus den Schriften der *Bundesstelle für Außenhandelsinformation* (BFAI, Köln) und dem „Länderkurzbericht Marokko" des *Bundesministeriums für Wirtschaftliche Zusammenarbeit (BMZ)*. Hinzuweisen ist außerdem auf das Länderheft Marokko aus dem Munzinger-Verlag. Auch die Außenstelle der Industrie- und Handelskammer in Casablanca hat diverse Publikationen anzubieten (www.dihkcasa.org).

Hervorragende Hintergrundliteratur sind die sozialkritischen Romane einiger marokkanischer Schriftsteller wie *Mohammed Mrabet, Mohammed Choukri, Tahar Ben Jelloun, Abdelhak Serhane* u. a. Bestes Hintergrundwissen liefert auch die Rabater Soziologieprofessorin *Fatima Mernissi* mit ihren zahlreichen Büchern.

Wer sich ausführlicher über die Rif-Problematik informieren will, bekommt Informationsblätter und Schriften beim Marokko-Zentrum, Hohenstaufenstr. 10, 60327 Frankfurt.

Stimmungsvoll sind natürlich immer Vierfarbwerke wie **Bildbände** oder Reiseführer, in denen das Bild überwiegt. Die meisten Bildbände haben hervorragende Bilder, aber häufig sehr klischeehafte Texte, die wenig in die Tiefe gehen, meist unaktuell sind oder nur die wichtigsten touristischen Regionen abdecken. In diese Lücke stoßen der sehr schöne Bildband von *Erhard Pansegrau* und *Margit Wegmann* „Marokko" aus dem Bruckmann-Verlag und der ebenfalls empfehlenswerte Bildband von *Hans Weber* „Marokko" aus dem DuMont-Verlag. Sensationell preiswert und zudem sehr informativ ist der Bildband von *Hugues Demeude, Jaques Bravo* „Marokko", den der Benedikt Taschen-Verlag aus Köln herausgebracht hat. Außerdem gibt es das schöne Buch von *Courtney-Clarke* „Berberfrauen. Kunst und Kultur in Nordafrika." aus dem Frederking und Thaler-Verlag, München. Hervorragende Bilder zeigt der Band „Marokko" aus der Reihe Bruckmanns Länderporträt von *Michael Arnold* und *Kay Maeritz*, von den Texten bin ich nicht so ganz überzeugt.

Wer sich für Architektur und Innenausstattung marokkanischer Häuser interessiert, wird sich für das Buch „Interieurs in Marokko" (dreisprachig) von *Lisa Lovatt-Smith* aus dem Benedikt Taschen-Verlag begeistern (29,99 Euro). Das Buch zeigt traditionelle Häuser, Wohnformen, Villen aus marokkanischen Städten und deren Einrichtung in hervorragender Vierfarbqualität – eine Augenweide!

Bei allen genannten Büchern ist es möglich, dass sie vergriffen und nur noch antiquarisch erhältlich sind. Erkundigen Sie sich in Ihrer Buchhandlung, ob der jeweilige Titel momentan lieferbar ist.

Kurzweilige Geschichten sowie Interviews und Hintergrundinformationen enthält das Buch „Reise durch Marokko" (16,95 Euro) aus dem *Stuertz Verlag* (von *Daniela Schetar*).

Einen sehr guten Kurzüberblick über die marokkanische Mentalität und das Leben in Marokko bietet das im Reise Know-How-Verlag erschienene Buch von *Muriel Brunswig*, **„KulturSchock Marokko"** (14,90 Euro) und das Sympathiemagazin „Marokko verstehen" vom *Studienkreis für Tourismus und Entwicklung* in Ammerland (Lkr. Starnberg). Diese beiden Publikationen informieren ausgezeichnet über Land und Leute, helfen die Bevölkerung besser zu verstehen und versuchen die Barriere zwischen Tourist und Bevölkerung zu überwinden und zum bewussteren Reisen zu motivieren.

Wer in Marokko mehr Zeit in Städten verbringt, v. a. in Casablanca, kann in den sehr gut sortierten Buchhandlungen eine Unzahl an französisch- zum Teil englischsprachigen Titeln zu Marokko finden.

Auf die große Zahl von **französischsprachiger Literatur** wird hier nicht näher eingegangen, ein Titel verdient aber an dieser Stelle besondere Erwähnung: Das Buch „Civilisation marocaine" von *Abdelkebir Khalabi & Mohamed Sijilmassi* (Actes Sud/ Sindbad/ Edition Oum) liefert einen umfassende Überblick über die sozio-kulturelle und wirtschaftliche Entwicklung Marokkos bis in die Gegenwart.

Spezialisiert auf arabische Bücher sind folgende Verlage: *Edition Orient*, Berlin; *Verlag „Das arabische Buch"*, Berlin; *Edition Wuquf - Hanspeter Mattes Verlag*, Hamburg, *Diederichs-Verlag*, Wiesbaden. Der *Unions-Verlag* Zürich sowie der Lenos-Verlag, bringen ebenfalls viele Romane und Erzählungen arabischer und afrikanischer Schriftsteller heraus.

Buchtipp:
- Wolfram Schwieder
Richtig Kartenlesen
(Reise Know-How Praxis)

Die Deutsch-Maghrebinische Gesellschaft e.V. (www.dmag.eps-bonn.de) sowie die **Deutsch-Marokkanische Gesellschaft e.V.** (www.deumages.de) haben ausführliche Literaturlisten herausgegeben. Bei letzterer kann man sich auch Bücher ausleihen und eine Literaturliste im Internet einsehen.

LANDKARTEN

Sehr gut als **Gesamtkarte** ist die Marokko-Karte von **Reise Know-How** (world mapping project) im Maßstab 1:1 Mio., die mit Koordinatengitter und Höhenschichten ausgestattet ist.

Hervorragend als Übersichtskarte ist auch die Marokko-Karte von **Michelin** 1:1 Mio. mit einigen Nebenkarten 1:600 000. Das Kartenbild ist sehr gut, es zeigt die Pisten und Nebenstrecken sehr genau (für Mountainbike- und Geländewagenfahrer).

Wer sich für **Detailgebiete** interessiert, oder mit GPS navigieren will, ist mit den Karten der *Division Topographique* (Rabat, 1:250 000) gut bedient. Sie sind verhältnismäßig neu, aber für die Grenzgebiete im Süden und die Westsahara nicht erhältlich. Manche Karten sind genehmigungspflichtig und nur unter großem Aufwand zu bekommen, einige Blätter sind vergriffen, jene über die südlichen Gebiete werden gar nicht an die Öffentlichkeit ausgeliefert. Wichtig sind die Detailkarten 1:100 000 vor allem für Bergsteiger und Mineraliensammler im *Hohen Atlas*, die 1:250 000 auch für Geländewagenfahrer, die die Nebenpisten im Anti-Atlas und Saharabereich befahren wollen.

Als Ersatz kann man für diese Gebiete auf topographische **russische Generalstabskarten** (mit kyrillischer Beschriftung, aber deutscher Beschreibung der Legende und Übersetzung des kyrillischen Alphabets) im Maßstab 1:1 Mio, 1:500 000, 1:200 000 und 1:100 000 zurückgreifen. Es gibt sie für fast alle Teile Marokkos (auch auf CD). Erhältlich bei *Därr Expeditionsservice*, Theresienstr. 66, München (Tel. 089-28 20 32, www.daerr.de).

Topografische Karten im Maßstab 1:100 000 und 1:250 000, die in Deutschland nicht erhältlich sind, sollte man bei der **Division de la Cartographie**, 31, Av. Hassan II., km 4, Rabat (nahe dem Busbahnhof an der Straße nach Casa, beim Ministère Eaux et Fôrets) kaufen (Tel. 037 29 50 34, 037 29 55 48, Fax 037 23 08 30, dcart.sdc@ACFCC.gov.ma). Es gibt sehr gute **touristische Karten** der Region *Azilal-Zaouia Ahansal* und *El Ksiba*, welche auch den Hohen Atlas bis ins *Aït Bougoumez*-Tal und ins *Mgoun*-Tal abdecken und für Trekker und Mountainbiker hervorragend geeignet ist. Der Preis ist jedoch mit 400 DH pro Karte eine Frechheit. Es werden von allen Karten nur Einzelblätter (gegen schriftlichen Antrag vor Ort mit Passnummer) verkauft, größere Mengen werden nicht herausgerückt. Es gibt Kartennetze über die veröffentlichten Karten. Diese sind aber nur beschränkt von Nutzen, da man bei jedem zweiten Blatt, das man erwerben möchte, die Antwort „Leider nicht verkäuflich!" erhält.

Bei mitgebrachten Landkarten sollte man darauf achten, dass die **Westsahara als marokkanisches Gebiet** eingetragen ist, sonst werden sie an der Grenze konfisziert.

Anhang

Därr
Alles für Erlebnisreisen
Bücher
KARTEN
AUSRÜSTUNG
Theresienstraße 66
80333 München
Fax 089 28 25 25
Katalog kostenlos
www.daerr.de
www.daerr.de

HILFE!

Dieses Reisehandbuch ist gespickt mit unzähligen Adressen, Preisen, Tipps und Infos. Nur vor Ort kann überprüft werden, was noch stimmt, was sich verändert hat, ob Preise gestiegen oder gefallen sind, ob ein Hotel, ein Restaurant immer noch empfehlenswert ist oder nicht mehr, ob ein Ziel noch oder jetzt erreichbar ist, ob es eine lohnende Alternative gibt usw.

Unsere Autoren sind zwar stetig unterwegs und versuchen, alle zwei Jahre eine komplette Aktualisierung zu erstellen, aber auf die Mithilfe von Reisenden können sie nicht verzichten.

Darum: Schreiben Sie uns, was sich geändert hat, was besser sein könnte, was gestrichen bzw. ergänzt werden soll. Nur so bleibt dieses Buch immer aktuell und zuverlässig. Wenn sich die Infos direkt auf das Buch beziehen, würde die Seitenangabe uns die Arbeit sehr erleichtern. Gut verwertbare Informationen belohnt der Verlag mit einem Sprechführer Ihrer Wahl aus der über 170 Bände umfassenden Reihe „Kauderwelsch" (siehe unten).

Bitte schreiben Sie an:

REISE KNOW-HOW Verlag Peter Rump GmbH, Postfach 140666, D-33626 Bielefeld, oder per E-Mail an: info@reise-know-how.de

Danke!

Kauderwelsch-Sprechführer – *sprechen und verstehen rund um den Globus*

Afrikaans • Albanisch • Amerikanisch - *American Slang, More American Slang,* Amerikanisch oder Britisch? • Amharisch • Arabisch - Hocharabisch, für Ägypten, Algerien, Golfstaaten, Irak, Jemen, Marokko, • Palästina & Syrien, Sudan, Tunesien • Armenisch • *Bairisch* • Balinesisch • Baskisch • Bengali • *Berlinerisch* • Brasilianisch • Bulgarisch • Burmesisch • Cebuano • Chinesisch - Hochchinesisch, kulinarisch • Dänisch • Deutsch - *Allemand, Almanca, Duits, German, Nemjetzkii, Tedesco* • *Elsässisch* • Englisch - *British Slang, Australian Slang, Canadian Slang, Neuseeland Slang,* für Australien, für Indien • Färöisch • Esperanto • Estnisch • Finnisch • Französisch - kulinarisch, für den Senegal, für Tunesien, *Französisch Slang, Franko-Kanadisch* • Galicisch • Georgisch • Griechisch • Guarani • Gujarati • Hausa • Hebräisch • Hieroglyphisch • Hindi • Indonesisch • Irisch-Gälisch • Isländisch • Italienisch - *Italienisch Slang,* für Opernfans, kulinarisch • Japanisch • Javanisch • Jiddisch • Kantonesisch • Kasachisch • Katalanisch • Khmer • Kirgisisch • Kisuaheli • Kinyarwanda • *Kölsch* • Koreanisch • Kreol für Trinidad & Tobago • Kroatisch • Kurdisch • Laotisch • Lettisch • Lëtzebuergesch • Lingala • Litauisch • Madagassisch • Mazedonisch • Malaiisch • Mallorquinisch • Maltesisch • Mandinka • Marathi • Modernes Latein • Mongolisch • Nepali • Niederländisch - *Niederländisch Slang,* Flämisch • Norwegisch • Paschto • Patois • Persisch • Pidgin-English • *Plattdüütsch* • Polnisch • Portugiesisch • Punjabi • Quechua • *Ruhrdeutsch* • Rumänisch • Russisch • *Sächsisch* • *Schwäbisch* • Schwedisch • *Schwiizertüütsch* • *Scots* • Serbisch • Singhalesisch • Sizilianisch • Slowakisch • Slowenisch • Spanisch - *Spanisch Slang,* für Lateinamerika, für Argentinien, Chile, Costa Rica, Cuba, Dominikanische Republik, Ecuador, Guatemala, Honduras, Mexiko, Nicaragua, Panama, Peru, Venezuela, kulinarisch • Tadschikisch • Tagalog • Tamil • Tatarisch • Thai • Tibetisch • Tschechisch • Türkisch • Twi • Ukrainisch • Ungarisch • Urdu • Usbekisch • Vietnamesisch • Walisisch • Weißrussisch • *Wienerisch* • Wolof • Xhosa

Anhang

REGISTER

Anhang

DIE AUTORINNEN

Erika Därr, geb. 1949, ist seit 1971 auf allen Kontinenten unterwegs, vorwiegend aber in den Saharaländern. Das erste Land außerhalb Europas, das sie besuchte, war Marokko. Auf vielen mehrwöchigen Reisen, allein oder mit Familie, lernte sie Land und Leute kennen und lieben. Heute ist sie in der DMG („Deutsch-Marokkanische Gesellschaft") und im DMF („Deutsch-Marokkanischer Freundschaftskreis") für marokkanische Belange engagiert.

Ihren erlernten Beruf als Erzieherin „schmiss" die Autorin bald hin, nachdem sie das Reisefieber gepackt hatte. Nach Jahren der Tätigkeit in ihrer mittlerweile verkauften Firma „Därr Expeditionsservice" in München (gemeinsam mit ihrem Mann *Klaus Därr)* war Erika Därr von 1987 bis 2002 hauptberuflich als Verlegerin in der Verlagsgruppe Reise Know-How tätig. Seitdem konzentriert sie sich auf ihre Arbeit als Autorin. Anfang des Jahres 2003 brach sie zu einer mehrjährigen Weltreise auf. Erika Därr ist auch Autorin des im selben Verlag erschienenen ausführlichen Reisehandbuchs „Marokko – vom Rif zum Antiatlas" und des Praxis-Ratgebers „Marokko aktiv". Ferner ist sie als Autorin an dem Reisehandbuch „Durch Afrika" beteiligt, das in zwei Bänden schon in 11. Auflage vorliegt, und zusammen mit *Gerhard Göttler* Autorin für das Reisehandbuch „Algerische Sahara" sowie Herausgeberin der beiden Westafrika-Führer aus der Reihe Reise Know-How.

Seit der 4. Auflage wirkt auch ihre Tochter **Astrid Därr** (geb. 1977) an diesem Buch mit. Sie hat seit ihrem ersten Lebensjahr – zunächst mit den Eltern, dann auf eigene Faust – viele Reisen in Marokko und in alle anderen Teile der Welt unternommen. Sie ist Redakteurin der Reiseführer „Durch Afrika" (Reise Know-How), Mitautorin des ausführlichen Marokko-Handbuchs „Marokko – vom Rif zum Antiatlas" und moderiert zwei reisespezifische Internetforen (www.weltreiseforum.info, www.marokko-forum.com). Im Jahr 2004 schloss sie ihr Geographiestudium an der Universität München mit einer Diplomarbeit über Stadterneuerung in der Medina von Fès ab.

Danksagung: Unser besonderer Dank gilt den Bekannten, Freunden, Fotografen und offiziellen Stellen, die wesentlich zur Aktualisierung dieser Auflage beigetragen haben. Zu nennen sind insbesondere *Hassan Aferiad, Muriel Brunswig* und *Elfi Otter-Montag.*

Danke auch an alle LeserbriefschreiberInnen für unzählige Anregungen, Informationen und Tipps zu diesem und zu dem Reisehandbuch „Marokko – vom Rif zum Antiatlas"!

FOTONACHWEIS

Hans-Jürgen Schulz: S. 151, 405, 424
Helmut Hoffmann-Buchardi: S. 62, 80, 87
Karin Janzen: S. 26, 65, 153, 165
Karl Schlessmann: S. 206, 345
Otfried Herrmann: S. 20, 72, 439
Werner Gartung: S. 325, 389
Henning Janzen: S. 116, 227
Franz Riegel: S. 171, 172
Renate Paschen: S. 133
Olaf Weißenborn: S. 443
„Herz für Tiere": S. 92
Vera Fleig: S. 16
Kerstin Mücke: S. 113
Michael Kneissler: S. 49
Die Fotos auf den Seiten 108 und 289 sind von den **Hotelbesitzern.**
Die restlichen Bilder stammen von den **Autorinnen.**